10 000
TIPPS UND TRICKS

für Küche, Haus
und Garten

10 000
TIPPS UND TRICKS

für Küche, Haus und Garten

EIN
ADAC
BUCH

Aktualisierte Sonderausgabe für die ADAC Verlag GmbH, München, 2006

Projektleitung: Dr. Hans Joachim Völse
Redaktion: Cornelia Schubert
Herstellung: John C. Bergener
Druck und Bindung: Mohn media Mohndruck GmbH, Gütersloh

Titel der englischen Originalausgabe:
Complete Book of Hints & Tips for Homes & Gardens

Deutsche Ausgabe
Übersetzung: Lidija Bieber, Ingrid Frieling, Xenia Gharbi, Andreas Held, Katrin Lischke, Jorunn Wissmann
Fachliche Beratung: Dr. Irmela Arnsperger, Dr. Stefanie Burkhardt-Sischka
Redaktionelle Mitarbeit: Media Compact Service, München; Twin Books, München; Redaktionsbüro Christine Pfützner, München

Printed in Germany

ISBN 3-89905-368-0
ISBN 978-3-89905-368-5

VORWORT

Fast jeden Tag werden wir mit zahlreichen kleineren oder auch größeren Problemen konfrontiert. Meistens findet man auch eine Lösung, aber oft hat man gleichzeitig das Gefühl, dass es vielleicht noch einfacher, besser und schneller gegangen wäre, wenn man nur ein paar Tipps oder Hinweise bekommen hätte. Und genau diese kleinen Hilfen und Tricks finden Sie in diesem Ratgeber – und zwar mehr als 10 000 davon! In nahezu jeder Situation des Alltags zeigt Ihnen das Werk *10 000 Tipps und Tricks für Küche, Haus und Garten* bewährte und manchmal verblüffend einfache Wege und Methoden auf, wie Sie Probleme sicher und souverän lösen können: Wie man für einen überraschenden Besuch ein Essen zaubert; wie man am besten einen Rotweinfleck vom Teppich entfernt; was man beim Tapetenkauf beachten muss oder in welcher Jahreszeit man Pflanzen auf keinen Fall umsetzen sollte. Und mehr als 3000 Abbildungen sorgen dafür, dass Sie auch wirklich immer „im Bilde" sind.

Doch nicht nur bei aktuellen Schwierigkeiten finden Sie Rat und Hilfe, sondern zahlreiche Anleitungen zeigen ebenso, wie man sich in den verschiedensten Bereichen des Alltags besser organisiert. So hilft Ihnen *10 000 Tipps und Tricks für Küche, Haus und Garten,* Ihre Nerven zu schonen, Zeit zu gewinnen und Geld zu sparen.

Inhalt

Küche, kochen und Vorratshaltung 312

Gartenarbeit leicht gemacht 448

EINFÜHRUNG

Was muss man tun, um einen Haushalt gut, effektiv und sicher zu führen? Der beste Weg zu diesem Ziel heißt Organisation und Planung. Denn auf diese Weise sparen Sie Geld und Zeit, setzen Ihre Kräfte gezielt ein und vermeiden schon manches Problem im Ansatz.

Wie man dieses Buch benutzt

Kapitel eins – die tägliche Arbeit

Wenn man die Routinetätigkeiten – das tägliche Aufräumen, Putzen und Waschen – in einen festen Zeitplan einfügt und die bewährten Tipps und Tricks aus dem Kapitel *Einen Haushalt richtig führen* anwendet, hat man schon einen Großteil der Arbeit geschafft. Das Aufräumen beispielsweise wird wesentlich erleichtert, wenn man sich mit pfiffigen Ideen genügend Stauraum schafft. Beim Putzen und Waschen kommt man mit einigen ausgewählten Mitteln und den richtigen Methoden sicher und schnell zum Ziel. Aber auch wenn man umziehen muss oder zu Hause beruflich arbeiten will, sind Organisation und Planung die tragenden Pfeiler für den Erfolg. Schließlich sollte man auch mit den wichtigsten Notfällen in Haus und Wohnung souverän umgehen können.

Alles beisammen
Einfach, aber Zeit sparend: Stellen Sie sich Ihr eigenes Reinigungsset zusammen und geben Sie es in ein Getränkegestell – so lässt sich alles bequem tragen.

Malern wie ein Profi
Im Kapitel *Verschönern und renovieren* erfahren Sie alles über die besten Techniken, sodass Sie optimale Ergebnisse erzielen.

Kapitel zwei bis vier – Zeit für anderes

Je besser Sie in den Routinearbeiten organisiert sind, desto mehr Zeit haben Sie, um sich auch anspruchsvolleren Aufgaben zu widmen – beispielsweise abwechslungsreich und gesund zu kochen, ein noch schöneres Zuhause zu schaffen oder einen Garten in eine Oase der Erholung zu verwandeln. Damit das alles nicht in Stress ausartet, sondern im Gegenteil auch noch Spaß macht, erwarten Sie zahlreiche Tipps und Tricks, die Ihnen sicher und schnell zum Erfolg verhelfen: sei es bei kleineren oder größeren Renovierungsvorhaben in Haus und Wohnung *(Verschönern und renovieren),* sei es bei der Bewirtung von Gästen oder beim Verwöhnen der eigenen Familie *(Küche, kochen und Vorratshaltung),* sei es bei der Pflege eines Gartens oder beim Anlegen eines Gartenteichs *(Gartenarbeit leicht gemacht).*

ZUSÄTZLICHE INFORMATIONEN

Alle Kapitel in diesem Buch enthalten eine Vielzahl von besonderen Informationskästen, die jeweils zum Thema Hintergrundwissen oder spezielle Tipps und Hilfen bieten. Zu diesen Elementen gehören die Übersichten am Kapitelanfang, illustrierte Kästen mit Materialien, Tipp-Boxen, Hinweise zur Sicherheit sowie Checklisten und Tabellen.

Die Übersicht am Beginn jedes Kapitels erlaubt einen schnellen Überblick und macht den unmittelbaren Zugriff auf viele Themen möglich.

ÜBERSICHT

Diese Kästen zeigen, welche Materialien, Werkzeuge usw. man für eine bestimmte Aufgabe braucht.

ZUSÄTZLICHES MALERWERKZEUG

Einige der Werkzeuge für das Bemalen von Wänden lassen sich auch dafür verwenden, auf Holz Farbeffekte zu erzielen.

- **Pinsel** Ergänzen Sie Ihre Malerausstattung durch eine Auswahl von Pinseln verschiedener Größen.
- **Spezialwerkzeuge** Mit einem Maserierwerkzeug lassen sich sehr charakteristische und schöne Effekte erzeugen.

DIE TIPP-KÄSTEN

In diesen Kästen erhalten Sie besondere Hinweise und Anregungen zum jeweiligen Thema aus den Bereichen Geld sparen, bewährtes Wissen, Gesundheit, Sicherheit, Zeit sparen und gute Ideen.

- Geld sparen
- Bewährtes Wissen im Haushalt
- Bewährtes Wissen im Garten
- Bewährtes Wissen in der Küche
- Bewährtes Wissen beim Heimwerken
- Gesundheitstipp
- Sicher ist sicher
- Gute Idee!
- Zeit sparen
- Umwelttipp

Mit den Tipps in den „Geld sparen"-Kästen können Sie Ihre Ausgaben reduzieren.

GELD SPAREN

Doppelt genutzt
Wasser und Flüssigdünger können Sie sparen, in[...] direkt unter eine Blum[...]pel andere Pflanzgefä[...]len. So kann das üb[...]fende Gießwasser bzw[...]gflüssigkeit in die da[...]stehenden Gefäße tr[...]

ZUR SICHERHEIT

- **Grill aufstellen** Der Grill muss sicher und eben stehen – etwas entfernt von Häusern oder Bäumen.
- **Kinder** Halten Sie die Kinder vom offenen Feuer fern.
- **Feuer beobachten** Halten Sie Sand oder Wasser zum Löschen griffbereit.
- **Spezielle Werkzeuge** Verwenden Sie nur stabiles Grillbesteck mit langen Griffen.
- **Kühlen** Verderbliche Lebensmittel bis zum Grillen gut kühlen.
- **Gleichmäßig garen** Stellen Sie sicher, dass Fleisch, insbesondere Schweinefleisch, Würstchen und Geflügel, vollkommen durchgegart ist.

„Zur Sicherheit" sagt Ihnen, wie Sie im Alltag Gefahren und Unfälle vermeiden können.

CHECKLISTE ERSTELLEN

Prüfen Sie zunächst die Funktionsfähigkeit der wesentlichsten Dinge wie

- Tür- und Fensterschlösser
- Fenster
- Elektrizität
- Boiler und Heizung
- Herd
- Absperr- und Wasserhähne
- Telefon
- Küchengerät[...]

Checklisten heben wichtige Punkte hervor, die Sie bei einem Vorhaben beachten sollten.

Vorsicht!

Betrachten Sie alle Tierbisse in tollwutgefährdeten Gegenden als gefährlich und suchen Sie Arzt oder Krankenhaus auf.

„Vorsicht!" warnt vor gesundheitlichen Gefahren und gibt Hinweise für richtiges Verhalten.

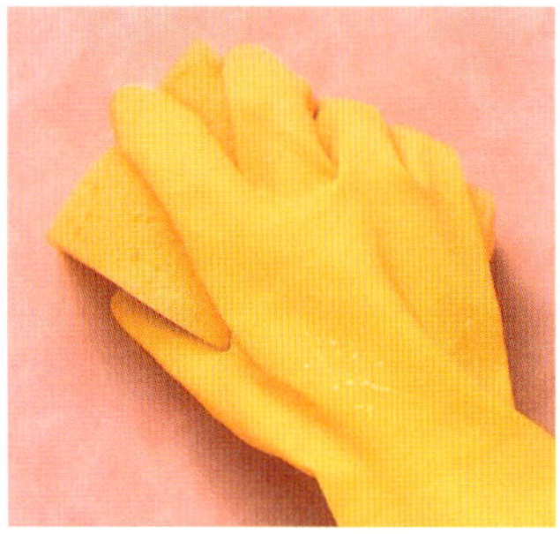
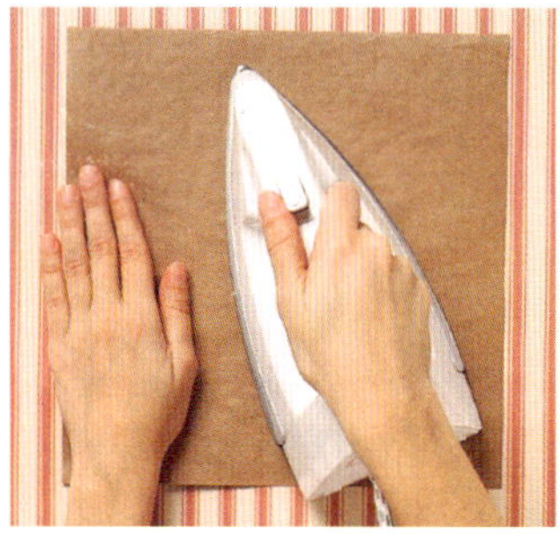
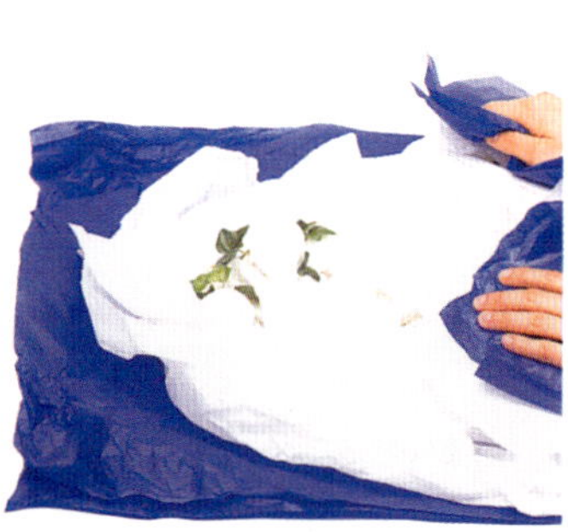
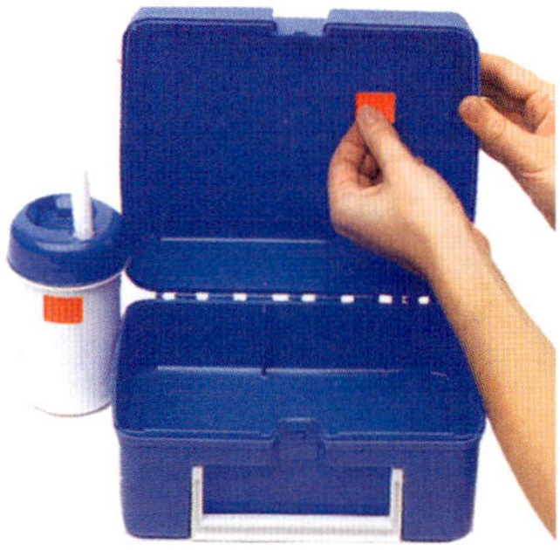

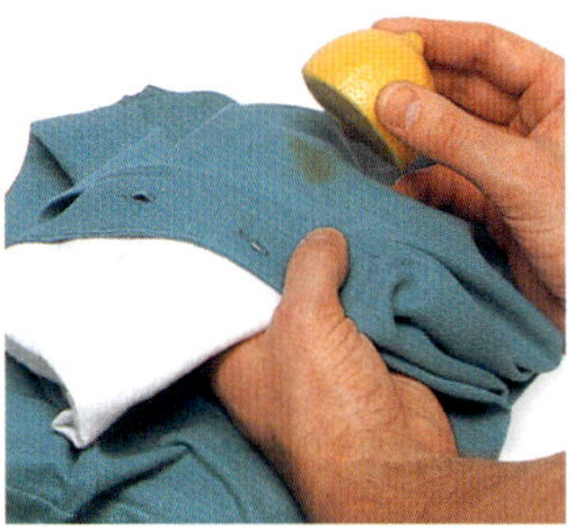
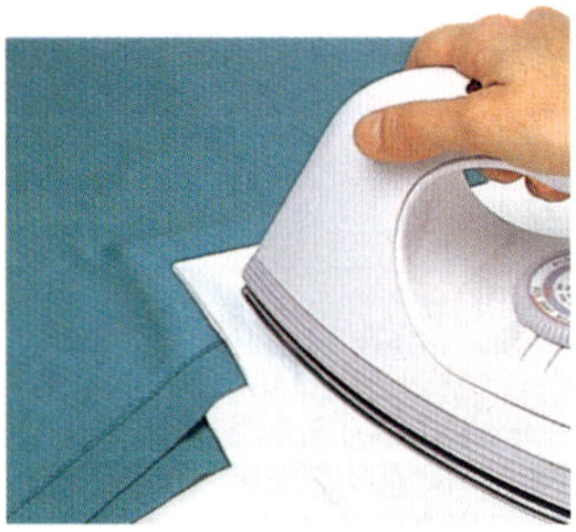
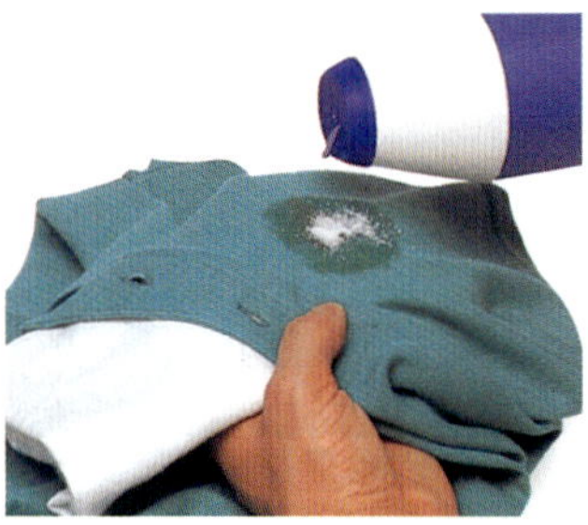

Einen Haushalt richtig führen

Wer einen Haushalt mit mehreren Personen führt, hat an vieles zu denken und viele Dinge gleichzeitig zu erledigen. Daher ist ein planvolles und vorausssehendes Vorgehen besonders wichtig. Und hierfür sind die folgenden Tipps, Anleitungen, Checklisten und Tabellen von unschätzbarem Nutzen – gleichgültig, ob es sich um Fleckenentfernung, pfiffigen Stauraum, kleinere Reparaturen oder erste Hilfe handelt.

Optimale Raumeinteilung

Feste Regeln für die Einrichtung von Haus oder Wohnung gibt es nicht. Wie man die Einrichtung plant, hängt ganz von der Größe des Wohnraums, der Anzahl der Bewohner, deren Alter und Bedürfnissen sowie vom persönlichen Geschmack ab. Man sollte aber auf ausreichend Bewegungsfreiheit zwischen den einzelnen Zimmern oder Bereichen achten und dafür sorgen, dass Stauraum bestmöglich genutzt wird. So fällt es leicht, Ordnung zu halten.

Perfekte Raumeinteilung in Haus und Wohnung

Bevor Sie den Wohnraum aufteilen, sollten alle Bewohner zuerst einmal ihre Wünsche und Bedürfnisse äußern können. Danach planen Sie die Verteilung der Zimmer. Günstig ist es, wenn Schlafzimmer und Bad oder Küche und Essplatz nebeneinander liegen. Vor dem Kauf von Möbeln ist dann zu berücksichtigen, wie Fenster, Türen, Elektroanschlüsse und Heizkörper pro Zimmer angeordnet sind.

Bringt Platz: Schrankelemente über dem Bett.

Essplatz von allen Seiten gut zugänglich

Hängeschränke an der Küchenwand

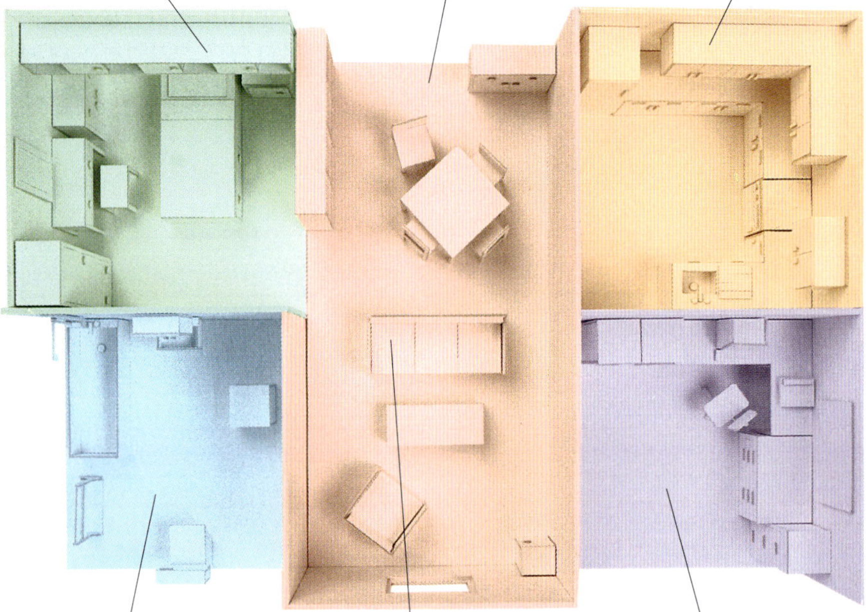

Badezimmer mit ausreichend Bewegungsfreiheit

Sofa als Raumteiler zwischen Essplatz und Wohnbereich

Arbeitszimmer neben dem Wohnbereich

PLANUNG DER EINZELNEN RÄUME

Das Mobiliar in Haus oder Wohnung kann man jederzeit umstellen und so Stauraum besser nutzen oder einfach für etwas Abwechslung sorgen. Überdenken Sie vor der Umgestaltung aber genau, was Sie erreichen wollen, ziehen Sie mehrere Varianten in Betracht und planen Sie das weitere Vorgehen sorgfältig.

Verfügbaren Raum optimal nutzen

Den Grundriss eines Hauses oder einer Wohnung können Sie in der Regel kaum verändern, dafür aber den verfügbaren Raum ganz unterschiedlich nutzen. Achten Sie auch darauf, dass Sie durch entsprechende Maßnahmen möglichst wenig Energie verbrauchen.

GELD SPAREN

Isolierung nach unten
Wird der Teppich nicht verklebt, eine dicke Schicht Zeitung so auf dem gereinigten Fußboden ausbreiten, dass sich die Blätter überlappen. Darauf den Teppich legen.

WÄRME NUTZEN

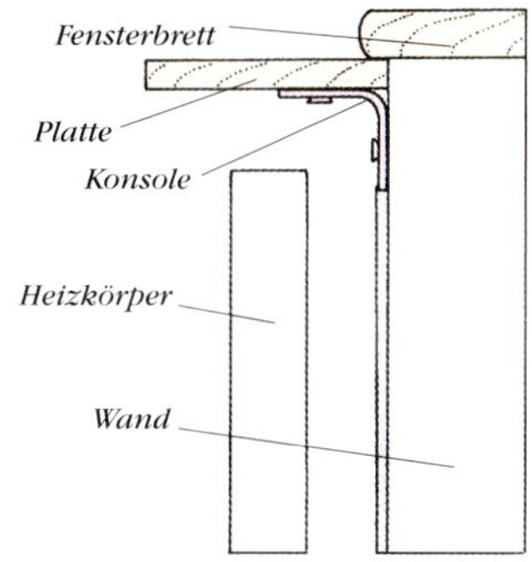

Wärme ablenken
Ist ein Heizkörper unter dem Fenster angebracht, befestigt man unmittelbar unter der Fensterbank eine Platte zwischen Heizkörper und Fenster. So wird die Wärme in den Raum gelenkt.

WÄRME ERHALTEN

- **Zugluft** Das Abdichten der Ritzen an Fenstern und Türen spart Energie. Allerdings muss man dann dreimal am Tag je 5 Minuten gut lüften.
- **Doppelverglasung** Eine solche Verglasung sollte zumindest an den nicht nach Süden liegenden Fenstern angebracht werden.
- **Isolierung des Daches** In vielen älteren Häusern ist das Dach nicht isoliert, wodurch viel Wärme verloren geht. Isolieren Sie den Dachstuhl mit geeignetem Dämmstoff aus dem Baumarkt. Anschließend kann man noch eine Holzverkleidung anbringen.

ANORDNUNG DER MÖBEL

Ein Grundriss ist immer hilfreich, ob man nun Räume umgestaltet oder umzieht (siehe S. 152).

- **Einfach auf Papier** Wenn Sie den Grundriss in einem geeigneten Maßstab auf kariertem Papier anlegen, sehen Sie auf einen Blick die jeweiligen Größenverhältnisse und Abstände, ohne immer nachmessen und -rechnen zu müssen.
- **Digital am Computer** Es gibt mittlerweile auch viele Programme, mit denen man noch eleganter planen kann.
- **Anordnung der Möbel** Bedenken Sie, dass man Holz- oder Polstermöbel besser nicht direktem Sonnenlicht aussetzt. Es bleicht Holz und Stoffe aus.

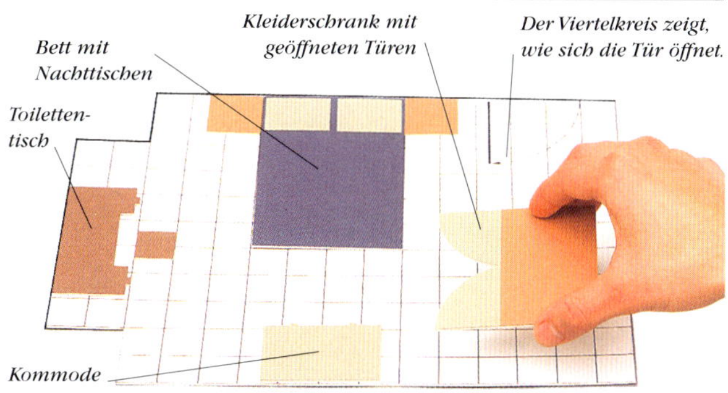

So wird's gemacht
Im Maßstab von etwa 1:20 zeichnet man einen Grundriss des Zimmers auf kariertes Papier. Die Anordnung von Fenstern, Türen, Elektroanschlüssen und Heizkörpern wird markiert. Dann schneidet man aus dünnem Karton Schablonen der Möbelstücke zurecht und beschriftet sie. Damit man sie immer wieder neu anordnen kann, werden sie mit einem wieder lösbaren Kleber (z. B. aus dem Modellbau) fixiert.

Planen und Einrichten einer Küche

Auf zwei wesentliche Punkte kommt es beim Planen und Einrichten einer Küche an: Sicherheit und Zweckmäßigkeit. Überlegen Sie sich zuerst eine Anordnung, die Ihnen als optimal erscheint, und passen Sie diese dann den Gegebenheiten entsprechend an.

Küche mit kurzen Wegen

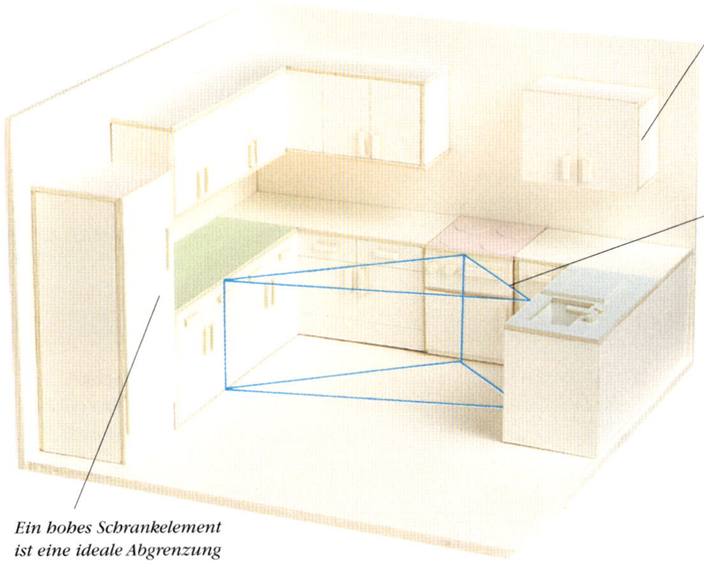

Dreiecksprinzip
Herd, Spüle, Kühlschrank und die angrenzenden Arbeitsflächen sind die am häufigsten genutzten Bereiche einer Küche. Die Arbeitswege dazwischen sollten möglichst kurz sein, idealerweise bilden sie ein Dreieck.

Platz sparende Ideen für die Küche

Je besser Sie den vorhandenen Raum nutzen, desto mehr Stauraum und Platz zum Arbeiten gewinnen Sie. Bringen Sie oft benötigte Gerätschaften in den vorderen Bereich von Schubladen und Schränken unter. Andere Dinge können dann auch stapelweise gelagert werden.

Stapelbare Dinge

- **Kochtöpfe** Einen Satz Kochtöpfe kann man auf einem schmalen Regal unterbringen.
- **Geschirr** Teller und Untertassen stapelt man auf kunststoffbeschichteten Gestellen in ungenutzten Ecken der Arbeitsplatte mit Brettern in verschiedenen Größen.
- **Schüsseln und Formen** Solche Teile in verschiedenen Größen lassen sich Platz sparend ineinander stapeln. Dazwischen legt man Küchenpapier, um Kratzer zu vermeiden.
- **Putzutensilien** Topfkratzer und Lappen kann man in speziellen Plastikkörben an der Innenseite von Schranktüren verstauen.

Gut verstaut und immer griffbereit

Holzrahmen
Fertigen Sie einen 45 x 30 cm großen Holzrahmen an, an dem Sie mit Schraubhaken ein stabiles Drahtgitter befestigen. Das Ganze etwas über Kopfhöhe waagrecht mit Ketten an die Decke hängen. Töpfe und Pfannen mit S-Haken an das Gitter hängen.

Pfiffiger Stauraum in der Küche

Wenn Sie Stauräume optimal ausnutzen und Platz sparende Vorrichtungen in der Küche verwenden, gewinnen Sie zusätzlichen Freiraum auf der Arbeitsfläche. Das ist nicht nur in kleinen Küchen wichtig, sondern erhöht auch die Sicherheit bei der Küchenarbeit.

Schubladen

Umbau einer Schublade

Zusätzliche Arbeitsfläche schafft ein in die Küchenschublade eingepasstes Hackbrett. Man misst die Stärke des Brettes und bringt in der richtigen Tiefe Leisten in der Schublade an. Das Hackbrett wird bei Bedarf aufgelegt, der Stauraum bleibt erhalten.

Arbeitsfläche

- **Kampf der Unordnung** Auf die Arbeitsflächen gehören nur Dinge des täglichen Gebrauchs. Kochlöffel u. Ä. kann man in ein hohes Behältnis stecken.
- **Alles griffbereit** An der Wand unter Regalen oder Hängeschränken können Sie Schraubhaken für Schöpfkellen oder Siebe eindrehen.
- **Lochplatte** An der Wand angebracht dient sie zum Aufhängen kleiner Utensilien.
- **Kochbuchhalter** Ein Stück durchsichtige Kunststofffolie auf die Hälfte falten und mit der Rückseite und den Seiten an einer Wand befestigen. Oben bleibt die Folie offen. Beim Kochen kann man das aufgeschlagene Buch in die entstehende Tasche stecken.

GUTE IDEE!

Regal am Spülbecken

Spülmittel, Spülbürsten usw. auf ein kleines Bord stellen, das über den Armaturen am Spülbecken angebracht wird. Das Bord steht auf Rundhölzern. Zum Schutz gegen Nässe lasieren Sie das Regal mit transparentem Hartöl.

Wandflächen nutzen

- **Papierrollenhalter** Küchenpapierrollen oder Frischhaltefolie werden mit Rollenhaltern an die Wand gehängt.

Mikrowelle aufhängen

Die Mikrowelle mit Metallträgern mit genügend Lüftungsabstand an der Wand befestigen. Das Gerät sollte für alle gut erreichbar bleiben. Darunter finden mehrere Vorratsgläser Platz.

Aufgeräumter Mülleimer

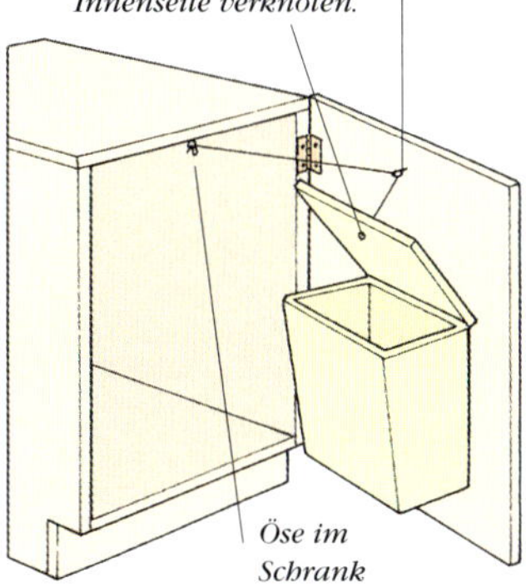

Öffnung auf Zug

Im Schrank und oberhalb des Mülleimers schraubt man je eine Öse ein. Eine Schnur, die durch Ösen und Deckel gefädelt wird, bewirkt, dass sich der Deckel beim Öffnen der Tür hebt.

Schrankeinteilung

- **Fachböden** Wenn Ihnen die eingebauten Einlegeböden im Küchenschrank nicht ausreichen, bringen Sie kleine Träger auf verschiedenen Höhen an und legen Sie weitere Regalbretter darauf.
- **Haken** In eine Leiste an der rückwärtigen Innenseite des Schrankes werden Haken für Tassen, Henkelbecher, Messbecher und andere Kleinteile eingedreht.
- **Flache Gegenstände** Senkrecht eingebaute Sperrholzbretter im Schrank dienen als schmale Fächer für die griffbereite Aufbewahrung von Backblechen und Kuchengittern.
- **Türen nutzen** Kleben Sie Ihre Lieblingsrezepte und andere nützliche Informationen an die Innenseite von Schranktüren.

Planen und Einrichten eines Badezimmers

Sicherheit und Bequemlichkeit stehen hier im Vordergrund. Ist Ihnen der Aufwand für einen kompletten Umbau zu groß, reichen oft schon kleine Neuerungen und ein paar dekorative Elemente, um ein gutes Ergebnis zu erhalten. Wie überall, ist Planung das Wichtigste.

WIE MAN DAS BADEZIMMER AM BESTEN NUTZT

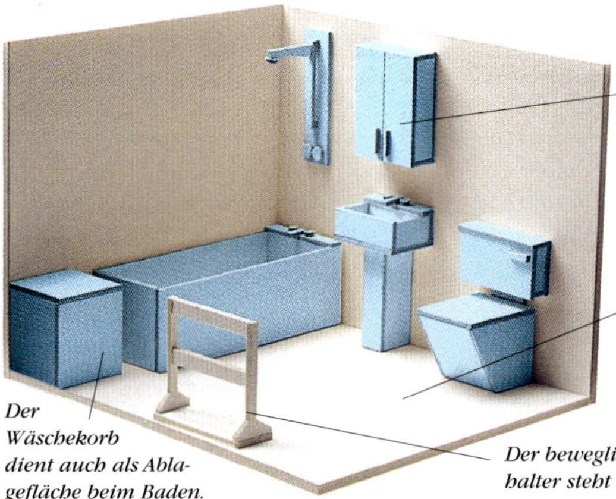

Das Schränkchen ist flach und hängt so hoch, dass es beim Benutzen des Waschbeckens nicht stört.

Die Fläche in der Raummitte bietet Bewegungsfreiheit.

Der Wäschekorb dient auch als Ablagefläche beim Baden.

Der bewegliche Handtuchhalter steht immer dort, wo man ihn gerade braucht.

Anordnung der Möbel
Unabhängig von der Größe Ihres Badezimmers sollte man vor Badewanne, Waschbecken und Toilette mindestens 1 m Platz vorsehen, damit sie bequem zugänglich sind. Auch Möbelstücke werden so aufgestellt, dass sie den Zugang nicht behindern. Der Wäschekorb stört am wenigsten, wenn man ihn in einer Ecke unterbringt.

GRUNDSÄTZLICHES

Vor der Planung oder Umgestaltung des Badezimmers sollte man aus Sicherheits- und Hygienegründen Folgendes berücksichtigen.

- **Installation** Befinden sich Leitungen oder Absperrventile innerhalb von Schränken, müssen sie im Notfall schnell erreichbar sein.
- **Beläge** Für Badewanne und Duschwanne empfehlen sich rutschfeste Badematten.
- **Elektroinstallation** Lassen Sie einen Elektriker prüfen, ob die Anschlüsse fachgerecht ausgeführt sind.
- **Ablageflächen** Ablageflächen um Badewanne und Waschbecken am besten fliesen, da Fliesen pflegeleicht und sehr hygienisch sind.

Platz sparende Ideen

Badezimmer sind oft klein, deshalb muss man den vorhandenen Raum gut nutzen. Die freien Stellen über der Tür oder der Platz unter dem Waschbecken können als zusätzliche Stauräume dienen. Toilettenutensilien, die man sehr häufig braucht, stellt man dagegen griffbereit auf.

UNTER DEM WASCHBECKEN

Zusätzlicher Stauraum
Unter dem Waschbecken schafft man einen Aufbewahrungsplatz, indem man mit Klettband einen wasserfesten Vorhang am Beckenrand befestigt. Den Vorhang regelmäßig waschen.

JEDEN WINKEL NUTZEN

- **Zusätzliche Stellfläche** Putzmittel kann man hinter die Toilette stellen.
- **Badespielzeug** In einem Korb oder einer Holzkiste verstaut, ist es im Handumdrehen aus dem Weg geräumt. Spielzeug und Korb etwa einmal wöchentlich abwaschen.
- **Sitz** Statt eines Stuhles befestigt man einen Klappsitz an der Wand.
- **Dinge auslagern** Ist das Bad sehr klein, bringt man Dinge, die man nicht unbedingt im Badezimmer braucht, woanders unter. Den Wäschekorb beispielsweise kann man ins Schlafzimmer stellen.

PLATZ FÜR WASCHZEUG

Ecken nutzen
In einer freien Ecke über der Badewanne können Sie ein kleines Eckregal für Toilettenartikel anbringen. Die Bretter zum Schutz gegen Nässe mit Hartöl imprägnieren oder lackieren.

Planen und Einrichten eines Schlafzimmers

Das Schlafzimmer soll freundlich wirken und genügend Platz zum Unterbringen von Kleidungsstücken und anderen persönlichen Gegenständen bieten. Damit das Aufräumen leicht fällt, ist es auch hier wichtig, dass ausreichend Stauraum vorhanden ist.

Komfort geht vor

- **Probe liegen** Bevor Sie eine neue Matratze kaufen, sollten Sie Probe liegen, um Größe und Härtegrad zu testen.
- **Lesen im Bett** Mit einem keil- oder sesselförmigen Kissen stützen Sie beim Sitzen den Rücken ab.
- **Essen im Bett** Ein Tischchen mit gekürzten Beinen ist ideal, wenn man im Bett essen will, z. B. wenn man krank ist.
- **Beleuchtung am Bett** Nachttischlampen ordnet man so an, dass sie auch vom Bett weggedreht werden können.
- **Toilettentisch** Den Spiegel am Toilettentisch kann man mit kleinen hellen Glühbirnen am besten beleuchten.

Wohl behütet

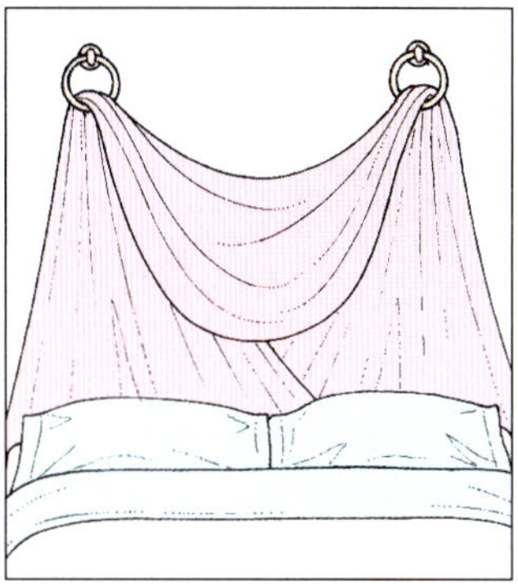

Stoff drapieren
Über dem Bett zwei Messingringe anbringen. Eine Bahn aus leichtem Seidenstoff durchziehen, in der Mitte im Bogen nach unten hängen lassen. Enden unter die Matratze stecken.

Stauraum schaffen

- **Betten, die es in sich haben** Zusätzlichen Stauraum bietet ein Bett mit Schubladenpodest (siehe S. 22).

Plüschspielzeug
Zwei Haken über Eck in die Wand und einen Haken genau in die Ecke schrauben. Zwischen den Haken ein dreieckiges Stück Netz zum Aufbewahren von Plüschtieren spannen.

Platz sparende Ideen

Durch eine geschickte Anordnung von Möbeln und optimalen Stauraum können Sie vorhandenen Platz bestmöglich nutzen. Auch unter dem Bett oder auf dem Schrank ist wertvoller Nutzraum. Bei sorgfältiger Planung kann man sogar noch Platz für die Frühgymnastik gewinnen.

GELD SPAREN

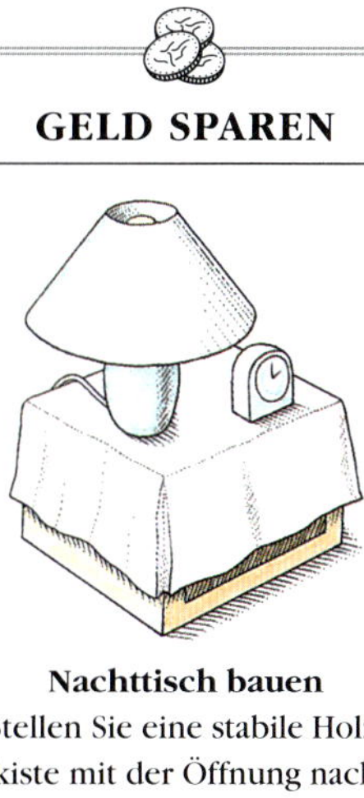

Nachttisch bauen
Stellen Sie eine stabile Holzkiste mit der Öffnung nach vorn neben das Bett und bedecken Sie sie mit einem Tuch - das bietet eine Abstellfläche und etwas Stauraum.

Gästebetten

- **Notbett** Als Gästebett dient eine zusätzliche Matratze. Man saugt sie regelmäßig ab und kontrolliert den Bezug auf Verschleiß.
- **Feldbett** Unter Ihrem Bett können Sie ohne weiteres ein Feldbett verstauen.
- **Futon** Einen Futon, den Sie im Schlaf- oder Wohnzimmer unterbringen, können Sie aufgerollt als niedrige Couch nutzen, wenn er nicht als Gästebett gebraucht wird.
- **Schlafsofa** Gästen bieten Sie mit einer Schlafcouch im Gäste- oder Wohnzimmer eine Schlafmöglichkeit. Es muss ausreichend Platz vorhanden sein, damit man sie leicht ausziehen oder ausklappen kann.

Grosse Schränke

Kommode im Schrank
Um auch den Raum unter kurzen, am Bügel hängenden Kleidungsstücken im Schrank zu nutzen, kann man in den Schrank eine kleine Kommode für lose Teile stellen.

Planen und Einrichten von Wohn- und Essbereich

Wohn- und Esszimmer sind die am meisten genutzten Räume einer Wohnung, deshalb müssen die Möbel stabil und möglichst robust sein. Auch bei einem knappen Budget kann man mit preisgünstigen gebrauchten Möbeln und den folgenden Tipps viel erreichen.

Essbereich

- **Wo Platz ist** Außer im Wohnzimmer können Sie einen Essbereich notfalls auch im Gästezimmer oder in einem abgetrennten Teil einer geräumigen Diele einrichten.
- **Improvisierter Tisch** Wenn Sie kurzfristig einen Esstisch brauchen, nehmen Sie einen Tapeziertisch oder eine Platte auf Böcken, die Sie mit einem Tuch bedecken.
- **Zusätzliche Tischplatte** Eine dicke Holzplatte in der gewünschten Form und Größe zuschneiden lassen, in der Mitte teilen und mit einem Scharnier versehen – so können Sie sie zusammenklappen und problemlos verstauen.

Lautsprecher

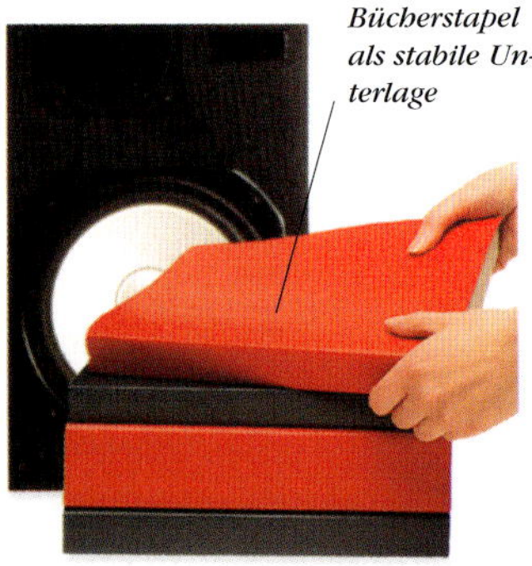

Bücherstapel als stabile Unterlage

Unterbau für Lautsprecher
Lautsprecher sollten nicht direkt auf dem Boden stehen. Anstelle von teuren Halterungen können Sie einen Stapel alter Telefonbücher verwenden, die Sie mit dekorativem Stoff beziehen.

GUTE IDEE!

Teppich auffrischen
Schwere Möbelstücke hinterlassen tiefe Abdrücke im Teppich. Lassen Sie in den Druckstellen Eiswürfel schmelzen und saugen Sie den Teppich nach dem Trocknen ab – weg sind die Abdrücke.

Platz sparende Ideen

Halten Sie Ordnung in Ihrem Wohnzimmer und überladen Sie es nicht mit zu viel Krimskrams. Sehen Sie genügend Stauraum zum Verwahren von Kassetten, Büchern und Zeitschriften vor und stellen Sie nur Dinge auf, die Sie wirklich um sich haben möchten.

Den Wohnbereich einrichten

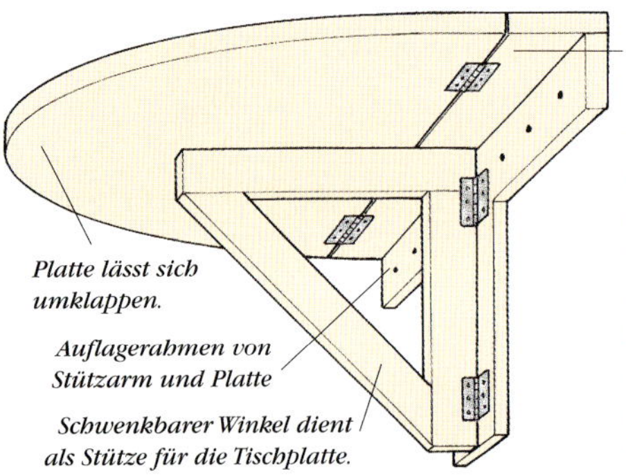

Unter diesem Teil verschwindet der Stützarm beim Umklappen der Platte.

Platte lässt sich umklappen.

Auflagerahmen von Stützarm und Platte

Schwenkbarer Winkel dient als Stütze für die Tischplatte.

Wandklapptisch
Fehlt Platz für einen Esstisch, baut man an eine Wand einen Klapptisch, den man bei Bedarf hochklappt. Der Platz darf nicht zugestellt werden, damit der Tisch immer einsatzbereit ist.

Stauraum schaffen

Getränkeschrank
Ein alter, aber frisch lackierter Aktenschrank dient als Minibar. Alkoholische Getränke gehören dabei in ein abschließbares Fach außerhalb der Reichweite von Kindern.

Einfach Ordnung halten

- **Aufräumen** Räumen Sie das Wohnzimmer jeden Abend auf, das erstickt Chaos im Keim.
- **Stühle stapeln** Stapelbare Essstühle sind rasch aus dem Weg geräumt und nehmen dann kaum Platz weg.
- **Spielsachen** In einem Korb, den Sie in einer unauffälligen Ecke unterbringen, können Sie gut Spielzeug verstauen.
- **Zeitungsständer** Zeitungen usw. sind am besten in einem Ständer aufgehoben.

Planen und Einrichten eines Hobbyraums

Es ist ideal, wenn man seinen Hobbys in einem eigenen Raum nachgehen kann. So herrscht im Haus oder in der Wohnung Ordnung, während die Hobbybegeisterten ihr Steckenpferd nach Lust und Laune pflegen können, weil sie ihre Sachen nicht immer wegräumen müssen.

Pfiffige Aufbewahrung

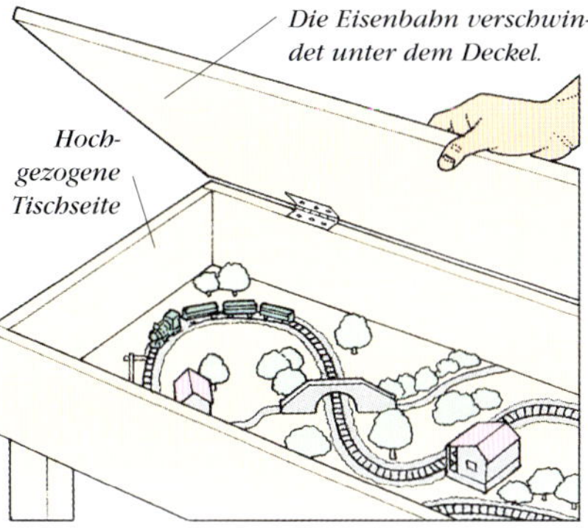

Eisenbahn
In einem umgebauten Tisch ist sie im Nu verstaut. Auf die Tischränder werden hohe Seitenteile gesetzt, der Deckel ist ein Brett, das mit Scharnieren befestigt wird. Nach oben muss am Aufstellungsort ausreichend Platz bleiben, damit der aufgeklappte Deckel nicht im Weg ist.

Was bei Hobbys wichtig ist

- **Ordnung** Kleine Dinge bewahrt man am besten in robusten Kunststoffkisten auf. Eine gute Beschriftung hilft dabei, alles griffbereit zu halten.
- **Sicherheit** Falls Dämpfe austreten können oder Brandgefahr besteht, für gute Belüftung sorgen und ein „Rauchenverboten"-Schild aufhängen.

Elektrogeräte

Falls Sie sehr leistungsstarke Geräte für Ihr Hobby brauchen, sollten Sie die Grenzen Ihres Leitungsnetzes kennen.

- **Strom** Achten Sie darauf, dass im Hobbyraum genügend Elektroanschlüsse für alle Geräte vorhanden sind. Man sollte möglichst nicht mehr als zwei Geräte an eine Steckdose anschließen.
- **Platz** Prüfen Sie, ob an der Rückseite elektrischer Geräte Luft zirkulieren kann, sonst kommt es zu einem gefährlichen Hitzestau.
- **Verlängerungskabel** Damit sie nicht im Weg sind, sollte man sie aufrollen und in einer Pappröhre aufbewahren.

Nutzung von Korridoren und Dielen

Korridore können viel mehr sein als reine „Verbindungsgänge". Wenn es der Platz erlaubt, lassen sich beispielsweise in einer Ecke Telefon und Faxgerät unterbringen oder sogar ein kleines Büro einrichten. Selbst in engen Fluren kann man noch schmale Regale einbauen.

Freie Flächen nutzen

- **Sicherheit geht vor** Dielen, Flure und Treppen sind im Brandfall wichtige Fluchtwege. Deshalb dürfen sie niemals zugestellt werden.
- **Mäntel unterbringen** Garderoben oder Haken werden so angebracht, dass sich die Türen ungehindert öffnen und schließen lassen. Für Kinder bringt man eine zweite Reihe Haken in entsprechender Höhe an.
- **Zusätzliche Garderobe** Eine zusammenklappbare Kleiderstange in der Diele, die man sonst im Gästezimmer oder Wandschrank aufbewahrt, leistet bei einem größeren Fest gute Dienste zum Aufhängen von Mänteln.

Treppenaufgang

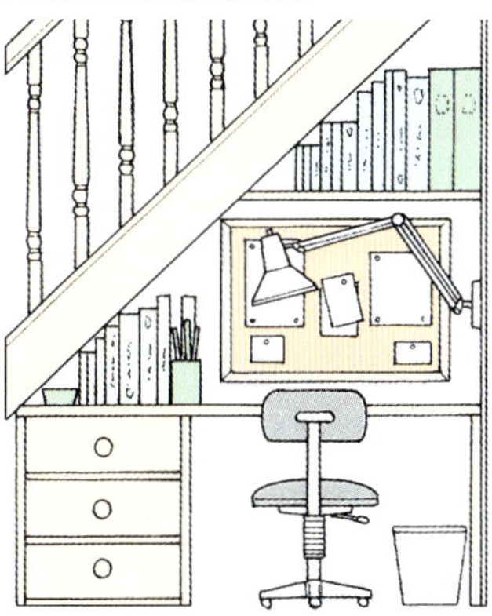

Ein Minibüro einrichten
Unter einer Treppe können Sie sich einen Arbeitsplatz schaffen. Wichtig ist eine gute Beleuchtung – vorzugsweise an der Wand angebracht, um auf dem Bürotisch mehr Platz zu haben.

Stauraum in Ecken

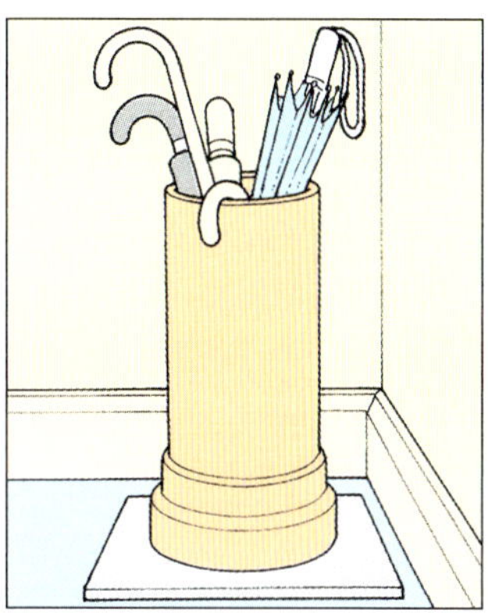

Schirmständer
Ein Stück Tonröhre auf einer großen Kachel oder einem flachen, wasserdichten Untersatz ist ein idealer Schirmständer für eine unauffällige Ecke in der Nähe der Haustür.

STAURAUM BESTMÖGLICH NUTZEN

Schränke, Regale usw. können in jede Wohnung zusätzlich eingebaut und eingepasst werden. Planen Sie aber sorgfältig, um den Platz, der Ihnen zur Verfügung steht, optimal zu nutzen. Für Dinge, die Sie nicht ständig bei der Hand haben müssen, eignet sich Stauraum an nicht so leicht zugänglichen Stellen.

Schränke

Packen Sie Schränke und Regale nicht zu voll und stellen Sie keine schweren Gegenstände oben auf die Schränke, sonst kann es sein, dass die Türen klemmen. Sichten Sie den Inhalt Ihrer Schränke hin und wieder und entsorgen Sie alles, was Sie nicht mehr brauchen.

Welcher Schrank?

Schränke sind als Einbauten oder frei stehend erhältlich.

- **Einbauschränke** Diese sind zum festen Einbau vorgesehen. Sehr komfortabel ist ein begehbarer Kleiderschrank. In Mietwohnungen braucht man aber hierfür die Zustimmung des Vermieters.
- **Frei stehende Schränke** Diese Schränke lassen sich umstellen, wenn man die Zimmereinrichtung ändert. Auch kann man sie beim Umzug wieder mitnehmen.

Küchenschränke

- **Für eine kleine Küche** Hier verwendet man möglichst Wandschränke, denn sie haben eine geringe Tiefe und beanspruchen daher weniger Platz. Achten Sie aber dennoch darauf, dass Sie alle Kochgeräte und Utensilien auf den schmalen Arbeitsflächen und in den Schränken unterbringen können.
- **Der Größe angepasst** Ein Hängeschrank ist dann in der richtigen Höhe, wenn man die flache Hand auf den oberen Fachboden legen kann.

Sinnvolle Einteilung

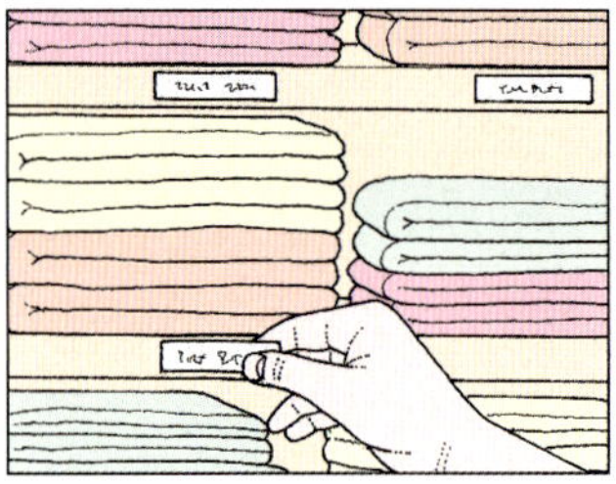

Wäscheschrank
Bettwäsche nach Bezügen, Laken und Kissen sortieren und die Fächer mit entsprechenden Etiketten versehen. So können Sie jedes Stück immer wieder an den richtigen Platz legen.

Anordnung von Schränken im Schlafzimmer

Dieser Plan zeigt, wie sich der Platz im Schlafzimmer für verschiedene Schranktypen nutzen lässt.

- **Freier Zugang** Lassen Sie vor Schränken immer ausreichend Platz, damit Sie die Türen ganz öffnen können.
- **Enge Stellen** Hier empfiehlt es sich, Schränke mit Schiebetüren zu nehmen.
- **Nischen nutzen** In Nischen oder Erkern lassen sich immer Schränkchen unterbringen.
- **Podestbett** Wenn Sie den Unterbau für Ihr Bett selbst aus Rahmenhölzern konstruieren, können Sie gleich eine entsprechende Schublade einplanen.
- **Rollschubladen** Es gibt aber auch ganz flache Schubladen auf Rädern für normale Betten fertig zu kaufen.

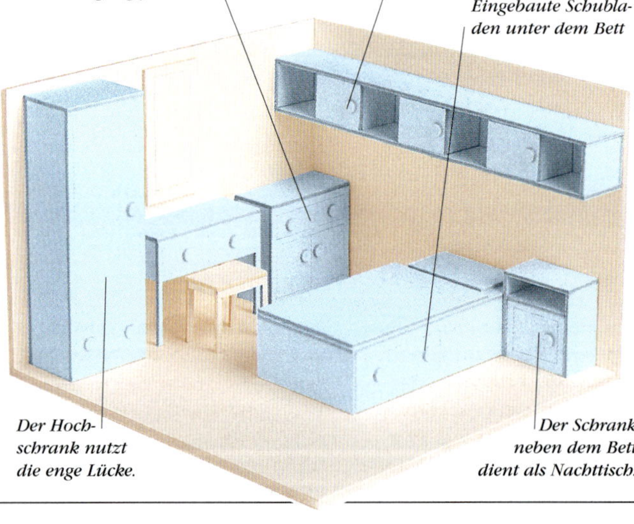

Aufteilung von Kleiderschränken

Gewusst wie – dann lässt sich in einem Schrank viel unterbringen. Bevor man Kleidungsstücke aufhängt oder stapelt, sortiert man sie nach Länge oder Breite und legt Stücke beiseite, die nicht zusammengelegt werden oder in Schachteln aufbewahrt werden müssen.

Optimale Nutzung eines Schrankes

Aufbewahrung von Kleidungsstücken und Accessoires
Der Kleiderschrank bleibt stets ordentlich, wenn Sie Kleiderstangen und Einlegeböden nicht überladen. Es muss ausreichend Platz vorhanden sein, um Kleider und Accessoires mühelos herausnehmen und wieder unterbringen zu können. Wenn Sie die Innenseiten der Schranktüren nutzen, dürfen die aufgehängten Dinge nicht zu schwer sein, sonst können die Scharniere in Mitleidenschaft gezogen werden.

GUTE IDEE!

Schrank für zwei
Wenn sich Kinder ein Zimmer teilen, streicht man Schränke, Kommoden usw. in ihrer Lieblingsfarbe – dann weiß jedes Kind, wo seine Sachen sind.

Zusatzschrank

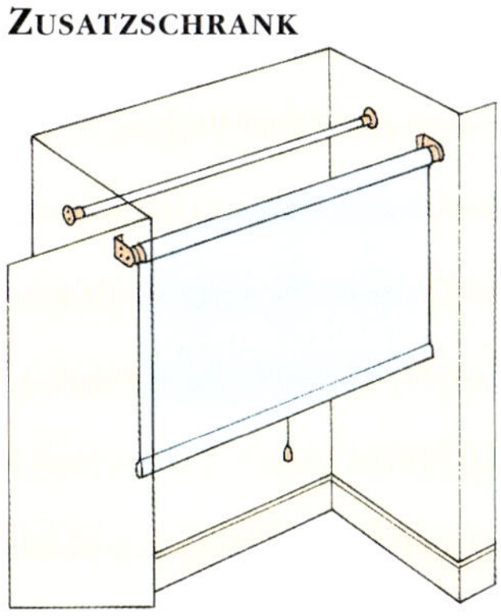

Nischen nutzen
Montieren Sie in einer Nische eine Kleiderstange, dabei müssen allerdings zwischen Kleiderstange und rückwärtige Wand Kleiderbügel passen. Ist für eine Tür kein Platz, bringt man ein Springrollo an.

Pfiffige Aufbewahrung

- **Edle Kleidungsstücke** Zur Aufbewahrung teurer oder empfindlicher Kleidung kauft oder näht man Baumwollhüllen. Auch Plastikhüllen aus der Reinigung eignen sich als Schutzhüllen.

Schuhe einfach finden
Wenig benutzte Schuhe hebt man in Schuhkartons unten im Schrank oder im Regal auf. Machen Sie ein Foto von jedem Paar und heften Sie es an den entsprechenden Karton.

Platz sparen

- **Volumen reduzieren** Nicht knitternde Kleidungsstücke wie dünne Pullover zusammengerollt in die Schrankfächer legen.
- **Türen nutzen** An Handtuchhaltern oder Haken an der Innenseite der Schranktür Gürtel und Krawatten aufhängen.
- **Spiegel** Statt eines frei stehenden Spiegels befestigt man einen Spiegel an der Schranktür. Beim Öffnen sollte das Licht nicht auf den Spiegel, sondern auf den Betrachter fallen.
- **Gästezimmer** Selten getragene Kleidung bringt man in einem Schrank im Gästezimmer unter, den man ausräumt, wenn Gäste kommen.

Regale schaffen Ordnung

Regale sehen nicht nur schön aus, sie sorgen auch für Ordnung. Holzregale eignen sich gut für Bücher und Haushaltsgeräte. Hübsche Ziergegenstände, Fotos und kleine Topfpflanzen kommen beispielsweise in einem Regal aus gehärtetem Glas besonders gut zur Geltung.

Regale einräumen

● **Vorsicht ist geboten** Überladene Regale können durchhängen oder sogar von der Wand fallen. Wenn Sie selbst ein Regal bauen, sollten Sie darauf achten, dass lange Regalböden auch in der Mitte abgestützt sind, damit sie unter der zusätzlichen Last nicht brechen.

● **Praktische Überlegungen** Ziergegenstände im Wohnzimmer müssen oft abgestaubt werden, es sei denn, das Regal hat Türelemente.

● **Krimskrams** Zur Unterbringung kleiner Dinge kann man kleinere Regale in größere integrieren, etwa ein Gewürzbord im Küchenregal.

● **Ordnung** Wird die Vorderseite der Regale mit Etiketten gekennzeichnet, findet jeder Gegenstand immer wieder seinen Platz.

Offenes Regal als Raumteiler

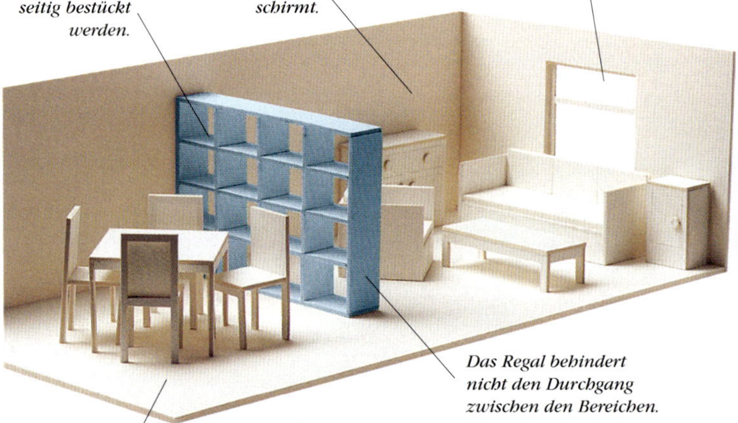

Zusatzfunktion
Mit offenen Regalen kann man einen großen Raum in verschiedene Wohnbereiche unterteilen. Ein lichtes, quer in den Raum ragendes Regal zwischen Wohn- und Essbereich dient als praktische Trennung. Das Regal muss zur Sicherheit auch am Boden befestigt werden.

Regale einfach und rasch selbst gebaut

Mit Ziegelsteinen und Holzbrettern kann man mühelos einfache Regale bauen. Besondere Werkzeuge braucht man nicht. Man sucht sich schöne, gut erhaltene Ziegelsteine und stabile Holzbretter von mindestens 15 mm Stärke aus. Bauen Sie lieber ein oder zwei Regaleinheiten mehr als ursprünglich geplant. Wichtig ist, dass die einzelnen Elemente sicher stehen und gut gestützt sind.

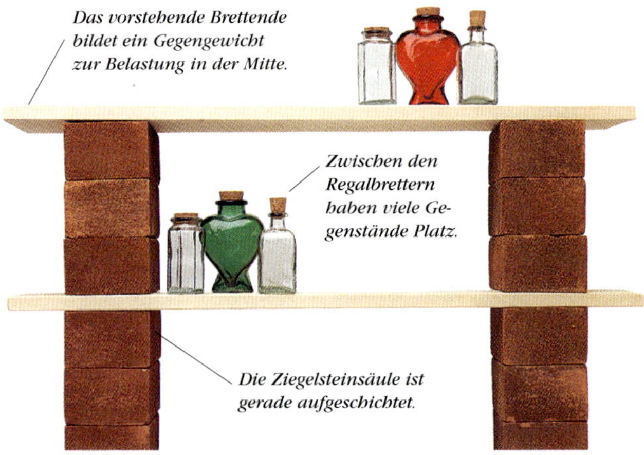

Regal aus Ziegelsteinen
Auf zwei Säulen von jeweils drei oder vier – je nach Höhe der unterzubringenden Gegenstände – gerade übereinander geschichteten Ziegelsteinen wird ein Brett gelegt (siehe links). Erweitern lässt sich das Regal mit zusätzlichen Ziegelsteinen, die man über den unteren Säulen auf das erste Regalbrett schichtet. Mehr als drei „Stockwerke" sollte das Regal aus Stabilitätsgründen jedoch nicht haben. Wenn Kleinkinder im Haushalt leben, ist diese Regalform auch nur bedingt empfehlenswert.

Schubladen gekonnt nutzen

Schubladen sind sehr flexibel, was Größe, Tiefe und Höhe angeht. Daher können sehr unterschiedliche Dinge darin verstaut werden. Unterteilt man den Schubladenraum in kleinere Bereiche, kann man darin sehr viele Dinge ordentlich und immer griffbereit unterbringen.

Weitsichtig planen

- **Einzelschubladen** Vor dem Kauf von solchen Elementen muss exakt Maß genommen werden, damit sie hinterher auch wirklich in den vorgesehenen Platz passen.
- **Kommoden** Suchen Sie Möbel mit verschieden tiefen Schubladen aus – beispielsweise mit flachen Schubladen für Unterwäsche und tieferen für Pullis.
- **Flache Schubladen** Große Gegenstände, die liegend aufbewahrt werden müssen, etwa Zeichnungen oder Stoffe, werden in Spezialschränken aus dem Bürofachhandel untergebracht.
- **Tiefe Schubladen** Denken Sie an den Einbau tiefer, stabiler Schubladen für großformatige Gegenstände wie Brettspiele oder Fotoalben.
- **Standort der Kommode** Vor der Kommode muss so viel Platz bleiben, dass ein Erwachsener bei ausgezogener Schublade davor knien kann.

Schubladen einräumen

Ein Schubladenschrank sollte mehrmals jährlich gesichtet und gereinigt werden.

- **Einräumen** Zwischen der Oberkante der Schublade und dem Inhalt lässt man ca. 2,5 cm Luft, sodass sie beim Gebrauch nicht durch überstehende Teile blockiert wird.
- **Scharfe Gegenstände** Messer und scharfkantige Gegenstände wickelt man vor dem Einräumen in Papier oder geeignete Kartons ein, andernfalls machen sich blanke Metallspitzen und Klingen gegenseitig stumpf oder verletzen jemanden, der unbedacht in die Schublade greift.
- **Gewicht beschränken** Sehr schwere Gegenstände gehören nicht in Schubladen, da der Boden brechen könnte.
- **Laufleisten wachsen** Die Laufleisten von Schubladen sollte man gelegentlich mit etwas Seife oder einem Kerzenstummel einreiben, dann gleiten die Schubladen reibungslos und verkanten sich nicht.
- **Sicherheitssperren** Wenn sich bei einer alten Kommode Querleisten zwischen den Schubkästen befinden, nagelt man eine Reihe Korken auf deren Unterseite. Sie bewirken, dass man die Schubladen nicht versehentlich ganz herauszieht.

Ordnung muss sein

Schubladeneinsätze

Einsätze aus festem Karton zuschneiden und einpassen. In den einzelnen Fächern kann man Kleinteile, z. B. Socken, sehr ordentlich unterbringen.

Richtiges Einräumen

- **Übersicht bewahren** Wenn Sie die Schubladen vorn mit einem Etikett versehen, auf dem der Inhalt bezeichnet ist, finden Sie sich gut zurecht.
- **Kleidungsstücke** Beim Einräumen in die Schubladen achtet man darauf, dass die empfindlicheren Teile oben und die strapazierfähigeren Kleidungsstücke unten liegen. Gute Hemden kann man z. B. auf T-Shirts legen, dann knittern sie nicht zu sehr.
- **Die Richtung macht's** Legen Sie lange, dünne Gegenstände wie etwa Schöpfkellen in derselben Richtung in die Schublade, dann gibt es kein Durcheinander.
- **Kleinstteile** Eine Minikommode auf dem Regal, Schreibtisch oder Tisch ist der geeignete Aufbewahrungsort für Modeschmuck oder Nähutensilien, die in einer größeren Schublade verloren gehen würden.

Sauberkeit

- **Schutz** Schubkästen werden mit Schrankpapier ausgelegt, das schont den Boden und den Inhalt. Älteres Schrankpapier wird ausgetauscht.
- **Schnell reagieren** Damit Ausgelaufenes in einer Schublade nicht festklebt, wischt man es am besten sofort weg.

Die Flaschen sind mit Gummiband gesichert.

Fläschchen sichern

Mit Heftzwecken befestigt man an den Seiten der Schublade ein Gummiband als Halterung für Flaschen, damit sie beim Schieben nicht umfallen können.

Noch mehr Stauraum

Außer in üblichen Schränken und Regalen lassen sich manche Dinge auch an anderen Stellen in Haus oder Wohnung verstauen – beispielsweise über Türen und Fenstern, an Wänden hinter Türen oder in Ecken und Winkeln, in die kleine Regale oder Schränkchen passen.

Fensternischen nutzen

● **Schön und praktisch** Auch Fensternischen können mehrfach genutzt werden. In ein kleines Fenster ohne Aussicht baut man ein lichtes Regal für gläserne Ziergegenstände ein, die das durchs Fenster einfallende Licht reflektieren.

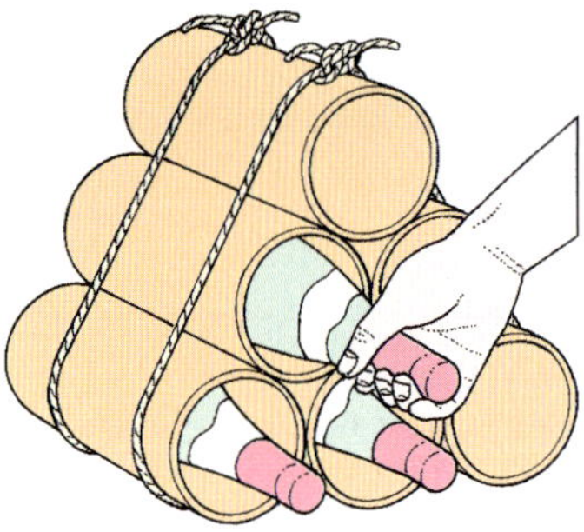

Improvisiertes Weinregal
Aus Kunststoffrohren von 12 cm Durchmesser, die man in 30 cm lange Stücke teilt, baut man ein Weinregal. Jeweils sechs Rohrstücke zusammenkleben und mit einem Strick umschnüren.

Platz unter dem Bett

● **Stauraum schaffen** Bettzeug, Kleidung oder Spielzeug werden in stabilen Pappkartons oder Kunststoffboxen aufbewahrt. Für Bettzeug und Kleidungsstücke legt man die Kisten mit einfachem weißem Papier aus. Lavendelsäckchen schützen vor Motten.

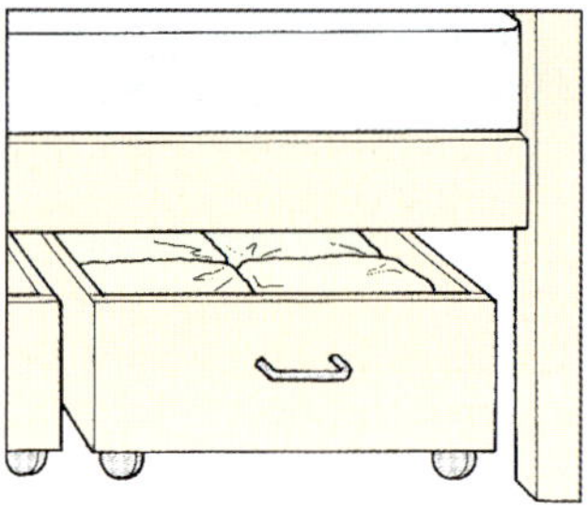

Stauraum auf Rädern
Unter Betten mit hohem Rahmen bieten große Holzkästen neuen Stauraum. Leicht nutzbar werden sie durch Rollen und an der Vorderseite angebrachte Griffe oder Schlaufen.

Lücken nutzen

● **Nischen** In eine Lücke zwischen zwei Küchenschränken passt man einen Handtuchhalter ein. Ist die Lücke hoch genug, kann man dort Besen oder Bügelbrett unterbringen.

● **Regal über der Tür** Wenn zwischen der Decke und der Oberkante der Tür ausreichend Platz ist, kann man ein oder zwei Regalbretter einbauen.

● **Leere Wandflächen** Leere Flächen zwischen Tür oder Fenster und einer Seitenwand bieten sich für schmale Regale an – das Regal darf Tür oder Fenster aber nicht blockieren.

● **Kinderzimmer** Selten benutzte Dinge bringt man in Hochschränken oder auf hohen Regalbrettern unter. Sorgen Sie dafür, dass die Stellen für Kinder nicht erreichbar sind, sie könnten sich beim Herunterziehen schwerer Gegenstände verletzen.

Garage und Schuppen

Auch in Garage und Schuppen sollte jedes Ding seinen festen Platz haben und nach Gebrauch wieder aufgeräumt werden.

● **Aufteilung** Gegenstände werden nach ihrem Verwendungszweck sortiert und gelagert.

● **Stauraum vergrößern** Bringen Sie ausgediente Küchenschränke an den Wänden an. Schränke, in denen Schadstoffe lagern, werden mit Schlössern gesichert.

● **Arbeitsflächen erweitern** Für Reparaturen und andere Arbeiten bietet sich ein Klapptisch an der Wand an.

● **Strom** Soll der Raum als Werkstatt dienen, installieren Sie gleich mehrere Steckdosen.

Unter der Decke
Ein Netz unter dem Garagendach dient zur Aufbewahrung sperriger, leichter Gegenstände. Schwenkt das Garagentor nach oben, darf das Netz den Mechanismus nicht behindern. Überladen Sie das Netz nicht, damit es nicht durchhängt.

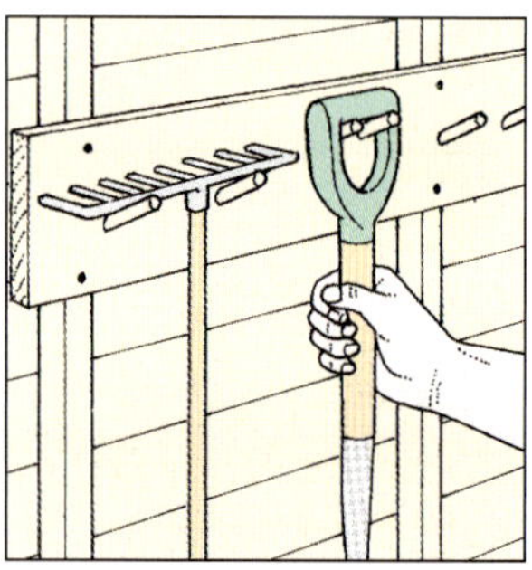

Gartengeräte unterbringen
In ein Holzbrett eine Reihe schräg verlaufender Löcher bohren, in die man Holzdübel so einsetzt, dass sie nach oben zeigen. Das Brett an der Wand befestigen. Borsten oder Zinken von Geräten weisen zur Wand.

BESONDERE DINGE AUFBEWAHREN

Überlegen Sie gründlich, wie und wo Sie sperrige oder wertvolle Gegenstände am besten unterbringen. Große Dinge sollten nicht ständig im Weg sein, es sei denn, sie werden regelmäßig gebraucht. Wertgegenstände sollten Sie außerhalb der Sichtweite möglicher Einbrecher und gut verschlossen aufbewahren.

Videokassetten und Tonträger

Achten Sie darauf, dass Videobänder, Kassetten, CDs, Disketten und Schallplatten gut geschützt vor Staub sind. Bei Videobändern, Kassetten und Disketten muss man außerdem darauf achten, dass sie nicht in der Nähe von Magnetquellen sind (Fernseher, Lautsprecher usw.).

Videokassetten

- **Etiketten** Kleben Sie auf jede Kassette ein Etikett mit Inhalt und Aufnahmedatum.
- **Ordnen** Sortieren Sie Kassetten nach Kategorien wie „Krimis“ und „Dokumentationen“.
- **Alte Bänder** Sichten Sie Ihre Bänder regelmäßig und löschen Sie solche Inhalte, die Sie nicht mehr brauchen.
- **Gelöschte Bänder** Versehen Sie diese mit einem Etikett, das erneut beschriftet werden kann.

Tonträger

- **CDs** Regale für CDs können Sie in verschiedenen Ausführungen günstig erwerben. Selbst gebrannte CDs sind lichtempfindlich und sollten in Schränken aufbewahrt werden.
- **Tonkassetten** Sie können in Schubladen oder in dekorativen Boxen und nach Themen geordnet aufbewahrt werden.
- **Schallplatten** Damit sie sich nicht verformen, Schallplatten immer senkrecht und vor Wärme geschützt archivieren.

Sammeln

- **Liste für die Versicherung** Notieren Sie den Titel und ob es sich um eine CD, Kassette, Schallplatte oder ein Videoband handelt. Bringen Sie die Liste regelmäßig auf den neuesten Stand. So können Sie im Notfall einfach darauf zurückgreifen.
- **Moderne Technik** Wer eine größere Sammlung hat oder anlegen will, kann PC-Programme verwenden, die die Archivierung einfach machen.

Sperrige Gegenstände verstauen

Hier sind meist Einfallsreichtum und Erfindungsgabe gefragt. Überlegen Sie, wie oft Sie die Dinge benötigen und wo sie am wenigsten stören. Sehr große oder schwere Gegenstände muss man so sichern, dass keine Verletzungsgefahr beim Umgang damit besteht.

Wandflächen nutzen

Fahrrad aufhängen
Hängen Sie das Fahrrad an stabilen, vorn erhöhten Winkeln auf, die Sie an der Wand befestigen. Ein weicher Belag (Schaumstoff) auf der Auflagefläche schützt den Lack vor Kratzern.

Freizeitgeräte

- **Sportausrüstung** Unempfindliche Dinge wie Fußbälle und Hockeyschläger legt man in einen großen Korb in einer Ecke im Flur, möglichst in der Nähe der Außentür.
- **Schlafsäcke verstauen** Schlafsäcke ohne Hülle werden fest aufgerollt und mit Spanngurten verzurrt, damit sie in einer Kiste oder im Schrank möglichst wenig Platz wegnehmen.
- **Picknicksachen** Die Kühlbox Platz sparend an einem stabilen Haken an der Decke aufhängen. Teller, Besteck und andere Kleinteile in der Box verstauen.

SICHER IST SICHER

Eine Leiter verstauen
Eine Leiter an der Außenwand einer Garage ist gut aufgeräumt. Man sollte sie aber sichern, damit sie nicht von Einbrechern für ihre Zwecke missbraucht werden kann.

Fotografien und Filme

Fotos sind wertvolle Erinnerungen – bewahren Sie sie an einem kühlen, trockenen Ort sortiert in Kästen oder Alben auf, damit sie unbeschädigt bleiben. Besonders wertvolle Fotos sind in einer feuerfesten Kassette oder dem Safe gut aufgehoben.

Fotos

● **Abzüge beschriften** Abzüge oder Fotohüllen, die noch nicht datiert sind, werden auf der Rückseite mit Monat, Jahr und Ort beschriftet.

Karteikarten als Register für Abzüge

Abzüge aufbewahren
Abzüge kann man auch in Schuhkartons aufheben. Man findet sich schnell zurecht, wenn man ein Ablagesystem mit Karteikärtchen anlegt, auf denen man den Inhalt der Fächer notiert.

Negative

● **Abdrücke vermeiden** Negative nur an den Rändern berühren, damit keine Fingerabdrücke entstehen, welche die Qualität der Abzüge mindern.

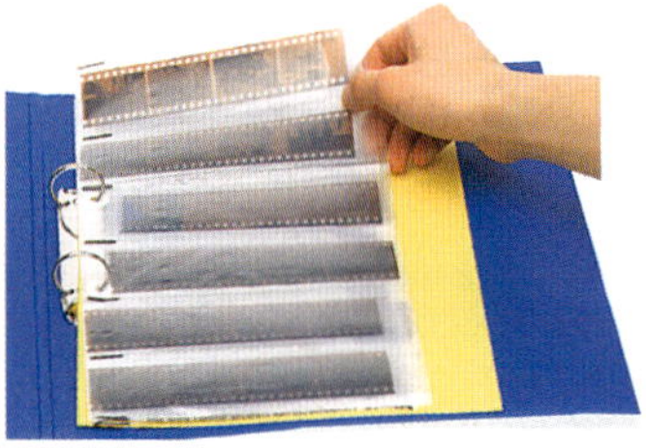

Negative aufbewahren
Negative werden flach in den jeweiligen Plastikhüllen aufbewahrt. Die gelochten Hüllen sortiert man in einen Aktenordner ein, wobei jede Hülle mit Angaben über den Inhalt versehen ist.

Filme

● **Unbelichtete Filme** Wärme schadet Filmen, deshalb legt man sie in den Kühlschrank, am besten in einem geschlossenen Fach in der Tür.

● **Belichtete Filme** Sie werden in der Originalpackung an einem kühlen, dunklen Ort gelagert. Negative gehören in die Originalverpackung.

● **Lagerzeit für Filme** Lassen Sie belichtete Filme möglichst schnell entwickeln. Bleiben sie längere Zeit in der Kamera oder im Schrank liegen, leidet die Bildqualität.

● **Urlaubsfilme** Bei Hitze wickelt man Kamera und Film in Plastiktüten und lagert sie vor Staub und Wärme geschützt in einer Kühlbox.

Schmuckstücke aufbewahren

Wertvolle Schmuckstücke werden einzeln verpackt aufbewahrt, damit sie keine Kratzer davontragen. Der sicherste Ort dafür ist ein Safe oder bei entsprechendem Wert ein Schließfach bei einer Bank. Passen Sie Ihre Hausratversicherung Ihrem jeweiligen Besitz an.

Wertgegenstände

● **Tresor** Der beste Aufbewahrungsort für Schmuck und Geld ist ein hochwertiger Tresor aus Metall mit Sicherheitsschloss, der in eine Wand eingesetzt wird.

● **Wer suchet …** Hinter Bildern sucht jeder Einbrecher nach dem Safe, pfiffiger ist eine Wand im Keller, vor der vielleicht ein rückwärtig offenes, aber mit Vorräten gefülltes Regal steht. Je länger der Einbrecher suchen muss, desto eher gibt er auf.

● **Omas Verstecke** Geld u. Ä. zwischen der Wäsche oder in Büchern zu verstecken ist wenig sinnvoll und reizt die Einbrecher zu Vandalismus.

Kleine Gegenstände

● **Ringe** Ein 7,5 cm langes Rundholz wird mit einem Ende in einer Holz- oder Korkscheibe befestigt und dient zum Aufstecken von Ringen.

● **Ohrringe sortieren** Ein Nadelkissen ist der ideale Aufbewahrungsort für Ohrstecker.

● **Ohrclips aufhängen** In einer Schublade ein Band mit Heftzwecken zum Aufhängen von Ohrclips befestigen.

● **Alltägliches** Accessoires, die man täglich trägt, legt man in eine kleine Schale oder Schachtel. Gewöhnen Sie sich an, die Stücke abends immer dort abzulegen, dann sind sie morgens griffbereit.

Modische Halsketten

● **Ältere Modelle** Modeschmuck, den Sie selten tragen, bewahren Sie in einer langen Schachtel, Papprohre oder an einem Bügel auf.

Eine lange Kette wird vor dem Aufhängen auf die Hälfte geschlungen.

Halskette aufhängen
Ein Schraubhaken an der Innenseite der Schranktür dient zum Aufhängen von modischen Halsketten oder Armreifen.

Bücher und Dokumente

Auch wer kein Bibliothekar oder Antiquar ist, weiß, dass man Bücher pfleglich behandeln muss, wenn man lange Zeit Freude daran haben möchte. Wenn Sie ein Buch verleihen, sollten Sie sich seinen Titel und den Namen des Entleihers notieren – für alle Fälle.

BEWÄHRTES WISSEN

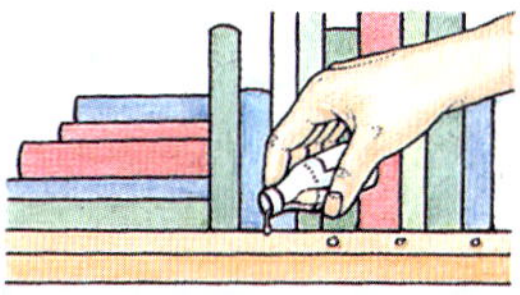

Schimmel vorbeugen
Ein wenig Nelkenöl auf Holzregalen verstrichen, verhindert die Schimmelbildung. Man reibt das Öl gründlich in das Holz ein, damit die Bücher nicht beschmutzt werden.

Planung

- **Ordnung hilft weiter** Sortieren Sie Ihre Bücher alphabetisch nach Autoren oder nach Sachgebieten.
- **Abstand halten** Zwischen der Oberkante der Bücher und der Unterseite des nächsten Regalbretts lässt man mindestens 2,5 cm frei, damit man die Bücher leicht entnehmen kann.
- **Notenblätter ordnen** Wenige Blätter bringt man am besten in einem Zeitungsständer unter. Ganze Notensammlungen werden alphabetisch sortiert in ein eigenes Regal gestellt.

Tipps zur Pflege

- **Trockener Standort** Bücher sollten an trockenen Orten stehen. Wo sie durch hohe Luftfeuchtigkeit gefährdet sind, stellt man einen kleinen Luftentfeuchter auf.
- **Einbände** Taschenbücher werden zum Schutz in Buchhüllen gesteckt. Ledereinbände behandelt man gelegentlich mit Lederbalsam.
- **Staub bekämpfen** Bücher und Regale sollten regelmäßig abgestaubt werden. Die schonendste Methode ist dabei, die Bücher auf dem Balkon oder der Terrasse abzupusten.

Werkzeug

Sorgsame Pflege verlängert die Lebensdauer teurer Gartengeräte und Werkzeuge. Geräte mit Schneiden oder Klingen lagert man außer Reichweite von Kindern an einem gesicherten Ort. Die Klingen umhüllt man mit dickem Stoff oder Noppenfolie (siehe auch S. 31).

Geräte aufbewahren

- **Werkzeug aufhängen** Am besten hängt man Werkzeuge an Haken oder an eine Holz- bzw. Metallplatte. Ist dafür keine Bohrung an einem Werkzeug vorhanden, bringt man sie selbst an.
- **Kleingeräte** Kleinere Gartengeräte und handliches Haushaltswerkzeug bewahrt man am besten in stabilen Kunststoffboxen auf.
- **Gerätepflege** Alle Werkzeuge sollten sofort nach dem Gebrauch gereinigt werden, insbesondere erdverschmierte Gartengeräte wäscht man ab und trocknet sie dann sorgfältig mit einem weichen Tuch.
- **Lagerung im Winter** Rost an Metallteilen verhindert man durch Einölen, ungestrichenes Holz wird mit Leinsamenöl behandelt.

Unhandliche Geräte

- **Schubkarren** Den Karren hochkant an die Wand stellen, das Rad mit einem Ziegelstein sichern, die Griffe mit Gummiseilen an der Wand befestigen.

Schlauchaufroller
Vier Löcher in den Boden einer Blechschüssel bohren, an ein Holzbrett schrauben, das in Garage oder Schuppen an der Wand befestigt wird. Gartenschlauch um die Schüssel wickeln.

Ordnung

- **Arbeitsfläche** Halten Sie die Werkbank in Ordnung und frei von Werkzeug. Als Stauraum dienen Regale oder der Raum unter der Arbeitsfläche.

Werkzeugbrett anfertigen
In Folie gewickeltes Werkzeug auf dem Brett mit Nägeln fixieren und alles mit Farbe besprühen. Nach dem Trocknen Werkzeug auswickeln und an den ausgesparten Stellen aufhängen.

STAURAUM EINTEILEN

Bei der Planung von Stauraum ist es wichtig, zunächst zu überlegen, welche Gegenstände griffbereit sein müssen und welche nicht. Je nachdem, ob Sie bestimmte Dinge häufig oder eher selten brauchen, sollten Sie entscheiden, ob Sie sie an mehr oder weniger leicht zugänglichen Stellen verwahren.

Langfristig lagern

Für die langfristige Lagerung sucht man Stellen aus, wo die Gegenstände nicht im Weg sind. Nutzen Sie alle vorhandenen Stauräume optimal aus, unter anderem auch Koffer: Darin können Sie jeweils Kleidungsstücke unterbringen, die Sie nur im Winter oder im Sommer tragen.

Kleidung verstauen

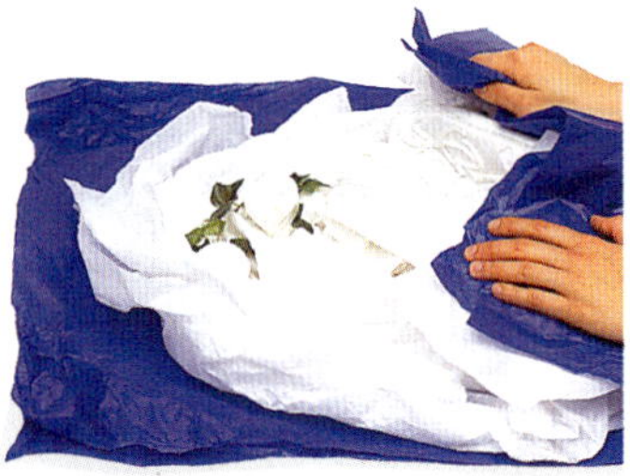

Empfindliche Teile
Weiße Kleidungsstücke werden zum Schutz vor Verschmutzung mit weißem Seidenpapier umhüllt. Eine weitere Schicht aus blauem Seidenpapier schützt vor „Altersflecken".

Andere Gegenstände

- **Mottenschutz** Wolldecken wickelt man in mehrere dicke Lagen Zeitungspapier ein und klebt die offenen Seiten mit Paketband zu.
- **Hüte** Diese bewahrt man in Hutschachteln auf, die man an beliebige trockene Orte stellen kann. So sind sie vor Staub und Licht geschützt.
- **Ledertaschen** Nach dem gründlichen Säubern stopft man sie mit Seidenpapier aus. So behalten sie ihre Form. In einem Pappkarton an einem kühlen, trockenen Ort ist das Leder vor Schimmel geschützt.

BEWÄHRTES WISSEN

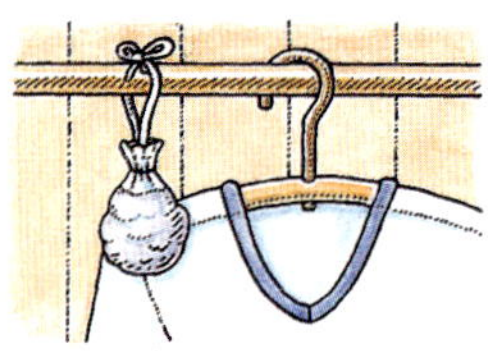

Motten fern halten
Lavendelsäckchen halten Motten von Kleidungsstücken und Bettzeug fern. Man hängt die Säckchen im Schrank auf oder legt sie in die Fächer.

Aufbewahrung selten benutzter Gegenstände

Dinge, die man kaum braucht, kann man an schwer erreichbaren Stellen aufbewahren, etwa auf dem Speicher oder in den obersten Fächern eines Schrankes oder Regals. Damit nichts in Vergessenheit gerät, notiert man sich Sache und Aufbewahrungsort in einer speziellen Liste.

Zerbrechliches

Wertvolles Glas verpacken
Die Gläser werden von innen und außen mit Noppenfolie geschützt. Dann legen Sie sie am besten in hölzerne Weinkisten, die mit Stegen zur Sicherung von Flaschen ausgestattet sind.

Dekorationsmaterial

Lichterketten
Schneiden Sie ein rechteckiges Stück fester Pappe H-förmig zu. Anschließend wird das Kabel, ohne die Lämpchen zu verdrehen, vorsichtig um den Mittelteil gewickelt.

Saisonale Aufbewahrung

- **Kleidungsstücke** Für typische Winter- oder Sommerkleidung einen eigenen Aufbewahrungsort vorsehen – beispielsweise einen Schrank im Keller oder Koffer auf dem Speicher. Die Kleidungsstücke vor dem Einpacken am besten waschen und ausbessern.
- **Freizeitartikel** Skier, Surfbretter und andere sperrige Geräte hängt man im Schuppen oder Keller auf. Wird diese Ausrüstung kaum benutzt, ist es überlegenswert, ob man sie nicht nur ausleiht.

Aufbewahren häufig benutzter Gegenstände

Idealerweise lagert man häufig benutzte Dinge dort, wo sie auch gebraucht werden. Benötigt man sie an verschiedenen Stellen, legt man sie in tragbare Behälter, die man leicht transportieren kann. An den Wänden befestigte Dinge sollten etwa in Taillenhöhe hängen.

GRUNDSÄTZLICHES

Die Gegenstände auf dieser Liste brauchen Sie wahrscheinlich tagtäglich. Bewahren Sie sie so auf, dass sie jederzeit aufzufinden sind.

- Toilettenartikel (S. 34)
- evtl. Brille
- evtl. Medikamente
- Kleidung für draußen
- Kleidungsstücke, Schuhe und Accessoires für den nächsten Tag (S. 33)
- Kochutensilien
- Nahrungsmittel für den täglichen Bedarf
- Reinigungsmittel und Putzlappen
- Handtücher
- Haus- und Autoschlüssel
- Arbeitsgeräte und -unterlagen
- Schulranzen und -bücher der Kinder
- Hobby- und Freizeitartikel
- Fernbedienungen

VORAUSPLANUNG

- **Der nächste Tag** Kleidung, Unterlagen und andere Dinge, die man am nächsten Tag braucht, schon abends zurechtlegen.
- **Listen** Machen Sie abends eine Liste all der Dinge, die Sie am Tag darauf erledigen müssen.
- **Persönliche Dinge** Wenn Sie Toiletten- oder Kosmetikartikel benutzen, sorgen Sie dafür, dass sie am nächsten Tag gebrauchsbereit sind – beispielsweise aufgebrauchte Seifenstücke oder Shampoos ersetzen, stumpfe Rasierklingen austauschen und stumpfe Kajalstifte spitzen.
- **Frühstück vorbereiten** Am Abend den Frühstückstisch decken, Geschirr, Besteck und Behälter mit haltbaren Lebensmitteln wie Müsli und Konserven bereitstellen.

REINIGUNGSMITTEL

- **Sets zusammenstellen** Stellen Sie die Putzmittel für Küche und Badezimmer getrennt zusammen. So können diese dann in dem jeweiligen Raum verbleiben.

Tragbares Behältnis
Wenn Sie einen Raum reinigen wollen, stellen Sie die entsprechenden Reinigungsmittel sowie Putzlappen zusammen und transportieren Sie sie in einem stabilen, aber leichten Behältnis, etwa einem Flaschenträger.

HAUSHALTSGEGENSTÄNDE

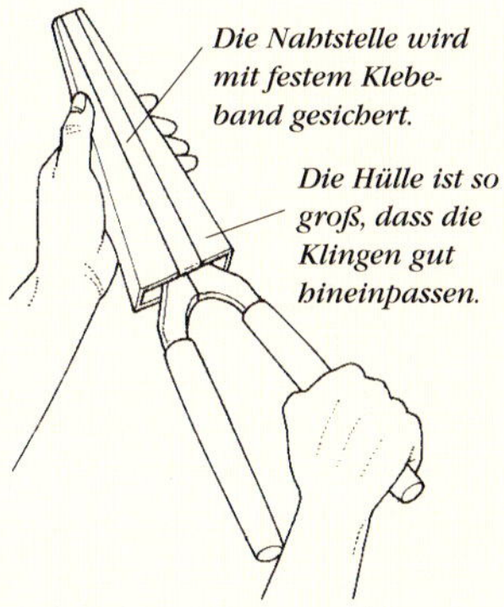

Schutzhülle für Schneiden
Auf Pappkarton die Umrisse einer Werkzeugschneide grob aufzeichnen, mit etwas Abstand (Seitenteile der Hülle!) daneben nochmals aufzeichnen. Dann ausschneiden, zurechtknicken und Nahtstellen zukleben.

Zerbrechliche oder gefährliche Gegenstände bewahrt man an sicheren Orten auf, wo man sie nicht aus Versehen umwerfen kann. Sorgen Sie dafür, dass sie außerhalb der Reichweite von Kindern sind.

- **Werkzeug** An einem trockenen Ort aufbewahren – niemals aber in einem feuchten Keller, einem Abstellraum oder der Küche, wo die Feuchtigkeit die rapide Rostbildung begünstigt.
- **Hinter Schloss und Riegel** An Arzneischränkchen und Schränke mit Farben oder Lösungsmitteln gehören Schlösser, damit Kinder keinen Zugriff haben.
- **Klingen schützen** Werkzeug und Küchengeräte werden mit den Schneiden oder Klingen nach unten aufgehängt.
- **Spitzen sichern** Auf die Spitzen von Messern, Spießen und anderen scharfen Gegenständen steckt man Korken. So verhindert man, dass die Spitzen stumpf werden und beugt Verletzungen vor.
- **Metallgegenstände** Messer oder Scheren mit scharfen Klingen wickelt man in Stoff oder hängt sie an eine Magnetleiste. In der Schublade werden die Klingen durch den Kontakt mit anderen Geräten stumpf.
- **Putzmittel für das Haus** Sind kleine Kinder im Haushalt, bewahrt man Putzmittel in hohen, für Kinder nicht erreichbaren oder in gesicherten Schrankfächern auf. Eimer, Schüsseln und Putzlappen stellt man in Unterschränken ab.

Haushaltsführung leicht gemacht

Übersicht

Wer einen Haushalt führt, braucht Zeit, Nerven und Organisationstalent, gleichgültig, ob man nun Kinder zu versorgen, einen anspruchsvollen Beruf oder andere besondere Pflichten „nebenbei" hat. Es lohnt sich immer, über die Abläufe nachzudenken und sich einige Regeln zurechtzulegen, denn dann gewinnen Sie ein wenig Zeit für sich selbst: Teilen Sie schwierige Aufgaben in eine Reihe einfacher Einzelschritte auf, übertragen Sie Pflichten auf andere Mitglieder Ihres Haushalts und planen Sie größere Familienfeste sorgfältig im Voraus.

Einen Haushaltsplan erstellen und anwenden

Mit einem wohl durchdachten Plan ist jedes Familienmitglied stets darüber informiert, was jeweils anfällt. Dabei geht es nicht nur um Rechte und Pflichten, sondern auch um Termine (Bücher aus der Bücherei zurückgeben!) oder das Vorbereiten von Ausflügen.

- **Wichtiger Überblick** Planen Sie im Voraus die Aktivitäten jeder Woche und vergewissern Sie sich anhand des Planes, dass Sie nichts vergessen haben. Bringen Sie den Plan jeden Abend auf den neuesten Stand. So behalten Sie den Überblick.

1 Machen Sie eine Porträtaufnahme von jedem Familienmitglied – möglichst vor einem neutralen Hintergrund. Dann schneiden Sie die Köpfe aus. Dabei sollten die ausgeschnittenen Fotos alle gleich groß sein.

Klebstoff auf die Bildunterseite auftragen.

2 Zeichnen Sie auf einen festen, hellen Karton ein Gitternetz. Jeder Aktivität wird eine Reihe, jeder Person eine Spalte zugeordnet. Über die Spalten (außer der ersten) kleben Sie die Fotos.

Symbole kennzeichnen regelmäßige Aktivitäten.

Haushaltsmitglieder

Der Plan wird täglich aktualisiert.

3 In die erste Spalte zeichnet man pro Reihe ein Symbol für die jeweilige Aktivität. Den fertigen Plan überziehen Sie mit durchsichtiger Klebefolie und hängen ihn beispielsweise an die Küchenwand. Zum Ausfüllen verwenden Sie einen wasserlöslichen Stift. Kreuzen Sie pro Woche an, was jeder Einzelne an einem bestimmten Tag zu erledigen hat, und fügen Sie nützliche Informationen hinzu.

ERSCHEINUNG UND PFLEGE

Der erste Eindruck ist oft entscheidend – dazu gehört ein gepflegtes Äußeres. Nehmen Sie sich daher Zeit für die Pflege und die Zusammenstellung Ihrer Garderobe, dann wirkt Ihre äußere Erscheinung adrett, Sie fühlen sich selbstbewusst und machen einen guten Eindruck auf Ihr Gegenüber.

Die Garderobe zusammenstellen

Kleider ordnet man so, dass sie jeweils leicht aufzufinden sind. Häufig getragene Kleidungsstücke hängt man griffbereit auf. Teile, die zu reinigen oder auszubessern sind, kommen erst gar nicht mehr in den Schrank, sondern werden gleich entsprechend bereitgelegt.

Gut sortiert

- **Nach Verwendungszweck** Die Garderobe kann man nach den Kategorien Sport, Freizeit, Beruf, Abendgarderobe usw. ordnen.
- **Accessoires** Schals hängt man auf denselben Bügel wie das dazu passende Kleidungsstück. Schuhe, Taschen, Gürtel und Handschuhe werden entsprechend geordnet, dann fällt es nicht schwer, auch in etwas hektischen Momenten die richtigen Teile zu einem Kleidungsstück auszuwählen.
- **Überbekleidung** Hängen Sie Mäntel an einer Garderobe im Flur auf, dann sind sie griffbereit und nehmen im Schrank keinen Platz weg.

Nach Farben ordnen

Kleider abstimmen
Kleidungsstücke, etwa Berufs- oder Sportkleidung, kann man nach ähnlichen oder ergänzenden Farben anordnen, das hilft Ihnen, aufeinander abgestimmte Garderobenteile rasch zu finden.

Grundausstattung

Stellen Sie Ihre Garderobe so zusammen, dass sie eine Grundausstattung enthält, die Sie mit anderen Teilen kombinieren können. Wichtig sind

- Unterwäsche für mindestens 14 Tage
- 3 Garnituren Nachtwäsche
- 3 elegante Röcke und/oder Hosen
- 5 elegante Hemden oder Blusen
- 5 Freizeithemden
- 2 Jacken bzw. Jackets
- 2 Pullover
- 3 Paar elegante Schuhe
- 2 Paar Freizeitschuhe
- 1 eleganter Mantel
- 1 Freizeitmantel
- Accessoires

ZEIT SPAREN

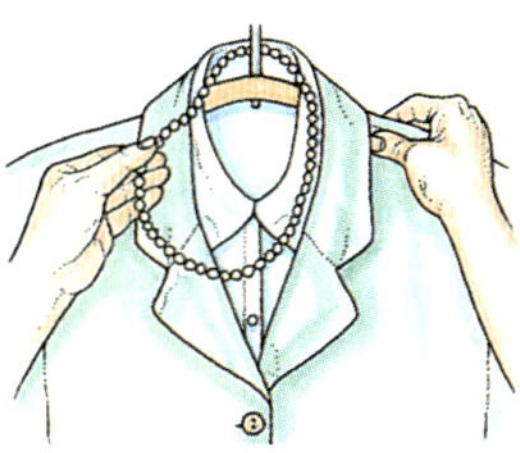

Kleider machen Leute
Am Abend vor einem wichtigen Termin wird die komplette Garderobe einschließlich Accessoires zusammengestellt und bereitgehängt. Die Schuhe stellt man darunter.

Auswahl von Kleidung

- **Gleich zugreifen** Haben Sie ein Kleidungsstück gefunden, das Ihnen gut steht und gefällt, kaufen Sie es auch in anderen Farben.
- **Unterwäsche aussuchen** Das A und O ist, dass sie gut sitzt. Bunt gemusterte oder dunkle Teile können unter heller Kleidung durchschimmern.
- **Einfach und doch elegant** Preiswerte Stücke kann man gut mit edlen Knöpfen oder Besätzen verschönern.
- **Mitdenken** Tragen Sie die Maße Ihrer Familienangehörigen in ein Notizbuch ein, das Sie beim Einkaufen immer bei sich haben.

Ältere Kleidungsstücke

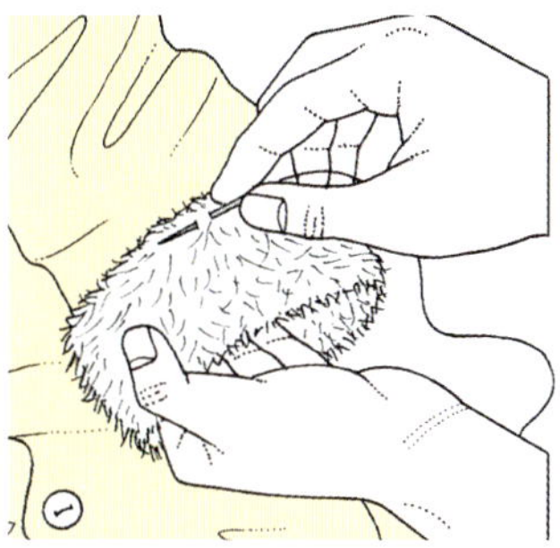

Mantelärmel ausbessern
An die Manschetten ausgefranster oder zu kurzer Mantelärmel einen Besatz nähen, der die Ärmel verlängert oder schadhafte Stellen verdeckt. Der Besatz wird so angebracht, dass er über das Ärmelende hinausreicht.

Körperpflege

Nehmen Sie sich Zeit für die tägliche Körperpflege, auch dann, wenn Sie morgens einmal gestresst oder abends sehr müde sind. Dabei ist es hilfreich, wenn man sich einen gewissen Ablauf vornimmt und die Toilettenartikel immer griffbereit im Bad oder Schlafzimmer bereithält.

Wichtige Toilettenartikel

Sie brauchen nicht viele Toilettenartikel, die hier abgebildeten sollten ausreichen. Lassen Sie sich wegen Ihres Hauttyps von einer Kosmetikerin beraten.

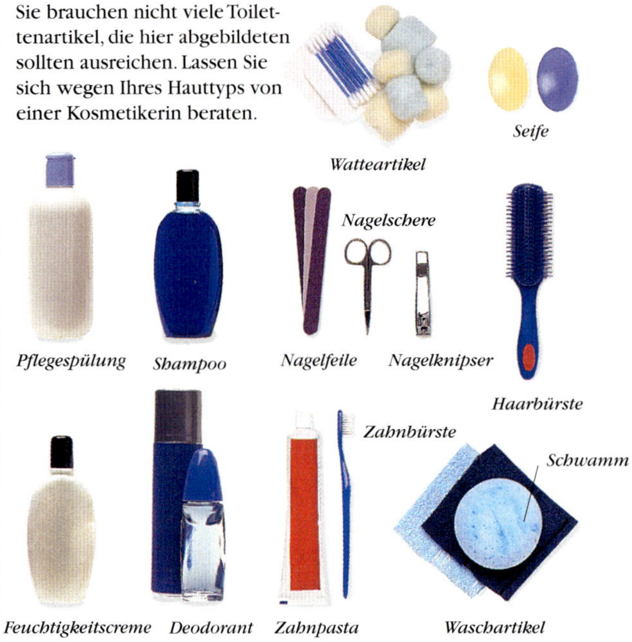

Tägliche Pflege

- **Toilettenbeutel** Berufstätige sollten Dinge wie Papiertücher, Kontaktlinsenreiniger, Zahnbürste und Zahnpasta sowie Feuchtigkeitscreme auch tagsüber bei sich haben, um sich für ein wichtiges Meeting frisch machen zu können.
- **Natürliche Pflegespülung** In trockenes Haar ein geschlagenes Ei einmassieren, kurz einwirken lassen und dann gründlich lauwarm ausspülen.
- **Trockenshampoo im Notfall** Wenn einmal keine Zeit für das Haarewaschen bleibt: Ein wenig Talkumpuder in die Hände streuen, die Kopfhaut damit einreiben, dann gründlich ausbürsten.
- **Feuchtigkeitscreme** Die beste Wirkung erzielen Sie, wenn Sie sie sparsam auftragen. Überschüssige Creme zieht nicht in die Haut ein.

Lippenstift

- **Nach Gebrauch reinigen** Lippenstift oder einen Lippenpinsel wischt man nach jedem Gebrauch mit einem Papiertuch sorgfältig ab.

Lippenstiftreste

Mit dem Lippenpinsel kann man Lippenstift restlos aufbrauchen. Ist der Lippenstift sehr hart, stellt man die Hülse ein paar Minuten in heißes Wasser und der Lippenstift lässt sich gut verstreichen.

Toilettensachen pflegen

- **Haarbürsten** Mithilfe eines Kammes ausgebürstete Haare aus den Borsten entfernen.
- **Seife** Damit Seife nicht aufweicht, legt man sie in eine spezielle Seifenschale, in der sie trocknen kann.
- **Waschlappen** Nach jedem Gebrauch gründlich ausspülen und regelmäßig waschen.
- **Parfüm** Flakons an einem dunklen Ort aufbewahren, sonst verfärbt sich das Parfüm und verliert seinen Duft.
- **Toilettenartikel säubern** Bürsten, Kämme und Artikel zum Auftragen von Make-up einmal wöchentlich mit mildem Shampoo reinigen.
- **Nagellack** Im Kühlschrank aufbewahrt bleibt er immer schön flüssig zum Auftragen.

GELD SPAREN

Creme selbst herstellen

Je 1 EL Pflanzenöl, Kokosöl und Olivenöl mit 2 EL zerdrückten Erdbeeren mischen. Die Feuchtigkeitscreme wird in einem Schraubglas im Kühlschrank aufbewahrt und muss innerhalb von 10 Tagen verbraucht werden.

Zeit zum Entspannen

Reservieren Sie einmal in der Woche Zeit für sich selbst – hören Sie Musik, lesen Sie ein Buch oder nehmen Sie ein Entspannungsbad. Sie werden staunen, wie erfrischt Sie sich dann wieder Ihren Aufgaben widmen können. Intensive Entspannungsmethoden finden Sie nachfolgend.

Entspannungsmethoden		
Methode	**Technik**	**Nutzen**
Yoga	Bewegungsfolgen und Atemtechnik	Sanftes Dehnen und Kräftigen der Muskeln; baut Stress ab.
Meditation	Zehnminütige Konzentration auf ein bestimmtes Wort oder Bild	Führt zu Gelassenheit und Stressabbau.
Progressive Entspannung	Anspannung und Entspannung einzelner Körperteile	Erleichtert den Abbau körperlicher und seelischer Anspannung.
Aromatherapie	Verdünnte ätherische Öle als Badezusatz oder Massageöl	Stressabbau und u. U. Linderung körperlicher Beschwerden
Massage	Muskelentspannung durch Berührung und Streichbewegungen	Muskelverspannungen werden gelöst; wirkt beruhigend auf den Geist.

Spannung abbauen durch Massieren

- **Vorbereitung** Der Raum sollte warm und ruhig, die Beleuchtung gedämpft sein. Legen Sie sich auf eine feste, gepolsterte Fläche, beispielsweise einen Stapel Decken.
- **Leichter geht's mit Öl** Eine kleine Menge Massageöl in die Hände geben und verreiben, damit es sich erwärmt. Durch das Öl gleiten die Hände leichter über die Haut.

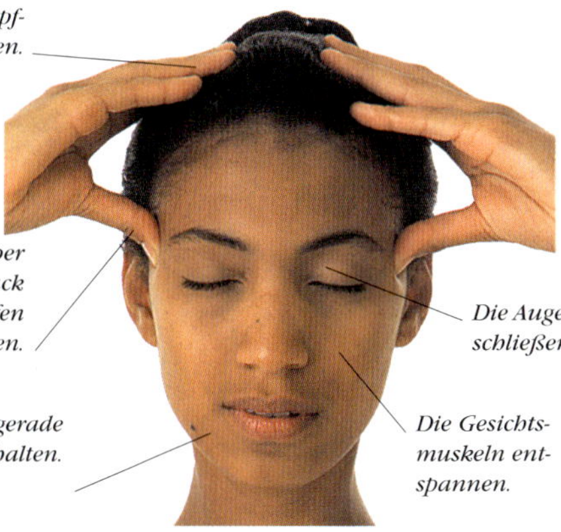

Entspannende Gesichtsmassage
Zur Einstimmung die Hände auf das Gesicht legen und einmal nach außen streichen. Dann streichen Sie mit den Fingerrücken beider Hände zehnmal vom Mund zum Ohr über die Wangen und zehnmal mit den Fingern über die Stirn, und zwar von der Nasenwurzel zum Haaransatz. Massieren Sie dann wie oben im Bild die Schläfen mit kreisenden Daumen. Zum Schluss legen Sie die Hände noch einmal über das Gesicht und massieren es mit sanften Bewegungen.

Zur Beruhigung

- **Bewegung** Körperliche Anspannung wird mit Bewegung, etwa Schwimmen oder Spazierengehen, abgebaut. So finden Sie auch erholsamen Schlaf.
- **Atemübung** Setzen oder legen Sie sich bequem hin: Tief einatmen, Atem ein paar Sekunden anhalten, ausatmen, mehrmals wiederholen.
- **Gedankenübung** Setzen oder legen Sie sich bequem hin. Stellen Sie sich ein friedliches Bild vor, beispielsweise einen Strand am Meer, wo Sie im warmen Sand liegen. Bald werden Sie spüren, wie sich Ihr Körper mit diesem Bild vor Augen entspannt.
- **Kerzenlicht** Entzünden Sie eine Kerze und konzentrieren Sie sich vollständig auf die Flamme. So werden Ihre Gedanken immer ruhiger.
- **Musik hören** Legen Sie zur Beruhigung Ihre Lieblingsmusik auf. Tragen Sie Kopfhörer, dann können Sie sich besser auf den Klang konzentrieren.

KINDERPFLEGE

Wer ein Kind bekommt, muss sich darauf einstellen, dass sich sein Leben von Grund auf ändert, selbst wenn eine frühzeitige Betreuung vorgesehen ist. Denn an erster Stelle werden für lange Zeit die Bedürfnisse des Kindes stehen. Den Einstieg in diese neue Lebensphase erleichtert Ihnen sorgfältige Planung.

GRUNDAUSSTATTUNG FÜR EIN NEUGEBORENES

Die Auswahl an Babyausstattung und -bekleidung ist sehr groß. Die abgebildeten Dinge stellen daher nur einen Grundstock für die Versorgung dar.

- **Anfangsset** Bei knappem Budget können Sie sich zunächst auf Wesentliches wie Kleidung, Windeln, Pflegemittel und Bettchen beschränken.
- **Gesundheit** Um Hautreaktionen vorzubeugen, sollten Sie vorzugsweise Babykleidung aus Naturfasern anschaffen.
- **Qualität und Haltbarkeit** Achten Sie beim Kauf teurer Stücke darauf, dass Sie sie lange Zeit verwenden können (z. B. einen Kinderwagen, der sich in einen Sportwagen verwandeln lässt).
- **Austausch** Babys wachsen sehr schnell, oft passen ihnen die Sachen nur ein paar Wochen. Ziehen Sie daher auch Secondhand-Kleidung in Betracht oder verkaufen Sie Ihre Sachen auf Tauschbörsen.

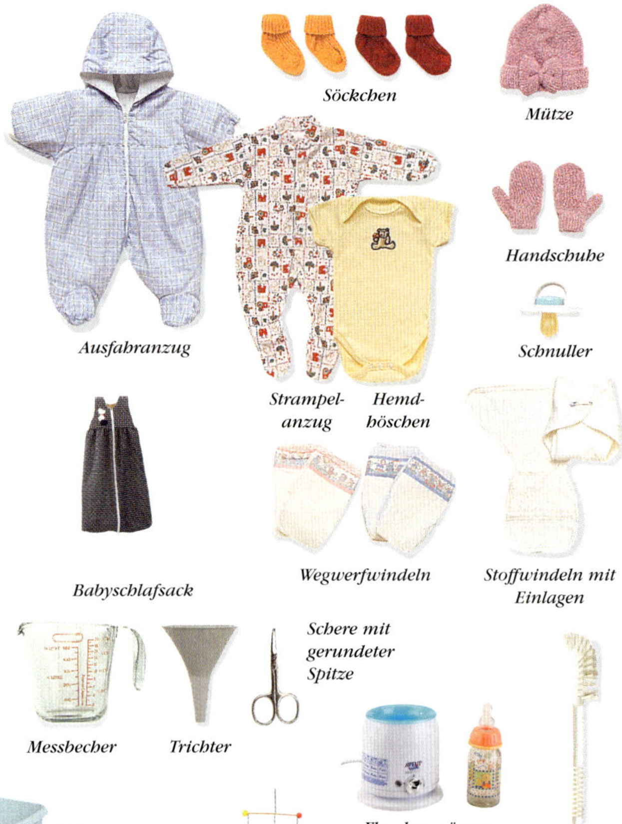

Söckchen

Mütze

Handschuhe

Schnuller

Ausfahranzug

Strampelanzug

Hemdhöschen

Babyschlafsack

Wegwerfwindeln

Stoffwindeln mit Einlagen

Schere mit gerundeter Spitze

Messbecher

Trichter

Flaschenwärmer und Fläschchen

Flaschenbürste

Babybadewanne mit Wickelunterlage und Spielzeug

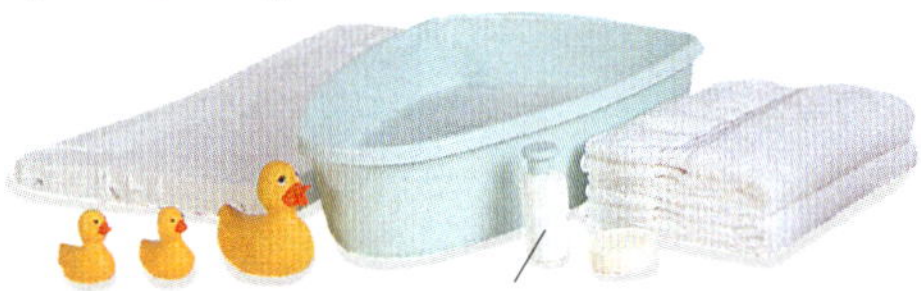

Körperlotion und Creme

Mobile für Bett oder Wickeltisch

Kinderwagen mit großen Rädern

Sicherheitsschale für das Auto

Höhenverstellbares Kinderbett

Mehr als Routine

Ihr Kind ist nur kurze Zeit ein „knuddliges" Baby – genießen Sie diese Zeit so viel und so lange es geht. Außerdem besteht Fürsorge nicht nur aus Füttern, Baden und Windeln wechseln – Babys brauchen Nähe, Wärme und das Gefühl körperlicher Verbundenheit.

Alltägliches

- **Tagsüber** Jedes Baby braucht einen geregelten Tagesablauf, damit es sich leichter zurechtfindet. Aber auch Sie werden durch Routinen entlastet.
- **Temperatur kontrollieren** Der kleine Körper ist noch nicht in der Lage, den Wärmehaushalt zuverlässig zu regeln. Kontrollieren Sie mit der Hand regelmäßig die Temperatur.
- **Leichter einschlafen** Sorgen Sie dafür, dass das Baby vor dem Schlafengehen nicht zu vielen Reizen ausgesetzt ist.
- **Schlafrhythmus** Anfangs werden Sie Ihre Ruhezeiten nach den Schlafgewohnheiten Ihres Babys richten müssen. Nutzen Sie daher die Zeit, die es tagsüber schläft, für eigene Ruhezeiten.

Badefreuden

- **Häufigkeit** Es reicht, wenn Sie Ihr Baby ein- bis zweimal wöchentlich baden. Planen Sie genügend Zeit ein und wärmen Sie den Raum gut vor.

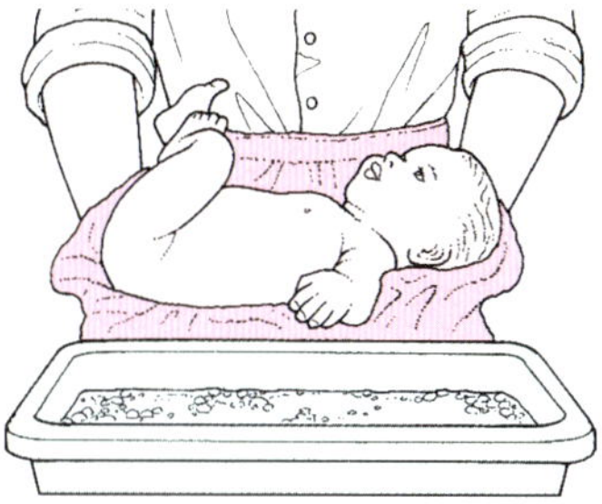

Tipp fürs Abtrocknen
Stecken Sie sich ein Badetuch in den Hosen- oder Rockbund. So haben Sie das Handtuch griffbereit, wenn Sie das Baby aus der Wanne heben.

Ernährung

- **Vorbereitung** Wenn Sie Ihrem Baby die Flasche geben, sollten Sie die Flaschen vor dem Gebrauch nach den Anweisungen des Herstellers sterilisieren.
- **Zubereitung** Wenn es nicht anders geht, können Sie Fertignahrung für einen Tag vorbereiten und im Kühlschrank aufbewahren. Vor Gebrauch wird es in einem heißen Wasserbad oder in der Mikrowelle aufgewärmt. Zur Kontrolle der Temperatur spritzen Sie sich ein paar Tropfen auf den Handrücken.
- **Nahrung umstellen** Beginnen Sie mit entsprechenden Gläschen mit Fertignahrung und frischem, fein püriertem Obst (keine Zitrusfrüchte!).

Bedürfnisse der Kinder

Geben Sie Ihrem Kind das Gefühl völliger Geborgenheit. Gleichzeitig ist es wichtig, dem Kind ausreichend Anregungen und auch Herausforderungen zu bieten. Dazu gehört aber auch, auf mögliche Gefahren – sowohl im Haus als auch außerhalb – hinzuweisen.

Anregungen für das Baby

Keine Langeweile
Wenn Sie Ihr Kind in einer Tragetasche transportieren und es nicht einschläft, wird es vermutlich schnell quengelig werden. Dagegen hilft eine Ablenkung in Form von buntem und beweglichem Spielzeug.

Kleinkinder

- **Anziehen** Jedes Kind will sich früher oder später selbst anziehen. Wählen Sie Kleidung mit einfachen Verschlüssen oder Gummizug.
- **Durch Nachahmung lernen** Lassen Sie Ihr Kind an all Ihren häuslichen Pflichten teilhaben. Sie werden sehen, mit welcher Freude es Ihnen „zur Hand geht".
- **Trotzreaktionen** So anstrengend kindliche Wutausbrüche für die Eltern auch sein mögen, so wichtig sind sie für die junge Persönlichkeit. Ihr Kind braucht in dieser Zeit seiner Ich-Entwicklung sehr viel Verständnis und Geduld.

Schulanfang

Dinge kennzeichnen
Versehen Sie alles, was Ihr Kind zur Schule mitnimmt, mit einem Etikett, auch Trinkbecher und Vorratsdose. Kann es noch nicht lesen, verwenden Sie farbige Schildchen.

Kinder vor häuslichen Unfällen schützen

Auch im Haus sind Kinder Gefahren ausgesetzt, doch mit etwas Weitblick kann man vielen Unfällen vorbeugen. Gefährliche Gegenstände sollten Sie außer Reichweite von Kindern unterbringen und Stellen wie Treppenauf- und -abgänge mit Gittern sichern.

Sicherheitsvorrichtungen für Kinder

Räumen Sie die unteren Fächer von Schränken und Regalen von potenziell gefährlichen Dingen frei und installieren Sie verschiedene Sicherheitsvorrichtungen.

- **Sicherheitsgitter** Treppen werden oben und unten mit entsprechenden Gittern abgesperrt. Inzwischen gibt es auch Sperren, die aus flexiblem und einrollbarem Material bestehen.
- **Den Herd sichern** Am Herd ist ein Schutzgitter sinnvoll, damit die Kinder nicht auf die heiße Kochplatte fassen können. Möglichst die hinteren Platten benutzen, die Topfstiele stets zur Herdmitte drehen.
- **Babyphon** Kontrollieren Sie alle Teile regelmäßig auf ihre Funktionstüchtigkeit.
- **Türstopper** Bringen Sie einen Türstopper so an, dass er für das Kind nicht erreichbar ist.

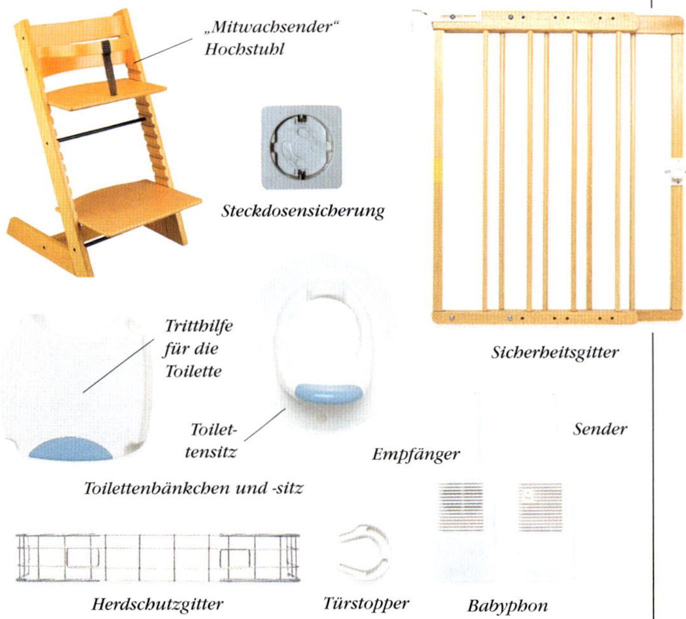

GUTE IDEE!

Kiste als Fußbank
Eine umgedrehte Kiste dient als Fußbank, damit das Kind bequem ans Waschbecken gelangt. Die Kiste muss so stabil sein, dass sie das Gewicht des Kindes sicher trägt.

Unfallvorbeugung

- **Fußboden** Rutschige Teppiche wegräumen und Stolperfallen beseitigen.
- **Wärmequellen** Vor elektrischen Heizgeräten oder einem offenen Kamin stellt man Ofenschirme auf.
- **Steckdosen** Damit das Kleinkind vor einem Stromschlag sicher ist, sollten Sie an sämtlichen Steckdosen der Wohnung eine Schutzvorrichtung anbringen.
- **Gefährliche Substanzen** Reinigungsmittel, Medikamente und Ähnliches gehören in einen abgesperrten oder gesicherten Schrank außer Reichweite von Kindern.
- **Treppen** Wenn Sie das Kind die Treppe hinauf- oder hinuntertragen, halten Sie sich am Geländer fest.

Ein sicheres Zuhause

- **Türen** Schließen Sie die Eingangstür und Türen zu Räumen, in denen das Kind womöglich zu Schaden kommen könnte, immer ab.

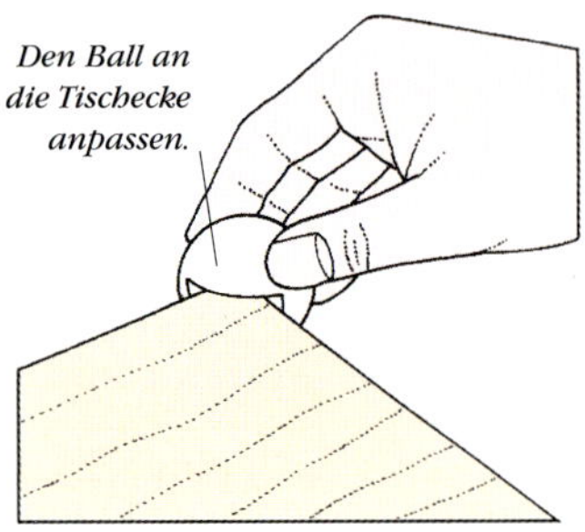

Tischecken abrunden
Wenn Sie Gäste mit kleinen Kindern erwarten, können Sie scharfkantige Tischecken unkompliziert mit Tischtennisbällen abrunden. Die Bälle eindrücken und an den Ecken fixieren.

Kinder vor Unfällen im Freien schützen

Je älter Kinder werden, desto größer wird ihr Bewegungsdrang und ihr Wunsch nach Freiräumen. Dann wird es für Sie als Eltern immer schwieriger, Gefahren vorherzusehen. Begleiten Sie daher Ihre Kinder am Anfang, bis sie bestimmte Sicherheitsregeln beherrschen.

Vorkehrungen treffen

Hier einige Tipps, falls sich Ihr Kind einmal verlaufen sollte.

- **Telefonieren** Überprüfen Sie, ob Ihr Kind die Notrufnummer kennt und üben Sie das Telefonieren mit ihm. Vielleicht ist auch ein eigenes Handy für Notfälle sinnvoll. Es sollte die eigene Adresse und Telefonnummer kennen.
- **Zurechtfinden** Üben Sie zusammen, wie man sich Straßennamen, Plätze oder auffällige Gebäude merken und diese Information auch sinnvoll verwenden kann.
- **Notfall** Sagen Sie dem Kind, dass es sich an Polizisten wenden soll.
- **Hilfe** Geben Sie dem Kind eine Trillerpfeife mit – dann kann es im Notfall sofort darauf pfeifen und auf sich aufmerksam machen.

Mit Kindern unterwegs

- **Kinder im Auto** Ein Baby oder Kleinkind gehört immer in einen Kindersitz, der vorschriftsmäßig angebracht ist. Ist ein Beifahrersitz mit Airbag ausgestattet, dürfen hier keine Babysitze verwendet werden.
- **Auf dem Fahrrad** Auch wenn man Kinder auf dem Fahrrad mitnimmt, gehören sie immer in einen speziellen Kindersitz. Sie sollten einen Helm tragen – genauso wie der Erwachsene!
- **Der Kinderwagen** Beim Kauf eines Sportwagens oder Buggys sind gut gefederte Modelle mit einem hohen, gepolsterten Sitz zu bevorzugen, die im Notfall nicht nur den Körper, sondern auch den Kopf des Kindes schützen und stützen.

Straßenverkehr

- **Regeln für Kinder** Straßen ohne Fußgängerübergang nicht in der Nähe von Kreuzungen überqueren, mehrmals in beide Richtungen schauen und nicht zwischen parkenden Autos hervorrennen.

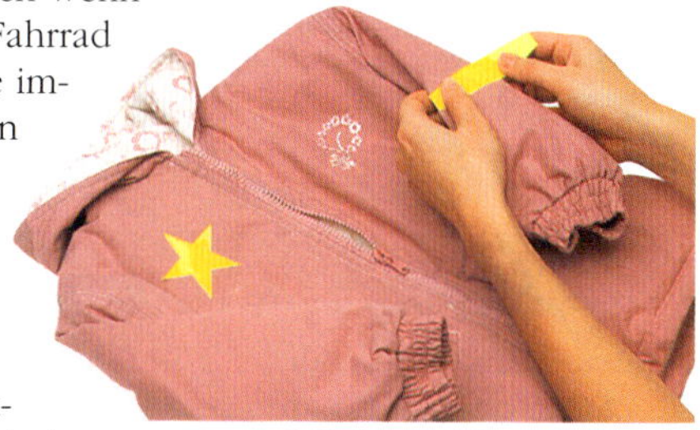

Gut sichtbar sein

Kaufen Sie Ihrem Kind bunte oder helle Mäntel und Jacken, auf die Sie Reflektorstreifen oder -folie kleben oder nähen. So sehen es andere Verkehrsteilnehmer auch bei schlechter Sicht.

Probleme vermeiden

- **Zuverlässigkeit** Wenn Ihr Kind bei jemand zu Besuch ist, rufen Sie an, wenn Sie es nicht zur verabredeten Zeit abholen können.
- **Mitfahrgelegenheit** Schärfen Sie Ihrem Kind ein, dass es sich niemals von Fremden mitnehmen lassen soll, und auch von Bekannten nur nach Absprache.
- **Namen hinterlegen** Geben Sie im Kindergarten oder der Schule die Namen derjenigen an, die Ihr Kind abholen dürfen, falls Sie einmal verhindert sein sollten.
- **Jugendliche** Wenn Heranwachsende ausgehen, bitten Sie sie, die entsprechende Adresse und Telefonnummer zu hinterlassen, damit Sie sie im Notfall erreichen können.

Spielen im Garten

- **Kindgerechter Garten** Giftpflanzen im Garten entfernen oder einzäunen, möglichst keine Unkrautvernichtungsmittel verwenden.

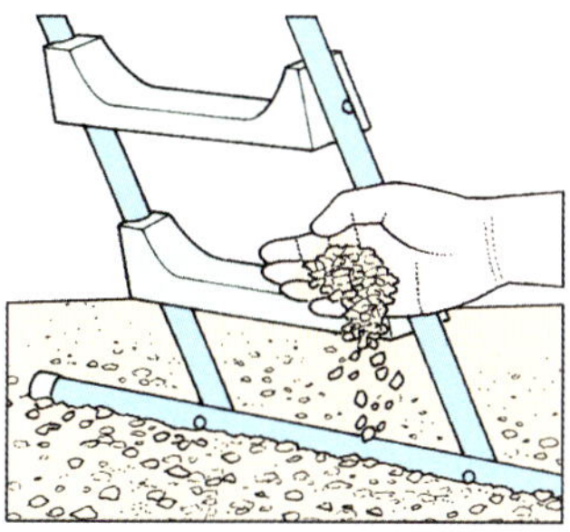

Spielbereich

Unter einer Schaukel oder einem Klettergerüst im Garten heben Sie eine flache Grube aus, die Sie mit Sand oder Rindenmulch füllen. Das verringert die Verletzungsgefahr bei einem Sturz.

SICHER IST SICHER

Abflussöffnung zudecken

Ein offener Abfluss am Haus wird mit einem alten Herdrost oder Kuchengitter zugedeckt, damit Kinder nicht mit den Füßen hineingeraten und sich verletzen können.

Kinderbetreuung organisieren

Es gibt viele Möglichkeiten der Kinderbetreuung, zum Beispiel eine Kinderfrau, die mit im Haus wohnt oder zu Ihnen ins Haus kommt, eine Tagesmutter, zu der Sie das Kind bringen, oder gelegentliche Babysitter. Nehmen Sie sich Zeit, die jeweils richtige Person zu finden.

Langfristige Kinderbetreuung

Sie sollten einen richtigen Vertrag abschließen, der alle Einzelheiten regelt, um spätere Missverständnisse zu vermeiden.

- **Rechtliches** Informieren Sie sich über die arbeitsrechtlichen Vorschriften.
- **Arbeitszeit** Besprechen Sie die tägliche Arbeitszeit und freien Tage der Betreuerin.
- **Aufgaben** Erstellen Sie eine Liste, welche Tätigkeiten der Kinderbetreuung und Haushaltsführung Sie von einer Kinderfrau erwarten. Gehen Sie aber nicht davon aus, dass sie Hausarbeiten erledigt, die nicht direkt mit der Kinderbetreuung zu tun haben.
- **Finanzielles** Treffen Sie eine Vereinbarung über die Bezahlung und wer Versicherung und Steuern übernimmt.
- **Autoversicherung** Wenn die Betreuerin Ihr Auto mitbenutzen muss, sollten Sie einen Vertrag mit ihr abschließen, der die finanziellen Folgen bei Unfall regelt.
- **Besuch** Regeln Sie, ob und wann Besuch möglich ist, vor allem, ob Sie etwas gegen Übernachtungsgäste haben.
- **Probezeit** Vereinbaren Sie eine Probezeit, nach deren Ablauf beide Seiten die Situation überprüfen. Legen Sie eine Kündigungsfrist für die Beendigung des Beschäftigungsverhältnisses fest.

Erste Begegnung

- **Die Reaktion des Kindes** Wenn Sie das Kind mit der Betreuerin bekannt gemacht haben, lassen Sie es kurz mit ihr allein. Bei Ihrer Rückkehr werden Sie sicherlich feststellen, ob das Kind positiv oder negativ auf sie reagiert.
- **Anweisungen für das Kind** Machen Sie einem größeren Kind klar, dass es den Anweisungen der Betreuerin unbedingt folgen soll, es sei denn, es handelt sich um etwas sehr Ungewöhnliches oder Unangenehmes.

Checkliste

Informieren Sie die Betreuerin Ihres Kindes über Einzelheiten und das Verhalten im Notfall.

- **Gesundheit** Informationen über Allergien oder andere Krankheiten sowie Ernährungsbesonderheiten.
- **Tagesablauf** Wann das Kind gefüttert, gebadet und zu Bett gebracht wird.
- **Telefon** Hinterlassen Sie die Telefonnummer, unter der Sie im Notfall zu erreichen sind.

Tagesmutter

- **Suche** Holen Sie Empfehlungen bei befreundeten Eltern, bei guten Nachbarn oder bei den Erzieherinnen des Kindergartens ein.
- **Beurteilung** Beobachten Sie während der Eingewöhnungsphase, wie die Tagesmutter mit Kindern umgeht. Erkundigen Sie sich, wie viele Kinder gleichzeitig betreut werden.
- **Übereinstimmung** Stellen Sie sicher, dass Sie mit der Tagesmutter in wesentlichen Punkten der Kindererziehung gleicher Ansicht sind.
- **Aktivitäten besprechen** Erkundigen Sie sich, ob die Tagesmutter besondere Aktivitäten plant, etwa Basteln oder Spaziergänge.
- **Krankheit** Treffen Sie Vorkehrungen für den Fall, dass Ihr Kind krank wird. Eine Tagesmutter ist üblicherweise nicht für kranke Kinder zuständig, und ein Kind, das sich nicht wohl fühlt, sollte zu Hause bleiben.
- **Im Freundeskreis** Freunde oder Verwandte sollte man nicht zu sehr mit Betreuungsdiensten strapazieren oder eine Bezahlung vereinbaren.

Babysitter

- **Jugendliche** Um der Aufgabe gerecht zu werden, sollte ein Babysitter nicht jünger als 14 Jahre sein.
- **Ratschläge** Sagen Sie dem Babysitter, wie er sich verhalten soll, wenn das Kind z. B. ungehorsam oder krank ist.
- **Notfall** Zeigen Sie dem Babysitter, wo beispielsweise der Erste-Hilfe-Kasten, Windeln usw. zu finden sind.

Besondere Sorgfalt

Den Babysitter prüfen
Gerade wenn Sie ein sehr kleines Kind in jemandes Obhut geben, sollten Sie sichergehen, ob die Person mit einem Baby umgehen kann, z. B. das Köpfchen beim Hochnehmen richtig abstützt.

BESONDERE BEDÜRFNISSE

Wer unter einer körperlichen Behinderung leidet oder eine betroffene Person betreut, kann sich im Fachhandel darüber beraten lassen, welche Hilfsmittel es zur Erleichterung der täglichen Verrichtungen gibt. Das häusliche Leben sollte so weit wie möglich den besonderen Umständen angepasst werden.

BESONDERE HILFSMITTEL

Die aufgeführten Artikel helfen bei Tätigkeiten wie Strümpfe anziehen, der Handhabung oder dem Aufheben von Gegenständen, ohne sich dabei bücken zu müssen. Erkundigen Sie sich bei Ihrer Krankenkasse über die Übernahme von Kosten.

Scherengreifer – *Wasserhahnöffner* – *Knöpfhilfe* – *Spezialgriff für Schlüssel*

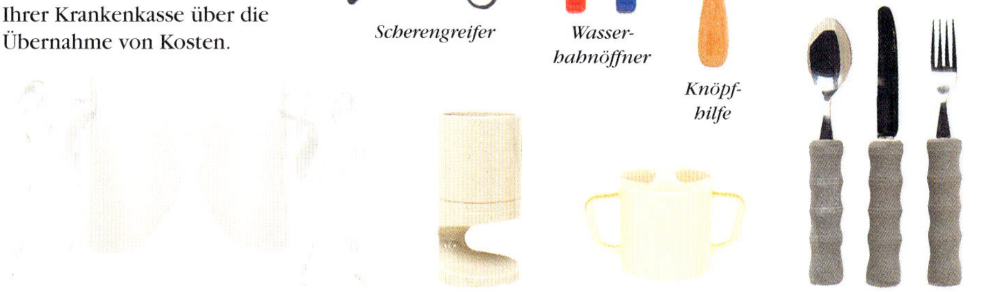

Strumpfanzieher – *Becher mit Spezialgriff* – *Schnabeltasse* – *Besteck mit Spezialgriffen*

Selbstständig bleiben

Es gibt viele Möglichkeiten, mit körperlichen Beschwerden wie eingeschränkter Beweglichkeit, schlechtem Sehvermögen und nachlassendem Gedächtnis besser umzugehen. Die folgenden Tipps sollen helfen, einfache Tätigkeiten ohne fremde Hilfe bewältigen zu können.

BEHÄLTNISSE ÖFFNEN

Schraubgläser
Zwei oder drei dicke Gummibänder um das Glas und den Schraubdeckel schlingen, so können Sie das Glas gut festhalten. Oder Sie tragen zum Öffnen Gummihandschuhe.

GYMNASTIK

Bewegliche Hände
Trainieren Sie die Beweglichkeit Ihrer Hände, indem Sie eine große Papierklammer mehrmals nacheinander zudrücken. Führen Sie diese Übung ein- oder zweimal täglich durch.

DEN ALLTAG MEISTERN

- **Bettwäsche** Spannbetttücher und Bettwäsche mit Reißverschluss sind einfacher zu handhaben als herkömmliches Bettzeug.
- **Gedächtnisstützen** Bringen Sie an Schubladen und Schränken Schilder mit einer Auflistung des Inhalts an.
- **Hähne kennzeichnen** Markieren Sie Warmwasserhähne mit rotem Nagellack.
- **Elektrischer Wasserkocher** Kaufen Sie aus Sicherheitsgründen ein schnurloses Gerät.
- **Wärmekontrolle** Hängen Sie in allen Wohnräumen leicht ablesbare Thermometer auf. Die Zimmertemperatur sollte tagsüber 21° C betragen.

Umgestaltung der Wohnung

Die Anpassung einer Wohnung ermöglicht es einem älteren oder behinderten Menschen oft, weitgehend selbstständig zu bleiben. Man kann das Haus mit aufwändigen Hilfsmitteln wie einem Treppenlift ausstatten und das tägliche Leben mit Dingen erleichtern, die nicht viel kosten.

Einfache Änderungen

- **Kochrezepte** Lassen Sie sich Ihre Rezepte für die bessere Lesbarkeit in großer Schrift schreiben und verringern Sie u. U. die Mengenangaben. Die Rezepte sind in einem Ringbuch gut aufgehoben.
- **Schuhlöffel verlängern** Befestigen Sie einen stabilen Bambusstab an einem herkömmlichen Schuhlöffel.
- **Rutschfeste Griffe** Besorgen Sie sich im Fachhandel Moosgummi-Griffröhren, mit denen Sie Essbesteck, Schreibstifte, Bürsten usw. beziehen können. Das Material wird nicht klebrig und ist sogar spülmaschinenfest.
- **Provisorisches Staubtuch** Leiden Sie an steifen Händen, ziehen Sie einen Socken als Staubtuch über die Hand und besprühen ihn mit Politur.

SICHER IST SICHER

Treppenhaus umgestalten
An der dem Treppengeländer gegenüberliegenden Wand einen zweiten Handlauf anbringen. So können Sie sich beim Treppensteigen mit beiden Händen festhalten.

Nützliche Kleinigkeiten

- **Knieschutz** Im Baufachhandel gibt es Knieschoner für Bodenleger. Damit können Sie kniende Arbeiten im Garten verrichten.

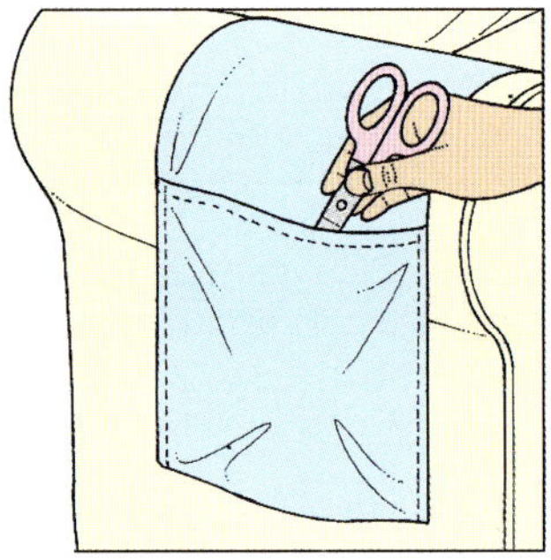

Sesseltasche
Segeltuch zuschneiden, an einem Ende umfalten und an den Rändern steppen. An das andere Ende ein Bleiband nähen. Über die Lehne gehängt, haben Sie kleine Dinge rasch zur Hand.

Weitere Hilfsmittel

- **Bessere Beweglichkeit** An den Wänden in Bad und Toilette sowie in häufig benutzten Bereichen werden Haltegriffe angebracht, an denen Sie sich bei der Körperpflege oder beim Umhergehen in der Wohnung festhalten können.
- **Kauf von Küchengeräten** Prüfen Sie, ob Sie die Schalter von Küchengeräten problemlos bedienen können. Suchen Sie Modelle aus, die mit Kontrollleuchten ausgestattet sind, die den Betrieb anzeigen.
- **Notruf** Lassen Sie ein Notrufgerät installieren, das mit einem Nachbarn oder einer Notrufzentrale verbunden ist. Sie können auch ein Notrufgerät als Anhänger bei sich tragen, mit dem Sie Passanten zu Hilfe rufen können.

Bequem und nützlich

- **Raumaufteilung ändern** Viele Menschen haben Probleme beim Treppensteigen, möchten aber keinen Lift installieren lassen. Ist eine Toilette im Erdgeschoss vorhanden, bietet es sich an, dort ein Zimmer als Schlafzimmer einzurichten.
- **Neue Beleuchtung** Halogenstrahler haben den Vorteil, dass man auch dunkle Ecken damit beleuchten kann.
- **Mühelos kochen** Stellen Sie einen Bürostuhl mit Rollen in die Küche, dann können Sie sich beim Kochen hinsetzen und bleiben beweglich – aber nicht als Trittleiter benutzen!
- **Körperpflege** Als Sitzgelegenheit für die Dusche stellen Sie einen stabilen Kunststoffhocker auf eine rutschfeste Gummimatte in die Wanne.

Für Sicherheit sorgen

- **Böden** Teppichboden ist besser als glatte Fußböden wie Parkett oder Fliesen, allerdings dürfen Teppiche nicht rutschen oder Falten werfen.

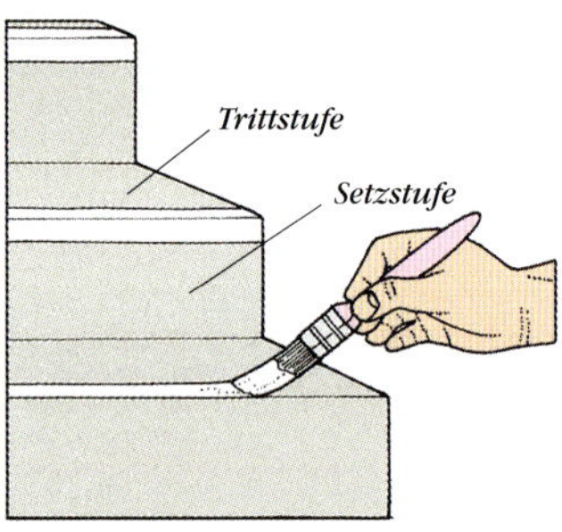

Treppenstufen
Die Vorderkanten von Stufen, die nicht mit einem Teppich belegt sind, mit weißen Streifen markieren, und zwar sowohl die waagrechten Trittstufen als auch die senkrechten Setzstufen.

MEDIZINISCHE VERSORGUNG

Ein Arztbesuch ist eine Sache des Vertrauens - daher sollte man bei der Auswahl besonders umsichtig sein. Wichtige Kriterien neben persönlichen Vorlieben - eher ein Arzt oder eine Ärztin? - sind beispielsweise: Wie schnell bekomme ich einen Termin? Wie lange muss man warten? Wie viel Zeit nimmt sich der Arzt für seine Patienten?

Arztbesuch

Außer bei einem Notfall vereinbart man Arzttermine mindestens eine Woche im Voraus, eher sogar länger, dann haben Sie vielleicht auch noch Alternativen. Planen Sie trotz eines Termins eine gewisse Wartezeit ein und nehmen Sie etwas zur Beschäftigung mit.

Vor dem Arztbesuch

Schreiben Sie sich auf, welche Themen Sie mit dem Arzt besprechen wollen.

- **Symptome** Mögliche Schmerzen, körperliche Veränderungen, Probleme beim Essen und Trinken, neue Lebensumstände wie vermehrter Stress usw.
- **Reaktionen** Allergien, Reaktionen auf Medikamente, Medikamenteneinnahme

Keine Zeit verlieren

- **Informationen** Notieren Sie Ihre Krankengeschichte und die Ihrer Familie. Da Ihnen der Arzt möglicherweise dazu Fragen stellt, nehmen Sie dieses Protokoll am besten mit zum Termin.
- **Bequeme Kleidung** Für den Fall einer Untersuchung wie Blutdruckmessung oder Blutabnahme tragen Sie Kleidung, die sich leicht an- oder ausziehen lässt.

Das Gespräch

- **Symptome** Erwähnen Sie alle Symptome, nicht nur solche, die Ihnen selbst wichtig erscheinen.
- **Kinder** Diese sollen ihre Symptome zunächst selbst schildern, bevor Sie Einzelheiten ergänzen.
- **Abschluss** Vergewissern Sie sich, dass Sie die Empfehlungen des Arztes verstanden haben bzw. ob und wann Sie wiederkommen sollen.

Zusammenstellen der Hausapotheke

Richten Sie an einem sicheren Platz eine Hausapotheke ein, mit der Sie kleinere Verletzungen und Beschwerden selbst behandeln können. Kontrollieren Sie die Hausapotheke regelmäßig und ergänzen Sie fehlende Teile. Abgelaufene Medikamente geben Sie in der Apotheke ab.

Grundausstattung

- **Schmerzmittel** Mittel gegen Schmerzen (beispielsweise Paracetamol oder Aspirin), die auch Fieber senkend wirken, sowie ein steroidfreies, entzündungshemmendes Präparat wie Ibuprofen. Für Kinder sind Paracetamolsaft oder -zäpfchen empfehlenswert.
- **Salben** Für Insektenstiche und -bisse eine Antihistaminsalbe, für Verletzungen eine antiseptische Salbe.
- **Magenpräparate** Säure bindende Tabletten oder flüssige Mittel gegen Magenverstimmungen. Für Durchfallerkrankungen ein Präparat zum Einnehmen, das den Flüssigkeitshaushalt reguliert.

Sicherheit

- **Sterile Verbände** Binden, Verbände und Augenklappen originalverpackt lagern.
- **Risiken einschränken** Vergewissern Sie sich, dass keine Scheren oder Glasthermometer aus dem Arzneischrank fallen können.
- **Schutz für Kinder** Ein Arzneimittelschrank sollte so hoch hängen, dass Kinder ihn nicht unmittelbar erreichen können, und er sollte immer abgeschlossen sein.
- **Medikamente von anderen** Nehmen Sie nie Medikamente, die ursprünglich jemand anderem verschrieben wurden, auch wenn Sie scheinbar ähnliche Symptome haben.

Medikamenteneinnahme

- **System** Benutzen Sie ein System, das Ihnen bei der regelmäßigen Einnahme Ihrer Medikamente hilft.

Dosieren Sie die Medikamente nach Angabe des Arztes.

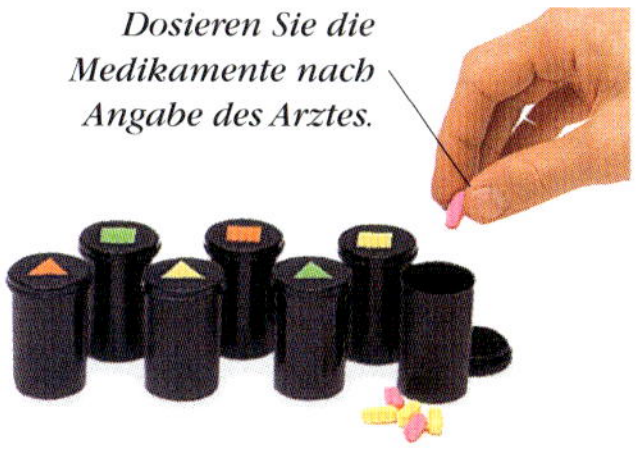

Wochenplanung
Tabletten in Filmdöschen füllen und die Deckel mit einem Etikett versehen, auf dem Tag und Einnahmezeit stehen. Außerhalb der Reichweite von Kindern lagern.

Gesundheit im Blick

Führen Sie Buch über den Gesundheitszustand Ihrer Familie – dann sind Sie immer informiert und können bei Bedarf schnell und sicher reagieren. Erfassen Sie alle Daten regelmäßig, einschließlich von Attesten usw. Besonders einfach geht dies mithilfe eines Computers.

Mustervorlage für die Erfassung			
Art der Information	**Wichtige Details**	**Daten und Zeiten**	**Behandlungen**
Persönliche Daten	● **Körperdaten** Geschlecht, Geburtsdatum, Größe, Gewicht und Blutgruppe ● **Allergien** Führen Sie die jeweils Allergien verursachenden Stoffe und Lebensmittel auf.	● **Seh- und Hörtests** Routineuntersuchungen eintragen. ● **Medikamente** Daten für die Erneuerung von Rezepten notieren. ● **Kinder** Daten für die Vorsorgeuntersuchungen notieren.	● **Verordnungen** Namen und Dosierung regelmäßig einzunehmender Medikamente eintragen. ● **Sehvermögen** Brillenstärken notieren. ● **Allergien** Vorbeugende Maßnahmen gegen Allergien eintragen.
Arzttermine	● **Symptome** Eine Liste für die nächste Besprechung mit dem Arzt erstellen. ● **Ursachen** Vermerken Sie äußere Faktoren, die womöglich Symptome beeinflussen.	● **Termine** Daten neuer Arzttermine notieren. ● **Impfungen** Tragen Sie Daten und Art der Impfung bei Kindern ein. ● **Ergebnisse** Notieren Sie, wann Testergebnisse fällig sind.	● **Verordnungen** Namen und Dosierung der Medikamente eintragen. ● **Routine** Vermerken Sie alle Vorschläge wie Umstellung von Ernährung oder Lebensgewohnheiten.
Krankenhausaufenthalte	● **Information** Notieren Sie Namen und Telefonnummer der Klinik. ● **Referenznummer** Manche Krankenhäuser teilen den Patienten eine Nummer zu.	● **Operationen** Tragen Sie Daten und Art der Operationen ein. ● **Notfälle** Tragen Sie Daten und Anlass für die Notaufnahme im Krankenhaus ein.	● **Behandlung** Notieren Sie Einzelheiten über die Behandlung. ● **Aufenthaltsdauer** Schreiben Sie die Dauer eines Krankenhausaufenthalts auf.
Krankheiten oder Verletzungen	● **Einzelheiten** Schreiben Sie Symptome zu Verletzungen und das Datum des ersten Auftretens auf. ● **Ursachen** Vermerken Sie, falls bekannt, die Ursache.	● **Tests** Notieren Sie die Art der durchgeführten Tests und wann die Ergebnisse fällig sind. ● **Erneuter Arztbesuch** Tragen Sie die Daten weiterer Behandlungstermine ein.	● **Vorgehensweise** Tragen Sie alle Informationen ein, wie Sie die Behandlung zu Hause unterstützen können. ● **Nebenwirkungen** Vermerken Sie wichtige Nebenwirkungen.
Zahnärztliche Kontrolle	● **Information** Machen Sie eine genaue Liste Ihrer Beschwerden. ● **Kinderzähne** Notieren Sie, wann die ersten und zweiten Zähne kamen und eventuelle Besonderheiten.	● **Termine** Das Datum des nächsten Zahnarzttermins eintragen. ● **Größere Projekte** Tragen Sie die Daten von Kieferoperationen oder dem Anpassen eines neuen Gebisses ein.	● **Routine** Empfehlungen des Zahnarztes für die tägliche Pflege ● **Behandlungen** Vermerken Sie Einzelheiten über Operationen oder Anpassen von Zahnspangen.

Aufenthalt oder Besuch im Krankenhaus

Versuchen Sie, sich auf einen Krankenhausaufenthalt praktisch und mental vorzubereiten, damit Sie sich ganz auf Ihre Heilung konzentrieren können. Wenn Sie jemanden im Krankenhaus besuchen wollen, bringen Sie dem Patienten eine kleine Aufmerksamkeit mit.

Vorbereitung

- **Versorgung** Versuchen Sie jemanden zu finden, der Sie regelmäßig mit frischer Wäsche und – falls zulässig – mit frischem Obst versorgt.

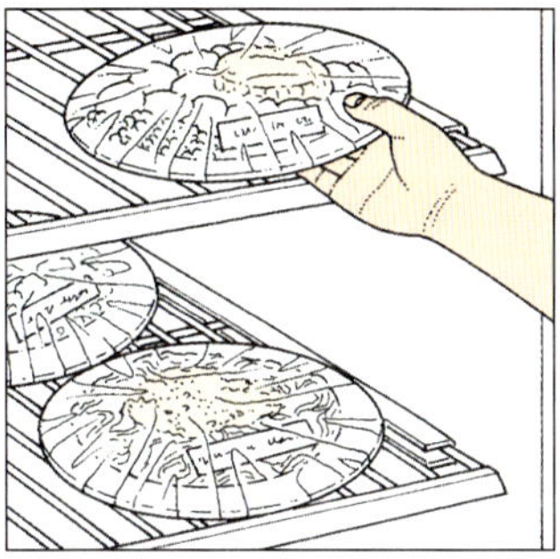

Vorausdenken
Nach der Entlassung aus dem Krankenhaus sind Sie möglicherweise zu erschöpft zum Kochen. Bereiten Sie deshalb vor dem Krankenhausaufenthalt Mahlzeiten zu, die Sie einfrieren.

Das brauchen Sie im Krankenhaus

Da man im Krankenhaus meistens wenig Platz hat, packt man nur das Nötigste ein. Wichtig ist selbstverständlich das Waschzeug. Die Tage im Krankenhaus erscheinen dem Patienten oft lang und eintönig, deshalb sollte man etwas zur Unterhaltung mitnehmen: Walkman, CD- oder MP3-Player, Bücher und Zeitschriften oder Schreibzeug.

- **Medikamente** Wer regelmäßig Medikamente einnehmen muss, packt einen Vorrat ein und übergibt sie dem Pflegepersonal.

iPod von Apple für ungestörtes Hören

Unterwäsche

Hausschuhe

Schlafanzug

Bademantel

Kinder im Krankenhaus

- **Neuigkeiten** Bitten Sie Familienmitglieder und Freunde, für das kranke Kind Kassetten aufzunehmen, die es über Neuigkeiten aus der Familie oder Schule informieren.
- **Erinnerungen** Stellen Sie dem Kind Fotos von Familienmitgliedern, Haustieren und Freunden auf den Nachttisch und legen Sie ihm sein liebstes Schmusetier ins Bett.
- **Essen** Wenn das Kind die Krankenhauskost nicht isst, fragen Sie, ob Sie ein paar Mahlzeiten von zu Hause mitbringen dürfen.
- **Die Heimkehr planen** Planen Sie etwas Besonderes für die Zeit nach der Rückkehr. Sprechen Sie aber keinesfalls mit dem Kind über die Entlassung, bevor der Termin feststeht.

Geschenke

Kleine Überraschungen
In eine kleine Tasche packt man beispielsweise Spielzeug, Zeichenblock, Stifte und Obst. Auch Kassetten bzw. CDs mit entsprechenden Kindergeschichten sind eine gute Ablenkung.

Besuch im Krankenhaus

- **Rücksicht** Rufen Sie einen nahe stehenden Verwandten des Patienten an und erkundigen Sie sich nach seinem Befinden und ob ein Besuch erwünscht ist.
- **Absprache** Versuchen Sie, die Besuchszeiten mit anderen Besuchern abzustimmen und berücksichtigen Sie den Zustand des Patienten.
- **Beistand leisten** Fühlen Sie sich nicht verpflichtet, ständig Fröhlichkeit zu verbreiten. Oft hilft es dem Patienten mehr, wenn man einfach still neben ihm sitzt.
- **Kinder** Kleinen Kindern wird es beim Besuch im Krankenhaus oft langweilig. Packen Sie Spielzeug ein, mit dem sie sich einige Zeit beschäftigen können.

MIT KRISEN UMGEHEN

Wenn Sie wissen, was in unvorhergesehenen Situationen zu tun ist, können Sie womöglich eher einen kühlen Kopf bewahren und unter Umständen den Schaden begrenzen, indem Sie rasch professionelle Hilfe holen. Trainieren Sie für den Notfall, denn in einer angespannten Lage ist es oft schwer, klare Gedanken zu fassen.

KRISENSITUATIONEN MEISTERN

KRISE	DAS IST ZU TUN	VORBEUGUNG
Tätlicher Angriff	● **Die Polizei rufen** Verändern Sie möglichst wenig an Ihrer Kleidung oder Ihrem Äußeren – vielleicht gibt Ihre Erscheinung wichtige Hinweise auf den Täter. ● **Medizinische Hilfe** Lassen Sie Verletzungen rasch behandeln. Wenn Sie unter Schock stehen, bitten Sie jemanden, Sie zur Behandlung zu begleiten. ● **Gedächtnisprotokoll** Schreiben Sie alles auf, woran Sie sich erinnern. ● **Um Hilfe bitten** Bitten Sie Verwandte oder Freunde um ihren Beistand. ● **Selbstbewusstsein erhalten** Zwingen Sie sich, so bald wie möglich wieder in die Öffentlichkeit zu gehen.	● **Im Auto** Verriegeln Sie bei Nachtfahrten das Auto und halten Sie die Fenster geschlossen. ● **Kleidung** Als Frau sollten Sie aufreizende Kleidung verdecken und bequeme Schuhe tragen. ● **Ausstrahlung** Gehen Sie zügig und strahlen Sie Gelassenheit aus. ● **Verfolger abschütteln** Wenn Sie den Verdacht haben, dass Ihnen jemand folgt, wenden Sie sich ab, überqueren Sie die Straße oder betreten Sie einen Laden. ● **Vorausplanen** Nehmen Sie schon vor der Ankunft am Haus die Schlüssel aus der Tasche.
Diebstahl/ Überfall	● **Kein Widerstand** Wird ein Straßenräuber gewalttätig, übergeben Sie ihm sofort Geld oder Tasche. ● **Die Polizei rufen** Suchen Sie sofort eine Polizeidienststelle auf und lassen Sie sich für die Versicherung einen Bericht geben. ● **Die Bank informieren** Sperren Sie alle Kredit- oder Kundenkarten und informieren Sie die Bank, falls Ihr Scheckheft gestohlen wurde. ● **Gedächtnisprotokoll** Versuchen Sie, möglichst bald so viel wie möglich über das Äußere des Angreifers zu notieren. So können Sie sachliche und aufschlussreiche Hinweise geben.	● **Kleidung** Tragen Sie bequeme Kleidung und kleiden Sie sich unauffällig. Tragen Sie möglichst wenig Schmuck oder auffällige Uhren. ● **Bargeld** Wenn Sie im Urlaub eine Gegend aufsuchen, die als wenig vertrauenserweckend gilt, stecken Sie etwas loses Bargeld in eine billige Handtasche oder Brieftasche – die können Sie bei einem Überfall dann herausgeben. ● **Wertsachen sicher aufbewahren** Wenn Sie im Urlaub Wertsachen wie Pass oder Reiseschecks bei sich haben, bringen Sie die Dinge in einem Geldgürtel oder einer versteckten Innentasche unter.
Einbruch	● **Abschreckung** Ist ein Einbrecher noch im Haus, schlagen Sie ihn mit viel Lärm in die Flucht. Vermeiden Sie aber jede persönliche Konfrontation. ● **Die Polizei rufen** Lassen Sie den Tatort unangetastet, bis die polizeilichen Ermittlungen beendet sind. Bitten Sie die Polizei um einen Bericht zur Vorlage bei der Versicherung. ● **Die Versicherung informieren** Rufen Sie umgehend die Versicherung an. ● **Schlösser** Sind keine gewaltsamen Einbruchspuren sichtbar, lassen Sie baldmöglichst die Schlösser auswechseln.	● **Schlösser** Tauschen Sie nach dem Verlust Ihrer Schlüssel umgehend die Schlösser aus. ● **Konsequent abschließen** Schließen Sie alle Fenster und Türen, auch wenn Sie das Haus nur kurz verlassen. ● **Lassen Sie Ihr Haus bewohnt aussehen** Wenn Sie für längere Zeit auf Reisen sind, installieren Sie in Zimmern Zeitschaltuhren für Lampen oder Jalousien. ● **Versteck für Wertsachen** Bringen Sie teure oder wertvolle Gegenstände so unter, dass ein Gelegenheitseinbrecher sie vom Fenster aus nicht sehen kann.

Seelische Erschütterungen meistern		
Situation	**Das ist zu tun**	**Weitere Massnahmen**
Verlust des Arbeitsplatzes	● **Eine neue Arbeit suchen** Überdenken Sie Ihre Fähigkeiten und Berufserfahrung, bringen Sie Ihren Lebenslauf auf den neuesten Stand. ● **Zeit ausfüllen** Verplanen Sie Ihre Zeit. Stellen Sie sich Aufgaben – auch Zeitung lesen gehört dazu. ● **Umschulung** Lernen Sie etwas Neues als Ergänzung zu Ihrem Beruf oder etwas, was Sie schon lange einmal lernen wollten, zum Beispiel eine Fremdsprache. ● **Finanzen ordnen** Sprechen Sie mit Ihrer Bank, wenn Sie Probleme mit Ihren Zahlungsverpflichtungen befürchten. ● **Überbrückung** Ziehen Sie als Übergangslösung auch andere Arbeiten oder eine ehrenamtliche Tätigkeit in Betracht.	● **Aktiv bleiben** Bilden Sie sich fort, pflegen Sie zur Stärkung Ihres Selbstbewusstseins Ihre äußere Erscheinung und bleiben Sie im Gespräch. ● **Positiv denken** Lernen Sie, mit negativen Gefühlen bezüglich Ihrer Fähigkeiten und Ihres Selbstwerts umzugehen. ● **Rücksicht** Sowohl Sie als auch Ihre Familie brauchen Zeit, sich an die neue Situation zu gewöhnen – lassen Sie einander gewisse Freiräume. ● **Absichten verwirklichen** Betrachten Sie den Verlauf der Dinge als Chance, neue Dinge anzupacken. ● **Kleine Belohnungen** Gönnen Sie sich gelegentlich etwas, etwa ein Buch oder frische Blumen.
Ende einer Beziehung	● **Praktische Vereinbarungen** Wenn Sie nicht in Ihrem Zuhause bleiben können, suchen Sie eine vorübergehende Unterkunft, bis Sie eine Lösung finden. Bei finanziellen Problemen sollten Sie fachliche Beratung in Anspruch nehmen. ● **Kindern ein Gefühl der Sicherheit geben** Auch wenn die betroffenen Kinder noch klein sind, hält man sie auf dem Laufenden, gibt ehrliche Antworten auf ihre Fragen und betont die positiven Aspekte der Familie, die sich nicht ändern werden. ● **Beratung aufsuchen** Wenden Sie sich an Fachleute, wenn Sie Rat in Bezug auf Ihre Rechte und Verpflichtungen, Fragen zu Schlichtungsmöglichkeiten oder einer persönlichen Therapie haben.	● **Gefühle** Seien Sie auf eine ganze Bandbreite von Gefühlen gefasst, die nicht unterdrückt werden sollten – gleichgültig, ob Sie die Trennung herbeigeführt haben oder der verlassene Partner sind. ● **Entscheidungen** Lassen Sie sich nicht zu vorschnellen Entscheidungen über Ihre Zukunft drängen. ● **Sachliche Betrachtungsweise** Versuchen Sie, Ihr verzerrtes Bild von einer Welt voller glücklicher Paare oder den Tugenden Ihres Expartners mit realistischeren Bewertungen auszugleichen. ● **Beschäftigen Sie sich** Lenken Sie sich ab, indem Sie Sport treiben, mit Freunden ausgehen, verreisen oder neue Pläne schmieden.
Trauerfall	● **Todesfall melden** Rufen Sie einen Arzt, der den Tod eines zu Hause Verstorbenen feststellt. ● **Papiere** Melden Sie den Todesfall beim örtlichen Standesamt. Liegen Ihnen keine Anweisungen in Bezug auf das Testament vor, informieren Sie sich bei der Bank oder dem Anwalt des Verstorbenen. ● **Familie und Freunde benachrichtigen** Anhand des Adressbuchs des Verstorbenen können Sie alle dem Toten nahe stehenden Personen informieren. ● **Bestattung** Richten Sie sich voll und ganz nach den Wünschen des Toten. Andernfalls organisieren Sie eine Feier, die Sie für angemessen halten. Nach dem Begräbnis können Sie die Trauergäste zu einem schlichten Beisammensein einladen.	● **Abschied** Bitten Sie darum, den Toten noch einmal sehen zu dürfen, wenn Sie glauben, dass Sie damit dessen Tod leichter akzeptieren können. ● **Trauer** Stehen Sie zu Ihren Emotionen. Nehmen Sie sich Zeit für die Trauerarbeit. ● **Gespräche** Sprechen Sie mit Menschen, die den Verstorbenen kannten, über Ihren Verlust und erinnern Sie sich gemeinsam. ● **Sorgen Sie für sich** Vernachlässigen Sie sich nicht und bitten Sie Freunde um Hilfe, wenn Sie sich einsam oder der Situation nicht gewachsen fühlen. ● **Die veränderten Umstände annehmen** Wenn Sie bereit dazu sind, akzeptieren Sie die veränderten Umstände und versuchen Sie, nach vorn zu schauen und neue Chancen wahrzunehmen.

GROSSE FEIERN PLANEN

Damit Familienfeiern reibungslos und ohne Stress über die Bühne gehen, sollten Sie sie gründlich planen. Wer alle mit der Feier zusammenhängenden Aufgaben so weit wie möglich im Voraus erledigt und die Beteiligten rechtzeitig informiert, kann das Fest unbeschwert genießen.

Eine Hochzeit planen

Nehmen Sie sich viel Zeit für die Planung, dann lassen sich alle gewünschten Vorbereitungen treffen. Vereinbaren Sie rechtzeitig die Termine mit dem Standesamt, Pfarrer oder Floristen. Testen Sie verschiedene Restaurants, wenn Sie Ihre Feier ausrichten lassen wollen.

Pläne abstimmen

- **Was ist zu tun?** Schreiben Sie eine Liste, in der alle Aufgaben mit Terminen und Kosten aufgeführt sind. Delegieren Sie Aufgaben soweit möglich.
- **Gästeliste** Stellen Sie mit Ihrem Partner eine vorläufige Gästeliste auf. Es sollten in etwa die gleiche Anzahl Gäste von beiden Seiten kommen.
- **Hochzeitskleid** Gerade bei Maßanfertigungen muss man ausreichend Zeit einplanen.
- **Zufahrtsplan** Erstellen Sie eine einfache Skizze, aus der hervorgeht, wie man die jeweiligen Örtlichkeiten für die Hochzeit findet. Der Plan wird den Einladungen beigelegt.

Nicht vergessen

Gleichgültig, in welcher Form Sie die Hochzeit gestalten möchten, einige Punkte sind grundsätzlich zu beachten.

- eventuell Trauzeugen
- notwendige Papiere
- Gästeliste
- Bekleidung, Frisur, Make-up und Blumen
- Ort der Trauung
- Ort des Empfangs
- Transport der Gäste und des Brautpaars
- Speisen und Getränke
- Unterbringung des Hochzeitspaars und der Gäste
- Hochzeitsreise: Versicherung, Reise und Unterkunft
- Fotograf
- Geschenkeliste

Die Feier ausrichten

- **Kirchliche Trauung** Kümmern Sie sich früh genug um die Reservierung der Kirche und des Geistlichen sowie eines Organisten oder Chores. Finden am selben Tag noch weitere Trauungen statt, können Sie sich vielleicht die Kosten für Blumenschmuck mit anderen Brautleuten teilen.
- **Standesamtliche Trauung** Sie können in einem bestimmten Rahmen die Gestaltung der Feier selbst bestimmen, etwa ob und welche Musik gespielt wird. Es ist nicht mehr nötig, Trauzeugen zu bestimmen. Sie können also auch „in aller Stille" heiraten.

Die Kosten planen

- **Budget erstellen** Erstellen Sie eine Liste der Dinge, die Sie brauchen. Wenn Sie Kosten sparen müssen und die Feier eher in kleinem Rahmen stattfindet, können Sie zu Hause feiern und Freunde bitten, Ihnen bei der Vorbereitung eines Buffets zu helfen. Einladungskarten lassen sich am Computer leicht gestalten und einfach ausdrucken.
- **Essen und Trinken** Wenn Sie ein Lokal oder einen Partyservice beauftragen, halten Sie sich über die Kosten auf dem Laufenden. Bitten Sie um einen verbindlichen Kostenvoranschlag mit genauen Angaben, was im Preis enthalten ist.

BEWÄHRTES WISSEN

Kleine Aufmerksamkeit
Bereiten Sie kleine Stoffbeutelchen mit Zuckermandeln oder einem Potpourri vor, die Sie den weiblichen Hochzeitsgästen als kleines Dankeschön überreichen.

Den Empfang planen

- **Lokalwahl** Wählen Sie möglichst ein Lokal nah bei Standesamt oder Kirche.
- **Menüwahl** Erst wenn klar ist, in welchem Rahmen Sie feiern möchten, können Sie entscheiden, welches Essen Sie anbieten möchten.
- **Getränke** Bestellen Sie etwas mehr – Getränkelieferanten nehmen in der Regel ungeöffnete Flaschen zurück.
- **Geschenkeliste** Sicher werden Ihnen Ihre Gäste gern eine Freude machen wollen. Um ihnen das Schenken zu erleichtern und damit es keine bösen Überraschungen gibt, sollte das Brautpaar eine Wunschliste erstellen.

Hochzeitsvorbereitungen treffen

Sobald der Hochzeitstermin feststeht, reservieren Sie bereits wichtige Dinge wie die Örtlichkeit für die Trauung, und benachrichtigen alle, die Sie einladen möchten. Aus der nachstehenden Übersicht geht grob hervor, wie viele Tage vor dem Hochzeitstermin Sie bestimmte Dinge erledigen sollten.

180

- **Papiere** Geburtsurkunde usw. zusammenstellen.
- **Trauzeugen** Treffen Sie Ihre Wahl und benachrichtigen Sie die Personen.
- **Gäste** Gästeliste aufstellen.
- **Trauungszeremonie** Kirche und Geistlichen auswählen.
- **Empfang und Feier** Restaurant und Service buchen.
- **Beförderung** Fahrzeuge reservieren.
- **Kleidung** Kleid, Anzug, Ringe bestellen.
- **Hochzeitsreise** Hotel und Reise buchen.
- **Einladungskarten** Gestalten oder bestellen

90

- **Geschenke** Eine Geschenkeliste aufstellen.
- **Gäste** Einladungen mit der Geschenkeliste verschicken.
- **Essen** Menü planen, Getränke, Torte bestellen.
- **Blumen** Bei Floristen Angebote für Blumenschmuck einholen.
- **Hochzeitsreise** Weitere Vorbereitungen treffen, soweit erforderlich.

30

- **Gästeliste** Gäste anrufen, die nicht auf die Einladung reagiert haben.
- **Unterbringung** Hotelzimmer für Gäste buchen.
- **Braut** Friseur und Visagisten bestellen.
- **Reservierungen** Einzelheiten bestätigen.

14

- **Kleidung** Anproben vereinbaren. Kontrollieren, ob alle Accessoires vorhanden sind.
- **Empfang** Für ein offizielles Essen sollte eine Sitzordnung erstellt werden.

7

- **Zeremonie** Probetermin mit den Beteiligten vereinbaren.
- **Geschenke** Den Aufbau der Geschenke organisieren.

1

- **Autovermietung** Abholzeiten nochmals bestätigen.
- **Abends** Nach einem leichten Essen früh schlafen gehen.

Wie man Familienfeiern angeht

Auch Familienfeiern im kleineren Rahmen erfordern ein gewisses Maß an Voraussicht. Erstellen Sie eine grobe Übersicht und überlegen Sie, wen Sie um Hilfe bitten könnten. Essen und Unterhaltung müssen möglichst für alle Gäste und die verschiedenen Altersgruppen geeignet sein.

Eine Feier organisieren

- **Ein offizielles Fest** Für einen feierlichen Anlass, zum Beispiel eine Taufe, erstellt man einen wohl durchdachten Plan. Gäste, Ort, Essen und andere Einzelheiten sind darin zu berücksichtigen.
- **Kinder** Steht ein größeres Kind im Mittelpunkt, kann man es bei der Planung mit einbeziehen. Auch die Geschwister werden beteiligt und mit kleineren Aufgaben betraut.
- **Gute Leistungen honorieren** Denken Sie immer ein wenig voraus: Schneidet Ihr Kind bei einer Prüfung gut ab oder gewinnt einen Wettkampf, kann man es mit einer einfachen Feier überraschen.

Kreative Überraschungen

Die richtigen Farben
Für ein besonderes Jubiläum wählt man geeignete Dekorationen, beispielsweise werden zur Feier einer goldenen Hochzeit kahle Zweige mit Goldfarbe besprüht und schön arrangiert.

Vorüberlegungen

Bei der Vorbereitung einer Feier im Kreis der Familie sollte man keine allzu komplizierten Pläne machen, sondern für eine entspannte Atmosphäre sorgen, in der sich alle wohl fühlen.

- **Gästezahl** Zu einer Familienfeier im eigenen Haus sollte man nicht zu viele Gäste einladen, damit es nicht zu eng und aufwändig wird.
- **Essen** Wenn Sie selbst kochen, empfiehlt es sich, einige Gerichte vorzubereiten und einzufrieren, damit Sie nicht die ganze Zeit in der Küche stehen müssen. Bitten Sie vielleicht einige Gäste, etwas beizusteuern.

FAHRZEUGE WARTEN

Zu den Familienfahrzeugen zählen nicht nur vierrädrige Gefährte wie Autos, sondern auch Motorräder oder Fahrräder. Gleichgültig worum es sich handelt, man sollte es durch regelmäßige Wartung in gutem Zustand erhalten und es auf seine Fahrtüchtigkeit und Sicherheit prüfen.

Kraftfahrzeuge

Regelmäßige Pflege erhöht die Zuverlässigkeit, Sicherheit und letztendlich auch Lebensdauer eines Kraftfahrzeugs. Studieren Sie das Autohandbuch, denn manches können Sie gut selbst erledigen. Dennoch sollten Sie Ihr Fahrzeug regelmäßig zur Inspektion bringen.

Pflege eines Autos

- **Instandhaltung** Auch kleinere Fehler und Schäden sollten überprüft und umgehend repariert werden.
- **Werkzeugkasten** Beim Kauf von Werkzeug können Sie sich zunächst auf Teile für einfache Reparaturen beschränken. Teure Spezialwerkzeuge sollten Sie sich nur zulegen, wenn Sie sie auch mehrfach anwenden können.
- **Innenraum** Wer an Reisekrankheit leidet, besprüht den Innenraum des Autos nach dem Reinigen mit einem Antistatikspray. Das verhindert eine elektrostatische Aufladung, die bei manchen Menschen zu Übelkeit führt.

Regelmässige Kontrollen am Auto

Inspektion	Vor der Fahrt
Führen Sie die nachfolgenden Kontrollen regelmäßig durch.	**Diese Kontrollen sollten vor jeder Fahrt gemacht werden.**
• **Bremsen** Bremsflüssigkeit prüfen und ggf. nachfüllen. • **Glas** Alle Spiegel und Fenster müssen sauber sein. • **Beleuchtung** Durchgebrannte Birnen austauschen. • **Reifen** Profil auf Beschädigung und Verschleiß prüfen. • **Öl** Den Ölstand kontrollieren und eventuell Öl nachfüllen. • **Kühler** Wasserstand prüfen und gegebenenfalls auffüllen. • **Batterie** Stand der Batterieflüssigkeit prüfen, eventuell destilliertes Wasser nachfüllen.	• **Türen** Prüfen, ob alle Türen fest verschlossen sind. • **Fahrersitz** Den Sitz auf die eigenen Bedürfnisse einstellen; auch die Kopfstütze in die richtige Position bringen. • **Spiegel** Rück- und Seitenspiegel so einstellen, dass keine toten Winkel vorhanden sind. • **Treibstoff** Überprüfen, ob der Treibstoff für die Fahrt reicht. • **Sicherheitsgurte** Vergewissern Sie sich, dass alle mitfahrenden Personen die Sicherheitsgurte angelegt haben.

Ein Motorrad richtig beladen

Der zusätzliche Gepäckkoffer ist sicher befestigt.

Die kompakten Motorrad-Seitenkoffer sind schlagfest und spritzwasserdicht.

Die Zuladung darf die Federung nicht überlasten.

Der Fahrer hat ausreichend Platz.

Der Tankrucksack behindert nicht die Lenkung.

Der Reifendruck muss der zusätzlichen Ladung angepasst sein.

Trotz viel Gepäck große Fahrsicherheit
Gepäck auf dem Motorrad darf nicht weiter überstehen als der Fahrer und sollte kein Übergewicht auf das Hinterrad verlagern. Am besten geeignet sind Motorradkoffer, die auch bei hohen Geschwindigkeiten stabil bleiben und keine Windturbulenzen verursachen.

Motorradcheck

- **Bremsen prüfen** Kontrollieren Sie Bremsflüssigkeitsstand und Bremsbelagverschleiß.
- **Räder kontrollieren** Überprüfen Sie regelmäßig, ob die Muttern und Schrauben fest angezogen sind. Messen Sie die Profiltiefen. Wenn an einer Stelle 1,6 mm unterschritten werden, muss der Reifen gewechselt werden.
- **Lichtanlage checken** Stellen Sie sicher, dass Lichter, Blinker usw. korrekt funktionieren.
- **Wartung des Motors** Lassen Sie den Motor regelmäßig warten, damit Sie sichergehen können, dass er reibungslos funktioniert.

Fahrräder

Fahrräder sind bequeme und umweltfreundliche Transportmittel. Auch wenn sie weitaus weniger wartungsbedürftig sind als Autos oder Motorräder, muss man sie gut in Schuss halten. Achten Sie darauf, dass Sie Ihr Fahrrad diebstahlsicher abstellen oder unterbringen.

Sicherheit beim Fahrrad

- **Bremstest** Funktionierende Bremsen sind bei jedem Fahrzeug mit das Wichtigste. Testen Sie die Bremsen an Ihrem Fahrrad daher regelmäßig.
- **Sattel** Wenn man den Sattel verstellt hat, muss man ihn beim Montieren auf festen Sitz prüfen. Er darf sich nicht bewegen lassen.

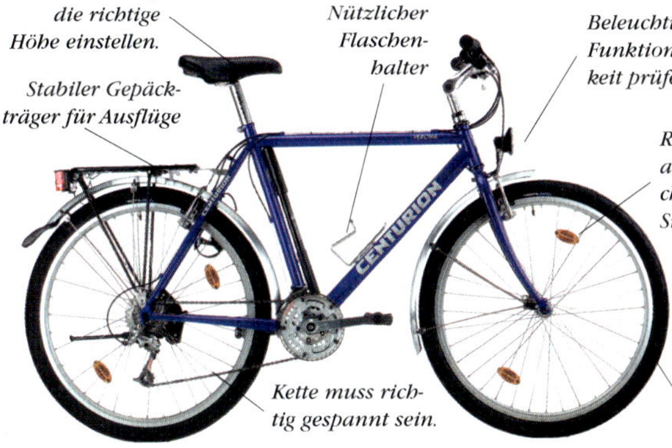

Fahrrad überprüfen

Achten Sie darauf, dass der Fahrradrahmen weder verbogen noch irgendwie beschädigt ist. Die Schutzbleche am Fahrrad dürfen nicht wackeln und die Reifen sollten keine Risse oder abgefahrenes Profil aufweisen. Vor der ersten Ausfahrt nach der Winterpause lohnt es sich, alle beweglichen Teile zu schmieren.

Werkzeug für die Fahrradpflege

Die unten abgebildeten Gegenstände braucht man zum Putzen und für einfache Reparaturen. Dem Handbuch entnehmen Sie, ob Sie weitere Spezialwerkzeuge für Reparaturen brauchen.

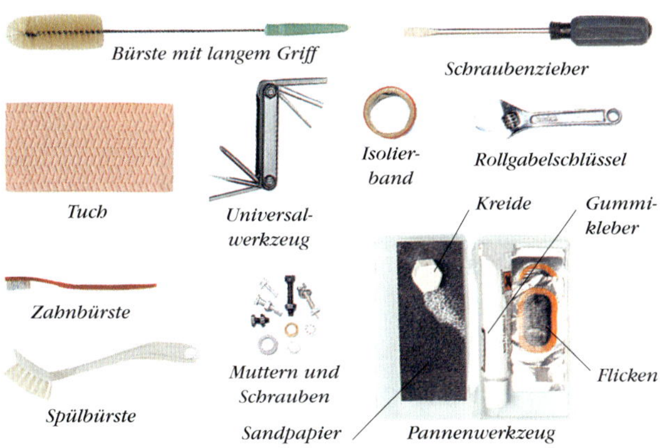

Sicher ist sicher

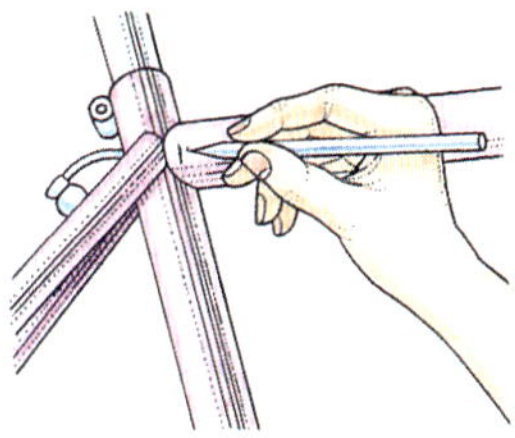

Fahrrad sichern

Um die Identifizierung nach einem Diebstahl zu erleichtern, können Sie das Fahrrad markieren oder einen Fahrradpass anlegen mit Hersteller, Rahmennummer und Farbe des Rades (u. U. auch Foto).

Vor Diebstahl schützen

- **Abschließen** Man kann ein Kettenschloss durch beide Räder ziehen und zusätzlich um den Rahmen legen oder man schließt das Fahrrad mit einem Bügelschloss an einen Pfosten oder Laternenpfahl.
- **Teile abnehmen** Besitzt Ihr Fahrrad einen Schnelllösemechanismus für den Sattel und das Vorderrad, sollten Sie davon auch Gebrauch machen und beide Teile beim Abstellen abnehmen.
- **Zubehör** Stellen Sie das Fahrrad unbeaufsichtigt ab, nehmen Sie wertvolles Zubehör wie Satteltaschen am besten mit.
- **Rahmen verzieren** Bemalen Sie den Fahrradrahmen mit bunten Mustern oder schmücken Sie ihn mit stark haftenden, selbstklebenden bunten Aufklebern. Ein so auffälliges Fahrrad ist für Diebe wenig interessant.

HAUSTIERHALTUNG

Haustiere sind ideale Gefährten für allein stehende Menschen. Größere Kinder wiederum können durch den Umgang mit den Tieren wichtige Erfahrungen machen, beispielsweise was es bedeutet, Verantwortung zu übernehmen. Überlegen Sie vor der Anschaffung gut, welches Tier zu Ihnen und Ihrem Zuhause passt.

Hunde und Katzen

Katzen sind selbstständige Tiere, die nur Futter und eine Schale mit Streu und natürlich regelmäßig Streicheleinheiten brauchen. Hunde dagegen benötigen viel Auslauf und noch mehr Zuwendung. Wer beruflich stark eingespannt ist, schafft sich besser keinen Hund an.

Das Zuhause anpassen

Pflanzen

Stecken Sie Zimtstangen oder Zitronenschalenstücke in die Erde von Topfpflanzen. Der intensive Geruch hält Hunde und Katzen davon ab, zu buddeln oder die Pflanzen anzunagen.

Versorgung

- **Betreuung** Vor dem Kauf eines Haustiers müssen Sie absprechen, wer sich um das Tier kümmern soll. Erstellen Sie hierfür einen kleinen Plan.
- **Grenzen** Ein Tier braucht viel Liebe, damit es sich wohl und geborgen fühlt, ebenso wichtig sind aber auch feste Regeln und Führung.
- **Ernährung** Bitten Sie den Züchter oder Vorbesitzer um Anweisungen für die Ernährung. Auf neue Nahrung muss das Tier schrittweise umgestellt werden.

Haustiere beruhigen

Tickende Uhr

Wenn ein Welpe nachts jammert, wickelt man einen mechanischen Wecker in ein Handtuch und legt ihn ins Körbchen. Das Geräusch ähnelt dem Herzschlag der Mutter und beruhigt das Tier.

Nagetiere

Haustiere wie Kaninchen, Hamster, Meerschweinchen und Mäuse sind relativ einfach zu halten. Allerdings sind diese Tiere oft nervös und beißen auch mal zu, deshalb ist im Umgang mit ihnen Vorsicht geboten. Zahmere Exemplare kann man zum Spielen aus dem Käfig lassen.

GUTE IDEE!

Spielzeug

Große Murmeln und Garnrollen aus Kunststoff sind stabile Spielzeuge für Kleinnager wie Meerschweinchen, Hamster und Mäuse.

Mäuse

Eine flache Schale wird zur Hälfte mit Essig gefüllt.

Gerüche neutralisieren

Mäuse riechen immer, auch bei regelmäßiger Reinigung des Käfigs. Stellen Sie ein Schälchen mit Essig neben den Käfig, das absorbiert einen Teil des Geruchs.

Versorgung

- **Standort** Im Freien stellt man den Käfig an einen windgeschützten, sicheren Ort. Im Haus sollte man den Käfig möglichst nicht ins Schlafzimmer stellen, weil Nager oft nachtaktiv sind.
- **Gesellschaft** Vor dem Kauf eines Nagetiers sollte man sich informieren, ob sie lieber alleine leben oder nicht. Hamster sind Einzelgänger, Kaninchen gesellige Tiere.
- **Sicherer Umgang** Nagetiere nicht auf Stuhl oder Tisch setzen, da ein Sturz aus solcher Höhe tödlich sein kann.

Fische, Reptilien und Amphibien

Diese Tiere sind für viele Menschen faszinierend – sie sind nicht so sehr zum Spielen und Schmusen geeignet wie viele Säuger, doch es macht Spaß, sie zu beobachten. Achten Sie auf die geeignete Umgebung und Nahrung für die Tiere, damit Sie lange Freude an ihnen haben.

Reptilienhaltung

Nur wenige der im Haus gehaltenen Reptilien sind gefährlich. Besondere Pflege freilich brauchen sie alle. Erkundigen Sie sich schon beim Kauf danach.

- **Umgang mit Reptilien** Bei bissigen Reptilien trägt man Gummihandschuhe, da sie vom unangenehmen Geruch abgeschreckt werden.
- **Gruppenhaltung** Wenn Sie verschiedene Reptilienarten zusammen halten wollen, sollten Sie sich informieren, welche sich vertragen.
- **Futter** Bei manchen Reptilien ist die artgerechte Fütterung nicht einfach – so benötigen manche Schlangen lebendige Tiere als Nahrung.

Fischhaltung

- **Aquarium** Ein gutes Aquarium ist nicht billig, da die automatische Versorgung mit Frischwasser, Sauerstoff und Licht gewährleistet sein muss.

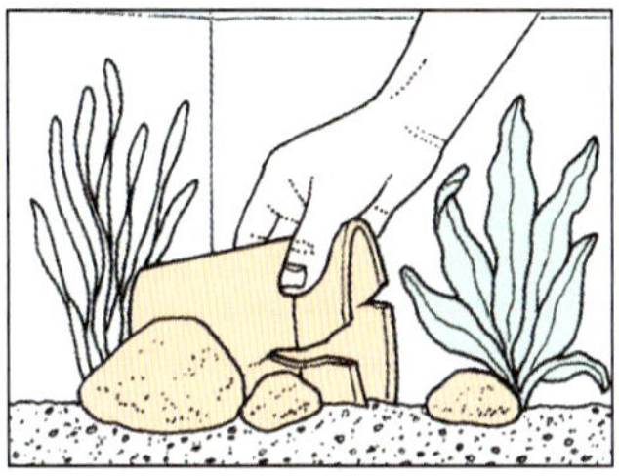

Zubehör im Aquarium
In ein Aquarium gehören Gegenstände, die für Fische interessant sind. Wasserpflanzen, Steine oder zerbrochene Tontöpfe, in denen sich die Fische verstecken können, sind gut geeignet.

Terrarium

- **Auswahl** Achten Sie auf eine gut gesicherte Abdeckung. Besonders Schlangen sind geschickte Ausbrecher.
- **Gestaltung** Bieten Sie dem Tier eine artgerechte Umgebung, etwa eine Wasserstelle zum Baden, Sand zum Graben oder Kletteräste für Baumbewohner.
- **Temperatur** In ein Terrarium gehört ein Thermometer zur Überwachung der Temperatur. Wärme bringt eine Schreibtischlampe, mit der man das Terrarium bestrahlt.
- **Streu für den Boden** Als Streu nimmt man Material wie Papierwolle, das leicht zu reinigen und keine Brutstätte für Parasiten ist.

Auswahl und Haltung von Vögeln

Vögel sind meist intelligente und gesellige Tiere. Weil sie nicht nur Pflege, sondern auch Gesellschaft und Zuwendung brauchen, hält man sie möglichst paarweise oder in Gruppen. Achten Sie darauf, dass der Käfig ausreichend Bewegungsfreiheit bietet.

Kauf von Vögeln

- **Herkunft** Erkundigen Sie sich nach dem Herkunftsland und ob die Art in Gefangenschaft gezüchtet wird. So vermeiden Sie, dass Sie einen Vogel kaufen, der illegal in freier Wildbahn gefangen wurde.
- **Lebenserwartung** Kleine Vögel leben oft nur ein paar Jahre, einige Papageienarten dagegen werden so alt wie ein Mensch.
- **Sprechen lernen** Kaufen Sie am besten ein etwa 6 Wochen altes Tier. Halten Sie den Vogel allein, aber beschäftigen Sie sich dann auch intensiv mit ihm. Durch häufiges Vorsprechen kann das Tier vielleicht ein paar Wörter lernen.

Vogelhaltung

- **Luftqualität** Rauchen Sie nicht in der Nähe eines Vogels. Auch von starken Gerüchen, etwa nach erhitztem Fett oder frischer Farbe, sollte man Vögel fern halten.
- **Gesundheitsvorsorge** Waschen Sie sich nach jedem Kontakt gründlich die Hände. Die so genannte Papageienkrankheit etwa kann beim Menschen einen tödlichen Verlauf nehmen.
- **Standort für den Käfig** Stellen Sie einen Vogelkäfig auf ein stabiles Gestell, das so hoch ist, dass Sie ihn im Stehen gut erreichen. Der Käfig darf nicht direkt in der Sonne oder in der Zugluft stehen.

BEWÄHRTES WISSEN

Zum Singen bringen
Wenn Sie einen Vogel zum Singen anregen wollen, hängen Sie einen kleinen Spiegel in den Käfig, in dem er sich sehen kann. Er singt dann meist sein Spiegelbild an.

Rund um den Hausputz

Übersicht

Wenn Sie ein paar Grundregeln beherzigen, geht Saubermachen ganz leicht. Staubwischen ist dabei das A und O für eine saubere Wohnung und sollte bei jedem Reinigungsgang erledigt werden. Der vielseitige Einsatz von Staubsauger samt Zubehör erleichtert manche Arbeiten - nicht nur die Teppichreinigung. Was man für jeweils richtig sauber hält, hängt vom eigenen Empfinden ab - man sollte sich von den Botschaften der Werbung nicht allzu sehr beeinflussen lassen …

Gerätschaften für den Hausputz

Die dargestellten Dinge sind für die Hausreinigung nahezu unentbehrlich. Sie können sie in einem Plastikcontainer mit Henkel aufbewahren und darin transportieren. In einem Haus mit vielen Treppen sind auch zwei Sets sinnvoll, damit Sie sich das Hin- und Hertragen ersparen. Nach dem Gebrauch sollten Sie alle Geräte reinigen.

Mikrofasertücher

Fensterleder

Kehrblech und Handfeger

Staubwedel

Putz- und Scheuerlappen

Gummihandschuhe

Wischmopp

Aufnehmer

Scheuerbürste

Eimer

Besen

Putz- und Reinigungsmittel

Heute gibt es für nahezu jeden Haushaltsgegenstand ein spezielles Reinigungsmittel. Glaubt man den Herstellern, dann sind all ihre Erzeugnisse unentbehrlich, tatsächlich aber kommt man auch mit deutlich weniger Mitteln aus: Spülmittel, Reinigungsmilch und Scheuerpulver, enzymhaltiges Waschmittel, Möbelpolitur und Metallreiniger.

Zusätzliche Mittel

- **Für spezielle Flecken** Salmiakgeist, Bleichmittel, Brennspiritus, Alkohol, Borax, Bleichsoda und Terpentin eignen sich zum Reinigen besonderer Flächen und zum Entfernen hartnäckiger Flecken. Bewahren Sie diese Mittel kindersicher auf.
- **Hausmittel aus der Küche** Salz, Zitronensaft, Glyzerin, Essigessenz und Natron sind als milde, umweltverträgliche Haushaltsreiniger geeignet.
- **Spezialreiniger** Zum Reinigen stark verschmutzter Wände verwendet man ein alkalisches Reinigungsmittel. Mit Lederbalsam reinigt und pflegt man Ledermöbel.

Notizen machen

- **Putzliste** Notieren Sie, wie und mit welchem Mittel Sie spezielle Dinge reinigen, damit Sie es nicht immer wieder von neuem ausprobieren müssen. Heften Sie die Notizen in Ihrem Haushaltsordner ab.

ZUR SICHERHEIT

- **Kinder schützen** Putz- und Reinigungsmittel verschlossen aufbewahren. Kinder nicht in der Nähe von Putzmitteln allein lassen, wenn Sie durch Telefon oder Türklingel unterbrochen werden.
- **Eindeutig kennzeichnen** Reinigungsmittel aus großen Gebinden, die Sie in kleinere Behälter abfüllen, deutlich beschriften.
- **Haut schützen** Beim Umgang mit konzentrierten Haushaltsreinigern Gummihandschuhe tragen. Bleichmittel oder Salmiakgeist dürfen nicht auf Haut, Augen oder Kleidung geraten.
- **Vorsicht bei Dämpfen** Für gute Durchlüftung sorgen und offenes Feuer vermeiden, da chemische Stoffe entflammbar sein können.
- **Reiniger nicht mischen** Chemische Substanzen können beim unkontrollierten Mischen schädlich reagieren. Wirkungslosen Reiniger vor der Anwendung eines anderen Mittels abwaschen.
- **Sicher stehen** Am besten stehen Sie auf einer stabilen Stehleiter oder auf einem Tritthocker. Stuhl oder Tisch sind ungeeignet.

ALLGEMEINES

Eher öfter putzen als langwierige Grundreinigung, lautet die Devise für effektives Saubermachen. Denn wenn Sie Putzarbeiten wochenlang vernachlässigen, haben Sie hinterher umso mehr zu tun. Reinigen Sie daher Ihre Wohnräume einmal in der Woche, Spülbecken und Arbeitsflächen in der Küche täglich.

Pflege der Putzgeräte

Reinigen Sie Ihr Handwerkszeug nach jedem Gebrauch und bewahren Sie es sorgfältig auf. Dann müssen Sie es beim nächsten Mal nicht extra herrichten und Sie sparen Zeit. Putz- und Scheuerlappen sollten Sie regelmäßig waschen und unbrauchbare aussortieren.

Reinigungsgeräte aufbewahren

Besen
Besen von Zeit zu Zeit mit Seifenlauge waschen. Damit sich die Haare nicht krümmen, mit dem Stiel nach unten aufhängen, z. B. an zwei Nähgarnrollen.

Bodenwischer
Nach dem Gebrauch lediglich gründlich ausspülen, dann den Wischer in einem Plastikbeutel verstauen, damit er in Form bleibt und nicht austrocknet.

Putzkissen aus Stahlwolle
Gebrauchte Putzkissen zum Schutz gegen Rost in Seifenwasser legen oder in Alufolie wickeln. In zwei Teile geschnitten, halten sie doppelt so lang.

Tücher und Schwämme

● **Reinigen und aufbewahren** Staubtücher nach dem Gebrauch gut ausschütteln. Glitschige Schwämme in Essigwasser einweichen. Staub- und Poliertücher in Plastikbeuteln aufbewahren.

Fensterleder

● **Allgemeine Pflege** Fensterleder halten bei guter Pflege jahrelang: in warmem Seifenwasser waschen und gründlich ausspülen. Damit das Leder geschmeidig bleibt, nicht an einer Heizquelle trocknen.

Kleine Bürsten

● **Zahnbürsten verwerten** Alte Zahnbürsten eignen sich bestens zum Reinigen filigraner Metallteile, Fugen, Armaturen und schwer zugänglicher Stellen. Sie sollten möglichst viele in Ihrem Reinigungsset haben.

Staubsauger für alle Fälle

Der Staubsauger ist vielseitig einsetzbar: Mit den Zubehörteilen können Sie nicht nur den Boden, sondern auch Vorhänge, Möbel und Polster reinigen. Vor Arbeitsbeginn sollte man Bürsten und Rollen überprüfen sowie den Staubbeutel bei Bedarf austauschen. Es gibt Staubsauger für die verschiedensten Arbeiten. Akku-Sauger beispielsweise sind ideal für das Auto oder für „Notfälle".

● **Handstaubsauger** Sie eignen sich am besten für große Bodenflächen, reichen aber oft nicht unter Möbel oder in enge Ecken.
● **Bodenstaubsauger** Mit ihnen saugt man schwierige Stellen wie Treppen oder unter niedrigen Möbeln und auch Wände, doch sind sie nicht so handlich.
● **Allzwecksauger** Mit diesen Saugern kann man Flüssigkeiten und feste Teile aufsaugen, oft auch nassreinigen.

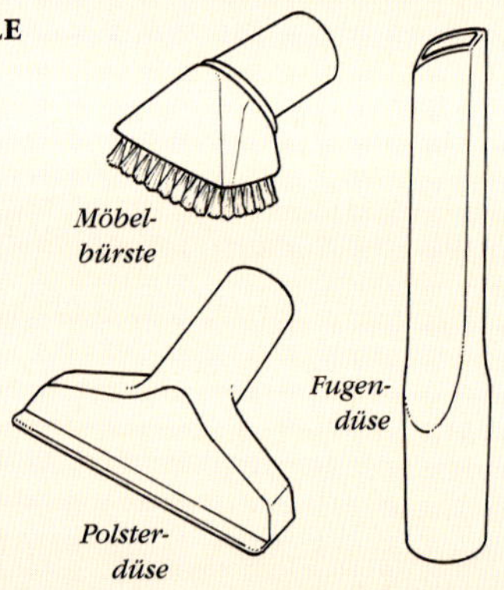

Mit System geht's besser

Entwickeln Sie eine gewisse Routine, nach der Sie Ihre Wohnung regelmäßig reinigen. So kann sich die Arbeit gar nicht erst anhäufen. Mit den nachstehenden Tipps können Sie Ihr Zuhause reinlich und gepflegt aussehen lassen, ohne dass Sie sich „zu Tode schrubben".

Rationelle Putzmethoden

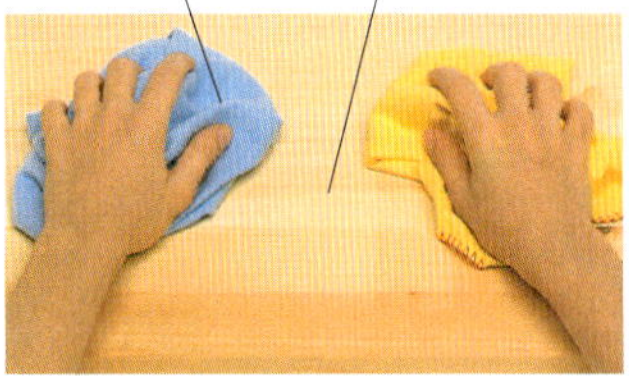

Beidhändiges Staubwischen
Mit zwei Staubtüchern - eines in jeder Hand - werden die Oberflächen in der Hälfte der Zeit mühelos von Staub befreit.

2-Eimer-Methode
Böden mit zwei Eimern putzen: Ein Eimer enthält Putzwasser, der andere Wasser zum Ausspülen des Schwammes.

Zeit sparendes Staubtuch

1 Ein echter Staubkiller ist ein neues Staubtuch, das mit einer Lösung aus Paraffin und Essig getränkt wird.

2 Das voll gesogene Staubtuch herausnehmen und bis zum Gebrauch in einem Schraubglas aufbewahren.

Räume	Wie oft reinigen?
Badezimmer und Küche	Diese Räume aus Hygienegründen täglich putzen.
Schlafzimmer	Betten morgens lüften, da man pro Nacht 0,5 – 1 l Feuchtigkeit abgibt. Wöchentlich putzen.
Wohnzimmer	Wöchentlich putzen. Zweimal die Woche staubsaugen.
Andere Räume	Diele und Treppe zweimal wöchentlich saugen.

Routinemässige Reinigungsarbeiten

- **Tägliche Reinigung** Küchen und Badezimmer werden am meisten beansprucht und sollten daher täglich geputzt werden (siehe S. 68–69).
- **Regelmäßige Reinigung** Schlafzimmer und Wohnzimmer werden einmal in der Woche sauber gemacht (oder nach Bedarf). Als Erstes lüften Sie das Zimmer und räumen es auf. Mit dem Abstauben beginnen Sie am besten an einer Seite der Tür und beachten dabei immer: Die höher liegenden Flächen kommen beim Staubwischen stets zuerst an die Reihe, weil naturgemäß immer etwas Staub auf die darunter liegenden Ebenen fällt. Stauben Sie alle Gegenstände und Flächen ab und arbeiten Sie sich so durch das ganze Zimmer. Zum Abschluss wird der Boden gesaugt oder gefegt.
- **Gelegentliche Reinigung** Alle paar Monate sollten alle Zimmer gründlich geputzt werden. Sie nehmen die Gardinen und Vorhänge ab und waschen sie oder geben sie in die Reinigung. Polstermöbel und Teppiche schäumen Sie mit Schwamm und Shampoo ein. Die Wände reinigen Sie je nach Beschaffenheit feucht oder trocken und die Fenster werden gründlich geputzt. Lüften Sie auch die Schränke und schaffen Sie darin Ordnung.
- **Reinigung nach Benutzung** Wenn Sie Geräte und Mobiliar wie Herd, Arbeitsflächen, Wasch- oder Spülbecken nach der Benutzung reinigen, kann sich Schmutz nicht festsetzen.

BODENPFLEGE

Damit erst gar nicht so viel Schmutz ins Haus getragen wird, legt man vor die Haustür eine Fußmatte (oder besser noch ein Abstreifgitter) und dann noch eine im Haus - besonders Kinder sollte man dazu erziehen, beides Mal die Schuhe abzustreifen. Dann muss man die Fußböden täglich nur noch kehren oder staubsaugen.

Fußboden reinigen

Verstaubte Fußböden wirken schmutziger als ungesaugte Teppiche und bedürfen daher häufigerer Reinigung. Kehren, saugen oder wischen Sie Flur, Küche und Bad regelmäßig. Holzböden müssen gewachst, Granit-, Vinyl- und Fliesenböden gelegentlich gründlich gereinigt werden.

FUSSBODEN KEHREN

Staub beseitigen
Harte Fußböden alle paar Tage kehren oder saugen, besonders in den Ecken, in denen sich der meiste Staub ansammelt.

FUSSBODEN WISCHEN

Effektiv arbeiten
Versiegelte Böden einmal wöchentlich nach der 2-Eimer-Methode nass wischen, Schiefer- oder Steinböden ohne Seife.

FUSSBÖDEN SCHRUBBEN

Gründlich reinigen
Stein-, Beton- und Fliesenböden mit Bodenreiniger und Scheuerbürste bearbeiten, um angesammelten Schmutz zu entfernen.

Fußboden polieren

Mit glänzenden Fußböden wirkt Ihre Wohnung gepflegt. Verwenden Sie die richtige Politur und vergessen Sie nicht, alte Wachsschichten, die sich angesammelt haben, gelegentlich zu entfernen. Hierzu verwenden Sie Bodenreiniger, Salmiakgeist oder Wachsentferner.

VERSCHIEDENE POLITUREN

Bohnerwachs
Herkömmliche Bodenpolitur auf Lösungsmittelbasis für Holz und Kork. Das Auftragen erfolgt aufwändig von Hand, der Glanz hält sich aber lang.

Flüssigwachs auf Lösungsmittelbasis
Flüssige Polituren eignen sich ebenfalls für Holz und Kork. Sie sind einfacher aufzutragen als feste Pasten, glänzen aber nicht so lang.

Flüssigwachs auf Wasserbasis
Emulsionen enthalten meist Silikon und eignen sich nicht für Vinyl, unversiegeltes Holz und Kork. Sie sind leicht aufzutragen und glänzen lang.

Ein Staubtuch um den Besen wickeln.

Mit dem Besen bohnern
Anstatt elektrisch zu bohnern, binden Sie ein Staubtuch um einen weichen Besen und tragen damit die Wachspolitur von Hand auf. Die Politur nur auf gereinigtem Boden auftragen.

Verschiedene Bodenbeläge

Es gibt sehr strapazierfähige Fußböden. Die verschiedenen Beläge erfordern allerdings auch unterschiedlich viel Pflege. Grundsätzlich werden die Böden nach Bedarf einmal täglich gefegt. Regelmäßige Reinigung erspart dabei anstrengendes Schrubben.

Bodenbelag	**Pflegehinweise**
Vinyl Ein sehr dankbarer Bodenbelag, der bei richtiger Pflege recht haltbar ist. 	● Regelmäßig fegen. Mit Haushaltsreiniger und warmem Wasser putzen und mit klarem Wasser nachwischen. Die Politurschicht zweimal jährlich ohne Lösungsmittel entfernen. Nach dem Trocknen die vom Hersteller empfohlene Bodenpflege auftragen. ● Hartnäckige Flecken mit Flüssigwachs auf Wasserbasis entfernen.
Linoleum Ein strapazierfähiger Bodenbelag, den man aber nicht zu nass wischen darf. 	● Mit einem feuchten Mopp und Wasser mit einem Schuss Haushaltsreiniger wischen. Auf Böden in Küche und Badezimmer Flüssigwachs auf Wasserbasis auftragen, da Wasserflecken darauf unsichtbar bleiben. Sonst Bohnerwachs verwenden. ● Abgewetzte Stellen behandelt man mit feiner, in Terpentin getränkter Stahlwolle.
Holz Die Behandlung hängt davon ab, ob das Holz versiegelt ist oder nicht. 	● Unversiegelte Holzfußböden regelmäßig mit Besen oder Mopp entstauben. Versiegelte Holzböden feucht moppen. Mit Bohner- oder Flüssigwachs glänzend polieren. ● Klebrige Flecken auf unversiegeltem Boden mit feuchtem Lappen entfernen. Alte Wachspolitur von versiegelten Böden mit Terpentin lösen.
Kork Muss regelmäßig gefegt werden. Je nach Art der Versiegelung darf nur leicht feucht bis nass gewischt werden. 	● Regelmäßig mit warmem Wasser mit einem Schuss Haushaltsreiniger wischen, gelegentlich wachsen. Udituransammlungen an den Rändern vermeiden, sonst bildet sich unter Umständen eine klebrige Schicht, die Schmutz anzieht. ● Beim Verlegen der Korkfliesen die Ränder unbedingt versiegeln, damit kein Wasser eindringen kann.
Keramikfliesen Dieser Belag ist sehr strapazierfähig, aber Vorsicht: Alles, was auf den Boden fällt, kann zerbrechen. 	● Mit leichter Spülmittellösung und mit einem Bodenwischer reinigen, dann mit dem Fensterleder nachtrocknen. Verschüttetes sofort aufwischen, da nasse Fliesenböden gefährlich rutschig sind. ● Keramikfliesen wegen der Rutschgefahr nicht polieren. Die Fugen mit einer weichen, in konzentrierte Reinigungslösung getauchten Bürste reinigen.
Kunststeinplatten Mit Beton hergestellte Platten, die meist poliert sind. Sie werden oft in öffentlichen Gebäuden oder Geschäften verwendet. 	● Kunststeinplatten regelmäßig mit Wasser und etwas Allzweckreiniger wischen. Man kann sie nach einiger Zeit mit flüssiger oder fester Spezialpolitur pflegen. ● Verblasste Platten kann man behutsam mit Stahlwolle und Terpentin bearbeiten, anschließend mit einer Spezialpolitur pflegen.

Spezielle Bodenbehandlung

Vermeiden Sie möglichst das Abwetzen oder Zerkratzen von harten Bodenbelägen, da solche Schäden nur schwer zu beheben sind. Beispielsweise sollte man unter Möbelfüße Filzstücke anbringen oder beim Verschieben von Mobiliar Matten unterlegen.

Flecken von Holzfussböden entfernen

- **Tintenflecken** Mit einem in unverdünnte Haushaltsbleiche getauchten Wattebausch betupfen und mit Küchenpapier trocknen. Notfalls den Vorgang wiederholen.
- **Kerzenwachs** Mit einem Eiswürfel härten und mit einem stumpfen Messer vorsichtig abheben. Flüssige Bodenpolitur einreiben und mit weichem Lappen nachpolieren.

Kratzer von Holzfussböden entfernen

1 Den Kratzer mit feiner Stahlwolle abreiben, dabei möglichst wenig unbeschädigtes Holz um die Stelle herum in Mitleidenschaft ziehen.

2 Etwas braune Schuhcreme mit Bohnerwachs vermischen und gut auf der Kratzstelle verreiben, damit sich die Farbe dem Boden angleicht.

Bewährtes Wissen

Staub binden

Wenn Sie vor dem Fegen feuchte Teeblätter auf Ihrem Holzfußboden verstreuen, fliegt der Staub nicht auf. Auch Asche im offenen Kamin kann man mit feuchten Teeblättern bestreuen. Diese Methode ist für Allergiker besonders hilfreich.

Bodenbeläge reparieren

- **Vinyl und Kork** Brandflecken mit feinem Sandpapier abreiben. Auffällige Brandflecken mit dem Cutter ausschneiden und ein neues Stück einsetzen.
- **Linoleum** Diese Beläge können mit der Zeit spröde werden. Risse überklebt man mit durchsichtigem Klebeband und trägt Klarlack auf.
- **Fliesenböden** Löcher mit Wandspachtelmasse reichlich füllen und nach dem Trocknen abschleifen. Farbe auftragen (Schuhcreme oder Künstlerölfarbe) und mit Fußbodenlack versiegeln.
- **Holzböden** Wo eine defekte Isolierschicht Feuchtigkeit durchlässt, ist es am besten, den Bodenbelag zu entfernen und den Untergrund oder Estrich mit einem wasserfesten Anstrich zu versehen.

Kunststeinplatten

- **Farbe auffrischen** Bei verblassten Fliesen Politurreste mit Stahlwolle und Terpentin entfernen. Putzen, nachwischen und nach dem Trocknen farbige Wachspolitur auftragen. Gut bohnern, um die Politur zu fixieren.

Weiße Flecken behandeln

Sie entstehen durch Kalk im Untergrund und können wieder verschwinden. Nachhelfen kann man durch Abwaschen mit einer Lösung aus 60 ml (4 TL) Essig auf 5 l Wasser. Nicht nachwischen.

Vinyl und Linoleum

- **Farbe entfernen** Frische Emulsionsfarbe mit einem feuchten Lappen abwischen. Frische Ölfarbenflecken mit in Wachspolitur getränkter Stahlwolle abreiben. Auf getrocknete Farbflecken heißes Leinöl geben, dann abwischen.

Bei konzentrierten Chemikalien Handschuhe tragen.

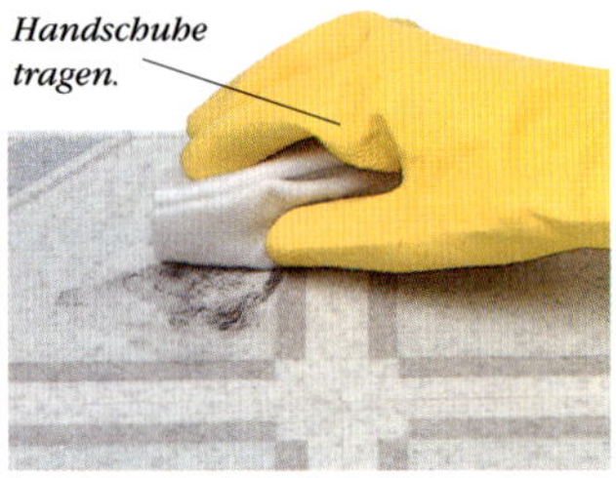

Abriebstellen entfernen

Schleif- und Absatzspuren auf Vinylböden mit einem in Terpentin oder Flüssigwachs getränkten Tuch abreiben. Auch mit einem Radiergummi lassen sich Abriebstellen entfernen.

Teppichböden

Teppichböden und Teppiche gehören zu den teuersten Anschaffungen der Wohnungseinrichtung und sollten fachkundig gepflegt werden. Befolgen Sie die Pflegehinweise des Teppichherstellers, damit Ihnen Ihr Teppich möglichst lang in gutem Zustand erhalten bleibt.

Teppich gründlich reinigen

● **Staubsaugen** Regelmäßiges Saugen erhält den Flor Ihres Teppichs in gutem Zustand. Im Idealfall sollte man achtmal über jeder Stelle hin- und hersaugen, möglichst in verschiedenen Richtungen. Mit dem Staubsaugerzubehör erreichen Sie auch Ecken und Stellen unter Möbeln.

● **Shampoonieren** Tragen Sie Teppichshampoo von Hand auf die Schmutzstellen auf. Bei großflächiger Verschmutzung leihen Sie eine Shampooniermaschine aus und reinigen gleich den ganzen Teppich – am besten im Sommer, damit Sie den Teppich gut trocknen lassen können.

Umwelttipp

Trockenshampoo
Preiswert und umweltfreundlich frischen Sie Ihren Teppich auf, indem Sie ihn großzügig mit Natron bestreuen. 15 Minuten einwirken lassen, dann gründlich absaugen. Ihr Teppich ist jetzt sauber und frei von Staubmilben und Gerüchen.

Druckstellen von Möbelstücken

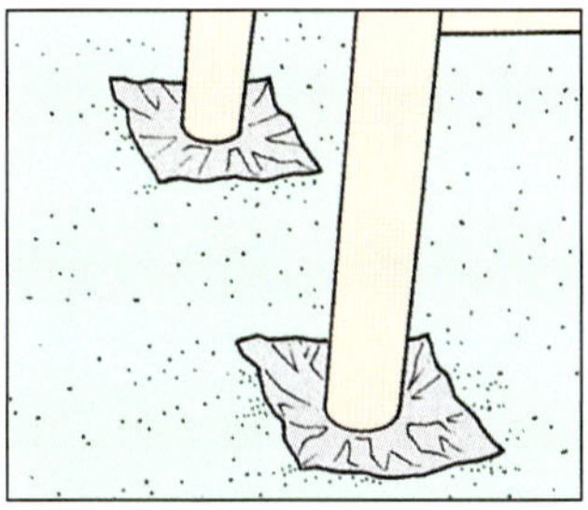

Feuchter Teppich
Müssen Sie Möbelstücke wieder zurückstellen, bevor der shampoonierte Teppich völlig trocken ist, legen Sie Folienstücke unter die Möbelfüße, damit keine Abdrücke entstehen.

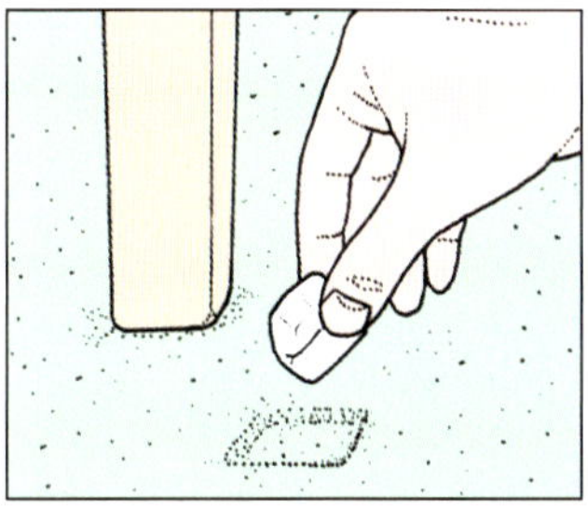

Eingedrückter Flor
Bei Druckstellen von schweren Möbelstücken einen Eiswürfel in die Vertiefung legen und schmelzen lassen. Dann langsam wieder trocknen lassen und mit dem Staubsauger darüber fahren.

Teppiche und Matten

● **Reinigen** Teppiche im Freien mit einem Teppichklopfer oder einem alten Tennisschläger klopfen. Naturfasern wie Sisal oder Kokos saugen. Sind sie verschmutzt, mit Salzwasser bürsten, ausspülen und langsam trocknen lassen.

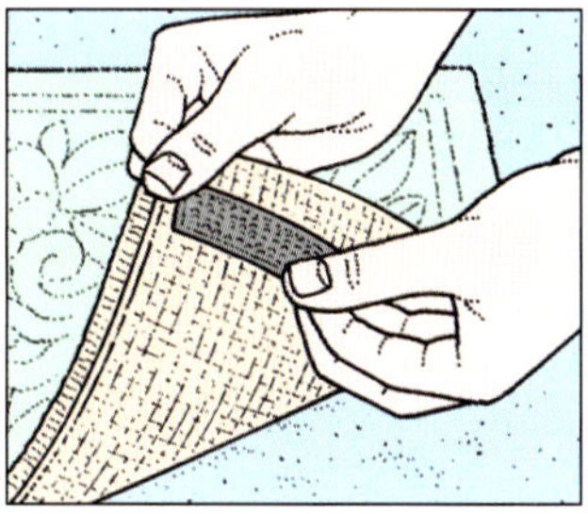

Rutschen verhindern
Teppiche verrutschen nicht auf glatten Fußböden, wenn man doppelseitiges Klebeband unter die Kanten klebt. Klettband verhindert, dass lose Teppiche auf Teppichböden „wandern“.

Ungebetene Gäste und Gerüche

Teppichboden und Teppiche sind anfällig für Schädlinge wie den Teppichkäfer, auch nehmen sie oft den Geruch von Zigarettenrauch oder Haustieren an.

● **Teppichkäfer** Die Käfer selbst sind harmlos, nicht jedoch die Larven, die sich durch die abgestreifte Haut, die man an den Teppichkanten findet, verraten. Da sie sich gut verstecken, ist ihnen schwer beizukommen. Rotten Sie möglichst viele Larven aus, indem Sie Borax um die Teppichkanten und vor dem Verlegen eines neuen Teppichs auf die Unterlage streuen.

● **Zigarettenrauch** Dieser Geruch bleibt lange in Teppichen und Dekostoffen hängen. Wenn Raucher zu Besuch kommen, platzieren Sie unauffällig eine Schale Wasser im Raum oder zünden Sie Kerzen an. Sehr hilfreich ist auch ein Zimmerspringbrunnen. Aschenbecher sollten sofort geleert werden.

● **Essig als Luftverbesserer** Ein kleines Behältnis mit Essig sorgt für frischen Geruch im Zimmer, auch in einem längere Zeit unbewohnten Haus. Gibt man dem Wasser von Luftbefeuchtern einen Spritzer Essig zu, dann bleibt die Luft stets frisch.

WÄNDE UND DECKEN

Wenn Sie in einer Gegend mit hoher Luftverschmutzung wohnen oder wenn in Ihrem Haus viel geraucht wird, sollten Sie Wände und Decken mindestens einmal im Jahr reinigen. Nehmen Sie dabei höchstens ein Zimmer auf einmal in Angriff, denn dies ist körperliche Schwerarbeit.

Wände

Nicht abwaschbare Tapeten sollten Sie regelmäßig abstauben, damit sich kein Schmutz festsetzt. Verwenden Sie kein Wasser – sonst löst sich die Tapete. Abwaschbare Tapeten wischen Sie mit Schwamm und Spülmittel ab und wischen dann mit warmem Wasser nach.

Nicht abwaschbare Tapeten reinigen

Flecken beseitigen
Mit frischem, leicht verknetetem Weißbrot ohne Kruste oder einem Radiergummi Flecken vorsichtig abrubbeln. Möglicherweise verschwinden die Flecken erst nach mehreren Versuchen.

Fettflecken entfernen
Mit einem nicht zu heißen Bügeleisen und Küchenpapier lassen sich Fettflecken aufsaugen. Den Vorgang wiederholen, bis das Fett absorbiert ist, zuletzt Fettlöser aufsprühen.

Vinyl säubern

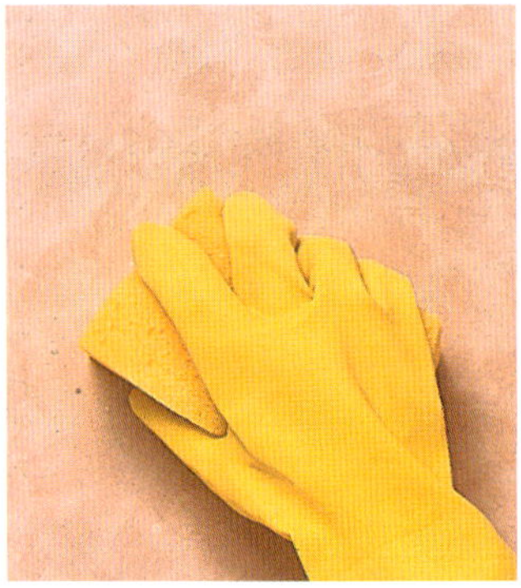

Wände abwaschen
Vinyltapeten gelegentlich mit einer Reinigerlösung und einem Schwamm abwaschen. Dabei von unten nach oben arbeiten und vorsichtig reiben, damit die Oberfläche nicht beschädigt wird.

Tapeten ausbessern

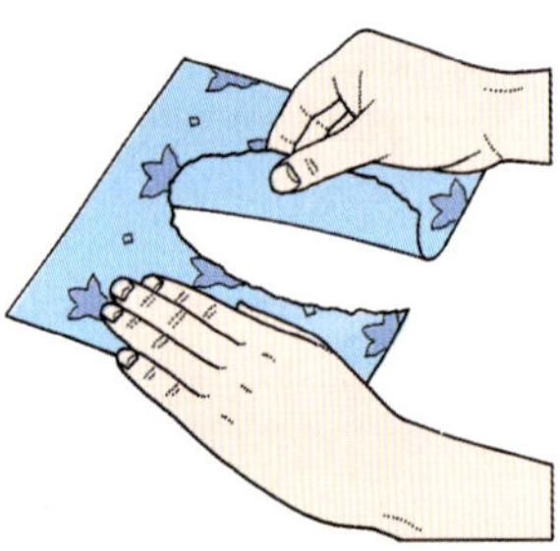

1 Eine stark fleckige Tapete sollten Sie besser flicken anstatt zu reinigen. Reißen Sie ein passendes Stück Tapete vorsichtig aus. Der ungleichmäßige Rand ist nachher weniger sichtbar als ein geschnittener.

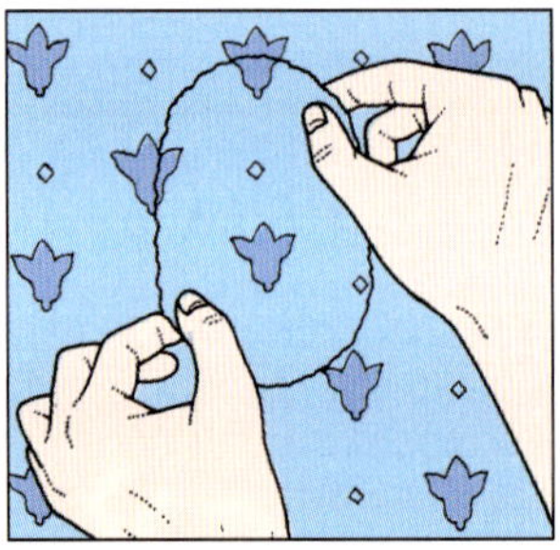

2 Den neuen Flicken mit Tapetenkleister aufkleben und dabei auf den Musterverlauf achten. Bei älteren Tapeten legt man das neue Stück vor dem Aufkleben einige Tage zum Verblassen in die Sonne.

Spezialtapeten

- **Grastapeten** Vorsichtig reinigen, damit sich keine Grasteile lösen. Hier genügt Abstauben mit dem weichen Möbelpinsel des Staubsaugers auf niedrigster Saugstufe. Lassen Sie keine Möbelstücke an Grastapeten anstoßen, sie lockern sonst Teile und verursachen unansehnliche kahle Stellen.
- **Rupfen** Diese Tapeten regelmäßig absaugen. Da gefärbter Rupfen leicht ausläuft, darf man ihn nicht anfeuchten. Flecken entfernt man, indem man die Stellen mit verknetetem krustenlosen Weißbrot abrubbelt.

Gestrichene Wände

Durch regelmäßige Reinigung können Sie gestrichene Wände und Decken lang in gutem Zustand erhalten. Verfärbungen wie Nikotinflecken lassen sich jedoch nur schwer entfernen. Sollte Abreiben problematisch sein, ist ein neuer Anstrich unter Umständen einfacher.

Decken

- **Reinigung** Den Staub entfernen Sie mit dem improvisierten Staubwedel (siehe unten), einem Besen oder der Polsterdüse des Staubsaugers. Decken sind nur schwer abzuwischen, am besten ist ein Neuanstrich.

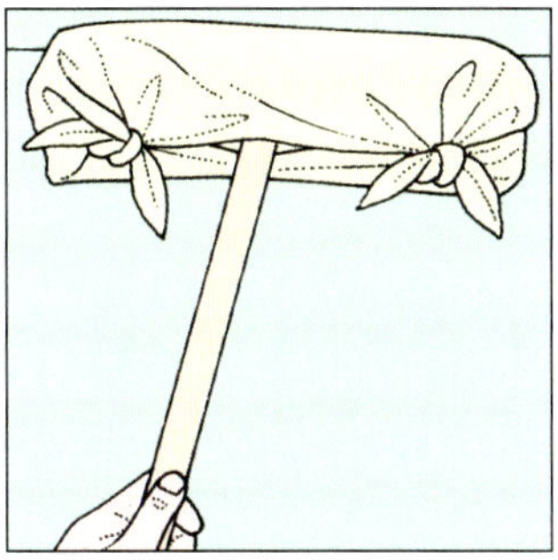

Decken abstauben
Ein sauberes Staubtuch locker um den Besen binden und damit die Decken abstauben. Zwischendurch das Tuch immer wieder ausschütteln.

Wände, Türen und Verzierungen

- **Wände reinigen** Abwaschbare Wände mit warmem Wasser und Spülmittel wischen und zügig arbeiten, damit keine Ränder entstehen. Jeweils eine Wand komplett abwaschen.

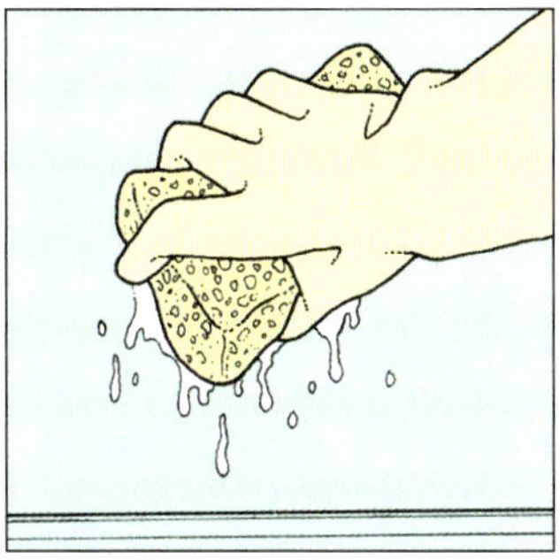

Die Wand abwaschen
Man beginnt unten und arbeitet nach oben, da es einfacher ist, schmutzige Tropfspuren von einer sauberen Fläche abzuwischen als von einer schmutzigen.

- **Stark verschmutzte Wände** Säubern Sie die Wände mit Seifenlösung. Falls nötig, auch mit anderen Reinigern.
- **Türen und Fußleisten** Mit Spülmittel abwaschen, Waschmittel kann der Farbe schaden. Mit klarem Wasser nachwischen und trockentupfen.

Flecken auf der Wand

- **Fleckenentfernung** Auf gestrichenen Wänden lassen sich Flecken meist gut entfernen. Man sollte jedoch behutsam vorgehen, um den Anstrich nicht zu beschädigen. Fingerabdrücke und Bleistiftstriche vorsichtig wegradieren. Lebensmittelflecken beseitigen Sie mit Reinigungsmilch. Wo Möbelstücke Spuren in die Wand gedrückt haben, erst den Radiergummi, dann den Haushaltsreiniger einsetzen.

Sonstige Oberflächen

Bei Keramikfliesen gibt es oft Schmutzablagerungen in den Fugen. Holzverkleidete Wände müssen oft abgesaugt werden und sollten einmal im Jahr poliert werden. Flecken auf unversiegelten Ziegelwänden sind schwer zu entfernen, deshalb regelmäßig abstauben.

Keramikfliesen

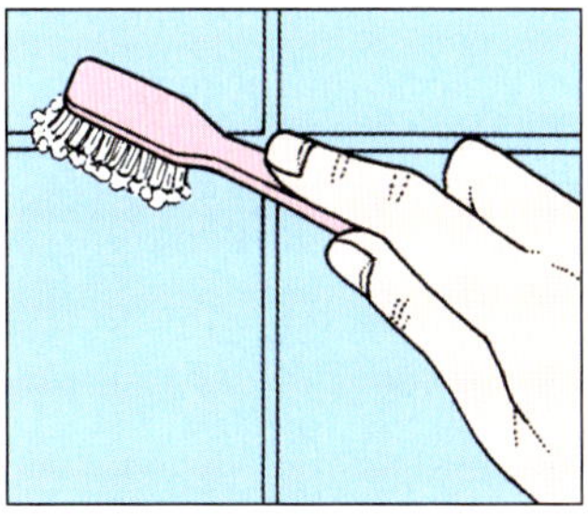

Fugen reinigen
Eine saubere Zahnbürste in eine Bleichlösung tauchen und damit die Fugen reinigen. Bei sehr starker Verschmutzung die Fliesen neu verfugen.

Holzverkleidung

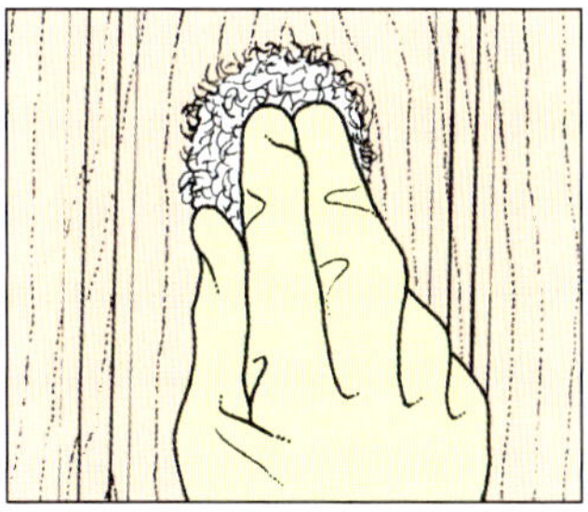

Politur entfernen
Mehrere Schichten Politur auf einer Holzfläche entfernen Sie mit feiner Stahlwolle und Terpentinersatz. Entlang der Maserung vorsichtig, aber fest reiben.

Ziegelwände

Ziegelwände versiegeln
Die Wand muss sauber sein, dann tragen Sie das Mittel mit einem weichen Farbpinsel auf. Künftig brauchen Sie die Wand nur noch abzustauben oder zu wischen.

Fenster putzen

Trübe Fenster lassen Ihre Wohnung ungepflegt aussehen – reinigen Sie sie daher so oft wie nötig. Die Innenseite sollte zwei- oder dreimal im Jahr geputzt werden. Vergessen Sie nicht, beim Zimmerputz auch die Fenster mit einem weichen Acrylstaubwedel abzustauben.

Fenster putzen

Fensterreiniger mischen
Glasreiniger können Sie selbst herstellen, indem Sie Essig und Wasser in einem Zerstäuber mischen. Essig wirkt fettlösend und sorgt für anhaltenden Glanz.

Fenster nachreiben

Mit Zeitungspapier
Frisch geputzte Fenster mit Zeitungspapier trockenreiben. Diese preiswerte Alternative zum Fensterleder sorgt mit seiner Druckerschwärze für Glanz.

Zeit sparen

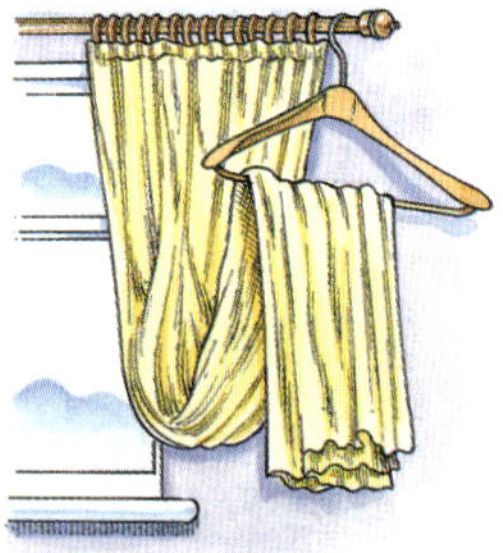

Schutz für Gardinen
Gardinen beim Fensterputz nicht abnehmen, sondern über Kleiderbügel hängen.

Streifenfreie Sauberkeit

- **Der richtige Zeitpunkt** Putzen Sie Ihre Fenster an bewölkten Tagen, wenn es nicht zu heiß ist. Bei direkter Sonneneinstrahlung oder großer Hitze trocknet das Wasser zu schnell ab und es bleiben Streifen zurück.
- **Putzstreifen finden** Bei der Innen- und Außenreinigung von Fenstern auf der einen Seite waagrecht wischen, auf der anderen senkrecht. So können Sie leicht feststellen, auf welcher Seite noch Streifen oder Schmutzreste sind.

Spiegel reinigen

Spiegel nicht mit Wasser putzen, da es auf die Rückseite gelangen und dann die Silberschicht beschädigen kann. Verwenden Sie stattdessen einen handelsüblichen Glasreiniger und polieren Sie nach.

Elektroanschlüsse

Steckdosen und Lichtschalter aus Kunststoff reinigen Sie – bei abgeschaltetem Strom! – mit einem Lappen und Brennspiritus. Metallteile behandeln Sie mit geeigneter Metallpolitur. Auch Glühbirnen sollte man regelmäßig abstauben und säubern, damit sie wieder hell erstrahlen.

Anschlüsse reinigen

- **Wand schützen** Beim Reinigen eine passende Schablone aus Pappe über das Installationsteil halten, damit die Reinigungsmittel nicht an die Wand gelangen.

Vorsicht!

Vor dem Reinigen von Elektroinstallationen den Strom abschalten bzw. Glühbirnen aus der Fassung drehen.

Glühbirnen vorsichtig behandeln

- **Sicherheit geht vor** Zum Reinigen immer zuerst das Licht ausschalten, dann die Glühbirne herausdrehen. War das Licht eingeschaltet, die Glühbirne abkühlen lassen. Vor dem Einsetzen die Birne abtrocknen.
- **Duftende Glühbirnen** Ein wenig Duftöl auf der Glühbirne verteilen und sie verströmt nach dem Einschalten durch die Wärme den Duft.

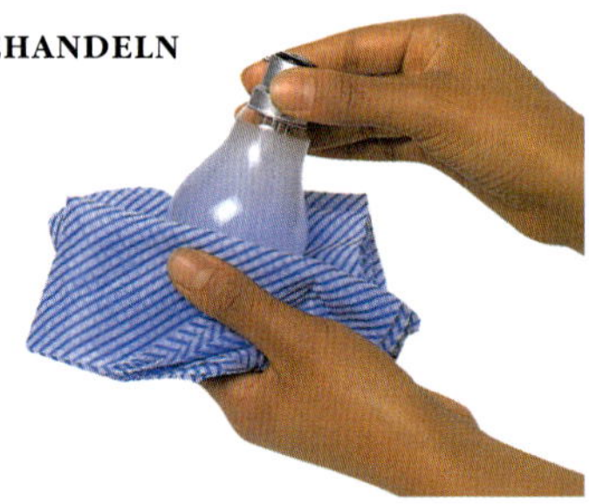

Glühbirnen reinigen
Am Sockel vorsichtig halten und mit einem gut ausgewrungenen, feuchten Tuch abwischen.

Heizkörper und Heizgeräte

Heizkörper sollten Sie im Winter etwa einmal in der Woche reinigen. Die Heizkörper werden an den sichtbaren Stellen mit Spülwasser abgewischt, die Rückseite und die Zwischenräume mit dem Staubsauger oder speziellen Bürsten entstaubt.

Probleme vermeiden

- **Lüftungsschlitze reinigen** Sie ziehen Staub an, dürfen aber nicht verstopfen. Den Staub mit einer Flaschenbürste entfernen.
- **Boden abdecken** Beim Saubermachen den Boden unter den Heizkörpern gegen Verschmutzung abdecken.
- **Staubfahnen beseitigen** Über Heizkörpern führt die aufsteigende Warmluft zu dunklen Ablagerungen. Mit Regalbrettern über den Heizkörpern vermeiden Sie dies und lenken die Wärme in den Raum.

Hinter dem Heizkörper reinigen

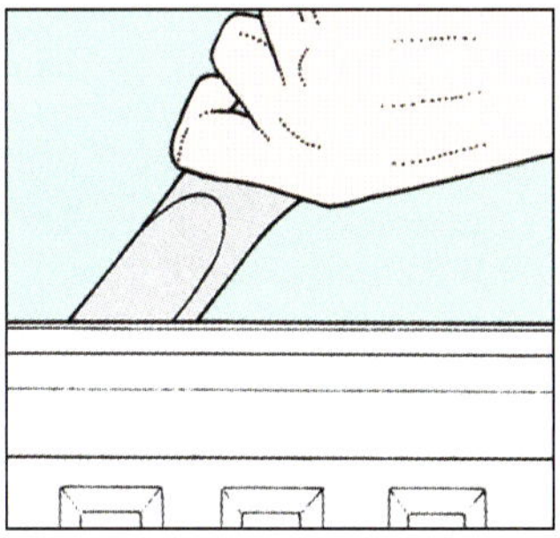

Staubsaugen
Staubablagerungen hinter dem Heizkörper kann man mit der Fugendüse des Staubsaugers absaugen.

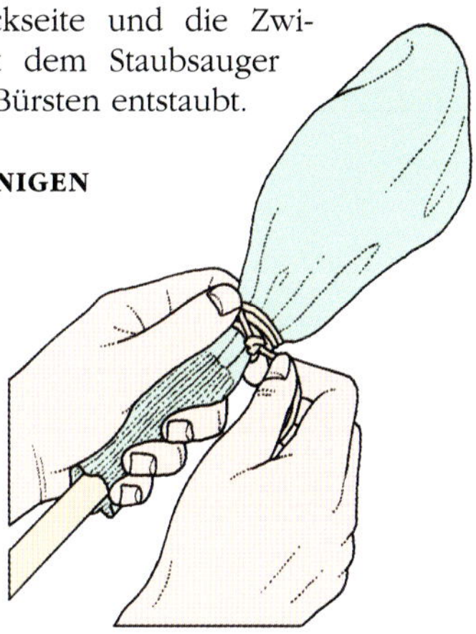

Eine Bürste basteln
Einen Schwamm auf einen Besenstiel stecken und eine alte Socke darüber ziehen. Damit hinter dem Heizkörper putzen.

Offene Kamine

Ein offenes Kaminfeuer ist sehr behaglich, nur leider verschmutzen offene Kamine, wenn man sie nicht regelmäßig sauber macht, und der Ruß setzt sich fest (zur Behandlung von Rußflecken siehe S. 98). Reinigen Sie jedes Jahr nach der Heizperiode gründlich die Feuerstelle.

Roste säubern

- **Asche entfernen** Kohlenasche wöchentlich beseitigen, Holzasche im Rost lassen, da sie im Winter als gute Grundlage für das Kaminfeuer dient.

Asche binden

- **Staubbildung verringern** Wenn Sie vor dem Reinigen feuchte Teeblätter auf die Asche streuen, wirbelt der Staub nicht so auf.

Asche entsorgen

- **Glut** Asche mit Glutresten wegen der Brandgefahr in einem Metallbehälter auskühlen lassen und erst dann in den Müllcontainer geben.

Metallteile reinigen

- **Polieren** Die Metallteile des Kamins mit Ofenschwärze oder Reiniger behandeln.

Ofenschwärze auftragen
Schwärze mit Stahlwolle auftragen und mit einem weichen Tuch polieren.

Einfassung reinigen

- **Ziegelsteine** Mit einer harten Bürste und klarem Wasser gut abschrubben. Brandflecken mit Essig und Schwamm bearbeiten und abspülen.
- **Keramikkacheln** Mit Wasser und etwas Spülmittel oder Reiniger abwaschen und klar nachwischen. Rußflecken nicht scheuern (siehe S. 98).
- **Marmor** Mit Schwamm und Seifenflockenlösung abwaschen, nachspülen und trockenfrottieren. Polierten Marmor mit Marmorreiniger behandeln. Für Schadstellen gibt es spezielle Produkte (für Flecken siehe S. 125).

BEWÄHRTES WISSEN

Duftendes Feuer
Angenehmen Duft verströmt das Feuer, wenn man getrocknete Zitronenschalen oder Tannenzapfen darin abbrennt.

MOBILIAR

Der allgegenwärtige Staubsauger samt Zubehörteilen ist hervorragend geeignet, Möbelstücke, Teppiche, Gardinen, Kissen und anderes staubfrei zu halten. Intensivere Reinigungsarbeiten können Sie je nach Bedarf durchführen, Flecken allerdings sollten Sie immer sofort entfernen (Seiten 76–99).

Holzmöbel

Gut gepflegte Holzmöbel haben eine lange Lebensdauer. Stauben Sie sie oft ab – immer entlang der Maserung. Unversiegeltes Holz darf nicht zu nass werden, sonst quillt es. Tipps zur Spezialbehandlung von Holz und Holzmöbelstücken finden Sie auf den Seiten 115–117.

Holz abstauben

Schnitzereien
Mit weichem Pinsel oder einem Synthetikstaubwedel (durch Reiben vorher statisch aufladen) die Verzierungen entstauben.

Gebrauchsmöbel

- **Grundpflege** Holzmöbel mit Reiniger und feuchtem Tuch abwischen. Nachpolieren, bis die Möbel glänzen. Gelegentlich Politur aufsprühen.
- **Teakholz** Moderne Tropenholzmöbel nur abstauben. Poliert werden sie ein- oder zweimal im Jahr mit etwas Teaköl oder -milch.
- **Lackiertes Holz** Mit Wasser und Spülmittel abwischen, sofern der Lack nicht alt und brüchig ist. Mit klarem Wasser nachwischen und trockenreiben. Flecken mit unverdünntem Spülmittel entfernen.

Wertvolle Möbel

- **Antike Möbelstücke** Vor direkter Wärme und Sonnenlicht schützen. Regelmäßig abstauben. Klebrige Flecken mit Essigwasser abreiben. Antike Möbel ein- oder zweimal im Jahr mit Bienenwachs polieren (siehe S. 115).
- **Möbel mit Schellackpolitur** Mit einem weichen Staubtuch in Richtung der Maserung polieren. Ab und zu wachsen. Klebrige Flecken und Fingerabdrücke mit Brennspiritus beseitigen. Beschädigte Schellackpolitur vom Fachmann restaurieren lassen.

Andere Materialien

Kunststoffmöbel sind pflegeleicht – man säubert sie gelegentlich mit Wasser und Reiniger, danach wischt man mit klarem Wasser nach. Korb- und Rohrmöbel werden regelmäßig mit einer Bürste oder dem Staubsauger entstaubt. Anspruchsvoller sind Marmor- und Metallmöbel.

Marmor

- **Allgemeine Pflege** Marmor mit Tuch oder weicher Bürste abstauben. Hin und wieder mit Seifenwasser wischen und abspülen, dann polieren. Weißen Marmor nicht polieren (zur Fleckenentfernung siehe S. 125).

Korbmöbel

- **Reinigung** Mit dem Staubsauger den Staub entfernen. Korbmöbel gelegentlich mit einer Bürste und Spülmittel abschrubben, dann nachspülen und trocknen.

Rohrmöbel

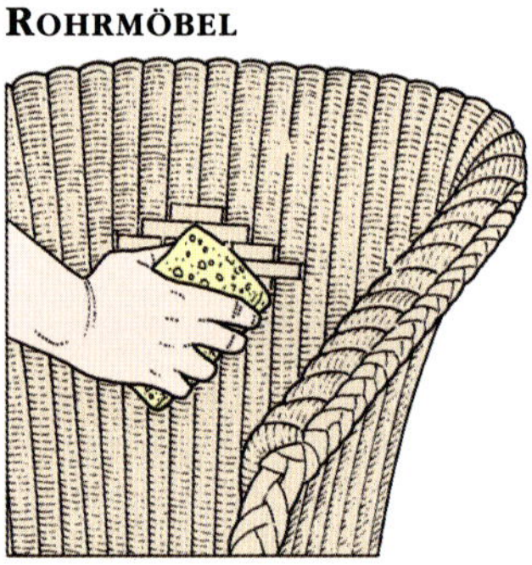

Gründliche Reinigung
Rohrmöbel schrubben Sie mit einer Seifenlösung ab. Danach mit dem Schwamm Salzwasser auftragen, so bleibt das Rohr fest.

Metallmöbel

Rostentfernung
Rost mit einer harten Drahtbürste entfernen und neu lackieren. Metallmöbel im Freien mit Rostschutzfarbe streichen.

Möbelbezüge

Polstermöbel reinigen Sie am einfachsten mit der Polsterdüse des Staubsaugers. Die Ritzen zwischen Sitz und Lehne sollten Sie nach hineingeratenen Gegenständen absuchen, bevor Sie mit der Fugendüse arbeiten (weitere Tipps zu Polstermöbeln und Lederpflege siehe S. 126).

Regelmässige Pflege

- **Abnehmbare Bezüge** Verschmutzte Bezüge abnehmen und nach Pflegehinweis waschen. Die noch feuchten Bezüge wieder aufziehen und nicht zu warm bügeln. Chintz ist ebenfalls waschbar, jedoch kann die Appretur deutlich nachlassen.
- **Polsterbezüge** Polstermöbel kann man nach Herstellerangaben mit Polstershampoo selbst reinigen oder reinigen lassen. Flecken mit nicht zu viel Wasser entfernen.

Fusseln entfernen

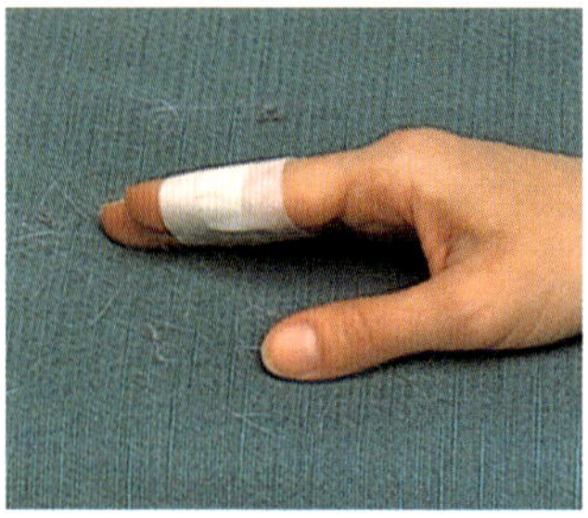

Einfacher mit Klebeband
Klebestreifen um die Finger wickeln. Über den Stoff streichen, um Fusseln und Haustierhaare zu entfernen.

Leder und Lederimitat

- **Lederpflege** Leder oft abstauben; gelegentlich Lederbalsam anwenden: Gut einreiben, damit er nicht abfärbt.
- **Verschmutztes Leder** Mit einem in Seifenlösung getauchten und gut ausgewrungenen Tuch abwischen. Nicht nachwischen, langsam trocknen lassen, dann polieren.
- **Lederimitat** Regelmäßig abstauben und mit einem feuchten Lappen abwischen. Verschmutzungen mit Seifenlösung reinigen.

Gardinen und Rollos

Teure Vorhänge und Rollos sollte man am besten von einer Spezialfirma waschen oder reinigen lassen: Die Experten stellen sicher, dass das gute Stück nach der Reinigung genauso gut passt wie zuvor. Zusätzliche Tipps zur Gardinenpflege finden Sie auf Seite 127.

Gardinenpflege

- **Waschen** Gefütterte Vorhänge reinigen lassen, auch wenn sie waschbar sind, da verschiedene Stoffqualitäten beim Waschen unterschiedlich einlaufen können. Große Vorhänge in der Badewanne waschen, da sie für die Waschmaschine zu schwer sind und sie beschädigen könnten.

Allgemeine Pflege
Vorhänge regelmäßig mit der Polsterdüse des Staubsaugers absaugen. Mit einem Tritthocker erreicht man auch die Oberkanten.

Rollos und Jalousien

- **Springrollos** Mit der Polsterdüse absaugen oder mit einem Staubbesen abstauben. Wischfeste Rollos mit Wasser und Spülmittel reinigen und mit einem feuchten Lappen nachwischen. Mit so genannter Sprühstärke bleiben sie länger sauber – die Stärke am besten im Freien aufsprühen.

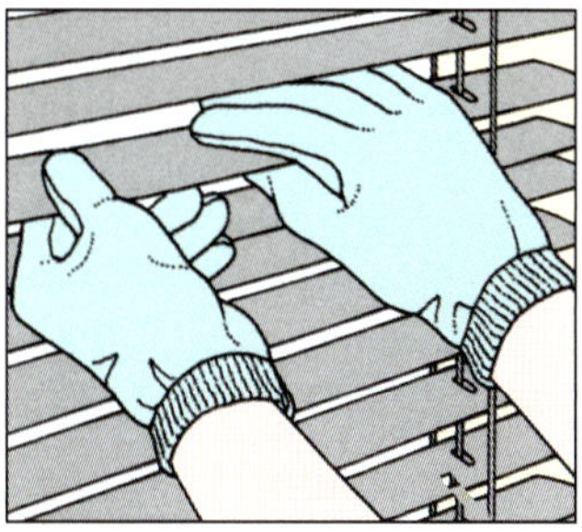

Jalousien
Mit Baumwollhandschuhen die Lamellen abstauben oder in der Badewanne waschen (Rollmechanismus vor Nässe schützen!).

Spezialrollos

- **Raffrollos** Regelmäßig absaugen. Die Rollos gelegentlich auffalten und waschen oder reinigen.

GUTE IDEE!

Einfache Merkhilfe
Markieren Sie beim Abnehmen der Gardinenhaken die entsprechenden Stellen mit Nagellack. Das spart beim Wiedereinhängen der Haken Zeit.

BADEZIMMER

Badezimmer sollten täglich gereinigt werden - nicht nur aus hygienischen Gründen, sondern auch weil sich sonst hartnäckige Verschmutzungen bilden. Wenn alle Mitglieder der Familie einfache Regeln befolgen, z. B. Waschbecken und Badewanne nach dem Benutzen gleich sauber zu machen, fällt erst gar nicht so viel Arbeit an.

GRUNDAUSSTATTUNG

Wenn die Reinigungsutensilien für das Bad immer griffbereit sind, ist die Chance auch größer, dass die Familienmitglieder ihrer „Sorgfaltspflicht" nachkommen. Schwämme, Lappen und Toilettenbürsten sollten nach jedem Gebrauch ausgespült werden, nach längerem Einsatz kann man sie in Essigwasser einweichen. Toilettenreiniger muss gründlich weggespült werden, bevor man die Toilette wieder benutzt.

Schwamm

Lappen

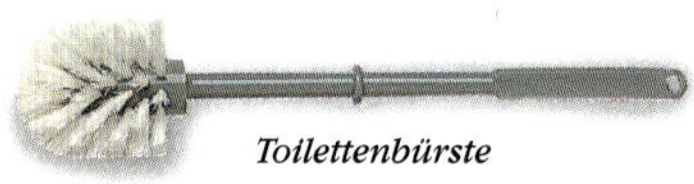

Toilettenbürste

Toilettenreiniger

Badewanne, Dusche und Waschbecken

Spülmittel oder einfacher Badreiniger eignen sich am besten für die Reinigung. Damit nicht zu viel Wasserdampf und Kondenswasser entsteht, lässt man beim Baden zuerst kaltes und dann heißes Wasser in die Wanne laufen. Nach dem Baden das Lüften nicht vergessen!

ACRYLBADEWANNEN

Kratzer entfernen
Mit Metallpolitur abreiben. Tiefe Kratzer mit feinstem Sandpapier abreiben, dann mit Metallpolitur behandeln.

WASCHBECKEN

● **Abflüsse** Damit sie nicht verstopfen, öfter mit einer Flaschenbürste reinigen und einmal in der Woche Bleichmittel hineinstreuen.

WANNEN MIT EMAIL

● **Allgemeine Pflege** Keine Scheuermittel verwenden, da sie die Oberfläche der Badewanne stumpf machen. Hartnäckige Flecken mit Terpentin oder Terpentinersatz abreiben. Mit heißem Wasser und etwas Spülmittel nachwischen.

● **Kratzer** Die abgesprungene Stelle mit Epoxidharzfüller bestreichen, glätten und dann mit Emaillack bestreichen.

DUSCHEN

● **Duschkabine** Kalkablagerungen mit Essigessenz entfernen: 30 Minuten einwirken lassen, dann abspülen.

● **Duschvorhang** Um Schimmel zu entfernen, den Vorhang in Bleichmittel einweichen, abspülen und von Hand oder in der Maschine waschen. Seifenreste löst man durch Einweichen in warmem Wasser mit Weichspüler auf.

FLECKEN AUF BADEWANNE UND WASCHBECKEN

● **Blaugrüne Flecken** Sie entstehen bei tropfenden Hähnen durch die im Wasser enthaltenen Mineralstoffe. Emaillierte Oberflächen mit Glasemailreiniger behandeln.

● **Rostflecken** Mit einem handelsüblichen Badreiniger entfernen, der Kalkentferner enthält.

● **Kalkflecken** Bei emaillierten Oberflächen verwenden Sie Glasemailreiniger, bei Acryloberflächen Reinigungsmilch.

● **Schmutzränder** Starke Ränder auf Email und Acryl reiben Sie mit Brennspiritus ab und wischen mit Wasser und Spülmittel nach.

Armaturen

Reinigen Sie Wasserhähne regelmäßig, dann haben sie eine lange Lebensdauer: Fettspuren an Chromhähnen beseitigt man mit Spülmittel, hartnäckigen Flecken rückt man mit Metallpolitur zu Leibe. Die Gummistopfen werden mit Terpentin gesäubert und gründlich abgespült.

Badezimmerhähne gründlich reinigen

- **Kalk entfernen** Kalkflecken an Chromhähnen mit einer Zitronenhälfte einreiben, bis sie verschwinden. Gründlich abspülen, dann trockenpolieren.
- **Verjüngungskur** Wenn Hähne aus Chrom stumpf geworden sind, kann man sie mit Chromreiniger (Autobedarf) wieder auffrischen.

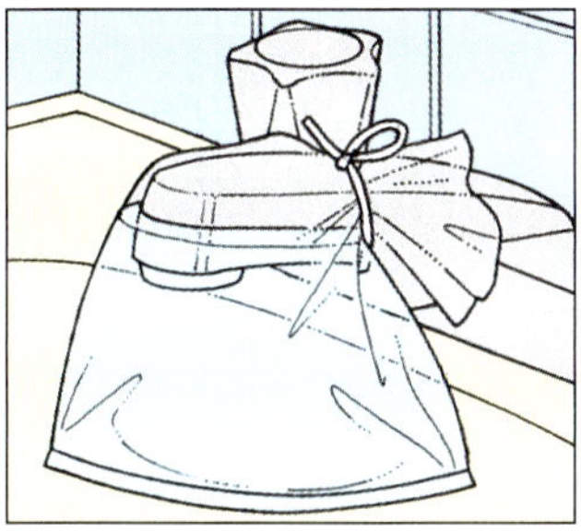

Düsen entkalken
Einen Plastikbeutel oder Joghurtbecher mit Essig oder Kalkentferner über die Düse des Hahnes binden, bis der Kalk gelöst ist.

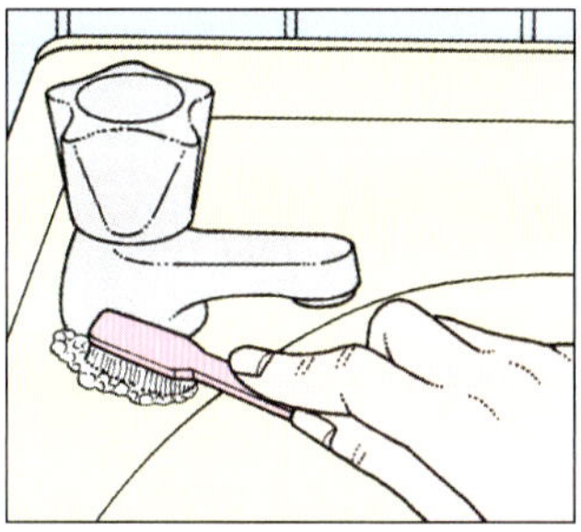

Schmutzränder
Schmutzablagerungen um und hinter Wasserhähnen entfernen Sie mit einer alten, in Reinigungsmilch getauchten Zahnbürste.

Duschköpfe

- **Reinigen** Duschköpfe schrauben Sie ab, um die Kalkreste auszuspülen. Ablagerungen reiben Sie mit Essigessenz ab.

Verstopfte Duschköpfe
In warme Essigessenz oder Kalkentferner einlegen. Verstopfte Öffnungen mit einer Zahnbürste oder Stopfnadel reinigen.

Toilette

Reinigen Sie die Toilette täglich mit der Bürste. Sitz, Spülkasten und das Becken außen wischen Sie einmal in der Woche. Für das Becken einen Toilettenreiniger verwenden. Bleichmittel nicht zu oft verwenden und nicht lang einwirken lassen, da es die Glasur angreift.

Hartnäckige Probleme

- **Fest sitzende Ränder** Ein Tuch über die Toilettenbürste ziehen und damit das Wasser restlos aus der Toilette entfernen. Nun das Becken gründlich mit Bleichmittel reinigen und sofort spülen.
- **Beschädigte Oberflächen** Bei Kalkablagerungen eine Paste aus Borax und Essigessenz einwirken lassen und dann abspülen. Rissige Toilettenschüsseln austauschen, da sie Brutstätten für Keime sind.

Weitere Tipps fürs Badezimmer

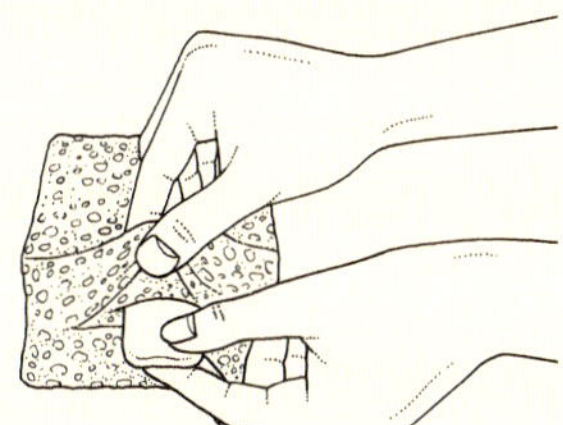

- **Seife im Schwamm** Seifenstücke in einen aufgeschlitzten Schwamm stecken – fertig ist der Seifenschwamm.
- **Seife im Glas** In ein sauberes Schraubglas alte Seifenstücke, den Saft einer Zitrone, heißes Wasser und 1 TL Glyzerin geben – fertig ist die Flüssigseife für das Händewaschen.

BEWÄHRTES WISSEN

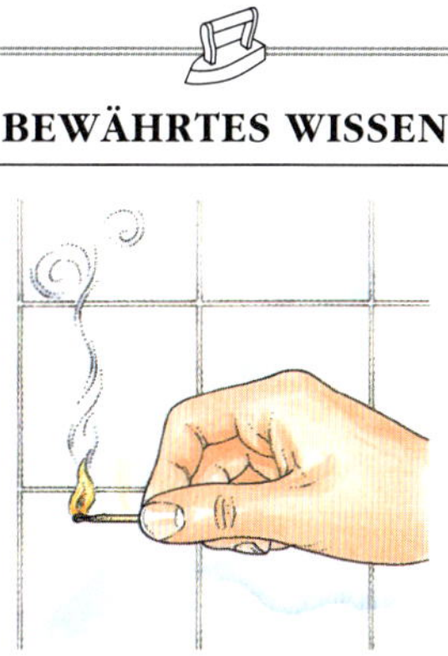

Im Notfall...
Müssen Gerüche im Bad sehr schnell beseitigt werden, zünden Sie ein Streichholz an: Die Flamme verbrennt übel riechende Gase.

KÜCHE

Ebenso wie das Badezimmer muss auch die Küche täglich gereinigt werden, denn beim Umgang mit Nahrungsmitteln und beim Kochen ist Hygiene das oberste Gebot. Daher sollte man auch Haustiere von allen Arbeitsflächen, auf denen Nahrung zubereitet wird, fern halten.

GRUNDAUSSTATTUNG

Diese Utensilien sollten Sie in sauberem Zustand am Spülbecken griffbereit haben. Stahlwolle und Topfreiniger wäscht man daher nach dem Gebrauch gleich aus. Wischlappen, die abgenutzt oder dauerhaft fleckig sind, sortieren Sie aus. Mit einer Spülbürste hantiert es sich viel besser als mit einem Schwamm und Sie erreichen damit die Ecken in Töpfen und Geschirr.

Stahlwollekissen

Topfreiniger

Wischlappen

Spülbürste

Spülmittel

Spülbecken und Arbeitsflächen

Laminierte Arbeitsflächen werden mit einem feuchten Tuch und Natron oder einem flüssigen Reinigungsmittel gesäubert. Vermeiden Sie möglichst aggressive Reiniger, da sie nicht nur die Oberflächen angreifen, sondern auch gesundheitsschädlich sind.

PORZELLANSPÜLBECKEN

● **Leichte Reinigung** Heißes Wasser und wenig Bleichmittel einfüllen. Einen Gummihandschuh anziehen, den Stöpsel herausziehen und umgekehrt einlegen. Das langsam abfließende Wasser reinigt automatisch; gut nachspülen.

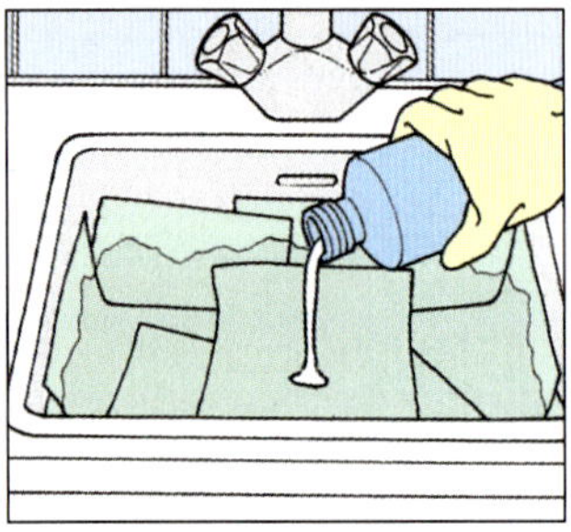

Glänzendes Spülbecken
Küchenpapier in das Spülbecken legen und mit stark verdünntem Bleichmittel tränken. 5 Minuten einwirken lassen, dann mit Gummihandschuhen wegnehmen. Gründlich nachspülen.

EDELSTAHLSPÜLEN

● **Neuer Glanz** Spülbecken täglich mit Spülmittel reinigen. Wasserflecken mit Spiritus oder Essigessenz beseitigen. Glänzend wird das Spülbecken durch Ausreiben mit Sodawasser oder Edelstahlpolitur. Gründlich nachspülen.

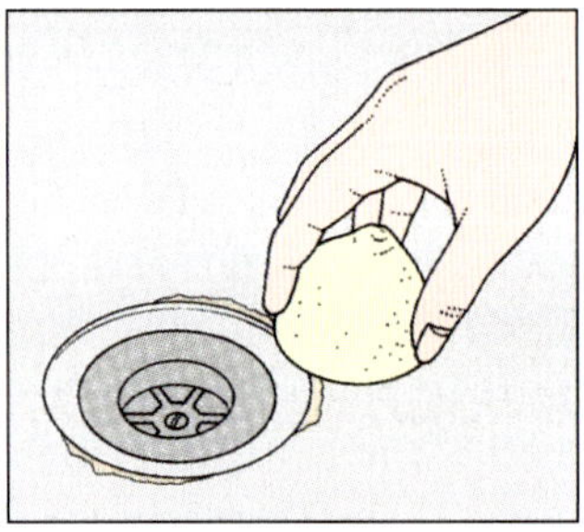

Kalkablagerungen
Bei hartem Wasser bilden sich leicht Kalkablagerungen um Abflüsse. Die Ränder mit einer Zitronenhälfte kräftig abreiben. Oder Sie verwenden einen handelsüblichen Kalkentferner.

SCHRÄNKE UND TISCHE

● **Küchenschränke** Schränke mehrmals im Jahr ausräumen und ältere Lebensmittel entsorgen. Innenraum mit mildem Reinigungsmittel säubern und nachwischen. Vor dem Einräumen den Boden der Gegenstände abwischen.
● **Küchentische aus Holz** Unversiegelte Ess- oder Arbeitstische aus Holz regelmäßig abschrubben, um Fett und Keime zu beseitigen. Versiegelte Holztische lediglich abwischen.

Kochstellen

Den Herd gelegentlich außen mit einem feuchten Tuch abwischen. Alles, was übergekocht ist, sofort mit Spülmittel oder Haushaltsreiniger entfernen. Gerichte, die im Backofen überkochen können, stellen Sie auf ein Backblech – das ist leichter zu reinigen als der Backofenboden.

Backofen reinigen

● **Grundpflege** Einen geeigneten Behälter mit Wasser in den noch heißen Backofen stellen und einige Minuten warten. Der Schmutz wird angelöst und lässt sich leicht mit einem Schwamm abwischen.

● **Verschmutzte Backöfen** Mit handelsüblichem Backofenreiniger säubern. Bei Backöfen mit pyrolytischer Selbstreinigung das entsprechende Programm einschalten und die Rückstände einfach abwischen.

Mikrowelle reinigen

● **Grundpflege** Nach Benutzung auswischen. Bei Gerüchen eine Schüssel Wasser mit etwas Zitronensaft auf höchster Stufe 1 Minute lang erhitzen, dann Gerät auswischen.

Kochplatten

● **Reinigen** Kochplatten nach dem Kochen abwischen. Verbrannte Speisereste mit einem in Spülmittel getauchten Tuch ein paar Stunden aufweichen, dann abwischen.

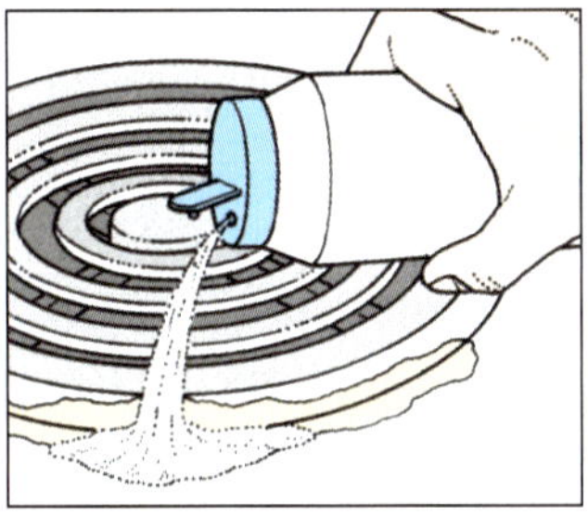

Anbrennen verhindern
Übergekochtes mit Salz bestreuen, damit es nicht anbrennt. Das funktioniert auch bei Spritzern im Backofen.

Abnehmbare Teile

● **Herd- und Grillroste** In der Spülmaschine oder durch Einweichen in der Badewanne in heißem Wasser und etwas Bioreiniger säubern. Die Badewanne mit alten Handtüchern vor Kratzern schützen.

● **Grillschalen** Nach jedem Gebrauch auswaschen, sonst führen Fettablagerungen zu Brandgefahr.

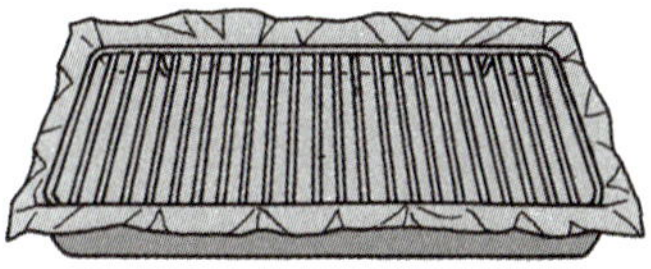

Grillschalen auslegen
Grillschale mit Folie auslegen und nach dem Grillen entfernen. So müssen Sie nicht die Grillschale abwaschen.

Kühlschrank und Gefrierfach

Kühlschrank und Gefrierfach werden mit warmem Wasser und Natron ausgewaschen. Seife oder Spülmittel könnten Duftstoffe an Lebensmittel abgeben. Müssen Sie das Gefrierfach abtauen, lagern Sie die Nahrungsmittel in Kühlboxen oder vorübergehend bei Nachbarn.

Reinigen und abtauen

Pflege
Alle paar Monate sollten Sie den Kühlschrank leeren, abschalten und reinigen. Das Gefrierfach wird bei Bedarf gleichzeitig abgetaut.

Gerüche

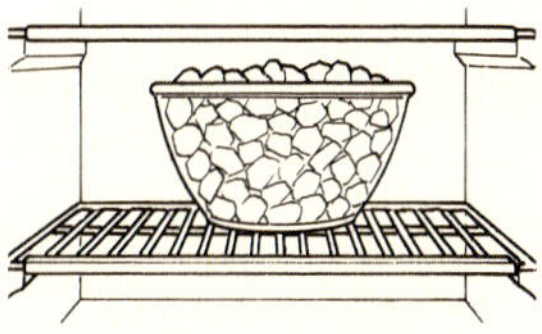

● **Kühlschrank stilllegen** In Kühlschränke, die längere Zeit abgeschaltet werden sollen, eine Schale mit Katzenstreu oder Holzkohle gegen Gerüche stellen.

● **Hartnäckige Gerüche** Nicht metallische Teile mit einer Lösung aus 1 l Wasser und einer Kappe Sterilisiermittel für Babyflaschen abwischen.

Geschirr abwaschen

Beim Spülen von Hand gilt die goldene Regel, dass man das Geschirr sofort abwäscht. Mit einer Spülmaschine haben Sie etwas mehr Spielraum. Können Sie nicht sofort abwaschen, weichen Sie das Geschirr ein. Spülwasser wird erneuert, sobald es schmutzig oder fettig aussieht.

Allgemeine Tipps

- **Gerüche an den Händen** Sie werden durch heißes Wasser nicht beseitigt – im Gegenteil. Daher sollten Sie die Hände vor dem Spülen mit etwas Essig abreiben.
- **Flecken auf Porzellan** Tee- und Kaffeeflecken auf Porzellan werden mit einem feuchten Tuch und etwas Natron abgerieben.

Reihenfolge beim Abwaschen

- **Glaswaren** Gläser zuerst abwaschen. Milch oder Alkohol zuvor mit kaltem Wasser ausspülen. Über den Hahn eine Gummihülse stülpen, um Glasschäden zu vermeiden.
- **Besteck** Nach dem Glas abwaschen. Holz-, Bein-, Porzellan- und Kunststoffteile nicht im Wasser liegen lassen.
- **Teller, Schüsseln usw.** Kommt nach dem Besteck. Ei-, Milch- oder Stärkereste nicht heiß abspülen, sonst backen sie fest.
- **Töpfe und Pfannen** Zuletzt abwaschen. Einweichen, solange alles andere gespült wird. Töpfe und Pfannen mit Angebranntem reinigen wie auf der nächsten Seite angegeben.

Glas und Porzellan von Hand abwaschen

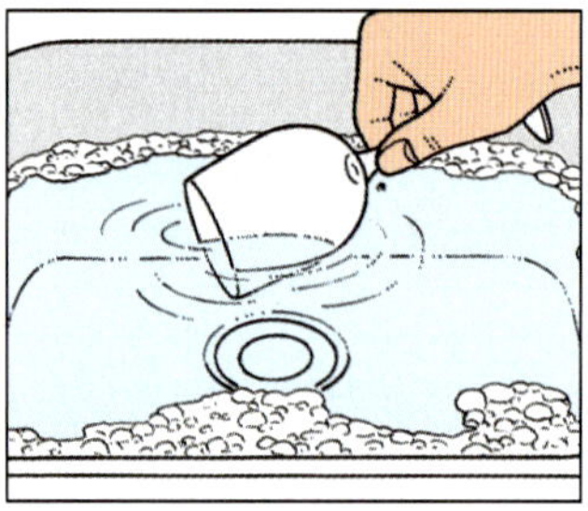

Sprünge vermeiden
Damit Gläser beim Eintauchen in heißes Wasser nicht springen, legt man sie seitlich und nicht mit dem Fuß zuerst hinein. Kontrollieren Sie stets die Wassertemperatur, bevor Sie Gummihandschuhe anziehen.

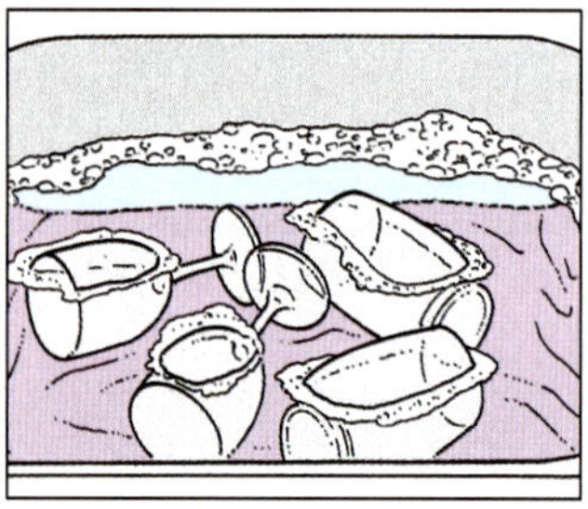

Kristallglas und Porzellan
Beim Spülen von empfindlichen Teilen ein Geschirrtuch in das Spülbecken legen oder noch besser die Teile in einer Plastikschüssel abwaschen, um zu vermeiden, dass die Teile im harten Becken anschlagen.

UMWELTTIPP

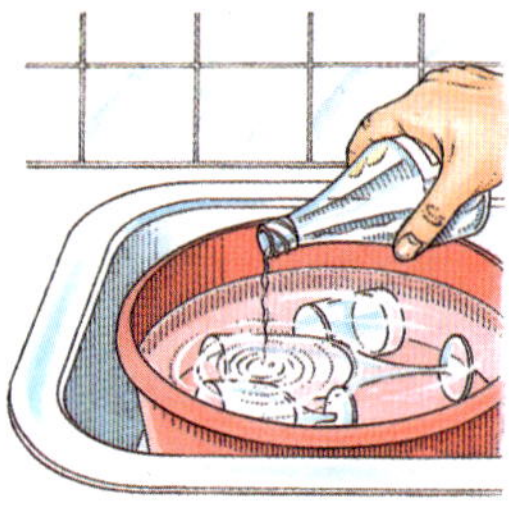

Essig gegen Fettreste
Dem Spülwasser wird ein wenig Essig zugesetzt, er baut Fett ab und sorgt bei Geschirr für strahlenden Glanz.

Geschirrspülmaschine

Die Geschirrspülmaschine ist ein äußerst komfortables Küchengerät. Geben Sie Spülmittel nur nach Herstellerangaben zu – überhöhte Mengen verursachen übermäßige Schaumbildung und ein schlechtes Spülergebnis. Überprüfen Sie die Zu- und Ableitungsschläuche von Zeit zu Zeit.

Grundsätzliches

- **Pflege** Die Geschirrspülmaschine regelmäßig außen abwischen. Innen mit Haushaltsreiniger säubern und gelegentlich mit Spülmaschinenreiniger leer laufen lassen.
- **Programmauswahl** Alle Spülprogramme ausprobieren, ein kürzeres spült oft genauso sauber wie ein längeres.

Beim Spülen beachten

- **Spülmaschinenfest** Wertvolles Glas, Porzellan oder Glas mit Metallrand, feines oder antikes Porzellan immer von Hand abwaschen.
- **Besteck mischen?** Bestecke aus Edelstahl nie mit versilberten Teilen oder Silberbesteck mischen, da das Silber fleckig werden kann.

Probleme lösen

- **Schmutziges Geschirr** Bei Speiserückständen wurde der Geschirrspüler zu voll geladen, nicht ausreichend Spülmittel verwendet oder das falsche Programm eingestellt.
- **Trübe Gläser** Sie entstehen durch hartes Wasser. Man nimmt mehr Spülmittel und überprüft Klarspüler und Salz.

Töpfe und Pfannen

Wenn Sie die Teile nach dem Gebrauch einweichen, lassen sie sich leichter abwaschen. Geschirr mit Antihaftbeschichtung brauchen Sie nur mit Küchenpapier auszuwischen. Gerüche entfernen Sie, indem Sie Wasser und 30 ml Essigessenz in dem Gefäß zum Kochen bringen.

Aluminium

Verfärbungen entfernen
In verfärbten Aluminiumtöpfen Fruchtsäure, etwa Zitronensaft, Rhabarber oder Apfelschalen, aufkochen. Töpfe nicht zu lang einweichen und keine Speisen darin aufbewahren (kann zu Verfärbungen und Lochfraß führen).

Kupfer

Angelaufenes Kupfer
Die angelaufene Außenseite von Kupfertöpfen mit einer in Salz getauchten Zitronenhälfte abreiben. Oder Essig und etwas Salz in eine Sprühflasche füllen und das Kupfer besprühen. Einwirken lassen und abreiben.

Gusseisen

- **Säubern** Gusseisen nach dem Abwaschen gut abtrocknen und innen mit etwas Öl ausreiben, damit es nicht rostet. Außen mit handelsüblichem Backofenreiniger säubern.

Angebranntes

- **Einweichen** Pfanne mit angebrannten Speiseresten mit Wasser und Bioreiniger füllen und einige Stunden stehen lassen. Aufkochen und möglichst viel Angebranntes entfernen. Eventuell mehrmals wiederholen, bis alles entfernt ist.
- **Dicke Schichten entfernen** Angebranntes trocknen lassen und möglichst viel abtragen, dann wie oben verfahren.

Küchengeräte

Gepflegte Küchenutensilien sind nicht nur hygienischer, sondern haben auch eine längere Lebensdauer. Reinigen Sie daher Ihr Handwerkszeug immer vor dem Wegräumen – auch wenn es etwas Zeit braucht. Teile aus Holz sollten sofort nach dem Gebrauch gesäubert werden.

Schwer zu Reinigendes

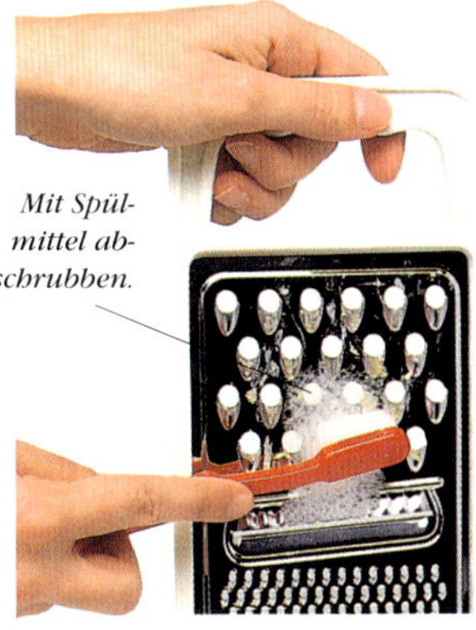

Reiben säubern
Reste aus Reiben und Sieben mit einer alten Zahnbürste entfernen. Gebrauchte Zahnbürsten durch Auskochen sterilisieren und zum Küchenputzset geben.

Kleingeräte

- **Mixer** Den Becher nach Gebrauch ausspülen. Dann warmes Wasser mit etwas Spülmittel einfüllen und das Gerät einschalten. Nachspülen.
- **Küchenmaschine** Eine Küchenmaschine besteht aus mehreren Teilen, die man oft auch in der Geschirrspülmaschine reinigen kann. Dabei die Herstellerangaben beachten.
- **Kaffeemaschinen** Gegen Kalkablagerungen unverdünnten Essig wie beim Kaffeekochen durchlaufen lassen. Anschließend zweimal klares Wasser durchlaufen lassen, um Essig und Essiggeruch zu beseitigen.

Teile aus Holz

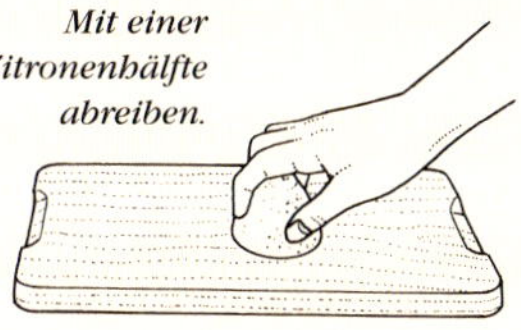

- **Schneidbrett** Nach dem Schneiden von Fisch oder Knoblauch reibt man das Brett wegen der Gerüche mit einer halben Zitrone ab.
- **Teigrolle** Mit Salz bestreuen und Teigreste abreiben. Anschließend abwaschen, abspülen und abtrocknen.
- **Brotkasten** Gegen Schimmelbildung den Brotkasten mit Essigessenz auswischen und trocknen lassen.

Küchenabfälle

Küchenabfälle sofort und sauber zu entsorgen, ist aus hygienischen und ästhetischen Gründen geboten. Besonders wichtig ist dies bei sehr warmer Witterung. Wer einen Komposter im Garten hat, kann dort vieles deponieren, allerdings keine Speisereste.

Mülleimer

● **Gerüche vermeiden** Lassen Sie Gerüche aus dem Mülleimer gar nicht erst entstehen, indem Sie Müllbeutel verwenden, den Eimer nicht zu voll werden lassen und ihn mindestens alle zwei Tage entleeren.

● **Materialfrage** Müllbehälter aus Edelstahl nehmen die Gerüche weniger an als solche aus Kunststoff.

● **Reinigung** Den Mülleimer nach dem Entleeren feucht mit Spülmittel oder Essigwasser auswischen, auch die Innenseite des Deckels. Speisereste mit heißem Wasser und Soda anlösen und ausspülen. Danach den Eimer gut trocknen lassen.

Abfluss

● **Wöchentlich reinigen** Einmal wöchentlich eine Verschlusskappe Soda in den Abfluss streuen und mit kochendem Wasser nachspülen. So werden Gerüche vermieden und Verstopfungen im Rohr vorgebeugt.

● **Fett** Ist unabsichtlich Fett in das Spülbecken geraten, gießen Sie sofort einen Kessel kochendes Wasser nach. Den Vorgang wiederholen, bis das Fett verschwunden ist. Als zusätzlichen Fettlöser Soda oder Spülmittel dazugeben.

● **Stöpsel** Einen Gummistopfen, der sich während des Spülens löst, an den Rändern mit Stahlwolle aufrauen.

Duft in der Küche

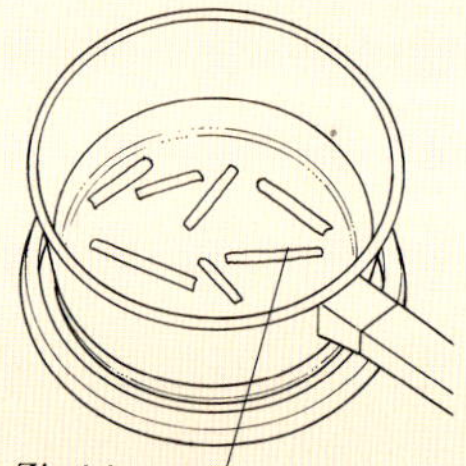

● **Backdüfte** Braunen Zucker und Zimt auf niedrigster Stufe in einem Topf erhitzen – dann duftet Ihre Küche, als hätten Sie gebacken.

● **Gewürznelken** Einen köstlichen Duft und erhöhte Luftfeuchtigkeit bewirken Gewürznelken, die man länger in Wasser köcheln lässt.

Wiederverwendung

● **Plastikbehälter** Margarine- und Quarkbecher zum Einfrieren von Nahrungsmitteln oder bei Arbeiten im Haus zum Mischen von Leim oder zum Pinselreinigen verwenden.

● **Plastiktüten** Große Tüten als Mülleimerbeutel benutzen. Frühstücksbeutel mehrmals verwenden.

Folie wieder verwenden
Küchenfolie kann man wieder verwenden: Mit einem feuchten Tuch abwischen, bei stärkerer Verschmutzung in heißem Wasser mit Spülmittel einweichen, abspülen und mit einem Tuch glatt streichen.

Ungebetene Gäste und schlechte Gerüche

Mittel gegen Ameisen

● **Ameisenfreie Schränke** Zweige getrockneter Poleiminze, Raute oder Rainfarn im Küchenschrank aufhängen und Ameisen bleiben Geschirr und Nahrungsmitteln fern.

● **Ameisen fern halten** Ameisenstraßen mit getrockneter Minze, Backpulver oder Borax bestreuen. In Tür- und Fensternähe Minze pflanzen.

● **Ameisennester** Borax und Puderzucker zu gleichen Teilen mischen und auf ein Stück Holz in Nestnähe streuen. Die Ameisen werden vom Zucker angelockt und vom Borax vergiftet – aber Vorsicht, wenn Kinder oder Tiere im Haus sind!

Ungeziefer

● **Küchenschaben** Außerhalb der Reichweite von Kindern und Haustieren flache Schalen mit einer Mischung aus Mehl, Kakaopulver und Borax zu gleichen Teilen aufstellen (oder Mischung aus Natron und Puderzucker zu gleichen Teilen).

Kochgerüche

● **Verbranntes** Zitronenspalten aufkochen und der Brandgeruch verschwindet.

● **Gebratenes** Während des Bratens ein Schälchen Essigessenz neben den Herd stellen und der Fettgeruch wird absorbiert.

CHECKLISTE

Diese Tabelle enthält eine Übersicht und kurze Anweisungen für die Reinigung der verschiedenen Oberflächen, die es im Haushalt gibt. Genauere Anleitungen für die Pflege von Haushaltsgegenständen und Oberflächen und für kleinere Reparaturen finden Sie auf den Seiten 114–131.

Oberfläche	Grundreinigung	Anmerkungen
Fliesen	Mit Haushaltsreiniger abwischen. Reinigerspuren werden abgespült. Verschmutzte Fugen mit einem Haushaltsbleichmittel säubern.	Seifenspritzer mit einer Lösung aus einem Teil Essigessenz und vier Teilen Wasser entfernen. Nachspülen.
Ziegelstein	Mit wenig Wasser und Spülmittel abschrubben, abspülen und trocknen. Ziegelsteine sind porös und dürfen nicht zu stark durchnässt werden.	Brandflecken mit einem Schwamm und Essig abwaschen. Zur Beseitigung von Rußflecken auf Backstein siehe S. 98.
Beton	Böden regelmäßig fegen. Eine Tasse Soda in einem Eimer warmem Wasser auflösen und damit wischen.	Ablagerungen abkratzen und Flecken mit einem alkalischen Reinigungspulver abreiben und nachwischen.
Leder	Mit feuchtem Tuch und Glyzerinseife abwischen. Ab und zu Lederbalsam dünn auftragen.	Reinigung und Pflege von Ledermöbeln siehe S. 67 und 126.
Glas	Glasflächen mit Fensterputzmittel reinigen. Nicht auf Teppiche tropfen, sonst entstehen Flecken.	Glas möglichst nicht berühren, man sieht jeden Fingerabdruck. Fettflecken beseitigt man mit Essig.
Marmor	Mit Schwamm und Seifenlösung abwaschen und nachspülen. Anschließend Spezialpflege verwenden.	Pflege von Marmormöbeln siehe S. 66, Beseitigung von Flecken auf Marmor siehe S. 125.
Schiefer	Mit Wasser und Spülmittel abwischen. Mit einem feuchten Tuch nachwischen und glänzend polieren.	Glatten Schiefer mit Marmorpolitur behandeln, strukturierten mit Bürste und Spülmittel abschrubben.
Kunststoff	Mit Spülmittel abwischen. Ein Sprühreiniger schützt Kunststoff vor Staub.	Stark riechende Plastikbehälter weicht man über Nacht in warmem Wasser mit Natron ein.
Edelstahl	Nach Gebrauch abwaschen und trocknen. Ab und zu polieren. Weitere Pflegetipps siehe S. 70 und 120.	Da sich Edelstahl verfärben kann, möglichst nur kurz im Wasser lassen.
Silber	Regelmäßig polieren. In Papier oder in Beutel mit Anlaufschutz aufbewahren. Siehe S. 118–119.	Silber- und Edelstahlteile im Besteckkorb des Geschirrspülers nie mischen. Silberbesteck wird von Ei fleckig.
Holz	Regelmäßig abstauben, fegen und wischen, selten polieren. Unversiegeltes Holz nicht nass wischen.	Holzfußböden siehe S. 58–60, Holzmöbelstücke siehe S. 66, Holzpflege siehe S. 115–117.

Flecken sicher entfernen

Übersicht

Das Geheimnis erfolgreicher Fleckenentfernung besteht darin, den Fleck so schnell wie möglich zu behandeln. Denn ist ein Fleck erst einmal in das Gewebe eingedrungen oder gar eingetrocknet, kann man ihn nur schwer oder gar nicht mehr entfernen. Mit einem „Fleckweg-Set" mit den entsprechenden Mitteln können Sie im Notfall schnell reagieren. Im Folgenden finden Sie zahlreiche allgemeine Tipps und Hinweise zu den notwendigen Substanzen und Methoden für eine erfolgreiche Fleckenentfernung sowie spezielle Behandlungsverfahren für die häufigsten Fleckenarten.

Grundausstattung

Mit dem hier abgebildeten Zubehör und den Reinigungsmitteln und Lösungen auf der gegenüberliegenden Seite haben Sie alles zur Hand, um Flecken effektiv zu beseitigen. Bewahren Sie das Set in einem separaten Behälter auf und ergänzen Sie den Inhalt bei Bedarf.

- **Fettflecken** Fett mit Pack- oder Löschpapier und einem heißen Bügeleisen aufsaugen.
- **Flecken trocknen** Küchenkrepp oder farbechtes Tuch zum Aufsaugen verwenden.
- **Lösungsmittel** Das Mittel mit Watte oder einem weißen Baumwolltuch auftragen. Vorsicht: Buntes kann abfärben!
- **Flecken einweichen** Mit einem Schwamm Wasser auftupfen. Teppichflecken mit einem Zerstäuber besprühen.
- **Verkrustungen abtragen** Heben Sie grobe Fleckenrückstände mit einem alten Löffel oder einem Metalllineal ab.
- **Hände schützen** Beim Umgang mit konzentrierten Reinigern und gesundheitsschädlichen Lösungen sollten Sie immer Handschuhe tragen.

Packpapier

Küchenpapier

Wattebällchen

Wattestäbchen

Weiße Tücher

Schwamm

Löffel

Gummihandschuhe

Reiniger und Lösungsmittel

Die hier abgebildeten Reiniger und Lösungsmittel sind für die am häufigsten auftretenden Fleckenarten geeignet. Dabei sind Salmiakgeist, Brennspiritus, Alkohol, Borax, Wasserstoffperoxid, Alkohol und Azeton mehr oder weniger giftige Substanzen, während Zitrone, Eukalyptusöl, Glyzerin und Essig natürliche Fleckenentferner sind. Bei Flecken auf Teppichen, Kleidung und Möbeln haben sich Teppichshampoo bzw. enzymhaltiges Waschmittel und Talkumpuder als wirksam erwiesen.

Brennspiritus

Alkohol

Teppichshampoo

Salmiakgeist

So wird's verdünnt

- **Salmiakgeist** 5 ml (1 TL) auf 500 ml kaltes Wasser.
- **Borax** 15 g (1 EL) auf 500 ml warmes Wasser.
- **Wasserstoffperoxid** 1 Teil auf 6 Teile kaltes Wasser.
- **Glyzerin** Im Verhältnis 1:1 mit warmem Wasser verdünnen.

Borax

Enzymhaltiges Waschmittel

Talkumpuder

Zitrone

Eukalyptusöl

Wasserstoffperoxid

Glyzerin

Terpentin

Spülmittel

Azeton

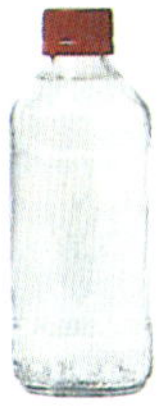
Essigessenz

Handelsübliche Fleckenentferner

Spezielle Produkte (Gallseife oder Sprays zur Vorbehandlung), Fleckenentferner und Fleckenlösungen sind ideal für das Bearbeiten von Textilien und Teppichen geeignet. Ebenfalls erhältlich sind spezielle Lösemittel für Fett- und Ölflecken sowie Reinigungs-Sets für Polster und Teppiche, die verschiedene Chemikalien und eine Mischanleitung zur Fleckenentfernung enthalten.

Flüssige Gallseife

Schaumfleckenspray

Fleckenspray

Vorwaschspray

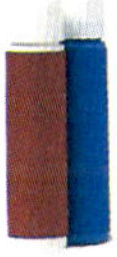
Fleckenlöser

ALLGEMEINES

Bevor Sie Flecken behandeln, testen Sie Methode und Mittel zuvor an einer verdeckten Stelle. Ein Fleck breitet sich nicht aus, wenn Sie die betreffende Stelle leicht betupfen anstatt zu reiben. Arbeiten Sie sich stets von außen nach innen zum Fleck vor und verwenden Sie kein heißes Wasser, da dies Flecken fixieren kann.

Fleckenarten

Flecken können grob in zwei Kategorien eingeteilt werden: oberflächliche und eingedrungene Flecken. Blut und Ei verursachen Flecken, die beiden Kategorien zugeordnet werden. Behandeln Sie solche Flecken zunächst wie oberflächliche, dann wie eingedrungene Flecken.

Oberflächliche Flecken

Rückstände entfernen
Flecken durch dickflüssige Substanzen müssen vor der Behandlung so schnell wie möglich abgetragen werden, damit sie nicht weiter eindringen können.

Eingedrungene Flecken

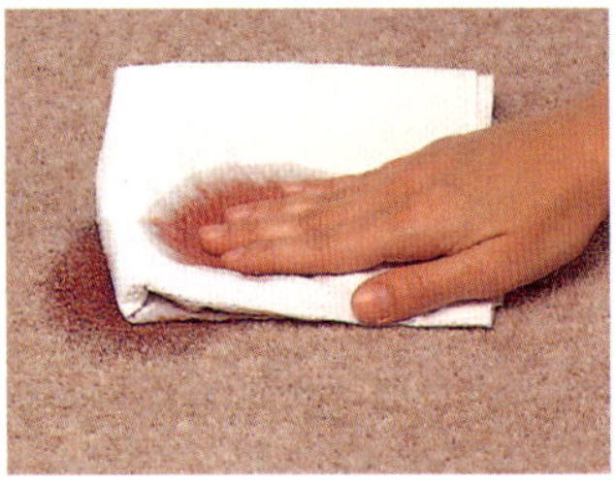

Flüssigkeiten aufsaugen
Dünnflüssiges dringt rasch in Gewebe ein. Daher mit Küchenpapier sofort aufsaugen und den Fleck mit einem Schwamm entfernen oder abwaschen.

Sonstige Flecken

- **Undefinierbare Flecken** Vorsichtig vorgehen: Waschbares einweichen und gemäß Pflegehinweisen behandeln. Nicht Waschbares mit lauwarmem Wasser abwischen. Verschwindet der Fleck nicht, Wasserstoffperoxidlösung verwenden (siehe S. 77).
- **Eingetrocknete Flecken** Mit Glyzerinlösung (siehe S. 77) einweichen. Gut ausspülen, bevor Sie andere Chemikalien verwenden, die mit Glyzerin reagieren könnten.

Verschiedene Oberflächen

Bei der Behandlung müssen der Fleckentyp und die Oberfläche des Materials berücksichtigt werden. Die folgenden grundsätzlichen Verfahren wendet man für Teppichflecken, Flecken auf nicht waschbaren Textilien oder Polstern sowie für Flecken auf Kleidungsstücken an.

Teppiche

Schaum mit Schwamm auftragen.

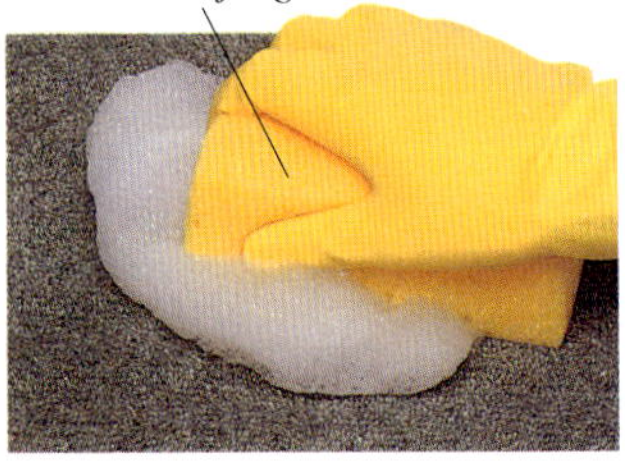

Teppich shampoonieren
Alle Rückstände beseitigen und den verbleibenden Fleck behutsam mit Teppichschaum behandeln. Sollten als Folge dennoch auffallend helle Stellen entstehen, muss der ganze Teppich shampooniert werden.

Polster

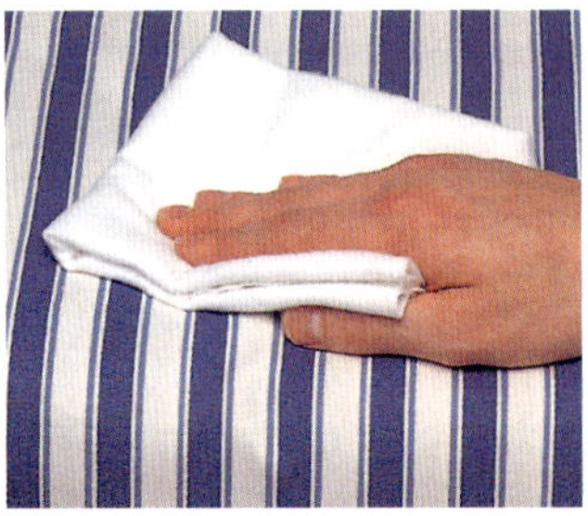

Flecken aufsaugen
Rückstände abheben und die betreffende Stelle gut benetzen. Talkumpuder einwirken lassen, bis er sich verfärbt und den Fleck absorbiert hat. Mit einem Lappen abwischen. Den Vorgang bei Bedarf wiederholen.

Kleidung

Den Fleck betupfen, nicht reiben.

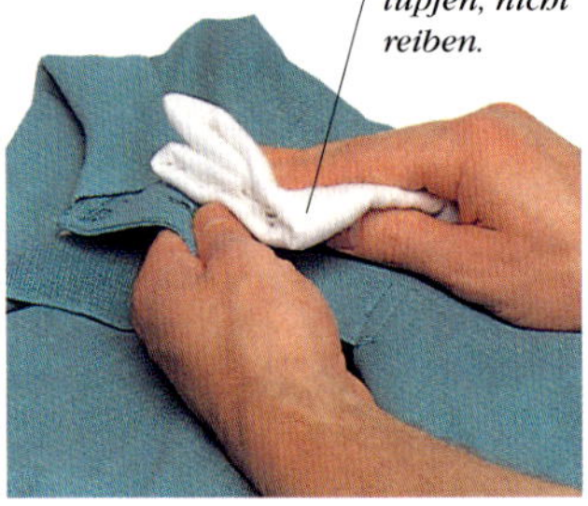

Flecken abtupfen
Flecken auf waschbaren Textilien schnellstens beseitigen, auch wenn Sie unterwegs sind: Ein Tuch mit Wasser befeuchten und den Fleck abtupfen. Wenn möglich, das Teil gemäß den Pflegehinweisen einweichen.

Flecken auf waschbaren Textilien

Flecken auf Kleidungsstücken setzen sich beim Waschen meistens erst richtig fest. Daher sollten sie vor dem Waschen nach einer der folgenden drei Methoden behandelt werden. Beachten Sie immer die Pflegehinweise und verwenden Sie bei Bedarf Waschmittelzusätze.

Standardbehandlung

Flecken ausspülen
Den frischen Fleck in kaltem oder lauwarmem Wasser ausspülen oder mit Wasser abwischen, bis er verschwindet. Flecken niemals mit heißem Wasser behandeln, da sie sich sonst festsetzen.

Eiweissflecken

Material einweichen
Milch- oder Blutflecken in enzymhaltigem Waschmittel lauwarm einweichen. Dabei die empfohlene Einweichzeit nicht überschreiten und das Kleidungsstück stets ganz einlegen.

Hartnäckige Flecken

Lösungen auftragen
Flecken, die Ausspülen oder Einweichen widerstehen, vor dem Waschen mit Flecken- oder Fettlöser behandeln. Ein weißes Tuch unterlegen, damit der Fleck nicht durchschlägt.

Waschmittelzusätze

- **Waschpulver** Waschmittel enthalten oftmals leichte Fleckenentferner. Bestimmte Flecken müssen jedoch zusätzlich behandelt werden.
- **Enzymhaltige Waschmittel** Kompaktwaschmittel mit Enzymen, die eiweißhaltige Flecken wie Eigelb, Blut oder Schweiß auflösen. Enzyme sind Biokatalysatoren, die schon bei 40 °C wirken.
- **Bleichmittel** Wegen ihrer Bleichwirkung bei Buntwäsche mit Vorsicht zu verwenden. Kontakt mit Augen, Haut und Kleidung vermeiden (siehe S. 102).
- **Borax** Dieses bewährte Mittel ist ein guter Fleckenentferner. Verdünnt anwenden (siehe S. 77) oder direkt auf den Fleck streuen (siehe S. 85).
- **Sonstige Zusätze** Fleckenlöser, -sprays und -vorbehandlungsmittel sind für spezielle Kleidungsstücke sehr nützlich. Seifenflocken helfen gut bei Tintenflecken.

Textilart	Zu beachten
Buntwäsche	Die Flecken behutsam behandeln, um ausgebleichte Stellen zu vermeiden. In einem Bleichmittel wie Borax das komplette Kleidungsstück einweichen.
Weisswäsche	Naturfasern kann man in der Regel bleichen. Synthetik- und Mischfasern können dabei vergilben und vertragen ein geeignetes Waschpulver evtl. besser.
Naturfasern	Da Sie diese bei hohen Temperaturen waschen können, genügt es, wenn Sie das Gewebe vor dem Waschen ausspülen oder einweichen.
Synthetikfasern	Diese können durch Chemikalien Schaden erleiden, daher vor der Behandlung an einer verdeckten Stelle testen.
Feinwäsche	Flecken auf feinen Textilien mit äußerster Vorsicht behandeln, im Zweifelsfall besser in ein Fachgeschäft geben.

ESSENSFLECKEN

Die meisten Flecken, die von Speisen herrühren, lassen sich mit den auf Seite 78/79 beschriebenen Methoden entfernen, vorausgesetzt, sie werden sofort behandelt. Am hartnäckigsten sind die auf diesen Seiten vorgestellten Flecken, die von fetthaltigen und stark färbenden Speisen verursacht werden.

Öl- und Fettflecken

Fettflecken sind von Textilien meist problemlos zu entfernen, können sich aber auf Teppichen und Möbeln als hartnäckig erweisen. Krawatten und Schals werden häufig „Opfer" von Fettflecken. Besprühen Sie neue oder chemisch gereinigte Stücke mit Imprägnierspray.

Auf Teppichen

1 Ein Stück Packpapier auf den Fleck legen. Mit einem warmen Bügeleisen so lange darüber fahren, bis das Papier das Fett aufgesaugt hat.

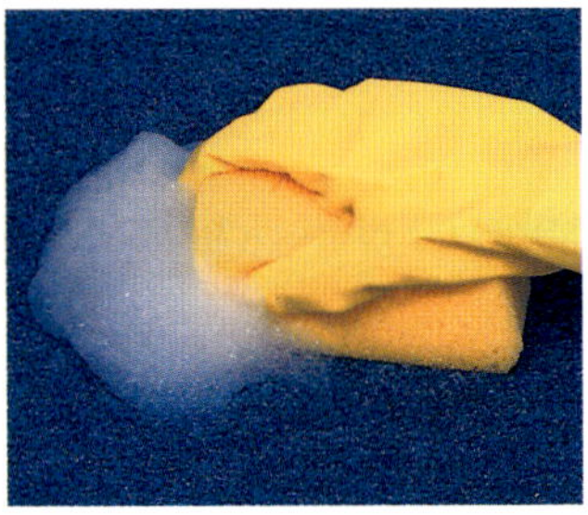

2 Mit einem Schwamm etwas Teppichshampoo auftragen und unter leichtem Druck einige Minuten sanft und gleichmäßig einreiben.

3 Den Schaum mit einem sauberen Schwamm oder Tuch entfernen. Bei Bedarf den Vorgang mehrmals wiederholen.

Auf Möbeln

1 Den Fettfleck großzügig mit Talkumpuder bestreuen und einwirken lassen, bis das Fett absorbiert wird.

2 Nach 10 Minuten den Talkumpuder abwischen. Falls der Fleck noch fettig ist, den Vorgang wiederholen.

Auf Kleidung

- **Standardbehandlung** Das Fett mit Küchenpapier aufnehmen, dabei sanft tupfen, ohne den Fleck zu verreiben. Bei Textilien, die relativ heiß gewaschen werden, verschwindet der verbliebene Fleck beim üblichen Waschen.
- **Feinwäsche** Empfindliche Textilien mit Eukalyptusöl abtupfen, dann von Hand oder lauwarm in der Maschine waschen. Textilien, die chemisch gereinigt werden, vorher mit warmem Wasser abwischen, um Gerüche zu neutralisieren.

Fett auf Schuhen

- **Lederschuhe** Einen Reparaturflicken für Fahrradschläuche auf den Fettfleck kleben. Über Nacht einwirken lassen und dann abziehen. Die Stelle mit Schuhcreme/-spray nachbehandeln. Gut gepflegte Lederschuhe sind fettabweisend – einfach mit Küchenkrepp abwischen.
- **Wildlederschuhe** Fettfleck abwischen und mit einem Wildlederschwamm abreiben. Hartnäckige Flecken mit Watte und Feuerzeugbenzin entfernen – zuvor an unauffälliger Stelle testen, ob sich das Leder verfärbt.

Weitere Fettflecken

Flecken von sehr fetthaltigen Lebensmitteln wie Mayonnaise oder Saucen sind besonders hartnäckig. Entfernen Sie zunächst den Fettanteil und danach mögliche Farbränder. Durch Motoröl, Salben und Lotionen verursachte Flecken werden wie normale Fettflecken behandelt.

Mayonnaise

- **Waschbares Gewebe** Mit warmem Wasser abwischen, in enzymhaltigem Waschmittel einweichen, dann waschen.
- **Nicht waschbares Gewebe** Mit feuchtem Tuch abwischen und Fettlöser aufsprühen.

Speiseeis

- **Waschbares Gewebe** Feucht abwischen und dann in Waschlauge einweichen.
- **Nicht waschbares Gewebe** Fett abtupfen, dann mit feuchtem Tuch abwischen, danach Fettlöser verwenden.

Sauce

- **Waschbares Gewebe** Frische Flecken in lauwarmem Wasser, eingetrocknete in enzymhaltigem Waschmittel einweichen, dann waschen.
- **Nicht waschbares Gewebe** Fettlöser aufsprühen.

Mayonnaise auf Teppich
Möglichst viel mit dem Löffel abschaben, dann abtupfen. Leichte Flecken mit Fleckenlöser behandeln; hartnäckige wie auf der linken Seite beschrieben.

Eis auf Teppich
Eis abschaben, dann die Stelle mit einem feuchten Tuch abwischen. Mit Teppichschaum reinigen. Bei hartnäckigen Fällen Fleck- oder Fettlöser verwenden.

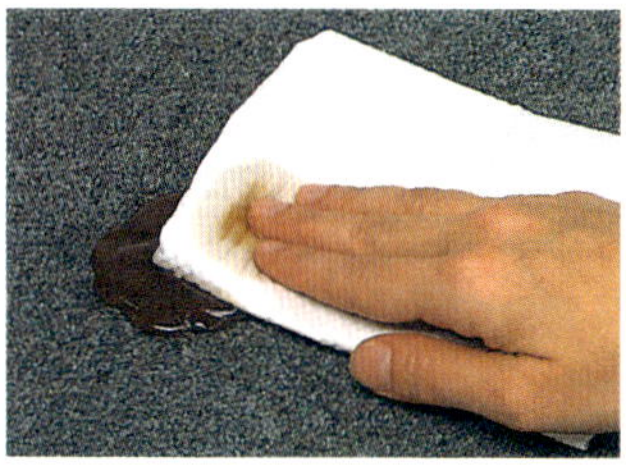

Sauce auf Teppich
Mit einem Löffel möglichst viel entfernen oder mit Küchenpapier aufnehmen. Mit flüssigem Fleckenentferner behandeln, dann Teppichshampoo verwenden.

Eiflecken

Eier verursachen hartnäckige Flecken, die keinesfalls mit heißem Wasser behandelt werden dürfen, da sie sonst noch schwerer zu entfernen sind. Eiflecken, die nicht sofort behandelt werden können, bedecken Sie mit einem feuchten Tuch, damit sie nicht verkrusten.

Auf Möbeln

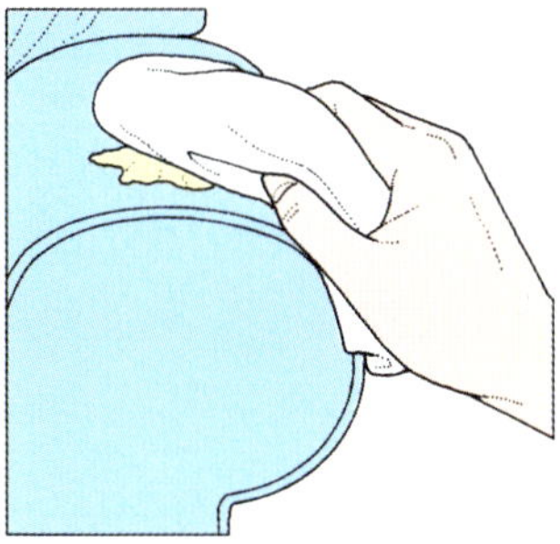

Reste entfernen
Wischen Sie das Ei mit einem feuchten weißen Tuch ab. Reines Eiweiß kann man mit kaltem Salzwasser entfernen. Besteht der Fleck nur aus Eigelb, tupfen Sie ihn mit dem Schaum von Spülwasser ab.

Auf Teppichen

- **Grundbehandlung** Ei abkratzen und Fleckenreste mit flüssigem Fleckenlöser behandeln. Ist der Fleck noch immer sichtbar, muss man Teppichshampoo auftragen.

Auf Kleidung

- **Waschbares Gewebe** Mit kaltem Salzwasser abwischen und spülen, wenn der Fleck nicht mehr zu sehen ist. Andernfalls in enzymhaltigem Waschmittel einweichen.
- **Nicht waschbares Gewebe** Mit kaltem Salzwasser abwischen, ausspülen und trockentupfen. Hartnäckige Flecken mit Fleckenspray behandeln.

BEWÄHRTES WISSEN

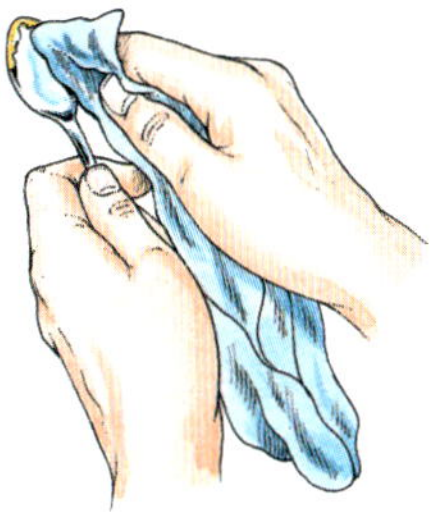

Flecken auf dem Besteck
Gekochtes Ei färbt Silberbesteck schwarz, daher das Besteck sofort abwaschen. Schwarze Flecken mit feuchtem Tuch und Salz abreiben.

Farbige Essensflecken

Bei Lebensmittelflecken entfernt man zuerst so viel Reste wie möglich, dann tupft man das Fett ab und schließlich kümmert man sich um die Farbe. Deren Beseitigung erfordert oft mehrere Anläufe. Der folgenden Liste können Sie die bewährtesten Methoden hierfür entnehmen.

FLECKENTYP	**WASCHBARE TEXTILIEN**	**SONSTIGE OBERFLÄCHEN**
TOMATENSAUCE Behandeln Sie Tomatensauce sowie andere dickflüssige Saucen aus Flaschen nach derselben Methode. 	Halten Sie den frischen Fleck unter kaltes, fließendes Wasser und reiben Sie ihn zwischen den Fingern. Bevor Sie das Kleidungsstück gemäß Pflegeempfehlung waschen, wenden Sie eine Fleckenvorbehandlung an.	Von Teppichen Reste abschaben. Mit warmem Wasser abreiben, trockentupfen, shampoonieren und abwischen. Trockene Flecken mit Spray behandeln. Nicht waschbare Textilien ebenso behandeln (aber ohne Shampoo!).
SENF Senfpulver einfach abbürsten. Fertige Senfprodukte verursachen hartnäckige Flecken. 	Frische Flecken zwischen den Fingern in milder Waschmittellauge reiben, dann mit Salmiakgeistlösung (siehe S. 77) behandeln. Eingetrockneten Senf eine Stunde mit Glyzerinlösung (siehe S. 77) aufweichen.	Teppiche und Möbel nicht zu nass mit milder Reinigerlösung einreiben, danach mit Salmiakgeist behandeln (siehe S. 77). Mit klarem Wasser ausspülen. Hartnäckige Flecken professionell reinigen lassen.
MARMELADE UND EINGEMACHTES Die meist klebrigen Rückstände vor der Behandlung beseitigen und feucht nachwischen. 	Diese Flecken sind meist nach dem Waschen verschwunden. Eingetrocknete Flecken eine halbe Stunde in Boraxlösung (siehe S. 77) einweichen.	Möbel mit warmem Spülwasser abwischen. Den Fleck mit Borax beträufeln und nach 15 Minuten abwischen. Flecken auf dem Teppich shampoonieren, verbliebene Flecken mit Spiritus behandeln.
CURRY UND KURKUMA Sie zählen zu den hartnäckigsten Flecken. Gelangen sie an Tapete oder Wand, hilft nur noch flicken. 	Fleck unter lauwarmem Wasser ausspülen. Glyzerinlösung (siehe S. 77) 30 Minuten einwirken lassen und ausspülen. Falls möglich, in Kompaktwaschmittel waschen. Bei hartnäckigen Flecken Wasserstoffperoxidlösung anwenden.	Teppiche und Möbel mit Boraxlösung einreiben (siehe S. 77). Hilft dies bei Möbelflecken nicht, nach Möglichkeit chemisch reinigen lassen. Bei Teppichflecken kann ein Fleckenvorwaschmittel Abhilfe schaffen.
ROTE BETE Solche Flecken sind nur schwer zu entfernen, weil die Farbe sehr intensiv und hartnäckig ist. 	Unter kaltem, fließendem Wasser so viel Farbe wie möglich ausspülen. Buntwäsche in Boraxlösung (siehe S. 77) einweichen. Für Weißwäsche dieselbe Behandlung wie bei trockenen Teeflecken anwenden (siehe S. 85).	Flecken auf nicht waschbaren Geweben oder Möbeln sollten Sie am besten gleich professionell reinigen lassen.
SCHOKOLADE Schokoladenflecken sind vor allem ein Problem, wenn sie erwärmt werden oder wenn sich jemand darauf setzt. 	Fest werden lassen, dann mit einem stumpfen Messer abschaben. Einweichen und falls möglich in enzymhaltigem Waschmittel waschen. Hartnäckige Flecken wie Teeflecken behandeln (siehe S. 85).	Den eingetrockneten Fleck mit einem stumpfen Messer abschaben. Möbel und Teppiche sanft shampoonieren. Mit feuchtem Tuch abwischen und nach dem Trocknen mit flüssigem Fleckenlöser behandeln.

VERSCHÜTTETE GETRÄNKE

Die goldene Regel für die Fleckenentfernung bei verschütteten Getränken lautet: Die Flüssigkeit sofort aufsaugen! Verwenden Sie dazu stets ein weißes Baumwoll- oder Papiertuch und nehmen Sie keinesfalls farbige Papiertücher. Sie können abfärben und den Fleck noch verschlimmern.

Rotweinflecken

Auf Rotweinflecken Salz zu streuen ist ein altes Hausmittel, allerdings verhindert das Salz nur das Ausbreiten des Flecks, meist bleibt auf Teppichen eine feuchte Stelle, die Schmutz und Staub anzieht. Behandeln Sie den Fleck besser nach der folgenden Drei-Schritt-Methode.

Auf Teppichen

1 Die Flüssigkeit sofort aufsaugen und mehrmals mit einem Schwamm und warmem Wasser abwischen. Auch mit der Siphonflasche aus der Bar können Sie den Fleck sehr gut ausspülen.

2 Trockentupfen und anschließend mit einem Schwamm etwas Teppichschaum einarbeiten. Mit klarem Wasser ausspülen und den Vorgang gegebenenfalls mehrmals wiederholen.

3 Fleckenreste mit Glyzerinlösung (siehe S. 77) beträufeln und ca. eine Stunde einwirken lassen. Mit klarem Wasser ausspülen und gut abtupfen. Bei alten Flecken etwas Spiritus auf einen Schwamm geben und vorsichtig einreiben. Schnelle Abhilfe schafft die Methode im Kasten rechts.

Soforthilfe

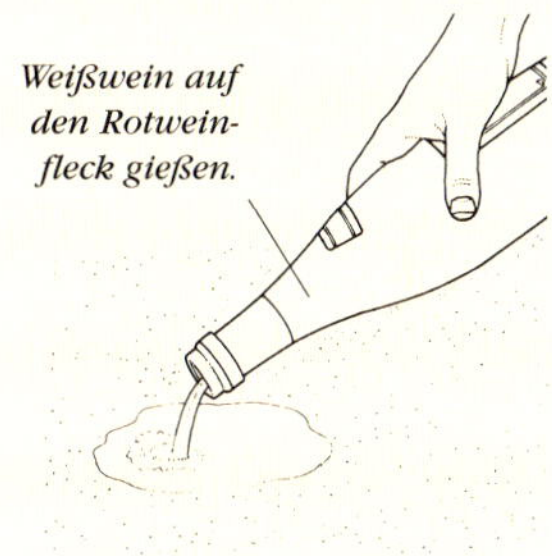

Gießen Sie im Notfall etwas Weißwein über den Rotweinfleck. Beides gut aufsaugen, mit klarem, warmem Wasser ausspülen, danach die Stelle trockentupfen.

Eingetrocknete Flecken auf Möbeln

1 Weichen Sie den Fleck mit einer Glyzerinlösung (siehe S. 77) mindestens 30 Minuten lang ein.

2 Spülen Sie die Stelle mit einer warmen, milden Spülmittellauge aus. Mit kaltem Wasser feucht nachwischen.

Frische Flecken auf Möbeln

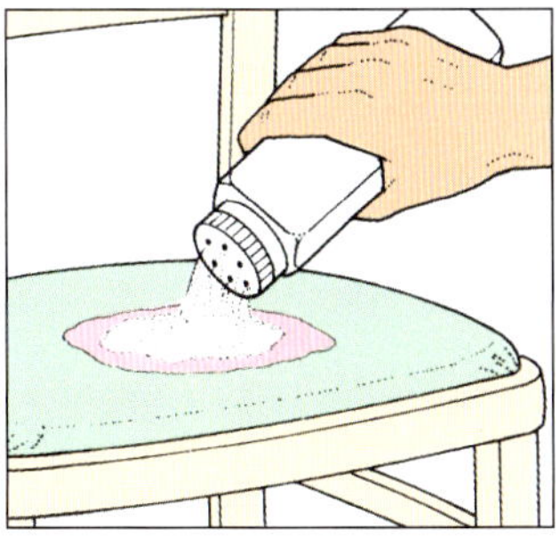

1 Flüssigkeit aufsaugen, mit warmem Wasser ausspülen und trockentupfen. Hartnäckige Flecken noch feucht mit Talkumpuder bestreuen.

2 Nach einigen Minuten den Talkumpuder mit einer weichen Bürste oder mit einem Tuch entfernen. Vorgang bei Bedarf wiederholen.

Auf Kleidung

- **Standardbehandlung** Frischen Weinfleck mit warmem Wasser ausspülen. Andernfalls das Teil in Borax (siehe S. 77) oder konzentrierter Waschlauge einweichen, gemäß Pflegeempfehlung waschen.
- **Empfindliche Textilien** Flecken auf weißer Wolle oder Seide mit Wasserstoffperoxidlösung (siehe S. 77) bleichen. Ausspülen und lauwarm von Hand waschen.

Auf Tischtüchern

- **Frische Flecken** Weiße Baumwolle und Leinen bleichen. Buntwäsche in konzentrierter Waschlauge einweichen. Danach waschen. Andernfalls wie Teeflecken behandeln (siehe S. 85).

Bier- und Spirituosenflecken

Flecken von Bier oder Spirituosen lassen sich relativ leicht von den meisten Oberflächen entfernen (außer bei stark gefärbten Likören). Bei Bier- oder Spirituosenflecken älteren Datums bedarf es dagegen einer eher drastischen Behandlung, um sie gründlich zu entfernen.

Auf Kleidung

- **Bier und Spirituosen** In lauwarmem Wasser ausspülen oder einweichen und gemäß Pflegeempfehlung waschen. Bei weißer Wäsche den Fleck mit Wasserstoffperoxidlösung (siehe S. 77) bleichen. Bei Buntwäsche mit verdünnter Essigessenz (2 EL auf 0,5 l Wasser) abreiben.

Auf Möbeln

- **Bier** Mit einem Tuch aufsaugen, dann feucht mit warmem Wasser abwischen. Fleckenreste mit einem Fleckenspray behandeln.
- **Spirituosen** Mit warmem Wasser abwischen, bis alle klebrigen Rückstände beseitigt sind; dann mit einem speziellen Polsterfleckenentferner behandeln. Empfindliche Textilien lieber chemisch reinigen lassen.

Auf Teppichen

- **Bier** Mit warmem Wasser abwischen oder besprühen und anschließend abtupfen. Sichtbare Fleckenreste mit einem Teppichshampoo behandeln.
- **Spirituosen** Wie oben beschrieben möglichst sofort behandeln, damit nichts verfärbt. Verfärbungen mit Spiritus und feuchtem Tuch entfernen.

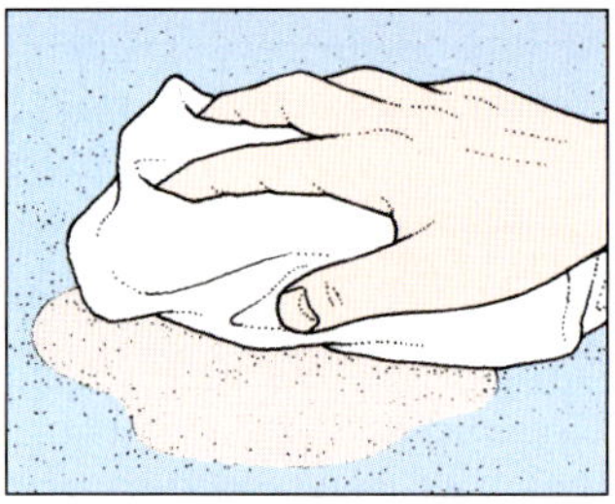

Alte Bierflecken
Solche Flecken auf Teppichen unter leichtem Druck mit Spiritus abreiben, bis sie verschwinden.

Likörflecken

Sie sind meist klebriger als Flecken anderer Alkoholika. Falls farbige Likörflecken nicht zu entfernen sind, sollten Sie es mit Spezialentferner aus der Drogerie oder mit Brennspiritus versuchen (an verdeckter Stelle testen).

- **Teppiche** Klebrigen Fleck mit einem Wasserzerstäuber einsprühen und aufweichen. Dann mit Küchenpapier abtupfen und mit Teppichshampoo reinigen.
- **Polster** Mit warmem Wasser die klebrigen Rückstände nicht zu nass abwischen. Teppichshampoo auftragen; Restflecken mit speziellem Polsterfleckenentferner behandeln. Lose Polster am besten chemisch reinigen lassen.
- **Kleidung** Fleck mit warmem Wasser ausspülen und anschließend waschen oder chemisch reinigen lassen.

Obstsaftflecken

Obstsäfte verursachen wegen der Farbrückstände problematische Flecken – vor allem dunkle Früchte wie rote oder schwarze Johannisbeeren. Getrocknet sind diese Flecken nur sehr schwer wieder zu entfernen und müssen vorsichtig behandelt werden, um Rückstände zu vermeiden.

Frische Flecken

- **Kleidung** Unter kaltem, fließendem Wasser das Gröbste ausspülen. Verfärbungen mit Brennspiritus oder Fleckenentferner nachbehandeln.
- **Teppiche** Mit Küchenpapier abtupfen. Den Fleck mit flüssiger Gallseife einreiben und kurz einwirken lassen. Ausspülen, trockentupfen und Shampoo auftragen. Eventuelle Farbrückstände mit Brennspiritus behandeln.
- **Möbel** Mit kaltem Wasser ausspülen, trockentupfen und mit Fleckenwasser behandeln.

Trockene Flecken

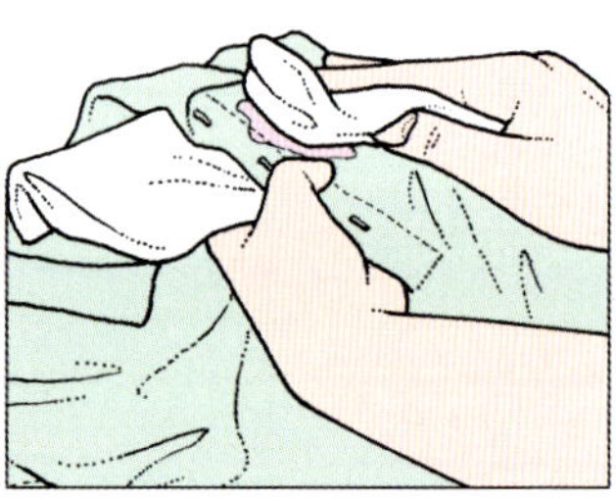

Alte Flecken entfernen
Sauberes Tuch unterlegen, Glyzerinlösung (siehe S. 77) auftragen und eine Stunde einwirken lassen. Ausspülen, danach wie frische Flecken behandeln.

Umwelttipp

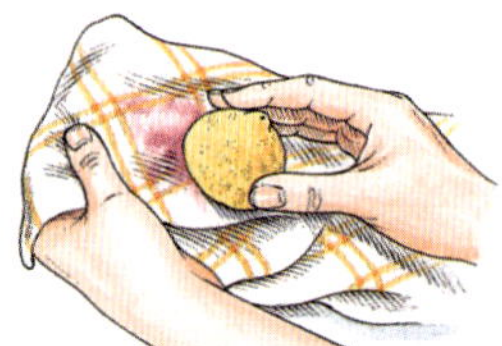

Natürliche Methoden
Reiben Sie den frischen Obstsaftfleck mit einer Zitronenhälfte ein – Zitronensaft ist ein natürliches Bleichmittel.

Tee-, Kaffee- und Kakaoflecken

Diese Flecken setzen sich meist aus der Farbe des Getränks und dem Fett beigefügter Milch bezusammen. Zunächst saugen Sie den Fleck auf, entfernen dann das Fett und zuletzt die Färbung. Getrocknete Teeflecken auf Textilien bedürfen einer Spezialbehandlung.

Auf Textilien

- **Frische Teeflecken** Flecken auf Kleidung in lauwarmem Wasser ausspülen, dann in Boraxlösung (siehe S. 77) einweichen. Flecken auf Decken zuerst warm ausspülen, dann waschen. Tischtücher sofort kalt ausspülen, dann einweichen und mit enzymhaltigem Waschmittel waschen.
- **Kaffee und Kakao** Das Kleidungsstück warm ausspülen. In warmer Waschlauge (falls möglich) oder Boraxlösung (siehe S. 77) einweichen.

Flecken absondern

Bei Federbetten die Füllung zurückschieben und den Fleck abbinden, danach spülen und waschen. So müssen Sie nicht das ganze Teil waschen.

Trockene Teeflecken

1 Das Textilstück über eine Schüssel legen und den Fleck vollkommen mit Borax bestreuen.

2 Eine Kanne heißes Wasser zur Mitte hin über den Fleck gießen. Den Vorgang bei Bedarf wiederholen.

Auf Teppichen

- **Milchkaffee und Kakao** Mit lauwarmem Wasser auswaschen oder besprühen. Leicht shampoonieren und nach dem Trocknen mit etwas Fleckenwasser (nicht bei Schaumstoffunterseite) behandeln.
- **Schwarzer Kaffee** Fleck mehrmals mit lauwarmem Wasser auswaschen oder besprühen, dann trockentupfen.
- **Tee** Trockentupfen, dann mit lauwarmem Wasser ausspülen oder besprühen. Leicht shampoonieren und nach dem Trocknen mit Fleckenspray behandeln.

Auf Möbeln

- **Milchkaffee und Kakao** Trockentupfen, Waschmittel darauf streuen und mit feuchtem Schwamm abwischen.
- **Schwarzer Kaffee** Trockentupfen, abreiben und bei Bedarf shampoonieren. Trockene Flecken mit Glyzerinlösung aufweichen (siehe S. 77). Dann ausspülen und gut trockentupfen. Reste mit Fleckenspray behandeln.
- **Tee** Boraxlösung (siehe S. 77) mit Schwamm einreiben und feucht abwischen. Nach dem Trocknen mit Fleckenspray behandeln.

Milchflecken

Werden Milchflecken auf dem Teppich nicht sofort behandelt, entwickeln sie nach dem Trocknen einen penetranten Geruch, der kaum zu entfernen ist. Handeln Sie daher schnell, damit Sie Ihren teuren Teppich nicht deswegen durch einen neuen ersetzen müssen.

Auf Kleidung

- **Frische Flecken** Lauwarm abspülen, dann waschen. In hartnäckigen Fällen kann Fleckenwasser helfen.
- **Trockene Flecken** Falls zulässig in enzymhaltigem Waschmittel einweichen.

Auf Möbeln

- **Standardbehandlung** Mit lauwarmem Wasser ausspülen (nicht zu nass auf Polstern). Mit Küchenpapier oder einem weißen Tuch trockentupfen. Eventuelle Fleckenreste mit Fleckenspray nachbehandeln.

Auf Teppichen

- **Frische Flecken** Mit warmem Wasser ausspülen, dann mit Fleckenspray behandeln.
- **Trockene Flecken** Riecht ein Fleck auch nach der Behandlung, einen Profi-Teppichreiniger verwenden.

ORGANISCHE FLECKEN

Behandeln Sie organische Flecken am besten sofort, da sie nach dem Eintrocknen nur schwer zu entfernen sind. Außerdem entwickeln organische Substanzen nicht selten unangenehme Gerüche, die sich festsetzen, falls man zu lang wartet.

Blutflecken

Blutflecken sind so genannte Mischflecken, die sowohl eindringen als auch einen „Film" bilden. Dieser ist jedoch so dünn, dass er nicht einfach abgeschabt werden kann – also sofort mit einem Tuch oder einer Bürste den Fleck abwischen und danach die Verfärbung behandeln.

Auf Kleidung

1 Eine Hand voll Salz in einen Eimer mit kaltem Wasser geben. Das Kleidungsstück 15 Minuten ganz einweichen.

2 Falls zulässig, das Teil in enzymhaltigem Waschmittel einweichen, dann wie gewohnt waschen.

Auf Matratzen

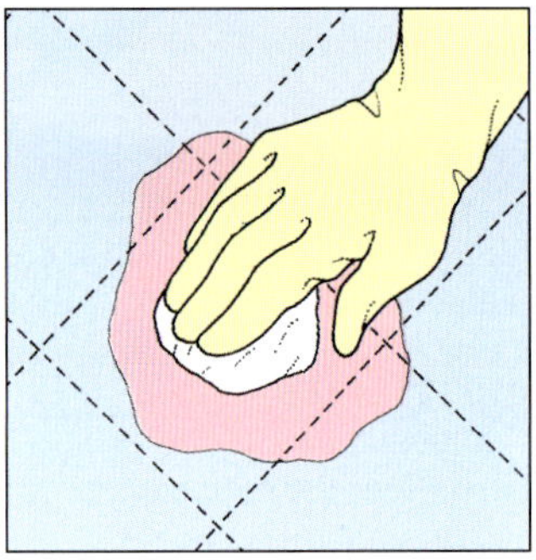

1 In drei Schritten wie im Kasten unten dargestellt reinigen. Eine dicke Natron-Wasser-Paste auf Restfleck geben.

2 Die Paste trocknen lassen, dann mit einem trockenen Tuch entfernen. Bei Bedarf wiederholen.

Auf Teppichen

- **Standardbehandlung** Blutfleck mit kaltem Wasser abreiben, dann trockentupfen. Wiederholen, bis er verschwindet. Ansonsten ein Teppich-Fleckenentferner-Set anwenden, danach shampoonieren.

Trockene Blutflecken

- **Auf Kleidung** In Wasserstoffperoxidlösung (siehe S. 77) mit 2,5 ml Salmiakgeist einweichen (nicht bei Nylon).
- **Auf Teppichen** Glyzerinlösung (siehe S. 77) auftragen, dann wie frische Flecken behandeln.
- **Auf unbehandeltem Holz** Flecken mit verdünntem Bleichmittel aufhellen, dann das Holz nachfärben.

So entfernen Sie Flecken auf Matratzen

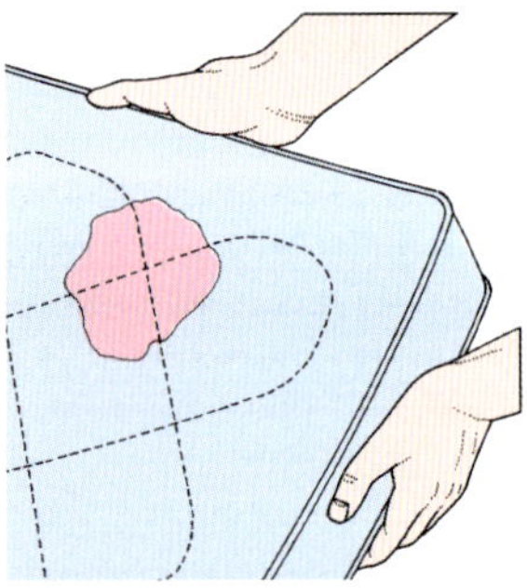

1 Die Matratze aufstellen und abstützen, damit der Fleck bzw. der Fleckenentferner nicht tiefer eindringt.

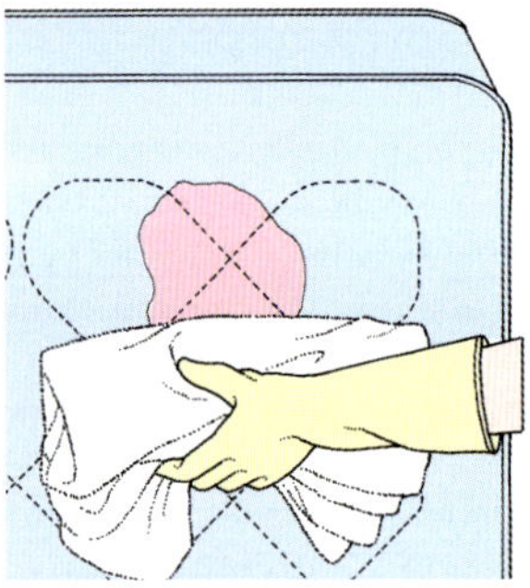

2 Ein Handtuch direkt unter den Fleck halten. Bei der Behandlung organischer Flecken Gummihandschuhe tragen.

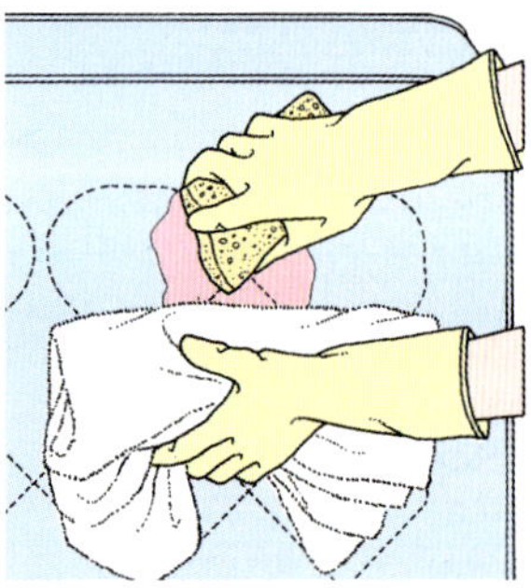

3 Den Fleck mit kaltem Wasser so lange abreiben, bis er verschwindet, dabei das Handtuch unterhalten.

Urinflecken

Urin verursacht unangenehme Flecken und Gerüche, die umgehend entfernt werden sollten. Bei sachgemäßer Behandlung ist dies auch nicht so schwierig. Falls jemand in Ihrem Haushalt Probleme mit der Blase hat, sollten Sie das geeignete Fleckenmittel stets griffbereit halten.

Auf Lederschuhen

● **Frische Flecken** Glattes Leder feucht abwischen, trocknen lassen. Dann Schuhe eincremen und polieren.

● **Getrocknete Flecken** Feucht abwischen, damit die Salze nach oben kommen, speziellen Fleckenentferner anwenden.

Auf Wildlederschuhen

● **Fleckenentfernung** Schuhe feucht abwischen, dann mit Wildlederbürste aufbürsten. Trockene Flecken mit Salzlöser behandeln. Bürsten Sie die betroffenen Stellen zwischen den Anwendungen mit der Wildlederbürste.

Nur leicht feuchtes Tuch nehmen.

Auf Teppichen

● **Frische Flecken** Mit Deo-Teppichreiniger abwischen. Oder mit kaltem Wasser ausspülen, trockentupfen und mit etwas Desinfektionsmittel erneut abwaschen.

● **Getrocknete Flecken** Rückstand und Geruch wie bei frischen Flecken entfernen. Verblasste Farbe mit milder Salmiakgeistlösung auffrischen.

Auf Kleidung

● **Buntes** In kaltem Wasser ausspülen, dann gemäß Pflegeanleitung waschen.

● **Helles** Trockene Urinflecken mit einer Wasserstoffperoxidlösung (siehe S. 77) und etwas Salmiakgeist bleichen. Andernfalls das Kleidungsstück in enzymhaltigem Waschmittel einweichen oder mit speziellem Fleckenentferner behandeln.

UMWELTTIPP

Uringeruch neutralisieren
Urinflecken von Haustieren auf dem Teppich mit Essig und Wasser im Verhältnis 1:5 besprühen, um den Geruch zu neutralisieren.

Matratzen trocknen

Wenden Sie bei Matratzen dasselbe Verfahren wie bei Blut an: die Matratze aufstellen und leicht schräg an die Wand lehnen, damit die Flüssigkeit nicht eindringt. Den Trockenvorgang beschleunigen Sie mit dem Föhn.

Flecken von Erbrochenem

Vor der Fleckenbehandlung gilt es, alle Rückstände zu beseitigen. Entfernen Sie so viel wie möglich mit einem Löffel und Reste mit einem Metalllineal. Achten Sie darauf, dass sich der Fleck durch die Behandlung nicht ausbreitet und tragen Sie Gummihandschuhe.

Auf Teppichen

● **Fleckenentfernung** Den Fleck mit Boraxlösung (siehe S. 77) einreiben. Etwas Desinfektionsmittel in warmes Wasser geben und damit ausspülen. Hartnäckige Verfärbungen mit einem Schwamm gründlich shampoonieren oder Sprühschaumreiniger verwenden.

● **Geruchsentfernung** Hartnäckigen Geruch mit klarem Wasser und Desinfektionsmittel behandeln.

Auf Möbeln

● **Polster** Fleck mit etwas Salmiakgeist in warmem Wasser ausspülen, dann trockentupfen. Oder mit Deo-Polsterreiniger behandeln. Teure Möbel reinigen lassen.

● **Matratzen** Flecken nach derselben Methode wie bei Blut entfernen. Mit warmer Spülmittellauge einreiben und mit warmem Wasser und etwas Desinfektionsmittel nachbehandeln.

Auf Kleidung

● **Fleckenentfernung** Fleck unter kaltem, fließendem Wasser ausspülen, bis er verblasst. Dabei das Gewebe sanft zwischen den Händen reiben. Das Teil einweichen und gemäß Pflegeanleitung am besten in enzymhaltigem Waschmittel waschen.

● **Geruchsentfernung** Bleibt der Geruch nach dem Waschen, wiederholen Sie den Waschvorgang.

Schmutzflecken

Das Geheimnis beim Entfernen von Schmutzflecken besteht darin, sie vor der Behandlung völlig trocknen zu lassen. Rühren Sie den Fleck nicht an, bis er völlig hart ist und abgebürstet werden kann. Danach können Sie sich dem Entfernen eventueller Fleckenreste zuwenden.

Auf Teppichen

● **Hartnäckige Flecken** Verfärbungen nach der Schmutzentfernung mit speziellem Teppichfleckenentferner oder Brennspiritus behandeln.

Auf Möbeln

● **Grundbehandlung** Schmutz entfernen und verbliebenen Fleck mit lauwarmem Wasser mit Waschmittel einreiben, abwischen und trockentupfen.

Auf Kleidung

● **Jacken und Mäntel** Getrockneten Schmutz abbürsten. Behandeln Sie hartnäckige Fleckenreste mit einem Trocken-Fleckenentferner.

Getrockneten Schmutz entfernen

Teppiche saugen
Schmutz ein bis zwei Stunden eintrocknen lassen, dann aufsaugen. Gegebenenfalls den eingetrockneten Schmutz vorher mit einer harten Bürste lockern.

Möbel abbürsten
Eingetrockneten Schmutz von Polstern schonend mit einer weichen Bürste entfernen. Verbliebene Rückstände mit dem Staubsauger aufsaugen.

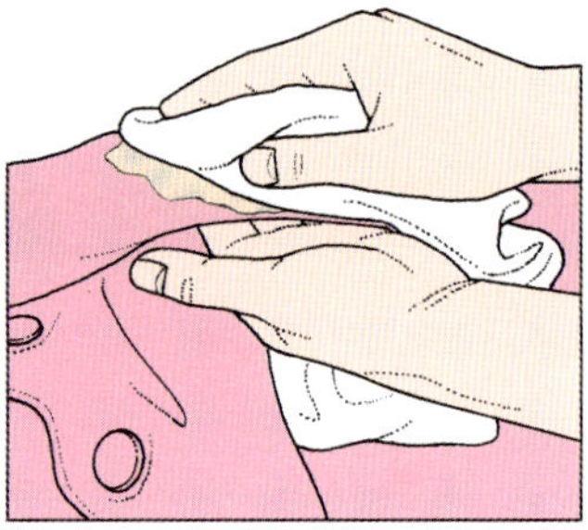

Kleidung abwischen
Schmutz trocken mit Lappen oder weicher Kleiderbürste abwischen. Rückstände auswaschen. Hartnäckige Flecken mit Brennspiritus behandeln.

Grasflecken

Grasflecken sind unvermeidlich in einem Haushalt mit Sportbegeisterten oder kleinen Kindern. Leider sind diese Flecken hartnäckig und nur mühevoll zu entfernen: Weiße Baumwolle in Bleichmittel einweichen, andere Textilien mit handelsüblichem Fleckenlöser behandeln.

Waschbare Textilien

● **Leichte Flecken** Bei entsprechend guter Stoffqualität wirkt meist Einweichen und anschließendes Waschen mit enzymhaltigem Waschmittel. Fleckenreste mit speziellen Fleckenentfernern behandeln.

● **Starke Flecken** Fleck mit einer Handwaschpaste, wie Heimwerker sie verwenden, einreiben. Tragen Sie danach etwas Brennspiritus oder handelsüblichen Fleckenentferner auf (vorab testen), dann in kaltem, klarem Wasser ausspülen und nach Pflegeanleitung waschen.

Andere Textilien

● **Weißer Flanell** Diese Textilart bedarf meist einer chemischen Reinigung. Als Alternative reiben Sie eine Mischung aus Weinsteinpulver und Tafelsalz (1:1) in den Grasfleck ein. Eine halbe Stunde einwirken lassen, dann behutsam abbürsten.

● **Leinenschuhe** Bürsten Sie das Gras mit einer Nagelbürste und warmem Spülwasser ab. Waschen Sie die Schuhe in der Waschmaschine. Die gewaschenen Schuhe mit Zeitungspapier ausstopfen und lufttrocknen lassen.

BEWÄHRTES WISSEN

Behandeln alter Flecken
Grasflecken auf Weißwäsche mit Eiweiß und Glyzerin (1:1) aufweichen, dann wie frische Flecken behandeln.

Sonstige organische Flecken

Behandeln Sie diese Flecken auf Kleidung nach der Pflegeempfehlung durch Einweichen in enzymhaltigem Waschmittel. Wenn Sie unangenehme Rückstände beseitigen, ziehen Sie Einweghandschuhe oder eine Plastiktüte über die Hand, die Sie nachher in den Müll werfen.

FLECK	OBERFLÄCHE	BEHANDLUNG
BLÜTENSTAUBFLECKEN	● Diese Flecken kommen meist auf Kleidungsstücken und Tapeten vor und können ziemlich hartnäckig sein. Binden Sie eine Schürze um, wenn Sie Blumen pflücken oder arrangieren, und stellen Sie Blumen nicht zu nah an die Tapete.	● Leichte Flecken auf Kleidung verschwinden beim üblichen Waschen. Bleibt der Fleck sichtbar, leicht mit Brennspiritus betupfen, dann warm abspülen. ● Flecken auf Tapeten mit verknetetem Weißbrot oder einem Radiergummi abreiben. Wenn das nicht hilft, muss die Tapete geflickt werden (siehe S. 62).
FLIEGENKOT	● Diese Fleckenart findet sich meist auf Lampenschirmen, Möbeln und Fenstern. Textil-Lampenschirme behutsam behandeln.	● Kunststoff-Lampenschirme mit Spülmittel abwischen. Textil-Lampenschirme mit Fleckenspray behandeln oder mit warmer Waschlauge abbürsten. ● Flecken auf Fenstern mit Brennspiritus entfernen. Polster mit handelsüblichem Fleckenentferner behandeln.
SCHWEISSFLECKEN	● Schweiß hinterlässt gelbliche Verfärbungen im Achselbereich von Kleidungsstücken.	● Reiben Sie waschbare Textilien mit Salmiakgeistlösung ein (siehe S. 77), dann ausspülen. Ist eine Verfärbung eingetreten, mit einer Lösung aus 1 EL Essig auf 250 ml Wasser einreiben.
HAUSTIERKOT	● Dabei handelt es sich um Flecken von Urin, Kot oder Erbrochenem, die meist auf Teppichen und Möbeln vorkommen.	● Entfernung von Urin, Erbrochenem und Gerüchen siehe S. 87. Kotflecken wie unten beschrieben behandeln.
KOTFLECKEN	● Rückstände auf Teppichen, Möbeln und Kleidung sofort mit einem Löffel entfernen. Darauf achten, dass sich der Fleck nicht ausbreitet.	● Teppiche und Möbel mit warmem Wasser und einigen Tropfen Salmiakgeist abwischen. Kleidung in enzymhaltigem Waschmittel einweichen.
VOGELKOT	● Wenn Sie Wäsche an einer Wäscheleine im Freien trocknen, kann diese durch Vogelkot verschmutzt werden.	● Alle Rückstände entfernen und waschbare Textilien erneut waschen. Bei Weißwäsche und hellen Fasern hilft oft Wasserstoffperoxidlösung (siehe S. 77).
NIKOTINFLECKEN	● Nikotin hinterlässt an Händen und Fingernägeln von Rauchern oftmals gelbliche Verfärbungen.	● Lappen in Boraxlösung tauchen und betreffende Stellen damit einreiben. Fingernägel mit Raucherzahnpasta bürsten.

FARBFLECKEN

Füller, Filz- und Buntstifte werden in vielen Haushalten jeden Tag benutzt - kein Wunder also, dass es auch entsprechend oft Flecken davon gibt. Die sind dann meist nur schwer zu entfernen. Vor allem dann, wenn unklar ist, welche Farbstoffe sie enthalten und wie man ihnen am besten zu Leibe rückt.

Maler- und Dekofarben

Irgendwann wird jeder mit verspritzter Farbe konfrontiert, spätestens bei der Wohnungsrenovierung. Meist werden die Flecken dann erst beim Aufräumen behandelt. Trockene Farbflecken können zwar gut entfernt werden, doch sollten Sie dabei äußerst behutsam vorgehen.

KÜNSTLERFARBEN

- **Frische Flecken auf Kleidung** Farben auf Wasserbasis mit Küchenpapier abtupfen, dann unter fließendem Wasser mit Seife reinigen. Wie gewohnt waschen. Farben auf Ölbasis mit Terpentin betupfen, dabei den Fleck mit Tuch unterlegen. Abwischen und waschen.

EMULSIONSFARBEN

- **Frische Flecken auf Textilien** Sofort abtupfen, mit kaltem Wasser abwischen und laut Pflegeempfehlung waschen.
- **Ältere Flecken** Eingetrocknete Flecken mit handelsüblichem Fleckenentferner, ganz alte Flecken mit Brennspiritus behandeln, waschen.

ÖLFARBEN

- **Auf Kleidung** Mit Terpentin betupfen, dann mit kaltem Wasser auswaschen. Bei Bedarf mehrmals wiederholen. Erst waschen, wenn alle Farbe entfernt ist, sonst setzt sie sich fest. Hartnäckige Flecken sowie Acetat- und Viskosetextilien chemisch reinigen.

Saugfähiges Tuch verhindert Durchschlagen des Flecks.

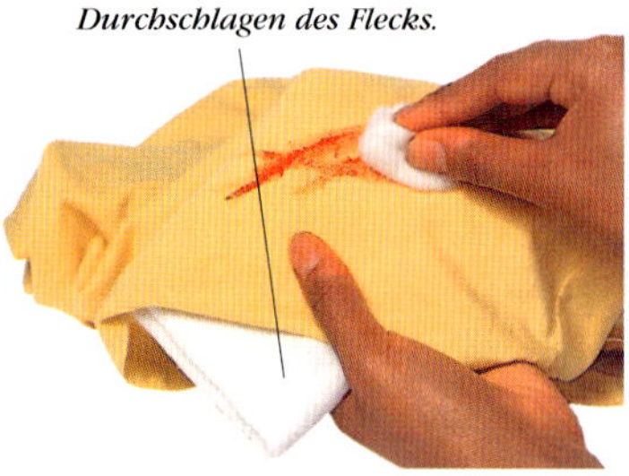

Getrocknete Flecken
Den Fleck mit einem Tuch unterlegen und dann mit Fleckenentferner oder Brennspiritus abtupfen. Bei Ölfarben speziellen Farbverdünner verwenden.

Flecken auf dem Teppich
Den Fleck mit einem Schwamm und klarem Wasser betupfen und von außen nach innen arbeiten. Sobald der Fleck verschwunden ist, die Stelle shampoonieren.

Ölfarbe auf dem Teppich
Frische Flecken mit Küchenpapier abtupfen, dann shampoonieren. Alte Flecken mit handelsüblichem Lösungsmittel behandeln oder den Flor kürzen.

Färbemittel

Eingetrocknetes Färbemittel ist nicht mehr zu entfernen, Spritzer sollten daher sofort abgewischt werden – auf harten Oberflächen mit einem trockenen Tuch, auf der Haut mit Zitronensaft. Tragen Sie Malerkittel und Handschuhe und decken Sie die Umgebung sorgfältig ab.

AUF TEPPICHEN

- **Grundbehandlung** In einem kleinen Gefäß einige Tropfen Salmiakgeist mit ein wenig Brennspiritus mischen. Lösung mit einem weißen Tuch auftragen, bei Bedarf mehrmals. Zuletzt shampoonieren.

AUF KLEIDUNG

- **Farbechte Textilien** In Waschlauge einweichen, dann wie gewohnt waschen.
- **Nicht farbechte Textilien** Mit Wasserstoffperoxidlösung (siehe S. 77) einreiben bzw. 15 Minuten darin einweichen.

SONSTIGE FARBFLECKEN

- **Abfärben beim Waschen** Wenn ein Kleidungsstück auf andere abfärbt, die komplette Waschladung (ohne das abfärbende Teil!) mit handelsüblichem Fleckenentferner anstatt Waschmittel erneut waschen.

Kugelschreiberflecken

Diese Flecken sind problematisch und falls sie nicht zu entfernen sind, erkundigen Sie sich beim Hersteller der Mine, ob ein spezielles Lösungsmittel für die jeweilige Tintenart angeboten wird. Am hartnäckigsten sind eingetrocknete Kugelschreiberflecken – daher schnell handeln!

Auf Textilien

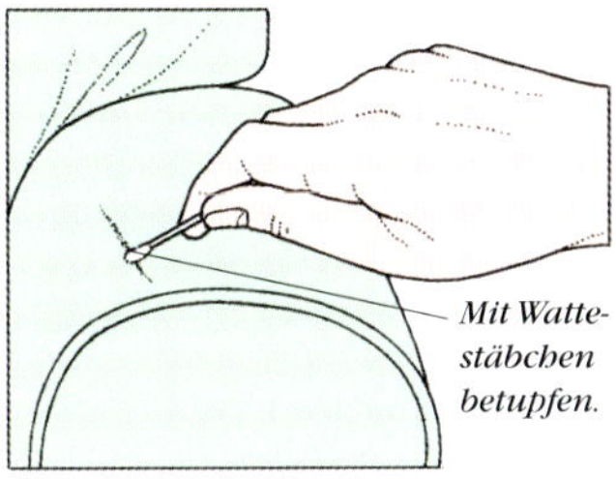

Fleck abtupfen
Küchenpapier auf den Fleck drücken, um so viel Tinte wie möglich aufzusaugen. Danach Brennspiritus auftupfen.

Auf Tapeten

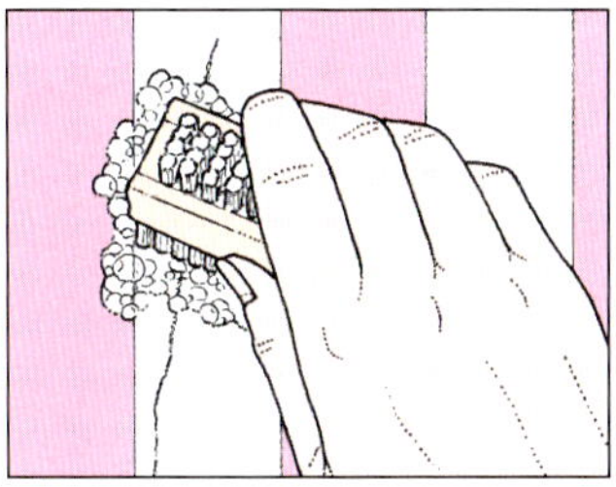

Sofort behandeln
Vinyltapeten sofort mit Seife und Wasser abschrubben. Herkömmliche Papiertapeten eventuell flicken (siehe S. 62).

Sonstige Oberflächen

- **Wildleder** Fleck mit feinem Schmirgelpapier, Papiernagelfeile oder Wildlederbürste vorsichtig abreiben. Vor der Behandlung wertvoller Stücke sollten Sie professionellen Rat einholen.
- **Vinyl** Flecken auf Vinyl sofort behandeln und mit Nagelbürste und Seifenwasser sanft abreiben. Ansonsten dringt die Tinte in das Material ein und verbindet sich dauerhaft chemisch damit.

Tintenfüllerflecken

Die meisten Füllertinten sind auswaschbar. Fragen Sie beim Kauf von Tinte sicherheitshalber danach. Schrauben Sie die Kappe stets gut zu, vor allem dann, wenn Sie den Füller bei sich tragen – am besten Sie stecken ihn noch in eine entsprechende Stifthülle.

Auf Teppichen

1 Den Fleck immer wieder mit Wasser betupfen oder besprühen und jeweils mit Küchenpapier trockentupfen.

2 Eine dicke Seifenflockenlösung herstellen und erhitzen. Ein Tuch darin tränken, auf den Fleck legen und 15 Minuten einwirken lassen.

3 Lösung abwischen. Schritt 2 so oft wiederholen, bis der Fleck verschwindet.

Auf der Haut

- **Fleckenentfernung** Die Haut mit Essig und Salz oder mit der Innenseite einer Bananenschale abreiben.

Getrocknete Tinte auf Kleidung

1 Bleibt ein Tintenfleck trotz Waschen sichtbar, reiben Sie die Stelle mit einer Zitronenhälfte ein oder befeuchten sie mit Zitronensaft.

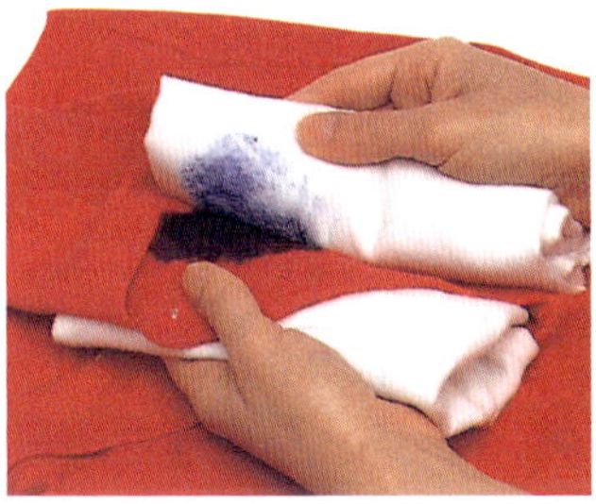

2 Die Stelle zwischen weißen Baumwolltüchern drücken. Bei Bedarf wiederholen, ausspülen und nach Pflegeempfehlung waschen.

BEWÄHRTES WISSEN

Bio-Fleckenentferner
Als Haushaltsmittel gegen Tintenflecken haben sich Milch oder Tomatensaft bewährt. Fleck mit Milch übergießen oder mit Tomatenhälfte einreiben. Jeweils gut ausspülen, dann waschen.

Filzstiftflecken

In Haushalten mit kleinen Kindern findet man häufig Filzstiftflecken auf Wänden und Möbeln. Filzstifte laufen auch oft in den Innentaschen von Sakkos aus – versuchen Sie nicht, solchen Flecken selbst den Garaus zu machen, sondern wenden Sie sich an eine chemische Reinigung.

Auf Textilien

- **Kleine Flecken** Entfernen Sie mit Küchenpapier so viel Tinte wie möglich von Kleidung oder Möbeln. Danach mit in Brennspiritus getränkter Watte abtupfen und dann mit Seifenflocken waschen – sie entfernen Tinte besser als Waschmittel.
- **Große Flecken** Fleckenspray nach Bedarf mehrmals aufsprühen, einen speziellen Tintenentferner anwenden oder in die Reinigung geben.

Auf Tapeten

- **Vinyl** Mit mildem Haushaltsreiniger oder Brennspiritus den Fleck entfernen.
- **Papiertapeten** Am besten ein neues Tapetenstück einsetzen (siehe S. 62).

Sonstige Oberflächen

- **Teppiche und Möbel** Flecken mit Watte und Küchenpapier aufsaugen, dann mit Brennspiritus betupfen.

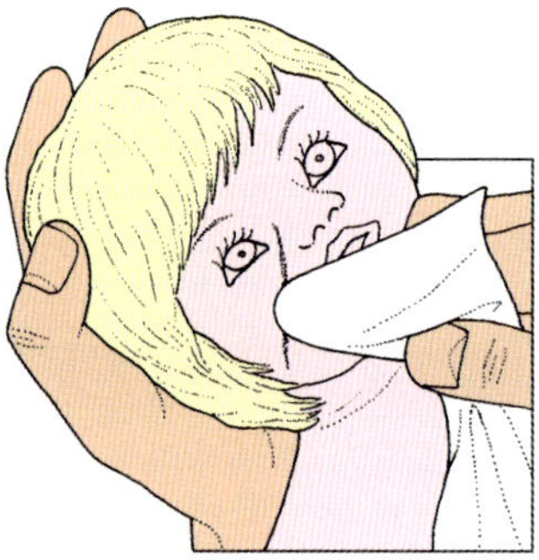

Flecken auf Vinyl
Solche Flecken, etwa auf Spielzeug, mit unverdünntem Spülmittel behandeln. Dazu ein weißes Tuch um den Finger wickeln. Mit klarem Wasser ausspülen.

Andere Farbstoffe

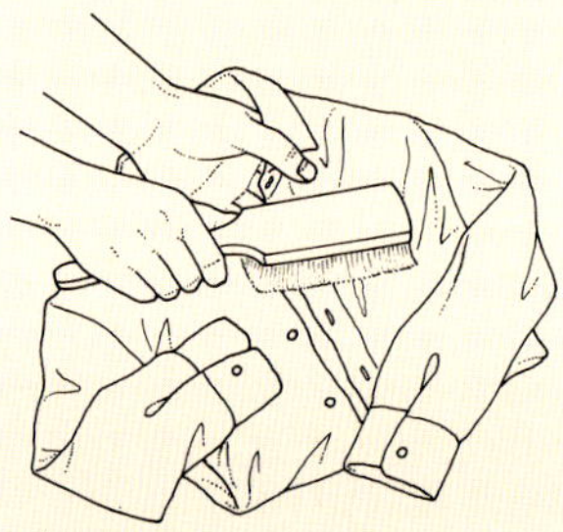

- **Korrekturflüssigkeit** Erst trocken abbürsten, dann waschen.
- **Buntstift** Auf Vinyl Scheuermilch anwenden. Wände eventuell neu streichen bzw. Tapeten flicken (siehe S. 62).
- **Bleistift** Bei Wänden und Möbeln einen Radiergummi verwenden. Bei Kleidung mit einem Schwamm abtupfen, dann waschen.

Klebrige Substanzen

Kaugummi und bunte Knetmasse sind nur schwer zu entfernen, besonders von flauschigen Textilien und Teppichen, wo schnell kahle Stellen entstehen können. Stark abkühlen und dann abbrechen ist der Trick bei Kaugummi, Reste lassen sich danach mit Fleckenwasser entfernen.

Knetmasse

- **Auf Kleidung** Da Plastilin nicht gefriert, möglichst viel mit den Fingernägeln abkratzen. Dann ein weißes gefaltetes Tuch unterlegen und mit einem zweiten weißen Tuch Fleckenwasser auftragen, bis alles aufgelöst ist. Ausspülen und das Kleidungsstück wie üblich waschen.
- **Auf Teppichen** Rückstände mit einem Holzspatel abkratzen. Reste mit Feuerzeugbenzin entfernen (an verdeckter Stelle testen). Nicht zu nass behandeln, damit das Benzin nicht bis zur Teppichrückseite durchdringt.

Kaugummi vom Teppich entfernen

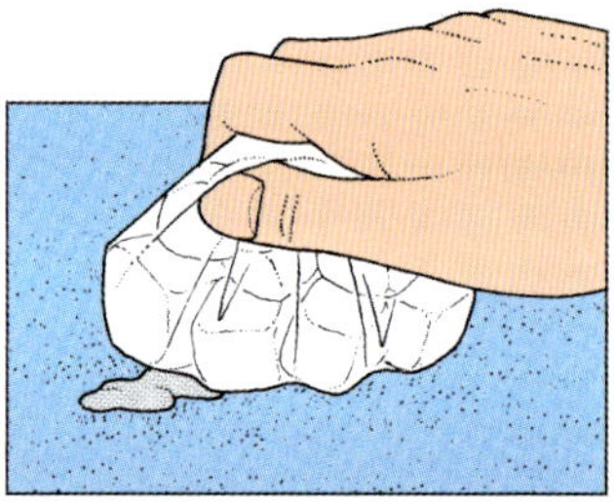

1 Eine mit Eiswürfeln gefüllte Plastiktüte auf den Kaugummi halten, bis er fest wird.

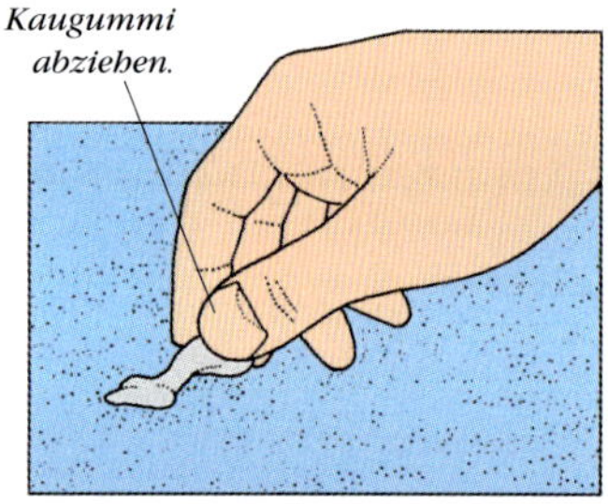

2 Harte Rückstände vorsichtig entfernen, um den Flor nicht zu beschädigen.

Kaugummi auf Kleidung

1 Das Kleidungsstück in einer Plastiktüte eine Stunde ins Gefrierfach legen, damit der Kaugummi fest wird.

2 Aus dem Gefrierfach nehmen und die Stelle biegen, sodass der Kaugummi zerbröckelt, Reste abzupfen.

FLECKEN VON CHEMIKALIEN

Reinigungsmittel, Arzneimittel und Klebstoffe sind Substanzen, die hartnäckige Flecken verursachen können, vor allem auf Teppichen. Auch Kosmetika und Kerzenwachs sind im häuslichen Bereich häufig für Flecken verantwortlich. Teer- und Schmierölflecken müssen mit Vorsicht behandelt werden.

Politurflecken

Vermeiden Sie es möglichst, flüssige Haushaltsreiniger oder Polituren auf Oberflächen zu bringen, für die sie nicht gedacht sind. Haushaltsreiniger sollten stets gut verschlossen in aufrechter Position aufbewahrt und niemals direktem Sonnenlicht ausgesetzt werden.

SCHUHPOLITUR

- **Auf Teppichen** Rückstände mit einem Metalllineal entfernen. Restlichen Fleck mit Terpentin oder Fleckenwasser behandeln. Mit klarem Wasser ausspülen, Verfärbungen mit Brennspiritus zu Leibe rücken, danach shampoonieren.
- **Auf Textilien** Waschbare Textilien mit Fleckenmittel behandeln oder ins letzte Spülwasser etwas Salmiakgeist geben. Nicht waschbare Textilien wie Teppiche behandeln.

METALLPOLITUR ENTFERNEN

- **Auf Kleidung** Mit Küchenpapier möglichst viel aufnehmen, dann mit Fleckenwasser behandeln und waschen.
- **Auf Möbeln** Mit warmem Wasser abwischen, trocknen lassen und gut abbürsten. Mit Fleckenspray nachbehandeln.

Auf Teppichen
Mit dem Löffel möglichst viel Politur entfernen, abtupfen, mit Terpentin befeuchten und trocknen lassen. Reste mit Bürste oder Tuch entfernen, dann shampoonieren.

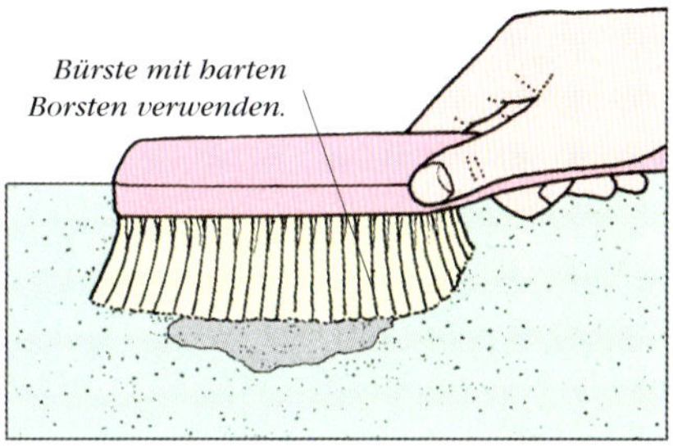

Flecken von Medikamenten

Medikamente verursachen klebrige, farbige Flecken, die man schnell behandeln sollte, damit sie nicht verkrusten. Fragen Sie in der Apotheke um Rat, falls sich ein solcher Fleck nicht beseitigen lässt. Jod hinterlässt dabei die schlimmsten Flecken.

SALBEN

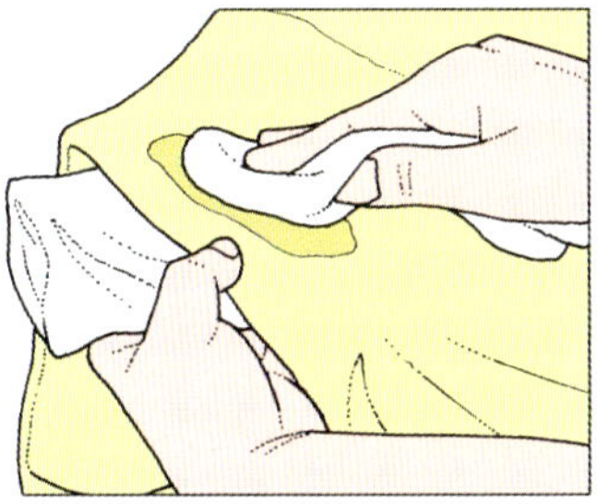

Auf Kleidung
Salben hinterlassen ölige Rückstände. Die Salbe abkratzen und den Fleck mit Fettlöser behandeln. Bei hartnäckigen Verfärbungen den Fleck mit Baumwolltuch unterlegen, damit er nicht durchschlägt, und mit einem zweiten Tuch Brennspiritus auftragen.

FLÜSSIGE MEDIKAMENTE

- **Auf Kleidung** Die meisten Flecken verschwinden beim Waschen. Falls Farbe zurückbleibt, etwas Brennspiritus auftragen und dabei ein Tuch unterlegen (Behandlung vorab an einer verdeckten Stelle testen).
- **Auf Teppichen und Polstern** Rückstände entfernen und feucht abwischen. Teppichshampoo auftragen.
- **Zur Vorbeugung** Zum Schutz von Kleidung oder Mobiliar immer Küchenpapier griffbereit halten, wenn Sie flüssige Arzneimittel verabreichen. Kleinen Kindern binden Sie ein Küchentuch als Latz um.

JODFLECKEN

- **Auf Teppichen** Entfernen Sie den Fleck mit einer Lösung aus Fixiersalz für Filmentwicklung (aus dem Fotofachgeschäft): einen halben TL davon auf 250 ml warmes Wasser. Mit Teppichshampoo nachbehandeln.
- **Auf waschbaren Textilien** Seifenflockenwasser etwas Salmiakgeist zufügen und Kleidung von Hand waschen. Dabei unbedingt Gummihandschuhe überziehen.
- **Auf nicht waschbaren Textilien** Chemisch reinigen lassen oder mit handelsüblichem Tee- und Kaffeefleckenentferner behandeln.

Flecken durch Kosmetika

Kosmetika verursachen häufig Flecken auf oder unter dem Schminktisch, färben auf Kleidung und Bettwäsche ab oder laufen in der Handtasche aus. Leider gibt es für Kosmetikflecken keine allgemein gültigen Empfehlungen, jeder Fleck muss individuell behandelt werden.

Nagellackflecken entfernen

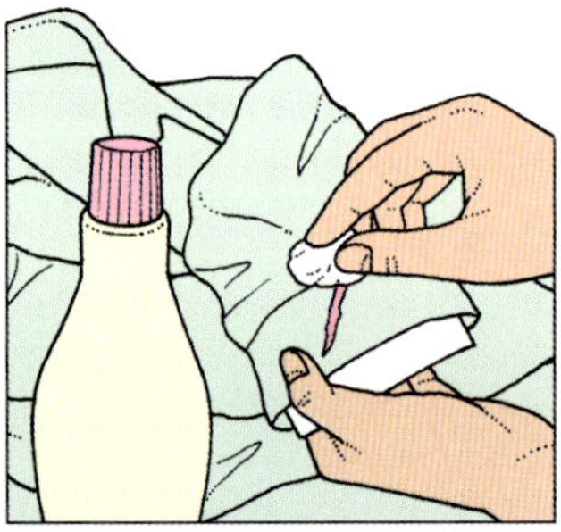

Auf Textilien
Weißes Tuch unterlegen; mit nichtölhaltigem Nagellackentferner auf Wattebausch abtupfen.

● **Auf Teppichen** Möglichst viel Nagellack mit einem Papiertuch aufnehmen. Nichtölhaltigen Nagellackentferner an einer unauffälligen Stelle testen, ob er den Teppich oder die Rückseite beeinträchtigt. Dann den Entferner mit einem Wattebausch auftragen. Verfärbungen mit Brennspiritus abtupfen. Zuletzt shampoonieren.
● **Auf Möbeln** Abwischen, dann mit nichtölhaltigem Nagellackentferner behandeln. Vorsichtshalber erst testen.

GUTE IDEE!

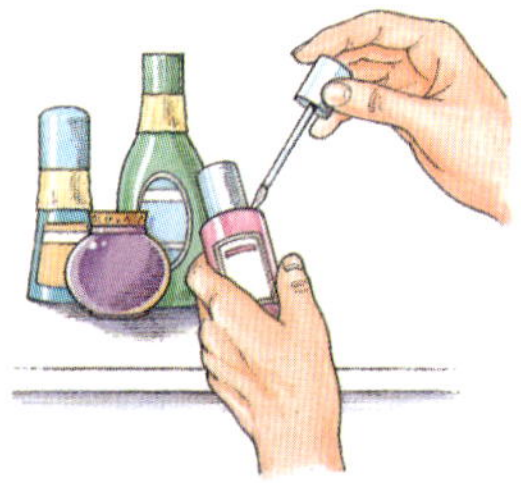

Zur Vorbeugung
Kosmetikfläschchen im Reisegepäck laufen nicht aus, wenn Sie die Deckel mit Tesafilm befestigen oder mit Nagellack versiegeln.

Wimperntusche

● **Auf Kleidung** Einen Mascarafleck mit Fleckenspray entfernen. Bleibt der Fleck sichtbar, die Stelle auswaschen, trocknen lassen und mit einer Lösung aus Salmiakgeist und kaltem Wasser (1:1) nachbehandeln. Ausspülen, waschen.

Lippenstift

● **Auf Kleidung** Mit Brennspiritus, dann mit Spülmittel abwischen, danach waschen.
● **Auf Wänden** Mit warmer Waschlauge den Fleck feucht abwischen. Hartnäckige Lippenstiftflecken mit Haushaltsreiniger behandeln.

Creme

● **Auf Kleidung** Creme wegwischen. Das Teil in Salmiakgeistlösung (siehe S. 77) einweichen und dann waschen.

Flecken durch Parfüm, Spray und Lotionen

Parfüms und Sprays sind meist „chemische Cocktails" mit etwas Alkohol. Diese Flecken vorsichtig behandeln, da sie mit Fleckenentfernern chemische Reaktionen hervorrufen können. Cremelotionen sind meist ölhaltig und müssen entsprechend behandelt werden.

Parfüm

● **Auf waschbaren Textilien** Fleck sofort ausspülen, dann waschen. Auf trockenen Fleck Glyzerinlösung (siehe S. 77) einwirken lassen und erneut waschen. Oder mit flüssiger Gallseife einreiben.
● **Auf nicht waschbaren Textilien** So schnell wie möglich Glyzerinlösung (siehe S. 77) auftragen. Eine Stunde einwirken lassen und mit feuchtem Tuch abwischen (nicht auf Möbel tropfen lassen). Teure Kleidungsstücke chemisch reinigen lassen.

Deodorant

● **Alle Oberflächen** Abtupfen, dann mit warmem Wasser abwaschen. Bei hartnäckigen Flecken handelsüblichen Fleckenentferner verwenden.

Lotion

● **Reinigungslotion** Mit Papiertuch aufnehmen und Fettlöser auftragen. Kleidungsstücke waschen; Teppiche und Polster shampoonieren.
● **Tönungslotion** Den Fleck mit warmem Wasser besprühen oder ausspülen. Lufttrocknen lassen.

Haarspray

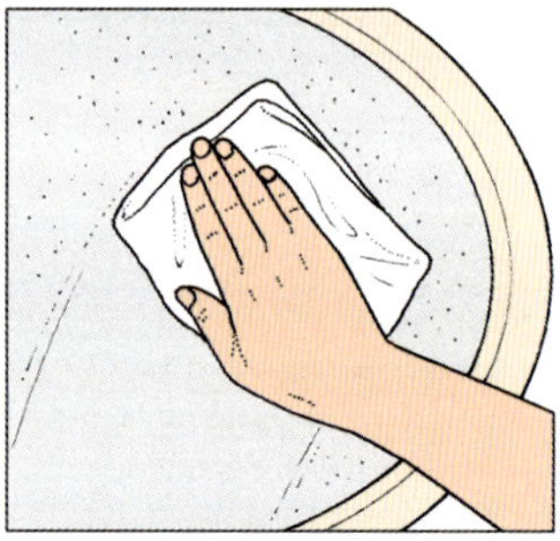

Auf Spiegeln
Haarspray überzieht Spiegel mit einem klebrigen, trüben Film. Etwas Brennspiritus auf ein Tuch geben und abwischen.

Wachsflecken

Wenn Sie den Duft und das Licht von Kerzen mögen, wird es immer wieder mal Wachsflecken geben. Das Wachs selbst ist in den meisten Fällen relativ leicht zu entfernen, es kann jedoch Farbflecken hinterlassen, die man dann gesondert behandeln muss.

Kerzenwachs von Teppichen entfernen

Noch weiches Wachs anheben.

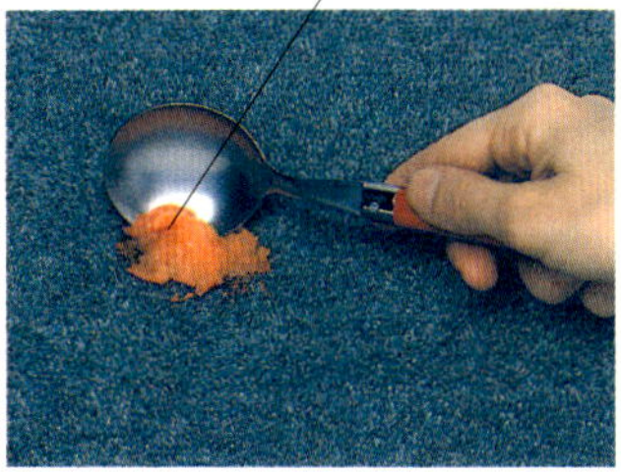

1 Mit einem Löffel so viel Wachsreste wie möglich auflesen. Hartes Wachs mit einem Holzspatel abkratzen.

Pack- oder Löschpapier verwenden.

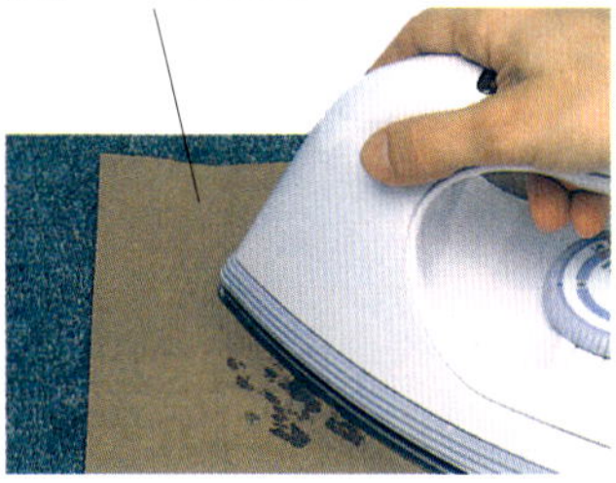

2 Packpapier auf die Wachsreste legen. Warm darüber bügeln, bis das Wachs vom Papier aufgesogen ist.

Sonstige Oberflächen

- **Kleidung** Wie Teppich behandeln (links). Verfärbungen mit Brennspiritus zu Leibe rücken (zuvor testen), dabei ein saugfähiges weißes Tuch unterlegen.
- **Möbel und Tapeten** Dieselbe Behandlung wie beim Teppich (links) anwenden, jedoch ohne das Wachs vorher zu beseitigen. Verfärbungen auf Möbeln mit Brennspiritus, Flecken auf Tapeten mit Fleckenspray behandeln.
- **Holz** Siehe S. 60.

Klebstoffflecken

Klebstoffe haften nicht nur dort, wo es darauf ankommt, sondern leider überall. Entfernen Sie frische Flecken sofort, verwenden Sie dabei entsprechende Lösungsmittel. Wenn Sie oft mit einem bestimmten Kleber arbeiten, kaufen Sie das Lösungsmittel gleich mit dazu.

Frischer Klebstoff

- **Passende Lösungsmittel** Klare Klebstoffe mit nichtölhaltigem Nagellackentferner, Kontaktkleber mit Lösungsmittel, Modellbaukleber mit Fleckenentferner, Latexkleber mit flüssigem Fettlöser und Epoxidharz mit Feuerzeugbenzin auflösen.
- **Auf harten Oberflächen** Terpentin oder Brennspiritus verwenden. Latexkleber trocken abrubbeln.
- **Auf der Haut** Mit Zitronensaft behandeln.

Getrockneter Klebstoff

Schere möglichst waagrecht halten.

Auf Teppichen
Trockenen Klebstoff am besten mit einer Schere von den Florspitzen schneiden.

Lösung mit Watte auftragen.

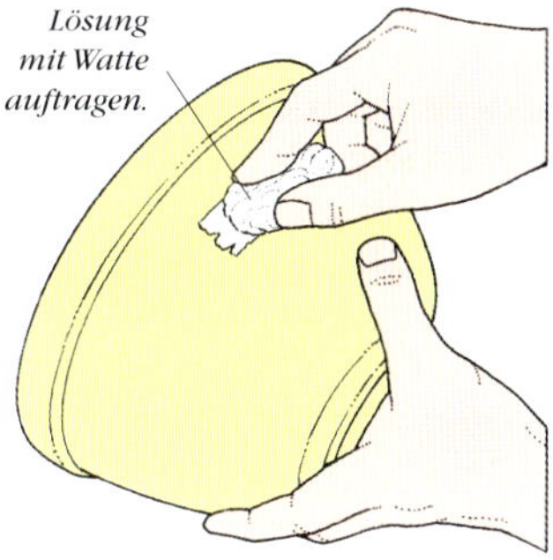

Auf festen Oberflächen
Etikettenreste mit Brennspiritus, Terpentin oder Feuerzeugbenzin entfernen.

Teerflecken

Solche Substanzen sollte man erst gar nicht im Haus aufbewahren. Doch manchmal kleben sie an Schuhen, Schwimmkleidung oder den Strandtüchern. Da Teerflecken sehr schwer zu entfernen sind, muss man darauf achten, dass verschmutzte Teile nicht weitere Teile beflecken.

- **Auf Teppichen** Abtupfen, Glyzerinlösung (siehe S. 77) eine Stunde einwirken lassen. Ausspülen und Teppich-Fleckenentferner-Set anwenden.
- **Auf Kleidung** Legen Sie ein saugfähiges weißes Tuch auf den Fleck. Mit einem Wattebausch Eukalyptusöl von unten her auftragen.
- **Auf Schuhen** Feuerzeugbenzin verwenden, Farbbeständigkeit vorher testen.
- **Auf Möbeln** Teure Möbel professionell reinigen lassen.

SPUREN DER ZEIT

Gebrauchs- und Alterungsspuren sind nicht zu vermeiden. Auch Rost- oder Schimmelflecken kommen in Haus und Garten häufiger vor. Vor allem Schimmelpilze sollten Sie in Schach halten, da sie dauerhafte Schäden anrichten können und dann professionelle Behandlung erfordern.

Schimmelflecken

Schimmel tritt an dunklen, feuchten Stellen auf und sollte schon bei den ersten Anzeichen entfernt werden. Sporenansammlungen sind als kleine graue Flecken sichtbar. Unternimmt man nichts dagegen, beispielsweise mit Fungiziden oder UV-Strahlung, bilden sich Ablagerungen.

Auf Kleidung

● **Weißes** Schimmel mit Wasserstoffperoxidlösung (siehe S. 77) bleichen; nicht bei Nylon anwenden. Naturfasern in einer Bleichmittellösung (siehe S. 102) einweichen.

● **Buntes** Anfeuchten, dann mit Kernseife abreiben. Vor dem Waschen in der Sonne trocknen lassen. Durch wiederholtes Waschen alle Verfärbungen entfernen. Für farbechte Textilien einen Schimmelfleckenentferner verwenden.

Auf Spitze

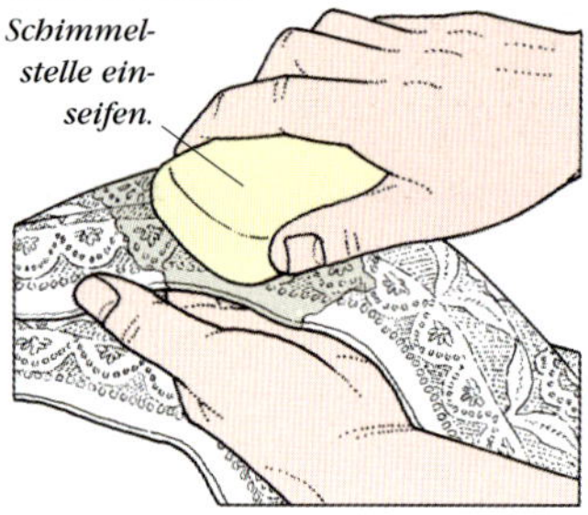

Kernseife
Spitze mit Seife einreiben, bis ein Film entsteht. In die Sonne legen, dann auswaschen.

Auf Duschvorhängen

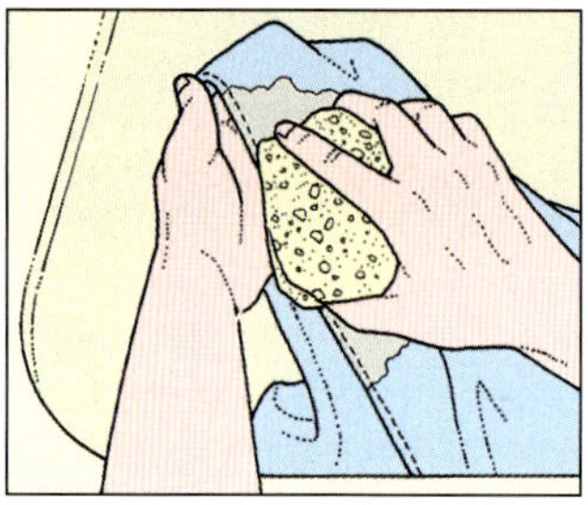

Fleckenentfernung
Vorhänge mit Reiniger oder schwacher Bleichmittellösung einreiben (Handschuhe tragen!).

Auf Wänden

● **Standardbehandlung** Die ganze Wand mit einer milden Reinigerlösung abwaschen. Dann mit Fungizid abwischen. Besonders anfällige Stellen zusätzlich mit einer Höhensonne bestrahlen.

Auf Möbeln

● **Fleckenentfernung** Schimmelpilze wie unten beschrieben entfernen. Lose Bezüge chemisch reinigen lassen. Bei anderen Teilen Wasserstoffperoxidlösung (siehe S. 77) auftragen, gut ausspülen.

Auf Leder

● **Standardbehandlung** Lederwaren ziehen beim Lagern oft Schimmel an. Schimmel nach der unten beschriebenen Methode entfernen, dann Lederpflege oder Schuhpolitur auftragen. Gut einreiben.

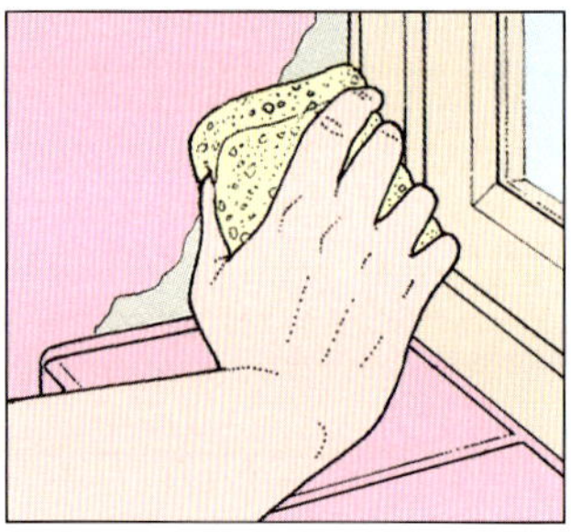

Ecken behandeln
Zimmerecken gründlich auswaschen, auch Badezimmer- und Küchenfenster, wo durch Kondensation sehr feuchte Stellen entstehen, die das Sporenwachstum begünstigen.

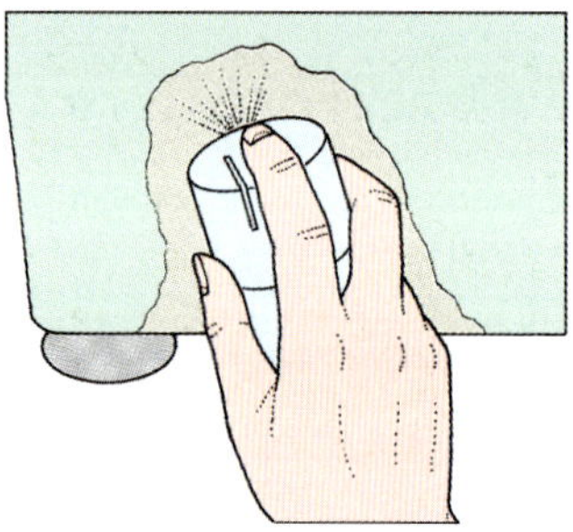

Schimmelpilze bekämpfen
Möglichst viel Sporen abwischen, dann mit Sporen tötendem Mittel einsprühen. Diese Behandlung möglichst im Freien durchführen, damit Sporen nicht auf andere Möbel gelangen.

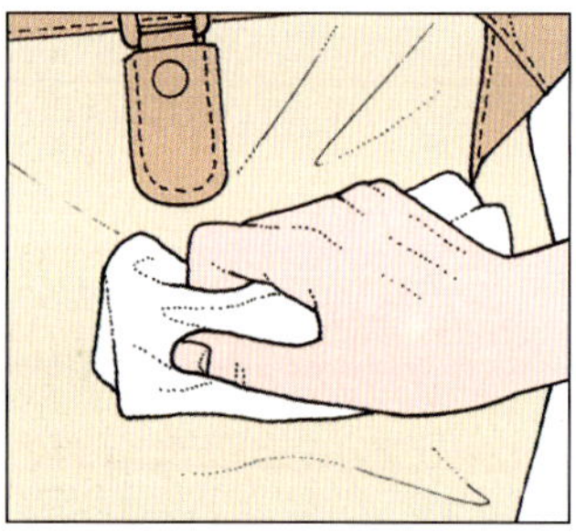

Ledertaschen behandeln
Schimmel mit 1 TL Desinfektionsmittel auf 500 ml warmes Wasser abwischen. Oder antiseptische Mundspülung pur auftragen. Gut trockenwischen und gründlich mit Lederpflege nachbehandeln.

Wasserflecken

Wasserflecken entstehen durch gelöste Stoffe im Wasser, etwa nachdem Sie Flecken auf einem Kleidungsstück befeuchtet haben. Ihre Entstehung lässt sich vermeiden, indem Sie die feuchte Stelle mit Talkumpuder bestreuen, ein trockenes Tuch darüber legen und dann trockenbügeln.

Auf Leder und Holz

- **Auf Leder** Regenwasser auf Schuhen und Handtaschen gleich abwischen und langsam trocknen lassen. Salz- oder Wasserflecken mit einem Schwamm oder Tuch erneut befeuchten und mit einem weichen, saugfähigen Lappen trockenreiben.
- **Auf Kunstleder** Regenwasser abtrocknen lassen. Mit weicher Bürste oder einem Wildlederschwamm abbürsten.
- **Auf Holz** Siehe S. 116.

Wasserflecken auf Textilien

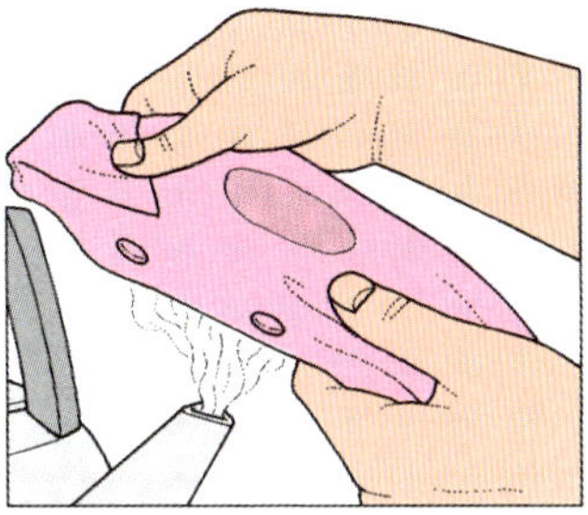

1 Den Fleck über einen dampfenden Wasserkessel halten. Dabei Hände oder Stoff nicht verbrühen.

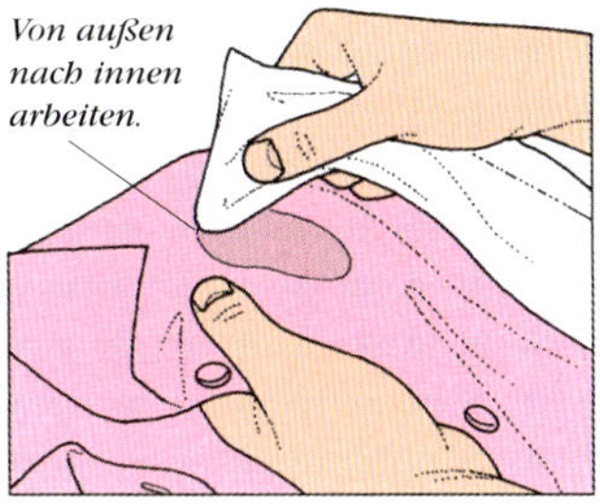

2 Wieder aus dem Dampf nehmen. Ein Tuch über einen Finger wickeln und den Fleck abtupfen.

Brandflecken

Brandflecken entstehen, wenn durch Unachtsamkeit ein heißes Bügeleisen oder eine glimmende Zigarette Textilien versengt. Bei größeren Flecken auf Teppichen müssen Sie den Flor abschleifen oder die beschädigte Stelle durch ein neues Stück Teppich ersetzen (siehe unten).

Auf Textilien

- **Waschbare Textilien** Den Fleck unter kaltem, fließendem Wasser abreiben (Stoff gegen Stoff). In Boraxlösung (siehe S. 77) einweichen und wieder behutsam abreiben.
- **Nicht waschbare Textilien** Glyzerinlösung (siehe S. 77) 2 Stunden einwirken lassen. Mit warmem Wasser ausspülen.

Auf Teppichen

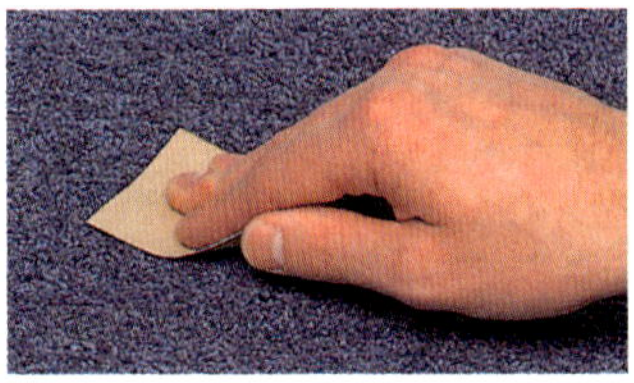

Zigaretten-Brandflecken
Fleck mit feinem Schleifpapier sanft kreisend abreiben, bis er verschwindet.

Tiefe Brandflecken

1 Ein neues Teppichstück über den Brandfleck legen. Beide Lagen zugleich ausschneiden.

2 Das neue Stück einsetzen und mit beidseitig haftendem Klebeband fixieren.

Bewährtes Wissen

Natürliche Methoden
Zum Behandeln leichter Brandflecken auf Teppichen 250 ml Essigessenz mit 50 g unparfümiertem Talkumpuder und zwei grob gehackten Zwiebeln aufkochen. Die Mischung abkühlen lassen, dann auf den Fleck geben. Trocknen lassen und abbürsten. Kleine Brandflecken auf poliertem Holz entfernen Sie durch Reiben mit feiner Stahlwolle. Danach etwas Leinöl einreiben. 24 Stunden einwirken lassen und gut nachpolieren.

Rostflecken

Rost und Korrosionsrückstände scheinen auf den ersten Blick schwer zu beseitigen, doch bedürfen sie in Wirklichkeit keiner drastischen Behandlungsmethode. Zitronensaft, frisch gepresst oder aus der Flasche, ist ein mildes und wirksames Mittel gegen Rostflecken.

Auf Kleidung

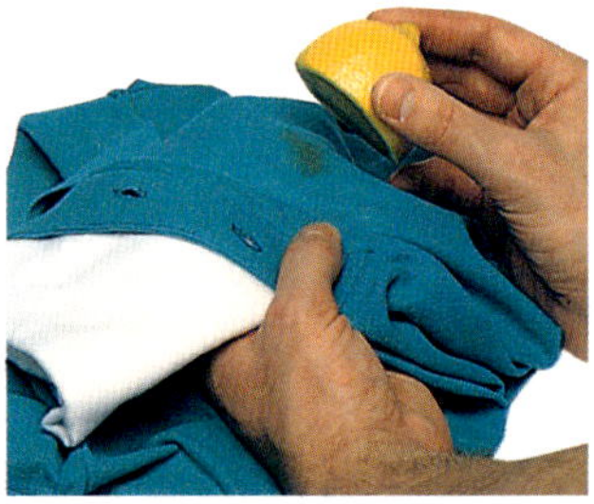

1 Ein weißes, saugfähiges Tuch unter den Rostfleck legen und etwas Zitronensaft darüber träufeln.

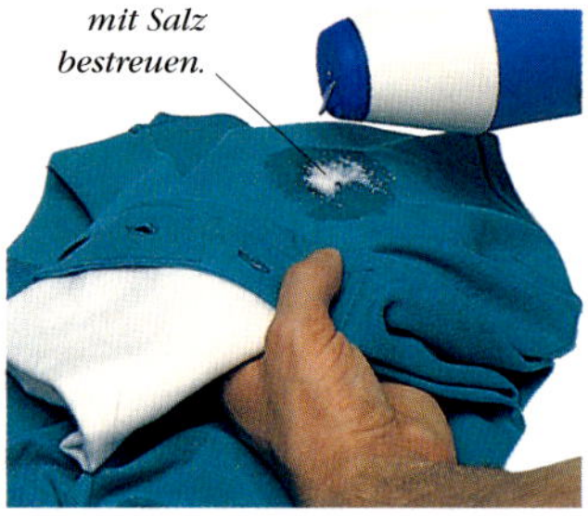

2 Fleck mit Salz bestreuen, eine Stunde einwirken lassen (möglichst in der Sonne), dann ausspülen und waschen.

Sonstige Oberflächen

- **Auf Teppichen** Rostflecken mit Rostentferner gemäß Anleitung entfernen.
- **Auf nicht waschbaren Textilien** Mit Rostentferner behandeln, dann feucht abwischen. Eventuell auch Zitronensaft – nicht zu nass – auftragen.
- **Im Bad** Verwenden Sie einen handelsüblichen Reiniger mit einer speziellen Antirostformel. Siehe auch S. 68 zur Behandlung anderer Flecken im Badezimmer.

Rußflecken

In Häusern mit offenem Kamin kommen solche Flecken häufiger vor. Kamine aus Ziegel und Stein wie unten beschrieben behandeln (siehe auch S. 65 zur Reinigung des Kaminbereichs). Aus Textilien lässt sich Ruß problemlos auswaschen oder mit Fleckenspray entfernen.

Russstaub

Ruß abstauben
Beugen Sie Rußflecken vor, indem Sie den Kaminbereich regelmäßig mit dem Staubsauger oder einer Bürste reinigen.

Russflecken

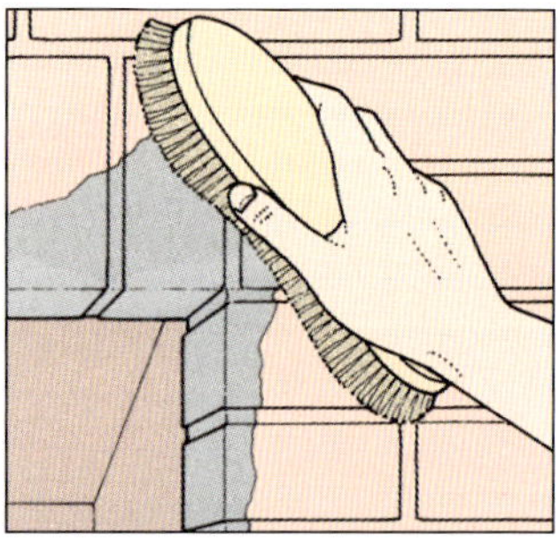

Flecken abschrubben
Rußflecken, die sich nicht abbürsten bzw. absaugen lassen, mit einer harten Bürste und klarem Wasser abschrubben.

Hartnäckige Flecken

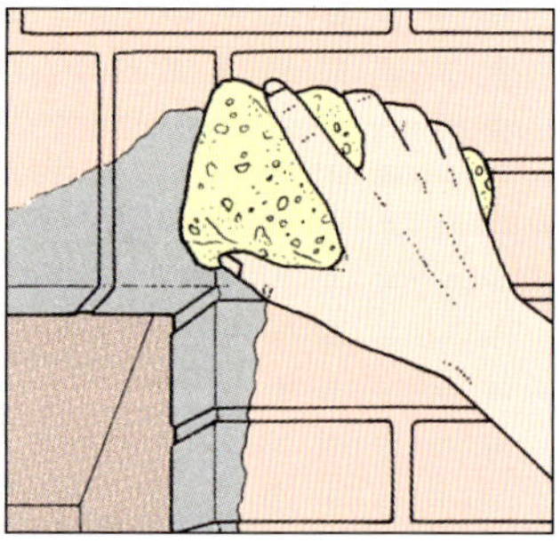

Mit Säure gegen Flecken
Mit Schwamm oder Bürste Essigessenz auftragen. Gut ausspülen. Ansonsten mit Salzsäurelösung (siehe unten) versuchen.

Auf Teppichen

- **Standardbehandlung** Gründlich Staub saugen oder gut ausschütteln. Wenn das nicht hilft, unparfümierten Talkumpuder auftragen, dann absaugen. Stelle nicht abbürsten, da sich der Fleck sonst ausbreitet. Große Rußflecken chemisch reinigen lassen.

Auf Mauerwerk

- **Hartnäckige Flecken** Hartnäckige Rußflecken auf Mauerwerk mit milder Spülmittellauge behandeln, dann mit klarem Wasser abschrubben. Starke Rußflecken mit konzentrierter Haushaltsbleichmittellösung entfernen, danach gut abwaschen.

Vorsicht!

Bei Salzsäurelösung handelt es sich um eine Lösung aus Hydrochlorsäure und Wasser, die giftig und stark ätzend ist. Tragen Sie beim Umgang mit Salzsäure immer Gummihandschuhe und eine Schutzbrille.

SONSTIGE FLECKEN

Die meisten Flecken können Sie mit den zuvor beschriebenen Methoden entfernen. Bei Flecken fragwürdiger Herkunft wenden Sie die Behandlung für diejenige Fleckensorte an, die der vorliegenden am nächsten kommt – testen Sie sie zuerst an einer versteckten Stelle (siehe auch „Undefinierbare Flecken“ auf S. 78).

FLECK	BEHANDLUNG	FLECK	BEHANDLUNG
AUFBÜGEL-MUSTER	Mit Brennspiritus abtupfen, dann wie gewohnt waschen.	KOPIERTINTE	Flecken mit unverdünntem Spülmittel abtupfen.
BABYNAHRUNG	Wie Milch (siehe S. 85), noch möglichst frisch behandeln.	OBST	Fleck ausspülen. Wie Obstsaft (siehe S. 84) behandeln.
CHUTNEY	Siehe Marmelade und Eingemachtes (S. 82).	SAHNE	Wie Öl- und Fettflecken (siehe S. 80) behandeln.
COLA	Aufsaugen, dann wie Obstsaft (siehe S. 84) behandeln.	SCHELLACK	Schnell handeln. Mit Brennspiritus abtupfen.
DRUCKER-SCHWÄRZE	Mit Brennspiritus abreiben, dann gut ausspülen.	SIRUP	Siehe Marmelade und Eingemachtes (S. 82).
HAARÖL	Holz (z. B. am Bett) mit Terpentin abreiben.	SOJASAUCE	Wie Tomatensauce (S. 82) behandeln – möglichst sofort.
HITZEFLECKEN	Siehe Brandflecken (S. 97) und Flecken auf Holz (S. 116).	SORBET	Reste entfernen, dann wie Obstsaft (S. 84) behandeln.
JOGHURT	Reste entfernen. Wie Milchflecken (S. 85) behandeln.	SUPPE	Aufsaugen, dann wie Fettflecken (S. 80) behandeln.
KOHLE	Abbürsten. Kleidungsstücke in warmem Wasser waschen.	TOMATEN	Aufsaugen, ausspülen. Siehe Tomatensauce (S. 82).
KOHLEPAPIER	Mit Brennspiritus oder Fleckenspray entfernen.	TONER	Abstauben, dann in warmem Wasser waschen.

FLECKEN AUF VERSCHIEDENEN OBERFLÄCHEN

AUF HOLZ

- **Unbehandeltes Holz** Flecken darauf sind fast nicht zu entfernen. Betreffende Stelle so weit wie möglich bleichen, dann mit Waschlauge auswaschen. Oberfläche lackieren, um künftige Flecken zu vermeiden.
- **Lackiertes Holz** Siehe S. 116: Behandlung von Flecken auf Möbeln; auch Seiten 59/60 zur Behandlung von Holzböden.

AUF HAUT UND HAAR

- **Farbflecken** Farbe von Haut oder Haaren mit Terpentin oder Pflanzenöl entfernen. Beim Streichen Mütze oder Tuch zum Schutz der Haare tragen.
- **Tintenflecken** Von der Haut mit einer in Essig und Salz eingetauchten Nagelbürste entfernen.
- **Sonstige Flecken** Färbemittel und Klebstoff mit purem Zitronensaft von der Haut entfernen.

AUF ANDEREN FLÄCHEN

- **Papier** Fettflecken mit Löschpapier und warmem Bügeleisen aufsaugen.
- **Glas** Fettflecken auf Glas mit Essigessenz entfernen.
- **Leder und Wildleder** Siehe S. 91 zur Entfernung von Kugelschreiberflecken; siehe S. 97 zur Behandlung von Wasserflecken; siehe S. 126 zur Pflege von Leder und Wildleder.

Kleider- und Wäschepflege

Übersicht

Behandeln Sie Kleidungsstücke sowie Tisch- und Bettwäsche mit Sorgfalt - so verlängert sich deren Lebensdauer. Nutzen Sie insbesondere die verschiedenen Programme moderner Waschmaschinen, was beispielsweise Waschtemperatur und Schleuderdrehzahl angeht. Bei schweren Wäschestücken wie Decken oder Teppichen empfiehlt sich der Gang in einen Waschsalon, dort stehen entsprechende Geräte zur Verfügung.

Waschmittel und Waschzusätze

Bei stärkeren Verschmutzungen können Sie folgende Zusätze für die Wäschepflege verwenden.

- **Weichspüler** Als Alternative zu üblichen Produkten dem letzten Spülgang 2 EL Essig zufügen.
- **Stärke** Dieser Zusatz hält Baumwollhemden und Tischwäsche in Form (siehe S. 107).
- **Bleichmittel** Zum Waschen von Weißwäsche geeignet und stets verdünnt anzuwenden.
- **Kompaktwaschmittel** Enzymhaltiges, hoch konzentriertes Waschmittel.
- **Seifenflocken oder Mittel für die Handwäsche** Eignen sich für empfindliche Kleidungsstücke.
- **Borax** Entfernt Flecken zuverlässig. Ebenso nützlich sind handelsübliche Vorwaschsprays oder Fleckenroller.

Weichspüler

Flüssigwaschmittel

Sprühstärke

Bleichmittel

Waschpulver

Kompaktwaschmittel

Seifenflocken

Borax

Internationale Wasch- und Pflegesymbole

Die Pflegesymbole werden in fünf Kategorien aufgeteilt. Ein mit „X“ durchgestrichenes Symbol bedeutet, dass die jeweilige Pflege nicht angewandt werden sollte. Viele Waschmittelpakete enthalten eine Liste der Symbole und ihrer Bedeutungen.

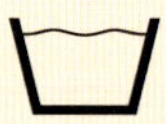

Waschen

Bleichen

Bügeln

Chemisch reinigen

Trocknen im Wäschetrockner

Pflegehinweise

Beachten und befolgen Sie stets die Hinweise auf dem Pflegeetikett am Kleidungsstück (z. B. „Handwäsche"). Maßgeschneiderte Garderobe, Kleidung mit speziellen Verzierungen oder Applikationen sowie Mischgewebe sollten Sie vorsichtshalber in die Reinigung geben.

Textilart	Waschempfehlung	Trocknen und Bügeln
Acetatseide Empfindliche Faser. Kein Kompaktwaschmittel verwenden.	Maschinen- oder Handwäsche bei niedriger Temperatur. Nicht wringen oder hoch schleudern.	Nicht im Wäschetrockner, sondern an der Luft trocknen und feucht bügeln, falls nötig.
Acryl Nimmt Schweißgeruch stark an, darum häufig waschen.	In der Regel ist Maschinenwäsche bei niedrigen Temperaturen möglich.	In Form ziehen, Wasser nach dem Waschen entziehen (S. 104). Flach oder hängend trocknen.
Baumwolle Mischfasern der empfindlichsten Faser entsprechend waschen.	Warm bis heiß in der Maschine waschen. Nach Weiß- und Buntwäsche sortieren.	Im Wäschetrockner trocknen oder aufhängen. Möglichst noch feucht bügeln.
Brokat Darauf achten, dass Bordüren nicht flach gedrückt werden.	Kalt von Hand waschen oder reinigen lassen gemäß Pflegehinweis. Nicht wringen.	Auf links bügeln, dabei die Bordüre über ein Handtuch legen (siehe S. 109).
Jeansstoff Widerstandsfähig, neigt jedoch zum Schrumpfen und Abfärben.	Auf links und mehrmals separat waschen, bis kein Abfärben mehr möglich ist (S. 103).	Im Wäschetrockner oder auf der Leine trocknen. Noch sehr feucht heiß bügeln.
Kaschmir Edle Faser, die sorgfältiger Pflege bedarf.	Handwäsche in kaltem Wasser in Seifenflockenlauge. Gut ausspülen. Nicht wringen.	An der Luft flach trocknen. Im feuchten Zustand auf links und mäßig warm bügeln.
Kordsamt Sehr widerstandsfähig, trotzdem vorsichtig waschen.	Auf links waschen. Hand- oder Maschinenwäsche gemäß Pflegehinweis.	Feucht auf links bügeln, dann das Gewebe mit einem weichen Tuch glätten.
Leder und Wildleder Überraschenderweise waschbar, aber Pflegehinweise beachten.	Nach der Handwäsche mit Spezialspray nachbehandeln, damit keine Flecken entstehen.	Wildleder mit einem Stück Wildleder abreiben oder mit einer Wildlederbürste abbürsten.
Leinen Robustes Gewebe, das auch hohe Temperaturen verträgt.	Maschinenwäsche gemäß Pflegeetikett. Buntwäsche auf Farbechtheit prüfen (S. 104).	Noch feucht bügeln. Stärkezugabe mildert die Neigung zum Knittern (nicht bei Bettwäsche).
Seide Empfindliche Faser, die behutsamer Pflege bedarf.	Handwäsche in lauwarmem Wasser oder im Schonwaschgang in der Maschine.	An der Luft trocknen lassen und noch feucht bügeln. Verwenden Sie ein Bügeltuch als Schutz.
Spitze Hochempfindliche Faser. Vorsichtig waschen und trocknen.	Schonend von Hand waschen, Flecken vorbehandeln. Kein Bleichmittel verwenden.	Auf einem weißen Handtuch flach trocknen. Über einem weißen Tuch bügeln, falls nötig.
Wolle Gerät leicht aus der Form. Vorsichtig waschen und trocknen.	Maschinenwäsche im Wollwaschgang oder Handwäsche gemäß Pflegehinweis.	Am besten flach liegend und nicht im Wäschetrockner trocknen lassen.

WÄSCHE WASCHEN

Werfen Sie vor dem Waschen stets einen Blick auf das Pflegeetikett, um sicherzugehen, dass Sie das richtige Waschprogramm wählen. Stark verschmutzte Kleidung sollte vor dem Waschen eingeweicht oder vorbehandelt werden. Hartnäckigen Flecken rückt man spätestens vor dem Waschen zu Leibe.

Wäsche einweichen

Intensives Einweichen löst starke Verschmutzungen und erleichtert daher die Wäsche. Bei Flecken auf Eiweißbasis hat sich Kompaktwaschmittel bewährt. Weichen Sie die Wäsche großzügig ein, sodass die Teile ganz mit der Lauge bedeckt sind.

DUNKLE FARBEN

- **Schwarze Kleidung** Zur schonenden Reinigung verwenden Sie ein spezielles Waschmittel für Schwarzes und Dunkles. Es verhindert, dass dunkle Farben grau und farblos wirken. Bereits verblasste Stücke in warmem Wasser mit einem Schuss Essigessenz einweichen.
- **Abfärben** Dunkle oder bunte Wäscheteile so lange separat waschen, bis Sie sicher sind, dass sie nicht mehr abfärben (siehe S. 103, Buntwäsche waschen). Behandeln Sie verfärbte Kleidungsstücke mit einem Entfärbungsmittel aus der Drogerie.

JEANSSTOFFE

Neue Jeans
Weichen Sie eine nicht vorgewaschene Jeans eine halbe Stunde in einer Lösung aus 4 EL Essig und 5 l Wasser ein. Dann färbt sie beim Waschen nicht ab.

HELLE FARBEN

Farben schonen
Damit Buntes nicht vorzeitig verblasst, die Wäsche vor dem ersten Waschen in kaltem Salzwasser (eine Hand voll auf einen Eimer Wasser) einweichen.

SO WIRD VERFÄRBTE WÄSCHE WIEDER STRAHLEND WEISS

Weiße Baumwollsocken
Zitrone ist ein natürliches Bleichmittel. Weiße Socken werden wieder strahlend weiß, wenn Sie sie in Wasser mit ein paar Zitronenscheiben einweichen. Oder Sie waschen sie mit einem Maschinen-Geschirrspülmittel.

- **Baumwolle und Leinen** Wäsche 15 Minuten in einer Lösung aus 1 EL Haushaltsbleiche auf 10 l kaltes Wasser einweichen. Gut ausspülen und wie gewohnt waschen.
- **Wolle** Vergilbte Wollkleidung über Nacht in einer Lösung aus Wasserstoffperoxid und kaltem Wasser (1:8) einweichen. Ausspülen und gemäß Pflegeetikett waschen.
- **Nylon** Eine Lauge aus 6 EL Maschinen-Geschirrspülmittel und 3 EL Haushaltsbleiche auf 5 l sehr heißem Wasser herstellen. Die Mischung abkühlen lassen, dann die Nylonteile mindestens 30 Minuten einweichen.

BLEICHMITTEL

Bleichmittel grundsätzlich nur verdünnt und entsprechend den Angaben des Herstellers anwenden, sonst schadet es dem Stoff. Im Zweifelsfall können Sie auch selbst eine Standard-Bleichlösung herstellen: Ein Eierbecher voll Bleiche auf einen Eimer Wasser geben.

Waschmaschine

Sortieren Sie die Waschladungen nach Farben und Pflegehinweisen und vermeiden Sie eine Unterfüllung der Trommel. Halten Sie sich auch bei der Waschmitteldosierung genau an die Angaben des Herstellers – mehr macht Ihre Wäsche nicht sauberer und belastet die Umwelt.

Waschsymbole

Das Waschbottichsymbol enthält Angaben zur Temperatur und zum Schleudern.

Die Hand im Bottich bedeutet, dass Handwäsche empfohlen wird.

Die Zahl gibt die Wassertemperatur an (darf nicht überschritten werden).

Die Balken bedeuten eine mildere Behandlung (Spezialschonwaschgang).

Buntwäsche

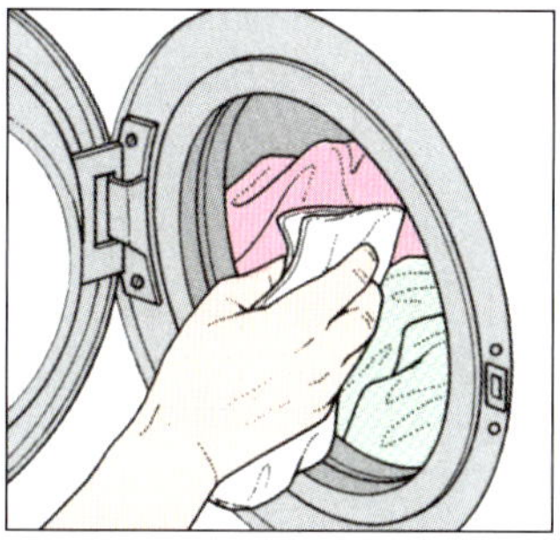

Farbechtheit prüfen
Legen Sie ein weißes Tuch mit in die Maschine. Es fängt eventuell auslaufende Farbe auf. Bleibt es weiß, ist dies ein Beweis, dass das Stück nicht länger separat gewaschen werden muss.

Grundlegendes

- **Maschine reinigen** Auch Ihre Waschmaschine braucht Pflege: Füllen Sie ein wenig Essig in die Dosierkammer und lassen Sie die Maschine leer bei hoher Temperatur durchlaufen. Das befreit die Trommel von Ablagerungen.
- **Waschmitteldosierung** Für ein optimales Waschergebnis dosieren Sie entsprechend den Hinweisen des Herstellers, gemäß der Verschmutzung und des Wasserhärtegrads.
- **Waschzeit** Weißwäsche vergilbt, wenn sie zu lang und zu heiß gewaschen wird, Naturfasern können eingehen.

Wäsche sortieren

Schließen Sie Reißverschlüsse und knöpfen Sie Hemden, Blusen usw. vor dem Waschen zu. Andernfalls besteht die Gefahr, dass sich die Wäsche verformt und sich Kleidung nach dem Schleudern nicht mehr symmetrisch schließen lässt. Waschen Sie Weißwäsche stets separat.

Kleidung zum Waschen vorbereiten

- **Taschen** Leeren Sie alle Taschen, bevor Sie die Kleidung in die Maschine geben – Papiertaschentücher lösen sich auf und Stifte laufen aus.

Socken am Bund zusammenheften.

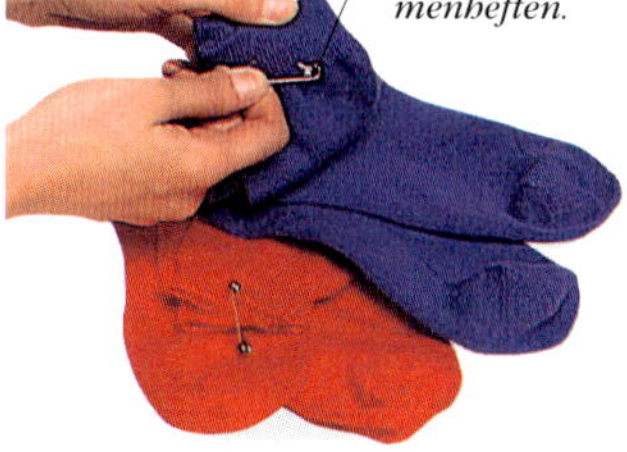

Paare zusammenhalten
Mit Sicherheitsnadeln können Sie Sockenpaare zusammenstecken. Die Sicherheitsnadeln am besten auch beim Trocknen (im Trockner oder auf der Leine) befestigt lassen.

Die Teile in farblich passende Kissenhülle füllen.

Feinwäsche schützen
Kleine oder empfindliche Wäschestücke wie Strumpfhosen und Schals vor dem Waschen in eine Kissenhülle füllen. So wird verhindert, dass die Stücke Fäden ziehen oder sich verhaken.

GELD SPAREN

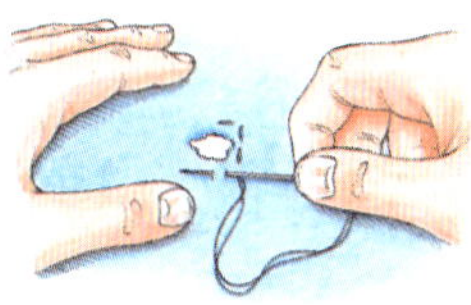

Ein Nadelstich ...
Löcher und Risse in der Kleidung vor dem Waschen stopfen – durch das Umherwirbeln in der Trommel werden sie womöglich größer oder gar irreparabel. Locker sitzende Knöpfe werden vor dem Waschen festgenäht, damit sie nicht verloren gehen. Nicht waschbare Knöpfe müssen abgetrennt werden.

SONDERFÄLLE

Nehmen Sie sich jede Woche etwas Zeit zur Pflege besonders empfindlicher Wäschestücke, die meist nicht in die Waschmaschine oder den Trockner gegeben werden dürfen. Bettdecken, Kissen und Bettwäsche sollten Sie darüber hinaus regelmäßig lüften.

Handwäsche

Waschen Sie Wolle, Feinwäsche und nicht farbechte Wäschestücke stets von Hand. Verwenden Sie für die Handwäsche warmes Wasser; wenn Sie Seifenflocken zugeben, lösen Sie diese gut auf, bevor Sie die Wäsche einweichen. Beim Ausspülen nicht mit dem Wasser sparen.

PROBE AUF FARBECHTHEIT

Bügeltest
Dämpfen Sie eine Stoffstelle zwischen zwei weißen Tüchern. Überträgt sich die Farbe auf die Tücher, ist das Wäschestück nicht farbecht.

EMPFINDLICHE FASERN

- **Spitze** Übertragen Sie das Muster von Spitzenwäsche auf eine Schablone. Verformt sich die Spitze einmal, können Sie sie während des Trocknens in Form ziehen.
- **Seide** Zwei Stück Zucker im Spülwasser verleihen dem Gewebe Fülle; etwas Lanolin frischt Seidenstoffe auf.

TRICKS BEIM SPÜLEN

- **Seifenreste** Seife spülen Sie aus, indem Sie dem letzten Spülgang 1 EL Essig beifügen.
- **Frostschutz** Dem letzten Spülgang etwas Salz zufügen, dann friert die Wäsche im Winter auf der Leine nicht steif.

ZEIT SPAREN

Zu viel Seifenschaum
Übermäßige Schaumbildung bei der Handwäsche lässt sich durch Bestreuen mit Talkumpuder reduzieren. So müssen Sie kein Wasser ablassen, um klares nachzufüllen.

CHEMISCHE REINIGUNG

Alle Fasern, die kein Wasser vertragen, müssen chemisch gereinigt werden – in der Reinigung oder zu Hause im Trockner mit einem speziellen Pflegemittel. Wenn Sie die folgenden Tipps beachten, brauchen Sie vielleicht eine Vollreinigung weniger.

- **Ausgehkleidung** Flecken umgehend behandeln. Beanspruchte Kragen und Manschetten wenn nötig mit Reinigungsspray besprühen.
- **Lüften** Kleidung vor dem Weghängen gut lüften und hin und wieder mit einem Fasererfrischer besprühen. Möglichst nicht an 2 Tagen hintereinander tragen.

WOLLWÄSCHE

Wollsachen trocknen
Manche Wollsachen vertragen Schleudern in der Maschine nicht. Nach der Handwäsche in ein sauberes Handtuch wickeln, um überschüssiges Wasser aufzusaugen, dann flach trocknen.

KLEIDUNG AUFFRISCHEN

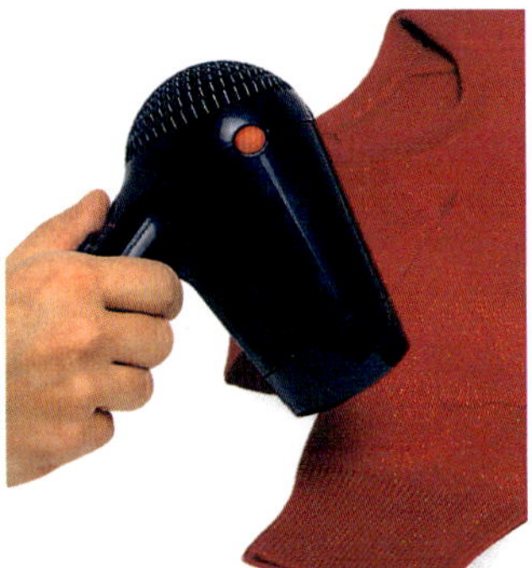

Ausgeleierte Bündchen
Ärmel in heißes Wasser tauchen, dann mit einem Föhn auf hitzebeständiger Unterlage trocknen. Für eine langfristige Lösung zwei bis drei Reihen elastisches Band um die Ärmel nähen.

Bett- und Tischwäsche

Handtücher und Bettwäsche müssen oft gewaschen werden. Bettdecken und Kissen dagegen nur, wenn es unbedingt erforderlich ist. Im Normalfall reicht es, sie regelmäßig zu lüften. Drehen Sie Kissen und Bettdecken täglich um, so wird die Wäsche gleichmäßig beansprucht.

Kissen waschen

- **Handwäsche** Waschen Sie Kissen in einer Seifenflockenlauge. Gut durchkneten und gründlich ausspülen.

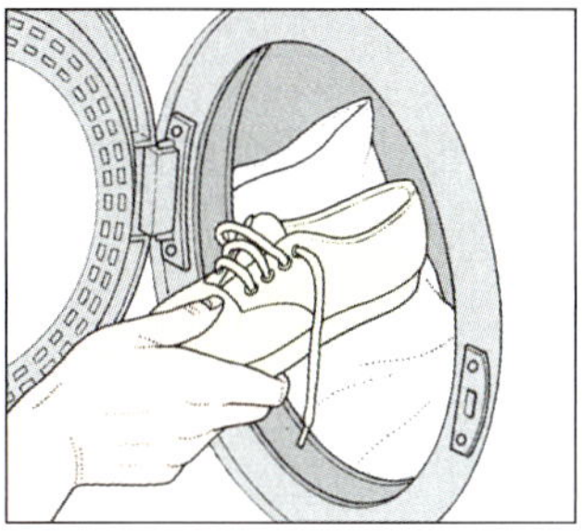

Kissen trocknen

Vor dem Schleudern überschüssiges Wasser abpumpen. Einen sauberen Tennisschuh mit in die Waschtrommel legen, um die Ladung auszubalancieren.

Pflege von Hand- und Geschirrtüchern

- **Allgemeines** Handtücher und Waschlappen regelmäßig wechseln und bei 60° C in der Maschine waschen.

Seifige Waschlappen

Vor der Wäsche in der Maschine häufig gebrauchte Waschlappen in eine Mischung aus 1 EL Essig oder Zitronensaft und 500 ml Wasser einweichen.

- **Farben auffrischen** Ein Weichspüler spült Waschmittelreste aus und frischt verblasste Farben auf.
- **Kampf den Bakterien** Geschirrtücher regelmäßig wechseln und so heiß wie möglich waschen und bügeln.
- **Im Freien trocknen** Geben Sie den Handtüchern etwas Weichspüler mit in den letzten Spülgang, damit sie vom Wind nicht zu knittrig werden.
- **Farbbrillanz erhalten** Dunkles nicht direkt in der Sonne trocknen.
- **Rotationsprinzip** Verwenden Sie alle Ihre Handtücher – wenn Sie immer dieselben benutzen und waschen, nutzen sich diese viel schneller ab.

Bettdecken waschen

- **Chemische Reinigung** Bettdecken sind zu schwer für die Waschmaschine und zu groß für die Handwäsche. Zum Waschen in den Waschsalon oder in die Reinigung bringen.

Aufbewahrung und Pflege von Bettlaken

- **Waschen** Bettlaken gemäß Pflegehinweis waschen. Mischfasern sind bügelfrei – nach dem Trocknen einfach zusammenlegen. Naturfasern sehen gebügelt besser aus.
- **Aufbewahrung** Frisch gewaschene Bettwäsche oder Laken an die unterste Stelle des Stapels im Wäscheschrank legen. So werden alle Garnituren gleich oft benutzt.

Entfernen von Schmutzrändern

Weichen Sie die Wäsche vor dem Waschen in Kompaktwaschmittel ein oder wenden Sie eine der Methoden zur Fleckenentfernung (siehe S. 76–99) an - sonst setzt sich der Schmutz möglicherweise fest.

- **Kragen und Manschetten** Zur Entfernung von Schmutzrändern, folgen Sie der rechts beschriebenen Methode. Alternativ können Sie etwas Haarshampoo auftragen. Mit Stärke oder Bügelspray besprüht, werden diese Stellen nicht mehr so schnell schmutzig.

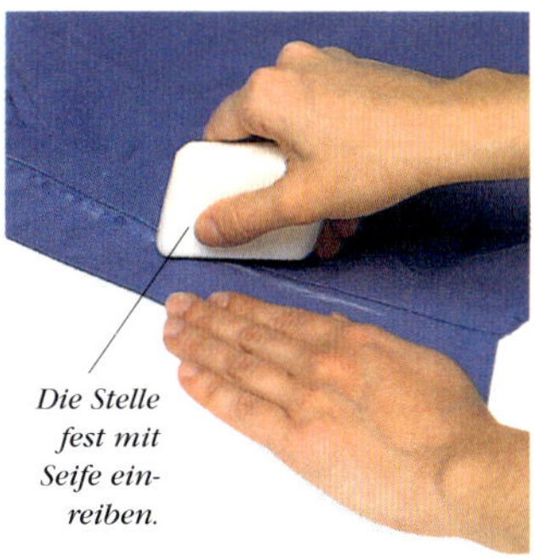

Die Stelle fest mit Seife einreiben.

1 Schmutzrand oder Fleck mit einem Stück feuchter Seife so einreiben, dass der ganze Fleck bedeckt ist.

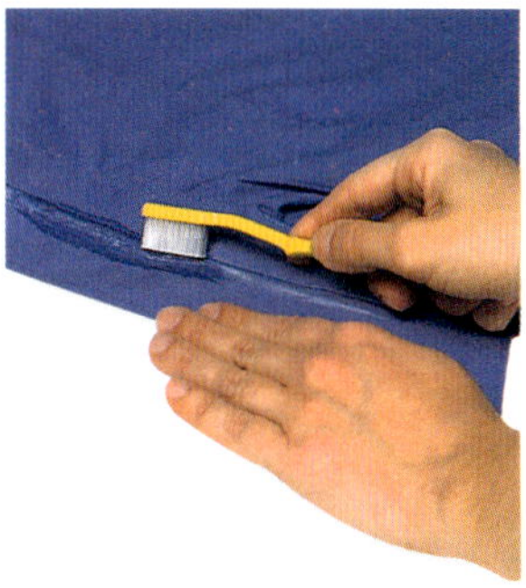

2 Mit einer nassen Zahnbürste Seife schaumig reiben. Die Stelle in warmem Wasser gut ausspülen, dann waschen.

WÄSCHE TROCKNEN

Wenn Sie Ihre Wäsche richtig trocknen, sparen Sie sich Bügelarbeit: Beim Aufhängen sollte man darauf achten, dass Nähte und Falten richtig liegen. Blusen und Hemden werden am besten auf Bügeln getrocknet. Geschirrtücher danken es beim Bügeln, wenn man sie einzeln aufhängt.

Auf der Wäscheleine

Trocknen Sie Ihre Wäsche, wann immer es das Wetter erlaubt, im Freien – damit tun Sie nicht nur der Umwelt, sondern auch Ihrer Wäsche etwas Gutes. Das Trocknen im Wäschetrockner greift das Gewebe an. Sonnenlicht ist außerdem ein natürliches Bleichmittel für Weißwäsche.

TROCKENSYMBOLE

Die Varianten der Quadratzeichen beziehen sich auf die jeweilige Trocknerbehandlung.

Trocknen im Wäschetrockner möglich.

Trocknen mit reduzierter thermischer Belastung.

Trocknen mit normaler thermischer Belastung.

Trocknen im Wäschetrockner nicht möglich.

PROBLEME VERMEIDEN

- **Verblassende Farben** Buntwäsche auf links drehen und im Schatten aufhängen, da die Farben in der Sonne bleichen.

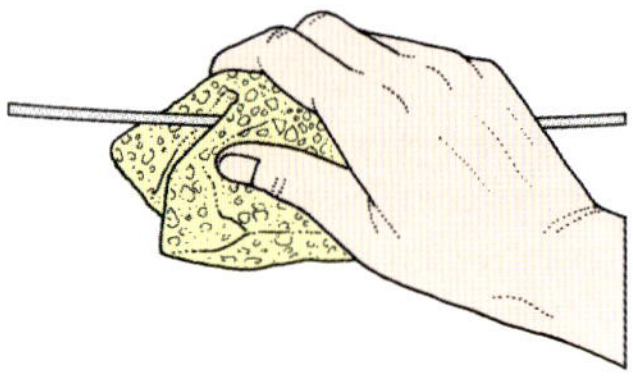

Wäscheleine säubern
Auf der Wäscheleine sammelt sich Schmutz an. Leine oder Stäbe eines Trockengestells von Zeit zu Zeit mit einem feuchten Schwamm oder Tuch abwischen.

PULLIS TROCKNEN

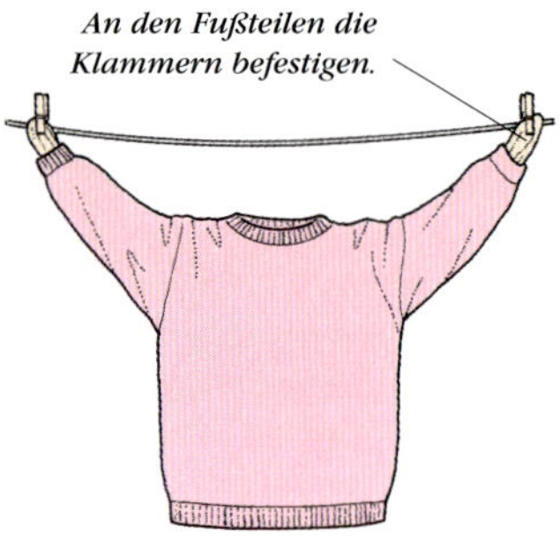

In Form halten
Damit Ihre Pullover beim Hängen nicht ausleiern, ziehen Sie eine alte Strumpfhose durch die Ärmel, an der dann die Wäscheklammern befestigt werden.

STRUMPFHOSEN & SOCKEN

- **Schutz** Wäscheklammern an den (meist verstärkten) Fußteilen befestigen – so kann der Wind die Strumpfhosen nicht so leicht herumwirbeln.

Socken trocknen
Sparen Sie Platz auf der Wäscheleine, indem Sie Socken auf einem Kleiderbügel aufhängen. So sind sie auch schnell abgehängt.

BESONDERE TIPPS

- **Gürtel** Druckstellen von Wäscheklammern auf Gürteln lassen sich vermeiden, indem Sie den Gürtel um die Leine legen und dann schließen.
- **Faltenröcke** Am Rockbund auf die Leine hängen und eine Wäscheklammer am Saum jeder Falte befestigen.

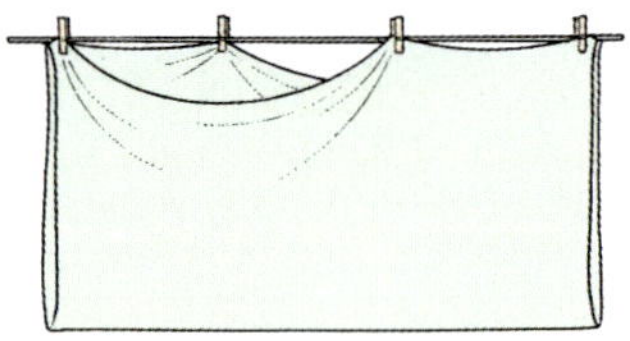

Laken schnell trocknen
An beiden Enden festklammern, dann nach einem Drittel auf jede Seite eine Wäscheklammer stecken, sodass eine Tasche entsteht.

GELD SPAREN

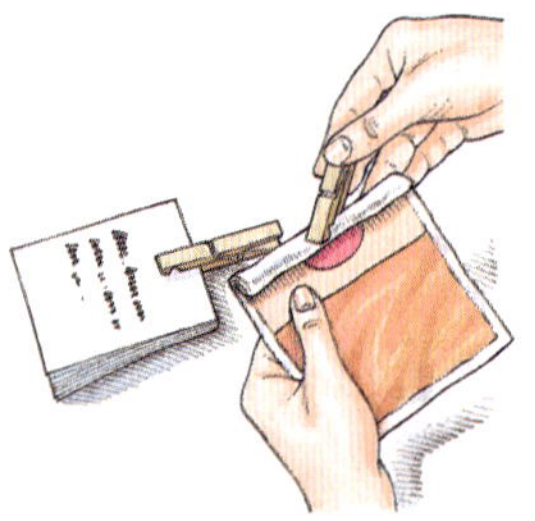

Vielseitige Klammern
Herkömmliche Wäscheklammern eignen sich zum Verschließen von geöffneten Lebensmittelpackungen oder zum Befestigen von Notizen ebenso gut wie eigens dafür hergestellte Klammern.

Im Wäschetrockner

Kleidungsstücke trocknen schneller, wenn sie in der Trommel frei herumwirbeln können. Füllen Sie daher immer nur die halbe Beladung der Waschmaschine in den Trockner. Wählen Sie ein Programm, bei dem die Wäsche etwas feucht bleibt, dann fällt das Bügeln leichter.

Richtiges Trocknen

- **Knitterschutz** Nehmen Sie die Wäsche möglichst bald nach Ablauf des Programms heraus. Wenn Sie sie glatt streichen und zusammenlegen, fällt das Bügeln leichter.
- **Zeit sparen** Bestimmte Gewebe brauchen kaum oder gar nicht gebügelt zu werden, wenn sie im Trockner waren – vor allem Polyester- und Baumwollmischfasern. Dann muss die Wäsche aber sofort aus dem Trockner genommen und zusammengelegt werden.
- **Lüften** Einige Wäschetrockner haben ein Programm zum Lüften – es ist sinnvoll, wenn Sie ein Stück rasch brauchen.

„Anti-Knitter-Tuch"

Bügelfreie Frottierwäsche
Für alle, die sich das Bügeln von Handtüchern ganz ersparen oder deutlich erleichtern möchten: Tränken Sie einen Waschlappen in einer Lösung aus Weichspüler und Wasser, wringen Sie ihn gut aus und geben Sie ihn dann mit der Wäsche in den Trockner.

Flach trocknen

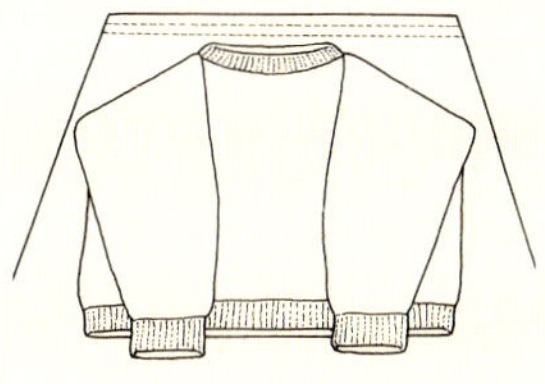

Kleidungsstücke aus empfindlichen Fasern sollten flach getrocknet werden. Das Wäscheteil in ein Handtuch wickeln, damit überschüssige Feuchtigkeit aufgesaugt wird, dann in Form ziehen und auf einem trockenen Handtuch trocknen lassen. Farbige Textilien nicht in direktes Sonnenlicht legen.

Lüften und stärken

Große Wäscheteile werden am besten über parallel gespannten Wäscheleinen gelüftet, denn so ist das Gewicht gleichmäßig verteilt und die Luft kann von allen Seiten daran vorbeiströmen. Lüften Sie auch Kissen und Decken an einer straff gespannten Wäscheleine.

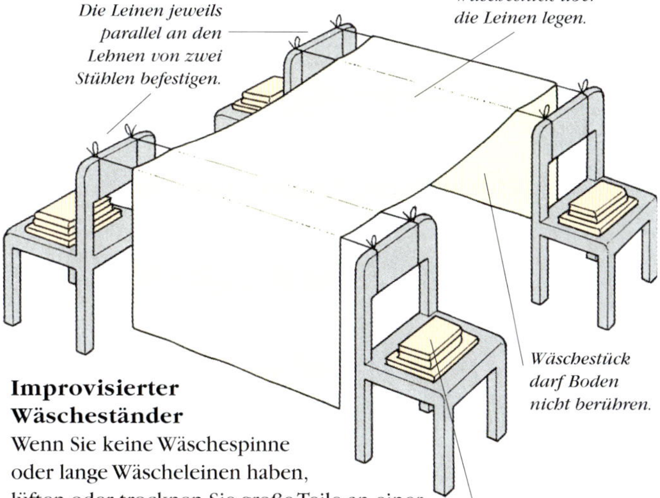

Improvisierter Wäscheständer
Wenn Sie keine Wäschespinne oder lange Wäscheleinen haben, lüften oder trocknen Sie große Teile an einer zwischen Stühlen parallel gespannten Schnur. So wird das Wäschestück von allen Seiten belüftet, außerdem entstehen keine Falten oder Druckstellen von Klammern.

Sprühstärke

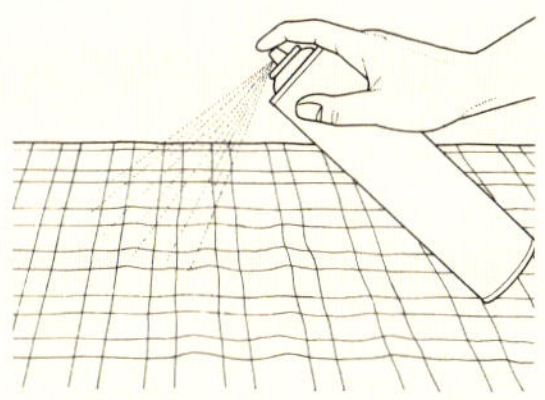

Stärke macht Textilien steif und Schmutz abweisend. In schwacher Stärkelösung ausgespülte Geschirrtücher fusseln nicht. Tragen Sie Stärke stets auf die Außenseite eines Stoffes auf, und zwar auf das getrocknete Wäschestück bzw. kurz vor dem Bügeln. Sprühstärke ist einfacher im Gebrauch als Stärkeflüssigkeit, allerdings ist sie nicht ganz so ergiebig.

WÄSCHE BÜGELN

Sortieren Sie die Wäsche nach der empfohlenen Bügeltemperatur. Beginnen Sie mit den Textilien, die nur eine niedrige Temperatur vertragen und bügeln Sie dann mit höheren Temperaturen weiter. Ein Dampfbügeleisen spart Zeit, bedarf aber auch etwas Pflege. Das Bügeln fällt leichter, wenn die Wäsche noch etwas feucht ist.

Grundlegende Techniken

Bügeln Sie in gleichmäßigen, sanften Bewegungen so lange, bis das Wäschestück trocken ist. Frisch gebügelte Wäsche knittert leicht, hängen Sie sie daher unmittelbar nach dem Bügeln vorsichtig auf einen Bügel oder legen Sie sie zusammen – aber nicht nur über den Stuhl legen.

BÜGELSYMBOLE

Es gibt vier Bügelsymbole: Heiß, Mäßig heiß, Warm und Nicht Bügeln.

Heiß bügeln.

Mäßig heiß bügeln.

Nur warm bügeln.

Nicht bügeln.

AUSRÜSTUNG

- **Sicherheit** Netzkabel regelmäßig untersuchen, da es versehentlich unter die Bügelsohle geraten und beschädigt werden kann.
- **Dampfbügeleisen** Wassertank nach jedem Gebrauch leeren, damit sich keine Kalkablagerungen bilden. Mit handelsüblichem Entkalker oder Essig entkalken.
- **Bügelbrett** Damit beim Bügeln Ihr Rücken nicht zu sehr belastet wird, sollten Sie sich ein höhenverstellbares Bügelbrett anschaffen. Den Bezug mit Stärke behandeln.

UMWELTTIPP

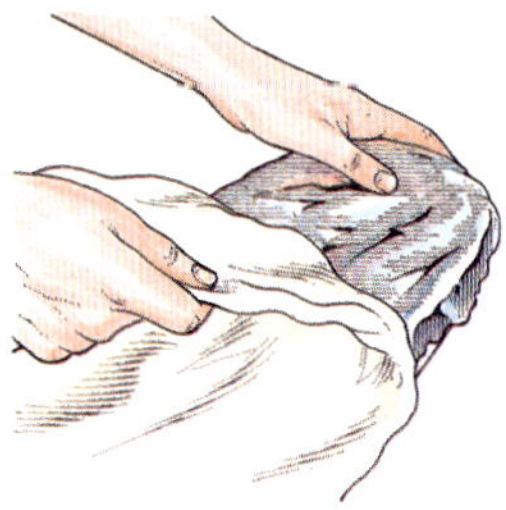

Energie sparend bügeln
Legen Sie Aluminiumfolie unter den Bezug, so wird die Hitze reflektiert.

EINFACH, ABER EFFIZIENT BÜGELN

- **Verschlüsse** Nicht über Reißverschlüsse und Knöpfe bügeln. Metall könnte das Bügeleisen beschädigen und Knöpfe könnten schmelzen.
- **Säume und Nähte** Bügelspuren lassen sich vermeiden, indem Sie das Wäschestück von links und nur bis kurz vor Saum bzw. Naht bügeln.

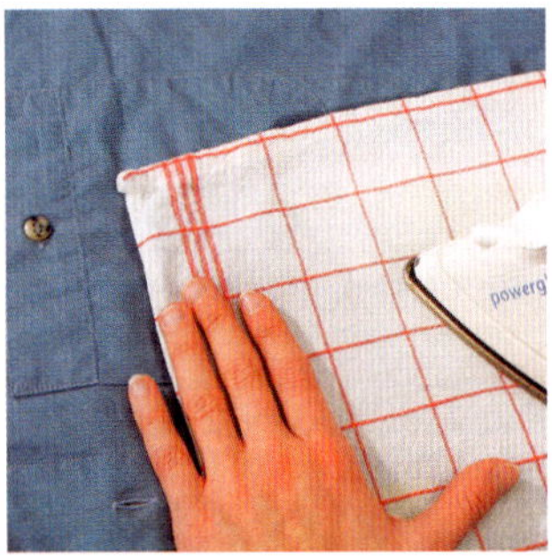

Empfindliche Fasern
Empfindliche Fasern mithilfe eines sauberen Tuches bügeln, damit das Gewebe durch die Hitze nicht beschädigt wird.

Kragen bügeln
Kragen auf beiden Seiten bügeln, die Innenseite zuerst. Bügeln Sie vom Rand nach innen, damit sich keine Falten bilden.

BÜGELEISEN REINIGEN

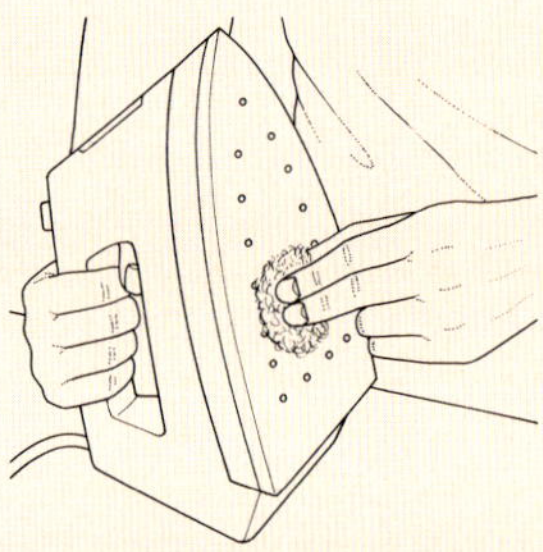

Vor dem Reinigen den Netzstecker ziehen. Nicht kunststoffbeschichtete Bügelsohlen mit Zahnpasta und weichem Tuch reinigen. Hartnäckige Flecken mit feinster Stahlwolle abreiben. Kunststoffbeschichtete Bügelsohlen mit in warmer Waschmittellauge oder Spiritus getränktem Schwamm reinigen.

Besondere Bügelwäsche

Bei einigen Textilien ist beim Bügeln besondere Vorsicht geboten: Azetate, Triazetate und einige Polyesterarten in feuchtem Zustand von links bügeln, Acrylfasern in trockenem Zustand von links bügeln, Kordsamt und Krepp mithilfe eines feuchten Tuches von links bügeln.

Bett- und Tischwäsche

- **Zeit sparen** Große Teile wie Laken oder Tischtücher auf die Hälfte falten und auf einer Seite bügeln. Nochmals einschlagen und die anderen beiden Seiten bügeln. Diese Methode ist auch für Geschirrtücher, Servietten und Taschentücher geeignet.
- **Bügelhilfe** Damit Laken und andere große Wäschestücke nicht auf den Boden hängen, die gebügelte Hälfte über eine Stuhllehne legen. Holzstühle mit Handtuch abdecken.

Faltenröcke

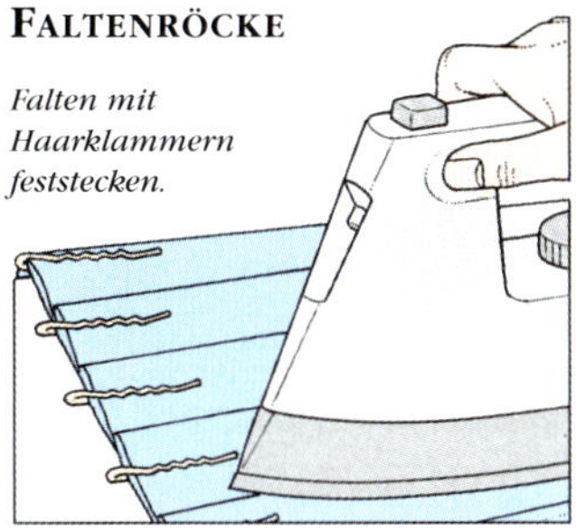

Falten in Form halten
Die Falten am Saum mit Haarklammern sichern und dann bügeln. Haarklammern entfernen und Saumstück bügeln.

Schwere Stoffe

Glanzstellen vermeiden
Woll- oder Reyonwäsche mithilfe eines feuchten Tuches bügeln – so nehmen die Fasern keinen Bügelglanz an.

Kleine und ausgefallene Wäschestücke bügeln

- **Applikationen** Verzierungen, die nur eine niedrigere Bügeltemperatur zulassen als der Rest des Gewebes, immer zuerst bügeln.
- **Haarbänder** Band um einen Metallkessel legen, in dem kurz vorher Wasser gekocht wurde; das Band ein paarmal hin- und herziehen.

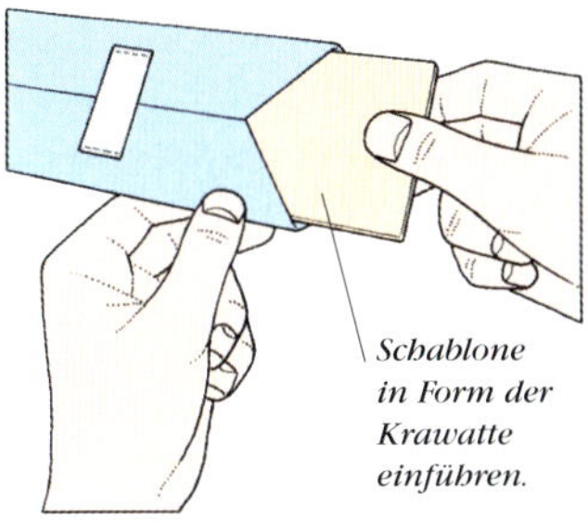

Bügelfalten vermeiden
Vor dem Bügeln eine Schablone in die Krawatte schieben, damit die Naht nicht auf die Vorderseite durchdrückt.

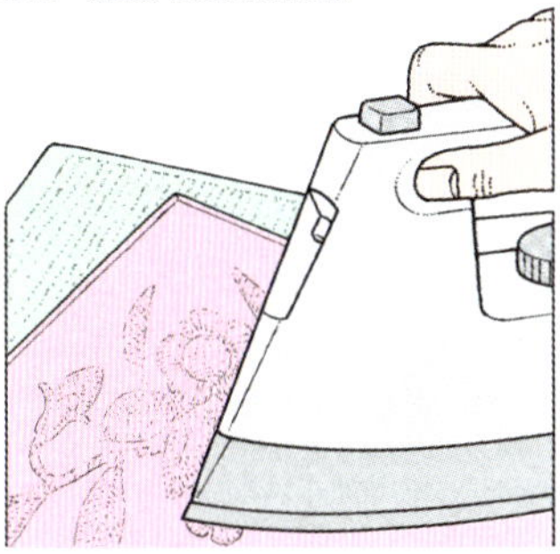

Bügeln von Stickereien
Mit der richtigen Seite nach unten auf ein Handtuch legen und von links bügeln. So wird die Stickerei nicht flach gedrückt.

Wäsche befeuchten

Hatten Sie keine Zeit, Ihre Wäsche im noch feuchten Zustand zu bügeln, besprühen Sie die Wäsche vor dem Bügeln mit einem Zerstäuber. Nehmen Sie dazu lauwarmes Wasser. Sie können die Wäsche auch zusammen mit einem feuchten Handtuch in den Wäschetrockner legen und ihn kalt laufen lassen.

Alternativen zum Bügeln

- **Wäschetrockner** Synthetikfasern (Baumwoll- und Polyestermischfasern) sofort aus dem Trockner nehmen. Die Wäschestücke noch heiß auf einen Kleiderbügel hängen; Falten verschwinden während des Abkühlens.
- **Bügelfreie Wäsche** Kragen, Nähte und Falten zurechtziehen, solange sie noch feucht sind. So bleiben sie in Form.
- **Samt und Seide** Hängen Sie die Stücke in ein mit Dampf gefülltes Badezimmer – der Wasserdampf glättet Falten.
- **Glätten ohne Bügeleisen** Haben Sie kein Bügeleisen zur Hand, legen Sie das Wäschestück über Nacht unter die Matratze. Durch Körperwärme und -gewicht wird das Wäschestück glatt. Bundfalten vorab mit feuchtem Handtuch anfeuchten.

KLEIDERPFLEGE

Je sorgfältiger Sie Ihre Kleidung pflegen, desto länger haben Sie Freude daran. Bürsten Sie ein Kleidungsstück nach jedem Tragen aus, entfernen Sie Flecken und untersuchen Sie das Stück auf schadhafte Stellen. Kleidung und Schuhe möglichst nicht an zwei aufeinander folgenden Tagen tragen.

Probleme vermeiden

Wer kennt das nicht? Lose Knöpfe, klemmende Reißverschlüsse und hässliche Laufmaschen in Feinstrumpfhosen sind altbekannte Probleme. Wenn ein Reißverschluss klemmt, sollte man ihn vorsichtig hin- und herbewegen und dabei gleichzeitig den eingeklemmten Stoff lösen.

Knöpfe sichern

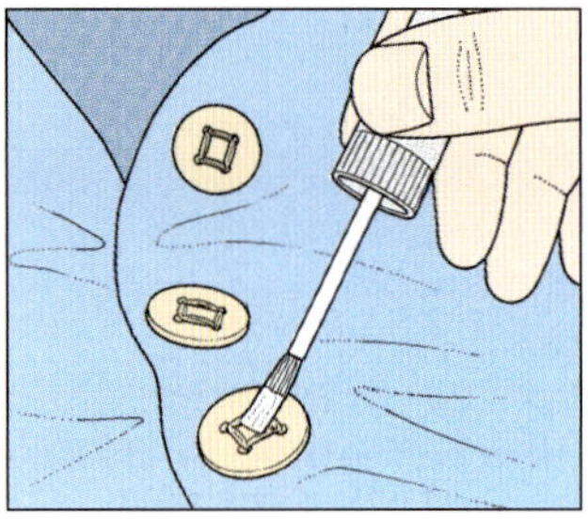

Mit Nagellack fixieren
Knöpfe werden nicht so schnell locker, wenn Sie die Fäden mit klarem Nagellack bestreichen. Knöpfe an Kinderkleidung mit Nylonfaden festnähen.

Reissverschlüsse lockern

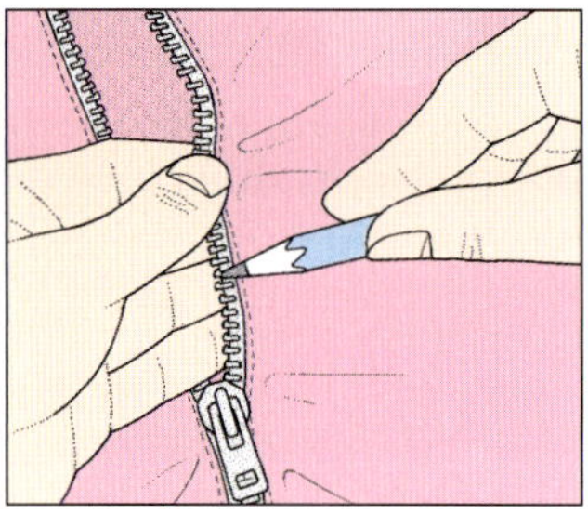

Mit Grafit bestreichen
Mit einem Bleistift über den Reißverschluss streichen – durch das Grafit gleitet er besser. Klemmende Reißverschlüsse immer behutsam lockern.

Strumpfhosen

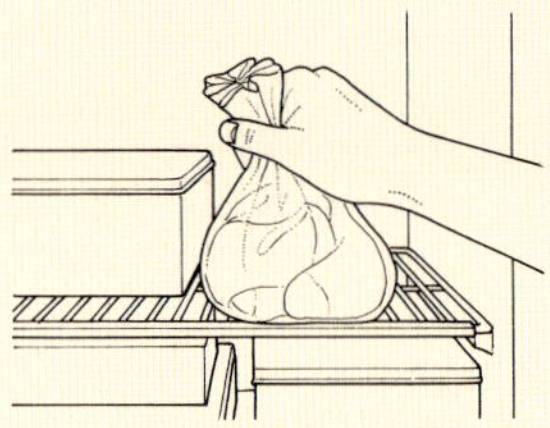

Neue Strumpfhosen halten länger, wenn Sie sie anfeuchten und in einer Plastiktüte einige Stunden ins Kühlfach legen. Klarer Nagellack oder Haarspray gebietet Laufmaschen rasch Einhalt.

Kleinere Reparaturen

Vorbeugen ist besser als heilen – das gilt auch für Kleidungsstücke: Bessern Sie kleine Dinge sofort aus, dann verlängert sich die Lebensdauer der guten Stücke erheblich. Insbesondere Löcher und Flecken sollten Sie auf jeden Fall vor dem Waschen behandeln.

Schmutzränder

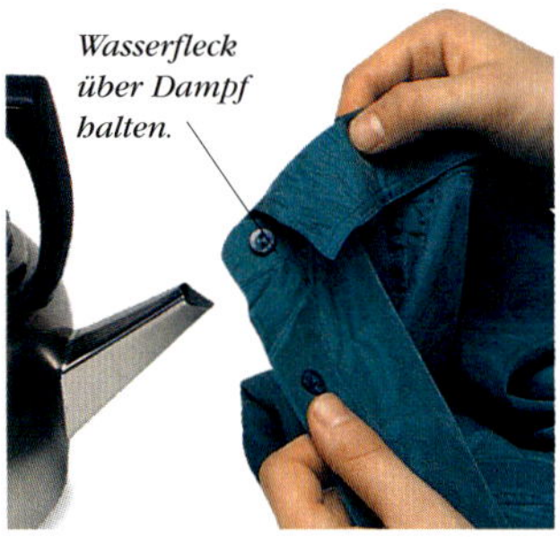

Wasserfleck über Dampf halten.

Flecken dämpfen
Das Behandeln einzelner Flecken hinterlässt oft Wasserränder. Die betreffende Stelle so lange über Wasserdampf halten, bis der Rand verschwindet.

Glänzende Stellen

Salmiakgeist hilft
An Knien oder Ellbogen nutzt sich Kleidung stärker ab. Glänzende Stellen mit einer Lösung aus 250 ml Wasser und 1 EL Salmiakgeist einreiben.

Weiterverwertung

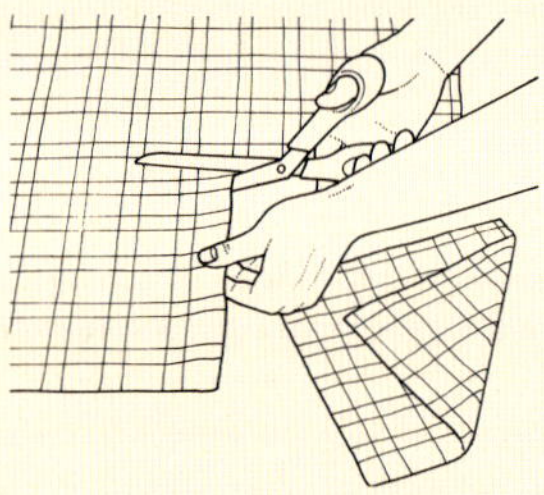

Aus einem Tischtuch können Sie Servietten, aus Bettbezügen Kissenhüllen nähen. Flanelllaken, eventuell eingefärbt, sind das ideale Material für Kindernachthemden und hübsche Puppenkleider.

Tipps & Tricks

Richtiges Aufbewahren und Aufhängen trägt erheblich dazu bei, dass Ihre Kleidung länger gut aussieht. Lüften Sie Ihre Kleider nach jedem Tragen. Fussel oder Tierhaare entfernen Sie mit einem Stück Klebeband, das Sie um den Finger wickeln, oder mit einem feuchten Schwamm.

Richtig zusammenlegen

● **In Schubladen** Kleidung, die in Schubladen verwahrt wird, legt man der Breite nach zusammen. Auf diese Weise bilden sich weniger Falten.

Platz im Kleiderschrank schaffen

● **Platz sparen** Duschvorhanghaken an der Kleiderstange befestigen, Gürtel und Taschen daran aufhängen. Socken in einem Netz aufbewahren.

● **Kleinteile** Unterwäsche, Strumpfhosen etc. können Sie in kleinen Körben, die Sie auf den Schrankboden stellen, ordentlich unterbringen.

Tücher aufbewahren

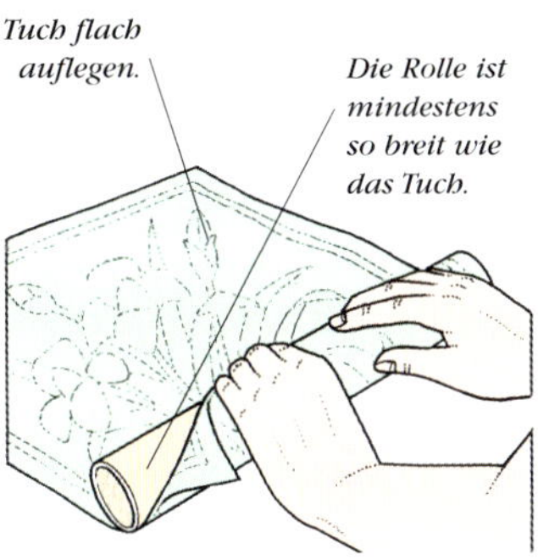

Über Rollen wickeln
Seidentücher über die leeren Rollen von Küchenpapier oder Frischhaltefolie wickeln. So knittern sie nicht, wenn sie in Schubladen aufbewahrt werden.

Lange Kleider

Laschen zum Aufhängen
Damit lange Kleider nicht aufstoßen, nähen Sie auf der Innenseite in Hüfthöhe Laschen ein. Daran das gewendete Kleid an einem Bügel aufhängen.

GUTE IDEE!

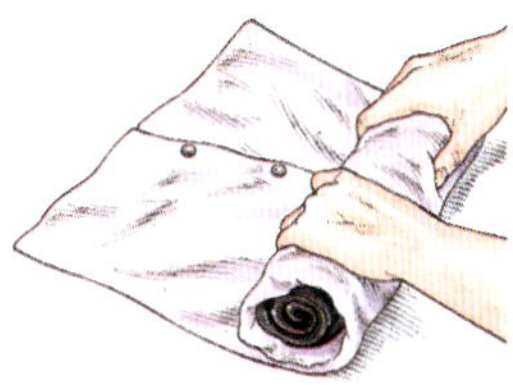

Röcke verwahren
Haben Sie im Schrank keinen Platz zum Aufhängen Ihrer Röcke, wickeln Sie diese um eine Plastiktüte, damit keine Falten entstehen, und legen sie in eine Schublade.

Kleiderbügel optimieren

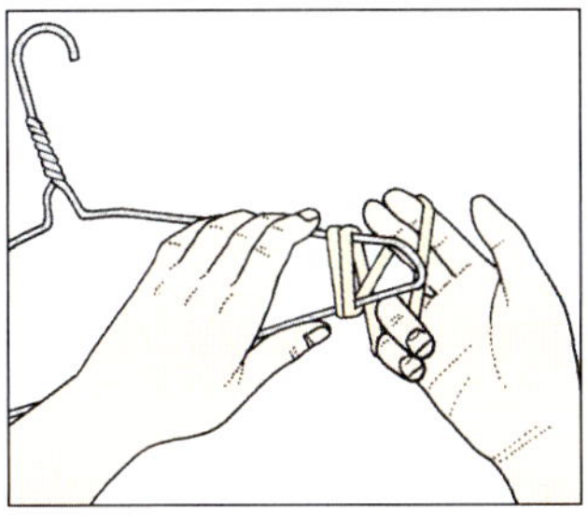

Rutschfeste Bügel
Kleidung kann nicht mehr vom Drahtkleiderbügel rutschen, wenn Sie zwei oder drei Gummibänder um die Enden wickeln.

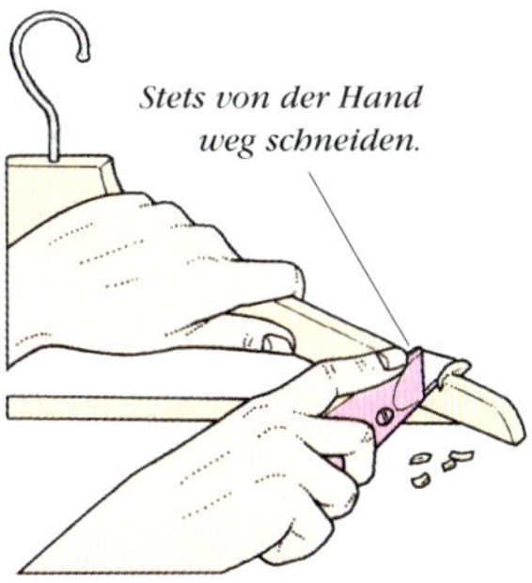

Bügel für Röcke
An den Enden eines Holzkleiderbügels v-förmige Kerben mit einem Handwerksmesser einritzen und Röcke daran aufhängen.

Accessoires

Qualitativ hochwertige Accessoires niemals wegwerfen – sie nehmen kaum Platz weg und könnten wieder in Mode kommen.

● **Hüte** In großen, mit Klebeband versiegelten Kunststofftaschen aufbewahren.
● **Lederhandschuhe** Flecken auf hellen Handschuhen lassen sich oft mit dem Radiergummi entfernen. Mit mildem Shampoo waschen und feucht über die Hände ziehen – so bleiben sie in Form.
● **Knöpfe** Vor dem Entsorgen von Kleidung alle Knöpfe abschneiden. Einzelne Sets in kleinen Plastikbeuteln aufbewahren, so behalten Sie den Überblick über Ihren Vorrat.

Leder- und Pelzpflege

● **Wildleder** Fäden und Fussel durch Abreiben mit einem Stück Samt entfernen. Das funktioniert auch bei dunkler Kleidung.

● **Pelz** Wenn Sie Pelze tragen, stets ein Tuch um den Hals legen, damit kein Make-up auf den Kragen abfärbt. Kein Parfüm auftragen.

Aufbewahrung

In überfüllten Kleiderschränken kann Wäsche nicht richtig atmen und knittert darüber hinaus stärker. Bewahren Sie Kleidung, die Sie längere Zeit nicht tragen, woanders auf, beispielsweise an einem Garderobenständer, den Sie im Gästezimmer unterbringen.

Feuchtigkeit bekämpfen

● **Mit Holzkohle** In den Deckel einer Dose Löcher stanzen, Holzkohlestückchen einfüllen und in den Schrank stellen.

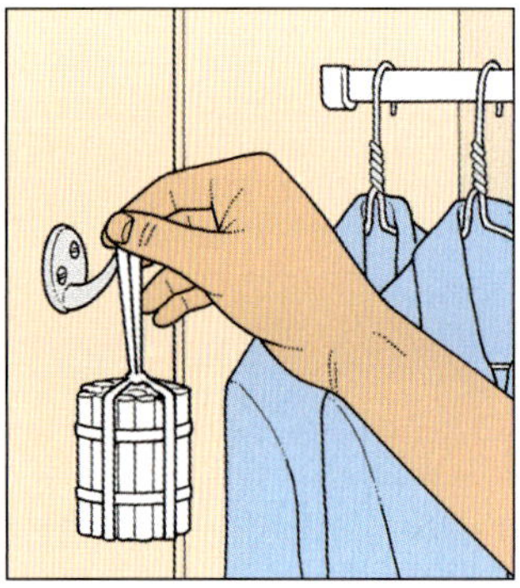

Mit Kreide
Zwölf Kreidestücke zusammenbinden und in den Schrank hängen. Die Kreide nimmt Feuchtigkeit aus der Luft auf.

Bettwäsche verwahren

● **Vergilbungen vermeiden** Bettwäsche und Laken getrennt von anderen Wäschestücken aufbewahren.

Duftende Bettwäsche
Legen Sie ein Stück Seife in den Wäscheschrank - die Bettwäsche nimmt den Duft an und die Seife wird härter und haltbarer.

Reisegepäck

Wenn Sie Ihr Reisegepäck vorbereiten, packen Sie Make-up und Kosmetikfläschchen stets in gut verschnürte Plastiktüten. Verteilen Sie Kleidungsstücke aller Familienmitglieder in verschiedenen Taschen, so muss niemand ganz ohne Kleidung auskommen, falls Reisegepäck verloren geht.

● **Platz sparen** Kleinere Stücke wie Unterwäsche und Socken in Schuhe legen und diese in Plastiktüten einpacken, die später für Schmutzwäsche geeignet sind.

● **Koffer lagern** Legen Sie nach der Rückreise zwei Stück Zucker in die leeren Koffer, das neutralisiert mögliche Gerüche.

Kampf den Motten

Staub und Schweißgeruch locken Motten an, daher sollten Sie Wäschestücke lüften und reinigen, bevor Sie diese in den Schrank zurücklegen. Schränke und Schubladen mindestens einmal im Jahr reinigen. Schubladen nicht mit Tapeten auslegen, das zieht Motten an.

Natürlicher Mottenschutz

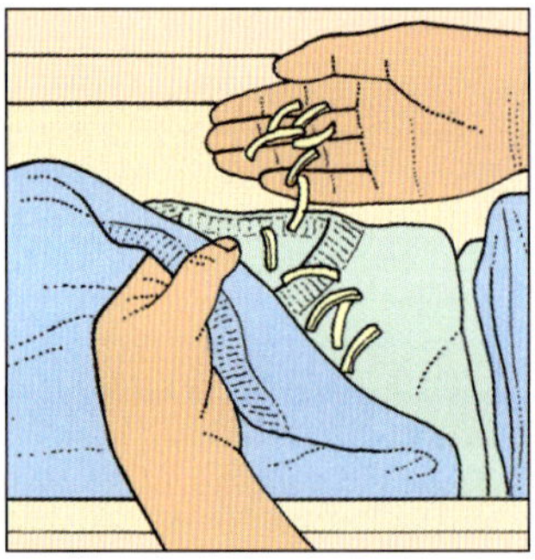

Zitronen und Nelken
Getrocknete Zitronenschale zwischen Wäsche und Schuhe in Schrankfächer und Schubladen streuen. Stecken Sie in Manteltaschen und zwischen Wollpullis Gewürznelken.

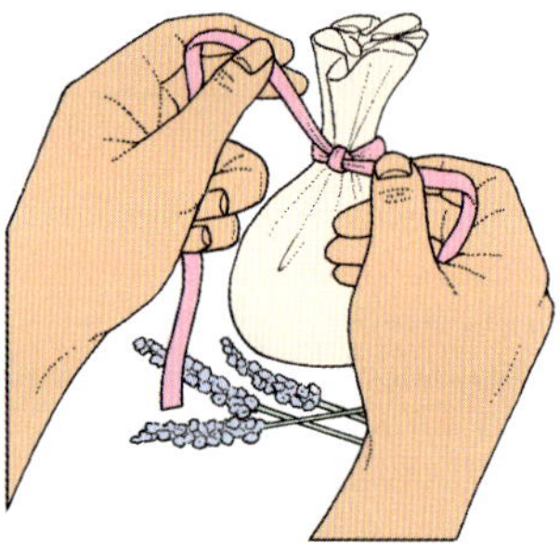

Lavendelsäckchen
Eine Hand voll Lavendel in ein viereckiges Stück Tuch füllen, zu einem Beutel zusammenbinden und in Schubladen und Kommoden legen. Sie sind Mottenschutz und Duftkissen zugleich.

Wirksamer Schutz

● **Hitze** Sollten sich Motten in Ihrer Bettwäsche eingenistet haben, hängen Sie die betroffenen Teile in direktes Sonnenlicht, dadurch werden die Motteneier abgetötet.

● **Mottenschutzlösung** Bettdecken vor längerer Lagerzeit mit folgender Mixtur behandeln: 3 EL Eukalyptusöl, 225 ml Spiritus und 225 g Seifenflocken mischen und gut schütteln. 1 EL der Mixtur auf 4,5 l warmes Wasser geben, die Decke darin einweichen und mehrmals hin und her bewegen. Nicht ausspülen. Schleudern, dann im Freien trocknen.

SCHUHPFLEGE

Schuhe sind ein wichtiger und teurer Bestandteil jeder Garderobe. Halten Sie Ihre Schuhe daher stets sauber, untersuchen Sie sie auf Mängel und lassen Sie bereits kleinste Beschädigungen reparieren. Schuhe sollten nach jedem Tragen gelüftet und mit Schuhspannern in Form gehalten werden.

Schuhe putzen

Sorgfältige Pflege lässt Lederschuhe länger schön aussehen. Man trägt das Pflegemittel auf, lässt es über Nacht einwirken und poliert die Schuhe am Morgen. Ist keine Schuhcreme zur Hand, geht auch Bohnerwachs. Weiße Leinenschuhe sollten hin und wieder gestärkt werden.

Lackleder

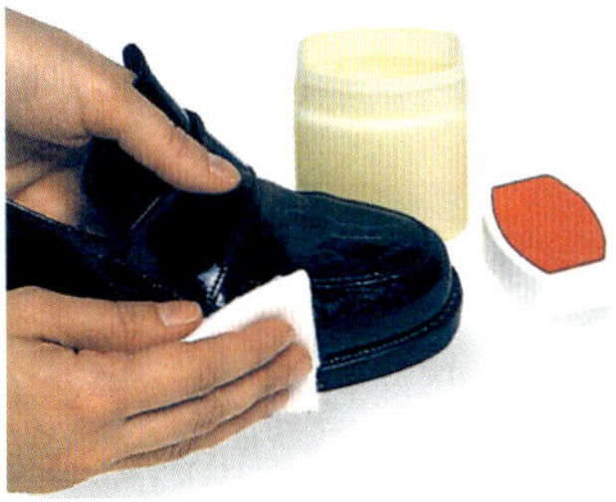

Schuhe glänzend polieren
Vaseline macht Lackschuhe glänzend und das Leder wird nicht spröde. Die Schuhe mit einem Tuch einreiben und gut polieren.

Wildleder

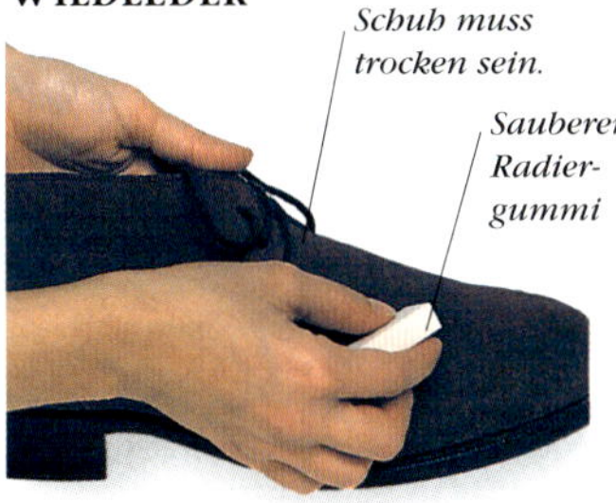

Flecken wegradieren
Oberfläche mit einem Radiergummi von Schmutz befreien. Fettspuren mit speziellem Fleckenentferner behandeln.

Leinen

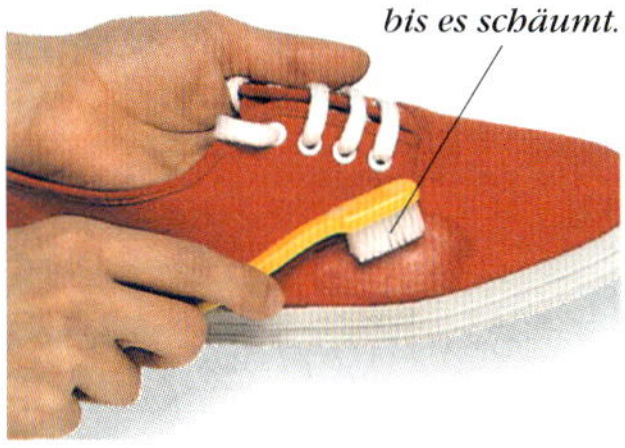

Mit Teppichschaum
Leinenschuhe mit einer Zahnbürste und Teppichschaum reinigen. Neue Leinenschuhe mit Textilpflegemittel behandeln.

Tipps & Tricks

Cremen Sie neue Ledersohlen zum Schutz mit Rizinus- oder Leinöl ein. Schuhe und Stiefel nicht in direktem Sonnenlicht aufbewahren (vor allem Gummistiefel, die leicht brüchig werden). Abgewetzte Stellen mit einem Filz- oder Wachsstift im passenden Farbton auffrischen.

In Form halten

Nasse Schuhe und Stiefel mit Zeitungspapier ausstopfen. Drückende Schuhe lassen sich mit nassem Zeitungspapier dehnen. Schuhspanner für Stiefel können Sie auch selbst herstellen: einfach dicke Rollen aus Zeitungspapier in den Schaft stopfen.

Häufige Probleme

- **Starke Verschmutzung** Schuhe gut trocknen lassen, dann den Dreck mit stumpfem Messer oder Holzstück abkratzen, Flecken mit feuchtem Tuch abwischen. Dann mit Zeitungspapier oder Schuhspanner in Form halten. Nach dem Trocknen polieren.
- **Polituersatz** Im Notfall eignet sich Möbelpolitur in einem passenden Farbton gut zum Polieren von Lederschuhen.
- **Absätze** Neue Schuhabsätze mit klarem Nagellack bestreichen – wirkt Schmutz abweisend und ist der ideale Schutz für Korkabsätze.

UMWELTTIPP

Deo für Schuhe
Streuen Sie großzügig Talkum in Geruch verströmende Schuhe - über Nacht einwirken lassen und vor dem Anziehen gut ausschütteln.

Pflege und kleine Reparaturen

Übersicht

Einige Gegenstände und Oberflächen bedürfen besonderer Aufmerksamkeit und Pflege. Nehmen Sie Reparaturen von Schäden aller Art so schnell wie möglich in Angriff; wenn Sie eine notwendige Arbeit zu lang aufschieben, kann sich der Schaden vergrößern oder abgebrochene Teilstücke könnten gar verloren gehen. Stellen Sie sich ein Reparaturset mit Werkzeug und bestimmten Mitteln zusammen, die für kleinere Arbeiten in Ihrem Haus nützlich sind.

Grundausstattung

Außer Putz- und Reinigungsmitteln (S. 54, 55) sollten Sie sich auch Dinge zusammenstellen, die Sie für spezielle Pflege- und Reparaturarbeiten brauchen. Eine Auswahl an Klebstoffen, Sandpapier und Bürsten ist ebenso nützlich wie verschiedene Lösungs- und Politurmittel.

- **Pinsel und Stahlwolle** Saubere, weiche Pinsel, alte, sterilisierte Zahnbürsten und Stahlwolle zum Auftragen bzw. Entfernen von Substanzen.
- **Schleifpapier** Einen Vorrat verschiedener Stärken bereithalten.
- **Klebstoffe** Stets den für das Material geeigneten Klebstoff verwenden und entsprechende Lösungsmittel bereithalten. Siehe auch S. 95 zur Entfernung von Klebstoffresten.
- **Lösungsmittel** Salmiakgeist, Alkohol oder Spiritus eignen sich für diverse Reinigungsarbeiten. Diese Substanzen für Kinder unzugänglich aufbewahren. Bei der Arbeit mit Salmiakgeist Handschuhe tragen.
- **Öl und Politur** Leinöl ist als Allzweckmittel für Holz- und Lederpflege geeignet. Metallpolitur reinigt Metalle und entfernt Kratzer von Glas und Acryl.

Schleifpapier

Klebstoffe

Sterilisierte Zahnbürsten

Weicher Pinsel

Stahlwolle

Leinöl

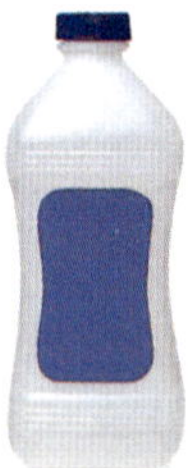

Alkohol

Spiritus

Salmiakgeist

Metallpolitur

HOLZ

In fast allen Haushalten gibt es das eine oder andere Möbelstück aus Holz, wobei die Oberflächen ganz unterschiedlich behandelt sein können. Obwohl Holz an sich ein robustes Material ist, trägt es doch leicht Schäden davon. Polituren schützen Holzoberflächen, bilden mit der Zeit aber auch Rückstände.

Pflege von Holz

Die Holzarten unterscheiden sich in Festigkeit und Farbe. Zu trockene Luft oder starke Sonnenbestrahlung schadet aber jedem Holz. Stellen Sie daher Holzmöbel nicht in die Sonne. Pflanzen und im Raum verteilte Wasserbehälter sorgen für höhere Luftfeuchtigkeit.

Teak

Beim Arbeiten mit Stahlwolle Handschuhe anziehen.

Schutz für Teakmöbel
Regelmäßig abstauben. Ein- bis zweimal im Jahr mit Teaköl oder -paste behandeln. Mit feinster Stahlwolle auftragen und weichem Tuch gut einarbeiten.

Eiche

Politur mit weichem Pinsel auftragen.

Selbst gemachte Politur
Eiche mit einer Mischung aus 600 ml Bier, etwas geschmolzenem Bienenwachs und 2 TL Zucker polieren. Nach dem Trocknen mit Ledertuch polieren.

Holzarten und Pflege

- **Mahagoni** Verfärbungen auf Mahagoniholz entfernen Sie durch Auftragen einer Mischung aus je 1 EL Leinöl und Terpentin in 1 l Wasser. Gut einreiben und polieren.
- **Ebenholz** Vaseline auftragen, etwa eine halbe Stunde einwirken lassen und abreiben.
- **Sonstige Holzarten** Pinien-, Buchen-, Ulmen- und Walnussholz regelmäßig abstauben. Von Zeit zu Zeit mit einer Wachspolitur blank reiben. Eichenholz gelegentlich mit warmem Essigwasser abwischen und nachpolieren.

Bienenwachspolitur

Pflegen Sie antike Möbel mit natürlicher Bienenwachspolitur; Silikonpolitur verleiht Antiquitäten einen unnatürlichen Glanz und ist schwer zu entfernen. Stellen Sie die Bienenwachspolitur mit dem nachfolgenden Rezept selbst her. Wird die Politur zu fest, stellen Sie das Glas in warmes Wasser.

Grobe Seite der Reibe nehmen.

1 50 g natürliches Bienenwachs grob reiben. Festes Wachs eventuell in der Mikrowelle bei niedriger Temperatur ein paar Sekunden erwärmen.

2 Geriebenes Bienenwachs in ein Glas mit Schraubverschluss füllen. 150 ml Terpentin (keinen Terpentinersatz!) zufügen und den Deckel lose auflegen.

Heißes, nicht kochendes Wasser eingießen.

Deckel lose aufgelegt

3 Das Glas in eine Schüssel stellen und heißes Wasser zugießen. Das Glas sanft schütteln, bis aus der Mischung eine Paste wird. Abkühlen lassen.

Flecken von Holz entfernen

Holzoberflächen sind hitzeempfindlich und auch der eine oder andere Kratzer kommt leicht zustande. Verwenden Sie stets Untersetzer und wischen Sie ausgelaufene Flüssigkeiten sofort auf. Scharfkantige Ziergegenstände unterlegen Sie beispielsweise mit Filz.

FLECKENART	ANMERKUNG	BEHANDLUNG
ALKOHOLFLECKEN	Alkohol beschädigt polierte Holzoberflächen und hinterlässt weiße Spuren. Flüssigkeiten sofort aufwischen und das Holz so bald wie möglich behandeln.	Die betroffene Stelle gut mit Politur einreiben. Wenn das nicht hilft, Metallpoliturpaste entlang der Holzmaserung mit einem weichen Tuch auftragen.
LEICHTE BRANDFLECKEN	Können von Massivholz in der Regel entfernt werden. Auf furniertem Holz müssen Sie die verbrannte Stelle eventuell ausschneiden und durch ein neues Furnier ersetzen.	Raue Holzoberflächen zuerst abkratzen und schmirgeln. Dann den Fleck mit Metallpolitur einreiben. Nasses Löschpapier darauf legen, mit Frischhaltefolie abdecken und über Nacht einwirken lassen.
STARKE BRANDFLECKEN	Bedürfen einer intensiveren Behandlung. Versuchen Sie nicht, teure Möbelstücke selbst zu reparieren – sie sollten von einem Fachmann behandelt werden.	Verbranntes Holz mit scharfem Messer abkratzen. Mit passendem Holzkitt ausfüllen. Nach dem Trocknen abschleifen, dann mit einer farblich passenden Künstlerfarbe übermalen.
HITZEFLECKEN	Wenn Sie heißes Geschirr auf eine Holzoberfläche stellen, verursacht dies eventuell weiße Verfärbungen – daher stets Untersetzer verwenden.	Metallreinigungspaste entlang der Holzmaserung einreiben oder eine Schicht Pflanzenöl und Salz auftragen. Ein paar Stunden einwirken lassen, dann mit Politur nachbehandeln.
KERBEN	So schnell wie möglich behandeln, denn eingekerbtes Furnierholz bricht leicht. In dem Fall müssen Sie das beschädigte Stück ausschneiden und durch ein neues ersetzen.	Warmes Wasser in die Kerbe gießen und einwirken lassen, bis das Holz aufquillt, oder die Kerbe mit feuchtem Löschpapier abdecken und mit einem warmen Bügeleisen bearbeiten.
KRATZER	Mit einem farblich passenden, speziellen Abdeckstift gegen Kratzer kitten. Als Alternative die rechts beschriebene Methode versuchen.	Mit Bienenwachspolitur und ein wenig Leinöl intensiv über den Kratzer reiben. Alternativ einen farblich passenden Wachsmalstift oder Schuhpolitur verwenden.
WASSERFLECKEN	Wasser verursacht Flecken auf Holz, unlackiertes Holz quillt auf. Daher sofort aufwischen und die Oberfläche vor der Weiterbehandlung trocknen lassen.	Mit Metallpoliturpaste entlang der Holzmaserung einreiben oder ein wenig Zigarettenasche mit Vaseline mischen und auf die betreffende Stelle auftragen.
FETTFLECKEN	Wenn es nicht sofort entfernt wird, hinterlässt Fett dunkle Flecken auf dem Holz. Überschüssiges Fett sofort mit Küchenpapier oder einem Geschirrtuch aufsaugen.	Das Fett mit unverdünntem Essig auflösen, dann einen Lappen mit einer Lösung aus Essig und warmem Wasser (1:1) befeuchten und die Oberfläche damit abwischen.

Holzmöbel

Modernes Holzmobiliar ist nicht immer massiv, sondern oft furniert. Kleinere Reparaturen wie klemmende Schubladen oder wackelnde Tisch- und Stuhlbeine sind in der Regel einfach und schnell auszuführen. Größere Reparaturen sollten Sie einem Fachmann überlassen.

Schnelle Abhilfe

- **Politur auffrischen** Eine Mischung aus je 2 EL Terpentin, weißem Essig und Spiritus mit 1 EL Leinöl herstellen. Gut schütteln und mit einem Tuch auftragen.
- **Überschüssige Politur** Mit Essig und Wasser entfernen. So werden auch Fingerabdrücke beseitigt.
- **Preisschilder** Auf Holz klebendes Papier mit Babyöl anfeuchten, kurz einwirken lassen und das Papier abziehen.
- **Rohrstühle** Durchhängende Sitze mit heißem Wasser tränken und in der Sonne trocknen lassen.

Wackelnder Tisch

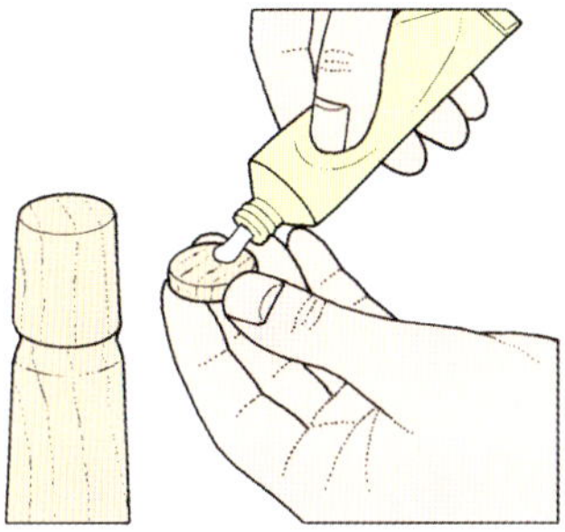

Längen ausgleichen
Wackelt ein Tisch, weil ein Bein etwas zu kurz oder der Boden uneben ist, ein Stück Korken passend zurechtschneiden und mit Holzleim unten am Tischbein befestigen.

Klemmende Schubladen

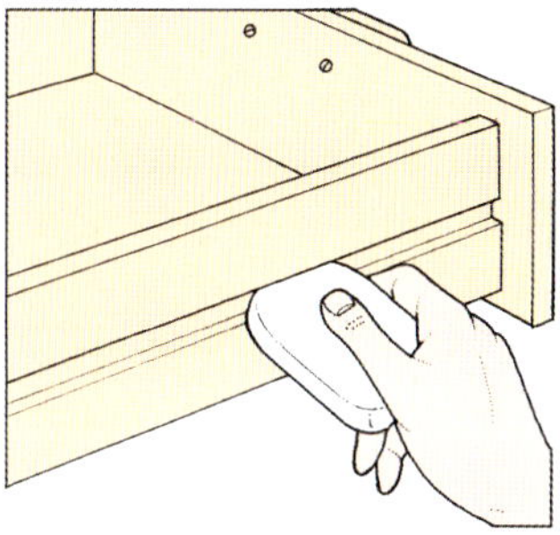

Laufleisten einfetten
Gleiten Schubladen schlecht, die Laufleisten mit Seife oder Bienenwachs einreiben. Klemmt die Schublade, Leisten mit Sandpapier abschleifen, dann Seife bzw. Bienenwachs auftragen.

Gegenstände aus Holz

In den meisten Wohnungen gibt es viele Dinge, die ganz oder teilweise aus Holz sind: Ziergegenstände, Küchengeräte und Musikinstrumente. Sie müssen regelmäßig gepflegt und auch vor Sonne geschützt werden, damit das Holz nicht austrocknet oder gar brüchig wird.

Pflege von Küchenzubehör

- **Neue Gegenstände** Über Nacht mit Apfelessig tränken, damit sie keine Lebensmittelgerüche annehmen. Mit Küchenpapier abtrocknen.
- **Altes Holzbesteck** Fleckiges Holzbesteck lässt sich auffrischen, indem Sie es mit feiner Stahlwolle entlang der Maserung abreiben und mit etwas Pflanzenöl gut einreiben.

Salatschüsseln aus Holz
Neue Schüsseln mit etwas Olivenöl einreiben. Danach nur in warmem Wasser ausspülen und nach dem Trocknen erneut Olivenöl auftragen.

Hackbretter
Bei Sprüngen, die durch Austrocknen entstehen, das Brett einige Stunden mit einem feuchten Tuch abdecken. Die Holzfasern quellen dann wieder auf.

Sonstiges

- **Schmuckschachteln aus Holz** Ältere Schachteln kann man durch leichtes Abschleifen wieder auffrischen, abreiben mit Zitronenmelisseblättern verleiht auch neuen Glanz.

Musikinstrumente
Staub aus Saiteninstrumenten entfernen Sie, indem Sie Reiskörner in das Schallloch streuen und hin und her schütteln. Den Reis hinterher wegschütten.

METALL

Um Metall vor dem Anlaufen zu schützen, muss es regelmäßig gereinigt werden. Einige Metallarten setzen mit der Zeit Grünspan an, der sich nur sehr schwer entfernen lässt. Fehlt Ihnen die Zeit für eine gründliche Reinigung, gibt es verschiedene Methoden, um den Glanz auf die Schnelle wiederherzustellen.

Reinigung von Silber

Silber läuft vom in der Luft enthaltenen Schwefel an. Wichtig ist daher, dass Silber geschützt und trocken aufbewahrt sowie regelmäßig gereinigt wird. Je nach Größe und Beschaffenheit Ihrer Silberstücke sollten Sie mehrere Pflegeprodukte bereithalten.

Zubehör für die Silberpflege

Für das Reinigen großer Gegenstände Silberpolitur oder imprägnierte Politurtücher verwenden. Schmuck ins Silbertauchbad legen. Prägungen mit weichen Zahnbürsten reinigen und mit dem Staubtuch nachpolieren. Wenig benutztes Silber trocken aufbewahren, am besten in einem Beutel aus Baumwoll- oder Leinenstoff oder in Schmuckwatte bzw. in säurefreie Papiertücher gewickelt.

Schutzbeutel

Staubtücher

Imprägnierte Politurtücher

Säurefreie Papiertücher

Silberpolitur

Silbertauchbad

Weiche Zahnbürsten

Grundlegende Reinigungstechniken

● **Standardpflege** Waschen Sie Ihr Silber regelmäßig in heißem Wasser mit etwas Spülmittel. Ziergegenstände einmal wöchentlich abstauben und säubern.

● **Vorsicht** Silber in gut belüftetem Raum reinigen. Stempel nicht zu stark reiben – sie könnten sonst ganz verschwinden und damit den Wert des Stückes reduzieren.

Geprägtes Silber
Silberpolitur mit weicher Zahnbürste, Wattestäbchen oder in Watte gewickeltem Nagelhautholzchen auf geprägtes Silber auftragen.

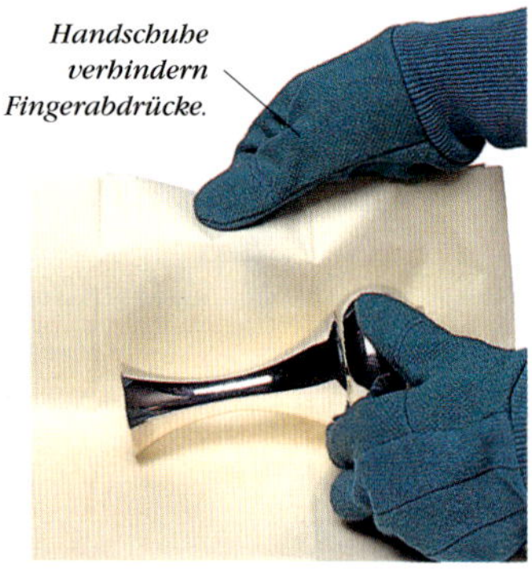

Gereinigtes Silber
Nach dem Reinigen das Silber in säurefreies Papiertuch wickeln oder in einem Baumwollbeutel verstauen. Die Teile dabei mit Handschuhen anfassen.

Silberpflege

● **Vor Anlaufen schützen** Silber nicht in Plastiktüten aufbewahren. Bei Temperaturschwankungen kann sich Kondenswasser bilden, was das Anlaufen begünstigt.

● **Alternative Pflege** Eine Hand voll Waschsoda in heißem Wasser in einer Aluminiumpfanne auflösen. Silberteile in die Lösung legen und herausnehmen, sobald die beschlagenen Stellen verschwunden sind, oder eine Paste aus Salz und Zitronensaft auftragen. Dann abwischen und polieren. Für schnellen Glanz einen Tropfen Spiritus mit einem weichen Lappen einreiben.

● **Selbst gemachte Poliertücher** Baumwolltücher in einer Lösung aus zwei Teilen Salmiakgeist, einem Teil Silberpolitur und zehn Teilen kaltem Wasser tränken. Abtropfen lassen.

Pflege von Silbergegenständen

Polieren Sie Silber bereits dann, wenn es nur leicht angelaufen ist. In einem Schutzbeutel mit Fächern können Sie auch Einzelstücke verwahren. Einen solchen Beutel aus flauschigem Woll- oder Mischgewebe können Sie auch selbst herstellen. Antikes Silber nur ganz leicht polieren.

Silbernes Tafelgeschirr

- **Salzstreuer** Salz niemals direkt in den Silberstreuer füllen, sondern in einen Glaseinsatz. Nach Gebrauch leeren.
- **Kaffeekannen** Ein Stück feine Stahlwolle in Essigessenz und Salz tauchen und Flecken aus dem Inneren der Kanne damit ausreiben.
- **Teekannen** Mit kochendem Wasser und einer Hand voll Waschsoda füllen. Über Nacht einwirken lassen, dann ausspülen.
- **Kerzenständer** Wachs im Leuchter mit heißem Wasser entfernen. Wachs auf dem Sockel mit dem Föhn schmelzen.

Lagerung

Abgestandene Gerüche
Zwei weiße Zuckerstücke in der Silberkanne neutralisieren Gerüche. Deckel während des Lagerns nicht aufsetzen.

Bewährtes Wissen

Anlaufschutz
Salz, Eigelb, Brokkoli und Fisch sind berüchtigte Feinde von Silbergeschirr, sie nehmen ihm seinen Glanz. Daher Silber nach dem Kontakt mit einem dieser Lebensmittel sofort reinigen, gut ausspülen und trocknen.

Umgang mit kleinen Gegenständen

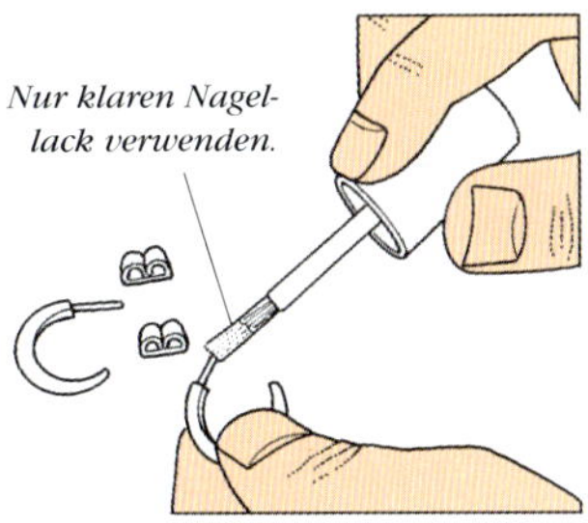

Silberne Ohrringe
Die Ohrstecker mit Nagellack bestreichen, um Silberbeschlag bzw. Infektionen vorzubeugen.

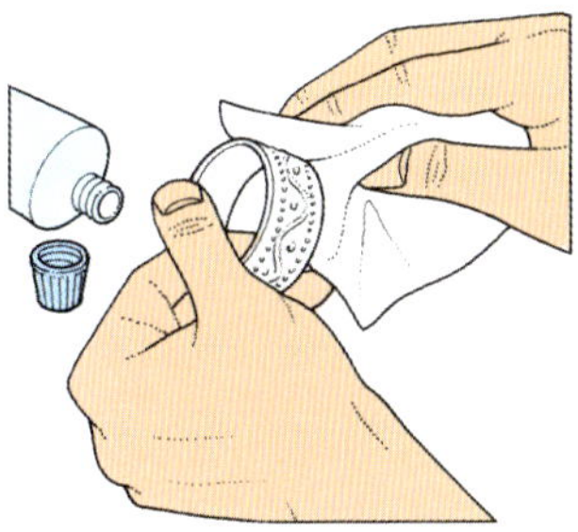

Serviettenringe aus Silber
Feine Gravuren am besten mit weißer Zahnpasta und weichem Tuch reinigen.

Versilberte Teile

- **Reinigung** Versilberte Gegenstände prinzipiell wie reines Silber, aber vorsichtiger behandeln, da die Silberschicht abblättern kann. Vergoldetes Silber nur abstauben.
- **Glanz auffrischen** Matte Versilberungen erhalten durch Eintauchen in eine Speziallösung einen neuen Silberfilm. Beim Polieren verschwindet er wieder und muss erneuert werden. Die Lösung nicht auf kostbarem Silber anwenden.

Pflege von Silberbesteck

Silberbesteck nach dem Gebrauch so schnell wie möglich waschen. Große Mengen Silberbesteck lassen sich schnell reinigen, indem Sie ein paar Streifen Aluminiumfolie in eine Waschschüssel legen und das Besteck darauf verteilen. Mit kochendem Wasser vollständig übergießen, dann 3 EL Backpulver bzw. Natron zufügen und 10 Minuten einwirken lassen.

- **Spülmaschinenfestes Silber** Edelstahl kann Silber beschädigen, daher nicht zusammen in der Spülmaschine waschen.
- **Griffe** Messerhefte aus Bein mit einer Paste aus Zitronensaft und Schneiderkreide weißen: Die Paste auftragen und etwa eine halbe Stunde einwirken lassen, danach gründlich abwischen. Bein- oder Perlmutthefte nicht ins Wasser tauchen.

Chrom und Edelstahl

Chrom darf nicht mit Scheuermitteln gereinigt werden. Korrosionsschäden behandelt man mit einem Chromreiniger, der auch zur Vorbeugung geeignet ist. Edelstahl ist zwar leicht zu pflegen, kann aber durch Rückstände von kalkhaltigem Wasser oder Fett Flecken bekommen.

Chrom

- **Kleinere Flecken** Oberfläche mit ein wenig Spülmittel und Wasser abwischen.
- **Wasserhahn** Mit einer Hand voll Mehl einreiben, dann mit einem weichen Tuch polieren. Siehe S. 69 zum Reinigen von Wasserhähnen im Bad.

Reinigen von Chrom
Chrom mit Essigessenz abreiben. Hartnäckige Flecken mit einer Lösung aus Natron und warmem Wasser behandeln.

Edelstahl

- **Allgemeines** Edelstahl gut trocknen, damit sich kein weißer Film bildet. Nicht in Spülmittel einweichen, da es sonst Lochfraß bekommt. Handelsübliches Reinigungsmittel oder eine der folgenden Methoden sorgt für Glanz.

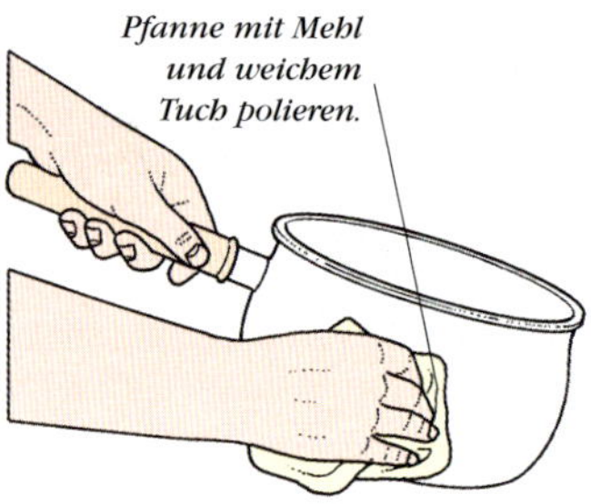

Edelstahl polieren
Mehl verleiht Edelstahl einen strahlenden Glanz. Hitzeflecken mit weichem Scheuerschwamm und Zitronensaft entfernen.

Messer pflegen

- **Gerüche** Bleiben Fisch- oder Knoblauchgerüche am Messer haften, die Klinge in die „saubere" Erde stecken und dann gut abwaschen.
- **Schärfe erhalten** Messer bewahrt man in einem Messerblock aus Holz oder an einem Magnetbrett auf. Wenn Sie Messer mit anderem Besteck in die Schublade legen, werden die Klingen stumpf – außerdem können Sie sich leicht schneiden. Sonst Messer in Plastikhüllen oder in Stoffrollen aufbewahren.

Eisen und Zinn

Gusseisen muss nach dem Waschen stets gut getrocknet und vor dem Kochen großzügig mit Speiseöl eingerieben werden. Gepflegtes Zinngeschirr sollte leicht schimmern. Waschen Sie es in Seifenwasser und polieren Sie es gut. Fettflecken entfernt man am besten mit Spiritus.

Gusseisen

Pflege von Gusseisen
Gusseisenpfannen nach dem Waschen und Trocknen mit Speiseöl einreiben. Roststellen mit 1 EL Zitronensäure auf 600 ml Wasser einreiben.

Zinn

Wachs entfernen
Kerzenständer ins Kühlfach legen oder im Winter ins Freie stellen, dann blättert das Wachs ab. Wachsreste mit dem Föhn auf niedriger Stufe schmelzen.

Bewährtes Wissen

Zinn reinigen
Zinngegenstände mit Kohlblättern abreiben oder in Wasser tauchen, in dem zuvor Eier gekocht wurden.

Messing und Kupfer

Eine dünne Schicht farbloser Nagellack schützt Ziergegenstände vor Anlaufen, sodass sie nicht so häufig poliert werden müssen. Wenn Sie Beschläge aus Messing oder Kupfer auf Möbeln reinigen, verwenden Sie eine Pappschablone, damit keine Metallpolitur auf das Holz gelangt.

Reinigen von Messing & Kupfer

- **Angelaufene Stellen** Mit Salz und Zitronensaft oder mit in Salz getauchter Zitronenhälfte einreiben und abspülen.
- **Kupferpfannen** Neu beschichten lassen, sobald die Innenseite abgenutzt ist. Kupfer reagiert mit Fruchtsäuren.

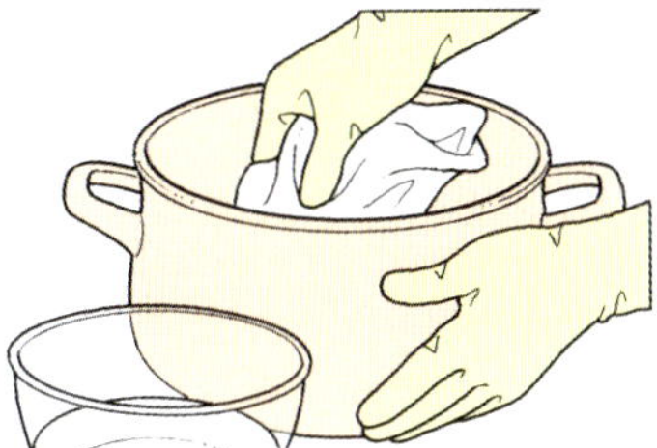

Grünspan entfernen
Mit einer Lösung aus Salmiakgeist und Salz einreiben. Beim Arbeiten mit Salmiakgeist stets Gummihandschuhe tragen.

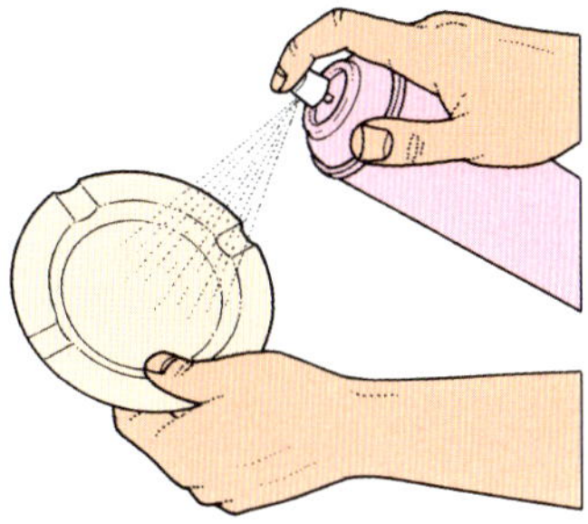

Aschenbecher reinigen
Messing- bzw. Kupferaschenbecher nach dem Waschen innen mit Wachspolitur einsprühen, künftig einfach auswischen.

Pflege von Bronze

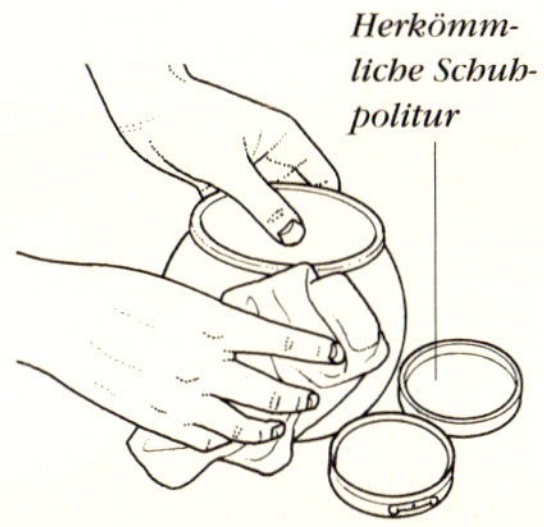

- **Polieren** Bronzeteile mit Schuhpolitur oder Pflanzenöl einreiben, das erhält den schönen Glanz.
- **Putzen** Mit einem weichen Tuch abstauben. Prägungen mit einem Wattestäbchen reinigen. Flecken mit Terpentin entfernen.

Sonstige Metalle

Bewahren Sie Goldschmuck separat von anderen Metallen auf. Blattgold wird oft für Bilderrahmen verwendet und muss mit besonderer Vorsicht behandelt werden, da es sonst abblättert. Bei sehr wertvollen Stücken sollten Sie im Zweifelsfall immer den Fachmann zurate ziehen.

Pflege von Gold

- **Goldketten** In Seifenwasser waschen. Verschlüsse mit einer weichen Zahnbürste reinigen. Abtropfen lassen, dann mit einem Ledertuch polieren.

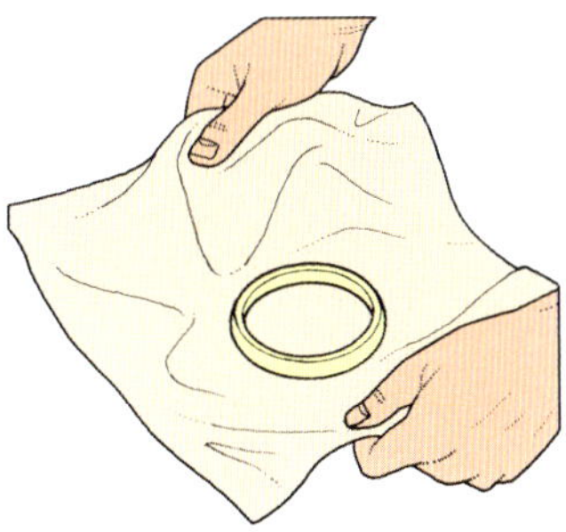

Goldschmuck verwahren
Gereinigtes Gold in ein Ledertuch wickeln, so bleibt der Glanz erhalten. Wertvolle Stücke an sicherem Ort aufbewahren.

Grosse Gegenstände

- **Poliertuch** Pokale und andere größere Dinge aus Gold mit einem imprägnierten Poliertuch für Silber reinigen und mit Leder nachpolieren.

Vergoldungen
Schadhafte Stellen mit Vergoldungsfarbe aus einem Geschäft für Künstlerbedarf bearbeiten (Farbe ist gesundheitsschädlich!).

Metalle reinigen

- **Platinschmuck** Kurz in ein Schmuckreinigungsbad legen. Prägungen mit einer weichen Zahnbürste putzen. Gut abspülen und trocknen.
- **Blei** Mit Terpentin oder Terpentinersatz abreiben. Stark verschmutzte Gegenstände kurz in eine Lösung aus Essigessenz und Wasser (1:9) und etwas Natron legen. Mit destilliertem Wasser abspülen.
- **Vergoldungen** In einer Tasse warmes Wasser mit 2 TL Salmiakgeist mischen. Die Lösung mit einem Wattestäbchen auftragen. Mit in Wasser getränktem Watteball abwischen und mit weichem Tuch trocknen. Vergoldungen nicht mit Metallpolitur behandeln.

GLAS UND PORZELLAN

Glas- und Porzellangeschirr sieht am besten aus, wenn es strahlend glänzt. Regelmäßiges Spülen verhindert, dass sich ein Grauschleier bildet. Auch Gegenstände, die Sie nicht oft verwenden, sollten Sie daher von Zeit zu Zeit mit einem in Spülmittellauge getauchten Lappen auswischen und dann feucht abwischen.

Kristall- und Glaswaren

Waschen Sie feines Glasgeschirr von Hand, und zwar am besten in einer Plastikschüssel. Geben Sie geschliffenes Glas oder feines Kristall nicht in die Spülmaschine, da die herkömmlichen Geschirrreiniger ätzend wirken können und einen bleibenden trüben Schleier hinterlassen.

So reinigen Sie richtig

Stielgläser abtrocknen
Das Geschirrtuch festhalten und das Glas in dem Tuch drehen. Wenn Sie das Geschirrtuch um das Glas drehen, kann der Stiel abbrechen.

Natürliches Glanzmittel
Nach dem Waschen die Gläser mit Zitronenschalen in klares Wasser legen. Die Zitrone klärt Fett und verleiht Gläsern einen strahlenden Glanz.

BEWÄHRTES WISSEN

Gläser polieren
Eine dünnflüssige Paste aus Backpulver und Wasser herstellen und Gläser damit abreiben. Gut abspülen und mit weichem Tuch polieren. Diese Politur eignet sich auch gut für die Windschutzscheibe.

Glas pflegen

- **Vor Hitze schützen** Glaswaren nicht zu heiß waschen oder extremen Temperaturschwankungen aussetzen. Außerdem lösen sich Gold- und Silberverzierungen ab, wenn das Glas zu heiß gewaschen wird.
- **Aufbewahrung** Weingläser aufrecht lagern. Auf den Kopf gestellte Weingläser riechen bald muffig, außerdem können die Ränder leicht beschädigt werden.
- **Gerüche entfernen** Stark riechende Flaschen oder Krüge waschen und über Nacht in einer Lösung aus 1 TL Senfpulver auf 1 l warmem Wasser einweichen.

Tipps & Tricks zur Pflege

Fest steckende Gläser
Die Gläser in eine Schüssel stellen. In das innere Glas Eiswürfel füllen, damit es sich zusammenzieht. Heißes Wasser in die Schüssel gießen – dadurch dehnt sich das äußere Glas etwas und löst sich vom inneren.

Beschädigte Ränder
Angeschlagene Trinkgläser muss man nicht gleich wegwerfen. Versuchen Sie, die schadhafte Stelle mit extrafeinem Sandpapier zu glätten. Nach der Korrektur den restlichen Rand bearbeiten, bis die Stelle nicht mehr auffällt.

Besondere Gegenstände aus Glas

Glas zieht Staub an und sieht matt aus, wenn es nicht regelmäßig gereinigt wird. Schieben Sie das Putzen daher nicht zu lang hinaus. Wenn Sie Glaswaren transportieren wollen, legen Sie sie zum Schutz gegen Abstoßen in einen mit Zeitungspapier ausgelegten Korb.

Spiegel putzen und pflegen

Spiegel polieren

Ein paar Tropfen Spiritus mit einem weichen Tuch aufgetragen, lässt Spiegel glänzen. Darauf achten, dass keine Flüssigkeit an den Rahmen oder hinter das Glas gelangt. Mit einem weichen, trockenen Tuch nachpolieren.

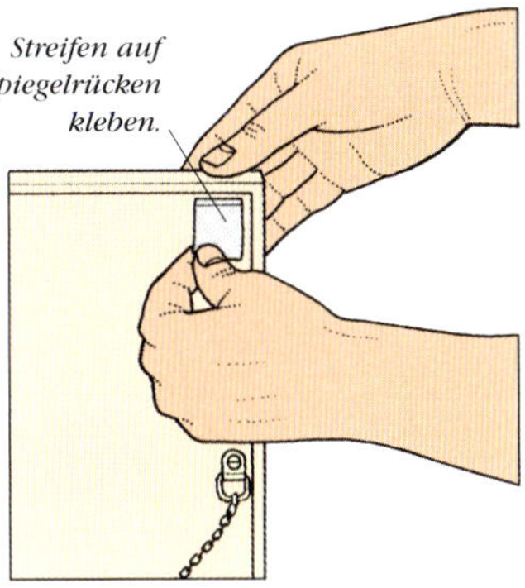

Wandspiegel

Schwere Spiegel können beim Aufhängen Tapeten oder Wandfarbe beschädigen. Zum Schutz befestigen Sie mit doppelseitigem Klebeband auf der Rückseite der Spiegelecken Streifen aus Schaumgummi oder Kork.

Kronleuchter

- **Abstauben** Kronleuchter regelmäßig mit einer langstieligen, flauschigen Bürste abstauben.
- **Gründliche Reinigung** Die entsprechende Sicherung abschalten und über jede Birne eine kleine Plastiktüte (beispielsweise Gefrierbeutel) stülpen. Eine Decke auf dem Fußboden ausbreiten, damit herabfallende Perlen nicht zerbrechen. Alle Glasperlen mit Spülmittellauge abwischen. Dann die Glühbirnen herausschrauben und putzen. Wenn Sie den Kronleuchter auseinander nehmen müssen, fertigen Sie zuvor eine Skizze an, damit der spätere Zusammenbau leichter fällt.

Karaffen & Vasen

- **Reinigung** Vasen mit Wasser füllen und 2 TL Salmiakgeist dazugeben. Die Mischung lässt man über Nacht stehen, dann die Vase auswaschen und nachspülen. Ansatz von Kalk mit Essig und Salz oder einem Enthärtungsmittel für Spülmaschinen entfernen.
- **Kristallvasen** Zum Entfernen von Flecken und Schmutzresten die Vase mit Wasser und 2 EL Salmiakgeist füllen. Ein paar Stunden stehen lassen, dann waschen und ausspülen. Mit Handschuhen arbeiten.
- **Karaffen** Weinflecken mit einer Lösung aus Haushaltsbleiche entfernen. Ausspülen bis alle Spuren und Gerüche der Bleiche beseitigt sind.
- **Aufbewahrung** Ein Säckchen Kieselgel (beim Floristen erhältlich) in das Gefäß legen, es saugt Feuchtigkeit auf und neutralisiert Gerüche.

Armbanduhren

- **Pflege** Uhrwerk nur von einem Experten reinigen lassen. Nicht wasserdichte Uhr beim Baden oder Duschen stets abnehmen, damit das Uhrwerk keinen Schaden nimmt.

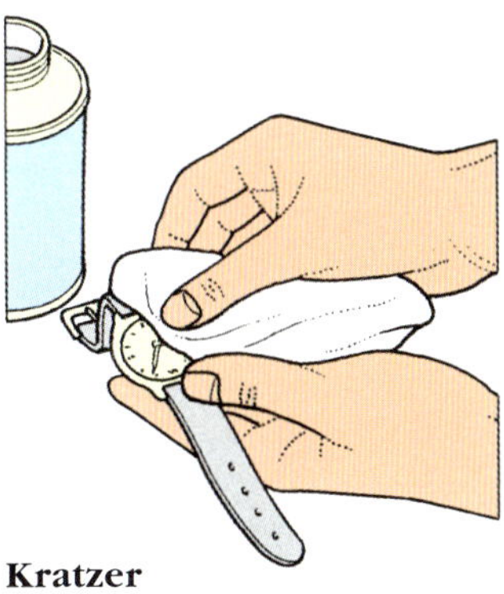

Kratzer

Zum Entfernen von Kratzern auf Uhrgläsern ein Tuch um den Finger wickeln, in Metallpolitur tauchen und das Glas 10 Minuten mit kreisenden Bewegungen abwischen, dann nachpolieren.

Brillen

- **Schrauben** Mit einem Präzisionsschraubenzieher können Sie Schrauben festziehen. Falls sie öfter locker werden, die Schraubenenden mit klarem Nagellack betupfen.

Brillen putzen

Brille regelmäßig in Spülmittellauge putzen. Mit unverdünntem Spülmittel eingerieben bzw. mit Kölnischwasser oder Gesichtswasser poliert, laufen Gläser nicht mehr so leicht an.

Porzellan und Steingut

Behandeln Sie Ihr Porzellan und Ihr Geschirrservice mit viel Sorgfalt, damit Sie möglichst lang Ihre Freude daran haben. Wenn ein Stück aus der Serie zu Bruch geht, sollten Sie sich schnell um einen Ersatz kümmern, denn viele Modelle werden nicht fortlaufend produziert.

Feine Porzellanteller

● **Aufbewahrung** Wenn Sie Porzellanteller gestapelt verwahren, legen Sie jeweils ein Stück Papier zwischen die Teller, um zu verhindern, dass der Boden eines Tellers die Oberfläche des anderen beschädigt.

Kasserollen

● **Unglasierte Schmortöpfe** Vor dem Gebrauch die Außenseite des Topfes mit einer halben Zwiebel oder einer Knoblauchzehe einreiben. Dadurch wird das Material hitzebeständiger und springt nicht so leicht.

Teekannen innen reinigen

1 Für Porzellanteekannen ein feuchtes Tuch mit Natron tränken (zum Reinigen des Schnabels Tuch einrollen).

2 Innen auswischen, gut ausspülen. Oben offen aufbewahren. Über den Schnabel abgeschnittenen Daumen eines alten Handschuhs ziehen.

Porzellanvasen

● **Reinigung** Eine Hand voll Sand oder Salz in die Vase streuen. Spülmittellösung einfüllen oder ein wenig unverdünnten Essig eingießen, gut schütteln. Die Mischung über Nacht einwirken lassen.

● **Kleiner Trick** Haben Sie für einen kleineren Strauß gerade nur eine sehr tiefe Vase zur Hand, stopfen Sie diese mit Zeitungspapier aus.

Zerbrochenes Porzellan reparieren

Kleinere Schäden können Sie selbst reparieren, wertvolle Stücke sollten Sie jedoch besser einem Fachmann anvertrauen. Bewahren Sie bis zur Reparatur alle Teile gut verpackt auf. Beschädigtes Geschirr nicht verwenden, da es nicht mehr hygienisch gereinigt werden kann.

Porzellan reparieren

● **Mit Klebstoff** Verwenden Sie zum Kleben zerbrochener Porzellanstücke einen Porzellan- oder dickflüssigen Sekundenkleber. Klebeflächen mit einem fusselfreien Tuch säubern (auch Baumwolle fusselt) und gut trocknen lassen.

● **Guter Halt** Beim Kleben kleiner Porzellanstücke die einzelnen Stücke mit Modellierlehm oder mit Wäscheklammern so lange zusammenhalten, bis der Kleber fest geworden ist.

Abgebrochene Henkel reparieren

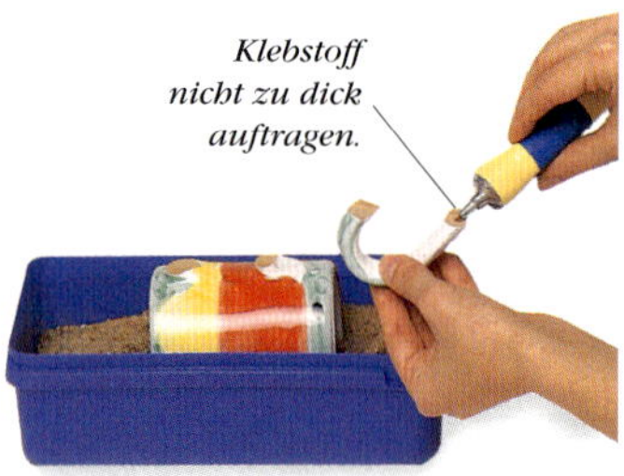

1 Den Becher in einen mit Sand gefüllten Kasten mit der Henkelseite nach oben legen. Klebstoff auf beide Klebeflächen auftragen.

2 Henkel fixieren. Eventuell vorhandene Klebstoffreste sofort abwischen. Den Becher im Sand liegen lassen, bis der Klebstoff fest ist.

EDLERE OBERFLÄCHEN

Bestimmte Materialien können im Gegensatz zu einfachen Stoffen wie Holz, Metall und Kunststoff oft nicht mit herkömmlichen Reinigungsmitteln gesäubert und behandelt werden. Oberflächen aus Marmor, Alabaster, Onyx und Jade brauchen daher eine ihrer jeweiligen Beschaffenheit entsprechende Pflege.

Oberflächen aus Stein

Stein wird nicht nur für Wände und Böden verwendet. Dabei sind manche Steinoberflächen porös und sollten daher nicht nass gewischt werden. Außerdem sind sie anfällig für Flecken, ausgelaufene Flüssigkeiten müssen sofort aufgewischt und Flecken gleich behandelt werden.

Pflege von Stein

- **Marmor** Flecken sofort behandeln: Wein-, Tee- und Kaffeeflecken mit einer Lösung aus Hydrogenperoxid und Wasser (1:4) behandeln. Sofort abwischen und bei Bedarf wiederholen. Bei anderen Flecken: siehe rechts.
- **Alabaster** Mit ein wenig Terpentinersatz oder Terpentin reinigen. Vasen aus Alabaster nicht mit Wasser füllen, da sie lecken.
- **Jade** Nach dem Waschen sofort mit Küchenpapier trocknen. Kein Scheuermittel verwenden.

Flecken von Marmor entfernen

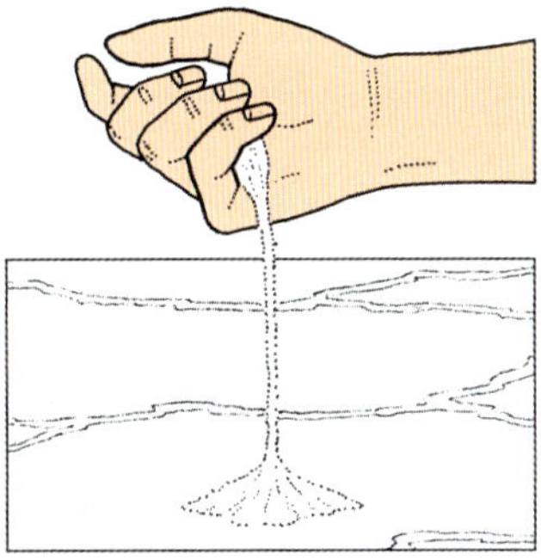

1 Flecken auf Marmor mit Salz bestreuen. Bei leichten Flecken Salz einfach abbürsten und erneut auftragen, bis der Fleck absorbiert ist.

2 Bei hartnäckigen Flecken saure Milch über das Salz gießen und einige Tage einwirken lassen. Dann mit feuchtem Lappen abwischen.

Bein und Horn

Bein, Horn und antikes Elfenbein sollten nur feucht abgewischt werden. Messerhefte aus Bein dürfen nicht in Wasser getaucht werden. Schützen Sie Bein und Horn vor intensiver Sonnenbestrahlung und großer Hitze. Hornpokale werden sofort ausgespült und abgetrocknet.

Pflege von Bein

- **Haarbürsten** Schildpattrücken mit Möbelpolitur, Elfenbein mit Terpentinersatz reinigen. Beim Waschen nur die Borsten abspülen, darauf achten, dass die Rückseite nicht nass wird. Auf den Borsten ruhend trocknen.
- **Messerhefte aus Bein** Mit Spiritus reinigen. Verfärbte Hefte zum Bleichen in die Sonne legen oder mit einer Paste aus gleichen Teilen Wasserstoffperoxid und Schlämmkreide (aus der Apotheke oder Drogerie) abreiben.

Pflege von Elfenbein

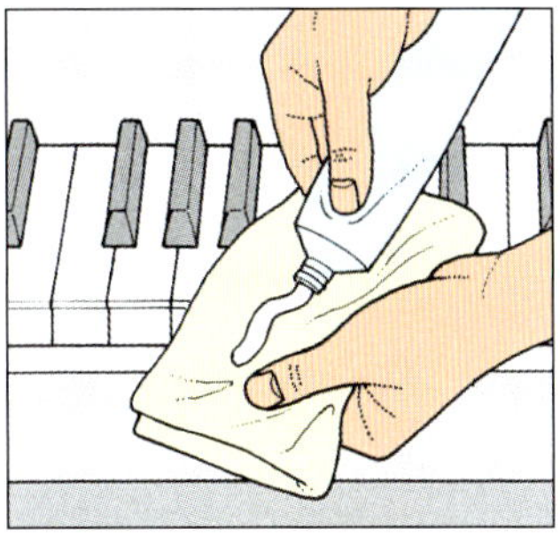

Klaviertasten reinigen
Zahnpasta auf feuchten Lappen auftragen. Mit sanftem Druck einreiben. Mit Milch nachwischen und gründlich polieren.

Klavier reinigen

- **Kunststofftasten** Abstauben und gelegentlich mit einer Lösung aus warmem Wasser und Essig mit einem Ledertuch abwischen.
- **Elfenbeintasten** Deckel an sonnigen Tagen geöffnet lassen, damit die Tasten gebleicht werden und nicht vergilben. Reinigung siehe links. Stark verschmutzte Tasten sollten von einem Fachmann poliert werden.
- **Gehäuse** Staub im Inneren des Gehäuses mit einem Staubsauger aufsaugen.

HEIMTEXTILIEN

Saugen Sie Ihre Polstermöbel regelmäßig ab und entfernen Sie grobe Verschmutzungen möglichst sofort. Wenn nötig, waschen Sie die Stoffe gemäß Pflegehinweis oder lassen Sie sie reinigen. So vermeiden Sie vorzeitigen Verschleiß und größeren Reparaturaufwand.

Polstermöbel

Polstermöbel müssen viel aushalten und bedürfen daher auch einer intensiven Pflege. Eine Auffrischung, die nicht viel Mühe und Zeit kostet, lässt Möbel wieder wie neu aussehen. Ein paar Stücke Kampfer hinter den Sofakissen neutralisieren Gerüche und halten Motten fern.

Schützen & Auffrischen

- **Sitze abdecken** Schonen Sie die Sitzflächen mit einer dekorativen Decke. Abgenutzte Sessel oder Sofas mit einem Überwurf bedecken oder abnehmbare Bezüge einfärben.
- **Ausbessern** Löcher und abgenutzte Stellen umgehend reparieren. Das neue Stück Stoff zuvor in der Sonne bleichen.
- **Wandteppiche** Feuchtes Salz frischt verblasste Farben auf und löst Staub ab: Einreiben, eine halbe Stunde einwirken lassen und abbürsten.

Polstermöbel reparieren

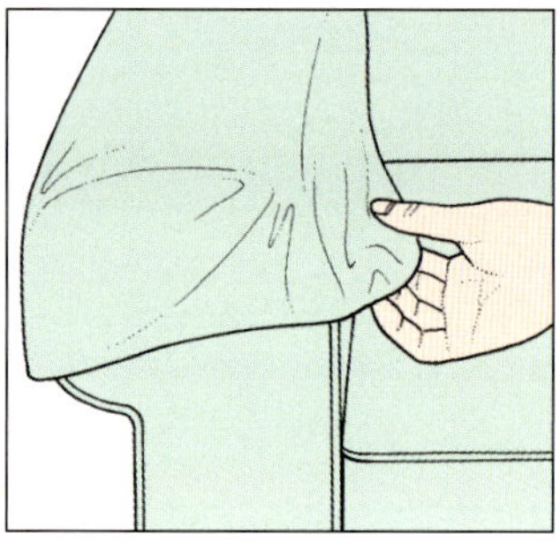

Bezüge anfertigen
Die Armlehnen nutzen sich meist als Erstes ab. Einen Bezug anfertigen und über die beschädigte Stelle ziehen.

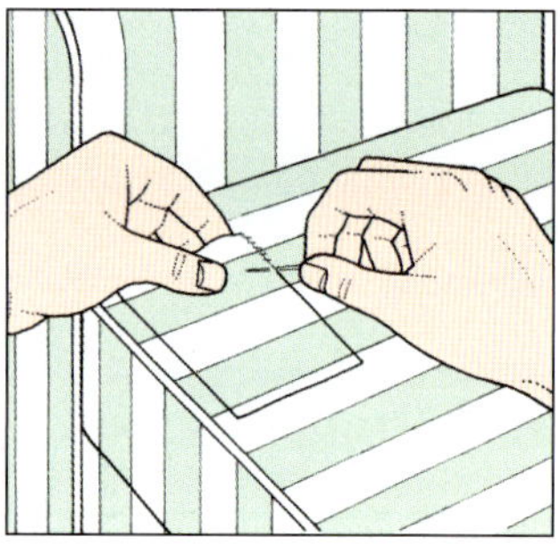

Flicken anbringen
Ein Stück desselben Stoffes zuschneiden und säumen. Den Flicken mit kleinen Stichen annähen.

Ledermöbel

Leder bleibt geschmeidig, wenn Sie es ein- bis zweimal jährlich mit Lederpflege behandeln: Das Mittel gut einarbeiten, damit es nicht auf die Kleidung abfärbt. Ansonsten sollte man die Möbel regelmäßig abstauben oder absaugen und mit Sattelseife reinigen.

Flecken entfernen

Tintenflecken
Kugelschreiberflecken mit in Milch getränktem weichem Tuch abreiben. Sonstige Tintenflecken mit lauwarmem Wasser oder etwas Terpentinersatz behandeln.

Pflege von Leder

- **Auffrischung** Leder sieht wie neu aus, wenn Sie es nach dem Abwischen mit einem in geschlagenem Eiweiß getränkten weichen Tuch abreiben. Gut nachpolieren.
- **Auf Waschbarkeit testen** Etwas Wasser auf eine unauffällige Stelle träufeln. Bleibt das Wasser in Form von Tröpfchen auf der Oberfläche, ist das Leder waschbar. Wird das Wasser absorbiert, darf das Leder nicht gewaschen, sondern nur abgestaubt und mit einem feuchten Lappen abgewischt werden.

UMWELTTIPP

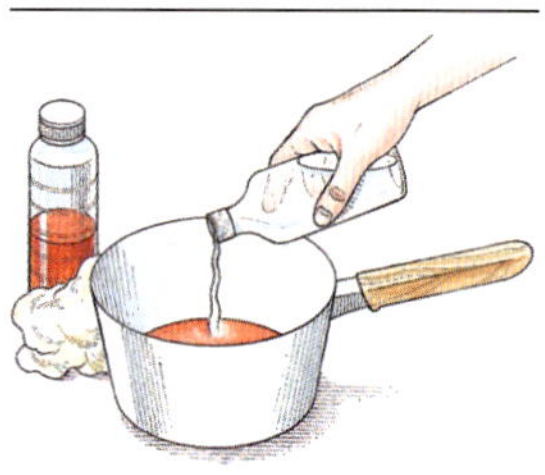

Politur auf Naturbasis
300 ml Leinöl zum Kochen bringen, abkühlen lassen und 300 ml Essig hinzufügen. Mit weichem Tuch auftragen.

Gardinen und Bettwäsche

Die richtige Pflege verlängert die Lebensdauer Ihrer Gardinen und Bettwäsche beträchtlich. Wenn Sie umziehen, können Sie manche Gardinen an die neuen Fenstermaße anpassen. Abgenutzte Bettwäsche kann aufgefrischt oder anderweitig verwendet werden.

Tipps & Tricks für Gardinen

- **Ringe und Stangen** Rostige Ringe in Essig kochen, damit sie ihren Glanz zurückbekommen. Seife macht Gardinenstangen gleitfähiger.

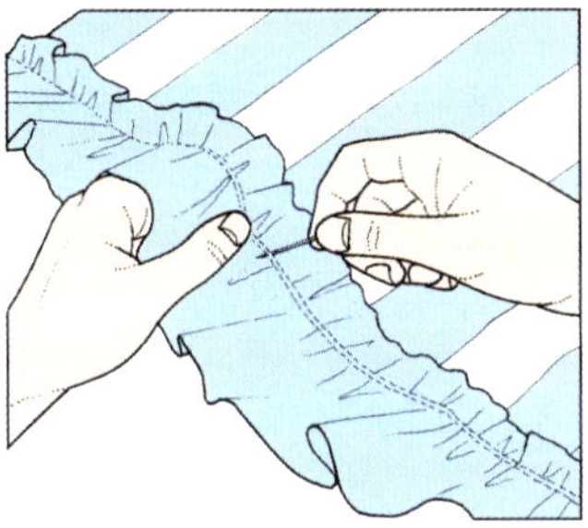

Gardinen verlängern
Eine in Farbton, Stoffart und -schwere passende Rüschenkante an die Unterkante der Gardine nähen.

- **Feine Stoffe** Damit empfindliche Stores beim Abnehmen keine Fäden ziehen oder sich verhaken, stülpen Sie einen Handschuhfinger über das Ende der Stange. Verbindungsstellen decken Sie mit einem Klebeband ab.
- **Knitterfrei und pflegeleicht** Stores nicht zu warm waschen und noch feucht an Ort und Stelle aufhängen – das spart mühsame Bügelarbeit.
- **Schöner Fall** Leichte Stoffe fallen gleichmäßig, wenn Sie ein Bleiband in den Saum einziehen und festnähen.
- **Kürzen ohne Schere** In Gardinen, die zu lang sind, Biesen einnähen oder oben eine Rüschenkante einschlagen.

Bettwäsche und Leinen

Benutzen Sie Ihre Garnituren möglichst gleich oft. Lagert Bettwäsche zu lang ungenutzt, verschlechtert sich die Stoffqualität entlang der Falten und zieht Motten an.

- **Bettdecken** Täglich aufschütteln, damit sich die Füllung gleichmäßig verteilt, und regelmäßig lüften.
- **Heizdecken** Auf keinen Fall waschen! Die Decken alle drei Jahre dem Hersteller bzw. Einzelhändler zur Reinigung überlassen.
- **Geschirrtücher** Fadenscheinig gewordene Tücher einmal zusammenfalten, an den Kanten zusammennähen und als Putztücher verwenden.

Lampenschirme

Lampenschirme sind in vielen Wohnungen ein Blickfang und sollten daher regelmäßig abgestaubt werden – am besten mit dem Staubsauger oder mit einem Staubwedel. Vor einer gründlicheren Reinigung zieht man den Stecker bzw. schaltet die Sicherung aus.

Putztipps

- **Pergamentschirme** Vorsichtig abstauben, hartnäckigere Flecken mit einem Radiergummi entfernen.
- **Velinschirme** Mit einer Lösung aus einem Teil Seifenflocken, einem Teil warmem Wasser und zwei Teilen Spiritus abwischen. Anschließend etwas Möbelwachs auftragen.
- **Schirme aus Kunststoff und Glas** In Spülmittellösung waschen, abspülen und trocknen.
- **Seidenschirme** Von einem Fachmann reinigen lassen, bevor sie stark verschmutzt sind.
- **Bast- und Strohschirme** Sie sind echte Staubfänger, daher mindestens dreimal wöchentlich absaugen.

Papierschirme

Regelmäßig abstauben
Papierschirme häufig, vor allem zwischen den Falten, trocken reinigen. Papierschirme sind nicht teuer, sodass man erwägen sollte, einen womöglich stark verschmutzten Schirm durch einen neuen zu ersetzen.

Stoffschirme

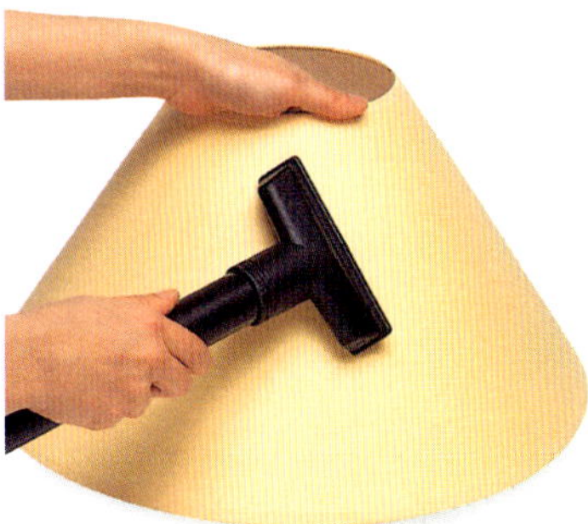

Absaugen
Stoffschirme mit dem Polsteraufsatz des Staubsaugers reinigen. Nicht waschen – das Material könnte schrumpfen bzw. die Metallfassung rosten. Stark verschmutzte Lampenschirme chemisch reinigen lassen.

VERSCHIEDENES

In unseren Wohnungen gibt es zahlreiche Dinge des täglichen Gebrauchs, die regelmäßig gereinigt und gewartet werden müssen, damit sie ansehnlich und funktionsfähig bleiben. Elektrogeräte, Bücher, Kerzenständer und Bilder bedürfen daher sorgsamer Pflege.

Elektrogeräte

Staub macht Elektrogeräte unansehnlich und kann zur Beeinträchtigung der Funktion führen. Sind sie länger nicht in Gebrauch, sollten sie abgedeckt oder anders geschützt werden. Versuchen Sie auf keinen Fall, ein Gerät selbst zu reparieren, wenn Sie sich nicht damit auskennen.

Putztipps

- **Telefon** Das Gehäuse mit einem in milder Seifenlauge angefeuchteten Tuch reinigen.
- **Kofferradio** Regelmäßig abstauben. Hin und wieder mit etwas verdünntem Spiritus auf einem Baumwollvlies reinigen.
- **Kamera** Von einem Fachmann reinigen lassen und in dafür vorgesehenen Behältnissen aufbewahren.
- **CDs und CD-Spieler** Mit handelsüblichen Reinigungsmitteln pflegen.
- **Sonstiges** Siehe S. 71 zur Pflege von Küchengeräten und S. 108 zum Reinigen und zur Pflege von Bügeleisen.

Video- und DVD-Rekorder

Entlüftungsschlitze immer frei halten, damit sich die Geräte nicht erhitzen. Nehmen Sie Videokassetten und DVDs nach dem Abspielen immer aus dem Gerät.

- **Lesekopf reinigen** Um die Bild- und Tonqualität zu erhalten, bei Videorekordern ab und zu eine Reinigungskassette abspielen lassen.
- **Laser-Linsen reinigen** Auch bei DVDs können Bild- und Tonqualität leiden. Ein Laser-Linsen-Reiniger, der wie eine gewöhnliche CD eingelegt und abgespielt wird, entfernt Staub und Verunreinigungen von der DVD-Laser-Linse.

Fernsehgeräte

Bildschirm reinigen

Einmal die Woche mit einem Fensterputzmittel reinigen und nachpolieren. Gehäuse feucht abwischen. Mit einem antistatischen Spray besprüht, zieht der Bildschirm weniger Staub an.

Computer

Tastatur reinigen

Mit einem Wattestäbchen Staub zwischen den Tasten entfernen. Flächen der Tasten mit speziellem Reinigungstuch säubern. Monitor abstauben und mit Antistatikspray besprühen.

Computermaus

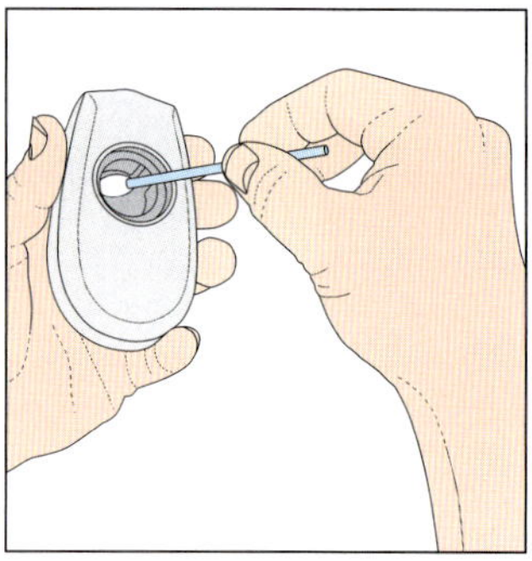

So läuft die Maus wieder

Die Maus auf der Unterseite öffnen und den Mausball herausnehmen. Mit einem Wattestäbchen den Staub aus der Maus entfernen und insbesondere die seitlichen Rollen reinigen.

Büroausstattung

- **Sicherheit** Vor dem Reinigen mit einem feuchten Tuch die Elektrogeräte ausschalten bzw. Netzstecker ziehen.
- **Computer** Darauf achten, dass die Belüftungsschlitze von Monitor und Gehäuse nicht blockiert sind. Geräte nicht auf einen Heizkörper stellen und nicht in der Nähe von Wasser oder in Räumen mit sehr hoher Luftfeuchtigkeit betreiben.
- **Anrufbeantworter** Trocken abstauben. Tonkopf mit einer entsprechenden Reinigungskassette säubern.
- **Faxgeräte** Regelmäßig abstauben und gelegentlich feucht abwischen.

Dekoratives und Bücher

Erst mit dekorativen Gegenständen verleihen Sie Ihrem Zuhause seinen eigentlichen Charme. Halten Sie Bilder, Bücher und Bücherregale sauber und in gutem Zustand. Aquarellbilder sollten nicht direktem Sonnenlicht ausgesetzt sein, da die Farben sonst verblassen.

Pflege von Bildern

- **Glas reinigen** Spiritus oder Essigwasser mit einem Tuch auftragen und trocken nachwischen. Kein Wasser direkt darauf geben, da es an den Ecken durchsickern könnte.
- **Ölbilder** Bildfläche mit einem weichen Pinsel vom Staub befreien. Einen weichen Lappen oder Schwamm in warme Milch tauchen, gut ausdrücken und die Bildfläche vorsichtig abreiben, dann mit einem Seidentuch trockentupfen.

Verschiedenes

- **Uhren** Uhrgläser mit Spiritus reinigen. Wertvolle Standuhren beim Hausputz mit einer Tüte oder einem Tuch abdecken.
- **Schirmständer** Ein dickes Stück Schaumstoff in den Schirmständer legen. Den mit Tropfwasser voll gesogenen Schaumstoff ausdrücken.

Pflege von Büchern

- **Aufbewahrung** Die Türen an Bücherschränken von Zeit zu Zeit offen lassen, damit die Bücher Luft bekommen und sich kein Schimmel bildet. Bücher nicht zu dicht gedrängt oder über die Heizung stellen, da Leimbindung spröde wird und sich löst.
- **Schimmel vorbeugen** Lavendel-, Eukalyptus- oder Nelkenöl im Bücherregal verteilen. Diese Aromen verhindern die Schimmelbildung an Büchern.
- **Schimmel beseitigen** Stärkemehl auf die Schimmelflecken streuen, ein paar Tage trocken einwirken lassen und abbürsten.
- **Fettflecken** Siehe S. 99 zur Behandlung von Fettflecken auf Papier.

Bilderrahmen

- **Reinigung** Holzrahmen mit Möbelpolitur einreiben. Kunststoffrahmen regelmäßig mit Spülmittellauge säubern.

Vergoldete Rahmen
Terpentinöl in Wasserbad erwärmen und den Rahmen damit vorsichtig abwischen. 3 EL Essig in 600 ml kaltem Wasser auflösen und Rahmen damit reinigen. Trocknen und polieren.

Kerzen

- **Größe anpassen** Ist eine Kerze etwas zu dünn für den vorgesehenen Halter, das Kerzenende mit etwas Klebeband umwickeln.

Kerzen mit Spiritus abwischen.

Pflege von Kerzen
Verstaubte Kerzen mit Spiritus abwischen. Neue Kerzen mehrere Stunden in den Kühlschrank legen – so brennen sie um einiges länger.

Bilder aufhängen

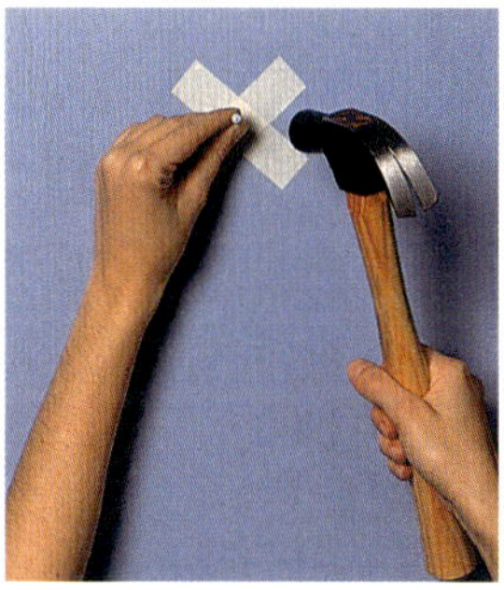

- **Stelle kennzeichnen** Die Stelle der Wand, an der Sie den Nagel einschlagen wollen mit einem Kreuz aus Klebeband markieren. Dies verhindert, dass der Verputz beim Einschlagen bröckelt.
- **Hinterlüften** Damit keine Feuchtigkeit das Bild beschädigt, auf der Rückseite des Rahmens kleine Holz- oder Korkklötzchen anbringen.

Bücher sauber halten

- **Abstauben** Bücher einmal im Jahr aus dem Regal nehmen und mit einem weichen Staubtuch abwischen. Auch das Regal säubern.

Ledereinbände
In Leder gebundene Bücher einmal jährlich mit einer Mischung aus Lanolin und Klauenfett (Reitsportartikel) reinigen oder mit farbloser Schuhcreme einreiben.

SCHMUCK UND MEHR

Die meisten Menschen umgeben sich mit schönen Dingen, die ihnen lieb und teuer sind und die sie wie einen Schatz hüten, auch wenn sie nicht unbedingt kostbar sind. Wertvolle Gegenstände sollten Sie versichern und vorsichtshalber fotografieren, damit sie im Fall eines Diebstahls leichter identifiziert werden können.

Pflege von Schmuck

Modeschmuck braucht nur minimale, wertvoller Schmuck hingegen etwas aufwändigere Pflege. Tragen Sie bei der Hausarbeit keine Ringe mit Steinen, damit die Fassung nicht beschädigt wird und der Stein womöglich verloren geht (siehe auch S. 118–119 und S. 121).

Schmuck schützen

● **Kontrolle** Untersuchen Sie Ihre Schmuckstücke auf Beschädigungen und fehlerhafte Verschlüsse. Fassungen von Steinen hin und wieder von einem Fachmann begutachten lassen.

● **Ketten** Verschluss beim Aufbewahren geschlossen halten. Nicht mit Goldketten ins Schwimmbad gehen – Chlor macht das Gold spröde.

Modeschmuck

● **Reinigung** Modeschmuck mit Backpulver bestreuen und behutsam mit weicher Zahnbürste abbürsten.

Wertvollen Schmuck reinigen

1 Den Schmuck einige Minuten in eine Schüssel mit Spülmittellauge legen. Die Stücke mit einer Zahnbürste vorsichtig abbürsten.

2 Die Stücke abspülen und auf einem Geschirrtuch bei niedriger Stufe trockenföhnen. Vor dem Weggießen das Wasser nach Teilen untersuchen.

GUTE IDEE!

Praktischer Ringhalter
Während Sie spülen, stecken Sie Ihre Ringe mit einer Sicherheitsnadel, die Sie griffbereit in der Küche verwahren, an die Kleidung. So gehen sie nicht verloren und leiden keinen Schaden.

Edelsteine

Bernstein

● **Empfindliche Steine** Bernsteine, Korallen und Gagat wie oben beschrieben reinigen. Keine Chemikalien!

Rubin

● **Harte Steine** Rubine, Diamanten etc. wie oben beschrieben oder in einem Schmuckreinigungsbad reinigen.

Smaragd

● **Smaragde** In die Risse dieser eher weichen Steine kann leicht Wasser eindringen. Vom Juwelier reinigen lassen.

Jade

● **Jade** Waschen und dann sofort abtrocknen – Scheuermittel und grobkörnige Substanzen verkratzen den Stein.

Opal

● **Opale und Türkise** Diese porösen Steine sollten nicht gewaschen werden. Mit Ledertuch polieren, Verschlüsse mit Zahnbürste abbürsten.

Perlen

● **Perlen** Das beste Mittel, sie sauber zu halten, ist häufiges Tragen. Seltener getragene Perlen gelegentlich mit Fensterleder polieren.

Reparatur und Aufbewahrung von Schmuck

Sichern Sie teure Broschen mit einer speziellen Kette an Ihrer Kleidung. Goldschmuck bewahrt man zum Schutz gegen Kratzer in Papiertücher gewickelt in einer separaten Schachtel auf. Hautfärbende Silber- oder Goldringe bestreichen Sie mit klarem Nagellack.

Kleinere Reparaturen an Schmuckstücken

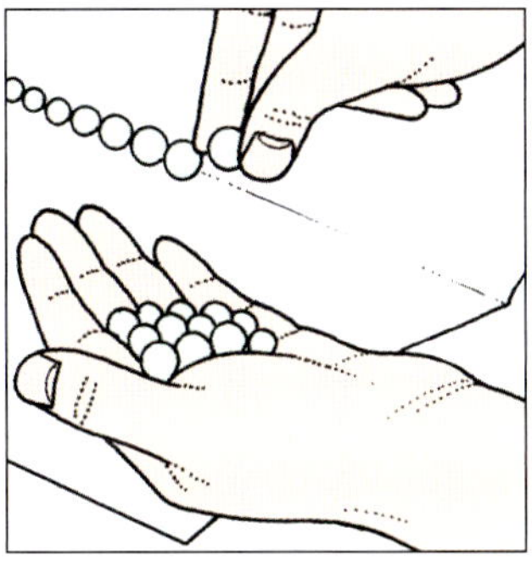

Kette neu auffädeln
Die Perlen in richtiger Reihenfolge entlang einer Papierfalte aneinander reihen. Auf eine reißfeste Nylonschnur fädeln.

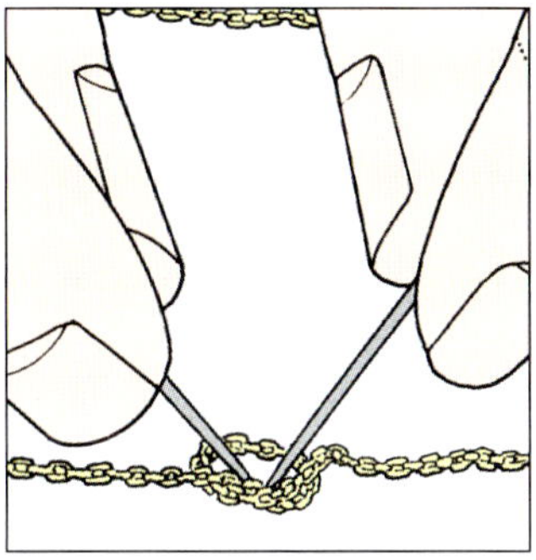

Knoten entwirren
Kette auf Wachspapier legen und einen Tropfen Babyöl auf den Knoten träufeln. Mithilfe von Nadeln den Knoten lösen.

Schmuckstücke aufbewahren

- **Ketten** Wenn Sie die Ketten an kleinen Haken aufhängen, werden sie sich nicht so leicht verheddern.
- **Modeschmuck** Kleinere Stücke können Sie in Eierkartons aufbewahren – legen Sie in jedes Segment ein Stück.

Fest sitzende Ringe

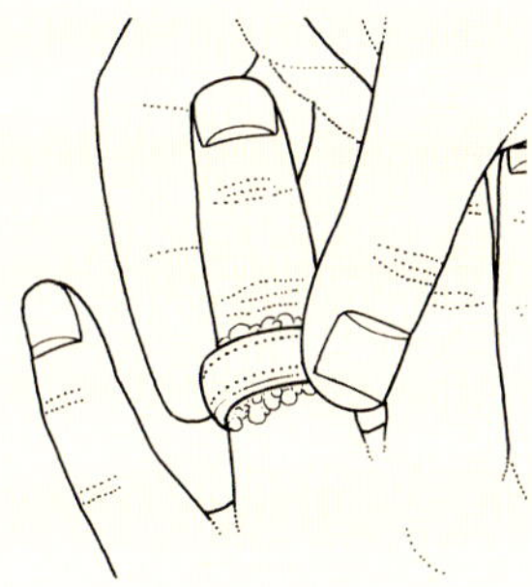

- **Mit Seife** Die Hände nass machen und den Finger ober- und unterhalb des Ringes mit Seifenschaum abreiben.
- **Mit Eis** Ist der Finger bei heißem Wetter stark angeschwollen, Hand in eine Schüssel Eiswasser legen. Die Schwellung geht zurück und der Ring gleitet vom Finger.

Verschiedenes

Auch Dinge wie Kämme, Tintenfüller und Handtaschen brauchen regelmäßige Pflege. Leinentaschen reinigt man mit klarem, flüssigem Badreiniger, den man gut ausspült. Ledertaschen mit neutraler Schuhpolitur behandeln (siehe S. 123 zum Reinigen von Uhren und Brillen).

Persönliche Dinge

- **Handtaschen** Metallrahmen und -verschlüsse mit zwei Schichten klarem Nagellack vor dem Anlaufen schützen. Einen defekten Griff können Sie mit einer passenden Kette, die es als Meterware im Haushaltswarenladen gibt, ersetzen.
- **Kämme** In kaltem Wasser mit ein paar Tropfen Salmiakgeist oder 2 TL Natron waschen. Siehe auch S. 125 zum Reinigen von Bürsten.
- **Nicht waschbare Stofftiere** Etwas Natron in eine Plastiktüte füllen, Stofftier in die Tüte stecken und schütteln. Gut abbürsten, am besten im Freien.

Spielkarten

Karte mit einer Hand festhalten und mit der anderen abreiben.

Spielkarten auffrischen
Spielkarten erhalten ein frisches Aussehen, wenn sie mit einem in Spiritus getränkten Wattebausch abgerieben werden. Talkumpuder wirkt Schmutz abweisend.

Tintenfüller

Tintenfüller reinigen
Füller gelegentlich zerlegen und Teile in Essig eine Stunde einweichen. Mit warmem Wasser ausspülen und auf einem Papiertuch trocknen lassen.

DAS ZUHAUSE INSTAND HALTEN

ÜBERSICHT

Instandhaltung heißt nicht, dass man alle paar Jahre eine Grundrenovierung vornehmen muss, sondern dass zunächst einmal alle Installationen und Geräte funktionsfähig sind. Je besser ein Haus gewartet ist, desto höher sind die Wohnqualität und sein Wert. Nehmen Sie sich also aller Fehler und Schäden umgehend an – entweder selbst oder mithilfe eines Fachmanns.

Ein gut gewartetes Haus

Gehen Sie durch Ihr Haus und betrachten Sie es einmal mit den Augen eines Außenstehenden. Sie werden sich wundern, was einem da auffällt und womit man sich aus Bequemlichkeit abfindet – ein tropfender Wasserhahn hier oder eine durchgebrannte Glühbirne dort …

Haus und Wohnung sichern

Instandhaltung kostet zwar etwas Geld, doch beugen Sie damit auch Diebstahl, Bränden oder Wasserschäden vor. Installieren Sie Feueralarmsysteme, Feuerlöscher und Diebstahlsicherungen und bringen Sie an Türen und Fenstern Sicherheitsschlösser an.

SANITÄRE ANLAGEN

Tropfende Wasserhähne und undichte Stellen erscheinen auf den ersten Blick vielleicht nicht so schlimm. Wenn Sie jedoch auf Dauer nichts dagegen unternehmen, können Holzverkleidungen oder Verputz beschädigt werden oder Wasserschäden entstehen. Undichte Stellen in der Nähe von Elektroinstallationen können lebensgefährlich sein.

Grundausrüstung

Stellen Sie sich für routinemäßige Wartungsarbeiten und Notfälle ein Werkzeugset zusammen. Achten Sie beim Kauf von Werkzeug auf gute Qualität. Teureres Werkzeug ist oft einfacher zu handhaben, hält länger und schont das Material. Wichtig ist, dass Sie das Werkzeug sachgemäß verwenden. Bewahren Sie es so auf, dass Sie es im Notfall gleich griffbereit haben.

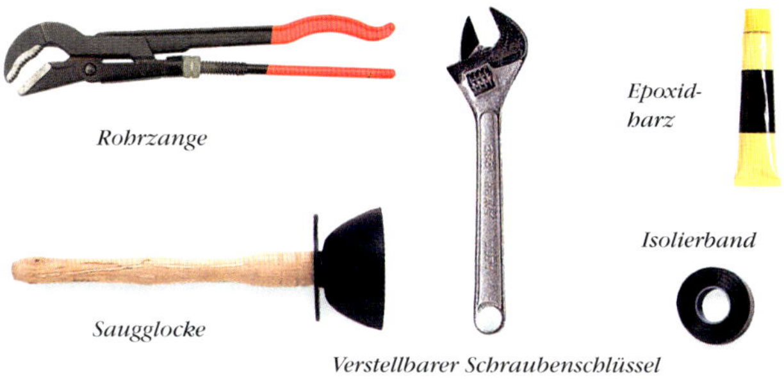

Tropfende Wasserhähne

Undichte Wasserhähne verursachen lästige Tropfgeräusche und hohe Wasserrechnungen. Außerdem bilden sich unschöne Kalkablagerungen. Meist hilft schon ein neuer Dichtungsring. Ist das Problem hartnäckiger, muss der Hahn möglicherweise ausgetauscht werden.

Dichtung austauschen

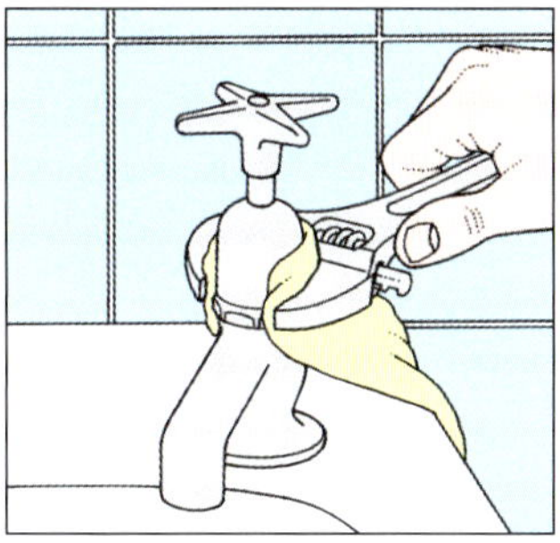

1 Die Wasserzufuhr absperren. Mit einem verstellbaren Schraubenschlüssel den oberen Teil des Hahnes abschrauben. Ein weiches Tuch zwischen Hahn und Werkzeug schützt vor Kratzern.

2 Die große Mutter im Inneren abschrauben. Den Ventilmechanismus entfernen, die alte Dichtung durch die neue ersetzen. Den Hahn wieder zusammenbauen.

Hilfreiche Hinweise

- **Wasserzufuhr** Informieren Sie sich darüber, wo sich der Absperrhahn befindet, und üben Sie für den Notfall, indem Sie das Abstellen des Wassers probieren.
- **Bester Zeitpunkt** Es ist ratsam, mit den Installationsarbeiten am Morgen eines Werktags zu beginnen. So stellen Sie sicher, dass die Läden offen haben, falls Sie Ersatzteile besorgen müssen.
- **Stets griffbereit** Legen Sie sich einen kleinen Vorrat an Dichtungen an, auf den Sie bei Bedarf rasch zurückgreifen können.

Gute Idee!

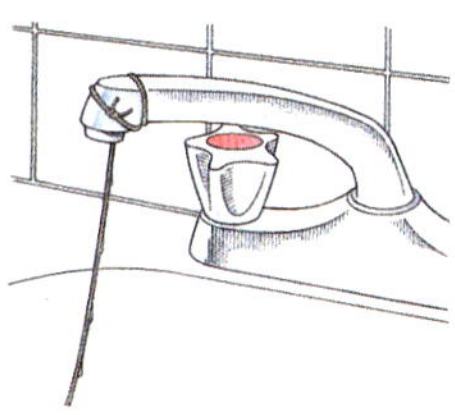

Im Notfall

Kurzfristig können Sie lästiges Tropfen abstellen, indem Sie eine Schnur um den Hahn binden. Dann sickern die Tropfen am Faden entlang.

Einhebelmischer

- **Ablagerungen entfernen** Keramische Dichtscheiben sind dauerhaft. Hebel öfter ruckartig öffnen und schließen, um Ablagerungen auszuspülen.
- **Neue Dichtung** Verdeckte Sicherungsschraube lösen, Bedienhebel nach oben abziehen. Ganzen Dichtungssatz oder Kartusche auswechseln.

Undichte Rohre

Undichte Abflussrohre oder Wasserleitungen können großen Schaden anrichten. Auf jeden Fall müssen Sie schnell handeln und den Hauptwasserhahn zudrehen. Nachfolgend finden Sie Tipps zur schnellen Selbsthilfe, ansonsten sollte ein Fachmann solche Schäden beheben.

Schnelle Abhilfe

● **Kupferrohre** Mit einem der Länge nach aufgeschnittenen Gartenschlauch umwickeln. Mit Schellen abdichten.

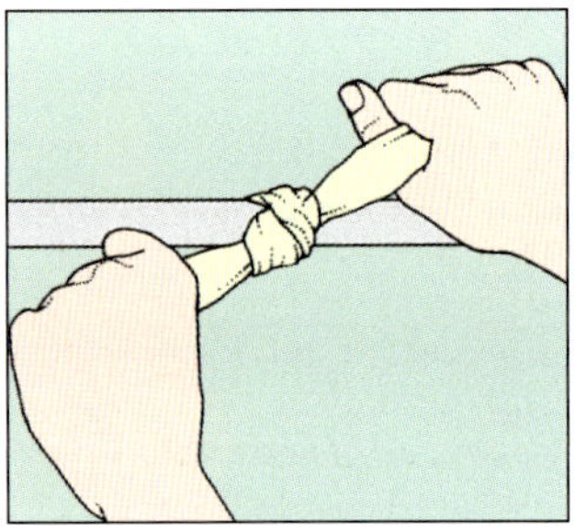

Kunststoffrohre
Die Bruchstelle mit reichlich Vaseline bestreichen und das Rohr mit einem Lumpen oder Isolierband abdichten.

Vorsicht!

Befindet sich eine elektrische Leitung nah der undichten Stelle, Stromzufuhr unterbrechen!

Kurzfristige Reparatur

1 Das Kunststoffrohr mit Schmirgelpapier abschleifen und die Bruchstelle mit Epoxidharz bestreichen.

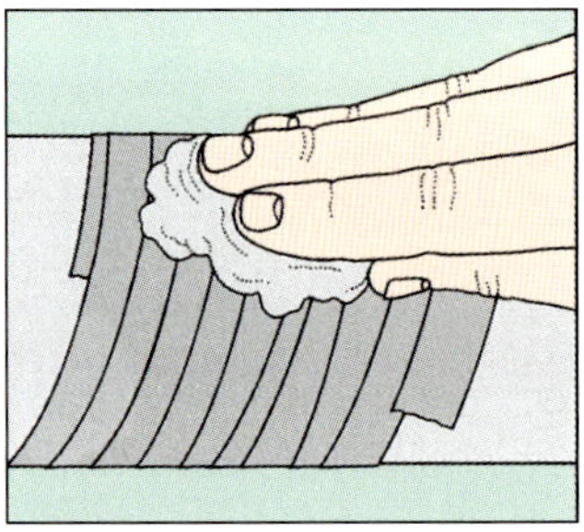

2 Mindestens zwei Schichten Glasfaserband oder Isolierband über das Leck wickeln. Auf das Band wiederum Epoxidharz auftragen.

3 Das Harz fest werden lassen, bevor Sie das Wasser wieder aufdrehen. Alle Wasserhähne laufen lassen, bis Wasser herausfließt, sodass sich in den Rohren keine Luft staut.

Was tun bei einem Rohrbruch?

1 Absperrhahn abdrehen und alle Wasserhähne aufdrehen.

2 Eventuell in Betrieb befindliche Wasserboiler ausschalten, damit die Heizspirale nicht durchbrennt.

3 Tritt Wasser durch einen Beleuchtungskörper, das Licht sofort aus- und die Sicherung abschalten.

4 Undichte Stelle ausfindig machen und mit Lappen oder Isolierband umwickeln. Eimer unter das Leck stellen, Klempner anrufen.

5 Wölbt sich der Deckenverputz, Möbel und Teppiche wegräumen und einen Eimer darunter stellen. Die Wölbung anstechen, damit das angesammelte Wasser abfließen kann.

Geräusche in den Rohren

Die meisten Geräusche entstehen dadurch, dass Rohre vibrieren, weil sie nicht ausreichend befestigt sind und daher zu viel Spielraum haben. Versuchen Sie Schaumgummi zwischen die Rohre und die Wände zu klemmen oder die betreffenden Rohre mit einer Holzlatte zu sichern.

Ursachen für Geräusche

● **Schallübertragung** Wird der Wasserhahn sehr heftig aufgedreht, kann sich ein „Schlag“ durch das Rohr fortpflanzen. Armaturen mit Keramikscheiben sind hierfür anfälliger als herkömmliche Wasserhähne.

● **Sonstige Ursachen** Beim Erwärmen oder Abkühlen der Zentralheizung reiben die sich dehnenden oder zusammenziehenden Rohre an dem Material, das sie umgibt. Stellen mit Isoliermaterial unterlegen.

Heizkörper entlüften

● **Lufteinschlüsse** Wenn in einem Heizkörper Wassergeräusche zu hören sind oder er nicht warm wird, hat sich in seinem Inneren Luft angesammelt. Mit einem speziellen Schlüssel das Entlüftungsventil an der Seite des Heizkörpers öffnen und die Luft entweichen lassen, bis Wasser austritt (Glas drunterhalten!). Das Ventil wieder fest zudrehen, Druck und Wasserstand in der Zentralheizung prüfen.

Abflussrohre

● **Glucksende Geräusche** Eine beginnende Rohrverstopfung kündigt sich oft durch glucksende Geräusche in den Beckenabflüssen an. Mit der Saugglocke oder Spirale Ablagerungen lösen oder das Rohr professionell reinigen lassen.

● **Fließgeräusche** Auf Putz oder unter Trockenbau verlaufende Leitungen nachträglich zur Geräuschdämmung mit Schaumstoff oder Filzbinde ummanteln.

Bei Frostgefahr

Gefrorene Leitungen müssen so schnell wie möglich aufgetaut werden, sonst könnten sie brechen. Den Ablauf unter dem Spülbecken tauen Sie auf, indem Sie ihn mit heißen Tüchern umwickeln. Über gefrorene Außenrohre gießt man heißes Wasser, um sie aufzutauen.

Gefrorene Rohre auftauen

1 Den Absperrhahn zudrehen, von der gefrorenen Leitung gespeiste Hähne aufdrehen. Durch Abtasten die gefrorene Stelle lokalisieren.

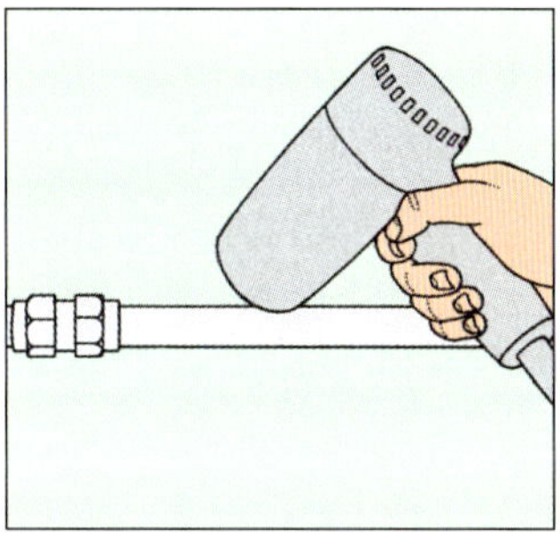

2 Einen Föhn auf mittlere Stufe einstellen und an die gefrorene Stelle halten. Bei Kunststoffrohren etwas größeren Abstand wählen.

Frostschutz

- **Leitungen entleeren** Bei Gartenanschlüssen vor der Frostperiode die Wasserzufuhr abstellen und das Restwasser auslaufen lassen.
- **Wasser zirkulieren lassen** Bei hohen Minusgraden an gefährdeten Leitungen den Kaltwasserhahn leicht aufdrehen.
- **Salz** Abends eine Hand voll Salz in den Abfluss gießen, damit die Leitung nicht über Nacht gefriert.
- **Rohre isolieren** Leitungen gegen Frost mit Schaumstoff oder Filzbinde umwickeln.

Verstopfte Abflüsse

Spülbecken und Abflussrohre verstopfen durch Fett, Essensreste oder sonstige feste Stoffe. Halten Sie Abflüsse mit einer Mischung aus Salz, Backpulver und Weinsteinpulver frei. Verwenden Sie kein Ätznatron, da sich in Verbindung mit Fett Klumpen bilden können.

Verstopfte Abflüsse

- **Spül- und Waschbecken** Wasser aus dem Becken schöpfen. Eine Tasse Waschsoda und anschließend kochendes Wasser in den Abfluss gießen. Bei Bedarf wiederholen.
- **Außenleitungen** Versuchen Sie es mit nebenstehenden Maßnahmen. Hartnäckige Verstopfungen mit Draht durchstechen. Wenn alles nichts hilft, Installateur rufen.

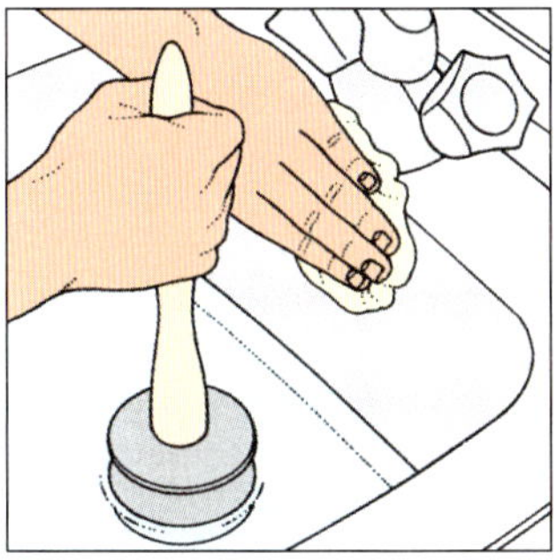

Mit der Saugglocke
Den Rand der Glocke einfetten, auf den Abfluss legen und so viel Wasser einlaufen lassen, dass die Glocke bedeckt ist. Den Überlauf verschließen und mit der Saugglocke auf- und abpumpen.

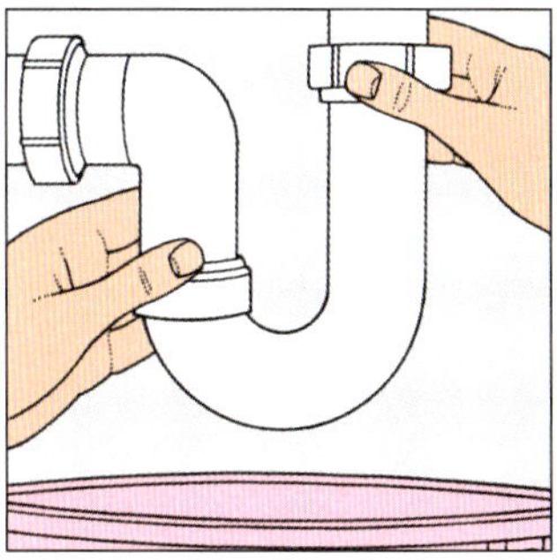

Verstopfter Siphon
Wenn sich die Verstopfung durch Pumpen mit einer Saugglocke nicht lösen lässt, Eimer unter den U-Bogen stellen und Rohr aufschrauben. Die Verstopfung mit einem Draht vorsichtig lösen.

Übel riechende Abflüsse

- **Geruch beseitigen** Regelmäßig Waschsoda und kochendes Wasser in den Abfluss gießen.

ZEIT SPAREN

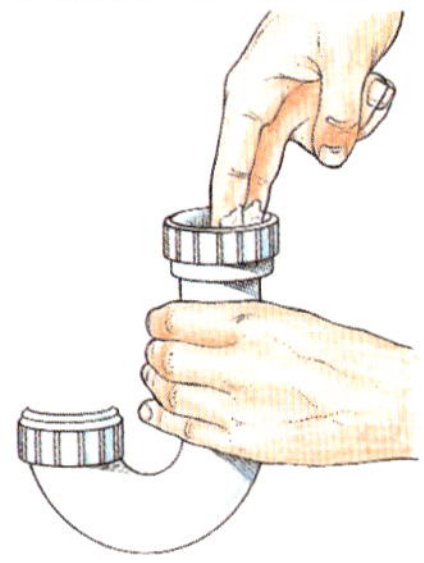

U-Bogen
Bevor Sie einen U-Bogen wieder anschrauben, bestreichen Sie das Gewinde mit Vaseline. Beim nächsten Mal lässt es sich viel leichter aufdrehen.

Toiletten und Haushaltsgeräte

Toiletten verstopfen meist dadurch, dass etwas Ungeeignetes hinuntergespült wurde. Das Wasser steigt bis zum Rand und fließt nur langsam wieder ab. Überlaufende Wasserbehälter und Haushaltsgeräte können schwere Wasserschäden anrichten, wenn man nicht sofort handelt.

Verstopfte Toilette

1 Nicht weiter die Spülung betätigen, sondern das Wasser so weit wie möglich abfließen lassen.

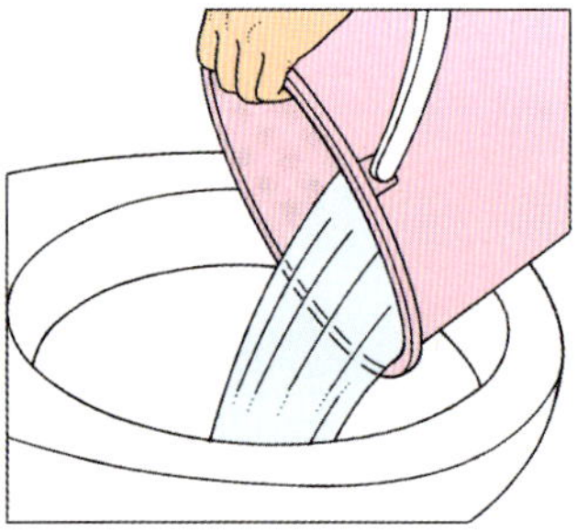

2 Eimerweise Wasser in die Toilettenschüssel schütten. Löst dies die Verstopfung nicht, eine Saugglocke gegen den Grund der Schüssel pressen und kräftig pumpen.

Wasserkästen

- **Zu viel Wasser** Das Überlaufen kann durch einen beschädigten Schwimmer oder eine abgenutzte Dichtung im Einlassventil verursacht werden.

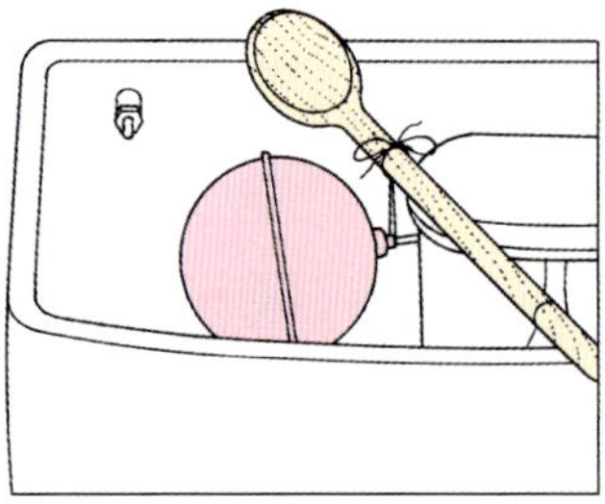

Überschwemmung
Läuft ein Wasserbehälter über, Schwimmer anheben. Mithilfe eines Holzlöffels in einer waagrechten Position fixieren und bis zur Reparatur so lassen.

Wasseraustritt bei Haushaltsgeräten

- **Zu viel Seife** Einige Wasch- und Spülmaschinen können überlaufen, wenn das falsche bzw. zu viel Waschmittel verwendet wird. Wählen Sie die Funktion Abpumpen. Um überschüssigen Seifenschaum zu entfernen, lassen Sie die Maschine einmal leer laufen.
- **Defekt am Gerät** Liegt es nicht am Pulver, überprüfen Sie, ob der Filter und die Dosierkammer richtig sitzen. Können Sie keine Ursache feststellen, Netzstecker ziehen und einen Fachmann hinzuziehen. Kommt das Wasser schon in die Nähe von Schaltern oder Steckdosen, den Strom abstellen.

Wasser sparen

Mit einfachen Maßnahmen können Sie viel Wasser, Geld und Energie sparen: Ein Vollbad verbraucht viermal so viel Wasser wie einmal duschen, eine Spartaste am Spülkasten und Durchflussbegrenzer in Wasserhähnen bringen weitere Einsparungen.

Küche

- **Geschirr spülen** Geschirrspülmaschinen sind nur dann ökonomisch, wenn das Gerät möglichst voll beladen ist.

Überschüssiges Wasser
Mit dem Wasser vom Gemüseputzen, vom Eierkochen oder aus der abgekühlten Wärmeflasche können Sie Garten- oder Balkonpflanzen gießen.

Wäsche waschen

- **Waschmaschinen** Bedenken Sie beim Kauf einer neuen Waschmaschine, dass Frontlader weniger Wasser verbrauchen als Toplader. Befüllen Sie die Trommel immer ganz mit Wäsche, es sei denn, Ihre Maschine verfügt über ein Energiesparprogramm.

Ausserhalb des Hauses

- **Regenwasser auffangen** Stellen Sie unter die Dachrinnen von Haus, Garage und Schuppen Regentonnen auf und sammeln Sie so Gießwasser.
- **Kehren statt spritzen** Zufahrts- und Gartenwege mit einem Besen mit harten Borsten kehren, nicht abspritzen.

Badezimmer

- **Tropfende Hähne** Viel Wasser wird durch tropfende Hähne verschwendet. Beim Heißwasserhahn kostet dies zusätzliche Energie.

Leckstellen aufspüren
Geben Sie ein paar Tropfen Nahrungsmittelfarbe in den Wasserkasten. Falls Farbe in die Toilettenschüssel austritt, einen Fachmann hinzuziehen.

ELEKTRIZITÄT UND GAS

Beim Umgang mit Elektrizität ist äußerste Vorsicht geboten! Bevor Sie an elektrischen Leitungen arbeiten, schalten Sie die Sicherung für den betreffenden Stromkreis oder den Hauptstromschalter ab. Vergewissern Sie sich mit einem Phasenprüfer, dass der Stromkreis wirklich unterbrochen ist.

GRUNDAUSRÜSTUNG

Stellen Sie einige einfache Elektrowerkzeuge zusammen, die Sie bei einem Stromausfall griffbereit haben sollten. Halten Sie in jedem Fall eine Taschenlampe bereit und überprüfen Sie regelmäßig, ob sie noch betriebsbereit ist. Kaufen Sie nur Werkzeug guter Qualität und nehmen Sie nur Arbeiten in Angriff, die Sie sicher beherrschen.

Taschenlampe

Kombizange

Phasenprüfer mit Schutzgriff

Isolierband

Abisolierzange

Sicherer Umgang mit Elektrizität

Prüfen Sie regelmäßig, ob alle Netzstecker und Kabel an elektrischen Geräten intakt sind – lose Verbindungen müssen sofort repariert werden. Kabel dürfen nicht einfach unter einem Teppich durchgezogen werden, da sie sich abnutzen und dann Drähte freigelegt werden könnten.

ZUM THEMA SICHERHEIT

- **Nur mit trockenen Händen** Elektrische Geräte nicht mit nassen Händen anfassen. Da Wasser Strom leitet, könnten Sie einen Stromschlag bekommen. Während des Badens niemals einen Föhn oder einen Rasierapparat benutzen.
- **Überlastung vermeiden** Über eine Mehrfachsteckdose nur so viel Geräte anschließen, wie ein Stromkreis gut bewältigen kann, um das System nicht zu überlasten.
- **Vorsicht!** Prüfen Sie, bevor Sie Löcher bohren oder Nägel einschlagen, ob nicht an der betreffenden Stelle elektrische Leitungen verlaufen könnten.
- **Geräteschutz** Empfindliche Geräte wie Hi-Fi-Anlagen oder Computer können durch vorgeschaltete Sicherungen vor Überspannungen aus dem Stromnetz geschützt werden.

ELEKTROGERÄTE

- **Erdung** Stellen Sie sicher, dass elektrische Geräte mit Metallgehäuse geerdet sind.
- **Stecker** Beschädigte Stecker sofort ersetzen. Stecker, die sehr häufig ein- und ausgesteckt werden müssen, durch besonders stabile Gummiausführung ersetzen.

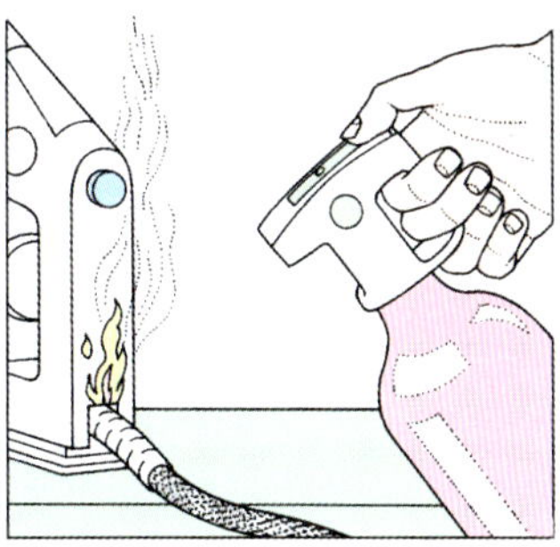

Feuerlöscher
Feuer an elektrischen Geräten mit einem Feuerlöscher eindämmen. Niemals Wasser zum Löschen verwenden!

WARNSIGNALE

Bei Problemen mit elektrischen Leitungen einen Fachmann hinzuziehen: Beispielsweise wenn ein Stromkabel defekt aussieht oder wenn Sie nicht nachvollziehen können, warum ein Elektrogerät nicht mehr funktioniert. Beachten Sie die unten stehenden Warnsignale und machen Sie sich mit den Erste-Hilfe-Schritten bei einem Stromschlag vertraut (siehe S. 173 und 177).

- **Geruch nach Verbranntem** Vielleicht ist ein Netzstecker überhitzt und schmilzt – das Gerät sofort abschalten und Stecker ziehen.
- **Stecker wird warm** In diesem Fall das Gerät abschalten und Stecker aus der Dose ziehen. Die entsprechende Sicherung ausschalten. Die Ursache könnte ein Defekt am Stecker oder der Dose sein. Beides muss umgehend repariert werden.

Lichtquellen und Elektrogeräte

Schalten Sie das Licht aus, wenn Sie ein Zimmer verlassen, und bringen Sie in Fluren und im Außenbereich Zeitschalter an. Halten Sie alle Elektrogeräte gut in Schuss – beschädigte Geräte können einen Stromausfall, Stromschlag oder Brandfälle verursachen.

Pflege von Lampen

- **Die richtige Glühbirne** Halten Sie sich an die für die Lampe empfohlene Stärke, keinesfalls stärkere einsetzen.

Glühbirnen reinigen
Verstaubte oder alte Glühbirnen verlieren bis zu 50 % ihrer ursprünglichen Leuchtkraft. Darum regelmäßig säubern bzw. ersetzen, siehe auch S. 64.

Rund ums Licht

- **Beleuchtungsplan** Bevor Sie mit dem Einrichten beginnen, sollten Sie sich überlegen, wo Sie welche Art von Lichtquelle benötigen. Für jeden Bereich die richtige Stärke verwenden: gedämpftes Licht im Speisezimmer, während Küche, Badezimmer und Leseecken gut ausgeleuchtet sein sollten.
- **Lichtschalter** Im Außenbereich Leuchtfarbe oder -aufkleber anbringen, damit sie leicht zu finden sind.
- **Kinder** Haben Kinder Angst im Dunkeln, bringen Sie ein Nachtlicht an. Auch im Treppenhaus unbedingt ein Nachtlicht brennen lassen, falls die Kinder aufwachen.

Fehler beheben

- **Gerät prüfen** Wenn ein Elektrogerät nicht mehr funktioniert, ziehen Sie zunächst die Bedienungsanleitung zurate. Eventuell muss die geräteeigene Sicherung erneuert werden. Prüfen Sie auch, ob an der Steckdose Strom anliegt.
- **Überlastung** Nicht zu viel Lichtquellen und Elektrogeräte über einen Stromkreis betreiben.
- **Gefährliche Elektrogeräte** Wenn Sie einen Stromschlag durch ein Elektrogerät bekommen, sofort den Stecker aus der Steckdose ziehen und das Gerät in die Reparatur geben.

Unterbrochene Stromversorgung

Die Ursache für einen Stromausfall kann eine Sicherung oder ein großräumiger Ausfall sein. Bei Arbeiten an der Stromversorgung werden Sie in der Regel vorab informiert. Stellen Sie dann vorher bei Ihren Kühlgeräten die niedrigste Temperatur ein.

Stromausfall

1. Fallen mehrere Geräte oder Lichter eines Stromkreises aus, ist wahrscheinlich eine Sicherung ausgefallen. Alle von diesem Stromkreis versorgten Geräte abschalten.

2. Die Sicherung erneuern bzw. Sicherungsschalter umlegen. Eventuell beschädigte Kabel reparieren.

3. Prüfen, ob sichtbare Schäden an Steckern und Kabeln vorhanden sind.

4. Geräte und Lichtquellen einschalten. Fällt die Sicherung erneut aus, ist der Stromkreis überlastet oder eines der Geräte beschädigt.

Nach dem Stromausfall

- **Strom fließt wieder** Uhren und Zeitschalter neu einstellen. Tiefkühltruhe 6 Stunden nicht öffnen.

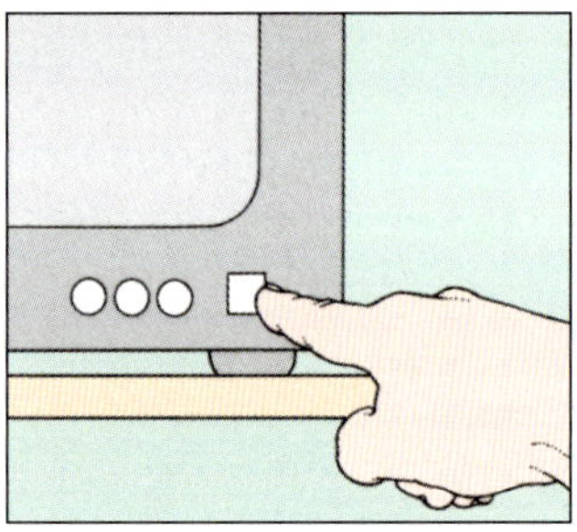

Bei Stromausfall
Bis auf eine Lampe, Kühlschrank und Tiefkühltruhe alles ausschalten. Wenn wieder Strom fließt, könnte durch den Spannungsstoß eine Sicherung ausfallen.

GUTE IDEE!

Für den Notfall
Legen Sie ein paar Kerzen und Streichhölzer in den Kühlschrank, so sind sie bei einem Stromausfall sofort griffbereit.

Gas und offenes Feuer

Beim Umgang mit Kohle und Gas ist stets besondere Vorsicht geboten. Wenn Sie Gasgeruch bemerken, gehen Sie dem sofort nach. Ausströmendes Gas kann zu einer Explosion führen und ein außer Kontrolle geratenes Feuer im Kamin kann sich rasch ausbreiten.

Was tun bei Gasgeruch?

1 Bemerken Sie Gasgeruch, Zigaretten, Kerzen und Gasherd sofort ausmachen. Alle Geräte mit Elektromotor abschalten. Lichtschalter nicht betätigen – Licht an- oder auslassen!

2 Schließen Sie den Hahn am Gaszähler und/oder die Hauptabsperreinrichtung im Keller. Den Hahn so lange drehen, bis er im rechten Winkel zur Leitung steht.

3 Öffnen Sie alle Türen und Fenster. Benachrichtigen Sie die Nachbarn und verlassen Sie alle das Gebäude. Bewusstlose Personen ins Freie bringen und sofort versorgen (siehe S. 174).

4 Rufen Sie den Notdienst der Stadtwerke an. Versuchen Sie auf keinen Fall, die undichte Stelle selbst zu finden, überlassen Sie das den Spezialisten.

Kaminfeuer

- **Im Notfall** Ein außer Kontrolle geratenes Kaminfeuer mit Wasser löschen. Steht der Schornstein in Flammen, sofort die Feuerwehr rufen. Schornsteine regelmäßig reinigen lassen, damit sich kein Ruß ansammelt.
- **Zur Vorsorge** Möglichst kein harzreiches Holz verwenden (Funkenflug!). Den Holzvorrat nicht vor dem Kamin lagern und keinen Teppich davor legen.

Energie sparen

Schon mit ein paar einfachen Maßnahmen können Sie Energie sparen, etwa indem Sie den Thermostat am Wasserboiler etwas niedriger einstellen. Aufwändigere Arbeiten wie das Isolieren von Fassaden, Dächern oder Leitungen machen sich langfristig ebenfalls bezahlt.

Teekessel

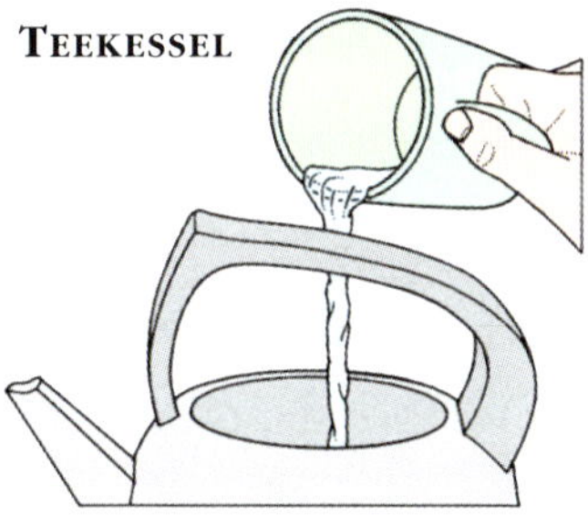

Wasser kochen

Kochen Sie nur so viel Wasser wie nötig und messen Sie die entsprechende Menge mit einem Messbecher ab. Ob Teekessel oder elektrischer Wasserkocher, schließen Sie beim Wasserkochen immer den Deckel.

Elektrogeräte

- **Fernseher** Schalten Sie das Gerät über Nacht ganz ab.
- **Qualität zahlt sich aus** Achten Sie beim Kauf darauf, wie viel Energie ein Gerät verbraucht. Es zahlt sich aus, zunächst etwas mehr Geld zu investieren.

In der Küche

- **Geräte** Schaffen Sie sich Kleingeräte wie elektrische Wasserkocher oder Fritteusen an. Sie verbrauchen für spezielle Zwecke weniger Energie als Herde und Backöfen.
- **Backofen** Versuchen Sie, die Energie optimal zu nutzen, beispielsweise indem Sie die Nachwärme dafür verwenden, um Reis oder Hülsenfrüchte vorquellen zu lassen.
- **Elektroherd** Regelmäßiges Reinigen der Kochplatten maximiert die Leistung.
- **Mikrowelle** Sie verbraucht weitaus weniger Energie als ein herkömmlicher Herd.
- **Tiefkühltruhe** Möglichst wenig öffnen, da das Gerät jedes Mal Energie benötigt, um die ursprüngliche Temperatur zu erreichen.
- **Töpfe und Pfannen** Deckel sollten perfekt sitzen und Töpfe mindestens genauso groß wie die Herdplatten sein.

GELD SPAREN

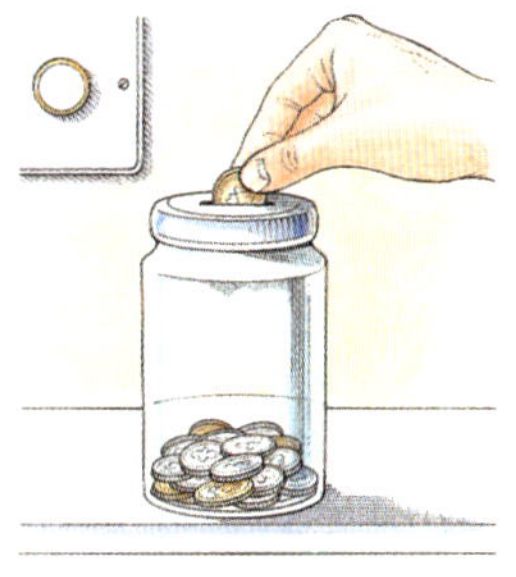

Zur Kasse bitten

Stellen Sie eine Spardose auf, in die Familienmitglieder, die Strom verschwenden, einen Beitrag zahlen müssen.

Beleuchtung

- **Licht reflektieren** Lampen in Zimmerecken reflektieren das Licht. Räume mit hell gestrichenen Wänden brauchen weniger Lichtquellen.

HEIZEN UND KÜHLEN

Ein gut isoliertes Haus kühlt im Winter nicht so schnell aus und heizt sich im Sommer nicht auf, was die Kosten für Heizen bzw. Kühlen beträchtlich senkt. Der einmalige Aufwand für eine gute Isolierung zahlt sich daher bereits nach wenigen Jahren aus.

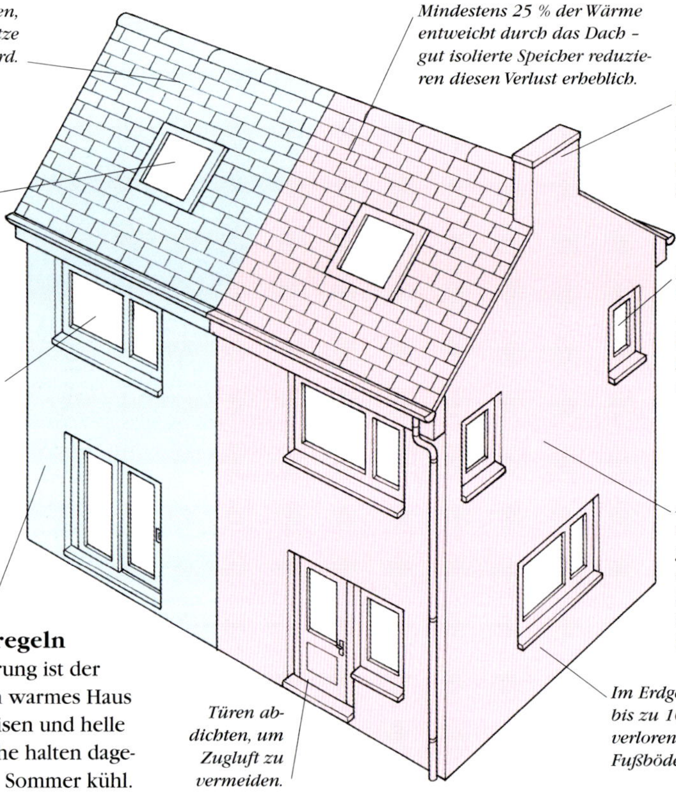

Temperatur regeln

Eine gute Isolierung ist der Schlüssel für ein warmes Haus im Winter, Markisen und helle Fassadenanstriche halten dagegen Ihr Haus im Sommer kühl.

So senken Sie Energiekosten

Kosten für Kühlung

- **Fenster** An sonnigen Fenstern Rollläden anbringen oder davor Schatten spendende Bäume und Büsche anpflanzen.
- **Lüftungsanlage** Es gibt multifunktionale Anlagen, die kontrolliert und mit Wärmerückgewinnung lüften, kühlen und heizen können.
- **Klimageräte** Vorzugsweise auf der schattigeren Hausseite oder unter einer Markise platzieren. Luftfilter in Klimageräten regelmäßig reinigen.

Heizkosten

- **Thermostate** Wenn Sie die Temperaturregler für Heizung und Wasser um ein paar Grad herunterdrehen, senken Sie die Heizkosten leicht um 10 %.
- **Doppelte Verglasung** Diese ist in der Anschaffung teuer, macht sich jedoch langfristig bezahlt. Bringen Sie als kostengünstige Alternative eine provisorische doppelte Verglasung an (siehe S. 141).
- **Fußbodenisolierung** Risse in Dielen reparieren und Fußböden mit Teppichen belegen. Die Kosten für eine fachmännische Fußbodenisolierung machen sich auf Dauer bezahlt.
- **Isolierung des Daches** Etwa ein Viertel der Wärme in einem Haus entweicht durch das Dach. Das Isolieren des Dachbodens oder Speichers mit Glasfaser oder Mineralwolle wirkt Wärme dämmend.
- **Abdichten** Bringen Sie an Türen und Fenstern, die starker Zugluft ausgesetzt sind, selbstklebende Isoliergummis an.

Die Wärme im Haus halten

Ein warmes Zuhause muss nicht unbedingt eine hohe Heizkostenrechnung nach sich ziehen. Halten Sie die Türen zu beheizten Zimmern geschlossen und heizen Sie nicht genutzte Räume nur bei großer Kälte. Briefschlitze in der Haustür mit einem Filzstreifen versehen.

Heizkörper

- **Wärme umlenken** Ein Brett über dem Heizkörper leitet die abgegebene Wärme direkt in den Raum.

Abhilfe gegen Zugluft

- **Zugluft aufspüren** Türen und Fenster schließen und die Räume mit einer Kerze abgehen – flackert sie, zieht es.

Doppelte Verglasung

- **Provisorische Maßnahmen** Plexiglasscheiben oder Kunststofffolien mit Klebeband an der Scheibe befestigen.

Wärme reflektieren
Hinter den Heizkörpern Aluminiumfolie anbringen (glänzende Schicht nach innen). Die Wärme wird in den Raum geleitet, statt durch die Wände zu entweichen.

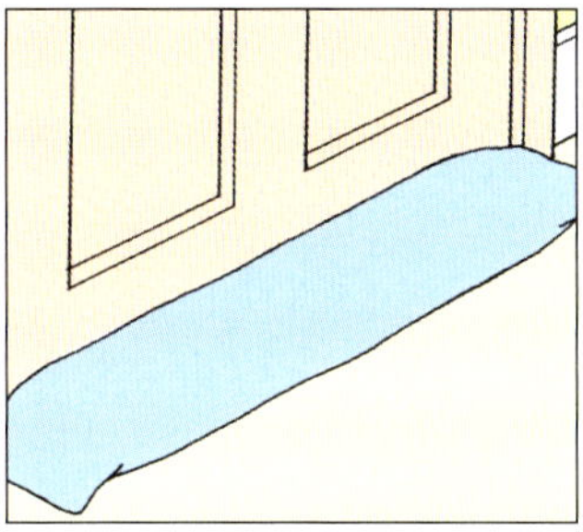

Zugluft aussperren
Aus einem dekorativen Stoff ein passendes Stück zuschneiden, mit Füllmaterial stopfen und zusammennähen - fertig ist ein Schutz gegen Zugluft für die Tür.

Kunststofffolien
Kunststofffolien mit Klebeband am Fenster befestigen. Mit einem Föhn auf die passende Größe zusammenschrumpfen lassen. Im Sommer wieder abnehmen.

Das Haus kühl halten

Ein gut isoliertes Haus ist auch im Sommer angenehm kühl. Zusätzlich können Sie die Fenster im Dachboden bzw. obersten Stockwerk früh morgens und abends öffnen und so für Durchzug sorgen. Auch Ventilatoren in mehreren Räumen sorgen dafür, dass die Luft zirkuliert.

Einfache Lösungen

- **Kein Licht einschalten** Glühbirnen geben viel Wärme ab. Deswegen so lang wie möglich Tageslicht nutzen und das Licht erst bei Einbruch der Dämmerung anschalten.
- **Für Schatten sorgen** Pflanzen Sie vor dem Haus Bäume oder Sträucher. Laubbäume bieten im Sommer Schatten und lassen im Winter das Licht ungehindert einfallen.

Feuchtigkeit reduzieren

- **Duschen** Wasserdampf kann die Luftfeuchtigkeit im Haus beträchtlich erhöhen. Gleich nach dem Duschen das Bad lüften, damit die Feuchtigkeit wieder entweicht.

Gegen Hitze abschirmen

- **Fensterbehänge** Während der heißesten Zeit Rollos herunterlassen bzw. Vorhänge zuziehen.

Sonnenwärme ablenken
Aluminiumfolie an der Innenseite der Dachverkleidung befestigen, damit die Sonnenwärme nach außen reflektiert wird. 20 % der Hitze wird so abgehalten.

UMWELTTIPP

Keinen Dampf ablassen
Deckel auf dem Topf lassen, damit kein Wasserdampf austreten kann. So sparen Sie auch Energie und Geld. Die Küchentür beim Kochen schließen, damit die übrigen Räume kühl bleiben.

ALLGEMEINES

Sie können viel Geld sparen, wenn Sie einfachere Reparaturen im und am Haus selbst ausführen. Kleinere Defekte an Böden, Türen, Fenstern und Treppen können mit geringem Kostenaufwand behoben werden. Bei aufwändigeren Arbeiten wird man unter Umständen einen Fachmann hinzuziehen müssen.

Böden

Rissige Holzböden können knarren und durch die Zugluft von unten Fußkälte verursachen. Die Reparatur ist meist einfach. Lose verlegte Teppiche sollten mit doppelseitigem Klebeband oder mit speziellen Gleitschutzunterlagen gesichert werden.

Holzböden

- **Nicht genutete Dielen** Bei der defekten Diele die Stellen suchen, wo sie an den darunter liegenden Balken genagelt ist. Mit einer Stichsäge direkt daneben das Brett durchschneiden, Diele losstemmen und durch eine neue ersetzen.
- **Nut-und-Feder-Dielen** Beschädigte Diele entlang der Kanten aussägen und durch eine einfache Diele ersetzen, die an beiden Enden auf Querhölzern ruht, die an den Trägerbalken befestigt sind.

Schnelle Isolierung

Selbst gemachter Kitt
Offene Fugen mit Pappmaschee aus Zeitung und Tapetenkleister füllen. Nach dem Trocknen mit den Dielen bündig abschmirgeln.

Knarrende Dielen

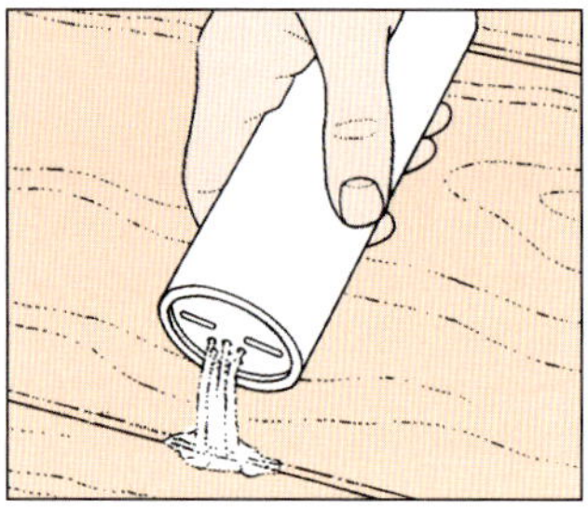

Gegen Knarren
Talkumpuder in die Fugen knarrender Dielen streuen. Nachgebende Dielen mit langen Schrauben an den Balken befestigen.

Türen

Damit Haustüren nicht knallend ins Schloss fallen, kann man einen mechanischen Türschließer oder Türstopper anbringen. An klappernden Türen sollte man das Schloss einstellen oder einen Zugluftschutz an der Innenseite des Türrahmens anbringen.

Klemmende Türen

Die Ursache herausfinden
Kreide an der Kante auftragen und Tür schließen – am Rahmen bleibt ein Abdruck. Tür an den Angeln einstellen. Bei klemmenden Schiebetüren Bodenpolitur auf die Gleitflächen auftragen.

Klemmende Scharniere

Scharnier einfetten
Drehgelenk am klemmenden Scharnier mit Graphit bestreichen oder mit einem Lappen etwas Maschinenöl auf das Scharnier auftragen, dabei das Scharnier vor- und zurückbewegen.

GUTE IDEE!

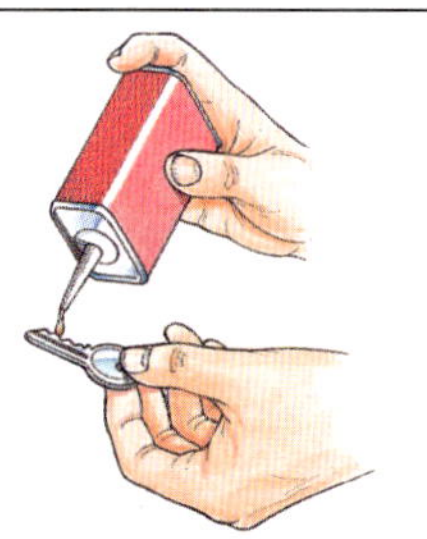

Schlösser schmieren
Schlüssel mit Öl bestreichen und in das klemmende Schloss stecken. Ein paarmal hin- und herdrehen.

Treppen

Am besten lassen sich knarrende Treppen von unten her reparieren. Wenn Sie allerdings keinen Zugang haben, entfernen Sie eventuelle Teppichbeläge und schrauben Sie die Trittstufe von oben her fest auf die Setzstufe. Halten Sie Treppen grundsätzlich frei von Stolperfallen.

So reparieren Sie knarrende Treppen

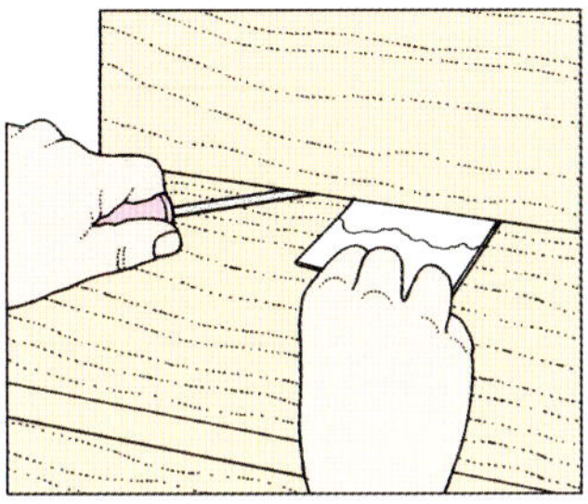

Setzstufen kleben
Schraubenzieher zwischen Tritt- und Setzstufe schieben und mit Holzkleber bestrichene Pappe einklemmen. Den Vorgang nach Bedarf mehrmals wiederholen.

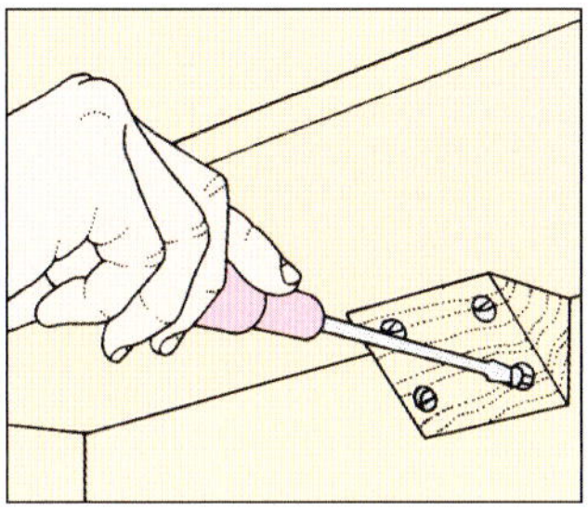

Holzstück anbringen
Bei hartnäckigem Knarren muss das Problem von unten angegangen werden: Dreieckiges Stück Holz in den Winkel zwischen Tritt- und Setzstufe schrauben.

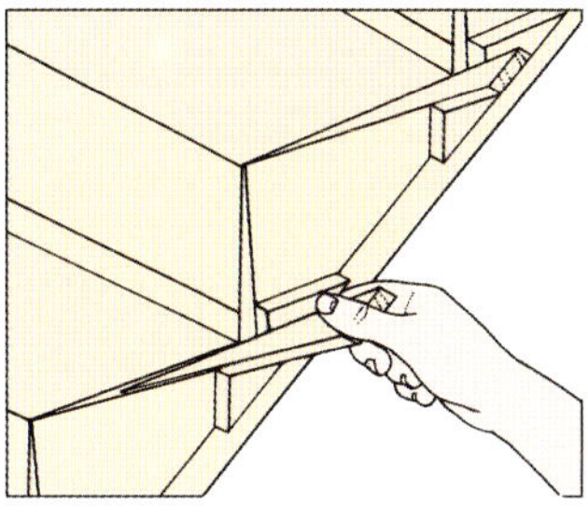

Keile ersetzen
Wenn alte Treppen knarren, müssen eventuell die Stufenkeile ersetzt werden. Alte Füll- und Klebemasse entfernen, neue auftragen und Keile befestigen.

Fenster

Ist ein Fenster zu Bruch gegangen und Sie können es nicht sofort reparieren oder zum Glaser bringen, sollten Sie es mit Spanplatten sichern. Kleinere Sprünge kann man provisorisch mit Kunststofffolie und Kreppband abdecken, allerdings sollte das Glas bald ausgetauscht werden.

Scheiben entfernen

- **Zerbrochenes Glas** Tragen Sie bei der Arbeit mit zerbrochenem Glas feste Handschuhe und eine Schutzbrille, falls Sie das Glas weiter aufbrechen müssen.

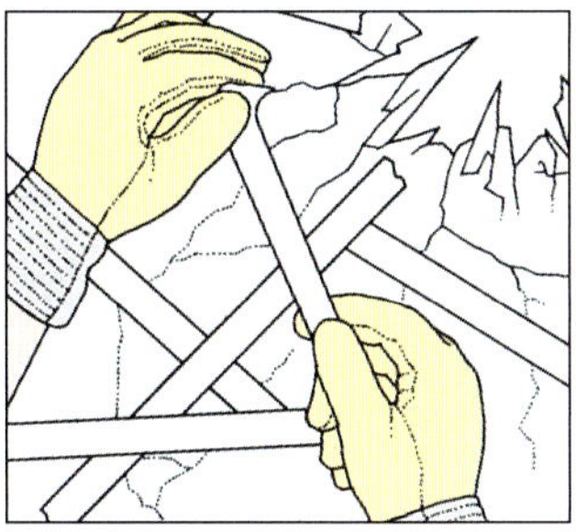

Mit Kreppband
Bringen Sie Kreppband kreuzförmig auf der Fensterscheibe an. Das Glas von beiden Seiten mit einem schweren Tuch abdecken und vorsichtig mit einem Hammer herausschlagen, damit es nicht zu stark splittert.

Scheiben ersetzen

1 Die neue Glasscheibe sollte 3 mm kleiner (in Höhe und Breite) als die Fensteröffnung sein. Altes Dichtungsmaterial entfernen. Den Falz reinigen und neu streichen.

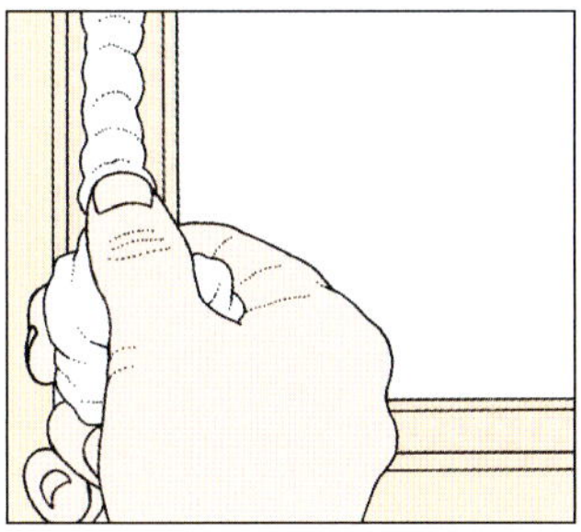

2 Frischen Kitt in den Falz geben. Die neue Glasscheibe einsetzen – an den Ecken anfassen, nicht in der Mitte, da sie sonst brechen könnte. Die Scheibe mit entsprechenden Stiften befestigen, Kitt gut trocknen lassen.

Probleme mit Fenstern

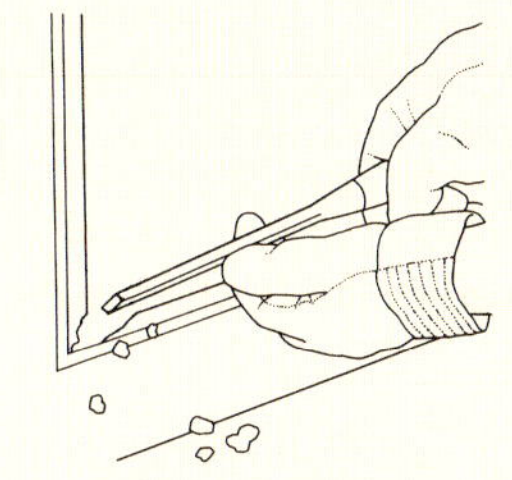

- **Schadhafte Kittstellen** Beim Festwerden kann Kitt leicht brechen und herausfallen. Mit einem Meißel entfernen und komplette Schicht neu auftragen.
- **Klemmende Fenster** Es ist möglich, dass Farbe zu dick aufgetragen ist. An diesen Stellen abschmirgeln. Rahmen neu anstreichen.
- **Metallrahmen** Um die Bildung von Kondenswasser zu verhindern, eine Doppelverglasung anbringen.

SICHERHEIT

Ein gut abgesichertes Haus ist der beste Schutz gegen Einbrecher. Installieren Sie an Türen und Fenstern Sicherheitsschlösser und im Außenbereich Bewegungsmelder, auch eine Alarmanlage kann sinnvoll sein. Bitten Sie Nachbarn, während Ihrer Abwesenheit ein Auge auf Ihr Haus zu haben.

PROBLEMZONEN AM HAUS

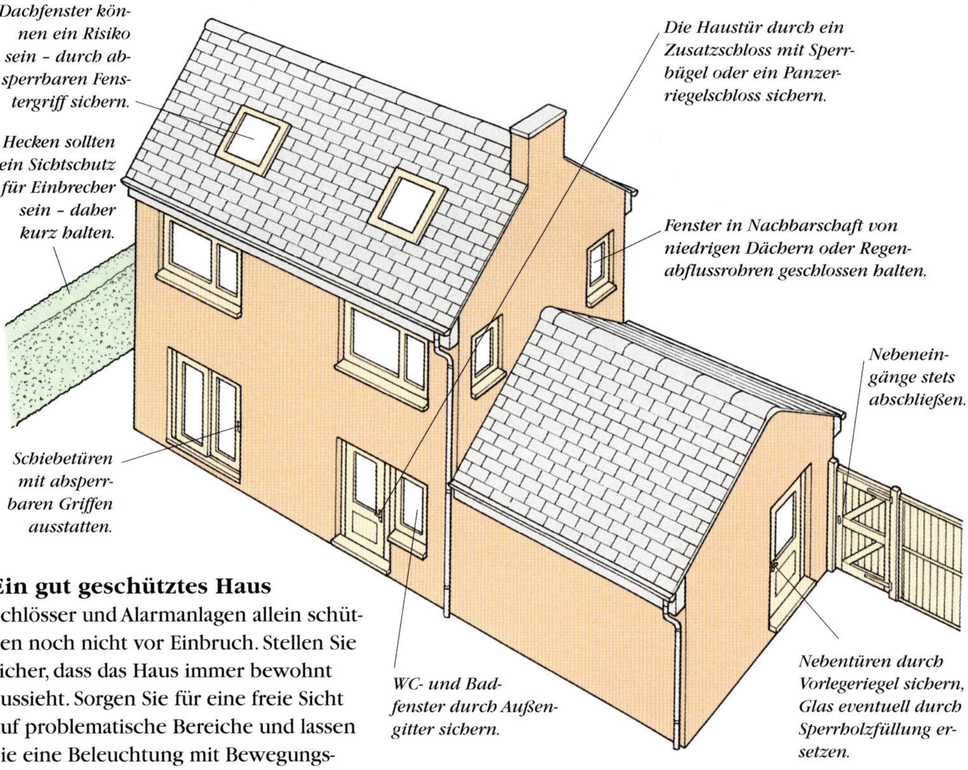

Ein gut geschütztes Haus

Schlösser und Alarmanlagen allein schützen noch nicht vor Einbruch. Stellen Sie sicher, dass das Haus immer bewohnt aussieht. Sorgen Sie für eine freie Sicht auf problematische Bereiche und lassen Sie eine Beleuchtung mit Bewegungsmelder und Serienschalter installieren.

KEINE CHANCE FÜR EINBRECHER

- **Alarmanlagen** Installieren Sie ein Alarmsystem, und zwar so, dass es gut sichtbar ist und damit Gelegenheitsdiebe fern hält.
- **Haustüren** Die Türfüllung sollte massiv sein, instabile Türen können leicht eingetreten werden. Bringen Sie an Eingangstüren unbedingt zusätzliche Sicherheitsschlösser und einen Spion an.
- **Fenster** An jedem Fenster Schlösser anbringen, vor allem an Fenstern im Erdgeschoss, in der Nähe niedriger Dächer und an Terrassen- und Balkontüren. Stets abschließen, wenn Sie das Haus verlassen.
- **Nebeneingänge** Auch die Hinter- oder die Kellertür sollte stabil und mit einem einbruchsicheren Schloss versehen sein.
- **Garage** Sichern Sie Garagentore und Türen, die von der Garage ins Haus führen, ab. Einbrecher können über die Garage unbeobachtet ins Haus gelangen.
- **Hecken** Stutzen Sie diese regelmäßig, sodass Eindringlinge besser gesichtet werden können. Stachlige Hecken und Büsche können Diebe abschrecken.
- **Werkzeugschuppen** Die Tür des Schuppens mit einem Vorlegeriegel sichern, damit das Werkzeug nicht für einen Einbruch missbraucht werden kann. Türscharniere an der Innenseite anbringen.
- **Leitern** Schließen Sie Leitern weg oder sichern Sie sie an der Garagen- oder Schuppenwand mit Kette und Vorhängeschloss, damit ein Einbrecher sie nicht zum Eindringen in ein oberes Stockwerk missbrauchen kann.
- **Außenanschlüsse** Unterbrechen Sie die Stromzufuhr.

Innerhalb des Hauses

Schlösser, Riegel und Alarmanlagen sind nur so sicher wie die Türen und Fenster, zu deren Schutz sie dienen. Mit qualitativ hochwertigen Türen und Fenstern, die bei Abwesenheit stets verschlossen werden, erschweren Sie Einbrechern den Zugang zu Ihrem Haus.

Türen und Fenster absichern

- **Innentüren** Sie abzuschließen nutzt nicht viel, da es für jeden Einbrecher eine Kleinigkeit ist, sie einzutreten.

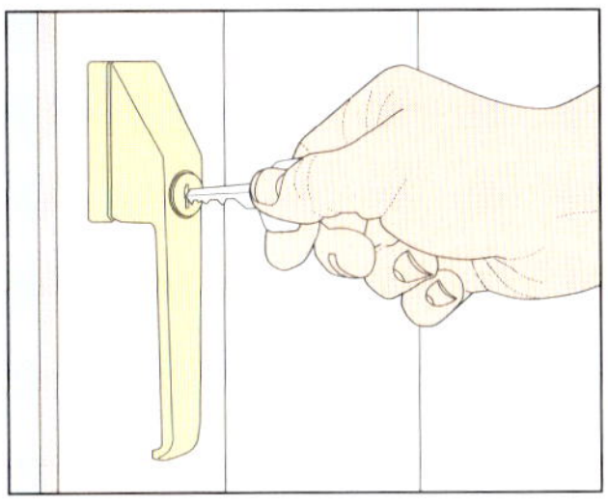

Abschließbarer Griff
Das Austauschen erfordert kaum Aufwand. Dieser Griff verhindert, dass das Fenster von außen durch ein Loch in der Scheibe geöffnet werden kann.

- **Außentüren** Mit einer Kette oder einem Zusatzschloss mit Sperrbügel (siehe unten) zusätzlich sichern.
- **Panzerriegelschloss** Diese Vorrichtung bietet eine hohe Sicherheit. Die extrem widerstandsfähigen Spezialriegel (siehe unten) greifen beidseitig in die mit dem Mauerwerk verankerten Schließkästen ein. Mit dem Sperrbügel kann die Tür spaltbreit geöffnet werden.
- **Schubstange mit Zylinderschloss** Eine solche Vorrichtung ist einfach zu handhaben, schreckt Einbrecher ab und bietet eine hohe Sicherheit gegen Aufbruch von Fenstern und Fenstertüren.

GUTE IDEE!

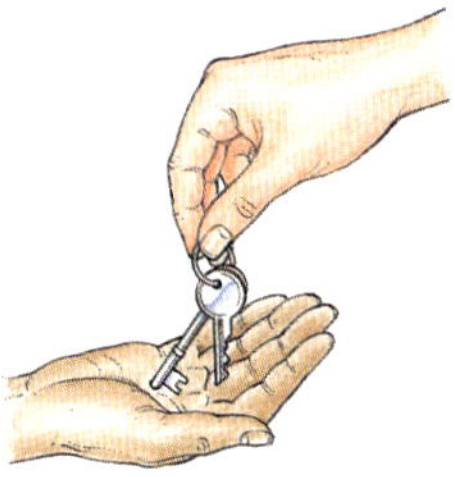

Ersatzschlüssel
Hinterlegen Sie nicht gekennzeichnete Ersatzschlüssel bei einem vertrauenswürdigen Nachbarn. Schlüssel niemals unter Blumentöpfen oder Steinen verstecken.

Vorhänge

- **Sinnvoller Wechsel** Vorhänge tagsüber aufziehen, das macht einen bewohnten Eindruck, auch wenn niemand da ist. Abends zuziehen, um Ausspionieren zu verhindern.

Eigentum kennzeichnen

- **Markieren** Kennzeichnen Sie Ihre Wertsachen mit Ihrem Namen und Wohnort.
- **Fotos** Fotografieren Sie Ihre Wertsachen, so können Sie sie bei Bedarf leicht identifizieren.

Verhalten bei Einbruch

- **Nicht provozieren** Gehen Sie kein Risiko ein, wenn Sie einen Einbrecher stellen; verhalten Sie sich notfalls kooperativ. Verständigen Sie danach sofort die Polizei.

Sicherungsmöglichkeiten

Ein wirksames Sicherheitssystem muss nicht sonderlich ausgeklügelt sein. Stellen Sie aber sicher, dass alle Hausbewohner mit dem Bedienen der Schlösser und der Alarmanlage vertraut sind und sie auch verwenden.

- **Schlösser** Vor dem Anbringen sicherstellen, dass Türen und Fenster intakt sind. Das Schloss nutzt nicht viel, wenn die Tür, die es schützen soll, von schlechter Qualität ist.

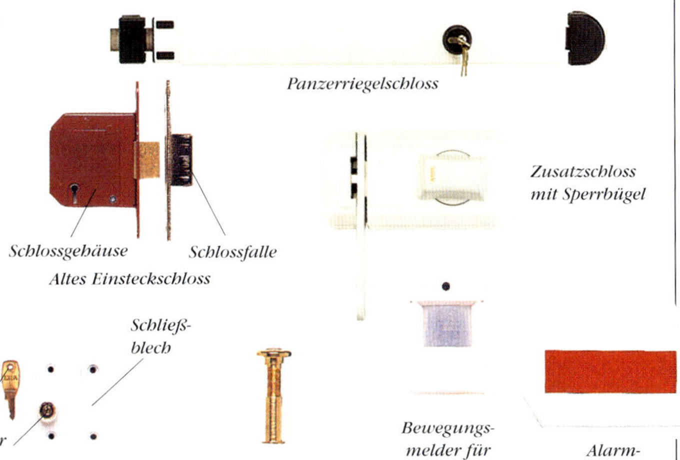

Panzerriegelschloss

Schlossgehäuse *Schlossfalle*

Altes Einsteckschloss

Zusatzschloss mit Sperrbügel

Schließblech

Schlüssel

Schlosszylinder

Fensterschloss und -schlüssel

Türspion

Bewegungsmelder für Alarmanlage

Alarmanlage

Messing-Türriegel

Der erfolgreiche Umzug

Übersicht

Ein Umzug bedeutet meistens viel Arbeit und auch etwas Stress. Je besser aber Ihre Planung ist, desto einfacher gestaltet sich der Umzug: Überlegen Sie sich die einzelnen Schritte, sodass Ihnen genügend Zeit für die nötigen Vorbereitungen bleibt. Stellen Sie vorab sicher, dass die Kosten für den Umzug, die Reinigung und die Anschaffung neuer Möbel Ihr Budget nicht überschreiten. Lassen Sie vor dem Erwerb einer Immobilie die Bausubstanz von einem Fachmann begutachten.

DER COUNTDOWN LÄUFT

Sobald Ihre Umzugspläne feststehen, nehmen Sie sich ausreichend Zeit für die Vorbereitungen, damit Sie nicht von den Arbeiten überrascht werden. Im folgenden Zeitplan sind Vorlaufzeiten (in Tagen) und die entsprechenden Arbeiten angegeben. Anpassungen für den Einzelfall sind natürlich erforderlich.

35

- **Bestandsaufnahme** Listen Sie auf, was Sie alles mitnehmen möchten.
- **Neues Zuhause begutachten** Lassen Sie sich zeigen, wo sich Absperrhähne, Zähler, Boiler und Heizkessel befinden.
- **Ausstattung** Klären Sie ab, was in der Wohnung bleibt.

30

- **Grundriss** Vermessen Sie die Wohnung und zeichnen Sie einen Grundriss für das Aufstellen der Möbel.
- **Möbel bestellen** Achten Sie darauf, dass Sie die neue Adresse angeben.
- **Umzugsfirma buchen** Vereinbaren Sie ein vorbereitendes Gespräch.

21

- **Versicherungsschutz** Versichern Sie Ihren gesamten Besitz während der Zeit des Umzugs.
- **Packen** Fangen Sie mit dem Packen in weniger genutzten Zimmern an.
- **Tiefkühltruhe** Beginnen Sie rechtzeitig, die Kühltruhe zu leeren.

14

- **Adressänderung** Teilen Sie Behörden und Freunden Ihre neue Adresse mit.
- **Haustiere** Kümmern Sie sich um eine gute Unterbringung während der Zeit des Umzugs.
- **Installationen** Überprüfen Sie alle Installationen im neuen Zuhause und lassen Sie sie gegebenenfalls warten.

7

- **Kinderbetreuung** Regeln Sie, wer sich in der Zeit um die Kinder kümmert.
- **Umzugsfirma** Erstellen Sie eine Liste und weisen Sie auf Besonderheiten hin.
- **Wäsche verpacken** Packen Sie gewaschene und gebügelte Wäsche, die Sie nicht mehr brauchen, gleich ein.

4

- **Packen** Falls keine Umzugsfirma beauftragt wurde, beginnen Sie im Wohnzimmer und anderen Räumen alles zu verpacken, was nicht mehr gebraucht wird. Vorhänge noch hängen lassen.
- **Elektrogeräte** Halten Sie sich an eventuelle Verpackungshinweise.

2

- **Termincheck** Überprüfen Sie Termine und Absprachen mit der Umzugsfirma bzw. anderen Umzugshelfern.
- **Zeitplan** Vergewissern Sie sich, ob Ihr neues Zuhause einzugsfertig ist.
- **Elektrogeräte** Packen Sie alle Geräte, die nicht mehr gebraucht werden, ein.

1

- **Lebensmittel** Packen Sie Vorräte in einen speziellen Karton und halten Sie ihn griffbereit (siehe S. 153).
- **Pflanzen** Pflanzen gut gießen. Für den Umzug in Kartons packen (siehe S. 151).
- **Kühlgeräte reinigen** Kühlschrank und Tiefkühltruhe leeren und reinigen.
- **Haustiere** In die Betreuung geben.

DIE VORBEREITUNGEN

Erstellen Sie einige Wochen vor dem Umzug eine Liste aller Dinge, die Sie vor dem großen Tag noch erledigen müssen. Schreiben Sie die Namen aller Institutionen und Personen auf, denen Sie Ihre neue Adresse mitteilen müssen. Wenn Sie die Hilfe von Freunden oder Verwandten benötigen, sprechen Sie diese rechtzeitig an.

Vorarbeiten durchführen

Organisieren Sie alle Arbeiten wie Reparaturen und das Abtransportieren von Möbeln rechtzeitig. Überprüfen Sie alle Absprachen und Termine mit Umzugshelfern einige Tage vor dem Umzug. Teilen Sie Angehörigen, Freunden und Behörden Ihre neue Anschrift mit.

IM VORAUS PLANEN

- **Termin** Ein Werktag eignet sich, wenn Sie ein Unternehmen beauftragen. Wer mit privaten Helfern umzieht, wird eher den Samstag wählen.
- **Renovierung** Stehen größere Reparaturarbeiten in Ihrem neuen Zuhause an, versuchen Sie unbedingt, diese vor dem Einzug durchführen zu lassen.
- **Zähler ablesen** Lesen Sie am Umzugstag sowohl im alten als auch im neuen Zuhause alle Zähler ab.
- **Mietwagen** Wenn Sie sich einen Kleinlaster mieten wollen, holen Sie am besten mehrere Angebote ein.

WER IHRE NEUE ADRESSE ERFAHREN SOLLTE

BANKEN ETC.	VERSORGUNGSFIRMEN
Mindestens 2 Wochen vor dem Umzug benachrichtigen: ● Banken ● Finanzamt ● Versicherungen	Ebenfalls 2 Wochen vorher benachrichtigen: ● Gas- und Elektrizitätswerk ● Wasserwerk ● Telefongesellschaft
BEHÖRDEN U.Ä.	**SONSTIGE**
Schulen sofort Bescheid geben. Sonstige 2 Wochen im Voraus informieren: ● Schulen ● Einwohnermeldeamt ● Post (Nachsendeantrag)	Familie, Freunde etc. mindestens 1 Woche vorher in Kenntnis setzen: ● Ärzte und Zahnärzte ● Arbeitgeber ● Familie und Freunde

Organisation ist (fast) alles

Unabhängig davon, ob Sie eine Umzugsfirma beauftragen oder Freunde um Hilfe bitten, sollten Sie alle notwendigen Absprachen rechtzeitig treffen. Stellen Sie sicher, dass alle als Fahrer am Umzug Beteiligten den Weg kennen. Planen Sie eine angemessene Verpflegung ein.

WERTVOLLES SELBST TRANSPORTIEREN

Zerbrechliche und wertvolle Gegenstände selbst verpacken und wenn möglich im eigenen Auto transportieren.

- **Schmuck** Ins Handschuhfach des Autos schließen.
- **Stereoanlage** Kartons sicher im Kofferraum unterbringen.
- **Geld** Kleineren Geldbetrag bei sich tragen.
- **Dokumente und Unterlagen** Transportieren Sie diese in einer Aktentasche.

UMZUGSFIRMA

- **Firma aussuchen** Holen Sie mehrere Angebote ein. Wichtig ist, dass Sie abklären, wie Ihr Umzugsgut versichert ist.
- **Kostenvoranschlag** Die Firma schickt vermutlich einen Mitarbeiter, der die Kosten für den Umzug abschätzt.
- **Reiseroute planen** Muss unterwegs eine Übernachtung eingeplant werden, erkundigen Sie sich, wo der Transporter parken wird, und bestehen Sie darauf, dass der Wagen nicht unbeaufsichtigt bleibt.

HELFER ORGANISIEREN

- **Team zusammenstellen** Sie brauchen zwei kräftige Helfer für große Möbelstücke und zwei weitere für alles andere.
- **Umzugsgut beaufsichtigen** Legen Sie fest, wer den Umzugstransporter begleiten und wer im alten bzw. neuen Zuhause bleiben soll. So stellen Sie sicher, dass Ihr Umzugsgut nicht unbeaufsichtigt bleibt.
- **Unfallversicherung** Schließen Sie eine Unfallversicherung ab für den Fall, dass sich jemand verletzt.

VORSORTIEREN UND PACKEN

Erstellen Sie ein paar Wochen vor dem Umzug einen Umzugsplan für jedes Zimmer und kümmern Sie sich um geeignetes Verpackungsmaterial. Beschriften Sie die Umzugskartons, sodass Sie im neuen Zuhause gleich erkennen können, welcher Karton in welches Zimmer gehört.

Umzugsgut auflisten und versichern

Erstellen Sie vor dem Packen eine Checkliste Ihres gesamten Umzugsguts. Wenn Sie in den einzelnen Zimmern packen, haken Sie auf der Liste die Dinge ab, die Sie eingepackt haben, und streichen diejenigen, die Sie unter Umständen entsorgt oder weggegeben haben.

Bestandsaufnahme

- **Teamarbeit** Führen Sie die Bestandsaufnahme zu zweit durch. Eine Person zählt alle Einrichtungsgegenstände auf, die andere schreibt mit.
- **Checkliste** Listen Sie Marken und Modellnummern einzelner Elektrogeräte auf.
- **Garnituren** Notieren Sie die Anzahl der Teile von Geschirr- oder Besteckchsets und vermerken Sie, falls etwas fehlt.
- **Auf einen Blick** Halten Sie während des Umzugs Ihre Liste griffbereit, damit Sie bei Bedarf jederzeit darauf zurückgreifen können.

Gegenstände versichern

- **Versicherungsschutz** Stellen Sie sicher, dass Ihr Versicherungsschutz für Wertgegenstände auch während eines Transports gilt.
- **Fotos** Falls versicherte Wertgegenstände beschädigt werden, ist es hilfreich, wenn Sie Fotos vorlegen können.
- **Schaden festhalten** Wird ein Gegenstand vor dem Einpacken beschädigt, fotografieren Sie ihn. Entsteht weiterer Schaden, können Sie beweisen, welcher Teil des Schadens während des Transports entstanden ist.

ZEIT SPAREN

Einfache Inventur
Wenn Sie ein Diktiergerät zur Verfügung haben, sprechen Sie Ihre Inventurliste auf Band und erstellen Sie zur Sicherheit eine Kopie davon.

Reinigungsarbeiten vor dem Umzug

Ein Umzug kann im wahrsten Sinn des Wortes viel Staub aufwirbeln – entfernen Sie daher gröberen Schmutz vor dem Verpacken. Nach dem Auspacken werden dann alle Gegenstände und Geräte gründlich gesäubert. Verlassen Sie Ihr altes Zuhause besenrein.

Erst nach dem Umzug reinigen

Folgende Gegenstände brauchen vor dem Umzug nicht gereinigt zu werden, da Sie sie nach dem Auspacken ohnehin säubern müssen:

- Besteck
- Glaswaren
- Geschirr
- Spiegel
- Bilder
- Bücher
- Töpfe und Pfannen
- Vasen und Accessoires
- Holzmöbel

Schmutz entfernen

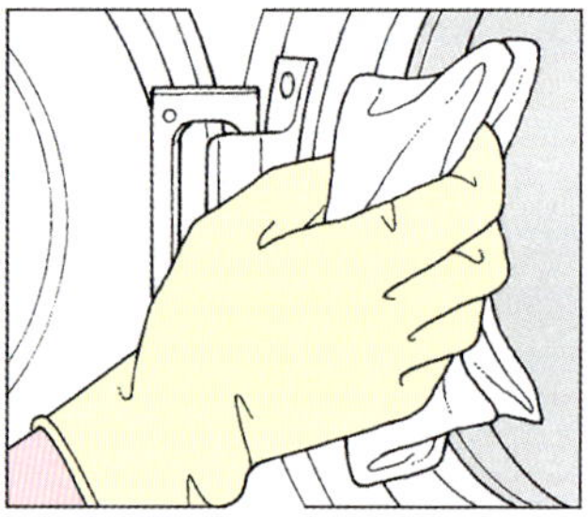

Elektrogeräte säubern
Waschmaschine etc. mit einer Lösung aus 60 ml Spülmittel und 4,5 l sehr heißem Wasser reinigen. Schließmechanismus mit trockenem Lappen reinigen.

Staub entfernen

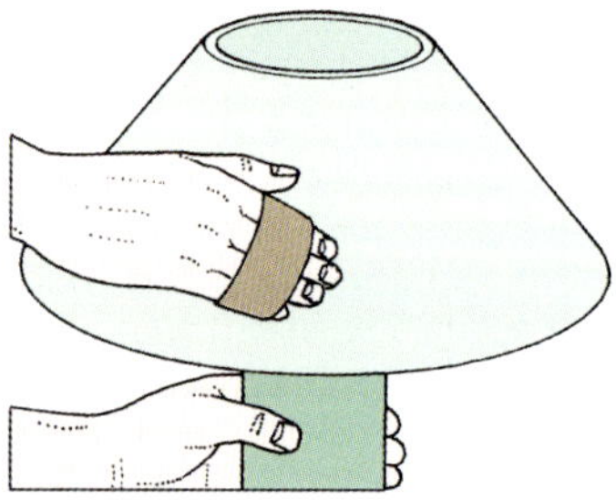

Lampenschirme reinigen
Stoffschirme mit einem Klebeband von Staub befreien. Das Band mit der Klebeseite nach außen um die Hand wickeln und den Staub abtupfen.

Verpackungsmaterial und Umzugskartons

Umzugskartons und -kisten können Sie kaufen oder mieten. Andere stabile Kartons leisten ebenfalls gute Dienste. Halten Sie auch Kunststoffsäcke bereit.

- **Verpackungsmaterial** Sammeln Sie zum Einwickeln zerbrechlicher Gegenstände Zeitungen und Luftpolsterfolie.
- **Behältnisse** Sammeln Sie stabile Kartons und Schachteln. Auch Schuhkartons oder kleine Schachteln können sehr nützlich sein.
- **Kostenlose Umzugskisten** Fragen Sie in Läden, wo Sie öfter einkaufen, nach Verpackungsmaterial. Besonders nützlich sind Bananenschachteln mit Deckel und stabile Weinkisten.
- **Kein Wirrwarr mit der Schnur** In den Schraubdeckel eines sauberen Konservenglases ein Loch stechen, Schnur hineingeben und eine Ende durch das Loch ziehen.

Seil

Klebeetiketten

Wasserfester Filzstift

Bananenschachtel mit Deckel

Isolierband

Verpackungsband

Klebeband

Kunststoffsäcke

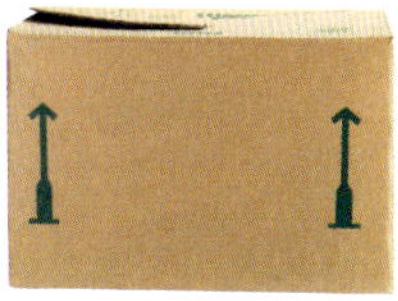
Umzugskarton

Luftpolsterfolie

Alte Zeitungen

Umzugskiste

Zerbrechliche und wertvolle Gegenstände

Nehmen Sie sich genügend Zeit zum Packen von zerbrechlichen und wertvollen Gegenständen wie Porzellan und teuren Elektrogeräten. Stopfen Sie Leerraum in den Kartons mit Füllmaterial aus, damit beim Transport nichts verrutscht und womöglich beschädigt wird.

Besonderes Umzugsgut

- **Computer** Am besten in der Originalverpackung transportieren, so erleidet das Gerät keinen Schaden. Falls Sie die Verpackung nicht mehr haben, können Sie vielleicht in einem Fachgeschäft oder bei Bekannten nachfragen.
- **Zusätzlich polstern** Damit empfindliche Gegenstände wie Accessoires aus Glas oder Porzellan nicht zerbrechen, diese Teile zuerst in Geschirrtücher und dann in Zeitung wickeln. Dann in einer stabilen Schachtel verstauen. Sämtliche Hohlräume mit Füllmaterial auslegen, damit während des Transports der Inhalt nicht verrutschen oder gar zu Bruch gehen kann.

Wertsachen packen

- **Schmuck** Einzelne Schmuckstücke in ein Baumwollvlies einrollen.

Filigrane Teile
Für den Transport in Geschirrtücher einwickeln und in einem Kunststoffbehälter mit Deckel transportieren. Leerräume mit Füllmaterial ausstopfen.

Geschirr packen

- **Doppelter Schutz** Gläser etc. einzeln verpacken und z. B. in einen Topf legen.

Polster für Teller
Schneiden Sie die Luftpolsterfolie auf die passende Größe und Form zurecht. Legen Sie auch zwischen die einzelnen Teller eine Lage Luftpolsterfolie.

Möbel packen

Möbel kann man entsprechend vorbereiten, damit der Transport einfacher vonstatten geht: Falls es nicht zu aufwändig ist, sollte man die Möbel zerlegen. Auf jeden Fall sollte man Einlegebretter und Schubladen herausnehmen sowie Kanten und Oberflächen möglichst schützen.

SCHRÄNKE

- **Schränke vorbereiten** Türen abmontieren oder mit Kreppband sichern, damit sie beim Transport nicht aufgehen.

Schubladen einpacken
Sie müssen nicht unbedingt geleert werden: Einfach in eine große Tüte schieben und das Ende zubinden. Ein Etikett mit Angabe des Inhalts anbringen.

TISCHE

- **Tischbeine** Abmontierte Beine in Zeitungspapier wickeln und mit Klebeband unten an der Tischplatte befestigen.

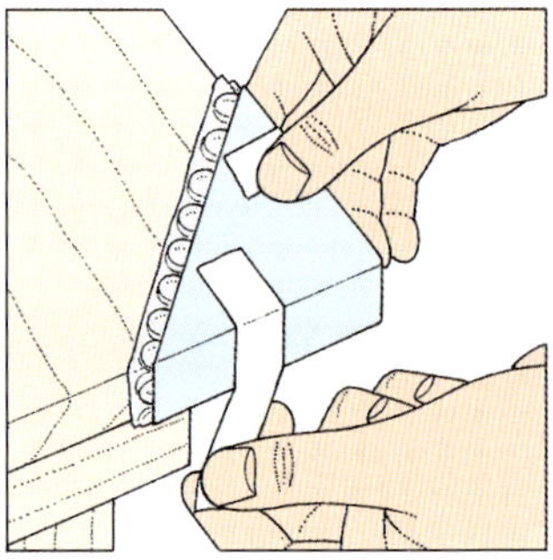

Tischecken polstern
Luftpolsterfolie und Karton mit Klebeband an Tischecken befestigen. Achten Sie darauf, dass Oberflächen durch das Klebeband nicht beschädigt werden.

DIES UND DAS

- **Bücherregale** Lose Regalbretter herausnehmen. Schrauben und Stifte in einer Tüte sammeln und mit Kreppband an den Seitenteilen befestigen.
- **Spiegel** In Decken oder Laken packen und im Wagen so verstauen, dass sie nicht umfallen können.
- **Leeren Raum nutzen** Kleinere Kleider- oder Wäscheschränke, die nicht zerlegt werden müssen, mit leichten, aber sperrigen Dingen wie Oberbetten und Kissen, Schlafsäcken etc. füllen.
- **Elektrogeräte** An die Seiten von Herd und Waschmaschine mit Kreppband entsprechend große Pappe kleben, damit die Oberflächen beim Transport vor Kratzern geschützt sind.

Kleidung packen

Größere Kleidungsstücke in Kunststoffsäcke und Koffer packen. Kleinere Wäschestücke können in der Schublade oder im Schrankkorb bleiben. Einige Kleidungsstücke können Sie auch als Verpackungsmaterial für zerbrechliche Accessoires verwenden.

KLEIDUNG VORBEREITEN

- **Waschen** Schmutzwäsche vor dem Packen waschen, aber erst nach dem Umzug bügeln. In Kunststoffsäcken ist Kleidung geschützt und lässt sich im Umzugswagen gut verstauen.
- **In der Schublade lassen** Kleinere Kommoden brauchen Sie nicht auszuräumen, wenn sie zum Transportieren nicht zu schwer sind. Schubladen mit Kreppband sorgfältig sichern.
- **Schuhe** Mit Schuhspannern in Form halten oder mit Zeitungspapier ausstopfen. Jedes Paar einzeln verpacken und in einen Karton oder Kunststoffsack packen.

EINWICKELN UND PACKEN

- **Kleidung zusammenrollen** Pflegeleichte Kleidungsstücke wie T-Shirts Platz sparend zusammenrollen.

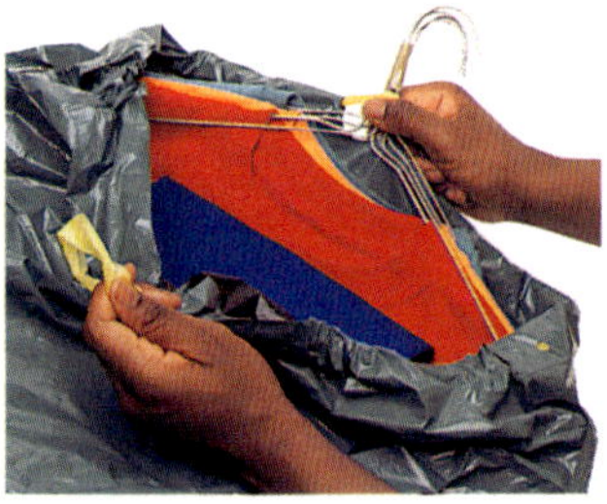

Auf Bügeln transportieren
Kleiderbügel an den Haken mit Klebeband zusammenhalten und einen Kunststoffsack über die Kleidungsstücke stülpen.

GUTE IDEE!

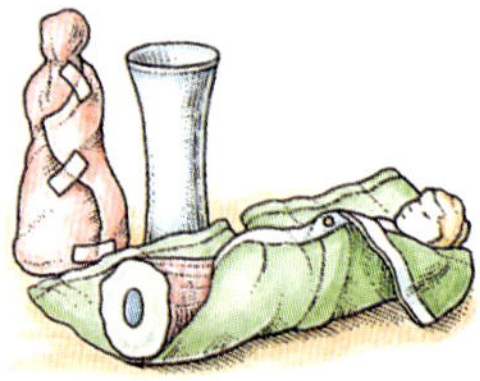

An Ort und Stelle packen
Wickeln Sie Schlafzimmeraccessoires in Unterwäsche und verstauen Sie sie in einer leeren Schublade oder einem Karton. So werden sie sicher transportiert und sind gleich im richtigen Zimmer.

Unhandliches verpacken und transportieren

Für manches findet sich nur schwer die richtige Verpackung: Einige Dinge sind unhandlich, groß und sperrig, andere haben scharfe Kanten, an denen man sich verletzen könnte. Tragen Sie auch für solche Umzugsgüter frühzeitig Verpackungsmaterial zusammen.

Zimmerpflanzen

Pflanzen sortieren
Stellen Sie Pflanzen in eine mit Zeitungspapier ausgelegte stabile Schachtel. Dünne Holzstäbe in die Töpfe stecken. Kunststofffolie über die Stäbe spannen und mit Klebeband an der Schachtel befestigen.

Teppiche und Läufer

- **In Laken einwickeln** Damit die Oberseite nicht durch die Unterseite verschmutzt wird, Laken auf den Teppich legen und dann zusammenrollen.

Farbeimer verpacken

- **Sicherer Transport** Wenn Sie mit Farbeimer umziehen müssen, befestigen Sie den Deckel mit Klebeband und transportieren Sie ihn in einer Tüte.

Werkzeug

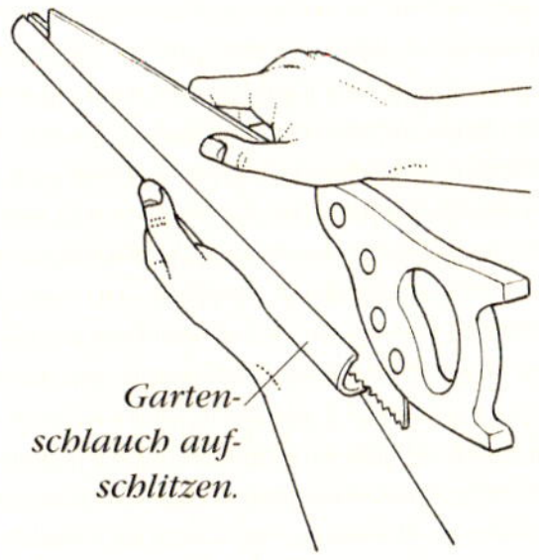

Sägeblätter schützen
Ein Stück Gartenschlauch der Länge nach aufschneiden und zum Schutz vor Verletzungen bzw. Beschädigung über die Sägezähne stülpen.

- **Rasenmäher** Zeitungspapier um das Messer wickeln. Einen Kunststoffsack überstülpen und das Gerät in alte Decken wickeln. Weiteren Kunststoffsack über das Ganze stülpen.

Technische Geräte

- **Plattenspieler** Um die Nadel eines Plattenspielers zu schützen, befestigen Sie etwas Schaumstoff darüber. Tonarm und Deckel mit Kreppband sichern.
- **Computer** Lose Teile eines Computers wie Maus und Kabel zusammen in eine Tüte packen. Die Tüte mit Klebeband am Monitor oder Computer befestigen oder mit in die Kiste legen, in der die Teile verpackt wurden.
- **Transport** Transportieren Sie empfindliche Elektrogeräte wie Fernseher oder Stereoanlage am besten in einem PKW. Den Fernseher mit der Mattscheibe nach unten auf eine weiche Decke legen, die Scheibe hält starken Druck aus.

Schwere Umzugsgüter

- **Bücher** Füllen Sie die Kartons nicht bis oben hin mit Büchern, da sie sonst zu schwer werden.
- **Auf Rollen** Für den Transport von schweren Kartons oder Möbelstücken über längere Strecken sind Möbelroller sehr praktisch.
- **Schwere Möbel** Schränke etc. auf eine dicke Folie legen und die Enden der Folie am Möbelstück befestigen. So kann man das Umzugsgut über den Boden ziehen, ohne dass dabei der Gegenstand selbst oder der Fußboden beschädigt wird.
- **Polstermöbel** Schwere Sessel oder Sofas auf die Rückenlehne oder die Seite legen und über den Fußboden ziehen.

Mit dem eigenen Auto

- **Gepäckträger** Wenn Sie Ihr Auto benutzen wollen, sollten Sie sich dafür einen Gepäckträger kaufen oder borgen.

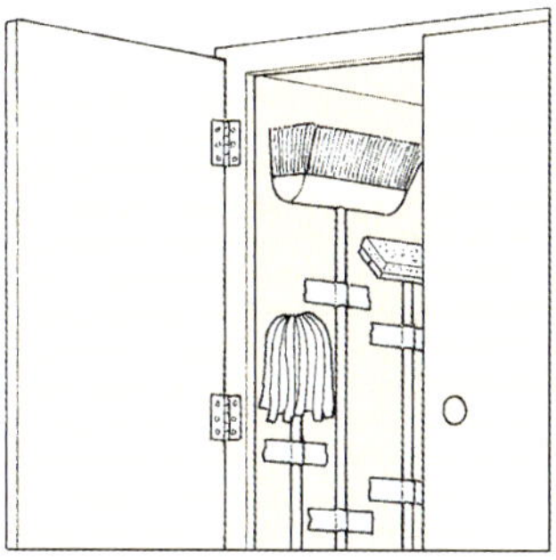

Putzgeräte
Wischmopp und Besen im Besenschrank mit Klebeband befestigen. Das Klebeband an beiden Enden und in der Mitte der Griffe befestigen.

Die alte Wohnung ausräumen

Nachdem Sie alles verpackt und für den Umzug vorbereitet haben, erstellen Sie einen Plan für das Ausräumen jedes Zimmers. Legen Sie fest, in welcher Reihenfolge Möbel und Kartons zu verladen sind – Dinge, die Sie am Umzugstag benötigen, gesondert bereitlegen.

Packen beenden

- **Etiketten** Kaufen Sie selbstklebende Etiketten zur Kennzeichnung Ihres Umzugsguts und der jeweiligen Räume.

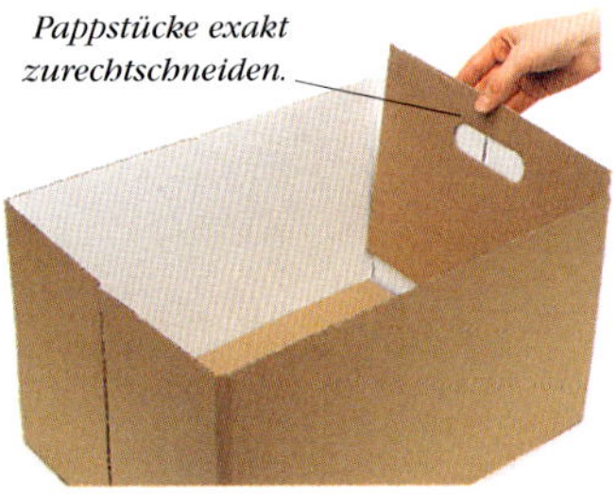

Zu viele Kartons?
Bleiben einige Kartons übrig, schneiden Sie diese in Stücke und verwenden Sie die Teile zur Verstärkung von Boden und Seiten anderer Kartons.

Endspurt

- **Kartons vorsortieren** Bringen Sie alle fertig gepackten Kartons in einem Zimmer unter, das Sie nicht mehr oder kaum noch nutzen.
- **Wichtige Utensilien** Packen Sie Dinge, die Sie während und gleich nach dem Einzug brauchen, extra ein.
- **Damit nichts verloren geht** Sammeln Sie Schrauben, Nägel und Schlüssel in einer Tüte und kleben Sie diese an ein Teil des zerlegten Möbels, zu dem sie gehören.
- **Schlüssel** Sammeln Sie sämtliche Tür- und Fensterschlüssel ein und bringen Sie Etiketten für die Nachmieter bzw. neuen Besitzer an.

Letzte Vorbereitungen

- **Mobiliar** Sie können Mühe und Zeit sparen, wenn Sie Möbel bis zum Verladen an ihrem Platz stehen lassen.
- **Verladen** Halten Sie Decken und Seile bereit, um die Ladung im Wagen zu sichern und zu schützen.
- **Böden schützen** Decken Sie den Fußboden in Ihrem neuen Zuhause mit Folie ab.
- **Die richtige Kleidung** Beim Umzug bequeme Kleider und Schuhe tragen und für die Umzugshelfer feste Handschuhe bereitlegen.
- **Parkplatz** Sichern Sie am Vorabend des Umzugstags ausreichend Parkraum vor den beiden Wohnungen.

Den Überblick behalten

Damit der Einzug ins neue Zuhause rasch und unkompliziert vonstatten geht, planen Sie im Voraus, wo Sie was unterbringen möchten. Erstellen Sie einen Grundriss aller Räume und arbeiten Sie ein Etikettiersystem aus, das Ihnen dabei hilft, den Überblick zu behalten.

Etikettieren

- **Gut sichtbar anbringen** Etiketten zum Beispiel auf der Vorderseite von Möbelstücken und auf den Deckeln sowie Seitenteilen von Umzugskartons anbringen.
- **Etikettenschutz** Bringen Sie durchsichtiges Klebeband über den Etiketten an, damit sie nicht verwischen, falls es beim Umzug regnet.
- **Ersatzetiketten** Legen Sie einen weiteren Stapel Etiketten jeder Farbe für den Fall beiseite, dass Sie am Umzugstag neue Etiketten hinzufügen bzw. alte ersetzen müssen.
- **Schildchen** Verwenden Sie bei Möbeln mit empfindlicher Oberfläche auf Schnüren aufgezogene Schilder.

Bringen Sie Farbe ins Spiel

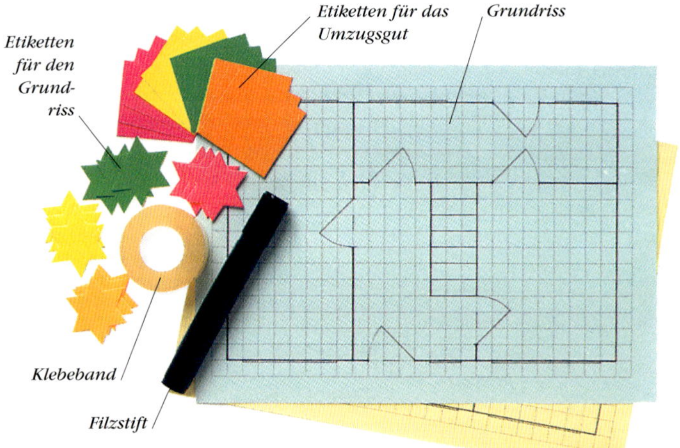

Gut sortiert
Entwerfen Sie einen Grundriss Ihres neuen Zuhauses (siehe S. 15). Kleben Sie verschiedenfarbige Etiketten in die jeweiligen Zimmer und bringen Sie die entsprechenden Etiketten auch an den Möbelstücken an, die in den Zimmern untergebracht werden sollen.

DER EIGENTLICHE UMZUG

Stärken Sie sich am Morgen des Umzugs mit einem guten Frühstück und packen Sie anschließend die Dinge, die Sie bis zuletzt gebraucht haben, ein. Weisen Sie die Umzugshelfer sorgfältig ein und sorgen Sie dafür, dass Kinder oder Haustiere an diesem Tag gut untergebracht sind.

Möbelwagen beladen

Wenn Sie selbst umziehen, dürfen Sie beim Beladen des Möbelwagens nicht das zulässige Gesamtgewicht überschreiten (siehe Fahrzeugschein). Fahren Sie lieber öfter oder mit mehreren Möbelwagen, je nachdem, welche Strecke Sie zurücklegen müssen.

GUT VERTEILEN

- **Richtig verladen** Bestimmen Sie einen oder zwei Umzugshelfer, die für das Aufladen bzw. Verteilen der Ladung im Laster verantwortlich sind.
- **Schwere Stücke** Verteilen Sie schwere Güter auf die Ecken des Möbelwagens. So aufstellen, dass das Gewicht möglichst gleichmäßig verteilt ist.
- **Leerräume auffüllen** Klemmen Sie Umzugskartons zwischen schwere Umzugsgüter. Verwenden Sie alte Decken als Füllmaterial, damit nichts verrutschen kann.

GROSSE UMZUGSGÜTER

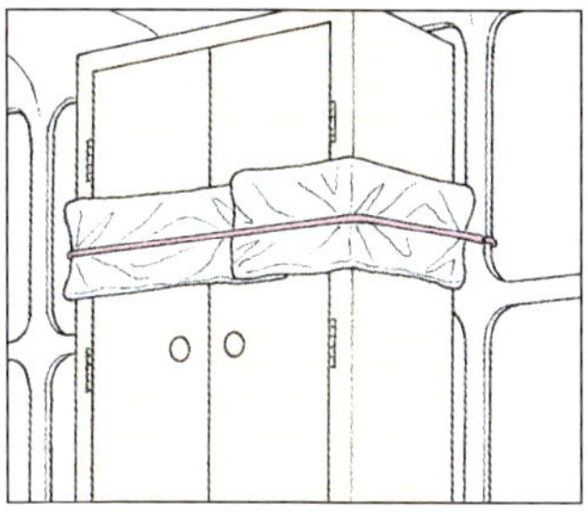

Möbel festbinden
Befestigen Sie ein Möbelstück mit einem Spanngummiband oder einem Seil, das Sie zum Schutz der Oberfläche über eine Decke spannen.

EFFIZIENT EINLADEN

An schwere Möbelstücke sollte sich nur wagen, wer schwer heben kann, damit nichts beschädigt und niemand verletzt wird.

Sicher heben
Kaufen oder mieten Sie sich für den sicheren Transport schwerer Umzugsgüter eine Sackkarre.

DAS SOLLTEN SIE AM UMZUGSTAG BEREITHALTEN

HAUSHALTSWAREN UND LEBENSMITTEL

- Toilettenpapier
- Reinigungsmittel
- Werkzeug, z. B. verstellbarer Schraubenschlüssel
- Klebeband
- Sicherheitsnadeln
- Glühbirnen
- Taschenlampe
- Sicherungen
- Wasserkocher
- Dosenöffner
- Picknickzubehör
- Teelöffel
- Tee und Kaffee
- Proviant
- Küchenpapier

KLEIDUNG, BETTWÄSCHE ETC.

- Pro Person einen Satz frische Kleider
- Handtücher
- Bettwäsche für jede Person
- Seife
- Shampoo
- Haarbürste
- Deodorant
- Feuchtigkeitscreme
- Zahnbürsten und Zahnpasta
- Hausapotheke

Kinder und Umzug

Kleine Kinder könnten die Helfer bei der Arbeit behindern oder gar selbst verletzt werden. Bitten Sie daher Verwandte oder Freunde, sie zu betreuen. Wenn dies nicht möglich ist, versuchen Sie die Kinder zu beschäftigen oder ihnen kleinere Aufgaben zu übertragen.

Kinderbetreuung

- **Pendelverkehr** Wenn Sie öfter zwischen den Wohnungen hin- und herfahren müssen, geben Sie Acht, dass nicht eines der Kinder unbeaufsichtigt im leeren Haus zurückbleibt.
- **Lange Fahrten** Legen Sie öfter mal eine Rast ein, damit die Kinder sich ein bisschen bewegen oder etwas essen können. Lassen Sie den Transporter nicht unbeaufsichtigt.
- **Ruhige Ecke einrichten** Sorgen Sie dafür, dass im neuen Zuhause als Erstes in einem ungenutzten Raum eine provisorische Spielecke eingerichtet werden kann.

Kinder am Umzug teilhaben lassen

Selbst kleine Kinder können während eines Umzugs auf die eine oder andere Weise behilflich sein und dabei das Gefühl genießen, an dem Geschehen aktiv teilzunehmen. Gönnen Sie ihnen aber zwischendurch Ruhepausen.

- **Auf den Umzug einstimmen** Sprechen Sie mit den Kindern viel über das neue Zuhause, sodass sie dem Ereignis freudig entgegensehen.
- **Kinderzimmer einrichten** Sorgen Sie dafür, dass die Kinderzimmermöbel zuerst aufgestellt werden. Spornen Sie die Kinder dazu an, ihre Sachen selbst auszupacken.
- **Mit Aufgaben betreuen** Größere Kinder können mit leichten Reinigungsarbeiten oder Auspacken von Kartons betraut werden. Halten Sie sie an, den Umzugshelfern nicht im Weg zu stehen.
- **Haustiere betreuen** Übertragen Sie die Verantwortung an ein größeres Kind, möglichst in einem ruhigen Zimmer.
- **Pausen** Beziehen Sie auch hier die Kinder mit ein. Vielleicht haben sie Spaß daran, die Helfer zu bewirten, oder sie setzen sich einfach mit dazu.

Haustiere und Umzug

Machen Sie Hund oder Katze so bald wie möglich mit dem neuen Heim vertraut, indem Sie dem Tier seinen Schlafplatz zeigen, es im Garten umherführen etc. Am besten ist es allerdings, ein Tier für ein paar Tage woanders unterzubringen, bis der größte Trubel vorbei ist.

Fische transportieren

- **Wasser** Entnehmen Sie Wasser aus dem Aquarium, bevor Sie es verpacken. So haben die Fische auch während des Umzugs ihr Wasser.

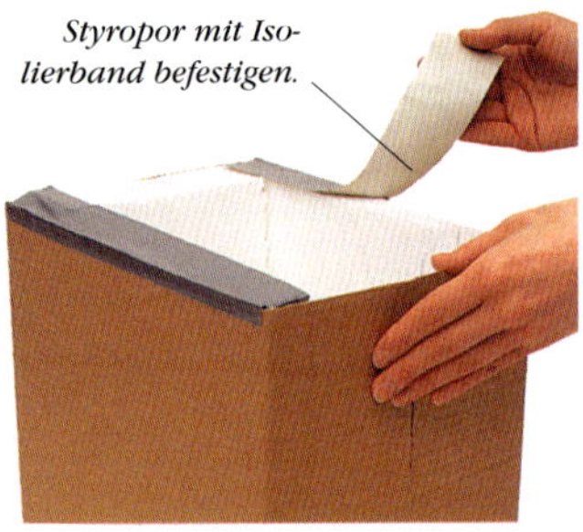

Tropische Fische
Damit das Wasser richtig temperiert bleibt, stabile Schachtel mit Styropor isolieren. Die Fische in eine Tüte mit dem Wasser aus dem Aquarium füllen. Versiegelte Tüte in die Schachtel legen.

Katzen und Hunde

- **Fremdbetreuung** Da das Durcheinander für die Tiere zu aufregend sein könnte, sollten sie eventuell im Tierheim oder bei Bekannten untergebracht werden.
- **Erfrischungen** Halten Sie auf einer längeren Fahrt Futter, Wasser, Näpfe und für Katzen eine Kiste mit Streu griffbereit. Hin und wieder eine Rast einlegen, damit die Tiere frische Luft schnappen und sich etwas bewegen können.
- **Der Einzug** Bringen Sie das Tier in einem möglichst ruhigen Zimmer mit Futter, Wasser und Schlafkorb unter.
- **Das Revier erkunden** Nehmen Sie sich Zeit für häufige Spaziergänge, damit ein Hund sich schnell an seine neue Umgebung gewöhnen kann.

Sonstige Haustiere

- **Nagetiere** Transportieren Sie das Tier in seinem Käfig im Pkw. Falls sich ein unangenehmer Geruch entwickelt, sorgt ein Weichspültuch unter dem Sitz für Abhilfe.

Holzverschlag
Den Boden eines Holzverschlags legen Sie mit einem Stück alten Teppich aus, damit das Tier nicht hin und her rutscht. Decken Sie, damit es nicht zieht, eventuell auch die Vorderseite ab.

DER EINZUG

Begutachten Sie vor dem Auspacken wichtige Bereiche und Installationen im Haus. So können Sie sich rasch einen Überblick über eventuell notwendige Reparaturarbeiten verschaffen. Wenn Sie dann mit System auspacken und sich einrichten, dauert es nicht lang, bis Sie wieder ein behagliches Zuhause haben.

Vor dem Auspacken und Einrichten

Bevor Sie mit dem Auspacken beginnen, gehen Sie mit einem kritischen Blick durch Ihr neues Zuhause, um eventuelle Mängel zu finden. Wurde mit den Vormietern vereinbart, dass sie Geräte oder Einbauten in der Wohnung belassen, überprüfen Sie dies.

Checkliste erstellen

Prüfen Sie zunächst die Funktionsfähigkeit der wesentlichsten Dinge wie

- Tür- und Fensterschlösser
- Fenster
- Elektrizität
- Boiler und Heizung
- Herd
- Absperr- und Wasserhähne
- Telefon
- Küchengeräte

Problembereiche

- **Zimmer** Sehen Sie sich in den noch leeren Zimmern aufmerksam um. Notieren Sie alle Mängel, um die Sie sich rasch kümmern sollten.
- **Böden** Laufen Sie Fußböden ab, um herauszufinden, ob sie knarren oder nachgeben. Stellen Sie hier keine Möbel auf und kümmern Sie sich vor dem Verlegen von Teppichböden darum.
- **Wärmeisolierung** Notieren Sie alle Bereiche, die besser isoliert werden sollten.

Sicherheit geht vor

- **Gefährliche Stellen** Sichern Sie beschädigte Fußbodenbeläge oder offen liegende Leitungen ab und sorgen Sie für eine rasche Reparatur.
- **Fenster sichern** Sind kleine Kinder im Haus, sollten Sie in den oberen Stockwerken abschließbare Fenstergriffe anbringen.
- **Garten** Prüfen Sie, ob im Garten giftige Pflanzen wachsen. Graben Sie diese aus, bevor Sie Kinder oder Haustiere hinauslassen.

Versorgungssysteme

- **Warmwasser** Drehen Sie im Bad die Warmwasserhähne auf. Das Wasser sollte aus allen Hähnen gleich heiß und mit gleichem Druck fließen.
- **Wasserqualität** Wasserhähne aufdrehen und prüfen, ob das Wasser klar ist. Tritt trübes Wasser aus, lassen Sie die Hähne einige Minuten offen. Bleibt das Wasser trüb, einen Fachmann zurate ziehen.
- **Leckstellen** Überprüfen Sie alle zugänglichen und jetzt nicht durch Möbel verdeckten Rohre.
- **Stromkreise** Mit einem Nachtlicht alle Steckdosen auf ihre Funktionsfähigkeit testen.
- **Herd** Überprüfen Sie, ob der Herd ordnungsgemäß funktioniert, indem Sie alle Platten gleichzeitig anstellen. Backofen und Grill testen.

Zimmer vorbereiten

- **Lüften** Öffnen Sie alle Fenster, sodass die Räume gut gelüftet werden. Wenn nötig, drehen Sie die Heizung auf, dann sehen Sie gleich, ob alle Heizkörper funktionieren.
- **Erste Reinigungsarbeiten** Reinigen Sie die Böden gründlich, bevor Sie die Möbel aufstellen. Teppiche absaugen, Einbau- und Küchenschränke auswischen.
- **Gardinen** Vor dem Aufhängen bereits vorhandene Stangen mit einem feuchten Lappen abwischen und die Fenster putzen.
- **Jalousetten** Die Lamellen zunächst abstauben, dann mit feuchtem Tuch nachwischen.
- **Heimtextilien** Kissen und Matratzen, die in Plastiktüten verpackt waren, vor dem Gebrauch gut lüften.

SICHER IST SICHER

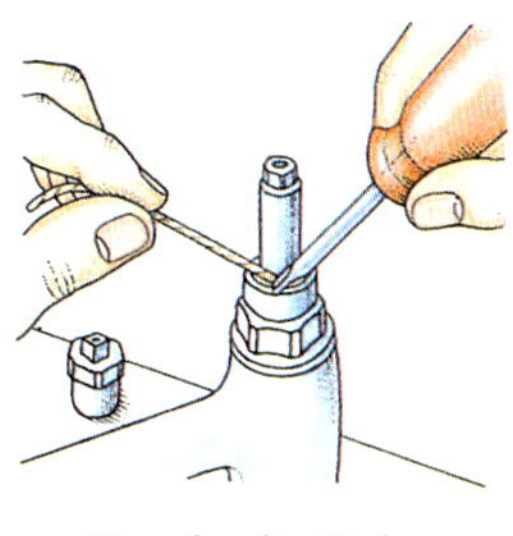

Tropfender Hahn
Erneuern Sie die Dichtung, indem Sie den Griff und die oberste Mutter abnehmen. Besteht die Dichtung aus Hanf, kratzen Sie ihn aus. Teflonband oder Hanf abmessen, dann in den Zwischenraum einwickeln. Mit Schraubenzieher hineinstopfen und Hahn wieder zusammenbauen.

Das Umzugsgut sicher entladen

Halten Sie Ihren Grundrissplan bereit und lassen Sie vor allem große Möbel gleich an den vorgesehenen Platz stellen. Halten Sie die Helfer zu Vorsicht und Umsicht an, damit niemand zu Schaden kommt und nichts kaputtgeht. Lassen Sie den Transporter nicht unbeaufsichtigt.

Unfällen vorbeugen

- **Hände schützen** Versorgen Sie Umzugshelfer mit festen Handschuhen, damit sie sich keine Blasen oder Verletzungen zuziehen.
- **Treppen** Müssen Sie ein großes Möbel die Treppen hinauftragen, benutzen Sie am besten Tragegurte. Während ein bzw. zwei Umzugshelfer unten anpacken und das Möbel nach oben schieben, reicht oben eine Person, die die Führung übernimmt.
- **Pausen** Sorgen Sie dafür, dass sich die Umzugshelfer öfter ausruhen, und bieten Sie Erfrischungen an.

Transport organisieren

- **Parkplätze** Beantragen Sie beim zuständigen Straßenverkehrsamt die Erlaubnis, Halteverbotsschilder aufzustellen. Hier kann man Ihnen auch Firmen nennen, die solche Schilder verleihen.
- **Parken** Umzugswagen zum Entladen möglichst nah am Eingang abstellen. So brauchen die Helfer die Möbel nicht so weit zu tragen.
- **Aufgaben verteilen** Es ist sinnvoll, wenn sich ein oder zwei Personen im Transporter befinden, die das Umzugsgut über die Rampe an die anderen Helfer weiterreichen.

Entladen mit System

Sie können viel Zeit und Mühe sparen, wenn Sie die Möbel in sinnvoller Reihenfolge ein- und ausladen.

- **Fußböden** Bedecken Sie empfindliche Böden mit stabiler Folie oder mit einem alten Teppich.
- **Der Größe nach ausladen** Große Möbelstücke möglichst bald ausladen, damit sie gleich am richtigen Platz aufgestellt werden können.
- **Gleich aufbauen** Einige der Umzugshelfer können gleich mit dem Aufbauen großer Schränke beginnen.

Umzugsgut auspacken

Gehen Sie auch beim Auspacken systematisch vor. Zunächst nur Dinge auspacken, die Sie dringend brauchen. Einrichtungsgegenstände wie Bücher oder Accessoires kommen erst dann an die Reihe, wenn Schränke und Regale an Ort und Stelle stehen.

Vor dem Einräumen

- **Putzen** Regale und Schränke vor dem Einräumen abstauben, auswischen und gut trocknen lassen.
- **Mobiliar begutachten** Sehen Sie nach dem Entladen gleich nach, ob etwas beschädigt worden ist, und reinigen Sie die Möbel.
- **Bücher** Stauben Sie, bevor Sie es ins Regal stellen, jedes Buch mit einem trockenen Tuch ab.
- **Accessoires** Vor dem Aufstellen vorsichtig in einer Schüssel mit warmer Spülmittellauge waschen und abtrocknen.
- **Küchenutensilien** Überlegen Sie vor dem Einräumen, wie Sie den vorhandenen Platz in den Schränken und auf der Arbeitsplatte nutzen wollen.

Wieder verwerten

- **Tüten** Leere Kunststofftüten und -säcke zusammenfalten und beispielsweise als Mülltüten verwenden.

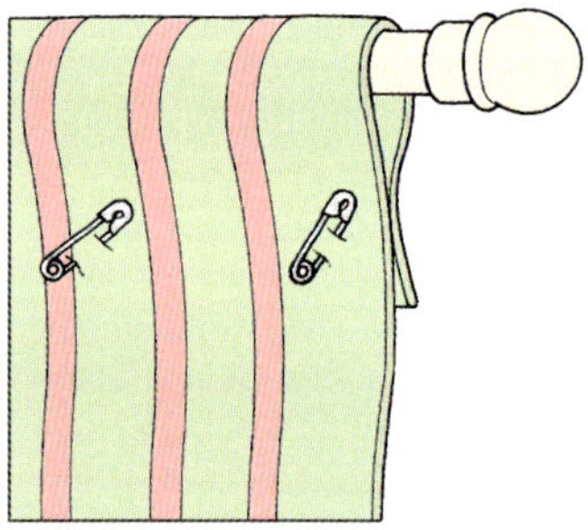

Provisorische Vorhänge
Sind Ihre neuen Vorhänge noch nicht fertig oder die alten noch nicht geändert, legen Sie als Sichtschutz eine Decke über die Gardinenstange. Befestigt wird sie mit Sicherheitsnadeln.

GELD SPAREN

Fenster glänzend polieren
Zeitungspapier, in das Sie Geschirr oder zerbrechliche Accessoires eingewickelt haben, können Sie zum Polieren der Fensterscheiben benutzen. Die Scheiben sollten beim Polieren noch feucht sein, damit das Papier keine Kratzer hinterlässt.

MITBEWOHNER UND UNTERMIETER

Es spricht nichts dagegen, die Haushaltskasse durch das Vermieten eines ungenutzten Zimmers etwas aufzubessern. Wenn Sie allein leben, haben Sie außerdem auch etwas Gesellschaft. Natürlich müssen Sie einen Mitbewohner oder Untermieter sorgfältig und mit Bedacht auswählen.

Eine passende Person finden

Ein Mitbewohner ist ein gleichberechtigter Mietpartner, mit dem Sie alle Kosten und Rechte teilen, während ein Untermieter nur ein oder zwei Zimmer anmietet, mit Ihnen den Vertrag schließt und sich in abgesprochener Höhe an sonstigen Kosten beteiligt.

Der richtige Mitbewohner oder Untermieter

Laden Sie geeignete Bewerber zu einem Gespräch ein. Besprechen Sie ausführlich alle wesentlichen Punkte.

- **Eine Anzeige schalten** Prüfen Sie, an welche Zielgruppe sich das Blatt, in dem die Anzeige erscheinen soll, richtet.
- **Persönliches Gespräch** Erkundigen Sie sich, ob der Bewerber raucht, Wochenendheimfahrer ist, regelmäßig Gäste empfangen möchte usw.
- **Kündigungsfrist** Einigen Sie sich auf eine angemessene Frist für eine Kündigung des Mietverhältnisses.
- **Rechtlichen Rat einholen** Lassen Sie den aufgesetzten Mietvertrag von einem Anwalt gegenlesen, um sicherzustellen, dass keine der Parteien benachteiligt wird.

Hausregeln aufstellen

- **Besucher** Erkundigen Sie sich vorab, ob der Untermieter bzw. Mitbewohner die Absicht hat, für mehr als ein paar Tage einen Gast zu beherbergen, und arrangieren Sie eventuell eine Kostenbeteiligung.
- **Bad** Wenn Sie das Bad gemeinsam nutzen, einigen Sie sich im Voraus darauf, wer es wann belegt – wer zuerst aus dem Haus muss, sollte auch als Erster ins Bad können.

Das Zusammenleben organisieren

Das Zusammenleben mit anderen kann sich harmonisch gestalten, wenn sich die Parteien im Vorfeld über die Aufteilung des Wohnraums und der Hausarbeiten einigen. Wenn Sie neu zu einer Wohngemeinschaft hinzukommen, klären Sie diese Dinge frühzeitig ab.

Stauraum aufteilen

Regale nutzen

Wenn Sie einige Regale und Schränke gemeinsam nutzen, sortieren Sie die Sachen entsprechend in geeignete Kartons, die Sie gut sichtbar mit dem Namen des Besitzers beschriften.

Hausarbeit verteilen

- **Kochen** Je nachdem, ob jeder für sich oder jeweils einer für alle kocht, sollten Zeiten für die Küchennutzung abgestimmt bzw. ein Küchenplan erstellt werden.
- **Putzen** Machen Sie einen Plan, wer wann für das Putzen gemeinsamer Bereiche, z. B. Küche und Bad, zuständig ist.
- **Rücksicht** Bitten Sie alle Mitbewohner, Bad und Küche in einem ordentlichen Zustand zu hinterlassen.
- **Abwasch** Jeder Mitbewohner sollte sich um seinen eigenen Abwasch kümmern. Wenn Sie gemeinsam essen, wird eine Person bestimmt, die für den Abwasch zuständig ist.

Kosten teilen

- **Haushaltskasse** Richten Sie für gemeinsame Einkäufe eine Kasse ein, in die alle Parteien regelmäßig einzahlen.
- **Ausgaben kontrollieren** Bewahren Sie alle Rechnungen in einer Mappe auf, damit Sie den Überblick über das Haushaltsbudget behalten.
- **Zusätzliche Kosten** Sämtliche Nebenkosten und Sonderausgaben unter allen Mitbewohnern gerecht aufteilen.
- **Telefonate** Benutzen mehrere Personen ein Telefon, empfiehlt sich ein Apparat mit Gebührenzähler. Legen Sie ein Buch an, in das jeder Mitbewohner die von ihm geführten Gespräche einträgt.

Zu Hause effektiv arbeiten

Übersicht

In einem gut organisierten Büro - ob in der Firma oder zu Hause - lässt es sich sehr effizient arbeiten. Prüfen Sie alle Aspekte Ihrer Tätigkeit, angefangen vom Arbeitsplatz bis hin zu den einzelnen Aufgaben, daraufhin, ob sie Ihren Vorstellungen wirklich gerecht werden. Arbeiten Sie einen aussagekräftigen Termin- und Projektplan aus und organisieren Sie Ihr Büro so, dass Sie auf alle Kommunikationsmittel und Arbeitsunterlagen rasch zugreifen können.

Planung eines Büros für zu Hause

Wenn es der Platz erlaubt, richten Sie Ihr Büro in einem ruhigen Zimmer ein. Es kann aber auch in einer Ecke im Wohn- oder Esszimmer oder in einem bislang ungenutzten Wohnbereich liegen, z. B. unter einem Treppenaufgang (siehe S. 31). Arbeiten Sie in einem Raum, der auch von anderen genutzt wird, sollten Sie dennoch eine klare Abgrenzung schaffen. Fertigen Sie einen Grundriss an, anhand dessen Sie die Gestaltung Ihres Büros planen - auch hierfür gibt es mittlerweile sehr gute PC-Programme. Achten Sie darauf, dass genügend Bewegungsfreiheit an Ihrem Arbeitsplatz bleibt.

- **Büro einrichten** Mobiliar so anordnen, dass die wichtigsten Dinge wie Telefon oder bestimmte Arbeitsunterlagen griffbereit sind. Sorgen Sie für ausreichend Platz auf dem Schreibtisch.
- **Stromversorgung** Eventuell zusätzliche Steckdosen anbringen lassen, damit möglichst keine Kabel quer durch den Raum liegen – ansonsten möglichst Kabelkanäle verwenden.
- **Kommunikationsmittel** Falls Sie neben Telefon und Faxgerät auch einen Internetanschluss benötigen, sollten Sie entsprechende Anschlüsse einplanen.
- **Beleuchtung** Sorgen Sie dafür, dass Ihr Arbeitsplatz gut ausgeleuchtet ist, optimal ist eine schwenkbare Schreibtischlampe.
- **Ordnung** In Schränken, Regalen und auf dem Schreibtisch stets Ordnung halten. So behalten Sie den Überblick und haben mehr Platz zum Arbeiten.

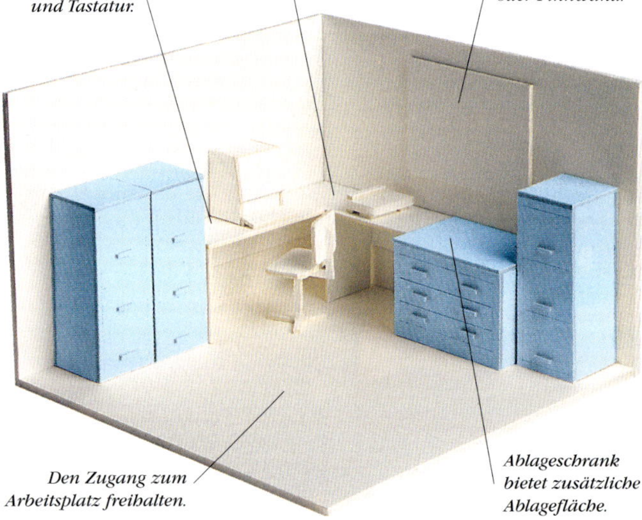

Das Büro einrichten
Erwägen Sie bei Ihren Planungen, wie oft Sie auf etwas zugreifen müssen - je wichtiger etwas ist bzw. je häufiger Sie etwas brauchen, desto näher sollte es am zentralen Arbeitsplatz sein.

EIN BÜRO EINRICHTEN

Listen Sie die Tätigkeiten auf, die Sie von Ihrem Arbeitsplatz aus erledigen werden, sowie die Büroausstattung, die Sie dazu brauchen. Berechnen Sie dann, wie groß Ihr Arbeitsplatz in etwa sein sollte und überschlagen Sie die Kosten, die mit dem Einrichten und Ausstatten des Büros auf Sie zukommen.

Zweckmäßige Einteilung

Erstellen Sie einen Grundriss (siehe S. 158) und achten Sie darauf, dass Sie auf Möbel und Geräte, die Sie häufig nutzen werden, bequem zugreifen können. Bringen Sie alles, was Sie seltener brauchen, in den oberen Regalfächern oder in einem anderen Zimmer unter.

Optimale Aufteilung

- **Ecken nutzen** Ein Schreibtisch in L-Form in eine Ecke gestellt, benötigt wenig Platz.
- **Wände nutzen** Wer nur einen kleinen Schreibtisch hat, bringt Telefon und Schreibtischlampe an der Wand an.
- **Rollcontainer** Bewahren Sie Büromaterial, das Sie oft brauchen, in einem Rollcontainer auf. Nach der Arbeit verschwindet er unter dem Schreibtisch.
- **Büromaterial** Halten Sie nur das griffbereit, was Sie momentan brauchen, und verstauen Sie alles andere.

Regale clever nutzen

- **Größe** Wählen Sie ein Regal, das etwas größer ist, als Sie es momentan brauchen. Die freie Fläche füllt sich mit der Zeit von selbst.
- **Möbelflächen** Nutzen Sie Schränke in geeigneter Höhe als zusätzliche Ablagefläche während der Arbeit.
- **Bücher** Viel benutzte Nachschlagewerke beim Arbeitsplatz unterbringen, sodass man jederzeit bequem darauf zugreifen kann.
- **Ablagekörbe** In einem Regal untergebracht, nehmen sie auf dem Tisch keinen Platz weg.

Die Ablage organisieren

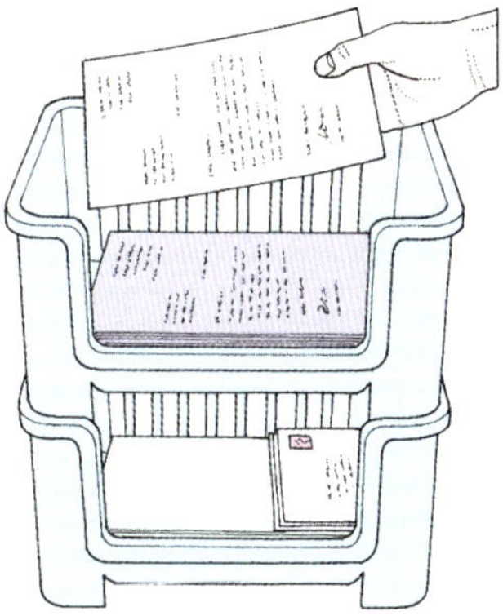

Ablagekörbe
Es gibt sie in den unterschiedlichsten Ausführungen, Materialien und Farben. Wählen Sie aus der Vielzahl der Angebote das für Sie geeignete System aus.

Ein schwarzes Brett selbst machen

1 Eine Spanplatte mit einer Schaumschicht polstern. Ein Stück Stoff so zuschneiden, dass an jeder Kante 5 cm Saumzugabe bleiben. Die gepolsterte Platte auf den Stoff legen und den Saum auf die Rückseite der Platte umschlagen und mit Nägeln fixieren.

2 Dünne Bänder in Kreuzform auslegen. An den Kreuzstellen mit Reißzwecken befestigen, die Enden ebenfalls mit Reißzwecken auf der Rückseite befestigen. Die Tafel an der Wand anbringen, Notizzettel werden unter die Bänder geschoben.

Auf einen Blick

- **An der Wand** Eine Pinnwand für Termine und Notizen so an der Wand befestigen, dass der Blick vom Schreibtisch aus direkt darauf fällt.
- **Pinnwand selbst herstellen** Manchmal bekommt man eine Pinnwand nicht in den passenden Abmessungen. Besorgen Sie sich Korkplatten, die Sie auf eine Holzplatte kleben und mit schmalen Holzleisten umrahmen.
- **Freie Fläche nutzen** Wenn Sie über dem Schreibtisch ein Regal angebracht haben, befestigen Sie eine Pinnwand zwischen unterem Regalbrett und Schreibtisch.

Das Büro ausstatten

Ein Büro einzurichten muss nicht teuer sein. Gut erhaltene Möbel aus zweiter Hand leisten oft genauso gute Dienste wie neu gekaufte. Einige Dinge fürs Büro können Sie auch selbst herstellen, vor allem Artikel für die Ablage und die Archivierung.

Grundausstattung

Folgende Möbel und Arbeitsutensilien gehören zu einem gut ausgestatteten Büro:

- Schreibtisch
- Bequemer Stuhl
- Computer bzw. Schreibmaschine
- Telefon
- Anrufbeantworter
- Faxgerät
- Taschenrechner
- Ordner
- Adressbuch
- Terminkalender
- Pinnwand
- Uhr
- Papier und Umschläge
- Schreibutensilien
- Briefmarken
- Büroklammern, Klebestreifen und Klebstoff

Aufbewahrung

- **Postversand** Sie brauchen Briefmarken, Umschläge, Aufkleber und Formulare für Kurierdienste.

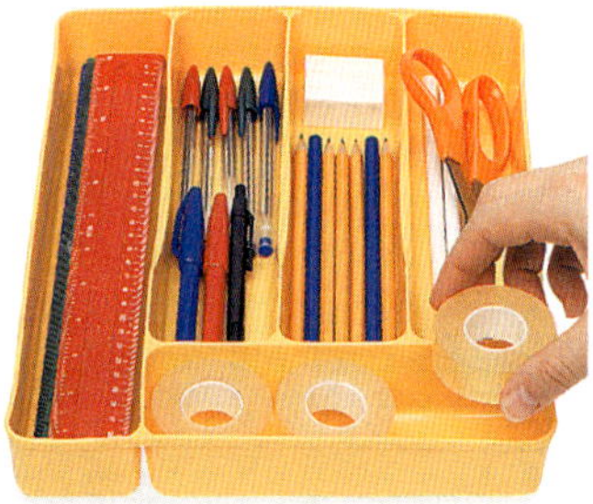

Kleinteile verstauen
Legen Sie in eine Schublade einen Besteckkasten zum Aufbewahren von Stiften, Lineal, Klebestreifen und anderen kleineren Utensilien.

Geld sparen

Schreibtischboy
Ein Kunststoffrohr in unterschiedlich lange Stücke schneiden, nach Wunsch lackieren und auf ein lackiertes Holzbrett kleben – Stifte und Lineale hineinstellen.

Büromaterial verwalten

- **Anschaffung** Stellen Sie Preisvergleiche an. Vielleicht können Sie auch mit anderen Selbstständigen Sammelbestellungen aufgeben.
- **Vorrat verwalten** Wenn Sie viel Büromaterial verbrauchen, sollten Sie Buch darüber führen, damit Sie Ihren Vorrat rechtzeitig auffüllen können.

Der Umwelt zuliebe

- **Papier recyceln** Entsorgen Sie Papierabfall getrennt vom übrigen Müll. Manche Umschläge können gut ein zweites Mal verwendet werden.

Wartung und Pflege der Büroausstattung

Nehmen Sie sich regelmäßig Zeit für die Reinigung Ihrer Büroausstattung – sie ist dann nicht nur schöner anzusehen, auch die Lebensdauer mancher Geräte verlängert sich durch richtige Pflege.

- **Computer** Vor dem Reinigen Netzstecker ziehen. Gehäuse von Computer und Monitor mit Seifenlauge reinigen. Das Tuch darf nur nebelfeucht sein. Darauf achten, dass keine Flüssigkeit ins Gehäuse dringt. Reinigungsmittel aus Sprühflaschen nicht direkt aufsprühen (siehe S. 128). Erst nach Trocknung Geräte in Betrieb nehmen.
- **Telefon** Auch dieses Gerät regelmäßig mit einem Tuch, das mit milder Seifenlauge angefeuchtet wurde, reinigen.
- **Keine Chemikalien** Benutzen Sie zur Reinigung von Kunststoffgehäusen keine organischen Lösungsmittel, z. B. Alkohol oder Benzin, da diese Mittel das Gehäuse angreifen.
- **Mauspad und Maus** Von einem Mauspad mit textiler Oberfläche entfernen Sie Staub, indem Sie es mit einem Klebeband leicht abtupfen. Ein Mauspad mit Kunststoffoberfläche mit leicht angefeuchtetem Tuch reinigen. Für die Reinigung der Computermaus siehe S. 128.

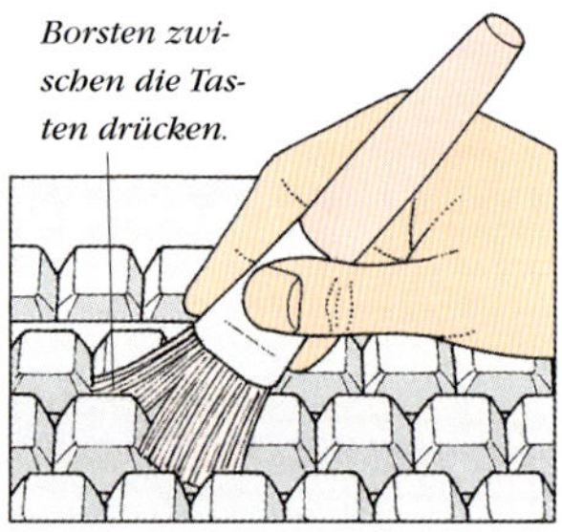

Die Tastatur abstauben
Mit einer weichen Bürste, z. B. einer Kosmetikbürste, den Staub zwischen den Tasten entfernen. Die Borsten vorher kurz reiben – durch die statische Aufladung nehmen sie den Staub besser auf.

Richtiger Umgang mit der Büroausstattung

Gehen Sie mit Ihrer Büroausstattung sorgsam um und schützen Sie vertrauliche Daten vor Verlust oder Missbrauch durch Unbefugte. Treffen Sie dazu beispielsweise Vorsichtsmaßnahmen wie das Abschalten elektrischer Geräte und das Wegschließen wichtiger Unterlagen am Abend.

SICHERUNGSMASSNAHMEN IM BÜRO

OBJEKT	METHODEN UND VORGEHENSWEISE	
Computer 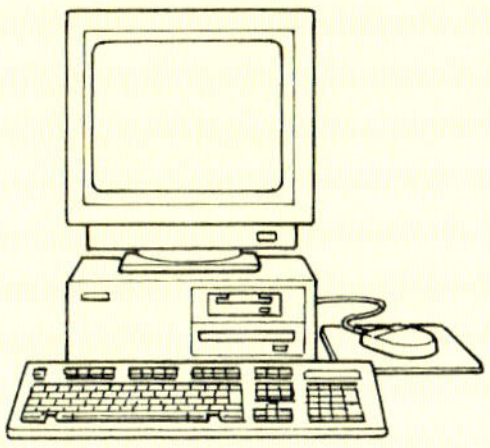	**Kabel und Stecker** Prüfen Sie Stecker und Kabel in regelmäßigen Abständen, um sicherzustellen, dass sie nicht lose oder beschädigt sind. Achten Sie darauf, dass Sie mit Ihrem Stuhl nicht auf einem Kabel stehen. **Unfallvorsorge** Kabel aufrollen und an der Wand befestigen oder durch einen Kabelkanal ziehen.	**Laptop** In einer verschließbaren Schublade aufbewahren. Auch das Stromkabel und das übrige Zubehör mit in die Schublade legen, so ist alles rasch griffbereit. **Geräte identifizieren** Notieren Sie Modelltypen und Identifikationsnummern jedes Computerbestandteils inklusive des Zubehörs, z. B. der Tastatur.
Ablageschrank 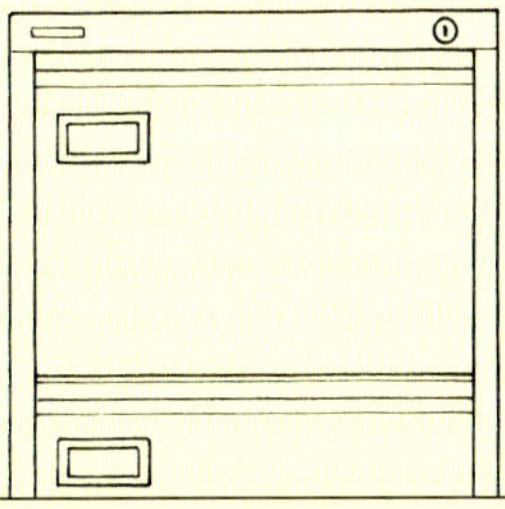	**Wartung** Kontrollieren Sie, ob alle Schubladen problemlos auf- und zugehen. Nicht zu stark an Schubladen ziehen, der Schrank könnte sonst kippen. **Vorbeugung** Schubladen niemals überladen bzw. sehr schwere Gegenstände auf den Ablageschrank stellen. Nach Gebrauch Schubladen stets wieder schließen.	**Sichere Verwahrung** Schließen Sie während Ihrer Abwesenheit den Ablageschrank ab und bewahren Sie die Schlüssel an einem sicheren Ort auf. Ersatzschlüssel niemals am selben Ort aufbewahren. **Unterlagen schützen** Versehen Sie vertrauliche Unterlagen mit Codenamen, damit sie für andere nicht so leicht zu finden sind.
Telefon und Faxgerät 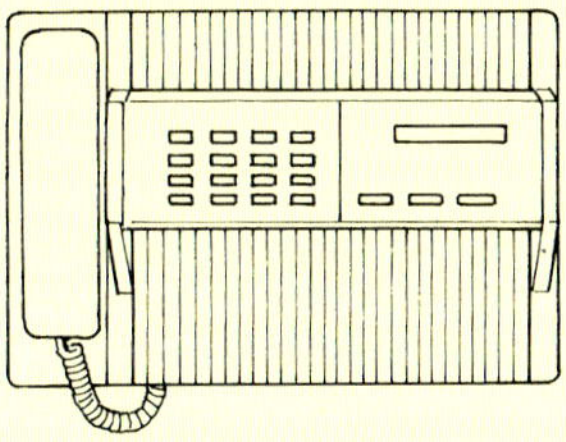	**Geschäftsleitung** Falls möglich, richten Sie sich eine separate Geschäftsnummer ein. Haben noch andere Personen Zutritt zu Ihrem Büro, geben Sie abends eine Benutzungssperre ein. **Verschlüsselungen** Wenn Sie Zielwahlnummern speichern und verhindern wollen, dass man die Gesprächsteilnehmer identifizieren kann, geben Sie nur die Initialen ein.	**Faxgerät** Wenn Sie ein persönliches Fax, z. B. an Ihre Bank, versenden, und andere Personen haben auch Zugang zu diesem Faxgerät, sollten Sie das Dokument nach dem Versenden sofort entnehmen und wegschließen. **Mobiltelefon** Legen Sie ein Handy oder schnurloses Telefon nach dem Gebrauch stets an denselben Platz, damit Sie es rasch wieder finden.
Dokumente und Bargeld 	**Urkunden** Bewahren Sie wichtige Dokumente in einem Bankschließfach auf. Möchten Sie diese Dokumente zu Hause haben, verstecken Sie sie in einem Wand- oder Bodensafe. **Bargeld** Bereiten Sie eine Geldübergabe vor, bevor die betreffende Person eintrifft. Besucher, auch wenn es Geschäftspartner sind, sollten nicht sehen, wo Sie Ihr Geld aufbewahren.	**Portokasse** Legen Sie kleinere Beträge in eine verschließbare Kassette, die Sie in einer Schublade einschließen. Führen Sie für das Finanzamt und zum eigenen Überblick ein Kassenbuch. **Kreditkarten** Fertigen Sie von jeder Karte eine Kopie an, die Sie an einem sicheren Ort aufbewahren. So haben Sie im Fall des Verlusts die Nummern gleich bei der Hand.

Der optimale Arbeitsplatz

Wer sich an seinem Arbeitsplatz wohl fühlt, arbeitet sehr viel produktiver. Gestalten Sie Ihren Arbeitsplatz so, dass er Ihren körperlichen und ästhetischen Ansprüchen gerecht wird. Legen Sie Pausen ein, in denen Sie verspannte Muskeln lockern oder müde Augen erfrischen.

So sitzen Sie richtig am Computer

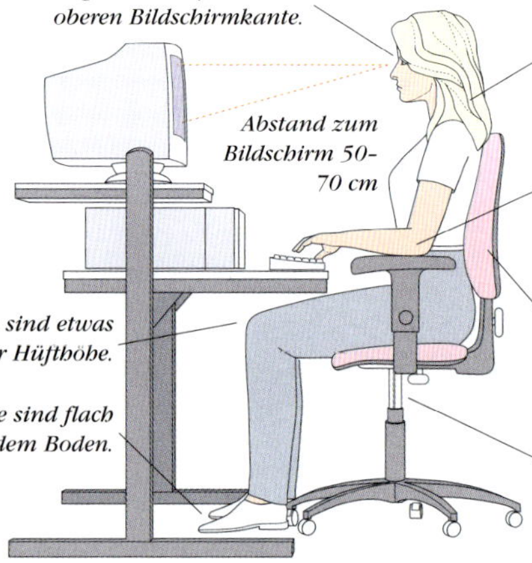

Schäden durch falsche Sitzhaltung vermeiden
Schultern, Arme oder Hände können durch falsche, immer wiederkehrende Bewegungen überbeansprucht werden, was zu erheblichen Schmerzen führen kann (RSI-Syndrom). Wenn Sie viel am Computer arbeiten, passen Sie Monitor, Schreibtisch und Stuhl Ihrer Sitzhaltung an und sorgen Sie dafür, dass Sie es bequem haben. Rücken, Füße und Handgelenke sollen gut gestützt sein.

Optimale Bedingungen

- **Beleuchtung** Kopfschmerzen und überanstrengte Augen lassen sich durch eine geeignete Deckenbeleuchtung vermeiden. Achten Sie darauf, dass die Lampe nicht flimmert.
- **Schreibtischlampe** Die Lampe so aufstellen, dass der Monitor das Licht nicht direkt in die Augen reflektiert.
- **Bildschirm** Positionieren Sie den Monitor so, dass einfallendes Sonnenlicht Sie nicht blendet. Auch sollten Sie nicht mit dem Rücken zum Fenster sitzen.
- **Luft verbessern** Wenn in Ihrem Arbeitszimmer die Luft sehr trocken ist, stellen Sie mehrere Grünpflanzen auf. Wird die Luftqualität nicht besser, sollten Sie die Anschaffung eines Luftbefeuchters erwägen.

Arbeitsbedingten Stress abbauen

Zu viel Stress kann die Leistungsfähigkeit hemmen und krank machen. Legen Sie Pausen ein, wenn Sie müde und abgespannt sind.

- **Augen entspannen** Richten Sie den Blick abwechselnd auf Gegenstände in unterschiedlicher Entfernung.
- **Gesichtsmuskelübung** Spannen Sie sämtliche Gesichtsmuskeln an, kurz halten, dann wieder entspannen.
- **Ausgleichssport** Wenn Sie vorwiegend sitzend arbeiten, sollten Sie etwas Sport treiben.
- **Mittagspause** Nehmen Sie sich die Zeit für ein richtiges Mittagessen. Das verhindert eine zu starke Absenkung des Blutzuckerspiegels und Verdauungsprobleme.
- **Musik** Lassen Sie während der Arbeit – sofern es Ihre Konzentration nicht stört – ruhige, entspannende Hintergrundmusik laufen.
- **Freizeit** Versuchen Sie einen geregelten Feierabend einzuhalten. Bemühen Sie sich, richtig abzuschalten und zu entspannen. Nehmen Sie sich Zeit für Ihre Familie und pflegen Sie den Kontakt zu Ihren Freunden, damit Sie nicht das auf Dauer unbefriedigende Gefühl bekommen, nur noch für die Arbeit zu leben.
- **Motivation steigern** Erstellen Sie eine Liste all Ihrer Erfolgserlebnisse, auch der kleineren. Wenn Sie sich verstimmt oder unsicher fühlen, kann Ihnen die Liste dabei helfen, Ihr Selbstvertrauen zu stärken.

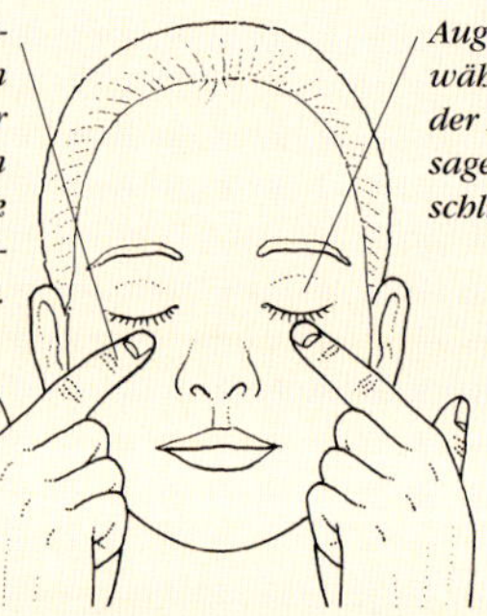

Entspannung für müde Augen
Mit den Zeigefingern zehnmal in kleinen Kreisen direkt oberhalb der Augenbrauenmitte massieren, Richtung wechseln. Mit Daumen und Zeigefinger die Nasenwurzel massieren, dann gleichzeitig die linke und rechte Wange kreisend massieren. Abschließend große Kreise um die Augenhöhlen ziehen, und zwar vom Nasenrücken nach außen hin.

ARBEITSZEIT EINTEILEN

Erstellen Sie einen Arbeitsplan: Was ist wann zu tun? Wie viel Zeit können Sie für jede einzelne Aufgabe vorsehen? Je besser Sie vorausplanen, desto weniger kommen Sie unter Druck – und Sie hinterlassen bei Ihren Geschäftspartnern einen zuverlässigen Eindruck.

Die Arbeitszeit optimal nutzen

Weisen Sie jeder Aufgabe einen bestimmten Dringlichkeitsgrad zu und setzen Sie sich eine Frist für die Erledigung. Bemühen Sie sich um eine realistische Einschätzung und planen Sie, wenn möglich, etwas mehr Zeit ein, als Sie voraussichtlich benötigen werden.

Aufgaben planen

● **Tagesplan** Erstellen Sie täglich eine Liste mit den für den nächsten Tag geplanten Arbeiten – die dringlichste Aufgabe steht an erster Stelle. Setzen Sie alles nicht Erledigte oben auf die Liste für den folgenden Tag. Stimmen Sie Ihre tägliche Liste mit den Einträgen in Ihrem Terminkalender ab.

● **Umfangreiche Aufgaben** Teilen Sie langwierige oder schwierige Projekte in mehrere kleine Aufgaben auf und setzen Sie für jede Teilaufgabe eine Frist.

Leerlauf vermeiden

● **Prioritäten** Erstellen Sie eine Liste mit weniger dringlichen Aufgaben, z. B. Akten sortieren oder Ablage erledigen. Sobald Sie etwas Zeit zwischendurch haben, erledigen Sie einige dieser Aufgaben.

● **Reisezeit nutzen** Haben Sie eine längere Geschäftsreise vor sich, nehmen Sie sich Arbeit mit, die Sie unterwegs erledigen können. Wenn Sie mit dem Zug verreisen, können Sie Akten studieren, Telefonate erledigen oder am Laptop arbeiten.

Was ist wie wichtig?

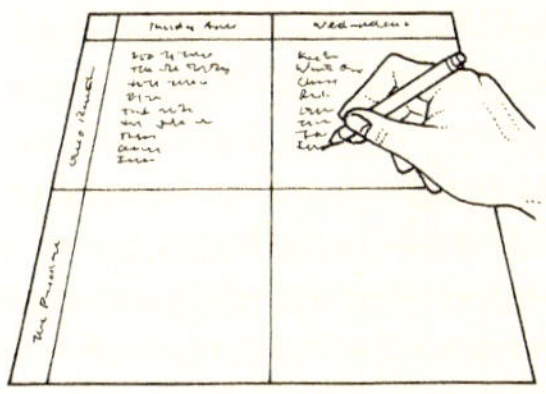

Tabelle erstellen
Teilen Sie ein Blatt in vier Abschnitte auf. Bezeichnen Sie die Spalten mit „Dringend“ und „Routine“, die Zeilen mit „Einfach“ und „Schwierig“. Tragen Sie die Aufgaben ein.

Organisieren leicht gemacht

Versuchen Sie die Erledigung einzelner Aufgaben so rationell wie möglich zu gestalten. Die angenommene Arbeit sollte Ihren Qualifikationen und Neigungen entsprechen. Arbeiten Sie mit anderen zusammen und delegieren Sie Aufgaben an geeignete Mitarbeiter.

Merkzettel

Notieren Sie alle geplanten Besprechungstermine und Vereinbarungen, die Sie mit anderen treffen.

● **Termine** Tragen Sie Verabredungen sofort in Ihren Terminkalender ein. Lassen Sie sich Ort und Zeit einen Tag vorher bestätigen.

● **Besprechungen** Wenn Sie wichtige oder heikle Themen persönlich oder telefonisch besprechen, setzen Sie anschließend ein Schreiben an den Gesprächspartner auf, in dem Sie das Besprochene zusammenfassen.

Sich selbst organisieren

● **Der richtige Zeitpunkt** Erledigen Sie anspruchsvolle Aufgaben immer dann, wenn Sie sich am besten konzentrieren können, und legen Sie Routinearbeiten auf die Zeit, in der Sie nicht in Hochform sind.

● **Finanzplanung** Setzen Sie sich realistische Ziele und übernehmen Sie sich nicht.

● **Belohnungen** Stellen Sie sich für erledigte Aufgaben eine Belohnung in Aussicht. Gönnen Sie sich etwa eine entspannende Kaffeepause oder gehen Sie nach Feierabend schwimmen.

Zusammenarbeit

● **Terminabsprachen** Stellen Sie bei der Planung eines größeren Meetings mehrere Termine zur Auswahl. Beginnen Sie die Absprache mit den wichtigen Personen, die am wenigsten Zeit haben.

● **Tagesordnung** Listen Sie alle zu besprechenden Punkte auf und setzen Sie für jeden einen Zeitrahmen fest. Lassen Sie die Liste allen Teilnehmern zukommen.

● **Zeit sparen** Für Routineinformationen schicken Sie eine E-Mail oder ein Fax, statt ein Meeting einzuberufen.

Arbeitszeit überwachen

Um Ihre Arbeitszeit optimal einteilen zu können, sollten Sie zunächst den Istzustand festhalten. Anhand eines Diagramms sehen Sie einfach, welche Aufgaben wie viel Ihrer Arbeitszeit beanspruchen. Nun können Sie entscheiden, ob Sie Ihre Zeit nicht anders einteilen sollten.

Kreisdiagramm für eine Arbeitswoche (Selbstständige)

Tätigkeit	Anzahl der Arbeitsstunden														
	1	2	3	4	5	6	7	8	9	10	11	12	13	14	15
Meetings	✓	✓	✓	✓	✓	✓	✓	✓	✓	✓	✓	✓	✓	✓	✓
Reisen	✓	✓	✓	✓	✓	✓	✓	✓	✓	✓	✓	✓	✓	✓	✓
Verwaltung	✓	✓	✓	✓	✓	✓	✓	✓	✓	✓					
Praktisches	✓	✓	✓	✓	✓	✓	✓	✓	✓	✓					
Korrespondenz	✓	✓	✓	✓	✓										
Mittagspausen	✓	✓	✓	✓	✓										

1 Stellen Sie alle Daten für das Kreisdiagramm in einer Tabelle zusammen. Verwenden Sie verschiedene Farben. In die Spalten tragen Sie die Anzahl der Stunden ein, die Sie für die jeweiligen Tätigkeiten aufwenden. Haken Sie über den Zeitraum einer Woche jede Stunde ab, die eine Tätigkeit beansprucht. Berücksichtigen Sie auch Fahrzeiten oder Geschäftsreisen sowie Pausen.

Anzahl Stunden	Anteil an Gesamtzeit	Anteil am Diagramm
15	$\frac{1}{4}$	90
15	$\frac{1}{4}$	90
10	$\frac{1}{6}$	60
10	$\frac{1}{6}$	60
5	$\frac{1}{12}$	30
5	$\frac{1}{12}$	30

2 Teilen Sie die Anzahl der für jede Aktivität benötigten Stunden durch die gesamte Arbeitszeit. Den Anteil am Kreisdiagramm (in Winkelgrad gemessen) erhalten Sie, indem Sie diese Bruchzahl mit 360 multiplizieren.

ZEIT SPAREN

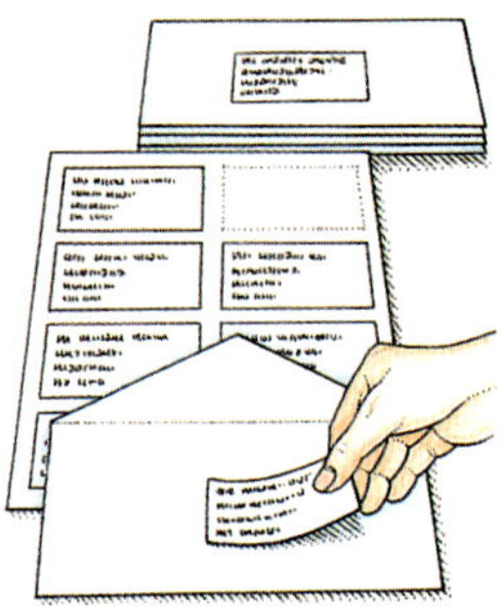

Etiketten vordrucken
Drucken Sie Etiketten auf Vorrat, sodass Sie sie bei Bedarf rasch zur Hand haben. Erstellen Sie am Computer Muster für Etiketten und Formulare oder drucken Sie Musterformulare aus, die Sie kopieren können.

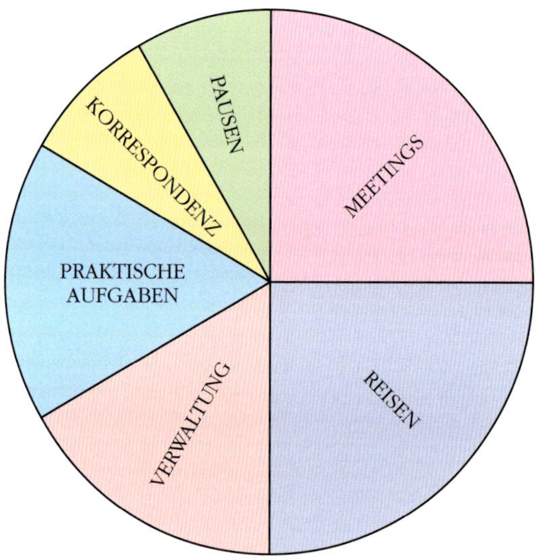

3 Zeichnen Sie einen großen Kreis. Teilen Sie ihn in die entsprechenden Abschnitte für jede Aktivität ein und verwenden Sie die Farben der Tabelle – nun sehen Sie auf einen Blick, wie sich Ihre Arbeitszeit verteilt. Mithilfe von PC-Programmen lassen sich Tabellen und Diagramme ebenfalls leicht erstellen.

Einen Projektplan entwerfen

Erstellen Sie am Ende des Arbeitstags eine Liste mit den Aufgaben für den folgenden Tag. Notieren Sie Art und Zeitaufwand für die Arbeit. Verwalten Sie die Informationen in einer Tabelle in Form eines Projektplans (auch hierzu gibt es PC-Programme).

Projektpläne nutzen

● **Entwurf** Fertigen Sie ein Muster an, kleben Sie es auf Pappe, die Sie in eine Prospekthülle stecken, und verwenden Sie zum Beschriften einen wasserlöslichen Stift.

Prioritäten setzen

● **Wichtiges hervorheben** Kennzeichnen Sie die wichtigsten Aufgaben mit einem Textmarker. So können Sie die Aufgaben und den Tagesablauf nach Prioritäten ordnen.

Ziele vergleichen

● **Auf einen Blick** Hängen Sie Ihren Projektplan neben den Jahresplaner an die Wand. So können Sie regelmäßig kurzfristige Ziele mit langfristigen vergleichen.

Wichtige Informationen in einem Projektplan

Aktivität	Zeit und Ort	Teilnehmer	Massnahmen
Meetings	● **Zeit** Tag, Uhrzeit und Dauer notieren. ● **Ort** Anschrift und gegebenenfalls Telefonnummern einfügen. ● **Anreise** Voraussichtliche Dauer notieren.	● **Teilnehmer** Namen der Teilnehmer notieren. ● **Instruktionen** Namen derjenigen notieren, die eine Agenda oder bestimmte Aufgaben bzw. Infos erhalten sollen.	● **Agenda** Auflistung aller Gesprächspunkte ● **Sonstiges** Alle Informationen notieren, die verteilt werden sollen. ● **Ziel** Notieren Sie das Ziel des Meetings.
Praktische Aufgaben	● **Zeit** Für jede Aufgabe Tag und voraussichtliche Dauer notieren. ● **Dienstreise** Mutmaßliche Dauer notieren. ● **Frist** Termin, zu dem Aufgabe zu erledigen ist.	● **Empfänger** Festhalten, an wen das Ergebnis geschickt wird. ● **Informanten** Namen der Personen notieren, die Sie mit Material oder Informationen versorgen sollen.	● **Aspekte** Bestandteile der Aufgabe notieren. ● **Arbeitsmaterial** Werkzeug, Material und Informationen auflisten. ● **Priorität** Jeweilige Wichtigkeit vermerken.
Korrespondenz	● **Dauer** Zeit notieren, die die Korrespondenz in Anspruch nimmt. ● **Frist** Datum aufschreiben, bis wann die Korrespondenz spätestens erledigt sein sollte.	● **Empfänger** Name, Anschrift, E-Mail-Adresse, Ruf- und Faxnummer des Empfängers notieren. ● **Kopien** Vermerken, wer von welchen Briefen eine Kopie erhält.	● **Inhalt** Gliederung der wichtigsten Punkte und Themen entwerfen. ● **Sonstiges** Eventuelle zusätzliche Informationen, die weitergegeben werden, notieren.
Zu delegierende Aufgaben	● **Instruktionen** Datum notieren. ● **Dauer** Die dafür benötigte Zeit vermerken. ● **Frist** Termin, zu dem Aufgabe zu erledigen ist	● **Mitarbeiter** Name des mit der Aufgabe Betrauten notieren. ● **Telefonnummern** Sicherstellen, dass Mitarbeiter erreichbar ist.	● **Anweisungen** Die Aufgaben auflisten. ● **Informationen** Quellen angeben, wo zusätzliche Informationen zu erhalten sind.
Außerberufliche Termine	● **Zeit** Tag, Uhrzeit und Dauer notieren. ● **Ort** Aufschreiben, wo Termin stattfinden soll. ● **Reise** Voraussichtliche Dauer notieren.	● **Begleiter** Name und Anschrift aller Beteiligten vermerken. ● **Sonstiges** Notieren, wer bei Verspätung bzw. Absage zu informieren ist.	● **Art der Erledigung** In Stichpunkten notieren. ● **Zubehör** Eventuell benötigte Ausrüstung auflisten, z. B. Sportkleidung.

ERFOLGREICH KOMMUNIZIEREN

Bringen Sie Ihre Ideen und Argumente möglichst klar und deutlich vor, sodass jeder Ihren Ausführungen leicht folgen kann. Bevor Sie ein wichtiges Gespräch führen, sollten Sie sich genau überlegen, was Sie sagen wollen. Fassen Sie danach alle Einzelheiten, die zur Sprache kamen, schriftlich zusammen.

Telefonate planen

Führen Sie mehrere Telefonate am Stück, dann werden Sie nicht bei Ihrer sonstigen Arbeit immer wieder unterbrochen und Sie können eine besetzte Nummer mehrmals wählen. Vereinbaren Sie mit regelmäßigen Anrufern eine bestimmte Zeit für Ihre Gespräche.

Telefonnotiz

Eine Telefonnotiz, die Sie für jemand anders aufnehmen, sollte diese Informationen enthalten:

- **Name** Notieren Sie sich die exakte Schreibweise des Namens – notfalls buchstabieren lassen.
- **Rufnummer** Notieren Sie die Rufnummer, auch wenn der Empfänger der Notiz diese vielleicht schon kennt.
- **Uhrzeit** Notieren Sie Datum und Uhrzeit des Anrufs.
- **Inhalt** Fassen Sie das Gespräch möglichst kurz und ergebnisorientiert zusammen.

Telefonate führen

- **Planung** Notieren Sie vor einem wichtigen Anruf alle Punkte, die Sie ansprechen möchten, und halten Sie die Notizen während des Telefonats griffbereit.
- **Warteschleife** Werden Sie in die Warteschleife gestellt, warten Sie kurze Zeit. Meldet sich Ihr Gesprächspartner nicht, hinterlassen Sie eine Nachricht auf der Mailbox oder rufen Sie später noch mal an.
- **Höflichkeit** Bleiben Sie, auch wenn kontroverse Themen zur Sprache kommen, stets freundlich.

Nachbereitung

- **Aktennotiz** Fassen Sie den Inhalt eines wichtigen Telefonats kurz zusammen.
- **Bestätigung** Wurden wesentliche Dinge angesprochen, setzen Sie einen Brief an den Gesprächspartner auf und bestätigen Sie alle getroffenen Vereinbarungen.
- **Nachricht hinterlassen** Erreichen Sie Ihren Gesprächspartner nicht, nennen Sie ihm einen Zeitpunkt für einen Rückruf. Vermerken Sie diesen Zeitpunkt auch in Ihrem Kalender und rufen Sie gegebenenfalls erneut an.

Der Schriftverkehr

Erledigen Sie Ihre Geschäftskorrespondenz regelmäßig. Planen Sie dafür genügend Zeit ein und sorgen Sie dafür, dass Sie in dieser Zeit nicht gestört werden. Nachdem Sie einen Vorgang erledigt haben, legen Sie den Schriftverkehr in den entsprechenden Akten ab.

Einen Brief schreiben

- **Entwurf** Notieren Sie alle Punkte, die Sie in Ihrem Brief ansprechen wollen. Verfassen Sie einen ersten Entwurf und überarbeiten Sie diesen so lange, bis Sie mit dem Ergebnis zufrieden sind.
- **Informationen** Gliedern Sie zentrale Punkte in kurze Abschnitte, damit der Empfänger die Informationen zügig aufnehmen kann. Jeder Absatz sollte nur einen Hauptpunkt zum Inhalt haben. Formulieren Sie jeden neuen Gedanken in einem eigenen Satz.

E-Mails schreiben

- **Rechtschreibung** Um Tippfehler zu vermeiden, setzen Sie die automatische Rechtschreibprüfung ein.
- **Unterschrift** Sie können Ihr E-Mail-Programm so einstellen, dass am Ende jeder Nachricht automatisch Ihre Unterschrift angefügt wird.
- **Dateien anhängen** Sie können an Ihre Nachrichten Dokumente, Bild- und Sound-Dateien oder Videos als so genannte „attachments“ anhängen. Einschränkungen kann es von der Dateigröße her geben.

Smileys

Um Gefühle in E-Mails auszudrücken, können Sie Sonderzeichen verwenden. Diese Zeichen ähneln – von der Seite betrachtet – menschlichen Gesichtern.

:-)	Lächeln
:-D	Lachen
;-)	Augenzwinkern
:-O	Überraschung
8-)	große Augen machen
:-x	Kuss
:-(	Missbilligung
:'-(	Weinen
:-I	Gleichgültigkeit

So gliedern Sie Dokumente sinnvoll	
Dokument	**Konzentration auf das Wesentliche**
Lebenslauf 	**Allgemein üblich ist der tabellarische Lebenslauf auf möglichst einer DIN-A4-Seite. Der Lebenslauf sollte übersichtlich, chronologisch geordnet und ohne zeitliche Lücken sein.** ● **Gliederung** Beginnen Sie mit Ihren persönlichen Daten. Listen Sie dann chronologisch Ihren beruflichen Werdegang auf. Nennen Sie die Bereiche, für die Sie zuständig waren, und die Fähigkeiten, die Sie dabei erworben haben. ● **Talente hervorheben** Führen Sie alle Fertigkeiten auf, die für den Arbeitsplatz von Vorteil sein könnten, z. B. Fremdsprachenkenntnisse. ● **Hobbys** Formulieren Sie diese Informationen so, dass ein Zusammenhang mit der Stellenbeschreibung erkennbar ist. Als Mitglied einer Sportmannschaft könnten Sie beispielsweise auf Ihren ausgeprägten Teamgeist hinweisen. ● **Korrekturlesen** Ein Lebenslauf muss fehlerfrei sein. Lesen Sie sich den fertigen Entwurf in Ruhe durch und schlagen Sie gegebenenfalls Schreibweisen oder Bedeutungen nach. ● **Anschreiben** Zu jeder Bewerbung gehört ein übersichtlich aufgebautes Anschreiben. Als Faustregel gilt hier: Der Ton muss sachlich, knapp und aussagekräftig sein, das Schreiben nicht länger als eine Seite.
Brief 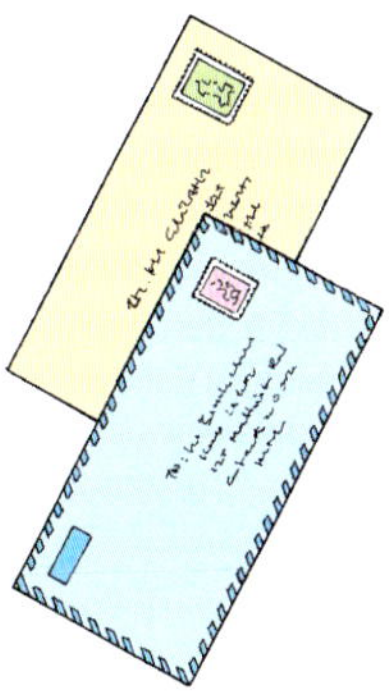	**Formulieren Sie Ihr Anliegen so knapp und präzise wie möglich. Geben Sie Ihre vollständige Adresse, Telefon- und Faxnummer sowie E-Mail-Adresse an.** ● **Zeit sparen** Verfassen Sie Briefe nur dann, wenn es sein muss. Für kurze, informelle Nachrichten eignet sich ein Fax, eine E-Mail oder ein Telefonat. ● **Briefkopf** Nach Ihrer Adresse führen Sie Namen und Adresse des Empfängers an. Vergessen Sie Ort, Datum und die Betreffzeile nicht. ● **Gliederung** Ihr Brief sollte aus Einleitung, Hauptteil und Schluss bestehen. Nennen Sie zunächst den Grund des Schreibens. Führen Sie dann die wichtigsten Punkte im Hauptteil des Briefes an. Zum Schluss fassen Sie den Inhalt knapp zusammen bzw. bitten den Empfänger gegebenenfalls um eine Stellungnahme. ● **Bezugnehmen** Geben Sie bei Antwortbriefen Referenzzeichen und Datum des betreffenden Briefes an. ● **Anlagen** Wenn Sie Ihrem Brief Anlagen hinzufügen, erwähnen Sie die jeweiligen Dokumente im entsprechenden Absatz, damit sie der Leser zuordnen kann. Am Schluss werden die Anlagen aufgelistet. ● **Laut vorlesen** Lesen Sie sich den Brief selbst vor. Klingen die Formulierungen in Ihren Ohren gut und lässt sich der Text flüssig lesen, wird das der Empfänger ebenso empfinden.
Rechnung 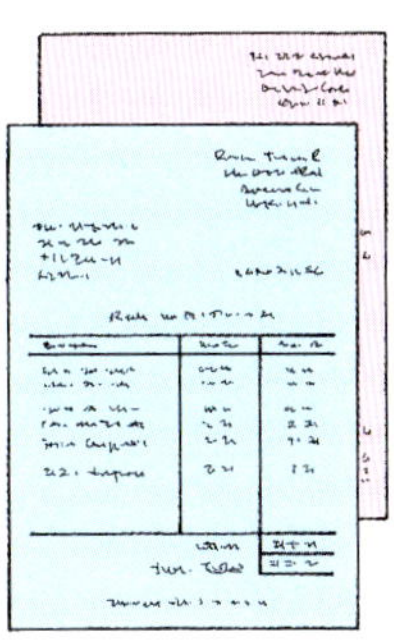	**Die Rechnung sollte Namen, Anschrift von Absender und Empfänger, Art des Auftrags, Betrag und Zahlungstermin enthalten.** ● **Gestaltung** Erstellen Sie am Computer eine Musterrechnung, in die Sie variable Posten einsetzen können. ● **Beträge definieren** Besteht die Rechnung aus mehreren Teilaufträgen, führen Sie die Kosten einzeln auf und addieren diese zu einem Gesamtbetrag. ● **Zusatzkosten auflisten** Falls Sie Kosten wie Steuern oder Porto in Rechnung stellen, führen Sie diese separat auf und addieren sie zum Rechnungsbetrag. ● **Rechnungen nummerieren** Erarbeiten Sie ein System zur Nummerierung Ihrer Rechnungen, damit sie später leichter zuzuordnen sind. ● **Frist angeben** Geben Sie ein Zahlungsziel an (oft 30 Tage). Wird vorher mit dem Auftraggeber ein fester Zahlungstermin vereinbart, ist dieser auch daran gebunden (Schuldrechtmodernisierungsgesetz 1.1.2002). ● **Zeitpunkt** Eine Rechnung nach Erledigung des Auftrags versenden oder der letzten Teillieferung beilegen. ● **Zahlungstermine notieren** Bewahren Sie sämtliche gestellten Rechnungen in Kopie auf und notieren Sie auf der Rechnung den Zahlungseingang.

ABLAGE UND ARCHIVIERUNG

Führen Sie sowohl für private als auch berufliche Dokumente eine übersichtliche Ablage. Ob Sie nun Aufzeichnungen in Papierform oder elektronisch archivieren, die Informationen sollten klar und übersichtlich geordnet sein, sodass Sie bei Bedarf schnell darauf zugreifen können.

Ein Ablagesystem entwickeln

Teilen Sie Informationen in Kategorien und, falls notwendig, in weitere Untergruppen ein. So können Sie z. B. die Bank betreffende Informationen nach Ihren Konten aufteilen. Heften Sie die Unterlagen chronologisch ab, der aktuelle Schriftwechsel liegt oben.

Sortieren

- **Inhalt definieren** Wählen Sie geeignete Ober- und Unterbegriffe für den Inhalt einzelner Ordner bzw. Ablagemappen.
- **Nach Farben sortieren** Hängemappen dem Thema entsprechend nach Farben sortieren, damit Sie den Inhalt rasch identifizieren können.
- **Journalbox** Zeitschriften, Faltblätter etc. archivieren Sie am besten in Journalboxen, die Sie mit entsprechenden Etiketten versehen.

GELD SPAREN

Journalboxen
Solche Boxen gibt es für wenig Geld in einfacher Ausführung aus Pappe oder Schichtholz. Zur besseren Übersicht können Sie sie mit Klebefolie beziehen oder mit Farben kennzeichnen.

Hängeordner selbst gemacht

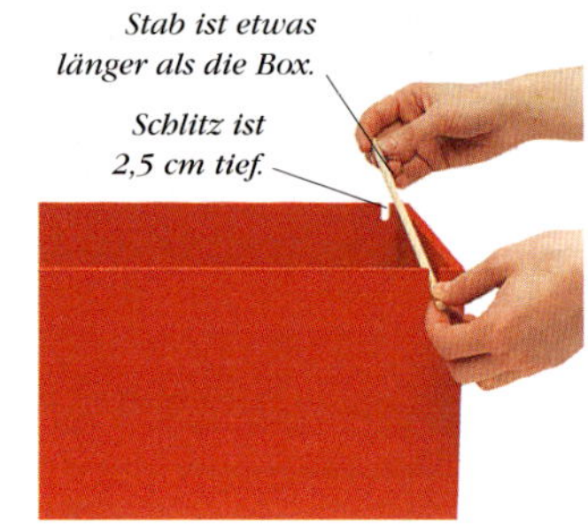

1 Markieren Sie an den Seiten einer Kiste die Breite der Ordner. Sägen Sie an den Markierungen etwa 2,5 cm tief die Kanten ein (siehe oben). Legen Sie je einen entsprechenden Holzstab ein.

2 Kleben Sie die beiden Holzstäbe fest und hängen Sie dann die Mappen ein. Stellen Sie den Ordner in einen Schrank oder bringen Sie zum Schutz vor Staub eine passende Abdeckung an.

Daten verwalten

- **Fahrzeugunterlagen** Verwenden Sie für jedes Fahrzeug einen eigenen Ordner. Auf dem Deckblatt Fabrikat, Alter, Zulassungsnummer und Kaufdatum vermerken. Legen Sie in dem Ordner alle Unterlagen, auch Werkstattrechnungen, ab.
- **Haustiere** Fotografieren Sie jedes reinrassige Haustier und vermerken Sie wichtige Informationen. Legen Sie in dem Ordner Versicherungsunterlagen, Tierarztrechnungen und Zuchturkunde ab.
- **Disketten** Bringen Sie auf jeder Diskette ein Etikett an, auf dem ein Stichwort zum Inhalt vermerkt ist. Notieren Sie, falls Platz ist, auch die Namen der gespeicherten Dateien.

Elektronische Ablage

- **Festplatte bereinigen** Überprüfen Sie regelmäßig Ihre Festplatte und löschen Sie Dateien und Softwareprogramme, die Sie nicht mehr brauchen. Damit schaffen Sie Speicherplatz für aktuelle Daten und machen den PC schneller.
- **Daten auslagern** Kopieren Sie Daten auf externe Datenträger wie Zip-Disketten, Bandlaufwerke oder CDs. Vielleicht genügen ja auch Ausdrucke auf Papier.
- **Briefe ablegen** Wenn Ihre Festplatte über genügend Speicherkapazität verfügt, können Sie ein Ablagesystem für Ihre Korrespondenz entwickeln. So sparen Sie viel Platz in Ihren Büroschränken.

Aufbewahrung wichtiger Unterlagen

Vertrauliche oder persönliche Daten und Unterlagen sollten Sie besonders sicher verwahren, etwa in einem Tresor oder bei einer Bank im Schließfach. Legen Sie Belege u. Ä. in den entsprechenden Ordnern ab, sodass Sie bei Bedarf schnell darauf zugreifen können.

PAPIERABLAGE

- **Belege** Bewahren Sie die Belege besonderer Anschaffungen auf. Legen Sie je einen Ordner für private bzw. berufliche Anschaffungen an. Legen Sie zusammen mit den Belegen auch die Garantienachweise ab.
- **Auf CD oder DVD brennen** Für den Fall, dass der Computer kaputtgeht oder die Dokumente durch einen Virus beschädigt werden, wichtige Daten auf CD und/oder DVD brennen.
- **Adressenpflege** Verwalten Sie die Adressen Ihrer Geschäftspartner in einer Kartei oder im PC. Je zahlreicher die Geschäftskontakte, desto wichtiger ist die sorgsame Pflege der Daten.

DOKUMENTE SICHER AUFBEWAHREN

Bewahren Sie wertvolle Geschäfts- und andere wichtige Unterlagen im privaten Safe oder im Bankschließfach auf. Führen Sie eine Liste über Wertgegenstände, die Sie an diesem Ort deponieren.

- **Privatsafe** Wenn Sie den schnellen Zugriff auf wichtige Unterlagen oder Wertgegenstände behalten wollen, lassen Sie bei sich zu Hause oder im Büro einen Safe einbauen.
- **Bankschließfach** Nutzen Sie die Schließfächer einer Bank zur Aufbewahrung von Dokumenten oder Wertgegenständen. Klären Sie im Vorfeld die Öffnungszeiten der Bank. Um Zugriff auf das Schließfach zu bekommen, müssen Sie sich jeweils ausweisen können.

DATENTRÄGER

- **Aufbewahrung** Datenträger in geeigneten Boxen, solche mit wertvollen Dateien im Safe aufbewahren. Vor Hitze, Nässe und Magnetwellen schützen.

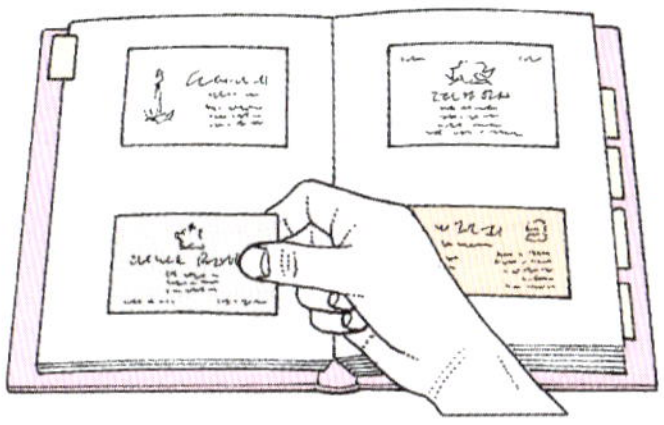

Visitenkarten

Sammeln Sie Visitenkarten in einem Album, damit Sie schnell und bequem darauf zugreifen können. Entwickeln Sie ein Ablagesystem – etwa nach Firmennamen oder Berufsgruppen.

FINANZEN VERWALTEN

- **Budget** Halten Sie sich stets auf dem Laufenden über Ihren aktuellen Kontostand und legen Sie für größere Anschaffungen Geld beiseite.
- **Belege** Bewahren Sie Belege für Kreditkartenzahlungen und die Kontrollabschnitte von Überweisungen auf, um sie später mit Ihren Kontoauszügen vergleichen zu können.
- **Kontoauszüge** Vergleichen Sie nach Erhalt eines Kontoauszugs die Abbuchungen mit Ihren Kreditkartenbelegen, Ihrem Scheckbuch bzw. den Kontrollabschnitten für Überweisungen. Benachrichtigen Sie bei Unstimmigkeiten unverzüglich Ihre Bank.
- **Sparen** Eröffnen Sie Sparbücher für verschiedene Zwecke, z. B. eines für Notfälle und eines für außerordentliche Ausgaben.

DATEN SCHÜTZEN

- **Daten sammeln** Erstellen Sie eine Liste mit den Nummern und Ablaufdaten Ihrer Kreditkarten und den Nummern Ihrer Konten und Versicherungspolicen. Bewahren Sie diese Liste sicher auf.
- **Daten chiffrieren** Wichtige Daten nach einem nur für Sie leicht nachvollziehbaren Code chiffrieren.
- **Kopien** Bewahren Sie je zwei Kopien von wichtigen Dokumenten an unterschiedlichen Orten auf. Gehen Original oder eine Kopie verloren, haben Sie noch eine Kopie.
- **Beim Anwalt hinterlegen** Beauftragen Sie einen Anwalt mit der Hinterlegung wichtiger Dokumente, z. B. Ihres Testaments.

SICHER IST SICHER

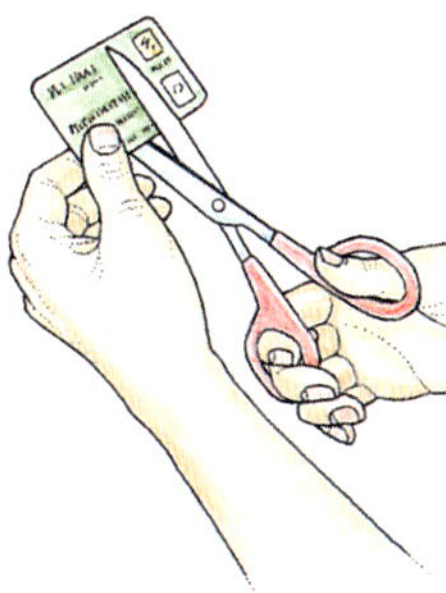

Kreditkarte vernichten

Schneiden Sie nach Erhalt einer neuen Kreditkarte, die Sie am besten gleich unterschreiben, die alte in kleine Teile. Entsorgen Sie diese in verschiedenen Abfallbehältern, damit die Karte nicht wieder zusammengesetzt werden kann.

Erste-Hilfe-Maßnahmen

Übersicht

Ein Maximum an Sicherheitsvorkehrungen ist gerade dann besonders wichtig, wenn in Ihrem Haushalt kleine Kinder oder ältere Menschen leben. Gehen Sie in Ihrem Zuhause ganz bewusst auf die Suche nach möglichen Gefahrenquellen. Bedenken Sie auch, dass das Erlernen von Erste-Hilfe-Maßnahmen anhand eines Buches zwar nützlich ist, jedoch nicht die praktischen Übungen in einem Erste-Hilfe-Kurs ersetzen kann.

Hausapotheke

Eine Hausapotheke muss griffbereit für Erwachsene, jedoch unzugänglich für Kinder angebracht sein – an einem kühlen, trockenen Platz, um die Haltbarkeit der Arzneien zu gewährleisten. Hier bietet sich der Flur oder das Schlafzimmer an. Kontrollieren Sie regelmäßig den Inhalt auf die jeweilige Haltbarkeit. Die hier abgebildeten und beschriebenen Erste-Hilfe-Artikel stellen nur eine Auswahl dar.

- **Verbandsstoffe** Verschiedene Kompressen, Verbandspäckchen und Mullbinden sowie Wundpflaster. Außerdem steriler Mull zum Tupfen.
- **Elastische Binden** Zumindest zwei Größen (25 bzw. 80 mm) bereithalten.
- **Fixiermaterial und Instrumente** Heftpflaster in verschiedenen Breiten, Verbandsklammern oder Sicherheitsnadeln zum Befestigen von Verbänden. Splitterpinzette, Schere zum Schneiden von Verbandsmaterial und Bandagen, Fieberthermometer.
- **Medikamente** Salbe gegen Prellungen, Mittel gegen Insektenstiche, Desinfektionsmittel, Mittel gegen Schmerzen, Durchfall und Magenprobleme.
- **Einweghandschuhe** Für die Vermeidung von Kontakt mit Körpersekreten.

Dreiecktuch

Große Mullbinde

Kleine Mullbinde

Steriles Augenpolster mit Bandage

Heftpflaster

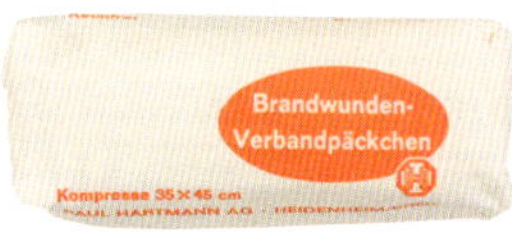

Verband für Brandwunden

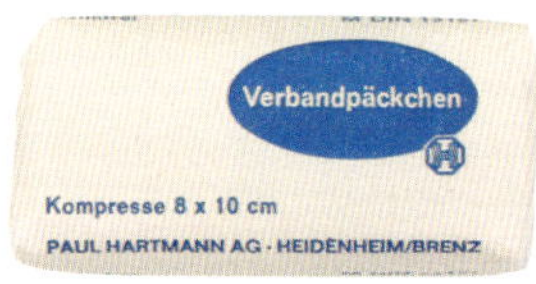

Steriler Verband mit Kompresse

Elektronisches Fieberthermometer

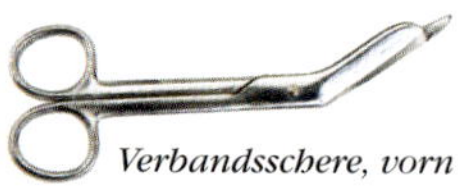

Verbandsschere, vorn stumpf

Wundpflaster (ggf. spezielle für Kinder und empfindliche Haut)

Fingerverband mit Fingerling

Pinzette zum Entfernen von Splittern

Sicherheit im Haus

Einfache Sicherheitsvorkehrungen helfen, Unfälle zu verhindern. Dabei ist die Küche, gefolgt vom Badezimmer, der Raum im Haus mit den meisten Gefahrenzonen. Wischen Sie einen nassen Boden sofort auf und bringen Sie bei Bedarf an der Badewanne einen Sicherheitsgriff an.

Sicherheit in der Küche

Schranktüren und Schubladen mit Sicherung versehen.

Griffe von Stieltöpfen nach innen drehen.

Unfälle verhindern
Pfannengriffe vom Herdrand wegdrehen und Kinder von heißen Ofentüren fern halten, ggf. ein Herdschutzgitter anbringen. Die Schranktüren mit Kindersicherungen versehen.

Allgemeines

- **Glastüren** Ersetzen Sie übliche Glasscheiben durch nicht splitterndes Sicherheitsglas.
- **Schutzgitter** Schirmen Sie ein Kaminfeuer stets durch ein Schutzgitter ab.
- **Teppiche** Sichern Sie Läufer und Teppiche mit rutschfesten Unterlagen oder Klebeband.
- **Beleuchtung** Sorgen Sie dafür, dass unfallträchtige Bereiche, z. B. Treppenhäuser und Keller, gut ausgeleuchtet sind.
- **Bügeleisen** Ziehen Sie den Stecker, wenn Sie das Bügeln kurz unterbrechen müssen.
- **Steckdosen** Sämtliche Steckdosen mit einer Kindersicherung versehen.
- **Aufklärung** Sprechen Sie mit Ihren Kindern ausführlich über mögliche Gefahren.

Brandschutzmassnahmen

- **Rauchmelder** Bringen Sie in jedem Stockwerk einen Rauchmelder an und kontrollieren Sie die Geräte.
- **Feuerlöschdecke** Halten Sie in der Küche eine Feuerlöschdecke bereit.
- **Türschließer** Bringen Sie an den Türen von Räumen mit hohem Brandrisiko automatische Türschließer an.
- **Feuerübungen** Führen Sie mit allen Familienmitgliedern regelmäßig Feuerübungen durch, sodass jeder mit den Fluchtwegen vertraut ist. Erklären Sie Kindern, dass sie keinesfalls in das brennende Gebäude zurück dürfen.
- **Möbel** Kaufen Sie keine mit Polyurethan-Schaum gefüllten Polster. Dieser Kunststoff brennt leicht und setzt giftige Dämpfe frei.

Notrufnummern

Bringen Sie eine Liste mit allen wichtigen Telefonnummern gut sichtbar direkt neben dem Telefon an. Ergänzen Sie die Liste mit Instruktionen für den Fall, dass der Anrufer in Panik ist. An den Apparat selbst einen Aufkleber mit den Rufnummern der Notdienste anbringen.

Notrufnummern

Ihre Liste sollte die Rufnummern folgender Institutionen und Personen enthalten:

- Notdienste (Feuerwehr, Polizei und Rettungsdienst)
- Arzt und Zahnarzt (notieren Sie auch die Sprechstundenzeiten)
- Das nächstgelegene Krankenhaus mit Notaufnahme
- Die nächsten Verwandten oder gute Nachbarn (auch die Geschäftsnummern)
- Apotheke
- Notrufnummern der Stadtwerke (besonders bei Gas)
- Taxiruf
- Tierarzt

Der Notruf

- **Wichtige Informationen** Wer einen Notruf durchgibt, muss präzise Namen und Adresse angeben, wo der Notfall eingetreten ist, was genau geschehen ist (z. B. Gasgeruch), wie viele Personen betroffen sind und welche Verletzungen oder Symptome vorliegen.
- **Kinder einweisen** Bringen Sie älteren Kindern bei, wie sie im Notfall einen Notdienst zu benachrichtigen haben.
- **Feuer** Ist in Ihrem Haus ein Feuer ausgebrochen, sofort das Haus verlassen und die Feuerwehr von einer Telefonzelle aus verständigen.

Die Nerven behalten

Ruhe bewahren
Im Notfall ist es wichtig, ruhig zu bleiben. Wenn Sie den Notdienst anrufen, bemühen Sie sich, die Fragen möglichst präzise zu beantworten. Lassen Sie den Dienst das Gespräch beenden.

VERHALTEN IN NOTFÄLLEN

Wenn Sie in Notfällen richtig und besonnen reagieren, können Sie womöglich Leben retten und Sachschaden um ein Beträchtliches verringern. Schauen Sie auf den Seiten 134 und 137 nach, wie Sie sich bei einem Wasserschaden bzw. einem Gasleck richtig verhalten.

Wenn ein Feuer ausbricht

Es ist nicht leicht, bei einem Feuer, das sich in der Regel rasch ausbreitet, ruhig zu bleiben. Wenn der Versuch, einen kleineren Brand selbst zu löschen, misslingt, müssen Sie umgehend das gesamte Gebäude evakuieren und sofort die Notdienste rufen – als Erstes die Feuerwehr.

Kleinere Brände

- **Kaminbrand** Ein außer Kontrolle geratenes Kaminfeuer mit Wasser löschen, bei Schornsteinbrand umgehend die Feuerwehr rufen.
- **Elektrogeräte** Niemals mit Wasser löschen! Stecker ziehen oder Strom über den Hauptschalter unterbrechen und das Feuer mit einer schweren Decke oder einem Mantel ersticken.
- **Küchenbrände** Brennendes Öl nie mit Wasser löschen! Kochfeld abschalten. Dann decken Sie die Pfanne mit einer Feuerlöschdecke oder einem großen Topfdeckel ab.
- **Unter Kontrolle halten** Schließen Sie alle Türen und Fenster, damit der Brand möglichst auf den einen Raum begrenzt bleibt.

Selbstschutz in brennenden Gebäuden

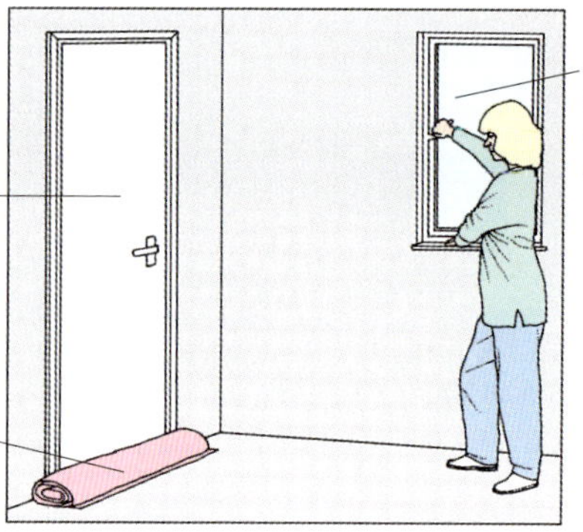

Dem Feuer ausweichen
Wenn Sie das brennende Gebäude nicht verlassen können, flüchten Sie in einen vom Brandherd weit entfernten Raum. Die Tür, wenn möglich, mit feuchtem Tuch abdichten. Springen Sie nur dann aus dem Fenster, wenn es keinen anderen Ausweg gibt, Ihr Leben zu retten.

> **Vorsicht!**
> Tragen Sie beim Evakuieren eines Gebäudes Babys und Kleinkinder nach draußen. Kehren Sie keinesfalls in das brennende Gebäude zurück. Benachrichtigen Sie umgehend die Feuerwehr.

Brennende Kleidung

Hat die Kleidung Feuer gefangen, Fluchtbewegungen verhindern und die Flammen mit Wasser oder einer anderen, nicht entflammbaren Flüssigkeit löschen oder mit einem schweren Stück Stoff ersticken (verwenden Sie keine leicht entflammbaren Fasern wie Nylon).

Flammen mit Decke, Mantel oder Teppich ersticken.

Was Sie nicht tun sollten

- **Flammen anfachen** Verhindern Sie, dass brennende Opfer ins Freie rennen, da Luftzug die Flammen anfacht.
- **Verbrennungen ausweiten** Rollen Sie das Opfer nicht hin und her, da sonst andere Körperteile beeinträchtigt werden.

Was Sie selbst tun können

- **Löschen** Wickeln Sie sich in Stoff, legen Sie sich flach auf den Boden und versuchen Sie, das Feuer zu ersticken.

Elektrischer Schlag

Defekte Schalter, durchgescheuerte Kabel oder defekte Geräte sind die häufigsten Ursachen für Unfälle mit elektrischem Strom. Fassen Sie elektrische Geräte nicht mit nassen Händen an und wischen Sie Spritzwasser oder Verschüttetes auf, bevor Sie ein Gerät einschalten (siehe S. 137).

Strom unterbrechen

1 Hat jemand einen Stromschlag erlitten, unterbrechen Sie als Erstes den Stromkreis durch Ziehen des Gerätesteckers, Ausschalten der Sicherung oder des Hauptschalters.

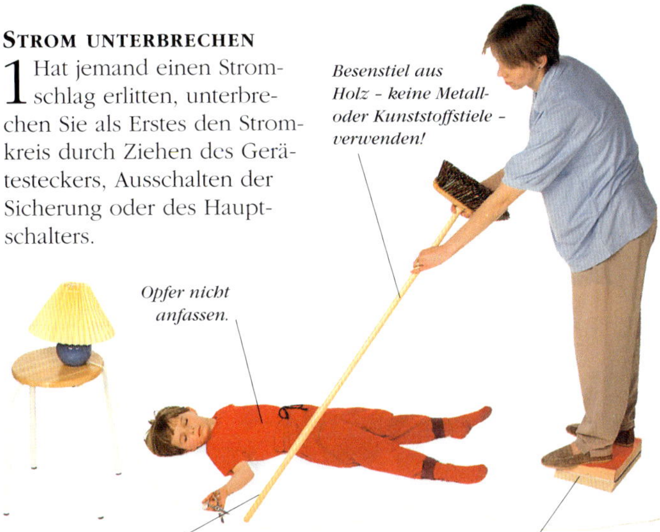

2 Gelingt die Unterbrechung nicht, trennen Sie das Opfer wie links abgebildet von der Stromquelle.

3 Ein Handtuch um die Füße des Opfers wickeln und von der Stromquelle wegziehen. Kleidung nur anfassen, wenn sie trocken ist.

4 Ist das Opfer ohnmächtig, Atem und Puls kontrollieren und gegebenenfalls Wiederbelebungsversuch (S. 174) unternehmen. Auch wenn das Opfer unverletzt erscheint, einen Arzt rufen. Brandwunden keimfrei abdecken und, falls nötig, Schockbehandlung durchführen (S. 176).

Ertrinken

Bringen Sie kleinen Kindern so früh wie möglich das Schwimmen bei und lassen Sie sie, auch wenn sie Schwimmhilfen tragen, im oder nah am Wasser niemals unbeaufsichtigt spielen. Bedenken Sie, dass ein kleines Kind bereits in 5 cm tiefem Wasser ertrinken kann.

Ertrinkende retten

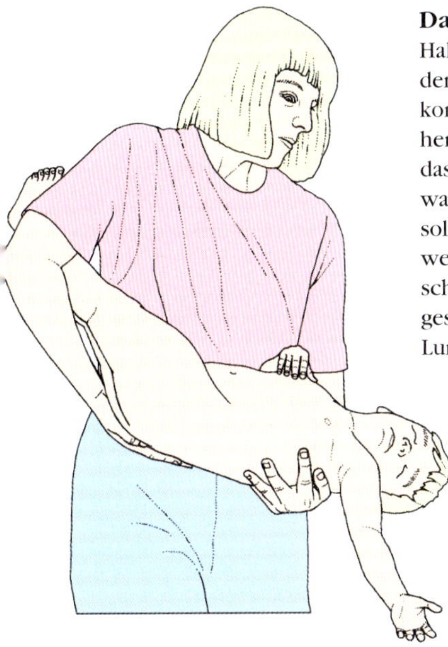

Nachdem Sie das Kind aus dem Wasser gezogen haben, den Kopf kurzzeitig niedriger als die Brust halten.

Das Opfer atmet noch
Halten Sie das Opfer so, dass sich der Kopf unterhalb des Brustkorbs befindet, damit das Wasser herausfließen kann. Trocknen Sie das Opfer ab und halten Sie es warm. Jeder Beinah-Ertrunkene sollte ins Krankenhaus gebracht werden – auch wenn es ihm scheinbar gut geht –, damit festgestellt werden kann, ob in den Lungen noch Wasser ist.

Das Opfer atmet nicht

- **Herz-Lungen-Wiederbelebung** Bei einem bewusstlosen Opfer Atmung und Puls überprüfen und sofort eine Wiederbelebung durchführen, auch wenn die Beatmung durch Wasser in der Lunge erschwert ist (S. 174). Beachten Sie besonders die Gefahr des Erbrechens durch verschlucktes Wasser.

Komplikationen

- **Unterkühlung** Hat sich ein Opfer einige Zeit im Wasser befunden, kommt es häufig zu einer gefährlichen Unterkühlung. Ziehen Sie dem Opfer sofort die nasse Kleidung aus, trocknen Sie es gut ab und halten Sie es warm und ruhig.

WIEDERBELEBUNG

Bei der Behandlung eines bewusstlosen Unfallopfers ist die Überprüfung der Herz- und Lungenfunktion die vordringlichste Aufgabe. Machen Sie die Atemwege frei, stellen Sie fest, ob der Verletzte noch atmet und fühlen Sie seinen Puls. Bei Verdacht auf eine Rücken- oder Halsverletzung ist besondere Vorsicht geboten.

Das A und O der Wiederbelebung

Die grundlegenden Faktoren für die Lebensfähigkeit eines Menschen sind Atmung und Blutkreislauf. Wenn die Atemwege frei sind und das Opfer atmet, legen Sie die Person in die stabile Seitenlage (siehe unten) und rufen umgehend den Notarzt.

Prüfung von Atmung und Puls

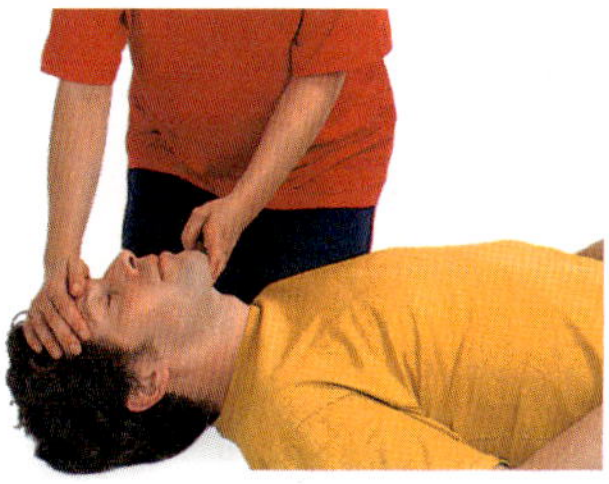

Atemwege frei machen
Öffnen Sie den Mund des Opfers und entfernen Sie mögliche Fremdkörper. Machen Sie die Atemwege frei, indem Sie eine Hand auf die Stirn und zwei Finger der anderen Hand unter das Kinn des Opfers legen und dessen Kopf leicht überstrecken.

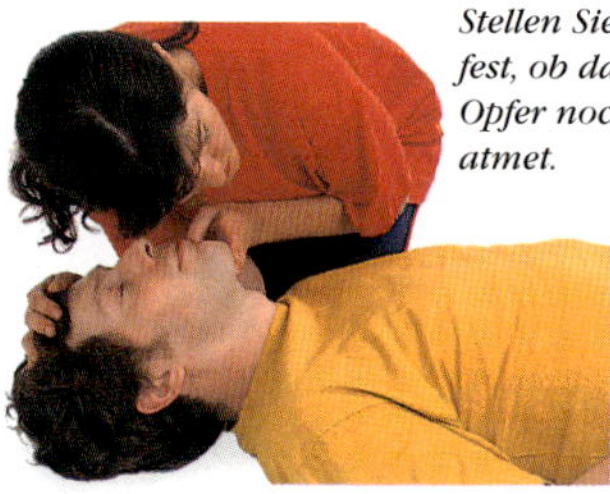

Stellen Sie fest, ob das Opfer noch atmet.

Atmung überprüfen
Halten Sie die Atemwege frei, legen Sie Ihre Wange 5 Sekunden lang neben Mund und Nase des Patienten und hören bzw. fühlen Sie, ob Atemluft ausströmt. Beobachten Sie dabei gleichzeitig, ob sich der Brustkorb hebt und senkt.

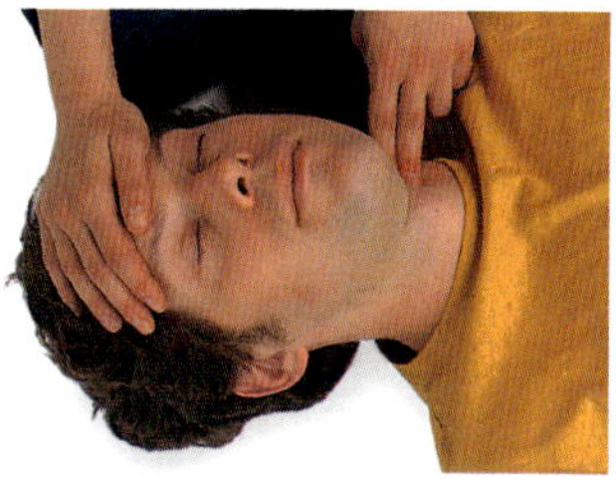

Blutkreislauf überprüfen
Der professionelle Helfer kontrolliert neben der Atmung auch den Puls. Der Laie beschränkt sich auf sichtbare Lebenszeichen: Atmung, Bewegung, Husten. Sind keine feststellbar, beginnt man unverzüglich mit der Wiederbelebung.

Die stabile Seitenlage

Die unten abgebildete stabile Seitenlage ist die sicherste Position für ein bewusstloses Unfallopfer, da in dieser Lage die Zunge die Atemwege nicht blockieren kann, Erbrochenes oder Blut nicht in die Atemwege gelangen und Flüssigkeiten aus dem Mund abfließen können.

So bringen Sie einen Bewusstlosen in die stabile Seitenlage

1 Das Opfer liegt zunächst auf dem Rücken. Knien Sie neben das Opfer, heben Sie dessen Hüfte leicht an und schieben Sie den nahen Arm gestreckt darunter. Stellen Sie das Ihnen zugewandte Bein so auf, dass es maximal gebeugt ist.

2 Fassen Sie die gegenüberliegende Schulter und Hüfte und drehen Sie so das Opfer zu sich herum. Ziehen Sie nun den unteren Arm etwas nach hinten heraus.

3 Überstrecken Sie den Kopf in den Nacken, öffnen Sie den Mund des Bewusstlosen und stabilisieren Sie seine Lage durch Unterlegen der freien Hand unter die Wange.

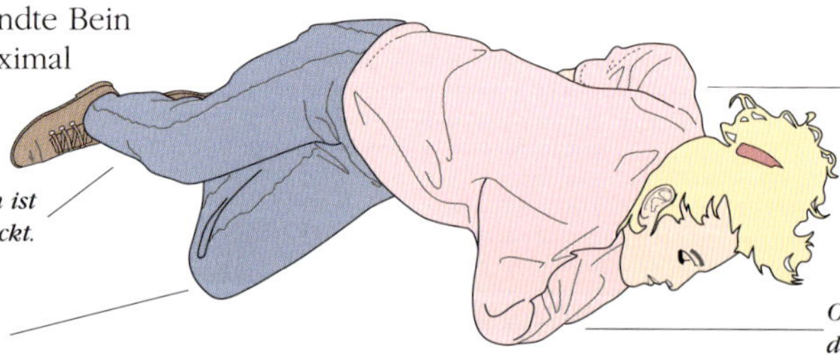

Atemspende

Wenn ein Bewusstloser nicht mehr atmet, müssen Sie Luft in seine Lungen blasen. Die Atemspende muss dem Alter des Betroffenen angepasst sein. Geben Sie Erwachsenen etwa 15 Atemstöße pro Minute. Jugendliche brauchen 20, Kleinkinder 30 und Säuglinge 40 Atemstöße.

So führen Sie eine Mund-zu-Mund-Beatmung durch

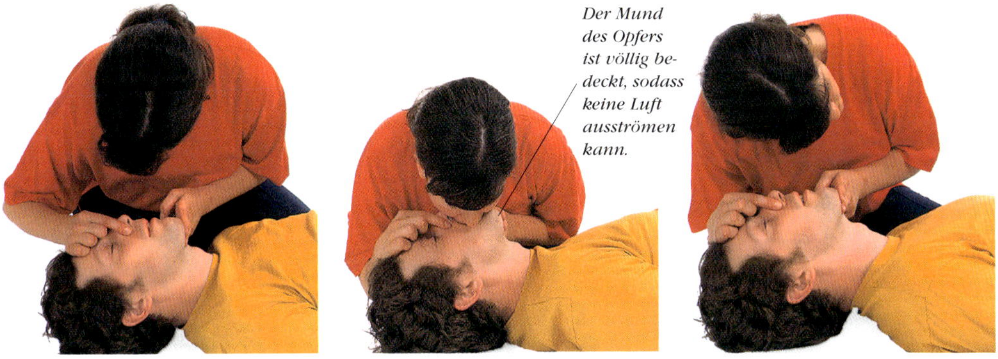

Der Mund des Opfers ist völlig bedeckt, sodass keine Luft ausströmen kann.

1 Opfer in Rückenlage bringen und prüfen, ob Mund und Rachen frei sind. Hand auf die Stirn legen, Nasenflügel zusammendrücken, zwei Finger unter das Kinn legen und Kopf nackenwärts beugen.

2 Atmen Sie normal ein, dichten Sie mit leichtem Druck den Mund des Opfers mit den Lippen ab und atmen Sie langsam aus. Wenn der Brustkorb sich hebt, die erste Atemspende beenden.

3 Nach dem Senken des Brustkorbs zweite Atemspende durchführen. Lässt sich bei einer der regelmäßigen Kontrollen kein Puls fühlen, muss sofort mit der Wiederbelebung begonnen werden.

Die Herz-Lungen-Wiederbelebung

Die Herz-Lungen-Wiederbelebung (HLW) ist eine Kombination aus Atemspende und Herzdruckmassage (HDM). Die HWL kann Leben retten, muss aber unbedingt regelmäßig in einem Lehrgang an einer Puppe geübt werden. Niemals darf an lebenden Personen geübt werden!

Herzdruckmassage

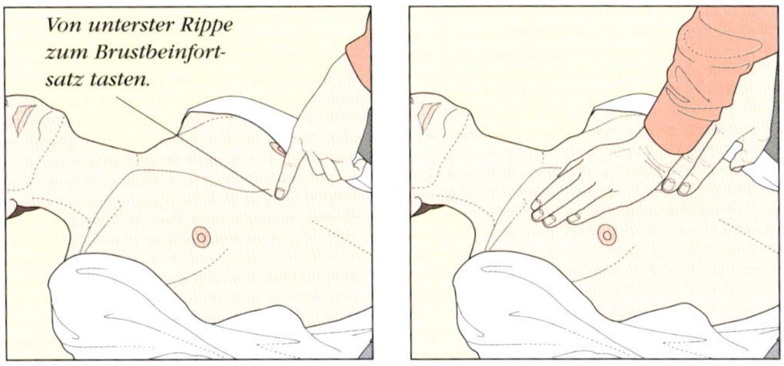

1 Patient in Rückenlage auf eine feste Unterlage legen. Den Druckpunkt für die Kompressionen lokalisieren Sie, indem Sie mit dem Zeigefinger die unterste Rippe ertasten, dann nach oben gleiten, bis Ihr Finger an der Stelle angelangt ist, wo Rippe und Brustkorb zusammentreffen.

2 Zwei Finger der anderen Hand Richtung Kopf daneben legen. Die Finger liegen nun auf dem Brustbein des Patienten. Wenn Sie nun den Handballen der ersten Hand kopfwärts direkt daneben legen, befindet sich der Handballen genau am Druckpunkt für die Herzdruckmassage.

3 Die Handballen übereinander (Finger gestreckt) auf den Druckpunkt aufsetzen und mit gestreckten Armen durch Gewichtsverlagerung des eigenen Oberkörpers 15-mal senkrecht Druck darauf ausüben (beim Erwachsenen etwa 4–5 cm eindrücken) und wieder loslassen. Die Frequenz der Massage sollte bei 80–100 pro Minute liegen, also 15 HDM in etwa 10 Sekunden.

4 Nach den 15 HDM folgen zwei Beatmungen (etwa 1,5 Sekunden je Beatmung). Nach 1 Minute jeweils Puls und Atmung prüfen. Bei Bedarf HLW so lange wiederholen, bis der Notarzt eintrifft.

SCHWERE VERLETZUNGEN

Auch wenn Sie wissen, dass ein Notfallpatient bald medizinisch versorgt werden wird, können Sie ihm die Wartezeit erleichtern, indem Sie es ihm so bequem wie möglich machen, das Risiko eines Schockes mindern und verhindern, dass sich die Verletzung verschlimmert. Schnelles und bedachtes Handeln kann Leben retten.

Blutungen

Blutungen sollten so schnell wie möglich gestoppt werden. Entfernen Sie Kleidung von der Wunde und waschen Sie Blut- und Schmutzreste ab. Stillen Sie die Blutung notfalls durch Druck auf die Wunde. Ist Ihnen der Notfallpatient unbekannt, ziehen Sie Handschuhe an.

Blutungen richtig behandeln

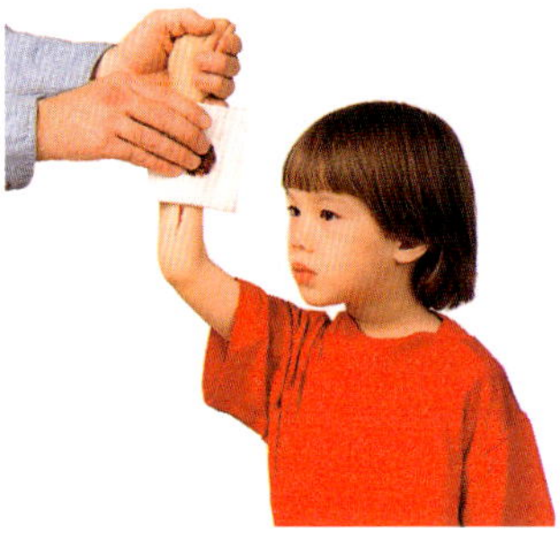

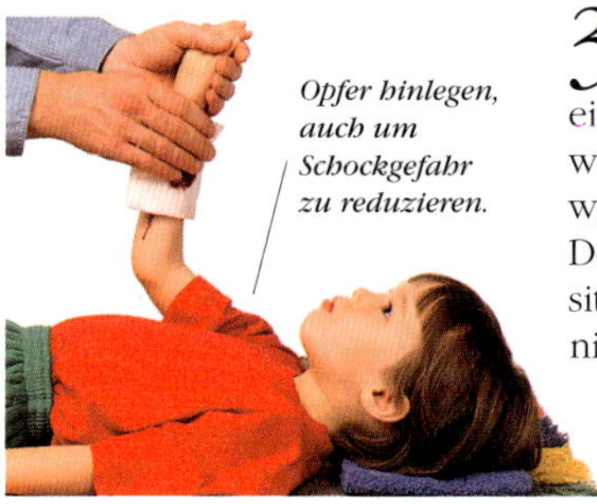

Opfer hinlegen, auch um Schockgefahr zu reduzieren.

3 Kompresse oder Tuch auf der Wunde lassen und mit einem sterilen Verband umwickeln. Die Wunde soll nach wie vor über Herzhöhe sein. Der Verband sollte zwar fest sitzen, den Blutkreislauf jedoch nicht blockieren. Tritt Blut durch den Verband, legen Sie einen zweiten darüber.

1 Nehmen Sie eine sterile Kompresse und legen Sie sie über die Wunde, dabei fest zudrücken. Halten Sie den betroffenen Körperteil so, dass die Verletzung höher als das Herz ist. Fremdkörper in der Wunde belassen, dann aber nicht drücken!

2 Legen Sie das Opfer hin und achten Sie darauf, dass sich die Wunde stets über Herzhöhe befindet. Das Opfer sollte flach liegen, wobei der Kopf durch ein dünnes Polster abgestützt werden kann. Drücken Sie mindestens 10 Minuten fest auf die Blutungsstelle.

4 Sobald die Blutung unter Kontrolle zu sein scheint, bringen Sie den Verletzten ins Krankenhaus. Steckt in der Wunde ein Fremdkörper, muss dieser vor dem Verbinden mit Mullbinden umpolstert werden, damit er nicht weiter in die Wunde gedrückt wird.

Erkennen und Behandeln eines Schockes

Zum Schock kommt es, wenn der Körper nicht ausreichend mit Sauerstoff versorgt wird. Die Ursache kann ein Blutkreislaufversagen oder der Verlust von Flüssigkeit durch Blutungen, Verbrennungen, Erbrechen oder Durchfall sein. Der Körper reagiert darauf mit einer Konzentration des Blutvolumens auf die lebenswichtigsten Organe. Die Haut wird blass und kalt, der Puls ist beschleunigt. Halten Sie einen Schockpatienten ruhig und legen Sie seine Beine hoch. Lockern Sie eng sitzende Kleidung und sorgen Sie dafür, dass der Patient nicht friert. Rufen Sie einen Notarzt. Geben Sie dem Patienten weder zu essen noch zu trinken.

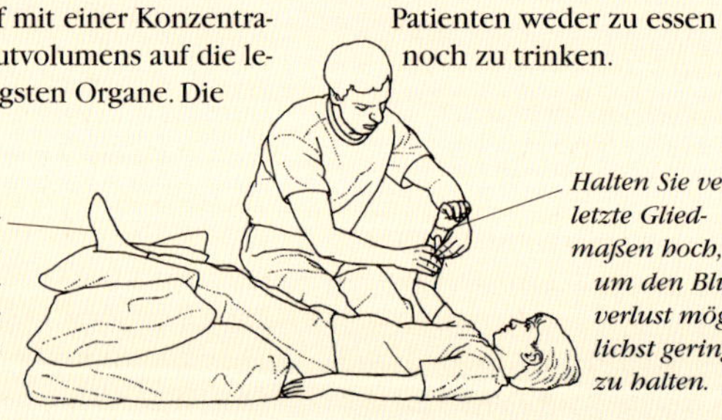

Beine hochlegen, um den Blutrückfluss zum Herzen zu erhöhen.

Halten Sie verletzte Gliedmaßen hoch, um den Blutverlust möglichst gering zu halten.

Schnitt- und Schürfwunden

Wenn kein Fremdkörper in der Wunde steckt und kein Infektionsrisiko besteht, können Sie kleinere Wunden selbst behandeln.

1 Wunde vorsichtig mit klarem Wasser und einer Mullkompresse reinigen.

2 Eine sterile Kompresse fest auf die Wunde drücken, um die Blutung zu stoppen.

3 Danach antiseptische Salbe auftragen und die Wunde mit ausreichend großem Pflaster oder Verband schützen.

Verbrennungen, Verbrühungen und Verätzungen

Kühlen Sie solche Verletzungen sofort mit fließendem Wasser, um den Schmerz zu lindern und zu verhindern, dass das Hautgewebe weiter beschädigt wird. Großflächige Verbrennungen werden wegen Unterkühlungsgefahr, besonders bei Kindern, nur mit kalten Tüchern gekühlt!

Schwere Verbrennungen und Verbrühungen behandeln

1 Das Opfer vom Brandherd wegbringen. Kühlen Sie die Brandwunde mindestens 10 Minuten mit kaltem Wasser.

2 Kleidung von der Wunde entfernen. Schneiden Sie um den mit der Wunde verklebten Stoff herum.

3 Fahren Sie bei Bedarf fort, die Wunde mit kaltem Wasser abzukühlen, niemals Mehl, Öl oder Puder nehmen!

Wunde mit kaltem Wasser abkühlen.

Bei Verbrennung Kleidung nach Abkühlen ausziehen. Bei Verbrühung gleich entfernen.

Wunde nicht anfassen.

4 Decken Sie die Wunde mit einer sauberen Wundauflage oder Frischhaltefolie ab. Eine großflächige Wunde mit Laken abdecken. Tragen Sie keine Fette oder Cremes auf.

5 Lassen Sie das Opfer schnellstmöglich medizinisch versorgen. Geben Sie ihm nichts zu essen oder zu trinken. Gegebenenfalls eine Schockbehandlung anwenden.

Leichte Verbrennungen

- **Behandlung** Kühlen Sie die Wunde wie oben beschrieben mindestens 10 Minuten lang ab. Entfernen Sie anschließend Kleidungs- und Schmuckstücke von der Wunde, bevor die Stelle anzuschwellen beginnt.
- **Verband** Decken Sie kleinere Brandwunden mit einem Brandwundenverband ab.

Verätzung

- **Ursache feststellen** Giftige Haushaltssubstanzen können Verätzungen verursachen, die manchmal erst nach einiger Zeit sichtbar werden.

Chemikalien beseitigen
Verätzte Stelle mindestens 10 Minuten unter kaltes, fließendes Wasser halten. Ziehen Sie Gummihandschuhe über, um nicht selbst mit der Chemikalie in Berührung zu kommen. Verletzte Stelle wie eine schwere Brandwunde behandeln (s. o.).

Stromschlag

- **Auswirkungen** Bei jeder Art von Stromfluss durch den Körper kann es an den Ein- und Austrittsstellen zu Verbrennungen kommen.

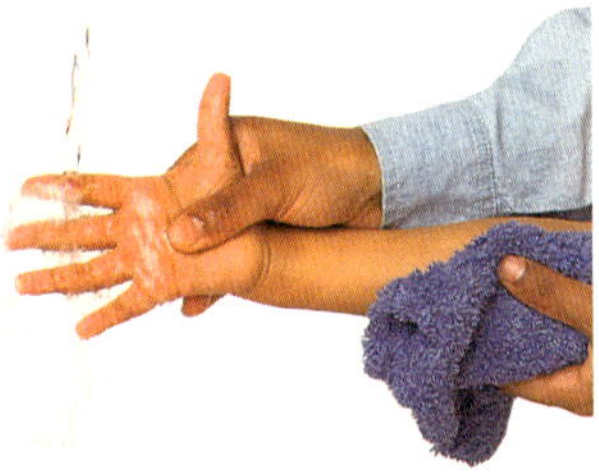

Verletzung behandeln
Vergewissern Sie sich, dass der Strom abgestellt ist. Behandeln Sie das Opfer gegebenenfalls wie einen Herzstillstand- bzw. Schockpatienten. Ist die akute Lebensgefahr gebannt, Verletzungen wie normale Brandwunden behandeln.

Atemwegsverbrennung

Wasser verabreichen
Verbrennungen in Mund oder Rachen können die Atemwege anschwellen lassen. Lockern Sie die Kleidung am Hals, legen Sie ein kaltes Tuch oder Kältepack um den Hals und verabreichen Sie schluckweise kaltes Wasser. Ins Krankenhaus bringen!

Vergiftungen

Suchen Sie im Vergiftungsfall sofort einen Arzt auf. Versuchen Sie den Gifttyp – ob Haushaltschemikalie, Vergiftung durch Pflanzen oder Medikamente – herauszufinden. Nehmen Sie ein Muster der eingenommenen Substanz, Erbrochenes oder den Beipackzettel mit.

Vergiftungen durch Haushaltschemikalien

Geben Sie die Beschreibung der Inhaltsstoffe bei einem Notruf an.

1 Bei Verletzung von Mund oder Speiseröhre durch eine ätzende Substanz wischen Sie mögliche Rückstände sofort vom Mund und der unteren Gesichtshälfte des Opfers ab. Dann kalt abwaschen.

2 Lassen Sie das Opfer den Mund gut ausspülen und geben Sie ihm in kleinen Schlucken Wasser zu trinken. Entfernen Sie mit der ätzenden Flüssigkeit benetzte Kleidungsstücke vorsichtig.

3 Wenn Sie bei einer Gift-Notrufzentrale oder beim Notarzt anrufen, geben Sie alle Ihnen zugänglichen Informationen über die Chemikalie weiter. Nehmen Sie die Flasche mit ins Krankenhaus.

Vorgehen bei Arzneimittelvergiftungen

Teilen Sie dem Notdienst Art und Menge des Medikaments mit.

1 Ist das Opfer bei Bewusstsein, versuchen Sie herauszufinden, welche Arznei es wann und in welcher Menge eingenommen hat. Heben Sie Erbrochenes und Arzneimittelverpackungen auf und geben Sie es dem behandelnden Arzt.

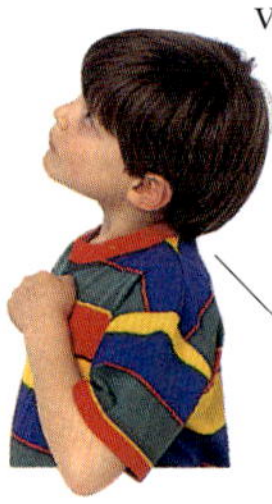

Behalten Sie die betroffene Person bis zum Eintreffen des Krankenwagens unter Ihrer Aufsicht.

2 Reden Sie dem Opfer gut zu, damit es bei Bewusstsein bleibt. Bis der Notarzt eintrifft, sollten Sie sich auf Rettungsmaßnahmen einstellen (siehe S. 176). Bewusstloses Opfer wie unten beschrieben versorgen.

Vorsicht!

Bei Chemikalien oder unbekannten Vergiftungen auf keinen Fall Erbrechen auslösen!

Vorgehen bei Bewusstlosigkeit

Lebenszeichen vorhanden

1 Sind Lebenszeichen erkennbar (Atmung, Bewegung, Husten), das Opfer in die stabile Seitenlage (S. 174) bringen, damit die Atemwege frei bleiben. Rufen Sie einen Notarzt.

2 Behandeln Sie eventuelle Verletzungen, z. B. Verätzungen durch Chemikalien (S. 177).

Keine Lebenszeichen erkennbar

1 Prüfen Sie nur, ob sichtbare Lebenszeichen (Atmung, Bewegung, Husten) vorhanden sind. Wenden Sie nicht mehr als 10 Sekunden dafür auf, damit keine wertvolle Zeit verloren geht. Nur professionelle Helfer prüfen, ob ein Puls vorhanden ist.

2 Stellen Sie keine Lebenszeichen fest, Notarzt rufen.

3 Beginnen Sie unverzüglich mit der Herz-Lungen-Wiederbelebung (siehe S. 174/5).

4 Setzen Sie die Wiederbelebung fort bis wieder eine selbstständige Atmung einsetzt oder Sie vom Rettungsdienst abgelöst werden.

SONSTIGE VERLETZUNGEN

Unfälle können sich jederzeit und überall ereignen, selbst wenn man alle notwendigen Sicherheitsvorkehrungen getroffen hat. Bei Kindern ist das Unfallrisiko höher, weil sie Gefahren noch nicht richtig einschätzen können. Deshalb sollten Eltern kleiner Kinder in noch höherem Maß auf Unfälle vorbereitet sein.

Tierbisse

Alle Tiere – übrigens auch Menschen – haben Bakterien im Mundraum. Daher können Tierbisse nicht nur zu Hautverletzungen führen, sondern auch Infektionen verursachen. Behandeln Sie Tierbisse sofort, beginnen Sie dabei mit dem gründlichen Auswaschen der Wunde.

Tetanus & Tollwut

- **Tetanus** Wundstarrkrampf ist eine lebensgefährliche Vergiftung durch das Toxin von Bakterien, die im Erdreich und im Tierspeichel vorkommen und in Hautverletzungen eindringen. Jedes Kind sollte eine Grundimmunisierung erhalten.
- **Tollwut** Dabei handelt es sich um eine potenziell tödliche Krankheit, die durch infizierte Tiere übertragen wird. Werden Sie von einem Wild- oder verdächtigen Haustier gebissen oder geleckt, suchen Sie sofort einen Arzt auf.

Behandeln kleinerer Tierbisse

Wunde unter fließendes Wasser halten.

1 Waschen Sie die Wunde als Erstes sorgfältig mit klarem Wasser aus. Dann wird sie desinfiziert und mit Pflaster oder steriler Wundauflage abgedeckt.

2 Tragen Sie keine Salben oder Lotionen auf. Wechseln Sie öfters das Pflaster und lassen Sie längere Zeit Luft an die Wunde. Beim geringsten Verdacht, dass die Wunde infiziert sein könnte, suchen Sie umgehend einen Arzt auf.

Vorsicht!

Betrachten Sie alle Tierbisse in tollwutgefährdeten Gegenden als gefährlich und suchen Sie Arzt oder Krankenhaus auf.

Behandeln blutender Bisswunden

1 Wunde mit Wasser und Seife auswaschen und unter fließendem Wasser spülen, um Schmutzreste und Bakterien weitgehend zu entfernen.

2 Drücken Sie eine saubere Wundauflage fest gegen die Wunde. Heben Sie die Verletzung über die Höhe des Herzens. Ist die Blutung sehr stark, folgen Sie der Anleitung auf Seite 176.

3 Sobald die Blutung aufhört, decken Sie die Wunde mit einer sterilen Wundauflage ab oder binden Sie ein Verbandspolster fest auf die Verletzung. Bringen Sie den Patienten ins Krankenhaus, da die Wunde bereits infiziert sein könnte.

Wunde sorgfältig verbinden.

Wirken Sie beruhigend auf die Person, damit Sie in Ruhe arbeiten können.

Schlangenbisse

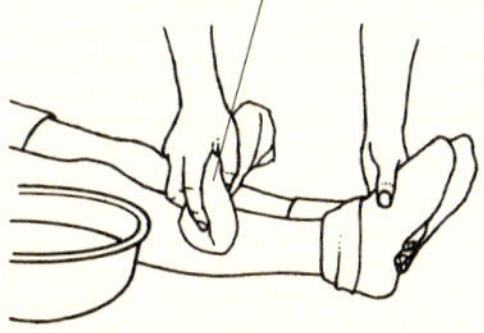

Bisswunde auswaschen.

Anzeichen für einen Schlangenbiss sind zwei punktförmige Blutungen, starke Schmerzen, Rötung und Schwellung der Haut um die Wunde, Erbrechen und Atemnot. Nehmen Sie umgehend ärztliche Hilfe in Anspruch!

- **Schlangenbiss** Verletzten ruhig stellen, festen Verband herzwärts anlegen, Bissstelle möglichst tief lagern. Nicht an der Wunde herumschneiden oder Gift aussaugen.

Insektenstiche

Für manche Menschen können Insektenstiche lebensgefährlich sein, sie brauchen eine sofortige medizinische Versorgung bzw. eine Behandlung gegen anaphylaktischen Schock. Bei Personen, die nicht unter diese Risikogruppe fallen, genügen nachstehende Maßnahmen.

Insektenstiche

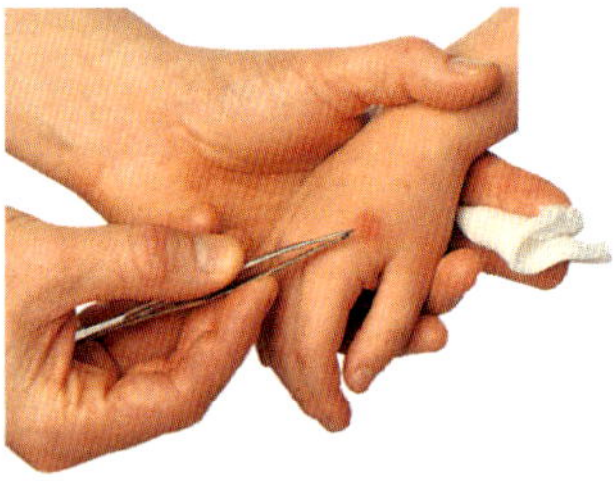

1 Stachel vorsichtig mit einer Pinzette entfernen, indem Sie ihn so nah wie möglich an der Haut aufgreifen. Stachel vorsichtig herausziehen, darauf achten, dass er nicht abbricht. Drücken Sie nicht auf den Giftsack an der Basis des Stachels.

2 Kühlen Sie die Stichstelle unter fließendem Wasser oder mit Kältepack ausgiebig, um Schmerzen und Schwellung zu reduzieren. Auch reichlich aufgestreutes Salz kann die Schwellung mindern.

Mund und Rachen

1 Bei Stichen im Mund- oder Rachenraum die Schwellung reduzieren, indem dem Opfer Eiswürfel zum Lutschen bzw. sehr kaltes Wasser zum Spülen verabreicht wird.

2 Konsultieren Sie umgehend einen Arzt. Falls die Atmung durch das Anschwellen erschwert ist, rufen Sie den Notarzt. Tritt ein anaphylaktischer Schock ein, wenden Sie sofort die unten beschriebenen Maßnahmen an.

Zeckenbisse

- **Behandlung** Zecken können gefährliche Infektionen übertragen. Mit einer Pinzette oder besser mit einer Zeckenzange unter die Zecke fassen und herausziehen. Notieren Sie sich jeden Biss, da Symptome einer Erkrankung erst nach Monaten auftreten können.

Nesselsucht

- **Beschreibung** Es bilden sich scharf begrenzte, rötliche, juckende oder schmerzende Schwellungen (Quaddeln). Ein traditionelles Hausmittel dagegen ist das Auflegen von Sauerampfer.

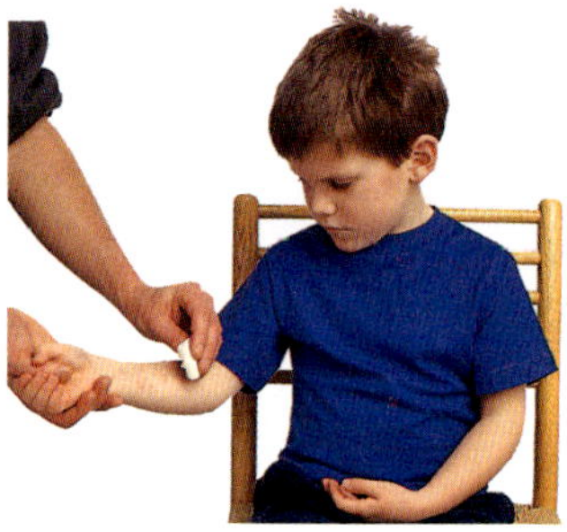

Nesselsucht behandeln
Juckreiz und Schmerz können gelindert werden, indem Sie eine kalte Kompresse, Zinklotion oder ein Antihistaminikum auftragen. Letzteres gibt es auch als Mittel zum Einnehmen. Bei sehr starkem Ausschlag Arzt aufsuchen.

Anzeichen eines anaphylaktischen Schockes

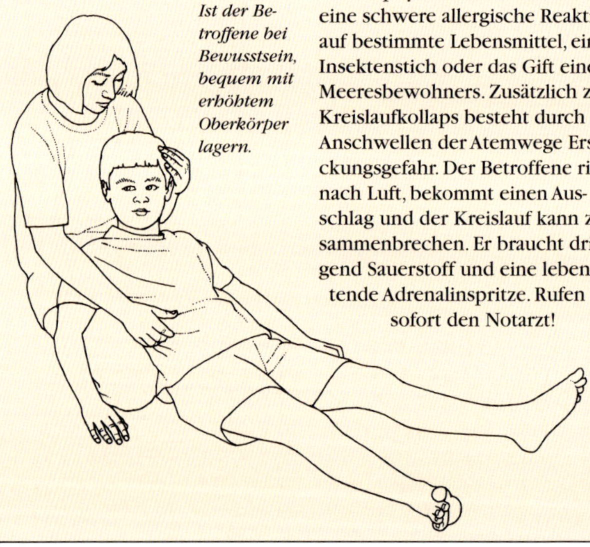

Ist der Betroffene bei Bewusstsein, bequem mit erhöhtem Oberkörper lagern.

Ein anaphylaktischer Schock ist eine schwere allergische Reaktion auf bestimmte Lebensmittel, einen Insektenstich oder das Gift eines Meeresbewohners. Zusätzlich zum Kreislaufkollaps besteht durch Anschwellen der Atemwege Erstickungsgefahr. Der Betroffene ringt nach Luft, bekommt einen Ausschlag und der Kreislauf kann zusammenbrechen. Er braucht dringend Sauerstoff und eine lebensrettende Adrenalinspritze. Rufen Sie sofort den Notarzt!

So können Sie die Schockreaktion lindern:

- **Kleidung lockern** Sorgen Sie dafür, dass die Kleidung des Patienten nicht zu eng sitzt, da dies seine Atmung behindern kann.
- **Medikamente** Finden Sie heraus, ob der Betroffene Medikamente für eine Erstbehandlung bei sich trägt.
- **Panik vermeiden** Ein anaphylaktischer Schock kann das Opfer in Panik versetzen. Versuchen Sie beruhigend zu wirken.
- **Opfer bei Bewusstsein** Helfen Sie dem Opfer, eine bequeme Sitzhaltung einzunehmen.
- **Opfer bewusstlos** Bringen Sie ein bewusstloses Opfer in die stabile Seitenlage (siehe S. 174).

Blutergüsse und Schwellungen

Ein Bluterguss entsteht durch Verletzungen eines Blutgefäßes unter der Hautoberfläche, dadurch fließt das Blut in das umliegende Gewebe. Schwere Blutergüsse können Anzeichen ernsthafter Verletzungen wie einer Fraktur sein. Schwellungen behutsam untersuchen.

Bluterguss behandeln

1 Setzen oder legen Sie den Verletzten bequem hin und legen Sie den betroffenen Körperteil hoch.

2 Kühlen Sie die Verletzung mit Eiswürfeln, kalten Tüchern oder einem Kältepack, kleine Blutergüsse mit kühlendem Gel.

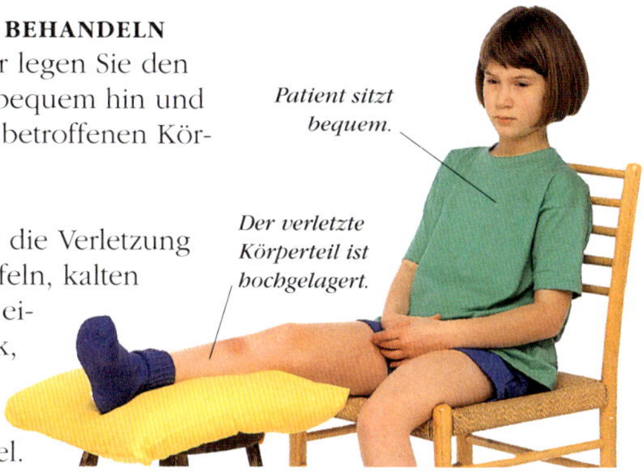

Zeit sparen

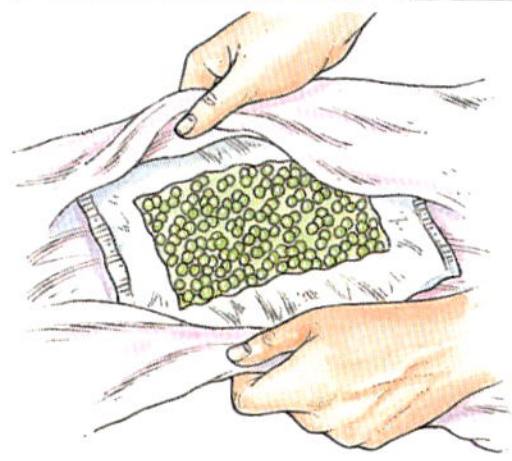

Schnelle Kompresse
Wickeln Sie eine Packung tiefgefrorene Erbsen in ein Handtuch, das Sie auf die Verletzung legen. Einen Kältepack oder Eiswürfel wegen möglicher Schädigung nie direkt auf die Haut bringen!

Herstellen und Auflegen kalter Kompressen

- **Kalte Kompressen** Tuch mit kaltem Wasser durchtränken oder Eiswürfel einwickeln und eine halbe Stunde gegen die Schwellung drücken. Alle 5 Minuten neu abkühlen.

Knochen- und Muskelverletzungen

Jede Verletzung an Knochen und Muskeln sollte bis zum Beweis des Gegenteils als schwer angesehen werden. Achten Sie auf Blutergüsse und Schwellungen und stellen Sie den betroffenen Körperteil ruhig – gehen Sie im Zweifelsfall immer zum Arzt!

Die häufigsten Verletzungen

- **Verstauchung** Betroffenen Körperteil hochlegen, ausgiebig kühlen und Stützverband anlegen. Zum Arzt bringen.
- **Schulterverrenkung** Bei einer ausgerenkten Schulter ist der Oberarmkopf aus dem Schultergelenk gesprungen. Stützen Sie den Arm mit einem Dreieckstuch oder einem aufgeschlagenen Hemdzipfel, die Hand liegt quer über der Brust. Bringen Sie den Verletzten umgehend in ärztliche Behandlung.
- **Schlüsselbeinbruch** Den Arm der betroffenen Seite mit einem Dreieckstuch stützen und Verletzten umgehend in ärztliche Behandlung bringen.

Knochenverletzungen ruhigstellen

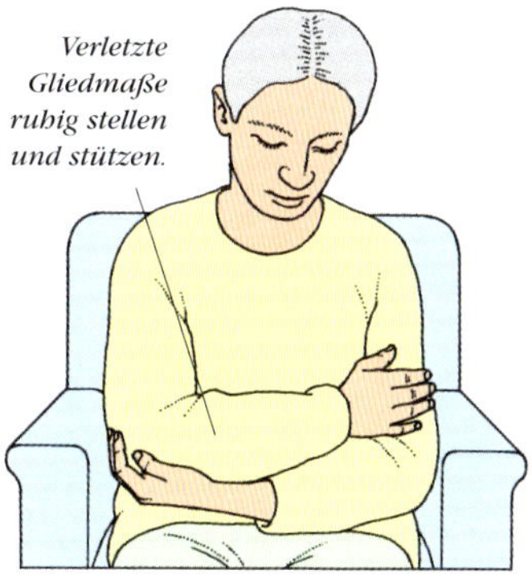

Gliedmaßen stützen
Bei Verletzungen am Arm: Hinsetzen und den Arm quer über die Brust legen; bei Verletzungen am Bein: hinlegen, Bein ober- und unterhalb der Verletzung mit den Händen stützen und bequem auf eine Decke lagern.

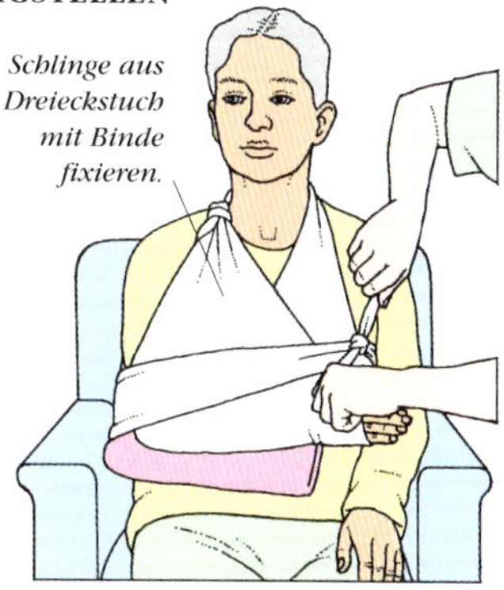

Gliedmaßen ruhig stellen
Einen verletzten Arm stützen Sie mit einem Dreieckstuch. Bei Beinverletzungen Krankenwagen rufen. Ist dies nicht sofort möglich, aus Stöcken oder Decken provisorische Schienen herstellen oder an gesundes Bein fixieren.

Erstickungsanfälle

Erstickungsanfälle können durch Verschlucken von Lebensmitteln oder Gegenständen hervorgerufen werden. Es muss schnell und gleichzeitig besonnen gehandelt werden. Falls Ihre Bemühungen nicht zügig zum Erfolg führen, rufen Sie umgehend einen Arzt.

Erstickungsanfälle erkennen und vermeiden

- **Symptome** Das Opfer hat Schwierigkeiten beim Sprechen und Atmen, die Haut ist bläulich und blass. Das Opfer deutet auf Kehle oder Hals.
- **Bei Bewusstlosen** Denken Sie auch an einen Fremdkörper in den Atemwegen, wenn Sie jemanden bewusstlos und ohne Atmung finden.
- **Vorbeugung** Erziehen Sie Ihre Kinder dazu, ruhig und sorgfältig zu kauen und keine Spielsachen oder Gegenstände in den Mund zu stecken.

Der Erstickende ist bei Bewusstsein

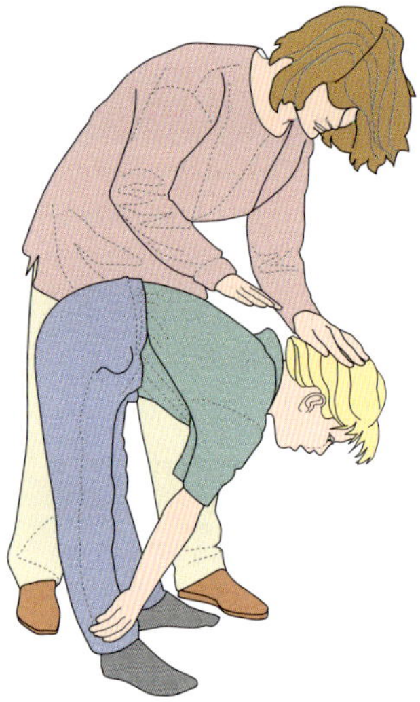

1 Beruhigen Sie das meist panische Opfer, und entfernen Sie noch verbliebene Speisereste o. Ä. aus dem Mund. Der Betroffene soll zunächst versuchen, kräftig zu husten.

2 Hilft dies nicht, soll der Betroffene den Oberkörper nach vorn beugen, sodass der Kopf tiefer als die Brust ist. Am besten steht er dabei.

3 Schlagen Sie dem Opfer dann mit dem Handballen so fest zwischen die Schulterblätter, wie es die Konstitution des Betroffenen zulässt. Geben Sie ihm etwas zu trinken, wenn er wieder atmen kann.

Hilfe bei Bewusstlosen

1 Als Erstes Atmung überprüfen. Hat sie ausgesetzt, rollen Sie das Opfer auf die Seite und geben Sie ihm fünf starke Schläge zwischen die Schulterblätter. Möglicherweise löst sich der Fremdkörper, da die Muskelkrämpfe durch den Verlust des Bewusstseins eventuell gelockert werden.

2 Setzt die Atmung immer noch nicht ein, durch eine dritte Person Notarzt rufen lassen und sofort mit Wiederbelebungsmaßnahmen beginnen (siehe S. 175). Sobald das Opfer zu atmen beginnt, legen Sie es in die stabile Seitenlage (siehe S. 174).

Vorgehen bei kleineren Kindern

- **Kleinkinder** Ist das Opfer 1–3 Jahre alt, greifen Sie es um die Fußgelenke, lassen es kopfüber hängen und klopfen zwischen die Schulterblätter.
- **Kindergarten- und Schulkinder** Fordern Sie das Kind zuerst auf, kräftig zu husten. Hilft dies nicht, das Kind mit dem Kopf nach unten über Ihre Knie legen, seine Brust mit einer Hand stützen und mit der flachen Hand mehrmals fest zwischen die Schulterblätter klopfen (siehe rechts).
- **Mundraum** Überprüfen Sie nach jedem Versuch, ob sich der Fremdkörper gelöst hat.
- **Ärztliche Hilfe** Hat das Kind auch nach der Entfernung Schmerzen, zum Arzt gehen.

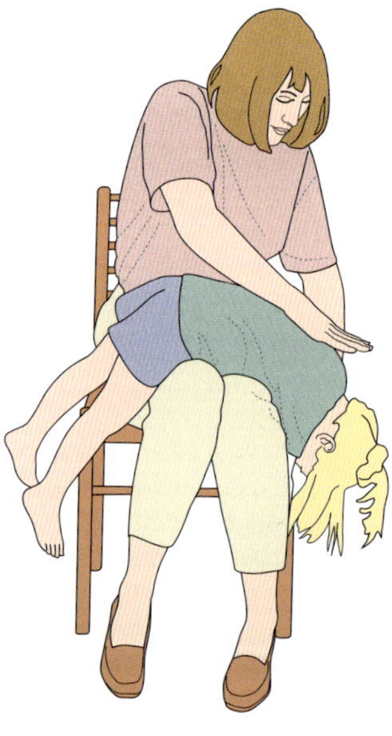

Hilfe bei Säuglingen

- **Behutsam vorgehen** Den Säugling mit abwärts gerichtetem Kopf auf Ihren Unterarm legen, dabei seinen Kopf und die Brust mit der Hand stützen und nun mit den Fingern der anderen Hand mehrmals zwischen die Schulterblätter klopfen – aber nicht zu fest!
- **Mund untersuchen** Seien Sie äußerst vorsichtig, wenn Sie den Fremdkörper entfernen: Stecken Sie Ihren Finger nur dann in den Mund, wenn Sie den Fremdkörper sehen und sicher greifen können.
- **Beruhigen** Sobald der Säugling wieder normal atmen kann, geben Sie ihm etwas zu trinken. Bei Bedarf zur Nachuntersuchung zum Arzt gehen.

Fremdkörper

Fremdkörper in Augen, Ohren oder Nase fühlen sich sehr unangenehm an, lösen Ängste aus und können auch gefährlich sein. Falls die unten beschriebenen Methoden nicht zügig zum Erfolg führen, müssen Sie unbedingt ärztliche Hilfe in Anspruch nehmen.

Fremdkörper im Auge

- **Feste Fremdkörper** Diese dürfen nicht entfernt werden. Bei weichen Teilchen wie Ruß, Staub oder Insekten sollte man nach einem Fehlversuch einen Arzt konsultieren.
- **Unter dem Oberlid** Das Oberlid vorsichtig an den Wimpern fassen und über das Unterlid ziehen, damit dieses die Unterseite des Oberlids „abwischt". Sitzt der Fremdkörper auf dem Augapfel, das Oberlid anheben und das Teil mit der sauberen Spitze eines Taschentuchs entfernen.
- **Unter dem Unterlid** Betroffenen nach oben schauen lassen, Unterlid herunterziehen und vorsichtig Richtung Nase auswischen.
- **Bei Fehlversuchen** Verbinden Sie beide Augen zur Ruhigstellung und gehen Sie sofort zum Augenarzt.

Verätzende Flüssigkeit

- **Ausspülen** Wenn Chemikalien ins Auge geraten sind, den Kopf des Betroffenen zur Seite neigen und das verletzte Auge mit reichlich handwarmem Wasser vom Innenwinkel her ausspülen – am besten mit destilliertem oder abgekochtem Wasser. Danach das Auge mit Mull abdecken und den Betroffenen sofort in ein Krankenhaus bringen.

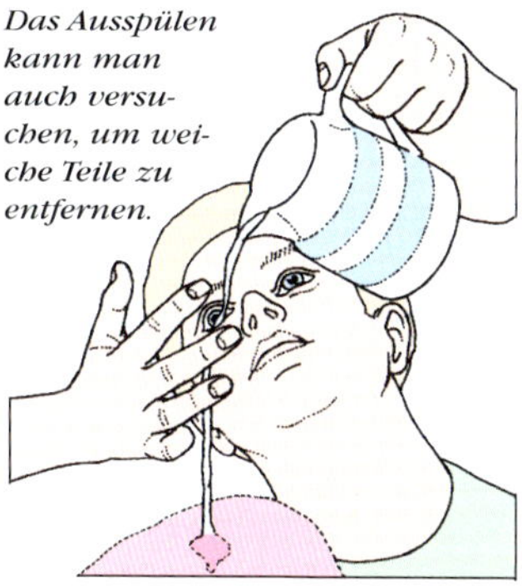

Das Ausspülen kann man auch versuchen, um weiche Teile zu entfernen.

Fremdkörper im Ohr

- **Kopfschütteln** Versuchen Sie, durch Schräglegen des Kopfes und Hüpfen auf einem Bein den Fremdkörper herauszuschütteln. Festsitzende Fremdkörper darf wegen der Gefahr einer Trommelfellverletzung nur ein Arzt entfernen.

Fremdkörper in der Nase

- **Behandlung** Halten Sie den Betroffenen an, den Fremdkörper auszuschnäuzen, wobei das andere Nasenloch zugehalten wird. Gelingt dies nicht, Betroffenen beruhigen, zum Atmen durch den Mund anhalten und zum Arzt bringen.

Vorsicht!

Wegen evtl. notwendiger Anästhesie darf der Betroffene nichts essen oder trinken.

Splitter und Blasen

Splitter und offene Blasen können zu Infektionen führen, wenn sie nicht angemessen behandelt werden. Entfernen Sie Splitter bald (tief sitzende von einem Arzt entfernen lassen). Der Patient sollte während der Entfernung des Splitters sitzen und die verletzte Stelle ruhig halten.

Splitter entfernen

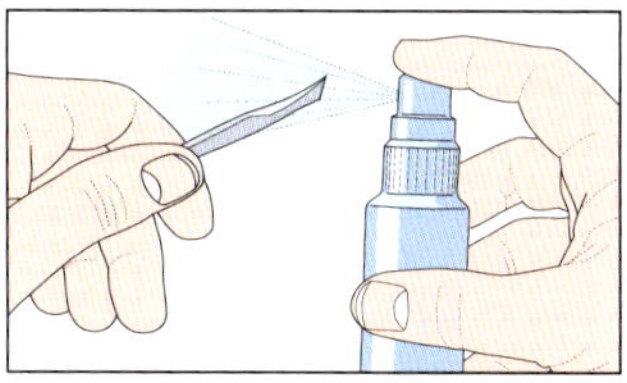

1 Desinfizieren Sie den Hautbereich um die Stelle, wo der Splitter eingedrungen ist, und die Pinzette, beispielsweise mit einem handelsüblichen Spray. Haben Sie dies nicht zur Hand, sterilisieren Sie die Pinzette 10 Minuten lang in kochendem Wasser.

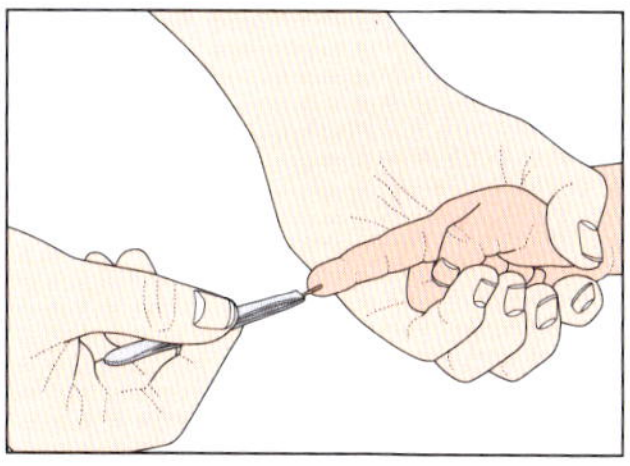

2 Den Splitter so nah wie möglich an der Haut mit der Pinzette greifen und im selben Winkel herausziehen, in dem er eingedrungen ist. Wunde etwas bluten lassen, um Verschmutzungen herauszuspülen. Dann die Hautstelle desinfizieren und verpflastern.

Blasen behandeln

Eine Blase ist eine sterile Schutzschicht, die sich über einer verletzten Stelle bildet. Stechen Sie eine Blase nie auf.

- **Blasen verpflastern** Reißt eine Blase versehentlich auf, Wunde desinfizieren und so verpflastern, dass die Haut durch die Klebefläche nicht verletzt wird.
- **Brandblasen** Bei Verbrennungen bilden sich oft flüssigkeitsgefüllte Blasen. Stechen Sie diese niemals auf. Siehe auch Seite 177.

Nasenbluten

Nasenbluten tritt meist überraschend auf und kann, wenn es sehr stark ist, Besorgnis erregen. Mit einem Handtuch können Sie Blut aufwischen und die Kleidung des Betroffenen schützen. Häufiges und starkes Nasenbluten kann auf eine zugrunde liegende Erkrankung hinweisen.

Nasenbluten behandeln

1 Der Patient soll sich mit vornübergebeugtem Kopf setzen und das oder die betroffenen Nasenlöcher 10 Minuten fest gegen die Nasenscheidewand drücken.

Vorsicht!

Tritt nach einer Kopfverletzung eine klare Substanz aus der Nase oder hält das Bluten länger an, Arzt aufsuchen.

2 Ein kalter Lappen im Nacken unterstützt die Blutstillung. Der Patient soll durch den Mund atmen und in den Rachen gelaufenes Blut ausspucken. Hält die Blutung nach 30 Minuten immer noch an, sofort Arzt aufsuchen.

3 Reinigen Sie den Patienten um Nase und Mund mit einem in lauwarmem Wasser angefeuchteten Handtuch. Er sollte sich auf keinen Fall die Nase schnäuzen, da das die Blutung erneut anregen könnte.

Blutungen aus Mund oder Ohr

Schnittwunden auf Zunge oder Lippen können stark bluten. Ein ausgeschlagener Zahn (außer Milchzahn) kann vom Zahnarzt gerettet werden. Blutungen aus dem Ohr können auf eine Trommelfellverletzung, nach einer Kopfverletzung sogar auf einen Schädelbasisbruch hindeuten.

Verletzungen im Mund

Blut entfernen

Einen Gazetupfer auf die Verletzung am Mund drücken und die Wunde 10 Minuten zwischen Daumen und Zeigefinger zusammendrücken. Spülen Sie den Mund des Patienten nicht aus, da dadurch die Blutgerinnung behindert werden könnte.

Zahnverlust

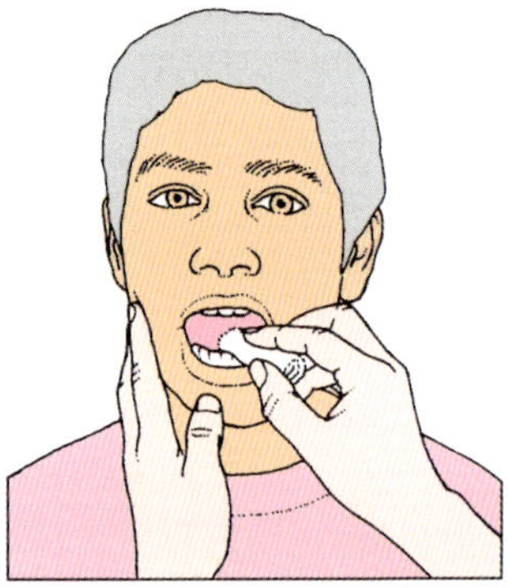

Zähne retten

Bei richtiger Behandlung lassen sich bleibende Zähne wieder einsetzen. Am besten bewahrt man den ausgeschlagenen Zahn im Mund in der Backentasche auf (alternativ in einer Notfallbox oder Nährlösung). Umgehend den Zahnarzt aufsuchen.

Verletzungen am Ohr

- **Außen** Mullkompresse auf die Wunde legen und etwa 10 Minuten andrücken. Sobald die Blutung aufhört, eine saubere Kompresse mit Heftpflaster oder einer elastischen Binde befestigen.
- **Blutungen aus dem Innenohr** Der Patient sollte halb aufrecht sitzen, dabei den Kopf leicht auf die Seite der Verletzung geneigt. Befestigen Sie eine saugfähige Kompresse am Ohr; nicht am Ohr ziehen. Bringen Sie den Patienten zu einem Arzt.
- **Gefährliche Symptome** Tritt nach einer Kopfverletzung Blut oder wässrige Flüssigkeit aus dem Ohr, kann es sich um einen Schädelbasisbruch handeln. Notarzt rufen!

HÄUFIGE BESCHWERDEN

Krankheiten wie Erkältungen und Fieber werden, da sie häufig auftreten, oft nicht ernst genommen. Sie können jedoch schwere Erkrankungen nach sich ziehen, wenn sie nicht angemessen behandelt werden – vor allem bei Säuglingen, Kleinkindern und älteren Menschen.

Fieber und Erkältungen

Die meisten von uns kennen die leidigen Beschwerden, die eine Erkältung mit sich bringt: Kratzen im Hals und Schnupfen gehören zu den häufigsten Symptomen. Ein starker Anstieg der Körpertemperatur kann auf eine ernster zu nehmende Infektion hindeuten.

Fieberkrämpfe bei kleinen Kindern behandeln

Bei Fieber über 39,5° C mit wiederholten Wadenwickeln Temperatur senken.

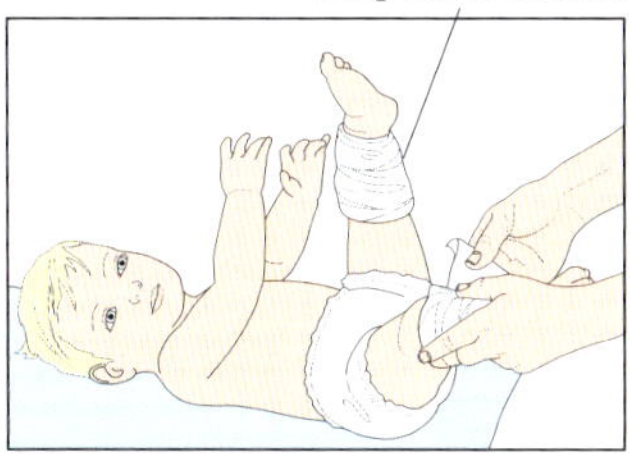

Körper kühl halten
Bei Säuglingen und Kindern unter 4 Jahren kann hohes Fieber Krämpfe auslösen. Steigt die Körpertemperatur über 39,5° C an, verständigen Sie umgehend Ihren Kinderarzt und senken die Temperatur mit wiederholten Wadenwickeln. Bei anfälligen Kindern empfehlen sich entsprechende Fieberzäpfchen.

Fieber bei Erwachsenen & Kindern behandeln

1 Messen Sie die Temperatur des Patienten. Sie sollte ungefähr 37° C betragen; Werte über 38° C deuten auf Fieber hin. Der Betroffene sollte Bettruhe einhalten – nicht zu heiß einpacken. Die Raumtemperatur sollte bei 18–20° C liegen.

2 Der Patient soll reichlich warmen Tee, Wasser oder verdünnten Obstsaft trinken. Fiebersenkende Medikamente sollten nur eingenommen werden, wenn sie der Arzt verordnet. Fieber ist eine normale Reaktion auf Infektionen.

Erkältungen behandeln

- **Überhitzung vermeiden** Zu starke Wärme, etwa durch dicke Kleidung oder Bettdecken, ist zu vermeiden.
- **Atmung erleichtern** Befreien Sie eine verstopfte Nase durch Nasentropfen oder mit ein paar Tropfen Eukalyptusöl, die Sie auf ein Taschentuch träufeln und einatmen. Oder Sie halten den mit einem Handtuch bedeckten Kopf über heißen Wasserdampf und atmen tief ein und aus. Gelegentliches Lüften, feuchte Tücher oder ein Luftbefeuchter können auch für eine Befreiung der Atemwege sorgen.
- **Schluckbeschwerden** Gurgeln Sie mit warmem Salzwasser. Das Salz hilft zu verhindern, dass sich eine eventuelle bakterielle Infektion weiter ausbreitet.
- **Flüssigkeit** Trinken Sie reichlich Tee, Wasser oder verdünnten Obstsaft, vor allem, wenn die Erkältung von Fieber begleitet wird. So wirken Sie einer Austrocknung entgegen und versorgen einen trockenen Mund und Rachen mit ausreichend Flüssigkeit. Ein Kind, das keine Lust hat zu trinken, wird ein Eis bestimmt nicht ausschlagen.

Symptome einer Hirnhautentzündung

Eine Hirnhautentzündung (*Meningitis*) kann bleibende Schäden verursachen und sollte deshalb so früh wie möglich behandelt werden.

- **Symptome** Dazu gehören heftige Kopfschmerzen, Lichtscheu, Fieber, Erbrechen, Nackensteifigkeit, eventuell Krämpfe und flüchtige Ausschläge. Der Patient kann auch das Bewusstsein verlieren.
- **Schnell handeln** Wenn Sie den Verdacht haben, dass es sich um eine Hirnhautentzündung handelt, bringen Sie den Patienten sofort in ein Krankenhaus oder rufen Sie einen Notarzt.

BEWÄHRTES WISSEN

Hausmittel statt Tabletten
Bei Husten und Halsentzündungen brühen Sie Honig, Gewürznelken und Zitronensaft in heißem Wasser auf. Lutschen an einer Gewürznelke mildert lästiges Kratzen.

Bauchschmerzen

Schmerzen in der Bauchgegend können von harmlosen Verdauungsstörungen herrühren oder auf eine ernsthafte Erkrankung hinweisen – variierende Schmerzintensität, begleitet von Erbrechen, könnte auf eine Blinddarmentzündung hindeuten.

Bauchschmerzen behandeln

1 Der Patient sollte bequem liegen, sein Kopf gestützt sein. Stellen Sie eine Schüssel bereit, falls sich der Patient erbrechen muss.

Vorsicht!

Je jünger der Betroffene, umso schneller kann es zu einem Blinddarmdurchbruch kommen.

2 Legen Sie dem Patienten eine Wärmflasche auf den Bauch. Verabreichen Sie keine Medikamente und geben Sie dem Patienten nichts zu essen.

3 Lässt der Schmerz nach ca. 30 Minuten nicht nach oder wird schlimmer, einen Arzt verständigen. Der Patient könnte ernsthaft krank sein.

Blinddarmentzündung

● **Symptome** Am häufigsten erkranken Kinder an einer Blinddarmentzündung. Zu den Symptomen gehören Schmerzen im Mittelbauch und rechten Unterbauch, Appetitlosigkeit, erhöhte Temperatur, Übelkeit, Erbrechen und Diarrhö.

● **Hilfe** Geben Sie einem Patienten mit diesen Symptomen nichts zu essen oder zu trinken. Verständigen Sie umgehend einen Arzt.

Erbrechen

Erwachsene wissen sich im Fall eines Brechreizes meist selbst zu helfen, während Kinder beim Erbrechen auf Hilfe und Unterstützung angewiesen sind. Wenn sich ein Betroffener, insbesondere ein Säugling, wiederholt erbricht, rufen Sie umgehend einen Arzt.

Einem Kind beim Erbrechen helfen

Lassen Sie das Kind in eine Schüssel erbrechen.

Stützen und beruhigen Sie das Kind.

1 Halten Sie, während sich das Kind erbricht, seinen Kopf über eine Schüssel und stützen Sie den Oberkörper mit der freien Hand.

2 Ist der Brechreiz vorüber, wischen Sie Gesicht und Mund mit einem in warmem Wasser ausgewrungenen Tuch ab.

3 Geben Sie dem Kind in kleinen Schlucken warmes Wasser oder Kräutertee zu trinken. Damit wird der Flüssigkeitsverlust ausgeglichen.

4 Das Kind soll sich nun ausruhen. Muss es erneut erbrechen, verständigen Sie einen Arzt. Keine Milch zu trinken geben, sie könnte den Brechreiz verschlimmern.

Vorsicht!

Säuglinge und Kleinkinder trocknen rasch aus. Geben Sie reichlich Flüssigkeit in kleinen Mengen, jedoch keine Babynahrung oder Kuhmilch.

Ohren- und Zahnschmerzen

Ohrenschmerzen können von einer Mittelohrentzündung, einer Erkältung, einem Furunkel im Gehörgang, einem Fremdkörper oder Luftdruckschwankungen herrühren. Zahnschmerzen können auf ein Loch im Zahn, einen Abszess oder eine Mundinfektion hindeuten.

Zahnschmerzen

1 Bei akuten Beschwerden können schmerzstillende Medikamente (Tabletten oder Zäpfchen) angezeigt sein. Falls der Schmerz wiederkehrt, vereinbaren Sie einen Termin beim Zahnarzt.

2 Der Patient sollte sich hinlegen. Eine Wärmflasche auf der betreffenden Wange kann helfen. Einem Erwachsenen können ein paar Tropfen Nelkenöl helfen, die zur kurzfristigen Schmerzlinderung im Mund belassen werden.

Ohrenschmerzen

1 Der Patient sollte sich mit erhöhtem Oberkörper hinlegen. Man kann eine Zwiebelauflage auf das Ohr legen und Nasentropfen zum Abschwellen der Schleimhäute verabreichen.

2 Wickeln Sie eine Wärmflasche in ein Handtuch, die sich der Patient gegen das Ohr drücken soll. Konsultieren Sie einen Arzt, vor allem wenn sich der Zustand trotz obiger Maßnahmen nicht bessert.

Vorsicht!

Ist bei Zahnschmerzen auch der Kiefer gereizt oder geschwollen, müssen Sie zu einem Arzt. Ebenso bei Ohrenschmerzen mit eitrigem Sekret oder Fieber als Begleiterscheinung.

BEWÄHRTES WISSEN

Provisorische Füllung

Für eine provisorische Zahnfüllung tränken Sie ein Stück Watte in Nelkenöl und stopfen es in das Loch, um die Schmerzen zu lindern und das Kauen zu erleichtern.

Ohrenschmerzen bei Luftdruckschwankungen

Ohren frei machen

Die Ohren können beim Starten und Landen eines Flugzeugs oder bei Tunneldurchquerungen „verstopfen". Um die Ohren wieder frei zu machen, den Mund schließen, die Nase zuhalten und heftig durch die Nase ausatmen. Auch Gähnen, Schlucken oder Bonbonlutschen können helfen. Einen Säugling stillen.

Nase zuhalten und ausatmen.

Schluckauf

Schluckauf ist eine wiederkehrende Kontraktion des Zwerchfells gegen eine teilweise geschlossene Luftröhre. Schluckauf kann sehr lästig sein, wenn er länger andauert. Er verschwindet zwar von selbst wieder, doch kann man dies beschleunigen.

Tipps gegen Schluckauf

- **Ablenkung** Versuchen Sie Wasser von einer umgedrehten Tasse zu trinken. Diese umständliche Aufgabe könnte Sie so ablenken, dass der Schluckauf verschwindet.
- **Atem anhalten** Versuchen Sie, so lange wie möglich den Atem anzuhalten. So oft wiederholen, bis der Schluckauf aufhört.
- **Ruhe bewahren** Bei Schluckauf sollten Sie ruhig stehen oder sitzen – Unruhe kann den Schluckauf verschlimmern.

Tief einatmen

Stülpen Sie eine Papiertüte (nicht Plastik!) über Mund und Nase und atmen Sie die ausgeatmete Luft 1 Minute lang wieder ein.

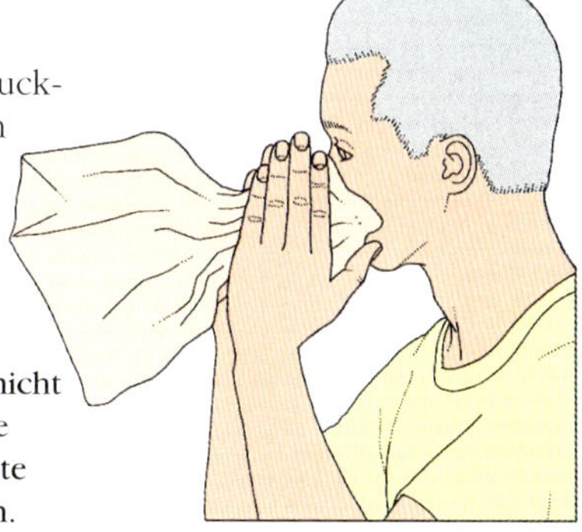

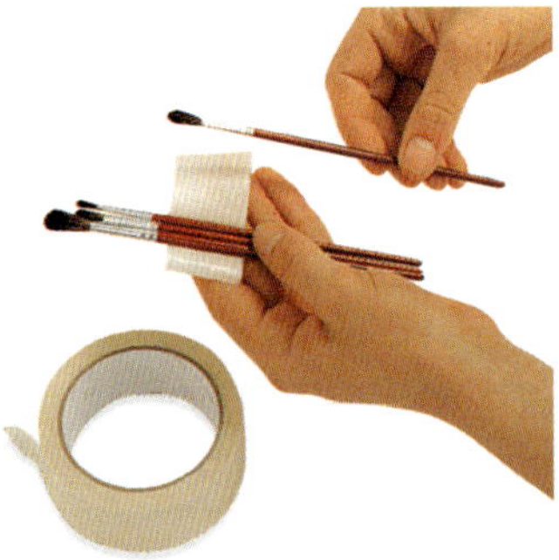

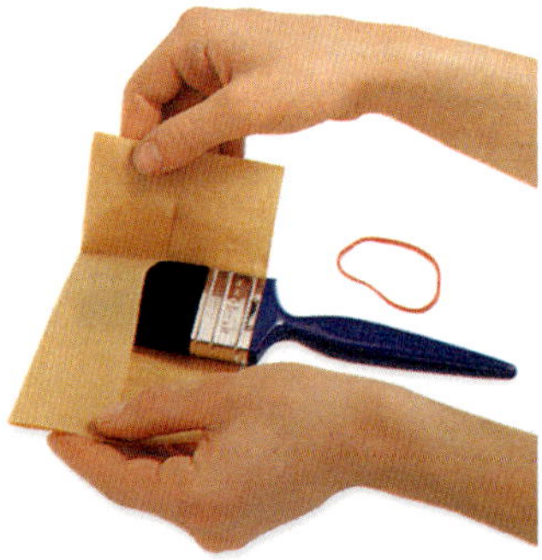

VERSCHÖNERN UND RENOVIEREN

Jeder wünscht sich ein Zuhause zum Wohlfühlen – viele schrecken allerdings vor notwendigen Renovierungsmaßnahmen zurück, weil sie die Kosten und den Aufwand fürchten. Das ist aber eine überflüssige Sorge, denn mit den folgenden Anleitungen und Informationen können Sie kostengünstig und ohne große Vorkenntnisse viele Dinge selbst in die Hand nehmen und Ihren ganz persönlichen Stil entwickeln.

Farbe und eigener Stil

Übersicht

Die eigene Wohnung mit Farbe zu verschönern bereitet viel Freude. Hier hat man Gelegenheit, mit Farben und Stilrichtungen zu experimentieren und den persönlichen Geschmack zum Ausdruck zu bringen. Doch bevor man damit beginnt, individuelle Farbkombinationen zu entwerfen, sollte man sorgfältig planen und die Situation von allen Seiten beleuchten.

Die Sprache der Farben verstehen

Um sich für eine bestimmte Farbkombination zu entscheiden, braucht man kein physikalisches Hintergrundwissen. Man sollte allerdings wissen, in welcher Beziehung die verschiedenen Farben zueinander stehen und wie sie aufeinander und den Betrachter wirken.

Farben richtig einsetzen

● **Ziele definieren** Am Anfang sollte man sich gut überlegen, ob mit der Farbwahl eine bestimmte Wirkung erzielt werden soll und welche Stimmung man in einem Raum erzeugen möchte. Anhand dieser Überlegungen wählt man eine Grundfarbe – z. B. beruhigende Farben für ein Schlafzimmer oder warme, einladende Töne für den Wohnbereich.

● **Gefühle wecken** Farben beeinflussen das menschliche Gefühlsleben in entscheidender Weise. Will man etwas Bestimmtes aussagen oder eine Signalwirkung erzielen, greift man am besten zu einer kräftigen, leuchtenden Farbe. Dagegen sorgen warme Farben für eine einladende, heimelige Atmosphäre. Kräftige, kalte Farben wirken eher beruhigend als anregend. Dagegen haben Farben, die sowohl im Kalt- als auch im Warmbereich liegen, einen zugleich belebenden und beruhigenden Einfluss.

Farbenlehre und Farbkreis

Alle Farben und die zahllosen Farbabstufungen leiten sich von den drei Primärfarben Rot, Gelb und Blau ab. Mischt man zwei dieser Grundfarben, entsteht eine Sekundärfarbe. So wird aus Blau und Gelb die Farbe Grün. Alle anderen Farben heißen Tertiärfarben und entstehen durch Kombinationen von Primär- und Sekundärfarben. Abstufungen erhält man durch Zugabe von Schwarz für eine dunklere oder Weiß für eine hellere Färbung.

Benachbarte Blautöne

Benachbarte Gelbtöne

Benachbarte Rottöne

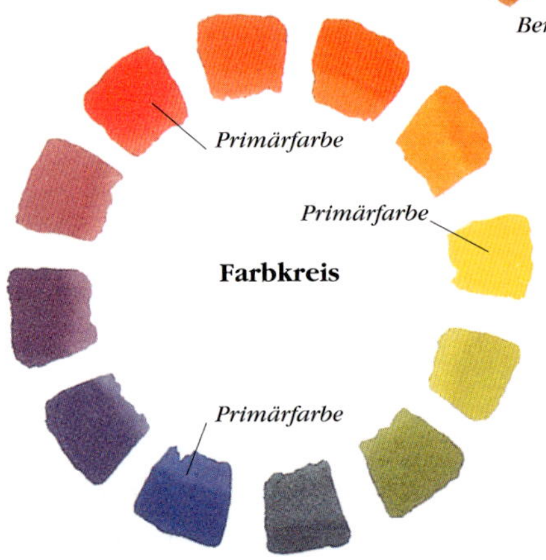

Farb-Beziehung
In einem Farbkreis sind die Primärfarben gleich weit voneinander entfernt. Zu beiden Seiten der Primärfarbe folgen Abstufungen benachbarter Mischfarben. Gegenüberliegende Farben heißen Komplementär- oder Gegenfarben.

Farben kombinieren

Die meisten Menschen haben ein natürliches Gespür dafür, wie sich Farben wirkungsvoll kombinieren lassen. Ganz gleich, ob Farben miteinander kontrastieren oder sich ergänzen – beides kann die Grundlage für eine gelungene Farbzusammenstellung sein.

Hell-Dunkel-Kontrast

Hell und dunkel nebeneinander
Indem man helle Farben mit dunkleren Tönen kombiniert, lässt sich ein Raum gut in Bereiche unterteilen. Hier wird durch das matte Zitronengelb der Nische und das helle Holz ein geschickter Kontrast zu den dunkelblauen Wänden erzielt.

Farben verbinden

Verwendung von Komplementärfarben
Rot und Grün passen zusammen, weil sie Komplementärfarben sind. Das heißt, sie liegen auf dem Farbkreis direkt gegenüber. Die hier gezeigte Farbzusammenstellung beinhaltet auch Gelb, das mit den Komplementärfarben kontrastiert.

Verwendung von benachbarten Farben

Harmonie durch verwandte Farben
Kontrastierende Farben heben charakteristische Merkmale hervor, benachbarte Farben dagegen verbinden. So bilden Wände und Fenster trotz unterschiedlicher Rottöne eine Einheit. Die Gelbtöne von Sockel und Wand heben sich ab, obwohl es verwandte Farben sind.

Farbauswahl

- **Eigener Geschmack** Kombinieren Sie zuerst Grundfarben Ihrer Wahl. Dann stufen Sie diese Farbtöne leicht ab, bis sie Ihren Vorstellungen entsprechen.
- **Farbgebung harmonisieren** Stellen Sie Farben gleicher Intensität zusammen, verleihen Sie einem Raum dadurch Ruhe und Behaglichkeit. Je größer die Unterschiede in der Intensität sind, desto stärker heben sich die Farben gegeneinander ab – ideal, um eine bestimmte räumliche Situation hervorzuheben.
- **Komplementärfarben** Akzentuieren Sie eine einfarbige Fläche mit der entsprechenden Komplementärfarbe. Der ursprüngliche Farbton wirkt dadurch weicher. So kann auch grellen Farbtönen die Schärfe genommen werden.

FARBE UND WIRKUNG

Die unterschiedlichen Farben haben bestimmte Eigenschaften, die in einem Zimmer besondere Stimmungen erzeugen können. So ist es möglich, mit der Wahl der Farbzusammenstellung den Charakter eines Raumes nach den eigenen Vorstellungen zu verändern oder eine bestimmte Atmosphäre zu schaffen.

Räume mit Farbe verändern

Bevor mit der Neugestaltung eines Raumes begonnen wird, lohnt es sich, sich vorab einige Gedanken zu machen.

- **Ausrichten an Bedürfnissen** Soll ein Raum gemeinsam genutzt werden, sind eher allgemeine Geschmackskriterien wichtig. Bei einem Raum wie dem Schlafzimmer spielen praktische und persönliche Ansprüche eine Rolle.
- **Überlegungen zur Nutzung** Die Wahl der Farben sollte dem Zweck eines Raumes entsprechen: So benötigt ein Schlafzimmer sicher einen ruhigeren Farbton als ein Wohnzimmer.

Variationen in Grün
... sind ideal bei einem Kinderzimmer, das zum Spielen und Schlafen genutzt wird. Ansonsten sind Ihrer Phantasie keine Grenzen gesetzt, um die Atmosphäre lebendig zu gestalten.

Variationen in Rot
... lassen denselben Raum ganz anders erscheinen: Die ruhige Farbgebung passt zu einem Schlafzimmer für Erwachsene. Selbst bauliche Besonderheiten treten in den Hintergrund.

Dezent oder gewagt

Kühn oder zurückhaltend – das ist die Frage! Naturgemäß ist es riskanter, leuchtende, kraftvolle Farben zu benutzen als blassere Töne. Kräftige Farben erregen die Aufmerksamkeit von Gästen eher als Pastelltöne und man sieht sich an ihnen schneller satt.

Zarte Farbgestaltung

Feinabstufungen
Wenn sich die Töne im Farbspektrum wenig unterscheiden, wirken sie ausgleichend. Je blasser die Abstufung, umso subtiler ist die Farbzusammenstellung und desto größer die Wirkung.

Gewagte Farbgestaltung

Mut zur Übertreibung
Freche, kraftvolle Farben geben einem Raum Dynamik. Aber auch eine lebhafte Atmosphäre kann entspannend sein, und eine dezente Beleuchtung vermittelt ein Gefühl von Luxus und Ruhe.

Mischen & Kombinieren

- **Besonderheiten** Wählen Sie dezente Farben für Wände, Holzbauteile und Böden; dagegen gewagtere Farben und Muster, um bestimmte Einrichtungsgegenstände zur Geltung zu bringen.
- **Wände umrahmen** Nehmen Sie kräftige Farben für Holzbauteile und zartere Varianten für die Wände. Dadurch entsteht der Eindruck, als wären die Wände mit einem Rahmen eingefasst. Mit einer gewagten Deckenfarbe kann dieser Effekt noch gesteigert werden.
- **Weiß** Mit dieser Farbe können Sie andere Farben wirkungsvoll hervorheben.

Warm oder Kalt

Mit Farben verbindet man unbewusst verschiedene Empfindungen. Durch gezielte Kombinationen und Mischungen der verschiedenen Farben lassen sich je nach Wunsch und Zweck des Raumes völlig unterschiedliche Wirkungen und Stimmungen erzeugen.

FREUNDLICH WARM ODER SACHLICH KÜHL

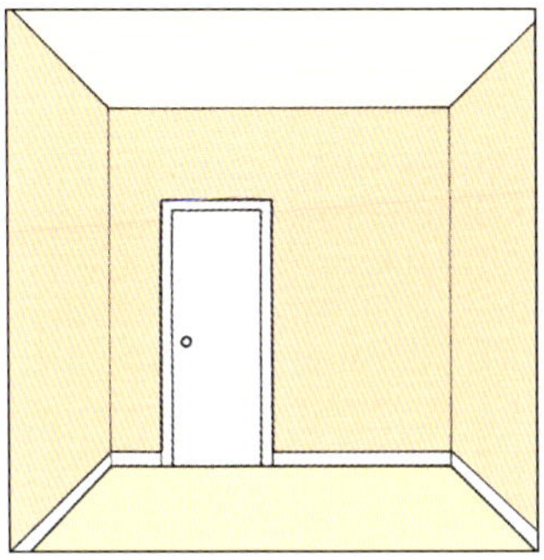

Behaglichkeit schaffen
Die Wirkung dieser Farben wird dadurch verstärkt, dass sie die Wände optisch näher heranrücken und den Raum scheinbar verkleinern. Das ist gut, wenn Sie Gemütlichkeit schaffen wollen.

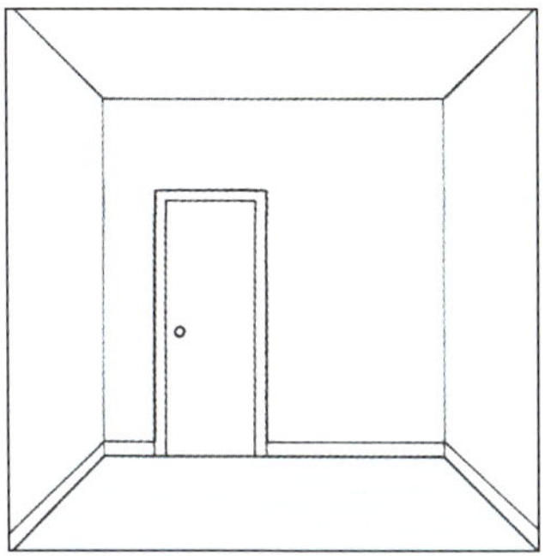

Platz schaffen
Typische kühle Farben lassen die Wände optisch zurücktreten und den Raum größer erscheinen. Das ist ideal, wenn man eine offene, luftige Atmosphäre erzeugen will.

WIRKUNG ERZIELEN

- **Wärme erzeugen** Orange-, Rot-, Rosa- und warme Gelbtöne sorgen für eine behagliche Atmosphäre – wichtig bei einem Raum, der wenig oder kein Sonnenlicht erhält.
- **Frische einbringen** Für enge Flure, die offener wirken sollen, oder für allzu sonnige Räume sollte man eine frische Farbgebung mit Blau- und Grüntönen bevorzugen.
- **Variieren der Intensität** Der wärmende oder kühlende Einfluss einer Farbe hängt von ihrer Intensität und Schattierung ab. Beachten Sie, dass dunkle Farben eine starke Wirkung erzielen.

BEHAGLICHES ROT

Wärme und Geborgenheit
Erzielen Sie eine behagliche Stimmung, indem Sie die Farbgestaltung eines Raumes in warmen Tönen halten. In diesem Raum wird die prächtige rote Wandfarbe durch die Einrichtung noch hervorgehoben. Auch der gedämpfte Orangeton des Naturholzbodens fördert eine angenehme Atmosphäre.

KÜHLES BLAU

Ein Hauch von Frische
Eine Farbzusammenstellung wie diese alles beherrschenden Blautöne in der Küche wirkt frisch und belebend. In einem Raum, der vorwiegend morgens genutzt wird und viel natürliches Sonnenlicht erhält, ist es in der Regel nicht nötig, die Atmosphäre durch warme Farben aufzulockern.

Hell oder Dunkel

Die Wahl von hellen oder dunklen Farben bewirkt natürlich eine entsprechend helle oder dunkle Raumatmosphäre. Mit verschiedenen Tönen derselben Farbe können Sie Akzente setzen und in der farblichen Gesamtgestaltung eines Raumes für Spannung sorgen.

Aufhellen

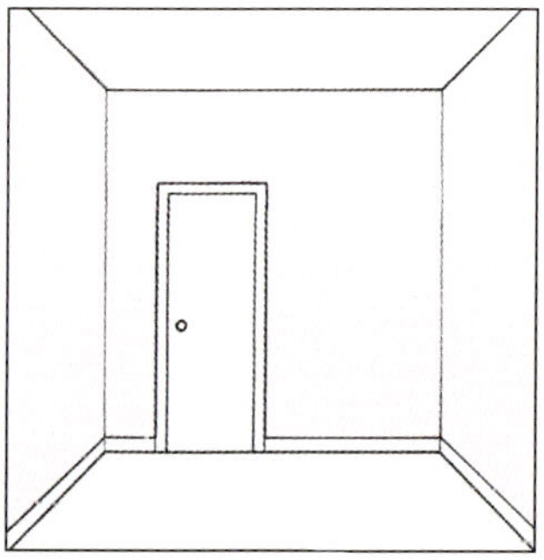

Optische Vergrößerung
Helle Farben auf großen Flächen vermitteln ein Gefühl von Weite. Ein kleiner Raum wirkt dadurch größer. Die Aufhellung der Decke etwa vermittelt dem Betrachter einen optisch höheren Raum.

Abdunkeln

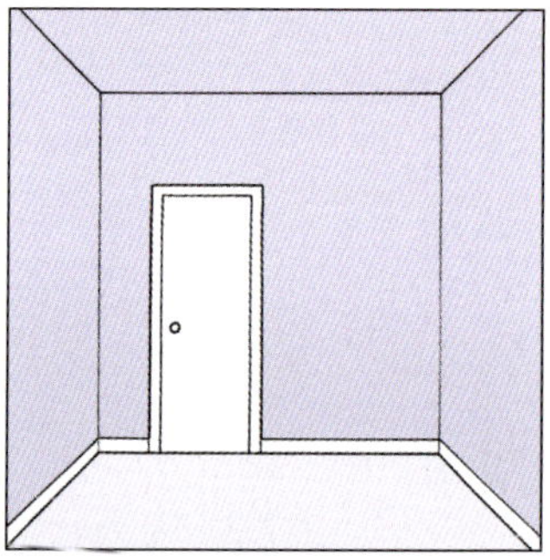

Optische Verkleinerung
Dunkle Farben wirken näher am Betrachter, verringern also das Gefühl von Weite. Mit ihrer Hilfe wirken hohe Decken niedriger und ein großer Raum wärmer und behaglicher.

Immer die richtige Farbe

- **Auf der sicheren Seite** Wenn Sie Ihren Stil noch nicht gefunden haben, sollten Sie helle Pastelltöne wählen. Diese Farben lassen sich leicht mischen und aufeinander abstimmen.
- **Schönheitsfehler korrigieren** Besonders auf Holz sind dunkle Farben zum Verdecken von Unebenheiten oder kleineren Schönheitsfehlern gut geeignet. Der allgemeine Eindruck lässt sich so entscheidend verbessern.
- **Erhöhung der Lebensdauer** Dunkle Farben sind weniger schmutzanfällig. Der Anstrich bleibt länger frisch und wirkt meist lang ansehnlich.

Zarte Farben effektvoll einsetzen

Licht und Luft ins Zimmer bringen
Dezente Farben erzeugen eine helle, luftige Atmosphäre. Wenn natürliches und künstliches Licht gleichzeitig eingesetzt werden, wird dieser Eindruck noch verstärkt. Ein harmonisches Wohngefühl entsteht, wenn diese Farbtöne auch bei der übrigen Einrichtung aufgenommen werden.

Dunkle Farben effektvoll einsetzen

Wärme und Behaglichkeit erzeugen
Kombiniert man verhältnismäßig lichte Farben an den Wänden mit dunkleren Tönen für die übrige Einrichtung, erzeugt man eine geschlossene, gleichzeitig aber sehr gemütliche Atmosphäre. Eine üppige Note erhält der Raum, wenn man für die dunklen Akzente kräftige, warme Farben wählt.

Mischen und Abtönen

Das richtige Mischen und Abtönen bereitet bei der Farbwahl oft Schwierigkeiten. Für eine ansprechende Farbgestaltung ist es wichtig, welche Merkmale eines Raumes hervorgehoben werden sollen und welche eher in den Hintergrund treten sollen.

Funktion und Farbe

- **Farbton bestimmen** Wählen Sie Farben, die zur Funktion und der gewünschten Wirkung eines Raumes passen.
- **Stimmung erzeugen** Wählen Sie eine Schattierung, die die Stimmung eines Raumes wiedergibt. Meist reichen schon ganz leichte Veränderungen des Farbtons.
- **Wirkung vermindern** Unschöne Elemente, wie etwa ein Heizkörper, treten in den Hintergrund, wenn man sie mit der gleichen Farbe wie die Wand streicht.

Farbliche Abstimmung

Farbharmonie
Wählen Sie als Hauptwandfarbe eine Farbe, die gut zu einem anderen wesentlichen Element des Raumes passt. So verbindet sich die Naturholzoberfläche des Kamins (Foto) gut mit den zart ockerfarbenen Wänden und kleineren Details wie Gemälden und Schmuckgegenständen. Das Ergebnis ist eine harmonische, entspannte Atmosphäre.

Farbakzente

Ein farbliches Gleichgewicht lässt sich auch schaffen, wenn dieselben Farben und Gestaltungselemente von einer Oberfläche auf eine andere übertragen werden – beispielsweise von der Farbe des Bodenbelags auf die Wandflächen oder auch auf kleinere, dekorative Elemente.

Farbe bekennen an ausgewählten Stellen

Ein Motiv als verbindendes Thema
Einrichtungsgegenstände oder Wohnräume lassen sich thematisch miteinander verbinden, indem man z. B. ein Muster immer wieder aufnimmt und einsetzt. Hier wurden die Bänder aus farbigen Quadraten, die über den Sockelleisten und über der Küchenarbeitsplatte verlaufen, auch für den gemalten Bilderrahmen verwendet. Auf diese Weise erhält der Raum eine harmonische Note.

Grundregeln

- **Dekogegenstände** Neben dem Einsatz von ähnlichen Farben für die wichtigsten Oberflächen eines Raumes sollte man die farbliche Gestaltung auch bei Zier- und Dekogegenständen beachten, damit das Gesamtbild noch stimmiger wird.
- **Stoffe integrieren** Auch Stoffe und Gewebe lassen sich in die Farbplanung mit einbeziehen. So können beispielsweise die verschiedenen Schattierungen und Farbtöne eines natürlichen Bodenbelags wie Seegras bei anderen Accessoires aufgenommen oder variiert werden.
- **Einfache Farbplanung** Die besten Ergebnisse werden oft mit einer eng beschränkten Farbpalette erzielt. Bei zu vielen Farben wirkt der Raum schnell überladen.

FARBZUSAMMENSTELLUNGEN

Ein Farbschema zu entwerfen ist eine interessante Herausforderung, kann aber auch etwas schwierig sein. Es ist noch vergleichsweise einfach, eine Hauptfarbe zu finden. Schwerer wird es dann, in der Folge die Details farblich zu gestalten, denn gerade sie bestimmen die optische Gesamtwirkung eines Raumes.

Eindrücke sammeln

Manche Menschen besitzen ein natürliches gestalterisches Talent, aber die meisten von uns brauchen ein wenig Hilfe, um ihre künstlerischen Fertigkeiten zu entwickeln oder um persönliche Vorlieben herauszufinden – nachfolgend einige Tipps, die Ihnen vielleicht helfen.

Sich umschauen lohnt sich

Für die Farbwahl gibt es Anregungen in Hülle und Fülle. So gehen Sie dabei am besten vor:

- **Vorhandene Einrichtung** Finden Sie heraus, warum Sie mit dem bestehenden Innendekor nicht zufrieden sind und wie die Farbzusammenstellung geändert werden soll.
- **Zeitschriften** Blättern Sie Zeitschriften durch, um festzustellen, von welchen Seiten, Bildern und Farben Sie sich spontan angezogen fühlen.
- **Bilder** Sehen Sie sich Bilder an, die Sie früher gekauft haben – sie geben einen Hinweis darauf, was Sie optisch anspricht.

Fotos zurate ziehen
Sehen Sie sich Ihre liebsten Urlaubsbilder an. Notieren Sie, welche Farben Ihnen auf Landschaftsfotos besonders zusagen. Das kann Ihnen unter Umständen dabei helfen, Ihre farblichen Vorlieben herauszufinden.

Holen Sie sich Rat

- **Ideen** Schauen Sie sich bei Freunden um und versuchen Sie dabei, Anregungen aus verschiedenen Quellen miteinander zu kombinieren.
- **Ausstellungsräume** Viele Einrichtungshäuser verfügen über Ausstellungsräume. Hier kann man sich von der Arbeit der Innenarchitekten inspirieren lassen.
- **Fachlichen Rat einholen** Beim Besuch eines Einrichtungshauses können Sie auch die dortigen Fachleute um eine Beratung zur Farbgestaltung bitten. Dieser Service ist in der Regel kostenlos.

BEWÄHRTES WISSEN

Farbtontafeln
Viele Hersteller bieten mehr als nur die einfachen Farbtonmuster an, um Ihnen bei der Farbenauswahl zu helfen. So können Sie sich auch zu Farbstilen vergangener Epochen beraten lassen und erhalten Tipps, wie man Farben richtig kombiniert.

Guter Start

- **Moderne Technik** Computerprogramme können bei der Wohnungsgestaltung und -einrichtung eine Hilfe sein. Probieren Sie vor der praktischen Umsetzung verschiedene Farbzusammenstellungen auf dem Bildschirm aus.
- **Lichtverhältnisse** Diese beeinflussen ganz erheblich die Farbwahl. Studieren Sie sowohl den natürlichen Lichteinfall als auch die künstliche Beleuchtung, bevor Sie ein Farbschema wählen.
- **Accessoires** Bevor Sie eine Farbwahl treffen, legen Sie die wichtigsten Accessoires für einen Raum fest. Wählen Sie Gegenstände, die Sie inspirieren.

Farbtonmuster einsetzen

Probe malen
Nehmen Sie ein Blatt Zeichenpapier, das Sie mit einer Farbe bemalen. Heften Sie dieses Muster an eine Wand, um zu sehen, wie Farbe und Lichtverhältnisse aufeinander wirken.

Erstellen eines Gestaltungsschemas

Die komplette Gestaltung eines Raumes erfordert eine Vorausplanung bis ins Detail. Sobald Sie sich für eine oder mehrere Farben entschieden haben, wenden Sie dieses Konzept konsequent auf alle Dekorationsmaterialien, Einrichtungsgegenstände und Verzierungen an – das Ergebnis wird überzeugend sein!

Für das Beziehen von Polstermöbeln oder für Fensterdekorationen wählen Sie Stoffe in einer oder mehreren Farben, die auch im übrigen Raum vorkommen.

Suchen Sie auf Urlaubsfotos nach Farbkombinationen, die Ihnen besonders gefallen – in diesem Fall die Verbindung von Blau und mattem Terrakotta.

Schalen und andere keramische Dekogegenstände sollten der Gesamteinrichtung farblich entsprechen.

Holen Sie sich in Büchern über Malerei oder Fotografie Anregungen und Ideen.

Anhand von Teppichmustern können Sie passende Farbtöne auswählen, die sich harmonisch in die farbliche Gesamtgestaltung einfügen.

Ehe Sie sich endgültig für eine Farbgebung entscheiden, probieren Sie an einer Wand Musterfarben aus, die man in kleinen Mengen kaufen kann.

Machen Sie beispielsweise Ihre Lieblingsvase zum Ausgangspunkt für Ihre Farbplanung oder kaufen Sie speziell für diesen Zweck etwas Schönes.

STILE VERSTEHEN

Wenn Sie einen Gestaltungsplan für Ihre Inneneinrichtung machen, müssen Sie sich zunächst entscheiden, ob Sie einem herkömmlichen Stil folgen oder eigene kreative Vorstellungen und Ideen umsetzen wollen. Eine Kombination von beidem ist ebenfalls möglich. Ihrer Kreativität sind bei der Umsetzung keine Grenzen gesetzt.

Ideen sammeln

Wie bei der farblichen Gestaltung sollte man sich auch bei der Wahl des Einrichtungsstils Anregungen von außen holen. Wägen Sie verschiedene Ideen sorgfältig gegeneinander ab, damit Sie zu einem Ergebnis gelangen, das sowohl Ihnen als auch Ihrer Familie zusagt.

Welcher Stil?

- **Vergangene Zeitalter** Wenn Sie Ihr Zuhause im Stil einer bestimmten Epoche einrichten wollen, müssen Sie sich vorher über die nötigen Farben und Techniken informieren.
- **Filme anschauen** Holen Sie sich Anregungen aus Kino- und Fernsehfilmen. Besonders zeitgenössische Produktionen bieten häufig neue Ideen.
- **Bestehenden Stil beibehalten** Sind Sie mit dem bestehenden Stil zufrieden, sollten Sie den Raum vielleicht nur etwas auffrischen. Es ist also nicht nötig, bei jedem neuen Anstrich die Innengestaltung grundlegend zu verändern.

Kostenplanung

- **Aufwändig dekorieren** Berücksichtigen Sie die Kosten für die Umsetzung eines bestimmten Stiles. Für eine zeitgenössische Einrichtung könnten z. B. kostspielige Vorhangstoffe erforderlich sein.
- **Bauliche Veränderungen** Müssen größere Konstruktionsarbeiten ausgeführt werden, schnellen die Kosten in die Höhe. Überlegen Sie, ob das Ergebnis der Arbeit diese Ausgabe rechtfertigt.
- **Farbe bevorzugen** Farbe ist preiswerter als Tapete oder andere Materialien. Wo es geht, sollten Sie also eher streichen als renovieren.

Recherche

Anregungen für die Planung eines Stiles und dessen kreative Umsetzung können Sie aus verschiedenen Quellen beziehen. Als mögliche Entscheidungshilfen bieten sich unter anderem an:

- Ausstellungen
- Kunstgalerien
- Museen
- Theater
- Historische Sehenswürdigkeiten
- Lifestylemessen und ähnliche Veranstaltungen
- Handwerksmessen
- Sachbücher
- Zeitschriften
- Bildbände

GUTE IDEE!

Besichtigungen
Historische Wohnungen bieten manche Anregung. Besuchen Sie Gebäude in Ihrer Nähe, und notieren Sie sich Elemente, die Ihnen besonders gefallen.

Stilelemente aufgreifen

Schöne Einrichtungsgegenstände können oft Ausgangspunkt für die Entwicklung eines persönlichen Stiles sein und dann auch im Mittelpunkt stehen.

- **Möbel** Manche Menschen sammeln Möbelstücke aus bestimmten Epochen oder Stilen. Nehmen Sie diese als Grundlage für die übrige Raumplanung, indem Sie Farben und gestalterische Elemente den vorhandenen Stücken anpassen.
- **Bilder** Große Gemälde vertragen sich im Allgemeinen gut mit aufwändigen Wandbekleidungen, während kleinere Bilder einen dezenteren Hintergrund benötigen.

Designschablone entwerfen
Pausen Sie das Motiv eines Sammlerstücks auf Papier und fertigen Sie sich daraus eine Schablone. Damit können Sie das Motiv auf den Raum übertragen, in dem Sie Wände gestalten. So bringen Sie Ihr Sammlerstück noch besser zur Geltung.

Weitere Überlegungen zum Stil

Damit man bei der Wahl des persönlichen Stiles die richtige Entscheidung trifft, muss man einige wichtige Dinge berücksichtigen, die oft auf den ersten Blick nicht ersichtlich sind – dennoch sollte man sie aber unbedingt in die praktische Planung mit einbeziehen.

Ein Hauch von Luxus

● **Die richtigen Stoffe** Aufwändige, üppige Stile hängen stark von weichen, bequemen Einrichtungsgegenständen ab. Achten Sie hier auf hochwertige, kunstvoll drapierte Vorhänge, extravagante Möbel, weiche Kissen oder flauschige Teppiche.

Ganz förmlich bleiben

● **Alles wohl geordnet** Formale Stile können sowohl Üppigkeit als auch Minimalismus beinhalten. Tapeten- oder Stoffmuster sollten dann präzise und klar sein. Ein gepflegtes, ordentliches Erscheinungsbild vermitteln beispielsweise auch Streifenmuster.

Nicht übertreiben

● **Einem Muster folgen** Um einen anderen Akzent zu setzen, muss man nicht massive Änderungen ergreifen. Sorgfältig ausgewählte Stoffe erzielen oft eine große Wirkung: So sorgen etwa blauweiß karierte Stoffe einfach für eine Landhaus-Atmosphäre.

Vorausdenken

● **Kurz- oder langfristig?** Wenn Sie nicht lang in einer Wohnung bleiben, sollten Sie aufwändige Renovierungen eher vermeiden.

● **Miete oder Eigentum** Denken Sie daran, dass manche Wandbekleidungen wie z. B. Latexanstrich oder Strukturtapete nur schwer wieder zu entfernen sind.

● **Auf der sicheren Seite** Da sich Stile schnell ändern, kann man ein neutrales Gestaltungsschema wählen und mit modischen Accessoires auflockern.

Baustile beachten

Manche Inneneinrichtungen passen besser in eine bestimmte Umgebung als andere.

● **Wirklichkeit widerspiegeln** Achten Sie darauf, dass der gewählte Stil in den äußeren Rahmen passt. So wirkt eine rustikale Küche in einer ländlichen Gegend sehr überzeugend.

● **Ein Thema** Denken Sie beim Gestalten einzelner Räume an die Auswirkungen auf andere Wohnbereiche, und überlegen Sie, ob Sie den Stil später darauf ausdehnen wollen.

Anpassen an den Baustil
Bestimmte Gebäudetypen passen zu bestimmten Einrichtungsstilen. Eine Gestaltung, die in einer Villa im spanischen Stil gut wirkt, kann in einem rustikalen Holzhaus fehl am Platz sein.

Ungenutzten Raum in Wohnraum umwandeln

Gestaltung von Grund auf
Wenn Sie größere Verschönerungsarbeiten planen, sollten Sie den Bereich möglichst freiräumen. In diesem Beispiel wurde eine Dachkammer (oben) in ein gemütliches Zimmer (rechts) verwandelt. Merkmale wie der ungewöhnliche Grundriss und die Balken wurden perfekt in die Gestaltung integriert.

DEN EIGENEN STIL FINDEN

Berücksichtigen Sie bei einer neuen Einrichtung auch Ihren persönlichen Lebensstil und Ihre künftigen Lebensumstände. Vielleicht fühlen Sie sich durch architektonische Gegebenheiten in Ihren Entscheidungen eingeengt, doch auch hier gibt es vielfältige Lösungs- und Gestaltungsmöglichkeiten.

Festlegung auf einen Stil

Aller Anfang ist schwer – auch für professionelle Innenausstatter. Bedenken Sie im Vorfeld, wie die Gestaltung des Raumes und die ihm zugedachte Funktion zu kombinieren sind. Entscheiden Sie zuerst über grundlegende Erfordernisse, bevor Sie sich Stilfragen zuwenden.

Wohnen in der Stadt

Wohnfläche vergrößern
Wenn Sie in einer Stadtwohnung leben, ist ausreichender Platz vielleicht Ihr Hauptproblem. Beziehen Sie daher einen offenen Grundriss in Ihre Planungen mit ein, der das Gefühl von mehr Raum vermittelt und aus der verfügbaren Fläche das Optimale macht. Helle Farben lassen ein Zimmer geräumiger erscheinen als dunkle, besonders wenn es hohe Decken hat. Der Grundriss einer so offenen Wohnung erfordert allerdings sorgfältige Planung. So ist es oft schwierig, einen einheitlichen Gesamteindruck in einem großen Raum umzusetzen, der verschiedenen Zwecken dienen soll.

Entwurf einer Landhausküche

Das einfache Leben
Eine Küche im Landhausstil erinnert an eine unkomplizierte Lebensweise und bringt Gemütlichkeit in einen der betriebsamsten Wohnbereiche. Verstärken Sie dieses Gefühl, indem Sie viel Holz für Boden, Wände oder Möbel verwenden.

Ausdruck eines natürlichen Stiles

Wohngefühl auf die leichte Art
Die Verwendung von Möbeln aus Massivholz und Rattan, von leichten und hellen Stoffen bzw. Farben vermittelt ein sehr naturnahes Wohngefühl. Akzente werden durch die Récamiere und den Couchtischhocker aus Bananenblattgeflecht gesetzt.

Moderner oder traditioneller Ansatz

Durch und durch modern
Kennzeichnend für moderne Einrichtungskonzepte sind einerseits die Möbel, wie hier die auffälligen Stühle, andererseits die Farbkombination und die gezielte Auswahl von Materialien. Bei einer modernen Einrichtung haben Sie in der Regel mehr Raum für die eigene Kreativität.

Traditionsverbunden
Viele Menschen bevorzugen ein klassisch eingerichtetes Zimmer. Solche Stile haben sich über lange Zeit hinweg bewährt und garantieren fast immer ein gutes Ergebnis. Sie können hierbei aus einem großen Angebot wählen und finden sicher eine Variante, die Ihrem Geschmack entspricht.

Alles in einem Raum

Auch die dritte Dimension nutzen
Soll ein Raum mehrere Funktionen erfüllen, stehen praktische Erwägungen im Vordergrund. Hier verteilt sich die Wohnfläche auf zwei Ebenen. Durch die Anordnung des Schlafbereichs als Galerie über dem Wohnbereich wird zusätzlicher Platz geschaffen. Ein paar wirkungsvoll platzierte Dekoelemente machen den Raum interessant.

Eigene Akzente setzen

- **Gut Ding will Weile haben** Lassen Sie sich Zeit. Sobald die Einrichtung in den Grundzügen abgeschlossen ist, kann man nach und nach Accessoires hinzufügen, bis das Gesamtbild komplett ist.
- **Einen Blickfang schaffen** Die wirkungsvollsten Gestaltungskonzepte beinhalten sorgfältig ausgewählte Einzelstücke zur Hervorhebung bestimmter Bereiche. Dazu gehören Elemente wie z. B. Kachelöfen, Möbelstücke oder Bilder. Aber man sollte einen Raum nicht überladen, um die Wirkung dieser Besonderheiten nicht zu mindern.
- **Stilanpassung** Nehmen Sie einen bestehenden Stil als Ausgangspunkt und passen Sie ihn den eigenen Vorstellungen an. So können Sie z. B. in einer schlichten Küche einen ausgefallenen Werkstoff verwenden, der sich von der einfachen Ausstattung abhebt.

Wände gekonnt streichen

Übersicht
Vorarbeiten, S. 204
Die richtige Technik, S. 206
Farbeffekte erzielen, S. 210
Letzte Feinarbeiten, S. 218

Wände und Decken sind oft die größten Flächen, die in einer Wohnung zu gestalten sind. Farbe und Struktur der Wände geben daher den Hintergrund für alle anderen Einrichtungselemente und Accessoires ab. Gründliche Vorarbeiten am Untergrund und die richtige Anstrichtechnik sind somit wesentlich für ein gutes Ergebnis, an dem Sie ja lange Freude haben wollen.

Anstrichmittel auswählen

Im Fachhandel gibt es inzwischen ein breites und ständig wachsendes Angebot an unterschiedlichen Farben und Lacken. Wasserlösliche Farben nehmen eine immer wichtigere Stellung ein, weil sie schnell trocknen und auch auf großen Flächen leicht zu verarbeiten sind.

Anstrichmittel und ihre Eigenschaften

Typ	Streicheigenschaften	Verwendung	Ergiebigkeit
Leimfarbe	Wasserlöslich, matt, leicht zu verarbeiten und geruchsarm, anwenderfreundlich.	Alle Wände und Decken; nicht wischbeständig; gut geeignet für frischen Gipsputz.	ca. 10–12 m^2 je Liter
Binderfarbe	Wasserlöslich, bedingt wischbeständig; weiß-matt; mit Bindemitteln versehen.	Alle Wände und wenig beanspruchte Flächen; kann fehlerhafte Stellen überdecken.	ca. 10–12 m^2 je Liter
Dispersionsfarbe	Auf Wasserbasis, hochdeckend; sehr praktisch, da wisch- und waschbeständig.	Alle Wände und Decken; auch für Küchen und Bäder, da gute Reinigungseigenschaft.	ca. 8–10 m^2 je Liter
Latexfarbe	Auf Wasserbasis; farblos-matt, Produkte in unterschiedlicher Anstrichqualität erhältlich.	Alle Wände und Decken; ideal für matte und leicht glänzende, robuste Oberflächen.	ca. 8–10 m^2 je Liter
Schleiflack	Auf Ölbasis, halbglänzend; einige sind geruchsneutral, besonders anwenderfreundlich.	Alle Wände und Decken; besonders geeignet für stark beanspruchte Flächen.	ca. 16 m^2 je Liter
Acrylfarbe	Wasserlöslich, matt- bis hochglänzend; manche mit Schutzwirkung gegen Schimmel.	Alle Wände und Decken; hoch strapazierfähig, geruchsarm, schnell trocknend.	ca. 8–10 m^2 je Liter
Strukturfarbe, Streichputz	Wasserlöslich, dick, matt; roh belassen oder streichen; plastische Muster möglich.	Alle Wände und Decken; strapazierfähig, verdeckt schlechten Untergrund und Risse.	ca. 5 m^2 je Liter

Maler-Grundausstattung

Es ist wichtig, dass man für das Malern das richtige Werkzeug besitzt. Will man sich auch komplizierteren Vorhaben zuwenden, kann man diese Ausstattung noch durch speziellere Werkzeuge ergänzen. Es lohnt sich, beim Kauf auf gute Qualität zu achten, da man bessere und dauerhaftere Ergebnisse erzielt.

- **Herstellen von Farbeffekten** Wenn Sie mit Farbeffekten arbeiten wollen, benötigen Sie einige zusätzliche Werkzeuge und Materialien (siehe S. 211).
- **Werkzeuge prüfen** Bevor man ein Werkzeug kauft, besonders wenn es sich um ein kostspieliges handelt, sollte man es auf seine Robustheit hin prüfen und auf eine angemessene Garantiezeit achten.

Schrägstrichzieher · *Kurzflorige Walze* · *50-mm-Flächenstreicher* · *Langflorige Walze aus Nylon oder Lammfell* · *100-mm-Flächenstreicher* · *Bandmaß* · *Farbeimer mit Abstreifgitter* · *Heizkörperpinsel* · *Heizkörperroller* · *Farbroller-Teleskopstab* · *Abdeckplane* · *Streichwanne* · *Spachtel* · *Schleifpapier*

Universalmesser mit abbrechbarer Klinge · *Atemmaske* · *Abdeckband*

Farbmengen berechnen

Bei der Bestimmung der benötigten Farbmenge sollten Sie möglichst genau vorgehen. Die Tabelle auf S. 202 mit den Verbrauchsangaben (rechte Spalte) dient Ihnen als Anhaltspunkt für die Berechnung der Farbmenge. Die Angaben beziehen sich auf Wände mit durchschnittlicher Saugfähigkeit.

- **Wände** Übliche Wandflächen (rechteckig oder quadratisch) berechnet man, indem man die Höhe eines Raumes von der Decke bis zum Boden mit der Länge der Wand multipliziert.
- **Decken** Die Größe der Deckenfläche entspricht den Abmessungen des Fußbodens.
- **Türen und Fenster** Tür- und Fensterflächen sollte man bei der Berechnung der Farbmenge nicht abziehen. Denn nehmen Sie zu einem späteren Zeitpunkt noch kleinere Ausbesserungsarbeiten vor, haben Sie so genügend Farbe übrig.
- **Extras** Für Details wie Ornamente, Wand- oder Fensteraussparungen, Säulen, verkleidete Balken und Nischen sollte man etwas zusätzliche Farbe einkalkulieren.
- **Verbrauch** Die meisten Wände erfordern einen zweiten Anstrich. Normalerweise braucht man hierfür nur 80 % der Farbmenge, die für die erste Schicht benötigt wurde.

ZUR SICHERHEIT

Vor dem Streichen sollte man einige grundlegende Sicherheitsregeln beachten:

- **Gefahren** Achten Sie darauf, dass Farben und Werkzeuge immer außer Reichweite von Kindern und Haustieren aufbewahrt werden. Manche Produkte enthalten gesundheitsschädigende Stoffe.
- **Gebrauchsanweisung** Lesen Sie stets die Hinweise des Herstellers aufmerksam durch.
- **Leitern** Überprüfen Sie sorgfältig alle Leitern und vergewissern Sie sich, dass sie sicher stehen und keine Gefahrenquelle beim Arbeiten darstellen.

VORARBEITEN

Die Vorarbeiten für das Anstreichen werden oft als lästig empfunden. Sie sind aber für eine erfolgreiche Ausführung unerlässlich. Wenn man sich Zeit nimmt, eine Wand gründlich auf den Anstrich vorzubereiten, wird einem das Malern leichter von der Hand gehen und das Ergebnis lange Freude machen.

Flächen vorbereiten

Der Schutz von Bereichen, die nicht mit Farbe in Berührung kommen sollen, ist ebenso wichtig wie die Vorbereitung des Untergrunds, der gestrichen werden soll. Es ist ratsam, alle Möbel aus einem Raum zu entfernen, um sie vor Beschädigungen und Farbspritzern zu schützen.

RÄUMEN UND ABDECKEN

- **Möbel** Wenn es nicht möglich ist, Einrichtungsgegenstände vorübergehend aus dem Zimmer zu entfernen, dann sollten Sie Ihre Möbel in der Raummitte zusammenrücken. Damit sie nicht verstauben oder gar ungewollt „neu lackiert“ werden, decken Sie sie am besten mit einer Plastikfolie ab, die Sie dann mit Kreppband gut am Boden oder an den Möbeln festkleben.
- **Fußböden** Verwenden Sie zum Auslegen und Schutz des Bodens spezielle PVC-Folien oder Abdeckpapier.

GUTE IDEE!

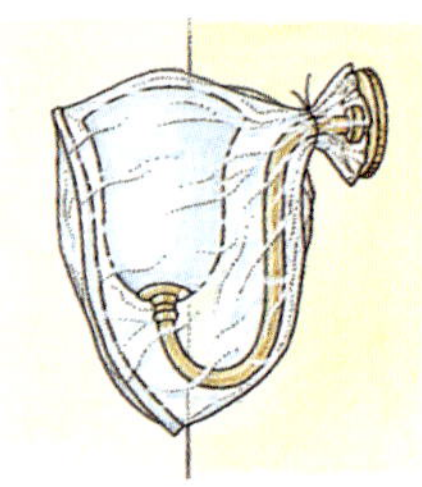

Feste Installationen
Schützen Sie beispielsweise Lampen vor Farbspritzern, indem Sie eine Plastiktüte darüber stülpen. Entfernen Sie die Glühbirne, damit sie beim zufälligen Einschalten nicht zur Gefahr wird.

WÄNDE SPACHTELN

- **Richtige Konsistenz** Ist die Spachtelmasse zu feucht, tritt sie beim Trocknen zu stark in das Loch zurück; ist sie dagegen zu trocken, lässt sie sich nur noch schwer verarbeiten.
- **Aufbewahren** Nicht mehr benötigte, angerührte Masse decken Sie am besten mit Frischhaltefolie ab.
- **Große Lücken** Breitere Risse stopfen Sie am besten zuvor mit Hartschaumstreifen aus, um einen Untergrund für die Spachtelmasse zu schaffen. Tiefe Löcher erfordern eine zweite Füllung, bevor sie mit Schleifpapier geglättet werden.

GROSSE FLÄCHEN

Fugengummi benutzen
Für Wände mit vielen Rissen und Löchern verwenden Sie ein Fugengummi, mit dem Sie die Spachtelmasse gleichmäßig über die beschädigten Bereiche verteilen können.

ECKEN AUSBESSERN

Eine Latte zur Hilfe
Reparieren Sie Außenecken, indem Sie eine Latte bündig mit der Eckkante an der Wand befestigen und die Spachtelmasse gegen die Latte hin auftragen.

VOR DEM UMBAU

- **Zierprofile** Entfernen Sie zuerst vollständig alle Tapetenreste, bevor Sie neue Zierprofile an einer Wand anbringen. Das Ornament sollte völlig fest sitzen, bevor Sie weitere Vorbereitungen für das Streichen treffen.
- **Holzbauteile** Querbalken oder Fußleisten sollten Sie vor dem Anstrich montieren oder austauschen. Dadurch wird verhindert, dass die bereits fertigen Wände nachträglich beschädigt werden.
- **Elektroinstallation** Nehmen Sie größere Umbauten an Elektro- oder Rohrinstallationen vor dem Streichen in Angriff. Beauftragen Sie hierfür am besten einen Handwerker.

Wände vorbereiten

Eine glatte Wandoberfläche ist wichtig, da Farbanstriche Schönheitsfehler eher hervorheben als verbergen. Tragen Sie überschüssige Spachtelmasse und Unebenheiten mit Schleifpapier ab, bevor Sie den Tiefengrund auftragen, der die Stellen verfestigt und für die Farbe vorbereitet.

Schleifen & Grundieren

- **Große Flächen** Um größere Bereiche zu schleifen, empfiehlt sich ein elektrischer Band- oder Schwingschleifer (kann kostengünstig gemietet werden).
- **Den Nutzen maximieren** Benutztes Sandpapier lässt sich meist noch für feinere Arbeiten verwenden.
- **Neuer Verputz** Um neue Flächen zu grundieren, mischen Sie matte Dispersionsfarbe mit Wasser in einem Verhältnis 10:1.
- **Sandende Wände** Für eine Versiegelung und starke Bindeeigenschaften mischen Sie am besten Tapetenkleister mit Wasser im Verhältnis 1:5.

Leichter Schleifen

- **Zeit sparen** Entfernen Sie vor dem Schleifen Putz- oder Spachtelreste mit einem Kratzer. So erhalten Sie schneller eine glatte Oberfläche.

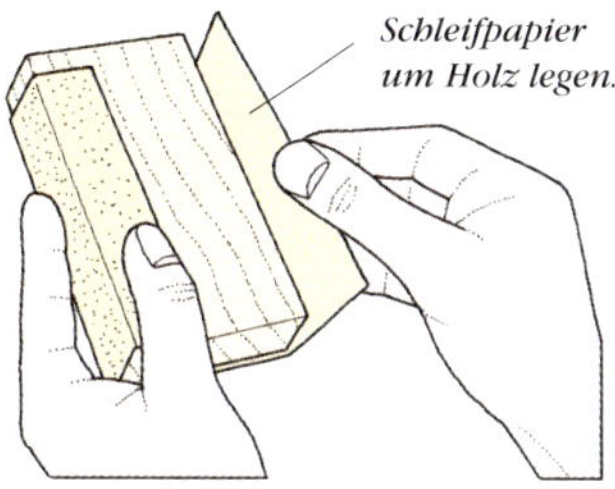
Schleifpapier um Holz legen.

Schleifklotz verwenden
Wickeln Sie Schleifpapier um ein Stück Holz, damit Sie beim Schleifen einen festen Halt haben. Ist es abgenutzt, ziehen Sie es ein Stück weiter.

Reinigung

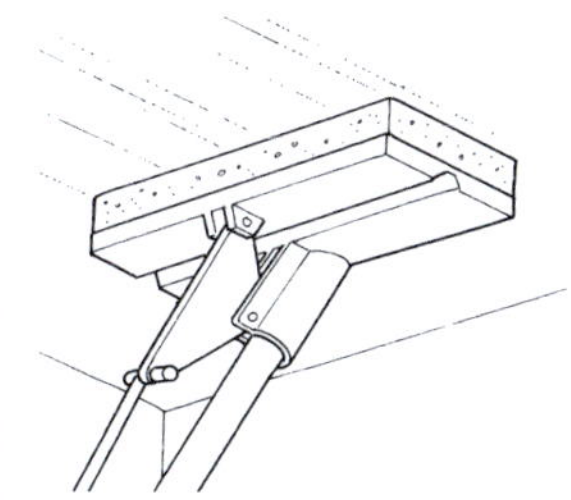

- **Decke** Entfernen Sie Spinnennetze oder Staub mit einem Besen oder Mopp, damit es beim Überstreichen keine schwarzen Streifen gibt.
- **Wände** Staubige Wände kann man ebenfalls abkehren und danach bei Bedarf mit einem nur leicht feuchten Schwamm abwischen.

Farbe anrühren

Farbanstriche werden nur dann das gewünschte Ergebnis liefern, wenn sie vor dem Auftragen richtig vorbereitet wurden. Probleme wie Flecken oder Schatten sind meist nicht dem Hersteller zuzuschreiben, sondern eher das Ergebnis einer unzureichenden Vorbereitung.

Farbe mischen

Mit einem Stock umrühren.

Farbe anrühren
Mischen Sie die verschiedenen Farben in einem Eimer gründlich, um Farbstreifen beim Streichen zu vermeiden. Zur Lagerung verschließen Sie den Eimer mit einem luftdichten Deckel.

Klumpen entfernen

Gießen Sie Farbe durch ein Sieb in einen Farbtopf.

Farbe durchsieben
Trotz optimaler Lagerung kann Farbe in der Dose Klümpchen bilden oder mit Fremdkörpern versetzt sein. Filtern Sie sie deshalb durch ein Sieb und fangen sie in einem Farbtopf auf.

Rühren & Umfüllen

- **Vor Verunreinigung schützen** Bevor Sie eine Farbdose öffnen, entfernen Sie am besten mit einer weichen Bürste Staub und Schmutz vom Deckelrand. Damit beugen Sie der Gefahr vor, dass Schmutzteilchen in die Farbe fallen und einen unsauberen Anstrich verursachen.
- **Rühren von Hand** Rühren Sie Farbe in verschiedene Richtungen statt nur in eine einzige. Führen Sie den Rührstock dabei immer wieder leicht zur Oberfläche hin, damit die Farbe sich vom Grund der Dose gleichmäßig verteilt und eine einheitliche, gut zu verarbeitende Farbmischung entsteht.

DIE RICHTIGE TECHNIK

Je besser Ihre Streichtechnik ist, desto schneller und sicherer gelangen Sie zum gewünschten Ergebnis. Mit modernem Arbeitsgerät können Sie auch große Flächen zügig streichen. Bedenken Sie aber immer: Schnelligkeit entsteht erst durch Übung, und das Wichtigste sollte ein gutes Ergebnis sein.

Grundtechniken verbessern

Selbst wenn Sie eine bestimmte Technik schon häufig angewendet haben, kann es sich lohnen, auch andere Methoden auszuprobieren. Vielleicht sind Sie überrascht, dass eine andere Technik einfacher in der Anwendung ist, als Sie dachten, und zu besseren Ergebnissen führt.

Einige Grundregeln

- **Wände** Vor dem zweiten Anstrich sollte man gegebenenfalls die Wände mit feinem Schleifpapier leicht abreiben und nochmals glätten.
- **Beleuchtung** Arbeiten Sie bei indirektem Licht, denn so sehen Sie bei mehrmaligem Anstrich deutlicher, wo Sie bereits gestrichen haben.
- **Nass in Nass streichen** Der Rand der vorigen Bahn darf noch nicht angetrocknet sein, wenn Sie die nächste streichen – sonst kommt es zu Abweichungen im Farbton.
- **Gute Deckung** Wenn Sie die Wandfarbe etwas dunkler haben möchten, ist zweimaliges Streichen nötig.

Farbe nachfüllen

- **Streichwannen** Diese sollten bis zum unteren Rand der geriffelten Fläche, ein Topf nur ein Drittel gefüllt werden.

Gleichmäßig verteilen
Rollen Sie einen Farbroller sorgfältig über den geriffelten Bereich einer Farbwanne, um überschüssige Farbe abzustreifen – sonst erhalten Sie Tropfnasen.

BEWÄHRTES WISSEN

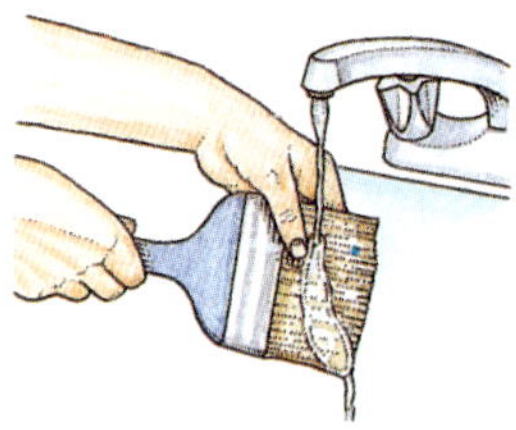

Pinsel befeuchten
Wenn Sie die Pinsel vor jedem Gebrauch mit ein wenig Wasser anfeuchten, können Sie leichter damit arbeiten. Dasselbe gilt selbstverständlich auch für Farbroller und Streichkissen.

Pinseltechnik

Pinsel richtig benutzen
Streichen Sie kreuz und quer mit einem 100-mm-Flachpinsel über die Wandfläche, aber nicht mehrfach in eine Richtung. Glatt gestrichen wird mit senkrecht geführten, leichten Strichen und fast leerem Pinsel.

Mit Farbroller arbeiten

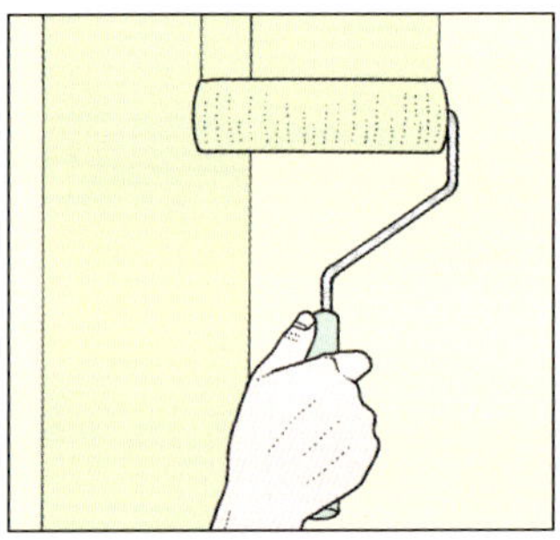

Gleichmäßig auftragen
Tragen Sie die Farbe in leicht überlappenden, senkrechten Bahnen auf. Die Farbmenge sollte für 1 m^2 reichen. Ist ein etwa 80 cm breiter Streifen angelegt, verteilen Sie die Farbe durch Überrollen des Streifens.

Streichkissen

Einfaches Streichen
Der Umgang mit Streichkissen erfordert nur wenig technisches Können und ist daher besonders für Anfänger geeignet. Ein zu starker Farbauftrag lässt sich leicht vermeiden, indem man die Farbe in alle Richtungen verteilt.

Ecken und Kanten streichen

Ecken und Kanten streichen, das so genannte „Beschneiden“, erfordert große Genauigkeit. Klar umrissene Abgrenzungen zwischen unterschiedlichen Farbflächen geben dem fertigen Anstrich ein fachmännisches Aussehen. Normalerweise verwendet man hierfür einen Pinsel.

Kantentechnik

- **Überlappend** Streichen Sie ein wenig über die Begrenzung durch Tragbalken oder Fußleisten hinaus, wenn diese ebenfalls gestrichen werden sollen. Dann müssen Sie beim Anstreichen der Holzteile nur noch eine gerade Linie ziehen.
- **Abkleben** Wenn nur die Wände gestrichen werden sollen, überkleben Sie anstoßende Holzkanten mit Kreppband.
- **Lichtschalter** Verkleben Sie Schalter vor dem Streichen mit Kreppband oder schrauben Sie sie ab. Vergessen Sie aber nicht den Strom abzuschalten! Farbspritzer können Sie nach dem Trocknen mit einem Schwamm entfernen.
- **Unzugängliche Stellen** Für die Arbeit hinter Rohrleitungen und Heizkörpern eignen sich die langstieligen Heizkörperroller.

Klar umrissene Kanten streichen

- **Pinselwahl** In einer Ecke streicht man am besten mit einem 50-mm-Flachpinsel, der sich gut handhaben lässt und bei einmaligem Eintauchen große Flächen bewältigt.
- **Unebenheiten** Wenn die Deckenkante unregelmäßig verläuft, beschneiden Sie knapp unterhalb der Kante, sodass eine neue, gerade Begrenzungslinie entsteht.

Anreissen an einer Wand-Decken-Verbindung

1 Tragen Sie entlang der Wandoberkante, etwa 2,5 bis 5 cm unterhalb der Decke, einen Farbstreifen auf. Die Farbe sollte hier dicker aufgetragen werden als beim anschließenden Streichen der freien Wandfläche.

2 Mit dem nun fast farbfreien Pinsel verteilen Sie die Farbspur nach oben bis zum Wand-Decken-Anschluss. Bringen Sie die Farbe so in die Ecke ein, dass zwischen Wand und Decke eine gerade Linie entsteht.

Besonderheiten beim Deckenstreichen

Für das Streichen von Decken empfiehlt sich eine etwas andere Arbeitstechnik. Um Spritzer auf bereits fertigen Wänden zu vermeiden, sollte die Decke vor den Wänden gestrichen werden.

- **Haushaltsleiter** Um die Decke bequem und sicher streichen zu können, verwenden Sie am besten eine stabile und standsichere Stufenleiter.
- **Kleines Gerüst** Bei sehr hohen Decken kann man spezielle Gelenkleitern zu Gerüsten umfunktionieren.
- **Beleuchtung** Schrauben Sie Deckenrosetten ab, damit Sie nicht um sie herumstreichen müssen. Schalten Sie aber vorher den Strom ab!

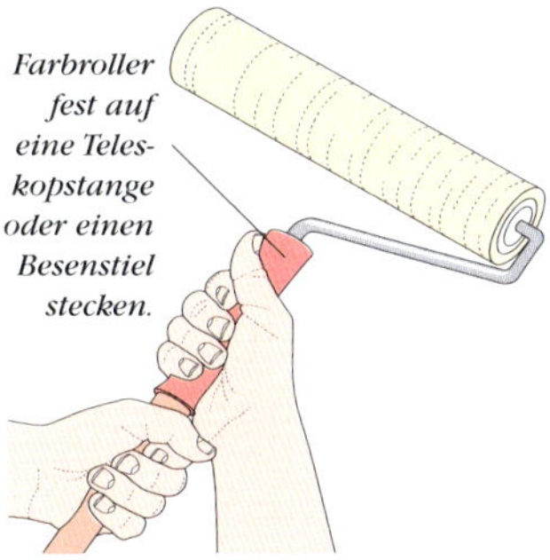

Auf dem Boden bleiben
Statt beim Deckenstreichen auf eine Leiter zu steigen, können Sie sich die Arbeit erleichtern, indem Sie die Farbrolle zur Verlängerung auf einen Teleskopstab stecken. Etwas improvisiert: Roller oder Heizkörperpinsel mit Klebeband an einem Besenstiel befestigen.

- **Wandbegrenzung streichen** Wenn nicht nur die Decken, sondern auch die Wände gestrichen werden sollen, kann man den Deckenanstrich problemlos etwa 5 cm auf die Wand überlappen lassen. Erfahrungsgemäß gelingt es viel leichter, eine Wandfläche sauber zu beschneiden als eine Deckenfläche.
- **Schutz vor Farbspritzern** Am besten schützen Sie sich selbst mit einem langärmeligen Hemd, Handschuhen und einer Mütze vor Spritzern. Der gut sortierte Fachhandel bietet aber auch feste, tropffreie Farbe an. Sollten Sie keine alte Arbeitskleidung besitzen, bietet sich der Kauf dieser Farben an.

Moderne Arbeitsgeräte

Durch den technischen Fortschritt finden sich im Sortiment des Fachhandels immer wieder neue Werkzeuge, die eine einfachere Arbeitsweise ermöglichen. So können z. B. die in jedem Baumarkt erhältlichen Spritzpistolen heute problemlos in der Wohnung eingesetzt werden.

Neue Techniken

- **Bessere Deckwirkung** Durch die Verwendung von hochdeckenden Einmalstreichfarben können Sie die Anstreichzeit erheblich verkürzen. Diese Farben eignen sich besonders gut für Teilrenovierungen und rasche Erneuerungsanstriche in älteren Gebäuden und Wohnungen.
- **Multifunktionswerkzeuge** Heute wird bei der Werkzeugentwicklung verstärkt auf multifunktionale Einsatzmöglichkeiten geachtet. Vielseitig verwendbar sind z. B. Kombinationsleitern, die man ebenso als Gerüst und Arbeitsplattform wie auch als konventionelle Trittleiter benutzen kann. Lassen Sie sich daher beim Kauf von Werkzeugen Zeit, um die unterschiedlichen Angebote sorgfältig gegeneinander abzuwägen.

Verwendung einer Spritzpistole

- **Sprühen leicht gemacht** Bevor Sie beginnen, machen Sie auf einem Stück Papier eine Probe. Damit ein gleichmäßiger Farbauftrag erreicht wird, reinigen Sie zwischendurch immer wieder die Spritzdüse.
- **Anwendungsempfehlung** Wenn Sie eine einheitlich glatte Oberfläche erreichen wollen, sprühen Sie die Farbe in mehreren gleichmäßig dünnen Schichten auf. Decken Sie angrenzende Flächen gut ab.

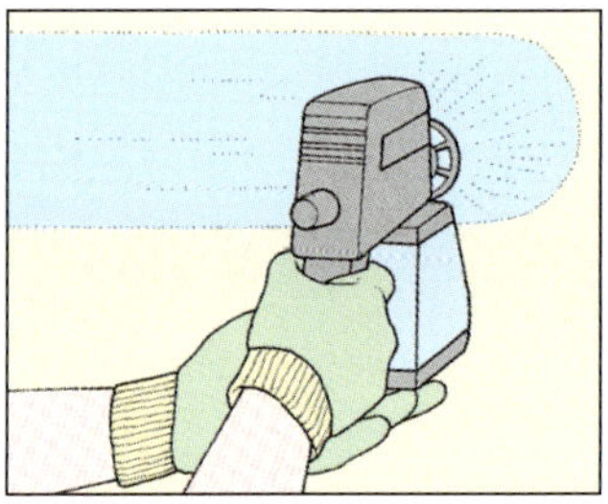

Ruhige Hand bewahren
Während Sie mit der einen Hand den Abzug betätigen, können Sie mit der anderen die Spritzpistole halten. Beim Sprühen die Farbdüse etwa 30 cm von der Wand halten. Tragen Sie zum Schutz vor Spritzern Handschuhe.

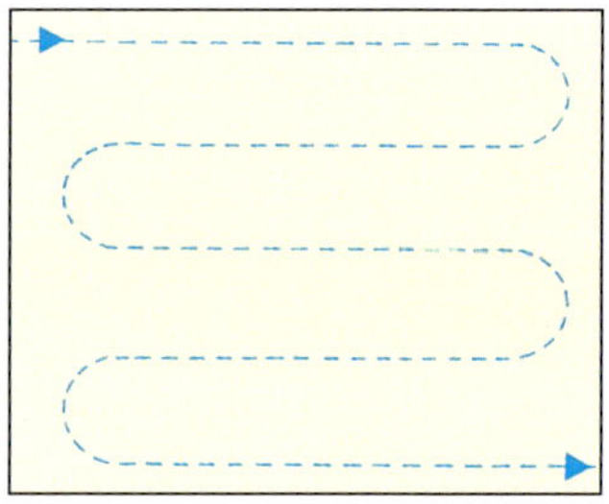

Wand gleichmäßig decken
Sprühen Sie in einer fortlaufenden Bewegung abwechselnd vorwärts, rückwärts und von oben nach unten über die Wand. Arbeiten Sie auf diese Weise so lange weiter, bis die komplette Wand vollständig bedeckt ist.

ZUR SICHERHEIT

Lesen Sie aufmerksam die Gebrauchsanweisung, bevor Sie eine Spritzpistole benutzen. Folgende Sicherheitshinweise sind ganz allgemein zu beachten:

- **Schutzkleidung tragen** Tragen Sie eine Atemmaske und eine Schutzbrille, wenn Sie eine Spritzpistole benutzen. Atmen Sie nie den Sprühnebel ein und lassen Sie ihn nicht in die Augen gelangen.
- **Hände schützen** Halten Sie nie die Hand vor die Spritzdüse. Die Farbe tritt unter großem Druck aus, was zu Verletzungen führen könnte.
- **Stromversorgung** Trennen Sie die Spritzpistole immer vom Strom, ehe Sie die Farbdüse abschrauben.

Gängige Malerwerkzeuge

Geräte	Eigenschaften und Eignung
Pinsel 	Pinsel sind vielseitig einsetzbar und in vielen Formen und Größen erhältlich. Sie eignen sich am besten zum Beschneiden und Streichen komplizierter Details – auch auf freien Wandflächen.
Roller 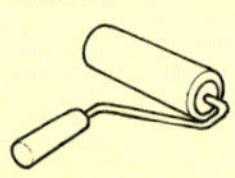	Roller sind ideal für große Flächen und am schnellsten, wenn es darum geht, Wände zügig zu streichen. Es gibt sie in diversen Abmessungen und mit unterschiedlichen Walzen.
Spritzpistole 	Airless-Spritzpistolen arbeiten ohne Druckluftzufuhr, nur mittels des Materialdrucks. Ihr Einsatz ist nur begrenzt zu empfehlen, da wegen des Spritznebels aufwändige Abdeckungen nötig sind.
Deckenbürste 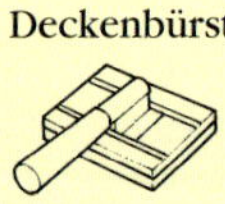	Wird vorwiegend bei Leim- und Kalkfarben eingesetzt. Sie ist auch bei sehr grobem Putz an Wand und Decke sinnvoll, da bei der Verarbeitung von Dispersionsfarbe eine Rolle nicht genug aufträgt.

Strukturen betonen

Tiefe und Struktur kann man durch Verwendung spezieller Strukturfarben oder Streichputze erzielen. Diese Anstriche sind fast ebenso leicht aufzutragen wie herkömmliche Farben. Durch ihre dickflüssige Konsistenz geben sie dem Anstrich eine räumliche Dimension.

Muster erstellen

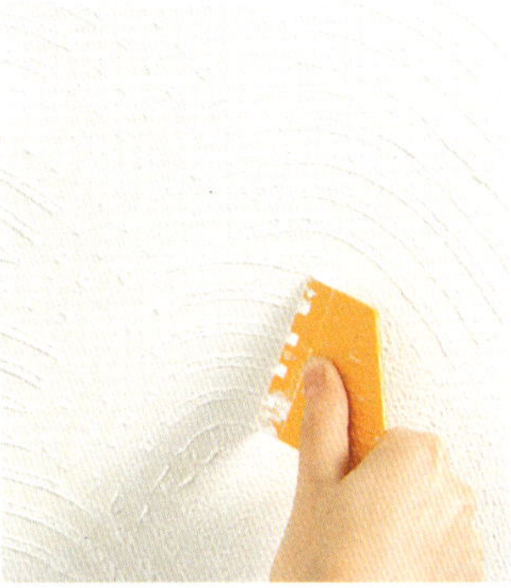

Werkzeuge
Für die Erstellung eines Musters können Sie einen Zahnspachtel verwenden. Bearbeiten Sie immer nur kleine Flächen von etwa 1 m^2, damit die Fläche (z. B. kreisförmige Streifen) nicht trocknet, bevor Sie fertig sind.

Schwierige Ecken

Tupfen
Benutzen Sie einen kleinen Schablonierpinsel, um Farbe in den Ecken aufzutragen, die Sie mit der Strukturwalze nicht erreichen. Tränken Sie hierzu den Pinsel reichlich mit Farbe und tupfen Sie dann die Ecke aus.

Naturstein

Viele Wandflächen besitzen bereits eine natürliche Struktur, sodass es hier nur wenig Aufwand bedarf, um ein schönes Ergebnis zu erhalten.

- **Naturstein** Versiegeln Sie rauen Naturstein mit einer Schicht Steinsiegel. Dieser Schutzüberzug hält Staub ab und ist besser zu pflegen als unbehandelter Naturstein. Die Fachmärkte führen Steinsiegel von seidenmatt bis hochglänzend.
- **Klinker** Durch Klinkeröl erhalten Klinker eine leicht glänzende Oberfläche, die zum einen hübsch aussieht und zum anderen leicht zu pflegen ist.

Strukturputz an der Decke

Mit Spezialputz für den Deckenbereich, der ebenfalls mit der Rolle aufgetragen wird, lassen sich sehr eindrucksvolle Oberflächen gestalten. Besonders geeignet ist dieser Werkstoff für rissanfällige Flächen oder für unebene Decken, die ein einheitlicheres Bild erhalten sollen. Mit dafür geeigneten Werkzeugen oder improvisierten Hilfsmitteln können Sie Ihre Decke individuell gestalten.

- **Zu zweit geht's besser** Beim Auftragen des Strukturputzes sollte Ihnen ein Helfer zur Seite stehen. Während der eine den Putz mit der Walze aufträgt, kann der andere schon das Muster gestalten.
- **Reinigen nicht vergessen** Waschen Sie regelmäßig Ihre Werkzeuge, während Sie die Decke strukturieren. So verhindern Sie ein unnötiges Verkleben der Anstrichmasse.
- **Perfekte Kanten** Umrahmen Sie eine fertig strukturierte Decke, indem Sie mit einem 25-mm-Pinsel den äußeren Rand nachfahren. So entsteht eine exakt umrissene Kante, die den Strukturputz noch stärker zur Geltung bringt.

Tropfnasen entfernen
Kehren Sie den Strukturputz gleich nach dem Trocknen leicht mit einem Besen ab, um Reste zu entfernen. So verhindern Sie, dass der Farbroller an Tropfnasen hängen bleibt und eine ungleichmäßige Farbverteilung entsteht.

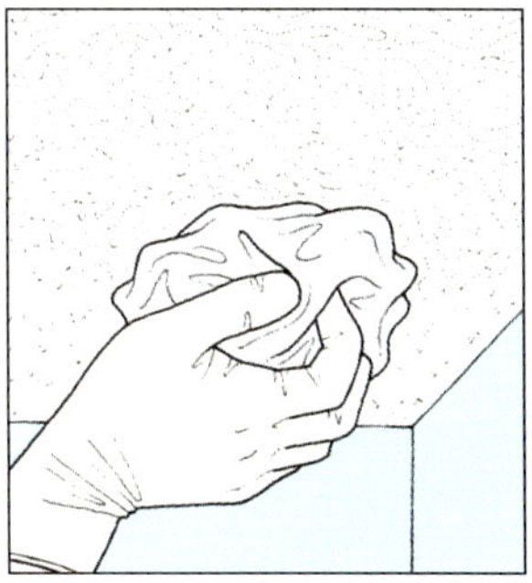

Effekte erzeugen
Eine schöne Strukturwirkung lässt sich mit zerknäulten Plastiktüten herstellen. Achten Sie beim Abdruck darauf, nur saubere Tüten zu verwenden. Am besten halten Sie stets einige frische Tüten bereit.

FARBEFFEKTE ERZIELEN

Mit Farben und Lasuren lassen sich viele unterschiedliche Wirkungen erzeugen. Wenn alle Möglichkeiten der Farbpalette genutzt werden, kann man faszinierende Muster und Perspektiven darstellen. Lasuren eignen sich hierbei besonders zur Darstellung von Tiefen- und Durchscheineffekten.

Eine Vielfalt von Möglichkeiten

Einfache Farbeffekte können genauso wirkungsvoll sein wie Effekte, die kompliziertere Techniken voraussetzen. Als Anfänger entscheiden Sie sich am besten für bunte Acrylfarben. Später können Sie farbige Lasuren für ausgefallenere Oberflächen benutzen.

Welche Technik?

- **Methoden** Farbeffekte lassen sich im Wesentlichen auf zwei Arten erzielen. Bei der additiven Technik wird die Farbe oder Lasur mit einem Hilfsmittel (z. B. Schwamm) aufgetragen. Bei der subtraktiven Technik dagegen wird die Farbe oder Lasur mit einem Pinsel aufgetragen und dann zum Teil wieder abgenommen.
- **Wände inspizieren** Nehmen Sie alle Wände gründlich in Augenschein. Raue, strukturierte Wände eignen sich für die Schwammtechnik, die kleine Schönheitsfehler verbirgt. Bei glatten Wänden erzielen Sie mit der Sprenkeltechnik die beste Wirkung.
- **Tüten oder Wickeln** An einer Wand mit vielen Rohrleitungen oder Schaltern sollte man sich für die Stoffbausch- oder Tütentechnik entscheiden. Die Wickeltechnik erfordert eine gleich bleibende Bewegung. Wenn man absetzen muss, entstehen im Muster Nähte, die später schwer zu korrigieren sind.

Vorbereitung

- **Grundieren** Bevor Sie beginnen, sollten Sie einen Voranstrich machen. Helle Töne sind hierzu am besten geeignet, da sie sich gut mit anderen Farben, z. B. Dispersionsfarben, überstreichen lassen.

Techniken für Farbstruktureffekte

Um letztlich die gewünschten Effekte zu erreichen, erfordern die hier vorgestellten Techniken für Anfänger etwas Vorbereitung und einige Zeit der Übung. Arbeiten Sie gleichmäßig.

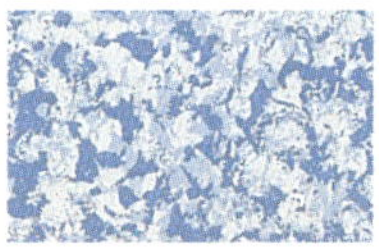

Additive Schwammtechnik
Mithilfe dieser Technik (S. 212) lassen sich am einfachsten Effekte erzielen. Verwenden Sie Schwämme und dazu Emulsionen und Lasuren.

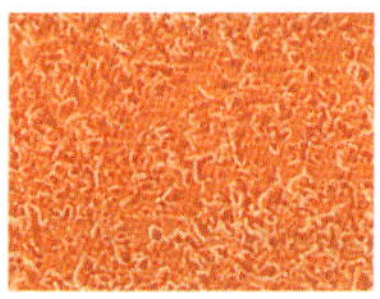

Subtraktive Schwammtechnik
Für diese etwas schwierigere Technik benötigen Sie einen Naturschwamm, da künstliche Schwämme den Anstrich verschmieren könnten. Verwenden Sie unbedingt eine Lasurmischung (S. 212).

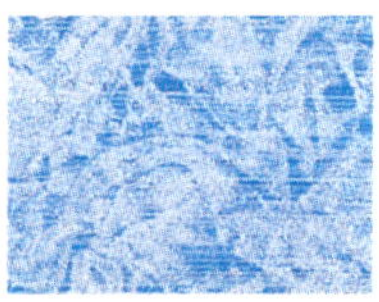

Stoffbauschtechnik
Die Stoffbauschtechnik (S. 213) hat Ähnlichkeit mit der Schwammtechnik. Hier wird jedoch zusammengeknüllter, fusselfreier Stoff verwendet. Am besten eignet sich hierfür eine Lasurmischung.

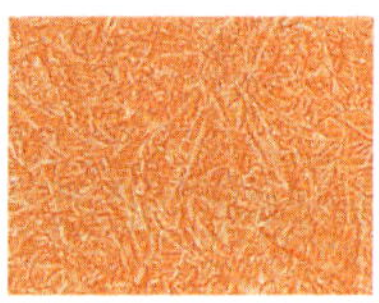

Tütentechnik
Die Tütentechnik (S. 213) ist vergleichbar mit der Stoffbauschtechnik. Der Unterschied liegt darin, dass durch eine Plastiktüte Muster mit feineren und schärferen Konturen entstehen.

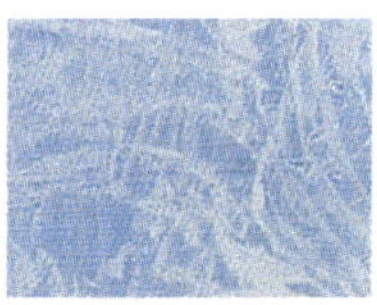

Wickeltechnik
Bei der Wickeltechnik (S. 213) wird zusammengedrehter Stoff in senkrechten Bahnen über die Wand gerollt. Eine Kombination aus Wickeltechnik und subtraktiver Methode erzielt den besten Effekt.

Tüpfeltechnik
Die Tüpfeltechnik (S. 212) wird erzeugt, indem man die Borstenspitzen einer Stupfbürste in eine feuchte Lasur drückt. Wichtig bei dieser Technik ist, zügig zu arbeiten, um Nähte zu vermeiden.

Zusätzliche Malerausrüstung

Eine komplette Ausstattung an Farbeffekt-Werkzeugen kann teuer sein. Deshalb empfiehlt es sich, immer nur diejenigen Utensilien zu kaufen, die man gerade braucht.

● **Improvisieren** Auch mit einfachen Werkzeugen kann man schöne Effekte erzielen. Experimentieren Sie mit verschiedenen Möglichkeiten – z. B. gewöhnlichen Haushaltsgegenständen – und versuchen Sie eigene Effekte zu erzielen.

Breiter Flachpinsel

Streifenpinsel

Fusselfreies Tuch

Stupfbürste

Abdeckband

Stupfpinsel

Naturschwamm

Plastiktüte

Schneideunterlage

Universalmesser

Waschfarbentechnik

Wenn Sie mit einem breiten Pinsel eine stark verdünnte Lasur auf die Wandfläche auftragen, erhalten Sie eine halb durchsichtige Oberfläche, die den darunter liegenden Voranstrich durchschimmern lässt. So verleihen Sie der Wand eine Tiefenstruktur.

● **Waschfarbe stabilisieren** Waschfarbe sollte die Konsistenz von hoch verdünnter Anstrichfarbe haben. Geben Sie der Mischung etwas Kleister zu, damit sie nicht an den Wänden herunterläuft.

● **Zusätzliche Tiefe** Indem Sie mehrere Schichten auftragen und jedes Mal den Farbton geringfügig ändern, erhalten Sie eine noch größere Tiefenwirkung.

● **Geeignete Wände** Die Waschfarbentechnik eignet sich besonders gut für Wände mit rauer Oberfläche.

Lasuren herstellen

Lasuren sind Werkstoffe – meist auf Acrylbasis – , mit deren Hilfe man Farbeffekte erzeugt. Sie zeichnen sich dadurch aus, dass in einem Muster scheinbar Vertiefungen entstehen und dass sie lange Trocknungszeiten haben – ideal, um ohne Zeitdruck Effekte zu erarbeiten.

Lasuren färben

Farben mischen, dann der Lasur zusetzen.

Acrylfarben mischen
Benutzen Sie zum Verrühren einen Künstlerpinsel. Mischen Sie die Farbe zunächst auf einem Deckel vor, um den richtigen Farbton zu finden. Füllen Sie die Grundlasur dann in ein Glas und geben Sie die Acrylfarbe dazu.

Mengenberechnung

● **Farbe verdünnen** Eine gute Lasurmischung auf Acrylbasis besteht zu 5–10 % aus Farbe. Der Rest ist Grundlasur. Fügen Sie die Farbe der Lasur bei. Zum Anmischen kleinerer Mengen kann man auch ein Marmeladenglas mit Deckel verwenden, das man zum Mischen einfach schüttelt.

● **Bedarfsschätzung** Lasuren sind viel ergiebiger als gewöhnliche Farben. Sie können die Flächendeckung noch erhöhen, indem Sie Acryllasuren mit etwas Wasser verdünnen. Für die Abschätzung des Bedarfs gehen Sie von der Hälfte der Menge aus, die Sie sonst an Standardfarbe benötigen würden.

BEWÄHRTES WISSEN

Mischen einer Lasur
Für einen Liter Lasur nehmen Sie 900 ml Wasser und 100 ml Acrylbinder. Zum Einfärben verwenden Sie dann am besten Pigmente oder Abtönkonzentrat auf Acrylbasis.

Schwammtechnik

Ob ganze Wände oder Teilflächen, in jedem Fall erzeugen Sie mit der Schwammtechnik beeindruckende Effekte auf einer Wand. Ein Anstrich, der mit dieser Technik behandelt wurde, zeigt ein feines, luftiges Muster. Mehrere Schichten übereinander wirken lebhafter.

Richtige Anwendung

- **Überschüssige Lasur** Tauchen Sie den angefeuchteten Schwamm etwas in die Lasur und streifen Sie Überschüssiges wieder ab. Um Fehler zu korrigieren, überstreichen Sie die Stellen mit der ursprünglichen Wandfarbe.
- **Kreisende Bewegungen** Tupfen Sie beim Auftragen leicht über die Wand. Verändern Sie dabei öfter Ihre Handstellung, um eine abwechslungsreiche Optik zu erreichen.
- **Problemzonen** Um in die Ecken zu gelangen, kleben Sie einen kleinen Schwamm an eine Bleistiftspitze.

Farbeffekte erzielen

Dunkle Lasuren
Wenn man auf einen hellen Grundanstrich Schichten mit dunkleren Tönen aufträgt, entsteht ein ausgeprägtes Muster, wobei die zuletzt aufgetragene Schicht am stärksten wirkt.

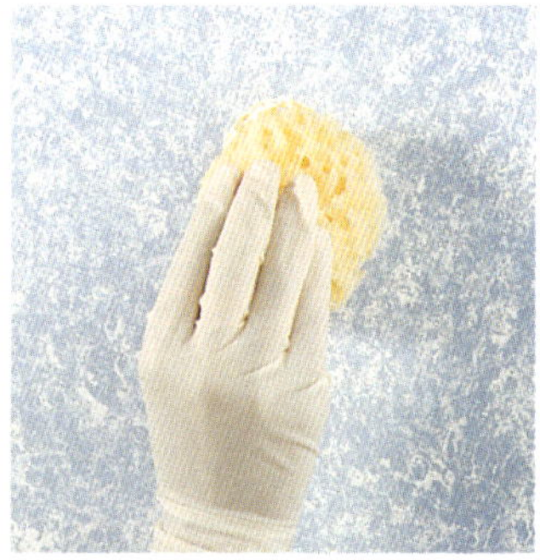

Helle Lasuren
Wenn man auf einen dunklen Grundanstrich hellere Töne aufträgt, entsteht ein Durchschein-Effekt, da die helleren Farbschichten die darunter liegenden nicht vollkommen überdecken.

Tüpfeltechnik

Mit der Tüpfeltechnik erhalten Sie einen feinen Farbeffekt, indem man mithilfe einer Bürste den Eindruck einer strukturierten Oberfläche erzeugt. Je nach Größe und Härte der Borsten können Sie damit einen leicht samtigen bis rauen Effekt erzielen.

Wahl der Bürste

- **Bürsten vom Fachmann** Kaufen Sie nach Möglichkeit eine Stupfbürste, da sich ihr dickes Borstenpolster am besten für diese Technik eignet.

Alternative
Ersatzweise können Sie eine Tapezierbürste verwenden, deren Borsten Sie mit einer scharfen Schere kürzen. Achten Sie auf ein glattes Borstenpolster, damit Sie eine glatte Auflage erhalten.

Richtige Anwendung

- **Schritt-für-Schritt** Verteilen Sie die Lasur mit einem breiten Flachpinsel auf einer Fläche von 1 m². Drücken Sie dann die Stupfbürste leicht in die feuchte Lasur.
- **Einheitliche Oberfläche** Arbeiten Sie von links nach rechts und von oben nach unten. Vermeiden Sie Überlappungen, die sonst später stärker gefärbt erscheinen.
- **Kein Zusammenkleben** Wenn Sie einen Bereich fertig gestellt haben, wischen Sie den Bürstenkopf mit einem Tuch ab, um überschüssige Lasur zu entfernen.
- **Tiefe erzeugen** Um die Tiefenwirkung zu steigern, können Sie in den Ecken etwas dunklere Lasur verwenden.

ZEIT SPAREN

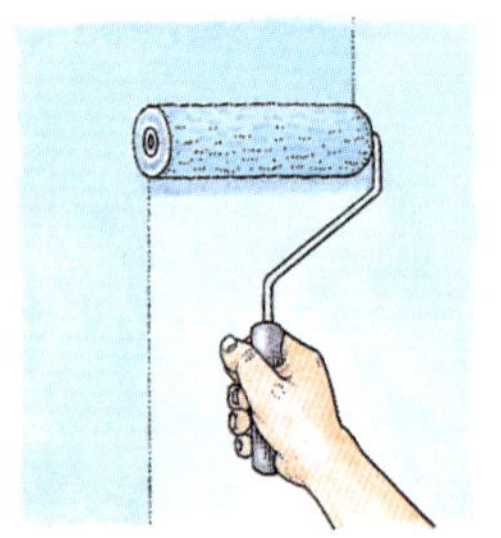

Lasieren mit der Rolle
Benutzen Sie zum Auftragen von Lasur eine feine Mohairwalze. Dies geht schneller als mit einem Pinsel und lässt mehr Zeit für die Gestaltung. Achten Sie darauf, dass die Rolle nicht zu nass ist.

Stoffbauschtechnik

Dieses Verfahren entspricht im Wesentlichen der Schwammtechnik. Beim Auftragen der Farbe (additive Technik) können die Stoffknäuel aber leicht verkleben, was zu einem fleckigen Überzug führt. Die subtraktive Technik mit dem Stoffbausch ist einfacher und oft wirkungsvoller.

Effekte herausarbeiten

Muster erzeugen
Drücken Sie ein angefeuchtetes Stoffknäuel vorsichtig in die zuvor aufgetragene, noch nasse Lasur. Halten Sie den Lappen jedes Mal etwas anders, damit ein willkürliches Muster entsteht.

Flächen abschirmen

Farbflecken vermeiden
Halten Sie einen Kartonstreifen gegen die angrenzende Wand, damit diese nicht von den Lappenrändern verschmiert wird. Arbeiten Sie von oben nach unten. Wischen Sie den Karton öfter ab.

Tütentechnik

Gehen Sie genauso vor wie bei der Stoffbauschtechnik, nur verwenden Sie jetzt eine Plastiktüte.

- **Tütenauswahl** Legen Sie sich einen möglichst großen Tütenvorrat zurecht.
- **Experimentieren erlaubt** Unterschiedliche Plastikarten bewirken unterschiedliche Effekte.
- **Kanten abschwächen** Die Tütentechnik erzeugt ein scharfkantiges Muster. Um diesen Eindruck abzuschwächen, mit einer Weichhaar- oder Tapezierbürste über die Oberfläche streichen.

Wickeltechnik

Die Wickelmethode erfordert bei der Umsetzung eine größere Genauigkeit als beispielsweise die Stoffbauschtechnik. Sie eignet sich gut für kleinere Bereiche, z. B. über oder unter Wandverkleidungen. Auf größeren Flächen ist ein einheitliches Muster nur schwer zu erstellen.

Richtige Vorbereitung

- **Auswahl der Lappen** Sie sollten aus demselben Material bestehen und auf dieselbe Größe zurechtgeschnitten sein. Außerdem sollten sie keine Nähte haben.
- **Lasurauftrag** Tragen Sie die Lasur in Bahnen von oben nach unten auf, wobei die Bahnen etwas breiter sein sollten als die Stoffrollen.
- **Vorsicht an Innenecken** Man benutzt beide Hände, um einen Stoffwickel an der Wand abzurollen, was es unmöglich macht, angrenzende Wände zugleich vor unerwünschter Farbe zu schützen. Kleben Sie daher die benachbarte Wand in einer Breite von 15 cm mit Zeitungspapier und Malerkrepp ab.

Lappenvorrat

- **Griffbereit** Bevor Sie beginnen, sollten Sie sich einen größeren Vorrat an präparierten Lappen bereitlegen, damit keine Unterbrechung entsteht.

Stoffrollen in einer Farbwanne aufbewahren.

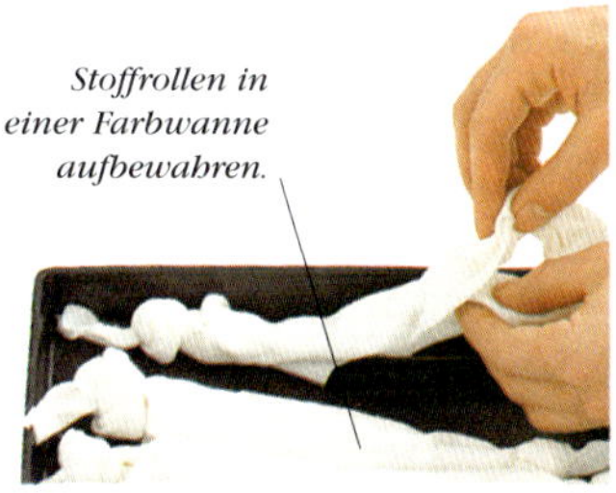

Auf eine Länge bringen
Machen Sie einen Knoten in die Enden der Lappenröllchen, sodass die mittleren Abschnitte gleich lang sind. Die fertigen Rollen sind in einer Farbwanne gut vor Staub geschützt.

Richtige Technik

Einheitlichkeit bewahren
Beginnen Sie mit dem Stoffrollen in einer der oberen Ecken, sodass von oben nach unten eine gerade Kante entsteht. Die Bahnen können sich dabei ein wenig überschneiden.

Streifenmuster erstellen

Gestreifte Räume wirken meist sehr förmlich und ordentlich. Dennoch lassen sich mit dieser Technik auch originelle Muster und Kombinationen erstellen. Dabei sind bei der Wahl der verwendeten Werkzeuge und Methoden Ihrer Phantasie keine Grenzen gesetzt.

Schlagschnur

Bei der Umsetzung von Streifeneffekten ist es wichtig, auf eine gerade Linienführung zu achten. Markieren Sie zu Beginn die Kanten, zwischen denen die Streifen aufgetragen werden.

● **Linie anreißen** Messen Sie die Breite der Streifen längs der Wandoberkante aus und markieren Sie die Abstände im oberen Wandbereich. Setzen Sie dort nun die Schlagschnur an und lassen das Gewicht oberhalb des Bodens auspendeln. Ein Helfer fixiert die Schnur am unteren Punkt der Wand, strafft diese und lässt sie wie eine Bogensehne kurz an die Wand schnellen. Die mit Kreide bestäubte Schnur hinterlässt eine deutliche Markierung für eine exakte Kante.

Streifen markieren

● **Kreidelinien** Kaufen Sie Kreidepulver, das sich farblich von der Wand abhebt, und füllen Sie damit den Schlagschnurbehälter.

Flächen abkleben
Bringen Sie entlang der Markierungslinie Streifen von Abdeckband an (zuerst prüfen, ob es sich ohne Spuren wieder lösen lässt). Auf der Seite, wo gestrichen wird, muss die Verklebung dicht sein. Der andere Rand darf lose bleiben. Entfernen Sie die Kreidelinien mit einem Pinsel.

Streifen aufrollen

● **Walze abkleben** Markierungslinien müssen nicht sein. Alternativ können Sie die Streifen mit einer abgeklebten Schaumstoffwalze ausrollen.

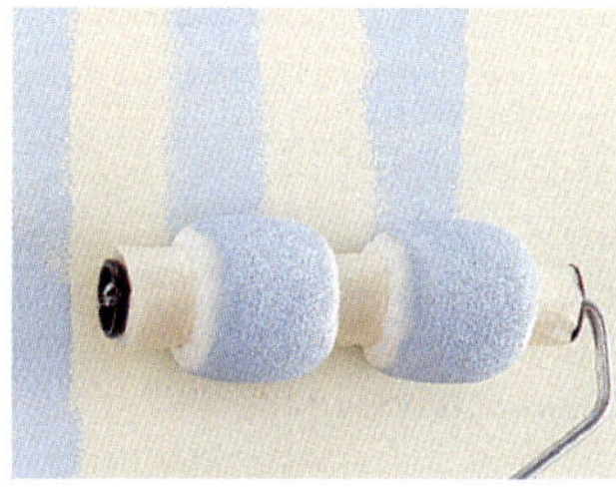

Verwendung der Walze
Wickeln Sie zwei Streifen Klebeband à 2,5 cm Breite fest um eine 17,5-cm-Walze. Tauchen Sie die Walze in Farbe und rollen Sie diese über die Wand: Ein perfektes Streifenmuster entsteht. Benutzen Sie dann den rechten Streifen als Leitlinie für den nächsten Durchgang.

Muster rollen

● **Streifenvariationen** Durch entsprechende Präparation des Farbrollers lassen sich ebenso gemusterte Streifen erzeugen.

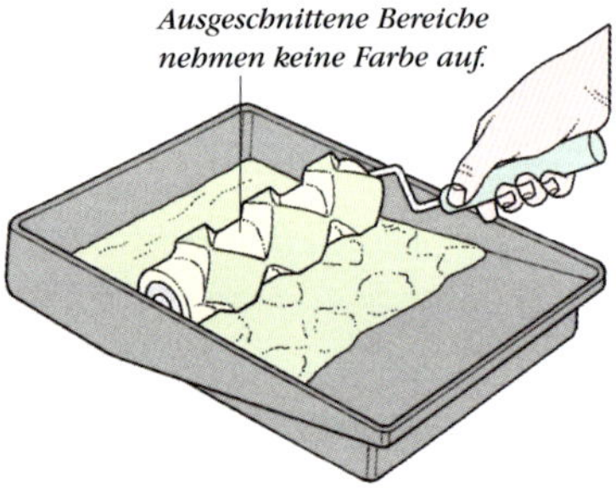

Strukturwalze herstellen
Schneiden Sie mit einem Universalmesser aus dem Schaumstoffbezug eines Farbrollers Formen aus. Wenn Sie die Walze nun mit Farbe tränken und auftragen, erhalten Sie interessante Muster.

Schachbrettmuster

Durch die Kombination von waagrechten und senkrechten Streifen entsteht ein Schachbrettmuster. Die Farbe der waagrechten Streifen sollte heller sein als die der senkrechten. An den Überschneidungspunkten entsteht so eine dritte Farbe.

1 Exakte senkrechte Streifen erhalten Sie, wenn Sie eine Wasserwaage anlegen. Arbeiten Sie dabei am besten von rechts nach links (als Rechtshänder).

2 Wenn die senkrechten Streifen getrocknet sind, können Sie die waagrechten Streifen – ebenfalls mit der Wasserwaage – von oben nach unten auftragen.

Schablonentechnik

Diese Technik macht es möglich, ein Motiv oder Muster exakt und beliebig oft auf einer Fläche zu wiederholen. Schablonen können aus einem oder mehreren übereinander angebrachten Bögen bestehen. Für den Auftrag der Farbe eignet sich am besten ein so genannter Stupfpinsel.

Anwendung

- **Stupfpinsel** Tauchen Sie die Borstenspitzen nur leicht in die Farbe und streichen Sie den Überschuss ab.
- **Verrutschen** Fixieren Sie die Schablone mit Abdeckband an der Wand. Verwenden Sie schwach haftendes Klebeband, um den Grundanstrich nicht zu beschädigen.
- **Farbtöne mischen** Mit Schablonen lassen sich verschiedene Farben ausgezeichnet variieren. Leichte Unterschiede im Farbton der einzelnen Bereiche erzeugen einen interessanten Effekt.
- **Schablonen säubern** Schablonen aus Kunststofffolie sollten regelmäßig in warmem Wasser gewaschen werden, damit die Konturen nicht verschmutzen.

Tiefenwirkung

- **Abstufungen** Das Motiv wirkt dreidimensional, wenn die Schattierung innerhalb einer Schablone variiert wird.

Umrisse dunkler färben
Wählen Sie für die Konturen eines Motivs einen stärkeren Farbton. Um noch mehr Tiefe und die Illusion von Licht und Schatten zu erzeugen, streichen Sie einen Randbereich etwas dunkler.

Auswahl eines Motivs

- **Ideenbörse** Zeitschriften können oft Anregungen für Motive liefern. Das Bild sollte deutliche Konturen und klare Details im Innern besitzen.

Werkzeuge

- **Schablonen** Die Vorlagen schneiden Sie am besten mit einem Universalmesser aus, das mit einer schmalen Klinge ausgestattet ist.

Schablone zeichnen und ausschneiden

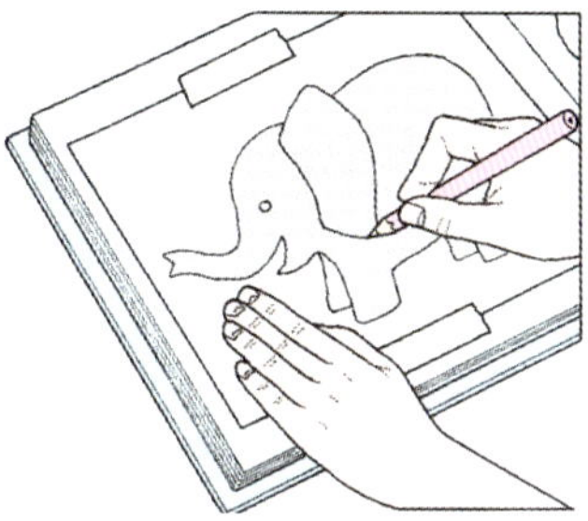

1 Wenn Sie eine Schablone aus Kunststofffolie anfertigen, befestigen Sie die transparente Folie mit Klebeband über dem Bild und zeichnen Sie die Umrisse nach.

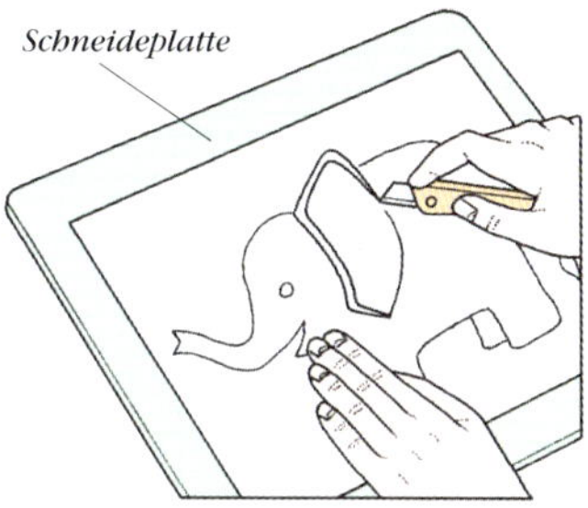

2 Schneiden Sie die Schablone aus, und achten Sie dabei auf glatte Konturen. Bei mehreren Schablonen empfiehlt sich die Verwendung einer Schneideplatte.

Musterdekors

- **Wandfries schablonieren** Ziehen Sie mit einer Wasserwaage und einem weichen Bleistift etwa 30 cm unterhalb der Zimmerdecke eine durchgehende Linie, die rings um die Wände herum verläuft. Dabei sollte die Linie an mehreren Stellen auf ihre korrekte Ausrichtung überprüft werden. Legen Sie nun die Unterkante der Schablone an der Bleistiftlinie an und schieben Sie die Vorlage Stück um Stück auf der Anlegemarkierung weiter. So entsteht eine Wandbordüre. Vergessen Sie nicht die Bleistiftstriche auszuradieren.
- **Bildelemente** Stellen Sie verschiedene Einzelbilder zu einem Thema zusammen. So können etwa drei springende Delphine im Bad ein schönes Motiv bilden.

Alternativen

Anstelle eines Stupfpinsels können auch verschiedene andere Hilfsmittel zum Ausmalen der Schablone eingesetzt werden:

- **Schwämme** Mit einem Naturschwamm lässt sich ein stark strukturierter Schabloneneffekt erzielen.
- **Pastellstifte** Probieren Sie spezielle Schablonierstifte oder auch herkömmliche Pastellstifte aus. Die Spitze des Stiftes sollte dabei stark abgerundet sein.
- **Sprühen** Wenn Sie mit einer Sprühpistole oder -dose arbeiten, müssen Sie die Umgebung der Schablone großzügig abdecken.
- **Improvisation** Kürzen Sie die Borsten eines alten Pinsels und machen Sie so einen selbst gefertigten Stupfpinsel.

Drucktechnik

Neben der Schablonentechnik ist die Drucktechnik eine weitere Möglichkeit, Bildmotive auf die Wand zu übertragen. Die verschiedenen Techniken sind in ihrer Anwendung nicht schwer, sodass selbst Anfänger problemlos damit arbeiten können.

Richtig drucken

- **Stempeln** Sie können vorgefertigte Stempel kaufen oder einen eigenen entwerfen, indem Sie in ein kleines Stück Linoleum ein Muster ritzen. Kleben Sie auf die Rückseite ein Holzklötzchen, das Ihnen als Griff dient. Zum Schluss mit einem festen Miniroller die Farbe auftragen.
- **Blockdruck** Ein Block lässt sich aus Haushaltsgegenständen wie Schwämmen oder Kartoffeln herstellen.
- **Tiefenwirkung** Verändern Sie die Struktur, indem Sie mit dem gefärbten Stempel oder Block zuerst einen Abdruck auf Papier machen und erst dann die Wand bedrucken.

Stempel verwenden

An der Wand abrollen
Setzen Sie die Unterkante des Stempels an der Wand an und kippen Sie ihn langsam nach vorn, bis auch die Oberkante die Wand berührt. Den Stempel kurz anpressen, dann vorsichtig zurückziehen.

Mit Blöcken arbeiten

Herstellung eines Blockes
Übertragen Sie eine Form auf einen Haushaltsschwamm und schneiden Sie das Motiv aus. Drücken Sie den farbgetränkten Schwamm an die Wand und „rütteln" Sie ein wenig daran, ohne ihn zu verrutschen.

Wandmalerei

Ein Wandbild herzustellen ist nicht so kompliziert, wie oft angenommen wird. Ein wenig künstlerisches Geschick ist sicherlich hilfreich, jedoch keine Voraussetzung für das Gelingen. Ein Gitternetz hilft Ihnen, Ihr Motiv Zentimeter für Zentimeter auf die Wand zu übertragen.

Ein Wunschmotiv übertragen

- **Motivauswahl** Wählen Sie ein Motiv, das gut zur Funktion des Raumes passt. Es sollte nicht zu detailreich und leicht zu kopieren sein.

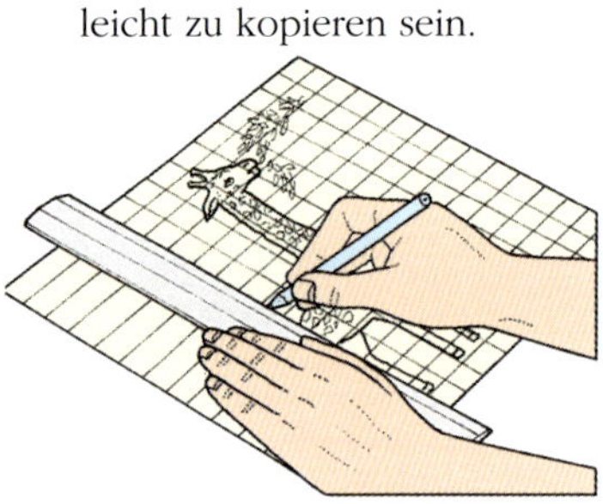

1 Legen Sie einen Bogen Transparentpapier über das Bild und zeichnen Sie ein entsprechendes Gitternetz. Als Größe für die Quadrate haben sich 2,5 × 2,5 cm bewährt.

2 Zeichnen Sie das Gitternetz mit Bleistift maßstabgetreu vergrößert an die Wand. Nehmen Sie das erste Gitternetz als Vorlage und malen Sie die Quadrate entsprechend aus.

Zeit sparen

- **An die Wand projizieren** Mit einem Diaprojektor lässt sich ein Motiv direkt auf die Wand abbilden. Die Größe kann man variieren, indem man den Projektor näher an die Wand heranrückt oder davon entfernt.
- **Schneller malen** Halten Sie eine Auswahl von Pinseln griffbereit, sodass Sie für jede Fläche die richtige Größe zur Verfügung haben.
- **Ruhige Hand** Nehmen Sie ein 45 cm langes Holzstück und halten Sie es mit der freien Hand gegen die Wand. Stützen Sie den Unterarm der malenden Hand auf das Holzstück, um eine ruhige Linienführung zu gewährleisten.

Das Auge irreführen

Auf einer ebenen Oberfläche kann man mit Farbe eine Vielzahl verschiedener Illusionen erzeugen. Mit ein wenig Übung werden Sie selbst detailreiche Motive zeichnen können. Allerdings erzielen auch einfachere Techniken ebenso gelungene plastische Effekte.

Ein Mauerwerk vortäuschen

1 Streichen Sie die Wand mit einer hellen Grundfarbe und kleben Sie darauf in Blockform 1 cm breite Abdeckstreifen. Die abgeklebten Bereiche werden die „Fugen".

2 Tupfen Sie zwei Schichten Farbe auf, die dunkler sind als die Grundfarbe. Die zweite Schicht auf die noch etwas feuchte erste auftragen, dies bringt zusätzliche Struktur.

3 Entfernen Sie das Klebeband. Um den Stein „verwittert" aussehen zu lassen, mischen Sie gebrannte Umbra mit heller Ockerfarbe und malen Sie feine Risse auf.

Eine Innenwand wie eine Aussenwand erscheinen lassen

- **Strukturoberfläche** Verwenden Sie für den ersten Anstrich grobkörnigen Roll- oder Streichputz. Dieser sieht aus wie echter Mörtel und verleiht der Oberfläche Struktur.
- **Farbe und Struktur variieren** Wählen Sie die Anstrichfarben passend zu dem gewünschten Oberflächentyp. Für eine feine Struktur die Farbe mit einem Naturschwamm auftragen.
- **Authentische Wirkung** Betonen Sie die Umrisse von Formen mit einem weichen Farbstift oder Künstlerpinsel. Schattierte Ränder sorgen dabei für mehr Tiefe.

OPTISCHE TÄUSCHUNG

Streng genommen ist auch das Nachahmen von Mauerwerk eine optische Täuschung. Solche Bilder erscheinen dreidimensional und wirken wie naturgetreue Nachbildungen.

- **Einfache Motive** Nehmen Sie sich zunächst nicht zu viel vor. So würde die Nachbildung eines Schrankes selbst den geübtesten Maler auf die Probe stellen. Für den Anfang ist es besser, sich auf kleine Gegenstände wie Bilderrahmen oder Ähnliches zu beschränken.
- **Schein und Wirklichkeit** Verbinden Sie Dinge mit Gemaltem, z. B. ein dekoratives Band mit einer Reihe senkrecht hängender Teller oder Bilder.

Ebene Oberflächen
Auf einer flachen Wand Tiefe zu erzeugen ist schwierig. Nur wenn Sie auf Detailgenauigkeit achten, können Sie einen wirklichkeitsgetreuen Effekt erzielen. Malen Sie einen Wandschrank deshalb so originalgetreu wie möglich.

Nischen nutzen
Nischen bieten eine gute Fläche, um Regale vorzutäuschen. Auf dem gezeigten Beispiel hängen reale Gegenstände direkt neben vorgetäuschten. Hierdurch scheinen Realität und Fiktion gleichsam zu verschwimmen.

LETZTE FEINARBEITEN

Um dem fertigen Anstrich den letzten Schliff zu geben und sich die Arbeit bei künftigen Renovierungen zu erleichtern, sind ein paar Handgriffe empfehlenswert. Nach Abschluss der Arbeit sollten Sie das Arbeitsgerät gründlich reinigen und sachgerecht aufbewahren.

Fehler vermeiden und ausbessern

Es lässt sich kaum vermeiden, dass auf gestrichenen Flächen Mängel auftauchen. Meist sind sie Folge von ungenügender Vorbehandlung oder etwas unzureichender Arbeitstechnik. Viele lassen sich mit geringem Aufwand noch nachträglich beheben. Die Mühe lohnt sich!

Richtig trocknen lassen

● **Fleckenbildung vermeiden** Wenn man Farbe vor dem erneuten Überstreichen nicht richtig trocknen lässt, kann dies beim fertigen Anstrich zu Schatten- oder Fleckenbildung führen. In diesem Fall 24 Stunden warten, bevor eine weitere Schicht aufgetragen wird.

● **Trockenzeit verkürzen** In kühlen oder feuchten Räumen sollte die Trockenzeit durch Heizen verkürzt werden. Andernfalls könnten sich blasse Stellen an der Wand bilden.

Farbspritzer entfernen

● **Installationen reinigen** Farbspritzer auf Schaltern oder Steckdosen lassen sich – bei abgeschaltetem Strom! – mit einem Schwamm entfernen.

● **Holzteile säubern** Ist Wandfarbe auf Holzbauteile gespritzt, können Sie Tropfnasen mit Sandpapier abschleifen.

Risse korrigieren

● **Ständige Rissbildung** Wenn sich Risse bilden aufgrund von Bewegungen des Erdreichs, ist eine Lösung schwierig. Versuchen Sie das Problem mit Dichtungsmasse und flexibler Armierungsfarbe zu lösen.

● **Setzrisse** Solche Risse entstehen bei frischen Farbaufträgen, wenn das Haus noch relativ neu ist. Am besten warten Sie etwas und wiederholen den Farbauftrag nochmals.

Ausbessern von Mängeln

Schlechte Farbdeckung
Fehlstellen, die von zu wenig Farbe oder zu wenig aufgetragenen Schichten herrühren, sind relativ leicht zu korrigieren. Streichen Sie diese Stellen noch einmal, ohne allerdings zu viel Farbe aufzutragen.

Pinselspuren
Manchmal bleiben auf der getrockneten Wand Pinselstriche sichtbar. Kleinere Flächen kann man verdecken. Größere Flächen sollten dagegen zurückgeschliffen und neu gestrichen werden.

Abblätternde Farbe
Farbe blättert meist dann ab, wenn sie auf eine nicht grundierte, sandende Wand aufgetragen wurde. Schleifen Sie den betroffenen Bereich ab, bringen Sie hochwertigen Tiefgrund auf und streichen Sie nochmals.

Flecken
Flecken können verschiedene Ursachen haben, wie z. B. Roststellen, die durch den Deckanstrich schimmern. Grundieren Sie die Stelle sorgfältig und bringen Sie nochmals die Deckfarbe auf.

Tropfnasen
Tropfnasen entstehen, wenn Farbe zu dick aufgetragen wurde und vor dem Trocknen an der Wand herunterläuft. Schleifen Sie die Stellen ab und retuschieren Sie diese.

Reinigung und Aufbewahrung von Arbeitsmitteln

Damit Ihre Werkzeuge für das nächste Vorhaben wieder einsatzbereit sind, müssen sie nach jedem Gebrauch sorgfältig gereinigt werden. Werden sie übersichtlich aufbewahrt, weiß man einfach, welche Arbeitsmittel vorhanden sind und welche neu gekauft werden müssen.

Wichtige Pflegearbeiten

- **Reste** Übrige Farbe am Pinsel sollte man zunächst auf Zeitungspapier ausstreichen. Dadurch verringert man die Menge der Reinigungsmittel, die man braucht, bzw. begrenzt die Farbmenge, die entsorgt werden muss.
- **Pinsel auswaschen** Pinsel lassen sich bei Gebrauch von wasserlöslichen Farben gut säubern, indem man etwas Haushaltsreiniger in die Borsten einreibt. Das macht die Borsten zudem weicher.
- **Gegen Rost vorbeugen** Nach der Reinigung von Werkzeug aus Metall, wie Rollerbügel und Streichwannen, sollte man es mit einem weichen Tuch gründlich abtrocknen. So bildet sich kein Rost.
- **Wiederverwendung** Waschen Sie leere Gebinde gründlich mit Wasser aus und verwenden Sie die Behälter zur Aufbewahrung von Haushaltsgegenständen.

Gründlich reinigen

- **Gut gepflegt hält besser** Wenn Sie einen Pinsel nach Gebrauch nicht gründlich reinigen, reichert sich am Borstenansatz und am Einfassblech Farbe an. Bald wird der Pinsel unbrauchbar sein.

Einfassblech putzen
Mit einem Topfkratzer lassen sich angetrocknete Farbreste von Einfassblechen und Pinselgriffen entfernen. Auch die Borsten kann man mit dem Kratzer säubern. Arbeiten Sie allerdings niemals gegen den Strich.

Entsorgung von Farbe

- **Der Umwelt zuliebe** Leeren Sie Anstrichmittel nie in Ausgüsse. Schütten Sie alle Farbreste in eine Dose, verschließen Sie den Deckel und entsorgen Sie das Gebinde als Sondermüll.

GUTE IDEE!

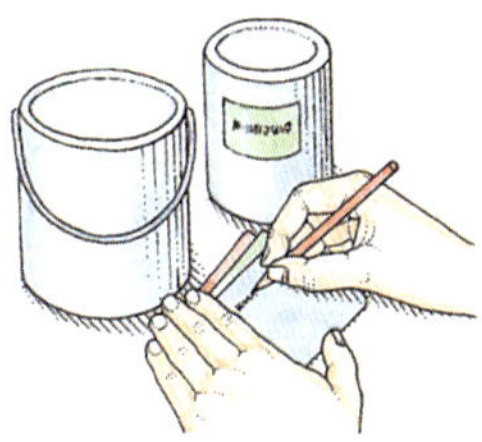

Farbdosen beschriften
Nach den Streicharbeiten sollte man Farbbehälter stets beschriften, damit man später weiß, für welchen Raum des Hauses sie in welchem Jahr verwendet wurden.

Pinsel aufbewahren

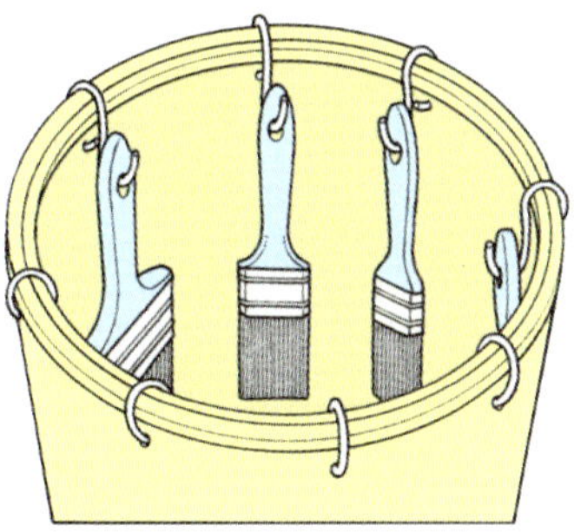

Pfiffige Lagerung
Hängen Sie Pinsel an der Innenseite von Dosen oder Eimern an Haken auf. Sollten die Borsten noch feucht sein, empfiehlt es sich, sie mit einem Föhn zu trocknen, um ein Zusammenkleben und Zerdrücken zu verhindern.

Material aufbewahren

- **Farbe lagern** Bewahren Sie Farben möglichst im Haus auf, damit sie vor Temperaturschwankungen sicher sind. Farbbehälter sollten fest verschlossen und danach kurz geschüttelt werden. Dadurch entsteht eine Luftschleuse, die eine Hautbildung während der Lagerung verhindert.
- **Lasuren lagern** Schreiben Sie das Rezept einer Lasur auf die Seite des Behälters, in dem sie aufbewahrt wird. So verlieren Sie nie das Rezept.
- **Schablonen aufbewahren** Benutzte Schablonen bewahrt man am besten flach auf; z. B. eingelegt in ein Buch.

Farbe entfernen

Trotz aller Sorgfalt beim Abdecken des Bodens kommt es immer wieder vor, dass Farbspritzer auf dem Teppich landen. Diese sollte man folgendermaßen entfernen:

- **Farbspritzer** Lassen Sie die Farbe völlig trocknen und kratzen Sie dann mit dem Universalmesser waagrecht über die Teppichfläche. Halten Sie die Klinge im rechten Winkel zum Boden, damit Sie nicht versehentlich in den Teppich schneiden. Die Farbe wird langsam abbröseln und kann anschließend mit einem Staubsauger problemlos aufgesaugt werden.

TAPEZIEREN LEICHT GEMACHT

ÜBERSICHT

Wer seine Wände nicht streichen möchte, dem bietet sich als geeignete Alternative das Tapezieren an. Das große Angebot an Tapeten lässt kaum einen Wunsch offen und bietet für nahezu jeden Geschmack und jeden Geldbeutel genau die richtige Lösung. Auch wenn Sie bisher noch nicht so viel Erfahrung im Tapezieren haben, werden Ihnen die Arbeiten gelingen - wenn Sie ein paar Grundregeln befolgen und die Arbeitstechniken richtig anwenden.

Welches ist die passende Tapete?

Tapeten werden in zahlreichen unterschiedlichen Ausführungen angeboten. Dabei können erhebliche Preisunterschiede zwischen den einzelnen Produkten und Herstellern bestehen. Die teuersten Tapeten sind aber nicht unbedingt diejenigen, die auch einfach zu verarbeiten sind.

TAPETENSORTEN UND IHRE EIGENSCHAFTEN

SORTE	EIGENSCHAFTEN	VERWENDUNG
Untertapete	Ungemusterte, glatte, gebrochen weiße oder bräunliche Tapete.	Verdeckt vor dem Streichen und Tapezieren Schönheitsfehler.
Raufasertapete	Ungemusterte, strukturierte, gebrochen weiße oder hellbraune Tapete; erhältlich von grob bis fein.	Gut zum Tapezieren von Wänden und Decken mit unebenem Untergrund und zum Überstreichen geeignet.
Prägetapete	Stark profilierte Tapete mit Prägemuster. Erzeugt eine dreidimensionale Oberflächenstruktur.	Gibt es in vielen Variationen. Wegen des hohen Gewichts an Deckenflächen nur bedingt einsetzbar.
Fondtapete	Glatte Tapete mit aufgedruckten Motiven oder Mustern; es gibt große Preis- und Qualitätsunterschiede.	Sehr dekorativ und ideal für den Einsatz in Schlafzimmern; hochwertige Tapeten auch für andere Wohnbereiche geeignet.
Textiltapete	Papierträger mit einer Oberfläche aus Natur- oder Kunstfaser.	Erzeugt eine edle Atmosphäre; gut geeignet für Ess- und Wohnzimmer.
Vinyltapete	Das Trägerpapier ist mit einer Schutzschicht aus PVC überzogen. Oberfläche bedruckt, geprägt, geschäumt.	Durch ihre abwaschbare Oberfläche ideal für Küche und Bad. Überdeckt gut Schönheitsfehler an der Wand.
Glasfasertapete	Wasserfest, hygienisch und pflegeleicht. Mit ihrer hohen Zugfestigkeit überbrückt sie gut Risse.	Mit Latexfarbe oder Dispersionslack gestrichen ist sie ideal für Treppenhäuser und Büros.

WERKZEUG ZUM TAPEZIEREN

Zum Tapezieren benötigt man umfangreicheres Werkzeug als zum Streichen. Da vieles allerdings bei beidem eingesetzt werden kann, lohnt es sich, beim Kauf besonders auf Qualität zu achten.

- **Qualität** Kaufen Sie sich hochwertiges Werkzeug, auch wenn es ein bisschen teurer ist. Dies gilt besonders für die Gegenstände, die sehr häufig verwendet werden und die in unmittelbaren Kontakt mit der Tapete kommen, wie z. B. Tapezier- und Kleisterbürsten, Nahtroller, Scheren und Universalmesser. Die beiden letztgenannten Hilfsmittel sind für saubere, exakte Schnitte und somit auch für den Gesamteindruck der fertig tapezierten Wand entscheidend.
- **Bürsten** Wählen Sie eine Kleisterbürste, die einen gleichmäßigen, zügigen Auftrag garantiert. Bei Tapezierbürsten sollte man auf lange, biegsame Borsten achten.

Trittleiter

TAPETENAUSWAHL

Die Form und die Funktion eines Raumes, der Einrichtungsstil oder die Wirkung, die man gern erzielen möchte - all dies sind Faktoren, die man bei der Tapetenauswahl berücksichtigen sollte. Ausschlaggebend ist aber letztendlich, dass Ihnen die Tapete gefällt.

Wie verändert die Tapete den Raum?

Wenn Sie eine bestimmte Raumwirkung erzielen wollen, ist die Entscheidung über Struktur und Muster der Tapete ebenso wichtig wie die Farbe. Soll ein kleiner Raum optisch vergrößert werden, können Sie dies auch durch die Wahl der geeigneten Tapete beeinflussen.

Auswahlkriterien

- **Schönheitsfehler** Prägetapeten oder Raufaser können unregelmäßige Wände kaschieren. Auch lebhafte Muster sind hilfreich.
- **Klarheit** Wenn Sie einen formalen Stil wollen, sind geometrische Muster ideal.
- **Tapeten kombinieren** Verfügt ein Raum über eine natürliche Trennlinie, z. B. eine Wandleiste, kann man zwei verschiedene Tapeten miteinander kombinieren, um beispielsweise den Eindruck von Höhe zu erzeugen.
- **Wände und Holzbauteile** Diese sollten durch ähnliche Farbtöne in der Tapete ergänzt werden, um eine optimale Raumwirkung zu erzielen.

Raumausstattung

- **Gesamteindruck** Eine harmonische Wirkung erzielen Sie, wenn sich Stoffe, Tapeten und Farben optimal ergänzen.

Accessoires
Einen noch besseren Gesamteindruck erreichen Sie, wenn Sie einzelne Farbtöne der Tapete in dekorativen Accessoires wieder aufnehmen.

Höhe erzeugen

Streifenmuster
Senkrechte Streifen lassen einen Raum höher erscheinen. Hier wurde auch der Raumteiler mit Streifentapete bekleidet, um den Raum noch mehr zu strecken.

Grosse Muster

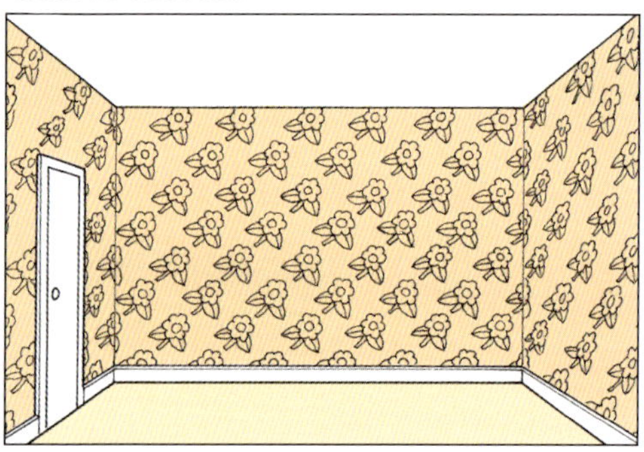

Verkleinerung eines großen Raumes
Ein großflächiges Muster kann dominant wirken, weil es beim Betrachter ein Gefühl von Enge auslöst. In einem kleinen Raum kann das Muster erdrückend wirken, in einem großen dagegen ein behagliches Gefühl vermitteln.

Kleine Muster

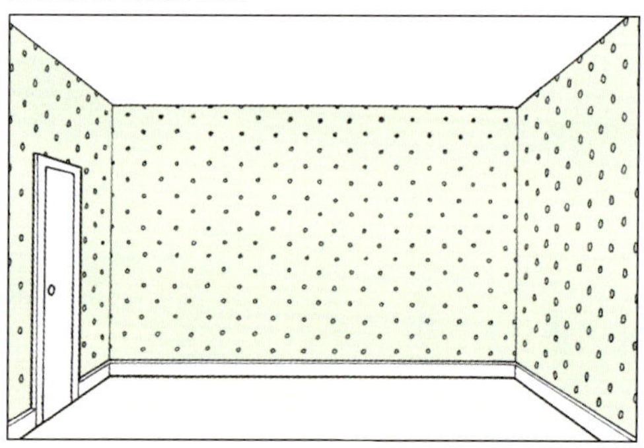

Optische Erweiterung
Ein kleinteiliges Muster lässt einen Raum größer erscheinen, wenn die Tapete in einem hellen Grundton gehalten ist. Je weitläufiger das Muster, umso besser ist die Wirkung. Ein dichtes Muster erzeugt dagegen eine hektische Atmosphäre.

Tapezierarbeiten planen

Vor Beginn der Arbeiten sollten Sie genau berechnen, wie viel Tapete Sie benötigen. Messen Sie dazu die Wände genau aus, damit am Ende nicht zu viel Reste übrig bleiben. Überlegen Sie sich auch, in welcher Reihenfolge das Zimmer tapeziert werden soll.

Raumgrösse ermitteln

● **Die Gesamtfläche** Diese erhalten Sie, indem Sie alle Wände ausmessen, die Werte addieren und die Deckenfläche (= die Maße des Fußbodens) hinzurechnen.

● **Mehr einkalkulieren** Um den Verschnitt bei gemusterten Tapeten mit einzuberechnen, addieren Sie die jeweilige Musterlänge auf der Tapete zur Raumhöhe.

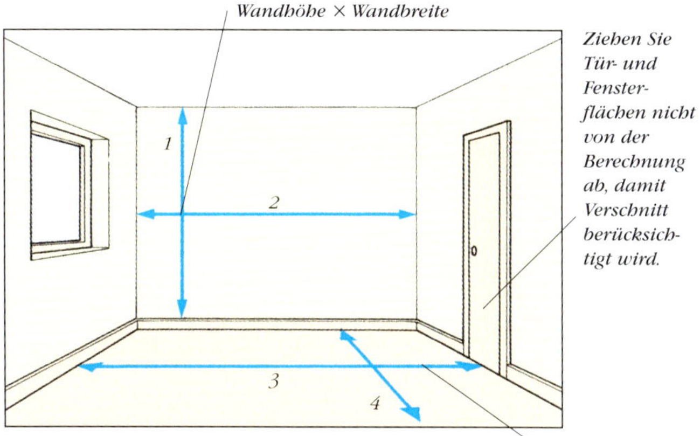

Berechnung der Tapetenrollen
Für ein ganzes Zimmer berechnen Sie die Gesamtfläche der Wände und der Decke (siehe oben und Skizze). Diese Zahl teilen Sie durch die Anzahl der Quadratmeter, die mit einer Rolle tapeziert werden kann (siehe Aufdruck). Das aufgerundete Ergebnis ist dann die Zahl der benötigten Rollen.

Richtig rechnen

● **Untertapete einkalkulieren** Falls Sie die Wände vor dem Tapezieren mit Untertapete bekleiden wollen, vergessen Sie nicht, die benötigte Menge in die Berechnung Ihres Materialbedarfs einzubeziehen. Untertapeten sind ansatzfrei, sodass für die Bedarfsberechnung nur die Wandfläche ermittelt werden muss.

● **Schnellschätzung** Zählen Sie in einem bereits tapezierten Raum, wie viele Bahnen Sie hier benötigt und verarbeitet haben. So können Sie die Menge der benötigten Tapetenrollen grob schätzen. Bei klein gemusterten Tapeten erhält man vier Bahnen pro Rolle, bei groß gemusterten Tapeten meist nur drei.

● **Decken tapezieren** Tapezieren Sie eine Decke stets über die längste Fläche. So müssen Sie weniger Bahnen zuschneiden, und der Verschnitt ist daher geringer.

Richtige Arbeitsweise

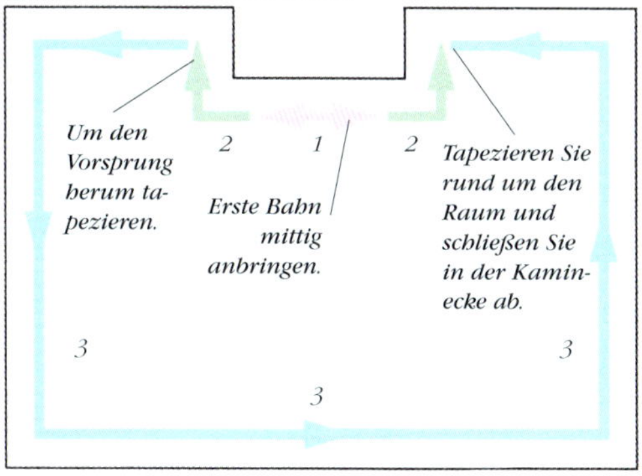

Die erste Bahn mittig ausrichten
Besitzt ein Raum einen auffälligen Vorsprung, wie z. B. einen Kamin (1), wird die erste Tapetenbahn mittig über dem Vorsprung angebracht (siehe S. 229). Tapezieren Sie zuerst den Vorsprung (2), dann erst die übrigen Wände (3).

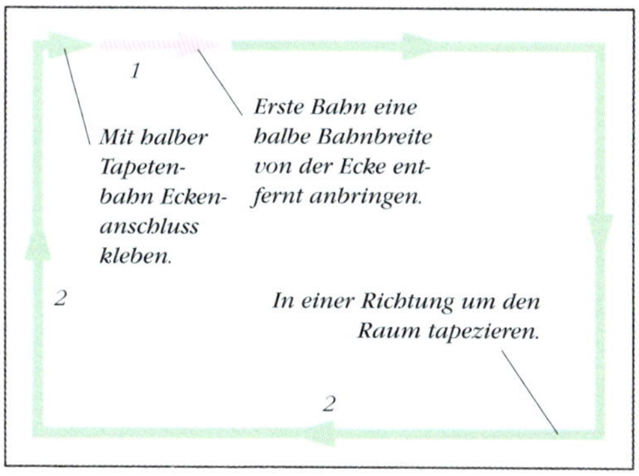

Räume mit geraden Wänden tapezieren
In Räumen ohne bauliche Besonderheit beginnt man in der Zimmerecke, die beim Eintreten am wenigsten ins Auge fällt (1). Die erste Bahn sollte leicht auszumessen sein und einen guten Ausgangspunkt bieten (2).

VORARBEITEN

Vor dem Tapezieren müssen einige Arbeiten erledigt werden, je nachdem welchen Belag die Wand zuvor hatte und welchen Sie nun aufbringen wollen. Vernachlässigen Sie diese Vorarbeiten nicht, denn Mängel sind hinterher eher schwer zu korrigieren.

Ablösen von Tapeten

Bevor Sie eine neue Tapete anbringen, sollten Sie alte Tapetenschichten sorgfältig entfernen. Beim Abziehen von trockenen Prägetapeten mit Duplexschicht kann die an der Wand verbleibende Papierschicht als Untertapete genutzt werden, sofern sie noch gut haftet.

Ablösen

- **Trocken abziehen** Lose sitzende Tapetenstücke sollte man vor dem Einweichen der übrigen Tapete trocken abziehen. So kann man unnötigen Schmutz vermeiden, der durch Wasser und nasses Papier entsteht. Beginnen Sie an Nähten, die sich bereits gelöst haben.
- **Fußböden abdecken** Um herunterlaufendes Wasser aufzusaugen, legen Sie Zeitungspapier aus.
- **Tapeten einweichen** Zum Befeuchten benutzen Sie warmes Wasser, das Sie mit einer breiten Kleisterbürste auftragen. Nach einigen Minuten mit dem Abkratzen beginnen.

Wände perforieren

Nadelwalze
Präparieren Sie eine alte Walze, indem Sie lange Schrauben eindrehen, sodass die Spitzen herausstehen. Wenn Sie die Walze nun über die Wand rollen, kann das Wasser besser einziehen.

BEWÄHRTES WISSEN

Essig zugeben
Gibt man warmem Wasser etwas Essig zu, erhält man einen guten Tapetenlöser, der Ihnen die Arbeit beim Ablösen der Tapete sehr erleichtern wird.

ZUR SICHERHEIT

Wenn Sie mit einem Dampf-Tapetenablöser arbeiten, sollten Sie eine Brille und Handschuhe tragen. Achten Sie auch darauf, dass Sie nicht in den Dampfstrahl geraten.

- **Gebrauchshinweis** Lesen Sie die Gebrauchsanweisung des Herstellers, denn jedes Gerät funktioniert anders.
- **Deckentapeten** Achten Sie auf heiße Wassertropfen, die sich am Rand der Dampfplatte sammeln und auf Sie herabfallen könnten.
- **Kabel** Achten Sie sorgfältig darauf, dass das Stromkabel nicht mit dem Wasser in Berührung kommt.

Dampf-Tapetenablöser

Mithilfe eines Dampf-Tapetenablösers können Sie Tapetenreste schnell und wirkungsvoll entfernen. Diese Geräte gibt es in fast jedem Heimwerkermarkt inzwischen sehr günstig zu mieten. Aus diesem Grund lohnt ein Kauf in der Regel nicht.

- **Befüllen** Füllen Sie den Dampf-Tapetenablöser mit warmem Wasser. So verkürzen Sie die Zeit des Aufheizens und können das Gerät früher in Betrieb nehmen.
- **Wasserstand prüfen** Achten Sie darauf, dass der Dampf-Tapetenablöser immer mit einer ausreichenden Menge Wasser gefüllt ist.

Müheloses Ablösen
Drücken Sie die Dampfplatte des Geräts mit der einen Hand gegen die Wand, während Sie mit der anderen die bereits behandelten Tapetenflächen ablösen. Die Einweichzeit ist je nach Tapetentyp verschieden.

Vorbereitung des Untergrunds

Eine sorgfältige Vorarbeit durch Spachteln und Schleifen ist wichtig, um einen glatten und tragfähigen Untergrund zu erhalten. Einige Tapeten mögen Unebenheiten zwar verdecken, aber die Haftung von Papier und Kleister ist nur auf einer glatten Oberfläche gewährleistet.

Erste Schritte

- **Altes entfernen** Alte abblätternde Anstriche sollten unbedingt entfernt werden, da sonst die Tapete nicht haftet. Entfernen Sie mit einem Spachtel alle losen Farbschichten und glätten Sie die Stellen mit Füllspachtel.
- **Putz verfestigen** Behandeln Sie sandende Untergründe zuvor mit einer Schicht Tiefgrund oder Kleisterlösung (Wasser und Kleister im Verhältnis 5 : 1). So bekommt die Tapete einen festen Haftgrund. Gleichzeitig wird der Kleister an der Tapete nicht so schnell aufgesogen, sodass ein Korrigieren der Tapetenbahnen noch möglich ist.

Kaschieren

- **Flecken** Damit Flecken nicht auf die Tapete durchschlagen und diese verfärben, besprühen Sie die betroffene Stelle vor dem Tapezieren mit Isolierlack. Alternativ kann man auch eine ölhaltige Grundierung auftragen.
- **Vorstehende Metallteile** Lösen Sie alte Nägel und Schrauben aus der Wand, um Ihre neue Tapete nicht zu beschädigen (nur im Notfall bündig einschlagen).
- **Dunkle Untergründe** Bevor Sie eine helle Tapete auf eine dunkle oder fleckige Tapete kleben, sollten Sie zuerst eine Schicht weiße Wandfarbe auftragen.

ZEIT SPAREN

Spachteln und grundieren
Verfüllen Sie kleine Löcher mit Spachtelmasse, die Sie dann kurz vor dem Trocknen mit Kleisterlösung überstreichen. So können Sie die Fläche mit einem Pinsel glätten – ohne abschmirgeln.

Decken vorbereiten und tapezieren

Wie bei vielen Renovierungsarbeiten geht man auch beim Tapezieren am besten von oben nach unten vor. Daher kommen zuerst die Decken dran.

- **Kanten spachteln** Prüfen Sie, ob die Anschlussfuge zwischen Wand und Decke sauber gespachtelt und geschliffen ist. Diese Kante wird Ihnen als Linie für das Tapezieren an der Decke und den Wänden helfen.
- **Decken prüfen** Meist findet man an Decken alte Wandfarbenanstriche, die eine zu geringe Tragfähigkeit aufweisen. Das Gewicht der Tapete löst die Farbe, sodass sie stellenweise durchhängt. Machen Sie einen Test, indem Sie einen Tapetenstreifen anbringen und einen Tag warten. Wenn der Streifen dann noch fest sitzt, können Sie mit dem Tapezieren fortfahren. Ansonsten muss der alte Anstrich entfernt werden.

Sicher und mühelos arbeiten
Bauen Sie sich ein bequemes Arbeitsgerüst, indem Sie ein stabiles Brett zwischen zwei Trittleitern schieben und es daran befestigen. Unterstützen Sie das Brett in der Mitte mit einer Holzkiste. Die Höhe sollte so gewählt werden, dass sich die Decke etwa 15 cm über Ihrem Kopf befindet. So kann man tapezieren, ohne dass die Arme ermüden.

ARBEITSTECHNIKEN

Das A und O jeder Tapeziertechnik besteht in einer hochwertigen Tapezierbürste und geeigneten Schneidewerkzeugen. Wer ein gutes Ergebnis erzielen möchte, muss zudem zwei Dinge beherzigen: Den Ablauf sorgfältig vorbereiten und auch schwierigere Ecken in Ruhe angehen.

Messen und abschneiden

Durch exaktes Messen und Zuschneiden lässt sich unnötiger Verschnitt vermeiden. Bevor Sie mit der Arbeit beginnen, prüfen Sie, ob alle Rollen mit der gleichen Fertigungsnummer versehen sind. Denn bei unterschiedlichen Nummern besteht das Risiko von Farbtonabweichungen.

Vorbereitungen

- **Arbeitsgerät** Bevor Sie sich ans Werk machen, vergewissern Sie sich, dass die Schere scharf und die Auflage des Tapeziertischs sauber sind.
- **Wände abmessen** Messen Sie den genauen Abstand zwischen Decke und Oberkante der Fußleiste. Bei gemusterten Tapeten addieren Sie noch die Versatzlänge und weitere 10 cm hinzu.
- **Vorrat** Schneiden Sie gleich zu Anfang mehrere Bahnen. Das erspart Ihnen später Zeit und das erneute Hantieren mit Zollstock und Schere.

Zuschneiden

- **Überlänge** In der Regel wird die zugeschnittene Tapetenbahn länger als der Tapeziertisch. Um die Bahnen bis zum Einstreichen aufzubewahren, können Sie sie wieder zusammenrollen. Achten Sie dabei lediglich darauf, dass die Tapeten nicht geknickt werden.
- **Abschneiden** Markieren Sie zunächst die Abmessungen auf der Tapete und ziehen Sie anschließend mit dem Lineal eine Linie. Schneiden Sie dann die Bahn längs dieser Linie gerade durch.

Messen leicht gemacht

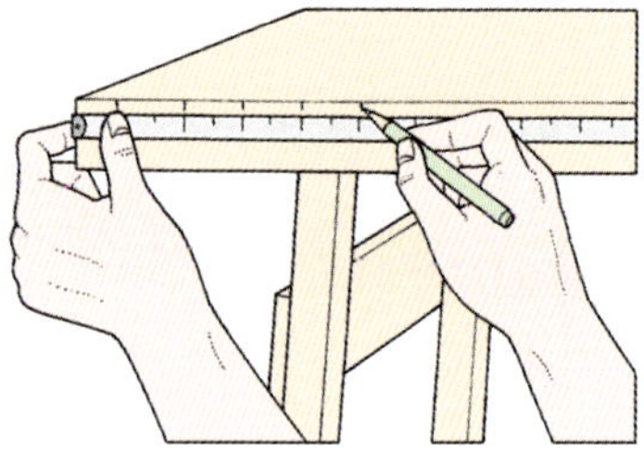

Tapeziertisch
Benutzen Sie die Kante des Tapeziertisches als „Zollstock", indem Sie die Maßeinteilung auf die Längsseite des Tisches übertragen. So können Sie die Tapetenbahnen durch Anlegen problemlos ausmessen.

Untertapete

Um die Wärmedämmung oder den Untergrund für die Decktapete zu verbessern, sind Untertapeten die richtige Lösung.

- **Ausrichten** Untertapeten müssen nicht genau lotrecht angebracht werden.
- **Technik** Untertapeten müssen immer auf Stoß geklebt werden. Bei senkrechten Bahnen muss man später darauf achten, dass die Stöße der Untertapete nicht deckungsgleich mit denen der eigentlichen Tapeten verlaufen.
- **Grundieren** Mit Untertapete bekleidete Flächen erhalten nach dem Trocknen eine Grundierung mit verdünnter Kleisterlösung. Dadurch kann die Decktapete später leichter zurechtgeschoben werden.

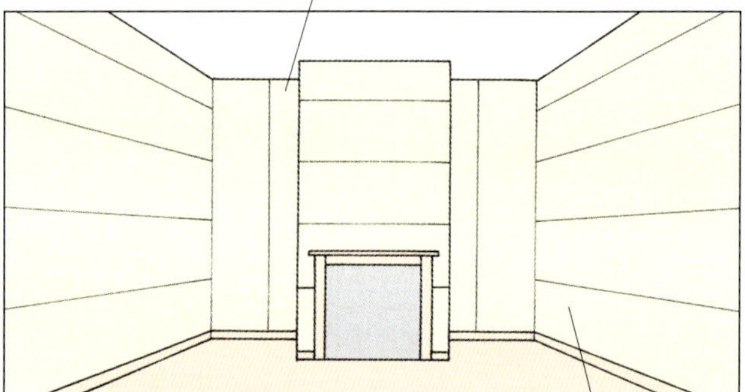

Waagrechte und senkrechte Bahnen
Untertapeten werden immer so angebracht, dass Sie möglichst wenig Zuschnitt benötigen und somit auch weniger Arbeit haben. Waagrechte Bahnen erleichtern Ihnen das Umrunden von Vorsprüngen (beispielsweise Kamine).

Einkleistern

Für das Tapezieren brauchen Sie irgendeine Form von Kleister: Sie können Tapetenkleister selbst mischen oder fertig kaufen. Manche Tapeten sind auf der Rückseite bereits mit einer Kleisterschicht ausgestattet, bei anderen muss die Wand eingestrichen werden.

Kleister anrühren

- **Vorbereiten** Rühren Sie den Kleister länger als empfohlen an, um Klumpenbildung zu vermeiden. Auch während des Tapezierens sollten Sie, am besten mit einem Holzlöffel, öfter umrühren.

Tapete einkleistern

- **Dünn und gleichmäßig** Die Tapetenbahn sollte gleichmäßig dünn eingestrichen werden. Zu viel Kleister ist im Nachhinein nur schwer wieder zu entfernen, zu wenig vermindert die Klebkraft.

Tapete verarbeiten

- **Vor Kleister schützen** Legen Sie jede Tapetenbahn an exakt die gleiche Stelle auf dem Tapeziertisch. So wird vermieden, dass Kleister auf die Vorderseite der Tapete gelangt.

Vorgekleisterte Tapete

Tapeten aufrollen
Tapeten, die mit einer Kleisterschicht versehen sind, müssen nur noch mit einer Deckenbürste vorsichtig mit etwas Wasser befeuchtet werden. Anschließend können Sie die Bahnen wie gewohnt verarbeiten.

Zusammenlegen
Die eingekleisterte Tapetenbahn wird von beiden Seiten her randgenau zur Mitte hin umgeschlagen. Dadurch wird verhindert, dass der Kleister trocknen kann, bevor Sie die Bahn an die Wand kleben.

Tipps & Tricks

- **Tapetenkleistergerät** Mit dem in Heimwerkermärkten zu mietenden Gerät ist das Einkleistern und Zuschneiden der Bahnen kinderleicht. Bei Verwendung dieser Geräte stets den erforderlichen Kleister verwenden.
- **Abstreifen** Der Kleisterauftrag wird nicht zu dick, wenn man die Kleisterbürste an einer Schnur abstreift, die man zuvor über den Kleistereimer gespannt hat.
- **Stärkerer Kleister** Bei Tapeten, die an die Decke geklebt werden sollen, wird der Kleister etwas dicker angesetzt, da er mehr halten muss.

Umgang mit Tapeten

- **Tapete schützen** Kleben Sie die Kanten des Tapeziertischs mit Kreppband ab, um die Musterung und die Struktur der eingeweichten Tapete nicht zu beschädigen. Beim Auflegen auf den Tapeziertisch kann die feuchte Tapete sonst leicht einreißen und kaputtgehen.
- **Ränder nachkleben** Halten Sie einen kleinen Topf mit fertig gemischtem Kleister während des Anklebens griffbereit. Die Ränder der eingestrichenen Tapeten trocknen manchmal schnell aus, sodass vielleicht nachgekleistert werden muss.

Eingeweichte Tapetenbahnen

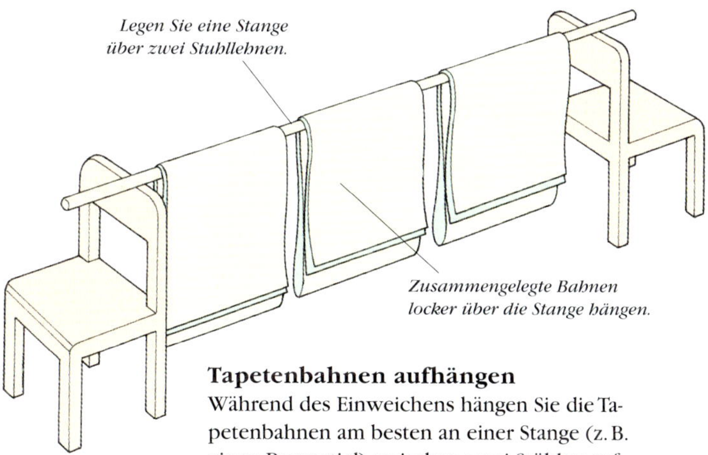

Tapetenbahnen aufhängen
Während des Einweichens hängen Sie die Tapetenbahnen am besten an einer Stange (z. B. einen Besenstiel) zwischen zwei Stühlen auf. Nehmen Sie die Bahnen immer vom gleichen Ende weg und rücken Sie die anderen nach.

Tapeten anbringen

Nach der gründlichen Untergrundvorbereitung hängt der Erfolg nun davon ab, dass man die Tapeten ordentlich an die Wand bringt. Beginnen Sie mit einfachen Flächen, sodass Sie die grundlegenden Arbeitsschritte beherrschen, wenn Sie an schwierigere Stellen kommen.

Exakter Startpunkt

Senkrechte bestimmen
Zeichnen Sie mit Bleistift und Wasserwaage eine senkrechte Markierungslinie an die Wand. Verlängern Sie die Linie durch vorsichtiges Weiterschieben der Wasserwaage bis ans obere und untere Ende der Wand.

Tapete ansetzen

Einreißen vermeiden
Drücken Sie die eingeweichte Tapete etwa 15 cm unterhalb der Decke an die Wand. Halten Sie sie mit der einen Hand gut fest, während Sie die Bahn langsam auseinander gleiten lassen und nach unten ausstreichen.

Tipps & Tricks

- **Ausdehnung** Beachten Sie, dass die Tapete in eingekleistertem Zustand etwas länger ist als nachher in getrocknetem. Kalkulieren Sie deshalb 0,5 cm mehr ein.
- **Tapete glätten** Die Tapete wird von oben nach unten und von der Mitte zu den Seiten mit der Tapezierbürste gut festgebürstet. So können Luftblasen entweichen.
- **Achtung bei Prägetapeten** Üben Sie beim Bürsten nicht allzu viel Druck aus, sonst könnte die Oberfläche platt gedrückt werden.
- **Vinyltapete anbringen** Überdehnen Sie Vinyltapeten beim Bürsten nicht, da sich die Ränder verziehen könnten.

Tapete in Position bringen

Ein sauberer, klar umrissener Übergang zwischen der tapezierten Wand und benachbarten Flächen ist für eine gute Ausführung wichtig. Um dieses Ziel zu erreichen, braucht man eine scharfe Schere, ein Universalmesser und eine gleich bleibend exakte Schnitttechnik.

GELD SPAREN

Messerklingen markieren
Wenn Sie die Klinge eines Messers austauschen, kennzeichnen Sie die unbenutzte Seite mit einem Punkt. So können Sie beim Wechseln schneller feststellen, welches Ende noch neu ist.

Ungleichmässige Kanten

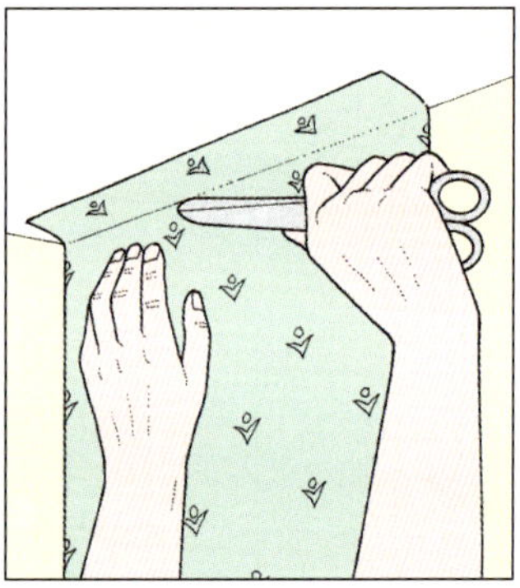

Sauberer Abschluss
Bei einem ungeraden Übergang von Wand und Decke lässt man die Tapete leicht auf die Decke überlappen. Drücken Sie hier mit dem Scherenrücken eine Schnittlinie ein.

Zu kurze Bahnen

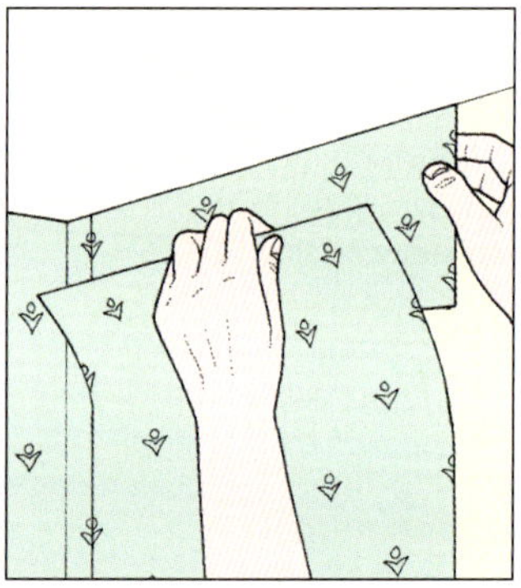

Nahtstellen verbergen
Bei zu kurzen Tapetenbahnen fügen Sie einen schmalen Streifen oben hinter die Hauptbahn ein. Lassen Sie die Hauptbahn auf den Streifen überlappen, damit er nicht zu sehen ist.

Auf Stoß tapezieren

Das millimetergenaue Zusammenfügen der Bahnen ist ebenso wichtig wie der sorgfältige Zuschnitt. Zwischen den einzelnen Bahnen ist auf einen sauberen Anschluss zu achten. Sie sollten exakt „auf Stoß" geklebt werden, sodass eine glatte, einheitliche Oberfläche entsteht.

Perfekte Stösse

- **Richtiges Maß** Bürsten Sie gerade so viel, dass Luftblasen entweichen und die Tapete fest auf der Wand haftet. Bei zu starkem Bürsten können die Nähte später als glänzende Linien sichtbar bleiben.
- **Nahtroller** Um die Tapete fest anzudrücken und fast unsichtbare Nähte zu erzeugen, rollt man mit einem Nahtroller mehrfach über die Stoßstellen. Dies gilt jedoch nicht für Prägetapeten, da sonst das Relief abflacht.
- **Nachkleistern** Tapetenränder neigen dazu, sich mit der Zeit abzulösen. Bereits trockene Ränder können mit einem kleinen Flachpinsel nachgekleistert werden.

Tapetenmuster ausrichten

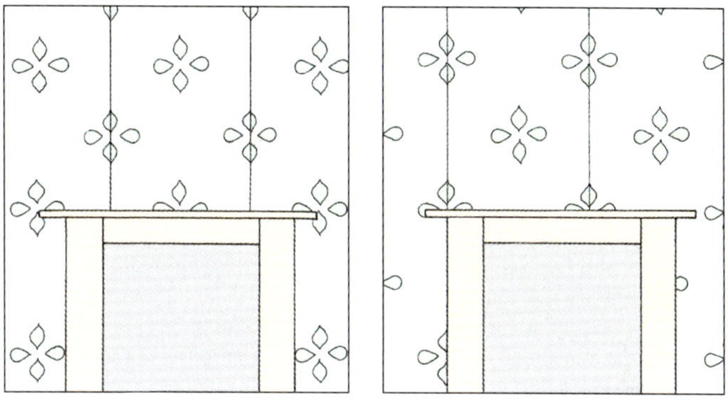

Zentriert *Willkürlich*

Räumliche Besonderheiten nutzen

Tapeten mit einem mittelgroßen bis großen Muster sollten immer mittig über einem Blickfang angeordnet werden (linke Zeichnung), um eine ausgeglichene Raumordnung zu erreichen. Überlässt man es dem Zufall, wo das Muster gerade aufgeht, wird der Blick vom Mittelpunkt abgelenkt (rechte Zeichnung). Beginnen Sie also immer weg vom Blickfang als Zentrum zu tapezieren.

Tapeten sauber halten

Tapeten sind ein empfindliches und häufig kostspieliges Dekorationsmaterial. Achten Sie daher besonders darauf, dass die Oberfläche nicht verunreinigt oder beschädigt wird. Ein Eimer mit sauberem Wasser sollte immer bereitstehen, um sofort reinigen zu können.

Verwechslung vermeiden

Farbliche Zuordnung

Benutzen Sie verschiedenfarbige Eimer und Schwämme. So vermeiden Sie, dass etwa Utensilien zum Reinigen der Tapete mit denen zum Abwischen des Tapeziertischs verwechselt werden.

Kleister entfernen

- **Angrenzende Flächen** Nachdem die Tapetenbahnen ausgerichtet sind, entfernen Sie überschüssigen Kleister von der Tapetenoberfläche. Auch Decke und Fußleiste sollten gereinigt werden, bevor Kleisterrückstände antrocknen und Flecken hinterlassen.
- **Neue Bahnen schneiden** Um zu verhindern, dass die Tapete während des Zuschneidens mit Kleister verschmiert wird, bedecken Sie den Tisch zuvor mit einem Stück Untertapete oder wischen Sie ihn gut ab.
- **Abfall** Geben Sie Tapetenabfälle sofort in einen Müllsack, damit kein Kleister auf den Fußboden gelangt.

Arbeitsplatz säubern

Im Hinblick auf ein optimales Ergebnis hat es sich gezeigt, dass Arbeitsflächen und Tapeziergerät immer möglichst sauber sein sollten.

- **Überschüssiger Kleister** Kratzen Sie halb angetrockneten Kleister mit einem Spachtel oder Schaber vom Tapeziertisch, insbesondere an den Rändern.
- **Wasser austauschen** Wechseln Sie ungefähr nach zehn Bahnen das Putzwasser gegen frisches aus.
- **Arbeitsgeräte** Halten Sie Scheren und Messerklingen stets mit einem fusselfreien Lappen trocken.

PROBLEMFÄLLE

In jedem Raum gibt es Ecken, Winkel und andere schwierige Stellen, an denen die Grundtechnik etwas verfeinert werden muss. Doch haben Sie keine Sorge - mit ein bisschen Übung werden Sie auch diese Problemstellen gut meistern können.

Fenster und Türen

Fenster und Türen stellen die häufigsten Hindernisse dar, die Sie aber mit System angehen können. Sie sehen nachfolgend ein Grundschema, das je nach Form und Größe den jeweiligen Gegebenheiten angepasst werden kann und die meisten Probleme löst.

An Türen und Fenstern

- **Feuchtigkeitssperre** In Feuchträumen kann sich an Fensterscheiben Kondenswasser bilden. Damit sich die Tapete nicht ablöst, tragen Sie am Übergang zwischen Rahmen und Tapete rundum einen Streifen transparentes Silikon auf.
- **Überlappungen** Es ist möglich, dass trotz genauen Messens und guter Technik kleine Überlappungen vorkommen. Versuchen Sie diese so zu legen, dass sie später von den Vorhängen verdeckt werden.
- **Unfälle vermeiden** Wer über einer Türöffnung tapeziert, sollte außen ein Schild anbringen oder die Tür abschließen.

Tapezieren nach Plan

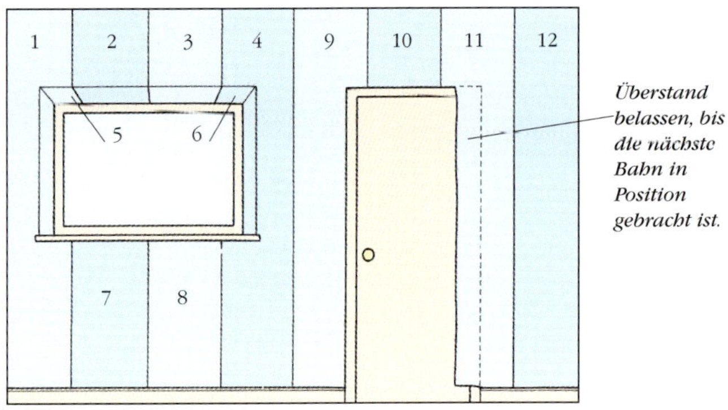

Mit System vorgehen
Wände, die durch Fenster und Türen unterbrochen sind, sollten in einer bestimmten Reihenfolge tapeziert werden (siehe oben 1-12), damit die Ausrichtung beibehalten wird, während man um Öffnungen tapeziert. Kleben Sie Nr. 12 an, bevor Sie Nr. 11 festbürsten.

Rundbogen tapezieren

In Rundbögen lassen sich Überlappungen normalerweise nicht vermeiden. Bei einer sorgfältigen Ausführung wird dies jedoch nicht mehr zu sehen sein.

- **Tapetenauswahl** Sollen die Tapeten zweier Räume miteinander verbunden werden, verwenden Sie für den Bogen die Tapete mit dem kleineren Motiv, um den Musterbruch optisch abzuschwächen.
- **Besser mit Farbe?** Sie können auch nur bis zur Kante des Rundbogens tapezieren und das Innere der Wölbung in derselben Farbe wie die Decke im angrenzenden Raum streichen.

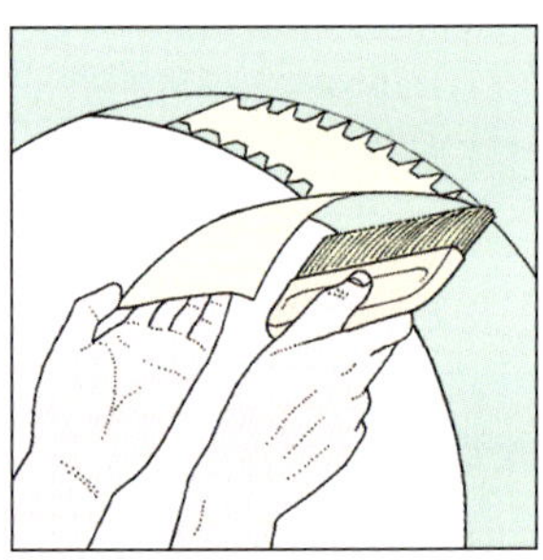

Tapete in Form bringen
Lassen Sie entlang des Bogens einen kleinen Überstand und schneiden Sie kleine Zacken ein. An der Innenseite des Bogens festkleben und darüber einen Streifen Tapete kleben.

Bilder und Regale

Überlegen Sie vorher, ob Sie diese Dinge nach dem Tapezieren an anderer Stelle anbringen wollen.

- **Neue Position** Ziehen Sie vor dem Tapezieren alle Haken aus der Wand und glätten Sie die Löcher, damit nichts durch die neue Tapete drücken kann.
- **Alte Position** Wenn Sie z. B. Ihre Regale wieder an der gleichen Stelle haben wollen, markieren Sie die Bohrlöcher mit Streichhölzern. Beim Tapezieren stehen diese leicht hervor, sodass Sie sofort sehen, wo das Regal wieder hinkommt.

Zimmerecken tapezieren

Im Allgemeinen lassen sich Tapeten leicht um Außenecken kleben. Sind diese aber nicht ganz rechtwinklig oder gerade, müssen Sie Ihre Arbeitsweise diesen Gegebenheiten anpassen. Wenn Sie an der angrenzenden Wand weitertapezieren, prüfen Sie, ob die Bahn lotrecht ist.

Ungleichmässige Aussenecken erfolgreich meistern

1 Eine Bahn um die Außenecke kleben und die nächste so anbringen, dass sie die erste um 5–10 cm überlappt. Mittig durch die Überlappung beider Bahnen schneiden.

2 Überlappende Ränder vorsichtig zurückziehen und die abgetrennten Tapetenstreifen entfernen. Halten Sie die Tapete fest, um sie vor dem Einreißen zu schützen.

3 Glätten Sie die Naht mit der Tapezierbürste. Überschüssigen Kleber sollte man vor dem Antrocknen mit einem feuchten Schwamm vom Nahtbereich entfernen.

Ungleichmässige Innenecken erfolgreich meistern

- **Anschluss** Um die Innenecke tapezieren mit 2,5 cm Überstand. Die nächste Bahn bündig in die Ecke und überlappend kleben.
- **Ecken kleben** Die Haftung des Streifens wird deutlich verbessert, wenn Sie die Eckstreifen oben und unten etwas einschneiden.
- **Ablösen** Besonders bei Vinyltapeten ist es wichtig, längs der Überlappung mit einem Pinsel speziellen Nahtkleber aufzutragen.

TREPPENAUFGÄNGE TAPEZIEREN

Wer einen Treppenaufgang tapezieren will, muss mit langen Bahnen, schrägen Schnitten und schwierigen Ecken rechnen.

- **Arbeitsteilung** Bei langen Tapetenbahnen kann eine Person den oberen Teil der Bahn in die richtige Position schieben, während die andere die zusammengelegte Tapete hält.
- **Messen** Da die Unterkante der Tapete schräg verläuft, sollten Sie jede einzelne Bahn ausmessen und treppabwärts arbeiten.
- **Einkleistern und einweichen** Kleistern Sie immer nur eine Bahn. Achten Sie darauf, dass die Einweichzeiten für alle Bahnen gleich lang sind.

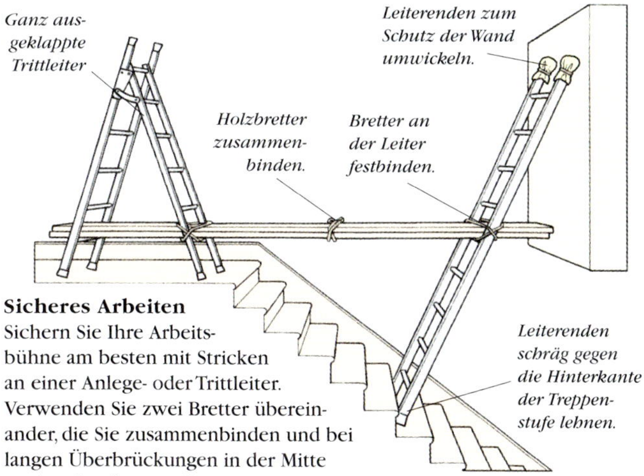

Sicheres Arbeiten
Sichern Sie Ihre Arbeitsbühne am besten mit Stricken an einer Anlege- oder Trittleiter. Verwenden Sie zwei Bretter übereinander, die Sie zusammenbinden und bei langen Überbrückungen in der Mitte nochmals stützen sollten.

Elektrische Installationen

Elektrische Schalter und Steckdosen unterscheiden sich nicht von anderen „Hindernissen", auf die man beim Tapezieren stößt. Wenn Sie einige Grundregeln beherzigen, werden Sie keine Probleme haben. Achten Sie vor allem darauf, die nötigen Sicherheitsvorkehrungen zu treffen.

Wichtige Vorarbeiten

- **Elektroarbeiten** Wenn die gesamte Elektroinstallation eines Raumes erneuert wird, sollten alle Schalter und Dosen erst nach dem Tapezieren endgültig montiert werden.
- **Wandleuchten** Planen Sie die Tapetenbahnen so, dass die Stöße mit den Leuchten mittig zusammenfallen. So brauchen Sie die Wandplatte nur leicht lösen und die Tapete darunter schieben.

Vorsicht!

Bevor Sie um elektrische Armaturen herumtapezieren, muss immer der Stromkreis unterbrochen werden!

Lichtschalter und Steckdosen

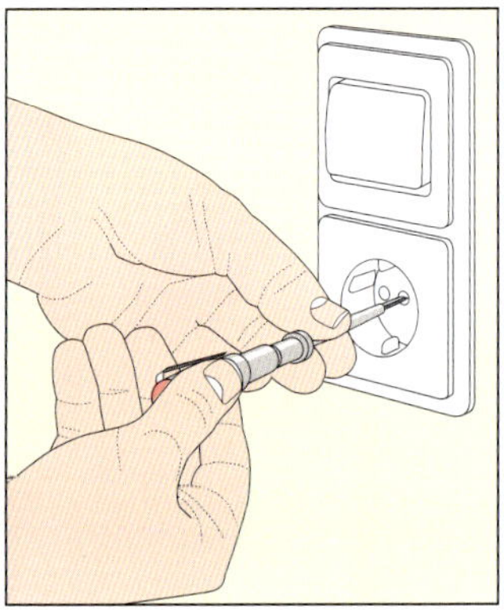

1 Stromkreis unterbrechen. Dann die äußere Schalterabdeckung mit einem isolierten Schraubendreher etwas loshebeln und danach die Befestigungsschraube lösen. Abdeckung abnehmen.

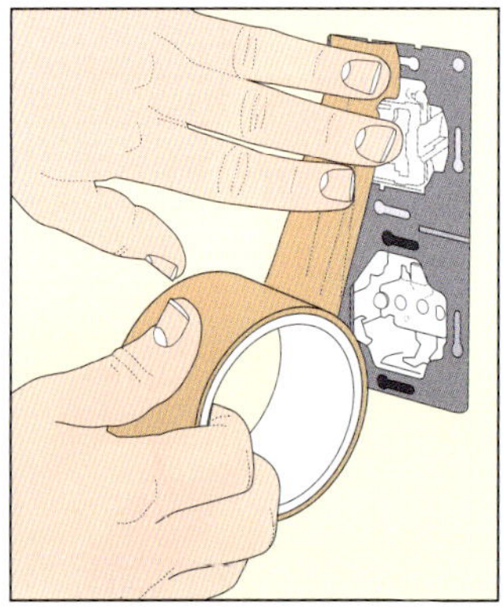

2 Verbliebene Wandinstallation exakt abkleben, dann tapezieren. Danach eine entsprechende Öffnung aus der Tapete schneiden, das Abklebeband entfernen und die Abdeckung wieder anschrauben.

Rohre und Heizkörper

Rohre und Heizkörper sind beim Tapezieren echte Problemzonen. Sie haben keine geraden Kanten, an denen man die Tapete ausrichten könnte, und oft ist es unvermeidbar, die Wand dahinter zu tapezieren. Auch hier gilt, die Tapeziertechnik durch ein paar Tricks zu ergänzen.

Problemfall Heizkörper

Hinter dem Heizkörper
Bei einem fest installierten Heizkörper lässt man die Tapete zum Abmessen darüber fallen. Schneiden Sie sie von unten längs der Wandhalterung in Streifen und kleben Sie sie dann an.

Rohrleitungen

- **Rohrleitungen** Nehmen Sie eine senkrecht verlaufende Rohrleitung zum Ausgangspunkt für Ihr Tapeziervorhaben, sodass die Stoßnaht zwischen erster und zweiter Bahn von der Leitung verdeckt wird. Diese Vorgehensweise hat außerdem den Vorteil, dass Sie sich das komplizierte Zurechtschneiden um die Rohrbefestigungen ersparen.
- **Rohre säubern** Tapetenkleister sollte von blanken Metallrohren sofort entfernt werden, da er Korrosionen verursachen kann, die wiederum zu hässlichen Flecken auf der Leitung führen.

GUTE IDEE!

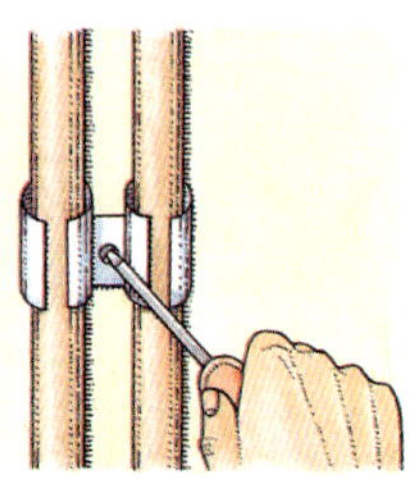

Rohrleitungen
Wenn Sie die Befestigungsschellen abschrauben, lässt sich die Tapete leicht hinter das Rohr führen. Bringen Sie die Halterungen sofort wieder an, denn jetzt sind die Löcher noch gut zu ertasten.

TAPETENFRIES

Ein Fries aus Tapete (auch Bordüre genannt) kann auf interessante Weise Merkmale einer Tapete hervorheben oder ergänzen. Häufig werden in den Fachgeschäften die passenden Bordüren zu den entsprechenden Tapeten angeboten. Man kann aber auch zu einfarbigen Tapeten Bordüren auswählen.

Einen Fries anbringen

Bordüren werden erst angebracht, wenn die Wand fertig tapeziert ist. Dabei geht man immer auf die gleiche Art und Weise vor, unabhängig vom Typ der Bordüre. Ausschlaggebend ist vielmehr, bei der Ausführung möglichst sorgfältig und gründlich zu arbeiten.

Positionieren

- **Wo ist die richtige Stelle?** Bordüren können in verschiedenen Höhen angebracht werden – direkt unter der Decke, als Abschluss zum Sockel oder als Zierleiste. Beachten Sie aber mögliche „Hindernisse": Schalter, Leitungen, Bilder usw.
- **Ausrichten** Folgen Sie beim Ankleben der Bordüre einer waagrechten Linie im Muster der Tapete oder ziehen Sie mit der Wasserwaage eine feine Hilfslinie.
- **Ankleben** Wenn Sie den Kleber aufstreichen, sollten Sie die Bordüre sofort ankleben, da es sich meist um schnell trocknenden Kleber handelt.

Wand unterteilen

Einfach und schön

Um eine große Wandfläche zu unterteilen, eignet sich ein Fries aus Tapete. Dies sieht hübsch aus, erfordert keinen großen Aufwand und spart Kosten.

Für jeden Raum passend

Einzelheiten abstimmen

Das Motiv der Bordüre sollte mit der Einrichtung harmonieren. Für ein Kinderzimmer empfiehlt sich z. B. ein farbenfrohes und lebendiges Motiv.

Als Rahmen verwenden

Ecken verbinden

Zwei Bordürenstreifen an den Enden übereinander kleben. Beide Streifen mit dem Universalmesser an einem Lineal entlang diagonal durchschneiden, dann die Stücke zusammenfügen.

Friese anbringen

- **Eckabschluss** Lassen Sie den Bordürenstreifen etwa 0,5 cm auf die angrenzende Wand überstehen. Kleben Sie den nächsten Streifen überlappend darüber, sodass das Muster an der Verbindungsstelle übereinstimmt. Mit der Scherenspitze werden die überlappenden Enden in die Ecken gedrückt und eine Schnittlinie markiert. Ziehen Sie die Streifen einige Zentimeter weit ab und schneiden Sie genau am Knick den Überstand ab.
- **Schwamm benutzen** Bordüren lassen sich am besten mit einem leicht feuchten Schwamm in Position bringen.

GELD SPAREN

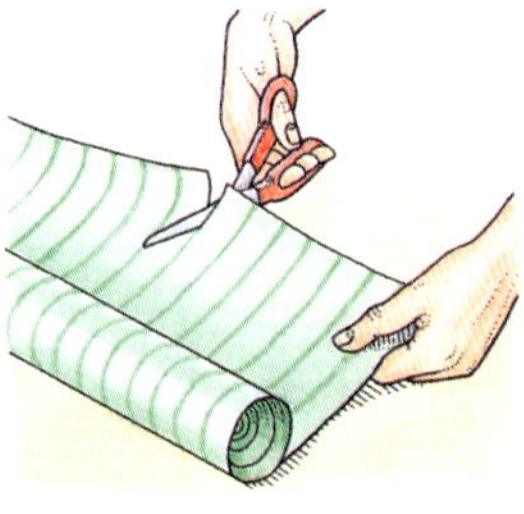

Eigene Bordüre entwerfen

Hierfür können Sie sehr gut die Reste einer Tapetenrolle verwenden und so Ihre eigenen Ideen und kreativen Entwürfe umsetzen.

WANDVERKLEIDUNGEN

Neben den herkömmlichen Tapeten gibt es noch eine ganze Reihe anderer Möglichkeiten, Wände dekorativ zu gestalten. Sie reichen von stark strukturierten Prägetapeten über verschiedene Arten von Stoffverkleidungen bis hin zu Strukturputz und den unterschiedlichsten Holzverkleidungen.

Wandbehänge

Ursprünglich verstand man unter einem Wandbehang ein dekoratives Gewebe, das ähnlich wie ein Bild an der Wand aufgehängt wird. Heute sind Wandbehänge längst nicht mehr auf diese eine Form beschränkt, da man zwischen vielen Materialien wählen kann.

Struktur- und Gewebeverkleidungen

Einige Verkleidungen lassen sich so einfach wie Tapeten an die Wand kleben. Zahlreiche neuere Typen erfordern dagegen eine spezielle Befestigungstechnik.

- **Gewebeauswahl** Wollen Sie einem Raum eine edle Wirkung geben, wählen Sie Seide. Jute und Grasfaser sind von der Struktur her grober und erzeugen eine schlichte, erdverbundene Atmosphäre.
- **Strukturoberflächen** Es gibt ganz außergewöhnliche Möglichkeiten: Hierzu gehören Oberflächen, die den Eindruck einer Felswand hervorrufen oder mineralische Partikel wie Sand oder Steinchen imitieren.

Seide

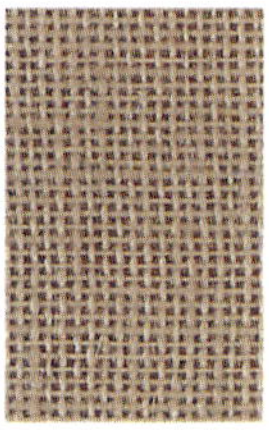
Jute

Grasfaser

Steinchen

Ungewöhnliches

Gartenspalier
Hängen Sie ein schön gestrichenes Gartenspalier als originelle Sockelverkleidung an die Wand. Leichte Modelle können mit jedem Holzleim angeklebt werden.

Stoffe und Teppiche verwenden

- **Bündig aufhängen** Zur Montage eines Wandteppichs schrauben Sie ein Befestigungsprofil an der Stelle fest, wo sich die Oberkante des Teppichs befinden soll.
- **Vorhangstangen** Bei Stoffen oder Teppichen mit geschlauftem Rand führen Sie eine Vorhangstange durch die Schlaufen und hängen diese am Befestigungsmaterial auf.

Akzente setzen
Teppiche und andere Wandbehänge werden in allen Größen und Formen angeboten. Bringt man Stoffe mit ungewöhnlicher Form an Stellen an, die weniger ins Auge springen, wie über einem Fenster, lässt sich ein interessanter Blickfang erzeugen.

Stoffe anbringen

- **Verwendung von Latten** Schrauben Sie in Decken- und Fußleistenhöhe Latten an. Mit einem Tacker wird hier die Stoffbespannung befestigt: Tackern Sie den Stoff an der oberen Latte fest, spannen Sie ihn dann bis an die untere Leiste und tackern Sie ihn auch dort fest.
- **Tackerklammern verbergen** Damit die Tackerklammern nicht zu sehen sind, kleben Sie mit Textilkleber einen Streifen Stoff über die Stange.
- **Befestigung** Praktisch im Hinblick aufs Waschen sind Haftbandstreifen, die mit Klettenhäkchen besetzt sind.

Wandverkleidungen aus Holz

Um eine besondere Wirkung und eine lange Haltbarkeit zu erzielen, können Wände vollständig oder teilweise mit Paneelen und Profilbrettern verkleidet werden. Einige Kenntnisse der Holzbearbeitung sind allerdings nötig, um ein gutes Ergebnis zu erhalten.

Tipps & Tricks

- **Zugang ermöglichen** Um jederzeit Zugang zu Rohrleitungen oder Sicherungskästen zu haben, bauen Sie am besten kleine Türchen in die Holzverkleidung ein.
- **Kanten verdecken** Den idealen Abschluss am Übergang zur Decke bilden hölzerne Abschlussleisten, die angetackert oder -genagelt werden können.
- **Welche Latten?** Paneele werden nicht direkt an der Wand befestigt, sondern an einer Unterkonstruktion aus Holz. Man verwendet dazu nicht imprägnierte, ungehobelte Holzlatten. In der Regel genügt eine Lattenstärke von 20 × 45 mm, bei stärkerer Belastung auch 30 × 50 mm.

Unterkonstruktion

- **Befestigung** Dübeln Sie die Latten parallel im Abstand von 50 cm waagrecht an die Wand (da üblicherweise die Paneele senkrecht verlaufen).

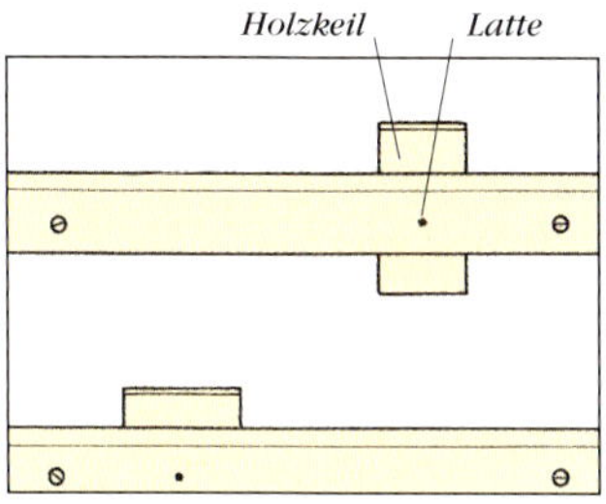

Lattung unterfüttern
Latten müssen bei Unebenheiten unterfüttert werden, damit eine einheitliche Unterkonstruktion entsteht. Benutzen Sie dafür am besten Holzkeile unterschiedlicher Stärken.

Paneelen-Befestigung

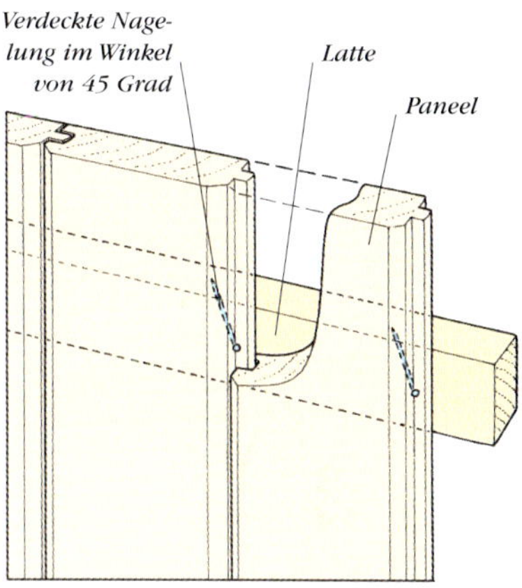

Befestigungen verdecken
Bei Nut-und-Feder-Profilen schlagen Sie einen Nagel durch die Nut eines Paneels in die dahinter liegende Latte. Die Feder des nächsten Paneels wird den Nagel verdecken.

Zierprofile

Zierprofile geben der fertig tapezierten oder verkleideten Wand den letzten Schliff. Die Auswahl ist sehr vielfältig, denn das Angebot reicht von Holz und Gips bis hin zu Styropor. Das beliebteste Produkt sind aber die herkömmlichen Kehlleisten in konkav gewölbter Form.

Dekorleiste ausbessern

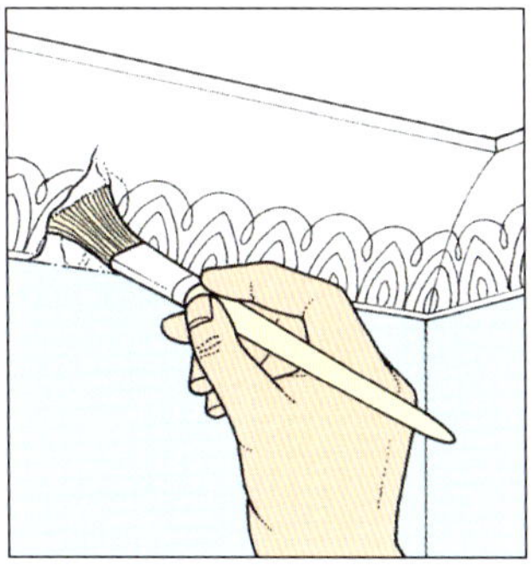

Reparaturspachtel
Tragen Sie die Spachtelmasse mit dem Finger auf die beschädigte Stelle auf und bringen Sie sie in die richtige Form. Zum Schluss glätten Sie die Stelle mit einem feuchten Pinsel.

Dekorleisten aus Gips

- **Befestigung** Gipsdekorleisten werden mit Dispersionskleber und zusätzlich mit Nägeln befestigt, da die Leiste während der Trockenzeit des Klebers einen festen Halt braucht. Einige Hersteller empfehlen, die Nägel später herauszuziehen. Es ist jedoch besser, sie zu belassen und sie mit Füllspachtel und Farbe zu überdecken.
- **Glätten** Kleber sollte sofort entfernt und die Fugen geglättet werden, solange er noch feucht ist. Wischen Sie mit einem feuchten Schwamm jedes Teil nach dem Anbringen sofort ab.

Styropor-Zierprofile

Styroporleisten sind zwar weniger stabil und wirken künstlicher als Gipsprofile, dafür sind sie aber um einiges kostengünstiger.

- **Flexibilität** Weil sie elastischer sind, lassen sich Styroporprofile leichter anbringen und eignen sich besser für unebene Wand-Decken-Anschlüsse. Außerdem sind sie weniger rissanfällig.
- **Leichte Handhabung** Styropor lässt sich wegen seines geringen Gewichts leicht verarbeiten. Um ihm ein etwas solideres Aussehen zu geben, kann man mehrere Farbschichten auftragen.

DER LETZTE SCHLIFF

Damit das Ergebnis möglichst zufrieden stellend ausfällt und lang Bestand hat, sollten Sie sich für die Abschlussarbeiten genügend Zeit nehmen. Um auch bei zukünftigen Vorhaben noch gutes Werkzeug zur Verfügung zu haben, empfiehlt sich ein pfleglicher Umgang damit.

Fehler ausbessern

Auch nach Abschluss der Tapezierarbeiten können noch Schwierigkeiten auftreten. Die meisten werden nur geringfügig und folglich leicht zu beheben sein. Kümmern Sie sich aber am besten gleich darum, sonst ärgern Sie sich später nur über diese Fehler.

Flecken entfernen

- **Reinigungsmittel** Die meisten Flecken lassen sich mit einem milden Haushaltsreiniger und einem Lappen gut entfernen.
- **Feuchte Stellen** Klären Sie auf jeden Fall, ob ein Wasserschaden vorliegt. Wenn nicht, handelt es sich meistens um so genannte Kältebrücken, die Sie entweder von außen oder von innen durch eine Isolierung beheben können.

Fehler im Muster

- **Das Auge ablenken** Wenn das Muster an den Stößen zweier Tapetenbahnen nicht zusammenpasst, kann ein Bild oder Wandbehang helfen, von der Unstimmigkeit abzulenken. Fehler, die sich auf Augenhöhe befinden, sollte man nochmals übertapezieren.

Schwierige Übergänge

- **Extrahaftung** In Bädern und Küchen kommt es vor, dass sich die Tapete am Übergang zu Fliesen durch Feuchtigkeit oder geringe Haftung ablöst. Fugen Sie diesen schmalen Streifen mit Silikon-Dichtungsmasse aus. Wenn Sie links und rechts des Streifens gut ablösbares Kreppband anbringen, können Sie einfach ausfugen und Sie erhalten eine gerade Linie. Das Kreppband abziehen, bevor die Fugenmasse fest wird.

Tapezierfehler ausbügeln

Es gibt einige häufig auftretende Problemfälle beim Tapezieren, die zwar nur kleinere Flächen betreffen können, jedoch das Gesamtergebnis leicht verderben. Dabei können die meisten Fehler mit relativ einfachen Mitteln behoben werden.

Klaffende Tapetennähte
Nehmen Sie einen passenden Filzstift, um den Spalt zwischen Stößen, die nicht exakt zusammengefügt wurden oder beim Trocknen etwas auseinander gegangen sind, auszumalen. Zu viel Farbe lässt sich mit einem feuchten Schwamm abtupfen.

Verkleisterte Nähte
Wischen Sie verkleisterte oder fleckige Nähte mit einem milden Reinigungsmittel vorsichtig ab. Um beim nächsten Tapezieren das Problem zu vermeiden, entfernen Sie überschüssigen Kleister von den Nähten, bevor die Tapete trocknet.

Abstehende Tapetenränder
Ränder, die sich ablösen, sollten noch einmal mit konzentriertem Tapetenkleister angeklebt werden. Tragen Sie den Kleister mit einem feinen Pinsel längs der Tapetenkante auf – nach dem Festdrücken eventuell hervorquellenden Kleber abwischen.

Abgerissene Tapetenstücke
Bestreichen Sie die Schadstelle mit etwas konzentriertem Tapetenkleister und bringen Sie das abgerissene Tapetenstück mit einem sauberen, feuchten Schwamm wieder an die richtige Stelle – die Reparatur wird später kaum sichtbar sein.

Blasenbildung
Normalerweise verschwinden Blasen beim Trocknen der Tapete von selbst. Falls dies nicht der Fall ist, schneiden Sie mit einem Universalmesser hinein und kleben Sie das Tapetenstück mit Kleister wieder an – am besten mit einem feinen Künstlerpinsel.

Reinigung und Pflege

Nach allen Verschönerungsarbeiten – und Tapezieren bildet da keine Ausnahme – sollte man die Arbeitsmittel gründlich reinigen, damit man sie auch beim nächsten Mal in einem gebrauchsfähigen Zustand vorfindet. Denn Ersatz für Werkzeuge zu besorgen ist oft kostspielig.

Oberflächen reinigen

- **Mit Seife** Wischen Sie den Tapeziertisch nach Gebrauch mit einem milden Reinigungsmittel ab. Andernfalls machen sich Kleisterreste beim nächsten Mal störend bemerkbar.

Bürstenpflege

- **Borsten weich erhalten** Reinigen Sie Tapezierbürsten mit einem milden Shampoo und waschen Sie die Borsten danach gründlich aus. So bleiben diese weich.

Wasserwaage

- **Sorgfalt** Zuerst sollte man die Wasserwaage von allen Kleisterresten befreien. Da diese Geräte empfindlich sind, sollten sie möglichst geschützt aufbewahrt werden.

Scheren instand halten

Gelenk ölen

Am besten reinigen Sie die Schere mit einem feuchten Tuch und trocknen sie dann ab. Danach ölt man das Scherengelenk mit einem fusselfreien Lappen ein.

Pflegetipps für tapezierte Wände

- **Empfehlungen beachten** Schauen Sie aufs Etikett, ob die Tapete wasch- oder scheuerbeständig ist.
- **Schutz für die Tapete** Auf stark beanspruchte Stellen kann man eine Schutzschicht aus mattem Acryllack aufbringen – vorher an einer unauffälligen Stelle auf Verträglichkeit testen.
- **Textiltapeten** Benutzen Sie einen weichen Staubsaugeraufsatz, um den Staub behutsam zu entfernen.

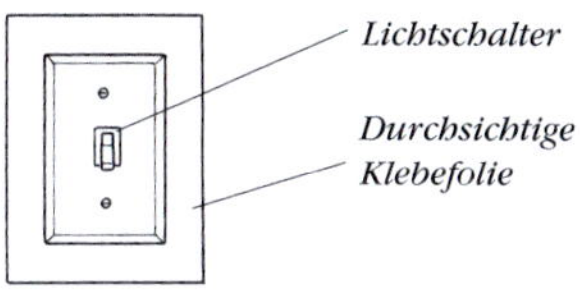

Putzen leicht gemacht

Da der Bereich um Lichtschalter herum sehr schmutzanfällig ist, kann man ein entsprechend ausgeschnittenes Stück Klebefolie anbringen. So bleibt die Tapete sichtbar und die Stelle kann leicht gereinigt werden.

Reste sinnvoll nutzen

Beim Tapezieren fällt meist ziemlich viel Verschnitt an. Daher sollte man versuchen, übrig gebliebene Tapetenstücke doch noch sinnvoll zu verwerten. Außerdem ist es wichtig, einige Tapetenstücke für später notwendige Ausbesserungen aufzubewahren.

Tapetenreste nutzen

- **Geschenke einpacken** Der Verschnitt von Mustertapeten lässt sich auch gut als Geschenkpapier verwenden.
- **Papiervorrat** Bei einfachen Tapeten ohne Struktur kann man die Rückseite als Mal- oder Zeichenpapier für Kinder verwenden.
- **Muster verwerten** Muster, die sich aus verschiedenen Motiven zusammensetzen, können zerschnitten und die Motive für viele andere Dekorationszwecke eingesetzt werden, z. B. für Ausschneidbilder (siehe S. 265) oder zum Anfertigen einer Schablone (siehe S. 215).

Sonstiges Material

- **Klingen wieder verwenden** Universalmesserklingen sind nach dem Einsatz zum Tapetenschneiden noch immer recht scharf. Da nur die Spitze der Klinge benutzt wurde, kann man sie für andere Zwecke weiterverwenden, etwa zum Schneiden von Teppichboden.
- **Kleister aufbewahren** Wenn in absehbarer Zeit weitere Tapeziervorhaben anstehen, sollte man übrig gebliebenen Kleister nicht wegschütten. Füllt man ihn in einen luftdichten Behälter, kann man ihn noch wochen-, wenn nicht sogar monatelang aufbewahren.

Geld sparen

Schublade auslegen

Einen Tapetenrest können Sie entsprechend einer Schublade zuschneiden und glatt bügeln, sodass er sauber aufliegt. Befestigen Sie ihn bei Bedarf mit Reißzwecken.

Wände fliesen wie ein Profi

Übersicht

Fliesen gehören zu den anspruchsvolleren Boden- und Wandbelägen. Sie sind sehr dekorativ und bieten eine äußerst strapazierfähige und pflegeleichte Oberfläche. Viele Heimwerker scheuen sich vor dem Fliesenverlegen, dabei ist es gar nicht so schwer. Denn Schneidwerkzeuge, Fliesenkleber und Fugenmörtel sind inzwischen so anwenderfreundlich, dass auch Anfänger mit etwas Geschick damit arbeiten können.

Stilbestimmung

Das große Angebot an Wandfliesen ermöglicht es, ganz individuelle Vorstellungen über Stil, Design und Verlegeart einer gefliesten Fläche zu entwickeln und auszuführen. Solange man einige Grundregeln beachtet, steht einer erfolgreichen Umsetzung nichts im Weg.

Klug haushalten

● **Planung** Fliesen werden in sehr unterschiedlichen Preiskategorien angeboten, dabei müssen billigere Fliesen nicht unbedingt schlechter sein.

Fähigkeiten abschätzen

● **Realistisch bleiben** Wenn Sie zum ersten Mal Fliesen verlegen, kaufen Sie sich günstige Fliesen mit keinem oder nur einem einfachen Muster.

Fliesenmuster

● **Musterfliesen** Leihen Sie sich vor dem endgültigen Kauf vom Händler einige Muster aus, um die Wirkung in Ihren Räumen zu testen.

Verlegemuster von Wandfliesen

Bei der Auswahl des Verlegemusters der Fliesen stehen Ihnen viele unterschiedliche Möglichkeiten zur Verfügung. Denken Sie in erster Linie aber immer daran, welche Funktion der Raum erfüllen soll, und berücksichtigen Sie die folgenden stilistischen Gesichtspunkte, bevor Sie sich entscheiden:

● **Einen Grundstil wählen** Vor dem Fliesen gilt es zu überlegen, ob man einem traditionellen oder einem eher modernen Verlegestil folgen bzw. ob man lieber eigene Vorstellungen verwirklichen möchte.

● **Farbliche Gestaltung** Bei der farblichen Planung steht vor allem die Frage der harmonischen Gesamtwirkung mit den Möbeln im Vordergrund.

Standardverlegung

Diagonalverlegung

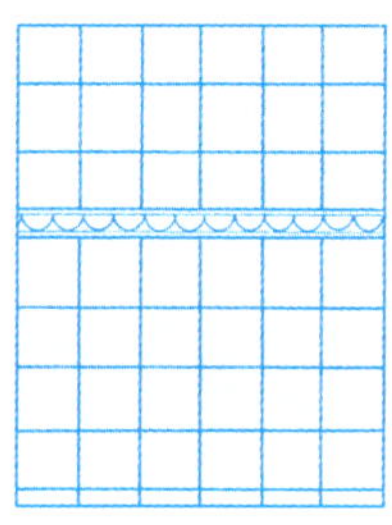

Eingefügter Fries

Randfries

Unterschiedliche Größen

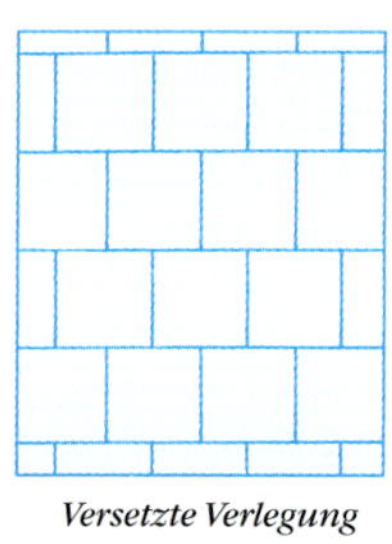

Versetzte Verlegung

Fliesenauswahl

Bei der Fliesenauswahl spielen Größe, Form und Farbe eine entscheidende Rolle. Denn die Fliesen sollten nicht nur schön sein, sondern auch zweckmäßig eingesetzt werden können. Daher sollten für kleine Flächen keine großen Fliesen oder Muster gewählt werden.

FLIESENTYPEN

Die meisten Wandfliesen sind maschinell gefertigt: Sie werden aus Ton geformt und danach gebrannt. Es gibt aber auch Fliesen aus Naturstein, beispielsweise aus Marmor oder Granit. Besonders exklusiv, aber auch teuer, sind handbemalte Fliesen.

Fliesenfries

Abschlussfliese

Mosaik mit Papierschutz

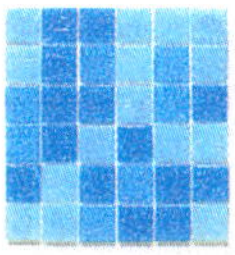

Mosaik nach Verlegung

Reliefflíese

Einfache Fliese

Sechseckfliese

Marmor

Unglasiert

Glasiert

Handbemalte Fliesen

Fliesen und Einrichtung

Fliesen können nur dann wirken, wenn sie mit der Einrichtung eine harmonische Einheit bilden. Ausgefallene Verlegemuster ziehen die Aufmerksamkeit auf sich. Durch eine zurückhaltende Gestaltung können Sie andere schöne Einrichtungsgegenstände hervorheben.

GESTALTUNG

- **Farbenwahl** Wer die jeweils aktuellen Trends und Stile zu sich nach Hause holen möchte, sollte besser schlichte und neutrale Fliesen wählen. Diese lassen sich leichter mit den unterschiedlichsten Accessoires kombinieren als auffällige Farben und Muster, welche den Raum dominieren.
- **Dekorfliesen** Mit Dekorfliesen kann man eine schlicht geflieste Fläche auf einfache Art interessanter machen. Bei der Auswahl sollte man jedoch vorsichtig sein: Zu viele Dekorfliesen könnten übertrieben wirken und von der restlichen Fläche sowie vom übrigen Raum ablenken.

EIN THEMA ÜBERTRAGEN

- **Interesse wecken** Integrieren Sie einige auffällige Fliesen in ein ansonsten schlichtes Verlegemuster.

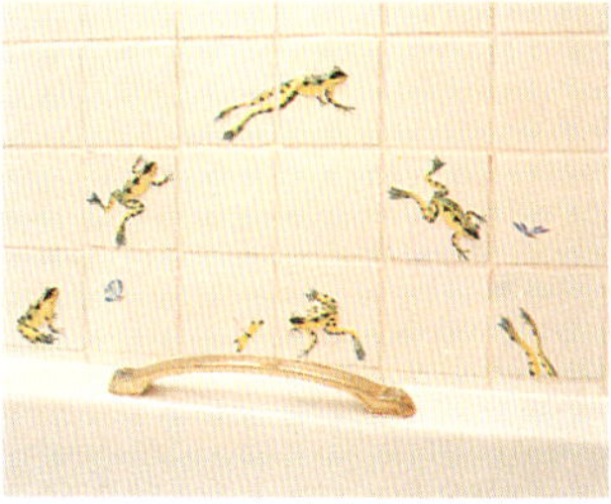

Reliefffliesen
Solche Fliesen geben einer Fläche eine zusätzliche Dimension. Die springenden Frösche passen außerdem sehr gut zum Thema Wasser und Bad.

FARBZUSAMMENSTELLUNG

Kühne Farbenwahl
Bei einer auffälligen Fliesenfarbe sollten die Möbel in einer ähnlichen Farbe gestrichen sein, um einen harmonischen Gesamteindruck zu erwecken.

VORARBEITEN

Da geflieste Flächen in der Regel sehr lange halten und daher wesentlich seltener renoviert werden als tapezierte oder gestrichene Wände, sollten Sie sehr sorgfältig arbeiten. Dazu gehört insbesondere auch, sich intensiv auf das Verlegen vorzubereiten.

DAS RICHTIGE WERKZEUG

Zum Fliesenlegen braucht man einige Hilfsmittel, die spezieller sind als die Werkzeuge, die man für andere Heimwerkerarbeiten benötigt. Wie immer ist es ratsam, auf die Qualität zu achten. Denn je besser Ihr Werkzeug ist, desto leichter gehen Ihnen auch die Arbeiten von der Hand.

- **Fliesenschneider** Bei weitem das wichtigste Werkzeug zum Fliesenverlegen ist der Fliesenschneider. Hier ist sehr gute Qualität besonders wichtig, denn ein minderwertiges Gerät verursacht unsaubere Kanten und lässt beim Schneiden viele Fliesen zu Bruch gehen.
- **Vorausschauend kaufen** Lassen Sie sich von den einmaligen Anschaffungskosten für die wichtigsten Fliesenwerkzeuge nicht abschrecken. Auf lange Sicht wird sich die Ausgabe lohnen.
- **Mieten statt kaufen** Mitunter ist es auch sinnvoll, einen Fliesenschneider in einem Heimwerkermarkt zu mieten.

Fliesenbrechzange

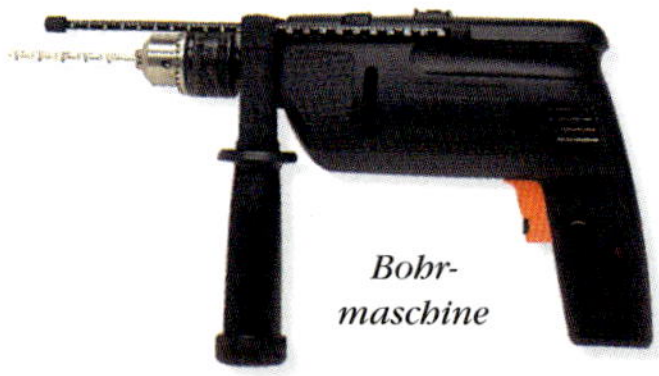

Bohrmaschine

Fliesenfeile

Glasschneider

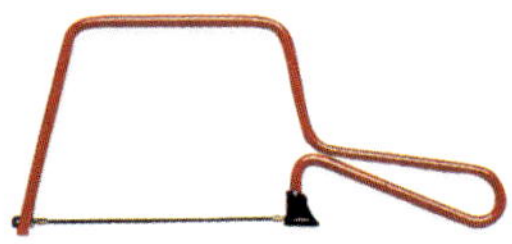

Fliesensäge

Fliesenlochzange

Schwamm

Fugenkreuze (Abstandhalter)

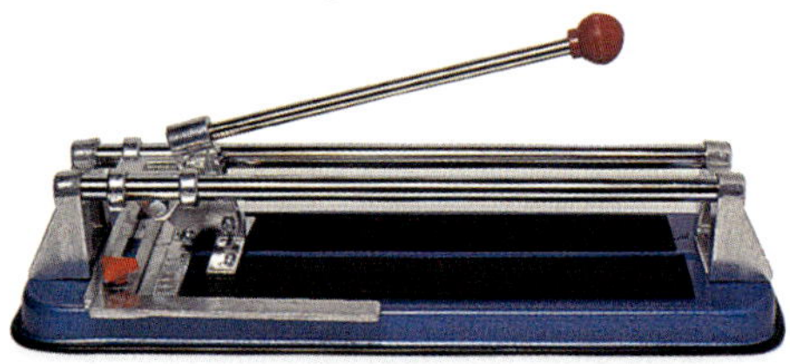

Fliesenschneider

Auspresspistole

Fugenkelle

Filzstift

Bandmaß

Malerspachtel

Zahnspachtel

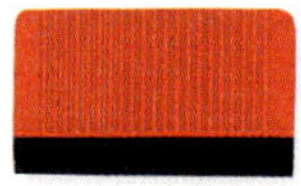

Fugengummi

Schutzbrille

Wasserwaage

Fliesenmesslatte

Vorbereitung des Untergrunds

Es ist wichtig, einen gleichmäßigen Klebeauftrag zu erreichen, damit die Fliesen eine feste Verbindung mit der Wand eingehen. Hierfür müssen die Wände nicht perfekt glatt sein. Es reicht, wenn die Fläche versiegelt und eben ist, sodass sich die Fliesen nicht ablösen können.

Wände vorbereiten

- **Spachteln** Im Wohnbereich können Sie größere Schadstellen mit Füllspachtel ausbessern, während in Nassräumen (Bad) nur Kalkzement-Spachtelmasse (oder Putz zum Ausbessern größerer Flächen) verwendet werden sollte.
- **Alte Tapeten entfernen** Fliesen Sie nie auf Papier, da der Kleber und das Gewicht der Fliesen dieses sehr wahrscheinlich ablösen werden.
- **Grundieren** Sandende Wände oder neuen Putz mit einer Kleisterlösung (Wasser: Kleister wie 1:5) oder mit einer Grundierung festigen.

Probleme überwinden

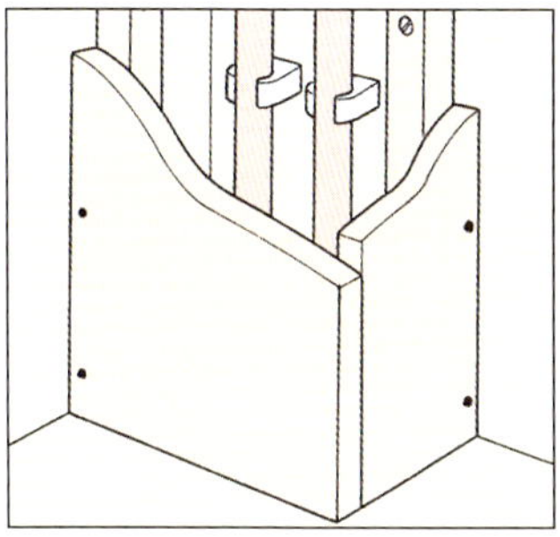

Verkleiden
Unschöne Stellen wie Rohrleitungen lassen sich gut mit einer Art Kasten verkleiden. Hierzu wird ein einfacher Rahmen aus Latten gebaut und mit Gipskartonplatten beplankt.

Fliesen auf Fliesen

Solange alte Fliesen fest an der Wand haften, können sie als Untergrund für neue Fliesen verwendet werden.

- **Beschädigte Fliesen** Schlagen Sie gesprungene Fliesen ab und verfüllen Sie die Stellen mit Einlagenputz.
- **Fugen** Achten Sie darauf, dass die Fugen der neuen Fliesen nicht mit denen der alten zusammenfallen.
- **Haftung** Um ganz sicherzugehen, können Sie die alten Fliesen mit einem alkalischen Reiniger abwaschen und mit feinem Schleifpapier aufrauen.

Ausmessen

Genauigkeit beim Ausmessen ist die Voraussetzung, um kostspielige Über- oder Unterkalkulationen zu vermeiden. Zunächst müssen Sie entscheiden, welche Fläche gefliest werden soll. Kleine Änderungen während der Arbeit führen oft zu höherem Materialbedarf.

Richtig berechnen

- **Weniger ist mehr** Dekorfliesen sind gewöhnlich teurer als Leerfliesen. Deshalb sollte man genau berechnen, wie viele Einzelstücke für eine gute Wirkung nötig sind.
- **Friesfliesen** Um herauszufinden, wie viele solcher Fliesen gebraucht werden, misst man am besten die Gesamtlänge des Streifens, auf dem der Fries angebracht werden soll. Allerdings darf man nicht vergessen, diese Fläche bei der Berechnung des restlichen Fliesenbedarfs abzuziehen.
- **Unterschiedliche Größen** Bei einem Design, bei dem Fliesen unterschiedlicher Größe verwendet werden, bitten Sie am besten einen Fliesenhändler, Ihnen den genauen Bedarf zu ermitteln.

Fliesenmesslatte

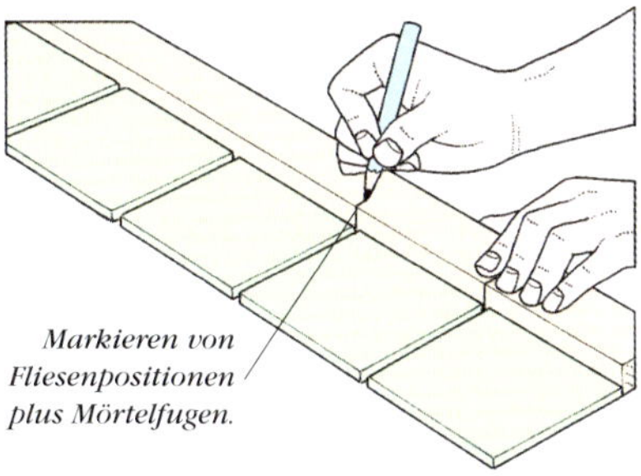

Markieren von Fliesenpositionen plus Mörtelfugen.

Kantholz benutzen
Bringen Sie auf einem Kantholz Markierungsstriche in Fliesenbreite an. Dabei können Sie sich an aufgereihten Musterfliesen oder an der Fliesengröße orientieren. Geben Sie jeweils 2,5–3 mm für den Fugenabstand dazu.

Bedarfsermittlung

Verlassen Sie sich nie auf Schätzungen, auch nicht bei kleinen Teilbereichen. Teilen Sie die Gesamtfläche durch die angegebene Fläche auf den Fliesenpaketen – diese Zahl ergibt die Anzahl der benötigten Pakete.

- **Abgabemengen beachten** Die meisten Händler verkaufen Fliesen nur quadratmeterweise.
- **Bruch einkalkulieren** Addieren Sie zu der Bedarfsmenge 10 % hinzu, um ausreichend Spielraum für Verschnitt und Bruch zu haben. Erhöhen Sie diesen Prozentsatz, wenn Sie es mit vielen Ecken und Winkeln zu tun haben; verringern Sie ihn bei geraden, unkomplizierten Wandflächen.

VERLEGEPLAN

Fliesen sind ein starrer, unflexibler Werkstoff, bei dem es nicht möglich ist, Fehler so leicht zu kaschieren wie beispielsweise bei Tapeten. Die Position der einzelnen Fliesenreihen muss daher genau berechnet werden und schwierige Stellen sollten Sie schon im Voraus sorgfältig planen.

Arbeit einteilen

Verschiedene Teilflächen in der richtigen Reihenfolge zu fliesen verringert die Arbeitszeit erheblich. Nehmen Sie sich daher ein wenig Zeit, um zu planen, wie Sie schwierige Bereiche am besten angehen. Stellen Sie sicher, dass alle Arbeitsmittel vorbereitet und griffbereit sind.

So beginnen Sie richtig

- **Fliesen mischen** Soll eine große Fläche mit einer Fliesensorte belegt werden, ist es ratsam, den Inhalt der einzelnen Pakete zu mischen. Mögliche Farbabweichungen fallen dann an der fertigen Wand nicht mehr auf.
- **Von unten anfangen** Die Verfliesrichtung ist stets von unten nach oben.
- **Waagrechte Bauteile nutzen** Badewannen oder Fußleisten bieten sich zuweilen als „natürliche Grundlinien" an, um sie als Ausgangspunkt des Verlegens zu wählen.
- **Ecken berücksichtigen** Achten Sie darauf, dass Ecken mit ganzen oder zumindest halben Fliesen belegt sind, sonst sieht es unschön aus.

Abschnitt für Abschnitt fliesen

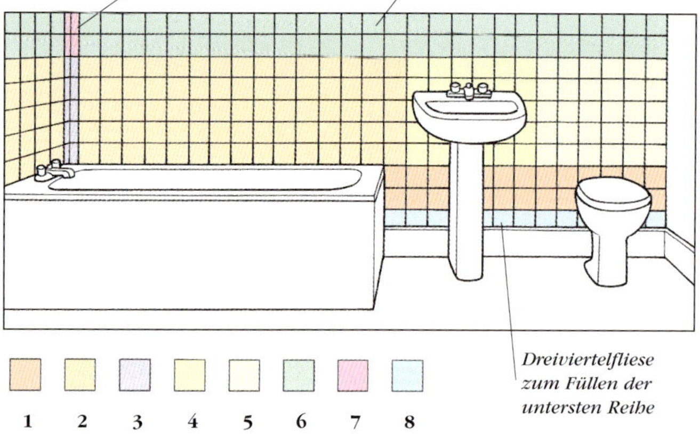

Aufteilung einer Verlegefläche in Abschnitte
Verlegen Sie Fliesen in Arbeitsabschnitten (siehe Farben 1–8). Verrichten Sie in jedem Abschnitt zuerst die leichtere und dann die schwierigere Arbeit. Planen Sie so, dass alle Fliesen einer natürlichen Linie, z. B. einem Badewannenrand, folgen.

Fliesenmesslatte

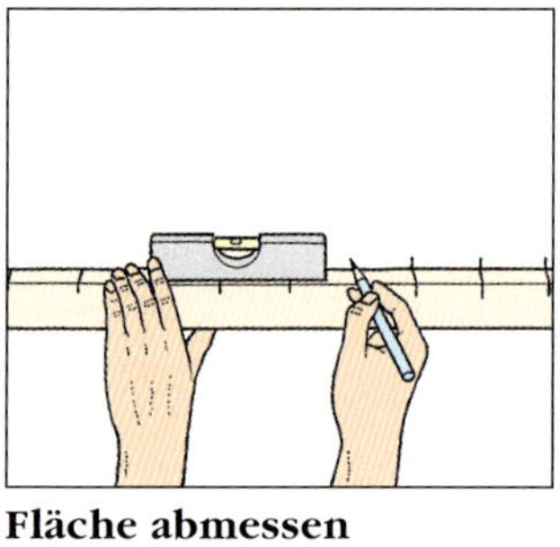

Fläche abmessen
Markieren Sie mit einem Bleistift und einer Fliesenmesslatte (siehe S. 241) die Position der Fliesen. Damit die Messlatte waagrecht bleibt, legt man an der Oberkante eine Wasserwaage an.

Hilfslinien

- **Verlegung** Für rechteckige oder nicht quadratische Fliesen benötigt man eine zweite Fliesenmesslatte, um genaue senkrechte Hilfslinien markieren zu können.
- **Höhe begrenzen** Fliesen Sie Wände immer in Teilflächen von 1 m Höhe, sonst könnten sich die unteren Fliesenreihen unter dem Druck der oberen Reihen von der Wand ablösen oder abfallen.
- **Glatten Sitz prüfen** Führen Sie die Latte mit der breiten Kante über die Fliesenfläche, um den Sitz zu prüfen.

Waagrechte Grundlinie

Latte festnageln
Beim Fehlen einer waagrechten Grundlinie, nageln Sie vorsichtig eine Latte an die Wand, die genau „im Wasser" verläuft. Nach der Arbeit füllen Sie den Bereich mit Fliesenzuschnitten aus.

ARBEITSTECHNIKEN VERBESSERN

Sobald die Position der Fliesen in der Theorie festgelegt ist, besteht die eigentliche Verlegetechnik „nur" noch im Auftragen des Klebers und im Ankleben der Fliesen. Technische Neuerungen betreffen hauptsächlich die Art und Weise, wie man die Fliesen am besten zuschneidet.

Fliesen schneiden und anbringen

Ein gleichmäßiges Fliesenbild erhält man, indem man den Fliesenkleber sorgfältig aufzieht und darauf achtet, dass die Fliesen sowohl waagrecht als auch senkrecht „im Wasser" liegen. Fliesen können nicht zurechtgebogen werden, deshalb ist der präzise Zuschnitt entscheidend.

Kleberauftrag

Zahnspachtel verwenden
Das Auftragen des Klebers an der Wand erfolgt mit einem Zahnspachtel. Damit wird der Kleber auf Teilflächen von je 1 m² aufgezogen und verteilt (durchgekämmt).

Kunststoffwanne

Kunststoff kann sich je nach Belastung und Temperatur etwas ausdehnen, daher ist Folgendes zu beachten:

- **Abstützen** Stützen Sie eine Badewanne von unten ab. Das verringert die Abwärtsbewegung, die zu Rissen im Klebemörtel an der unteren Fliesenreihe führen kann.
- **Formstabil** Fliesen Sie die Außenseite der Wanne, wenn Sie sie zuvor mit Wasser gefüllt haben.
- **Abdichten** Die Stoßfuge zwischen Fliesenbelag und Wannenrand muss mit Silikon-Dichtungsmasse dauerelastisch ausgespritzt werden.

Überstehen vermeiden

Klebermenge vermindern
Bevor der Kleber trocknet, hebeln Sie vorstehende Fliesen mit einem breiten Spachtel aus der verfliesten Fläche heraus. Kratzen Sie ein wenig Kleber ab und fügen Sie die Fliese wieder ein.

Schwierigkeiten

- **Dünne Fliesen** Fugenkreuze können wegen ihrer Dicke nicht zwischen dünnen Fliesen belassen werden, weil sie sonst auch nach dem Ausfugen noch zu sehen sind. Stecken Sie sie hochkant zwischen die Fliesen, dann können sie vor dem Verfugen wieder herausgezogen werden.
- **Fuge einkalkulieren** Berechnen Sie beim Zuschnitt der Fliesen ca. 2,5 mm für die Fugenmasse mit ein.
- **Zwischenreinigung** Halten Sie stets einen feuchten Schwamm und ein trockenes Tuch griffbereit, um Fliesen und Hände sauber zu halten.

Bewährtes Wissen

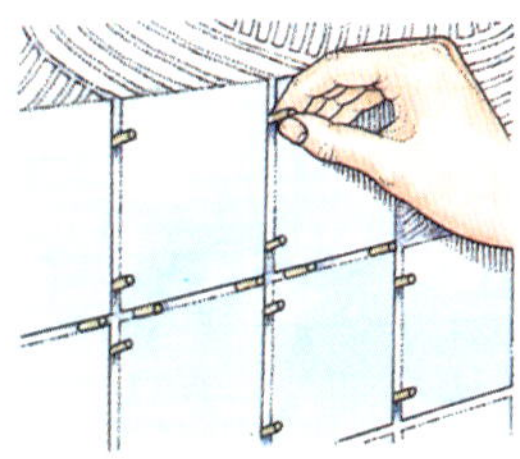

Streichhölzer
Wenn Sie schon etwas mehr Erfahrung beim Fliesenlegen haben, können Sie statt der Fugenkreuze auch Streichhölzer als Abstandhalter nehmen – das ist wesentlich billiger.

Der schnelle Zuschnitt

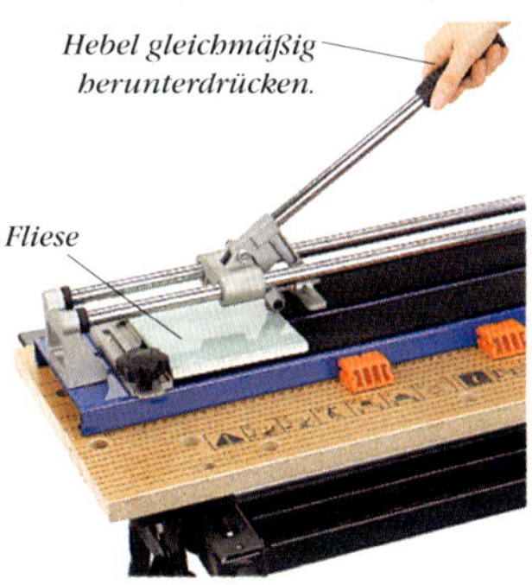

Das Gerät positionieren
Exakte Schnitte erreicht man am besten mit einem Fliesenschneider. Stellen Sie das Gerät auf eine Werkbank oder klemmen Sie es an einer Tischplatte fest, sodass es nicht verrutscht.

Schwierige Stellen fliesen

Wie bei allen Renovierungsarbeiten gibt es auch beim Fliesenverlegen Bereiche, die schwieriger zu bewältigen sind als andere. Ecken können eine wahre Herausforderung darstellen, und das Fliesen von Fensteröffnungen verlangt zuweilen komplizierte Zuschnitte der Fliesen.

Probleme meistern

- **Fliesenlochzange** Mit den scharfkantigen Backen kann man kleinere Fliesenteile abzwicken oder mit etwas Geschick Löcher ausbrechen.
- **Rohrleitungen** Entfernen Sie Halterungen von Rohrleitungen, sodass Sie die Fliesen direkt dahinter schieben können. Zum Anbringen der Halterungen bohren Sie Löcher in die Fliesen (siehe S. 250).
- **Nischen verfliesen** Fliesen oberhalb einer Fensternische brauchen bis zum Trocknen des Klebers festen Halt. Sägen Sie drei Lattenstücke – eines in der Breite und zwei in der Höhe der Fensterlaibung. Die zwei senkrechten Latten werden auf das Fensterbrett gestellt und dienen als Unterstützung der waagrechten Latte, die an die obere Fliesenreihe gepresst wird.

Gebogene Formen

- Formen Sie mit einem Stück Draht die Biegung nach und übertragen Sie die Form mit einem Stift auf die Fliese.
- Für einen möglichst präzisen Kurvenausschnitt eignet sich am besten ein hochwertiges Sägeblatt.

Rundungen mit Schablone schneiden

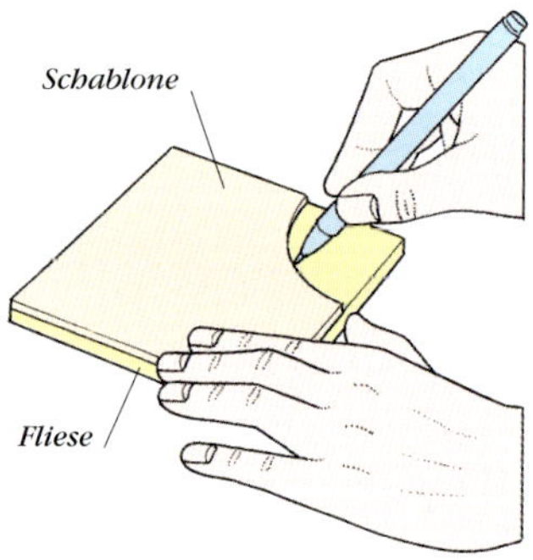

1 Fertigen Sie von einer Rundung eine Kartonschablone in Fliesengröße an. Legen Sie diese auf die Fliese und fahren Sie die Aussparung mit einem wasserlöslichen Filzstift oder einem Fettstift nach.

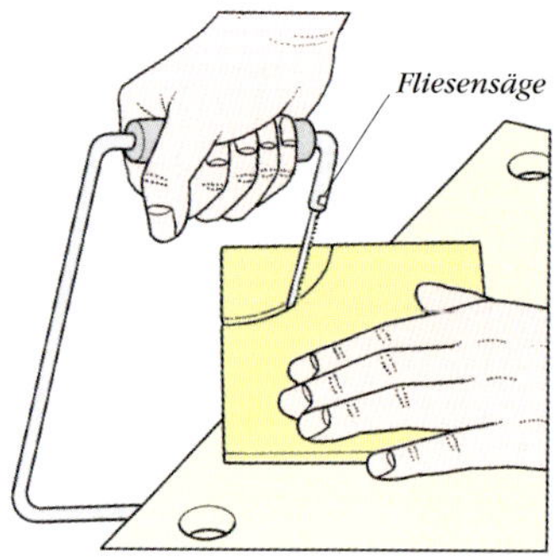

2 Mit einer speziellen Fliesensäge schneiden Sie nun präzise um die angezeichnete Kurve herum. Dazu legt man die Fliese auf eine Werkbank, hält sie fest und sägt an der markierten Hilfslinie entlang.

Außen- und Innenecken verfliesen

Ecken kaschieren
Zum Schutz und zur Verkleidung von Kanten an Außenecken dienen Eckleisten aus Kunststoff. Dazu befestigt man die Leiste mit Fliesenkleber an der Ecke – danach fliest man mit ganzen Fliesen weiter.

Saubere Kante
Beim Verfliesen einer Innenecke sollte man die Fliesen am besten abwechselnd an die eine und an die andere Wand kleben. So erreicht man eine saubere Eckverbindung und einen geraden Fugenverlauf.

Steckdosen & Schalter

Das Umfliesen von Steckdosen und Schaltern bereitet normalerweise keine großen Schwierigkeiten.

- **Strom abstellen** Unterbrechen Sie stets die Stromzufuhr, bevor Sie sich an die Arbeit machen. Am sichersten geschieht dies über den Sicherungskasten.
- **Abdeckung** Entfernen Sie die Abdeckung und passen Sie nun die Fliesen der Öffnung in der Wand an.
- **Schraubenlänge anpassen** Schrauben Sie die Abdeckung erst nach dem Ausfugen wieder an. Dabei kann es sein, dass Sie die vorhandenen Schrauben wegen der Fliesen durch längere ersetzen müssen.

KREATIV VERLEGEN

Fliesen bieten Ihnen sehr vielseitige Gestaltungsmöglichkeiten. Die unterschiedlichen Formen, Farben und Größen der Fliesen sowie die verschiedenen Verlegemuster machen es einfach, für jeden Zweck und jeden Raum eine eigene, kreative Lösung zu finden.

Unterschiedliche Fliesenformate

Eine Alternative zum üblichen Fliesenlegen bietet der Einsatz von unterschiedlichen Fliesengrößen. Das Anbringen der einzelnen Fliesen unterscheidet sich dabei nicht von der herkömmlichen Technik. Mit ein paar Kniffen geht die Arbeit aber leichter von der Hand.

Grossformatige Fliesen

- **Geeignete Flächen** Große Fliesen wirken an großzügigen Wandflächen besser als in kleinen, detailbetonten Räumen. Zu viele Zuschnitte und Verbindungsstellen lenken das Auge sonst zu leicht vom Gesamtbild ab.
- **Marmorfliesen** sollten nur auf völlig ebenen Wandflächen verlegt werden. Ein welliger Untergrund erhöht die Gefahr, dass die Mörtelfugen hervorgehoben werden und die ansonsten perfekte Marmoroberfläche nicht mehr so schön wirkt.

Mosaikfliesen

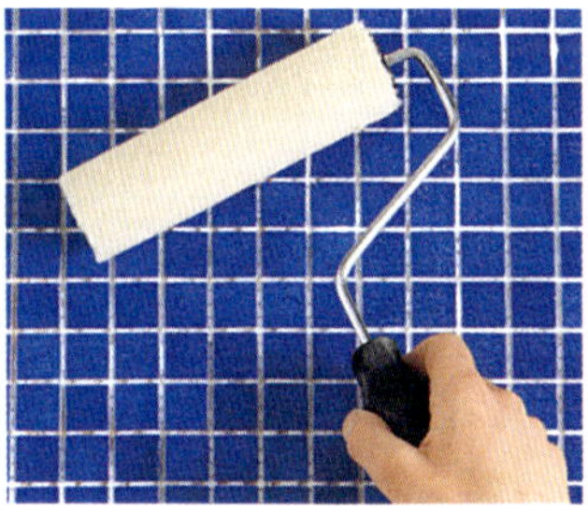

Mosaikfliesen einbetten
Walzen Sie die Mosaikfliesenmatten mit einem kurzstieligen Roller in das Kleberbett ein. Durch den gleichmäßigen Druck sitzen die Fliesen fest und sind vollständig mit der Wand verklebt.

Kleine Fliesenformate

- **Positionieren** Mosaikfliesen mit einer rückseitig aufgeklebten Gitterunterlage können sich eventuell verschieben, solange der Kleber noch feucht ist. Rücken Sie in diesem Fall die Fliesen mit dem Spachtel wieder zurecht.
- **Fliesen ausschneiden** Sie können mit einem Universalmesser einzelne Fliesen aus der Gitterunterlage herausschneiden, wenn dies die Gegebenheiten erfordern. Bestreichen Sie die Rückseite der Fliese mit Kleber und setzen Sie sie an die richtige Stelle.

Verlegemuster kreieren

Fliesenformate mischen
Ordnen Sie Ihr Verlegemuster „trocken" auf einer Tischplatte an und setzen Sie die Fliesen erst dann Stück für Stück an die Wand – so sehen Sie vorher, wie das Muster wirkt, und können noch leicht korrigieren.

Eigenes Mosaik entwerfen

Neben quadratischen Standard-Mosaikfliesen kann man auch kleinere, unregelmäßiger geformte Fliesen verwenden. Denn damit lassen sich einfache Muster und komplizierte Bildmotive kreieren.

- **Mosaikfliesen herstellen** Nehmen Sie eine Fliesenlochzange und brechen Sie aus alten Restfliesen unregelmäßige Stücke von etwa 2 bis 4 cm² heraus.
- **Motive übertragen** Um ein Fliesenmotiv auf die Wand zu übertragen, kann man ähnlich vorgehen wie bei einer Wandmalerei (siehe S. 216). Nachdem die Umrisse des Motivs genau vorgezeichnet sind, füllt man die Flächen mit kleinen Fliesenstückchen aus.

Eigenwillige Gestaltung
Unregelmäßig geformte Fliesenbruchstücke lassen sich mit quadratischen Mosaikfliesen kombinieren. Dadurch entsteht ein verblüffender Effekt.

Leisten und Friese

Dekorfliesen, keramische Leisten und Friese können bei einem einfachen Fliesendesign oft eine interessante Ergänzung sein, die Ihren Räumen eine persönliche und einzigartige Note verleihen. Der Fachmarkt hält hier für jeden Geschmack und Geldbeutel das Passende bereit.

Fries aus Fliesen

● **Arbeitseinteilung** Bevor Sie einen Fries anbringen, sollten Sie zuerst die Hauptfliesenfläche fertig stellen.

● **Fliesen ankleben** Da die meisten Friesfliesen naturgemäß sehr schmal sind, ist es ratsam, den Fliesenkleber nicht auf die Wand, sondern besser auf die Rückseite der Fliesen aufzutragen.

● **Bis zur Tapete fliesen** Wenn Sie eine Wandfläche über einer Fliesenfläche tapezieren, sollten die anstoßenden Tapetenkanten etwas unter die Fliesenränder kommen: Verfliesen Sie zunächst die gesamte Fläche ohne den Fries. Anschließend tapezieren Sie bis knapp unter den Rand, wo die Friesfliesen sitzen sollen. Erst wenn die Tapete angebracht ist und hält, bringen Sie die letzte Fliesenreihe – also den Fries – an den dafür vorgesehenen Platz.

Fliesenbilder

Plan zeichnen
Zeichnen Sie auf Millimeterpapier einen maßstabgetreuen Plan der zu verfliesenden Fläche sowie aller Dekorfliesen. Folgen Sie beim Verlegen genau diesem Plan. Das hilft Ihnen dabei, die Dekorfliesen exakt zu platzieren.

Abschlussleisten

● **Holz einsetzen** Bringen Sie Abwechslung in die Fliesenfläche, indem Sie für eine Abschlussleiste ein Holzprofil wählen. Streichen Sie dieses passend zur Fliesenfläche.

Sockelfliesen
Mit einem Band aus glatten Fliesen, die in Farbe oder Muster mit den übrigen Fliesen kontrastieren, lässt sich an der Wand ein Sockeleffekt erzeugen. Die gleiche Wirkung erzielt man mit bunten Fliesenhälften.

Dekorfliesen einfügen

● **Fliesen austauschen** Eine alte Fliesenfläche lässt sich auffrischen, indem man einige Fliesen herausnimmt und durch Dekorfliesen ersetzt (Technik dazu siehe S. 251).

● **Bildhafte Elemente** Dekorfliesen können Sie auch verwenden, um auf einer ebenen Wandfläche als dekorative Blickfänge einzelne Fliesenbilder zu gestalten.

● **Fries aus Dekorfliesen** Für eine breite Randeinfassung eignen sich anstelle von speziellen Friesfliesen auch Dekorfliesen. Auch thematische Gestaltungen sind möglich, z. B. ein Fries mit Gemüsemotiven für die Küche.

Übergänge

● **Übergänge vermitteln** Friesfliesen haben meist andere Abmessungen als die Hauptfliesen. Bringen Sie sie deshalb versetzt zur Hauptfliesenreihe an.

Fries verbreitern
Zwei Reihen von Friesfliesen ergeben untereinander angebracht eine breitere Wirkung. So könnte z. B. die obere Reihe mit Relieffliesen gestaltet werden und die untere Reihe mit glatten, gemusterten Fliesen.

GELD SPAREN

Neue Fliesen hinzufügen
Bringen Sie über alten Badezimmerfliesen einen Fries an. Wenn Sie zusätzlich die alten Fliesen gründlich reinigen und neu verfugen, erhalten Sie ein neues Gesamtbild.

Arbeitsflächen fliesen

Die meisten Wandfliesen werden, wie ihr Name schon sagt, auf ebene, senkrechte Flächen verlegt. Dabei sind waagerechte Flächen für das Verfliesen oft ebenso geeignet. Allerdings muss man darauf achten, dass für Arbeitsflächen die Fliesen etwas dicker und schlagfest sind.

Waagrecht verfliesen

- **Tragfähigkeit** Besteht eine Arbeitsfläche aus leichtem Material, muss sie eventuell durch eine Spanplatte verstärkt werden. Das Gewicht der Fliesen könnte sonst zu Instabilität führen.
- **Untergrund vorbereiten** Der Untergrund vieler Arbeitsflächen eignet sich nicht für das direkte Verfliesen. Montieren Sie deshalb zuvor als saubere Grundlage eine passgenaue dünne Spanplatte.
- **Gerade Kanten** Arbeiten Sie von vorn nach hinten und benutzen Sie längs der Vorderkante einer Arbeitsfläche immer ganze Fliesen. Eventuelle Zuschnitte sollten eher an der Wand liegen.

Richtig verfugen

- **Bündig auftragen** Fugenmörtel sollte so aufgetragen werden, dass er mit den Fliesen eine vollkommen glatte Oberfläche bildet. Dies hat den Vorteil, dass sich die Fläche leichter reinigen lässt. Zudem wird verhindert, dass sich in den Fugenspalten Schmutz festsetzen kann.
- **Fugenmörtel reinigen** Um die Mörtelfugen einer Fliesenfläche sauber zu halten, verwenden Sie von Zeit zu Zeit einen Qualitätsreiniger für Zementoberflächen.
- **Hohes Maß an Hygiene** Zum Verfugen von Arbeitsflächen in der Küche bieten sich hochwertige Fugenmassen auf Epoxidharz-Basis an.

Arbeitsfläche einfassen

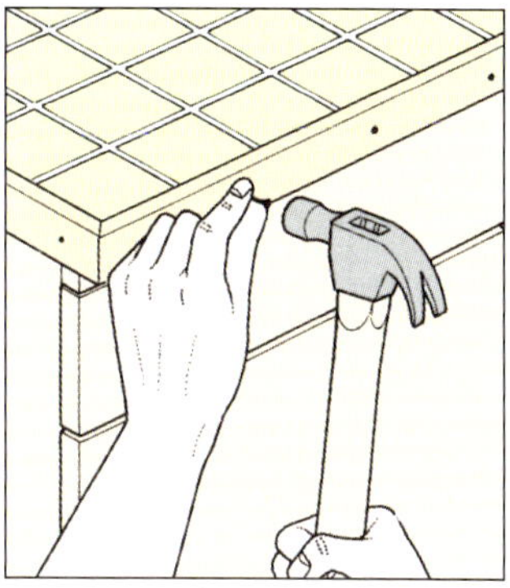

Leisten anbringen
Ein sauberer Kantenabschluss lässt sich bei Arbeitsflächen durch Leisten aus Hartholz erzielen, die man streichen oder lackieren kann. Wichtig ist, dass die Leisten bündig mit der Fliesenoberfläche abschließen.

Sonderfliesen

Übliche Fliesen sollen in erster Linie eine robuste und einfach zu pflegende Oberfläche bieten. Zusätzlich können Sie auch noch bestimmte Sonderfliesen in die Gestaltung integrieren, um noch mehr Wohnkomfort und Funktionalität zu erreichen.

Schwere Fliesen sichern

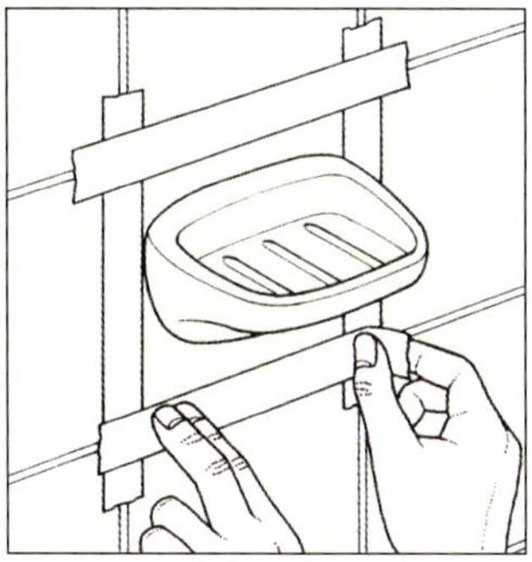

Seifenschale
Wegen ihres Gewichts muss eine Seifenschalenfliese bis zum Trocknen des Klebers an ihrem Platz fixiert werden. Um ihr Halt zu geben, kleben Sie sie am besten mit Abdeckbandstreifen an den benachbarten Fliesen fest.

Flächen optimieren

Schneideplatte einfügen
Schneiden Sie in die Arbeitsfläche eine Vertiefung und setzen Sie eine Platte als Schneideunterlage ein. Ideal ist eine harte und leicht zu säubernde Granitplatte. Nach dem Einfügen die Ränder mit Silikon abdichten.

Fliesen richtig einsetzen

- **Duschen abdichten** Fliesen im Duschbereich sind ständigem Spritzwasser ausgesetzt. Benutzen Sie daher zum Verfugen hochwertigen Fugenmörtel und dichten Sie alle Ecken und Anschlussfugen mit Silikon aus.
- **Fensterbänke verfliesen** Badezimmer sind in besonders hohem Maße Kondenswasser ausgesetzt. Das von den Wänden herunterlaufende Wasser kann eine gestrichene Fläche in kurzer Zeit unansehnlich machen. Es ist daher eine gute Idee, alle Fensterbänke und Nischen in einem Bad zu verfliesen – so sind sie dauerhaft geschützt.

Fliesen bemalen

Einen Raum völlig neu zu verfliesen kann teuer sein. Es ist daher grundsätzlich zu überlegen, ob vorhandene Fliesen mit einfachen Methoden renoviert werden können. Eine Möglichkeit ist dabei das Bemalen von Fliesen, welches das Erscheinungsbild wirkungsvoll verbessert.

Fliesen auffrischen

- **Fugen vorbereiten** Kratzen Sie altes, loses Füllmaterial mit einem Spachtel aus den Fugen heraus und füllen Sie die Lücken mit einer Allzweck-Spachtelmasse.
- **Untergrund vorbereiten** Waschen Sie die Fliesenfläche gründlich mit einem starken Haushaltsreiniger ab. Nach dem Trocknen grundieren Sie diese mit Fliesengrund.
- **Farbe auftragen** Tragen Sie die spezielle Fliesenfarbe mit einem Farbroller auf. Bei Verwendung von Acryl- oder Ölfarben sollten Sie die Oberfläche nach dem Bemalen mit Keramiklack schützen.
- **Einzelne Fliesen bemalen** Um eine alte Fläche wieder zu beleben, kann man eine Fliesenreihe zu einem Fries „malen“ oder einzelne Fliesen mit Schablonen bemalen.

Fliesen von Hand bemalen

Mit Keramikfarben lassen sich Fliesen auf vielfältige Art bemalen, vorausgesetzt der Untergrund ist sauber und eben. Sie können ein vorhandenes Bild auf die Fliese übertragen und es ausmalen (wie unten) oder ein Motiv frei zeichnen.

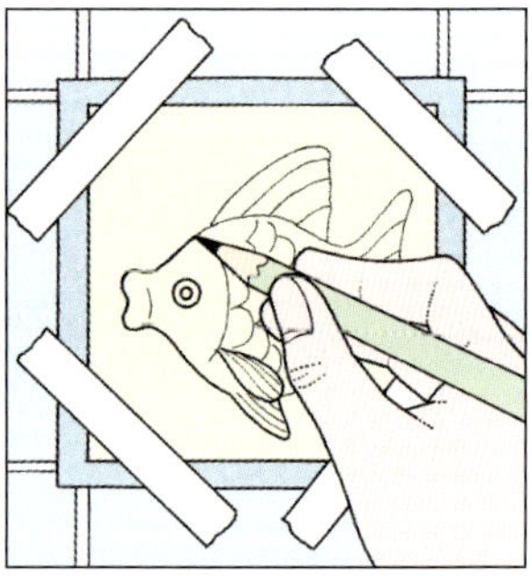

1 Befestigen Sie ein Bild und darunter ein Stück Kohlepapier mit Klebeband auf die gewünschte Fliese. Kopieren Sie nun das Motiv auf die Fliese, indem Sie mit einem Bleistift fest die Umrisse nachfahren.

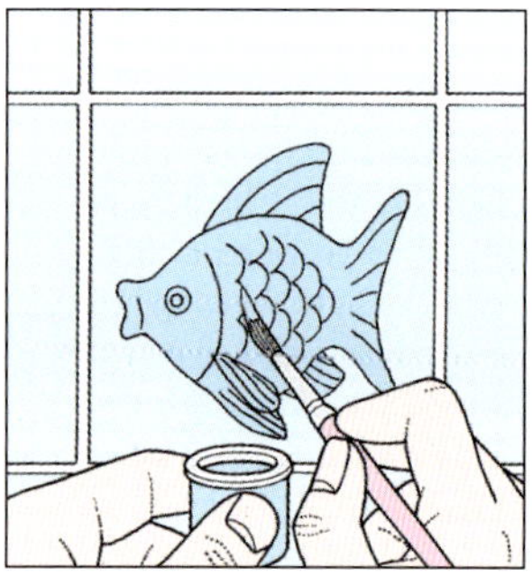

2 Nehmen Sie die Vorlage ab und malen Sie das Bild mit so vielen Farben und Details aus, wie Sie möchten. Geben Sie dabei aber nur wenig Farbe auf den Pinsel, um Kleckse und Tropfen zu vermeiden.

Wenig strapazierte Flächen

Bei Flächen, die wenig Belastungen ausgesetzt sind, kann man mit verschiedenen Materialien experimentieren.

- **Farbeffekte erzeugen** Verwenden Sie am besten einen matten Schleiflack, der mit der Wickel- oder Schwammtechnik aufgetragen wird. Zum Schutz der Motive überziehen Sie sie mit einer Schutzschicht aus Klarlack.
- **Abziehbilder** Qualitätsabziehbilder für Fliesen verschönern auch triste Flächen.
- **Mosaik herstellen** Ungebrauchte Fliesen bunt bemalen, dann zerschlagen und für die Gestaltung eines Mosaiks verwenden.

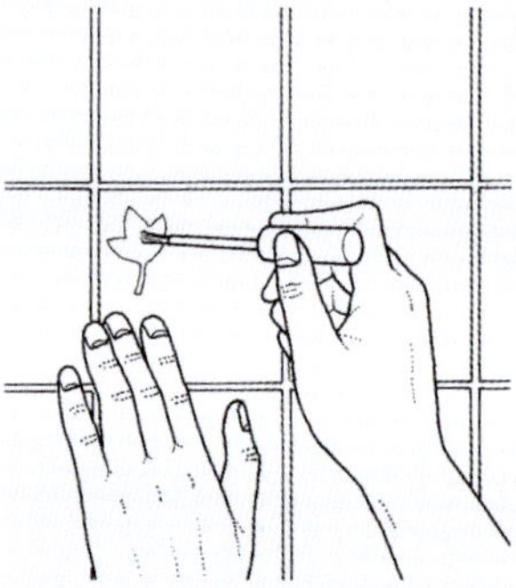

Autolacke benutzen
Auto-Retuschierlacke eignen sich gut, um Fliesen zur Auffrischung mit kleinen Motiven oder Mustern zu bemalen. Der passende Pinsel liegt dem Farbbehälter gewöhnlich bei.

Bilder schützen

Lackauftrag
Schablonenbilder (siehe S. 215) auf Fliesen können zum Schutz mit Keramiklack überzogen werden. Damit der Lack nur auf das Bild übertragen wird, legen Sie nochmals die Schablone an.

ABSCHLUSSARBEITEN

Damit das Endergebnis optimal ist und die Fliesen lang halten, sind nach der Verlegung noch weitere Arbeiten durchzuführen. Insbesondere das Ausfugen ist entscheidend, damit die Fläche wirklich Wasser abweisend ist. Danach folgt eine letzte Säuberung und das Anbringen der Armaturen.

Ausfugen leicht gemacht

Fliesen gelten als sehr strapazierfähig, leicht zu reinigen und Wasser abweisend. Damit diese Eigenschaften auch wirklich zum Tragen kommen, muss man sein Augenmerk beim Fugen besonders auf Anschlussfugen und Fliesenkanten richten.

Perfekt verfugen

- **Fugenmaterial auswählen** Wählen Sie den für Ihren Fliesentyp passenden Mörtel.
- **Marmorfliesen verfugen** Achten Sie besonders darauf, dass die Fugen bündig verfüllt sind. Die Oberfläche soll wie eine einzige Fläche wirken.
- **Saubere Linien herstellen** Sobald das überschüssige Fugenmaterial auf den Fliesen entfernt ist, fahren Sie alle Fugen mit der Fingerkuppe nach.
- **Glanz erzeugen** Einen schönen Glanz erhalten Sie, wenn Sie die Fliesen mit einem feuchten Schwamm abwischen und dann die Fläche mit einem weichen Tuch polieren.

Fugenmasse auftragen

Fugengummi verwenden
Zum Verfugen benutzt man ein Fugengummi, mit dem sich die Masse gut verteilen lässt. Tragen Sie den Mörtel diagonal zum Verlauf der Fugen auf, um sie bündig zu verfüllen.

Farbige Fugen

Auf Harmonie achten
Fugenmörtel gibt es in vielen Farben. Bei bunten Fugen sollte man die Farbe passend zur übrigen Einrichtung wählen. Alternativ kann man auch Fugenweiß mit Pigmentpulver mischen.

Abdichten mit Silikon

Anschlussfuge verfüllen
Kleben Sie die Fuge beidseitig mit Abdeckband ab, bevor Sie sie mit Silikon-Dichtungsmasse ausspritzen. Mit dem Finger und etwas Spülmittel können Sie die Fuge glatt streichen.

Kunststoffprofile

- **Überlappende Kanten** Eine besonders gute Abdichtung erreicht man, wenn vor dem Verfliesen spezielle Kunststoffprofile im unteren Bereich der Wand so angebracht werden, dass die Unterkante der letzten Fliesenreihe das obere Ende des Profils abdeckt.
- **Doppelte Abdichtung** Für eine besonders gute Abdichtung tragen Sie unter dem Kunststoffprofil einen Streifen Silikon auf.
- **Profile ankleben** Befestigen Sie das Profil mit einem wasserdichten doppelseitigen Klebeband sowohl an den Fliesen als auch an den angrenzenden Flächen.

Fugen nachfärben

- **Aus alt mach neu** Durch Umfärben alter Fugen kann man ältere Fliesenflächen wieder beleben. Dazu gibt es im Fachhandel spezielle Fugenfärbungsmittel.
- **Sorgfältig auswählen** Stimmen Sie die Farbe mit der restlichen Einrichtung ab – an sehr kräftigen Farben sieht man sich mit der Zeit satt.
- **Vorbereitung** Die Fugen müssen sauber und trocken sein, sonst wird das Mittel nicht aufgenommen.
- **Nicht geeignet** Auf unglasierte Fliesen färbt das Produkt ab, von wasserbeständiger Fugenmasse wird es nicht aufgenommen.

Wandarmaturen befestigen

Die Arbeit ist erst dann fertig, wenn auch Beleuchtungskörper und andere Installationen befestigt sind. Da Fliesenflächen nicht so einfach ausgebessert werden können wie gestrichene oder tapezierte Bereiche, ist es wichtig, hier besonders sorgfältig zu arbeiten.

Richtig bohren

- **In der Mitte ansetzen** Versuchen Sie Halterungen so zu platzieren, dass die Bohrlöcher etwas entfernt von der Fliesenkante liegen. Das Bohren am Rand kann leicht zu Rissen in der Fliese führen.
- **Wasserdicht** Wenn Sie eine Schraube in ein Fliesenbohrloch drehen, tragen Sie auf die Schraubenspitze etwas Silikon auf. So vermeiden Sie, dass Wasser durch das Loch hinter die Fliese dringt.
- **Augenschutz** Tragen Sie beim Bohren eine Schutzbrille, damit Ihre Augen nicht von abspringenden Fliesensplittern verletzt werden.

Löcher bohren

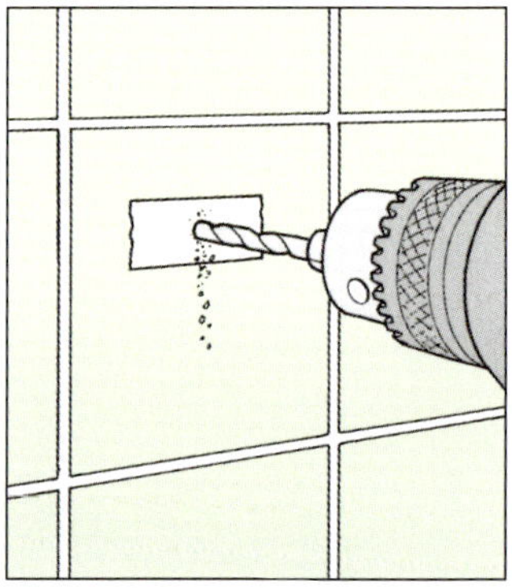

Kein Abrutschen!
Kleben Sie an die Stelle, an der die Halterung sitzen soll, etwas Klebeband und bohren Sie dann hindurch. Das verhindert das Abrutschen des Bohrers.

Armaturen positionieren

Testlauf
Befestigen Sie eine Armatur zunächst mit doppelseitigem Klebeband an der vorgesehenen Stelle. So können Sie leichter Korrekturen vornehmen.

Reinigungsarbeiten

Wie bei allen Renovierungen fallen auch beim Fliesenlegen abschließende Reinigungs- und Aufräumarbeiten an. Die fertig verflieste Fläche wird mit einem Tuch sorgfältig nachpoliert, das Arbeitsgerät sollte gesäubert, getrocknet und geschützt aufbewahrt werden.

Fugenmörtel entfernen

- **Behutsam vorgehen** Geringfügige angetrocknete Mörtelreste entfernen Sie am einfachsten mit einem feuchten weichen Schwamm.

Reste entfernen
Trockener Fugenmörtel lässt sich mit der scharfen Kante eines Schabers vorsichtig entfernen. Befeuchten Sie die Kante mit etwas Spülmittel, um ein Verkratzen zu vermeiden.

Nacharbeiten

- **Mörtelfugen retuschieren** Bis zum Trocknen können sich in den verfüllten Fugen, besonders an der Fliesenunterkante, Luftblasen bilden. Stechen Sie in die Blasen hinein und reiben Sie mit der Fingerkuppe etwas Mörtel in die Löcher ein.
- **Sanitärinstallationen reinigen** Angetrocknete Mörtelflecken in Badewannen oder Waschbecken kann man durch warmes Wasser aufweichen und dann mit einem Schwammtuch wegwischen.
- **Teppich reinigen** Fliesenkleber oder Fugenmörtel, der auf einen Teppich fällt, sollte zuerst antrocknen, bevor man ihn mit einer hartborstigen Bürste entfernt.

GUTE IDEE!

Mörtelfugen versiegeln
Sobald der Fugenmörtel getrocknet und die Fliesen gereinigt sind, sprühen Sie die Fläche mit einer Haushaltspolitur auf Silikonbasis ein. So wird der Mörtel versiegelt und gegen Verfärbungen geschützt.

Fliesenflächen instand halten

Fliesen sind äußerst langlebig und werden meist nur deshalb ausgetauscht, weil man sich Abwechslung wünscht. Beschädigung und Abnutzung spielen dabei meist eine untergeordnete Rolle. Trotzdem gibt es hin und wieder kleinere Reparaturen.

Beschädigte Fliesen austauschen

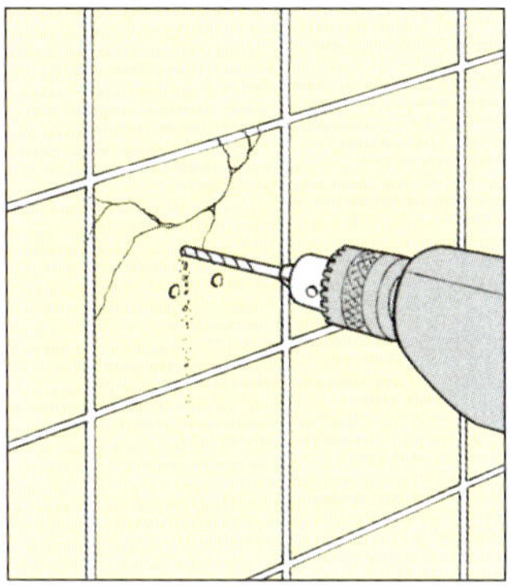

1 Zuerst muss die Fliese von der Wand gelöst werden. Zu diesem Zweck bohrt man mehrere kleine Löcher hinein, um die glasierte Oberfläche aufzubrechen.

2 Mit Hammer und Flachmeißel so lange kleine Bruchstücke aus der Fliese herausschlagen, bis diese vollständig entfernt ist. Schutzbrille und Handschuhe tragen.

3 Auf die Rückseite der Ersatzfliese Kleber auftragen, dann an die Wand drücken. Fugenkreuze verwenden, um die Fliese richtig zu positionieren. Ausfugen und säubern.

Risse beheben

● **Farbe verwenden** Eine kleine Menge entsprechender Künstlerfarbe mit Fugenweiß mischen, sodass eine feine Paste entsteht. Diese Mischung auf die Fliesen streichen und damit Haarrisse verfüllen.

Sauber halten

● **Mörtelfugen** Behandeln Sie schmutzige Fugen mit Qualitätsfugenreiniger oder einem milden Haushaltsbleichmittel. Sie können die Fugen auch nachträglich mit einem Spezialfugenmittel färben.

Fugen erneuern

● **Fliesenflächen auffrischen** Fugenmaterial kann sich mit der Zeit verfärben. Kratzen Sie altes Füllmaterial mit einem Spachtel aus den Fugen heraus und verfugen Sie die ganze Fliesenfläche neu.

Restfliesen sinnvoll verwenden

Heben Sie sich immer einige Restfliesen als Ersatz für beschädigte Stücke auf. Denn nach einigen Jahren ist es meist schwierig, passende Austauschfliesen zu finden. Sogar von Weiß gibt es zahlreiche Varianten. Restfliesen lassen sich aber auch anderweitig einsetzen:

● **Erweiterung der Fliesenfläche** Zu einem bereits verfliesten Bereich kann man noch eine weitere Reihe hinzufügen, z. B. um den Spritzschutz um ein Waschbecken noch etwas zu vergrößern. Daher lohnt es sich oft, den ursprünglichen Verlegeplan noch einmal zu ergänzen.

● **Fensterborde** Stark beanspruchte Bereiche zu verfliesen, wie z. B. Fensterborde, bietet große Vorteile. Durch die Benutzung von Restfliesen entsteht eine widerstandsfähige, leicht zu reinigende und schöne Oberfläche.

● **Küchenutensilien** Indem man eine Dekorfliese auf einen Holzblock klebt, lässt sich ein Käsebrett herstellen; eine große Granitfliese kann als Schneidebrett dienen. Gummiplättchen auf der Rückseite verhindern das Wegrutschen oder Verkratzen.

● **Fliesenbruch verwenden** Aus zerbrochenen Fliesen Mosaikfliesen herstellen (siehe S. 245).

Fest in die Korkfliese hineinschneiden.

Topfuntersetzer

Legen Sie eine Dekorfliese auf eine Korkbodenfliese. Schneiden Sie mit einem Universalmesser um die Ränder herum und kleben Sie die Fliese fest.

Kreativ mit Holz und Farbe

Übersicht

Bauteile aus Holz tragen entscheidend zur Gesamtwirkung eines Raumes bei. Wie diese in die Gestaltung mit einbezogen werden, bleibt dabei jedem selbst überlassen. Mit Pinsel und Farbe lassen sich jedoch nicht nur Holzelemente, sondern auch Möbelstücke verschönern und wirkungsvoll in Szene setzen. Ihrer Kreativität und Experimentierfreude sind bei der Umsetzung eigener Ideen keine Grenzen gesetzt.

Materialauswahl

Es gibt eine große Vielfalt an Anstrichmitteln für Holz, die sich in Farbe, Glanz und Deckfähigkeit unterscheiden. Entscheidend für die Wahl ist die vorhandene Holzart. Außerdem sollte der Anstrich mit den übrigen gestrichenen oder tapezierten Flächen harmonieren.

Anstrichmittel für verschiedene Holzarten

Anstrich	Eigenschaften	Verwendung	Ergiebigkeit
Hochglanzlack	Hochglanzlack ist ein Anstrichmittel auf Kunstharzbasis und erzeugt eine hochglänzende Oberfläche.	Glanzlack kann für alle Holzarten angewandt werden und ist besonders widerstandsfähig.	17 m²/l
Mattlack	Mattlack auf Kunstharzbasis ergibt eine matt glänzende, elegant wirkende Oberfläche.	Mattlack ist ideal für unebene Untergründe. Die matte Oberfläche lässt die Unebenheiten nicht so stark hervortreten.	16 m²/l
Klarlack	Klarlack auf Kunstharzbasis bildet eine matte bis hochglänzende Oberfläche. Er ist extrem strapazierfähig.	Klarlack ist für alle Holzarten geeignet. Auf glatt polierten Oberflächen erzielt man die beste Anstrichqualität.	15 m²/l
Holzbeize	Holzbeize auf Kunstharzbasis bildet einen matt bis hochglänzenden, klaren und strapazierfähigen Überzug.	Holzbeize ist für alle Holzarten anwendbar. Altanstriche müssen allerdings entfernt werden.	22 m²/l
Holzöl	Lösungsmittelhaltig; matt glänzender, pflegender Anstrich	Ideal für Hartholz und gering beanspruchte Bereiche	12 m²/l
Holzwachs	Anstrich auf Lösungsmittel- oder Wasserbasis	Für alle Holzarten geeigneter Anstrich	17 m²/l

Anstrichwerkzeuge

Die Werkzeuge zum Streichen von Holz unterscheiden sich nur wenig von denen, die man zum Streichen von Wänden benötigt. Allerdings kommen hier noch ein paar zusätzliche Hilfsmittel hinzu.

- **Pinselauswahl** Das Streichen von Holz erfordert sorgfältiges Arbeiten auf kleinen Flächen. Man benötigt daher eine Auswahl an feineren Pinseln, am besten aus Naturborsten.
- **Schleifpapier** Gute Qualität und eine größere Auswahl an Körnungen sind für die Herstellung einer glatten Oberfläche unentbehrlich.

Schrägborstenpinsel

Fusselfreies Tuch

12,5-mm-Pinsel

50-mm-Pinsel

Schleifpapier

Lackierpinsel

Heißluftföhn

Staubtuch

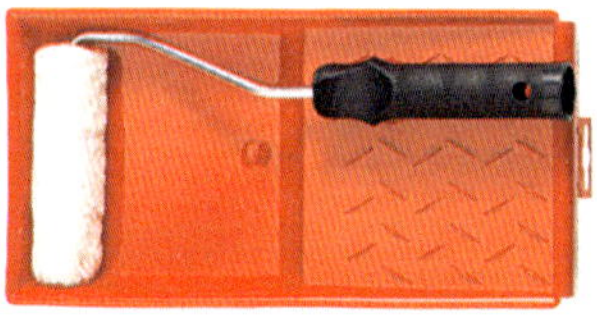
Farbroller und Wanne

Materialbedarf

Flächen wie Fensterrahmen oder Türen sind relativ leicht auszumessen. Schwieriger wird es bei unregelmäßigen Flächen.

- **Fenster** Zur Berechnung des Rahmens misst man dessen Breite und Umfang. Bei Flügelfenstern mit zahlreichen Querleisten sollte man die gesamte Fensterfläche einschließlich der Scheiben als Grundlage für die Berechnung nehmen.
- **Ergiebigkeit** Farben und Anstrichmittel zur Holzveredelung unterscheiden sich in der Ergiebigkeit. Dies sollte man bei der Berechnung der erforderlichen Anstriche unbedingt beachten.
- **Voranstriche** Unbehandeltes Holz muss grundsätzlich grundiert werden. Aber auch die meisten Farben erfordern vor dem Auftragen einen Voranstrich.

Holzarten im Wohnbereich

In fast jeder Wohnung findet sich eine ganze Reihe von Holzarten, die man je nach Eignung und Beschaffenheit in verschiedene Kategorien einteilt.

- **Naturholz** Glatt gehobeltes Holz wird im Allgemeinen für Gegenstände und Bauteile eingesetzt, die der Verschönerung dienen, wie z. B. Einfassungen oder Zierleisten. Sägeraues Holz wird in erster Linie als Bauholz benutzt und sollte nicht mit Farbanstrichen versehen werden. Eine Ausnahme sind Häuser mit offen liegendem Gebälk.
- **Holzwerkstoffe** Sie können auch fabrikmäßig hergestellte Plattenwerkstoffe benutzen, die sich im Aussehen stark von natürlichem, gemasertem Holz unterscheiden. Sie werden in großen Platten gefertigt und zeichnen sich durch ihre vielseitige Verwendbarkeit aus (z. B. Paneele oder Türen).

Weichholz
Meist helles, pflegeintensives Naturholz, für viele Bedürfnisse im Innenbereich geeignet.

Hartholz
Naturholz von höherer Qualität für anspruchsvolle Schreinerarbeiten; elegante Oberflächenstruktur.

Sperrholz
Platten, die aus mehreren, verleimten Furnierholzschichten bestehen; Oberfläche weniger attraktiv.

Holzfaserplatte
Mitteldichte Platten aus gepressten Holzfasern, die gut zu bearbeiten sind (Bastlerarbeiten); müssen lackiert werden.

Hartfaserplatte
Dünne Platte mit harter, glatter Oberfläche, aus Holzteilen unter hohem Druck gepresst; für alle Anstriche geeignet.

Spanplatten
Platten aus gepressten Holzspänen für den Innenausbau oder Bodenunterbau; nur für bestimmte Anstriche geeignet.

VORARBEITEN

Schäden am Holz werden durch Farbe nicht etwa überdeckt, sondern in vielen Fällen eher noch hervorgehoben. Es ist daher wichtig, die Oberfläche des Holzes vor dem Anstrich so gut und gründlich wie möglich vorzubereiten. Wenn man dann die geeignete Streichtechnik anwendet, erhält man ein gutes Ergebnis.

Ablösen und schleifen

Zunächst müssen Sie prüfen, ob Altanstriche entfernt werden müssen oder nicht. Mehrere übereinander liegende Schichten löst man am besten ab, während ein einziger, intakter Altanstrich nach sorgfältigem Anschleifen und Abwaschen nochmals überstrichen werden kann.

ARBEITSSCHRITTE

Orientieren Sie sich bei der Planung Ihres Holzanstrichs an der nachstehenden Liste, die je nach Farbsystem angepasst werden sollte.

- Angrenzende Flächen abdecken
- Alte Farbe entfernen
- Astlöcher versiegeln
- Risse verspachteln
- Flächen schleifen
- Unbehandeltes Holz grundieren
- Voranstrich auftragen
- Leicht anschleifen
- Abwischen
- Deckanstrich auftragen

MIT HITZE ABLÖSEN

Heißluftföhn
Sobald sich die Farbe vom Untergrund löst, lässt sich die angeschmolzene Schicht leicht mit einem breiten Spachtel abnehmen. Achten Sie jedoch darauf, das Holz nicht zu versengen.

ARBEITSSICHERHEIT

- **Schutzmaßnahmen** Durch das Tragen einer Atemschutzmaske vermindern Sie das Risiko, schädliche Dämpfe der alten Farbe oder eines Abbeizmittels einzuatmen. Darüber hinaus sollten Sie möglichst Handschuhe tragen, um die Hände vor Verletzungen oder Hautreizungen durch die verwendeten Mittel zu schützen.
- **Brandgefahr vermindern** Lassen Sie niemals einen Heißluftföhn in eingeschaltetem Zustand unbeaufsichtigt liegen. Durch die Hitze könnte sich das umliegende Material entzünden.

CHEMISCHE ABBEIZER

- **Auftragen** Tragen Sie den Abbeizer mit einem alten Pinsel auf. Gehen Sie dabei eher tupfend als streichend vor.
- **Im Freien abbeizen** Beim Abbeizen entsteht meist eine Menge Schmutz, daher Türen wenn möglich aushängen und im Freien bearbeiten. Legen Sie hierzu die Türen waagrecht über zwei Holzböcke, sodass der Abbeizer dick aufgetragen werden kann und nicht herunterläuft.
- **Neutralisieren** Sobald die alte Farbe restlos entfernt ist, neutralisieren Sie die Chemikalien des Abbeizers, indem Sie das Holz mit Essig abwischen und mit sauberem Wasser nachwaschen.

GEDRECHSELTE HOLZTEILE

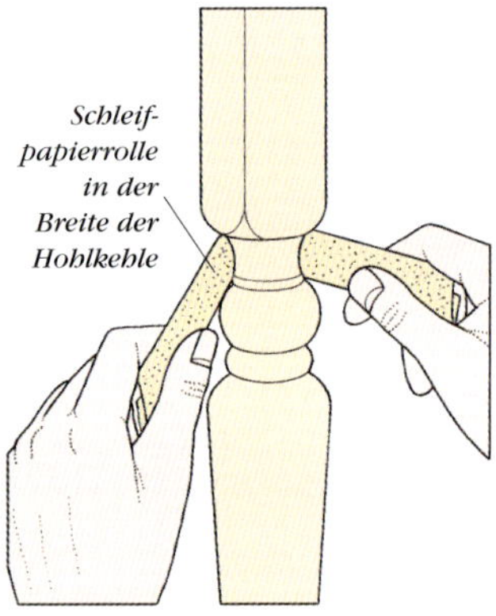

Schleifpapier
Das Schleifen schwieriger Stellen, wie beispielsweise bei gedrechselten Holzteilen, geht wesentlich leichter, wenn man das Schleifpapier zu einer Rolle zusammenfaltet.

BEWÄHRTES WISSEN

Säubern
Bevor Sie eine waagrechte Fläche streichen, tränken Sie ein fusselfreies Tuch mit Terpentinersatz und wischen Sie das Holz damit ab. Die Oberfläche wird dadurch von Staub und Schmutz befreit.

Spachteln

Bei den meisten Holzoberflächen reicht das Abschleifen vor dem Farbauftrag nicht aus. Vorhandene Kratzer oder kleine Löcher müssen vor dem Streichen verfüllt werden. Hierfür stehen Ihnen Holzkitt, Universal-Spachtelmassen und Acryl-Dichtungsmasse zur Verfügung.

Kleinere Reparaturen

- **Staub entfernen** Von einer frisch gespachtelten und geschliffenen Fläche sollte der Schleifstaub mit einem feuchten Tuch entfernt werden.
- **Zeit sparen** Halten Sie ein Gefäß mit fertig angerührter Spachtelmasse griffbereit, um kleine Löcher, die Sie beim ersten Mal übersehen haben, nachträglich zu verfüllen.
- **Oberflächen glätten** Zur Reparatur von Zierprofilen benutzen Sie am besten eine ganz feine Oberflächenspachtelmasse. Nach dem Aushärten und Abschleifen bietet diese den glattesten Untergrund für den Auftrag von Anstrichmitteln.

Grosse Schadstellen

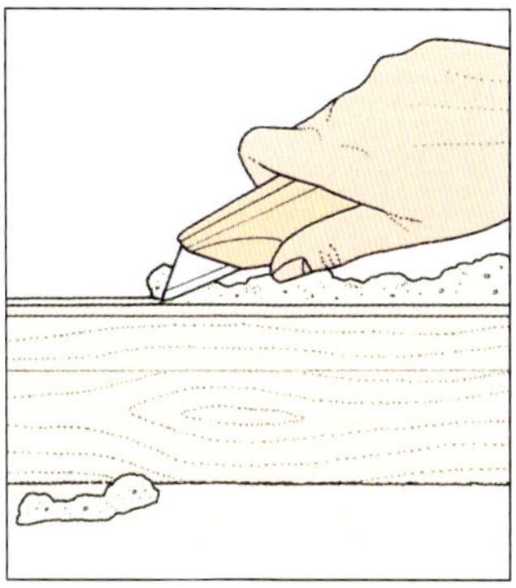

Montageschaum
Große Schadstellen verfüllt man am besten mit Montageschaum. Eventuell hervorquellende Masse wird nach dem Aushärten vorsichtig mit einem Universalmesser abgeschnitten.

Acryl-Dichtungsmasse

- **Auskratzen** Entfernen Sie abgeblätterte Farbreste von schadhaften Anschlussfugen, indem Sie mit der Kante eines Spachtels fest durch die Fuge fahren. Saugen Sie letzte Reste mit einem Staubsauger heraus und verfüllen Sie den Spalt mit der Spachtelmasse.
- **Glätten** Das Glätten der Dichtungsmasse sollte vor dem Aushärten erfolgen. Sobald die Füllmasse eingebracht ist, streichen Sie die Fuge mit einem sauberen, feuchten Schwamm glatt. Die beste Oberfläche erhält man, indem man mit einem befeuchteten Finger an der Fuge entlangfährt.

Grundieren und Anstreichen

Um ein schönes Endergebnis zu erhalten, ist es wichtig, alle erforderlichen Vor- und Deckanstriche sorgfältig zu planen und aufeinander abzustimmen. Zudem sollte man sich vor Beginn der Arbeit unbedingt mit den verschiedenen Holzstreichtechniken vertraut machen.

Grundieranstriche

- **Astlöcher** Wenn Sie ein wasserlösliches Anstrichsystem verwenden, tragen Sie einen weißen Voranstrich auf. Dieser versiegelt Astlöcher, ohne auf nachfolgende Anstrichschichten durchzuschlagen.
- **Naturholz** Dieses muss vor dem Endanstrich immer grundiert werden, damit die Poren des rohen Holzes gründlich gefüllt werden.
- **Pinsel einarbeiten** Neue Pinsel sollten Sie zuerst nur für den Voranstrich verwenden, da sie unter Umständen Borsten verlieren können. Hat man den Pinsel beim Grundieren schon eingearbeitet, ist er für den sichtbaren Deckanstrich bestens vorbereitet.

Deckanstriche auf ebenen Flächen

1 Streichen Sie zunächst in senkrechten Pinselstrichen ausreichend Farbe auf die Fläche. Verteilen Sie diese anschließend waagrecht über die gesamte Holzfläche, ohne erneut einzutauchen.

2 Verschlichten Sie nun die Fläche mit senkrechten Pinselstrichen, um eine gleichmäßige Farbabdeckung zu erzielen. Auch hier sollte man den Pinsel kein weiteres Mal mit Farbe tränken.

ANSTRICHTECHNIKEN

Je nachdem welche Dinge oder Einrichtungsgegenstände Sie streichen wollen, müssen Sie Ihre Anstrichtechnik auswählen. In erster Linie betrifft dies die Abfolge, in der die jeweiligen Flächen gestrichen werden, denn davon hängt ein optimales Ergebnis am stärksten ab.

Türen

Türen sind in den meisten Wohnungen aus Holz und prägen durch ihre Größe und Anzahl in nicht unerheblichem Maß den Gesamteindruck. Daher sollte man sich bei Renovierungsarbeiten genügend Zeit und Sorgfalt nehmen, um ein sauberes Ergebnis zu erhalten.

Türanstrich in den jeweiligen Raumfarben

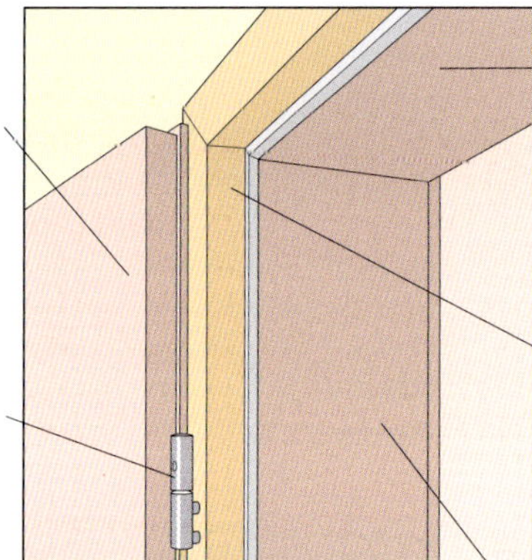

Türrahmen farblich aufteilen

Wenn zwei farblich unterschiedlich gestaltete Räume durch eine Tür verbunden sind, muss man genau festlegen, wo die Farbe des einen Raumes endet und die Farbe des anderen beginnt. Traditionell streicht man bestimmte Teilflächen des Türrahmens jeweils in der einen oder anderen Farbe.

Kanten abfassen

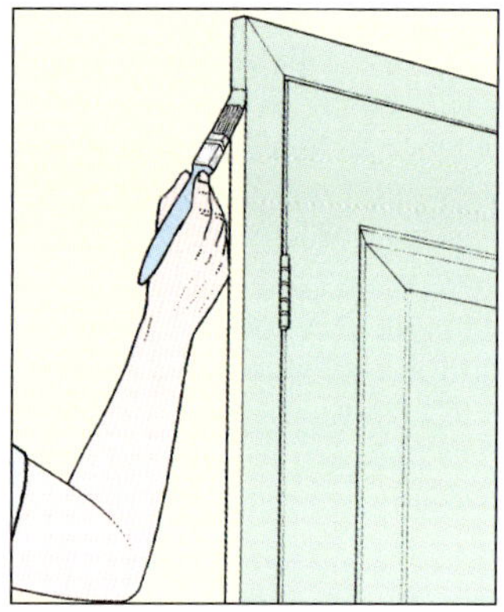

Ellbogen abstützen

Erleichtern Sie sich das Streichen gerader Linien zwischen Türeinfassung und Wand, indem Sie den Ellbogen an der Wand abstützen. Ihre Hand wird dann bei der Ausführung weniger zittern.

> **Schränke streichen**
>
> ● **Türbeschläge** Um sich die Arbeit zu erleichtern, entfernen Sie Griffe und Beschläge. So verhindern Sie, dass diese mit Farbe bespritzt werden.
>
> ● **Schubladen** Streichen Sie die Vorderseite, jedoch nicht Seiten und Laufschienen von Schubladen, da dies die Funktionsfähigkeit beeinträchtigen würde.
>
> ● **Innenseite** Streichen Sie die Schrankinnenseite in einer hellen Farbe, damit bei geöffneter Tür die Lichtreflexion verstärkt und so der Inhalt des Schrankes besser sichtbar wird.

Strukturierte Türen effektiv streichen

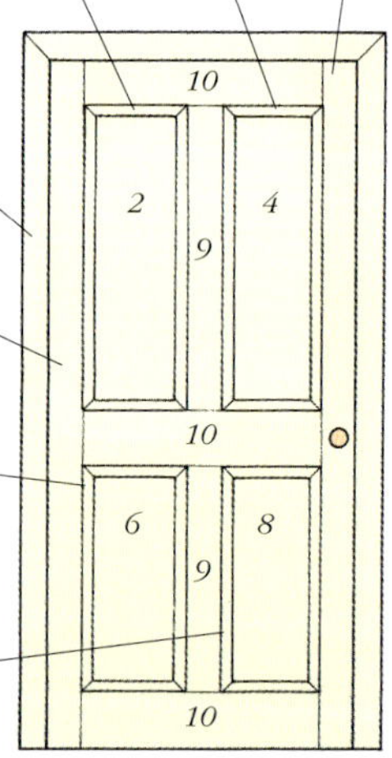

● **Türgriff** Entfernen Sie vor dem Streichen sämtliche Beschläge von den Türen. Benutzen Sie dann ein Stück Karton, um die Tür festzukeilen, und einen Schraubendreher als Griff zum Bewegen.

Arbeitsabfolge

Streichen Sie die einzelnen Bereiche der Tür von oben beginnend (Schritte 1–11). Für die Ornamente und zum Anreißen verwenden Sie am besten einen feinen Pinsel. Eine glatte Tür wird in 0,25-m²-Abschnitten von oben nach unten und von links nach rechts gestrichen.

Fenster

Das Streichen um Glasscheiben herum gilt gemeinhin als schwierig und besonders zeitraubend. Das muss jedoch nicht so sein, wenn man die richtige Methode anwendet bzw. sich das jeweils passende Repertoire an Streichtechniken vorher aneignet.

Fensteranstrich richtig planen

- **Früh anfangen** Fenster sollten schon morgens gestrichen werden, damit sie möglichst lange Zeit zum Trocknen geöffnet bleiben können und nicht verkleben.
- **Scheiben putzen** Entfernen Sie Spritzer des Voranstrichs mit einem Glasschaber und polieren Sie die Scheibe mit Glasreiniger, bevor Sie den Deckanstrich aufbringen.

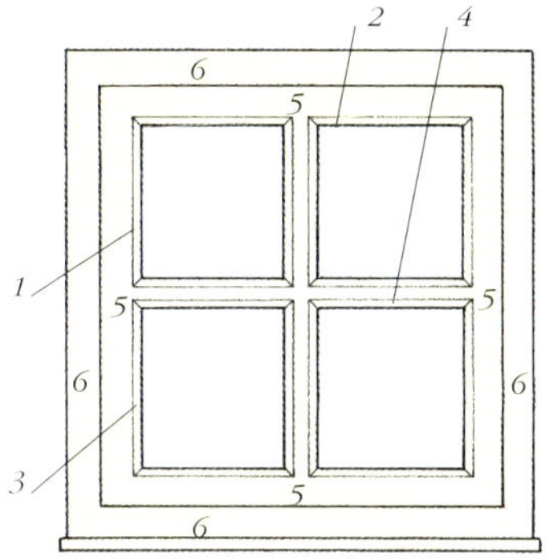

Reihenfolge
Arbeiten Sie immer von oben nach unten und von den Bereichen, die dem Glas am nächsten sind, nach außen (1–6). Dieses Vorgehen garantiert Ihnen, dass kein Teil des Rahmens vergessen wird, auch wenn die neue Farbe der alten sehr ähnlich ist.

Glasfläche schützen

Fensterschutz benutzen
Schneiden Sie den Boden eines Kunststoffbehälters aus und lassen Sie von der Seitenwand Reste als Griff stehen. Diesen Schutz können Sie beim Streichen gegen die Glasnut halten.

Andere Bereiche

Nicht alle Teile der Wohnung können mit der gleichen Technik gestrichen werden. So bedürfen beispielsweise Metallflächen oftmals einer speziellen Vorbehandlung und bestimmte Wohnbereiche, z. B. stark beanspruchte Flächen, benötigen besondere Farben oder Anstriche.

Umgang mit Metall

- **Rostflecken** Diese sollten möglichst bis auf das blanke Metall abgeschliffen werden. Grundieren und streichen Sie sofort, damit keine Feuchtigkeit auf die ungeschützte Oberfläche gelangt und zu erneuter Rostbildung führt.
- **Grundiermittel** In fast jeder Wohnung finden sich verschiedene Metalle und Legierungen. Achten Sie darauf, dass Sie eine Grundierung benutzen, die auf das jeweilige Metall abgestimmt ist.
- **Heizkörper** Diese sollten nur in abgekühltem Zustand gestrichen werden. Auf warmen oder heißen Flächen trocknet die Farbe zu schnell und es kommt zu einem ungleichmäßigen Farbauftrag.

Rohrleitungen

- **Große Rohre** Lackieren Sie sie gleichmäßig mit einem breiten Pinsel. Schützen Sie die anliegenden Flächen dabei gut vor Farbspritzern.

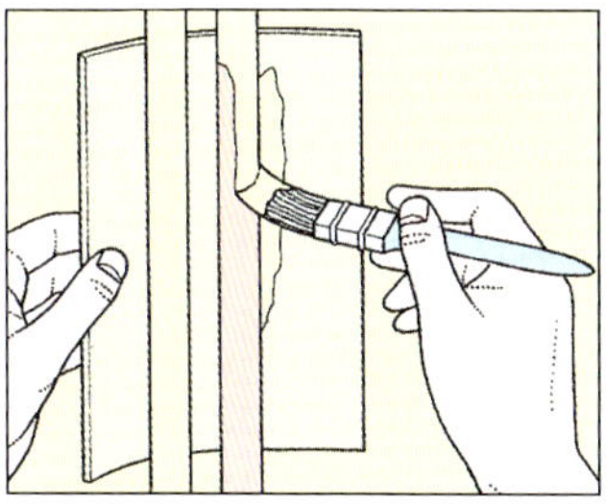

Wandschutz
Beim Streichen von Rohren, die entlang einer Wand verlaufen, empfiehlt es sich, ein Stück Karton hinter die Rohrleitung zu halten, um die Wand vor Farbspritzern zu schützen.

Treppen

Bei Treppen ist ein guter Anstrich besonders wichtig, da dies ein Bereich ist, der häufig benutzt wird.

- **Handläufe** Überziehen Sie diese mit stoß- und schlagfestem Lack, da sie besonders starker mechanischer Belastung ausgesetzt sind.
- **Kanten** Bevor Sie einen Treppenläufer verlegen, streichen Sie die frei bleibenden Ränder der Stufen so, dass die gestrichene Fläche ein gutes Stück unter die Teppichkante reicht.
- **Risse** Da das Holz der Treppenstufen ständig arbeitet, sollten Sie Lücken und Nahtstellen mit Acryl-Dichtungsmasse verfüllen. So bilden sich keine Risse.

HOLZVEREDELUNG

Viele Menschen sind der Meinung, dass Holz am schönsten wirkt, wenn es sein natürliches Aussehen behält. Die notwendigen Produkte zur Veredelung und Pflege bietet jeder Bau- und Heimwerkermarkt in großer Auswahl an. Sie sind meist einfach zu handhaben und auch sehr strapazierfähig.

HOLZANSTRICHE

Naturholzanstriche unterstreichen auf dezente Weise die natürliche Schönheit von Holz. Wählen Sie einen Anstrich, der zum Holztyp passt und die gewünschten Anforderungen an Farbe und Strapazierfähigkeit erfüllt.

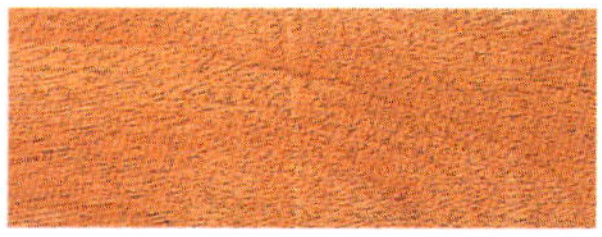

Holzöl ...
eignet sich gut für dunkle Harthölzer. Durch mehrmaliges Polieren erhöht sich die Glanzwirkung.

Holzwachs ...
ist das natürlichste Holzveredelungsmittel. Es betont sehr schön die Maserung und Holzstruktur.

Klarlack ...
ist hoch strapazierfähig und kann als Anstrich oder als Deckschicht für andere Anstrichmittel dienen.

Holzlasur ...
eignet sich, um Farbnuancen zu erzeugen. Als Abschluss sollte ein Klarlacküberzug erfolgen.

Holzbeize ...
erzeugt auf der fertigen Oberfläche meist eine hervorragende Tiefenwirkung.

Mit Holzanstrichen arbeiten

Naturholzanstriche bieten die Möglichkeit, fest eingebaute Holzteile vorhandenen Möbelstücken farblich anzupassen oder auch verschiedene Holzarten aufeinander abzustimmen. Sogar gewöhnliches Kiefernholz lässt sich so behandeln, dass es wie Eiche oder Mahagoni aussieht.

SICHERHEIT GEHT VOR

- **Augenschutz** Die meisten Holzanstrichmittel sind so dünnflüssig, dass sich Spritzer kaum vermeiden lassen. Tragen Sie deshalb eine Schutzbrille, besonders wenn Sie auf Augenhöhe arbeiten.
- **Umfüllen** Naturholzanstriche sollten in Farbtöpfen aus Metall aufbewahrt werden.

Vorsicht

Bewahren Sie ölige Lappen in einem Metallbehälter mit Deckel auf. Öl ist leicht entzündlich, und es besteht die Gefahr, dass sich die Lappen selbst entzünden.

ANSTRICH VERBESSERN

- **Polieren** Um eine gewachste oder geölte Fläche schnell und einfach nachzupolieren, befestigen Sie ein sauberes Staubtuch am Kissen eines elektrischen Schleifgeräts (mit niedriger Drehzahl).
- **Klarlackschichten** Nach dem ersten Anstrich sollten Sie die Holzoberfläche mit feiner Stahlwolle glätten und die Rückstände mit einem in Terpentinersatz getränkten, fusselfreien Tuch entfernen.
- **Gleichmäßig beizen** Tragen Sie die Beize zügig und ohne Unterbrechungen auf, um bei den nachfolgenden Schichten Spuren durch Überlappungen zu vermeiden.

UMWELTTIPP

Natürliche Farbstoffe
Versetzen Sie Obst oder Gemüse mit heißem Wasser und filtern Sie die Masse durch ein Sieb. So erhalten Sie ein natürliches Anstrichmittel.

FARBWIRKUNGEN

Abgesehen von der dekorativen Wirkung, die sich mit Farbeffekten erzielen lässt, macht es auch Spaß, mit verschiedenen Anstrichmitteln zu experimentieren. Kreieren Sie Ihren eigenen Effekt und geben Sie Ihrem Zuhause damit eine individuelle Note.

ZUSÄTZLICHES MALERWERKZEUG

Einige der Werkzeuge für das Bemalen von Wänden lassen sich auch dafür verwenden, auf Holz Farbeffekte zu erzielen.

- **Pinsel** Ergänzen Sie Ihre Malerausstattung durch eine Auswahl von Pinseln verschiedener Größen.
- **Spezialwerkzeuge** Mit einem Maserierwerkzeug lassen sich sehr charakteristische und schöne Effekte erzeugen.

Schrägstrichzieher

50-mm-Flachpinsel

Modler (Spezialpinsel mit extra weichen Borsten)

Streifenpinsel (auch Dachsvertreiber genannt)

Stahldrahtbürste

Kamm

Maserierwerkzeug

Glättstahl

Fusselfreies Tuch

Stahlwolle

Holz imitieren

Die Erfindung des Maserierwerkzeugs hat die Herstellung von Naturholzeffekten entscheidend erleichtert. Der Farbauswahl sind praktisch keine Grenzen gesetzt, sodass man den Effekt sowohl mit natürlichen Holztönen als auch mit allen anderen erzeugen kann.

MASERIEREN

- **Grundfarben** Stimmen Sie Grundierung und Deckanstrich farblich aufeinander ab.
- **Werkzeug reinigen** Entfernen Sie in regelmäßigen Abständen überschüssige Lasur von Ihrem Maserierwerkzeug, sonst „schmiert" es.
- **Astlöcher imitieren** Verbessern Sie die Struktur Ihres Holzanstrichs, indem Sie an einigen Stellen ein paar Astlöcher imitieren. Ziehen Sie hierzu das Maserierwerkzeug über die lasierte Oberfläche und wippen Sie es dabei leicht vor und zurück.

SCHRANKTÜREN

1 Tragen Sie zuerst einen Grundanstrich oder Mattlack auf, den Sie nach dem Trocknen mit Lasur bedecken. Verwenden Sie hierfür am besten einen 50-mm-Pinsel.

2 Ziehen Sie nun das Maserierwerkzeug in parallelen Bahnen durch die noch nasse Lasur. Bearbeiten Sie die Fläche möglichst ohne Pause, um Übergänge zu vermeiden.

Holz lasieren

Die einfachste Art, Holz eine Farbe zu geben, besteht darin, es farbig zu lasieren. Als Alternative können Sie jedoch auch pigmentiertes Wachs verwenden, das dem Holz mehr Struktur und Tiefe verleiht. Beide Verfahren betonen die natürliche Maserung des Holzes.

Holzmaserung

Stahlbürste
Bürsten Sie vorsichtig (Beschädigung!) mit der Stahlbürste über die Holzfläche, um die Fasern freizulegen, aus denen sich die natürliche Maserung zusammensetzt. Die Fläche kann dadurch mehr Wachs aufnehmen.

Wachspuder

- **Überzug** Reiben Sie das Wachs mit kreisenden Bewegungen ins Holz ein. Benutzen Sie hierzu eine harte Bürste, mit der sich das Wachs sorgfältig in die Vertiefungen reiben lässt.
- **Überschuss** Sobald Sie das Wachs über die ganze Fläche verteilt und gut eingerieben haben, tragen Sie mit einem weichen Baumwolltuch klares Wachs auf. Auf diese Weise wird der Überschuss des ersten Auftrags entfernt und ein schützender Überzug erzeugt.
- **Nachpolieren** Wenn das Wachs ausgehärtet ist, können Sie die Fläche mit einer weichen Bürste vorsichtig nachpolieren.

Doppelte Wirkung

Um die natürliche Holzmaserung hervorzuheben und zugleich einen Farbanstrich zu erhalten, können Sie unbehandeltes Holz mit verdünnter Farbe oder Lasur streichen.

- **Herstellung** Für die Lasur wird 1 Teil Acrylbinder mit 4 Teilen Wasser und farbigem Abtönkonzentrat gemischt und so lange verrührt, bis man eine milchige Konsistenz erhält.
- **Nachpolieren** Bevor die Lasur vollständig getrocknet ist, reibt man mit einem Lappen über die Oberfläche, um überschüssige Farbe zu entfernen. Dadurch wird die Maserung betont.

Struktureffekt

Ein verblüffender Effekt entsteht, wenn man einen trockenen Pinsel durch eine lasierte Fläche zieht. Dies verleiht der Holzoberfläche eine besondere Struktur und erzeugt eine schöne Tiefenwirkung. Die Technik ist relativ einfach anzuwenden und erfordert keine Übung.

Herstellung

- **Tiefenwirkung** Die „Tiefe“ der Struktur hängt davon ab, in welchem Winkel Sie den Pinsel über die lasierte Fläche ziehen. Ein steiler Winkel wird eine feine Struktur erzeugen, wogegen ein flacher Winkel tiefere Spuren hinterlässt.
- **Improvisieren** Es muss nicht unbedingt ein spezieller Strukturpinsel sein, auch mit anderen Werkzeugen erzielt man wirkungsvolle Effekte.
- **Flächen unterteilen** Behandeln Sie vorgegebene Teilbereiche einer Fläche auch als getrennte Einheiten. Dabei ist es wichtig, gleichmäßig und kontinuierlich in Richtung der Maserung zu arbeiten.

Lasur strukturieren

Pinsel verwenden
Um eine gleichmäßige Strukturierung zu erhalten, ziehen Sie einen Pinsel parallel zur Maserung über die lasierte Fläche. Dabei sollten Sie immer bis zum Ende ganz durchziehen und nicht unterbrechen.

Improvisieren

Fensterwischer
Schneiden Sie das harte Gummiblatt des Wischers keilförmig ein, sodass eine gezackte Kante entsteht. Ziehen Sie dieses Werkzeug nun auf die gleiche Weise durch die nasse Lasur wie einen Pinsel (siehe links).

Metalleffekte erzielen

Auch Metalloberflächen können mit herkömmlichen Anstrichmitteln nachgeahmt werden. Außerdem bietet der Fachhandel Produkte an, denen das jeweilige Metall beigemischt ist. So erzeugen Sie auf einer Holzoberfläche einen realistischen Metallüberzug.

GRÜNSPAN VORTÄUSCHEN

- **Untergrund** Für einen Grünspaneffekt sollten Sie eine Fläche oder einen Gegenstand auswählen, der Metall täuschend ähnlich sieht, um die Täuschung glaubhaft zu machen.
- **Farbenaufbau** Benutzen Sie zum Aufbau des Grünspaneffekts mindestens drei Grüntöne, wobei der erste schon ins Blassblaue übergehen sollte.
- **Schwammauftrag** Tragen Sie die Farbschichten mit einem Naturschwamm auf. Die jeweils letzte Schicht sollte fast trocken sein, bevor Sie die nächste darüber tupfen. Nehmen Sie mit einem zerknüllten Tuch anschließend wieder etwas Farbe ab, um den Schwammeffekt abzumildern. Der an manchen Stellen wieder freigelegte Grundanstrich verstärkt die authentische Wirkung des Überzugs.

TÜRRAHMEN AUFWERTEN

Goldrand
Kleben Sie einen goldfarbenen Konturenstift auf zwei Holzklötze. Legen Sie einen Klotz nun an der Außenkante des Rahmens an, und ziehen Sie so eine gerade, „goldene" Linie um die Türeinfassung.

FARBFESTLEGUNG

- **Grundfarbe** Um einen Grünspaneffekt noch realistischer zu machen, bietet sich als Grundfarbe Bronze oder Kupfer an.

Verwitterungseffekt
Geben Sie weißen, pulverförmigen Füllspachtel auf ein Säckchen und tupfen Sie damit die letzte noch feuchte Farbschicht trocken.

METALL – JA ODER NEIN?

- **Gehämmerter Überzug** Eine für Metall im Außenbereich bestimmte Qualitätsfarbe, mit der sich ein „gehämmerter" Anstricheffekt erzielen lässt, kann auch auf Holz im Innenbereich eingesetzt werden (z. B. Kupferhammerschlag).
- **Emailfarben** Diese imitieren wirkungsvoll echtes Metall. Besonders gute Effekte erzielen sie auf Profilsockelleisten oder Türen.
- **Autolacke** Solche Farben lassen sich auch an Flächen im Innenbereich einsetzen. Mit Retuschiersprühlack in unterschiedlichen Farben kann man eindrucksvolle Metalliceffekte erzielen. Tragen Sie beim Spritzen in jedem Fall einen Atemschutz.

METALLICFARBEN

Qualitäts-Metallicfarben liefern einen authentischen Überzug. Sie erfordern keine besondere Vorbereitung und erzielen mit ein paar fachmännischen Tricks eindrucksvolle Ergebnisse.

1 Metallicfarben können auch direkt auf unbehandeltes Holz aufgetragen werden, ein Voranstrich ist aber empfehlenswert. Tragen Sie dann zwei Schichten auf, die über Nacht trocknen sollten.

2 Wenn die Farbe getrocknet ist, fahren Sie mit einem Glättstahl in allen Richtungen über die Oberfläche. Danach wird behutsam mit Stahlwolle nachpoliert – das bringt den besten Effekt.

Marmorieren

Eine Marmoroberfläche lässt sich auf viele verschiedene Arten nachahmen. Das ist deshalb möglich, weil Marmor in unzähligen Variationen vorkommt. Das Hauptziel sollte daher sein, die wolkigen Farbspiele herauszuarbeiten, die allen Marmorsorten gemeinsam sind.

Holzverkleidung marmorieren

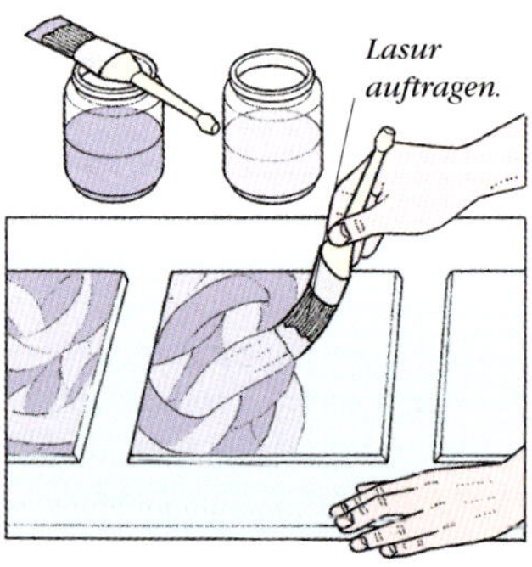

1 Wenn der helle Grundanstrich trocken ist, tragen Sie auf jedes Paneelfeld mit einem Pinsel beliebig zwei Lasurfarben auf. Dabei wird die zweite Farbe über die noch feuchte erste gestrichen.

2 Halten Sie ein feuchtes, fusselfreies Tuch an einem Ende und ziehen Sie es leicht über die lasierte Fläche, um die Farben zu mischen. Arbeiten Sie dabei diagonal zum Paneelfeld.

Authentische Wirkung

- **Maserung** Mit leicht verdünnter Umbra und einem feinen Künstlerpinsel ahmt man nun die für Marmor so charakteristischen Adern nach. Hierbei kann ein Foto oder ein Stück Marmor als Muster dienen. Halten Sie den Pinsel locker zwischen den Fingern und tragen Sie die Linien fast zittrig auf.
- **Abnehmen** Mildern Sie den Farbauftrag, bevor die Lasur trocknet. Falls Sie keinen Modler (Spezialpinsel) haben, verwenden Sie eine weiche Staubbürste, um die Grundfarben und die harten Kanten der „Adern“ zu verwischen.

Kämmen

Das Kämmen gleicht der Technik des Maserierens, allerdings bietet es eine größere Vielfalt an Möglichkeiten. So muss ein Kammmuster nicht parallel zur Maserung aufgetragen werden und es lassen sich auch extravagante Mustervarianten kreieren.

Richtig kämmen

- **Untergrund** Bereiten Sie Ihre Flächen so vor, dass sie völlig eben und frei von Vertiefungen und Erhebungen sind, die sich störend auf die Kammbewegung auswirken könnten.
- **Werkzeuge wählen** Es besteht zwar die Möglichkeit, speziell für diesen Zweck entworfene Kammwerkzeuge zu kaufen. Allerdings kann es auch sehr reizvoll sein, mit einem Zahnspachtel oder einem gewöhnlichen Haarkamm die Muster zu erweitern.
- **Gekämmte Muster** Korbgeflechte, Kreise, Schnörkel, Buchstaben oder Kombinationen aus mehreren Mustern liefern alle ein eindrucksvolles Ergebnis.

Muster auf einer Profiltür

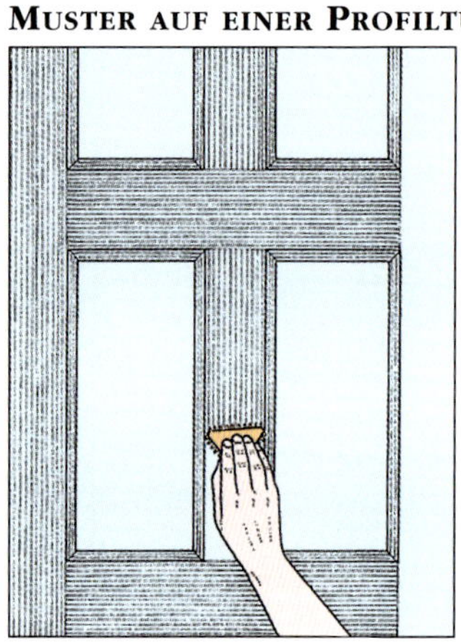

1 Bearbeiten Sie zunächst die waagrechten Rahmenteile mit Lasur und Kamm, danach die senkrechten. Die Rahmenteile erhalten durch das Kämmen eine Maserung, die mit den Paneelfeldern kontrastiert.

2 Streichen Sie nun die Paneelfelder mit Lasur. Damit das gekämmte Muster ganz symmetrisch wird, versuchen Sie eine gleichmäßige, durchgehende Ziehbewegung beizubehalten.

MÖBEL STREICHEN

Viele der auf den vorhergehenden Seiten dargestellten Farbeffekte lassen sich auch bei der Gestaltung von Möbeln anwenden. Einige sind hierfür sogar besser geeignet als für große Flächen, weil sie Detailgenauigkeit erfordern und sehr arbeitsintensiv sind.

Oberflächen vorbereiten

Holzmöbel haben meist eine kleinere Oberfläche als andere Einrichtungsgegenstände, aber weisen oft Details und Rundungen auf, weshalb man unter Umständen mehr Zeit zur Vorbereitung aufwenden muss – das Streichen fällt jedoch oft einfacher aus.

Vorbereitungen

Prüfen Sie jedes Möbelstück, bevor Sie es streichen.

- **Empfindliche Möbelteile** Decken Sie diese Bereiche gut ab. Bei gepolsterten Möbelstücken kleben Sie am besten die Ränder zwischen Holz und Gewebe ab.
- **Furniermöbel** Furniere nehmen häufig keinen Farbanstrich an. Machen Sie deshalb zuvor an versteckter Stelle einen Probeauftrag.

Risse verspachteln

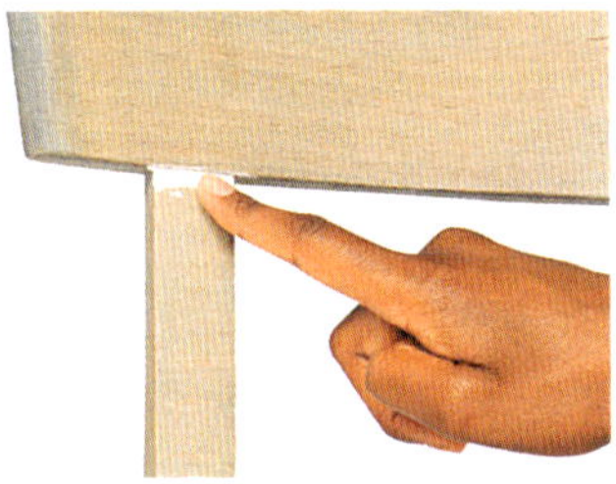

Glatte Flächen
Benutzen Sie für Reparaturen eine Qualitäts-Feinspachtelmasse, die sich leicht auftragen lässt und nach dem Schleifen eine glatte Oberfläche liefert.

Holz vorbereiten

- **Hilfe vom Fachmann** Da es recht mühsam und zeitaufwändig sein kann, die Farbe alter Möbelstücke von Hand zu entfernen, bringen Sie die Stücke besser zu einer speziellen Firma, wo sie abgelaugt werden. Diese Ausgabe lohnt sich sicherlich.
- **Schleifen** Zum Abschleifen von Möbeln sollte man nur feinkörniges Schleifpapier benutzen. Eine grobe Körnung kann Möbelprofile und Ornamente leicht beschädigen.

Vergolden

Anstelle des echten, sehr kostenintensiven Vergoldens gibt es moderne Ersatzwerkstoffe wie unechtes Blattgold, die die Kosten erheblich vermindern. Wählt man zudem noch eine Grundierung auf Ölbasis, lässt sich das Vorhaben ohne besondere Auftragstechniken bewältigen.

Bilderrahmen mit unechtem Blattgold verzieren

1 Tragen Sie auf die Grundfarbe die Grundierung für das Gold auf. Damit man sieht, welche Flächen schon gestrichen wurden, ist es ratsam, die Grundierung mit ein wenig gebrannter Umbra abzutönen.

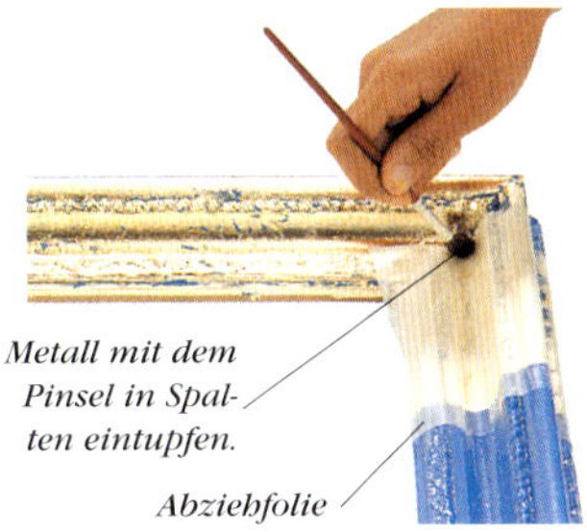

Metall mit dem Pinsel in Spalten eintupfen.

Abziehfolie

2 Legen Sie die Goldplättchen vorsichtig mit der Metallseite nach unten auf dem Rahmen und ziehen Sie die Folie ab. Wenn der Überzug ausgehärtet ist, können Sie die überschüssigen Metallteile vorsichtig wegwischen.

GELD SPAREN

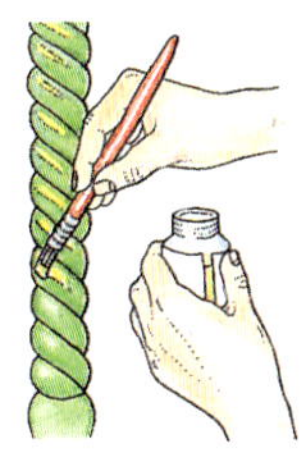

Emailfarbe verwenden
Mit goldener Emailfarbe lässt sich ein preiswerter Vergoldungseffekt erzielen. Tragen Sie die Farbe mit einem Iltishaarpinsel sparsam auf.

Antikeffekte

Es gibt viele Möglichkeiten, ein Möbelstück alt aussehen zu lassen. Unter dem Begriff Antiktechniken versteht man den Einsatz verschiedener Anstricharten, die einem Gegenstand ein Aussehen verleihen, das sich normalerweise erst nach Jahren ständiger Abnutzung einstellt.

Künstlich altern lassen

- **Emulsionen** Farben auf Wasserbasis, besonders matte Emulsionen, sind für die Herstellung von Antikeffekten besser geeignet als entsprechende Produkte auf Ölbasis. Ihr etwas trübes Aussehen vermittelt einen glaubwürdigeren und schönen Alterungseindruck.
- **Möbelkanten** Diese sind normalerweise der größten Abnutzung unterworfen, daher sollte man ihnen besondere Aufmerksamkeit schenken. Bearbeiten Sie diese Stellen deshalb stärker.
- **Details anpassen** Ersetzen Sie neue Griffe an Küchenschränken oder Truhen durch passende alte. Schlagen Sie mit einem Hammer Kerben in Metalltürklinken und schmirgeln Sie die Kanten ab. Das täuscht jahrzehntelangen Gebrauch vor.

ZEIT SPAREN

Föhn benutzen
Ein Föhn verkürzt die Trocknungszeit der Farbe, sodass die nächste Schicht in kürzerem Abstand aufgetragen werden kann. Besonders nützlich ist ein Föhn bei der Verwendung von Reißlacken.

Profiltür auf alt trimmen

- **Abkleben** Kleben Sie Stellen, die stärker abgenutzt werden, mit Abdeckband ab, das Sie nach dem Überstreichen wieder entfernen.
- **Abschmirgeln** Um den Druck besser dosieren zu können, schmirgeln Sie abschließend den Anstrich vorsichtig von Hand ab.

1 Benutzen Sie Vaseline, um auf dem Grundanstrich die Bereiche abzudecken, die für den Abnutzungseffekt vorgesehen sind. Tragen Sie dann den Deckanstrich auf.

2 Nachdem der Deckanstrich getrocknet ist, wischen Sie die mit Farbe bedeckte Vaseline mit einem Tuch weg. Schmirgeln Sie die Fläche anschließend nochmals ab.

Alter vortäuschen

- **Wachs** Bürsten Sie flüssiges Wachs auf die Fläche und polieren Sie mit Stahlwolle nach. Hierdurch entsteht ein scheinbar schmutzdurchsetzter Überzug. Mit einer alten Zahnbürste dringt man auch in unzugängliche Ecken vor.
- **Holzlasur** Tragen Sie mit einem weichen Lappen die Holzlasur auf. Sie hat eine ähnliche Wirkung wie Wachs und eignet sich besonders für matte Öllacke.
- **Krakelee-Technik** Um die Wirksamkeit des so genannten Reißlacks zu erhöhen, ist es wichtig, dass die Zeit zwischen dem Auftrag von Grund- und Deckschicht für die ganze Fläche einheitlich ist.

Risse hervorheben

Ölfarben benutzen
Zur Hervorhebung eines Krakelee-Lacküberzugs kann man die Oberfläche mit einer dunkleren Künstlerölfarbe (beispielsweise Umbra gebrannt) einreiben, um die Rissstruktur noch deutlicher sichtbar zu machen.

Dekupiertechnik

Der Eindruck einer detailreichen, handbemalten Oberfläche lässt sich auch ohne Farbe mit der einfachen Methode des Dekupierens herstellen. Hierzu schneidet man aus Zeitschriften geeignete Bilder aus und klebt sie auf die entsprechenden Stellen der Möbelstücke.

Schränkchen gestalten

1 Schneiden Sie die Bilder Ihrer Wahl sorgfältig aus und kleben Sie die Motive mit Kleister auf die zu verzierende Fläche. Um die Bilder besser zu fixieren, geben Sie etwas Kleister über die Bilder.

2 Sobald der Kleister ausgehärtet ist, streichen Sie zur Versiegelung und zum Schutz Acryllack über die Motive. Je großzügiger Sie Lack auftragen, desto mehr wirken die Bilder handgemalt.

Bewährtes Wissen

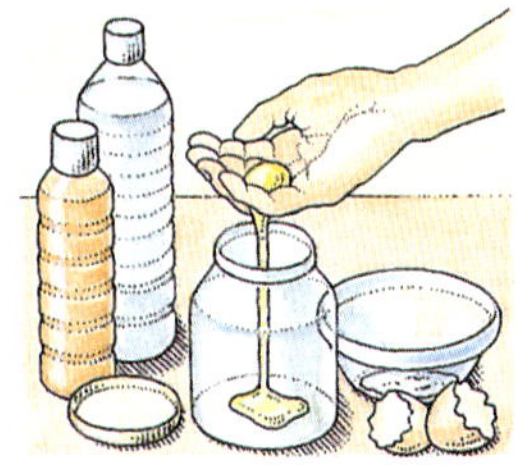

Eier-Tempera
Mischen Sie je einen Teelöffel destilliertes Wasser und Leinöl mit einem Eigelb. Tragen Sie die Mischung mit einem Pinsel auf und polieren Sie nach dem Trocknen mit Watte.

Für Fortgeschrittene

Auch kompliziertere Effekte lassen sich mit den dargestellten Grundtechniken herstellen. Allerdings sind hier größere Detailgenauigkeit und Sorgfalt erforderlich, damit die nachgeahmten Werkstoffe, beispielsweise Marmor oder Schildpatt, auch täuschend echt aussehen.

Besondere Effekte

- **Schablonentechnik** Auch Möbelstücke lassen sich mithilfe der Schablonentechnik verschönern. Nachdem Sie das Motiv auf das Möbelstück übertragen haben, malen Sie es mit einem Künstlerpinsel aus. Wenn Sie Farbe und Details jeweils ein wenig verändern, wirkt das Bild wie freihändig gezeichnet. Es entsteht der Eindruck einer handbemalten Oberfläche.
- **Exakt maserieren** Legen Sie ein Muster der Holzoberfläche, die Sie nachahmen wollen, vor sich hin. So wird es Ihnen leichter fallen, die feinen Muster in der Holzmaserung zu kopieren und farblich abzustimmen.

Illusionsmalerei

- **Detailgenauigkeit** „Trompe-l'œil"-Effekte müssen nicht kompliziert und schwierig auszuführen sein. Bereits mit kleinen Details lässt sich eine schöne Wirkung erzielen.
- **Möbel verschönern** Die Verwendung von „Trompe-l'œil"-Effekten beschränkt sich nicht nur auf Wände. Sie können auch Möbel mit diesen Malereien gestalten.

Praktische Idee
Malen Sie ein „Trompe-l'œil"-Tischtuch auf einen Gartentisch, und Sie brauchen ihn vor dem Essen nie wieder mit einem Tischtuch zu bedecken. Dieser einfache und doch verblüffende Effekt ist besonders praktisch und erfordert trotzdem kein überdurchschnittliches Geschick.

LETZTE FEINARBEITEN

Bevor Sie sich zufrieden zurücklehnen können, vergewissern Sie sich, dass alle notwendigen Retuschierarbeiten ausgeführt sind. Zum Schluss sollten Sie unbedingt noch Schutz- und Pflegemaßnahmen durchführen, die der gestrichenen Fläche und Ihrem Werkzeug eine lange Lebensdauer sichern.

Fehler korrigieren

Rechnen Sie damit, dass noch einige Ausbesserungsarbeiten durchzuführen sind, bevor Sie das Werkzeug endgültig wegräumen können. Nehmen Sie sich für diese Nachbesserungen Zeit, damit der fertige Anstrich ein wirklich zufrieden stellendes Ergebnis liefert.

Mängelbeseitigung

- **Tropfnasen** Schaben Sie Tropfnasen mit einem Glasschaber ab und bearbeiten Sie die Stellen mit Schleifpapier. Tragen Sie nochmals Grundierung und Deckfarbe auf.
- **Pinselstriche** Leichte Pinselspuren sind unvermeidlich. Bilden sie jedoch eine geriffelte Oberfläche, sollten sie beseitigt werden. Schmirgeln Sie den ganzen Bereich zuerst leicht mit grobem, danach mit feinem Schleifpapier. Wischen Sie den Schleifstaub weg und streichen Sie neu.

Harzgallen behandeln

Harz entfernen
Verflüssigen Sie das austretende Harz mit einem Föhn, bis es vollständig ausgelaufen ist. Nachdem Sie es mit einem Spachtel entfernt haben, tragen Sie einen Sperranstrich auf.

Anstrich optimieren

- **Schmutz und Staub** Wenn zwischen den Pinselborsten festgesetzter Schmutz auf den Anstrich gelangt ist, schmirgeln Sie die Stelle leicht mit Schleifpapier ab und retuschieren Sie mit etwas Farbe.
- **Orangenschaleneffekt** Wird ein ölhaltiges Anstrichmittel über eine Farbschicht aufgetragen, die noch nicht getrocknet ist, kommt es zur Runzelbildung. Hier hilft nur, die Fläche ganz abzuschleifen, ggf. neu zu spachteln und wieder zu streichen.

Reinigung

Nach jeder Anstricharbeit sollten die angrenzenden Flächen sowie die Geräte gründlich gereinigt werden. Einerseits kommt der fertige Anstrich in einer sauberen Umgebung besser zur Geltung, andererseits sollten Werkzeuge für den nächsten Einsatz gebrauchsfähig sein.

Farbe entfernen

Kamm durch die verkrusteten Borsten ziehen.

Pinsel kämmen
Benutzen Sie einen Haushaltskamm aus Metall, um angetrocknete Farbe herauszukämmen. Die Borsten können dann leichter gereinigt werden.

Richtig reinigen

- **Hände** Benutzen Sie am besten eine Handwaschpaste. Terpentinhaltige Produkte könnten die Haut reizen.
- **Reinigungsmittel** Acrylfarben lassen sich mit reinem Wasser abwaschen. Anstrichmittel auf öliger Basis müssen mit Terpentinersatz entfernt werden.
- **Hartnäckige Farbreste** Lassen Sie die Pinsel über Nacht in Lösungsmittel stehen, um die Farbe anzulösen. Die Borstenspitzen sollten dabei nicht auf dem Boden des Behälters aufstehen.

UMWELTTIPP

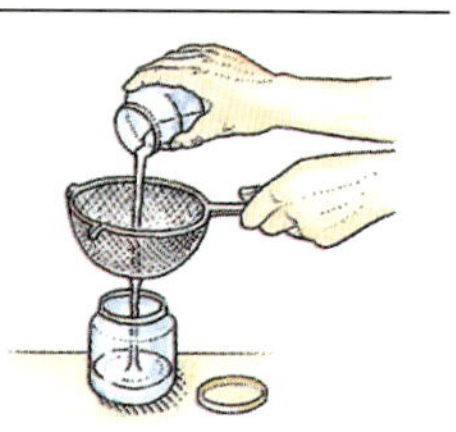

Terpentinersatz
Terpentinersatz lässt sich wieder verwenden, wenn Sie das Lösungsmittel durch ein Sieb in ein anderes, sauberes Gefäß umfüllen.

Aufbewahrung

Wahrscheinlich werden Sie nicht alle Anstrichmittel, die Sie für Ihr Streichvorhaben gekauft haben, restlos verbrauchen. Lagern Sie diese Restfarbe sorgfältig. Die Werkzeuge werden vor dem Aufbewahren gründlich gereinigt, damit Sie sie weiter verwenden können.

Farbe lagern

- **Wasserlösliche Farben** Um bei der Lagerung Platz zu sparen, sollte man Reste wasserlöslicher Farben in kleine Behältnisse umfüllen. Sie können später zum Einfärben von Lasuren verwendet werden.
- **Farben auf Kunstharzbasis** Diese kann man zur Platz sparenden Aufbewahrung in eine Dose zusammenschütten. Die Farbmischung eignet sich für den Einsatz auf Flächen, auf denen eine reine Schutzwirkung erzielt werden soll und die Farbe unwichtig ist. So kann man beispielsweise das Innere von Metalldachrinnen damit streichen, um einer Korrosion vorzubeugen.

Borsten schützen

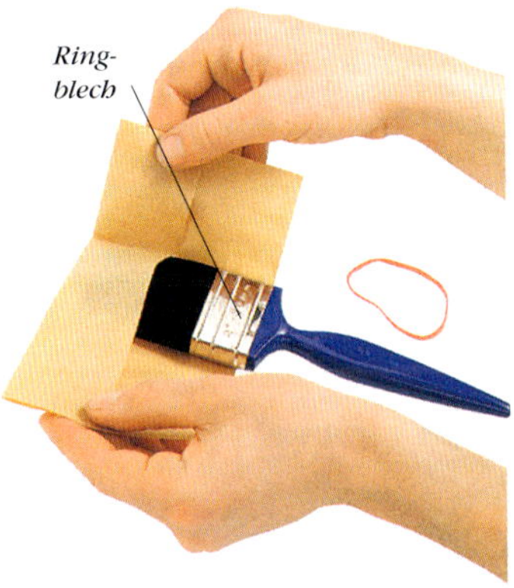

Borsten in Form halten
Umwickeln Sie die Borsten eines gereinigten Pinsels mit Packpapier, das Sie mit einem Gummiring am Blechteil des Pinsels festmachen.

Pinsel aufbewahren

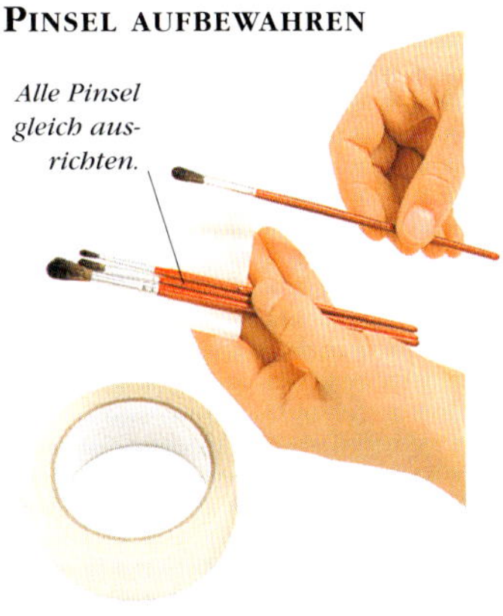

Pinsel bündeln
Einzelne kleine Pinsel können leicht verloren gehen. Deshalb fasst man sie mit Klebeband zu einem Bündel zusammen, um sie nicht so leicht zu verlieren.

Schutz und Pflege

Wie andere gestrichene Flächen braucht auch die Holzoberfläche eine gewisse Pflege, um in gutem Zustand zu bleiben. Wenn man ein paar einfache Richtlinien konsequent befolgt, ist dem Anstrich eine lange Lebensdauer sicher und man erspart sich größere Renovierungsarbeiten.

Flächen auffrischen

- **Anstriche renovieren** Streichen Sie Holzflächen hin und wieder mit einer Schicht Klarlack, um den Anstrich aufzufrischen und zu schützen.
- **Verfärbungen retuschieren** Unter dem Einfluss von Sonnenlicht kann die Farbe stellenweise ausbleichen und zu fleckigen Farbveränderungen auf dem Anstrich führen. Wenn Sie bleiche Stellen mit der Originalfarbe überstreichen wollen, achten Sie darauf, dass Sie die Farbe auf einer größeren Fläche auftragen. Bei einem profilierten Türblatt sollte man das gesamte Feld streichen, damit später keine Farbunterschiede sichtbar werden.

Fensterrahmen auffrischen

Selektiv nachstreichen
Streichen Sie an einem Fensterrahmen nur Leisten und Fensterbrett nach. Dies sind die ins Auge fallenden Rahmenbereiche, und Längsträger brauchen regelmäßige Wartung. Die kniffeligen Ausfalzungen an der Glasnut können Sie meist vernachlässigen.

Bodenbeläge aller Art

Übersicht

Der Bodenbelag ist zweifellos der am meisten beanspruchte Teil der Wohnungseinrichtung. Praktische Erwägungen und dekorative Vorlieben spielen bei der Auswahl gleichermaßen eine Rolle. Den Bodenbelag sollte man nicht erst dann planen, wenn alle übrigen Gestaltungsmaßnahmen abgeschlossen sind. Denn mit ihrer großen Oberfläche tragen Böden entscheidend zur optischen Gesamterscheinung bei. Deshalb bezieht man den Bodenbelag am besten von Beginn an in die Planung mit ein.

Werkzeuge zum Verlegen von Bodenbelägen

Viele der hier benötigten Werkzeuge gehören zur Grundausstattung eines Werkzeugkastens.

- **Spezialwerkzeuge** Ganz spezielle Werkzeuge, die nicht oft benötigt werden, sollten bei Bedarf geliehen werden.
- **Geräte überprüfen** Achten Sie darauf, dass sich geliehene Geräte in einem funktionsfähigen Zustand befinden und alle Bedienungsanleitungen und Sicherheitshinweise beiliegen.
- **Werkzeugeinsatz planen** Mieten Sie ein Arbeitsmittel nicht gleich am ersten Tag der Arbeit, wenn absehbar ist, dass es erst viel später benötigt wird.

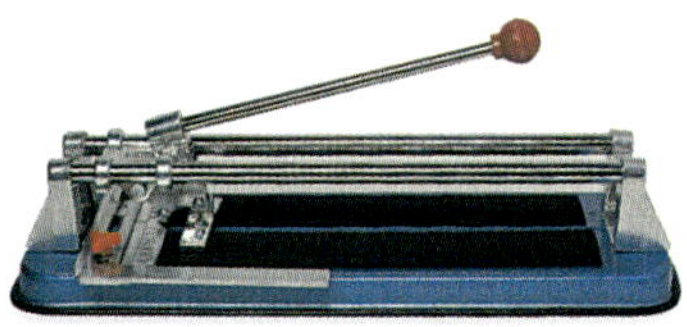

Fliesenschneider

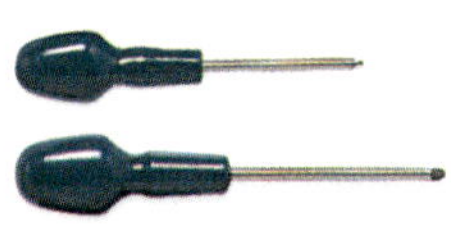

Kreuzschlitz-Schraubendreher

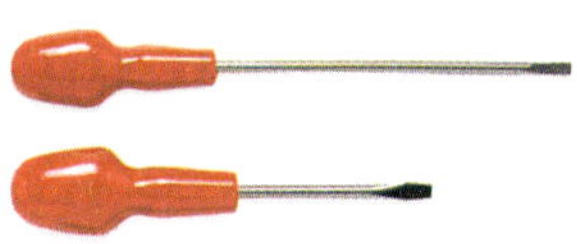

Schlitz-Schraubendreher

Universalmesser

Bandmaß

Wasserwaage

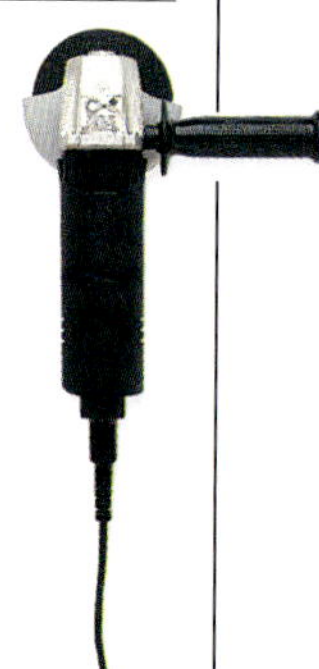

Winkelschleifer

Zahnspachtel

Teppichklebeband

Feinsäge

Versenkstift

Schlagschnur

Stoßspachtel

Zimmermannsstift

Klauenhammer

Fuchsschwanz

Tacker

AUSWAHL

Ästhetische Erwägungen haben einen großen Einfluss auf die Wahl des Bodenbelags, aber auch praktische Gesichtspunkte darf man nicht außer Acht lassen. Überstürzen Sie nichts und treffen Sie Ihre Wahl erst nach sorgfältiger Abwägung aller Vor- und Nachteile.

GÄNGIGE BODENBELÄGE

Bodenbeläge lassen sich in vier Hauptkategorien einteilen:

- **Holz- bzw. Laminatböden** Diese reichen von einfachen Dielenböden bis hin zu Furnierböden und Parkett.
- **Teppiche** Hier gibt es eine breite Palette zwischen hochwertigen Ausführungen mit Geweberücken und preisgünstigeren Varianten mit Schaumstoffrücken. Auch Fasern wie Seegras oder Jute zählen dazu.
- **Nutzböden** PVC, Linoleum und Kork sind hoch strapazierfähig und abwaschbar.
- **Keramische Fliesen** Wie bei den Wandbelägen sind Fliesen wohl mit der strapazierfähigste Bodenbelag.

Keramikfliesen

PVC-Bodenfliese

PVC-Bahnenware

Stabparkett

Bodendiele

Mosaikparkett

Seegras

Teppichboden

Teppichfliese

Auswahlkriterien

Neben den dekorativen Gesichtspunkten spielen auch die Kosten für Kauf und Verlegung von Bodenbelägen eine wichtige Rolle. In erster Linie ist hier zu prüfen, welche Anforderungen man an Beanspruchbarkeit und Haltbarkeit eines Bodens stellt.

KOSTENPLANUNG

- **Wohnungssituation** Viele Bodenbeläge sind nach dem Einbau schwer wieder zu entfernen und müssen bei einem Umzug zurückgelassen werden – berücksichtigen Sie dies bei der Ausgabenplanung.
- **Kosten für die Vorbereitung** Auch die Arbeiten, die vor der eigentlichen Verlegung anfallen, sollten in die finanzielle Planung mit einbezogen werden. Das Aufbringen des Belags kann sich als kostspielig herausstellen, wenn der Unterboden umfangreiche Vorarbeiten erfordert.

ÜBERLEGUNGEN ZUM STIL

- **Raum als Ganzes planen** Bodenbeläge dürfen bei der Farbzusammenstellung und Stilausrichtung eines Raumes nicht vergessen werden. Besorgen Sie sich deshalb nicht nur Farb- und Tapetenmuster, sondern auch Probestücke von verschiedenen Böden. Die Ermittlung aller Kosten fällt leichter, wenn der Bodenbelag zusammen mit der übrigen Einrichtung geplant wird.
- **Farbabstimmung** Sind Wände und Einrichtung bunt, sollten Sie bei der Farbe des Bodens zurückhaltend sein.

FLÄCHE BERECHNEN

Zur Berechnung der Bodenfläche müssen Sie nur Länge und Breite eines Raumes multiplizieren. Je nach Art des gewählten Belags gibt es Folgendes zu beachten.

- **Holzböden** Für den Verschnitt, der beim Ablängen der Holzelemente anfällt, geben Sie bei der Bedarfsberechnung 10 % zu.
- **Fliesen** Zusätzliche Fliesen sollten für erforderliche Zuschnitte an Verbindungsstellen und Kanten mit einberechnet werden.

Praktische Aspekte

Ob ein Bodenbelag für ein Zimmer geeignet ist, hängt entscheidend von der Raumfunktion, der Beanspruchung und Ihren persönlichen Vorlieben ab. Je nach Komfort, Aussehen und Strapazierfähigkeit eignen sich daher bestimmte Bodenbeläge nur für bestimmte Wohnbereiche.

DER GEEIGNETE BODEN FÜR JEDEN RAUM

Teppichboden eignet sich gut für Schlafzimmer, da er eine fußwarme Oberfläche bietet.

Auf dem Treppenabsatz muss der Bodenbelag nicht ganz so strapazierfähig sein wie im Hauseingangsbereich.

Fliesen halten Wasserspritzern im Bad ausgezeichnet stand.

Naturfaserbeläge wie Seegras oder Jute sind strapazierfähige Lösungen für ein rustikales Wohnzimmer.

Lose Teppiche sorgen für Farbe.

Für den Dielenbereich eignen sich Holzböden, da sie strapazierfähig und leicht zu reinigen sind.

PVC- oder Linoleum-Böden sind völlig wasserdicht und daher für Küchen und andere Feuchträume ideal.

Mit Blick auf die Funktion auswählen

Bei der Auswahl des Bodenbelags für einen bestimmten Raum ist entscheidend, wie stark die jeweilige Fläche genutzt wird oder ob der Raum häufig mit Straßenschuhen betreten wird. Für jeden Wohnraum kann man dennoch zwischen zahlreichen Möglichkeiten wählen.

WAS IST PRAKTISCH?

- **Kinder** Luxuriöse Teppichböden können durch spielende und tobende Kinder leicht in Mitleidenschaft gezogen werden. Hier sollte man eher zu preiswerteren Teppichen greifen oder einen anderen strapazierfähigen und pflegeleichten Bodenbelag wählen, solange die Kinder noch klein sind.

MATERIALAUSWAHL

- **Inhaltsstoffe** Klären Sie eventuelle Allergien gegen einen neuen Bodenbelag vor dem Kauf. Verkleben Sie Teppich- und PVC-Böden möglichst mit lösemittelfreien Klebern.
- **Auf Qualität achten** Wählen Sie den qualitativ besten Bodenbelag, damit er lang ansehnlich bleibt.

ABNUTZUNG MINIMIEREN

- **Diele und Flur** Entscheiden Sie sich hier für strapazierfähige Böden oder schützen Sie den Belag durch Läufer oder Brücken.
- **Muster wählen** In häufig genutzten Räumen ist ein gemusterter Bodenbelag ideal, da Abnutzung sowie Schmutz und Flecken nicht so schnell sichtbar werden.

BÖDEN VORBEREITEN

Bevor ein neuer Belag aufgebracht werden kann, müssen Sie einen kritischen Blick auf den Unterboden werfen. Möglicherweise muss dieser renoviert werden, um ihn als Grundlage für den neuen Belag verwenden zu können – wie immer gilt: Vorarbeiten ist besser als nacharbeiten.

Dielenböden ausbessern

Bodendielen leiden mit der Zeit unter Abnutzungs- und Alterserscheinungen. Wo ein lediglich üblicher Verschleiß vorliegt, lassen sich die an den Dielen aufgetretenen Schäden meist durch begrenzte Reparaturmaßnahmen wieder relativ einfach beheben.

Schadstellen

- **Teilbereiche ersetzen** Entfernen Sie eine Teilfläche mit schadhaften Dielen, indem Sie die Dielen mit einer Feinsäge am nächstgelegenen Tragbalken auf beiden Seiten durchtrennen. Sägen Sie die Dielenkanten im Winkel von 45°, damit die ausgetauschten optisch weniger auffallen.
- **Nut und Feder ausbessern** Zum Entfernen eines Fußbodenbereichs mit beschädigten Nut-und-Feder-Dielen sägt man an den Kanten entlang, um die Verbindung der Dielen untereinander zu durchtrennen. Vorsicht: Versteckte Nägel muss man mit einer Metallsäge durchtrennen.

Lockere Dielen

Nägel versenken
Bewegen sich Dielen gegeneinander, schlägt man die Nägel so ein, dass sie möglichst beide Bretter und die Unterkonstruktion treffen. Damit keine Stolperfalle entsteht, die Nägel mit einem Versenkstift ganz einschlagen.

Zur Sicherheit

Beim Austauschen von Bodendielen sollte man einige Sicherheitsvorkehrungen einhalten:

- **Leitungen** Elektro- und Rohrleitungen liegen oft unter dem Bodenaufbau verborgen. In der Nähe dieser Gefahrenquellen sollte man bei der Reparatur von Fußböden sehr vorsichtig sein. Benutzen Sie einen Rohrleitungs- und Kabelprüfer, um die Lage von Leitungen festzustellen, und kennzeichnen Sie deren Verlauf mit Kreide.
- **Herausstehende Nägel** Bei der Arbeit mit Bodendielen ist besonders auf hervorstehende Nägel zu achten.

Größere Schäden

Begrenzte Flächen
Bei begrenzten, aber sehr schadhaften Flächen ist es am besten, alle Dielen in diesem Bereich herauszunehmen, durch Spanplatten gleicher Stärke zu ersetzen und dann beispielsweise einen Teppich darüber zu legen.

Kleine Reparaturen

- **Verzogene Dielen** Bretter, die sich hochwölben, befestigt man am besten mit Schrauben. Das Gewinde zieht die Diele nach unten und hindert sie am Wiederaufwölben. Denken Sie daran, Schrauben mit Senkköpfen zu benutzen, um anschließend eine ebene Fläche zu erhalten.
- **Kleinere Risse** Diese können Sie mit einer Universal-Spachtelmasse verfüllen. Soll der Holzboden sichtbar bleiben, mischen Sie einfach ein wenig Holzfarbe unter den Spachtel, um die Stelle farblich dem restlichen Dielenboden anzupassen.

Gute Idee!

Farbliche Anpassung
Entfernen Sie eine intakte Diele von einer unauffälligen Stelle, wie beispielsweise unter einem Läufer, und ersetzen Sie damit ein sichtbares, beschädigtes Exemplar.

Unterböden vorbereiten

Großflächig schadhafte Dielenböden werden mittels Ausgleichsschüttung und Hartfaserplatten für die Verlegung vorbereitet, dabei ist aber darauf zu achten, dass der Boden wegen den Türen insgesamt nicht zu hoch kommt. Bei Estrichböden benutzt man eine Ausgleichsmasse.

Anfangsarbeiten

- **Estrich ausgleichen** Unebenheiten gleichen Sie am besten mit einem Fließestrich aus, der beim Verteilen von selbst verläuft. Es ist sinnvoll, vorher an den Wandflächen Styroporstreifen auszulegen.
- **Maß nehmen** Prüfen Sie, ob es durch die Hartfaserplatten nicht zu einem Absatz zum nächsten Raum kommt.
- **Vorbereitung** Lagern Sie die Hartfaserplatten 48 Stunden in dem Raum, in dem sie auch verlegt werden sollen. Die Platten können sich so dem Raumklima anpassen, wodurch ein Verziehen nach dem Verlegen vermieden wird.
- **Verlegung** Hartfaserplatten werden so verlegt, dass nur in einer Richtung durchgängige Fugen entstehen und Kreuzfugen vermieden werden. Die Plattenfugen dürfen nicht zufällig mit Nahtstellen der darunter liegenden Bodendielen zusammenfallen.

Staubreduzierung

- **Estrich grundieren** Kehren Sie vor dem Verlegen von Teppichböden die Fläche sorgfältig ab und grundieren Sie diese anschließend mit einem für Estrich geeigneten Tiefengrund.

Verstärkung

- **Stützklotz** Wenn Sie eine schadhafte Bodendiele entfernt haben, fügen Sie zwischen zwei Lagerbalken einen kleinen Holzklotz als Unterstützung ein, bevor Sie die neue Diele anbringen.

Alte Bodenbeläge

Oft ist es besser, einen bestehenden Bodenbelag restlos zu entfernen, ehe man den Unterboden für einen neuen Belag vorbereitet.

- **PVC-Beläge** Je nachdem, wie viel Kleber bei der Verlegung verwendet wurde, lässt sich PVC relativ einfach ablösen. Mit einem Föhn kann man das PVC weich machen und so das Entfernen beschleunigen.
- **Keramische Fliesen** Solange sie eben sind, bilden keramische Fliesen einen guten Untergrund für einen neuen Bodenbelag. Man sollte sie daher an Ort und Stelle belassen.

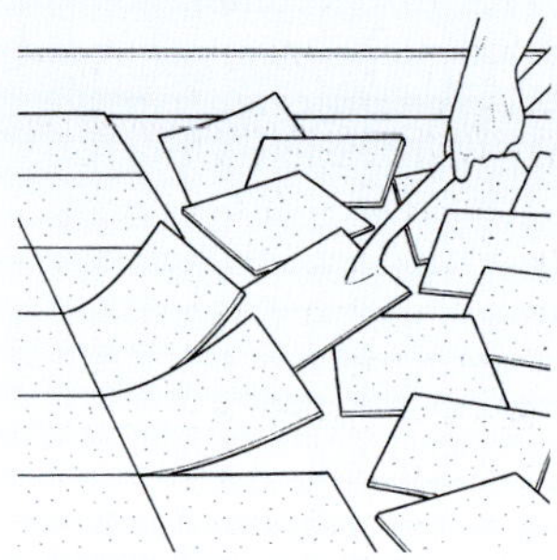

Bodenfliesen entfernen
Beim Entfernen von Linoleum- oder Korkfliesen kann ein Spaten helfen, den man unter die Fliesen schiebt, um diese herauszubrechen.

Hartfaserplatten für den Rand zuschneiden

1 Für den Zuschnitt legen Sie die Platte mit der Unterseite nach oben auf das zuletzt verlegte Element und schieben sie bis zur Sockelleiste. Markieren Sie die Schnittstelle mit einem Bleistift.

2 Legen Sie ein Stahllineal an und fahren Sie die Markierungslinie mit einem Universalmesser nach. Schneiden Sie tief in die Platte hinein und biegen Sie das Element dann an der Schnittlinie um.

3 Passen Sie das Plattenstück mit der glatten Seite nach oben in die vorgesehene Stelle ein und tackern oder schrauben Sie es an den darunter liegenden Dielen oder Lagerbalken fest.

HOLZBÖDEN

Holz lässt sich sehr vielseitig einsetzen – es eignet sich nicht nur ausgezeichnet als Unterboden für andere Bodenbeläge, sondern es bildet mit seiner Formen- und Mustervielfalt selbst eine attraktive Bodenoberfläche. Dabei sind nur einige wichtige Grundregeln zu beachten.

Alte Böden erneuern

Es ist nicht immer notwendig, einen neuen Holzboden zu verlegen. Oftmals kann man den bestehenden renovieren und ihm ein schönes Aussehen verleihen. Da das Rohmaterial bereits vorhanden ist, muss man dem Boden nur noch den letzten Schliff geben.

Vorüberlegungen

● **Nutzungsumfang** Ist ein Boden stark renovierungsbedürftig und müssen viele Dielen ersetzt werden, sollte man sich überlegen, ob die Renovierung sich noch lohnt. Dies hängt auch davon ab, in welchem Umfang der Raum genutzt wird.

● **Schäden kaschieren** Wenn Sie kleine Teppiche auf dem Boden verteilen, sodass nur ein kleiner Teil des Belags sichtbar bleibt, ist die Holzoberfläche nicht mehr dominant. Eine aufwändige und eventuell auch kostspielige Oberflächensanierung kann in diesem Fall unterbleiben.

Abbeizen

● **Größe der Fläche** Die Anwendung von chemischen Abbeizmitteln ist nur auf kleinen Bodenflächen oder Abschnitten sinnvoll und wirtschaftlich.

● **Abkleben** Kleben Sie die Unterkante von Sockelleisten mit mindestens 5 cm breitem Abdeckband ab, damit die Abbeizlösung nicht auf die Oberfläche der Leisten gelangt.

● **Aufbringen** Tragen Sie Abbeizer mit einem alten Pinsel abschnittsweise auf. Sobald der Abbeizer wirkt, schaben Sie Farbe oder Lack mit einem breiten Spachtel ab. Bei unebenen Böden ist eine Stahlbürste besser geeignet.

GUTE IDEE!

Vor dem Schleifen
Damit durch die Ritzen kein Staub entweicht, sollten Sie die Zimmertüren abkleben. Öffnen Sie die Fenster, damit der Staub nach außen abzieht.

Parkettschleifmaschine

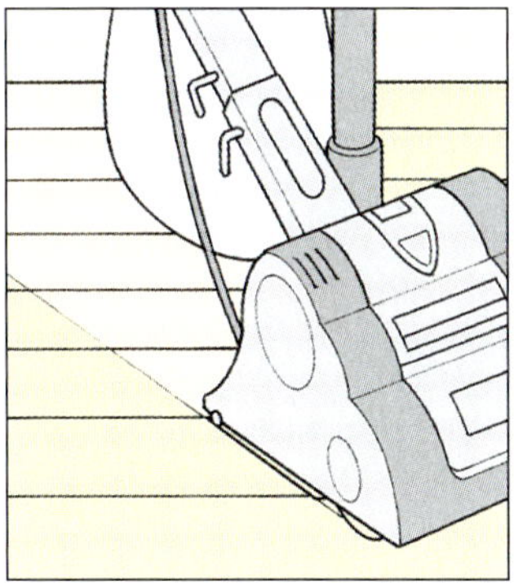

1 Setzen Sie die laufende Schleiffläche langsam auf den Boden (sonst gibt es ein Muster) und arbeiten Sie diagonal zur Holzmaserung (Anfangsschliff mit Schleifpapier mittlerer Körnung).

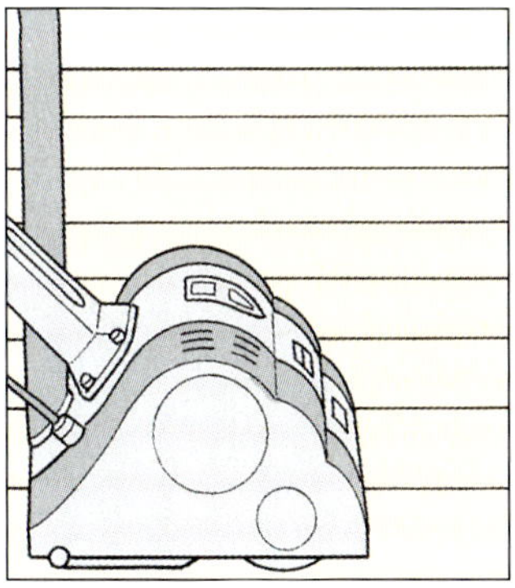

2 Wechseln Sie nun zu Schleifpapier mit feinerer Körnung und arbeiten Sie längs der Maserung. Wiederholen Sie diesen Vorgang etwa drei- bis viermal, um ein gutes Ergebnis zu erzielen.

Schleifen wie ein Profi

● **Schutzvorkehrungen** Tragen Sie zu Ihrer Sicherheit immer Schutzbrille und Atemschutzmaske.

● **Hervorstehende Teile** Schlagen Sie hervorstehende Nägel mit einem Hammer ein und versenken Sie die Köpfe mit dem Versenker.

● **Kanten** Bearbeiten Sie sie am besten mit einem elektrischen Handschleifgerät, da Parkettschleifmaschinen hier oft nicht ausreichen.

● **Ecken und Winkel** Umwickeln Sie die Spitze eines Schraubendrehers mit Schleifpapier oder leihen Sie sich einen Winkel- oder Eckenschleifer aus.

Neue Holzböden

Holz- und Laminatböden lassen sich auf mehrere Arten verlegen, da sie nach unterschiedlichen Systemen aufgebaut sind. Die meisten können den bestehenden Unterböden gut angepasst werden. Bei Markenprodukten sollte man sich an die Anweisungen des Herstellers halten.

Vorbereitungen

● **Ausgleichen** Vergewissern Sie sich, dass alle Tragbalken die gleiche Höhe haben, indem Sie eine lange Latte darüber legen. Beim Verlegen entstandene Höhendifferenzen lassen sich durch kleine Holzkeile ausgleichen.

● **Trocknung** Ein neu aufgebrachter Estrichboden muss erst völlig getrocknet sein, ehe man einen Holzboden darauf verlegen kann. Bei Fließestrich von 30 mm Stärke beträgt die Trockenzeit etwa eine Woche.

● **Raumklima** Lagern Sie die Holzelemente mindestens 48 Stunden vor dem Verlegen in dem Raum, für den sie vorgesehen sind, damit sie sich dem jeweiligen Raumklima anpassen.

Verlegearten

Für die Verlegung von Dielen oder Nut-und-Feder-Brettern (Holz und Laminat) hat man die Auswahl zwischen mehreren Verlegemustern. Für welches Sie sich entscheiden, hängt u. a. von den eigenen Fertigkeiten ab.

● **Schiffsbodenmuster**
Der Schiffsbodenverband ist die einfachste Verlegeart und stellt durchschnittliche Anforderungen an den Heimwerker.

● **Diagonalverlegung**
Dieses Verlegemuster erfordert eine gründliche Planung und genaue Ausführung.

● **Konzentrische Verlegung**
Die Verlegung im konzentrischen, quadratischen oder rechteckigen Verband setzt einen geeigneten Grundriss des Raumes und einen optimalen Unterboden voraus.

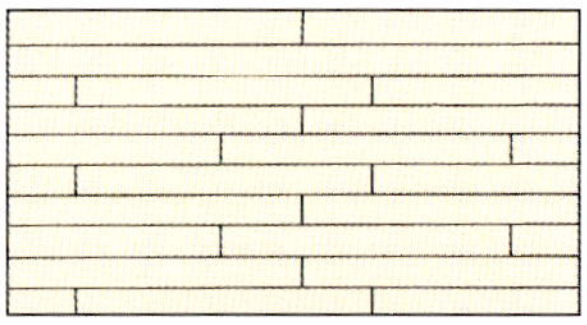

Schiffsbodenmuster

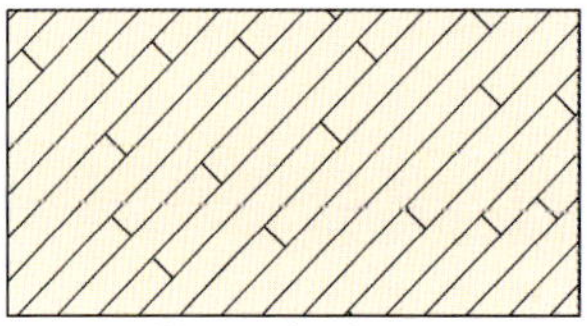

Diagonalverlegung

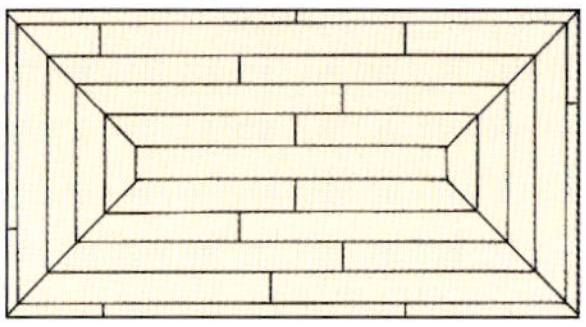

Konzentrische Verlegung

Nut und Feder

● **Kreuzfugen vermeiden** Ordnen Sie die Dielenbretter so an, dass Stoßfugen benachbarter Elemente nicht zufällig zusammentreffen.

Aneinander fügen

Nut-und-Feder-Elemente werden mit Hammerschlägen zusammengefügt. Um Bretter vor Beschädigung zu schützen, benutzt man ein abgesägtes Stück Nut-und-Feder-Brett als Schlagholz.

Kantenabschluss

● **Zierprofile** Bei festen Fußleisten an den Wänden können Sie den Spalt zwischen Fußleiste und Belag mit Zierprofilen verdecken.

Leisten befestigen

Profile zum Verbergen von Anschlussfugen befestigen Sie nicht am Bodenbelag, sondern an der Fußleiste. Auf diese Weise kann sich der Belag ausdehnen, ohne das Zierprofil mitzuziehen.

Schwimmend verlegen

● **Weiche Unterlagen** Einige Holzböden können nicht nur auf Tragbalken oder Lagerhölzern, sondern beispielsweise auch auf alten PVC- und Teppichböden sowie Laminat auf Dämmstoffplatten verlegt werden. Diese Verlegeart nennt man „schwimmend", denn sie erfolgt ohne Befestigung am Unterboden. Stabilität wird hier allein durch das Verleimen oder Vernageln von Nut und Feder erreicht, wodurch die Elemente zu einer Bodenplatte zusammengeschlossen werden.

● **Abschluss** Nach der Verlegung montieren Sie die Sockelleisten, die dann die umlaufende Dehnungsfuge verdecken. Diese muss unbedingt am Rand wegen der Ausdehnung von Holz durch Wärme belassen werden.

Parkettböden

Parkett wurde früher in langwieriger Arbeit durch das Aneinanderfügen von rechteckigen Einzelstäben zu kunstvollen Mustern zusammengesetzt. Heute wird es meist als Fertigparkett angeboten, bei dem die Einzelhölzer zu großflächigen Elementen zusammengefasst sind.

Boden vorbereiten

- **Unterboden prüfen** Der Unterboden, über dem das Parkett verlegt wird, muss ganz eben sein. Estrich-Glattstriche sind ideal, aber auch Hartfaser- und Spanplattenuntergründe sind gut geeignet.
- **Unterboden säubern** Vor der Verlegung der Parkettelemente den Unterboden gründlich reinigen.
- **Gerader Ansatz** Prüfen Sie, ob die Wände rechtwinklig zueinander sind (mit dem Maurerdreieck oder durch Messen der Raumdiagonalen, die gleich lang sein müssen). Ist keine Rechtwinkligkeit gegeben, befestigt man für die erste Reihe Parkettelemente eine ausgerichtete Latte.

Dehnungsfugen

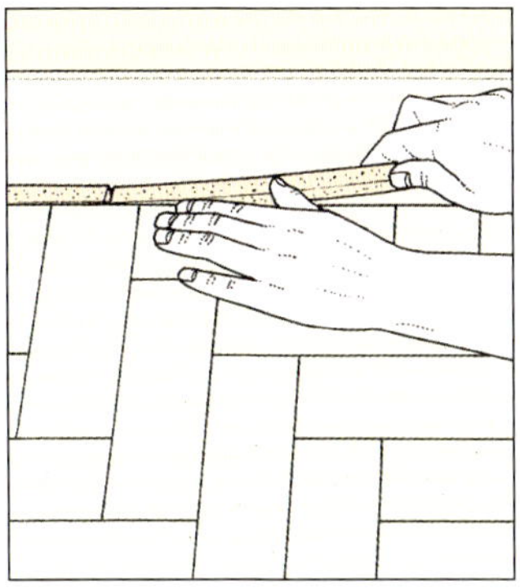

Ausdehnung erlaubt
Lassen Sie zwischen Wand und Parkettboden eine umlaufende, etwa 1 cm breite Fuge, da Holz aufgrund von Temperaturschwankungen stets arbeitet. Decken Sie diese Fuge mit einer Abschlussleiste ab.

Fertigparkett

- **Kleber aufziehen** Bodenkleber für Parkett sind ziemlich zähflüssig. Man trägt sie mit einem Zahnspachtel auf und bearbeitet abschnittweise Teilflächen von maximal 1 m^2.
- **Einpassen** Parkettelemente müssen gut in das Klebebett „eingebettet" werden. Drücken Sie hierzu jedes Element am Unterboden an, indem Sie mit dem Gummihammer leicht auf einen darauf gelegten Holzklotz schlagen. So wird der Druck gleichmäßiger verteilt und gleichzeitig ist die Oberfläche vor Beschädigungen und Kratzern geschützt.
- **Ohne Kleber** Auch Nut-und-Feder-Parkett kann schwimmend (S. 274) verlegt werden.

Böden versiegeln

Bevor Holzböden in Gebrauch genommen werden, bedürfen sie meist einer Oberflächenbehandlung, die sie gegen Verschleiß schützt. Die hierfür angebotenen Produkte reichen von traditionellen Holzwachsen bis hin zu modernen, strapazierfähigen Lacken.

Lackauftrag

Richtig streichen
Eingefärbter Klarlack sollte auf einen Holzboden immer dielenweise aufgetragen werden. Andernfalls erzeugen überlappende Pinselstriche stellenweise eine größere Farbintensität.

Wirksam schützen

- **Mit Klarlack versiegeln** Tragen Sie zunächst eine Schicht leicht verdünnten Klarlack auf, der als Grundieranstrich dient, tief in das Holz eindringt und so die Oberfläche versiegelt.
- **Schnell trocknende Klarlacke** Wenn Sie wasserlösliche Acryllacke benutzen, können Sie an einem Tag gleich mehrere Schichten auftragen. Dies bedeutet, dass Sie den Boden viel früher wieder in Gebrauch nehmen können.
- **Beanspruchte Flächen** Vielfach genutzte Bereiche an den Türen und in Zimmern schützen Sie durch zusätzliche Schichten Lack (nur Klarlack wegen Farbunterschieden).

GELD SPAREN

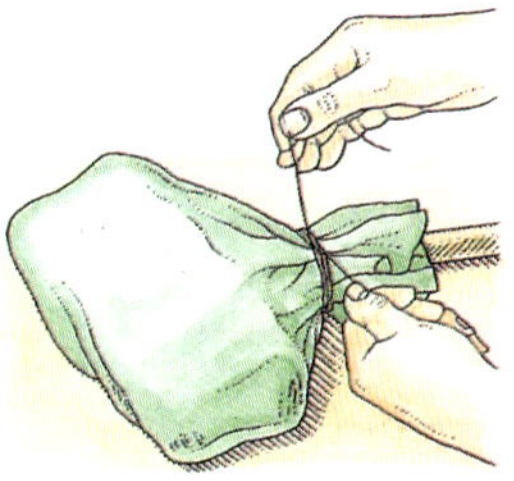

Gewachste Böden polieren
Binden Sie hierzu ein weiches Tuch um die Borsten eines Besens. Nach dem allerersten Wachsauftrag auf einem Boden ist es sinnvoll, eine Poliermaschine zu mieten.

TEPPICHBÖDEN

Das Verlegen von Teppichböden ist keineswegs nur Profis vorbehalten. Solange man sich genau an die Anweisungen des Herstellers hält, gibt es keinen Grund, diese Arbeiten nicht auch selbst auszuführen. Das Verspannen von Teppichböden ist allerdings eine anspruchsvolle Verlegetechnik.

Teppichboden mit Rücken

Teppichböden mit Juterücken zählen zu den besten Teppichprodukten und haben eine ausgesprochen lange Lebensdauer, das Verspannen ist hier die beste Technik. Teppichböden mit Schaumstoffrücken sind günstiger und meist auch leichter zu verlegen.

GRUNDSÄTZLICHES

● **Unterlagen bei Jute** Teppichböden mit Juterücken sollten immer auf einer hochwertigen Unterlage verlegt werden. Gut geeignet sind hierfür Matten aus Filz oder Gummi, die außerdem wärmedämmend wirken.

● **Unterlagen bei Schaumstoff** Wenn Sie vollflächig verkleben, muss der Boden eben und sauber sein. Wenn Sie den Teppich nur an den Rändern mit Teppichklebeband befestigen, können Sie eine zusätzliche Papierunterlage verwenden.

● **Grob zuschneiden** Den Teppich ein paar Tage vor dem Verlegen ausrollen, damit er sich dem Raumklima anpassen kann. Vor dem endgültigen Zuschnitt grob auf die Größe des Raumes zurechtschneiden, dabei 15 cm Rand lassen.

TEPPICHBODEN VOLLFLÄCHIG VERKLEBEN

Kleber auftragen
Zunächst den vorgeschnittenen Teppich auslegen und dann eine Hälfte zurückschlagen. Auf der freien Fläche wird der Kleber mit einem Zahnspachtel gleichmäßig aufgetragen.

Teppich festreiben
Nach der Ablüftzeit (Verflüchtigung des Lösemittels) die zurückgeschlagene Hälfte auf das Kleberbett bringen und mit einem Brett festreiben. Bei der anderen Hälfte ebenso verfahren.

MIT KLEBEBAND ARBEITEN

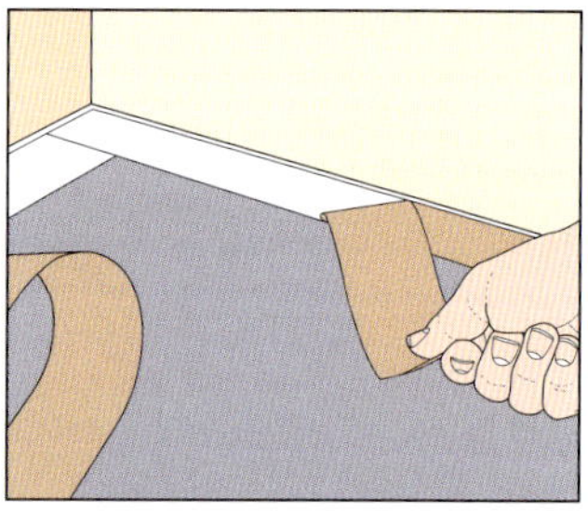

Nur an den Rändern
Teppich ganz auslegen und an den Rändern 60 cm zurückschlagen. Teppichklebebandstreifen rundum anbringen und gut festdrücken, dann Schutzschicht abziehen und Teppich andrücken.

TEPPICHBÖDEN MIT JUTERÜCKEN SPANNEN

1 Für das Spannen von Teppichböden benötigen Sie einen so genannten Kniespanner (am besten Ausleihen) und Nagel- oder Hakenleisten. Diese werden zuerst rundum an den Wänden auf den Boden gelegt (Abstand zur Wand entspricht Teppichdicke, Haken weisen zur Wand) und dann auf den Boden genagelt oder geklebt.

2 Nach Verlegung des Unterbelags wird der vorgeschnittene Teppich ausgelegt. In einer Zimmerecke beginnend die Teppichkante an einer Wand mit den Fingern in die vordere Hakenreihe der Nagelleiste drücken. An der benachbarten Wand genauso verfahren. Mit dem Hammer den Teppich in die zweite Hakenreihe drücken.

3 Wenn der Teppich an zwei Wänden fest ist, mit dem Kniespanner den Teppichboden zur dritten Wand hin verspannen und in die Hakenleiste einhängen. Anschließend den Teppich quer zur vierten Wand hin spannen und befestigen. Überstand auf ca. 1 cm einkürzen, dann mit einem Holzspatel zwischen Sockelleiste und Nagelleiste drücken.

Naturfaserböden

Teppichböden aus Naturfasern, wie z. B. Sisal, Jute oder Seegras, sind nicht nur dekorative, sondern auch sehr strapazierfähige Bodenbeläge. Trotz der Unterschiede des Materials weicht die Verlegetechnik nur wenig von den bereits gezeigten Teppichverlegemethoden ab.

Naturfaserböden

- **Akklimatisierung** Vor dem Verlegen muss man einem Naturboden mindestens 24 Stunden Zeit geben, um sich in dem jeweiligen Raum der darin herrschenden Luftfeuchtigkeit und Temperatur anzupassen.
- **Pflegemaßnahmen** Lesen Sie hierzu die Anleitung des Herstellers sorgfältig durch.
- **Unterlagen** Bei Naturfaserböden klebt man die Unterlage mit einem Spezialkleber direkt auf den Belagrücken. Dies bewirkt, dass ein unebener Unterboden geglättet und das Begehen des Belags wesentlich angenehmer wird. Naturböden, die bereits mit einem Latexrücken ausgestattet sind, benötigen dagegen keine Unterlage.

Dekorative Läufer und Brücken

Brücken und Läufer zählen mit ihrer großen Mustervielfalt zum klassischen Beiwerk der Bodendekoration. Sie dienen als Ergänzung zu anderen Bodenbelägen oder bringen einen schlichten Boden durch ihre Farbenpracht besser zur Geltung. Besonders auf Naturfaserböden sind kleine Zierteppiche sehr zu empfehlen, weil sie dem Belag Farbe verleihen und den Raum behaglicher machen.

- **Kleinteppiche** Hier hat man die Wahl zwischen Exemplaren mit starker ethnischer Prägung, wie z. B. Kelims oder Gabbehs – meist aus Baumwolle oder Schurwolle –, moderner synthetischer Ware und traditionellen Webteppichen, oft aus Zentralasien oder China.

Farblicher Blickfang
Läufer und Brücken, die sich in die farbliche Gestaltung eines Raumes harmonisch einfügen oder mit ihr kontrastieren, erhöhen die Wirkung des Untergrunds und erzeugen innerhalb des Raumes einen dekorativen Blickfang.

Teppichböden auf Treppen

Das Verlegen von Teppichboden auf Treppenstufen hat die Schwierigkeit, dass man sowohl senkrechte als auch waagrechte Flächen belegen und absolut genau arbeiten muss, um Stolperfallen zu vermeiden.

- **Naturfaserbelag** Wenn Sie Treppenstufen mit Materialien wie Seegras oder Jute belegen wollen, beachten Sie die Verlegerichtlinien des Herstellers genau. Denn nicht alle Naturmaterialien lassen sich gleich gut der Stufenform anpassen.
- **Juterücken** Befestigen Sie eine Nagelleiste passender Länge an der Unterkante jeder Setzstufe sowie am hinteren Ende jeder Trittstufe, damit der Teppich einen möglichst festen Halt bekommt.
- **Schaumstoffrücken** Um Teppichböden mit Schaumstoffrücken an Treppenstufen zu befestigen, tackern Sie den Belag längs der Hinterkante jeder Trittstufe fest. Dadurch wird der Teppich fixiert und am Verrutschen gehindert.
- **Vorgehen** Beginnen Sie mit der Fixierung des Teppichs am oberen Treppenabsatz und arbeiten Sie dann nach unten.
- **Stufenleisten** Bringen Sie an den Übergängen zwischen Setzstufe und Trittstufe Stufenleisten an, um den Teppich gegen ein mögliches Abrutschen zu sichern. Die Leisten können vor dem Befestigen in der Farbe des Teppichs gestrichen werden, damit sie weniger ins Auge fallen und ein harmonisches Gesamtbild ergeben.

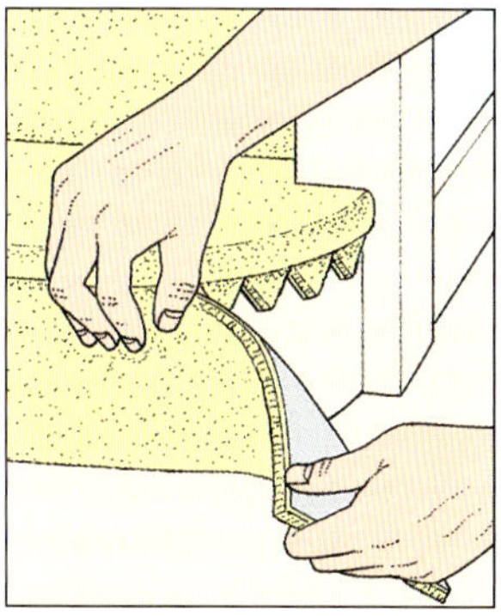

Abschluss
Für die abgerundete Trittkante der untersten Stufe schneiden Sie die Teppichkante keilförmig ein – so passt sich der Teppich gut an. Decken Sie den Rand mit einem auf die Setzstufe zugeschnittenen Teppichstück ab.

NUTZBÖDEN

Einige Bereiche des Hauses erfordern einen pflegeleichten und strapazierfähigen Belag. Während früher allein die praktische Seite im Vordergrund stand, tragen die meisten Nutzböden heutzutage auch den gestiegenen Ansprüchen an Ästhetik und Komfort Rechnung.

Als Bahnenware verlegen

Es gibt hauptsächlich zwei Nutzbodenarten, die in Form von Bahnenware verkauft werden: aus Kunststoff (z. B. PVC) und Linoleum. Während Kunststoffbahnen eher einfach zu verlegen sind, verlangt Linoleum spezielle Verlegetechniken, die besser ein Fachmann übernimmt.

Grundsätzliche Technik

● **Unterboden vorbereiten** Der Unterboden sollte zunächst gründlich gereinigt werden. Schmutz, Sand und Unebenheiten müssen restlos entfernt werden, da sie sich in die Rückseite des Belags eindrücken können. Dort verursachen sie eine Druckstelle, an der sich der Belag langsam durchscheuert.

● **Kleber wählen** Verwenden Sie möglichst lösemittelfreien Kleber. Vergewissern Sie sich jedoch, dass Sie das für Ihren Bodenbelag richtige Produkt verwenden.

● **Aufziehen** Tragen Sie Kleber nur an den Rändern und entlang von Stoßnähten auf.

Schablone für den Zuschnitt

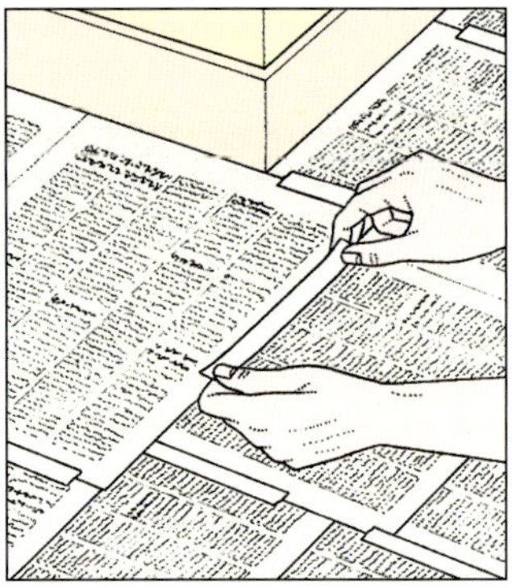

1 Bedecken Sie den Unterboden mit Zeitungspapier, das Sie exakt an Kanten von Vorsprüngen entlangführen. Kleben Sie dann alle Zeitungsblätter zusammen, sodass eine Schablone entsteht.

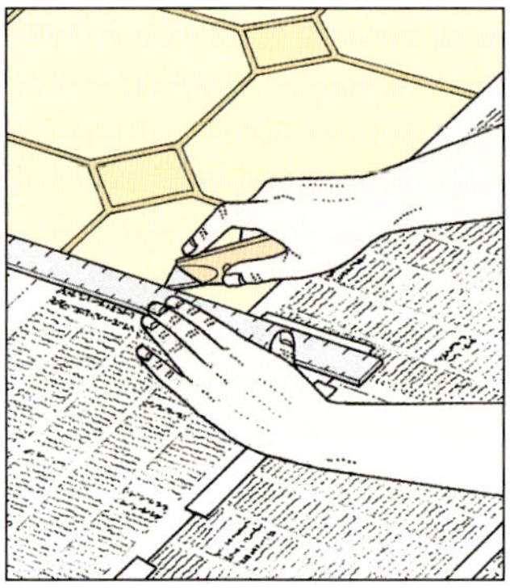

2 Befestigen Sie die Papierschablone mit Klebeband auf dem Bodenbelag. Schneiden Sie ihn um die Schablonenkanten herum ab, sodass er sich genau in den Grundriss des Fußbodens einpasst.

GUTE IDEE!

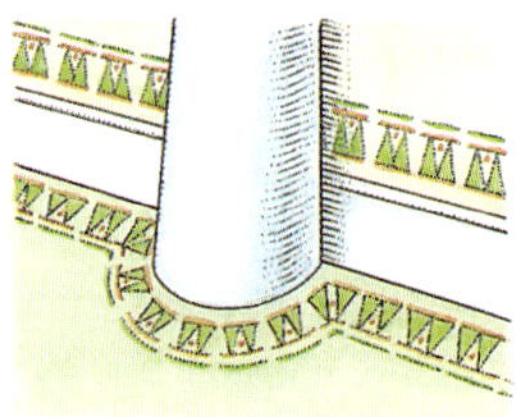

Linoleum gestalten
Einige Hersteller fertigen Linoleumbeläge auch nach Ihren Wünschen, Vorgaben und Ideen. So erhalten Sie Ihren ganz persönlichen und individuellen Bodenbelag.

Saubere Kanten

● **Exakt schneiden** Drücken Sie die Kante eines PVC-Bodens mit einem breiten Spachtel in die Kante zwischen Boden und Wandleiste. Mit einem scharfen Universalmesser schneidet man nun genau an der Knicklinie entlang. Ist der Schnitt nicht ganz exakt, lassen sich kleine Fehler mit einem Zierprofil problemlos verdecken.

● **Wasserdicht** Praktisch ist es, wenn Sie zwischen Bodenbelag und Wandleiste einen umlaufenden dünnen Streifen Silikon anbringen. Sie erhalten so eine wasserdichte Fläche, die leicht zu reinigen ist.

Bahnen zusammenfügen

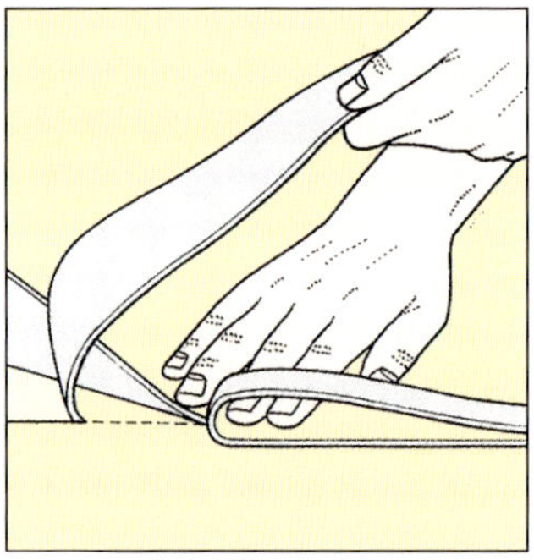

Stoßverbindung herstellen
Lassen Sie die Bahnen so weit überlappen, dass die Muster sich decken. Legen Sie eine Stahlschiene als Führungslinie auf die Bahnen und schneiden Sie beide gleichzeitig durch.

Als Bodenfliesen verlegen

Viele Empfehlungen und Methoden für das Verlegen von Bahnenware gelten auch für Bodenfliesen, die aus weichem Material bestehen. An weiteren Weichfliesenbelägen sind hier Kork und Teppich zu nennen, die nach dem gleichen Prinzip verlegt werden.

Vorausplanen

- **Nicht betreten** Bedenken Sie, dass ein neu verlegter Weichfliesenbelag mindestens 24 Stunden lang nicht begangen werden darf (Trocknungszeit des Klebers).

Kleber auftragen

- **Auftrag** Weichfliesenkleber wird mit einem Zahnspachtel abschnittsweise aufgezogen. Nehmen Sie sich jeweils nur immer eine Fläche von etwa vier Fliesen vor.

Glätten

- **Mit der Walze** Üblicherweise glätten sich Weichfliesen fast von selbst. Zusätzlich können Sie nach dem Verlegen mit einem Nudelholz vorsichtig über die Fläche walzen.

Mittelpunkt bestimmen

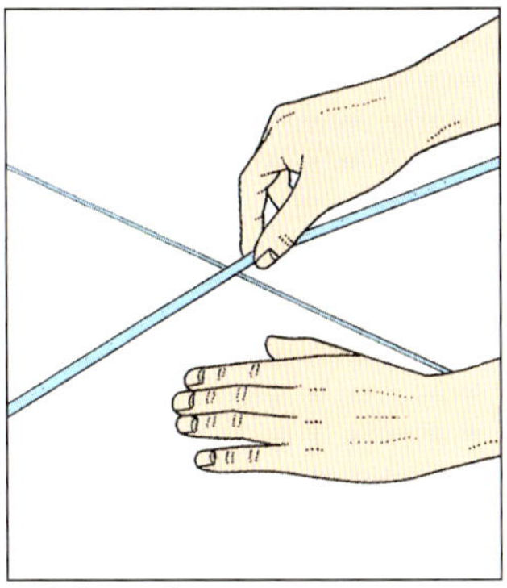

Schlagschnur
Markieren Sie die Diagonalen eines Raumes mit der Schlagschnur. Deren Schnittpunkt ist der Mittelpunkt des Raumes. Von dort aus und entlang der Linien die ersten Reihen legen.

Exakter Zuschnitt an Aussenecken

1 Legen Sie eine Fliese über die der Ecke am nächsten liegende ganze Fliese. Darüber eine weitere Fliese, die an die Wandleiste anstößt. An deren Kante entlang ziehen Sie nun eine Markierungslinie.

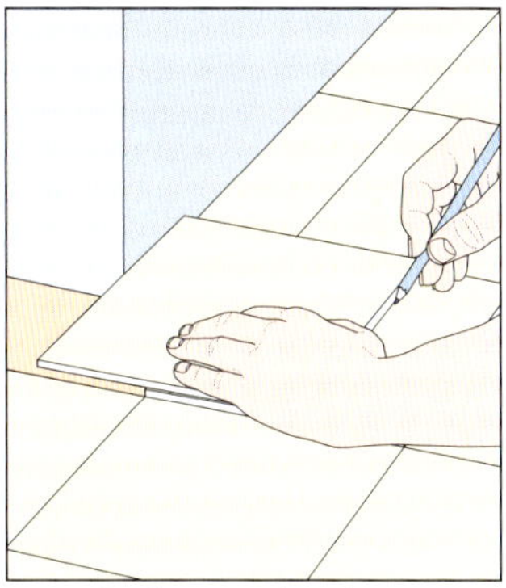

2 Schieben Sie beide Fliesen um die Ecke auf die am nächsten liegende ganze Fliese und wiederholen Sie den Vorgang. Die von Ihnen gezogenen Linien zeigen Ihnen die Schnittkanten.

Tipps & Tricks

- **Kleber abwischen** Gelangt etwas Kleber auf die Fliesenoberfläche, entfernen Sie diesen sofort mit einem weichen Lappen und ein wenig Lösungsmittel. Welches Mittel dafür benutzt werden kann, entnehmen Sie den Hinweisen des Herstellers.
- **Schablonen herstellen** Bevor Sie mit dem Verlegen beginnen, schneiden Sie ein paar Blatt Papier auf Fliesengröße zurecht. An schwierigen Stellen, wie z. B. um Türrahmen herum, können diese Papiervorlagen sehr gut zur Anfertigung von Schablonen eingesetzt werden.

Teppichfliesen verlegen

Teppichfliesen sind ein praktischer Allzweckbodenbelag. Sie bieten mehr Komfort als PVC-Fliesen und sind leichter zu reinigen als großflächiger Teppichboden. Verschmutzte Fliesen können leicht ersetzt werden.

- **Befestigen** Teppichfliesen werden in der gleichen Weise verlegt wie andere Bodenfliesen aus weichem Material. Ein Unterschied besteht jedoch darin, dass man sie nicht unbedingt ankleben muss. Nur an Türschwellen sollten sie sicherheitshalber mit doppelseitigem Klebeband fixiert werden.

Spuren im Teppich ...
Schneiden Sie aus bunten Bodenfliesen linke und rechte Fußformen aus. Schneiden Sie dann die gleiche Form aus einigen Fliesen Ihres richtigen Belags aus und füllen Sie die Lücken mit den ausgeschnittenen „Fußtritten".

KERAMISCHE BELÄGE

Bodenfliesen sind im Allgemeinen größer und dicker als Wandfliesen. Man unterscheidet dabei Steinzeugfliesen für größere Beanspruchung, die vorwiegend im Außenbereich und an stark begangenen Stellen eingesetzt werden, und Steingutfliesen für den Innenbereich.

Anordnung und Verlegetechnik

Bodenfliesen werden ganz ähnlich verlegt wie Wandfliesen, sodass viele Tipps und Grundsätze übertragen werden können. Allerdings ist das nachträgliche Korrigieren von Verlegefehlern schwieriger. Planen Sie deshalb die Arbeit sorgfältig und beachten Sie die Herstellerhinweise.

STEINZEUGFLIESEN

- **Anordnung** Für die sorgfältige Ausarbeitung der einzelnen Fliesenpositionen benutzt man am besten eine Fliesenmesslatte (siehe S. 242).
- **Erste Reihe** In geraden, rechtwinkligen Räumen können die Wände als Leitlinien dienen. Ansonsten führen Sie die erste Fliesenreihe an der Kante einer Richtlatte entlang. Lassen Sie einen Spalt von etwa halber Fliesenbreite zur Wand für den Zuschnitt.
- **Mörtel verwenden** Steinzeugfliesen sollten stets im Dickbettverfahren mit Mörtel verlegt werden, da dieser sich besser eignet als ein Kleber für keramische Fliesen.

ZEIT SPAREN

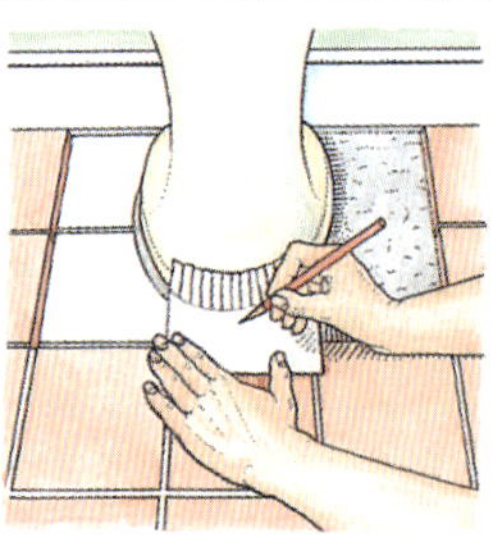

Schablone anfertigen
Für besonders knifflige Zuschnitte fertigen Sie Schablonen an und beauftragen Ihren Fliesenhändler, die Zuschnitte für Sie auszuführen.

VERLEGEMUSTER

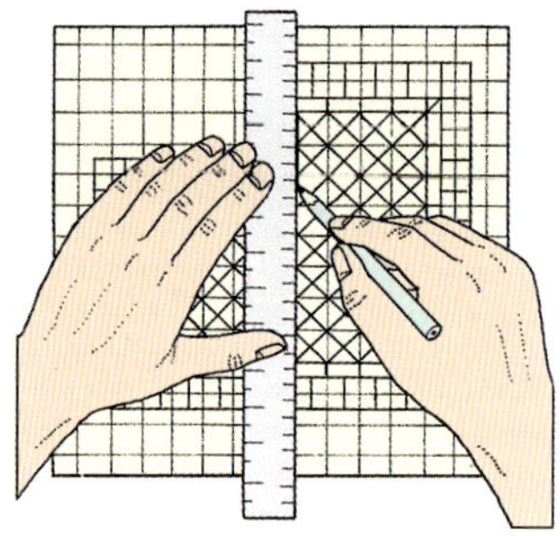

Muster entwerfen
Für komplizierte Muster fertigt man am besten einen maßstabsgetreuen Plan. Dies ist besonders wichtig, wenn man Einlegefliesen aus Marmor verwenden möchte, da hier gewährleistet sein muss, dass jede Fliese richtig positioniert wird.

ABSTÄNDE EINHALTEN

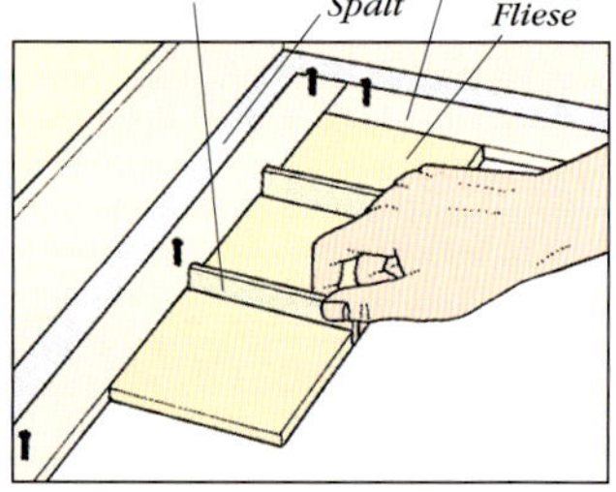

Fugenabstände
Für einen regelmäßigen Fugenverlauf klemmen Sie dicke Kartonstücke zwischen die Fliesen. Sobald der Mörtel anfängt abzubinden, werden diese improvisierten Abstandshalter wieder entfernt.

MÖRTEL ABZIEHEN

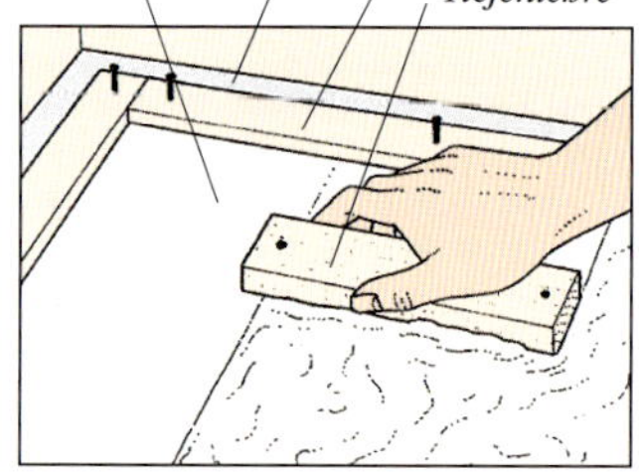

Tiefenlehre
Schlagen Sie an beiden Enden eines Lattenstücks einen Nagel durch, sodass er etwa 1 cm hervorsteht. Fahren Sie mit diesem Werkzeug so durch den Mörtel, dass die Nägel den Fußboden berühren – der Mörtel ist dann überall auf 1 cm Dicke abgezogen.

SOCKELLEISTE

- **Leicht zu reinigen** Als Ersatz für eine Sockelleiste können Sie unten an der Wand eine Reihe schmaler Steinzeugfliesen anbringen.

ZUR SICHERHEIT

Wenn Sie mit einem Winkelschleifer arbeiten, beachten Sie folgende Hinweise:

- **Gebrauchsanweisung** Lesen Sie stets die Bedienungsanleitung und die Sicherheitshinweise des Herstellers.
- **Schutzvorkehrungen** Tragen Sie Staubmaske, Schutzbrille und Handschuhe.

Steingutfliesen

Beim Verlegen von Steingutfliesen gibt es keine großen Unterschiede im Vergleich zu Steinzeugfliesen. Steingutfliesen können jedoch nur im Innenbereich verlegt werden, da sie nicht frostsicher sind. Wegen der eher weichen Beschaffenheit lassen sie sich besser zuschneiden.

Anpassungen

- **Eingänge** Türen, die sich zu einer gefliesten Bodenfläche hin öffnen, sollte man vor dem Einbau der Fliesen aushängen. Von der Unterkante der Tür müssen Sie vermutlich die Stärke der Fliesen plus einer kleinen Zugabe für den Kleber abschleifen.
- **Keine Unebenheiten** Überprüfen Sie von Zeit zu Zeit die waagrechte Ausrichtung der Fliesen, indem Sie mit einer Wasserwaage oder einer Latte über die neu verlegte Fliesenfläche fahren. Nehmen Sie notwendige Korrekturen vor, solange der Kleber noch feucht ist, denn später können Fehler nur noch schwer behoben werden.
- **Kreativ statt teuer** Wenn Sie aus Kostengründen eher einfache Fliesen gewählt haben, können Sie das auf größeren Flächen etwas eintönige Bild dadurch auflockern, dass Sie ein paar hochwertige und ästhetisch herausragende Fliesen einplanen.

Mosaikbilder

- **Stabile Unterlage** In einen schlichten Boden kann man als Blickfang ein Mosaikbild einfügen. Als Unterlage eine entsprechende Holzfaserplatte (S. 253) verwenden, die mit den Mosaikfliesen belegt wird.

Herausbrechen

- **Fliesenlochzange** Eine Fliesenlochzange, die zum Herausschneiden komplizierter Formen dient, lässt sich auch zum Herstellen von Fliesenstückchen für ein Mosaikbild einsetzen (siehe S. 240).

Mosaiken einsetzen

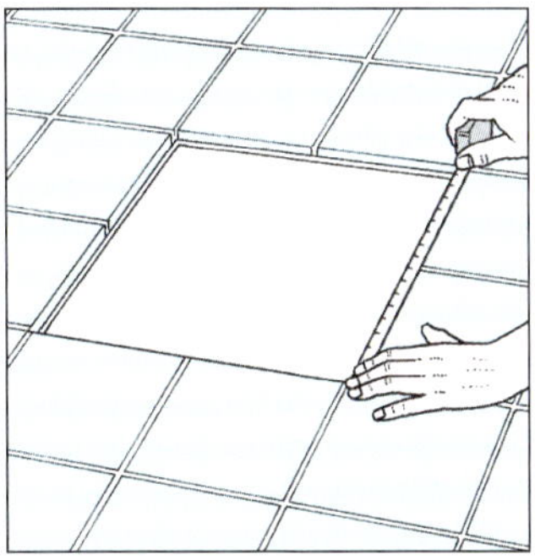

1 Sparen Sie beim Verlegen einen Bereich aus, der der Fläche entspricht, die von dem Mosaikbild eingenommen werden soll. Sägen Sie dann eine Holzfaserplatte in der entsprechenden Stärke so zurecht, dass sie in die Aussparung passt.

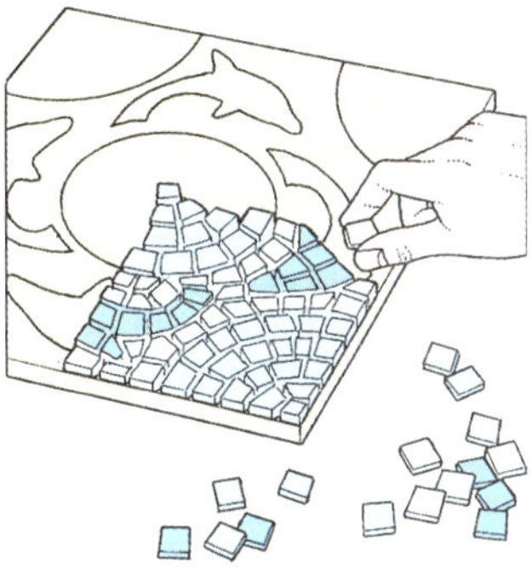

2 Das gewünschte Bild oder Muster auf die Platte zeichnen und aus Mosaikfliesen nachkleben. Zur Fixierung verwenden Sie Bodenkleber, da dieser die stärkste Klebekraft hat. Sobald das Mosaik fertig gestellt ist, kleben Sie die Platte in die Aussparung.

Rustikale Atmosphäre

Neben Fliesen gibt es noch eine Reihe von Materialien, die auch für die Gestaltung eines Hartbodenbelags möglich sind. Angesichts der unterschiedlichen Eigenschaften sollte man wissen, welche Anforderungen man an den Bodenbelag stellt.

- **Natursteinplatten** Dieses Material ist extrem strapazierfähig und wird in verschiedenen Formen angeboten. Wegen der unebenen Oberfläche müssen die Platten in eine dicke Mörtelschicht eingebettet werden.
- **Klinker** Klinker sollten in Mörtel eingebettet und stumpf aneinander gefügt werden. Nach dem Verlegen versiegelt man die Klinkerfläche mit Klarlack.
- **Schieferplatten** Stellen Sie sicher, dass der Unterboden völlig waagrecht und eben ist, bevor Sie ihn mit Schieferplatten belegen. Diese werden in ein Kleberbett eingesetzt, wobei man sorgfältigst darauf achten muss, dass kein Kleber auf die Oberfläche gelangt, da sonst Flecken entstehen, die nicht wieder zu entfernen sind.

Transport
Zum Bewegen einer schweren Steinplatte hievt man die Platte auf zwei entsprechend stabile Rundhölzer und schiebt sie vorsichtig vorwärts, so als befände sie sich auf Rollen.

MIT FARBE GESTALTEN

Estrichböden oder Holzbeläge müssen nicht unbedingt nur als Unterboden für einen weiteren Belag dienen. Sie können gestrichen ein attraktiver Bodenbelag werden. Für stark beanspruchte Bereiche sollte man jedoch spezielle Bodenfarben benutzen, andere Farben sollten einen Lackschutz erhalten.

Holzeffekte

Die Herstellung eines Holzeffekts hat den Vorteil, dass dies viel billiger ist als das Verlegen eines Holzbodens. Wenn man die Farbe geschickt anwendet, lässt sich das Holz täuschend echt nachahmen. Aber auch farbig gestrichene Böden sind ein schöner Blickfang.

Vorbereitungen

- **Prüfen** Lesen Sie vor dem Streichen von Trockenestrich-Elementen (Hartfaser- und Spanplatten) die Produktinformation des Herstellers sorgfältig durch. Manche Trockenestriche sind chemisch imprägniert und daher für die Farbaufnahme ungeeignet.
- **Spachteln** Bessern Sie kleine Fehlerstellen mit Universal-Spachtelmasse aus, die in getrocknetem Zustand glatt geschliffen wird. Kleine Lücken zwischen den Platten füllt man am besten mit Acryl-Dichtungsmasse aus.
- **Streichen** Benutzen Sie einen Farbroller; dies geht schneller als mit einem Pinsel.

Einen Läufer vortäuschen

Holzoberflächen bieten einen ausgezeichneten Untergrund für Trompe-l'œil-Effekte. So kann beispielsweise ein falscher Läufer ein witziger Blickfang sein.

- **Muster planen** Vor dem Streichen sind Fläche und Muster des falschen Läufers genau zu planen. Zeichnen Sie die Umrisse auf den Boden auf.
- **Schmale Streifen** Schmale Farbstreifen lassen sich mit einem Miniroller auftragen.
- **Echtheit erzeugen** Damit der falsche Läufer so echt wie möglich wirkt, fügen Sie kleine Details freihändig hinzu. Auch mit Schablonen lassen sich diese Effekte erzielen.

Fransen hinzufügen
Zum Schluss versieht man den falschen Läufer auf beiden Längsseiten noch mit „Fransen". Hierzu verwendet man einen Künstlerpinsel.

Bodendielen mit Farbe nachahmen

1 Nach dem Auftrag einer hellen Grundfarbe nehmen Sie ein altes Brett und zeichnen längs der Brettkanten Linien auf den Boden. Diese sollen die Stöße der Bodendielen darstellen.

2 Auf jede „Bodendiele" wird nun eine Lasurschicht aufgetragen, wobei das echte Brett als Führungsschiene dient. Anschließend zieht man ein Maserierwerkzeug durch die feuchte Lasur.

3 Sobald die Lasur getrocknet ist, ziehen Sie die Konturlinien mit einem dunklen Filzstift nach. Zum Abschluss bedeckt man den Boden mit zwei oder drei Schichten mattem Acryllack.

Flieseneffekte

Wie bei den Holzeffekten lässt sich der Kostenaufwand auch in diesem Fall erheblich reduzieren, indem man den Boden nicht mit echten Fliesen belegt, sondern die Fliesen nur imitiert. Technisch besonders geeignet für Flieseneffekte sind Böden mit Estrich-Glattstrichen.

Natursteinfliesen

- **Trocknungsgrad** Vergewissern Sie sich, dass der Estrich völlig durchgetrocknet ist, bevor Sie ihn streichen. Ein neuer Estrichboden erfordert je nach Stärke möglicherweise eine Wartezeit von mehreren Wochen.
- **Versiegeln** Für den ersten Farbauftrag, der die Fläche grundieren und versiegeln soll, verwenden Sie eine leicht verdünnte Bodenfarbe oder ein geeignetes Grundierungsmittel.
- **Grundfarbe** Für die erste Schicht wählt man eine helle Farbe. Diese soll die Farbe des Fugenmörtels nachahmen und schafft einen guten Grundanstrich für die nachfolgenden Fliesenfarben.
- **Farbeffekte** Marmorieren und Schwammtechnik sind bestens zur Imitation von Natursteinfliesen geeignet.

Terrakotta-Fliesen

- **Aufstempeln** Damit man keine Hilfslinien ziehen muss, benutzt man einen quadratischen Gegenstand, mit dem man die Fliesen im Blockdruckverfahren aufstempelt.
- **Schwammtechnik** Einen Block zum Aufdrucken der „Fliesen“ können Sie z. B. aus einem Haushaltsschwamm herstellen, den Sie auf Fliesengröße zuschneiden.

1 Tauchen Sie den Schwamm in die Farbe, streifen Sie überschüssige Farbe ab und drücken Sie ihn fest auf den Boden. Zwischen den Fliesen lässt man kleine Abstände zur Darstellung der Mörtelfugen.

2 Nachdem man auf diese Weise 10–20 Fliesen gestempelt hat, trägt man mit einem kleinen Stück Schwamm mehr Farbe auf die einzelnen Fliesen auf, damit die Farbdeckung erhöht wird.

PVC-Fliesen imitieren

1 Zeichnen Sie auf den in einer Grundfarbe gestrichenen Boden ein Schachbrettmuster auf. Kleben Sie nun jedes zweite Karo mit Papier ab und besprühen Sie die freien Karos mit schwarzer Farbe.

2 Wenn die schwarze Farbe trocken ist, entfernt man die Abdeckungen wieder. Wie bei allen Böden mit Farbeffekten wird zum Schluss eine Schutzschicht aus Klarlack aufgetragen.

GUTE IDEE!

Holz im Karomuster
Auch auf Bodendielen lässt sich ein Karoeffekt erzeugen. Die Abgrenzung wird durch Dielenkanten und aufgeklebte Kreppbandstreifen erreicht. Streichen Sie jedes zweite Karo mit Holzbeize, um eine schöne Maserung zu erhalten.

LETZTE FEINARBEITEN

Das Aufbringen eines neuen Bodenbelags ist eine zeit- und kostenintensive Angelegenheit, die man nicht zu oft wiederholen möchte. Achten Sie deshalb auf eine gute Ausführung und Pflege, damit Ihnen der neue Boden möglichst lang Freude bereitet.

Böden schützen und pflegen

Bei guter Pflege kann ein neuer Bodenbelag lange halten. Den unterschiedlichen Belagsarten entsprechend gibt es zahlreiche Schutz- und Pflegemittel, die alle darauf ausgerichtet sind, die Lebensdauer des Bodens zu verlängern und ihm ein möglichst gutes Aussehen zu erhalten.

Teppichpflege

- **Reinigen** Damit Teppichböden schön bleiben und lange halten, sollte man sie mindestens einmal pro Woche saugen und einmal im Jahr einer fachgerechten Reinigung unterziehen.
- **Schützen** In stark beanspruchten Bereichen empfiehlt es sich, den Teppichboden durch kleinere Teppiche zu schützen. Wenn man diese hin und wieder anders anordnet, nutzen sie sich gleichmäßig ab und halten länger.
- **Fußmatten** Im Bereich von Außentüren können Sie Fußmatten zum Schutz auf den Teppichboden legen.

Bewährtes Wissen

Versiegelungen

Geben Sie Leinöl und Bienenwachs im Verhältnis 4 : 1 zusammen und verrühren Sie beides unter geringer Wärmezufuhr. Versiegeln Sie mit diesem Wachs Fliesen.

Gewicht verteilen

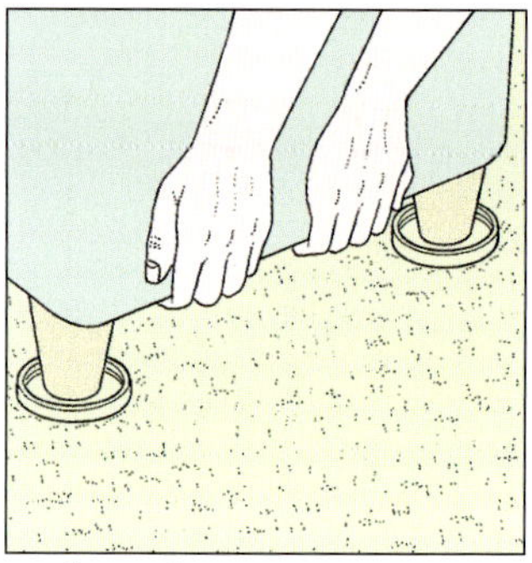

Bodenschutz

Bemalen Sie Deckel in einer zum Teppich passenden Farbe. Heben Sie schwere Möbelstücke leicht an und schieben Sie die Deckel unter die Möbelfüße, um den Bodenbelag zu schützen.

Fliesen instand halten

- **PVC reinigen** Bevor man einen PVC-Boden nass reinigt, sollte man immer Schmutz und grobe Verunreinigungen mit einem Staubsauger sorgfältig entfernen. Körnige Partikel würden sonst mit dem Putzlappen über den Boden gezogen und könnten die PVC-Oberfläche verkratzen.
- **Bodenfliesen reinigen** Wischen Sie einen Fliesenboden regelmäßig mit warmem Wasser. Ab und zu sollte man ihn mit einer Politur speziell für Bodenfliesen einreiben; die Verwendung normaler Politur würde eine rutschige Oberfläche zur Folge haben – Sturzgefahr!

Holz schützen

- **Versiegeln** Stark beanspruchte Bereiche eines Holzbodens werden einmal jährlich mit farblosem Holzlack neu versiegelt, damit die Schutzschicht bewahrt wird.
- **Wachsen** Zur Erhaltung der Widerstandsfähigkeit und Geschmeidigkeit von unlackiertem Holz sollte es gelegentlich mit Wachs behandelt werden. So wird die Farbe aufgefrischt und die Holzoberfläche erhält einen seidigen Glanz.
- **Teppichunterlagen** Läufer und Brücken zum Schutz von Holzböden sollten mit einer rutschfesten Unterlage versehen werden.

Flecken entfernen

Immer wieder passiert es, dass der Teppich Flecken bekommt. Doch mit Sorgfalt und Schnelligkeit lassen sich die meisten wieder entfernen.

- **Schnelligkeit** Nur durch sofortiges Entfernen können Flecken verhindert werden.
- **Entfernen** Flecken sollte man durch Abtupfen entfernen (siehe auch S. 76–99).
- **Befeuchten** Verwenden Sie nicht zu viel Wasser; dies könnte die Rückseite des Teppichs beschädigen.
- **Vorbeugen** Behandeln Sie Teppichböden mit Fleckenschutzmitteln, die nach Anleitung aufgetragen werden.

Reste verwerten

Übrig gebliebenes Bodenbelagsmaterial sollten Sie nicht wegwerfen, denn es kann in vielen Bereichen des Hauses noch anderweitig Verwendung finden. Allerdings sollten Sie sich auch einige Reste als Ersatz für spätere Ausbesserungsarbeiten aufbewahren.

Teppichreste

- **Unterlage für Haustiere** Teppichboden eignet sich hervorragend zum Auspolstern von Schlafplätzen und Körben für Haustiere.
- **Autos** Der Kofferraum von Kraftfahrzeugen ist normalerweise starkem Verschleiß ausgesetzt. Kleiden Sie den Boden mit Teppich aus, um den Lack vor Beschädigungen zu schützen und die regelmäßige Reinigung deutlich zu erleichtern.
- **Wege auslegen** Kieswege lassen sich bekanntlich nur schwer von Unkraut frei halten. Hier kann man Abhilfe schaffen, indem man den Weg vor dem Aufbringen des Kiesbelags mit Teppichresten in entsprechender Größe unterlegt. Unkräuter und andere unerwünschte Pflanzen können sich dadurch nicht mehr ausbreiten oder werden zumindest stark behindert.

Stempel für Farbeffekte herstellen

1 Schneiden Sie aus Korkresten Streifen in der Länge der Einzellamellen einer Parketttafel und kleben Sie die Zuschnitte auf das Element. Als Griff dient ein Holzklotz auf der Rückseite der Tafel.

2 Tragen Sie mit einem kurzflorigen Mohairroller Farbe auf den Stempel auf und pressen Sie ihn fest auf den Boden. Es empfiehlt sich, mit dunkler Stempelfarbe auf hellem Grund zu arbeiten.

PVC

- **Abfedern** Schieben Sie PVC-Zuschnitte aus alten Fliesen unter Ihre Waschmaschine, um störende Vibrationen abzufedern.

Harte Fliesen

- **Topfuntersetzer** Unglasierte Steinzeugfliesen eignen sich bestens als Topfuntersetzer, um die Küchenarbeitsplatte zu schützen.

Korkfliesen verwenden

Kork ist ein vielseitiges Material, und Korkreste können im Haushalt vielfach verwendet werden.

- **Untersetzer** Stellen Sie ein Trinkglas umgedreht auf eine Korkfliese und zeichnen Sie den Rand mit einem Stift nach. Schneiden Sie den Kreis aus und verwenden Sie ihn als Untersetzer.
- **Unterlagen** Schneiden Sie Korkstücke aus, die in Form und Größe der Auflagefläche schwerer Ziergegenstände entsprechen. Kleben Sie die Zuschnitte auf die Unterseite der Gegenstände, um die Möbeloberfläche zu schützen.

Pinnwand anfertigen
Um eine Pinnwand herzustellen, befestigen Sie eine Sperrholzplatte an der Rückseite eines Bilderrahmens. Danach kleben Sie Korkfliesen auf die Vorderseite der Sperrholzplatte, bis der Rahmen ganz ausgefüllt ist.

Türblätter schützen

Gegen Tritte
Der untere Bereich eines Türblatts wird oft in Mitleidenschaft gezogen. Basteln Sie aus übrig gebliebenen Teppichfliesen einen Trittschutz, den Sie mit Sprühkleber an der Unterkante der Tür befestigen.

Fenster, Vorhänge und mehr

Übersicht
Auswahl des Materials, S. 288
Vorhänge, S. 289
Rollos, S. 292
Zusätzliche Elemente, S. 294
Glas verschönern, S. 296

Eine attraktive Fenstergestaltung trägt entscheidend zur positiven Wirkung eines Raumes bei. Das Angebot erstreckt sich von extravaganten Vorhängen und Gardinen bis hin zu schlichten Rollos oder Klappläden. Aber auch diese eher herkömmlichen Mittel der Fensterdekoration lassen sich mit ein wenig Phantasie aufwerten – haben Sie ruhig etwas Mut zur eigenen Kreativität.

Fenster begutachten

Bevor man sich für eine Fensterdekoration entscheidet, sollte man Stil und Form eines Fensters betrachten. Wichtig ist auch die Frage nach der praktischen Funktion: Soll eine behagliche Atmosphäre geschaffen, Hitze fern gehalten oder zu starker Lichteinfall gedämpft werden?

Fenstertypen und Vorhänge

- **Schiebefenster** Die hohe und schmale Fensterform ist vor allem im englischsprachigen Raum weit verbreitet.
- **Fenstertüren** Die Dekoration muss ein müheloses Öffnen und Schließen gewährleisten.
- **Panoramafenster** Panoramafenster sind von der Bauart her eher einfach. Hier kommen alle Arten von Fensterdekoration infrage.
- **Erkerfenster** Hier muss das erforderliche Hängesystem sorgfältig geplant werden.
- **Flügelfenster** Flügelfenster variieren in Größe und Bauart, sodass man hier individuell entscheiden muss, welche Dekoration am besten passt.

Ungleiche Fenster werden optisch zusammengefasst.

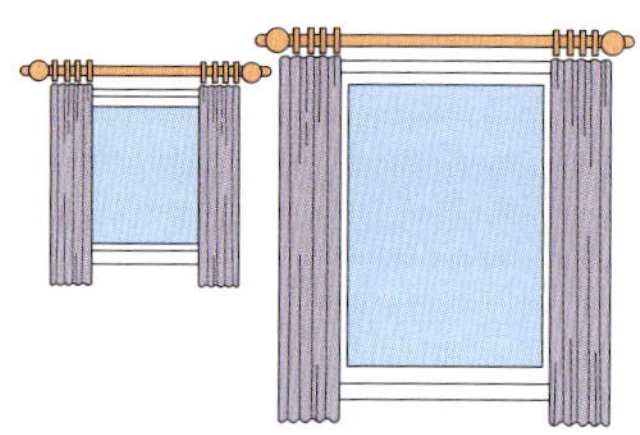

Ungleiche Fenster mit einheitlichem Stil

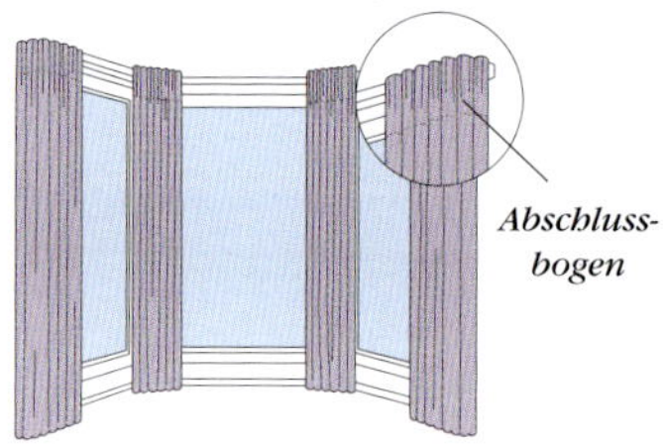

Vorhänge zwischen den Fenstern und an den Seiten

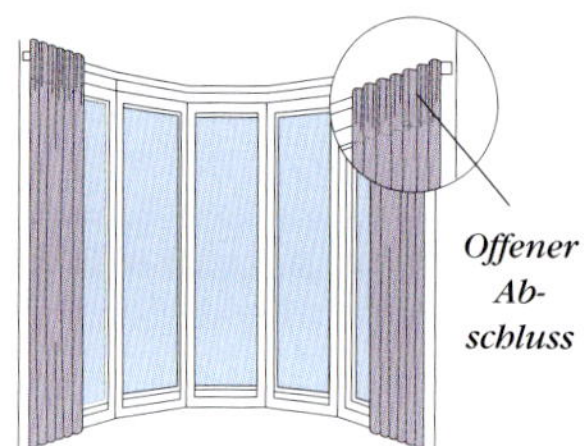

Durchgehende Schiene

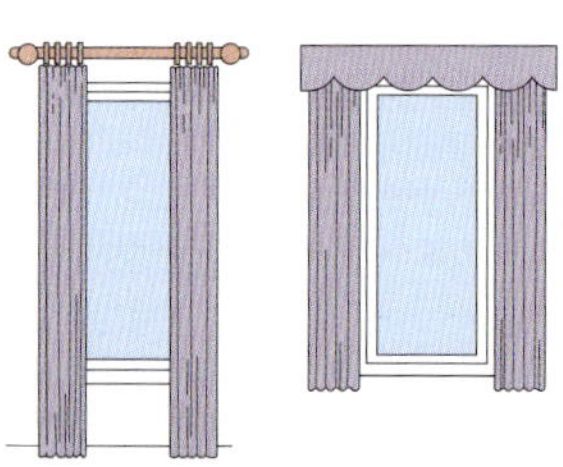

Lange Vorhänge betonen die Höhe, kürzere machen breiter.

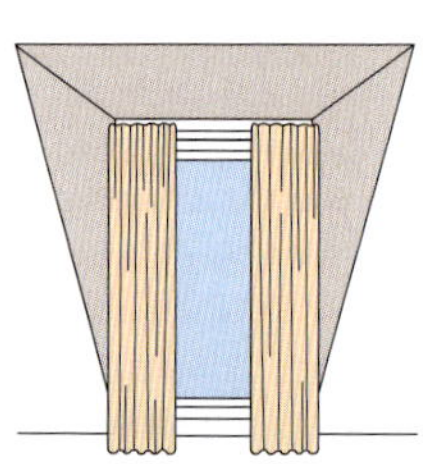

Schwenkbare Stangen für Vorhänge an einem Dachgaubenfenster

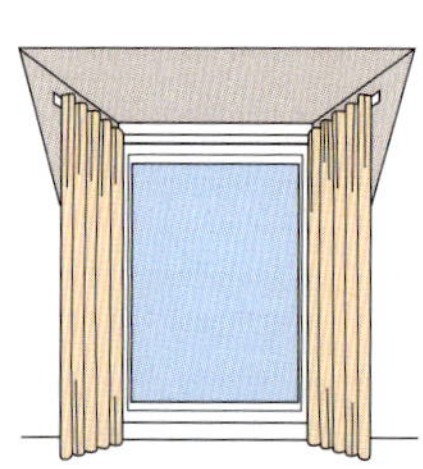

Die Vorhänge sind zurückgeklappt, das Fenster ist zugänglich.

Stilistische Überlegungen

Ob Sie nun rund um Ihr Fenster verschwenderisch-luxuriöse Stoffbahnen drapieren oder ein minimalistisches Arrangement wählen – bedenken Sie immer, dass die Fensterdekoration bestimmende Akzente für den Einrichtungsstil des ganzen Raumes setzt.

Auswahlkriterien

Ehe man Material und Stil für die Fensterdekoration wählt, sollte man einige praktische Überlegungen anstellen.

- **Funktion** Bevorzugen Sie möglichst einfache Hängesysteme, vor allem wenn die Fensterdekoration lediglich als Schmuck gedacht ist.
- **Finanzieller Rahmen** Für schwere, füllige Behänge muss man meist tief in die Tasche greifen. Legen Sie deshalb, bevor Sie eine Auswahl treffen, den finanziellen Rahmen fest.
- **Thematische Gestaltung** Möchten Sie bei der Gestaltung einem bestimmten Einrichtungsstil, z. B. Barock, folgen, müssen Sie sich genau informieren, welche Materialien, Formen und Farben infrage kommen, damit das Ergebnis authentisch und überzeugend wirkt.

Einfarbige Stoffe

- **Farbzusammenstellung** Soll die Fensterdekoration eine ergänzende dekorative Rolle spielen, wählt man am besten einfarbige Materialien.

Schlicht, aber wirkungsvoll
Auch ein einfarbiger Fensterbehang lässt sich mit einer ungewöhnlichen Drapierung wirkungsvoll in Szene setzen und durch Accessoires ergänzen.

Gemusterte Stoffe

- **Aufmerksamkeit erregen** Mit lebhaften oder kontrastreichen Farben und Mustern kann der Fensterbehang zum Blickfang des ganzen Zimmers werden.

Blickfang mit Aufwand
Ein mit Falten, Rüschen und Besätzen aufwändig arrangierter Vorhang kommt besonders gut zur Geltung, wenn unscheinbare Wände den Hintergrund bilden.

Ein Fenster – zwei Stile und Wirkungen

Fensterform verbergen
Vorhänge, die über die Fensternische hinausgeführt werden, verbergen die Form des Fensters. Sehr dekorativ ist es auch, wenn die Vorhänge zur Seite gebunden werden.

Fensterform betonen
Zur Betonung der Fensterform kann man ein Rollo genau in der Fensternische anbringen. Ein entsprechend gemustertes Rollo unterstreicht die klare Geometrie des Fensters zusätzlich.

Räume in Szene setzen

- **Kinderzimmer** Für ein Kinderzimmer wählt man einen Stoff mit lustigen Motiven, der gleichermaßen für Vorhänge, Bettdecke und Kissen verwendet werden kann. Dies schafft eine heitere Atmosphäre.
- **Entspannungsfördernd** Gönnen Sie sich für Ihr Wohnzimmer, das zur Entspannung und Erholung dient, wallende Vorhangbahnen in ruhigen Farben.
- **Lichtverhältnisse** Bei Fenstern, die nur wenig oder gar kein Sonnenlicht erhalten, sollte man sich für Vorhangstoffe in hellen Farben entscheiden. Diese lassen sehr viel Licht herein und garantieren dennoch Privatsphäre.

AUSWAHL DES MATERIALS

Wie bei allen Verschönerungsmaßnahmen ist die Wahl des richtigen Materials ganz entscheidend für das Gelingen des kreativen Vorhabens. Und mit speziellen Werkzeugen und ausgewählten Hilfsmitteln kann man sich die Arbeit dabei erheblich erleichtern.

GRUNDAUSSTATTUNG

● **Werkzeugausstattung** Am wichtigsten ist eine Nähausrüstung zur Herstellung und zum Ändern von Behängen sowie einige haushaltsübliche Werkzeuge zum Anbringen der Fensterdekoration.

● **Hängevorrichtungen** Für leichte bis mittelschwere Vorhänge bietet sich ein einfaches, preisgünstiges Hängesystem an, z. B. eine Schiene und Rollringe oder eine dünne Stange.

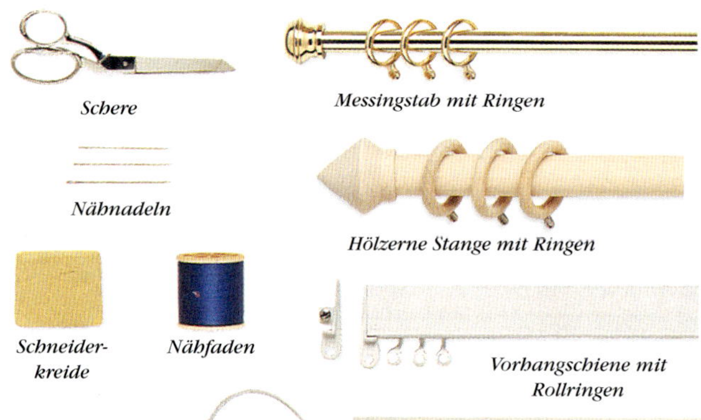

Schere · *Messingstab mit Ringen* · *Nähnadeln* · *Hölzerne Stange mit Ringen* · *Schneiderkreide* · *Nähfaden* · *Vorhangschiene mit Rollringen*

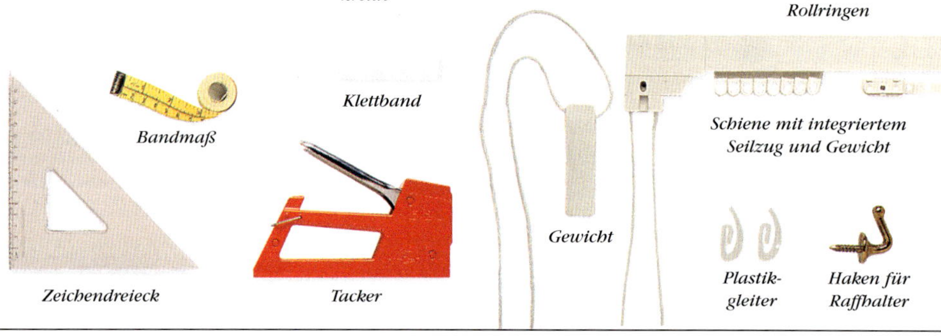

Klettband · *Bandmaß* · *Schiene mit integriertem Seilzug und Gewicht* · *Gewicht* · *Plastikgleiter* · *Haken für Raffhalter* · *Zeichendreieck* · *Tacker*

GEEIGNETE STOFFE

Für Vorhänge oder Rollos sind die meisten Stoffe, die der Fachhandel bietet, geeignet.

● **Farbe, Muster und Gewebe** Lassen Sie sich bei der Auswahl von Farben, Mustern oder der Stoffwebart leiten; aber auch praktische Faktoren sollten Sie nicht außer Acht lassen.

● **Gewicht und Zweck** Schwere Stoffe, wie z. B. Brokat, sollte man wählen, wenn man einen üppigen, prunkvollen Fensterbehang möchte. Reine Seide oder feines Gewebe wie Spitze, Baumwolle oder Leinen wirken dagegen leichter und luftiger.

Brokat · *Baumwolle* · *Kattun* · *Damast* · *Spitze* · *Seide*

VORHÄNGE

Um einen Vorhang zu nähen, muss man kein Experte sein. Die meisten Fertigungstechniken lassen sich so anpassen, dass sie die persönlichen Fähigkeiten nicht übersteigen und trotzdem zu dem gewünschten Ergebnis führen.

Wahlmöglichkeiten

Vorhänge unterscheiden sich in Materialien, Stil und Schnitt. Sie können sie selbst nähen, fertig kaufen oder an vorhandenen Vorhängen Änderungen vornehmen. Bevor Sie eine Entscheidung treffen, wägen Sie persönliche Vorlieben und praktische Erfordernisse gegeneinander ab.

Planung

- **Füttern – ja oder nein?** Sie müssen Vorhänge nicht unbedingt mit einem Futter versehen. Wenn Sie sich aber dazu entschließen, wird es den Fall des Vorhangstoffs verbessern und für zusätzliche Wärmedämmung sorgen.
- **Hindernisse berücksichtigen** Rohrleitungen, Heizkörper u. Ä., die den Fall eines Vorhangs beeinträchtigen können, müssen Sie bei der Auswahl des Stoffs berücksichtigen.
- **Hängesysteme** Wählen Sie das System, bevor Sie für den Vorhang Maß nehmen, da die Aufhängung des Vorhangs Auswirkungen auf die Längenberechnungen hat.

Vorhanglänge bestimmen

Vorhang reicht bis zum Boden.

Vorhang fällt auf halbe Länge zwischen Fensterbank und Boden.

Vorhang reicht bis über die Fensterbank.

Fenstergröße
Bei der Auswahl des Materials für den zukünftigen Fensterbehang sollte man sich auch Gedanken zur richtigen Länge des Vorhangs machen. Diese hängt schließlich von mehreren Faktoren ab, nicht nur von der Form und Größe des Fensters. Denn man sollte auch die endgültige Gesamtwirkung nicht ganz außer Acht lassen.

Stoffbedarf richtig berechnen

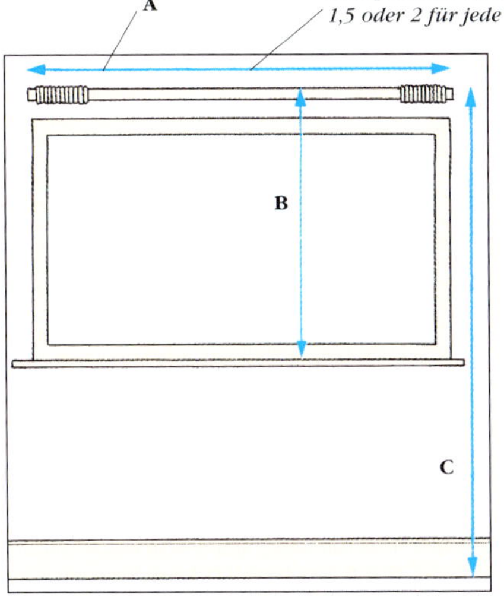

Länge festlegen
Um den Bedarf an Vorhangstoff zu berechnen, misst man zuerst die Breite A. Je nach gewünschter Fülle addiert man die Hälfte dieses Maßes hinzu oder multipliziert es mit 2. Dies ergibt die Stoffbreite für den Vorhang. Zur Ermittlung der Länge messen Sie je nach gewünschter Länge B oder C oder eine Länge dazwischen.

Maß nehmen

Messen Sie so exakt wie möglich, um kostspielige Fehler zu vermeiden.

- **Präzision spart Geld** Das alte Sprichwort „besser zweimal messen und einmal schneiden“ ist ein kluger Ratschlag. Überprüfen Sie lieber noch einmal Ihre Messergebnisse, denn wenn man viele Maße nimmt, kommt es leicht zu Fehlern.
- **Rapport einplanen** Wie bei Tapeten sollte man es bei groß gemusterten Vorhängen so einrichten, dass ein ganzes Muster genau in die Mitte der Fensteröffnung fällt.

Vorhänge kreativ gestalten

Wenn Sie Ihre Fensterdekoration neu gestalten und Ihre Ideen kreativ umsetzen wollen, ist es nicht unbedingt notwendig, neue Vorhänge anzufertigen oder zu kaufen. Es gibt vielerlei Möglichkeiten, wie man vorhandene Fensterbekleidungen ganz neu herausputzen kann.

Kosten sparen

- **Alte Vorhänge auffrischen** Lassen Sie einen alten Vorhang wieder aufleben, indem Sie seinen Saum mit einer neuen Borte oder anderem Zierrat schmücken.
- **Vorhänge kürzen** Mit kurzen Kaffeehausgardinen kann man einem Raum ein frisches Aussehen geben. Solche Stores, die auf halber Fensterhöhe angebracht werden und einen perfekten Sichtschutz bieten, lassen sich einfach herstellen, indem man einen alten Gardinenstoff entsprechend ablängt.
- **Altes neu verwenden** Um Zeit und Geld bei der Neugestaltung zu sparen, verwenden Sie alte Vorhänge als Futter für die neuen. Dazu nähen Sie den alten Vorhangstoff einfach als Innenfutter in den neuen ein.

Fall verbessern

- **Schwerer machen** Leichte Vorhänge fallen schöner, wenn man die Saumkanten mit Münzen oder eigens zu diesem Zweck hergestellten Gewichten beschwert.

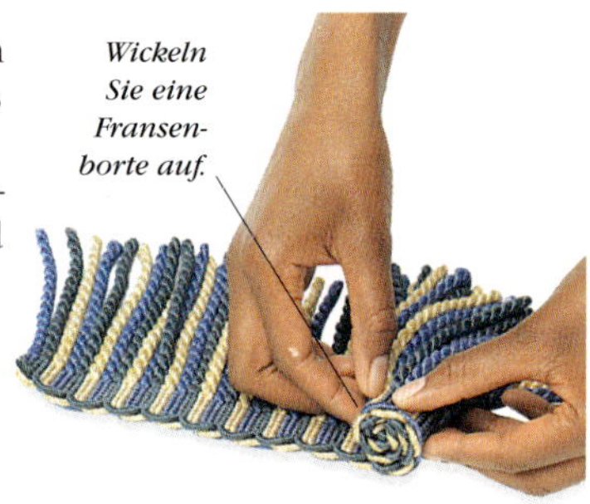

Troddeln herstellen
Dazu rollt man ein übrig gebliebenes Zierband sorgfältig auf und klebt es mit Textilkleber fest. Wenn man dabei ein Stück Kordel mit einrollt, erhält man ein hübsches Raffband.

GELD SPAREN

Laken
Für Vorhänge an Fenstern in nicht repräsentativen Räumen, z. B. im Keller, nageln oder tackern Sie ein nicht mehr benutztes Laken auf eine Holzleiste, die Sie direkt am Fensterrahmen befestigen können.

Andere Materialien

Falls Sie alternative Materialien benutzen wollen, überlegen Sie sich, wie der Vorhang fallen wird. Die Vorhangstangen sollten schlicht sein.

- **Wolldecken** In sehr kalten Räumen kann man auch Decken als schwere „Vorhänge“ benutzen. Aufgrund ihrer wärmedämmenden Eigenschaften sind Decken für diesen Zweck bestens geeignet.
- **Rupfen** Auch aus Rupfen lassen sich im Patchwork-Verfahren sehr preiswerte Vorhänge herstellen.
- **Kleine Teppiche** Sogar dekorative Kleinteppiche lassen sich zu schönen Vorhängen umfunktionieren.

Applikationen

Formen aufkleben
Um einen schlichten Vorhang etwas herauszuputzen, schneiden Sie aus einem andersfarbigen Stoff, der nicht ausfranst, z. B. Filz, Formen aus. Diese werden mit Textilkleber auf den Vorhang geklebt.

Stoffe bemalen

Konturen
Durchscheinende Vorhangstoffe lassen sich leicht wirkungsvoll verzieren. Zeichnen Sie mit einem farbechten Konturenstift direkt auf das Gewebe. Besonders einfach sind die Umrisse von Blättern nachzuzeichnen.

Vorhänge anbringen

Fensterstoffe werden meist nach zwei Methoden aufgehängt: entweder an Stangen oder an Schienen. Die meisten Vorhanghalter sind einfach anzubringen. Man kann diese beiden Hängesysteme jedoch auch nach den individuellen Vorstellungen abändern.

Vorhangstangen

● **Material** Leichte Vorhangstoffe befestigt man an Holzstangen, während sich stabile Metallstangen besser für schwere Behänge eignen.

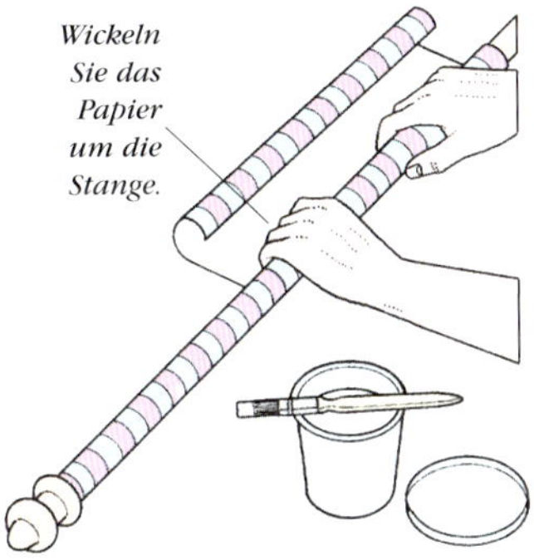

Stangen verkleiden

Damit eine Vorhangstange aus Holz optisch genau zur Wand passt, kann man sie mit der jeweiligen Tapete umwickeln und anschließend mit Klarlack überziehen.

Messen & fixieren

● **Breite anpassen** Die Länge der Vorhangstange ist der Fensterdekoration anzupassen und hängt davon ab, ob die Vorhänge hinter die Fensternische zurückgezogen werden oder ob sie teilweise noch in die Fensteröffnung hineinhängen sollen.

● **Abschlussprofile** Wenn Sie die Länge der Vorhangstange berechnen, vergessen Sie nicht, ein wenig Platz für die Zierknöpfe zu lassen, die auf beiden Seiten der Vorhangstange einen schönen Abschluss bilden.

● **Halterungen** Bei durchschnittlich großen Fenstern reichen zwei Halter aus, um eine Vorhangstange zu befestigen. Benutzen Sie am besten eine Wasserwaage, um die Halter in einer waagrechten Position zu montieren.

Hängevorrichtungen

Anstelle der herkömmlichen Vorhangstangen aus konventionellem Holz oder Messing kommen auch einige ganz andere Möglichkeiten infrage. Mit ein wenig Phantasie lässt sich ein ursprünglich nicht für diesen Zweck bestimmter, aber vielleicht geeigneter Gegenstand als attraktive Hängevorrichtung einsetzen.

● **Kupferrohre** Diese geben ideale Vorhangstangen ab. Das weiche Material lässt sich sogar um Ecken herumbiegen, sodass sich Kupferstangen besonders für Erkerfenster und Gaubenfenster anbieten.

● **Bambusstöcke** Eine preiswerte Möglichkeit, um leichte, dünne Gardinenstoffe aufzuhängen, stellen Bambusstöcke dar.

Befestigungsbänder

Als Befestigungsbänder für Ihre Vorhänge eignen sich vielerlei Materialien. Mit einer Stanz- und Nietmaschine kann man den gewählten Stoff relativ einfach mit festen Ösen versehen.

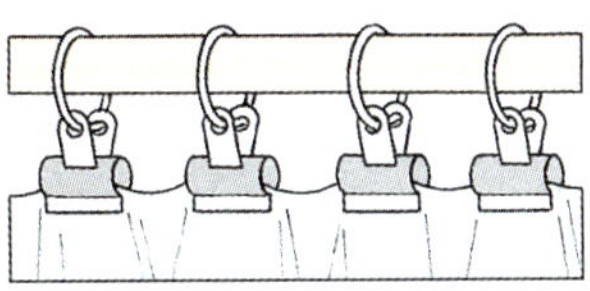

Ringklammern
Hängen Sie Ringklammern an Vorhangringen auf.

Schleifenbänder
Die Bänder müssen gleich lang sein, damit der Vorhang gut fällt.

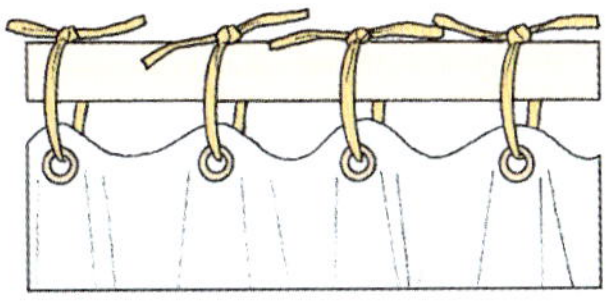

Bastschlaufen
Auch Bast- oder Seilstücke eignen sich zur Aufhängung.

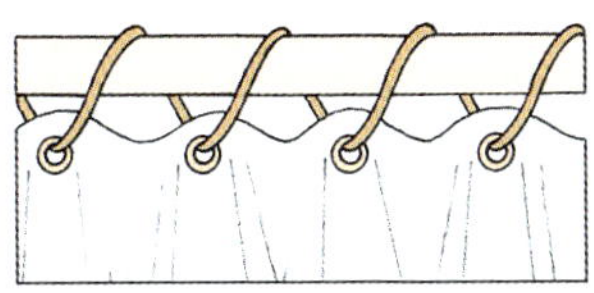

Lederband
Ziehen Sie ein Lederband durch die Ösen des Behangs.

Vorhangschienen

● **Einkauf** Wenn Sie befürchten, eine Vorhangschiene nicht richtig montieren zu können, schauen Sie sich in Ausstellungsräumen nach einem ähnlichen Hängesystem um. So finden Sie heraus, wie die Schiene montiert aussieht.

● **Streichen** Vorhangschienen werden meist in weißer Farbe angeboten. Man sollte sich jedoch überlegen, ob man sie nicht passend zur Farbe der Wand oder des Vorhangstoffs streichen will. Schleiflack liefert bei Kunststoffoberflächen die besten Ergebnisse.

● **Schmieren** Um die Gleitfähigkeit einer Vorhangschiene zu erhalten, schmieren Sie sie hin und wieder mit ein paar Tropfen Spülmittel.

ROLLOS

Rollos sind eine gute Alternative zu Vorhängen und können aus vielen verschiedenen Stoffen und Materialien bestehen. Bei der Auswahl eines Rollos sollten Sie versuchen, dekorative und zweckmäßige Aspekte in Einklang zu bringen, beispielsweise, ob er vor fremden Blicken schützen oder viel Licht hereinlassen soll.

Verschiedene Arten von Rollos

Rollos unterscheiden sich ebenso sehr in Form und Aussehen wie andere Fensterbehänge. Je nach Geschmack und Zweckmäßigkeit können sie schlicht belassen oder aufwändig verziert werden. Diese Faktoren bestimmen sowohl die Wahl des Materials als auch die Art des Aufhängemechanismus.

Glatte Rollos ... sind zweckmäßig und benötigen nur geringen Materialaufwand.

Raffrollos ... benötigen größere Stoffmengen und wirken üppig.

Faltrollos ... bestehen aus feinen, geschickt gefalteten Stofflagen.

Jalousien ... können aus Kunststoff-, Metall- oder Holzlamellen bestehen.

Ausmessen

Je nachdem, ob das Rollo aus einem glatten Material oder gefalteten Stofflagen besteht, gibt es Unterschiede beim Ausmessen. Außerdem hängt die Größe eines Rollos davon ab, ob es in die Fensterlaibung eingepasst wird oder über die Fensternische hinausgeht.

Rollogrösse für Fensterlaibung ausmessen

- **Befestigung anbringen** Bevor man mit dem Ausmessen beginnt, sollte man die Position des Rollos festlegen und die Stange oder Schiene zur Befestigung anbringen – das bewahrt vor Überraschungen.
- **Mengenzugabe** Seien Sie bei der Materialberechnung eher großzügig. Es ist besser, hinterher ein Stück abzuschneiden, als wieder ganz von vorn anfangen zu müssen, weil der Stoff nicht reicht.

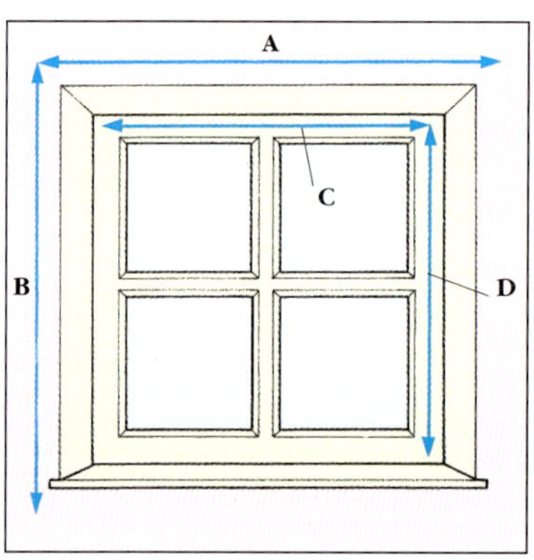

Laibung ausmessen
Für ein Rollo, das über die Fensternische auf die seitlichen Wände hinausgeht, messen Sie die Breite (A) und die Länge (B) bis unter die Fensterbank. Soll das Rollo in der Laibung hängen, lassen Sie beim Breitenmaß (C) Platz für die Halterungen. Für die Länge (D) misst man bis zur Fensterbank.

Raffrollos ausmessen

- **Breite berechnen** Befestigen Sie das Ende einer langen Kordel mit Klebeband an einer Ecke der oberen Fensterrahmenkante. Führen Sie die Kordel an der Rahmenkante entlang zur anderen Ecke, wobei Sie die Kordel mehrfach durchhängen lassen (eine ungerade Zahl von Falten sieht meist besser aus). Die Länge der Kordel ergibt die Breite des Rollos einschließlich der Rafffalten. Addieren Sie weitere 20 cm für die Gestaltung an den Seiten hinzu.
- **Länge ausmessen** Als Zugabe für die geraffte Unterkante des heruntergelassenen Rollos addieren Sie zur einfachen Höhe 30 cm.

Rollos anfertigen und befestigen

Glatte Rollos werden mithilfe eines recht unkomplizierten Mechanismus betätigt und sind daher sowohl in der Anfertigung als auch in der Montage der einfachste Rollotyp. Die meisten anderen Rollos funktionieren mit einigen Abwandlungen nach dem gleichen System.

Stoffauswahl

- **Geeignete Stoffe** Für faltenreiche Rollos mit großer Stofffülle, wie z.B. Raffrollos, eignen sich am besten leichte Materialien wie Moiré oder weiche Baumwolle.

Rechtwinklige Ecken

- **Ecken herstellen** Damit sich ein Rollo leicht bedienen lässt, müssen Sie darauf achten, dass die Ecken beim Zuschnitt einen exakten 90-Grad-Winkel bilden.

Saumkanten

- **Ausfransen verhindern** Verwenden Sie für Rollos ein versteiftes Gewebe. Dieses kann auf die genaue Größe zugeschnitten werden, ohne an den Rändern auszufransen.

Rollos auffrischen

- **Schablonieren** Geben Sie einem schlichten Rollo ein neues Gesicht, indem Sie es mit Textilfarben und Schablonenmotiven verzieren. Fertigen Sie dazu eine Schablone von einem Motiv, das auf Stoffen oder anderen dekorativen Elementen im Raum bereits vorhanden ist.
- **Färben** Ist ein Rollo vom Sonnenlicht ausgeblеicht, aber ansonsten noch in gutem Zustand, können Sie ihm ein völlig neues Aussehen geben, indem Sie es in ein Färbebad legen. Wählen Sie eine Farbe, die mit der übrigen Einrichtung des Raumes harmoniert.

Befestigungsmaterial

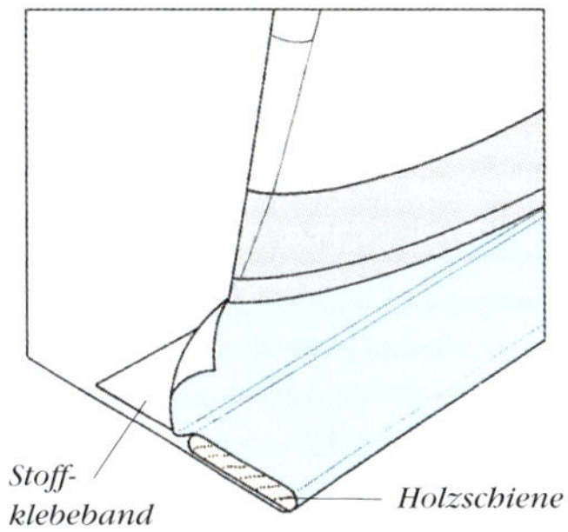

Holzleiste anbringen
Um die untere Holzleiste des Rollos anzubringen, schlagen Sie den Stoff um und befestigen ihn mit einem speziellen Klebeband. Zusätzlich können Sie den Saum längs der Kante zunähen.

Einfache Anbringung

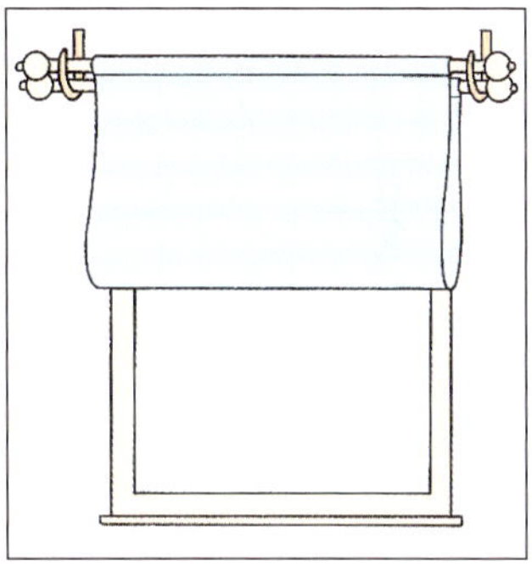

Haken statt Rollsystem
Befestigen Sie oben und unten am Rollo eine Stange und über dem Fenster auf beiden Seiten einen Haken. Um Licht hereinzulassen, legt man die untere Stange einfach über die Haken.

Innenklappläden provisorisch herstellen

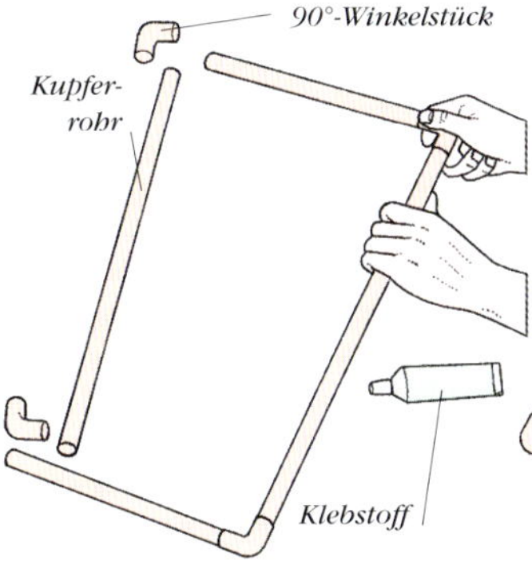

1 Längen Sie Kupferrohre mit einer Bügelsäge ab und stecken Sie die Rohre mit 90°-Winkelstücken zu einem Rahmen zusammen. Um die Verbindung stabiler zu machen, tragen Sie Metallkleber auf.

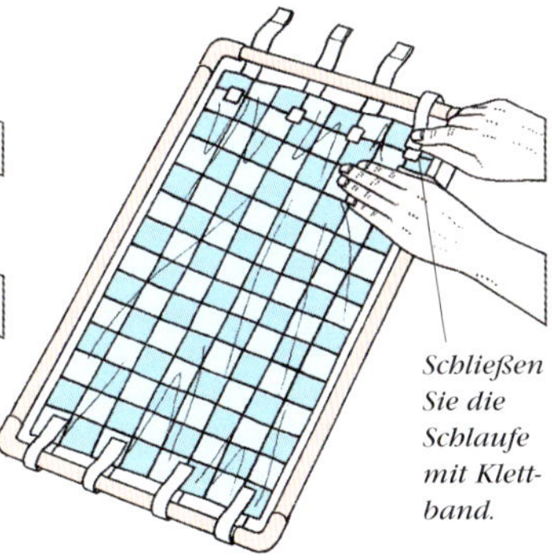

2 Mit Schlaufen wird der Stoff am Rahmen befestigt, wobei die Schlaufen mit Klettband geschlossen werden. Auf diese Weise kann der Stoff zur Reinigung leicht wieder entfernt werden.

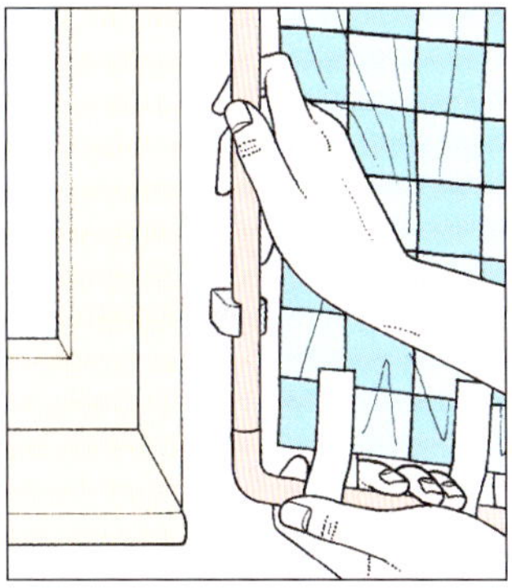

3 Als Scharniere verwenden Sie gewöhnliche Rohrschellen. Befestigen Sie zwei Schellen auf jeder Seite des Rahmens. Das reicht aus, um die Läden sicher am Platz zu halten.

ZUSÄTZLICHE ELEMENTE

Die meisten Schabracken, Blenden oder Drapierstoffe sind nicht funktioneller Bestandteil der Fensterdekoration. Sie dienen ausschließlich der Verschönerung und runden das Arrangement farblich und stilistisch ab. Andere Elemente haben aber auch funktionale Aufgaben.

Schabracken

Schabracken sind Schmuckelemente und dienen zum Abdecken der Schienen oder Stangen, an denen der Vorhang aufgehängt ist. Meist werden sie zusammen mit üppigen, repräsentativen Vorhanggarnituren verwendet. Es gibt sie jedoch auch in schlichteren Versionen.

Möglichkeiten

- **Tapezieren** Schlichte Holzschabracken kann man zur Verschönerung streichen oder tapezieren. Benutzen Sie dabei die gleiche Tapete wie an der Wand.
- **Doppelfunktion** Nutzen Sie die Schabracke gleichzeitig als Regalbord, auf dem schmückendes Beiwerk zur Schau gestellt wird.
- **Effekte erzeugen** Eine Schabracke kann auch dazu dienen, die Form eines Fensters optisch zu verändern. Wird die Schabracke beispielsweise über der Fensterdekoration angebracht, wirkt das Fenster dadurch höher.

Blendenbesatz aus Stoff anfügen

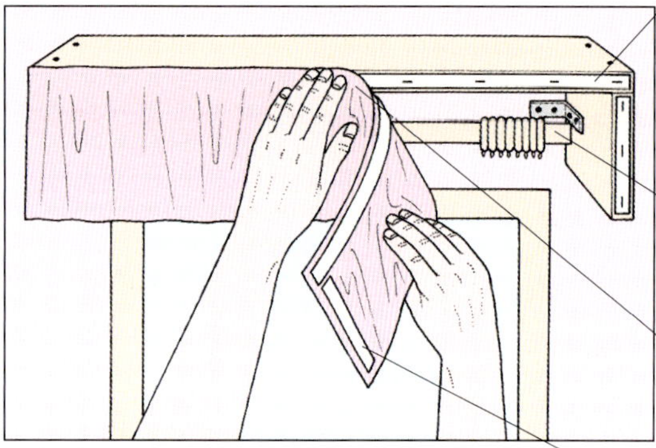

Schabracke und Besatz befestigen
Sobald der hölzerne Rahmen einer Schabracke montiert ist, kann man an der Stirnseite den Stoffbesatz anbringen. Fertigt man dessen Rahmen aus flexibler Steifleinwand, lässt sich der Stoffbesatz einfach mit Klettband anheften.

Schabracke zusägen

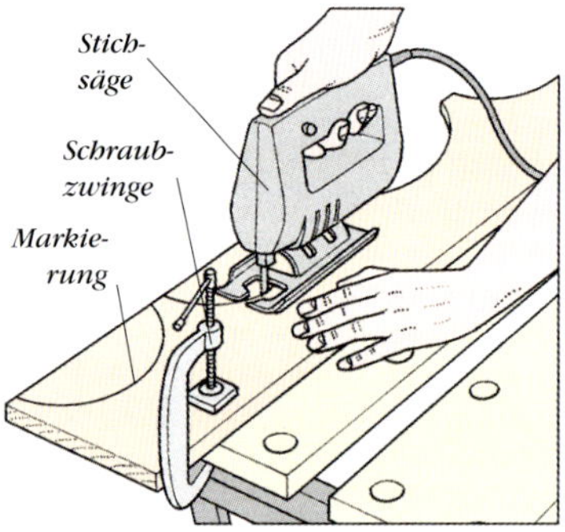

Einsatz für die Stichsäge
Wollen Sie eine Holzschabracke mit Bogenkante herstellen, sägen Sie die vorher mit Bleistift angezeichneten halbkreisförmigen Ausschnitte sorgfältig mit der elektrischen Stichsäge entlang der Markierung aus.

Stoffblende

Stoffblenden dienen dem gleichen Zweck wie Schabracken. Aber im Gegensatz zu Schabracken, die meist aus festem Material gefertigt sind, bestehen sie aus Stoff.

- **Weniger Aufwand** Mit einer Stoffblende können Sie Geld, Zeit und Aufwand sparen. Denn sie ist leichter angebracht als eine solide Schabracke.
- **Decken nutzen** In einem Raum mit niedriger Decke kann die Stoffblende direkt an der Decke aufgehängt werden. Hierzu führt man die Befestigungsschlaufen der Stoffblende durch Schraubhaken, die an der Decke angebracht werden.

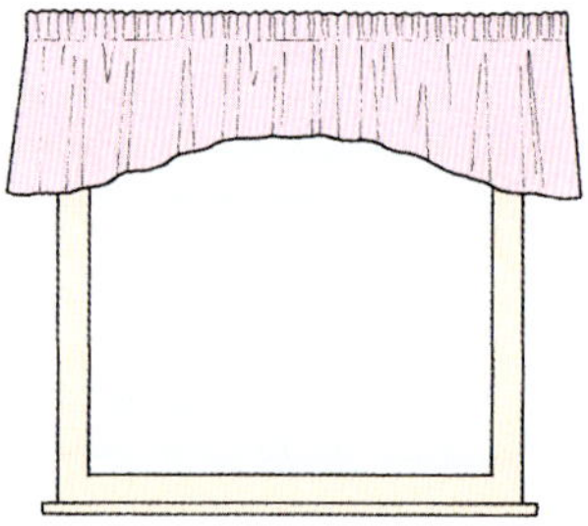

Fensterschmuck
Stoffblenden können durchaus auch ohne Vorhänge als alleinige Fensterdekoration aufgehängt werden. Damit der Stoff schön fällt und gut wirkt, befestigt man ihn am besten an einer so genannten Volantschiene.

Drapierstoffe

Drapierstoffe lassen sich entweder zur Verzierung einer Schabracke oder als eigenständige Fensterdekoration einsetzen. In jedem Fall sind sie rein dekorativ und können dabei sehr effektvoll eingesetzt werden – lassen Sie Ihrer Kreativität und Phantasie freien Lauf!

Stoffe drapieren

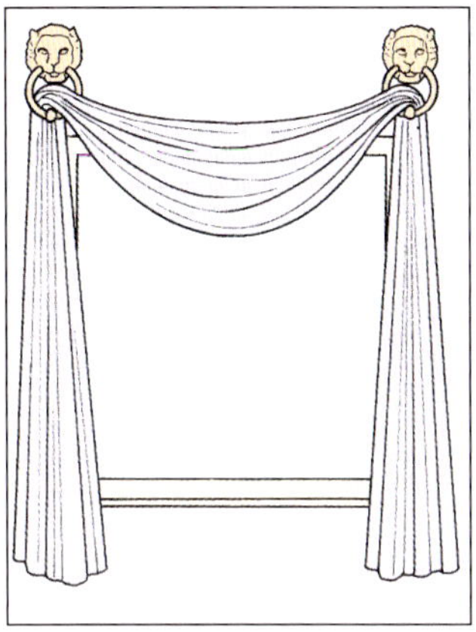

Türklopfer benutzen
Bringen Sie jeweils einen verzierten Türklopfer links und rechts über einem Fenster als Drapierhilfe an und ziehen Sie eine locker fallende Stoffbahn durch die Ringe.

Grosse Vielfalt

- **Alternative Materialien** Sie können auch mit langen Seidenschals, Saris oder anderen leichten Stoffen bauschige und schwungvolle Drapierungen herstellen.
- **Drapierung fixieren** Will man eine zwanglose Aufhängung, drapiert man den Stoff einfach um eine Stange. Damit die Drapierung nicht so leicht verrutscht, nähen Sie den Stoff an geeigneten Stellen mit ein paar Stichen fest.
- **Falten erzeugen** Zur Befestigung von Drapierstoffen an einer Schabracke leistet ein Tacker gute Dienste. Mit ihm heftet man den Stoff sicher und schnell an und erzeugt saubere Falten, damit das Material schöner fällt.

GUTE IDEE!

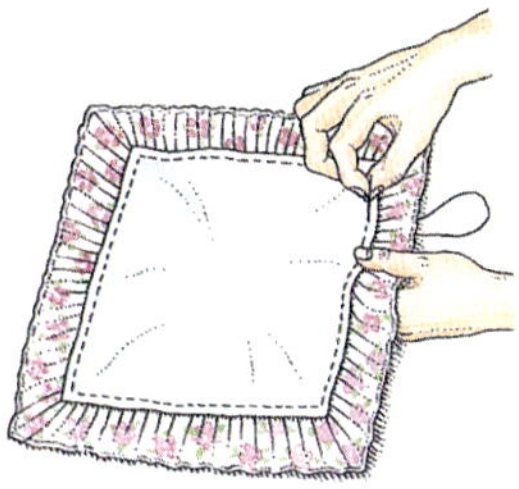

Reste verwenden
Stoffreste müssen nicht in die Mülltonne wandern. Sogar kleinste Streifen, die beim Zuschneiden übrig bleiben, lassen sich noch sinnvoll verwenden, indem man sie z. B. als Zierrand um ein schlichtes Kissen näht.

Raffhalter

Die traditionelle Aufgabe von Raffhaltern besteht darin, einen Vorhangstoff auf einer Seite des Fensters (oder der Tür) zurückzuhalten, damit Tageslicht einfallen kann. Raffhalter können darüber hinaus aber auch eine ausschließlich dekorative Rolle spielen.

Raffhalter

- **Kontrastierender Stoff** In einem streng formalen Vorhang-Arrangement empfiehlt es sich, für die Raffhalter einen anderen Stoff zu verwenden. Das lässt die Vorhänge klarer erscheinen und unterstützt sie in ihrer Wirkung.
- **Einfach festbinden** Die einfachsten Raffhalter aus Gewebe sind Bänder und Kordeln. Zur Befestigung schlingt man sie um Haken, die an der Wand festgeschraubt sind.
- **Der richtige Platz** Bei hohen Fenstern bringt man Raffhalter am besten im unteren Drittel der Fensterlänge an, um die beste Wirkung zu erzielen.

Raffhalter aus anderen Werkstoffen

Kreativ mit Blättern
Für einen ungewöhnlichen Raffhalter flechten Sie künstliche, mit einem Draht versehene Blätter ineinander. Besprühen Sie die Blätter mit Farbspray, um sie der Farbgestaltung anzupassen.

Türknopf als Raffhalter
Ein Türknopf gibt einen idealen und sehr dekorativen Raffhalter ab, sofern das Vorhangmaterial nicht zu schwer ist und in seiner Fülle nicht über die Front des Knopfes herunterfällt.

GLAS VERSCHÖNERN

Stoffdekorationen sind nicht die einzige Möglichkeit, ein Fenster wirkungsvoll in Szene zu setzen. Auch das Fensterglas selbst lässt sich mittels farbiger Malereien auf vielfältige Art dekorativ gestalten – vom klassischen Bleiglas bis zu modernen Techniken.

Grundausrüstung und Materialien

- **Materialeinkauf** Alle Werkzeuge und Materialien, die man zur Herstellung von Effekten auf Glas benötigt, können beim Fachhändler für Künstlerbedarf erworben werden. Dieser wird Sie auch beraten können.
- **Farbenauswahl** Zur Gestaltung einfacher Muster und Motive auf Glasflächen können Farben auf Ölbasis verwendet werden. Allerdings sind diese Farben durchscheinend und weniger wirkungsvoll als Glasmalfarben, die speziell für diese Anwendung bestimmt und hergestellt sind.

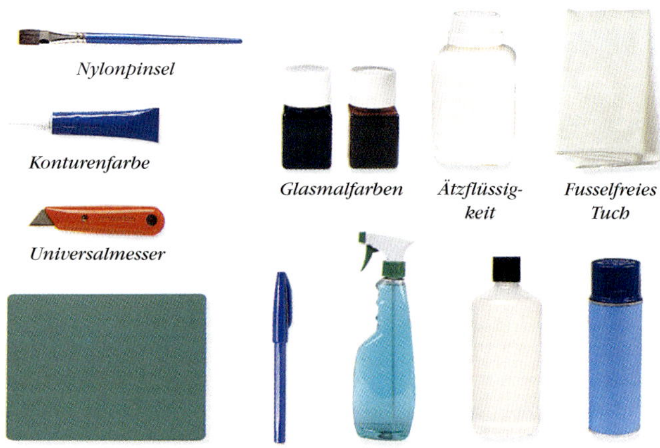

Nylonpinsel · *Konturenfarbe* · *Universalmesser* · *Glasmalfarben* · *Ätzflüssigkeit* · *Fusselfreies Tuch* · *Schneidematte* · *Filzstift* · *Glasreiniger* · *Lack* · *Sprühfarbe*

Glas beschichten

Beschichtungen auf Fensterscheiben werden in Bädern, Garderoben und Dielen eingesetzt, um diese Bereiche dekorativ zu gestalten und gegen neugierige Blicke abzuschirmen. Beschichtetes Glas ist auch dann ein guter Tipp, wenn das Fenster keinen schönen Ausblick bietet.

Lack verwenden

- **Fenster putzen** Vor dem Lackauftrag muss ein Fenster mit Haushaltsreiniger geputzt werden, damit die Glasfläche fettfrei ist.
- **Lackauftrag** Das Lackieren erfolgt in Verbindung mit der Grundschabloniertechnik (siehe S. 215). Kleben Sie eine Schablone mit dünn aufgetragenem Sprühkleber an die Fensterscheibe und pinseln Sie den Lack auf den Motivausschnitt.
- **Design verändern** Da die meisten Mattierlacke auf Acrylbasis hergestellt sind, lässt sich ein Motiv leicht verändern oder mit einem Scheuermittel wieder ganz entfernen.

Dekospray

„Schnee" aufsprühen
Zur Herstellung dieses Effekts tragen Sie auf eine Schablone am Fenster Schneedekospray auf. Bedenken Sie jedoch, zwei oder drei dünne Schichten sind besser als eine dicke.

UMWELTTIPP

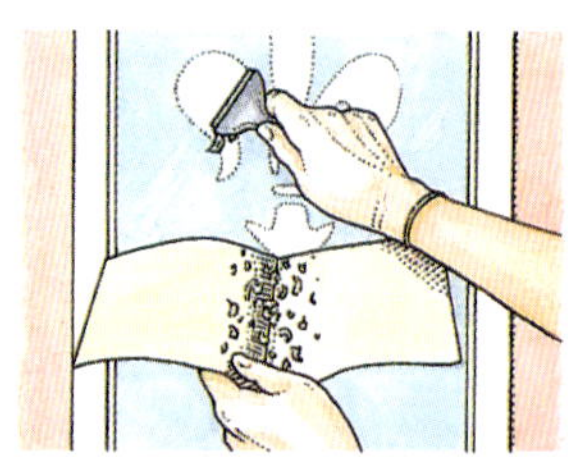

Lack wieder verwenden
Die meisten Fensterlacke lassen sich wieder verwenden. Sobald die Flüssigkeit aufgetrocknet ist, kann überschüssiger Auftrag abgeschabt und zur Wiederverwendung in die Flasche zurückgefüllt werden.

Buntglaseffekte

Mit modernen Glasmalfarben lässt sich an Fensterscheiben relativ gut ein Buntglaseffekt erzeugen. Dabei ist es nicht erforderlich, dass die Scheiben, die Sie bemalen wollen, aus gefärbtem Glas oder Bleiglas bestehen. Versuchen Sie einfach, einen persönlichen Stil zu entwickeln.

Fenstergestaltung

- **Vorlage übertragen** Wenn Sie sich für ein Motiv entschieden haben, befestigen Sie mit schwach haftendem Kleber eine Konturenzeichnung der Vorlage an der Außenseite der Fensterscheibe (stabiles Kartonmaterial verwenden). Malen Sie die Konturen von innen nach (siehe Bildfolge rechts). Sobald die Farbe getrocknet ist, reinigen Sie die Scheibe vorsichtig mit einem weichen Haushaltstuch und einem milden Fensterreiniger.
- **Window-Colours** Einfacher, billiger und selbsthaftend sind spezielle Farben, die zunächst auf Folie aufgetragen und dann als ganzes Bild auf die Scheibe geheftet werden.

Buntglas imitieren

1 Kleben Sie eine Konturenzeichnung auf die Außenseite der Fensterscheibe. Malen Sie die Bereiche zwischen den Konturen auf der Innenseite der Scheibe mit der gewünschten Farbe aus.

2 Sobald die Farben getrocknet sind, ziehen Sie mit einer Tube silberner Konturenfarbe die Umrandungen nach. Versuchen Sie, beim Nachziehen der Linien eine ruhige Hand zu bewahren.

Bleiglaseffekte

Bleiverglaste Fenster blicken auf eine ähnlich lange Tradition zurück wie Buntglasfenster, obgleich sich die Technik der Herstellung erheblich unterscheidet. Bleiglaseffekte eignen sich besonders gut für große, kahle Fensterflächen, die keine interessanten Details aufweisen.

Bleiverglaste Fenster nachahmen

1 Zeichnen Sie das Bleiglasmuster auf eine durchsichtige, selbstklebende Folie auf und kleben Sie sie auf die Fensterinnenseite. Schneiden Sie mit dem Universalmesser die Konturen des Musters aus.

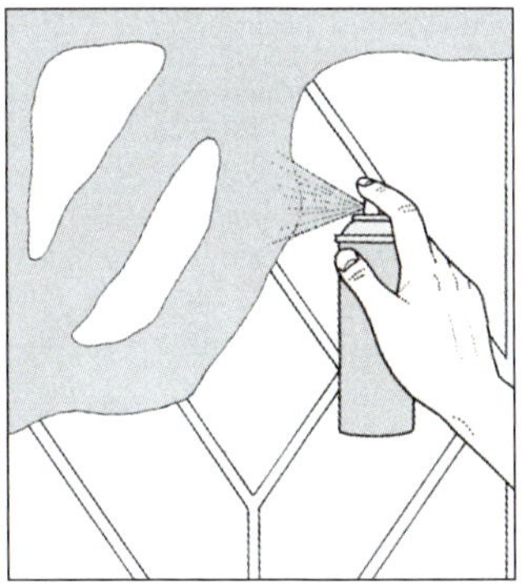

2 Ziehen Sie die Konturstreifen ab und tragen Sie zwei oder drei Schichten einer hochwertigen Metallicsprühfarbe auf die ganze Fläche auf. Die Metallicfarbe trifft den Farbton des Bleis realistisch.

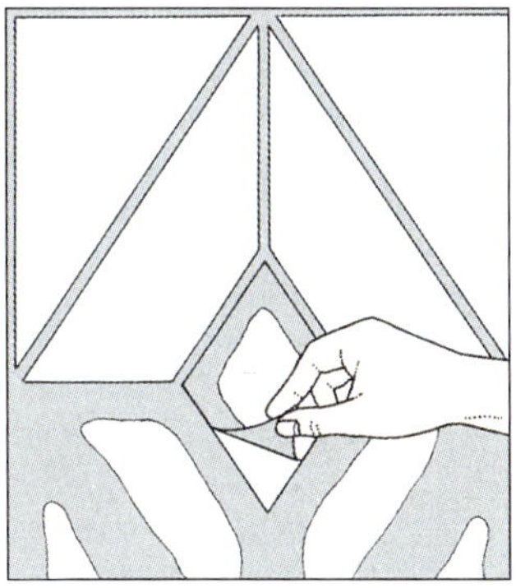

3 Wenn die Farbe getrocknet ist, entfernt man die Folie, unter der das klare Fensterglas zum Vorschein kommt. Eventuelle Tropfen oder Farbnasen lassen sich mit einem normalen Glaskratzer abschaben.

Den letzten Schliff geben

Übersicht

Die meisten Inneneinrichtungen wirken noch etwas unvollständig, solange sie nicht durch ein paar letzte gestalterische Details abgerundet werden. Hierzu zählen z. B. Beleuchtungskörper, Wanddekorationen, Regalborde und Polstermöbel. In ihnen drücken sich letztlich der persönliche Geschmack und die Individualität Ihres Einrichtungsstils aus – nehmen Sie sich daher Zeit für diese entscheidenden Abschlussarbeiten.

Vorüberlegungen

In welchem Umfang die Einrichtung durch besondere Accessoires ergänzt werden soll, ist eine Frage des persönlichen Geschmacks, der Raumfunktion und des verfügbaren Platzes. Berücksichtigen Sie daher vor dem Kauf teurer Dinge all diese Faktoren.

Objekte platzieren

● **Atmosphäre schaffen** In Wohnbereichen, die der Entspannung dienen, lässt sich durch Bilder und andere Dekoobjekte eine einladende Atmosphäre schaffen.

Sich Zeit nehmen

● **Langsam ergänzen** Ist die Haupteinrichtung erst einmal abgeschlossen, sollte man, um einem Raum den letzten Schliff zu geben, nicht überstürzt handeln.

Zurückhaltung

● **Auswahl** Bei einem sehr nüchternen und zurückhaltenden Stil müssen auch die Accessoires auf ein Minimum beschränkt sein, um den Gesamteindruck nicht zu stören.

Zur Sicherheit

Wenn Sie eine der in diesem Kapitel beschriebenen Arbeiten durchführen, achten Sie auf die notwendigen Sicherheitsvorkehrungen.

● **Strom** Lassen Sie Elektroarbeiten stets nur von einem ausgebildeten, qualifizierten Elektriker ausführen.

● **Leitungen** Diese sind meist nicht sichtbar, da sie normalerweise unter Putz verlaufen. Ehe man Bilder und Spiegel aufhängt, sollte man die Wand sorgfältig auf Rohre und Kabel überprüfen.

● **Schädliche Substanzen** Produkte mit schädlichen Substanzen dürfen nicht mit der Haut in Berührung kommen und nicht eingeatmet werden.

Viele Accessoires

Abwechslung
Eine bunte, abwechslungsreiche Ansammlung an Accessoires kann eine behagliche, heimelige Atmosphäre erzeugen. Verwenden Sie allerdings nicht zu viele unterschiedliche Farben.

Wenig Accessoires

Harmonie erzeugen
In einem Schlafzimmer sollte man mit Ornamenten und anderen Dekoelementen sparsam umgehen und stattdessen besonderen Wert auf eine harmonische Farbzusammenstellung legen.

LICHT UND BELEUCHTUNG

Die Beleuchtung ist ein ganz entscheidender Punkt jeder Inneneinrichtung, denn Lampen bringen nicht einfach Helligkeit in einen Raum. Licht kann Stimmung und Atmosphäre erzeugen, und für jeden gewünschten Beleuchtungseffekt steht eine Vielzahl von Möglichkeiten zur Auswahl.

Verschiedene Leuchten

Obwohl sich Beleuchtungskörper beträchtlich unterscheiden, lassen sich die meisten Systeme in bestimmte Kategorien einteilen, die sich weitgehend an der Funktion orientieren. Innerhalb dieser Gruppen haben Designer bei der Konstruktion von Leuchtkörpern für jeden Geschmack und Zweck etwas Passendes entworfen.

Wandleuchtenschale

Lichtkegel-Pendelleuchte

Integrierte Deckenleuchte

Tischleuchte mit Papierschirm

Schreibtischlampe mit Klemmschraube

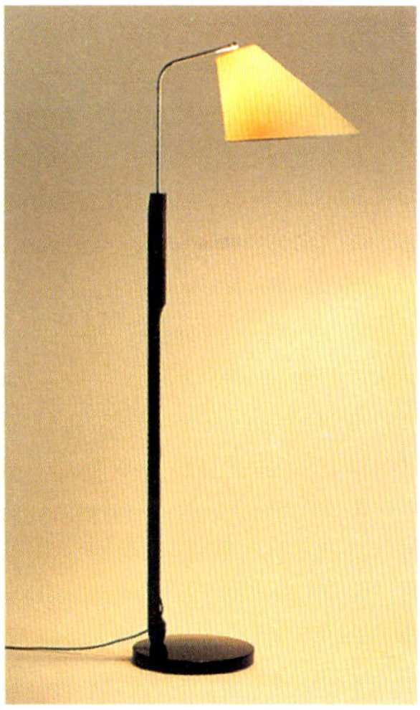

Messingstehlampe mit Papierschirm

Verschiedene Lampenarten

- **Stromsparlampen** erzeugen ein attraktives Licht, sparen Strom und halten bis zu fünfmal länger als konventionelle Glühbirnen.
- **Halogenlampen** werden in Räumen vorwiegend zur Akzentbeleuchtung eingesetzt, während Reflektorlampen universell in Strahlern verwendet werden können.

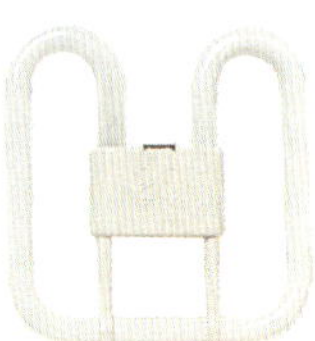

In vielen Formen erhältlich

Bajonettfassung

Schraubfassung

Stromsparlampen

Strahlerlampen

Niedervolt-Halogenlampe

Reflektorlampe

Fest eingebaute Lichtquellen

Die meisten Räume haben fest installierte Lichtanschlüsse, die gewöhnlich durch Schalter in der Nähe der Tür betätigt werden. Obwohl diese Anordnung auf den ersten Blick wenig Spielraum bietet, lassen sich doch einige Möglichkeiten gestalten.

Leuchten wählen

● **Hängelampen** Überlegen Sie sich, ob Sie eine bestehende Hängelampe nicht gegen Einbaustrahler oder eine Lichtleiste mit Spotleuchten austauschen möchten. Das kann die Stimmung im Raum völlig verändern.

● **Nischen beleuchten** Beleuchtungen in Nischen eignen sich gut, um besondere Merkmale eines Raumes oder Objekte vorteilhaft zur Geltung zu bringen. Ist dazu ein neuer Lichtanschluss nötig, sollten Sie an die aufwändigen Vorarbeiten denken, da die Kabel in der Regel unter Putz verlegt werden.

Soffittenlampe anfertigen

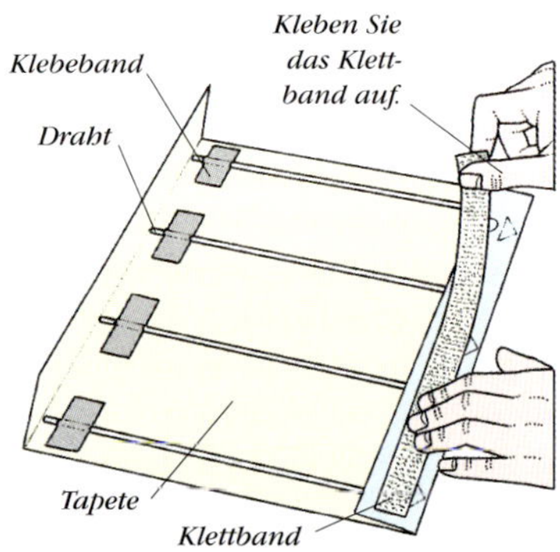

1 Schneiden Sie aus Tapetenresten ein Rechteck aus und verstärken Sie es mit Draht. Falten Sie die Längsseiten der Tapete um und bekleben Sie sie mit Klettband.

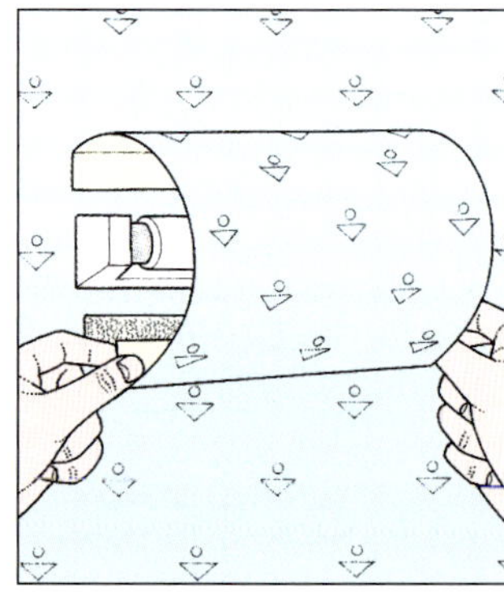

2 Befestigen Sie Klettbandstreifen über und unter der Lichtquelle an der Wand. Biegen Sie die Tapete zu einem Halbzylinder und bringen Sie ihn an der Wand an.

Ausgerichtetes Licht

Gebündeltes Licht kann die Gesamtgestaltung eines Raumes positiv beeinflussen oder auch bestimmte Merkmale hervorheben und dadurch einen besonderen Blickfang schaffen. Gerichtetes Licht ist jedoch auch besonders zum Lesen und Arbeiten wichtig.

Licht bündeln

Effekte erzeugen
Deckenfluter ziehen den Blick unwillkürlich nach oben und machen einen Raum optisch höher. Achten Sie jedoch darauf, dass die Decke einwandfrei gestrichen oder tapeziert ist.

Zweckmässigkeit

Stil und Funktion
Wählen Sie eine Bettbeleuchtung, die einerseits stimmungsvoll ist und Ihnen andererseits im Bett müheloses Lesen ermöglicht. So verbinden Sie Wirkung und Funktion.

Beleuchtung anpassen

● **Dimmer benutzen** Variieren Sie die Intensität von gerichtetem Licht durch den Einsatz von Dimmerschaltern, deren Einbau relativ preiswert ist (bei Leuchtstoff- und Energiesparlampen nicht möglich).

● **Lichtquellen verbergen** Lassen Sie Lichtquellen mit ihrer Umgebung verschmelzen, um eine entspannte Stimmung zu erzeugen. Streichen Sie z. B. undurchsichtige Wandleuchtenschalen in der Wandfarbe.

● **Spotleuchten** Diese Leuchten sind sehr flexibel, da man sie nach allen Richtungen drehen kann. Verändern Sie hin und wieder die Stellung der Leuchten – damit ändert sich auch der Raumeindruck auf einfach Weise.

Lampenschirme

Lampenschirme beeinflussen die Art des erzeugten Lichtes und damit auch die Wirkung der übrigen Einrichtung. Es gibt fertige Lampenschirme als Teil eines Beleuchtungssystems zu kaufen, man kann sich aber auch einen Schirm nach eigenen Vorstellungen basteln.

Schirm als Kontrast

Farben verwenden

Auch bei Lampen und den dazugehörigen Schirmen beeinflusst die Wahl der Farbe Atmosphäre und Stil eines Raumes. Verwenden Sie kontrastierende Farben, um dekorative Akzente zu setzen.

Umgestalten

Muster erzeugen

Geben Sie einem schlichten Lampenschirm ein interessanteres Aussehen, indem Sie sein Design verändern. So kann man z. B. einfache Muster oder Formen in den Lampenschirm schneiden.

Einsatz von Schirmen

- **Licht steuern** Kleiden Sie einen Lampenschirm auf der Innenseite mit dunklem Papier aus. Dadurch wird das Licht durch die obere und untere Öffnung des Schirmes kanalisiert und es entstehen konzentrierte, gerichtete Strahlenbündel.
- **Farbe verändern** Die Wirkung eines Lampenschirms lässt sich einfach, aber effektvoll verändern, indem man eine farbige Glühbirne benutzt. Gerade wenn es sich um einen blassen Schirm handelt, erzielt man hiermit einen beeindruckenden Effekt. Aber auch bei dunklen Schirmen kann sich das Experimentieren mit verschiedenfarbigen Glühbirnen lohnen.

Dekorieren

- **Aufkleber anbringen** Kleben Sie fluoreszierende Motivaufkleber auf einen schlichten Lampenschirm. Diese absorbieren Licht, während die Lampe eingeschaltet ist, und leuchten weiter, wenn die Lampe ausgeschaltet wird. Diese Idee eignet sich besonders gut für eine Kinderzimmerlampe.
- **Tapetenbordüre verwenden** Schneiden Sie eine Tapetenbordüre in schmale Streifen, die Sie als Minibordüren um die Kanten von farblich passenden Lampenschirmen kleben.
- **Verzierungen anfügen** Mit kontrastierenden oder farblich angepassten Bändern, Troddeln oder anderen Verzierungen lässt sich die Unterkante eines schlichten Lampenschirms aufwerten.

Lampenschirm mit Schnüren verzieren

- **Löcher stanzen** Will man einen Lampenschirm mit Lochungen versehen, empfiehlt es sich, eine Lederlochzange zu verwenden.
- **Schnüre wählen** Ist der Lampenschirm mit Löchern versehen, kann man die Zierbänder zur Abwechslung gelegentlich austauschen.

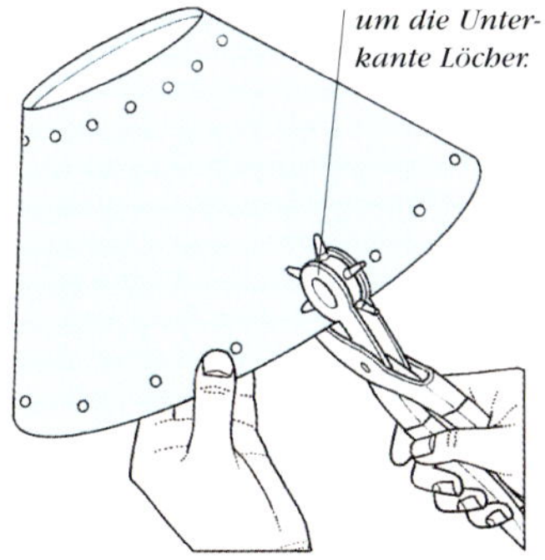

1 Bringen Sie um den oberen und unteren Rand eines Lampenschirms herum Markierungen an. Mit einer Lederlochzange stanzen Sie nun an diesen Markierungen Löcher in den Lampenschirm.

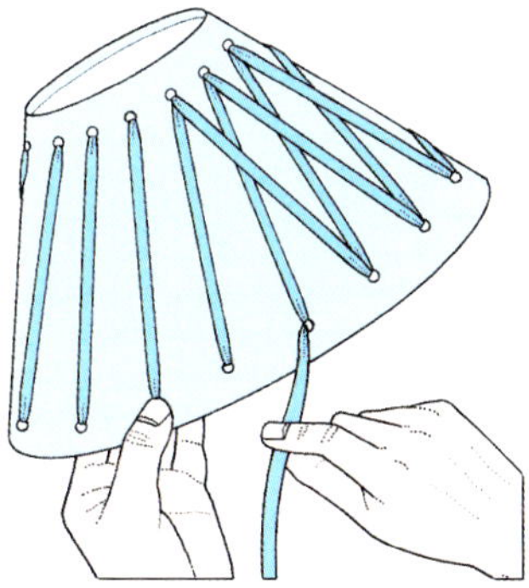

2 Ziehen Sie ein Band über Kreuz durch die Löcher, sodass auf der Fläche des Lampenschirms ein Kreuzmuster entsteht. Sie können auch mit anderen Mustern oder Materialien experimentieren.

REGALE UND BORDE

Regale und Borde sind in erster Linie funktionale Möbelstücke, deren Größe und Stabilität von der Last abhängen, die sie tragen sollen. Aber sie können auch als Gestaltungselemente eingesetzt werden, die man unter Beachtung der praktischen Erfordernisse nach Lust und Laune dekorieren kann.

Ausrüstung für den Regalbau

Obgleich Regale und Borde sich hinsichtlich der verwendeten Werkstoffe unterscheiden, bleibt ihr Grundaufbau doch gleich.

- **Regalträger** Wesentlicher Bestandteil eines Regals sind die Träger. Wie sie aussehen, hängt vom Dekor des Regals und der Art der Befestigung ab. Für ein schweres Regal oder eines mit hoher Belastung braucht man entsprechende Träger.

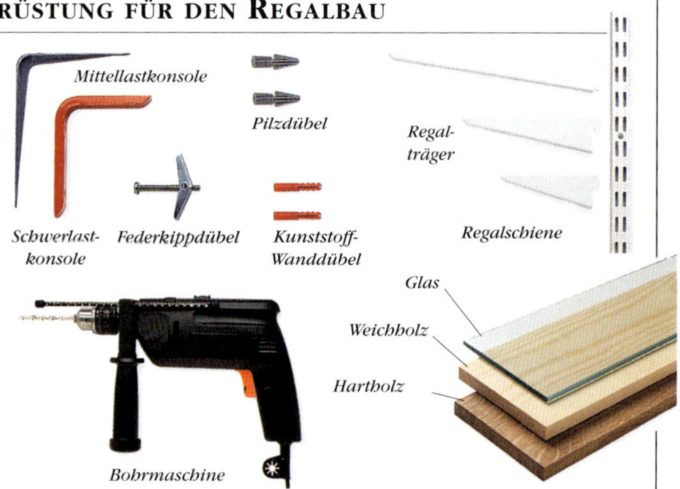

Regale anbringen

Abgesehen von frei stehenden Regalsystemen braucht ein Regal eine feste Wandbefestigung. Achten Sie darauf, dass Sie eine Befestigung benutzen, die für den vorhandenen Wandtyp geeignet ist. Je nach Beschaffenheit der Wand gibt es spezielle Dübel und Schrauben.

GUTE IDEE!

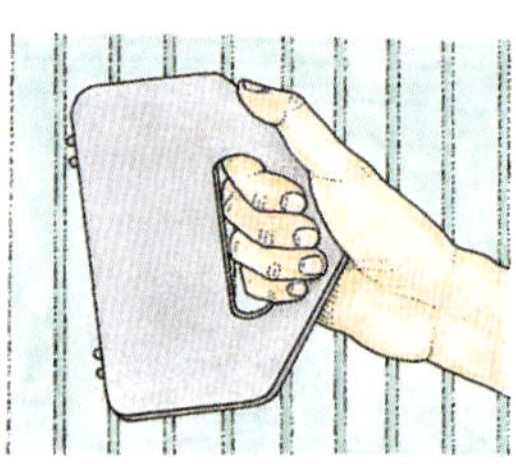

Suche nach Hindernissen
Bevor Sie Löcher für die Regalbefestigung bohren, vergewissern Sie sich mithilfe eines Suchgeräts, dass an der vorgesehenen Stelle keine elektrischen Leitungen oder Rohre verlaufen.

Wanddübel einführen

- **Bohrtiefe begrenzen** Bevor Sie ein Loch bohren, bestimmen Sie die Bohrtiefe, indem Sie an dem Bohrer mit einem Klebstreifenring die Dübellänge markieren. Anhand des Klebstreifens können Sie beim Bohren erkennen, wann die richtige Lochtiefe für Ihren Wanddübel erreicht ist.
- **Bohrfehler korrigieren** Wenn ein Loch zu groß geraten ist oder eine Wandfläche abbröselt, verspachteln Sie das Loch mit speziellem Füllkleber und führen Sie in die noch feuchte Masse den Dübel ein. Bevor Sie die Schraube eindrehen, lassen Sie das Ganze trocknen.

Regal ausrichten

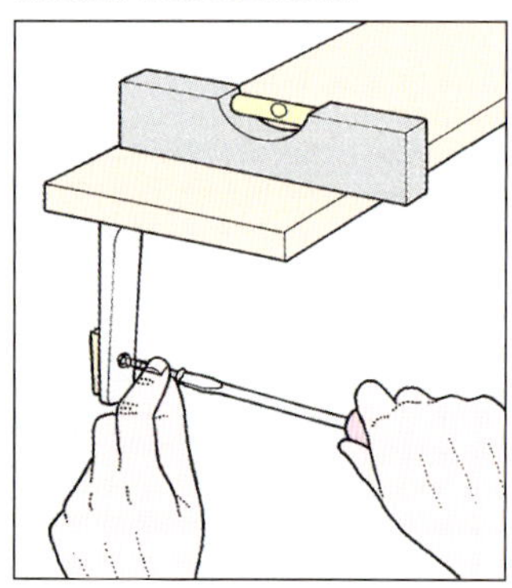

Konsole unterfüttern
Hängt ein Regalbord schräg nach vorn, weil die Wand schief ist, unterfüttern Sie seine Konsolen mit Holzplättchen. Zur Überprüfung legen Sie eine Wasserwaage auf das Bord.

Regale verzieren

Regale und Borde können wie jeder andere Einrichtungsgegenstand wirkungsvoll dekoriert werden. Bevor Sie sich aber für eine bestimmte Richtung entscheiden, sollten Sie überlegen, wie viel von den Regalen nach ihrer Bestückung noch zu sehen sein wird.

Regale verschönern

- **Streichen** Um ein Regal wirkungsvoll in Szene zu setzen, können Sie es bunt streichen. Übertreiben Sie es aber nicht, sonst könnte es zu aufdringlich wirken.
- **Verzierungen** Schmücken Sie die Kanten von Regalborden mit Stoffbändern oder Reißzwecken, um der Oberfläche Struktur zu verleihen.
- **Folie anbringen** Eine strapazierfähige und gleichzeitig dekorative Fläche erhält man, wenn man die Oberseite von Regalbrettern mit gemusterter Selbstklebefolie überzieht. Gerade für Küchenregale, die regelmäßig gewischt werden müssen, bietet sich diese Dekoration an.

Zierprofile anbringen

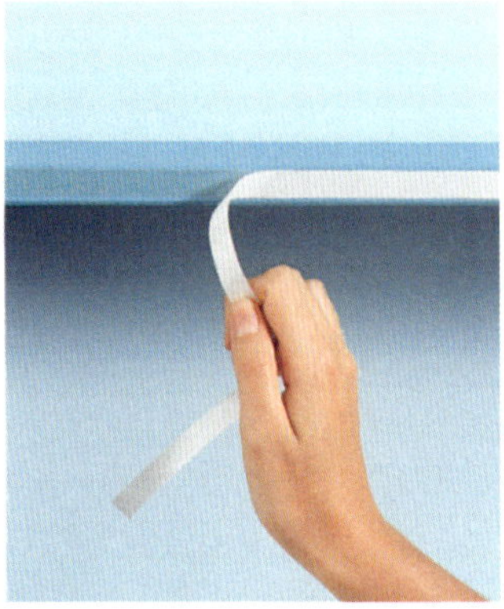

1 Bekleben Sie die Vorderkante des Regalbords mit doppelseitigem Klebeband, das erspart nageln oder tackern. Schneiden Sie ein Zierprofil auf die erforderliche Länge zu und kleben Sie es auf die Kante.

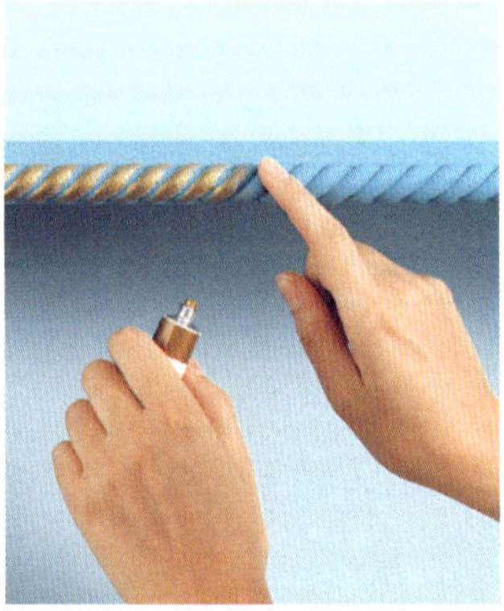

2 Tragen Sie längs des Zierprofils Vergoldermasse auf. Den besten Effekt erzielt man, wenn man statt der ganzen Fläche nur Teile bestreicht und die Grundfarbe durchscheinen lässt.

Regalborde improvisieren

Zur Verwirklichung innovativer Ideen bieten Regale geradezu ideale Voraussetzungen. Ihre einfache Bauweise erfordert nur beschränkte technische Fertigkeiten, sodass man von der Planung bis hin zur Ausführung alles selbst machen kann.

Alternativen

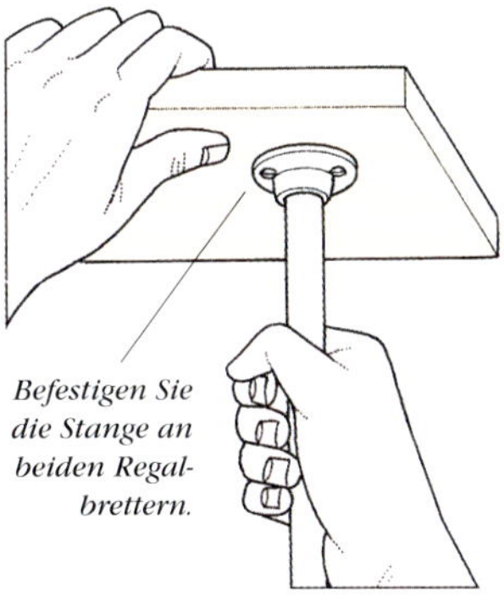

Handtuchstangen
Senkrechte Stützen zwischen Regalborden lassen sich mit verchromten Handtuchstangen improvisieren. Obwohl sie hierfür nicht gedacht sind, bieten sie eine solide Unterstützung.

Einfach und praktisch

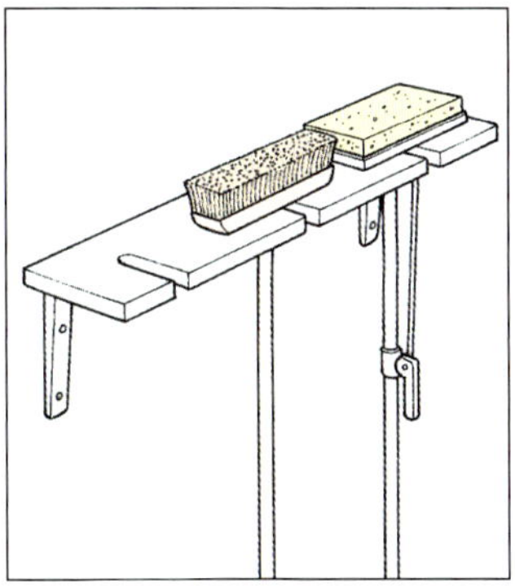

Besenhalter
Wenn Sie nach einer praktischen Lösung zur Unterbringung Ihres Besens suchen, versehen Sie ein normales Regalbrett an der Vorderkante mit Einschnitten, in die man den Besen hängen kann.

Erfinderisch

- **Frei stehende Regale** Regale brauchen nicht an einer Wand befestigt zu werden, solange sie stabil und nicht zu hoch sind und keine übermäßig schweren Lasten tragen müssen. Improvisieren Sie ein Regal mithilfe von großen Terracotta-Blumentöpfen, die als Stützen für Naturholzbretter dienen.
- **Deckenbefestigung** Als ausgefallene Alternative zur Wandkonsolen-Befestigung kann ein Regalsystem für leichte Lasten auch von der Decke abgehängt werden. Hierzu verwendet man Drahtseile, die mit Schraubhaken in der Decke verankert sind.

WANDSCHMUCK

Mit Bildern und anderen Wanddekorationen können Sie Ihren persönlichen Stil ideal verwirklichen. Das riesige Angebot an entsprechenden Objekten für die Wand eröffnet zahlreiche Möglichkeiten und Sie können Ihrer Kreativität freien Lauf lassen.

DIE WICHTIGSTEN HILFSMITTEL

Für das Aufhängen eines Bildes werden nur wenige Hilfsmittel benötigt, da diese Arbeit relativ leicht auszuführen ist. Trotzdem ist es zur sicheren Anbringung wichtig, dass man das richtige Werkzeug verwendet.

- **Bilder sicher aufhängen** Vermeiden Sie, dass Bildhalterungen oder -befestigungen nachgeben, indem Sie von vornherein für jedes Bild geeignete Haken und Seilaufhängungen wählen (Produktinformation).

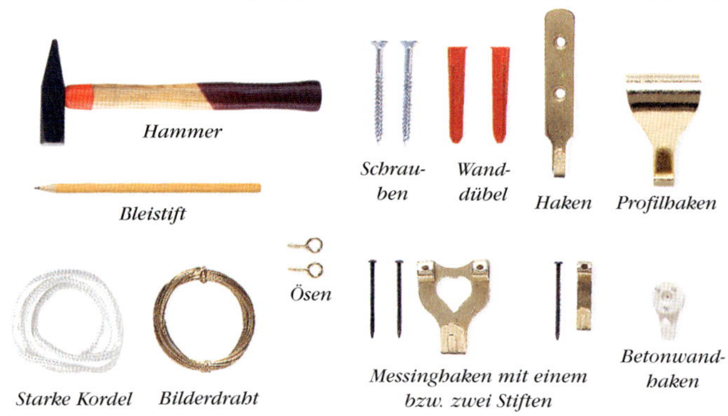

Art der Aufhängung

Das Wichtigste beim Aufhängen eines Gegenstands ist seine Größe und das Gewicht, das von der Befestigung getragen werden muss. Außerdem müssen Sie bei der Auswahl entscheiden, ob das Hängesystem selbst dekorativ oder rein funktional sein soll.

AUFHÄNGUNGEN

- **Bildleisten** eignen sich besonders zum Aufhängen von schweren Bildern mithilfe eines Drahtes oder mit starken Kordeln.
- **Das Auge täuschen** Malen Sie zwischen senkrecht übereinander angeordneten Bildern oder Gegenständen, wie beispielsweise Tellern, eine Linie an die Wand. So erzeugen Sie die Illusion einer Kordel, an der diese Gegenstände scheinbar aufgehängt sind.
- **Löcher vermeiden** Zum Anbringen sehr leichter oder kleiner Bilder kann man statt eines Hängesystems Selbstklebekissen verwenden. Man muss dann keine Löcher in die Wand bohren, die man später wieder sorgfältig verschließen muss.

DRAHTAUFHÄNGUNG

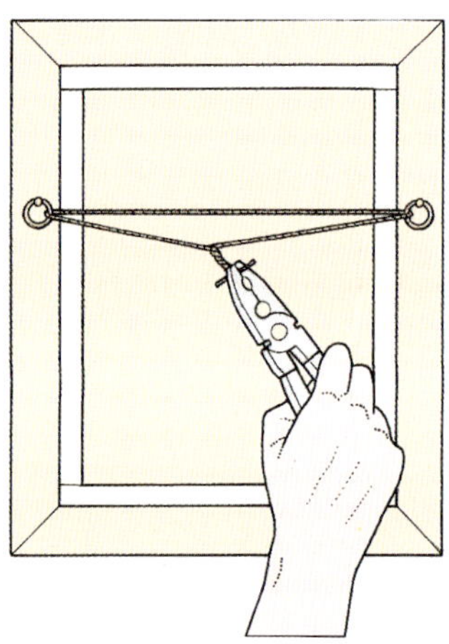

Am besten mit der Zange
Führen Sie den Draht durch die Ösen auf beiden Seiten des Bilderrahmens und drehen Sie die Drahtenden mit einer Kombizange zusammen. So entsteht eine sichere Aufhängung.

DEKORATIVE AUFHÄNGUNG

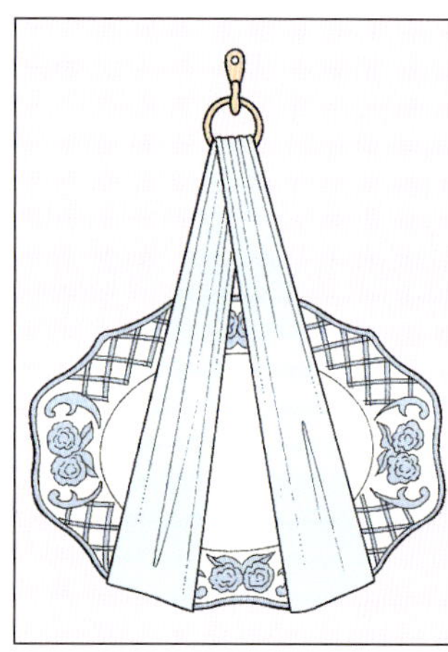

Mit Bändern umschlingen
Wenn Sie einen Teller an der Wand präsentieren wollen, können Sie zum Aufhängen ein Band benutzen, das Sie zweimal um den Teller schlingen und durch einen Befestigungsring führen.

Wandschmuck aufhängen

Um in einem Raum die gewünschte Wirkung zu erzielen, ist es wichtig, die Wanddekoration an den richtigen Stellen zu positionieren. Dadurch wird nicht nur ein schönes Gleichgewicht geschaffen, sondern man stellt auch sicher, dass jedes Stück volle Aufmerksamkeit erhält.

Zur Geltung bringen

- **Beleuchtung** Vergrößern Sie die Wirkung der aufgehängten Bilder in einem Raum, indem Sie neben oder über dem Rahmen Bildleuchten anbringen. Auch der gezielte Einsatz von Spotleuchten erfüllt diesen Zweck.
- **Bilder anders platzieren** Hängen Sie vorhandene Bilder von Zeit zu Zeit um oder fügen Sie ein oder zwei neue hinzu. Das sorgt für Abwechslung und kann einem Raum neue Ausstrahlung geben.
- **Rahmen abstauben** Wie auf jeder Fläche lagert sich auch auf Bilderrahmen mit der Zeit Staub und Schmutz ab. Um einen Rahmen in gutem Zustand zu erhalten, sollte man ihn regelmäßig abstauben. Mit einem alten Rasierpinsel lassen sich auch verschnörkelte Rahmenprofile mühelos und gründlich reinigen.

Position bestimmen

- **Höhe festlegen** Ein Bild hängt richtig, wenn es sich in Augenhöhe einer durchschnittlich großen Person befindet (ca. 1,60–1,70 m).

Haken einschlagen

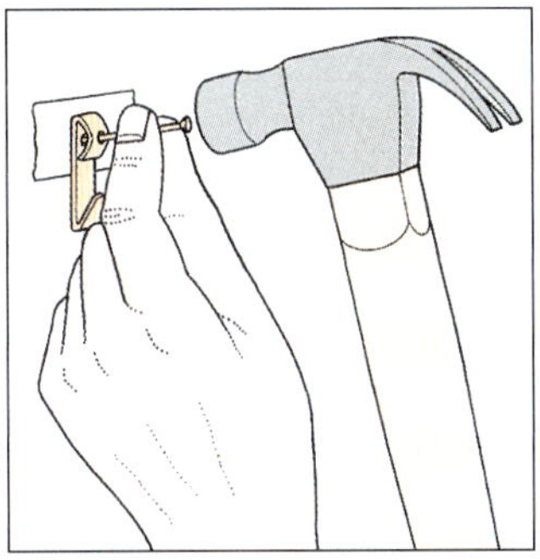

Markierung abkleben
Kleben Sie auf die Stelle, wo der Bildhaken sitzen soll, ein Stück Abdeckband. Dadurch wird verhindert, dass der Haken abrutscht oder der Putz möglicherweise Schaden nimmt.

Für kleine Bilder

- **Nicht auf die Finger klopfen** Kleine Nägel durch ein Stück Pappe drücken und beim Einschlagen damit festhalten. Dann Pappe einfach abreißen.

Bewährtes Wissen

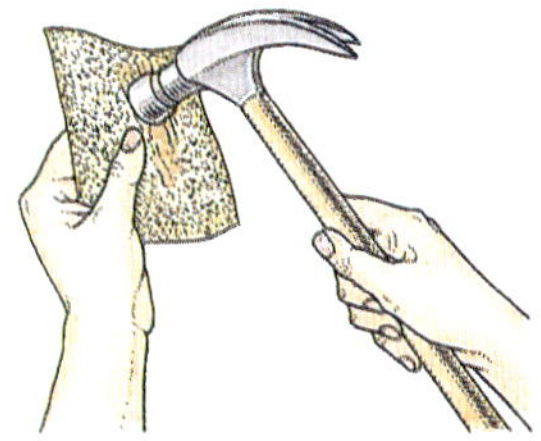

Hammer abschleifen
Die Schlagfläche eines Hammers muss gelegentlich gereinigt werden, damit sie nicht an Nagelköpfen abrutscht. Schmirgeln Sie die Fläche mit feinkörnigem Schleifpapier.

Poster aufhängen

Obgleich sie nicht teuer sind, können Poster, wenn man sie richtig platziert, eine schöne dekorative Wirkung innerhalb eines Raumes entfalten.

- **Bügeln** Vor dem Aufhängen sollte ein Poster mit einem kalten Bügeleisen geglättet werden. Es sieht nicht gut aus, wenn es sich an den Rändern einrollt.
- **Befestigung** Poster können mit Reißzwecken oder mit Tapetenkleister an der Wand befestigt werden. Eine besondere Wirkung erzielt man, wenn man mehrere Poster an einer Wand anbringt und die ganze Fläche mit Klarlackanstrich überzieht.

Spiegel

Spiegel werden mit den gleichen Halterungen aufgehängt wie Bilder. Eine Ausnahme bilden Spiegel, die vollflächig an der Wand aufliegen. In diesen Fällen kommen speziell auf Spiegel ausgelegte Befestigungen, Klebekissen oder Schrauben zum Einsatz. Überlegen Sie sich gut, wo der Spiegel hängen soll, da das ganze Erscheinungsbild des Raumes davon beeinflusst werden kann.

- **Große Spiegel aufhängen** Die meisten großen Spiegel sind am Rahmen mit Befestigungsösen ausgestattet. Als Halterung an der Wand sind Schrauben und Dübel und keinesfalls nur Nägel zu verwenden.

Optisch vergrößern
Mit einem sorgfältig positionierten Spiegel, beispielsweise in einer Nische, lässt sich eine optische Vergrößerung des Raumes herbeiführen, besonders wenn es sich um einen großflächigen Spiegel handelt.

POLSTERMÖBEL

Als wichtige Bestandteile der Einrichtung tragen Polstermöbel wesentlich zum Stil eines Raumes bei. Komplizierte Polsterarbeiten und Bespannungen überlässt man lieber dem Fachmann, aber in manchen Bereichen kann man auch mit begrenzten handwerklichen Fertigkeiten ansehnliche Ergebnisse erzielen.

GRUNDAUSSTATTUNG

Eine Grundausstattung an Werkzeug, das man für die Arbeit an Polstermöbeln braucht, ist nicht teuer und eine lohnende Anschaffung. Sie können beim Kauf unter vielen hochwertigen Produkten wählen.

Textilkleber · *Schere* · *Nadeln* · *Baumwollgarn-Rollen* · *Schneiderkreide*

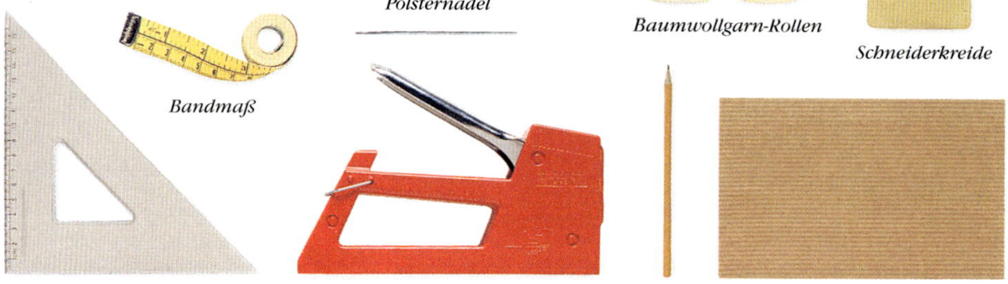

Polsternadel · *Bandmaß* · *Geodreieck* · *Tacker* · *Bleistift* · *Wellpappe*

Stoffauswahl

Während die Werkzeugausrüstung relativ preiswert ist, können Stoffe Ihre Ausgaben in die Höhe treiben. Wie viel Geld in Stoff investiert werden soll, bleibt natürlich jedem überlassen, obgleich die Wahlmöglichkeiten in manchen Fällen durch den Stil eingeschränkt sind.

STOFFE BEURTEILEN

- **Sicherheit prüfen** Achten Sie darauf, dass der Stoff schwer entflammbar ist. Trifft dies nicht zu, muss man das Material mit einem speziellen Spray selbst nachbehandeln.
- **Farben wählen** Manchmal fällt es schwer, einen Polsterstoff zu wählen, wenn man sich nicht in dem Raum befindet, für den er bestimmt ist. Pinseln Sie ein wenig von der Wandfarbe auf ein Stück Papier und nehmen Sie es als Muster mit ins Geschäft. Sie können aber auch Stoffmuster mit nach Hause nehmen und diese unter den dortigen Lichtverhältnissen testen.

POLSTERSTOFFE

Mittelschwere bis schwere Stoffe eignen sich am besten als Bezüge für Polstermöbel, da sie sehr strapazierfähig sind. Andererseits sind sie schwerer zu verarbeiten als leichtere Stoffe.

Samt

Schwere Baumwolle

Chenille

Wollmischung

Kissen und Bezüge

Durch den Austausch von Polsterbezügen und das Hinzufügen von Kissen erhält die Einrichtung den letzten Schliff. Wie üppig diese Ergänzungen ausfallen, hängt von Ihrem persönlichen Geschmack und nicht zuletzt auch von Ihren Nähkünsten ab.

Kissen anfertigen

- **Kosten senken** Kaufen Sie preiswerten Vorhangstoff, um Kissenbezüge anzufertigen. Auf diese Weise lassen sich mit wenig Geld schöne und dekorative Bezüge herstellen.
- **Kissen parfümieren** Geben Sie dem Füllmaterial eines Kissens ein oder zwei Lavendelzweige bei. Diese sorgen dafür, dass das Kissen immer gut duftet.
- **Bodenkissen** Nehmen Sie zwei Flickenteppiche, nähen Sie diese zusammen und machen Sie daraus ein großes Bodenkissen, das sowohl dekorativ als auch praktisch ist. Zwei verschiedene Flickenteppich-Muster ergeben einen interessanten Zusatzeffekt.
- **Getreidekissen** Diese Kissen sollten immer ein Innenfutter haben, sodass die Füllung in einem getrennten Beutel eingenäht ist. Auf diese Weise lässt sich der Bezug zum Waschen leicht entfernen.

Kopfstützen

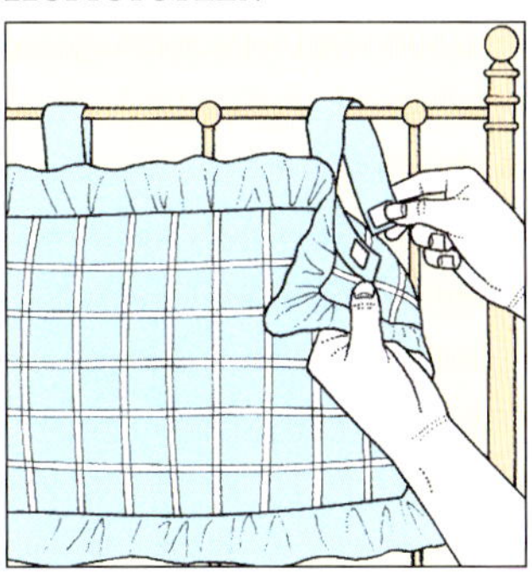

Kissen anpassen

Fertigen Sie für das Kopfende Ihres Bettes ein Kissen an. Nähen Sie an den oberen Kissenrand Schlaufen, die um das Gestänge gelegt und mit Klettband oder Knöpfen geschlossen werden.

Sessel für abnehmbaren Bezug ausmessen

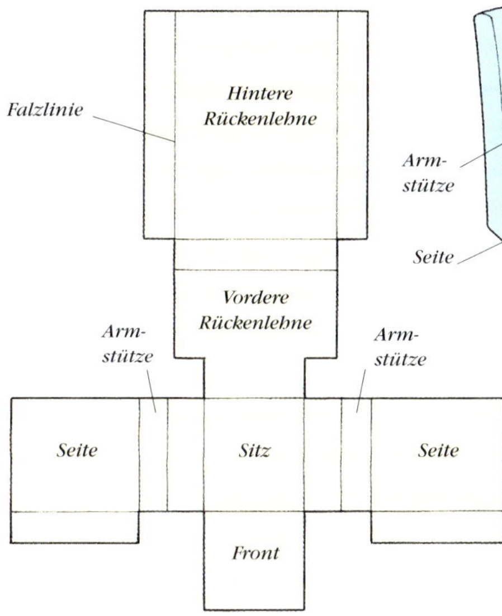

Muster für abnehmbaren Bezug

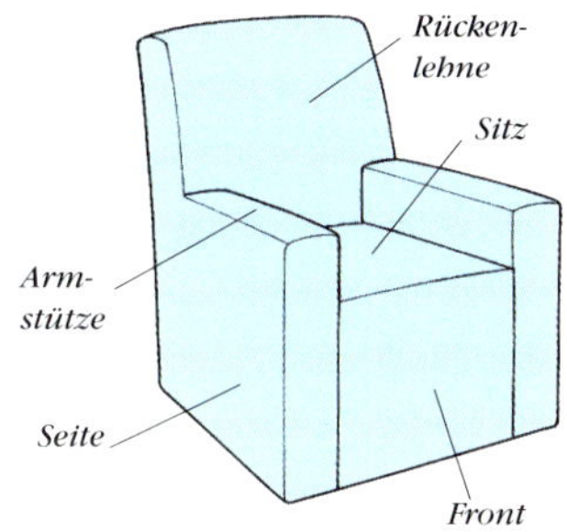

Abnehmbarer Bezug auf dem Sessel

Musterskizze anfertigen

Ein Sesselbezug lässt sich je nach Bauart des Sessels in verschiedene Abschnitte gliedern. Messen Sie die Größe jedes Abschnitts und addieren Sie alle Teile zusammen. So erhalten Sie die Gesamtfläche des Sesselbezugs für die Berechnung des Materialbedarfs. Fertigen Sie aus Wellpappe ein Schnittmuster in Originalgröße an, nach dem Sie den Stoff zuschneiden. Vergessen Sie nicht die Zugaben für den Saum.

Stühle und Sessel

- **Stühle** Sie können Ihre Küchenstühle bequemer machen, indem Sie einfache Kissen als Polsterung für die harten Sitzflächen anfertigen.
- **Sessel** Ein alter Sessel lässt sich aufpeppen, indem man eine passende, neue Wolldecke darüber legt.
- **Armstützen verstärken** Armstützen an Sesseln werden stärker abgenutzt als andere Teile. Um sie länger in gutem Zustand zu halten, empfiehlt es sich, Schonbezüge aus demselben oder einem anderen Material anzufertigen. An die Bezüge können Sie auch kleine Taschen nähen.

GUTE IDEE!

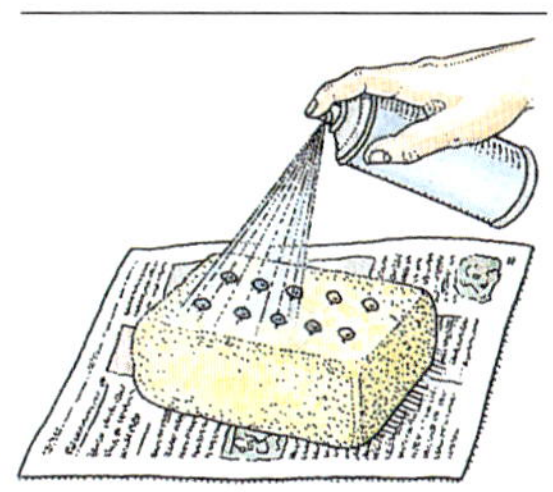

Beschläge einfärben

Färben Sie Polsterbeschläge mit Sprühfarbe, damit sie farblich zu den Möbeln passen. Stecken Sie die Beschläge während des Farbauftrags in einen alten Schwamm.

Verzierungen

Auch Polstermöbel lassen sich noch dekorativ aufwerten: Ob man nun die schlichte Variante vorzieht oder nach Extravaganz strebt, in jedem Fall bieten sich Borten, Bänder und anderer Zierrat an – allerdings sollte man auch Augenmaß beweisen.

Gestaltungsideen

Es gibt viele konventionelle Arten und weniger konventionelle Ideen, wie sich gebrauchte Polstermöbel in einem neu eingerichteten Raum kreativ verzieren und dekorieren lassen.

- Tressen
- Paspeln und Borten
- Bänder
- Schnüre
- Spitzen
- Leder
- Stoffreste
- Troddeln
- Fransen
- Perlen
- Ziermünzen
- Knöpfe
- Schleifen
- Ketten
- Spangen und Schnallen

Kissen verschönern

- **Schablonieren** Die Anwendung der Schabloniertechnik ist keineswegs auf Wände und Holzflächen beschränkt. Auch Kissen oder die Sitzflächen von Sesseln und Stühlen können mit Schablonenbildern dekorativ und schön verziert werden.
- **Kissen umsäumen** Bringen Sie an den Kissenkanten Verzierungen wie Tressen oder Paspeln in verschiedenen Farben und Formen an. Auf diese Weise entstehen ganz unterschiedliche Effekte. Mit dunkel gefärbten Paspeln lassen sich die Ränder eines Kissens hervorheben; mit Bogenkanten und lockeren Fransen als Randbesatz hingegen nimmt man den Kanten die optische Schärfe.

GUTE IDEE!

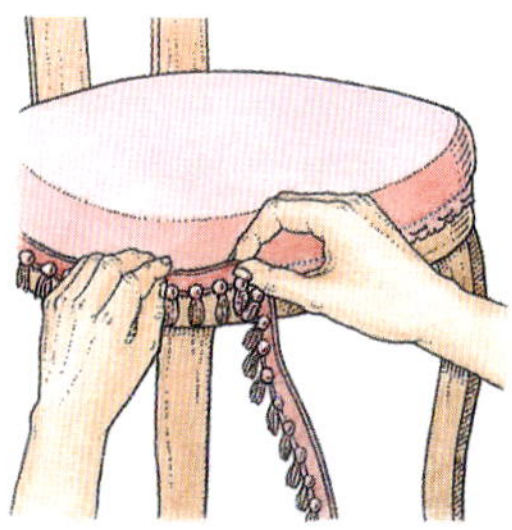

Getackerte Ränder

Tackerklammern sind nicht sehr schön anzuschauen, deshalb sollte man sie kaschieren. Hierzu eignet sich ein mit Tressen oder Paspeln besetztes Zierband, das mit Textilkleber über die Tackerklammern geklebt wird.

Kopfenden von Betten beziehen

Um eine Schlafzimmereinrichtung zu vervollkommnen, kann man das harte Kopfende eines Bettes mit Stoff bespannen. Diese Maßnahme hat zwei Funktionen: Zum einen kann man sich bequemer anlehnen, zum anderen lässt sich das Bett damit auf die übrige Einrichtung abstimmen.

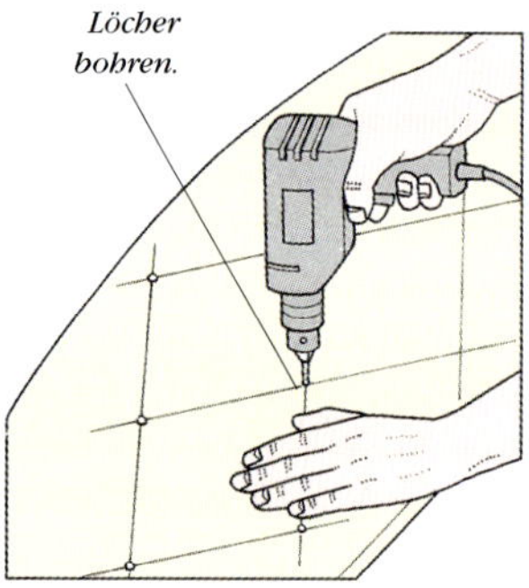

1 Malen Sie im Abstand von 15 cm sich überkreuzende Linien auf eine passend große Holzfaserplatte und bohren Sie an den Schnittpunkten kleine Löcher.

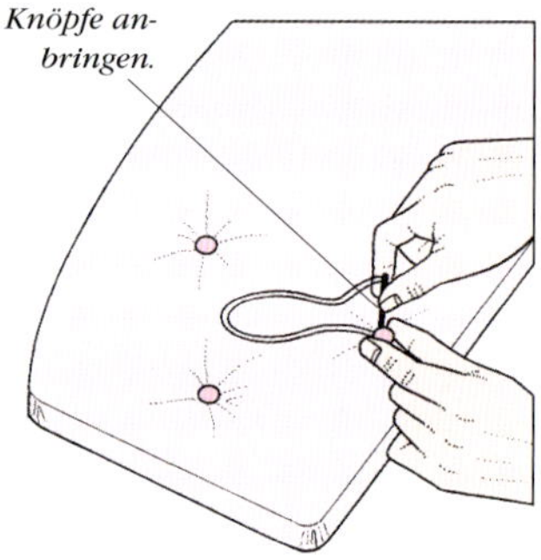

2 Legen Sie Polsterung und Stoff über die Platte und tackern Sie sie fest. Ziehen Sie Nadel und Faden, an dessen Ende sich ein Knopf befindet, durch die Bohrlöcher.

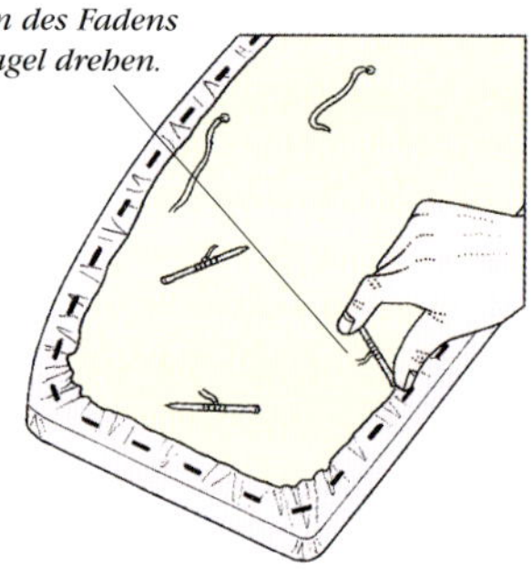

3 Wickeln Sie den Faden auf der Rückseite der Platte um einen Nagel. Drehen Sie den Nagel, um den Knopf über dem Loch richtig zu spannen.

LETZTE DETAILS

Das Arrangieren von Dekogegenständen in einem neu eingerichteten Zimmer bietet Gelegenheit zum Experimentieren. Liebevoll angeordnete Kleinigkeiten setzen das berühmte Tüpfelchen auf das „i" Ihrer Einrichtung, die Sie Schritt für Schritt bis jetzt geplant und umgesetzt haben.

Schmückendes Beiwerk

Dekogegenstände spielen im Leben der meisten Menschen eine große Rolle – als Erinnerung an besondere Begebenheiten, als Teil einer Sammlung oder ganz einfach, weil sie gefallen. Schmückendes Beiwerk nimmt bei der Einrichtung einen wichtigen Stellenwert ein.

Dekorative Gläser

Toilettenartikel
Füllen Sie Schaumbad oder Shampoo in Glasbehälter um und arrangieren Sie in einer dazu passenden gläsernen Dose Seifenstücke. So erhält man farbenfrohe Dekogegenstände.

Richtig aufstellen

- **Oberflächen schützen** Bringen Sie zurechtgeschnittene Filzstücke mit selbstklebendem Rücken an die Unterseite von schweren Ziergegenständen an. So bleibt die Möbeloberfläche, auf der sie stehen, von Kratzern verschont, wenn die Gegenstände beim Putzen herumgeschoben werden.
- **Anordnung** Ziergegenstände sollen dem Betrachter ins Auge fallen und müssen deshalb möglichst wirkungsvoll platziert werden. Ordnen Sie größere Gegenstände hinter kleineren Objekten an, sodass alle Elemente gut sichtbar sind, und stellen Sie verwandte Dinge zusammen.

Kleine Objekte

Doppelseitiges Klebeband
Leichte oder kleine Ziergegenstände werden oft umgestoßen. Dies können Sie verhindern, indem Sie den Boden mit doppelseitigem Klebeband versehen und sie ankleben.

Schön und praktisch

Fingerplatte
Schrauben Sie eine verzierte Fingerplatte an ein Türblatt, damit es vor Fingerabdrücken geschützt wird. Solche Platten sind in Metall, Kunststoff und mit Keramiküberzügen erhältlich.

Dekorative Naturmaterialien

Es gibt unendlich viele Möglichkeiten, wie sich Naturobjekte dekorativ verwenden lassen.

- **Muscheln** Verzieren Sie den Rand eines Blumentopfs mit aufgeklebten Muscheln.
- **Trockenblumen** Diese können zur besseren Wirkung mit Goldfarbe besprüht werden.
- **Gepresste Blumen** Durch Pressen lässt sich ein Blumenarrangement erhalten.
- **Federn** Diese eignen sich für witzige Collagen, die unter gläsernen Tischplatten oder in einfachen Wechselrahmen ausgestellt werden.

Attraktive Seifenschale
Bedecken Sie den Boden einer Glasschale mit verschiedenfarbigen Kieselsteinen und legen Sie das Seifenstück darauf. Ist die Seife nass, sickert so das Wasser durch die Kieselsteine und sammelt sich am Schalenboden.

Geschirr

Tafelzubehör – ob es sich nun um eine feste Tischdekoration oder um gelegentliche Arrangements handelt – kann entscheidend zur Gesamtgestaltung eines Raumes beitragen. Auch bei der Wahl des Tischschmucks kann man seiner Phantasie freien Lauf lassen.

Neue Perspektive

Kräuter in die Tasse pflanzen.

Umfunktionieren
Hübsche Tassen oder Krüge lassen sich in Minikräutergärten verwandeln und so einer neuen dekorativen Verwendung zuführen. Wichtig ist dabei die Abstimmung auf die Umgebung.

Keramik-Krug mit Streifen versehen

Abdeckband

1 Kleben Sie den Krug vor dem Bemalen mit Abdeckband ab. Bei der Auftupftechnik wird mit einem schwach getränkten Schwamm Keramik-Acrylfarbe über den ganzen Krug verteilt.

2 Sobald die Farbe trocken ist, können die Abdeckbandstreifen entfernt werden. Um den Krug spülmaschinenfest zu machen, erhitzt man ihn bei 150° C etwa 40 Minuten lang im Ofen.

Dekorative Behälter

Auch ganz gewöhnliche Behältnisse lassen sich mit etwas Phantasie attraktiver gestalten. Kisten, Kästen, Boxen, Dosen und andere Behälter aller Art müssen daher nicht hinter Schranktüren verschwinden – sie lassen sich im Handumdrehen in wahre Schmuckstücke verwandeln.

Kisten verschönern

- **Schuhkartons** Bemalte Schuhkartons können zur Aufbewahrung von Fotos, Briefen oder „Papierkram" dienen. Verwenden Sie Acrylfarbe für einen wischfesten, strapazierfähigen Überzug. Es empfiehlt sich, für verschiedene Gegenstände jeweils eine andere Farbe zu wählen, damit man den Inhalt eines Kartons schon an seiner Farbe erkennen kann.
- **Kisten verzieren** Auch mit Borten und anderen Verzierungen lassen sich Lagerboxen dekorativ gestalten. Polsterbeschläge geben der Kiste ein stabiles Aussehen, während Glasperlen oder Knöpfe für Farbe sorgen.

Ordnung fürs Bad

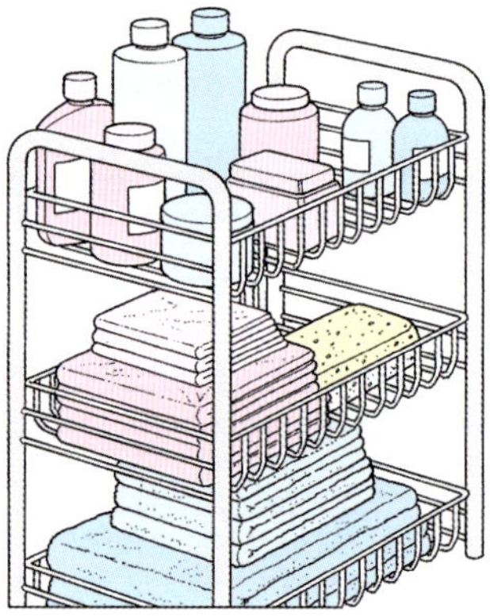

Regale verwenden
Die meisten Badezimmer sind voll gestopft mit allerlei Flaschen und Tiegeln. Hier kann ein kleines Regal aus Metall Ordnung schaffen. Das spart Platz und erleichtert so manche Suche.

Ideen für Behälter

- **Doppelnutzen** Schaffen Sie ein zweifach genutztes Lagerregal, indem Sie – entweder mit einem starken Kleber oder Schrauben – Gefäßdeckel an der Unterseite eines Regalbords befestigen. Nachdem man die Gefäße mit kleinen Gegenständen gefüllt hat, schraubt man sie an ihre Deckel, sodass sie schließlich unter dem Bord hängen.
- **Hängekörbe** Solche Körbe, an der Küchendecke angebracht, lassen sich sehr gut zur Lagerung von Gemüse, kleinen Schachteln oder Gefäßen mit getrockneten Kräutern und Gewürzen verwenden. Sie sind praktisch und dekorativ zugleich.

Noch mehr Ideen

Nachdem die Innenausstattung nun so weit abgeschlossen ist, lassen sich in einigen Räumen des Hauses noch ergänzende Verbesserungen anbringen, die der bestehenden Einrichtung den allerletzten Schliff geben oder einem bestehenden Stil eine weitere Nuance zufügen.

Raumecken durch Vorhänge abteilen

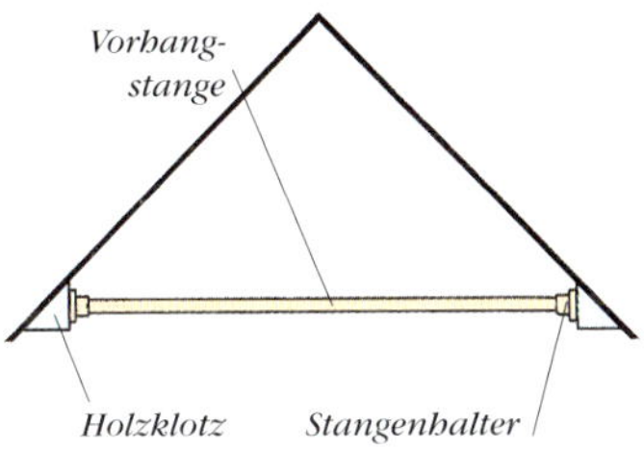

1 Schrauben Sie zwei dreieckige Holzklötze ca. 1 m von der Zimmerecke entfernt rechts und links an der Wand fest und bringen Sie an jedem Holzklotz eine Halterung für eine Vorhangstange an.

2 Streichen Sie die Holzklötze passend zur Wand. Auch der Vorhangstoff, hinter dem sich vielerlei verbergen lässt, sollte sich harmonisch in Farbe und Stil mit der Wanddekoration verbinden.

Einsatz von Stoffen

Durch den geschickten Einsatz von Stoffen lassen sich clevere Einrichtungsideen verwirklichen, die nicht viel Geld kosten.

- **Baldachin herstellen** Bringen Sie an der Decke über dem Kopfende eines Bettes eine Vorhangstange an und eine weitere an der Decke über dem Fußende. Drapieren Sie Stoff zwischen den Stangen, um einen Baldachin zu erhalten.
- **Raumteiler** Bespannen Sie einen großen Rahmen mit passendem Stoff und benutzen Sie ihn als mobilen Raumteiler zum Verbergen unattraktiver Gegenstände oder zur Schaffung einer separaten Ecke.

Tipps und Tricks

- **Küchenschränke** Das Aussehen einer Küche kann schon dadurch verändert werden, dass man Schubladen- und Schrankgriffe austauscht oder neu streicht. Gehen Sie noch einen Schritt weiter, indem Sie nur die Fronten der Einbauküchen erneuern. Rahmen und Seitenwände der Schränke können erhalten bleiben, wenn sie in gutem Zustand sind.
- **Zu kleine Garage?** Wenn es beim Einparken in eine kleinere Garage Probleme gibt, machen Sie folgendes: Wenn das Auto in der korrekten Position ist, hängen Sie mit einer Schnur einen Tennisball so an die Decke, dass er gerade noch die Frontschutzscheibe berührt. So können Sie künftig immer an diese Markierung heranfahren.

Ein Thema durch Accessoires verstärken

Kleinteile im Bad wirkungsvoll präsentieren
Sehr schön sind farblich und thematisch aufeinander abgestimmte Accessoires – in diesem Fall das Thema Meer in Verbindung mit Blautönen. Die Seesterne und Fischmotive greifen dieses Thema auf, während die Keramikfische einen farblichen Kontrast bilden.

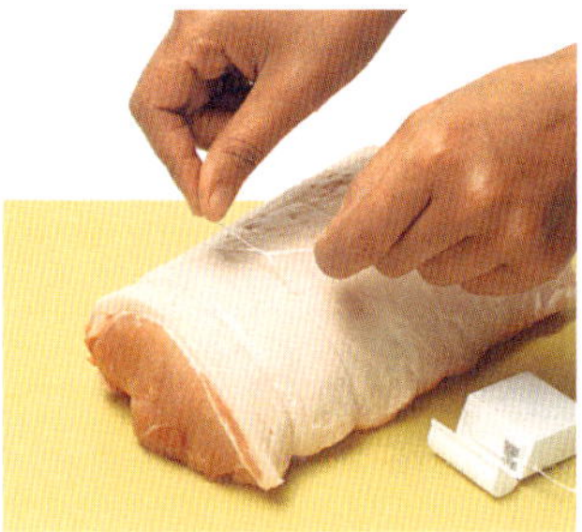

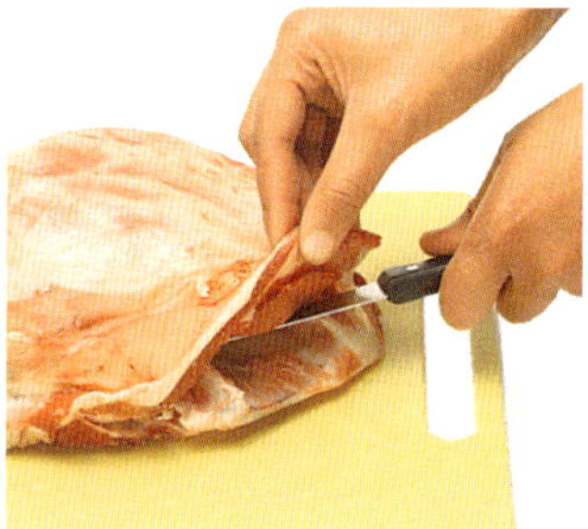

KÜCHE, KOCHEN UND VORRATS-HALTUNG

Jeden Tag gesunde und wohlschmeckende Mahlzeiten für die Familie auf den Tisch zu bringen, ist gar nicht so einfach – besonders bei einem beschränkten Budget. Hier sind etwas Phantasie, bewährte Rezepte und ein gut sortierter Vorratsschrank gefragt. Wenn Sie dann noch einige Regeln beachten, meistern Sie die täglichen Herausforderungen in der Küche zweifellos – und Sie haben sogar noch Spaß am Kochen.

Die Ausstattung Ihrer Küche

Ein guter Koch zaubert auch mit beschränkten Möglichkeiten eine komplette Mahlzeit auf den Tisch - eine gut organisierte und umfassend ausgestattete Küche kann jedoch die Arbeit sehr erleichtern und helfen, Zeit zu sparen. Im Vergleich zu den anderen Räumen einer Wohnung ist die Küche am schwierigsten zu planen: Nehmen Sie sich also genug Zeit für Ihre Wünsche und informieren Sie sich in Fachgeschäften, bevor Sie große Küchengeräte oder kleine Helfer kaufen.

Die Küche einrichten

Zahl und Größe von Geräten und Möbeln in einer Küche werden in erster Linie vom vorhandenen Platz bestimmt. Qualität und Gestaltung der Einrichtung liegen jedoch ganz in Ihren Händen. Wenn Sie die Einrichtung Ihrer Küche völlig neu planen, wenden Sie sich am besten an ein Küchenstudio. Dort können Experten am Computer verschiedene Lösungen durchspielen.

Die Küche planen

- **Pläne zeichnen** Vor der Umgestaltung den Küchengrundriss maßstabsgetreu auf kariertes Papier zeichnen. Küchengeräte und Möbel im gleichen Maßstab ausschneiden und verschiedene Anordnungen ausprobieren. Mittlerweile gibt es auch einfache PC-Programme, die Planungen am Bildschirm einfach machen.
- **Die Grundform festlegen** Je nach verfügbarem Platz gestalten Sie Ihre Küche in U-Form, L-Form oder wie eine Kombüse. Diese Anordnungen erleichtern Ihnen die Arbeit erheblich.
- **Große Arbeitsfläche** Eine durchgängige Arbeitsfläche über bzw. zwischen den Küchenmöbeln einbauen. Das spart Platz und ist pflegeleicht.
- **„Verkehrswege" der Küche** Planen Sie Ihre Küche so, dass Sie sich ungehindert zwischen Spüle und Herd bewegen können.

Die Arbeitsabläufe planen

- **Kurze Wege** Achten Sie darauf, dass die gesamte Entfernung zwischen Vorratsregalen, Spüle und Herd nicht länger als ca. 7 m ist. Auf diese Weise vermeiden Sie unnötig weite Wege während des Kochens.
- **Anordnen der Arbeitsfläche** Verbinden Sie Flächen zwischen den Küchengeräten mit Arbeitsplatten. So können Sie die Lebensmittel immer dort vorbereiten, wo sie auch weiter verarbeitet werden.

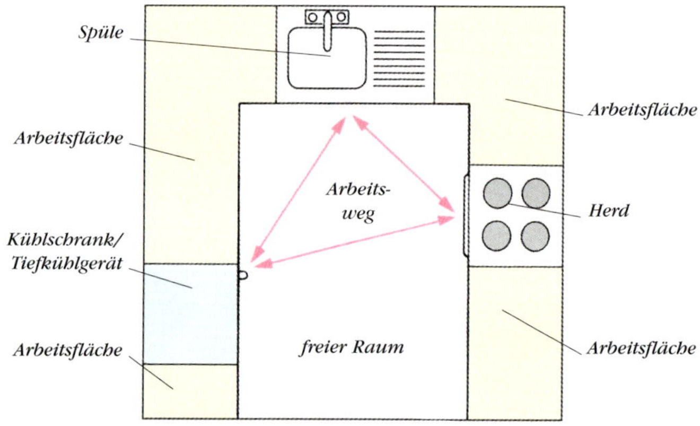

Das Arbeitsdreieck
Wenn Sie die Einrichtung einer Küche ganz neu planen, ordnen Sie die Geräte am besten so an, dass ein Dreieck zwischen Kühlschrank, Spüle und Herd entsteht. So sind alle Arbeitsabläufe ohne unnötige Wege und Handgriffe problemlos möglich.

KÜCHENEINRICHTUNG

Wenn Sie Ihre Küche modernisieren oder einfach nur verbessern möchten, können Sie zwischen zahlreichen kostengünstigen Möglichkeiten wählen. Mit neuen Schranktüren oder frisch gestrichenen Fronten verändern Sie das Aussehen Ihrer Küche im Handumdrehen.

Arbeitsflächen

Arbeitsplatten sollten in der Höhe angebracht sein, in der Sie selbst am besten arbeiten können. Die Standardhöhe kann für Sie zu hoch oder zu niedrig sein. Wählen Sie ein robustes und hitzebeständiges Material, das kratz- und stoßfest ist und sich leicht reinigen lässt.

Arbeitsfläche schaffen

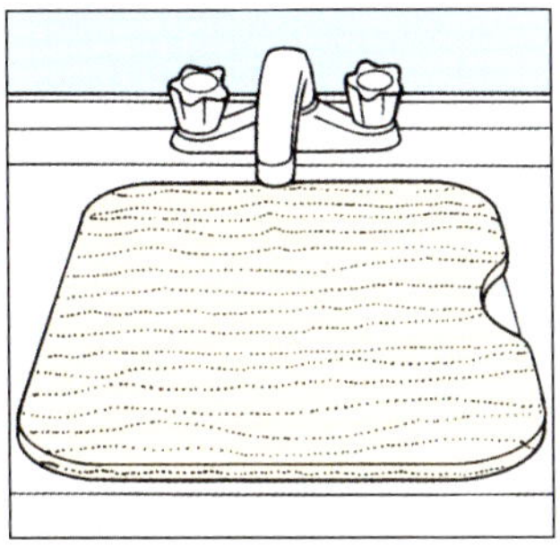

Spüle abdecken
Vergrößern Sie Ihre Arbeitsfläche, indem Sie eine passend zugeschnittene Holzplatte über das Spülbecken legen, wenn es gerade nicht benutzt wird.

Topfuntersetzer

Fliesen
Legen Sie zwei robuste Küchenfliesen neben den Herd. So haben Sie immer eine stabile, hitzebeständige Abstellfläche für heiße Töpfe und Pfannen.

Die richtige Arbeitsbeleuchtung

- **Spots** Mit drehbaren Strahlern an der Decke oder auch an Wänden können Sie punktgenau beleuchten.
- **Blenden vermeiden** Bringen Sie an tief hängenden Lampen, die blenden, Streugläser an.
- **Gut ausleuchten** Die Arbeitsplatte erhält das beste Licht, wenn man an der Unterseite der Hängeschränke Leuchtstoffröhren anbringt.
- **Lichtschalter** Mit Schaltern für jede Lampe können Sie je nach Bedarf ausleuchten.

Arbeitserleichterungen

- **Küchenfußboden** Wählen Sie für Ihre Küche einen Bodenbelag, der unempfindlich und leicht zu pflegen ist.
- **Passende Einsätze** Ein Einsatz aus Holz oder Granit eignet sich bestens zum Hacken oder Teig kneten. Er sollte mit der Arbeitsfläche bündig abschließen.
- **Spalten vermeiden** Setzen Sie die Arbeitsfläche in einem Stück ein. Spalten, in denen sich Schmutz ansammeln kann, versiegeln Sie mit Silikon.
- **Flüssigkeiten auffangen** Wählen Sie eine Arbeitsfläche mit einer Saftrille an der Vorderkante. Vergossene Flüssigkeiten werden aufgefangen, bevor sie in größerem Umfang auf den Boden tropfen.

Toten Raum nutzen

- **In den Ecken** Nutzen Sie die Ecken der Arbeitsfläche für kleinere Küchengeräte wie etwa Küchenmaschinen.

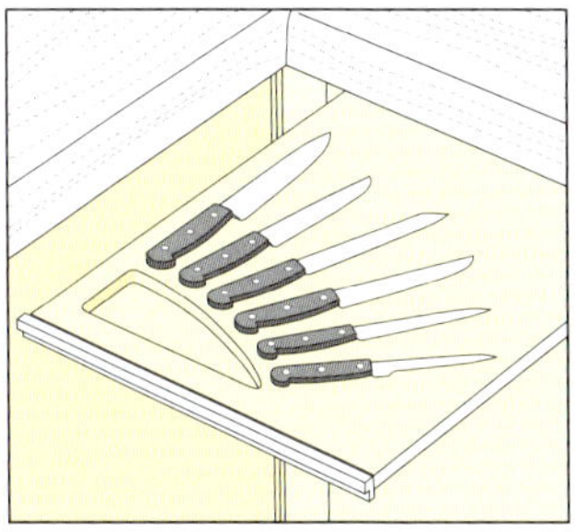

Messerschubladen
Es gibt spezielle, flache Schubladen mit vorgefertigten Mulden, um die Messer einzeln und gesichert hineinzulegen. Für übliche Schubladen sind passende Einsätze erhältlich.

Platz sparen

- **Klappmöbel** In kleinen Küchen sparen klappbare Arbeitsbretter und Tische Platz, die man bei Bedarf aufklappt.

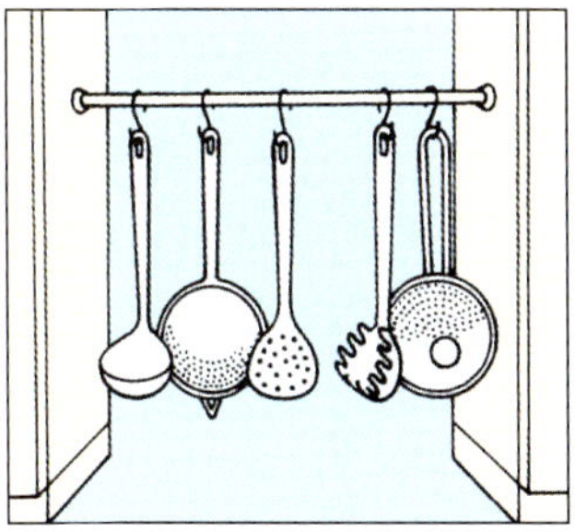

Reling für Küchenhelfer
Kleinere Küchengeräte, die Sie öfter brauchen, können Sie einfach an eine Reling zwischen zwei Wandschränken hängen. So bleibt die Arbeitsfläche frei und alle Geräte sind immer griffbereit.

Schränke und Regale

Kücheneinrichtungen gibt es heutzutage in vielen unterschiedlichen Stilen. Da eine Küche für viele Jahre angeschafft wird und der Geschmack sich ändert, wählen Sie am besten eher neutrale Farben und Dekors. Für ein kleines Budget eignen sich glatte, weiße Möbel.

Schränke sauber halten

- **Schränke innen reinigen** Entscheiden Sie sich für Schränke mit laminierter Innenseite und Schubladen mit Hartplastikauskleidung. Von diesen Materialien lässt sich Schmutz einfach abwischen.
- **Holz versiegeln** Naturholz sollte mit einem abriebfreien, wasserfesten Naturharzlack geschützt werden. Versiegeln Sie Hartholzoberflächen regelmäßig mit geeignetem Öl.
- **Grundreinigung** Nehmen Sie sich regelmäßig (je nach Intensität der Küchennutzung) einen halben Tag Zeit, um die Schränke komplett auszuräumen und innen sowie außen sorgfältig zu putzen.

Stauraum schaffen, Nischen nutzen

Küchenschütten

Solche Schütten – beispielsweise aus Glas – sehen nicht nur dekorativ aus, sondern es lassen sich auch ganz unterschiedliche Dinge darin sicher und immer griffbereit aufbewahren.

- **Variable Regalbretter** Mit verstellbaren Regalbrettern können Sie Schrankraum nach Ihren Bedürfnissen gestalten.
- **Ecken** Spezielle Eckschränke mit drehbaren Einsätzen nutzen Ecken Platz sparend und optimal aus.
- **Abfalleimer** Bauen Sie einen Klappeimer in den Spülenunterschrank oder dort, wo das Essen meistens zubereitet wird, damit der Abfall schnell verschwinden kann.
- **Wandflächen nutzen** Befestigen Sie unter Hängeschränken die Küchenpapierrolle oder eine Reling für Küchenutensilien. So gewinnen Sie Platz auf der Arbeitsfläche.

Mobiliar auswählen und aufstellen

- **Schränke aufstellen** Stellen Sie Vorratsschränke an eine schattige Außenwand, da solche Wände kühler sind. Zur Belüftung können Sie eine schließbare Luftklappe in die Außenwand einbauen.
- **Stabilität prüfen** Fragen Sie einen Fachmann, ob Ihre Küchenwände das Gewicht von Hängeschränken tragen können. Eine dünne Trennwand ist für diesen Zweck meist nicht geeignet.
- **Raumteiler** Trennen Sie Koch- und Essbereich innerhalb eines Raumes durch eine Küchentheke. Sie erhalten zusätzliche Staufläche, ohne den Raum optisch zu verkleinern.
- **Schranktüren** Es gibt Hängeschränke mit praktischen Schiebe- oder Drehtüren. Türen, die sich nach außen öffnen, nehmen gerade in kleinen Küchen Platz weg und können sehr hinderlich sein.
- **Flaschengestell anfertigen** Unterschränke eignen sich hervorragend zum Lagern von Flaschen: Nehmen Sie zunächst alle Einlegeböden heraus und bauen Sie einen X-förmigen Einsatz aus Sperrholzplatten, der diagonal in den Schrank eingelegt wird.

Kochbuchablage

Damit Ihr Kochbuch beim Kochen nicht im Weg ist oder etwa in Mitleidenschaft gezogen wird, können Sie spezielle Halterungen kaufen, die an der Wand befestigt werden.

Regale sauber halten

- **Rollo** Ein Rollo – möglichst aus schwer entflammbarem Material – verhindert, dass sich im Regal Staub oder Schmutz ansammelt.
- **Offene Regale** Dort staubt alles schnell ein – daher nur Dinge verwahren, die häufig genutzt und gereinigt werden.

ZUR SICHERHEIT

- **Auswahl der Schränke** Wählen Sie Schränke mit abgerundeten Ecken und nicht zu weit vorstehenden Griffen (Verletzungsgefahr!).
- **Hängeschränke** Vermeiden Sie Schränke über dem Herd. Um sie zu nutzen, müssen Sie sich über den Herd beugen: Das ist sehr gefährlich.
- **Richtige Höhe** Bringen Sie Hängeschränke so an, dass Sie alle Fächer erreichen, ohne auf einen Stuhl oder eine Trittleiter steigen zu müssen.

Ideen zum Platzsparen

Viele Küchen sind ziemlich klein und bieten nur wenig Stauraum. Mit kreativen Ideen können Sie jedoch auch die kleinste Küche effizient nutzen. Eckregale oder ein abgehängtes Regal über der Arbeitsfläche schaffen Abhilfe, wenn im Schrank nicht mehr genug Platz ist.

Auch die Höhe nutzen

Regal abhängen
Anstelle von lose an Ketten oder Relings hängendem Geschirr kann man den Raum über der Arbeitsfläche oder dem Tisch dazu verwenden, um ein dekoratives Regal an die Decke zu hängen und als Staufläche zu nutzen.

Platz ist überall

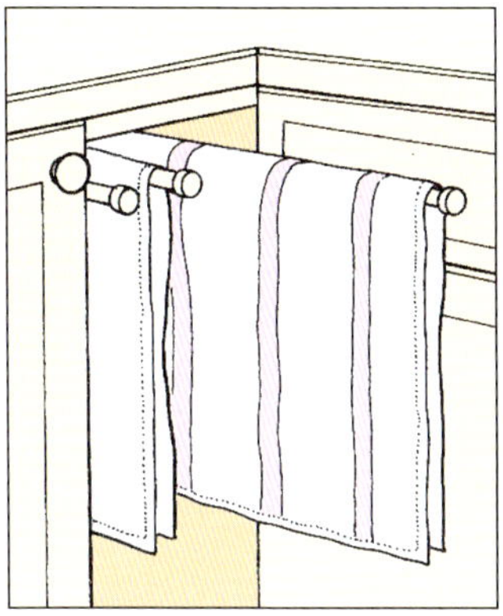

Zwischenräume ausfüllen
An ausziehbaren Handtuchstangen zwischen Küchenschränken bleiben Ihre Handtücher sauber und griffbereit. Auch Backbleche, Kuchengitter oder Tabletts können Sie dort Platz sparend verwahren.

GUTE IDEE!

Die Fensterfläche nutzen
Wenn Ihre Küche zwei Fenster hat, können Sie quer vor ein Fenster, das eine weniger schöne Aussicht bietet, gehärtete Glasplatten in die Laibung setzen, um Gläser, Flaschen usw. aufzustellen.

Kochbücher und Rezepte

Viele Köche haben mehrere Lieblingskochbücher, die durch häufige Benutzung oft unansehnlich geworden sind. Mit den nachfolgenden Tipps können Sie Ihre Bücher beim Kochen schützen und Ihre Rezeptsammlung problemlos in Ordnung halten.

Kochbücher schützen und aufbewahren

- **Plastiktütenhülle** Schieben Sie das offene Buch in eine durchsichtige Plastiktüte, damit die Seiten während des Kochens nicht verunreinigt werden.
- **Bücher trocken halten** Hängen Sie ein passendes Holzbrett mit einer kleinen Kante leicht schräg an die Wand. Dort steht das Buch sicher vor Spritzern (siehe auch S. 316).
- **Bücher aufbewahren** Stellen Sie ein kleines Regal auf die Arbeitsplatte. Hier können Sie Kochbücher, schönes Geschirr und Küchengeräte unterbringen, ohne dass diese viel Platz wegnehmen.

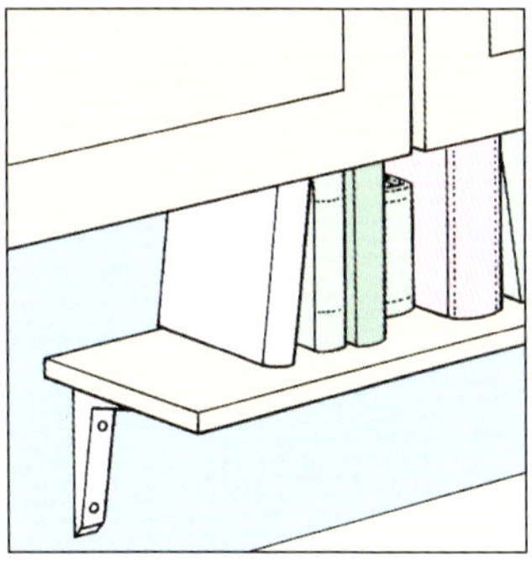

Ein zusätzliches Regal
Befestigen Sie ein schmales Brett zwischen Arbeitsplatte und Hängeschränken; hier sind Ihre Kochbücher in Reichweite und nehmen trotzdem keinen Platz auf der Arbeitsfläche weg.

Rezeptsammlung

- **Farbcodes verwenden** Sortieren Sie ausgeschnittene Rezepte in farbige Fotoalben mit selbstklebenden Seiten ein. Nehmen Sie beispielsweise blaue Alben für Fischrezepte.
- **Sammelalben verwenden** Kleben Sie ausgeschnittene Rezepte in ein Sammelalbum und lassen Sie auch Platz für Notizen.
- **Collagen anfertigen** Ordnen Sie Ihre Lieblingsrezepte auf einem großen Holz- oder Korkbrett zu einer Collage an. Streichen oder sprühen Sie Klarlack darüber, damit Sie Spritzer vom Kochen einfach abwischen können.

KOCHGERÄTE

Ein Herd ist eine teure Anschaffung und sollte vor allem im Hinblick auf langen Gebrauch ausgesucht werden. Weitere Entscheidungskriterien sind niedriger Energieverbrauch, Sicherheit und pflegeleichte Reinigung. Aber auch persönliche Vorlieben spielen eine große Rolle.

Den Herd auswählen

Die Auswahl des Herdes hängt von Ihren individuellen Kochgewohnheiten, den Vorteilen und der Verfügbarkeit verschiedener Energiequellen und dem Platz in der Küche ab. Wählen Sie am besten ein praktisches und attraktives Modell, das sich leicht reinigen lässt.

Backofen auswählen

Beim Kauf eines Backofens sollten Sie neben den praktischen Aspekten des jeweiligen Geräts vor allem Ihren persönlichen Ernährungsstil und den Bedarf berücksichtigen.

- **Reinigung** Wählen Sie einen Backofen mit einer Selbstreinigungsfunktion – zumindest aber sollten alle Oberflächen gut zugänglich sein.
- **Zeitschaltuhr** Eine Zeitschaltuhr kontrolliert den Kochvorgang, während Sie andere Dinge erledigen können.
- **Umluft** Bei Umluftöfen verteilt sich die Hitze über den ganzen Ofen. Gerichte garen gleichmäßig durch und die Backzeit wird reduziert.

Gas oder Strom?

- **Mit Gas kochen** Viele Profiköche schwören auf das Kochen mit einem Gasherd, da die Hitzezufuhr sehr schnell und exakt kontrolliert werden kann. Allerdings ist eine offene Flamme immer gefährlich und schwere Unfälle mit Gas gibt es leider immer wieder.
- **Mit Strom kochen** Wer mit einem Elektroherd kocht, vermeidet diese Gefahren. Allerdings ist die Hitzeregulierung nicht so einfach und komfortabel. Dafür kann man die Restwärme der Platten nutzen, um Speisen köcheln zu lassen. Sehr modern sind so genannte Induktionsherde, bei denen die Hitze direkt im Topfboden erzeugt wird.

Vorteile von Glaskeramik

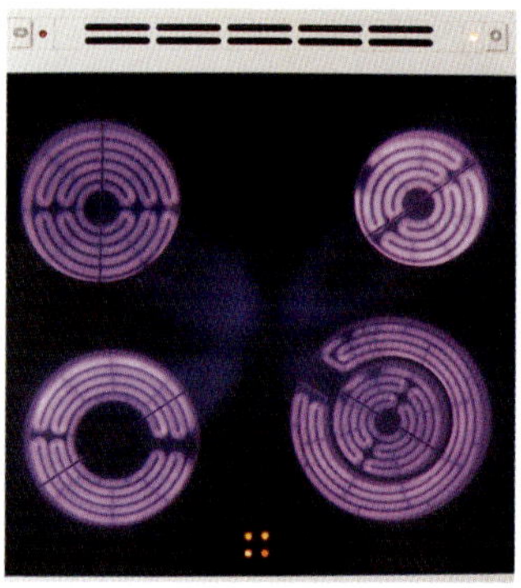

Erhitzen nach Maß
Moderne Kochfelder haben den großen Vorteil, dass man Töpfe und Pfannen einfach bewegen kann. Durch Zu- oder Wegschalten von Teilfeldern kann man außerdem die Größe auf das jeweilige Geschirr anpassen.

Nützliche Details

- **Katalytische Verkleidung** Ein Backofen mit einer katalytischen Verkleidung, der Fettspritzer karbonisiert, lässt sich leichter reinigen. Alternativ werden auf dem Markt Backöfen mit Selbstreinigungsprogrammen angeboten.
- **Einbauöfen** Spezialöfen, die in Arbeitshöhe in einen Schrank eingebaut werden, lassen sich ohne lästiges Bücken bedienen und der Garvorgang kann leichter kontrolliert werden.
- **Grill** Wichtig ist, dass sich die Grillfunktion mit anderen Funktionen kombinieren lässt.

Backofenklappe nutzen

Heiße Töpfe abstellen
Bei Öfen, deren Klappe sich nach unten öffnet, können Sie heiße Töpfe oder Backbleche bequem abstellen, wenn sie direkt aus dem Ofen kommen.

Sicherheitstipps

- **Leuchtanzeigen** Praktisch sind Herde mit Lämpchen, die Ihnen anzeigen, welche Platten noch heiß sind.
- **Feuerfeste Abdeckung** Für einige Kochplatten gibt es Glasdeckel zum Abdecken nach dem Kochen. Achten Sie darauf, dass die Deckel aus gehärtetem Glas sind.
- **Unfallschutz** Ein einfaches Gitter um das Kochfeld hindert kleine Kinder daran, heiße Töpfe anzufassen. Drehen Sie Topf- und Pfannengriffe immer vom Rand weg. Bei Induktionsherden werden die Platten weniger heiß.

Den Herd benutzen

Welche Kochtechnik Sie auch bevorzugen, den Energieverbrauch Ihres Herdes sollten Sie kennen und gelegentlich überprüfen, ob der Herd effizient arbeitet. Im Handbuch des Herstellers finden Sie viele nützliche Tipps für die Anwendung von speziellen Funktionen Ihres Herdes.

Temperatur überprüfen

Thermometer
Überprüfen Sie die Temperatur Ihres Backofens regelmäßig, indem Sie ein Ofenthermometer hineinlegen. Heizen Sie ihn auf 180° C und prüfen Sie die Anzeige auf dem Thermometer.

Clever kochen

- **Ofen vorheizen** Heizen Sie den Ofen immer mindestens 10 Minuten vor. Schieben Sie Gitter und Backbleche zuvor in die richtige Position, damit beim Öffnen nicht zu viel Hitze verloren geht oder Sie sich verbrennen.
- **Küchenwecker** Überprüfen Sie die Garzeit mithilfe eines Weckers, um häufiges Öffnen des Ofens und damit Wärmeverlust zu umgehen.
- **Backofentemperaturen** Das Verhältnis von Temperaturen vom elektrischen zum gasbetriebenen Ofen lautet: 140° C wie Stufe 0–1, 150° C wie Stufe 1, 160° C wie Stufe 1–2, 170° C wie Stufe 2 usw.

Tipp für den Backofen

Nachwärme nutzen
Mit der Nachwärme des Backofens kann man die Teller anwärmen, sodass die Speisen nicht zu schnell abkühlen, oder man kann Reis bzw. Hülsenfrüchte vorquellen lassen.

Den Herd reinigen

Wischen Sie Fettspritzer auf dem Herd oder im Backofen sofort ab. Sobald diese trocknen oder festbrennen, müssen Sie viel Mühe und Reiniger aufwenden, um die Kruste wieder zu entfernen. Schalten Sie vor der Reinigung das Kochfeld oder den Ofen immer aus.

Wirkungsvolles Putzen

- **Schmutz vermeiden** Stellen Sie Kuchen und Schmortöpfe immer auf ein Backblech, um Spritzer aufzufangen.
- **Keramikoberflächen reinigen** Wischen Sie zucker- oder säurehaltige Flecken sofort von Keramikflächen ab, damit sie die glatte Oberfläche nicht angreifen.
- **Backbleche reinigen** Sie können verschmutzte Backbleche auf ein altes Handtuch in die Badewanne legen und in einer heißen Salmiakwasserlösung einweichen, um hartnäckige Essensreste zu lösen.
- **Energie sparen** Starten Sie die Selbstreinigungsfunktion bei noch warmem Backofen, um Energie zu sparen.

Angebranntes entfernen

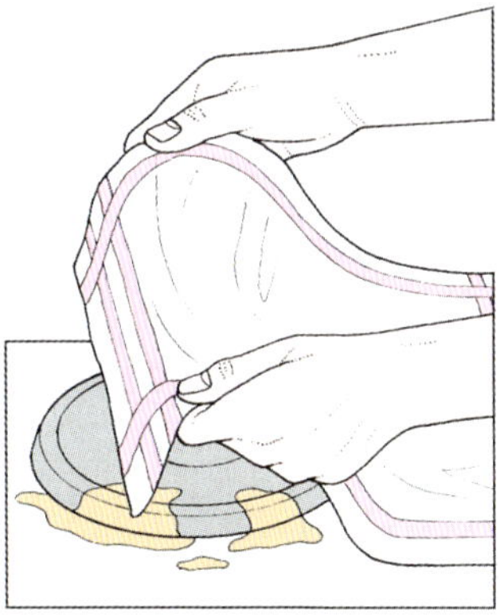

Feuchtes Handtuch
Angebranntes Essen lässt sich einfach von einer Kochplatte entfernen: Legen Sie ein feuchtes, seifenhaltiges Handtuch für 2 Stunden auf die kalte Platte und wischen Sie sie dann ab.

GELD SPAREN

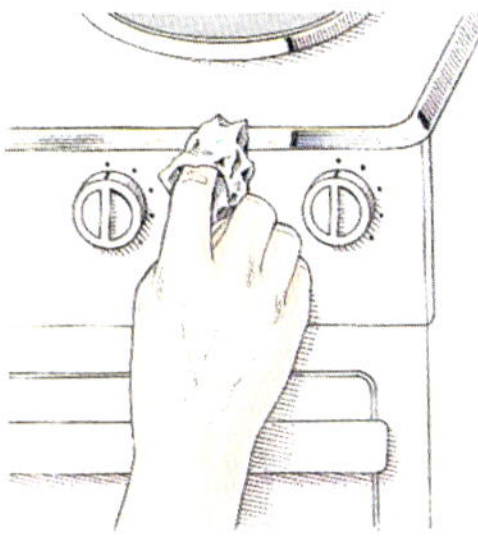

Chromleisten reinigen
Chromleisten lassen sich mit einem Stück Aluminiumfolie, das Sie um den Finger wickeln, einfach entrosten. Befeuchten Sie die Leiste vorher mit Reinigungsalkohol.

Der Mikrowellenherd

Kochen im Mikrowellenherd ist schnell, einfach und wirtschaftlich. Unabhängig von der Größe Ihres Haushalts ergänzt ein Mikrowellenherd jede Küche und hilft, Zeit und Energie zu sparen. Das Kochen mit dem Mikrowellengerät lässt sich leicht erlernen.

Art der Mikrowelle

- **Größe und Leistung** Gängige Geräte haben einen Garraum mit 17, 24 oder 32 l. Die Leistung des Geräts sollte zumindest 600 Watt betragen, denn je höher die Leistung, desto kürzer ist meist auch die Kochzeit.
- **Typen** Mit so genannten Sologeräten kann man Lebensmittel auftauen, erhitzen, dünsten und garen. Mit Kombinationsgeräten kann man auch braten, grillen und backen.

Tipps & Tricks

- **Garzeiten anpassen** Grundsätzlich gilt: Die doppelte Menge an Gargut erfordert auch doppelt so viel Zeit.
- **Temperatur überprüfen** Mit einem speziellen Mikrowellenthermometer kann man die Temperatur des Gerichts im Mikrowellenherd überprüfen.
- **Nachgaren lassen** Speisen aus der Mikrowelle sollten 1–10 Minuten abgedeckt ruhen, damit sich die Wärme gleichmäßig verteilt.

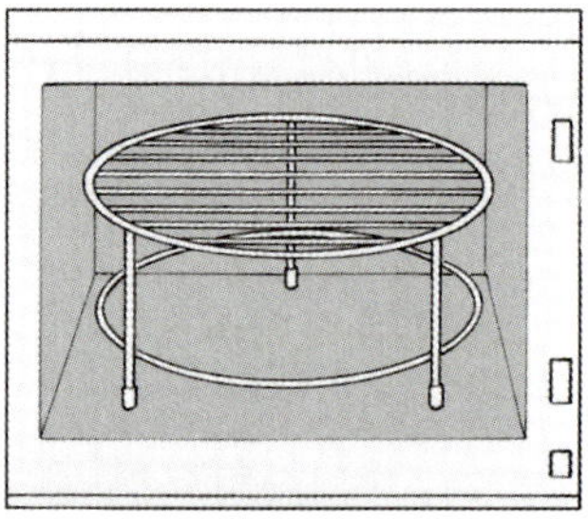

Spezielle Einsätze
Mit solchen Einsätzen, die als Zubehör erhältlich sind, können Sie mehrere Schüsseln gleichzeitig garen (sind bei einigen Mikrowellenherden integriert).

Leistungen bei verschiedenen Geräten			
Leistung	Gerät mit 5 Stufen	Gerät mit 9 Stufen	Vorgang
100-180 Watt	Stufe 1	Stufe 1-2	Auftauen
200-300 Watt	Stufe 2	Stufe 3-4	Fortkochen
350-450 Watt	Stufe 3	Stufe 5-6	Erhitzen
500-600 Watt	Stufe 4	Stufe 7-8	Garen
700-850 Watt	Stufe 5	Stufe 9	Hocherhitzen

Gleichmässig garen

Lebensmittel anordnen
Achten Sie darauf, dass das Essen gleichmäßig gut gegart wird. Verteilen Sie die Lebensmittel immer gleichmäßig in einer Schüssel und schneiden Sie größere Teile in gleich große Stücke.

Geschirr prüfen

Mikrowellengeeignet?
Eine mit Wasser gefüllte Tasse sollte nach 30 Sekunden auf höchster Stufe im Mikrowellenherd nur leicht warm werden, die zu prüfende leere Schüssel dagegen kalt bleiben.

Zur Sicherheit

- **Anleitungen lesen** Stets die Herstellerhinweise und die Hinweise auf Lebensmittelverpackungen befolgen.
- **Kein Metall** Verwenden Sie im Gerät kein Metallgeschirr, Geschirr mit Goldrand oder sonstige Metallgegenstände.
- **Große Hitze** Beim Garen, Dünsten und Kochen kann das Geschirr 100° C und beim Braten bis 180° C erreichen.
- **Kochen beobachten** Lassen Sie den Mikrowellenherd nicht unbeaufsichtigt, Speisen können sich sogar entzünden.

KÜHL- UND GEFRIERGERÄTE

Kühl- und Gefrierschränke sind unschätzbare Helfer in jeder Küche. Sie ermöglichen es uns, zu jeder Jahreszeit auch empfindliche Produkte aufzubewahren und aus einer großen Auswahl frischer Lebensmittel zu wählen. Auf diese Weise können Sie Ihre Familie gesund und abwechslungsreich ernähren.

Auswahl der Geräte

Bei der Auswahl eines Kühl- oder Gefrierschranks müssen Sie den Bedarf in Ihrem Haushalt gut einschätzen. Die Größe Ihres Geräts hängt vom verfügbaren Platz und der Menge der Lebensmittel und Getränke ab, die Sie regelmäßig aufbewahren möchten.

Zusätzlicher Stauraum

Einsatzkörbe
Stellen Sie Einsatzkörbe in Ihre Tiefkühltruhe. So erleichtern Sie sich die Suche und können besser Ordnung halten. Zusätzliche Einsatzkörbe können Sie beim Gerätehersteller nachbestellen.

Vorratshaltung

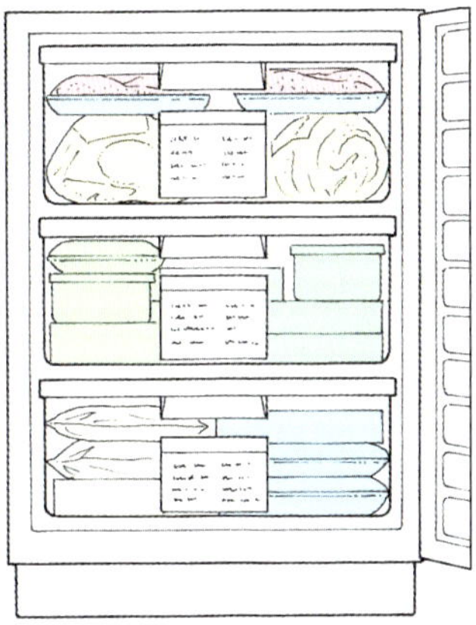

Schubladen beschriften
Auf den Schubladen einiger Gefrierschränke können Sie auf Beschriftungsfeldern den Inhalt der jeweiligen Schublade notieren. So erkennen Sie auf einen Blick, welche Lebensmittel darin sind.

Nützliche Funktionen

- **Temperaturkontrolle** Bei einigen Kühl- und Gefriergeräten können Sie die Temperatur auf einem Thermometer außen kontrollieren, ohne die Tür öffnen zu müssen.
- **Einfaches Umstellen** Bei harten Böden wählen Sie am besten Geräte auf Rollen. Sie lassen sich problemlos umstellen. Weiche Vinylböden können durch die Rollen beschädigt werden.
- **Innenbeleuchtung** Alle Kühlgeräte, vor allem aber Tiefkühltruhen, sollten über eine Innenbeleuchtung verfügen. Andernfalls sollten Sie eine Taschenlampe bereitstellen, damit Sie den Inhalt Ihrer Tiefkühltruhe leicht erkennen können.

Kauf des Gefriergeräts

- **Größe** Pro Haushaltsmitglied sollten Sie 60 l einkalkulieren und weitere 100–120 l, wenn Sie Gartenprodukte einfrieren möchten.
- **Platzbedarf** Bedenken Sie, dass ein Gefrierschrank weniger Platz einnimmt als eine Tiefkühltruhe und in die Küche eingebaut werden kann.
- **Aufstellen** Zum Öffnen der Tür muss genug Platz vorhanden sein. Die Tür eines Tiefkühlschranks muss sich meist weiter als 90° öffnen lassen, damit die Schubkästen herausgezogen werden können.

Kauf des Kühlschranks

- **Größe** Der Kühlschrank sollte so groß wie möglich sein. Für zwei Haushaltsmitglieder sollten Sie zunächst 200 l kalkulieren sowie zusätzliche 30 l für jede weitere Person.
- **Arbeitserleichterung** Die meisten Geräte haben heute eine Abtauautomatik – so entfällt das sonst notwendige regelmäßige Abtauen.
- **Aufteilung** Die Fächer im Kühlschrank sollten verstellbar sein. Bei klappbaren Einlegeböden können Flaschen auf den unteren Boden gestellt werden.

Kühlgeräte aufstellen

- **Standfestigkeit** Kühl- oder Gefriergeräte müssen sicher stehen. Mit einer Wasserwaage überprüfen Sie leicht, ob die Geräte waagrecht stehen und regulieren die Höhe über die Schraubfüße oder Rollen.
- **Umstellen** Geräte ohne Rollen können Sie mithilfe eines alten Teppichstücks einfach verschieben. Darauf können Sie das Gerät leicht ziehen.
- **Belüftung** Achten Sie darauf, dass Lüftungsschlitze nicht abgedeckt sind. Die Geräte sollten nicht direkt neben Herd oder Heizkörper stehen.

Effektive Nutzung

Lebensmittel sollen in Kühl- und Gefrierschränken ohne Qualitätsverlust gelagert werden. Gleichzeitig müssen die Geräte wirtschaftlich funktionieren. Die richtige Temperatur ist besonders wichtig, damit weder die Lebensmittel verderben noch zu viel Energie verbraucht wird.

Gerätepflege

● **Sauberkeit** Wischen Sie Behälter mit einem sauberen, feuchten Tuch ab, bevor Sie sie in den Kühl- oder Gefrierschrank legen, um eine Verschmutzung oder das „Anfrieren" zu vermeiden.

Mit Folie auslegen
Eiswürfelbehälter und volle Gefrierbeutel bleiben nicht an Gerätewand oder -boden haften, wenn Sie die Fächer mit Klarsichtfolie auslegen. Tauschen Sie die Folie regelmäßig aus.

Temperatur prüfen

Für einen sicheren und wirtschaftlichen Betrieb Ihrer Kühlgeräte muss die Innentemperatur mit einem Thermometer regelmäßig überprüft werden.

● **Kühlschränke** Die Kühlschranktemperatur sollte etwa 5° C, zur Energieersparnis ggf. 8° C betragen. Zur Temperaturüberprüfung legen Sie ein Thermometer über Nacht in die Mitte des obersten Einlegebodens. Im Sommer die Temperatur stets prüfen.

● **Tiefkühlgeräte** Hier sollte die Temperatur -18° C oder weniger betragen. Legen Sie ein Thermometer über Nacht auf den obersten Einlegeboden oder obersten Einsatzkorb und überprüfen Sie am nächsten Morgen die Temperatur.

Energie sparen

● **Richtig aufstellen** Kühlgeräte an möglichst kühle Plätze stellen und nicht der Sonnenstrahlung aussetzen.

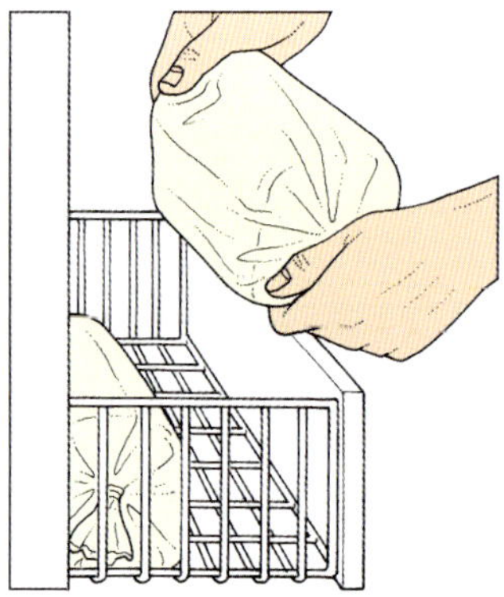

Leerräume füllen
Nach Möglichkeit sollten Tiefkühlgeräte immer gut gefüllt sein, da die Energie dann am besten genutzt wird. Lücken mit Brotlaiben füllen, damit die Luft nicht zirkulieren kann.

Problemen vorbeugen

● **Schalter markieren** Damit Sie Ihr Gefriergerät nicht versehentlich ausschalten, markieren Sie Schalter oder Stecker deutlich.

● **Muffiger Geruch** In nicht genutzten Kühlgeräten entsteht leicht ein muffiger Geruch. Das Gerät vor dem Ausschalten auswischen, abtrocknen und die Tür mit einem Holzklotz offen halten.

● **Transport** Vor und nach dem Transport eines Kühl- oder Gefriergeräts müssen Sie das Gerät mindestens 24 Stunden außer Betrieb lassen. Reinigen Sie das Gerät, nehmen Sie alle losen Teile heraus und sichern Sie die Tür. Kühlgeräte immer aufrecht transportieren.

Einfrieren

● **Lebensmittel vorher kühlen** Lassen Sie Lebensmittel vor dem Einfrieren ganz abkühlen. Stellen Sie die Behälter zum schnellen Kühlen in kaltes Wasser.

● **Nicht zu viel** Vermeiden Sie es, mehr als ein Zehntel der Gesamtkapazität Ihres Geräts an neuen Lebensmitteln auf einmal einzufrieren.

Lagern

● **Lebensmittel sortieren** Achten Sie auf genügend Luftzirkulation im Kühlschrank und lagern Sie die Lebensmittel locker. So bleiben sie länger frisch.

● **Luftdicht** Beim Einpacken der Lebensmittel sollte keine Luft in die Verpackung geraten, damit Feuchtigkeit und Nährstoffe in den Lebensmitteln erhalten bleiben.

GELD SPAREN

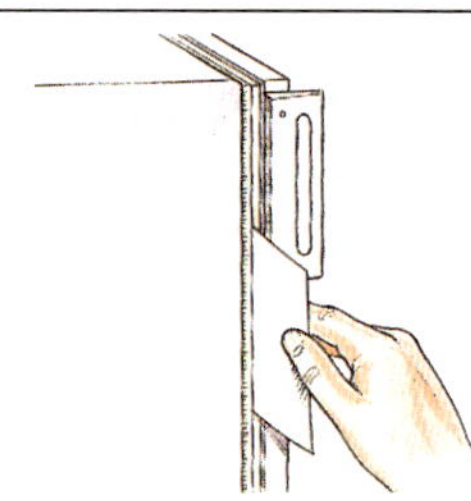

Türdichtung überprüfen
Ob die Türdichtung Ihres Kühl- oder Gefrierschranks einwandfrei schließt, lässt sich leicht überprüfen: Schließen Sie die Tür und halten Sie dabei ein Blatt Papier dazwischen. Wenn es sich leicht herausziehen lässt, die Dichtung erneuern.

Kühlgeräte reinigen

Regelmäßiges Reinigen von Kühl- und Gefrierschränken ist unbedingt erforderlich, damit Ihre Vorräte nicht verderben. Säubern Sie neben den Innenräumen auch die Außenseiten, da diese täglich berührt werden und den Küchendünsten ausgesetzt sind.

Oberflächenschutz

- **Rostschutz** Kondensiert an der Außenseite Ihres Kühl- oder Gefriergeräts öfter Wasser, tragen Sie eine silikonhaltige Politur mit einem weichen Tuch auf.
- **Glyzerin** Reiben Sie die Innenwände Ihres Gefriergeräts nach dem Abtauen mit Glyzerin ab. So lässt sich beim nächsten Abtauen das Eis leichter entfernen.
- **Türen reinigen** Filzstiftspuren auf der Kühlschranktür können Sie mit Feuerzeugbenzin und einem weichen Tuch abreiben. Anschließend mit Spülwasser abwischen und trockenreiben.

Kratzer entfernen

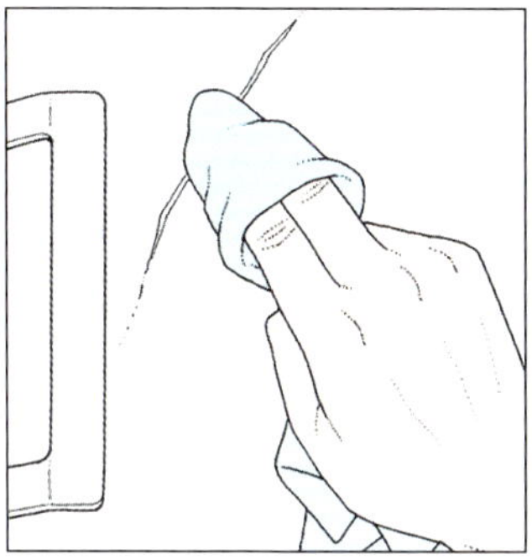

Emaillack

Die betroffene Stelle gründlich reinigen, dann den Kratzer mit Emaillack und einem feinen Pinsel übermalen. Farbe zunächst an einer Stelle testen, die nicht sofort ins Auge fällt.

Innenwände reinigen

- **Verschüttetes wegwischen** Wischen Sie Flecken immer sofort weg, damit diese Reste nicht anfangen zu schimmeln oder zu riechen.
- **Gerüche beseitigen** Gegen hartnäckige Gerüche hilft das Auswischen des Kühlgeräts mit einer Essigwasserlösung.
- **Vorräte kühl halten** Leeren Sie Ihr Kühl- oder Gefriergerät, bevor sie es reinigen oder abtauen. Verstauen Sie Speiseeis in einer Kühltasche. Gekühlte oder gefrorene Lebensmittel müssen immer dicht zusammengestellt und mit einem Tuch oder einer Decke abgedeckt werden.

Gefriergeräte abtauen

Gefriergeräte werden am besten abgetaut, wenn sich nur wenig darin befindet, beispielsweise nach dem Urlaub oder bevor Sie Früchte oder Gemüse einfrieren. Denken Sie immer daran, das Gerät vor dem Abtauen auszuschalten und den Stecker zu ziehen.

Stromausfall

Wenn Ihr Gefriergerät aussetzt oder der Strom ausfällt, beachten Sie folgende Hinweise:

- **Stromzufuhr prüfen** Überprüfen Sie Kabel, Steckdosen und Sicherungen, bevor Sie den Kundendienst informieren.
- **Türen geschlossen halten** Bei geschlossenen Türen bleiben Lebensmittel für etwa 12 Stunden gefroren.
- **Vorräte auslagern** Wenn das Gerät länger außer Betrieb ist, bringen Sie eingefrorene Vorräte bei Freunden oder Nachbarn unter.
- **Aufgetautes zubereiten** Aufgetaute Lebensmittel sollten schnell aufgebraucht werden. Frieren Sie sie nicht wieder ein, da solche Lebensmittel zu Vergiftungen führen können.

Abtauen leicht gemacht

- **Mit Folie auslegen** Legen Sie die Einlegeböden Ihres Gefriergeräts vor dem Abtauen mit Folie aus. Schneiden Sie ein Loch in die Folie, damit auftauendes Wasser in eine Schüssel darunter abfließt.
- **Mit Tüchern auslegen** Legen Sie saugfähige Tücher auf den Boden des Geräts, bevor Sie das Eis von den Seitenwänden kratzen.
- **Gut nachtrocknen** Bevor Sie das Gerät nach dem Abtauen wieder einschalten, reiben Sie die Innenflächen mit einer Essigwasserlösung ab und trocknen Sie mit Küchenpapier nach. Schalten Sie das Gerät ein und legen Sie erst 1 Stunde später die Vorräte wieder hinein.

Zeit sparen

- **Im Winter** Wenn Sie Ihr Gerät bei Minusgraden abtauen, können Sie das Gefriergut einfach draußen lagern.

Heißes Wasser

Die Eisschicht löst sich schneller, wenn Sie in das Gerät einen Eimer mit heißem Wasser stellen, das Gerät schließen und 20 Minuten warten. Der Einsatz eines Föhns ist nicht zu empfehlen.

TÖPFE UND PFANNEN

Töpfe und Pfannen erhalten Sie in verschiedensten Arten und Materialien. Wählen Sie keine billigen Töpfe, sondern eine gute Qualität mit langer Lebensdauer. Schützen Sie die Beschichtung und reinigen Sie Töpfe und Pfannen immer gründlich, dann lohnt sich auch eine teure Anschaffung.

Töpfe und Pfannen auswählen

Die Art Ihrer Töpfe und Pfannen wird das Kochergebnis entscheidend beeinflussen. Das Material, aus dem sie bestehen, muss für Ihren Herd und Ihre Kochtechniken geeignet sein. Wählen Sie auf jeden Fall Stücke von guter Qualität, damit Sie lang Freude daran haben.

Verschiedene Materialien

Gusseiserne Töpfe und Pfannen sind für Gas- und Elektroherde, mit Emailboden auch für Glaskeramik- und Induktionsherde geeignet. Stahl- und Aluminiumtöpfe sind ebenfalls für Gas- oder Elektroherde, Stahl- oder Aluminiumtöpfe mit schwerem Kupferboden auch für Glaskeramik- und Induktionsherde geeignet. Hitzefestes Glas kann auf allen Herden, Kupfer- und Steinguttöpfe am besten auf Elektroherden verwendet werden.

Gusseisen

Edelstahl

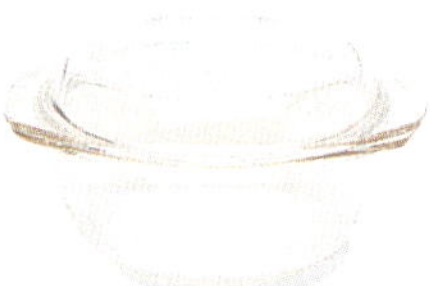

Hitzefestes Glas

Emaillierter Stahl

Steingut

Kupfer mit Stahl beschichtet

Aluminium

Kaufentscheidungen

- **Gusseisen** Mit schwerem Gusseisen erzielen Sie die besten Kochergebnisse. Zwei Griffe oder Henkel erleichtern das Heben. Holzgriffe isolieren gegen Hitze.
- **Kupfer** Kupfertöpfe oder -pfannen sollten mit Edelstahl beschichtet sein, damit sie lang halten.
- **Hitzefestes Glas** Geschirr aus hitzefestem Glas ist besonders vielseitig. Es ist zum Kochen, Einfrieren, Aufwärmen, Servieren und sogar für den Mikrowellenherd geeignet, allerdings ist es schlagempfindlich.

In speziellen Fällen – improvisieren!

Gemüse dünsten
Wenn Sie keinen Dampfkochtopf haben, hängen Sie das Gemüse in einem Metallsieb in einen Topf mit wenig kochendem Wasser und schließen den Deckel.

Folie hält den Spargel aufrecht.

Spargel kochen
Legen Sie einen Ring aus Aluminiumfolie in einen großen Topf. Der Spargel gart aufrecht und die zarten Köpfe geraten nicht ins Wasser.

Töpfe und Pfannen pflegen

Bei guter Pflege Ihrer Töpfe und Pfannen werden Sie lang gute Kochergebnisse erzielen. Schützen Sie die Oberfläche Ihres Kochgeschirrs vor Beschädigungen, um das Anbrennen des Essens zu vermeiden. Verwenden Sie daher auch niemals Metallbesteck beim Kochen.

Neue Töpfe vorbereiten

- **Kupfer** Tauchen Sie neue Kupferpfannen in kochendes Wasser. Dann darin abkühlen lassen.
- **Gusseisen** Vor dem ersten Gebrauch mit Speiseöl einreiben und noch etwas Öl hinzugießen. Lassen Sie den Topf für 1 Stunde auf niedriger Hitze stehen. Nach dem Abkühlen wischen Sie ihn mit Küchenpapier aus.
- **Email** Vor der ersten Verwendung mit Salzwasser (50 g Salz, 2 EL Essig, 1 l Wasser) 1 Stunde auskochen.

Beschichtungen

Beschichtete Pfannen
Damit antihaftbeschichtete Pfannen nicht zerkratzt werden, legen Sie Küchenpapier dazwischen, wenn Sie sie zur Aufbewahrung ineinander stellen.

Gusseiserne Pfannen

Rostschutz
Gusseiserne Pfannen rosten im Schrank nicht, wenn Sie diese gut abtrocknen und die Oberflächen mit einem in Öl getauchten Küchenpapier abreiben.

Töpfe und Pfannen reinigen

Die Reinigung von Töpfen und Pfannen ist entscheidend für das Kochergebnis. Jedes Material muss auf eine spezielle Art gereinigt werden – lesen Sie daher die Anleitungen des Herstellers sorgfältig durch, bevor Sie Ihre neuen Pfannen zum ersten Mal reinigen.

Flecken entfernen

- **Email reinigen** Kochen Sie Emailgeschirr mit Sodawasser aus und wischen Sie es mit den üblichen Reinigungsmitteln aus. Niemals kaltes Wasser in heiße Emailtöpfe geben oder umgekehrt – die Beschichtung kann springen!

Aluminium aufhellen
Bei dunklen Flecken in Aluminiumtöpfen den Topf mit Wasser füllen und den Saft einer Zitrone hinzugeben. Köcheln lassen, bis die Flecken weg sind.

Kupfer reinigen

- **Die Kraft der Zitrone** Stumpf gewordene Kupfertöpfe können wieder glänzen: Pressen Sie eine halbe Zitrone aus, geben Sie etwas Tafelsalz dazu und reiben Sie damit das Kupfer ab. Dann den Topf spülen und gut abtrocknen.

Mit Essigpaste
Rühren Sie eine dicke Paste aus Essig und Mehl zu gleichen Teilen an. Mit einem weichen Tuch über das Kupfer reiben, bis es glänzt. Abspülen und abtrocknen.

Problemen vorbeugen

- **Oberflächen schützen** Kochgeschirr mit eingebrannten Resten in heißem Spülwasser einweichen. Zuckerreste lösen sich besser in kaltem Wasser.
- **Steinguttöpfe einweichen** Damit Ihr Steinguttopf kein Fett aufsaugt, füllen Sie ihn mit kochendem Wasser und lassen ihn 1 Stunde stehen. So kann beim Kochen kein Fett mehr in die Poren eindringen und zum Dünsten entsteht Dampf im Topf.
- **Griffe reinigen** Holzgriffe nicht einweichen, damit keine Risse entstehen.
- **Stahl pflegen** Edelstahlgeschirr nach dem Kochen sofort abwaschen, da Kochsalz die Oberfläche angreifen kann.
- **Pfannen abtrocknen** Trocknen Sie Aluminium- oder Edelstahlpfannen sofort ab, um Wasserflecken zu vermeiden.

BACKFORMEN

Eine große Auswahl an Backformen ist in allen Küchen zu empfehlen. Wählen Sie die Backformen entsprechend Ihrer Gewohnheiten und Vorlieben. Wenn Sie regelmäßig backen, schaffen Sie sich hochwertige Backformen in unterschiedlichen Größen an, die sich leicht reinigen lassen.

Backformen auswählen

Backformen bestehen in der Regel aus leichtem oder mittelschwerem Material. Unbeschichtete Formen eignen sich am besten für Rührkuchen, da hierin die goldbraune Kruste am besten gelingt. In antihaftbeschichteten Formen bekommt der Kuchen eine eher dunkle und dicke Kruste.

VERSCHIEDENE FORMEN

Die unten abgebildeten Backformen reichen für die meisten Bedürfnisse aus. Aus Silikonbackformen lässt sich der Kuchen besonders leicht herausnehmen; außerdem sind solche Formen einfach zu reinigen. Zu Ihrer Grundausstattung sollten auf jeden Fall Backbleche mit hohem Rand zum Backen von Blechkuchen gehören. Außerdem ein Blech mit einem abgeschrägten Rand, von dem Kekse leicht heruntergleiten können. Unabdingbar ist für gute Backergebnisse ein großes Kuchengitter zum Abkühlen.

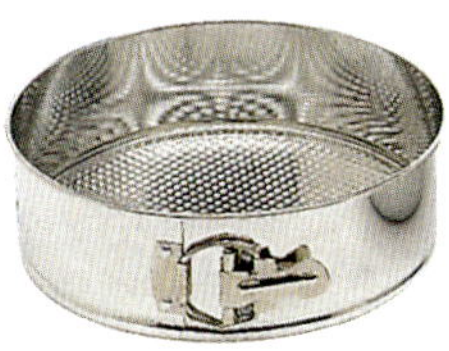

Springform

Napfkuchenform

Obstkuchenform

Tortelettförmchen

Silikonbackform

Biskuitformen

Kastenform

Muffinblech

Backblech mit hohem Rand

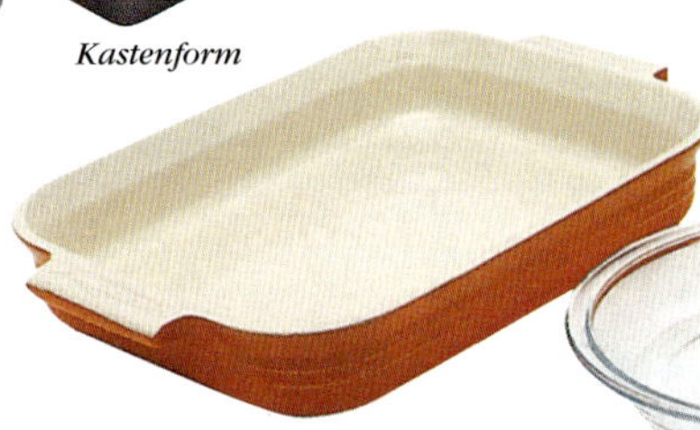

Ofenfeste Form

Mikrowellenfeste Form

Backblech

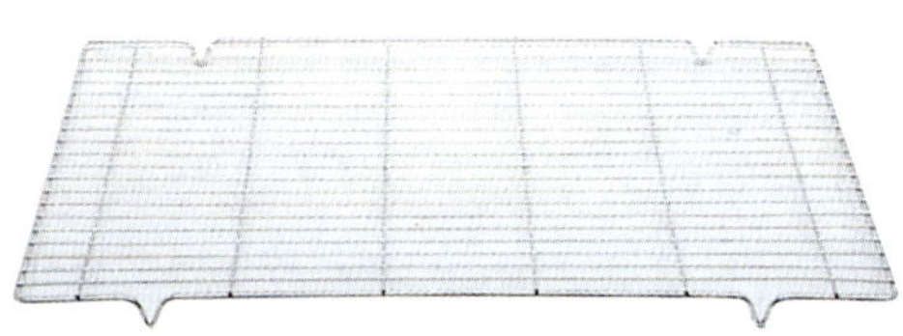

Kuchengitter

KÜCHENGERÄTSCHAFTEN

Jeder Koch braucht gutes eigenes Handwerkszeug zum Kochen. Manche Gerätschaften erfüllen verschiedene Funktionen und sollten in sehr guter Qualität in jeder Küche vorhanden sein. Spezielle Dinge können nützlich sein, sind jedoch oft recht teuer.

Messer

Vor allem beim Kauf von Messern sollten Sie auf beste Qualität achten. Gute Messer sparen Zeit und Kraft und begleiten Sie über viele Jahrzehnte. Schaffen Sie sich ein Grundset an, das Sie im Lauf der Zeit um verschiedene Spezialmesser ergänzen können.

Auswahl des Materials

- **Klinge** Das Klingenmaterial muss von guter Qualität und leicht zu schärfen sein. Lassen Sie sich in einem Fachgeschäft beraten oder nutzen Sie die vielfältigen Informationen, die es mittlerweile auch über das Internet frei Haus gibt.
- **Griff** Holzgriffe, die mit hitzefestem Kunststoff überzogen sind, verschleißen nur langsam und sind leicht zu reinigen.

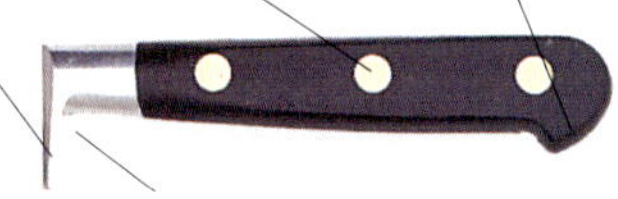

Allgemeines

Messer sollten gut ausbalanciert sein und perfekt in der Hand liegen. Die Klinge muss stabil im Griff verankert sein. Eine Verstärkung an der Klingenbasis schützt Ihre Finger und stärkt die Klinge.

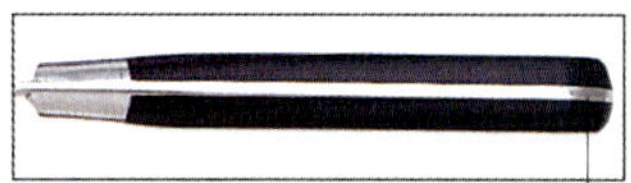

Die Heftschalen des Griffes umfassen den so genannten Klingenerl.

Grundset an Messern

- **Ausgewogen und in Balance** Nehmen Sie das Messer vor dem Kauf in die Hand und überprüfen Sie, wie es ausbalanciert ist. Legen Sie das Messer am Bart (siehe oben) auf Ihre Handkante. Wenn das Messer mit dem Griff nach unten sinkt, ist es gut ausbalanciert.
- **Große Klinge** Schwere Allzweckmesser mit großer Klinge finden in der Küche vielseitige Anwendung.
- **Schwere Messer** Je schwerer ein Messer, umso besser eignet es sich zum Hacken von Lebensmitteln. Eine schwere Klinge fällt leichter nach unten, sodass Sie weniger Kraft aufwenden müssen.
- **Herstellerangaben** Aus den Herstellerangaben zu Ihren neuen Messern erfahren Sie, ob ein Messer für die Spülmaschine geeignet ist.

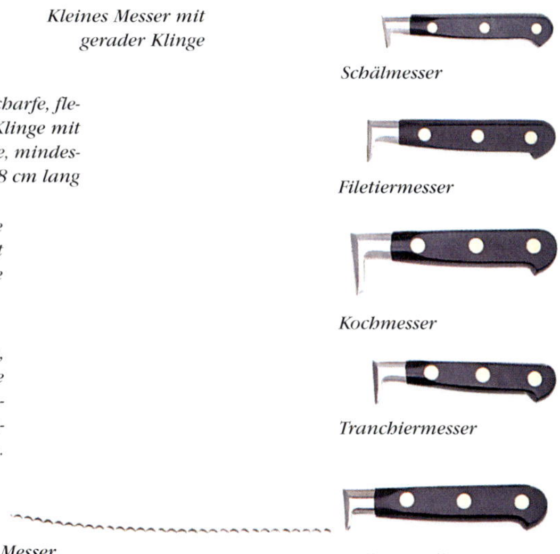

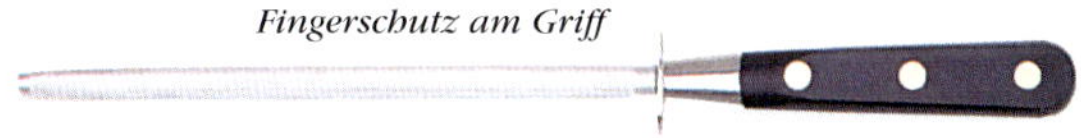

Messerpflege

Nachdem Sie viel Geld für hervorragende Messer ausgegeben haben, wollen Sie diese sicherlich auch in gutem Zustand halten. Bewahren Sie sie in einem Messerblock oder an einer magnetischen Stange auf, um Unfälle zu vermeiden und die Klingen zu schützen.

ZUR SICHERHEIT

- **Handhabung** Halten Sie Messer an der Körperseite mit der Klinge nach unten.
- **Fallen lassen** Wenn Sie ein Messer nicht mehr richtig fassen können, lassen Sie es einfach zu Boden fallen. Bei dem Versuch, ein fallendes Messer aufzufangen, können Sie sich ernsthaft verletzen.
- **Schärfen** Achten Sie darauf, dass Ihre Messer immer scharf sind. Stumpfe Messer rutschen beim Schneiden leichter ab.
- **Reinigen** Legen Sie Messer niemals zusammen mit anderem Geschirr in die Spüle. Unter dem Seifenschaum sind sie schlecht zu erkennen, und das Verletzungsrisiko beim Hineingreifen ist daher groß.

SCHARFE SPITZEN SCHÜTZEN

Halten Sie den Korken fest und stecken Sie das Messer von oben vorsichtig hinein.

Mit Korken
Wenn Sie keinen Messerblock oder eine magnetische Stange haben, schützen Sie die scharfen Messerspitzen mit einem Korken. So bleiben die Messer in den Schubladen unbeschädigt.

KLINGEN SCHÜTZEN

- **Geeignete Unterlagen** Schneiden Sie immer auf Brettchen aus Kunststoff oder Holz, damit die Klingen nicht so schnell stumpf werden.
- **Nur für Lebensmittel** Schneiden Sie mit Ihren hochwertigen Küchenmessern ausschließlich Lebensmittel.
- **Oft abwaschen** Waschen Sie Messer sofort nach Gebrauch ab, damit sie nicht fleckig werden. Ein nasser Korken und etwas Scheuerpulver lösen angeklebte Reste.
- **Aufbewahren** Schneiden Sie Kerben in eine Holzleiste, die Sie in eine Schublade kleben. Dann legen Sie die Messer mit der Schneide nach unten in die Schlitze.

Messer schärfen

Messer schärfen dauert nicht lang und ist gar nicht schwer. Wenn Sie Ihre Messer vor jedem Gebrauch schärfen, werden Sie viele Jahre Freude daran haben. Falls die Klingen trotzdem stumpf werden, geben Sie sie alle 2–3 Jahre in ein Fachgeschäft.

WETZGERÄTE

- **In Öl einlegen** Legen Sie einen Wetzstahl in Speiseöl, dann geht das Schleifen leichter.
- **Regelmäßig schärfen** Gewöhnen Sie es sich an, Messer vor jedem Gebrauch zu schärfen. Schieben Sie die Klinge einfach durch ein elektrisches Schleifgerät oder ziehen Sie die Schneide drei- bis viermal über den Wetzstahl.
- **Klingen mit Wellenschliff** Nur professionelle Messerschleifer oder Fachbetriebe sollten Messerklingen mit Wellenschliff schärfen. Versuchen Sie es nicht selbst, die einzelnen Zähne können sehr leicht beschädigt werden.

ALTERNATIVEN ZUM WETZSTAHL

Becher am Henkel halten, dann von der Hand weg arbeiten.

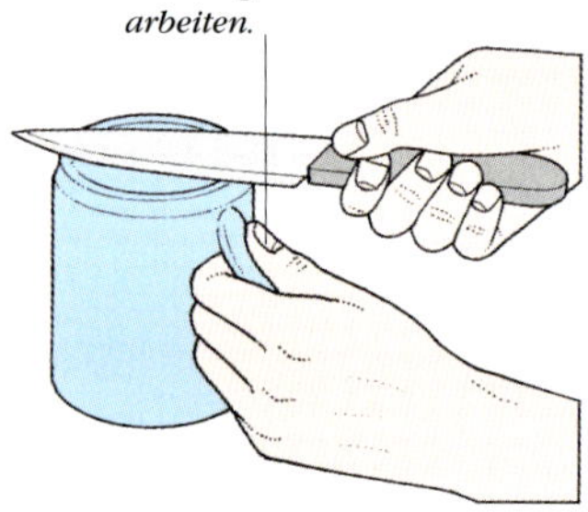

Mit einem Becher
Anstelle eines Wetzstahls oder eines Schleifgeräts hilft der Boden eines unglasierten Steingutbechers. Ziehen Sie die Klinge in flachem Winkel mehrfach fest über den Boden.

Befestigen Sie das Papier mit kurzen Nägeln am Block.

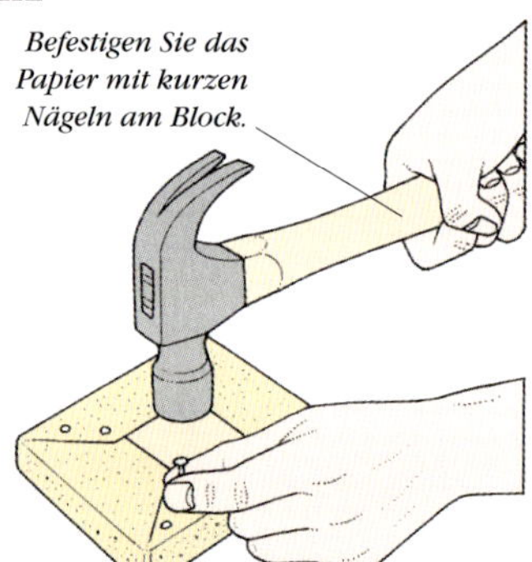

Mit Schleifpapier
Wickeln Sie feines Schleifpapier um einen Kork- oder Holzblock und befestigen Sie es mit kleinen Nägeln. Ziehen Sie die Messerklinge zum Schärfen fest über das Papier.

Nützliche Küchenhilfen

In Haushaltsgeschäften finden Sie eine große Auswahl an nützlichen Utensilien für die verschiedenen Arbeiten in der Küche. Einige können Sie nur für einen einzigen Arbeitsvorgang verwenden, während andere Sie auf vielseitige und wertvolle Weise unterstützen können.

Was man immer braucht

- **Gemüse schälen** Schäler mit beweglichen Klingen schälen wesentlich dünner als gewöhnliche Messer. Mit dem Sparschäler können Sie außerdem Löckchen vom Parmesankäse oder dekorative Kokossplitter von einer Kokosnuss abhobeln.
- **Empfindliches heben** Mit Bratenwendern lassen sich empfindliche Lebensmittel oder auch Quiches und Torten leicht anheben, ohne dass sie Schaden nehmen.
- **Zitrusfrüchte schälen** Mit dem Zesteur können Sie von Orangen und Zitronen problemlos die Schale abhobeln.
- **Rühren** Schneebesen erleichtern das Verrühren unterschiedlicher Flüssigkeiten – vom Anrühren von süßen Baisermassen bis zum Glätten klumpiger Saucen.

Helfer für die unterschiedlichsten Arbeiten

- **Dekormesser** Schälen Sie von einer Gurke in Längsrichtung lange Streifen ab. Die Streifen eignen sich sehr gut zum Dekorieren von Longdrinkgläsern für erfrischende kühle Getränke.
- **Kugelausstecher** Sorbeteis sieht sehr appetitlich aus, wenn Sie zum Servieren einen Kugelausstecher verwenden. Arrangieren Sie kleine Bällchen in Serviergläsern und überraschen Sie Ihre Gäste.

Kartoffeln schälen
Mit einem Gemüseschäler lassen sich auch neue Kartoffeln sehr leicht und effektiv schälen. Mit einem Messer geht dies wesentlich schwieriger und es fällt auch mehr Abfall an.

Artischocken putzen
Mit einem Kugelausstecher können Sie nach dem Garen das Heu aus dem Artischockenboden heben. Innere Blätter herauszupfen und mit dem Kugelausstecher das Heu herauskratzen.

Tomaten zerkleinern

Sondereinsatz
Wenn Sie keine passierten Tomaten aus der Dose haben, öffnen Sie eine Dose mit ganzen Tomaten. Zerkleinern Sie dann die Tomaten mit einer Küchenschere in der Dose.

Tipps & Tricks

- **Zitronen auspressen** Wenn Sie keine Zitronenpresse haben, stecken Sie die halbierte Zitrone auf die Zinken einer Gabel und drehen diese hin und her.
- **Trichter basteln** Aus einer leeren Spülmittelflasche können Sie sich einen einfachen Trichter basteln: Nehmen Sie den Deckel ab und schneiden Sie den oberen Teil der Flasche ab. Waschen Sie den Trichter gut aus und trocknen Sie ihn innen gründlich ab.
- **Festsitzende Korken ziehen** Schrauben Sie einen großen Metallhaken in den Korken der Weinflasche, schieben Sie ein kleines Holzstück hindurch und ziehen Sie dann den Korken heraus.

GUTE IDEE!

Arbeitsflächen reinigen
Mit einem Bratenwender lassen sich Teigreste, die beim Ausrollen auf der Arbeitsfläche kleben geblieben sind, gut abschaben. Schieben Sie ihn im flachen Winkel über die Fläche, um alle festsitzenden Reste zu lösen. Anschließend wischen Sie mit einem feuchten Tuch nach und trocknen die Fläche ab.

Weitere nützliche Utensilien

Viele weitere verschiedene Küchenwerkzeuge leisten Ihnen bei der Küchenarbeit wertvolle Dienste und erleichtern die täglich anfallenden Arbeiten. Wie immer sollten Sie auf gute Qualität achten, denn diese erleichtert die spätere Arbeit und garantiert eine lange Haltbarkeit.

Siebe verwenden

Früchte pürieren
Ein flexibles Nylonsieb eignet sich gut zum Pürieren von stark säurehaltigem Obst oder zum Entfernen der Kerne. Metallsiebe können durch die Säure anlaufen und das Püree verfärben.

Teig formen

- **Gleichmäßig ausrollen** Mit Holzleisten oder Linealen können Sie die Dicke des Teiges exakt festlegen: Die Leisten oder Lineale werden zu beiden Seiten des Teiges gelegt, dann rollen Sie das Nudelholz über Teig und Hölzer.
- **Kekse formen** Sie brauchen zur Herstellung von Keksen keine kostspieligen Formen anzuschaffen, Sie können sie stattdessen mit Backtrennpapier formen.

Rührschüsseln

- **Hitzefeste Schüsseln** Verwenden Sie hitzefeste Rührschüsseln, die Sie direkt in den Mikrowellenherd oder in ein Wasserbad stellen können.
- **Keine Ausrutscher** Stellen Sie die Schüssel auf ein feuchtes Tuch, bevor Sie mit dem Verrühren der Zutaten beginnen, damit sie nicht verrutschen kann.

Zubehör markieren

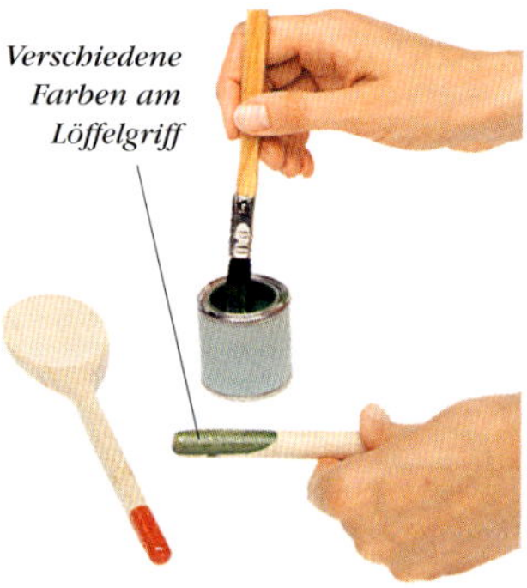

Löffelstiele färben
Kennzeichnen Sie zur Unterscheidung alle Löffelstiele mit Lebensmittelfarben. Nehmen Sie immer einen bestimmten Löffel nur für Zwiebeln, einen anderen für Obst usw.

Backpinsel

- **In verschiedenen Farben** In Haushaltsgeschäften gibt es Pinsel in verschiedenen Farben. So können Sie für jeden Zweck einen Pinsel in einer anderen Farbe verwenden.

Pinsel immer griffbereit
Schneiden Sie in den Deckel eines Marmeladenglases ein Loch und füllen Sie etwas Öl ins Glas. Darin können Sie für 1–2 Tage den Backpinsel verwahren, wenn Sie viel backen.

Metall

- **Formen** Legen Sie Metallformen mit Klarsichtfolie aus, bevor Sie säurehaltige Lebensmittel wie Fruchtgelees hineingeben. Eine Reaktion zwischen Säure und Metall kann Geschmack und Farbe der Speise beeinträchtigen.
- **Abtropfsiebe** Metallsiebe sind vielseitiger als solche aus Kunststoff. Sie können beispielsweise zum Gemüsedünsten in einen großen Topf gehängt werden.
- **Waagschalen anwärmen** Tauchen Sie die Metallschale vor dem Wiegen klebriger Lebensmittel in kochendes Wasser, damit nichts daran hängen bleibt.

Fleisch garen

- **Zange** Wenden Sie das Fleisch in der Pfanne mit einer Zange. Wenn Sie mit einer Gabel oder einem Messer hineinstechen, um es anzuheben, läuft viel Saft heraus.
- **Braten übergießen** Verwenden Sie einen langen Löffel, um das Fleisch während des Bratens anzugießen. Das schützt vor Verbrennungen.

Gebratenes dekorieren
Erhitzen Sie einen Metallspieß über einer Gasflamme oder unter dem Grill so stark wie möglich und pressen Sie damit ein attraktives Muster in gegrilltes Geflügel, Fleisch oder Fisch.

Pflege der Küchengerätschaften

Bei guter Pflege halten die meisten Küchengerätschaften viele Jahre. Moderne Kunststoffmaterialien sind einfach zu pflegen, Holzgeräte dagegen müssen qualitativ hochwertig sein, gründlich gereinigt und regelmäßig auf Risse überprüft werden.

Kleine Probleme lösen

- **Verkeilte Schüsseln** Schüsseln, die ineinander festklemmen, lassen sich einfach voneinander lösen: Füllen Sie die innere Schüssel mit Eiswasser, damit sie sich zusammenzieht, und stellen Sie die äußere in heißes Wasser, damit sie sich ausdehnt.
- **Grünspan** Legen Sie Kupfergeräte für 2–3 Stunden in eine Lösung aus Waschsoda und heißem Wasser. Dann abspülen und trocknen.
- **Teerückstände** Verchromte Teekannen lassen sich außen leicht mit einer Lösung aus Essig und Salz reinigen, die mit einem weichen Tuch aufgetragen wird.

Gerüche beseitigen

Mit Zitrone abreiben
Nachdem Sie stark riechende Lebensmittel auf einem Holzbrett geschnitten haben, waschen Sie das Brett ab und reiben es mit etwas Zitronensaft ein. Ihre Hände können Sie auf die gleiche Weise vom Geruch befreien.

Knoblauchpresse reinigen

Mit einer Zahnbürste
Die verstopften Löcher einer Knoblauchpresse können mit einer Zahnbürste leicht gereinigt werden. Waschen Sie die Knoblauchpresse immer direkt nach dem Gebrauch, damit die Reste nicht antrocknen.

Man muss sich nur zu helfen wissen

Im Idealfall ist in der Küche für alle Arbeiten das passende Werkzeug zur Hand. Manchmal muss man aber etwas improvisieren. Wenn Sie bestimmte Kochtechniken nur gelegentlich anwenden, bietet es sich an, vorhandene Dinge zu verwenden statt teure Spezialgeräte anzuschaffen.

Teig ausrollen

- **Mehl ausstreuen** Mehl können Sie vor dem Ausrollen des Teiges mit einem Sieb über die Arbeitsfläche verteilen.

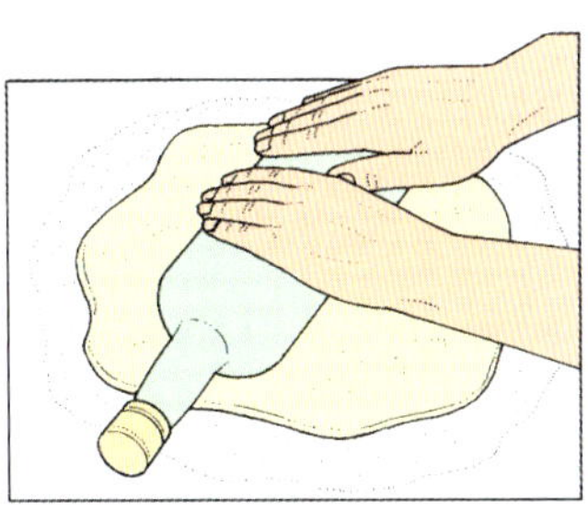

Nudelholzersatz
Statt eines Nudelholzes können Sie auch eine Flasche nehmen. Damit der Teig kühl bleibt und sich leicht verarbeiten lässt, die mit Wasser gefüllte Flasche kurz in den Kühlschrank stellen.

Trichter ersetzen

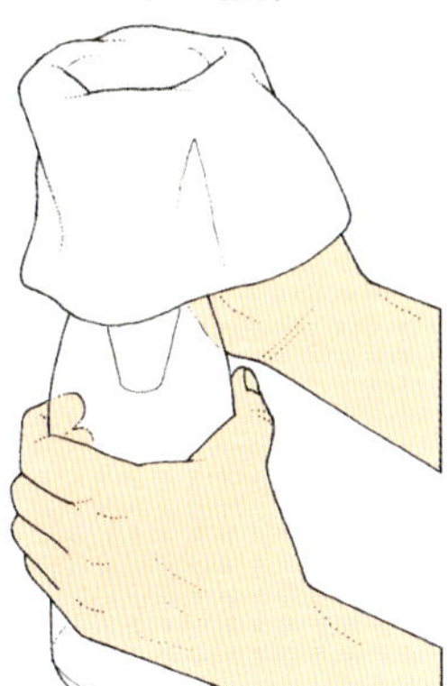

Spritzbeutel
Füllen Sie schmale Gläser oder Flaschen mit engem Hals, indem Sie einen Spritzbeutel mit der Spitze zuerst hineinstecken und die Flüssigkeit vorsichtig durch das breite Ende eingießen.

Not macht erfinderisch

- **Zusätzliches Backblech** Legen Sie eine doppelte Lage Aluminiumfolie auf den Backofenrost und falten Sie die Kanten sorgfältig nach oben.
- **Zusätzliche Arbeitsfläche** Wenn Sie kurzzeitig zusätzliche Arbeitsfläche in der Küche brauchen, legen Sie ein passendes Brett über eine ausgezogene Schublade – aber nicht schwer belasten und die Fläche nur zum Schneiden von Zutaten verwenden.
- **Zusätzliche Deckel** Ein Backblech oder zusammengedrückte Aluminiumfolie ersetzen oft den fehlenden Deckel für sehr große Pfannen oder Töpfe. Achten Sie darauf, dass der Dampf entweichen kann.

KLEINE HELFER

Es gibt mittlerweile sehr viele verschiedene elektrische Kleingeräte, die bei den unterschiedlichsten Küchenarbeiten tagtäglich viel Zeit und Kraft sparen können. Überlegen Sie sich aber genau, welche Geräte am besten zu Ihrem Kochstil passen.

Elektrische Kleingeräte nutzen

Die Bedienungsanleitung erklärt Ihnen genau, welche einzelnen Funktionen Ihr Gerät hat und wie Sie es am besten einsetzen können – lesen lohnt sich also. Stellen Sie häufig verwendete Geräte wie Toaster, Mixer oder Küchenmaschine in Reichweite auf die Arbeitsfläche.

AUSWAHL DER GERÄTE

- **Leichte Reinigung** Prüfen Sie, ob sich einzelne Teile eines Elektrogeräts zum Abwaschen leicht abnehmen lassen und ob diese auch spülmaschinenfest sind.
- **Kabel** Toaster, Wasserkocher oder Küchenmaschine sollten über eine Kabelführung verfügen oder das Kabel automatisch einziehen.
- **Rutschfestigkeit** Achten Sie bei allen Geräten auf rutschfeste Füße.
- **Kleinere Einsätze** Für die häufige Zubereitung kleinerer Mengen wie beispielsweise Babynahrung eignen sich Küchenmaschinen, in deren große Schüssel man kleinere Einsätze stecken kann.

ZUR SICHERHEIT

- **Netzstecker ziehen** Bevor Sie ein elektrisches Gerät reinigen, ölen oder reparieren, ziehen Sie immer zuerst den Netzstecker heraus.
- **Hände abtrocknen** Trocknen Sie Ihre Hände immer ab, bevor Sie ein Elektrogerät oder einen Stecker berühren, damit Sie keinen elektrischen Schlag bekommen.
- **Klingen reinigen** Waschen Sie scharfe Klingen einer Küchenmaschine oder eines Mixers vorsichtig mit einer Bürste ab. Lassen Sie die Klingen nicht im Wasser liegen, damit Sie sich nicht verletzen.

MIXER

Das Handtuch schützt vor heißen Spritzern.

Deckel festhalten
Wenn Sie heiße Lebensmittel im Mixer verrühren, lassen Sie die Zutaten zunächst etwas abkühlen. Schützen Sie Ihre Hände vor heißen Spritzern mit einem Küchentuch.

KLEINE WARTUNGSARBEITEN

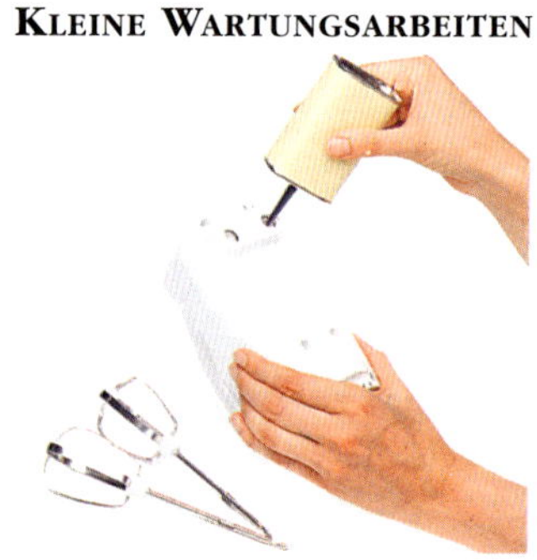

Gut geschmiert
Wenn sich die Rührbesen Ihrer Küchenmaschine nur noch schwer drehen oder sich kaum mehr herausziehen lassen, geben Sie einen Tropfen Speiseöl in die Öffnungen.

KÜCHENMASCHINE

Zusätzlicher Nutzen
Bei häufiger Verwendung der Küchenmaschine empfiehlt sich die Anschaffung eines zusätzlichen Aufsatzes, damit Sie verschiedene Zutaten kurz nacheinander zubereiten können.

TIPPS ZUM RÜHREN

- **Rhythmisches Rühren** Wenn Ihre Küchenmaschine keine Funktion zum rhythmischen Rühren hat, betätigen Sie abwechselnd die Aus-Taste und die Taste für die höchste Stufe.
- **Fest aufstellen** Auf einer Gummi- oder Weichplastikmatte steht die Küchenmaschine während des Betriebs sicher und läuft leiser.
- **Arbeitsgerät vorwärmen** Spülen Sie Schüssel und Knethaken einer Küchenmaschine mit heißem Wasser ab, bevor Sie den Brotteig hineingeben. Die Wärme unterstützt den Teig beim Gehen.

Pflege von elektrischen Geräten

Auch qualitativ hochwertige elektrische Geräte brauchen regelmäßige Pflege und Wartung. Stellen Sie elektrische Geräte niemals in die Nähe des Herdes, damit die Hitze das Gerät nicht beschädigt, und überprüfen Sie die Kabel von Zeit zu Zeit auf Verschleiß.

Verschleiss verringern

- **Richtige Geschwindigkeit** Befolgen Sie die Herstellerhinweise zur richtigen Geschwindigkeit und anderen Einstellungen Ihres Geräts.
- **Der Aufgabe anpassen** Wenn der Motor während des Rührens überlastet ist, wählen Sie eine höhere Stufe oder rühren Sie kleinere Portionen.
- **Plötzlicher Stopp** Setzen Mixer oder Küchenmaschine beim Rühren plötzlich aus, schalten Sie das Gerät ab und prüfen Sie, ob die Klingen frei drehen können. Lassen Sie das Gerät ein paar Minuten abkühlen, bevor Sie es erneut anschalten.

Dichtungen pflegen

Öl aus der Sprühdose
Sprühen Sie gelegentlich etwas Speiseöl auf die Deckeldichtung der Küchenmaschine. Darauf achten, dass kein Öl in die Rührschüssel gerät, damit das Aroma der Speisen nicht verfälscht wird.

Zubehör aufbewahren

- **Rührbesen aufhängen** Rührbesen sind an einem Haken an Wand oder Reling immer griffbereit und sicherer vor Beschädigungen als in einer Schublade.
- **Klingen lagern** Verwahren Sie scharfe Klingen und ähnliches Zubehör separat. Sie können die Klingen auch in einen Styroporblock aus dem Verpackungsmaterial des Geräts stecken, um die Verletzungsgefahr zu verringern.
- **Geräte abdecken** Eine Plastikhülle schützt Ihre Elektrogeräte auf einer viel benutzten Arbeitsfläche vor Spritzern oder Staub.

Reinigen der Kleingeräte

Küchengeräte, die Sie täglich verwenden, sollten Sie regelmäßig reinigen. Lesen Sie in der Bedienungsanleitung nach, wie die Geräte am besten gereinigt werden sollen. Ziehen Sie vor dem Reinigen immer den Netzstecker und tauchen Sie elektrische Geräte niemals ins Wasser.

Reste entfernen

- **Mit einer Zange** Festsitzende Krümel im Toaster mit einer Holzzange oder zwei Schaschlikspießen entfernen.

Krümel herausblasen
Mit komprimierter Luft können Sie Krümel aus dem Toaster hinausblasen. Solche Sprühdosen erhalten Sie in Fotofachgeschäften. Möglicherweise hilft auch schon eine Luftpumpe.

Verkalkungen

- **Wasserkocher entkalken** Füllen Sie den Wasserkocher zu gleichen Teilen mit Essig und Wasser. Kochen Sie die Flüssigkeit auf und lassen Sie sie im Wasserkocher über Nacht einweichen. Vor dem nächsten Gebrauch muss der Kocher gründlich mit viel klarem Wasser gespült werden. Eventuell wiederholen.
- **Kaffeefilter entkalken** Wenn der Durchlauf Ihrer Kaffeemaschine verstopft ist, füllen Sie den Wassertank zu gleichen Teilen mit Wasser und Essig und lassen Sie die Maschine ein- oder zweimal durchlaufen. Lassen Sie die Maschine mehrmals mit klarem Wasser laufen, bevor Sie wieder Kaffee kochen.

Mühlen reinigen

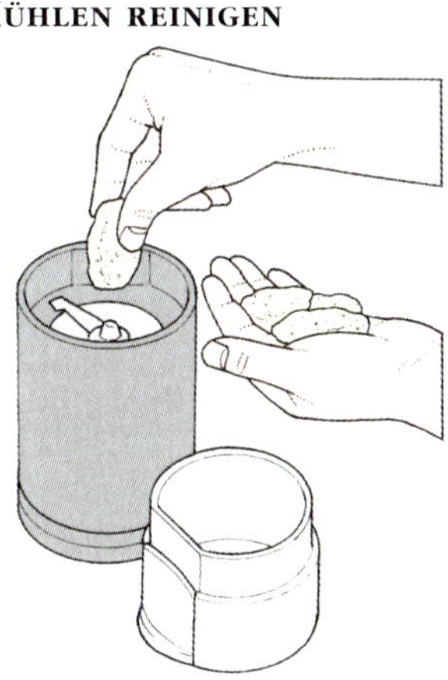

Brot mal nicht zum Essen
Wenn Sie Gewürze in einer Kaffeemühle gemahlen haben, sollten Sie ein paar Brotstücke mit der Mühle mahlen, damit der Kaffee nicht den Geschmack annimmt.

TIPPS ZU HALTBAREN LEBENSMITTELN

ÜBERSICHT

In jeder Küche sollte immer ein fester Grundstock an haltbaren Lebensmitteln vorhanden sein. Aus wenigen Zutaten können Sie dann in kurzer Zeit eine gesunde Mahlzeit zaubern, ohne einkaufen zu müssen. Die Grundlage einer guten Vorratshaltung ist ein gut geordneter Vorratsschrank, der viele Kombinationsmöglichkeiten bietet. Auch eine kleine Auswahl an Fertiggerichten sollte nicht fehlen, die Sie dann zusammen mit frischen Lebensmitteln zu schmackhaften Mahlzeiten aufwerten können.

Der Vorratsschrank

Lebensmittel jeglicher Art lagern Sie am besten kühl, trocken und lichtgeschützt. Ein einfacher Küchenschrank an einer kühlen Außenwand ist dafür gut geeignet, noch besser ist natürlich eine kleine Speisekammer neben oder in der Nähe der Küche.

DEN VORRATSSCHRANK EINRÄUMEN

Große, leichtere Packungen, Keksdosen und H-Milch-Tüten (für Notfälle) stehen oben.

Nicht zu tiefe Bretter garantieren einen guten Überblick.

Mehl, Zucker und andere Waren werden in Gläsern trocken und geschützt gelagert.

Große Flaschen stehen hinter kleinen.

Schwere Behältnisse für den täglichen Bedarf sowie Gläser für Kräuter und Gewürze stehen unten.

PLATZ FÜR VORRÄTE

● **Schrank aufstellen** Der Vorratsschrank sollte immer so kühl und trocken wie möglich stehen. Eine kühle Außenwand ist besser als eine warme Innenwand. Optimal ist eine Temperatur von 10° C.

● **Regalbretter auswählen** Wählen Sie Regalbretter mit einer Tiefe von höchstens 13 cm, damit Sie alle Gefäße gut erreichen und den Überblick über Ihre Vorräte behalten.

● **Reinigung leicht gemacht** Bevor Sie die Vorräte einräumen, legen Sie die Bretter mit abwischbarem Material wie Schrankpapier oder selbstklebender Folie aus.

Anordnung der Vorräte

Lagern Sie leichte Vorräte wie Getreideprodukte auf den oberen Regalbrettern. Schwere Flaschen und Dosen stehen sicherer auf unteren Brettern. Kleine Gewürzgläschen für den täglichen Bedarf sollten immer vorn stehen.

TROCKENE LAGERUNG

Meist sind Küchen warm und die Luft vom Kochen ist eher feucht, daher bieten sie keine optimalen Bedingungen für die Lagerung trockener Lebensmittel. Durchdachte Lösungen und die richtige Wahl des Vorratsschranks sind somit wichtig, damit Hitze und Feuchtigkeit Ihren Vorräten nichts anhaben können.

In Behältern lagern

Teuer und aufwändig müssen die Lösungen nicht sein. Optimieren Sie erst einmal die Möglichkeiten in Ihrer Küche und lassen Sie Ihre Kreativität spielen: Kaffeedosen beispielsweise können als mehrfach verwendbare, kostengünstige Vorratsbehälter dienen.

SCHRANKRAUM MAXIMAL AUSNUTZEN

● **Behälter stapeln** Bei sehr begrenztem Stauraum sollten Sie stapelbare Vorratsbehälter anschaffen. Denn aufeinander gestellte Behälter nutzen den Platz zwischen zwei Regalbrettern optimal aus.

Kein Plastiktütenchaos
Nähen Sie zum Aufbewahren von Plastiktüten einen Stoffschlauch (etwa 20 x 50 cm), ziehen Sie in die Enden jeweils ein Gummiband ein und hängen Sie ihn innen an eine Schranktür.

Hängeregal in Schranktür
Kleinere Päckchen mit Kräutern, Gewürzen und Nüssen bewahren Sie übersichtlich, Platz sparend und griffbereit in einem speziellen Kunststoffsack an der Innenseite einer Schranktür auf.

Hängegitter
Regelmäßig benötigte Küchengerätschaften und Gewürze können Sie mit Haken oder in Gitterboxen an Hängegittern unterbringen, die Sie von innen an eine Schranktür schrauben.

NOCH MEHR REGALBRETTER

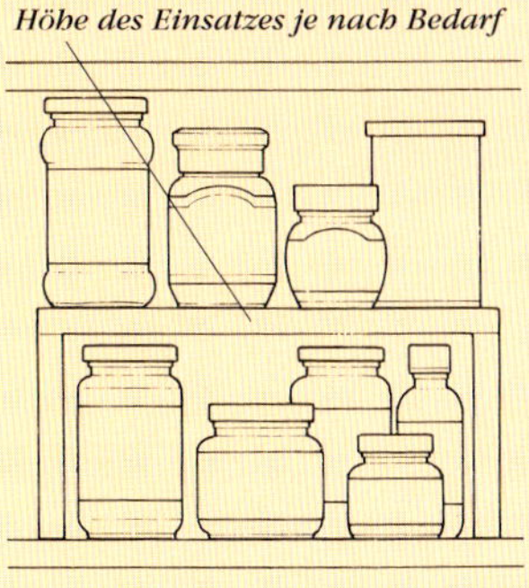

Extrabrett einsetzen
Nutzen Sie den Platz zwischen zwei Regalbrettern mit großem Abstand besser aus, indem Sie aus einfachen, abwaschbaren Brettern einen etwa 17 cm hohen Einsatz basteln. Sie können auch improvisieren und einfach ein Brett links und rechts auf zwei gleich hohe Dosen legen. In dem so gewonnenen Stauraum können Sie insbesondere kleinere Dosen und Gläser aufbewahren.

TIPPS & TRICKS

● **Ganzen Raum nutzen** Wenn Sie die Metalldeckel von Schraubgläsern unten an ein Regalbrett fest anschrauben, können Sie die Gläser mit Inhalt füllen und dann in die Deckel drehen – so ist alles griffbereit und aufgeräumt.

● **Anstelle eines Behälters** Wenn kein geeigneter Vorratsbehälter zur Hand ist, geben Sie Gewürze oder andere Lebensmittel in einen gut schließenden Gefrierbeutel.

Vorratsbehälter reinigen und beschriften

Die richtige Lagerung ist unabdingbar, wenn die Qualität der Lebensmittel erhalten bleiben soll. Notieren Sie immer das Haltbarkeitsdatum und mischen Sie niemals frische und ältere Lebensmittel. Spülen Sie Vorratsbehälter regelmäßig aus, damit keine muffigen Gerüche entstehen.

Behälter reinigen

- **Gerüche beseitigen** Gefäß mit heißem Wasser füllen, 1 EL Backpulver hinzugeben und über Nacht stehen lassen. Anschließend ausspülen und abtrocknen.

Reste entfernen

Geben Sie warmes Wasser, etwas Spülmittel und einige getrocknete Bohnen oder Reis in verschmutzte Flaschen oder Gläser. Dann kräftig schütteln.

Vorratsbehälter beschriften

- **Verpackungen nutzen** Kleben Sie nach dem Umfüllen die Zubereitungshinweise von der Verpackung auf Ihren Behälter.

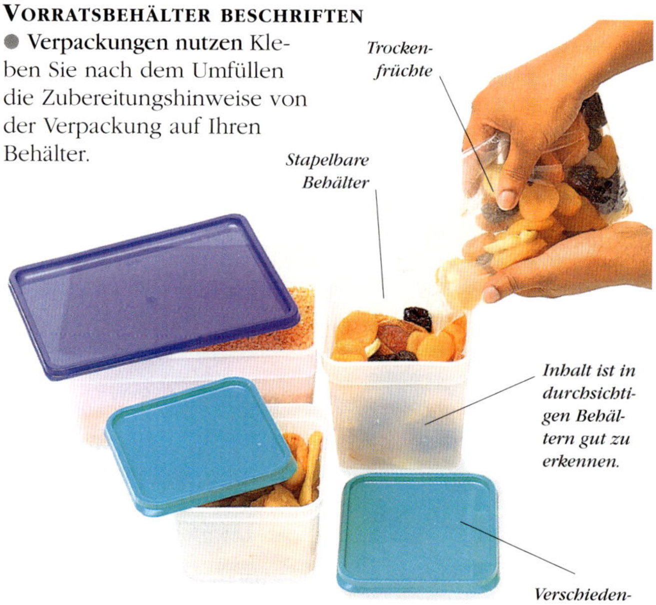

Farbige Vorratsgefäße

Damit Sie nicht jeden Behälter einzeln beschriften müssen, nutzen Sie verschiedenfarbige Behälter für die unterschiedlichen Lebensmittelsorten - beispielsweise Blau für Trockenobst. So können Sie Vorräte mit einem Blick finden.

Tipps zum Öffnen von Gläsern und Flaschen

Schraubverschlüsse lassen sich oft nur schwer öffnen. Drehen Sie den Behälter um und klopfen Sie mit dem Deckel auf eine feste Oberfläche oder versuchen Sie einen dieser Tricks:

- **Metalldeckel lockern** Oft lockert sich der Deckel, wenn etwas Luft in das Gefäß kommt: Stellen Sie das Gefäß auf den Deckel und drücken Sie ein stabiles Messer mit gerundeter Spitze vorsichtig zwischen Deckel und Gefäß.
- **Verschmutzungen vermeiden** Wischen Sie vor dem Zuschrauben Rand und Deckel gut mit einem feuchtwarmen Tuch ab.

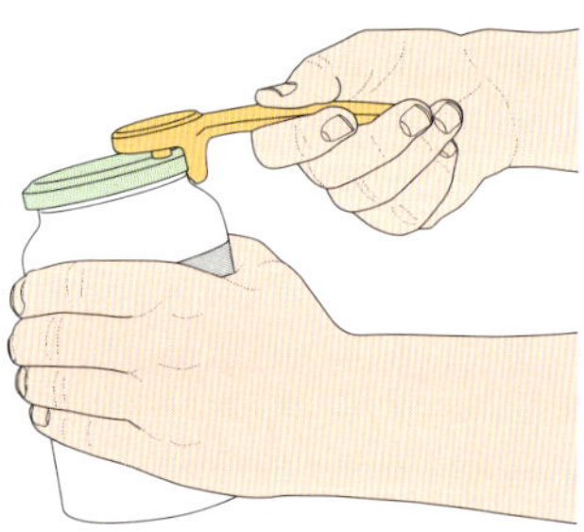

Spezialöffner

Um Schraubverschlüsse an empfindlichen Flaschen oder Gläsern mit schmalem Hals zu lösen, kann man ein im Fachhandel erhältliches Gerät kaufen, mit dem man Luft in das Gefäß bringt.

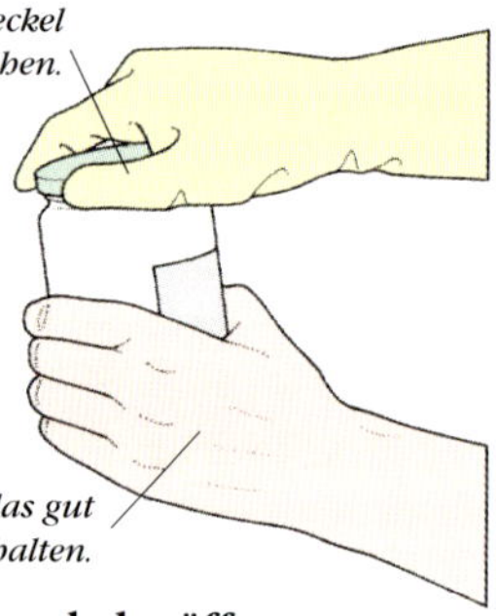

Einmachglas öffnen

Mit einem Gummihandschuh haben Sie den Deckel besser im Griff. Ein breites Gummiband, ein Stück Schmirgelpapier oder ein feuchtes Tuch leisten in der Regel die gleichen Dienste.

NUDELN, REIS, MEHL & CO.

In jedem Vorratsschrank sollten bestimmte Lebensmittel immer vorhanden sein: Nudeln, Reis, Mehl, Zucker, Öl und Gewürze werden Sie bei fast jedem Gericht brauchen - gerade auch, wenn einmal Überraschungsgäste kommen sollten.

Pastavariationen

Nudeln gehören in jeden Vorratsschrank und sind dort auch sehr lang haltbar. Es gibt sie in zahlreichen Variationen – und die Italiener haben daraus geradezu eine kulinarische Wissenschaft und Kultur gemacht. Aber auch bei uns gibt es Bandnudeln, Suppennudeln, Spätzle …

VERSCHIEDENE PASTASORTEN		
GRUNDFORMEN	**VERWENDUNG**	**KOCHVORSCHLÄGE**
LANG UND RUND 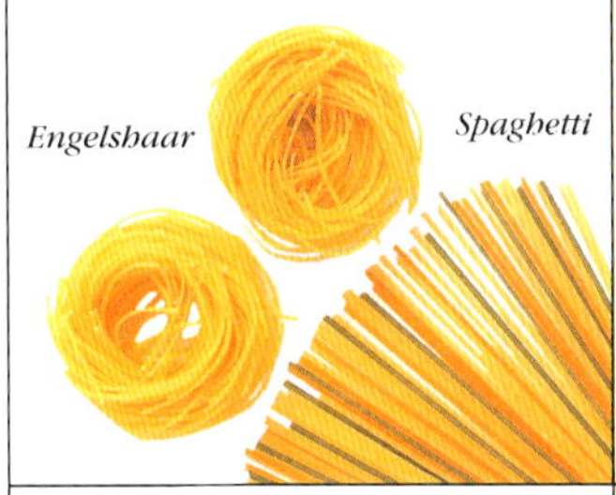 	Lange, runde Pasta ist in vielen verschiedenen Stärken auf dem Markt erhältlich. Zu dieser Gruppe gehören Spaghetti, lange Makkaroni, Buccatini (dicke, hohle Spaghetti). Vermicelli (Würmchen), Capellini (feines Haar) und Engelshaar sind sehr feine Pastaformen, die oft zu kleinen Nestern aufgerollt angeboten werden.	● Saucen mit viel Olivenöl wie Pesto bieten sich für diese Sorten an, damit die Nudeln nicht zusammenkleben. ● Schwere Tomaten-, Käse- und Fleischsaucen eignen sich für Spaghetti oder Buccatini. ● Leichte Tomaten-, Butter- oder Sahnesaucen passen zu Vermicelli-Nudeln, da diese nicht zerdrückt werden.
LANG UND FLACH  	Lasagne sind breite Nudelplatten, die weich, gewellt oder am Rand geriffelt sein können; Lasagnette sind kleiner als Lasagne. Tagliatelle und Pappardelle sind breite, flache Nudeln; Tagliarine, Linguine (kleine Zungen) und Trenette sind entsprechend kleinere Formen. Fettuccine werden traditionell mit Eiern zubereitet und sind dicker und schmaler als Tagliatelle.	● Für eine gebackene Lasagne müssen Sie die Pastaplatten nicht vorkochen. Sie können in Rezepten frische Teigwaren jederzeit durch Trockenpasta ersetzen, wenn Sie die Flüssigkeitsmengen erhöhen. ● Nehmen Sie dicke, gewellte Pasta für Sauce Carbonara mit viel Ei, da die heiße Pasta über ihre große Oberfläche die Sauce schnell abbindet.
KURZ UND GEFORMT  	Die beliebtesten Sorten sind sicherlich Penne (Stifte oder Federn), Farfalle (Schmetterlinge oder Fliegen), Fusilli und Fusilli Bugati (Spiralen oder Federn), Conchiglie (Muscheln), Orecchiette (Ohren), Lumache (Schlangen) und Ditali (Fingerhut). Pastina ist der Oberbegriff für kleine Pastaformen wie Farfallini, Lumachine, Stelline und Ditalini.	● Servieren Sie deftige Tomaten- oder Fleischsaucen zu Penne, Fusilli, Lumache oder Conchiglie. Auch Ragouts eignen sich hervorragend, da solche Saucen sich gut mit diesen Pastaformen vermischen. ● Backen Sie einen Nudelauflauf aus übrig gebliebener Pasta. Herzhafte Sauce angießen, Käse darüber reiben und überbacken.

Nudeln lagern und verwenden

Teigwaren sind frisch oder getrocknet erhältlich und reich an Ballaststoffen und Kohlenhydraten. Trockennudeln lassen sich gut lagern und eignen sich für die Zubereitung schneller Gerichte für jeden Tag. Nudeln aus Vollkornmehl sind besonders gesund.

Nudeln lagern

● **Lange Nudeln** Sie können verschiedene Sorten im selben Behälter aufbewahren, wenn Sie die unterschiedlichen Formen zusammenbinden.

Nudeln verwenden

● **Packungen aufbrauchen** Lassen Sie möglichst keine kleinen Reste übrig – übrige gekochte Nudeln passen für Salate, Suppen oder Omeletts.

Lustige Nudeln

● **Für Kinder** Kinder freuen sich besonders über witzig geformte Nudeln in Buchstaben- oder Tierform. Da kommt der Appetit schon vor dem Essen!

Föhn kreisförmig bewegen, damit der Behälter gleichmäßig trocknet.

Spaghettigefäß trocknen
Spaghettibehälter vor der Wiederverwendung unbedingt gründlich auswaschen und abtrocknen. Mit einem Föhn bekommen Sie, falls nötig, das Innere ganz trocken.

Farfalle und Fusilli mischen.

Farfalle und Fusilli
Falls Sie Reste haben, können Sie Nudeln mit etwa gleicher Kochzeit zusammen aufbewahren. Farfalle, Fusilli und Conchiglie können beispielsweise gemischt zubereitet werden.

GESUNDHEITSTIPP

Vollkornnudeln
Mit Vollkornnudeln lassen sich ballaststoffreiche, gesunde Gerichte zubereiten. Sie können auch Vollkornnudeln mit normalen Teigwaren gleicher Form und Garzeit kombinieren.

Asiatische Nudeln

Reisnudeln
Reisnudeln sind in verschiedenen Stärken und Formen erhältlich. Die getrockneten Nudeln müssen 15 Minuten in warmem Wasser eingeweicht werden, bevor sie Suppen und Pfannengerichten zugegeben werden.

Glasnudeln
Glasnudeln werden aus gemahlenen Mungobohnen hergestellt. Sie sind sehr fein und weiß. Weichen Sie Glasnudeln immer erst 5 Minuten ein, bevor Sie sie zu Suppen oder Pfannengerichten geben.

Weizen- und Eiernudeln
Sie werden aus Weizen- oder Buchweizenmehl und Eiern hergestellt. Geben Sie flache Nudeln in Suppen, runde in Pfannengerichte oder reichen Sie sie als eigenständige Beilage zu Gemüsegerichten.

Tipps & Tricks

● **Salate** Feine chinesische oder japanische Nudeln ergänzen sinnvoll und sättigend einen Salat. 5–10 Minuten in heißem Wasser einweichen, abtropfen lassen und in den Salat geben.

● **Anbraten** Vor dem Anbraten müssen Sie Glasnudeln nicht notwendigerweise einweichen. Geben Sie sie in heißes Öl, dann werden sie besonders knusprig.

● **Für Diäten** Bei Weizenallergien eignen sich asiatische Reis- oder Glasnudeln besonders. Sie können asiatische Nudeln einfach genauso wie normale Teigwaren verwenden.

Reis aller Art

Reis ist das wichtigste haltbare Lebensmittel der Welt. Neben Proteinen und Kohlenhydraten enthält er wertvolle Mineralstoffe. Vollkornprodukte sind außerdem ballaststoffreich. Aus verschiedenen Reissorten können Sie die unterschiedlichsten Gerichte zubereiten.

Reis lagern

- **Weißer Reis** In einem luftdichten Behälter können Sie polierten Reis an einem dunklen, kühlen Ort bei Raumtemperatur bis zu 1 Jahr aufbewahren.
- **Vollkornreis** Bewahren Sie Vollkornreis höchstens 6 Monate auf. Bei längerer Lagerung wird das Öl in unbehandelten Körnern meist ranzig, vorwiegend dann, wenn es warm, hell oder feucht gelagert wurde.
- **Mischen** Wildreis und brauner Reis können problemlos zusammen gelagert und gekocht werden. Sie haben etwa die gleiche Garzeit und lassen Risottos oder Pfannengerichte wesentlich interessanter aussehen.

Reis abmessen

Mengenmarkierungen

Bewahren Sie Reis in einem durchsichtigen Behälter mit geraden Wänden auf, der Markierungen in 50-g-Abständen hat – das entspricht etwa einer Portion. Grundsätzlich sollten Sie beim Kochen auf 1 Teil Reis 2 Teile Wasser rechnen.

Eine Portion abmessen

Gläser mit Schraubdeckeln eignen sich hervorragend zum Lagern von Reis oder Getreide. Wählen Sie ein Gefäß mit einem Deckel, der etwa 50 g Reis fasst, damit Sie mit einem Handgriff gleich die richtige Menge abmessen können.

Verschiedene Reissorten

Reis eignet sich als Hauptgericht oder Beilage (jeweils Zubereitungshinweise befolgen).

- **Langkornreis** Braune oder weiße, lange, schlanke Körner.
- **Milchreis** Eher runde Reiskörner, die beim Kochen stark aufquellen.
- **Basmatireis** Wohlriechende Langkornreissorte.
- **Glutenreis (Klebreis)** Rundkornreis, der für chinesische Gerichte verwendet und beim Kochen sehr klebrig wird.
- **Arborioreis** Die mittelgroßen Arborioreiskörner nehmen beim Kochen mehr Wasser auf als alle anderen Reissorten.
- **Wildreis** Wildreiskörner sind Samen eines Wildgrases.
- **Bulgur** Vorgekochter, geschälter und geschroteter Weizen.
- **Couscous** Verarbeiteter Getreidegrieß.

Weißer Langkornreis

Brauner Langkornreis

Milchreis

Basmatireis

Glutenreis (Klebreis)

Arborioreis

Wildreis

Bulgur

Couscous

Mehl

In einem sauberen, trockenen und kühlen Vorratsschrank sollte die Lagerung verschiedener Mehl- und Getreideprodukte keine Probleme mit sich bringen. Füllen Sie Produkte aus Papierverpackungen am besten in hygienische und luftdichte Behälter, damit sie länger halten.

Mehlstreuer basteln

Glas mit Schraubdeckel
Legen Sie den Metalldeckel eines Schraubglases auf ein Holzbrett und schlagen Sie mit Hammer und Nagel mehrere Löcher hinein. Dann mit Mehl füllen und zuschrauben.

Mehl lagern

- **Frisch halten** Weißes Mehl hält sich an einem kühlen, trockenen Ort bis zu 6 Monate. Vollkornmehl und dunkles Mehl wegen des höheren Fettgehalts nur in kleinen Mengen und nicht länger als 2 Monate aufheben.
- **Kühl lagern** Bei Temperaturen über 24° C oder hoher Luftfeuchtigkeit sollte Mehl in eine Plastikfolie gepackt werden, damit es nicht verdirbt oder schimmelt.
- **Kaltes Mehl verarbeiten** Mehl immer nur bei Raumtemperatur verarbeiten, damit Ihre Backwaren keine zu feste Struktur bekommen.

Mehlsorten

Jede Mehlsorte hat bestimmte Eigenschaften. Manche Sorten kann man untereinander austauschen.

- **Selbsttreibendes Mehl** Mischen Sie pro 200 g Mehl 10 g Backpulver unter.
- **Hafermehl** Mahlen Sie Haferflocken in der Küchenmaschine fein und ersetzen Sie bei Brotrezepten bis zu ein Drittel des Weizenmehls durch Hafermehl. So wird Ihr Brot fester und aromatischer.
- **Maismehl** Wenn Sie Weizenmehl durch Maismehl ersetzen, brauchen Sie nur die Hälfte der Menge.

Trockenfrüchte und Nüsse

Trockenfrüchte und Nüsse können zur Verfeinerung von Süßspeisen oder auch von herzhaften Gerichten verwendet werden. Ein gewisser Vorrat gehört daher in jede Küche. Verwenden bzw. erneuern Sie ihn regelmäßig, da Trockenfrüchte sonst hart und Nüsse leicht ranzig werden.

Kauf und Lagerung

- **Vor dem Kauf probieren** Testen Sie wenn möglich vor dem Kauf, ob die Nüsse noch gut sind.
- **Mit Nussschale** Kaufen Sie Nüsse besser in der Schale, da sie sich dann etwa doppelt so lang halten – wenn sie beim Kauf frisch waren.
- **Frische Nüsse erkennen** Meiden Sie geschälte Nüsse, die verschrumpelt oder verfärbt aussehen. Sind Nüsse in Plastiktüten verpackt, drücken Sie durch die Folie auf eine Nuss: Frische Nüsse brechen leicht durch, ältere sind eher weich.
- **Kühl lagern** Frische Nüsse können Sie in Gefrierbeuteln bis zu 8 Monate einfrieren. Im Kühlschrank halten sich Nüsse etwa halb so lang.

In Alkohol einlegen

Eingelegte Früchte
Füllen Sie ein Einmachglas mit getrockneten Pflaumen, Aprikosen oder Feigen und geben Sie Brandy darüber. Mit diesen aromatischen Früchten können Sie tolle Desserts zaubern.

Nüsse und Mandeln

Gehackte Nüsse in luftdichten Behältern lagern

Gehackte Nüsse
Zerkleinern Sie Haselnüsse oder Mandeln in der Küchenmaschine. Verwenden Sie ganze, ungeschälte Kerne, die scharfen Schneiden in der Küchenmaschine zerhacken sie gleichmäßig.

Hülsenfrüchte

Hülsenfrüchte enthalten viele Proteine, Mineralstoffe und Kohlenhydrate. Sie bilden eine gute Grundlage für Salate, Suppen oder Beilagen. Hülsenfrüchte sind preiswert und lassen sich einfach lagern. Kaufen Sie dennoch nur kleinere Mengen, da sie mit der Zeit sehr hart werden.

Rohe Hülsenfrüchte lagern

- **In Gläsern** Füllen Sie Hülsenfrüchte in luftdichte Gläser und notieren Sie Kaufdatum sowie Einweich- und Garzeiten auf dem Deckel.
- **Vorräte** Mischen Sie keine älteren und neuen Hülsenfrüchte in einem Glas, da die Garzeiten unterschiedlich lang sein können.

Bohnen mischen

Mischen Sie verschiedenfarbige getrocknete Bohnen mit derselben Garzeit in einem Glas als Zutat zu Suppen oder Schmorgerichten.

Schädlinge abschrecken

Einige getrocknete Pfefferschoten im Vorratsglas halten ungebetene Gäste ab. Schließen Sie den Deckel fest und lagern Sie die Bohnen wie üblich.

Gekochte Bohnen

- **Kühl lagern** Zugedeckt halten sich gekochte Bohnen im Kühlschrank mehrere Tage, im Gefrierschrank bis zu 3 Monate lang.

BEWÄHRTES WISSEN

Bohnen aussortieren

Getrocknete Bohnen, die im Wasser oben schwimmen, wegwerfen – diese Bohnen sind vermutlich von Insekten oder Schimmel befallen.

Linsensorten

Linsen und Sojabohnen enthalten mehr Proteine als andere Hülsenfrüchte. Die meisten Sorten müssen nicht eingeweicht werden.

- **Grüne und braune Linsen** Diese weit verbreiteten Linsen behalten ihre flache Form beim Kochen.
- **Rote Linsen** Schnell garende Linsen, die sich sehr gut zum Andicken von Schmor- oder Currygerichten eignen.
- **Splittererbsen** Sie sind preiswerter als ganze Früchte. Gelbe Sorten sind milder als grüne.
- **Puy-Linsen** Besonders in Frankreich schätzt man die um Le Puy auf Vulkanboden angebauten dunkelgrün marmorierten Linsen.

Linsen auslesen

- **Achtsam sein** Prüfen Sie jede neue Packung auf Schädlinge und entfernen Sie alle Linsen, die schrumpelig, beschädigt oder verfärbt aussehen.

Verunreinigungen

Prüfen Sie mit den Fingern die Linsen auf einem Teller und sortieren Sie alle Verunreinigungen und beschädigte Linsen vor dem Kochen aus.

Hülsenfrüchte verwenden

- **Getrocknete Erbsen** Getrocknete und halbierte Erbsen sparen Zeit. Sie müssen nicht eingeweicht werden.
- **Proteine kombinieren** Die Kombination von Hülsenfrüchten und Reis oder Nudeln ergibt ein nährstoffreiches vegetarisches Essen.
- **Zeit sparen** Kochen Sie immer die doppelte Bohnenmenge und frieren Sie die Hälfte ein. Das spart beim nächsten Kochen Zeit und Energie.
- **Blindbacken** Alte oder fad gewordene Hülsenfrüchte eignen sich zum Blindbacken eines Teiges. Lagern Sie die Bohnen in einem deutlich markierten Glas, da sie nun nicht mehr essbar sind.

ZUCKER UND SÜSSES

Zucker und andere süße Aromen spielen eine wichtige Rolle in der heutigen Küche. Je nach Geschmack benutzen wir sie, um Kuchen, Plätzchen, Desserts und Obst, aber auch herzhaften Gerichten zu mehr Aroma zu verhelfen. Oft dienen süße Zutaten auch zum Garnieren.

Zucker

Der Kaloriengehalt von weißem und braunem Zucker ist gleich, aber der Geschmack unterscheidet sich. Die dunkleren Zuckersorten geben süßen und herzhaften Gerichten reichen Geschmack und Farbe; für einige Kuchen und Desserts sind sie unverzichtbar.

Braunen Zucker weich machen und lagern

Weichmacher Mikrowelle
Legen Sie ein Apfelstückchen auf den Zucker und decken Sie die Schüssel gut zu. 30 Sekunden bei höchster Stufe laufen lassen, dann gut umrühren.

Aufbewahren
In einem luftdichten Behälter bleibt brauner Zucker bei Zugabe von Apfelstücken feucht. Auch eine Zitrusfrucht oder ein Stück frisches Brot ist hilfreich.

BEWÄHRTES WISSEN

Vanillezucker
Eine Vanilleschote längs halbieren und zum Zucker geben. Das Glas 2 Wochen stehen lassen, dabei gelegentlich schütteln oder umrühren.

Aromatisierter Zucker

Schälen Sie von unbehandelten Zitrusfrüchten dünne, lange Streifen ab.

Zitronengeschmack
Aromatisierter Zucker verleiht Süßspeisen, Kuchen oder Keksen ein dezentes Aroma. Geben Sie dünne Streifen unbehandelter Zitrusfruchtschale zum Zucker und lassen Sie ihn mindestens 3 Tage lang ziehen.

- **Aromatischer Zucker** Legen Sie zwei frische Lavendel- oder Rosmarinzweige in ein Zuckergefäß und schütteln Sie es gut. Nach 24 Stunden nochmals durchschütteln, dann 1 Woche durchziehen lassen. Diesen duftenden Zucker können Sie für Milchpuddings oder frische Obstsalate verwenden.

Lagern und Verwenden

- **Klumpen vorbeugen** An einem kühlen, trockenen Ort und in einem dicken Plastikbeutel kann Zucker keine Feuchtigkeit aufnehmen und nicht klumpen.
- **Puderzucker selbst machen** Aus normalem Kristallzucker können Sie Puderzucker einfach selbst herstellen: Geben Sie den Zucker für einige Sekunden in eine Küchenmaschine mit Metallschneiden.
- **Thermoskanne frisch halten** Einige Zuckerwürfel oder Teelöffel weißer Zucker verhindern, dass in leeren Thermoskannen muffige Gerüche entstehen.

Honig, Marmeladen und Gelees

Honig sollte vor Licht und Temperaturschwankungen geschützt sein. Industriell hergestellte Gelees und Marmeladen sind haltbarer, verderben jedoch auch, wenn sie Luft und Hitze ausgesetzt werden. Bewahren Sie geöffnete Produkte – außer Honig – im Kühlschrank auf.

Honig verflüssigen

Mit heißem Wasser
Wenn Honig beim Lagern fest wird, stellen Sie das Glas vor dem Servieren für 5 Minuten in heißes Wasser. Drehen Sie das Glas mehrfach hin und her, bis der Honig wieder schön klar und flüssig ist.

Honig abmessen

- **Hitze schützt vor Verkleben** Tauchen Sie einen Metalllöffel vor dem Abmessen kurz in heißes Wasser. An heißem Metall bleibt Honig nicht kleben.

Tipps & Tricks

- **Honigmischungen** Gemischte Honigsorten eignen sich gut zum Kochen, da sie ein sehr robustes Aroma haben. Die delikaten Aromen von teurem Blütenhonig werden durch die Hitze beim Kochen zerstört.
- **Hoher Wasseranteil** Honig und Zuckerdicksaft enthalten bis zu 20 % Wasser. Wenn Sie in einem Rezept Zucker ersetzen, verringern Sie die Flüssigkeitsmenge entsprechend.

Marmelade und Gelees

Aprikosenglasur herstellen
Aprikosenmarmelade langsam erwärmen, einen Spritzer Zitronensaft zugeben und durch ein Sieb streichen. Im Kühlschrank aufbewahren und als Kuchenglasur verwenden.

- **Eingemachtes frisch halten** Eingemachtes Obst mit mindestens 60 % Zuckergehalt schimmelt nicht so schnell.

Schokolade

Das Schokoladenangebot ist vielfältig. Je besser die Qualität der Schokolade, umso besser ist ihr Geschmack. Billige Schokolade enthält weniger Kakaobutter und mehr Zucker. Schokolade verdirbt leicht durch Feuchtigkeit oder Hitze und muss daher umsichtig gelagert werden.

Schokolade einfrieren

Geriebene Schokolade
Reiben Sie gekühlte Schokolade zu feinen Spänen und frieren Sie sie auf Vorrat in Beuteln ein. Auf diese Weise haben Sie zum Kochen oder Dekorieren immer etwas davon griffbereit.

Schokolade lagern

- **Kühl aufbewahren** Die ideale Lagertemperatur beträgt etwa 15° C.
- **Glanz bewahren** Packen Sie Schokolade in Pergamentpapier und Folie ein. So kann Feuchtigkeit nicht eindringen und dem Aroma schaden.
- **Schokoladenstückchen** Diese lagern gut in einem Glas. Schokolade mit geringem Kakaobuttergehalt ist nicht so hitzeempfindlich und eignet sich daher zum Einrühren in Kuchen- oder Keksteig.
- **Klumpen im Kakaopulver** Ein luftdicht verschlossenes Gefäß schützt Kakao vor Feuchtigkeit. Streichen Sie den Kakao durch ein Sieb, um Klumpen zu zerdrücken.

GUTE IDEE!

Fleischgerichte verfeinern
Schokolade aromatisiert Fleisch- oder Wildgerichte. Geben Sie beim Kochen ein Stück dunkler Schokolade pro Portion dazu, beispielsweise zu scharfem Chili con Carne.

KRÄUTER UND GEWÜRZE

Eine große Auswahl an verschiedenen getrockneten Kräutern und Gewürzen gibt auch den einfachsten Alltagsgerichten den letzten Schliff. Viele getrocknete Kräuter können aber nur für begrenzte Zeit gelagert werden und müssen spätestens innerhalb von 6 Monaten aufgebraucht werden.

Getrocknete Kräuter

Die meisten Kräuter sind in getrockneter Form gut haltbar und werden in vielen Geschäften in großer Auswahl angeboten. Gefriergetrocknete Kräuter behalten ihre Farbe und sehen daher attraktiver aus als normal getrocknete Kräuter. Meist sind sie aber etwas teurer.

Augen auf beim Kauf

- **Gut schließende Gläser** Achten Sie beim Kauf von Kräutern auf gut und luftdicht schließende Gefäße, damit das Kräuteraroma lang erhalten bleibt. Am besten eignen sich dunkle Lichtschutzgläser mit Schraub- oder Schnappdeckeln.
- **Ganze Kräuter** Kaufen Sie nach Möglichkeit Kräuter, die am Stück getrocknet sind, wie Thymian oder Lorbeer. Zerrieben oder gemahlen verlieren Kräuter ihr Aroma wesentlich schneller.

Kräutergläser griffbereit aufbewahren

Gläser liegen auf der Seite, damit der Inhalt besser erkennbar ist.

In Schubladen
Gewürze und Kräuter lassen sich am besten in einer dunklen, kühlen Schublade aufbewahren. Nehmen Sie dafür kleine, schmale Gläser. So können Sie die benötigten Kräuter oder Gewürze schneller finden, da Sie Inhalt oder Aufschrift auf einen Blick erkennen.

Kräuter selbst trocknen und lagern

1 Blätter von Kräutern wie Salbei, Thymian oder Petersilie an den Stängeln lassen, bis sie ganz getrocknet sind. Dann die Stängel behutsam zwischen den Fingerspitzen durchziehen und die Blätter in eine Schüssel fallen lassen.

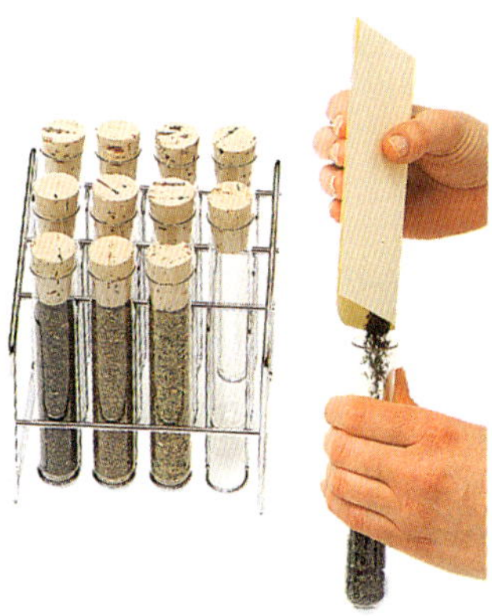

2 Füllen Sie die getrockneten Blätter in kleine Gläschen, z. B. Reagenzgläser. Ein Stück Papier kann als Trichter dienen. In einem Reagenzglasständer können Sie sich die Kräuter in Reichweite neben den Herd stellen.

Kräuter lagern

- **Lichtgeschützt aufbewahren** Lagern Sie getrocknete Kräuter immer an einem möglichst dunklen Ort.
- **Lagerzeit verlängern** Im gut verschlossenen Gefrierbeutel halten sich Kräuter im Kühlschrank 3 Monate, in der Gefriertruhe sogar 6 Monate lang.
- **Lagerzeiten überwachen** Notieren Sie das Kaufdatum der Kräuter auf Aufklebern, die Sie auf den Boden des Behälters kleben, oder schreiben Sie das Kaufdatum mit Filzstift direkt auf das Glas.
- **Alphabetisch ordnen** Wenn Sie viele verschiedene Kräuter verwenden, ordnen Sie diese am besten alphabetisch, damit Sie die benötigten Kräuter schnell auffinden.

Gewürze

Auch Gewürze müssen richtig gelagert werden, da Licht und Hitze ihre Haltbarkeit verkürzen. Als Ganzes gelagert, behalten sie ihr Aroma länger. Reiben oder mahlen Sie daher immer nur die benötigte Menge und kaufen Sie gemahlene Gewürze nur in kleinen Portionen.

Vielseitige Gewürze

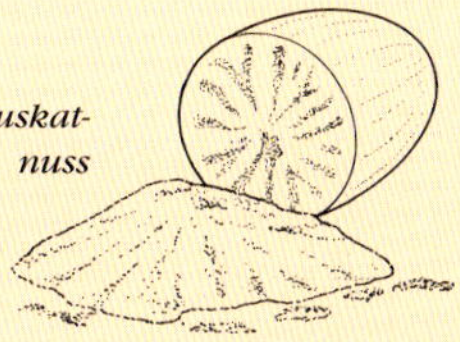

Muskatnuss

- **Schwarze Pfefferkörner** Für scharfe Gerichte grob mahlen.
- **Muskatnuss** Reiben Sie immer nur die benötigte Menge ab, gemahlenes Muskat verliert schnell das Aroma.
- **Zimt** Ohne Zimtstangen und gemahlenen Zimt kommt man kaum in der Küche aus.
- **Koriander & Kreuzkümmel** Viele Landesgerichte erhalten erst durch diese Gewürze ihren typischen Geschmack.

Ganze Körner

- **Samen** Koriander- oder Kümmelsamen sollten einheitlich groß und von gleicher Farbe sein. Stängel oder Spreu dürfen nicht mit verpackt sein.
- **Kardamom** Kardamomkapseln sind blassgrün, rund und sollten makellos sein, die Samen braun oder schwarz und etwas klebrig.
- **Zimt** Kaufen Sie schmale Zimtstangen von gleichmäßig blassbrauner Farbe.
- **Nelken** Ganze Nelken sollten groß, rund und etwas ölig aussehen und rotbraun gefärbt sein.
- **Vanilleschoten** Frische Vanilleschoten sollten sich geschmeidig und elastisch anfühlen, wenn man sie biegt.

Senf verwenden

- **Senfpulver** Die Zugabe von Senfpulver verlängert die Haltbarkeit von Mayonnaise und anderen Dressings und verleiht Saucen eine wohlschmeckende Schärfe.

Senf selbst machen

Weiße und dunkle Senfkörner in einer Schüssel zerstoßen. Pulver mit Weinessig verrühren. Paste mit Honig und scharfen Gewürzen abschmecken.

Gewürzmischungen

- **Zimt und Zucker** Verrühren Sie 200 g Streuzucker mit $1\frac{1}{2}$ TL Zimt. Die Mischung passt gut zu Milchreis oder Apfelmus.

Spezialrezept

Stellen Sie sich Ihre Lieblingsgewürzmischung selbst zusammen, z. B. zum Backen von Lebkuchen. Mahlen Sie Zimt, Muskat und Nelken oder Piment mit einer Prise Ingwer und lagern Sie die Mischung in einem kleinen Glas.

Ganze Gewürze mahlen

Die Gewürze vor dem Mahlen mischen.

Mit einer Kaffeemühle

Gewürze können Sie auch in einer Kaffeemühle mahlen. Danach mit einer Zahnbürste oder einem Pinsel reinigen und etwas Brot mahlen, damit keine Gewürzreste zurückbleiben und das Kaffeearoma verändern.

Aroma bewahren

- **Rasch aufbrauchen** Gemahlene Gewürze verlieren ihr Aroma sehr schnell. Kaufen Sie daher immer nur kleine Mengen, die Sie innerhalb von 6 Monaten aufbrauchen können.
- **Pfefferschoten** Rote Pfefferschoten sind gereifte grüne Pfefferschoten und haben einen süßeren Geschmack. Gelbe, karibische Pfefferschoten schmecken süß und mild. Am häufigsten sind mittelscharfe grüne Jalapeño-Schoten. Kleine rote Pfefferschoten sind sehr scharf und feurig.
- **Ganze Gewürze rösten** Wenn Sie Gewürze in einer Bratpfanne ohne Fett kurz rösten, entwickeln sie am besten ihre Aromen. Schwenken Sie die Pfanne bei ziemlich großer Hitze 1–2 Minuten hin und her. Geröstete Gewürze sofort verwenden.

Essig und Öl

Öle sind Fette, die bei Raumtemperatur flüssig sind. Licht und Luft können Öl verderben, bewahren Sie daher Öle in luftdichten Gefäßen an einem kühlen Ort auf – am besten zusammen mit Essig, Salz und Gewürzen, die unter ähnlichen Bedingungen gelagert werden müssen.

Öl und Essig aromatisieren

Einmalige Geschmacksrichtungen
Zum Aromatisieren von Essig und Öl übergießen Sie saubere, frisch gepflückte Kräuter, Früchte, duftende Blüten oder Gewürze in sterilisierten Flaschen mit Öl oder Essig. Lassen Sie die Öle etwa 2 Wochen im Kühlschrank ziehen.

Aromen

- **Zutaten zerstoßen** Zerstoßen Sie frische Kräuter leicht, bevor Sie den Essig aufgießen, damit sich das Aroma besser entwickeln kann. Gleiches gilt für Knoblauch und Zwiebeln.
- **Schneller zum Ziel** Erhitzen Sie den Essig, bis er fast kocht. Gießen Sie ihn dann über die Zutaten, mit denen Sie ihn verfeinern wollen. Danach abkühlen lassen und Flasche verschließen.
- **Obst für mehr Geschmack** Mit Himbeeren, Erdbeeren, schwarzen Johannisbeeren oder Zitronenscheiben können Sie einen fruchtigen Obstessig zum Verfeinern von herzhaften Gerichten oder Drinks herstellen.
- **Obstessig lagern** Obstessig hält länger als 1 Woche, wenn Sie ihn durch ein Sieb streichen und dann wieder in saubere Flaschen geben.

Ölsorten

- **Nussöl** Alle Nussöle haben einen reichhaltigen, intensiven Geschmack und eignen sich ideal für Salate. Angebrochene Flaschen im Kühlschrank aufbewahren, da die Öle sonst schnell verderben.
- **Olivenöl** Große Hitze kann den feinen Duft und das zarte Aroma von Olivenöl zerstören. Verwenden Sie kaltgepresste Olivenöle für Salate und leichte Gerichte.
- **Gesunde Öle** Die ein- oder mehrfach ungesättigten Fettsäuren von pflanzlichen Ölen gelten als Grundlage für eine gesunde Ernährung, da sie im Gegensatz zu tierischen Fetten den Blutcholesterinspiegel nicht erhöhen.

Öl aufbewahren

Ölflaschen lagern
Damit die Regalbretter länger sauber bleiben, stellen Sie die Ölflaschen auf ein abwaschbares Tablett. Wenn das Tablett einen hohen Rand hat, fallen die Flaschen nicht so leicht um.

Bewährtes Wissen

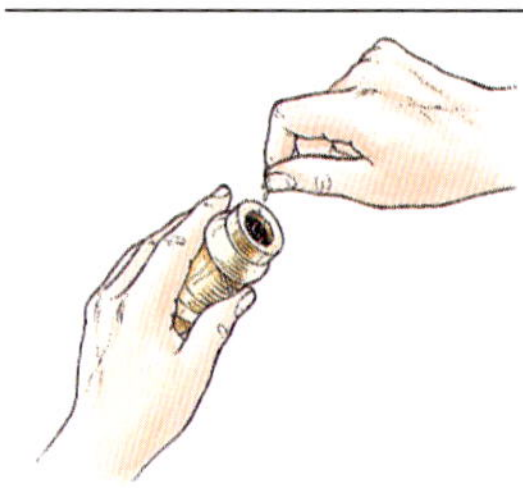

Salzstreuer trocken halten
Geben Sie ein paar Reiskörner mit in den Streuer, damit das Salz trocken bleibt und sich leicht streuen lässt. Die Reiskörner müssen alle paar Monate ausgetauscht werden, da sie die Feuchtigkeit aufnehmen.

FERTIGGERICHTE

Viele Menschen greifen auf Fertiggerichte zurück, wenn die Zeit für das Einkaufen und Zubereiten frischer Lebensmittel nicht reicht. Auch als Notvorrat für unangemeldete Gäste können sie in jeder Küche sehr sinnvoll sein. Heute kann man unter den verschiedensten Angeboten wählen.

Nützliche Fertiggerichte im Vorratsschrank

Arten	Beispiele	Zubereitungsvorschläge
Herzhaftes in Dosen	Ganze und gehackte Tomaten, Bohnen und Hülsenfrüchte sind in jeder Küche notwendig – außerdem Mais, Spargel, Thunfisch und Dosensuppen oder Eintöpfe.	● Geben Sie Tomaten zu Schmorgerichten oder auf Pizzas. ● Verfeinern Sie Dosensuppen mit geschlagenem Eiweiß oder mit Schlagsahne.
Süsses in Dosen	Ananasscheiben oder -stücke, Pfirsich- oder Aprikosenhälften sind vielseitig, ebenso exotische Früchte, wie z. B. Lychees, oder Obstcocktail.	● Schichten Sie Dosenobst und Vanillepudding in schmale hohe Gläser oder servieren Sie eine dicke Vanillesauce mit pürierten Früchten als Dessert.
Getrocknetes und Fertigmischungen	Fonds und Bratensauce; Hülsenfrüchte; Tütensuppen, Pasta und Reis; Dessertcremes, Puddingpulver; Backmischungen für Brot, Kuchen und andere Teige.	● Verfeinern Sie eine Suppe aus der Tüte mit Sahne und Kräutern. ● Füllen Sie Kuchen aus einer Backmischung mit Sahne und Dosenfrüchten.
Eingelegtes	Gemüse in Salzlake und Obst in Brandy; Fertiggerichte wie Ratatouille; Pesto; Oliven; sonnengetrocknete Tomaten.	● Streichen Sie Pesto auf getoastetes Ciabatta-Brot. ● Ricotta- oder Fetakäse mit sonnengetrockneten Tomaten servieren.
Sehr lange Haltbares	Unverzichtbar sind Brot und Gebäck zum Fertigbacken; Vollkornreis; komplette Gerichte und Pastasaucen; H-Milch, fertige Dessertsaucen.	● Mit Teigen zum Fertigbacken zaubern Sie schnell rustikale Gerichte. ● Pastasaucen können Sie gut mit Kräutern abschmecken.
Aus dem Kühlschrank	Fertige Gerichte, frische Pasta und Suppen, ebenso fertige süße und herzhafte Saucen; Obstsalat; Salate und Dressings.	● Bereiten Sie Salat schon im Voraus vor und stellen Sie ihn in den Kühlschrank, bis Sie den Rest für die Mahlzeit fertig gekocht haben.
Herzhaftes aus dem Tiefkühlschrank	Gemüse und fertige Pfannengerichte, Pommes frites, Pizzateig, Fisch und Schalentiere, Fleisch und Geflügel, Gebäck und Quiches.	● Pfannkuchen mit aufgetautem Gemüse füllen. ● Gefrorener Teig eignet sich für Quiche und Kuchen.
Süsses aus dem Tiefkühlschrank	Obst, besonders Himbeeren und gemischtes Obst, Melonenbällchen, Eis, Sorbet und Halbgefrorenes, Torten und Fruchtsäfte.	● Servieren Sie mitten im Winter sommerliche Obstdesserts. ● Besonders gut schmeckt püriertes Obst mit Puderzucker.

Tipps zu frischen Lebensmitteln

Wenn Sie jeden Tag frische Lebensmittel einkaufen können, stellt die Lagerung von leicht verderblichen Waren kein Problem dar. Viele von uns machen jedoch ein- bis zweimal pro Woche einen Großeinkauf. Bei guter Planung und Organisation, überlegtem Einkaufen und sachgerechter Lagerung bleiben aber auch leichter verderbliche Lebensmittel ausreichend lang frisch, appetitlich und schmackhaft.

Der Einkauf

Die Planung Ihrer Einkäufe beginnt am besten in der Küche, wo Sie den Überblick über Ihre Vorräte haben. Schreiben Sie einen ausführlichen Einkaufszettel und planen Sie für mehrere Tage im Voraus, sodass Sie nur noch ganz frische Waren kurzfristig besorgen müssen.

Sparsam einkaufen

- **Sonderangebote nutzen** Frische Waren, die gerade Saison haben, sind meist besonders günstig zu bekommen.
- **Richtige Mengen kaufen** Große Mengen sind zwar oft günstiger, kaufen Sie aber nur so viel, wie Sie lagern oder verbrauchen können.

Einkaufslisten schreiben

- **Waren ordnen** Gliedern Sie die Waren auf Ihrem Einkaufszettel in Gruppen und folgen Sie beim Aufschreiben gedanklich dem Weg, den Sie im Supermarkt nehmen. So vermeiden Sie lange Wege im Geschäft und vergessen weniger leicht etwas.

Gedächtnisstützen

- **Verfallsdaten** Notieren Sie sich die Verfallsdaten verderblicher Waren und berücksichtigen Sie sie bei der Planung Ihrer Mahlzeiten. Einige Lebensmittel können für ein paar Tage eingefroren werden; achten Sie jedoch auf die Verpackungshinweise.

Geld sparen

Gutscheine sammeln
Stecken Sie alle Gutscheine und Bonuskarten zusammen und heften Sie sie an Ihre Küchenpinnwand – so werden sie beim Einkaufen nicht vergessen.

Einkaufszettel griffbereit
Heften Sie mit einem Magneten eine Einkaufsliste oder einen Zettel an die Kühlschranktür und notieren Sie benötigte Dinge sofort, damit Sie Ihre Vorräte regelmäßig auffüllen können.

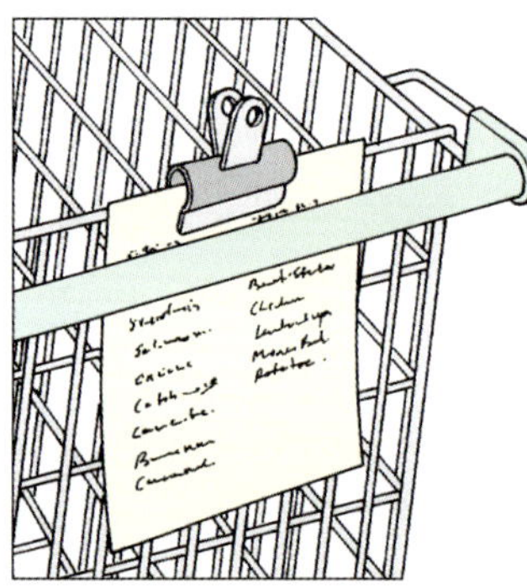

Im Supermarkt
Nehmen Sie eine große Klammer mit zum Einkaufen und klemmen Sie Ihren Einkaufszettel am Einkaufswagen fest. So geht die Liste nicht verloren und Sie haben sie immer im Blick.

Einkäufe transportieren

Versuchen Sie immer, Ihre Einkäufe kühl und frisch nach Hause zu bringen. Verderbliche Lebensmittel sollten am Ende Ihrer Einkaufstour stehen und nicht im warmen Auto liegen bleiben, es sei denn, Sie haben Kühltaschen oder Kühlelemente zum Frischhalten dabei.

So bleiben Einkäufe kühl

In der Kühltasche
Packen Sie verderbliche Lebensmittel bei warmem Wetter in eine Isoliertasche zwischen Kühlelemente oder Gefäße mit Eiswürfeln.

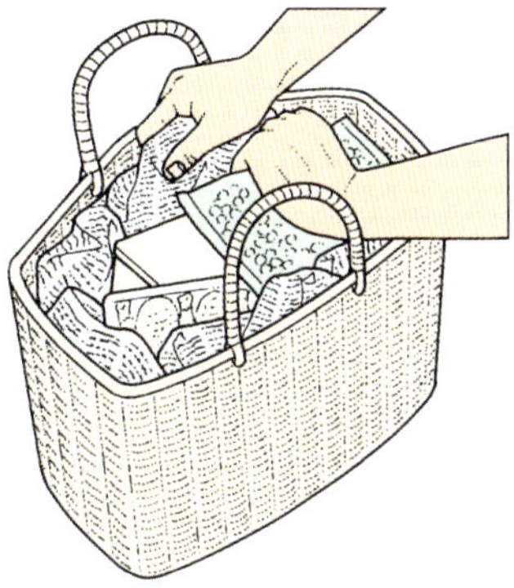

Taschen isolieren
Verwandeln Sie eine normale Einkaufstasche zur Kühltasche, indem Sie sie mit ein oder zwei Lagen zerknüllter Zeitungen oder mit Blasenfolie auslegen.

Tipps zum Packen

- **Schweres nach unten** Schwere Gegenstände gehören in Einkaufstaschen oder Kartons nach unten. Empfindlichere Produkte sollten obenauf liegen.
- **Leere Tasche griffbereit** Halten Sie für zusätzliche oder spontane Einkäufe immer einen Stoffbeutel oder eine Papiertasche bereit.
- **Lebensmittel sortieren** Packen Sie gekühlte und tiefgefrorene Lebensmittel separat. Wenn Sie mit dem Auto unterwegs sind, laden Sie tiefgefrorene Lebensmittel immer zuletzt ein. Dann können sie als Erstes ins Gefriergerät.

Lebensmittel lagern

Lebensmittel angemessen zu lagern, sollte eigentlich selbstverständlich sein, wenn man auf seine Gesundheit Wert legt. Achten Sie auf die Haltbarkeitsdaten, kühlen Sie leicht verderbliche Lebensmittel und trennen Sie klar zwischen rohen und gekochten Produkten.

Sichere Lagerung

- **Im Kühlschrank** In der Bedienungsanleitung zu Ihrem Kühlschrank ist der kälteste Bereich immer angegeben. Frostfreie Kühlschränke haben im gesamten Innenraum eine einheitliche Temperatur.
- **Geöffnete Dosen** Reste aus einer Dose in eine Schüssel füllen, zudecken und in den Kühlschrank stellen.
- **Gut trennen** Achten Sie darauf, dass beim Auftauen von Lebensmitteln und rohem Fleisch kein Tauwasser in gekochte Gerichte gelangt, da diese sonst verderben können.
- **Verpackungen** Belassen Sie Lebensmittel immer in der Verpackung, wenn nichts anderes angegeben ist.

Kühlschrank einräumen

Wohin?	Welche Lebensmittel?
Kühler Bereich: mittlere und untere Einlegeböden	Joghurt, Fruchtsäfte, Hartkäse, Eier, Butter, Margarine, fettarmer Aufstrich, Kochfett, Fisch;
Kalter Bereich: Einlegeboden direkt unter dem Gefrierfach sowie im rückwärtigen Teil des Kühlschranks	Vorgekochte Lebensmittel, Fertiggerichte, Weichkäse, angemachte Salate, Selbstgekochtes und Reste sowie rohes Fleisch;
Gemüsefächer	Gemüse und Obst, das kühl gelagert werden kann, Salat wie z. B. Kopfsalat, Rettich, Gurken und Stangensellerie;
Kühlschranktür	Milch, Softdrinks, Fruchtsäfte, geöffnete Flaschen und Saucengläser, Eingemachtes, Eier und Salatsaucen;

GEMÜSE, OBST & KRÄUTER

Für eine gesunde, ausgewogene Ernährung sollte man auch ausreichend Obst und Gemüse zu sich nehmen, da diese Produkte viele Vitamine, Mineral- und Ballaststoffe enthalten. Frische, getrocknete oder tiefgefrorene Kräuter geben jedem Gericht appetitliche Farbe und ein unverwechselbares Aroma.

Gemüse auswählen

Jede Gemüsesorte hat eigene Anzeichen für Frische und Qualität, doch im Allgemeinen können Sie bei knackigem und farbenkräftigem Gemüse nichts falsch machen. Gemüse der Saison ist meist preiswerter, dafür versprechen importierte Waren mehr Abwechslung.

Gemüse auf Qualität und Frische prüfen

Kohlköpfe
Drücken Sie leicht mit dem Daumen auf die Mitte eines Kohlkopfs: Diese muss fest sein. Vermeiden Sie Kohl mit weichen oder verfärbten äußeren Blättern oder mit beschädigten Stellen.

Bohnen
Frische Bohnen erkennen Sie, wenn Sie eine Bohne zwischen Daumen und Zeigefinger vorsichtig biegen: Frische Bohnen brechen sofort, ältere Exemplare verbiegen sich nur.

Blumenkohl
Unter den äußeren Blättern von Blumenkohl und zwischen den einzelnen Röschen verstecken sich oft Insekten. Achten Sie auch darauf, dass die Röschen fest und weiß sind.

Einkaufstipps

- **Form und Größe** Suchen Sie bei Gemüse wie Rosenkohl annähernd gleich große Produkte aus, damit diese später gleichmäßig garen.
- **Avocados prüfen** Nehmen Sie eine Avocado in die Hand und drücken Sie die Frucht leicht. Die Avocado ist reif, wenn sie leicht nachgibt. Wenn Sie mit den Fingerspitzen auf die Avocado drücken, bekommt sie Druckstellen.
- **Knoblauch** Knoblauchknollen sollten eng aneinander liegende Zehen und trockene Häutchen aufweisen.
- **Pfefferschoten** Je kleiner die Pfefferschote, umso schärfer ist sie.

Salat und Salatgemüse

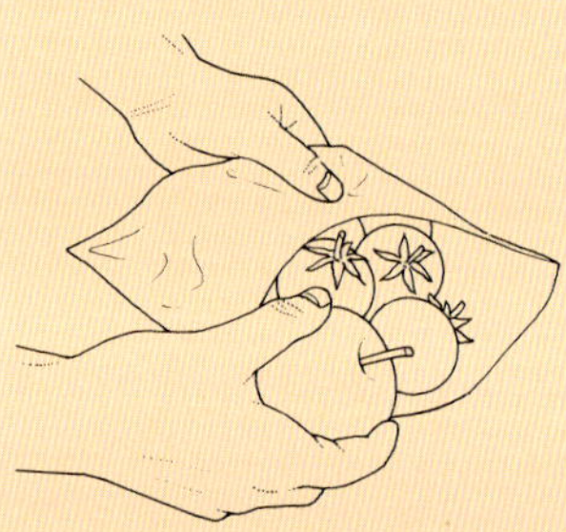

Tomaten nachreifen lassen
Grüne Tomaten reifen schnell nach, wenn Sie einen Apfel oder eine reife Tomate zu den unreifen Früchten in die Papiertüte legen. Lassen Sie die Tomaten ein paar Tage an einem warmen, dunklen Ort liegen, bis sie nachreifen und rot werden.

- **Salatköpfe** Feste, knackige Salatköpfe mit unbeschädigten äußeren Blättern sind frisch. Meiden Sie solche mit verfärbten äußeren Blättern.
- **Paprika** Rote, gelbe und orange Paprikaschoten schmecken süßer als grüne und eignen sich besser für Salate.
- **Gurken** Wählen Sie große, gerade und feste Gurken mit frischer, glänzender Haut.
- **Andere Salatzutaten** Einige Gemüsesorten wie Zucchini, Blumenkohl und Champignons eignen sich auch als knackige Salatzutaten. Geben Sie sie roh oder angedünstet beispielsweise zu grünem Salat, damit er sättigender wird.

Gemüse lagern

Grünes Gemüse sollten Sie innerhalb von 2 Tagen aufbrauchen, während Wurzelgemüse an einem kühlen, dunklen und gut gelüfteten Ort mehrere Wochen lagern kann. Schneiden Sie alle Gemüsesorten erst kurz vor dem Kochen, da sie sonst schnell Nährstoffe verlieren.

Knoblauch lagern

Kochfertiger Knoblauch
Legen Sie die geschälten Zehen einer Knoblauchknolle in ein Glas mit Olivenöl. Das Öl konserviert den Knoblauch und dieser aromatisiert im Gegenzug das Öl, das für Salatsaucen gut geeignet ist. Das Öl hält sich bis zu 2 Wochen im Kühlschrank.

Im Kühlschrank

Die meisten Gemüsesorten können an einem kühlen, dunklen und gut gelüfteten Ort aufbewahrt werden. Leicht verderbliches Gemüse sollte in den Kühlschrank. Manchen Sorten schadet allerdings die Kälte: Kartoffeln etwa verlieren an Geschmack und werden weich.

- **Champignons** Frische Champignons in einer Papiertüte unten im Kühlschrank lagern.
- **Kohl und Sellerie** Sie gehören in die Salatschublade des Kühlschranks, damit sie knackig bleiben und ihren Geschmack behalten.
- **Möhren** Nicht im Plastikbeutel aufbewahren. In Papier gewickelt halten sie 1 Woche im Kühlschrank.

Sellerie auffrischen

Knackiger Sellerie
Welke Selleriestangen 1 Stunde lang in Eiswasser geben. Etwas Zitronensaft frischt den Geschmack auf. Stellen Sie ganze Selleriestauden senkrecht ins Eiswürfelwasser, nachdem Sie unten eine dünne Scheibe abgeschnitten haben.

Zwiebeln lagern

- **Zwiebelhälften** Die Zwiebelhälfte sollte nicht geschält sein und den Strunk behalten. Wickeln Sie das Stück in Frischhaltefolie, es hält sich dann bis zu 3 Tage.

Luftig und griffbereit
Zwiebeln und Knoblauch halten sich am besten, wenn sie möglichst luftig und locker gelagert sind. Daher bieten sich entsprechende Drahtkörbe mit Ketten zum Aufhängen an.

Gute Idee!

Knoblauch aufbewahren
Knoblauch bleibt länger frisch, wenn er gut belüftet gelagert wird. Ein Knoblauchtopf ist schnell gebastelt: Legen Sie den Knoblauch auf eine Untertasse und stellen Sie einen Terracotta-Blumentopf mit Bodenloch umgekehrt darüber.

Pfefferschoten

- **Frisch einfrieren** Frische Pfefferschoten lassen sich als Ganzes in Gefrierbeuteln gut einfrieren. Man kann sie dann in gefrorenem Zustand direkt in den Kochtopf schneiden.

Auffädeln
Fädeln Sie Pfefferschoten zum Trocknen und Aufbewahren auf einen starken Baumwoll- oder Nylonfaden und hängen Sie dann die dekorative Kette zum Lufttrocknen auf.

Obst einkaufen

Um den Reifheitsgrad verschiedener Obstsorten festzustellen, gibt es mehrere Möglichkeiten. Feste und gut riechende Früchte sind in der Regel auch gut und frisch. Empfindliches Obst sollten Sie nur behutsam prüfen, damit Sie die Früchte nicht beschädigen.

Frische bestimmen

- **Trauben** Schütteln Sie die Rebe vorsichtig am Stiel. Wenn einzelne Trauben abfallen, sind sie nicht mehr frisch.
- **Zitrusfrüchte** Zitrusfrüchte sollten sich für ihre Größe schwer anfühlen, dann sind sie besonders saftig.
- **Bananen** Reife Bananen haben außen an der Schale kleine braune Flecken. Eher grüne, unreife Bananen reifen bei Zimmertemperatur in wenigen Tagen nach.
- **Brombeeren** Diese Früchte sollten rund, glänzend und von schöner Farbe sein. Wenn die Stiele noch an den Früchten sind, wurden sie unreif gepflückt und haben nicht den vollen Geschmack.

Qualität und Reife feststellen

Honigmelone
Nehmen Sie die Honigmelone in beide Hände und drücken Sie mit beiden Daumen rund um die Spitze der Melone (nicht am Stielansatz). Gibt die Oberfläche auf den Druck leicht nach und duftet die Frucht süßlich, ist die Melone reif.

Ananas
Lässt sich ein Blatt leicht aus dem Schopf der Ananas ziehen, ist die Ananas reif und kann serviert werden. Auch Ananas duftet süßlich, wenn sie reif ist. Weiche dunkle Flecken zeigen Beschädigungen oder faule Stellen der Frucht an.

Obst lagern

Obst sollte schnell verzehrt werden, wenn es reif und damit am nährstoffreichsten ist. Achten Sie darauf, Obst so zu lagern, dass Geschmack und Vitamine optimal erhalten bleiben. Nehmen Sie Obst immer aus der Verpackung, wenn nichts anderes angegeben ist.

Im Kühlschrank

Obst einwickeln
Trockene Zitrus- oder hartschalige Früchte halten an kühlen, dunklen Orten länger als 1 Woche: In Zeitungspapier einwickeln und in eine Plastikbox legen.

- **Länger lagern** Birnen halten sich bei -0,5° C bis zu 6 Monate lang. Früchte nicht aufeinander legen, damit sie nicht zerdrückt werden.

Beeren aufbewahren

Ohne Beschädigungen
Schütten Sie die Beeren auf ein mit Küchenpapier ausgelegtes, flaches Tablett. Beschädigte oder matschige Beeren aussortieren und Früchte mit weiteren Papiertüchern bedecken, dann im Kühlschrank lagern.

Obst lagern

- **Weintrauben** Trauben in Zeitungspapier wickeln und an einem dunklen, kühlen Ort aufbewahren.
- **Zitrusfrüchte** Zitrusfrüchte bleiben bei Raumtemperatur am saftigsten. Im Kühlschrank gelagerte Früchte im Mikrowellenherd einzeln etwa 5 Sekunden erwärmen.
- **Birnen einfrieren** Birnen schälen und blanchieren. In Zuckerlösung bis zu 4 Monate im Gefriergerät aufbewahren.
- **Apfelmus** Äpfel vierteln und in wenig Wasser weich kochen. Durch ein Sieb zu Mus streichen und portionsweise einfrieren.

Kräuter frisch aus dem Garten

Kräuter verwandeln auch das einfachste Gericht in eine herrliche Köstlichkeit, deshalb sollten Sie immer eine kleine Auswahl an frischen und getrockneten Kräutern zur Hand haben. Sogar im Winter wachsen genügend aromatische Sorten zum Verfeinern und Garnieren.

Kräuter ernten

- **Kräuter aus Töpfen** Kräuterpflanzen im Topf aus dem Supermarkt halten meist nicht sehr lang. Wenn Sie die Spitzen nur nach und nach ernten, haben Sie länger etwas von der Pflanze.
- **Wachsen lassen** Lassen Sie Pflanzen erst groß werden, bevor Sie ernten.
- **Immer in Reichweite** Wenn Sie einen Garten haben, ziehen Sie Ihre Kräuterpflanzen in der Nähe der Küche, damit Sie auch bei Regen oder Dunkelheit darauf Zugriff haben.
- **Blütezeit** Lassen Sie einige Kräuter, z. B. Borretsch, Rosmarin oder Schnittlauch, blühen und verwenden Sie die Blüten als Dekoration.

Die optimale Auswahl an Kräutern

Das würzige Aroma von Oregano passt sehr gut zu Tomaten und Fleisch.

Schnittlauch hat einen milden Zwiebelgeschmack.

Salbei hat ein starkes Aroma und passt zu Fisch oder Fleisch.

Glatte Petersilienblätter unzerkleinert in Salate geben.

Thymian hat einen starken, herzhaften Charakter.

Zitronenthymian passt hervorragend zu Fisch- und Geflügelgerichten.

Küchenkräuter selbst ziehen
Ziehen Sie sich Ihre Küchenkräuter auf dem Fensterbrett. Diese Kräuter passen zu vielen Gerichten und gedeihen gut zusammen: Petersilie (glatt oder kraus), Schnittlauch, Thymian, Oregano und Salbei.

Kräuter lagern

Nach der Ernte verlieren Kräuter rasch an Aroma und Duft. Bei angemessener Lagerung können Sie sie jedoch mehrere Tage frisch halten. Zartblättrige Kräuter wie Basilikum, Kerbel und Koriander welken aber sehr schnell und sollten deshalb umgehend verbraucht werden.

Empfindliche Kräuter aufbewahren

Stiele diagonal abschneiden.

1 Stielenden von empfindlichen Kräutern mit einem scharfen Messer abschneiden, dann in ein hohes Glas stellen, sodass die Stiele 2,5 cm im Wasser stehen. Geben Sie eine Prise Zucker hinzu.

Mit dem Klarsichtbeutel keine Zweige abknicken.

2 Klarsichtbeutel mit einem Gummiband locker über Kräutern und Glas befestigen. Glas an einen kühlen Platz oder in den Kühlschrank stellen. Wasser ab und zu wechseln, Stiele neu abschneiden.

Welke Kräuter

Kräuter auffrischen
Etwas welke Kräuterzweige können Sie auf Küchenpapier legen und mit etwas Wasser besprühen. Dann kurz in den Kühlschrank legen und danach wieder verwenden.

EIER & MILCHPRODUKTE

Milchprodukte sind sehr nahrhafte Lebensmittel, die insbesondere für den Knochenaufbau wichtig sind. Sie enthalten jedoch meist viel Fett, daher sollte man sie nur in Maßen genießen. Im Kühlschrank halten sich Milchprodukte ausgezeichnet, sie können außerdem problemlos eingefroren werden.

Eier

Eier enthalten viele Proteine und Vitamine. Sie sind sehr vielseitig: Man kann sie kochen, braten und zum Eindicken, Binden oder Glasieren verwenden. Sie reagieren empfindlich auf Temperaturschwankungen und sollten vor der Verwendung unbedingt Zimmertemperatur haben.

Gekochte Eier markieren

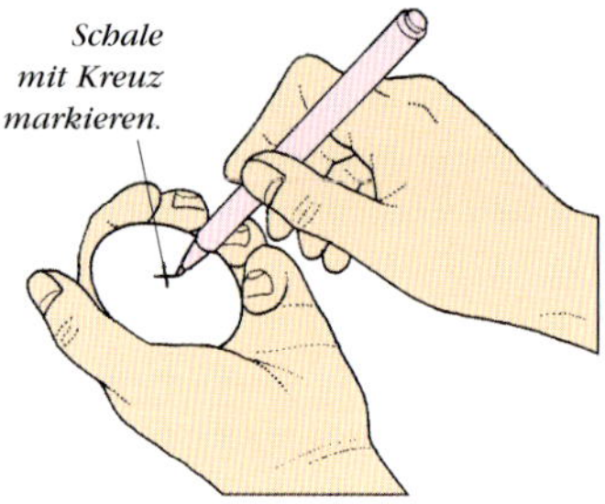

Mit einem Stift
Markieren Sie hart gekochte Eier mit einem Lebensmittelstift, damit Sie gekochte und rohe Eier zusammen lagern können.

Eier testen

Ist das Ei frisch?
Lösen Sie 2 EL Salz in 600 ml Wasser auf. Geben Sie das Ei ins Wasser: Sinkt es zu Boden, dann ist es frisch.

Kaufen und Lagern

- **Auf Risse achten** Prüfen Sie alle Eier im Karton, um sicherzugehen, dass kein Ei beschädigt ist.
- **Frisch halten** Bewahren Sie Eier im Karton im Kühlschrank auf, damit sie keine Feuchtigkeit abgeben oder Gerüche von anderen Lebensmitteln aufnehmen.
- **Richtig lagern** Lagern Sie Eier immer mit dem spitzen Ende nach unten, damit das Eigelb in der Mitte bleibt und das Ei sich länger hält.

Sahne

Es gibt verschiedene Sahnesorten, die sich nur durch den Gehalt an Butterfett unterscheiden. Die Butterfettmenge bestimmt auch den Fettgehalt, den Geschmack und die Rühreigenschaften der Sahne. Je magerer die Sahne ist, umso leichter gerinnt sie.

Schlagsahne lange lagern

Schlagsahne einfrieren
Schlagsahne in einen Eiswürfelbehälter füllen, dann die gefrorenen Würfel in einen Gefrierbeutel geben. Die Sahnewürfel direkt in heiße Suppen, Saucen oder Schmorgerichte geben.

Sahne verwenden

- **Schlagsahne** Für verschiedene Mousse-Typen, Kuchenfüllungen, als Beilage zum Eis oder zum Garnieren mit Spritzguss eignet sich am besten Schlagsahne.
- **Fettarme Alternativen** Rühren Sie ein paar Teelöffel Joghurt oder Hüttenkäse unter geschlagene Sahne, damit Desserts oder Kuchenfüllungen leichter und bekömmlicher werden.
- **Crème fraîche** Ersetzen Sie Sahne oder Sauerrahm in heißen Saucen durch Crème fraîche, da sie zum Kochen gebracht werden kann, ohne zu gerinnen.

GUTE IDEE!

Sauerrahm selbst gemacht
Geben Sie einfach 5 ml Zitronensaft in 150 ml fettarme Sahne, gut durchrühren und die Sahne dick werden lassen.

Käse

Käse ist reich an Proteinen und lässt sich auf vielfältige Weise zubereiten. Er verleiht Füllungen und Saucen einen herrlichen Geschmack und ist Grundlage vieler Desserts. Viele Käsesorten werden auf Brot, als Käseplatte oder in Salaten serviert, am besten bei Zimmertemperatur.

Weichkäse lagern

- **Einfrieren** Käse mit einem Fettgehalt über 45 % lässt sich gut einfrieren. Bei einem geringeren Fettgehalt bröckelt der Käse.

In Weinblätter einwickeln
Wickeln Sie frische oder eingelegte Weinblätter um kleine Stücke Weichkäse, z. B. Brie, Ziegen- oder Schafskäse. So bleibt der Käse 3-4 Tage im Kühlschrank frisch.

Fetakäse lagern

In Öl einlegen
Geben Sie Fetakäsewürfel mit Kräutern, Knoblauchzehen oder Pfefferschoten in ein Glas und füllen Sie es mit hochwertigem Olivenöl auf, das Sie später für Salatsaucen verwenden können.

BEWÄHRTES WISSEN

So bleibt Käse feucht
Damit Hartkäse wie reifer Pecorino oder Parmesan beim Lagern nicht austrocknet, wickelt man ihn in ein sauberes Leinen- oder Baumwolltuch, das zuvor in Bier getränkt wurde. Im Kühlschrank hält er sich in einem luftdichten Behälter 1-2 Wochen.

Butter

Butter ist ein reines Naturprodukt aus Sahne. Zum Backen eignet sich Butter besonders, da sie dem Gebäck Geschmack verleiht. Butter kann zum schnellen Sautieren verwendet oder – verfeinert mit Kräutern und anderen Gewürzen – als raffinierte Beilage serviert werden.

Butter aufbewahren

- **Starke Gerüche vermeiden** Butter immer gut verpackt oder in einem verschlossenen Behälter aufbewahren, da sie schnell Gerüche von stark riechenden Lebensmitteln annimmt.
- **Kühl lagern** Butter hält sich im Tiefkühlgerät bis zu 6 Monate.
- **Butter klären** Geklärte Butter hält sich mehrere Wochen: Erhitzen Sie die Butter vorsichtig, bis sie schaumig, aber nicht braun wird. Die flüssige Butter durch ein Leinentuch streichen, um Feuchtigkeit zu entfernen, dann einfrieren.

Kräuterbutter herstellen und aufbewahren

Kräuterbutter
Verteilen Sie frische, gehackte Kräuter oder zerdrückten Knoblauch mit einer Gabel gleichmäßig unter weiche Butter. Zu Grillfleisch oder Fisch servieren.

Formen ausstechen
Kräuterbutter auf Backpapier ausrollen und schöne Formen ausstechen. Legen Sie die Formen in einen Behälter und stellen Sie ihn in den Kühlschrank.

FLEISCH & GEFLÜGEL

Fleisch ist in jeder Form ein ausgezeichneter Lieferant für Proteine, B-Vitamine und Eisen. Die verschiedenen Fleischsorten enthalten unterschiedlich viel Fett, das dem Fleisch Aroma und Zartheit verleiht. Wenn Sie sich gesund ernähren möchten, sollten Sie weniger fettes Fleisch und mehr Geflügel essen.

Fleisch einkaufen

Kaufen Sie Fleisch am besten nur bei einem zuverlässigen Metzger, der auf höchste Qualität und sicheren Umgang mit seinen Produkten achtet – gerade in der heutigen Zeit mit all den Lebensmittelskandalen (Stichwort BSE) sollte man hier nicht an der falschen Stelle sparen.

FLEISCH AUSWÄHLEN

- **Farbe** Rindfleisch muss dunkelrot sein mit einem leichten Stich ins Braune. Es sollte leicht marmoriert wirken. Für Lamm gilt: Je dunkler die Farbe, desto älter das Tier.
- **Das richtige Stück** Aus dem vorderen Teil eines Tieres stammen die festeren Fleischstücke, die sich für langsames Garen eignen. Zartes Fleisch stammt aus dem Mittelteil, da diese Muskeln weniger beansprucht wurden.
- **Biobauern** Fleisch von überprüften Betrieben ist zwar teuer, aber auch sehr gut.

GELD SPAREN

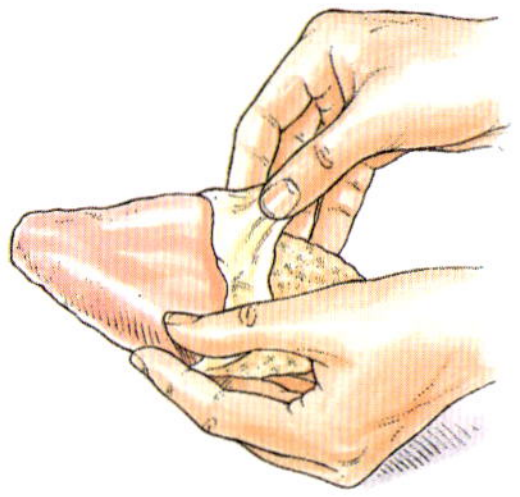

Hühnerfleisch häuten
Die Haut von Hühnerfleisch enthält sehr viel Fett und sollte deshalb für eine fettarme Ernährung abgezogen werden. Sie können Hühnerfleisch einfach selber häuten, indem Sie die Haut mit den Fingerspitzen abziehen.

WIE VIEL RECHNET MAN PRO PERSON?

FLEISCH ODER GEFLÜGEL	MENGE
Steaks ohne Knochen von Rind oder Lamm, Schweinefilet, magere Lendenfilets vom Rind oder Schweinelende	125–175 g
Steaks mit Knochen wie T-Bone-Steaks oder Steaks aus der Lammkeule	175–225 g
Lammkoteletts oder Lammscheiben mit Knochen oder ausgelöstes Lammfleisch	zwei kleine Stücke oder ein großes
Schweinelende oder -kotelett mit Knochen, Spareribs vom Schwein mit Knochen	ein Stück à 175 g
Fleischstücke mit großem Knochenanteil wie auf chinesische Art geschnittene Spareribs, Rinderhachse oder Ochsenschwanz	400–500 g
Mageres Schmorfleisch wie Lammschulterstücke, Kurzgebratenes wie Schweinefilet	125–150 g
Bratenstücke am Knochen wie Rinderrippe, Lammschulter oder -keule, Schweinelende	225–300 g
Bratenstücke ohne Knochen wie Rinderrippe, Lammkeule oder Schweinelende	125–175 g
Hähnchenfleisch zum Braten wie Schenkel, Oberkeulen, Flügel oder Hähnchenviertel	zwei Teile oder ein Hähnchenviertel
Ganzes, gebratenes Hähnchen oder ganzer Truthahn mit Knochen	350 g, ofenfertig
Enten- oder Gänsefleisch	250–300 g, ofenfertig
Innereien wie Leber, Niere, Herz	100–125 g

Fleisch lagern

Fleisch und Geflügel müssen unbedingt richtig und kühl gelagert werden, da sie leicht verderben. Legen Sie Fleisch nach dem Kauf deshalb so schnell wie möglich in den Kühlschrank. Bei warmem Wetter sollten Sie zum Einkauf immer eine Kühltasche mitnehmen.

Fleischstücke einfrieren

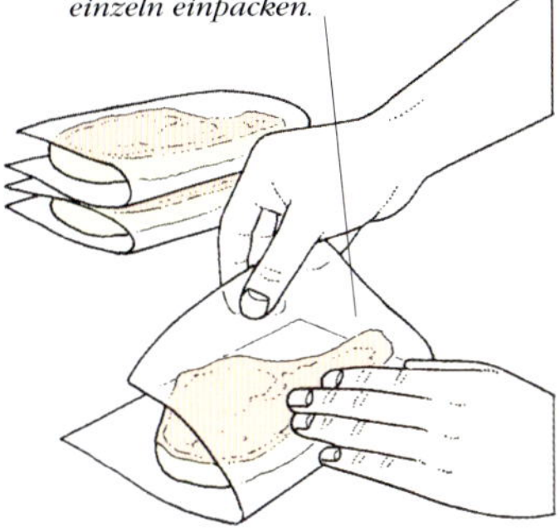

Einzeln einfrieren
Koteletts, Schnitzel oder Steaks frieren leicht aneinander fest. Legen Sie daher vor dem Einfrieren antihaftbeschichtetes Papier oder Gefrierfolie um jedes Stück, damit Sie später jedes einzeln entnehmen können, ohne den Rest auftauen zu müssen.

Geflügel einfrieren

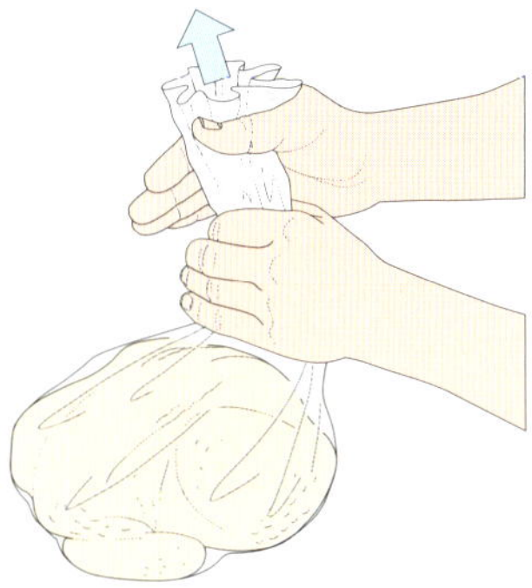

Luft ganz entfernen
Wenn Sie Geflügel einfrieren wollen, packen Sie es in einen entsprechend großen Gefrierbeutel. Halten Sie dann mit einer Hand den Beutel an der Öffnung und streichen Sie mit der anderen Hand so viel der enthaltenen Luft wie möglich heraus.

Zur Sicherheit

- **Rohes Fleisch kühlen** Frisches Fleisch und Geflügel gehören sofort in den Kühlschrank. Bewahren Sie Fleisch immer so auf, dass nichts auf andere Lebensmittel tropfen kann.
- **Sauber arbeiten** Verschiedene Fleischsorten immer getrennt voneinander aufbewahren. Waschen Sie sich nach der Verarbeitung von rohem Fleisch immer die Hände, bevor Sie andere Lebensmittel anfassen.
- **Aufgetautes Fleisch** Verbrauchen Sie aufgetautes Fleisch oder Geflügel so schnell wie möglich. Auf keinen Fall wieder einfrieren – dann besteht die Gefahr einer Lebensmittelvergiftung.

Fleisch und Geflügel auftauen

In Wasser
Eine Gans oder ein großes Huhn taut schneller auf, wenn Sie es in der Tiefkühlverpackung in eine große Schüssel mit Wasser legen und in den Kühlschrank stellen. Wasser regelmäßig austauschen, bis das Tier vollständig aufgetaut ist.

- **Vorlaufzeit beachten** Nehmen Sie Fleisch oder Geflügel rechtzeitig aus dem Gefriergerät. Im Kühlschrank kann es Stunden oder sogar 2–3 Tage dauern, bis große Teile oder ganze Tiere aufgetaut sind.
- **Tauflüssigkeit auffangen** Legen Sie Fleisch oder Geflügel zum Auftauen im Kühlschrank immer auf eine große mit Küchenpapier ausgelegte Platte, um den Fleischsaft aufzufangen.
- **Große Teile auftauen** Manchmal passt ein Fleischstück zum Auftauen nicht in den Kühlschrank. Lassen Sie es dann in einem kühlen Raum in der Verpackung auftauen, aber stechen Sie Löcher in die Folie.
- **Ganz aufgetaut?** Prüfen Sie, ob in der Bauchhöhle noch Eis ist bzw. ob sich Flügel und Schenkel einfach bewegen lassen – dann ist das Tier aufgetaut.
- **Mit einem Spieß** Prüfen Sie mit einem Schaschlikspieß an der dicksten Stelle, ob das Fleisch noch hart oder bereits aufgetaut ist.

Fleisch kühlen

- **Rohes Fleisch** Dieses an der kühlsten Stelle des Kühlschranks aufbewahren und möglichst bald verbrauchen.
- **Verpackung entfernen** Nehmen Sie Fleisch möglichst sofort aus einer Papierverpackung, die sonst aufweicht und am Fleisch hängen bleibt. Stellen Sie es dann in einer zugedeckten Schüssel in den Kühlschrank.
- **Verpackung belassen** In eine Plastikfolie eingeschweißtes und vakuumiertes Fleisch können Sie so in den Kühlschrank geben und gut 1 Tag aufbewahren.
- **Klarsichtfolie** Sie können eine tiefe Schüssel mit Fleisch oder Geflügel auch mit Klarsichtfolie abdecken und kalt stellen. Achten Sie darauf, dass die Folie das Fleisch aber nicht berührt.

FISCHE & MEERESFRÜCHTE

Die goldene Regel bei Fischen und Meeresfrüchten heißt: Die Frische macht's. Denn diese Lebensmittel verderben außerordentlich schnell, sodass man immer nur so viel kaufen sollte, wie man auch benötigt. Zudem muss man bei der Lagerung von Fischen und Meeresfrüchten sehr umsichtig vorgehen.

Fische

Fisch spielt bei einer gesunden Ernährung eine sehr wichtige Rolle. Er lässt sich auf so unterschiedliche Weise zubereiten, dass Sie für jede Gelegenheit ein passendes Gericht zaubern können. Bitten Sie Ihren Fischhändler bei Bedarf, den Fisch zu filetieren.

FRISCHEN FISCH ERKENNEN

Auf Frische achten
Kaufen Sie nur Fisch mit klaren, hellen Augen und feucht schillernder Haut. Die Kiemen, falls noch vorhanden, sollten rot leuchten. Das Fleisch muss elastisch auf Druck reagieren. Fisch sollte immer frisch und sauber riechen.

FISCH AUSWÄHLEN

- **Mit festem weißem Fleisch** Schnapper, Zackenbarsch und Goldmakrele bieten saftiges Fleisch von ausgezeichnetem Geschmack.
- **Kleine und große Plattfische** Heilbutt oder Steinbutt werden im Ganzen, als Filets oder Steaks angeboten. Kleinere Fische wie Scholle oder Seezunge werden meist als Ganzes verkauft.
- **Fettfische** Forelle, Hering, Makrele und Sardinen werden als Ganzes oder als Filets angeboten. Das jeweilige Aroma der Fische ist sehr charakteristisch.

FISCH AUFFRISCHEN

Alter Anglertrick
Wenn Fischfilets beim Transport vom Einkauf nach Hause etwas matt geworden sind, legen Sie die Filets in eine Schüssel mit Eiswasser. Geben Sie 15 g Meersalz pro Liter Wasser hinzu und lassen Sie den Fisch etwa 15 Minuten ziehen.

FISCH KÜHLEN

Zwischen Eis einpacken
Fisch wird im Kühlschrank schneller kalt, wenn Sie Eiswürfel oder zerstoßenes Eis um den Fisch legen. Sie können den Fisch auch zwischen Eisbeutel legen. Nehmen Sie die Beutel aus dem Kühlschrank, bevor das Eis ganz schmilzt.

FISCH EINFRIEREN

- **Erneut einfrieren?** Fragen Sie Ihren Fischhändler, ob der Fisch schon einmal eingefroren war. Es ist nicht zu empfehlen, aufgetauten Fisch erneut einzufrieren.
- **Einfrieren nur im Notfall** Das Einfrieren von Fisch im eigenen Gefriergerät sollte man eher vermeiden, da dies die Struktur und den Geschmack des Fleisches deutlich beeinträchtigen kann.
- **Mit Eis überziehen** Damit tiefgefrorene Fischfilets nicht austrocknen, frieren Sie sie ein, bis sie ganz fest sind. Kurz in Eiswasser tauchen, damit sich eine dünne Eisschicht um das Filet bildet. Dickere Fische zweimal eintauchen.

Meeresfrüchte

Muscheln und Meeresfrüchte sollten Sie immer nur bei verbürgt guten Händlern kaufen, die Produkte rasch zubereiten und nicht lang aufbewahren. Verdorbene oder nicht ganz frische Tiere können nach dem Verzehr durchaus ernsthafte Erkrankungen hervorrufen.

Schalentiere kaufen

- **Venus- und Miesmuscheln** Achten Sie bei lebenden Muscheln auf fest geschlossene Schalen. Sortieren Sie alle aus, deren Schalen sich auf leichtes Antippen nicht schließen. Auch Muscheln mit zerbrochenen Schalen sollten Sie sofort wegwerfen.
- **Jakobsmuscheln** Diese müssen eine Farbmischung aus cremigem Elfenbein und hellem Korallenorange aufweisen. Helle oder sehr weiße Exemplare wurden vermutlich in Wasser eingelegt, um das Gewicht zu erhöhen.
- **Herzmuscheln** Wenn Sie gekochte Herzmuscheln kaufen und es ist Sand auf der Schale, werden sie körnig schmecken.
- **Hummer** Kaufen Sie Tiere, die zwischen 500 und 1000 g wiegen. Kleinere haben zu wenig Fleisch, größere können faserig und trocken sein.

Austern lagern

So bleiben Austern saftig
Austern immer mit der gewölbten Seite nach unten lagern, damit sie saftig bleiben. Nebeneinander auf einem Blech anordnen, mit einem feuchten Tuch abdecken und gut kühlen. Innerhalb von 24 Stunden verzehren.

Krebse kaufen

- **Auswählen** Das weiße Scherenfleisch ist beim männlichen Tier zu bevorzugen. Bei Weibchen schmeckt das korallenrote Körperfleisch gut.

Das Gewicht überprüfen
Wenn Sie einen ganzen gekochten Krebs kaufen, schütteln Sie leicht an einer Schere. Er sollte sich für seine Größe schwer anfühlen. Wenn er zu leicht ist, hat er eine mangelnde Qualität.

Lebende Krustentiere

- **Krustentiere lebendig halten** Wenn Sie lebendige Langusten, Hummer oder Krebse gekauft haben, müssen die Tiere am Leben bleiben, bis sie gekocht werden. Legen Sie die Tiere dazu in einen hohen Eimer, aus dem sie nicht entfliehen können. Stellen Sie den Eimer in die Badewanne, füllen Sie ihn mit Wasser und lassen Sie ständig etwas frisches Wasser nachlaufen.

Krustentiere einfrieren

- **Im eigenen Saft** Krustentiere werden vor dem Einfrieren gedämpft, bis sie sich öffnen. Anschließend aus der Schale lösen und im eigenen Saft oder in Lake einfrieren.

Garnelen kühlen

- **Abspülen** Frische, rohe Garnelen vor dem Kühlen kalt abspülen, dann abtropfen lassen. In 2 Tagen aufbrauchen.

BEWÄHRTES WISSEN

Miesmuscheln reinigen
Muscheln in kaltes Wasser mit etwas Hafermehl geben; 2 Stunden stehen lassen. Die Muscheln nehmen das Mehl auf und geben dabei mögliche Verunreinigungen ab.

Tintenfische

- **Gewicht überprüfen** Tintenfische von mehr als 1 kg sind oft zäh.
- **Frische überprüfen** Achten Sie auf eine kräftige Farbe, schleimige Haut und frischen, salzigen Geruch. Tiere mit beschädigter Haut oder mit Spuren von ausgelaufener Tinte auf keinen Fall kaufen.
- **Tinte** Entleeren Sie den Tintensack nach Möglichkeit selbst und verwenden Sie die Tinte für die Sauce oder zum Färben von Pasta.
- **Waschen** Waschen Sie Tintenfisch gründlich, bevor Sie ihn lagern. Dazu in eine mit Klarsichtfolie zugedeckte Schüssel legen und sogleich gut kühlen.

BACKWAREN

Unabhängig davon, ob Sie Brot und Kuchen kaufen oder selbst backen - die richtige Lagerung ist wichtig, damit Gebackenes lang frisch und appetitlich bleibt. Brot, Brötchen und auch die meisten Kuchen können Sie jederzeit problemlos einfrieren, damit Sie immer einen Vorrat im Haus haben.

Brot

Wenn Sie nicht ständig frisches Brot kaufen können, helfen ein paar einfache Tricks, Brot länger frisch zu halten. Vor allem Luft muss frei um das Brot zirkulieren können, damit es aromatisch bleibt und nicht altbacken und schimmelig wird oder austrocknet.

Altbackenes Brot verwerten oder auffrischen

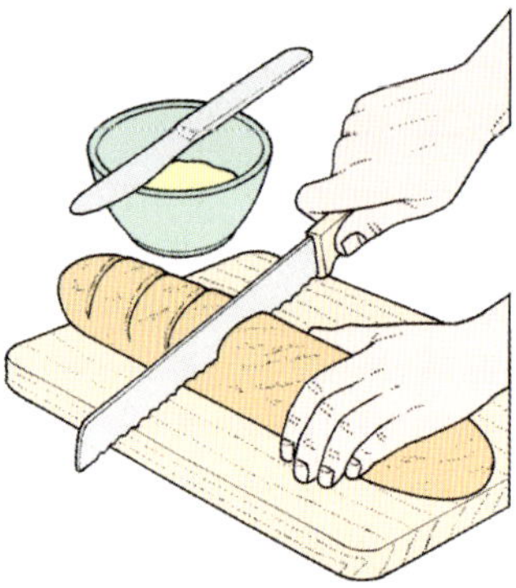

Mit Knoblauchbutter
Ein älteres Baguette im Abstand von 3 cm einschneiden. Knoblauchbutter dazwischen geben, dann das Brot in Folie im heißen Backofen 8–10 Minuten backen.

Im Topf dünsten
Legen Sie ein altbackenes Brot in ein Metallsieb über einen Topf, in dem etwas Wasser kocht. Decken Sie den Topf zu, bis das Brot vom Dampf erwärmt wurde.

Brot frisch halten

- **Fett zugeben** Damit selbst gebackenes Brot feucht bleibt, geben Sie 15 g Fett pro 500 g Mehl in den Teig.
- **Abkühlen lassen** Lassen Sie frisches Brot vor dem Verpacken immer abkühlen, da kondensiertes Wasser zur Schimmelbildung beiträgt.
- **Luft zirkulieren lassen** Stellen Sie Ihren Brottopf auf einen Untersetzer, damit die Luft frei um den Topf zirkulieren kann.
- **Brottopf auskochen** Brottöpfe aus Steingut oder Metall regelmäßig mit siedendem Wasser ausgießen, damit sich keine Schimmelsporen darin sammeln. Gut abtrocknen.

GUTE IDEE!

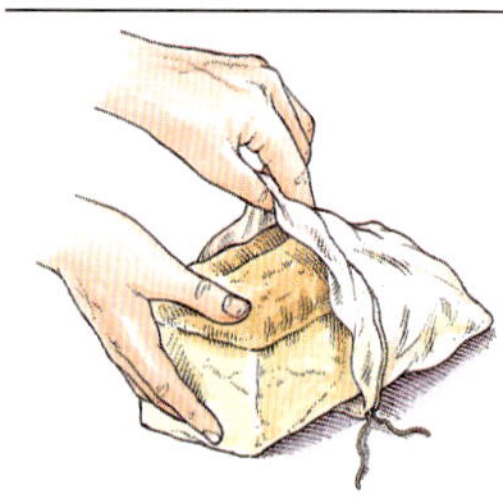

So bleibt Brot frisch
Wenn Sie keinen Brottopf oder -kasten haben, können Sie Brot in einer Baumwolltasche aufbewahren. Waschen Sie den Beutel regelmäßig und lassen Sie ihn immer gut trocknen.

Brot einfrieren

- **Scheiben trennen** Legen Sie antihaftbeschichtetes Papier zwischen Scheiben, die Sie einzeln einfrieren wollen. Dann müssen Sie nicht den ganzen Laib auftauen.
- **Kruste erhalten** Knuspriges Brot wie Baguette nicht länger als 7–10 Tage einfrieren, da sich sonst die Kruste ablöst.
- **Teig einfrieren** Brotteig, der noch nicht aufgegangen ist, kann bis zu 1 Monat eingefroren werden. Tauen Sie ihn etwa 6 Stunden bei Zimmertemperatur auf.
- **Auftauen** Im warmen Ofen aufgetaute Brotlaibe und Brötchen werden knusprig und köstlich wie frisch gebacken.

Brot lagern

Brottopf improvisieren
Legen Sie den Brotlaib auf ein Holzbrett und stülpen Sie eine Steingutschüssel darüber. Sie können das Brot alternativ auch in ein sauberes, trockenes Handtuch wickeln.

Semmelbrösel

Getrocknete und frische Semmelbrösel aus weißem und Vollkornmehl sollten eigentlich in keinem Vorratsschrank fehlen. Sie werden sie für Füllungen, zum Bestreuen und für viele andere Zwecke benötigen, und sie eignen sich für süße wie für herzhafte Gerichte.

Semmelbrösel vorbereiten

Brösel bleiben in der Tüte.

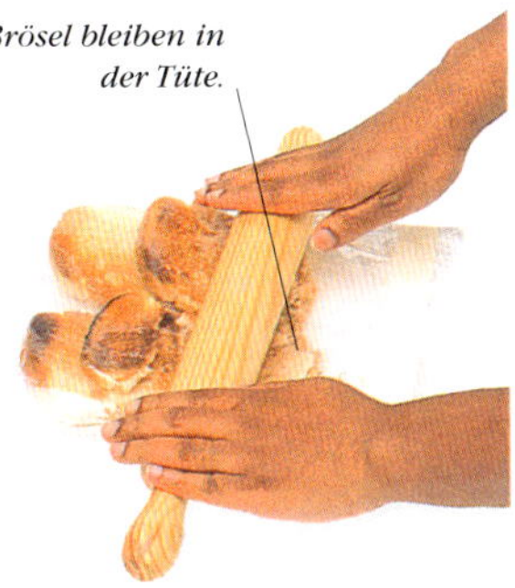

Semmelbrösel herstellen
Rösten Sie trockene Brotscheiben leicht im Backofen bei 150° C oder auf Stufe 2. Füllen Sie die Scheiben in Klarsichtbeutel und zerdrücken Sie das Brot mit einem Nudelholz. Alternativ im Mixer zerkleinern.

Kräuter aromatisieren das Paniermehl.

Brösel aromatisieren
Gewürze, feine getrocknete Kräuter, geriebener Parmesan, Salz oder Pfeffer unter trockene oder frische Semmelbrösel mischen; Fisch oder Geflügel panieren oder über gebackene oder gegrillte Gerichte streuen.

Tipps & Tricks

- **Kleinere Mengen** Wenn Sie nur eine kleine Menge Semmelbrösel brauchen, geben Sie kleine Brot- oder Toaststücke zum Zerkleinern in die Küchenmaschine.
- **Semmelbrösel einfrieren** Frisch gemahlene Semmelbrösel können in einem Gefrierbeutel problemlos bis zu 6 Monate eingefroren und aufbewahrt werden.
- **In einem Glas aufbewahren** In einem Glas mit Schraubdeckel halten sich trockene Semmelbrösel gut und gern bis zu 1 Monat. Sie müssen jedoch völlig trocken sein, bevor sie in das Glas gegeben werden.

Kuchen und Gebäck

Viele Menschen essen sehr gern Gebäck, gleichgültig ob einfache Kuchen, Kekse oder herrliche Torten. Die unzähligen verschiedenen Kuchensorten werden natürlich auch unterschiedlich aufbewahrt. Lang halten Nuss- oder Sandkuchen und Biskuitkuchen mit Honig.

Kuchen aufbewahren

- **Halb durchschneiden** Kastenkuchen trocknet nicht so schnell aus, wenn Sie ihn nicht an einer Seite anschneiden, sondern halbieren. Dann die Scheiben aus der Mitte herausschneiden und den Kuchen wieder zusammenschieben. In luftdichtem Behälter kühl aufbewahren.
- **Reste verwerten** Krümeln Sie alten Biskuitkuchen in eine Schüssel, geben Sie etwas Likör darüber und garnieren Sie das Gericht mit frischem Obst und Schlagsahne. So haben Sie schnell einen leckeren Nachtisch gezaubert.
- **Nachtisch verfeinern** Krümeln Sie trockenen Kuchen über Desserts oder Eisbecher.

Kuchen einfrieren

Packen Sie einzelne Kuchenstücke in Papier.

Tortenstücke lagern
Vor dem Einfrieren Torte in Stücke teilen, antihaftbeschichtetes Papier um jedes Stück geben, wieder zusammenstellen, dann normal einfrieren. Sie können nun so viele Stücke herausnehmen wie Sie brauchen, ohne die ganze Torte auftauen zu müssen.

Gebäck auffrischen

Muffins anfeuchten
Etwas trockene Muffins oder andere Gebäckstücke mit wenig Milch bestreichen und für 6–8 Minuten in den warmen Ofen stellen. Wenn sie völlig durchgetrocknet sind, können Sie die Stücke vor dem Aufbacken ganz in Milch eintauchen.

Vorbereitung der Zutaten

Übersicht

Sie haben ein Menü geplant, die notwendigen Zutaten eingekauft – und nun? Profiköche und Hobbyköche sind sich darin einig, dass zum Gelingen eines Gerichts nicht nur die eigentliche Zubereitung gehört, sondern dass schon die Vorbereitung sehr wichtig ist. Außerdem sparen Sie sich mit der richtigen Vorbereitungsmethode viel Zeit und Mühe und können aus den Zutaten das Beste herausholen.

Grundlagen

Hochwertige Küchengeräte sind auch für die Vorbereitung einfacher Gerichte ganz wichtig, nicht nur aus Gründen der Sicherheit. Mit gutem Handwerkszeug macht das Kochen einfach viel mehr Spaß, und es fällt auch leichter, einmal etwas Neues zu probieren.

Lebensmittel schneiden

Sicher arbeiten
Führen Sie das Messer entlang der Fingerknöchel und knicken Sie die Finger etwas ein, sodass die Fingerspitzen geschützt bleiben. Führen Sie das Messer von vorn oben nach unten.

Extrafein schneiden

Juliennestreifen
Für diese feinen Gemüsestreifen schneiden Sie zunächst das Gemüse mit einem Sparschäler in feine Streifen. Diese dann aufeinander legen und ganz schmale Stücke schräg abschneiden.

Obst würfeln

Verfärbungen vermeiden
Träufeln Sie ein paar Tropfen Zitronensaft auf das Schneidbrett und dann auf die gewürfelten Apfel- oder Birnenstückchen – das schützt sie bei der Verarbeitung vor unschönen Verfärbungen.

Effektiv schneiden

- **Mit einem schweren Messer** Halten Sie die Messerspitze auf das Brett und „schaukeln" Sie das Messer auf und ab, um Gemüse fein zu zerkleinern.
- **Würfel schneiden** Ende der Frucht abschneiden, in Scheiben schneiden, auf- oder nebeneinander legen, in Stifte schneiden und diese würfeln.

Streifen schneiden

- **Gemüse vorbereiten** Um Juliennestreifen vorzubereiten, schneiden Sie beispielsweise Gurken oder Möhren in exakt rechteckige Blöcke.
- **Kohl schneiden** Einzelne Kohlblätter abnehmen und aufrollen. Dann mit einem scharfen Messer in feine Streifen schneiden.

Tipps für gewürfeltes Obst

- **Kein verklebtes Messer** Beim Schneiden zuckerhaltiger Zutaten wird die Messerklinge leicht klebrig. Tauchen Sie das Messer daher ab und zu in heißes Wasser.
- **Farben** Gewürfeltes Obst in verschiedenen Farben gibt einem Salat ein buntes und frisches Aussehen.

GEMÜSE

Wenn Sie Gemüse zum Kochen vorbereiten, sollten Sie darauf achten, dass Farbe, Geschmack und Nährwert erhalten bleiben. Waschen, putzen und schälen Sie Gemüse daher immer erst kurz vor dem Kochen, damit es nicht austrocknet oder welk wird.

Blatt- und Kohlgemüse

Blattgemüse – besonders schmackhafte Sorten wie Spinat – verliert geschnitten schnell seine Vitamine. Zupfen Sie die Blätter besser ab, damit die Blattstruktur nicht zu sehr beschädigt wird. Wenn Sie schneiden, sollten Sie nur ein sehr scharfes Messer verwenden.

Spinat putzen

Stiele entfernen
Falten Sie das Blatt über dem Stiel zusammen, halten Sie es mit einer Hand und lösen Sie mit der anderen den Stiel ab. So können Sie die Stiele entfernen, ohne das Blatt zu zerschneiden.

Brokkoli putzen

Stiele verwenden
Stiele schälen und waagrecht in 5 mm dünne Scheiben schneiden. Zusammen mit den zarten Röschen garen. So schmecken die Stiele und Sie brauchen sie nicht wegzuwerfen.

Blätter vorbereiten

- **Blätter waschen** Waschen Sie Blätter zunächst gründlich in kaltem Salzwasser, um mögliche Schädlinge und anhaftende Erde zu entfernen.
- **Blätter zerkleinern** Blätter gut übereinander legen und im Stapel aufrollen. So können Sie die Blätter sehr effektiv und einfach in feine Streifen schneiden.
- **Äußere Blätter verwenden** Verwenden Sie äußere, harte Weißkohlblätter für die Zubereitung von Kohlrouladen. Eine Minute in heißem Wasser weich blanchieren.

Zwiebelgemüse

Zum Zwiebelgemüse gehören neben Zwiebeln auch Knoblauch und Lauch, die allen herzhaften Gerichten erst das richtige Aroma verleihen. Sie sollen als natürliches Antibiotikum wirken und Zwiebeln und Knoblauch sollen zudem den Blutcholesterinspiegel senken.

Keine Zwiebeltränen

- **Strunk intakt lassen** Schneiden Sie den Strunk erst zum Schluss ab, damit die starken Säfte und Gerüche nicht frei werden, die Ihre Augen tränen lassen.
- **Essig verwenden** Geben Sie ein paar Tropfen destillierten weißen Apfelessig auf Ihr Schneidbrett, um die Zwiebelsäfte zu neutralisieren.
- **Kleiner Ventilator** Lassen Sie neben dem Schneidbrett einen Miniventilator laufen – er bläst die Dämpfe von den empfindlichen Augen weg.

Knoblauch zerdrücken

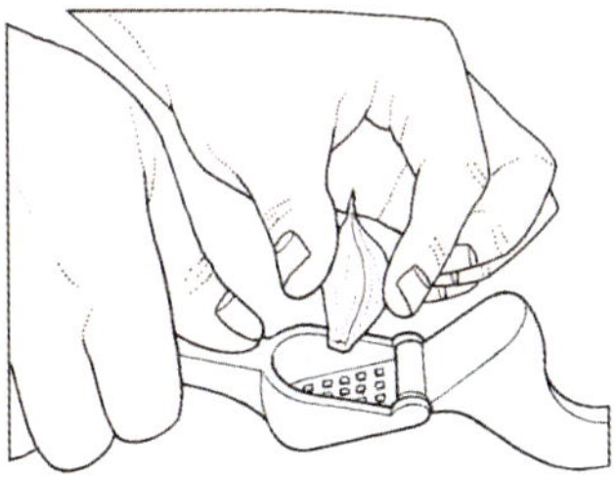

Knoblauchpresse
Pressen Sie die ungeschälte Knoblauchzehe durch die Knoblauchpresse. Das zarte Innere wird durchgepresst und die Presse lässt sich nach Gebrauch leichter reinigen.

Lauch reinigen

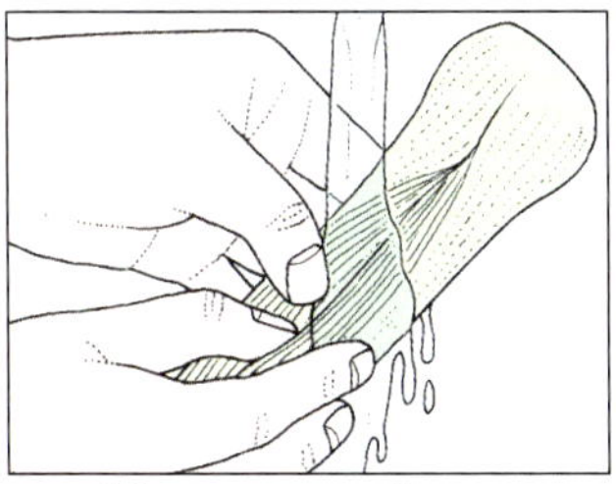

Sand herauswaschen
Die Lauchstange bis kurz vor das Wurzelende längs einschneiden. Unter fließendes Wasser halten, alle Blattzwischenräume auseinander drücken und gründlich auswaschen.

Wurzel- und Knollengemüse

Zu dieser Gemüsegruppe zählen nicht nur Möhren und Rüben, sondern auch echte Wurzelknollen wie Kartoffeln und Yamswurzeln. Diese Gemüsesorten sind reich an Vitaminen und Ballaststoffen, besonders dann, wenn sie vor dem Kochen nicht geschält werden.

Appetitlich servieren

- **Mit Kraut** Garen und servieren Sie junge Karotten oder Rüben ganz und belassen Sie etwa 2 cm vom grünen Kraut.

Möhrenblumen
Ein Dekormesser in gleichmäßigen Abständen an der Möhre entlangziehen, sodass Rillen entstehen. Die Scheiben haben dann eine Form wie kleine Blumen.

Wurzelgemüse

- **Rote Bete** Belassen Sie Stiel- und Wurzelansatz der Roten Bete, damit die Farbe nicht ausläuft und das Gemüse nicht an Geschmack verliert.
- **Kartoffeln** Für knusprige Pommes frites die Kartoffelstücke vor dem Frittieren kalt abwaschen, um überflüssige Stärke zu entfernen; dann gut abtrocknen.
- **Topinambur (Erdartischocke)** Kochen Sie Topinambur mit Schale, dann lassen sie sich nachher problemlos schälen.
- **Junge Knollen** Junges Knollengemüse nur abbürsten oder ganz dünn schälen. Unter der ballaststoffreichen Schale sitzen die meisten Nährstoffe.

GUTE IDEE!

Backofenkartoffeln
Sie werden schön knusprig und golden, wenn Sie die Kartoffeln in knappen Abständen mehrfach fast ganz durchschneiden. Dann mit Öl bestreichen, etwas Salz darüber streuen und die Kartoffeln im Backofen etwa 30–40 Minuten backen.

Salate und Zutaten

Salate erfordern meist keine langwierige Vorbereitung. Die einzelnen Zutaten müssen lediglich gründlich gewaschen und behutsam geputzt werden. Sie sollten Salat erst kurz vor dem Verzehr zubereiten, damit Vitamine und Nährstoffe erhalten und der Salat knackig und aromatisch bleibt.

Blattsalat vorbereiten

- **Salatblätter zupfen** Zupfen Sie zarte Salatblätter klein anstatt sie zu schneiden, damit die Vitamine erhalten bleiben.
- **Strunk entfernen** Schlagen Sie einen Eisbergsalat mit dem Strunk nach unten fest auf die Arbeitsplatte. Nun können Sie den Strunk leicht drehen und herausnehmen.
- **Blätter trocknen** Salatblätter trocknen am besten in einer Salatschleuder. Alternativ geben Sie die Blätter locker in ein sauberes Handtuch, dann Handtuch zuhalten und vorsichtig schütteln.
- **Salat auffrischen** Strunk aus welkem Salatkopf schneiden und den Kopf für einige Minuten in Eiswasser tauchen.

Sellerie putzen

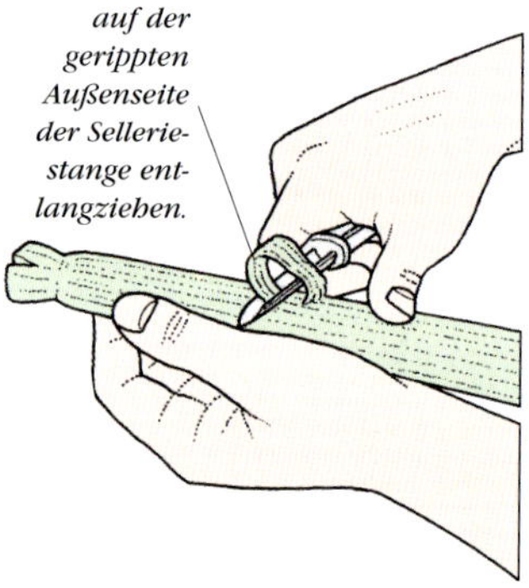

Sparschäler verwenden
Schneiden Sie zuerst den Strunk von den Selleriestangen. Dann trennen Sie sie voneinander und ziehen mit einem Sparschäler längs die zähen Fäden von den äußeren Stangen ab.

Gurken vorbereiten

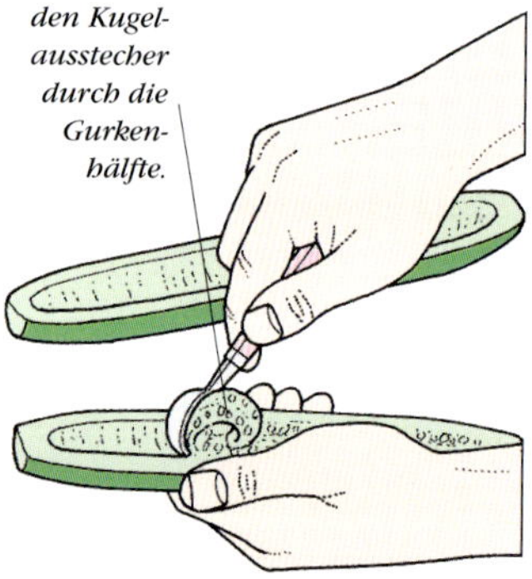

Samen entfernen
Halbieren Sie die Gurke längs und kratzen Sie mit dem Kugelausstecher (oder einem Löffel) die Samen aus der Mitte heraus; anschließend die Gurke würfeln oder in Scheiben schneiden.

Fruchtgemüse

Zu diesen sonnengereiften, nahrhaften Gemüsen zählen Auberginen, Paprikaschoten, Tomaten und Avocados. Mit ihren kräftigen Farben und ihren frischen, reichhaltigen Aromen versprechen sie Vielfalt und Abwechslung auf jedem Teller.

Auberginen schneiden

- **Einritzen** Die Aubergine gart gleichmäßiger, wenn Sie vor dem Grillen oder Backen ein rautenförmiges Muster ins Fruchtfleisch ritzen.

Weniger Öl, mehr Farbe
Salz oder Zitronensaft auf Auberginenscheiben geben. 30 Minuten später gut abtupfen. Dadurch nehmen sie weniger Öl auf und behalten ihre Farbe.

Gemüse häuten

- **Blanchieren** Tomaten vor dem Häuten einritzen und für 1 Minute in kochendes Wasser legen, anschließend in kaltem Wasser abschrecken.

Paprika grillen
Paprikaschoten auf Aluminiumfolie grillen, dabei häufig wenden. Folie über die Schoten decken, damit der Dampf die Haut löst. Dann die Haut abziehen.

ZEIT SPAREN

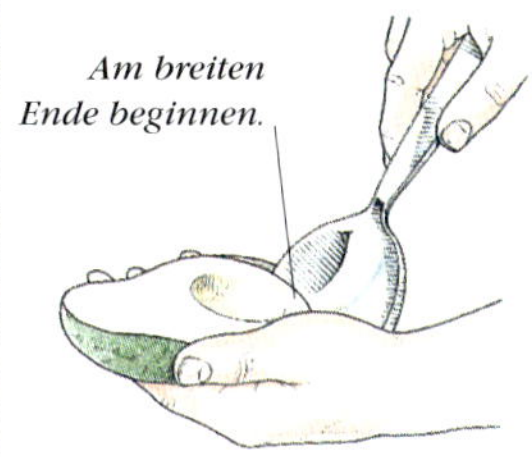

Anstatt schälen
Avocados lassen sich mit einem Messer schälen, einfacher geht es so: Avocado halbieren und das Fruchtfleisch mit einem großen Metalllöffel dicht an der Schale entlang herausheben.

Gemüse und mehr

Unterschiedlichste Gemüsesorten aus allen Teilen der Welt sind heutzutage ganz einfach erhältlich. Manche Arten sind eigentlich gar kein Gemüse, werden jedoch ähnlich zubereitet. Champignons gehören beispielsweise in die botanische Familie der Pilze.

Putzen und vorbereiten

- **Maiskolben** Die feinen Fäden mit einer kleinen Bürste vom Kolben entfernen, damit die Maiskörner unbeschädigt bleiben.
- **Okra** Okra (Frucht eines Malvengewächses) muss man vorsichtig putzen, damit der klebrige Saft nicht ausläuft.
- **Pfefferschoten** Samen und feine Häutchen aus dem Inneren entfernen, um die scharfe Wirkung abzumildern. Hände nach dem Schneiden der Pfefferschoten gut waschen oder Gummihandschuhe tragen, da der Saft Augen und Haut reizen kann.
- **Zucchini** Nutzen Sie beim Reiben einer Zucchini den Stielansatz zum Festhalten.

Kürbis pürieren

Fasern entfernen
Pürieren Sie Kürbis mit dem elektrischen Rührgerät zu gleichmäßig feinem Püree. Die Fleischfasern bleiben dann beim Rühren an den Rührbesen hängen.

Champignons

Zuchtchampignons nicht waschen oder schälen, da Geschmack und Nährstoffgehalt darunter leiden.

- **Putzen** Wilde Champignons vorsichtig mit weichem Küchenpapier säubern.
- **Farbe erhalten** Zuchtchampignons bleiben unter Zugabe von etwas Zitronensaft beim Kochen weiß.
- **Vitamine schützen** Champignons beim Marinieren mit Klarsichtfolie abdecken, um Vitamingehalt zu erhalten.
- **Einweichen** Getrocknete Champignons vor der Zubereitung für 1 Minute in kochendes Wasser geben und anschließend gut abtrocknen.

OBST & NÜSSE

Obst und Nüsse müssen immer sorgfältig vorbereitet werden, damit sie in allerbestem Zustand auf den Tisch kommen. Sie können Obst roh oder gekocht servieren, soweit möglich sollten Sie Früchte ungeschält und mit ihrem gesamten Saft zubereiten, damit möglichst viel Nährstoffe erhalten bleiben.

Zitrusfrüchte

Zitrusfrüchte sind vielseitig in süßen und herzhaften Gerichten verwendbar. Neben Fruchtfleisch und Saft kommt in einer guten Küche auch die Schale von unbehandelten Früchten zum Einsatz. Auch diese Früchte müssen immer gründlich abgewaschen werden.

Zitrusfrüchte pressen

- **Aufwärmen** Vor dem Auspressen sollten Zitrusfrüchte Zimmertemperatur haben, dann geben sie mehr Saft ab.
- **Mikrowellenherd** Stechen Sie kleine Löcher in die Schale und erhitzen Sie die Früchte 10 Sekunden lang auf höchster Stufe, damit die Früchte viel Saft abgeben.
- **Leichter auspressen** Vor dem Auspressen die Früchte mit der Handfläche fest über die Arbeitsfläche rollen.
- **Schale und Saft** Erst die Schale der Zitrusfrucht abreiben, dann auspressen.

Garnieren

- **Zitronenscheiben** Mit einem Dekormesser (Buntschneidemesser) feine Rillen über die Schale ziehen – das ergibt einen gerippten Rand.

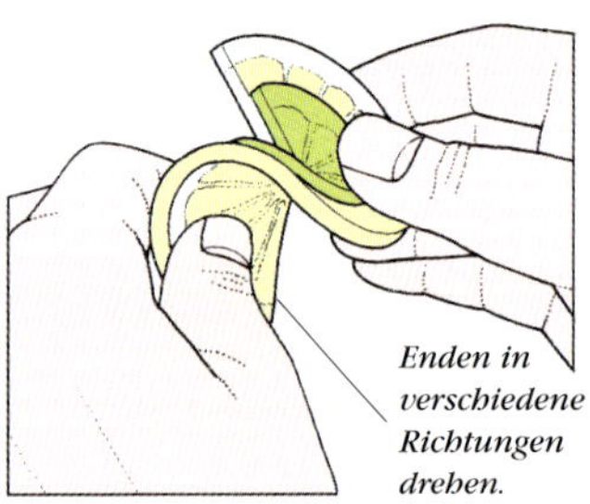

Zitrone und Limone
Legen Sie jeweils feine Limonen- und Zitronenscheiben aufeinander und schneiden Sie beide Scheiben halb ein. Drehen Sie die Scheiben wie auf der Abbildung zu einer dekorativen Spirale.

Zitronen vierteln

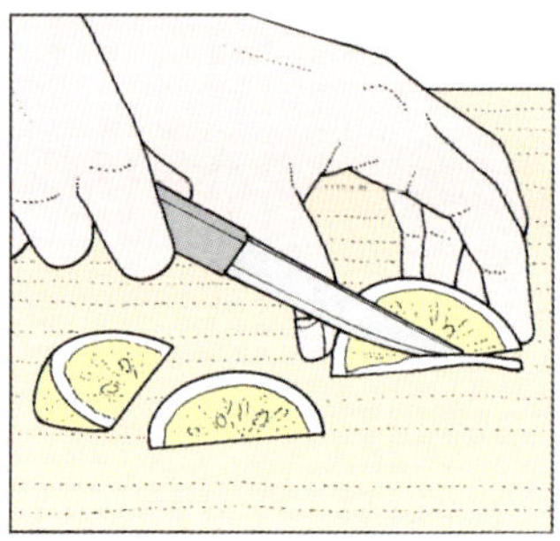

Weiße Fäden entfernen
Schneiden Sie den weißen Faden in der Mitte der Zitronenviertel heraus, damit der Saft später nur nach unten ausgepresst wird und nicht zur Seite spritzt.

Schälen

- **Weiße Häute entfernen** Legen Sie Orangen vor dem Schälen für 4 Minuten in kochendes Wasser. Nach dem Abtropfen und Abkühlen können Sie die Schale zusammen mit der weißen Haut darunter abziehen.
- **Sparschäler** Mit einem Sparschäler können Sie Zitrusfrüchte dünner abschälen.
- **Schalen einfrieren** Abgeriebene Zitrusschalen können Sie problemlos einfrieren und später verwenden.
- **Hälften weiterverwenden** Die leeren Zitrusfruchthälften eignen sich hervorragend zum Servieren von Obstsalat, Kompott oder Sorbet. Nach dem Auspressen nur das restliche Fruchtfleisch auskratzen.

Zitrusfrüchte filetieren

Saft auffangen
Orange oder Grapefruit beim Filetieren über eine Schüssel halten, um herauslaufenden Saft aufzufangen. Geben Sie den Saft über Obstsalate oder in Drinks.

Restliche Schale

Weinbrand aromatisieren
Legen Sie die Schalen von Orangen, Zitronen oder Limonen in ein Einmachglas und gießen Sie Rum oder Weinbrand darüber. 6–8 Monate im Kühlschrank ziehen lassen. Mit dem aromatisierten Alkohol können Sie Drinks oder Desserts wie Obstsalate oder Eis verfeinern.

Steinobst

Steinobst, also beispielsweise Pfirsiche, Aprikosen und Pflaumen, müssen vor dem Verzehr lediglich entsteint werden. Bei einigen Früchten kann die Haut entfernt werden, wenn sie zu hart ist. Auch Früchte mit dicker Schale wie Mangos müssen immer geschält werden.

Schälen und entsteinen

- **Frucht auseinander drehen** Pfirsich oder Nektarine entlang der natürlichen Einkerbung bis auf den Stein einschneiden. Fruchthälften gegeneinander drehen.
- **Pflaumen** Feste Pflaumen entlang der Einkerbung bis auf den Stein einschneiden, auseinander drücken.
- **Blanchieren und schälen** Zum leichteren Schälen Früchte für 1 Minute in kochendes Wasser geben und anschließend abschrecken. Trocknen lassen und Schale abziehen.

Mango entsteinen und würfeln

1 Schneiden Sie längs auf beiden Seiten dicht am Stein vorbei eine dicke Scheibe ab. Schale und Fruchtfleisch um den Stein entfernen, Fruchtfleisch in Würfel schneiden.

2 Schneiden Sie das Fruchtfleisch der Hälften rautenförmig bis zur Schale ein und stülpen Sie zum leichteren Herausnehmen und Verzehr die Schale nach oben.

Beeren

Beeren brauchen keine aufwändige Vorbereitung. Sie müssen lediglich vorsichtig gepflückt und gründlich gewaschen werden, dabei beschädigte Beeren, Stiele und Blätter entfernen. Weiche, reife Beeren müssen Sie immer vorsichtig behandeln, damit sie nicht zerdrückt werden.

Beeren vorbereiten

- **Beeren waschen** Empfindliche Beeren spülen Sie am besten in einem großen Sieb unter fließendem Wasser ab, während Sie das Sieb vorsichtig schütteln. Zum Trocknen auf Küchenpapier ausbreiten.
- **Stachelbeeren** Schneiden Sie mit einer Schere Stiele und vertrocknete Blüten von den Beeren ab, bevor Sie sie einkochen oder servieren.
- **Aroma unterstreichen** Ein Spritzer Zitronensaft über Blaubeeren oder Erdbeeren unterstreicht deren Aroma. Zu besonderer Gelegenheit mit Rum oder Brandy servieren.
- **Überreife Beeren** Überreife Beeren einfach mit einer Gabel zerdrücken. Zu Vanilleeis servieren oder mit Naturjoghurt verrühren – fertig ist ein köstlicher Nachtisch.

Beeren putzen

- **Stiele entfernen** Johannisbeeren lassen sich einfach von den Stielen abnehmen, wenn Sie die Beeren mit einer Gabel abstreifen.

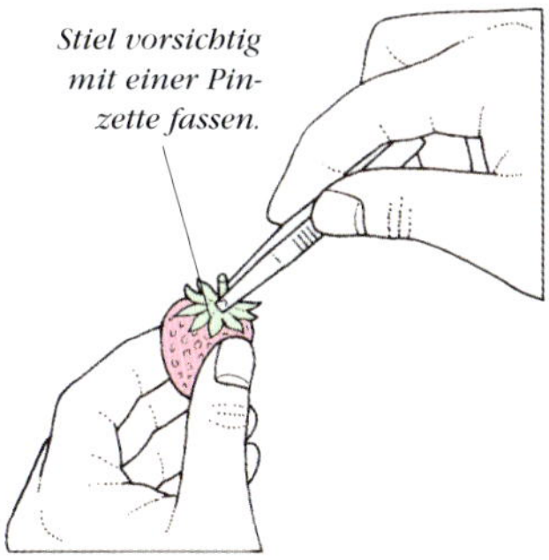

Erdbeeren putzen
Mit einer flachen Pinzette können Sie ganz einfach die Stiele von frischen Erdbeeren entfernen, ohne die Frucht zu beschädigen. Auf diese Weise bleiben auch Ihre Finger sauber.

Gefrorene Beeren

- **Erdbeeren** Geben Sie die Früchte in gefrorenem Zustand in eine Servierschüssel und lassen Sie sie im Kühlschrank auftauen, damit sie ihre Form behalten. Gut gekühlt servieren.
- **Zum Dekorieren** Dekorieren Sie Desserts oder Torten mit noch gefrorenen Himbeeren oder roten Johannisbeeren. Das Auftauen dauert nur etwa eine halbe Stunde.
- **Schnell auftauen** Gefrorene Beeren können Sie im Mikrowellenherd auftauen oder in einen Behälter geben, den Sie für etwa 30 Minuten in warmes Wasser stellen.
- **Sorbet** Pürieren Sie gefrorene Himbeeren mit Puderzucker in der Küchenmaschine und servieren Sie das Püree sofort in hohen Gläsern.

Anderes Frischobst

In diesem Kapitel geht es vorwiegend um exotische Früchte, die auf andere Art zubereitet und geputzt werden als unser heimisches Obst. Südfrüchte werden fast immer roh und pur serviert, damit ihre herrlichen Farben und exotischen Aromen richtig zur Geltung kommen.

Kiwis

Fruchtfleisch auslöffeln
Sie können Kiwis schälen oder die mittelfesten Früchte köpfen und das Fruchtfleisch mit einem Teelöffel vorsichtig herauslöffeln. Für ein Picknick Kiwis köpfen und einzeln in Klarsichtfolie wickeln.

Obst einfach servieren

- **Birnen** Birnen schälen, längs halbieren und dann mehrfach parallel bis zum Stielansatz einschneiden. Fächerförmig auf einem Teller anrichten.
- **Feigen** Ganze Früchte am Stielansatz kreuzförmig tief einschneiden und leicht auseinander drücken.
- **Papayas** Papayas eignen sich wie Avocados als Vorspeise. Dazu halbieren Sie die Frucht, kratzen die Samen heraus und garnieren die Hälften mit einer Limonenscheibe. Sie können auch Papayascheiben mit Limonensaft beträufeln und dann als Vorspeise oder Dessert servieren.

GUTE IDEE!

Ananasringe
Stechen Sie das harte Mittelstück aus Ananasscheiben mit einem runden Plätzchenausstecher aus. Mit einem größeren runden Ausstecher können Sie der Scheibe eine gleichmäßige Form geben und gleichzeitig die Schale abtrennen.

Birnen entkernen

- **Birnenhälften** Birnen zunächst halbieren, dann lässt sich das Kerngehäuse besser sehen und herausschneiden und weniger Fruchtfleisch geht verloren.

Kugelausstecher
Bei ganzen Birnen entfernen Sie das Kerngehäuse am besten von unten mit einem Kugelausstecher oder mit der Spitze eines Gemüsemessers. Auf diese Weise brauchen Sie die Birne nicht zu zerschneiden.

Melonen vorbereiten

- **Gute Auflage** Die Hälfte einer Melone steht fester auf der Servierplatte und lässt sich leichter aushöhlen und schneiden, wenn Sie an der Fruchtbasis eine Scheibe abschneiden.

Saft auffangen
Entkernen Sie die Melone über einem Sieb, das in einer großen Schüssel hängt. Den aufgefangenen Saft können Sie über die Melone gießen oder zum Verfeinern von Fruchtsalaten oder Drinks verwenden.

Früchte schälen

- **Sternfrucht** Gelegentlich färben sich die äußeren Rippen von Sternfrüchten braun. Entfernen Sie diese Verfärbungen mit einem Sparschäler vor dem Verarbeiten oder Servieren.
- **Granatapfel** Ritzen Sie die Schale des Granatapfels ein, um die Frucht in Filets aufzuteilen. Schälen Sie jedes Filet einzeln und ziehen Sie die weißen Häute zusammen mit der Schale ab.
- **Datteln** Wenn die Farbe von Datteln matt wird oder Zucker auf der Oberfläche kristallisiert, spülen Sie die Früchte kurz unter fließendem Wasser ab. Anschließend werden sie gut abgetrocknet.
- **Kiwi** Wenn sich eine Kiwi nur schwer schälen lässt, legen Sie die Frucht für etwa 30 Sekunden in kochendes Wasser und versuchen Sie es dann erneut.

Trockenobst

Trockenobst enthält viele Nährstoffe. Besonders Aprikosen und Pfirsiche sind reich an Eisen und Vitamin A. Viele Trockenfrüchte können direkt verzehrt werden, andere muss man einweichen. Fruchtsäfte, Tee, Wein oder Weinbrand verleihen den Früchten zusätzlichen Geschmack.

Trockenobst vorbereiten

- **Kühlen** Trockenobst zum leichten Zerkleinern 1 Stunde einfrieren.
- **Als Frühstück** Trockenfrüchte in einer Thermosflasche mit kochendem Wasser übergießen und über Nacht einweichen. Zum Frühstück schmecken die Früchte warm am besten.
- **Zeit sparen** Trockenobst zum schnellen Einweichen in eine Schüssel mit Wasser geben, abdecken und für 90 Sekunden auf höchster Stufe in den Mikrowellenherd stellen. Anschließend noch 5 Minuten in der Schüssel lassen.

Trockenobst einweichen

Mit Tee aufgießen
Trockenfrüchte für Kuchen oder Stollen erhalten ein herrliches Aroma, wenn sie in aromatischem Tee eingeweicht werden anstatt nur in Wasser.

Trockenobst zerkleinern

Ankleben vermeiden
Tauchen Sie Schere oder Messer beim Schneiden klebriger Trockenfrüchte immer wieder in heißes Wasser, damit möglichst wenig kleben bleibt.

Nüsse

Nüsse finden als nährstoffreiches Lebensmittel in süßen wie in herzhaften Gerichten Verwendung. Es lohnt sich, ungeschälte, ganze Nüsse zu kaufen und sie selbst zu schälen, hacken, blanchieren oder zu mahlen, da die Schale das natürliche Aroma besser erhalten kann.

Haselnüsse

- **Mahlen** Haselnüsse werden in der Küchenmaschine gemahlen. Sie sind eine fettarme Alternative zu Mandeln.

Kerne häuten
Rösten Sie Haselnusskerne unter dem heißen Grill, bis sie hellbraun werden. In ein sauberes Handtuch packen und zwischen den Händen reiben. Die Haut löst sich dadurch ganz einfach von den Kernen.

Frische Kokosnuss

- **Milch abgießen** Mit einem Metallspieß zwei nebeneinander liegende Keimöffnungen aufstechen, Milch ausgießen.

Kokosnuss öffnen
Schlagen Sie mit einem Hammer auf die Kokosnussmitte, bis sich die natürliche Bruchlinie öffnet. Nun gleichmäßig entlang des Sprunges schlagen, damit sich die Hälften sauber voneinander lösen können.

Schälen und blanchieren

- **Paranüsse** Harte Paranüsse lassen sich leichter knacken, wenn die Nüsse etwa 6 Stunden tiefgekühlt oder 15 Minuten in den 200° C heißen Backofen gelegt werden.
- **Kerne heil lassen** Nusskerne bleiben heil, wenn Sie einen Nussknacker an der Mitte der Nussschale ansetzen und die Nuss beim behutsamen Knacken leicht drehen, damit die Schale rundum aufbricht.
- **Kastanien** Schalen vor dem Rösten mit einem scharfen Messer kreuzförmig einritzen, sonst zerplatzen sie.
- **Schnell blanchieren** Mandeln in kochendem Wasser für 2 Minuten bei höchster Stufe in den Mikrowellenherd stellen. Wasser abgießen und Mandeln schälen.

KRÄUTER & GEWÜRZE

Mit Kräutern und Gewürzen verleihen Sie Ihren Gerichten die unterschiedlichsten Geschmacksnoten. Geben Sie Gewürze und Kräuter immer nur nach und nach in kleinen Mengen in das Gericht und schmecken Sie es laufend ab, damit Sie genau den Geschmack erzielen, den Sie wünschen.

Frische Kräuter

Behandeln Sie frische Kräuter umsichtig, da sie ihre ätherischen Öle leicht verlieren. Weichblättrige Kräuter wie Basilikum, Koriander und Kerbel schmecken besonders aromatisch. Geben Sie Kräuter erst gegen Ende der Garzeit zu, damit Aroma und Farbe erhalten bleiben.

Tipps & Tricks

- **Kräuter waschen** Kräuter kurz unter kaltem, fließendem Wasser schütteln und auf einem saugfähigen Küchenpapier trocknen lassen.
- **Stiele verwenden** Stiele von Petersilie oder Dill eignen sich fein gehackt zum Würzen von Fonds, Saucen und Eintöpfen.
- **Salbei** Stecken Sie Salbeiblätter unter die Haut des Hähnchens oder spicken Sie Schweinefleisch damit, um einen besonders intensiven Geschmack zu erhalten.
- **Schnittlauch ersetzen** Die grünen Spitzen von Frühlingszwiebeln schmecken ähnlich wie Schnittlauch und können ihn im Notfall ersetzen.

Petersilie zerkleinern

Küchenschere
Die Blätter von den Stielen zupfen, waschen und trocknen. Dann geben Sie sie in ein Gefäß. Mit einer Küchenschere können Sie die Petersilie in dem Gefäß ganz einfach klein schneiden.

Minze vorbereiten

Aroma freisetzen
Minze gibt ihr Aroma am besten frei, wenn die Blätter in einer kleinen Schüssel mit dem Kochlöffel oder in einem Mörser zerstoßen werden. Anschließend möglichst schnell verbrauchen.

Bouquet garni selbst zusammenstellen

Orangengeschmack
Legen Sie ein feines Stück Schale von unbehandelter Orange, Zitrone oder Limone zu den frischen Kräutern des Bouquet garni. So erhalten Suppen, Saucen oder Schmortöpfe einen delikaten Zitrusgeschmack.

- **Aromen mischen** Rosmarin, Petersilie, Lorbeerblatt und Thymian passen mit etwas Sellerie zu Rind-, Lamm- oder Rehfleisch und zu Hülsenfrüchten.
- **Fisch** Ein Bouquet garni aus Petersilie, Kerbel oder Dill verleiht weißfleischigem Fisch einen herrlichen Geschmack.
- **Estragon** Ein Estragonzweig gehört in das Bouquet garni für Hähnchen- oder Schweinefleischgerichte mit Weißwein- oder Sahnesaucen.
- **Meerrettich** Geben Sie eine zerdrückte Meerrettichwurzel zum Bouquet garni für Fonds oder Saucen für Rindfleischgerichte.

Basilikum vorbereiten

Blätter zerzupfen
Damit zarte Kräuter wie Basilikum ihr Aroma und ihre Farbe nicht so schnell verlieren, zerzupfen Sie die Blätter mit den Fingern. Geben Sie Basilikum am Ende der Garzeit an herzhafte Gerichte.

Getrocknete Kräuter

Getrocknete Kräuter können frische meist ersetzen. Allerdings haben getrocknete Kräuter ein wesentlich konzentrierteres Aroma, daher müssen Sie im Allgemeinen bei der Verwendung von getrockneten Kräutern die Mengenangabe für frische Kräuter einfach nur halbieren.

Trockenkräuter

- **Thymian** Die Blätter von getrocknetem Thymian lösen Sie von den Stielen, indem Sie die Stängel in sauberes Papier wickeln und sie zwischen den Händen reiben. Kleinere Mengen streifen Sie mit den Fingerspitzen ab.
- **Lorbeerblätter** Lorbeerblätter für einige Minuten in Wasser einweichen, bevor Sie sie zwischen Fleisch-, Gemüse- oder Fischwürfel auf Spieße stecken. So erhält das Fleisch einen köstlichen Geschmack.
- **Stiele verwenden** Rosmarin- oder Thymianstiele auf die Grillkohle legen – sie verleihen gegrillten Gerichten einen rauchigen, würzigen Geschmack.

Rosmarin vorbereiten

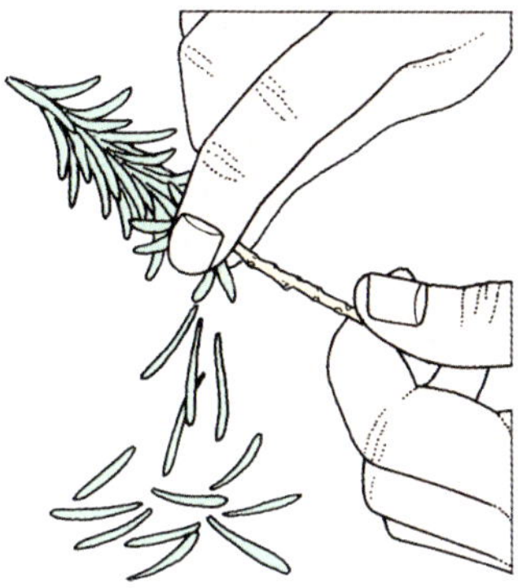

Blätter abziehen
Halten Sie die Spitze eines Rosmarinzweigs fest und fahren Sie mit Daumen und Zeigefinger der anderen Hand gegen die Wuchsrichtung über den Zweig. So lösen sich die Nadeln einfach ab.

GUTE IDEE!

Das nützliche Tee-Ei
Um Reste im Gericht zu vermeiden, können Sie die Kräuter in ein Tee-Ei oder ein Mullsäckchen gegen Ende der Garzeit in das Gericht geben. Vor dem Anrichten dann herausnehmen.

Gewürze

Die meisten Gewürze können dem Gericht direkt zugegeben werden. Andere sollten Sie zunächst zerstoßen, zerdrücken oder rösten, damit sie so viel Aroma wie möglich freigeben. Zerkleinerte Gewürze müssen schnell verarbeitet werden, da sie sonst ihr Aroma verlieren.

Vanilleschoten

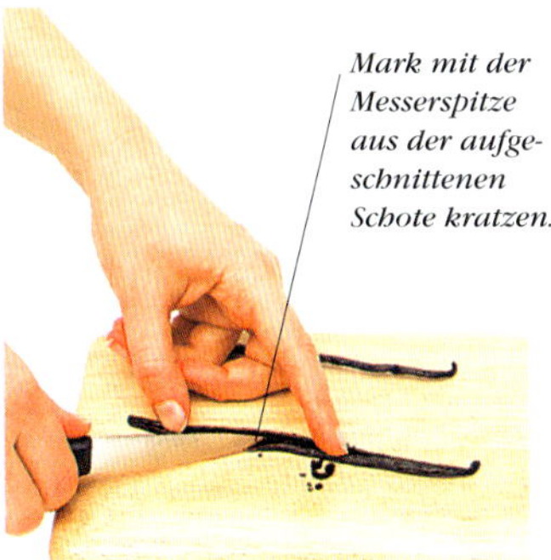

Das Beste der Schoten
Das intensivste Aroma der Vanilleschote besitzt das ölige Mark. Schlitzen Sie daher mit einem sehr scharfen Messer die Schote längs auf und kratzen Sie das Mark mit der Messerspitze sorgfältig heraus.

Ingwerwurzel zerdrücken

Schweres Messer
Schälen Sie ein Stück frische Ingwerwurzel, legen Sie es auf eine feste Unterlage und zerdrücken Sie es mit einem großen Messer. Die zerdrückte Wurzel wird ihr Aroma wesentlich schneller an Getränke oder Speisen abgeben.

Zerstoßen und mahlen

- **Sauber zerstoßen** In einen kleinen Plastikbeutel gepackt, können Sie Gewürze sauber mit dem Nudelholz zerstoßen.
- **Gewürze mischen** Füllen Sie Ihre Pfeffermühle zu drei Vierteln mit schwarzen oder weißen Pfefferkörnern und zu einem Viertel mit Piment. Grillfleisch oder -fisch damit würzen. Zu Hähnchenfleisch passt ein Gemisch aus schwarzen, weißen, roten und grünen Pfefferkörnern.
- **Eigenes Chilipulver** Rösten Sie getrocknete rote Pfefferschoten etwa 10 Minuten bei 200° C oder auf Stufe 3–4. Stiele und Kerne herausschneiden und Schoten im Mörser zu feinem Pulver zerstoßen.

MILCHPRODUKTE & EIER

Das Angebot an Milchprodukten vergrößert sich ständig und die Auswahl an Käsesorten ist inzwischen fast unüberschaubar. Es gibt immer mehr fettarme Produkte, von denen einige sehr hitzeempfindlich sind. Behandeln Sie solche Produkte umsichtig und erwärmen Sie die Speisen nur langsam.

Eier

Eier sind sehr vielseitig einsetzbar und nährstoffreich. Mit Eiweiß verleihen Sie Gerichten Volumen oder binden Saucen. Eigelb eignet sich zum Glasieren und es macht Gerichte sättigender. Eiweiß und Eigelb können auch getrennt gelagert werden.

Eier trennen

Eierschalen verwenden
Ei vorsichtig auf die Kante einer Schüssel schlagen und Hälften auseinander ziehen. Eiweiß in die Schüssel laufen lassen und dabei Eigelb von einer Schalenhälfte in die andere kippen.

Baiser selbst machen

- **Eiweiß steif schlagen** In einer Kupferschüssel kann das größte Volumen von Eischnee erzeugt werden.
- **Bei Zimmertemperatur** Gekühlte Eier zunächst auf Zimmertemperatur erwärmen lassen, dann kann man das Eiweiß am besten schlagen.
- **Eischnee aufbewahren** Eischnee mit Zucker behält mehrere Stunden lang seine Form. Ohne Zucker muss er sofort verarbeitet werden.
- **Eischnee „retten"** Wenn Sie Eischnee zu lange geschlagen haben, schlagen Sie separat ein weiteres Eiweiß schaumig und rühren Sie es dann vorsichtig unter die Masse.

Ganze Eier verwenden

- **Glasieren** Gebäck und Brot erhält einen herrlichen goldbraunen Glanz, wenn Sie ein Ei mit einer Prise Salz verquirlen und vor dem Backen über das Gebäck geben.
- **Glasur verlängern** Mit 1 EL Öl pro Ei können Sie die Glasur verlängern.
- **Omeletts backen** Quirlen Sie für jeweils zwei Eier 1 EL Wasser unter die Eimasse für ein leichteres Omelett. Sie erhalten ein Soufflé-Omelett, wenn Sie das Eiweiß schlagen und unter das Eigelb heben.
- **Rührei** Diese Speise wird durch Zugabe von etwas Milch cremiger.

Eiweiss verwenden

Schüssel mit frischer Zitrone ausreiben.

Schüssel reinigen
Bevor Sie Eiweiß schlagen, reiben Sie die Schüssel mit einer Zitronenhälfte aus, um Verschmutzungen zu entfernen. Sie können auch ein in Essig getauchtes Küchenpapier nehmen.

Eigelb entfernen

Eierschale als Löffel
Eigelb sollten Sie vor dem Steifschlagen des Eiweißes immer vollständig entfernen. Am einfachsten heben Sie verbliebene Reste von Eigelb mit einer Eierschalenhälfte heraus.

Eigelbreste verwenden

- **In den Kühlschrank stellen** Eigelbreste in einem Eierbecher mit kaltem Wasser bedecken. So können Sie es bis zu 2 Tage lang im Kühlschrank aufbewahren.
- **Einfrieren** Eigelb mit einer Prise Salz oder einer Prise Zucker verquirlen, Gefäße beschriften und bis zu 6 Monate einfrieren.
- **Zu Gerichten geben** Eigelb können Sie vielen Gerichten einfach beigeben.
- **Saucen verfeinern** Rühren Sie Eigelb unter heiße Schokoladensauce oder herzhafte Sahnesaucen: Sie sehen dadurch schön gleichmäßig und glänzend aus.

Butter & Käse

Butter und Käse sind sättigend und verleihen Gerichten ein köstliches Aroma, enthalten aber viel Fett. Ersetzen Sie Butter, wenn es nicht auf den Geschmack ankommt, durch Margarine. Fettarme Margarine- und Buttersorten eignen sich allerdings meist nicht zum Kochen.

Butter zubereiten

- **Weich machen** Gekühlte Butter in geeignetem Gefäß im Mikrowellenherd erwärmen: je 100 g ca. 30 Sekunden auf der Stufe „Auftauen".
- **Klären** Zerlassen Sie Butter zusammen mit der gleichen Menge Wasser. Abkühlen lassen und die geklärte, fest gewordene Butter abheben. Salz und andere Bestandteile haben sich im Wasser gelöst.
- **Butterlöckchen** Schneiden Sie Butterlöckchen zügig aus gut gekühlter Butter und tauchen Sie das Messer zwischendurch immer wieder in warmes Wasser. Löckchen in eine Schüssel mit Eiswasser geben, gut gekühlt halten.

Hartkäse hobeln

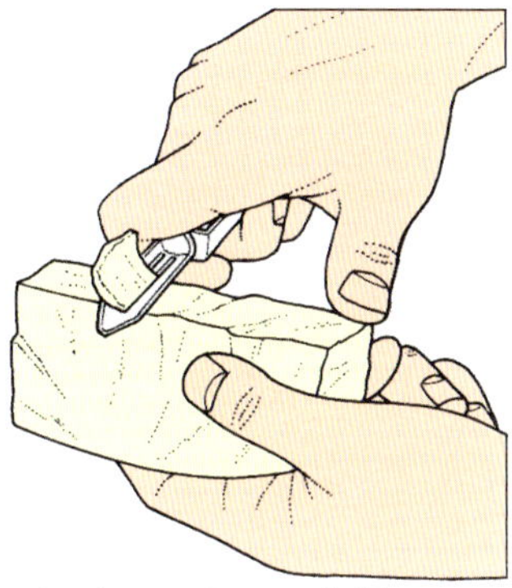

Mit einem Sparschäler
Hobeln Sie dünne Späne von Parmesan, Pecorino oder anderen Hartkäsesorten mit einem Sparschäler ab. Streuen Sie die Käsespäne über heiße Pastagerichte, Salate oder Bruschetta.

Teig leicht herstellen

Butter reiben
Erleichtern Sie sich das Unterkneten der Butter in den Teig: Butter kühlen, bis sie hart ist, dann auf einer groben Reibe ins Mehl reiben. Vor der Wasserzugabe mit einer Gabel verteilen.

Sahne & Joghurt

Diese Milchprodukte können sowohl für herzhafte als auch für süße Gerichte verwendet werden. Es gibt fettarme Varianten, die für jede Ernährungsrichtung geeignet sind. Fettarme Sahne muss vor dem Kochen mit Maismehl verrührt werden, damit sie nicht so leicht gerinnt.

Sahne schlagen

- **Fettgehalt** Schlagsahne muss für ein gutes Volumen einen Fettgehalt von 38–40 % besitzen.
- **Größeres Volumen erzielen** Dazu auch Rührbesen und Schüssel gut kühlen.
- **Zucker zufügen** Mit 1 TL Puderzucker pro 150 ml wird die Schlagsahne schön luftig und behält ihre Form auch beim Spritzen.
- **Aroma verleihen** Fügen Sie Zusätze immer vor oder während des Schlagens zu.
- **Von Hand schlagen** Mit einem großen Schneebesen stellen Sie Konsistenzveränderungen eher fest und vermeiden es, die Sahne zu lang zu schlagen.

Tipps & Tricks

- **Leichtere Desserts** Verrühren Sie Naturjoghurt mit der gleichen Menge Schlagsahne, um die Kalorienmenge etwas zu reduzieren.
- **Gerinnen vermeiden** Geben Sie vor dem Erhitzen 1 TL Maismehl pro 150 ml in den Joghurt. So gerinnt er nicht.
- **Crème fraîche selbst machen** Verrühren Sie zu gleichen Teilen saure Sahne und frische Schlagsahne. Abdecken und bei Zimmertemperatur 2 Stunden etwas eindicken lassen.
- **Auf Suppen oder Getränken** Servieren Sie Suppen oder Irish Coffee mit einem Löffel Schlagsahne, deren Fettgehalt über 48 % liegt.

GUTE IDEE!

Joghurt selbst machen
600 ml Milch auf 43° C erhitzen und 1 EL Naturjoghurt sowie 50 g fettarme Trockenmilch unterrühren. Für 7 Stunden in eine Thermosflasche geben, dann in eine Schüssel umfüllen und im Kühlschrank fest werden lassen.

FLEISCH & GEFLÜGEL

Die korrekte Vorbereitung von Fleisch und Geflügel ist von entscheidender Bedeutung für den Erfolg des damit zubereiteten Gerichts. Mit den richtigen Schneidemethoden, Mariniertechniken und Saucen kann auch durchschnittliches Fleisch appetitlich aussehen und schmecken.

Allgemeine Vorbereitung

Bei der Fleischvorbereitung gilt es insbesondere Aussehen, Aroma und Zartheit zu erhalten. Nehmen Sie überschüssiges Fett nach Möglichkeit weg – wenig Fett reicht völlig aus, damit Fleisch aromatisch und saftig bleibt. Kochen Sie aus Knochen und Fleischresten eine Brühe.

FLEISCH SCHNEIDEN

- **Zartheit erhalten** Fleisch immer quer zur Faserrichtung schneiden, damit es schön zart bleibt.
- **Würfeln** Schneiden Sie Fleischwürfel für Schmor- oder Currygerichte gleich groß, damit sie auch gleichmäßig gar werden.
- **Fettränder einritzen** Fettränder von Steaks, Koteletts oder Schinken rollen beim Braten oder Grillen nicht ein, wenn Sie sie vorher in Abständen von 1 cm einschneiden.
- **Feine Leber** Lassen Sie Leber vor dem Kochen etwa 3 Stunden in Milch oder Tomatensaft ziehen. So wird sie sehr zart.

GEFLÜGEL PANIEREN

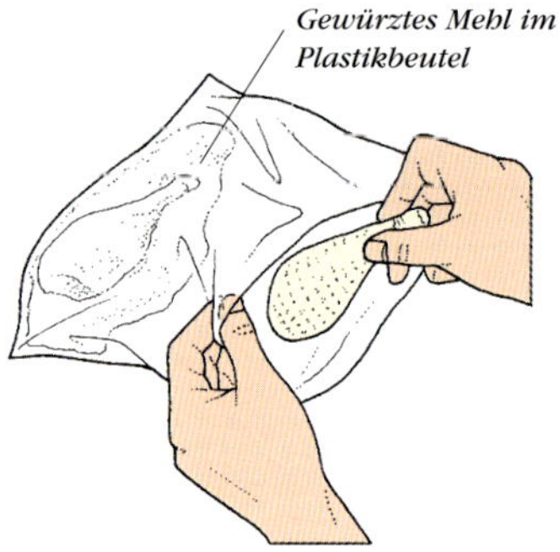

Schütteltechnik
Mehl und Gewürze zum Panieren des Geflügelfleischs in einem Plastikbeutel mischen, dann Hähnchenkeulen hinzufügen. Beutel gut schütteln, bis die Hähnchenschenkel gleichmäßig bedeckt sind.

ZARTERES FLEISCH

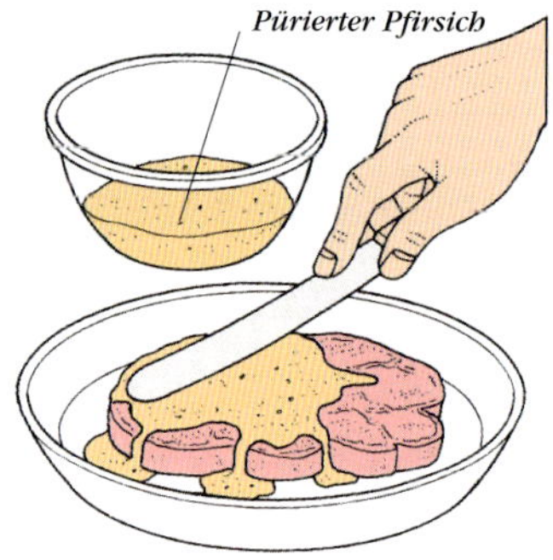

Mit Pfirsich marinieren
Etwas Pfirsich pürieren und das Mus gleichmäßig auf das feste Fleisch streichen. Sie können auch Pfirsich- oder Ananassaft darüber gießen und das Fleisch für 3 Stunden gekühlt marinieren. Vor dem Braten abtupfen.

ENTE VORBEREITEN

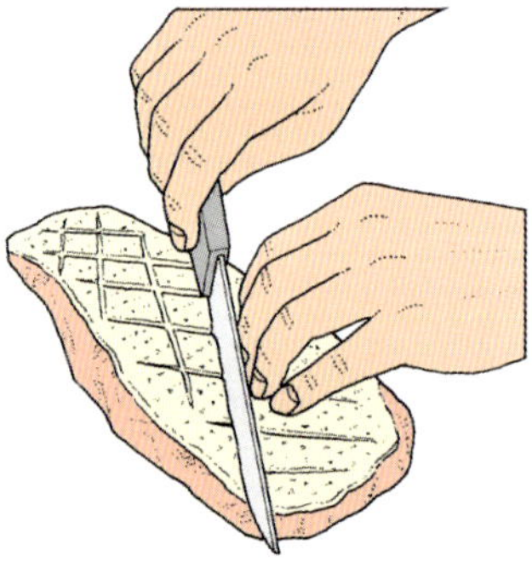

Haut einschneiden
Schneiden Sie vor dem Grillen oder Braten ein Rautenmuster in die Haut der Entenbrust. So gart das Fleisch gleichmäßiger, behält seine Form und gibt überschüssiges Fett während des Garens ab.

GEFLÜGEL VORBEREITEN

- **Hühnerbrüste** Sehnen vorsichtig aus den Bruststücken entfernen, dann halbieren und schnetzeln.
- **Marinieren** Durch das Marinieren mit Öl, Essig, Schalotten und Gewürzen erhält das Hühnerfleisch ein kräftigeres Aroma und bleibt saftig.
- **Füllung** Ein ganzes Huhn mit einer Füllung aus Hühnerleber, Weißbrot, Backpflaumen, Zitronensaft, Zwiebel und Petersilie im Ofen garen.
- **Gänsebraten** Die Gans mit Beifuß füllen und nach Geschmack eine Mischung aus Gänseleber, Kastanien, Äpfeln und Zwiebeln zugeben.

ZEIT SPAREN

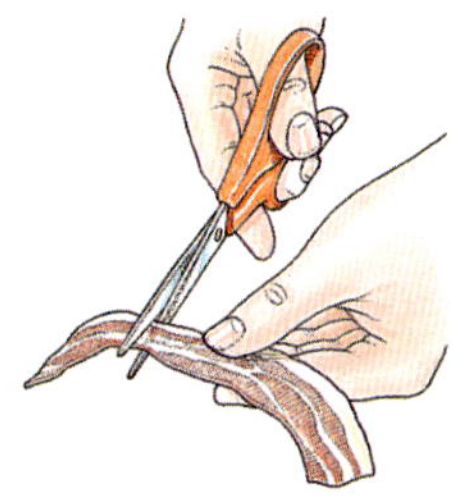

Schinken schneiden
Schneiden Sie Schinkenspeck direkt mit einer Schere in die Pfanne zum Rösten oder schneiden Sie gekochten Schinken gleich über Salate.

Entbeinen und Zerteilen

Die meisten Fleischstücke können Sie küchenfertig kaufen. Es lohnt sich jedoch, ein paar einfache Handgriffe zu lernen, um Fleisch und Geflügel selbst entbeinen, zerkleinern und dressieren zu können. Sie sparen bares Geld, da fertig vorbereitete Fleischstücke teurer sind.

Lammbraten vorbereiten

- **Knochen schützen** Decken Sie die Knochen eines Lammbratens mit Aluminiumfolie ab, damit sie nicht verbrennen.

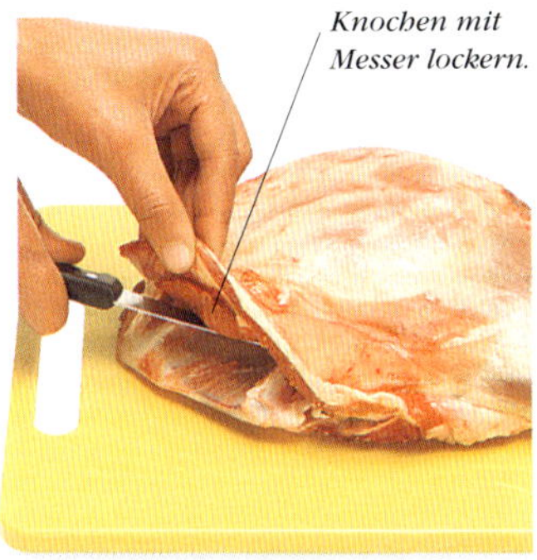

Knochen lockern
Mit scharfem Messer das Schulterblatt vom Fleisch lösen, ohne es herauszuziehen. Beim Braten zieht sich das Fleisch leicht zusammen und der Knochen kann problemlos entnommen werden.

ZUR SICHERHEIT

Einige Regeln, um ein Verderben von Fleisch zu verhindern:

- **Hände waschen** Waschen Sie sich vor und nach dem Zubereiten von Fleisch und Geflügel immer die Hände.
- **Werkzeuge sauber halten** Damit Sie mit Ihren Messern und anderen Geräten keine Bakterien übertragen, waschen Sie alle Werkzeuge, Messer, Oberflächen und Schneidbretter gründlich ab.
- **Kühl aufbewahren** Kochfertiges Fleisch entweder sofort zubereiten oder mit Klarsichtfolie abdecken und im Kühlschrank aufbewahren.
- **Füllungen** Achten Sie darauf, dass vorgekochte Füllungen gut abgekühlt sind, bevor Sie damit rohes Fleisch füllen.

Geflügel dressieren

- **Keulen zusammenbinden** Ein ganzes Tier behält seine Form, wenn Sie die Keulen zusammenbinden.

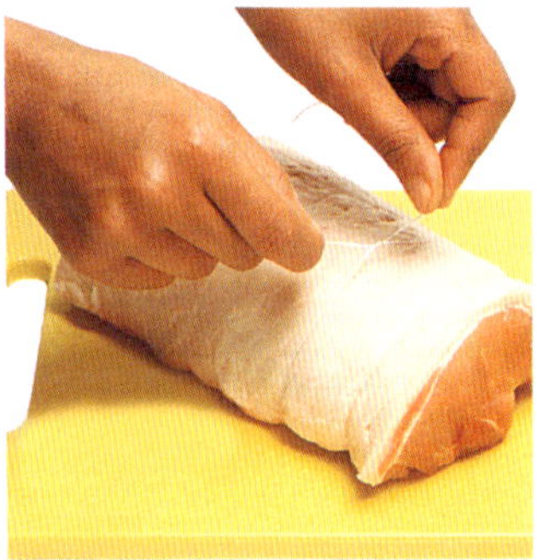

Mit Küchengarn
Zum Dressieren (Zurichten) von Geflügel oder Zusammenbinden von Braten gibt es in Fachgeschäften oder -abteilungen ein besonders starkes und unauffälliges Küchengarn.

Geflügel flach garen

- **Flach drücken** Damit geöffnetes Geflügel so flach wie möglich liegt, drücken Sie fest mit dem Handballen auf das Brustbein.

Mit Schaschlikspießen
Ein aufgeschnittenes Stubenküken behält beim Kochen oder Braten die Form, wenn Sie es mit zwei Spießen festhalten. So kann die Hitze das Fleisch gleichmäßig durchdringen.

Geflügel vorbereiten

- **Fettgehalt verringern** Ziehen Sie so weit wie möglich die Haut von Geflügel ab, denn sie hat einen besonders hohen Fettanteil.
- **Hähnchenkeulen häuten** Die Hähnchenkeule mit Küchenpapier oder einem sauberen Handtuch festhalten, dann die Haut zum schmalen, unteren Ende hin abziehen.
- **Bauchhöhle** Entfernen Sie Fett, das sich eventuell noch in der Bauchhöhle befindet, da sonst der Geschmack verdirbt und der Bratensaft zu fettig wird.
- **Gabelbein entfernen** Heben Sie vor dem Braten des Hähnchens die Haut im Nacken an und entfernen Sie das Gabelbein. So lässt sich nach dem Garen das zarte Brustfleisch gut abtrennen.

Tipps & Tricks

- **Ente vorbereiten** Die Ente innen und außen waschen und abtrocknen. Mit Salz und Pfeffer einreiben. Über Nacht zugedeckt in den Kühlschrank stellen.
- **Ganze Tiere zerteilen** Es ist preiswerter, ein ganzes Tier selbst zu zerlegen. Bereiten Sie aus den Resten eine Brühe oder einen Fond.
- **Würzen** Geflügelteile abziehen und die dicksten Fleischteile klopfen, bevor Sie das Fleisch marinieren oder würzen. So können sich die Aromen frei entwickeln.
- **Huhn panieren** Das Huhn zerteilen. Mehl, Salz, Pfeffer, Wasser und Ei zu einem glatten Teig verrühren, die Hühnerteile eintauchen und goldbraun braten.

FISCHE & MEERESFRÜCHTE

Meist können Sie fertig ausgenommenen und bereits filetierten Fisch kaufen oder dies in Fachgeschäften beim Kauf erledigen lassen. Dennoch sollten Sie einige grundlegende Fertigkeiten für die Behandlung von Fisch oder Meeresfrüchten beherrschen, damit alle Nährstoffe bei der Zubereitung erhalten bleiben.

Fische

Filetierter und gehäuteter Frischfisch erfordert wenig vorbereitende Arbeiten. Sie können Frischfisch auch oft durch gefrorenen Fisch ersetzen. Bereiten Sie den unaufgetauten Fisch dann aber sofort zu, damit er saftig bleibt und die Nährstoffe nicht verloren gehen.

Fisch schuppen

- **Fließendes Wasser** Fisch unter fließendem Wasser schuppen, damit die Schuppen sofort weggespült werden.

Mit einer Muschelschale
Entfernen Sie alle Schuppen mit der scharfen Kante einer Muschelschale, indem Sie die Schale fest vom Schwanz bis zum Kopf des Fisches kratzen.

Gräten herausnehmen

- **Gekochten Fisch entgräten** Warten Sie mit dem Entfernen kleiner Gräten bis nach dem Kochen, dann ist es einfacher.

Mit einer Pinzette
Entfernen Sie mit einer Pinzette vereinzelte Gräten aus Fischfilets. Tiefer gelegene Gräten finden Sie durch leichtes Drücken mit den Fingerspitzen.

Fisch filetieren

- **Flachfische** Diese Fische vor dem Filetieren nicht ausnehmen, da beschädigte Innereien nichts verderben können.

Makrele entgräten
Bauch längs aufschlitzen, bäuchlings hinlegen und mit den Daumen das Rückgrat entlang nach unten fahren. Fisch umdrehen und Gräten entnehmen.

Putzen und häuten

- **Einfach schuppen** Schuppen Sie einen Fisch in einem Plastikbeutel.
- **Salz** Fingerspitzen kurz in Salz tauchen, damit Sie den zu häutenden Fisch besser halten können. Bauchhöhle mit Salz einreiben, um mögliche Reste zu entfernen, gut abspülen.
- **Gefrorenen Fisch häuten** Ziehen Sie die Haut von den gefrorenen Fischfilets ab. Mit Küchenpapier können Sie den Fisch besser festhalten.
- **Fischgeruch entfernen** Reiben Sie Hände, Messer und Arbeitsfläche mit etwas Zitronensaft ein, damit kein Fischgeruch zurückbleibt.

Einen ganzen Fisch vorbereiten

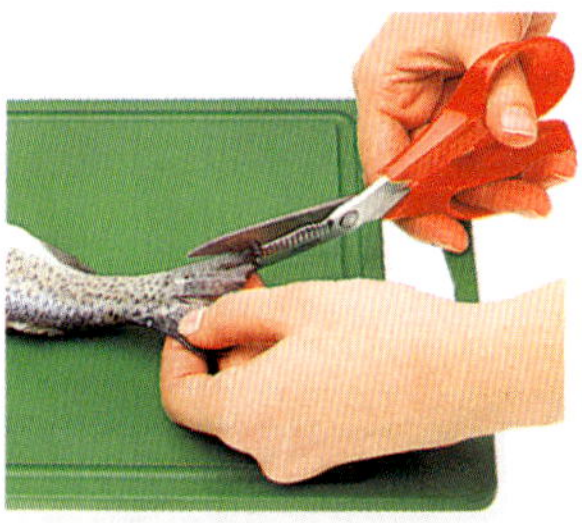

Schwanz einschneiden
Falls Sie einen Fisch ganz kochen wollen, schneiden Sie die dünnen Enden der Schwanzflosse von Lachs oder Forelle in eine V-Form. Dann rollt sich der Schwanz beim Kochen in der Hitze nicht auf.

- **Rückenflosse beschneiden** Schneiden Sie die Rückenflosse eines Fisches zurück.
- **Ausnehmen** Schneiden Sie die Bauchhöhle des Fisches mit einem scharfen Messer auf und entfernen Sie die Eingeweide mit den Fingern.
- **Kiemen entfernen** Schneiden Sie die Kiemen am besten mit einer Küchenschere heraus, da diese sonst einen bitteren Geschmack auf den Fisch übertragen können.
- **Kopf abschneiden** Schneiden Sie entlang der gebogenen Linie hinter den Kiemen, wenn Sie den Kopf entfernen wollen.

Schaltiere

Schaltiere wie Krebse, Austern und Muscheln sind meist nur lebend erhältlich und müssen zu Hause zum Kochen vorbereitet werden. Am besten geschieht dies erst direkt vor dem Verzehr, damit sie so frisch wie möglich auf den Tisch kommen und besonders gut schmecken.

Putzen und servieren

● **Muscheln entbarten** Muschelbärte erst kurz vor dem Kochen abreiben, da die Muscheln sonst sofort sterben.

● **Zerstoßenes Eis** Legen Sie geöffnete Austern waagrecht auf zerstoßenes Eis, damit die Säfte in der Schale bleiben.

● **Schaltiere kühlen** Legen Sie ungeöffnete Austern oder Venusmuscheln 10 Minuten in das Gefriergerät, dann lassen sie sich leichter öffnen.

● **In der Schale servieren** Beim Einkauf von Jakobsmuscheln bitten Sie den Fischhändler immer um die gewölbten Schalen zum Servieren – vorher abbürsten und auskochen.

Krebsscheren öffnen

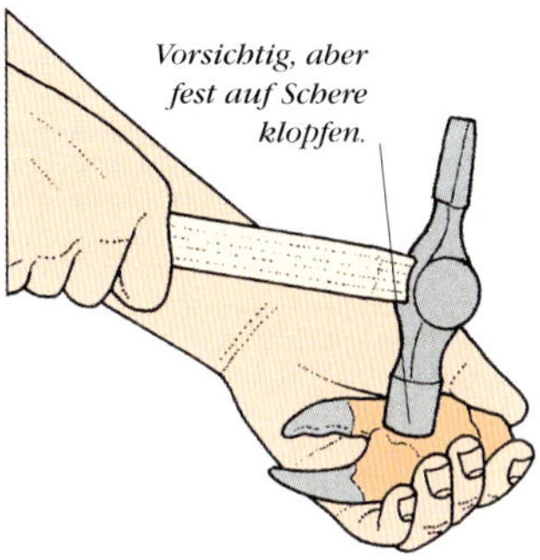

Mit einem Hammer
Legen Sie die Krebsschere in Ihre Hand oder in ein Handtuch auf die Arbeitsplatte. Schlagen Sie mit dem Hammer vorsichtig auf die Schere, bis sie aufbricht - sie sollte nicht zersplittern.

Austern öffnen

● **Im Backofen** Austern auf ein Backblech legen und 3–4 Minuten lang in den heißen Ofen stellen, bis sie sich öffnen.

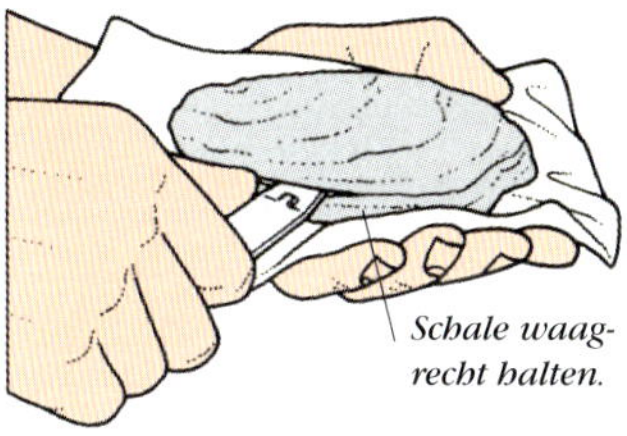

Mit einem Dosenöffner
Die Auster mit der flachen Seite nach oben in einem Tuch festhalten, das spitzige Ende des Dosenöffners am Scharnier zwischen die beiden Schalen stecken und fest nach unten drücken.

Krustentiere

Frische Garnelen, Hummer und andere Krustentiere werden in der Schale verkauft, und Sie brauchen für die Vorbereitung nur einige wenige Handgriffe zu erlernen. Lassen Sie sich von den Vorbereitungen nicht abschrecken, sie dauern nicht lang und lohnen sich.

Garnelen

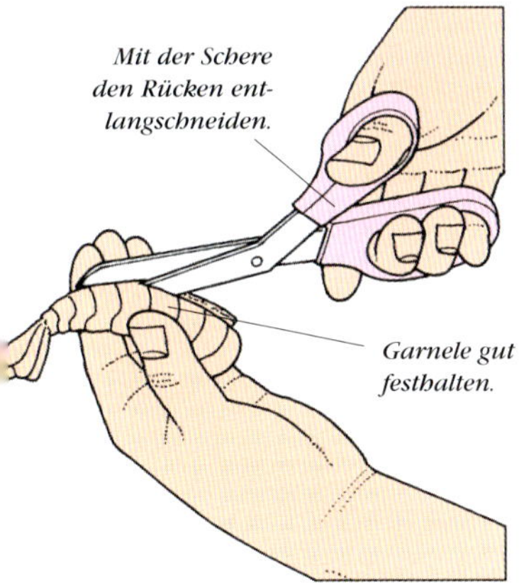

Den Darm entfernen
Schneiden Sie die Schale entlang dem Rücken auf. Den Darm können Sie nun deutlich erkennen. Heben Sie ihn mit den Fingern oder besser mit einem spitzen Messer heraus.

Tipps & Tricks

● **Schälen leicht gemacht** Halten Sie den Kopf einer gekochten Garnele fest zwischen Daumen und Zeigefinger und drehen Sie ihn ab. Ziehen Sie alle Beine auf eine Seite; sobald die Beine abbrechen, löst sich ein Großteil der Schale. Jetzt können Sie den Rest der Garnele problemlos schälen.

● **Schalen zerschneiden** Mit einer Küchen- oder Geflügelschere können Sie Hummerschalen ganz leicht öffnen und zerteilen.

● **Ränder säubern** Nachdem Sie einen Hummer oder einen Krebs halbiert haben, sollten Sie mit einem feuchten Tuch über die Ränder der Schale wischen, um kleinere Schalenstücke zu entfernen.

Schalen verwenden

Schalen verleihen Fonds, Saucen und anderen Beilagen Farbe und Geschmack.

● **Fischfond** Geben Sie leere Hummerschalen wieder in den Sud, fügen Sie ein Glas Weißwein, ein paar Zwiebelringe und ein Bouquet garni hinzu. Fond 20 Minuten köcheln lassen und durch ein Sieb gießen.

● **Fischsauce** Hummerschalen in der Küchenmaschine ganz fein mahlen, mit etwas Butter aufkochen, Weißwein und Sahne zufügen, bis die Sauce die richtige Konsistenz hat.

● **Garnelenbutter** Pürieren Sie Garnelenschalen und Butter im gleichen Verhältnis mit etwas Zitronensaft in der Küchenmaschine.

Kochen, Garen und Zubereiten

Übersicht

Wir kochen unsere Lebensmittel, damit sie besser schmecken und sich leichter verdauen lassen. Die verschiedenen Zubereitungsmethoden haben unterschiedliche Auswirkungen auf die Lebensmittel, und daher ist es wichtig, dass Sie für jedes Lebensmittel die richtige wählen. Schnelles Kochen erhält beispielsweise die Farbe und die Konsistenz von frischem Gemüse, während festeres Fleisch lang gegart werden muss, damit es zart wird. Die einzelnen Methoden können auch kombiniert werden, beispielsweise beim Schmoren: Hierbei wird das Fleisch nach scharfem Anbraten langsam geköchelt.

Gesundes Kochen

Die Garmethode ist von entscheidender Bedeutung für den Erhalt der Nährstoffe unseres Essens. Achten Sie also auf schonende Zubereitung. Sie sollten zudem so fettarm wie möglich kochen oder Fett mit wenig gesättigten Fettsäuren verwenden.

Kurz anbraten

● **Nacheinander zugeben** Geben Sie für Pfannengerichte jede Gemüsesorte je nach nötiger Garzeit einzeln nacheinander in die Pfanne, damit die Hitze erhalten bleibt.

Ständig rühren, damit sich die Poren schließen.

Poren verschließen
Verwenden Sie zum Anbraten nur so viel Öl, dass das Gemüse dünn überzogen wird. Die Menge muss nur ausreichen, die Gemüseporen beim Anbraten schnell zu verschließen.

Kochen

● **Sud verwenden** Kochsud von Fleisch, Fisch oder Gemüsegerichten einfrieren, da er Geschmack und Nährstoffe enthält. Er würzt Bratensaucen, Suppen oder Fonds.

Nährstoffe bewahren
Geben Sie Gemüse in kochendes Wasser, damit es seine Nährstoffe behält. Wasser erneut zum Kochen bringen und auf gleichmäßige Hitze achten, bis das gesamte Gemüse gar ist.

Dünsten

● **Gleich große Stücke** Damit alle Teile gleichmäßig garen und gleichzeitig gar werden, achten Sie darauf, dass Sie alle Stücke etwa gleich groß schneiden.

Folie fest um den Fisch wickeln.

Einwickeln
Wickeln Sie Lebensmittel zum Dünsten in geeignete Folie, um Saft und Nährstoffe einzuschließen. Geben Sie den Saft vor dem Servieren über das Gericht oder verfeinern Sie damit die Sauce.

GEMÜSE

Die meisten Gemüsesorten behalten Farbe, Konsistenz und Geschmack am besten, wenn sie schnell und kurz gegart werden. Aber man kann Gemüse auch nach anderen Garmethoden zubereiten. Es schmeckt dann am besten, wenn es direkt nach der Zubereitung serviert wird.

Kartoffeln

Kartoffeln können auf vielfältige Weise zubereitet werden. Die Sorte ist entscheidend für die Auswahl der richtigen Garmethode. Mehlig kochende Kartoffeln werden am besten gebacken, geröstet oder püriert, während sich fest kochende zum Salat oder als Pellkartoffeln eignen.

Tipps & Tricks

- **Gebackene Kartoffeln** Größere Backkartoffeln garen schneller, wenn Sie einen Metallspieß durch die dickste Stelle stechen, der die Hitze in die Mitte der Knolle leitet.
- **Kartoffelbrei** Geben Sie etwas heiße Milch (auf keinen Fall kalte) zum Brei, damit er locker wird.
- **Salzkartoffeln** Ältere Kartoffeln werden nicht schwarz beim Kochen, wenn Sie einen Spritzer Zitronensaft oder einen Teelöffel Essig ins Kochwasser geben.

Knusprig gebraten

Oberfläche anrauen
Kartoffelstücke halb garen, abgießen. Zugedeckten Topf schütteln, um die Oberfläche der Kartoffelstücke anzurauen. Wie gewohnt braten.

Warm halten

Mit einem Handtuch
Sauberes Handtuch über den Kartoffelbrei legen, damit das Püree bis zum Servieren heiß bleibt. Das Handtuch saugt auch überschüssige Feuchtigkeit auf.

Kohl-, Spargel- und Blattgemüse

Damit der hohe Vitamin-C-Gehalt dieser Gemüsesorten erhalten bleibt, müssen sie schnell und in wenig Flüssigkeit gegart werden. Verwenden Sie den Sud zum Verfeinern von Bratensaucen oder Suppen. Sie können Blattgemüse auch kurz in der Pfanne anbraten.

Kohl kochen

Stücke dünsten
Dünsten Sie Kohl in portionsgroßen Stücken weich. So halten sich Nährstoffe weit besser als bei klein geschnittenem Kohl; außerdem sehen die Stücke sehr appetitlich aus.

Grünen Spargel kochen

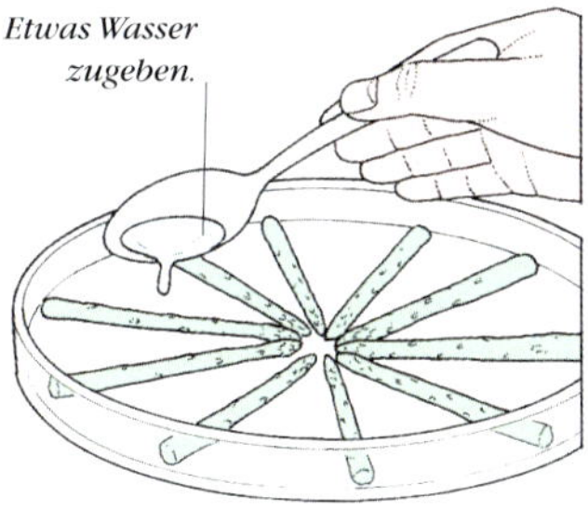

In der Mikrowelle
Spargelstangen sternförmig mit den Köpfen zur Mitte auf einen flachen Teller legen. 3 EL Wasser zugeben, abdecken und bei 700–850 Watt 5–7 Minuten pro 500 g Spargel garen.

Zubereitungstipps

- **Kohl** Den Kohl in der Brühe statt in Wasser garen: Fein schneiden, in wenig Brühe geben und Topf oft schütteln.
- **Spinat** Den Spinat in einen großen Durchschlag geben und mit einem Kartoffelstampfer vorsichtig überschüssiges Wasser ausdrücken.
- **Chinakohl** Garen Sie die härteren, äußeren Chinakohlblätter in der Pfanne. Zarte Blätter für Salate verwenden.
- **Rosenkohl** Stiele von Rosenkohl kreuzweise einschneiden, damit die Köpfchen gleichmäßig garen.

Geschmack hervorheben

Die meisten Gemüsesorten sollten nur leicht gegart werden, damit sie Geschmack, Farbe und Konsistenz behalten. Experimentieren Sie mit verschiedenen Garmethoden und mit Kräutern – dann können Sie auch aus einfachen Gemüsesorten herrliche Gerichte zaubern.

Mit Zwiebeln

- **Zwiebeln anbraten** Zwiebeln bekommen einen karamellartigen Geschmack, wenn sie langsam in Butter und einer Prise Salz gegart werden.

Zwiebelsaft verwenden
Würzen Sie Gerichte, ohne Zwiebelwürfel oder -scheiben hineinzugeben. Pressen Sie eine halbe Zwiebel auf einer Zitruspresse aus und geben Sie den Saft zum Gemüse in den Topf.

Geschmack verfeinern

- **Rosenkohl** Schneiden Sie Rosenkohl klein und braten Sie ihn in etwas Olivenöl an. So bleibt er knackig und aromatisch.
- **Rote Bete** Rote Bete in gebutterter Folie im Ofen backen, damit Farbe und Aroma erhalten bleiben. Bei mittlerer Hitze 1–2 Stunden lang backen.
- **Erbsen und Zuckererbsen** Geben Sie einen Zweig frische Minze in den Topf mit den kochenden Erbsen.
- **Tomaten** Geben Sie eine Prise Zucker zu gekochten Tomaten oder in selbst gemachte Tomatensauce.

Mit Fruchtsäften

- **Zitronensaft** Frischer Zitronensaft unterstreicht fast jeden Geschmack. Bei salzarmer Ernährung Salz grundsätzlich durch Zitronensaft ersetzen.

Möhren verfeinern
Garen Sie kleine, junge Möhren statt in Wasser im Saft einer Orange und mit etwas Butter, bis sie bissfest sind. Die Möhren erhalten dann einen aromatischen, süßen Geschmack.

Reste verwerten

- **Mit Käse** Gemüsereste in eine feuerfeste Schüssel legen, geriebenen Käse darüber geben und im Backofen goldbraun überbacken.
- **Restepfanne** Kartoffelbrei mit Zwiebeln und Kohl verrühren und anbraten.
- **Frittieren** Brokkoli- oder Blumenkohlröschen in geschlagenen Teig tauchen. In heißem Öl goldbraun frittieren.
- **Salate** Gemüsereste würfeln und mit einer Joghurtsauce oder Mayonnaise und Zitronensaft anmachen.
- **Suppen** Pürieren Sie Gemüsereste mit etwas Bratensaft, Brühe oder Milch.

Mit Gewürzen

- **Lauchgemüse** Lauch erhält eine angenehme Schärfe, wenn er in etwas Butter mit einer Prise Muskatnuss und Cayennepfeffer gart.

Mit Muskatnuss
Streuen Sie kurz vor dem Servieren frisch gemahlene Muskatnuss über Spinat, Pastinaken oder Kartoffeln. Die Wärme des Gemüses bringt das Aroma besonders gut zur Geltung.

Zeit sparen

Gemüsepäckchen
Geputztes Gemüse in gebutterte Backfolie wickeln und im Backofen 30–40 Minuten garen: In jedes Päckchen einen frischen Kräuterzweig geben und mit Salz und Pfeffer würzen. Die Päckchen gut verschließen, damit die Kochflüssigkeit nicht ausläuft.

Abwechslungsreiche Küche

Gemüse ist für eine gesunde Ernährung unverzichtbar. Werden die einzelnen Gemüsesorten jedoch immer auf die gleiche Weise gekocht, wird es schnell langweilig. Kombinieren Sie Gemüse mit anderen Zutaten und probieren Sie verschiedene Zubereitungsarten aus.

Anders anrichten

Gemüsestreifen
Servieren Sie Möhren und Zucchini auf etwas andere Art: Schneiden Sie mit einem Sparschäler das Gemüse in feine Streifen. Dünsten oder braten Sie die Streifen 2–3 Minuten lang, bis sie gar sind.

Kreatives Kochen

- **„Konfetti" kochen** Zerkleinern Sie Gemüse wie Möhren, Paprikaschoten, Zucchini oder Sellerie mit dem groben Schneidblatt der Küchenmaschine zu kleinen „Konfetti". Anschließend in wenig Öl kurz anbraten.
- **Schinken hinzugeben** Mischen Sie grüne Bohnen mit zerdrücktem Knoblauch, goldbraun gebratenem Räucherschinken und Tomatenwürfeln zu einem raffinierten Salat.
- **Auberginen pürieren** Auberginen für etwa 45 Minuten im nicht zu heißen Ofen weich backen. Fruchtfleisch mit dem Löffel herauslösen, zerdrücken und mit Salz, Pfeffer und Olivenöl abschmecken.

Nährwert erhöhen

Mit Kernen bestreuen
Geben Sie leicht geröstete Sonnenblumen-, Kürbis- oder Sesamkerne über gekochtes Gemüse. Das schmeckt und macht das Gemüse sättigender. Sie können auch vor dem Kochen gehackte Nüsse darüber streuen.

Fehler beheben

Zerkochtes Gemüse müssen Sie nicht wegwerfen. Sie können es immer noch in eine schmackhafte Beilage verwandeln, der man das Missgeschick nicht ansieht. Vielleicht finden Sie sogar die neue Art, das Gemüse zu servieren, viel interessanter.

Gemüse pürieren

Sahnepüree
Pürieren Sie zu weich gekochte Möhren, Erbsen, Spinat oder anderes Gemüse in der Küchenmaschine ganz fein. Schmecken Sie das Püree mit etwas Sahne oder Sauerrahm ab und würzen Sie es nach Belieben.

Püree retten

Ältere Kartoffeln
Wenn die Kartoffeln für das Kartoffelpüree schon etwas älter sind, schlagen Sie einfach ein Eiweiß steif und heben es vorsichtig unter das Püree. Dann den Brei im heißen Backofen locker und leicht golden backen.

Letzte Rettung

- **Versalzen** Übergießen Sie versalzenes Gemüse mit kochendem Wasser. Eventuell vorsichtig mit etwas Sahne verrühren.
- **Zu harte Champignons** Legen Sie harte und trockene Champignons in etwas Rotwein ein. 10 Minuten einweichen, aufkochen und etwas Sahne darunter rühren.
- **Soufflés** Zerstampfen Sie zu weich gekochten Blumenkohl oder Brokkoli und mischen Sie das Gemüse in einem Topf mit Brühe und drei Eigelb. Heben Sie drei geschlagene Eiweiß darunter und backen Sie das Soufflé in einer ofenfesten Form.

SALATE

Salate sind ein wichtiger Bestandteil jeder gesundheitsbewussten Ernährung, ob sie nun als einfache Beilage oder sättigendes Hauptgericht serviert werden. Frische, nahrhafte Zutaten, die roh oder leicht gekocht hinzugefügt werden, machen aus Salaten ein farbenfrohes und appetitanregendes Gericht.

Grundlagen

Lassen Sie Ihre Phantasie spielen, wenn Sie Salate und Dressings immer wieder neu ganz nach Ihrem Geschmack kombinieren. Mischen Sie verschiedene Blattsalate oder servieren Sie mehrere verschiedene Salatzutaten als sättigendes Hauptgericht.

Salat abtropfen lassen

Untertasse verwenden
Untertasse umgedreht in die Schüssel legen, bevor Sie den Salat hineingeben. Überschüssiges Wasser und Dressing sammeln sich unter dem Teller, sodass die Salatblätter knackig bleiben.

Bohnen keimen lassen

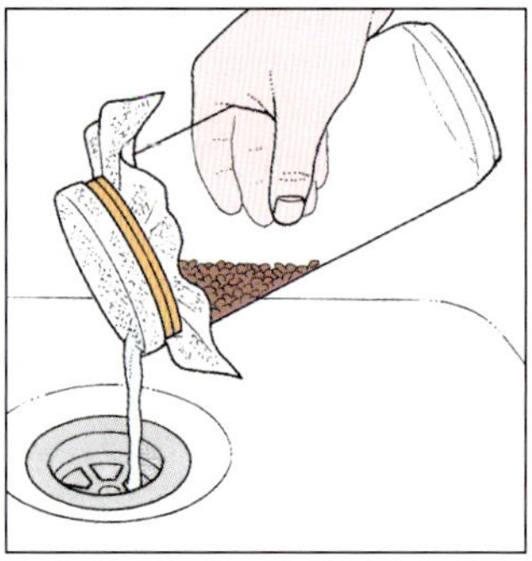

Bohnen einweichen
Für einen Salat können Sie Bohnenkeime verwenden: Dazu Bohnen in ein Glas füllen, mit sauberem Leinentuch abdecken und mit Wasser füllen. Wasser zweimal pro Tag erneuern.

Reis in Form bringen

Die Form macht's
Gekochten Reis mit Dressing mischen und fest in Tassen oder kleine Kuchenformen füllen. Auf eine Servierplatte stürzen und den Reissalat auf diese ungewöhnliche Weise servieren.

Serviervorschläge

- **Große Salatblätter** Große, feste Blätter von Eisbergsalat oder römischem Salat dienen als „natürliche Servierteller“.
- **In Stücke schneiden** Damit ein Eisbergsalat interessanter aussieht und schmeckt, schneiden Sie den Kopf in feine Scheiben.
- **Strunk herausnehmen** Schlagen Sie den Eisbergkopf fest mit dem Strunk auf die Arbeitsfläche. Dabei löst sich der Strunk und kann von Hand herausgenommen werden.
- **Bitterstoffe vermeiden** Chicorée schmeckt nicht so bitter, wenn Sie den kegelförmigen Stielansatz herausschneiden.

Zutaten

- **Gurke** Bestreuen Sie Gurkenscheiben mit etwas Salz und lassen Sie die Scheiben etwa 20 Minuten liegen, um überschüssiges Wasser zu entfernen. Die Scheiben abspülen und gut abtupfen.
- **Zwiebeln** Weichen Sie Zwiebeln zunächst 1 Stunde in kaltem Wasser ein; so dominiert der Zwiebelgeschmack nicht den gesamten Salat.
- **Tomaten** Servieren Sie einen ungewöhnlichen Salat aus angebratenen Rindfleischstreifen und Partytomaten. Mit etwas Olivenöl abschmecken.
- **Sellerie** Übrig gebliebener Sellerie bleibt geputzt in kaltem Wasser länger frisch.

Warme Salate

- **Essig hinzugeben** Geben Sie ein paar Spritzer Balsamico- oder Sherryessig über warme Salatzutaten. Die Wärme des Salats bringt den vollen Geschmack des Essigs zur Geltung.
- **Sesamöl** Warme Salate bekommen ein orientalisches Aroma, wenn Sie einen Teelöffel Sesamöl zum Dressing geben.
- **Schalotten kochen** Lassen Sie gewürfelte Schalotten in ein paar Esslöffeln Rotweinessig köcheln. Geben Sie die Würfel zu Kartoffel- und Bohnensalat, erhält der Salat ein harmonisches und zugleich reichhaltiges Aroma.

Noch mehr Vielfalt

Kombinieren Sie mit ungewöhnlichen Zutaten phantasievolle, appetitliche Salate. Mischen Sie knusprige Croûtons mit frischem Obst oder Trockenfrüchten, oder kombinieren Sie milde und scharfe Aromen. Mit Kräutern lassen sich praktisch alle Salate verfeinern.

Raffinierte Ideen

- **Anchovis** Geben Sie ein paar fein gehackte Anchovis aus der Dose an Kartoffelsalat.
- **Kräuter** Blattsalat harmoniert gut mit frisch gehackten Kräutern, beispielsweise Petersilie, Kerbel und Schnittlauch. Untergemischte Rauke gibt dem Salat ein etwas pfeffriges Aroma.
- **Knuspriges** Streuen Sie eine Hand voll knusprig gerösteter Sonnenblumen- oder Sesamkerne, Mandelstifte oder gesalzene Erdnüsse vor dem Servieren über den grünen Salat.
- **Parmesan** Streuen Sie grob geriebenen Parmesan über einfachen grünen Blattsalat.

Gemischte Salate

Zutaten schichten
Dressing in eine Schüssel mit geraden Seitenwänden geben und verschiedenfarbige Salatzutaten aufschichten. Auf einen Teller stürzen und den fertig angemachten Salat servieren.

Salate garnieren

Croûtons mit Formen ausstechen.

Croûtons selbst machen
Stechen Sie mit kleinen Formen Croûtons aus Brotscheiben aus, braten Sie sie in Öl goldbraun und wälzen Sie sie in Petersilie, bevor Sie die Croûtons über den Salat geben.

Dressings anrühren

Ein ausgewogenes, frisches Dressing gibt dem Salat den letzten Schliff. Nehmen Sie klassische Dressings wie Vinaigrette als Grundlage und entwickeln Sie neue Saucen aus aromatisiertem Essig und Ölen, Fruchtsäften, Kräutern, Gewürzen und vielem mehr.

Zutaten kombinieren

- **Warme Zutaten** Reis- oder Nudelsalate anmachen, solange die Zutaten warm sind. Sie nehmen dann die Aromen des Salatdressings viel besser auf.
- **Nussöle** Durch Nussöle erhalten Salatdressings einen reichhaltigeren Geschmack.
- **Dressings süßen** Wenn Sie Vinaigrette zu scharf finden, ersetzen Sie den Essig einfach durch Apfel- oder Orangensaft oder geben Sie einen Teelöffel Honig hinzu.
- **Käse** Gorgonzola oder Roquefort eignen sich hervorragend für Dressings aus Blauschimmelkäse. Zerdrücken Sie den Käse mit einer Gabel und rühren Sie etwas Sauerrahm oder Sahne darunter.

Vinaigrette

In einem Schraubglas
Sehr schnell geht das Mischen, wenn Sie Essig oder Zitronensaft und Öl in ein Schraubglas geben (drei Teile Öl auf einen Teil Essig oder vier bis fünf Teile Öl auf einen Teil Zitronensaft). Glas zuschrauben und gut schütteln.

GUTE IDEE!

Senfgläser
Waschen Sie fast leere Senfgläser nicht aus, sondern rühren Sie darin eine Salatsauce an. Schrauben Sie das Glas zu und schütteln Sie es gut. Die Senfreste im Glas verleihen Ihrem Dressing einen herzhaften Geschmack.

OBST

Einige Obstsorten schmecken gekocht wesentlich besser als roh. Die meisten Früchte entfalten dabei ihr volles Aroma bereits nach sehr kurzer Garzeit. Bei umsichtigem Pochieren, Grillen oder Backen bleiben Geschmack, Farbe und Aroma der Früchte erhalten.

Obst backen

Praktisch alle Obstsorten können als Ganzes gebacken oder zuvor mit Teig umhüllt werden. Bereiten Sie Obst immer erst kurz vor dem Backen zu, da viele Früchte schnell braun werden und ihre Vitamine verlieren, wenn sie der Luft ausgesetzt werden.

Aroma verleihen

- **Kokosnussbelag** Frische Kokosnuss öffnen, Fleisch auslösen, reiben, mit wenig Zitronensaft und Puderzucker mischen und über Früchte streuen.
- **Schokolade** Bananen backen, bis die Haut schwarz wird. Halbieren und geschmolzene Schokolade darüber geben. Direkt aus der Schale essen.
- **Pfirsiche backen** Fast reife Pfirsiche bekommen ein herrliches Aroma, wenn Sie sie ungeschält ganz oder halbiert etwa 20 Minuten in den heißen Backofen legen. Schälen und servieren.

Bratapfelfüllungen

Kerngehäuse entfernen, aber die Äpfel nicht schälen. Die Füllung in die Aushöhlung geben und die Äpfel im Backofen weich garen.

- **Marzipan** Getrocknete Aprikosen unter Marzipan kneten und in die Äpfel füllen. Spritzen Sie etwas Zitronensaft darüber.
- **Klassisch** Äpfel mit einer Mischung aus Sultaninen, Mandelblättchen, Butter, Zimt und Zucker füllen. Mit Honig oder Marmelade beträufeln.
- **Nüsse und Datteln** Früchte klein hacken und etwas Ahornsirup darüber gießen, bevor Sie die Mischung in die Äpfel füllen.

Ganze Äpfel backen

Schale vorbereiten
Schälen Sie mit einem Dekormesser Streifen vom Apfel, damit die Haut beim Backen nicht aufspringt. Etwas Zitronensaft über dem freiliegenden Fruchtfleisch verhindert, dass es braun wird.

Obstkuchenbelag

Eindicken
Damit Obstkuchenbelag nicht zu flüssig wird, wälzen Sie die Früchte in Stärkemehl. Je nach Geschmack Zucker unter das Maismehl mischen, damit er gleichmäßig verteilt wird.

Ganze Orangen backen

Aluminiumfolie
Orange schälen und in Ringe schneiden. Die Ringe aufeinander gestapelt in die Folie legen, etwas Likör darüber geben. Folie schließen und Orangen 10 Minuten im Backofen backen.

Früchte einpacken

- **Birnen in Blätterteig** Blätter- oder Mürbeteigstreifen spiralförmig um geschälte Birnen legen. Der Stiel muss frei bleiben. Teig mit Milch bestreichen, Früchte im heißen Ofen goldbraun backen.
- **Äpfel mit Hauben** Backen Sie ganze Äpfel fast weich. Obere Hälfte schälen und mit Baisermasse bestreichen. Backen, bis die Baisermasse leicht braun ist.
- **Obststrudelpäckchen** Pflaumen oder Aprikosen entsteinen und eine blanchierte Mandel einsetzen. Hälften zusammenlegen und in Strudelteig wickeln. Mit Öl bestreichen und bei mittlerer Hitze goldbraun backen.

Obst pochieren

Erhitzen Sie Früchte nur ganz vorsichtig, damit sie nicht aufplatzen und das Aroma erhalten bleibt. Für Fruchtpürees pochieren Sie Früchte ganz weich und zerdrücken das Obst mit einem Holzlöffel. Sie können die Früchte auch in einer Küchenmaschine zerkleinern.

Aromen hervorheben

- **Säure mildern** Rhabarber schmeckt weniger sauer, wenn Sie die Rhabarberstangen in Orangensaft pochieren.
- **Limonade** Pochieren Sie Apfelscheiben in Limonade und Weißwein.
- **Tee** Pochieren Sie Trockenfrüchte in aromatisierten Tees und bereiten Sie daraus einen exotischen Fruchtsalat zu. Mit etwas Kardamom oder Sternanis würzen.
- **Im Backofen** Früchte entwickeln ein ganz besonders intensives Aroma, wenn Sie sie in einer fest verschlossenen Schüssel im nur leicht erwärmten Ofen etwa 1 Stunde pochieren.

Aprikosen pochieren

Im Mikrowellenherd
Gießen Sie Wasser oder Obstlikör mit Zitronensaft über die Aprikosen. Abdecken und auf höchster Stufe 4–5 Minuten garen. Nach halber Garzeit umdrehen. Aprikosen schälen und mit dem Saft servieren.

Pochierte Birnen

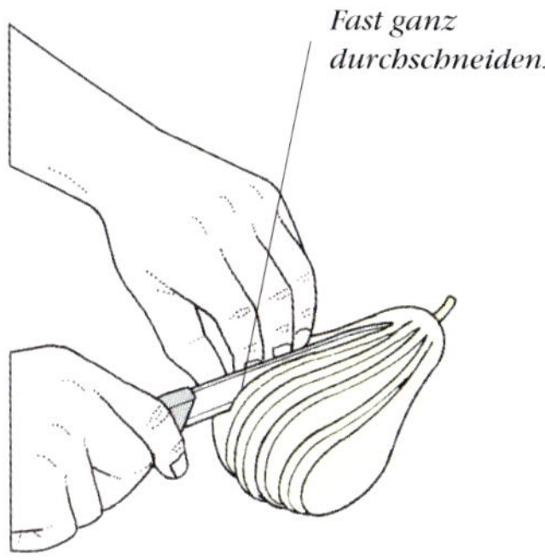

Einen Fächer kreieren
Ganze geschälte Birnen mit Stiel in Wein oder Zuckersirup weich pochieren. Flüssigkeit abgießen, längs feine Scheiben einschneiden und auf dem Servierteller behutsam zu einem Fächer auseinander drücken.

Obst auf dem Grill

Beim Grillen entfalten sich die Aromen von fast allen Obstsorten besonders gut. Die noch vorhandene, gleichmäßige Hitze nach der Zubereitung des Hauptgerichts eignet sich sehr gut für diesen Zweck. Die Früchte werden zuvor mit würzigen Saucen bestrichen oder eingewickelt.

Pfirsichhälften grillen

- **Zitronensaft** Etwas Zitronensaft über frischen Pfirsichhälften verhindert, dass das Fruchtfleisch braun wird.

Käsehaube
Geben Sie auf frische oder eingemachte Pfirsichhälften einen Löffel Ricotta oder Mascarpone und streuen Sie etwas Zimt, Piment oder Anis darüber. Grillen, bis der Käse Blasen wirft.

Ananas grillen

- **Glasieren** Bestreichen Sie Ananasstücke mit einer Mischung aus jeweils einem Drittel Butter, Rum und Zucker.

Ananasstücke aufspießen
Ananas längs vierteln, harten Kern entfernen. Fruchtfleisch von der Schale lösen, jedoch nicht herausnehmen. Ananasstücke ganz auf Spieße stecken und auf den Grill legen.

Obst grillen

- **Mit Spießen** Erdbeeren zum Grillen auf Bambusstäbchen stecken, mit geschmolzener Butter bestreichen und Puderzucker darüber streuen.
- **Obst marinieren** Pfirsich- oder Aprikosenhälften etwa 30 Minuten vor dem Grillen in Brandy einlegen.
- **Exotische Spieße** Stecken Sie Mango-, Kiwi- und Guavenstücke zum Grillen auf Spieße, bestreichen Sie das Obst mit etwas Butter.
- **Mit Rumbutter** Glasieren Sie Obst vor dem Grillen mit Rum- oder Brandybutter.
- **Mit Toast** Obstscheiben mit gebutterten Brioche- oder Früchtebrotscheiben grillen, mit Zimt bestreuen.

EIER

Eier sind ein ausgesprochen vielseitiges Lebensmittel. Sie eignen sich zum Eindicken, Binden, Bestreichen oder Glasieren von süßen und herzhaften Speisen und sie machen Speisen sättigender oder lockerer. Eier ergeben aber auch eine komplette Mahlzeit - gebraten, gekocht, pochiert oder gebacken.

Eier braten

Gebratene Eier müssen nicht automatisch ungesund sein. In einer guten Bratpfanne benötigen Sie nur wenig Öl. Bevorzugen Sie Öl mit vielen ungesättigten Fettsäuren. Legen Sie die Eier vor dem Servieren auf ein Küchenpapier, sodass überschüssiges Fett aufgesaugt wird.

Omeletts

Gefüllte Omeletts
Zum einfacheren Servieren eines gefüllten Omeletts klappen Sie zunächst ein Drittel zur Mitte. Dann das Omelett zur Seite schieben und das gegenüberliegende Drittel umklappen.

Spiegeleier

Mit Ausstechern
Lassen Sie große Ausstecher im Bratöl heiß werden. Geben Sie ein Ei hinein, eventuell mit Bratwender festhalten. Ei braten und mit einem Messer aus der Form schneiden.

Gesundheitstipp

Fett reduzieren
Braten Sie ein Ei auf einem hitzefesten Teller über kochendem Wasser fettfrei. Das Ei auf den sehr heißen Teller gleiten lassen. In etwa 8 Minuten ist es fertig.

Ankleben der Eier verhindern

- **Saubere Pfanne verwenden** Braten Sie Eier immer in einer frisch gespülten Pfanne, sonst kleben die Spiegel- oder Rühreier leicht an.
- **Nur gutes Öl verwenden** Wählen Sie ein leichtes, gutes Öl zum Braten: Das Öl erhitzen und die Eier dann bei mittlerer Hitze braten.

Rühreier

- **Lockerer** Rühreier werden schön locker und luftig, wenn Sie etwas Mineralwasser mit Kohlensäure in die Eimasse einrühren.
- **Geschmack verbessern** Geben Sie einen Spritzer Sherry vor dem Braten in die Eimasse, das ergibt einen interessanten Geschmack.
- **Verlängern** Geben Sie 1 EL helle oder dunkle Semmelbrösel in die Eimasse, dann brauchen Sie weniger Eier.
- **Verfeinern** Räucherlachs- oder Schinkenstreifen sowie frische, gehackte Kräuter wie Kerbel oder Schnittlauch geben Rühreiern einen würzigen Geschmack.
- **Auf Sandwiches** Rührei abkühlen lassen, mit Mayonnaise und Gewürzen nach Geschmack verrühren und statt hart gekochter Eier auf Sandwiches geben.

Im Mikrowellenherd

- **Bräunteller** Bräunteller erhitzen und Oberfläche dünn mit Öl bestreichen. Geben Sie ein Ei auf den Bräunteller; die Hitze bräunt dann die Unterseite des Spiegeleis. Eigelb einstechen, damit es nicht explodiert, und Spiegelei mit Küchenpapier abdecken. Mikrowelle 1 Minute auf höchster Stufe laufen lassen.
- **Ruhezeit** Im Mikrowellenherd gegarte Rühreier herausnehmen, kurz bevor sie fest werden. Durchrühren und 1 Minute stehen lassen. Die Eier garen in der vorhandenen Resthitze nach und bekommen eine gleichmäßige, cremige Konsistenz.

Eier kochen und pochieren

Zum Kochen und Pochieren von Eiern ist kein zusätzliches Fett erforderlich. Dafür muss das Timing stimmen. Die Eier sollten Zimmertemperatur haben, damit die Schale nicht zerspringt; nehmen Sie die Eier daher 30 Minuten vor dem Kochen aus dem Kühlschrank.

Probleme vermeiden

- **Schwarze Ringe** Um bei hart gekochten Eiern schwarze Ringe um das Eigelb zu verhindern, Eier nach dem Kochen sofort schälen und unter kaltem Wasser kühlen.
- **Essig zugeben** Wenn Eierschalen beim Kochen aufplatzen, einen Esslöffel Essig ins Kochwasser geben, damit das Eiweiß schneller fest wird.

Eier pochieren

- **Frische Eier** Nehmen Sie zum Pochieren nur sehr frische Eier, sonst löst sich das Eiweiß vom Eigelb. Nur leicht köcheln, damit die Eier gleichmäßig weich werden.

Eier kochen

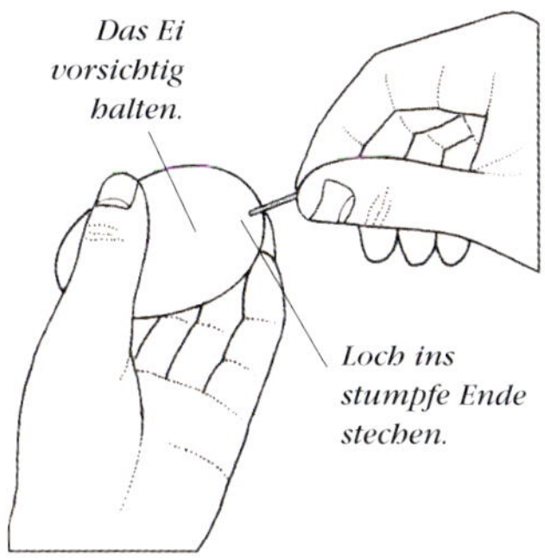

Aufplatzen verhindern
Stechen Sie vor dem Kochen ein Loch in das Ei, damit die Luft entweichen kann (mit einer Nadel oder einem Eierstecher). Geben Sie das Ei dann in kaltes Wasser und bringen Sie es zum Kochen.

Eier marmorieren

Mit Teebeuteln
Die Eier 2 Minuten kochen, leicht anschlagen, bis die Schale gleichmäßig aufspringt. Die Eier mit sechs Teebeuteln noch 1 Minute köcheln lassen, dann im Topf abkühlen.

Eier backen

Eier können einfach nur mit Salz und Pfeffer in kleinen Förmchen gebacken werden. Außerdem sind sie unverzichtbar für Soufflés und bestimmte Desserts. Eiergerichte werden bei mittlerer Temperatur gebacken, da Eiweiß bei zu hohen Temperaturen hart werden kann.

Soufflés

Souffléhaube
Schneiden Sie mit einem scharfen Messer zwischen Form und Souffléteig entlang, bevor Sie das Soufflé backen. So steigt das Soufflé gleichmäßiger auf und es entsteht die typische Souffléhaube.

In Kartoffeln backen

Kartoffeln aushöhlen
Große Kartoffeln im Ofen fast weich garen, dann oben aufschneiden und aushöhlen. Je ein Ei in die Kartoffeln geben, mit Salz und Pfeffer würzen und mit Käse bestreuen. Im heißen Ofen backen, bis die Eier fest sind.

Soufflés vorbereiten

- **Kalt stellen** Souffléteig in der Backform mit Klarsichtfolie abdecken und 2 Stunden gut kühl stellen.
- **Gleichmäßiges Steigen** Damit sich keine großen Luftblasen im Souffléteig bilden, setzen Sie die Form einmal fest auf die Arbeitsplatte, bevor Sie das Soufflé in den Ofen stellen.
- **Semmelbrösel** Gefettete Souffléform mit feinen Semmelbröseln ausstreuen, damit das Soufflé gut steigt und eine goldene Kruste bekommt.
- **Soufflétomaten** Von Fleischtomaten oben eine Scheibe abschneiden, dann die Tomaten aushöhlen und mit Käsesouffléteig füllen. Die Tomaten im Ofen backen, bis die Soufflés aufgegangen sind.

FLEISCH & GEFLÜGEL

Welche Garmethode Sie wählen, hängt immer davon ab, welches Stück Fleisch oder Geflügel Sie gekauft haben und für welchen Anlass Sie gerade kochen. Mit der richtigen Garmethode gelingt es Ihnen aber immer, auch die festeren Fleisch- oder Geflügelstücke zart und aromatisch zuzubereiten.

Fleisch und Geflügel würzen

Auch bei alltäglichen Gerichten lohnt sich die Mühe, Fleisch mithilfe von Glasuren, Füllungen oder Gewürzen zu verfeinern. Oftmals können Sie Fleischgerichte einfach mit Beilagen aufwerten, die dem Gericht Würze verleihen – beispielsweise mit Saucen oder Füllungen.

Fleisch überziehen

- **Mit Gewürzen bestreuen** Reiben Sie das Hähnchen mit Öl ein und streuen Sie Curry darüber, sodass das Hähnchen eine aromatische, köstliche Kruste bekommt.
- **Glasieren** 2 EL Akazienhonig, 1 EL süßen Senf und 2 EL Cognac verrühren und einen Braten während der Bratzeit damit bestreichen.
- **Semmelbrösel** Frische Semmelbrösel und reichlich gehackte Kräuter in Olivenöl mischen und das Fleisch darin vor dem Braten 30 Minuten marinieren.

Mehr Geschmack

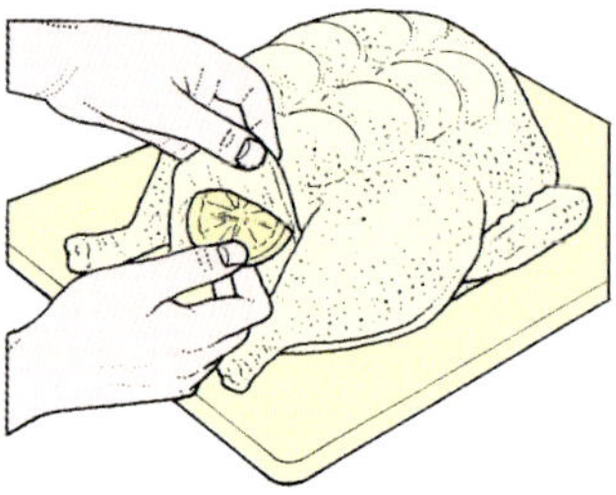

Mit Zitronenscheiben
Schieben Sie Orangen- oder Zitronenscheiben unter die Haut der Hähnchenbrust. So bleibt das Hähnchen beim Backen saftig und erhält Geschmack – dann mit Öl bestreichen, würzen und in den heißen Ofen stellen.

Füllungen

- **Mango** Ein Truthahn oder ein Hähnchen wird exotisch und saftig, wenn Sie es mit Mangostücken füllen. Die Frucht zerkocht zu einem Püree und mischt sich mit den Fleischsäften.
- **Fertigmischungen** Verfeinern Sie fertig gekaufte Füllungen mit gehackten Nüssen, getrockneten Früchten oder geriebenem Parmesan.
- **Reste** Überschüssige Füllmasse in kleinen, geölten Förmchen 20–25 Minuten backen, stürzen und mit dem Fleisch servieren.

Aromatischer Schinken

- **Mit Nelken spicken** Schneiden Sie die Schwarte eines Schinkens ein und spicken Sie sie mit ganzen Nelken, damit er knusprig und würzig wird.

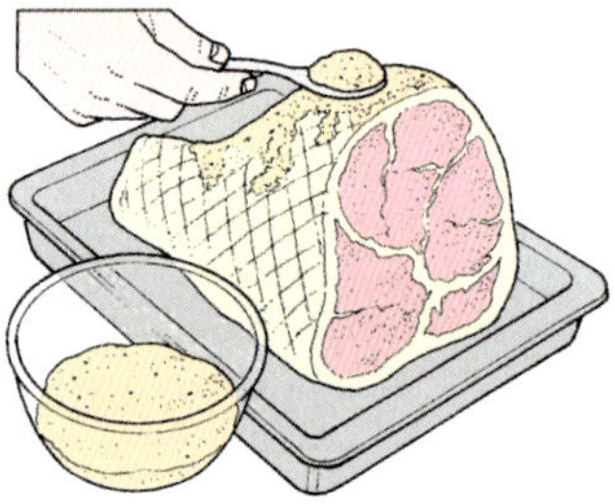

Mit Senf glasieren
Mischen Sie Senfpulver und braunen Zucker zu gleichen Teilen und bestreuen Sie die Kruste des Schinkens 30 Minuten vor Ende der Garzeit damit – das ergibt eine köstliche Glasur.

Schweinefleisch würzen

- **Kräuter** Geben Sie eine Hand voll Salbei zwischen die einzelnen Fleischstücke, bevor Sie einen Rollbraten zusammenbinden.

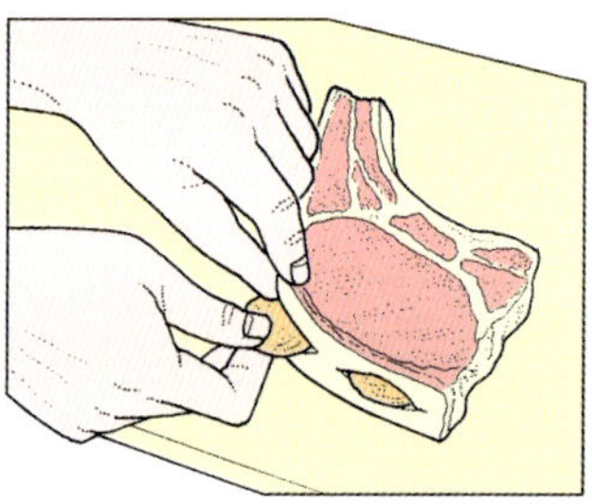

Schweinekoteletts füllen
Schneiden Sie schmale Schlitze in den Fettrand eines Koteletts, sodass kleine Taschen entstehen. Getrocknete Aprikosen oder Pflaumen hineinstecken und grillen, braten oder backen.

Wild und Lammfleisch

- **Knoblauch** Spicken Sie Lammfleisch mit ganzen Knoblauchzehen – so erhält das Fleisch beim Garen Würze.
- **Fleisch marinieren** Legen Sie Lamm- oder Rindersteaks in eine Marinade aus Olivenöl, Knoblauch, Rot- oder Weißwein und Kräutern. Marinieren Sie dann das Fleisch 4–5 Tage im Kühlschrank und grillen Sie es anschließend bei nicht zu hoher Temperatur.
- **Mit Wacholder** Zerstoßen Sie Wacholderbeeren mit etwas Rotwein zu einer Paste. Streichen Sie diese vor dem Kochen auf das Fleisch.
- **Vorsicht beim Salzen** Salzen Sie Fleisch immer erst kurz vor dem Kochen, da das Salz die Fleischsäfte herauszieht.

Fleisch und Geflügel schmoren

Schmoren ist eine langsame, schonende Garmethode. Das Fleisch wird im zugedeckten Topf gegart und teilweise vom Kochsud bedeckt. Vor allem festere Fleischstücke eignen sich zum Schmoren, beispielsweise Rinderhachse, da diese beim Schmoren zart und saftig werden.

Eintöpfe eindicken

Eintöpfe sollten erst gegen Ende der Garzeit eingedickt werden, da sie sonst leicht anbrennen.

- **Flüssigkeit reduzieren** Den Eintopf ohne Deckel aufkochen, damit Flüssigkeit verdunstet und die gewünschte Konsistenz erreicht wird.
- **Mit Stärkemehl** Verrühren Sie etwas Stärkemehl mit Brühe, Wasser oder Wein zu einer dünnen Paste, die in den Eintopf kommt. Den Eintopf aufkochen und das Gericht dabei 2 Minuten lang gut durchrühren.
- **Semmelbrösel** Eintöpfe und andere Schmorgerichte lassen sich mit ein paar Teelöffeln frischer, weißer Semmelbrösel leicht eindicken.

Eintöpfe verfeinern

- **Wasser ersetzen** Wasser durch Wein, Tee oder Bier ersetzen, um einen kräftigeren Geschmack und eine zartere Konsistenz zu erzielen.
- **Rote Bete** Geben Sie etwas Rote Bete in Schmorgerichte. Die Sauce bekommt eine satte goldbraune Farbe.
- **Kräuter verwenden** Zarte Kräuter erst am Ende der Garzeit hinzufügen, damit sie ihr Aroma nicht verlieren.
- **Versalzen?** Um einen versalzenen Eintopf zu retten, geben Sie eine geschälte Kartoffel hinein und lassen das Gericht köcheln, bis die Kartoffel weich ist. Sie können auch Sahne oder Tomaten aus der Dose hinzugeben, um den Salzgeschmack zu mildern.

GUTE IDEE!

Lamm in Kaffee kochen
Geben Sie keine Brühe oder Wasser in einen Lammeintopf, sondern versuchen Sie einmal etwas ganz anderes – Kaffee! Der Kaffeegeschmack passt überraschend gut zum Lammfleisch und die Sauce wird sattschwarz.

Fleisch im Gemüsebett

Wird Fleisch auf einem Gemüsebett gegart, ist nur wenig zusätzliche Flüssigkeit nötig. Diese Garmethode eignet sich für festere, ältere oder trockene Fleisch- oder Geflügelpartien. Auch einen Schmorbraten können Sie auf diese Weise zubereiten.

Mit Gemüse

Geschmack hervorheben
Schmoren Sie Fleisch auf einem Gemüsebett aus Zwiebeln, Sellerie, Lauch oder Möhren, die Sie auch vorgaren können. Das Fleisch erst anbräunen, so bleiben Aroma und Farbe erhalten.

Den Sud erhalten

Mit Papier abdecken
Legen Sie ein eingebuttertes Stück Backpapier auf das Fleisch, bevor Sie den Deckel auf den Topf setzen. Auf diese Weise bleibt der Sud konzentriert und verdampft nicht.

Fleisch vorbereiten

- **Fleisch bräunen** Immer mehrere Fleischstücke gleichzeitig und schnell bräunen, damit sich die Poren schließen.
- **Wildgeflügel marinieren** Vor dem Schmoren in Rotwein marinieren, damit das Fleisch zart und aromatisch bleibt. Auf einem Gemüsebett aus Sellerie oder Linsen schmoren.
- **Paprika zugeben** Etwas Paprikapulver gibt dem Gericht eine schöne Farbe.
- **Schweineschwarte** Legen Sie das Fleischstück auf eine Schweineschwarte. So wird der Geschmack unterstrichen und das Fleisch bleibt nicht am Topf hängen.

Grillen

Grillen ist eine schnelle und einfache Garmethode für viele Fleischsorten, Fisch, Gemüse und Obst. Dabei ist es ganz wichtig, dass das Grillgut zunächst bei großer Hitze gegart wird, damit sich die Poren schließen und das Gericht nicht austrocknet.

Aufklappbares Grillgitter basteln

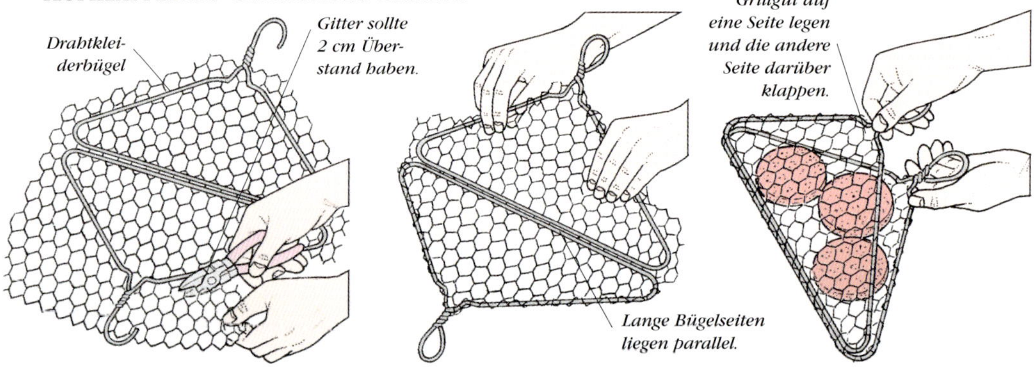

1 Mit diesem Grillgitter können Sie Ihr Grillgut einfach wenden. Schneiden Sie ein Stück Gitter (z. B. für den Bau von Kaninchenställen) passend zu (siehe oben).

2 Biegen Sie den Haken des Kleiderbügels zu einer festen Schlinge. Gitter über die Seiten der Kleiderbügel biegen und sorgfältig alle scharfen Spitzen umbiegen.

3 Klappen Sie das Grillgitter zusammen. Das Gitter verhindert, dass empfindliche Lebensmittel, also beispielsweise Fisch oder Hackfleisch, beim Umdrehen zerfallen.

Holzspiesse

- **Anbrennen vermeiden** Legen Sie Holzspieße vor dem Grillen für etwa 20 Minuten in Wasser und schieben Sie das Grillgut auf die voll gesogenen Stäbchen.

Holz dazugeben

- **Einweichen** Holzstückchen aus Eiche oder Ahorn in Wasser einweichen. Über die Kohle streuen, damit das Grillgut ein rauchig-würziges Aroma bekommt.

Anhaften vermeiden

- **Grillgitter einölen** Streichen Sie das Grillgitter mit Öl ein, damit die Lebensmittel nicht festbrennen. Grill auf hoher Temperatur vorheizen, bevor Sie das Grillgut darauf legen.

Im Backofen grillen

- **Aluminiumfolie** Legen Sie die glänzende Seite der Folie in der Grillpfanne nach oben, damit die Hitze besser reflektiert wird. Das erleichtert auch die Reinigung der Grillpfanne.
- **Vorheizen** Heizen Sie den Grill immer mindestens 5 Minuten vor.
- **Fett aufsaugen** Einige Scheiben altbackenes Brot auf dem Boden der Grillpfanne saugen Fettspritzer auf.
- **Fleisch wenden** Das Fleisch mit einer Zange statt einer Gabel wenden, da sonst die Säfte herauslaufen.
- **Fettarme Lebensmittel** Bestreichen Sie fettarmes Fleisch mit Öl, damit es saftig bleibt.

Würstchen wenden

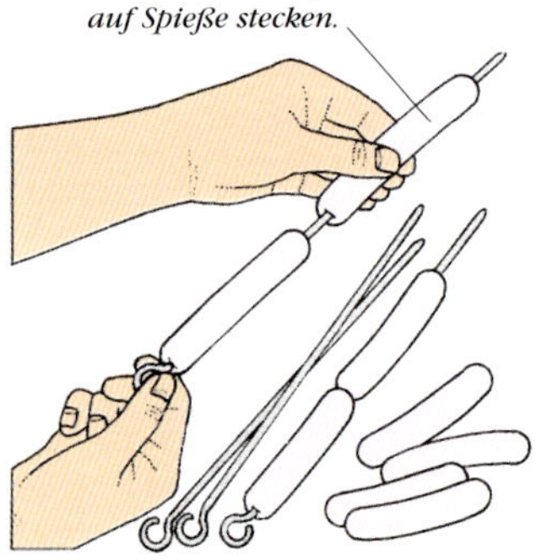

Spieße verwenden
Stecken Sie die Würstchen längs auf flache Metallspieße, damit Sie sie einfacher wenden können. Die Spieße leiten außerdem die Hitze ins Innere und verkürzen so die Grillzeit.

Zur Sicherheit

- **Grill aufstellen** Der Grill muss sicher und eben stehen – etwas entfernt von Häusern oder Bäumen.
- **Kinder** Halten Sie die Kinder vom offenen Feuer fern.
- **Feuer beobachten** Halten Sie Sand oder Wasser zum Löschen griffbereit.
- **Spezielle Werkzeuge** Verwenden Sie nur stabiles Grillbesteck mit langen Griffen.
- **Kühlen** Verderbliche Lebensmittel bis zum Grillen gut kühlen.
- **Gleichmäßig garen** Stellen Sie sicher, dass Fleisch, insbesondere Schweinefleisch, Würstchen und Geflügel, vollkommen durchgegart ist.

Frittieren, Sautieren und Rösten

Beim Sautieren oder Rösten wird das Fleisch schnell gegart und bleibt saftig. Überwachen Sie die Temperatur, damit das Fleisch gleichmäßig gart und nicht überhitzt wird. Empfindliche Lebensmittel wie Fischfilets müssen vor großer Hitze besonders geschützt werden.

Temperatur prüfen

Mit Brot testen
Wenn Sie kein Thermometer haben, um die Öltemperatur zu überprüfen, geben Sie ein Stück Brot ins Öl. Wird das Brot innerhalb von 1 Minute braun, ist das Fett heiß genug.

Öl wiederverwenden

Öl reinigen
Gießen Sie einmal verwendetes Frittieröl durch ein Sieb, das Sie mit Küchenpapier ausgelegt haben. Fangen Sie das Öl in einer sauberen Schüssel auf und verwenden Sie es noch einmal.

Gesundheitstipp

Geriffelter Boden
Schinkenspeck, Würstchen oder fetteres Fleisch können Sie in einer schweren Pfanne mit geriffeltem Boden gesund zubereiten – ein Großteil des Fettes bleibt in den Rillen zurück.

Mit Teig überziehen und frittieren

- **Trockentupfen** Tupfen Sie Fleisch mit Küchenpapier gut trocken, bevor Sie es zum Braten mit Teig überziehen. So haftet der Teig besser und bedeckt das Gargut gleichmäßig.
- **Öl und Butter mischen** Damit Fleisch einen goldbraunen Glanz bekommt, sollte es mit Öl und Butter bestrichen werden: Butter gibt Farbe und Öl verhindert ein Anbrennen.

Wok effektiv benutzen

Frittieren im Wok
Im Wok benötigen Sie zum Frittieren von Fleisch deutlich weniger Fett als mit anderen Methoden. Einen Wok mit gerundetem Boden sollten Sie in einen speziellen Wokständer stellen.

- **Hitze überprüfen** Bevor Sie Öl in den Wok geben, prüfen Sie mit Ihrer Hand ein paar Zentimeter über dem Boden des Woks, ob Sie die Hitze deutlich spüren. Sie können auch warten, bis ein Hauch von Rauch aus dem leeren Wok aufsteigt.
- **Speisen umrühren** Wenn Sie den Wok leicht schütteln und das Fleisch ununterbrochen rühren, gart es gleichmäßig und schnell – und Sie benötigen nur ganz wenig Fett.
- **Stäbchen verwenden** Wenden Sie Lebensmittel im Wok am besten mit langen Essstäbchen, da sich diese Stäbchen nicht überhitzen.

Probleme vermeiden

- **Gerüche** Eine Duschhaube schützt Ihre Haare vor Bratengerüchen. Nehmen Sie die Pfanne nach dem Braten sofort vom Herd und decken Sie sie zu. Abkühlen lassen.
- **Spritzer vermeiden** Fleisch immer gut abtupfen, bevor Sie es in heißes Öl legen. Wenn das Öl anfängt zu spritzen, decken Sie die Pfanne mit einem umgedrehten Metalldurchschlag oder einem Spritzschutz ab.

Zur Sicherheit

- **Augen auf!** Lassen Sie ein Brat- oder Frittiergericht nie aus den Augen.
- **Temperatur** Die Temperatur des Öles sollte immer knapp unter dem Siedepunkt liegen.
- **Flammen** Wenn Öl in Flammen aufgeht, Herd ausschalten und Pfanne abdecken. Gießen Sie auf keinen Fall Wasser in die Pfanne!

Geflügel braten

Geflügel muss ganz durchgegart werden, um schädliche Bakterien abzutöten. Hähnchen sind gar, wenn beim Einstechen in die dicksten Fleischpartien nur farbloser Saft austritt. Bei Enten und Tauben darf noch ein rosiger Hauch auf dem Fleisch zu sehen sein.

Tipps & Tricks

- **Bauchraum nutzen** Stecken Sie ein Kräutersträußchen, eine Zitrone oder eine ganze Zwiebel in die Bauchhöhle des Geflügels. Das Aroma durchdringt das Fleisch und es entsteht ein würziger Fleischsaft für die Sauce.
- **Ruhen lassen** Geflügel nach dem Garen etwa 20 Minuten ruhen lassen, dann ist es leichter zu tranchieren – im ausgeschalteten Ofen lassen oder herausnehmen und mit Aluminiumfolie abdecken.
- **Backschlauch** Geflügel im Backschlauch muss nicht begossen werden. Für eine knusprige Haut wird die Folie 20 Minuten vor Ende der Garzeit aufgeschnitten.
- **Im Mikrowellenherd** Ohne Bräunfunktion gibt aufgestreuter Paprika etwas Farbe.

Truthahn garen

- **Mehr Saft** Legen Sie den Truthahn in der ersten Stunde der Garzeit mit der Brust nach unten, damit er saftig bleibt. Erst danach umdrehen.

Auf einem Selleriebett
Legen Sie die Bratpfanne mit einem Gitter aus Selleriestangen aus und platzieren Sie den Truthahn darauf. Der Sellerie verleiht dem Fleischsaft einen herrlichen Geschmack für die Sauce.

Hähnchen garen

- **Haut bräunen** Damit sich die Haut goldbraun färbt, geben Sie eine Prise Kurkuma in das Öl, mit dem Sie das Geflügel bestreichen.
- **In der Bratfolie** Ein Hähnchen kann sehr einfach in einer Bratfolie zubereitet werden: Das Hähnchen mit einer Gewürzmischung einreiben, etwas Gemüse (Lauch, Karotte, Zwiebel) vorbereiten und alles in die Schlauchfolie geben. An einem Ende verschließen und noch etwas Wein zugeben, dann auch das andere Ende verschließen. Oberseite mehrfach einstechen und 1 Stunde lang bei 200° C im Backofen schmoren lassen. Den Bratensaft abgießen und für eine köstliche Sauce verwenden. Hähnchen aus der Folie nehmen.

Mit Schinkenspeck

- **Schinkenrinde verwenden** Truthahn-, Fasanen- oder Taubenbrust bleiben unter einem Stück Schinkenrinde oder durchwachsenem Speck saftig.

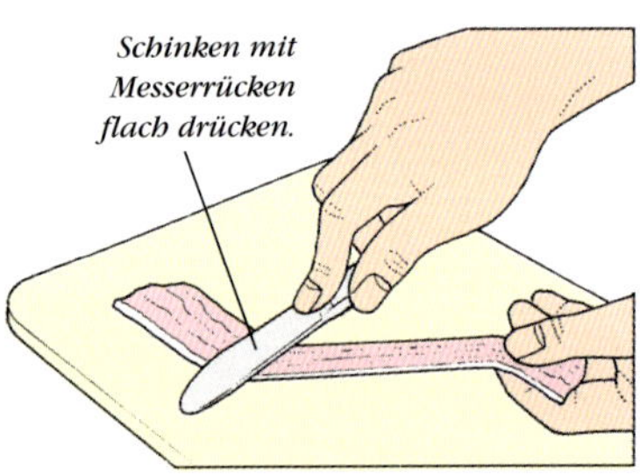

Form erhalten
Durchwachsenen Speck um kleineres Geflügel wickeln, um dessen Form zu erhalten. Strecken Sie zunächst mit einem Messerrücken den Speckstreifen etwas in die Länge und umwickeln Sie anschließend das Tier damit.

Ente braten

- **Knusprige Haut** Rundum mit einer Gabel einstechen, mit Salz bestreuen und auf einem Gitter garen, damit das Fleisch über dem fetten Saft liegt.

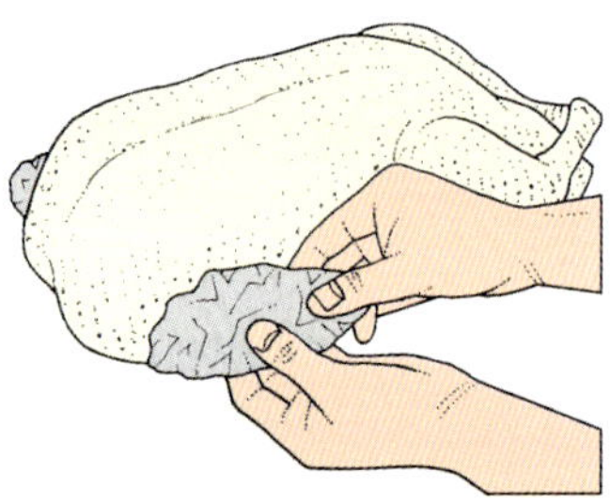

Flügel schützen
Damit die dünnen Flügelspitzen einer Ente nicht vor dem Rest gar werden, wickeln Sie sie in Aluminiumfolie ein. 30 Minuten vor Ende der Garzeit nehmen Sie die Folie ab, damit die Flügel noch schön knusprig werden.

BEWÄHRTES WISSEN

In Leinentuch einwickeln
Statt in Folie können Sie Hähnchen oder Truthahn zum Garen auch in eine doppelte Lage Leinentuch wickeln. Leinentuch zuvor in geschmolzene Butter oder Öl tauchen. So bräunt die Haut, wird knusprig und liegt nicht im Dampf, wie es beim Garen in Folie der Fall wäre.

Fleisch braten

Der Braten muss unbedingt in den vorgeheizten Ofen, damit die Säfte eingeschlossen werden. Verringern Sie die Hitze, sobald das Fleisch bräunt. Nehmen Sie Fleisch mindestens 20 Minuten vor dem Braten aus dem Kühlschrank, damit es Zimmertemperatur annimmt.

Fettes Fleisch braten

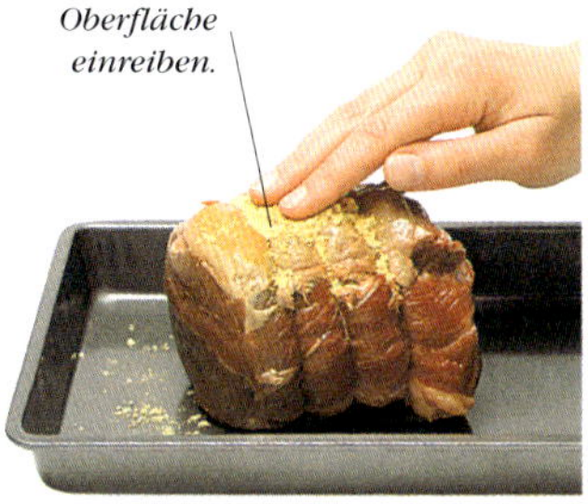

Mit Senfpulver
Bedecken Sie die Fettkruste eines Rinder- oder Schweinebratens zunächst mit Senfpulver. Das wirkt dem Fettgehalt entgegen und der Bratensaft wird aromatischer.

Temperatur überprüfen

Thermometer benutzen
Das Gerät gehört in das dickste Fleischstück und sollte den Knochen nicht berühren, da dieser die Temperatur besser leitet. Lassen Sie das Thermometer während des Bratens stecken.

Knusprige Kruste

- **Einschneiden** Die Kruste des Schweinebratens in gleichmäßigen Abständen mit einem Messer tief einschneiden.
- **Salzen** Kruste mit wenig Öl bestreichen und salzen, damit sie richtig knusprig wird.
- **Überbrühen** Gießen Sie vor dem Braten kochendes Wasser über die Kruste.
- **Separat garen** Entfernen Sie mit einem sehr scharfen Messer die Haut vom Schweinefleisch zusammen mit einer gleichmäßigen Fettschicht. Kruste in Streifen schneiden und salzen. Braten Sie die Kruste, bis sie knusprig ist.

Beilagentipps

Braten und Geflügel werden traditionell von bestimmten Beilagen begleitet. Es gibt jedoch keine festen Regeln und Sie können die Beilagen nach Ihrem Geschmack aussuchen, um die Gerichte so zu servieren, wie sie Ihnen persönlich besonders gut schmecken.

Tipps & Tricks

- **Bratensauce eindicken** Verrühren Sie 1 EL Stärkemehl in wenig Wasser und geben es in den Bratensaft.
- **Warme Mayonnaise** Schlagen Sie 3 Eigelb im Wasserbad auf, 0,25 l Öl tropfenweise zugeben. Mit Salz, Zitronensaft, Pfeffer und Tabasco würzen.
- **Schinkenspeck grillen** Zu gebratenem Geflügel passen Schinkenspeckröllchen hervorragend. Zum einfacheren Wenden auf Spieße stecken und schnell unter dem Grill garen.
- **Preiselbeeren** 250 g Preiselbeeren mit 300 ml Wasser auf höchster Stufe im Mikrowellenherd zum Kochen bringen, 5 Minuten weitergaren, bis sie aufplatzen. Abschmecken.

Bratensauce verbessern

Fett abnehmen
Tupfen Sie die dicke Fettschicht von der Bratensauce mit einem saugfähigen Küchenpapier ab. Ziehen Sie das Tuch leicht über die Oberfläche der Sauce. Mehrmals wiederholen, um möglichst viel Fett abzunehmen.

Saucen verfeinern

- **Bratensaft würzen** Brandy oder Portwein im Bratensaft ergibt eine raffinierte Sauce für besondere Gelegenheiten. Sauce vor dem Servieren etwa 2 Minuten aufkochen lassen.
- **Bällchen aus der Füllung** Formen Sie aus überschüssiger Füllmasse Bällchen und legen Sie die Bällchen in den letzten 20 Minuten der Garzeit zum Braten in den Fleischsaft.
- **Braten glasieren** Bestreichen Sie den Braten kurz vor dem Servieren mit warmem Johannisbeer- oder Preiselbeergelee. Diese Glasur gibt dem Braten einen appetitlichen Glanz.
- **Pasteten würzen** Pasteten werden herzhafter, wenn Sie 1 EL Worcestersauce in die Füllung geben.

FISCHE & MEERESFRÜCHTE

Fisch gart schnell und einfach, wobei unterschiedliche Garmethoden möglich sind. Ganze Fische mit Gräten haben den intensivsten Geschmack und können im Backofen oder im großen Fischtopf zubereitet werden. Fischfilets sind besonders vielseitig - man kann sie braten, pochieren oder grillen.

Fisch würzen

Fische müssen meist nur wenig gewürzt werden. So gelingen mit einfachen Mitteln abwechslungsreiche Fischgerichte. Denn mit etwas Zitronensaft und Kräutern oder mit ungewöhnlichen Marinaden oder Glasuren können Fischgerichte immer wieder anders schmecken.

Das Öl würzen

Ingwer zugeben

Geben Sie einige frische Ingwerscheiben ins heiße Öl und braten Sie sie bei mittlerer Hitze 3–4 Minuten lang. Dann herausnehmen und den Fisch in die Pfanne geben.

Rohen Fisch marinieren

- **Geeignete Marinaden** Weißfleischige Fische bleiben in Marinaden auf Ölbasis saftiger und aromatischer. Saure Marinaden mit Zitrone oder Essig eignen sich für fette Fische.
- **Joghurt** Streichen Sie Grillfisch mit einer Joghurtmarinade, z. B. einem indischen Tandoori-Gemisch, ein. So bleibt der Fisch saftig und bekommt eine würzige, fettarme Kruste.
- **In Marinade zubereiten** Saft von vier Limonen oder Zitronen über 500 g dünne Streifen weißfleischigen Fisches gießen. Klein gehackte Zwiebel, eine Pfefferschote und Knoblauch dazugeben und 3–4 Stunden im Kühlschrank marinieren. Auch zum Rohessen geeignet.

Den Fisch würzen

Marinieren

Schneiden Sie kleine, ganze Fische vor dem Grillen oder Braten mehrfach ein. Marinieren Sie das Fleisch nach dem Garen mit Weißwein, Kräutern oder Gewürzen. Kalt servieren.

Fetten Fisch würzen

- **Mit Senf** Bestreichen Sie Herings- oder Makrelenfilets dünn mit Senf und wälzen Sie den Fisch vor dem Braten in Hafermehl.

Filets belegen

Legen Sie zwischen zwei Herings- oder Makrelenfilets Zitronen-, Orangen- oder Limonenscheiben und einige Thymianzweige. Im Ofen überbacken oder zusammenbinden und grillen.

Fisch panieren

- **Kräuterkruste** Panieren Sie weißfleischige Fischfilets in einer Mischung aus Semmelbröseln, Kräutern, Curry oder zerkleinerten Pfefferschoten.
- **Kokosnuss** Tauchen Sie Seeteufel oder anderen festen Weißfisch in geschlagenes Ei. Anschließend in geriebener, frischer Kokosnuss wälzen und braten. So bekommt der Fisch einen nussigen Geschmack.
- **Sesam** Rühren Sie 1 EL Sesamöl unter ein Ei und mischen Sie Sesam unter die Semmelbrösel für die Panade des Fisches – das Ergebnis ist ein exotischer Geschmack.

Mit Kräutern verfeinern

- **Kräuter** Geben Sie frische Kräuter in die Bauchhöhle eines Fischs, bevor Sie ihn garen. So durchdringen die Kräuteraromen den ganzen Fisch.

Auf Fenchel backen

Überbacken Sie Seebarsch auf einem Fenchelbett. So erhält der Fisch ein feines Aroma. Legen Sie die Fenchelscheiben in eine flache Auflaufform und betten Sie den Fisch darauf.

Grillen

Die meisten Fische eignen sich hervorragend zum Grillen. Sie müssen nur gelegentlich mit Öl bestrichen werden, damit sie nicht austrocknen oder anbrennen. Fischfilets oder Fischsteaks müssen behutsam gewendet werden, falls sie nicht in Folie eingewickelt sind.

Tipps zum Grillen

- **Spieße** Andere Zutaten auf einem Fischspieß sollten die gleiche Garzeit haben. Champignons und Kirschtomaten eignen sich besonders gut.
- **Einschneiden** Schneiden Sie ganze Fische oder dicke Filets an der dicksten Stelle ein, damit die Hitze den Fisch gleichmäßig durchdringt.
- **Wenden** Eine mit Öl bestrichene Aluminiumfolie über dem Grillrost erleichtert das Wenden und verhindert, dass der Fisch haften bleibt. Auf einem gut vorgeheizten Backblech entfällt das Umdrehen.
- **Anhaften vermeiden** Erhitzen Sie den Grillrost stark, bevor Sie das Grillgut darauf legen, damit der Fisch saftig bleibt und nicht anhaftet.

Fischfilets grillen

- **Haut nach unten** Streichen Sie Grillrost und Filethaut mit Öl ein und legen Sie die Filets mit der Haut auf den Rost.

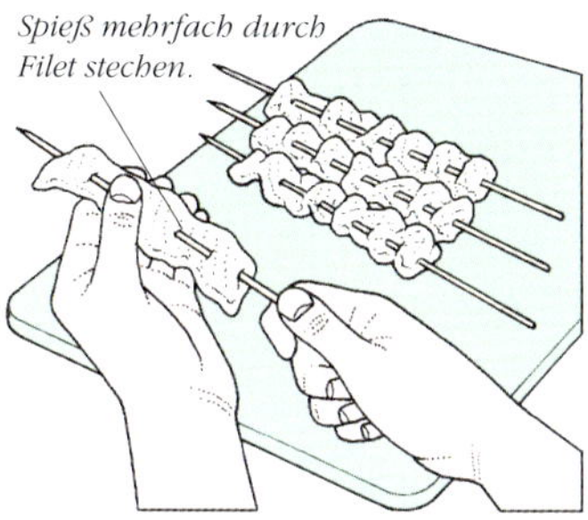

Auf Spießen
Kleinere Filets lassen sich auf Holzspießen aufgesteckt einfacher wenden, ohne zu zerfallen. Legen Sie die Spießchen vor dem Grillen in Wasser ein, damit sie kein Feuer fangen können.

Schaltiere grillen

- **Feucht halten** Muscheln ohne Schale in durchwachsenen Speck wickeln, damit sie saftig bleiben.

Frische Austern grillen
Austern in der tieferen Schalenhälfte auf den Grillrost legen. Mit etwas Kräuter- oder Knoblauchbutter würzen und mit Semmelbröseln bestreuen. Grillen Sie die Austern, bis sie kochen.

Rösten und Backen

Gerösteter Fisch ist besonders aromatisch und bekommt zartes, saftiges Fleisch. In Aluminiumfolie oder Backpapier bleibt er vor dem Austrocknen geschützt und gart im eigenen Saft, der zu einer Sauce verfeinert werden kann, aber auch ohne weitere Zutaten herrlich schmeckt.

Den Fisch einpacken

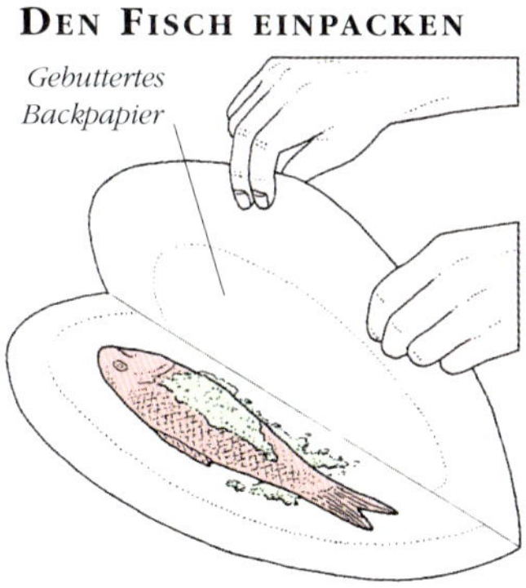

1 Backen Sie kleine, ganze Fische oder Fischfilets als Pakete. Ein herzförmiges Stück Backpapier mit Butter bestreichen, den Fisch darauf legen und mit Gewürzen und Kräutern bestreuen.

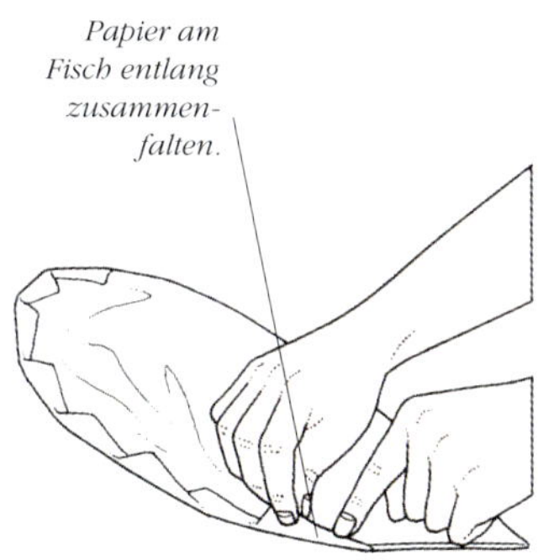

2 Knicken Sie das Papier über den Fisch und falten Sie es am Kopf beginnend um den Fisch sorgfältig um, sodass kein Saft auslaufen kann. Backen Sie die Fischpäckchen auf einem Backblech.

Aroma schützen

- **In Folie wickeln** Wickeln Sie einen großen ganzen Fisch locker in Folie ein, sodass er im eigenen Saft schmort.
- **Knusprige Haut** Die Haut von Seebarsch oder Forelle mit Butter und Gewürzen einstreichen. Bei hoher Temperatur – etwa bei 230° C oder auf Gasstufe 6 – rösten.
- **Salzkruste** Fisch mit einer dicken Schicht aus grobem Salz bedecken, um die Säfte einzuschließen. Etwas Wasser darüber geben. Bei 200° C oder auf Gasstufe 3–4 backen, bis das Salz hart und trocken ist. Salzkruste aufschlagen und Haut abnehmen.

Braten

Einen Fisch zu braten erhöht nicht unbedingt den Fettgehalt des Gerichts. Wenn Sie das Öl gut erhitzen, bevor Sie den Fisch hineinlegen, bildet sich um den Fisch herum sofort eine feste Kruste, die praktisch kein Öl aufnimmt. So bleibt der Fisch zart und saftig.

Mit Öl anbraten

- **Ölsorten** Verwenden Sie nur gutes, reines Öl, da die empfindlichen Fischaromen von aromatisierten oder billigen Ölen leicht beeinträchtigt werden können. Bevorzugen Sie am besten leichte Keim- oder Olivenöle.
- **Öl erhitzen** Die Öltemperatur sollte zum Frittieren oder Braten von Fisch bei etwa 190° C liegen.
- **Gefrorener Fisch** Wenn Sie gefrorenen Fisch frittieren möchten, sollte das Öl eine Temperatur von etwa 180° C haben, damit der Fisch auch innen gar wird, bevor die Kruste braun wird.

Krustentiere braten

- **Schwänze nicht abziehen** Schälen Sie Garnelen bis auf das Schwanzende. Halten Sie die Garnele am Schwanzende fest und tunken Sie sie in den Ausbackteig.

Garnelen braten

Mit Maismehl panieren
Garnelen in gewürztem Maismehl wälzen und dann in leicht verrührtes Eiweiß tauchen. So bekommen die gebratenen Garnelen eine leichte, knusprige Panade und bleiben saftig.

Ausbackteig anrühren

Bier oder Brandy
Ausbackteig wird leicht und knusprig, wenn Sie Bier verwenden oder etwas Brandy zugeben. Sie können auch ein geschlagenes Eiweiß unterheben, kurz bevor Sie den Fisch im Teig wälzen und dann braten.

Zusätzliche Würze

- **Öle mischen** Fischfilets erhalten einen interessanten, etwas orientalischen Geschmack, wenn sie in einer Mischung aus Sonnenblumen- und Sesamöl gebraten werden.

Panieren & Einwickeln

- **Muscheln** Tauchen Sie Muscheln in einen leichten Ausbackteig und frittieren Sie sie in heißem Öl etwa 30 Sekunden.
- **Fischfilets** Wälzen Sie empfindliche Fischfilets in Mehl und geschlagenem Ei. Dann mit Semmelbröseln bestreuen. Der Geschmack bleibt erhalten und die Filets zerfallen nicht.
- **Ganzer Fisch** Panieren Sie kleine ganze Fische wie Breitling oder Sardinen in gewürztem Mehl in einem verschließbaren Gefrierbeutel.
- **Geschälte Garnelen** Wickeln Sie geschälte Garnelen bis auf den Schwanz in Strudelteig. So bekommen sie beim Braten eine knusprig-goldene Hülle.

Tintenfisch vorbereiten

Fleisch einschneiden
Bevor Sie Filets vom Tintenfisch braten, schneiden Sie mit einem scharfen Messer ein Rautenmuster in die zarte Oberfläche. Auf diese Weise durchdringt die Hitze das Fleisch besser und es wird gleichmäßig gar.

Spritzer vermeiden

- **Durchschlag verwenden** Wenn Fisch beim Braten spritzt, Pfanne mit Durchschlag abdecken. Die Spritzer werden zurückgehalten und der Dampf kann entweichen.

Pfannengerichte

- **Zutaten auswählen** Feste, fleischige Fische wie Seeteufel oder Tintenfisch eignen sich besonders. Weichere Fische zerfallen leicht.
- **Empfindliche Fische** Wälzen Sie empfindlichere Fische erst in Mehl. Schütteln Sie die Pfanne regelmäßig statt zu rühren, damit die Fischteile nicht zerfallen.
- **Portionen garen** Portionsweises Garen der Fischstücke unterstützt eine bessere Hitzeverteilung und hält die Säfte im Fisch.
- **Tintenfischstücke** Tintenfischwürfel in Sesamöl schwenken, dann kleben sie beim Braten nicht aneinander.

Fisch pochieren

Pochieren ist eine klassische und sehr gesunde Garmethode für Fisch, da er in Flüssigkeit ohne zusätzliche Fettzugabe gegart wird. Ganze Fische, beispielsweise Lachs, schmecken pochiert hervorragend. Man kann aber auch Filets oder Steaks vom Fisch einfach pochieren.

Einfaches Pochieren

- **Fisch vorsichtig behandeln** Legen Sie empfindliche Fische in den warmen Sud, sodass sie knapp bedeckt sind. Nur langsam erhitzen, bis der Sud köchelt.
- **Kalt servieren** Kochsud erhitzen, bis er köchelt, Fisch 1 Minute darin garen. Herd ausschalten und den Fisch in der Resthitze fertig garen lassen. Dann kalt servieren.
- **In der Brühe garen** Sie können Fisch auch portionsweise bei Tisch garen, indem Sie dafür Ihren Fonduetopf und entsprechende Spieße verwenden. Servieren Sie die Brühe anschließend als Suppe.

Grosse Fische im Ganzen garen

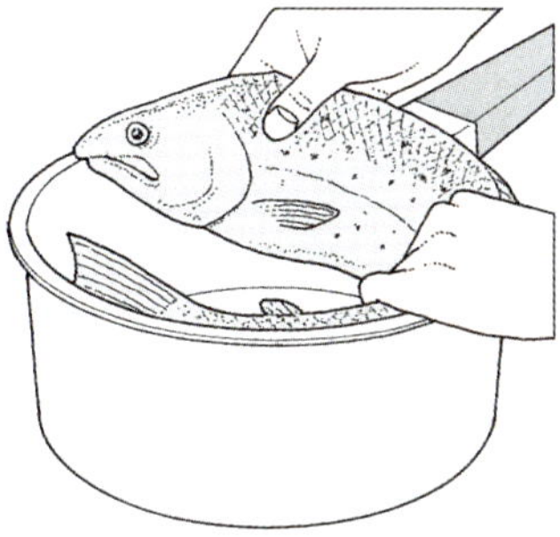

In einem großen Topf
Statt in einem Fischbräter können Sie große Fische im Ganzen auch in einem großen Topf garen. Bringen Sie den Fisch vorsichtig in Form, wobei die Wirbelsäule oben liegt. Servieren Sie ihn auf einem runden Teller.

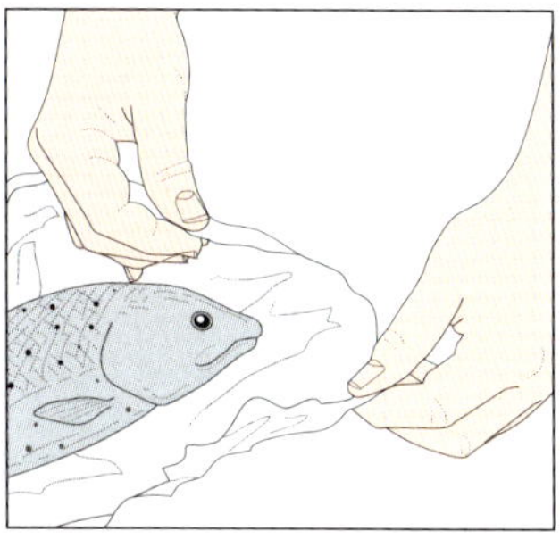

In Aluminiumfolie
Den vorbereiteten Fisch auf eine eingefettete Aluminiumfolie legen und würzen. Dann Butterflöckchen auf den Fisch geben, Folie fest verschließen und den Fisch 25–30 Minuten bei 200° C im Backofen garen.

Fisch dünsten

Das Dünsten eignet sich besonders für Filets, dabei müssen Sie aber darauf achten, dass die Fischteile nicht im Wasser liegen. Wenn Sie keinen Dampfkochtopf haben, aber öfter Fisch dünsten möchten, kaufen Sie sich einen Dünstaufsatz, der auf einen großen Kochtopf passt.

Zutaten kombinieren

Über Kartoffeln dünsten
Legen Sie den Fisch im Dünstaufsatz in den Topf, in dem Sie Kartoffeln garen. Zudecken und 10–15 Minuten köcheln lassen, je nach der Dicke der Kartoffeln und des Fischstücks.

Tipps zum Dünsten

- **Ganzen Fisch dünsten** Um einen großen Fisch zu dünsten, geben Sie etwas Wasser in eine Fettpfanne. Legen Sie den gut in Aluminiumfolie gepackten Fisch auf ein Gitter über dem Blech. Das Wasser sollte im Ofen köcheln. Pro 450 g Gewicht müssen Sie mit einer Garzeit von 5 Minuten rechnen.
- **Einzelne Körbe** In stapelbaren chinesischen Dämpfkörben können Sie mehrere einzelne Fischportionen garen.
- **Flüssigkeit zugeben** Halten Sie immer fast kochendes Wasser bereit, um es eventuell nachzugießen. So wird die Temperatur nicht gesenkt und der Dünstvorgang auch nicht unterbrochen.

GUTE IDEE!

Auf einem Teller garen
Legen Sie kleine Fischfilets zwischen zwei hitzefeste Teller und garen Sie den Fisch gleichmäßig und im eigenen Saft über einem Topf mit kochendem Wasser. Gießen Sie die Flüssigkeit vor dem Servieren über den Fisch.

SUPPEN & SAUCEN

Es lohnt sich immer, Suppen, Brühen und Saucen selbst zu kochen, da diese nahrhaften und preiswerten Gerichte jedem Fertigprodukt geschmacklich weit überlegen sind. Sie benötigen lediglich ein paar einfache, frische Zutaten – die Zubereitung macht nur wenig Arbeit und Sie können vielfach variieren.

Suppen und Brühen zubereiten

Die Grundlage jeder schmackhaften Suppe ist eine gut abgeschmeckte Brühe. Brühwürfel ersparen Zeit, doch es ist relativ einfach und preiswert, aus Knochen oder Gemüseresten eine Brühe selbst zu kochen, die Sie dann vielfältig weiterverarbeiten können.

Suppen kochen

● **Gemüse anschwitzen** Gemüse im zugedeckten Topf mit etwas Butter anschwitzen. Mit Brühe und etwas Wein oder Sherry ablöschen. Bei geringer Hitze etwa 1 Stunde kochen, ab und zu umrühren.

● **Aus Salatblättern** Schneiden Sie die äußeren Salatblätter in Streifen und garen Sie sie in einer Brühe. Dann pürieren, sobald sie weich sind, und etwas Sahne unterrühren.

● **Reste verwerten** Bereiten Sie aus gekochten Kartoffeln eine Kartoffelsuppe zu. Zwiebeln oder Lauch anbraten und mit den Kartoffeln und etwas Gemüsebrühe pürieren. Die Suppe mit Sahne und Gewürzen abschmecken.

Gemüse pürieren

Mit einer Suppenkelle
Pürieren Sie gekochtes Gemüse von Hand, indem Sie dieses mit einer Suppenkelle durch ein großes Sieb in eine passende Schüssel drücken. Das geht schneller als mit einem Holzlöffel und ist nicht so anstrengend.

Suppen andicken

Butter mit Mehl mischen
Butter und Mehl zu einer dicken Paste (beurre manié) verrühren, löffelweise zum Andicken unter die heiße Suppe geben. Rühren Sie dabei die kochende Suppe gleichmäßig um, bis sie die gewünschte Konsistenz hat.

Brühen verwenden

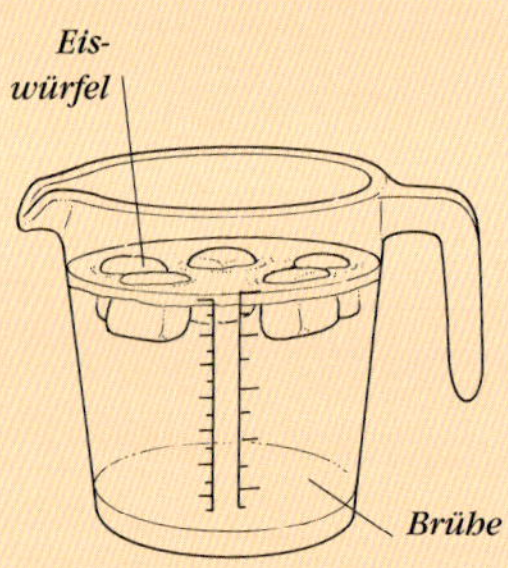

Fett abnehmen
Geben Sie ein paar Eiswürfel in die Brühe. Wird das Fett um die Eiswürfel herum fest, nehmen Sie sie heraus.

● **Geringe Hitze** Brühe langsam bei ganz geringer Hitze köcheln, damit sie klar und reichhaltig wird. Kocht eine Brühe auf, wird sie leicht trüb.

● **Brühe reduzieren** Zum Aufbewahren reduzieren Sie eine Brühe, indem Sie sie in einem Topf ohne Deckel kochen, bis sie dick und sirupartig wird. Die Brühe gerinnt beim Abkühlen zu Gelee und hält sich länger.

● **Reste verwerten** Nehmen Sie Gemüse-, Fleischreste oder Schalen zur Herstellung einer Brühe. Bei Zugabe von Kartoffeln wird die Brühe allerdings leicht trüb.

Abwechslung

● **Würzen** Rühren Sie milde Currypaste unter Möhren- oder Pastinakensuppe.

● **Gemüsezugabe** Stellen Sie vor dem Pürieren etwas Gemüse beiseite und geben Sie es kurz vor Ende der Garzeit wieder in die Suppe.

● **Käse** Geben Sie etwas Blauschimmelkäse unter sahnige Suppen.

● **Pesto selbst machen** Drei gepresste Knoblauchzehen mit 2 EL Pinienkernen oder geschälten Mandeln, Basilikum und 2 EL Olivenöl im Mörser zerstampfen. Gemüsesuppen mit Pesto abschmecken.

Saucen mit Ei

Saucen auf Eibasis sind beispielsweise Mayonnaise oder Sauce Hollandaise. Wichtig ist ein umsichtiges Vorgehen, damit die Saucen nicht gerinnen. Daher braucht man mehr Vorbereitungszeit, aber die reichhaltige, cremige Konsistenz ist einfach unübertroffen.

Saucen retten

- **Eiswürfel** Droht die Sauce Hollandaise zu gerinnen, geben Sie einen Eiswürfel dazu. Ist die Gerinnung schon fortgeschritten, rühren Sie die Sauce tropfenweise in eine Schüssel mit einem Löffel Essig. Dabei schnell und gründlich mit dem Essig verrühren, bis sie wieder andickt.
- **Mit Eigelb** Wenn sich Mayonnaise trennt, schlagen Sie ein frisches Eigelb und rühren Sie die Mayonnaise tropfenweise unter, bis sie wieder andickt.
- **Stärkemehl zugeben** Wenn eine Dessertsauce gerinnt, stellen Sie eine Pfanne in kaltes Wasser und streichen Sie die Sauce durch ein Sieb hinein. 1 TL Stärkemehl unterrühren und langsam aufkochen.

Mayonnaise

- **Fettgehalt senken** Nehmen Sie ganze Eier und nicht nur Eigelb, dann wird die Mayonnaise fettärmer. Alternativ kann man Joghurt unterrühren.

Kräuter geben Mayonnaise Farbe.

Mit einem Mixer
Geben Sie alle Zutaten außer dem Öl in den Mixer: Einschalten und das Öl in einem dünnen Strahl dazulaufen lassen, bis die Sauce eindickt. Geben Sie dann Kräuter oder Kresse dazu.

Sauce Hollandaise

- **Im Mikrowellenherd** 100 g Butter bei höchster Stufe erhitzen, zwei Eigelb und die Gewürze unterrühren. Auf mittlerer Stufe 1 Minute garen.

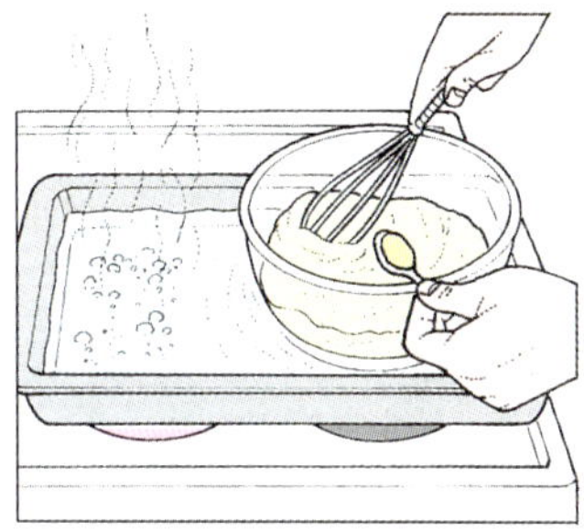

Gerinnen verhindern
Bereiten Sie Sauce Hollandaise in einer Rührschüssel zu, die in einem Backblech mit köchelndem Wasser steht. Achten Sie darauf, dass die Schüssel nicht direkt über der Hitzequelle steht.

Andere Saucen

Neben diesen traditionellen Saucen gibt es noch zahllose andere, schmackhafte Varianten und interessante Alternativen. Einige werden mit Mehl angedickt, andere sind einfache Pürees oder feurige Salsasaucen, die alle ausgesprochen fettarm sind.

Salsa zubereiten

Scharfe, aromatische Salsas sind in der mexikanischen Küche unverzichtbar.

- **Zeit sparen** Zerkleinern Sie Pfefferschoten, Knoblauch, Zwiebeln, Tomaten und Pfeffer in der Küchenmaschine zu einer *Salsa cruda*.
- **Früchte mischen** Verrühren Sie klein geschnittene Mango, Papaya und Pfefferschoten zu einer scharfen Sauce für Grillfisch oder -hähnchen.
- **Milder Geschmack** Rohen Knoblauch und Zwiebeln 5–8 Minuten köcheln, dann schmecken sie milder.

Tipps zu Saucen

- **Mehl zugeben** Zum Andicken dünner Saucen 1 TL Mehl in 2 TL kaltem Wasser verrühren und in die Sauce rühren. Bei mittlerer Hitze köcheln, bis sie andickt.
- **Klumpige Saucen** Klumpige Sauce oder Bratensaft in eine Küchenmaschine geben und gut durchrühren oder durch ein Sieb streichen.
- **Pürees machen** Aus Paprikaschoten lassen sich farbenfrohe und fettarme Saucen zaubern. Paprikaschoten grillen und häuten. Fruchtfleisch in der Küchenmaschine pürieren und würzen.

BEWÄHRTES WISSEN

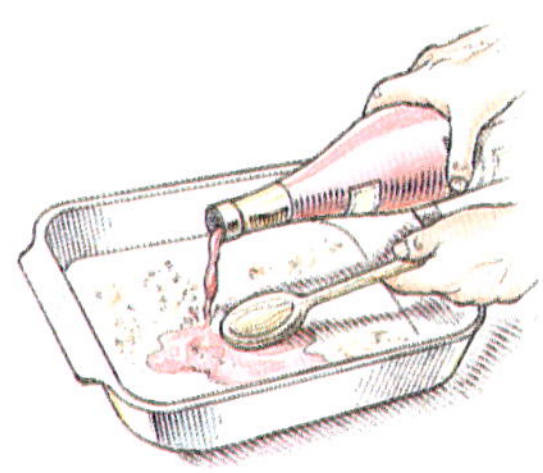

Reste lösen
Löschen Sie Bratreste in der Pfanne mit Wein, Brühe oder Sahne ab. Lassen Sie die Flüssigkeit aufkochen und rühren Sie dabei gut um.

REIS, NUDELN & CO.

Es gibt mittlerweile ein riesiges Angebot von Reis, Pasta und Hülsenfrüchten aus der ganzen Welt. Daraus können Sie gesunde und einfache Gerichte zubereiten, die die Grundlage für reichhaltige Hauptmahlzeiten bilden oder als schmackhafte Beilage gereicht werden.

Reis & Co.

Gekochter oder gedünsteter Reis wird entweder allein oder mit verschiedenen anderen Zutaten wie in Risotto oder Pilaw gereicht. Ungeschälte Körner müssen länger gekocht werden als polierte, doch die meisten Sorten garen innerhalb von 30 Minuten.

STÄRKE AUSWASCHEN

Basmatireis spülen
Basmatireis vor dem Kochen gründlich spülen, damit die Körner nicht aneinander kleben. Reis in warmem Wasser gut mit der Hand umrühren. Abspülen, bis das Wasser klar bleibt.

GEKOCHTEN REIS ABKÜHLEN

Mit einem Holzlöffel
Damit gekochter Reis für Salate schneller abkühlt, schütten Sie ihn in ein Sieb. Stechen Sie mit dem Holzlöffel mehrfach in den Reis, damit Dampf und Hitze entweichen können.

COUSCOUS DÜNSTEN

Durchschlag auslegen
Ein Leinentuch in einem Metalldurchschlag ersetzt den Dampfkochtopf. Durchschlag über einen Topf mit kochendem Wasser hängen. Couscous hineingeben, abdecken und weich dünsten.

BEWÄHRTES WISSEN

Das beruhigt den Magen
Kochen Sie weißen Reis, ohne ihn vorher abzuspülen: Dann abgießen, stärkehaltige Flüssigkeit abkühlen lassen und bei Magenbeschwerden langsam trinken.

SO GELINGT DER REIS

- **Einweichen** Weichen Sie Getreide und Reis vor dem Garen für 30 Minuten in kaltem Wasser ein, um die Garzeit zu verringern.
- **Bei niedriger Hitze kochen** Klebrigen Reis in großem, zugedecktem Topf auf kleinstmöglicher Stufe köcheln. Reis nach dem Abgießen 10 Minuten ruhen lassen.
- **Im Mikrowellenherd** 200 g Reis mit 420 ml Wasser in eine Schüssel geben. Zugedeckt auf höchster Stufe 7–8 Minuten garen, dann umrühren und bei 350–450 Watt 10 Minuten weitergaren. Den Reis herausnehmen und 10 Minuten nachgaren lassen.

VARIATIONEN

- **In Brühe kochen** Garen Sie zur Abwechslung Getreide in Gemüse-, Geflügel- oder Fleischbrühe.
- **Reis färben** Statt mit Safran können Sie Reis auch ganz einfach und wesentlich preiswerter mit einer Prise Kurkuma färben.
- **In Kokosmilch** Probieren Sie eine orientalische Alternative: Lassen Sie 200 g Langkornreis in etwa 400 ml Kokosmilch köcheln, bis die gesamte Flüssigkeit aufgesogen wurde.
- **Tomatenpüree verwenden** Butter oder Olivenöl in gekochter Polenta durch Tomatenpüree, Nusspaste oder geriebenen Parmesan ersetzen.

Pasta und Nudeln

Sie müssen nur wenig beachten, wenn Sie frische oder getrocknete Pasta zubereiten. Kochen Sie Nudeln in reichlich kochendem Salzwasser, bis sie „al dente“ sind, also außen weich und innen bissfest. Getrocknete Nudeln haben in der Regel eine längere Garzeit.

Lange Pasta kochen

Pasta langsam nachschieben.

In einem kleinen Topf
Wenn Sie nur einen kleineren Topf haben, schieben Sie lange Pasta (z. B. Spaghetti) vorsichtig nach, sobald das eine Ende im Wasser weich wird. So biegt sich die Pasta und bricht nicht.

Gefüllte Pasta kochen

Schaumlöffel schützt Pasta.

Mit einem Schaumlöffel
Mithilfe eines großen Schaumlöffels verhindern Sie, dass gefüllte Pasta wie Ravioli beim Anrichten zerfällt oder beschädigt wird. Die Pasta wird dann sofort in Öl oder Sauce gegeben.

Nudeln färben

Nudelteig wird bunt und aromatisch, wenn Sie bestimmte Zutaten unterkneten.

- **Tomaten** 2 TL Tomatenmark pro Ei unter die geschlagene Eimasse rühren.
- **Spinat** Pro Ei 50 g gut abgetropften, gehackten Spinat zum Nudelteig geben.
- **Safran** Mit einer Prise gemahlenem Safran bekommt Pasta eine sattgoldene Farbe.
- **Rote Bete** Rühren Sie pro Ei etwa 1 EL gekochte und pürierte Rote Bete in den Pastateig.

Hülsenfrüchte

Erbsen, Bohnen und Linsen sind wertvolle Eiweißlieferanten und lassen sich sehr vielfältig zubereiten: als Schmorgerichte, Beilagen und Salate. Getrocknete Bohnen sind preiswerter als Dosenware, denn sie brauchen Zeit, um zu garen, lassen sich aber problemlos zubereiten.

Kochzeiten

Die meisten Hülsenfrüchte müssen mindestens 4–8 Stunden in kaltem Wasser oder 1 Stunde in kochendem Wasser eingeweicht werden. Die folgenden Garzeiten dienen als Anhaltspunkte, befolgen Sie aber stets die Hinweise auf den Verpackungen.

- Getrocknete, halbe Linsen: 15–20 Minuten
- Ganze Linsen, Adzuki-Bohnen, Mungobohnen, getrocknete halbe Erbsen: 25–30 Minuten
- Augenbohnen, ganze Erbsen: 45 Minuten
- Schwarze Bohnen, Pintobohnen (Wachtelbohnen), Canellini-Bohnen, Kichererbsen, Kidneybohnen: 1–1,5 Stunden
- Weiße Bohnen, je nach Alter und Größe: 1–3 Stunden

Bohnen kochen

- **Würzen** Bohnen immer erst am Ende der Garzeit würzen, da gesalzene Bohnen nicht so leicht weich werden.
- **Kühlen** Lassen Sie Bohnen, die Sie kalt servieren möchten, im Kochwasser abkühlen, nicht in einem Durchschlag. So springen die Schalen der Bohnen nicht auf.
- **Im Dampfkochtopf** Im Dampfkochtopf garen Bohnen in einem Drittel der Zeit.

Zur Sicherheit

Getrocknete rote Kidneybohnen, Adzuki-Bohnen und schwarze Bohnen mindestens 10 Minuten stark aufkochen, damit Toxine zerstört werden, die Bauchschmerzen hervorrufen können. Dann die Bohnen weich köcheln.

Snacks vorbereiten

- **Ein nahrhafter Dip** Gegarte Butterbohnen gut mit der Gabel zerdrücken. Mit Knoblauch, Chilipaste und Olivenöl zu einem reichhaltigen, würzigen Dip verrühren.

Mehl mit frisch gemahlenem Pfeffer gemischt

Kichererbsen
Gekochte Kichererbsen oder Dosenware mit gewürztem Vollkornmehl und zerdrücktem Knoblauch mischen, in etwas Butter und Öl goldbraun anbraten, dann zu Drinks servieren.

DESSERTS

Ein warmes oder kaltes Dessert gehört zur Abrundung jeder guten Mahlzeit. Einfache Desserts auf Obstbasis, mit Cremes, Eis oder Schokolade lassen sich oft aus wenigen Zutaten in kurzer Zeit zaubern. Mit etwas Kreativität ist es dann für jeden Gastgeber möglich, seinen Gästen einen passenden Nachtisch zu servieren.

Kuchen und Gebäckdesserts

Es gibt kaum eine bessere Art, die Vielfalt der heimischen Früchte und Beeren zu servieren, als in einem köstlichen, selbst gemachten Teig. Aber auch aus Milchprodukten und anderen Zutaten lassen sich schnelle, schmackhafte Kuchenfüllungen zaubern.

Füllungen vorbereiten

- **Interessanter Gegensatz** Fügen Sie kleine würzig-reife Käsewürfel zu einer süßen Apfelfüllung.
- **Schneller Obstbelag** Kernlose Weintrauben mit saurer Sahne und braunem Rohrzucker mischen. Auf gebackenen Boden legen und 1–2 Minuten unter den Grill stellen.
- **Früchte glasieren** Erwärmen Sie etwas Johannisbeer- oder Preiselbeergelee mit etwas Zitronen- oder Orangensaft. Die Früchte, die glasiert werden sollen, geben Sie in die Mischung. Dann gut umrühren, sodass die Früchte schön glänzen.

Gedeckter Kuchen

Strudelteig
Strudelteig glatt über den Kuchen legen oder auch leicht in Falten, sodass er wie Chiffon aussieht. Dann mit Butter bestreichen, wie üblich backen und mit Puderzucker bestreuen.

Törtchen garnieren

- **Marshmallows** Legen Sie Marshmallows auf die Obstfüllung. Goldbraun grillen.
- **Marzipan** Streuen Sie kleine Marzipanwürfelchen über die Obstfüllung. Törtchen goldbraun backen.
- **Mandelsplitter** Gemahlene Mandeln, Demerara-Zucker und Mandelsplitter zu gleichen Teilen mischen und vor dem Backen über die Obstfüllung streuen.
- **Baiser** Ein Eiweiß steif schlagen und 55 g Zucker unterrühren. Spritzen Sie mit der Baisermasse ein Muster über das Obst und backen Sie das dekorative Stück.

GELD SPAREN

Altbackenes Brot
Altbackene Brotscheiben mit Butter und Marmelade bestreichen, in eine ofenfeste Form schichten. Zwei mit 300 ml Milch verrührte Eier darüber gießen. Bei 150° C backen.

Geschmack variieren

Mit Kokosnuss
Streuen Sie geriebene Kokosnuss auf den Teig, bevor Sie die Füllung darüber geben. Der Boden weicht dann nicht durch und der Kuchen erhält einen angenehm nussigen Geschmack.

Abwechslungsreich

- **Törtchen wenden** Form buttern und mit Zucker ausstreuen. Obst hineingeben, den ausgerollten Teig darüber legen. Goldbraun backen und aus der Form stürzen.
- **Süße Pizza** Blätterteig oder Brotteig ausrollen und mit Obstscheiben oder -stücken belegen. Mit braunem Zucker und Gewürzen bestreuen, ein paar Butterflöckchen darauf legen und die süße Pizza im Ofen überbacken.
- **Schöne Muster** Strudelteig mit einer Schere in lange Streifen schneiden. Den besten Effekt erzielen Sie mit doppellagigem Teig. Kuchen mit den Streifen dekorieren.

Andere warme Desserts

Warme Desserts gibt es in schier unbegrenzter Vielfalt: Pfannkuchen aller Art nach dem einfachen Mittagessen oder geflammter Pfirsich zum Abschluss eines vornehmen Abendessens. Sie können aber auch Puddings variieren oder regionale Spezialitäten ausprobieren.

Desserts mit Teig

- **Kakao zugeben** Ersetzen Sie beim Pfannkuchenteig 10 ml (2 TL) Mehl durch Kakao.
- **Pfannkuchen einmal anders** Pfannkuchenteig mit weniger Milch zubereiten, stattdessen Bier oder Wein zugeben. Obststücke eintauchen und dann frittieren.
- **Apfel im Schlafrock** Blätterteigplatten auslegen, ausrollen und in Rechtecke teilen. Äpfel waschen, ausstechen und mit einer Mischung aus Rosinen, Mandeln und Zucker füllen. Dann die Äpfel mit den Teigstücken umwickeln und 30 Minuten im Ofen backen.
- **Birnen in Teig** Die Birnen schälen, schneiden, mit Zucker und Zimt weich kochen. Grießbrei zubereiten und mit den Birnen dick einkochen. Nach dem Erkalten 4 Eier und 1 EL Mehl zugeben und im Backofen 30 Minuten backen.

Soufflés dekorieren

Karamellisieren

Streuen Sie kurz vor Ende der Backzeit Puderzucker über das Soufflé (zügig, sonst fällt es zusammen) und backen Sie es in 4-5 Minuten fertig, sodass sich eine karamellartige Schicht bildet.

Waffelteig

Krapfen backen

Backen Sie aus einem Waffelteig einmal Krapfen. Geben Sie den Teig löffelweise vorsichtig in heißes Öl und frittieren Sie die Bällchen, bis sie luftig und braun sind. Mit Ahornsirup oder Vanillezucker servieren.

Pudding einmal anders

- **Grießpudding** Verwenden Sie einmal Grieß als Grundlage für einen Pudding und lassen Sie ihn im Wasserbad garen. Dazu passt Himbeersauce.
- **Schwarzbrotpudding** Pumpernickel (oder Schwarzbrot), Schokolade und etwas Wein lassen sich zu einer besonderen Süßspeise kombinieren.

Tipps & Tricks

- **Einfacher Biskuitteig** Den Biskuitteig in eine gefettete, mit Backpapier ausgelegte, mikrowellengeeignete Form geben, glatt streichen und offen bei 600 Watt in etwa 5 Minuten garen (Teigoberfläche soll noch weich sein, da der Kuchen nachgart).
- **Baiser** Im Mikrowellenherd backen Sie Baiserdekorationen ganz schnell. Geröstete Nüsse darüber streuen, falls sie zu blass sind.
- **Geflammter Pfirsich** Früchte mit heißem Wasser übergießen, schälen und mehrfach einstechen. Kirschwasser und Pfirsiche in einer Kupferpfanne stark erhitzen, Kirschwasser entzünden. Sofort servieren.

Milch aromatisieren

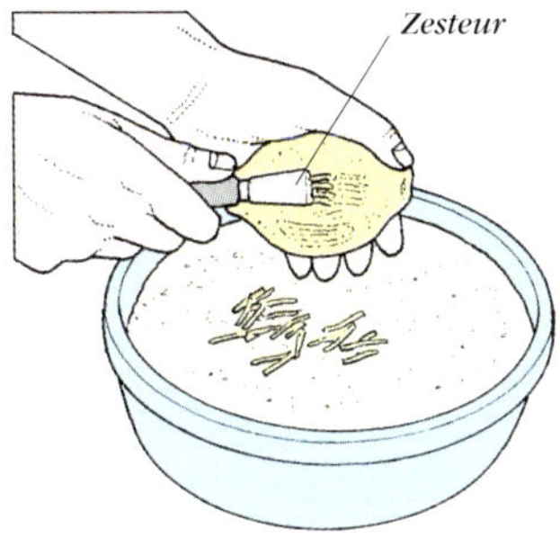

Zitronenschale zugeben

Werten Sie einfache Puddings und Milchreis auf: Reiben Sie dazu mit einem Zesteur etwas Zitronen- oder Orangenschale (von unbehandelten Früchten!) über den Pudding. Vor dem Garen gut unterrühren.

Schnelle Desserts

- **Gefüllte Croissants** Füllen Sie heiße Pflaumen in warme Croissants. Dann mit Mandeln bestreuen.
- **Gebratene Bananen** Bananenscheiben in der Pfanne in etwas Butter und braunem Zucker etwa 2 Minuten schwenken. Etwas Orangensaft und Rum zugeben.
- **Weiches Obst grillen** Geben Sie etwas Kirschlikör über gemischtes, gefrorenes Obst in einer ofenfesten Schüssel. Mascarpone und braunen Zucker darüber verteilen und goldbraun grillen.
- **Obstkompott** Dosenobst mit Zimt, Saft und abgeriebener Zitronenschale erwärmen und mit Sahne servieren.

Kalte Desserts

Die Auswahl an kalten Desserts ist außerordentlich reichhaltig: von frischen, leichten Obstsalaten, Obstpürees mit Joghurt, Quark oder Sahne bis zu Mousse oder gefülltem Baiser. Da sie meist im Voraus zubereitet werden können, haben Sie viel Zeit für die anderen Menügänge.

Tipps & Tricks

- **Hautbildung verhindern** Damit sich auf Pudding keine Haut bilden kann, bedecken Sie ihn beim Abkühlen mit Antihaftpapier.
- **Baiser schneiden** Weiche Baisers haften beim Schneiden nicht am Messer an, wenn Sie es vor Gebrauch mit Butter einstreichen oder in kochendes Wasser tauchen.
- **Spritziger Obstsalat** Obstsalat erhält durch einen Schuss Sekt kurz vor dem Servieren etwas mehr Pfiff.
- **Crème caramel** Spülen Sie die Schüssel mit heißem Wasser aus, bevor Sie die heiße Crème caramel hineingießen. Das verhindert, dass die Schüssel zerspringt.

Crème brûlée

Zucker karamellisieren
Die Crème brûlée verdankt ihre perfekte goldene Karamellkruste einer dicken, aufgestreuten Zuckerschicht. Etwas Wasser darüber sprühen und unter dem heißen Grill karamellisieren.

Baisertorte Vacherin

Keramikteller verwenden
Baisermasse auf einen ofenfesten Teller geben, damit das Dessert auf einem Gefäß gebacken und serviert werden kann. So sparen Sie das Anheben des Baisers, bei dem er leicht bricht.

Desserts mit Gelatine

Gelatine dient dem Erstarren verschiedener Desserts. Sie ist in Pulverform oder als Blattgelatine erhältlich und man lässt sie vor der Verwendung in kaltem Wasser quellen. Das Geliermittel Agar-Agar wird aus Algen gewonnen und genauso wie Gelatine verwendet.

Gelatine verwenden

- **Nach dem Quellen** Gut gequollene Gelatine löst sich schon bei 50–60° C auf und behält ihre Gelierkraft. Bei viel höheren Kochtemperaturen lässt diese deutlich nach.
- **Obst vorbereiten** Frische Ananas oder Kiwis abkochen, bevor Sie diese Früchte in Gelatinedesserts verwenden. Beim Kochen werden Enzyme in den Früchten zerstört, die die Gelatine am Festwerden hindern können.
- **Vorbeugung** Feuchten Sie die Form vor dem Füllen an, wenn Sie leichte Desserts wie Grütze zubereiten. Bei schwereren Desserts streichen Sie die Form zuvor mit Öl aus.

Gelees garnieren

Mit Früchten
Etwas Gelee in die Form geben und Früchte am Boden und an Wänden arrangieren. Erstarren lassen. Schicht für Schicht fortfahren und jede Schicht mit Obst dekorieren.

Tipps zum Servieren

- **Besserer Geschmack** Gelatinedesserts 15 Minuten vor dem Servieren aus dem Kühlschrank nehmen, damit sich der Geschmack voll entfaltet.
- **Mit Wasser** Servierteller vor dem Stürzen mit kaltem Wasser abspülen. So kann man das Dessert einfacher an die richtige Stelle schieben.
- **Stürzen** Die Form kurz in heißes Wasser tauchen, den Teller auflegen, die Form umdrehen und kurz schütteln, sodass sich das Dessert löst.
- **Gefroren** Ein nicht erstarrtes, kaltes Soufflé können Sie gefroren servieren: Im Tiefkühlgerät fest werden lassen, dann Papierform entfernen.

Schokoladendesserts

Bei jeder Art von Schokoladendessert hängt alles von der Qualität der Schokolade ab. Je besser sie ist, umso deutlicher tritt der Schokoladengeschmack beim Dessert hervor. Verwenden Sie für warme Desserts reines Kakaopulver in Verbindung mit Zucker.

Schokoladenlöckchen

Mit einem Zesteur
Geschmolzene Schokolade dünn auf eine kalte Oberfläche gießen und abkühlen lassen. Ziehen Sie mit dem Zesteur von der Schokoladenoberfläche kleine dekorative Löckchen ab.

Süsse Blätter

Blätter bestreichen
Blattoberseite ungiftiger, ungespritzter Blätter mit flüssiger Schokolade bestreichen. Erstarren lassen und die grünen Blätter vorsichtig von der Schokolade abziehen.

Schokolade verwenden

- **Schmelzen** Bringen Sie Schokolade im Wasserbad zum Schmelzen: Dazu hitzefeste Schüssel in heißes, nicht kochendes Wasser stellen.
- **Schokoraspel** Rühren Sie fertige dunkle Kuchenglasur beim Schmelzen unter die Schokolade, damit sich leichter Raspel formen lassen.
- **Glanz verleihen** Schokoladensauce oder Schokoladenguss glänzt, wenn Sie ein Stück Butter unterrühren.
- **Kakao als Ersatz** Ersetzen Sie im Notfall je 25 g Kochschokolade durch 2 EL Kakao und 1 EL Butter.
- **Alkohol ersetzen** In Schokoladendesserts mit der gleichen Menge Kaffee ersetzen.

Eis und Sorbets

Eiscreme besteht aus einer einfachen Zutatenmischung, sodass Sie Ihre Familie einmal mit selbst gemachtem Eis überraschen könnten. Eis aus Sahne und Eiern kann leicht von Hand gemacht werden. Sorbeteis und Joghurteis gelingen in der Eismaschine jedoch deutlich besser.

Eis selbst machen

- **Geschmack verleihen** Die Eismasse darf zunächst intensiv und süß schmecken, da sich beim Gefrieren der Geschmack verringert.
- **Gelatine verwenden** Unter Zugabe von etwas gelöster Gelatine bleibt Ihr Sorbet auch nach dem Einfrieren formbar.
- **Mit Honig süßen** Honig verleiht der Eismasse eine geschmeidigere Konsistenz als Zucker.
- **Eis von Hand rühren** Das Eis sollte beim Einfrieren in regelmäßigen Abständen immer wieder umgerührt werden, damit sich keine großen Eiskristalle bilden und das Eis geschmeidig bleibt.

Eine Eisbombe improvisieren

1 Setzen Sie eine Schüssel in ein Eiswürfelbad. Boden und Wände der kleinen Schüssel mit gerade noch formbarer Eismasse bedecken und eine Füllung in die Mitte geben, dann gefrieren lassen.

2 Zum Stürzen der Eisbombe den Boden der Schüssel mit einem feuchtheißen Handtuch abreiben. Mit einem Messer am Rand entlangfahren und die Eisbombe auf den Servierteller stürzen.

BACKWAREN

Es lohnt sich immer, selbst Kuchen, Gebäck oder Brot zu backen. Anfangs sollten Sie den Anweisungen in den Rezepten genau folgen und die Zutaten sorgfältig abwiegen. Sobald Sie sich beim Backen sicherer fühlen, können Sie Rezepte nach Geschmack oder vorhandenen Vorräten verändern.

Kuchen backen

Vier grundlegende Tätigkeiten sind beim Kuchenbacken nötig: schmelzen, cremig rühren, reiben und (Eiweiß oder Sahne) schlagen. Heizen Sie zunächst den Ofen vor und bereiten Sie die Kuchenformen vor, damit der angerührte Teig so schnell wie möglich gebacken wird.

Backformen auslegen

- **Kanten schützen** Legen Sie Kastenformen doppellagig mit Papier aus, um die Kuchenseiten vor zu hoher Hitze zu schützen.
- **Backformen fetten** Backformen mit Öl statt mit Butter einfetten. Öl verteilt sich leichter und brennt nicht so leicht an. Außerdem lässt sich der Kuchen aus einer geölten Form leichter herausnehmen als aus einer gebutterten.
- **Zusätzlich Backpapier** Ein kleines Rechteck Backpapier auf dem Boden einer gefetteten Form erleichtert das Herausnehmen des Kuchens.

Ringformen improvisieren

Mit einer Konservendose
Mit einer sauberen, mit Bohnen gefüllten Konservendose können Sie problemlos eine Ringform improvisieren. Die Bohnen sorgen dafür, dass die Dose beim Teigeinfüllen nicht wegrutscht.

Herzförmige Kuchen

Kuchen zusammensetzen
Quadratischen und runden Kuchen, dessen Durchmesser der Seitenlänge des quadratischen Kuchens entspricht, backen. Runden Kuchen halbieren und an das Quadrat ansetzen.

GESUNDHEITSTIPP

Mit Kleie ausstreuen
Kuchenform einfetten und mit Weizen- oder Haferkleie ausstreuen. Das verbessert Nährstoffgehalt und Geschmack des Kuchens. Form hin und her schütteln, um die Kleie gleichmäßig zu verteilen.

Kuchen stürzen

- **Ruhen lassen** Biskuitkuchen vor dem Stürzen 2–3 Minuten stehen lassen. Der Kuchen wird fester und zieht sich etwas zusammen. Kastenkuchen vor dem Herausnehmen immer vollständig abkühlen.
- **Ränder lösen** Messer innen an der Form entlangführen, um den Kuchen zu lösen.
- **Backform überstülpen** Damit Biskuitkuchen beim Abkühlen nicht austrocknet, stürzen Sie den Kuchen auf ein Kuchengitter und stülpen Sie die Backform wieder darüber.
- **Gitterrost** Verwenden Sie einen Gitterrost als Kuchengitter. Auf eine große Schüssel stellen, damit er nicht direkt auf der Arbeitsfläche aufliegt.

Ist der Kuchen gar?

- **Auf die Oberfläche drücken** Mit den Fingerspitzen vorsichtig auf den Biskuitkuchen drücken. Der Kuchen sollte sich fest anfühlen und die Dellen müssen wieder verschwinden.
- **Kanten überprüfen** Beim fertigen Kuchen bildet sich ein schmaler Spalt zwischen Kuchen und Backform.
- **Gut hinhören** Halten Sie ein Ohr an den Kuchen. Wenn es im Kuchen noch brutzelt, ist er noch nicht gar.
- **Mit einem Spießchen** Prüfen Sie einen Kastenkuchen, indem Sie ein Spießchen in die Mitte einstechen. Der Kuchen ist fertig, wenn nichts am Spießchen haften bleibt.

Kuchen würzen und füllen

Mit phantasievollen Füllungen oder Gewürzen können einfache Kuchen zu etwas ganz Besonderem werden. Verfeinern Sie Gugelhupf mit duftenden Aromen oder zaubern Sie mit einem Spritzer Likör und dickem Zuckerguss eine verschwenderische Torte.

Würzen

- **Eine Prise Salz** Salz sollte bei jedem Kuchen dabei sein, denn es hebt den süßen Geschmack des Kuchens erst richtig hervor. Als Faustregel gilt: 5 g Salz auf 500 g Mehl.
- **Gugelhupf verfeinern** Einen normalen Gugelhupf können Sie variieren, indem Sie ihn mit Glasuren verschiedener Geschmacksrichtungen überziehen.
- **Schneller Ersatz** Wenn Sie keinen Vanillezucker haben, können Sie einem Rührteig auch die fein abgeriebene Schale einer unbehandelten, halben Zitrone zufügen (vorher gut waschen).
- **Mohnkuchen** Frischer Mohn ist trocken, blauschwarz gefärbt und süß.

Kuchen füllen

Mehrere Böden
Streichen Sie eine Füllung aus Marmelade oder Sahne auf beide Böden. Vorsichtig zusammendrücken, damit sie auch beim späteren Aufschneiden aufeinander liegen bleiben.

GESUNDHEITSTIPP

Fettarme Füllungen
Verrühren Sie 200 g fettarmen Hüttenkäse mit 30 ml (2 EL) Honig und geben Sie etwas fein geriebene Zitronenschale hinzu. Diesen Guss können Sie auf Biskuit- oder Möhrenkuchen streichen, um damit Buttercreme- oder Sahnefüllungen zu ersetzen.

Kuchen retten

Auch den erfahrensten Bäckern gelingt nicht jeder Kuchen. Doch oft lassen sich scheinbar misslungene Kuchen noch retten. Schneiden Sie bei einem zu lang gebackenen Kuchen die angebrannte Kruste mit einem scharfen Messer ab und geben Sie reichlich Guss darüber.

Teig retten

- **Teig gerinnt** Wenn ein Biskuitteig während des Rührens gerinnt, geben Sie noch 1 EL Mehl hinzu und rühren Sie den Teig nochmals gründlich durch.
- **Kuchen „zusammenflicken"** Bestreichen Sie die einzelnen Teile eines zerbrochenen Kuchens mit warmer Aprikosenmarmelade. In der Form zusammensetzen und dann abkühlen lassen.
- **Risse verstecken** Spritzen Sie etwas Sahne über Risse in einer Biskuitrolle. Bestreuen Sie den Kuchen dann großzügig mit Puderzucker, Kakao oder geriebener Schokolade.

Eingesunkene Kuchen

Die Mitte ausschneiden
Schneiden Sie das feuchte, eingesunkene Mittelstück mit einem scharfen Messer einfach heraus. Verzieren Sie den ringförmigen Kuchen mit Puderzucker oder Zuckerguss.

Trockene Kuchen

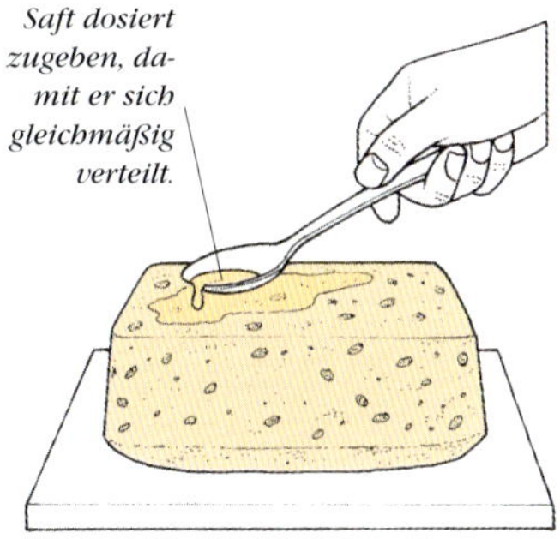

Mit Saft beträufeln
Trockener Kuchen wird wieder saftig: Kuchen stürzen und mehrere Löcher hineinstechen. Obstsaft oder -sirup langsam löffelweise über den Kuchen geben, 24 Stunden ruhen lassen.

Kuchen verzieren

Statt komplizierter Techniken erzielen oft Zeit sparende, einfache Mittel die größte Wirkung beim Verzieren und Garnieren von Kuchen und Torten. Zucker und Zuckerguss lassen sich in kühlen, trockenen Räumen besser verarbeiten als in einer feuchtwarmen Küche.

Kuchenguss & Co.

- **Einen Guss verteilen** Biskuitkuchen auf ein Kuchengitter stellen und Zuckerguss oder geschmolzene Schokolade in einer Bewegung darüber gießen. An den Seiten mit einem Messer glatt streichen und erstarren lassen.
- **Marzipan** Wenn Marzipan eingetrocknet ist und sich nicht mehr richtig ausrollen lässt, im Mikrowellenherd auf mittlerer Stufe etwa 30 Sekunden erwärmen. Dann kneten, bis es sich wieder formen lässt.
- **Fondant** Fertigen Fondantguss auf einer Fläche ausrollen, die dünn mit gesiebtem Maismehl und nicht mit Puderzucker bestreut ist. Maismehl kann leichter als Puderzucker abgestrichen werden.
- **Fondant weicher machen** Mit Fondant beschichtete Kuchenflächen werden weicher, wenn man ein mit Maismehl bestäubtes Glas darüber rollt.

Mit Zucker verzieren

- **Spitzendeckchen** Spitzendeckchen aus Papier auf Biskuitkuchen legen und Puderzucker darüber sieben. Dies ergibt ein hübsches Muster.

Mit Schablonen
Schneiden Sie Papierformen aus und legen Sie die Formen auf einen Biskuitkuchen. Streuen Sie Puderzucker über den Kuchen und nehmen Sie dann die Papierformen wieder weg.

Blüten verwenden

- **Blüten waschen** Empfindliche, essbare Blüten fein mit Wasser besprühen, abschütteln und auf saugfähigem Küchenpapier trocknen lassen.

Essbare Blüten
Mit weichem Pinsel Eiweiß auf die Blütenblätter streichen und feinen Zucker darüber streuen. Blütenblätter 24 Stunden trocknen lassen und Torte oder Kuchen damit verzieren.

Kuchenguss färben

Einen Spieß verwenden
Wenn Sie sehr kleine Farbmengen zugeben wollen, verwenden Sie am besten einen Spieß: Tunken Sie ihn in die Farbe und geben Sie diese dann tropfenweise in den Guss.

Spritzbeutel füllen

Mit einem Messbecher
Hängen Sie einen Spritzbeutel in einen Messbecher und stülpen Sie den Beutel über den Rand. So bleibt der Spritzbeutel geöffnet, während Sie ihn füllen, und es fällt nichts daneben.

Kein Spritzbeutel?

Für den Notfall lässt sich ein Spritzbeutel improvisieren:

- **Defekter Spritzbeutel** Nehmen Sie dessen Düse, schneiden Sie eine Ecke von einer stabilen Tüte ab und stecken Sie die Düse in das Loch.
- **Mit einem Blatt Papier** Schneiden Sie ein Quadrat aus Backpapier aus (Seitenlänge 20 cm) und falten Sie es diagonal zu einem Dreieck. Dann werden die zwei Ecken an der Basis nach oben zur Spitze des Dreiecks gefaltet. Schneiden Sie nun die dicke, untere Spitze ab und spritzen Sie den Guss durch das Loch.

Gebäck

Anspruchsvolle Techniken sind für das Backen kleiner Kuchen und Kekse nicht erforderlich und die Backzeit ist kurz. Kleine Kuchen sollten so frisch wie möglich gegessen werden, während sich Kekse mehrere Tage lang halten. Sie eignen sich auch als kleines Mitbringsel.

Muffins backen

Im Mikrowellenherd
Garen Sie den Teig für Muffins in Tassen mit geraden Wänden. Die Tassen werden zunächst eingeölt. Dann den Teig einfüllen und nicht zu viel Tassen auf einmal in den Mikrowellenherd stellen.

Kekse ausstechen

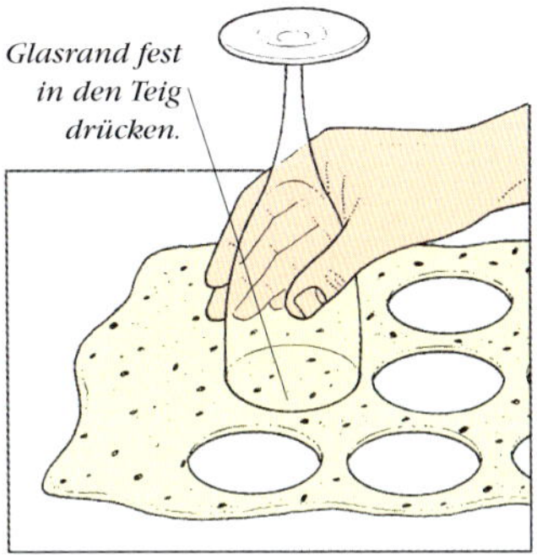

Runde Kekse ausstechen
Statt mit Förmchen können Sie runde Kekse auch mit einem umgedrehten Glas ausstechen. Glasrand zwischendurch immer wieder in Mehl tauchen, damit der Teig nicht hängen bleibt.

Hefebrötchen backen

- **Hefeteig aufgehen lassen** Der Hefeteig geht schneller auf, wenn man ihn in den auf 50° C erhitzten Backofen stellt. Die Zutaten für den Hefeteig sollen beim Zubereiten alle lauwarm sein, dann gelingt er problemlos.
- **Anders formen** Statt Hefebrötchen mit der Hand zu formen, können Sie den Teig in Muffinförmchen geben und dann backen.
- **Würzige Brötchen** Einen salzigen, würzigen Brötchenteig erhalten Sie, wenn Sie fein gehacktes Basilikum oder Walnüsse hinzufügen und gut unterkneten.

Im Mikrowellenherd

- **Flache Form** Verwenden Sie eine flache, runde Porzellanform, um Plätzchen oder Blechkuchen im Mikrowellenherd zuzubereiten. Vor dem Schneiden abkühlen lassen.
- **Mehr Farbe** Geben Sie Honig oder geröstete Nüsse über Mikrowellengebäck.

Gut vorbereiten

- **Teig aufbewahren** Fertigen Mürbeteig können Sie mehrere Wochen im Kühlschrank aufbewahren.
- **Mehr Geschmack** Ingwerplätzchen in einer Blechdose mehrere Tage ruhen lassen und vor dem Servieren kurz aufbacken.

Klebriger Teig

- **Hände anfeuchten** Hände mit kaltem Wasser befeuchten, damit der zu verarbeitende Teig nicht haften bleibt.
- **Teig kühlen** Rührteig, der zu sehr klebt, in Klarsichtfolie wickeln und 30 Minuten kühlen. Eventuell etwas Mehl unterrühren.

Kleine Kuchen backen

- **Spritzbeutel** Wenn Sie viele kleine Kuchen backen möchten, spritzen Sie den Rührteig durch die lange, gerade Düse des Spritzbeutels in die einzelnen Formen.
- **Mit Zucker bestreuen** Verleihen Sie einfachen Biskuitkuchen eine knusprige Kruste, indem Sie die Kuchen vor dem Backen dünn mit braunem Rohrzucker bestreuen.
- **Überraschungen einbacken** Drücken Sie vor dem Backen ein kleines Schokoladenstück in die Mitte eines einfachen Rührkuchens.

Empfindliche Kekse nach dem Backen formen

- **Mit einem Glas** Mandelplätzchen mit dem Bratenwender vom Backblech direkt auf Gläser heben, die auf der Seite liegen. Plätzchen kühlen schnell ab und erhalten eine interessante, gebogene Form.
- **Um einen Holzlöffel rollen** Wickeln Sie noch warme Waffelröllchen um den Stiel eines Holzlöffels. Vorsichtig abnehmen, damit nichts zerbricht, und auf Kuchengitter auskühlen lassen. Gebäck, das zum Formen schon zu hart ist, noch einmal 30 Sekunden in den heißen Ofen legen.

Über eine Orange legen
Ganz dünne Kekse können Sie vorsichtig über eine Orange legen, wenn sie gerade aus dem Ofen kommen. Lassen Sie das Gebäck in interessanten Formen über den Orangen abkühlen.

Einfacher Brotteig

Selbst gebackenes Brot schmeckt köstlich und die Zubereitung dauert gar nicht so lang. Eine Küchenmaschine nimmt das mühsame Kneten ab und schnell treibende Hefe beschleunigt das Aufgehen des Teiges. Oder Sie lassen ihn über Nacht gehen und backen ihn am nächsten Tag.

Backen mit Hefe

- **Trockenhefe** Sie können frische Hefe durch Trockenhefe ersetzen: 7 g Trockenhefe entsprechen 25 g frischer.
- **Schnell treibende Hefe** Diese Hefe wird direkt unter das Mehl gemischt – in Flüssigkeit treibt sie nicht so schnell.
- **Teig einfrieren** Wenn Sie den Teig einfrieren, erhöhen Sie die Zugabe der Hefemenge um ein Drittel, da beim Einfrieren ein Teil der Hefe abstirbt.
- **Kochwasser von Kartoffeln** Geben Sie das Kartoffelkochwasser zu Brotteig hinzu. Die Hefe treibt dann noch besser und der Teig bekommt einen kräftigen Geschmack.

Teig aufgehen lassen

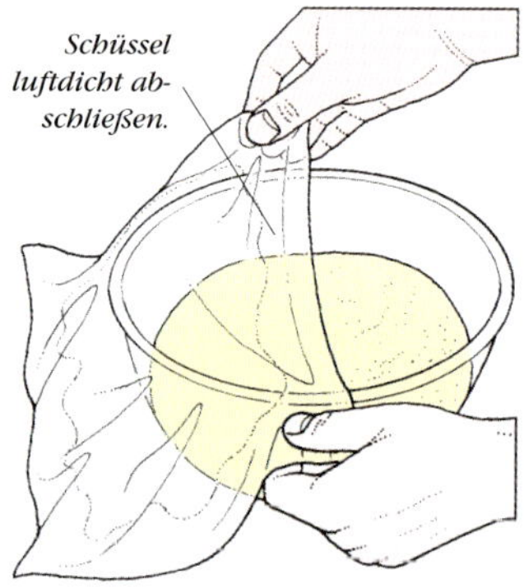

Mit Folie abdecken
Legen Sie den Teig in eine Schüssel und decken Sie diese mit Klarsichtfolie ab, die zuvor eingeölt wurde. Die feuchte Wärme, die nun in der Schüssel entsteht, fördert das Aufgehen des Teiges.

GUTE IDEE!

Backen im Blumentopf
Als originelle Idee für einen Geburtstag kann man Brot in einem leicht eingeölten Terrakottatopf backen, was eine ungewöhnliche Form ergibt: Topf im Ofen bei 190° C oder Stufe 3 aufhitzen, bevor Sie den Teig einfüllen.

Grosse Brotlaibe backen

- **Ist das Brot fertig?** Um zu prüfen, ob Brot fertig gebacken ist, stürzen Sie es aus der Form und klopfen mit den Knöcheln auf den Boden des Brotes. Klingt es hohl, ist das Brot fertig. Sonst stellen Sie es nochmals für ein paar Minuten in den Backofen.

Kombinationsbrot
Wenn Sie Ihrer Familie Vollkorn- und Weißbrot gleichzeitig anbieten wollen, backen Sie beide Teige in einer Form zusammen. So können Sie das „Kombibrot“ von beiden Seiten anschneiden.

Noch knuspriger

- **Knusprig backen** Backen Sie Brot nach der eigentlichen Backzeit ohne Form im Ofen direkt auf dem Gitter weitere fünf Minuten, bis die Kruste rundum goldbraun und knusprig ist. Lassen Sie das Brot anschließend auf einem Kuchengitter gut auskühlen.

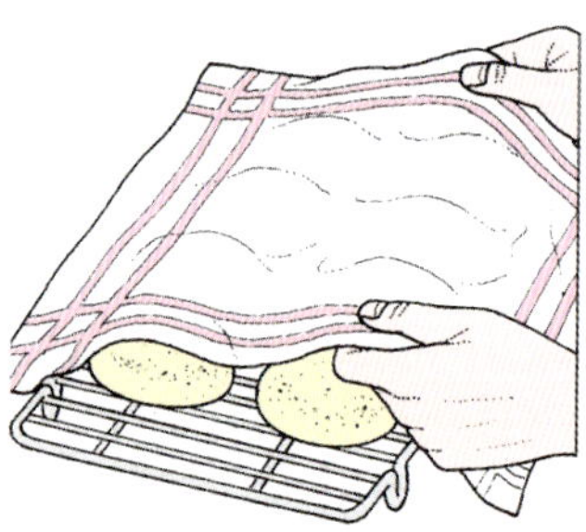

Weiche Krusten
Für eine weiche Kruste die Oberfläche von Brötchen oder Brot mit Mehl bestäuben und beim Abkühlen mit einem Handtuch abdecken. Geben Sie außerdem etwas Milch an den Teig.

Teig aufgehen lassen

- **Ascorbinsäure** Geben sie eine Tablette Ascorbinsäure (Vitamin C) mit 25 mg pro kg Mehl zur frischen Hefe hinzu. Das verkürzt die Zeit, die der Teig zum Gehen braucht.
- **Vorwärmen** An kalten Tagen das Mehl im Ofen oder im Mikrowellenherd erwärmen.
- **Im Mikrowellenherd** Teig in geölte Schüssel geben, mit Öl bestreichen und mit Antihaftpapier abdecken. Die Schüssel in eine flache Wanne mit heißem Wasser stellen und den Teig im Mikrowellenherd auf niedrigster Stufe 4 Minuten gehen lassen. 20 Minuten ruhen lassen, so lange wiederholen, bis sich das Teigvolumen verdoppelt hat.
- **Ist der Teig aufgegangen?** Tippen Sie vorsichtig mit einer bemehlten Fingerspitze auf den Teig. Er muss zurückfedern, ohne dass eine Vertiefung zurückbleibt.

Geschmack verfeinern

Einfache Brotteige lassen sich mit nur wenigen Zutaten leicht verfeinern. Rühren Sie Gewürze oder Kräuter unter das Mehl, damit sich der Geschmack gleichmäßig verteilt. Oder Sie kneten größere Stückchen wie Oliven oder Nüsse unter, bevor Sie das Brot formen.

Interessante Zutaten

- **Zutaten hacken** Gehackte Oliven, Kräuter, Walnüsse oder sonnengetrocknete Tomaten geben Brotteig einen mediterranen Geschmack.
- **Verschiedene Mehlsorten** Ersetzen Sie Buchweizenmehl zur Hälfte durch weißes Reismehl, um den herben Geschmack abzumildern.
- **Herzhafte Glasuren** Eine Glasur aus Öl und Currypaste oder Pesto verleiht dem Brotlaib eine herzhafte und goldene Kruste.
- **Kräuterglasuren** 2 TL Salz in 30 ml (2 EL) Wasser auflösen und den Laib damit bestreichen. Fein gehackte Kräuter darüber streuen und backen.

Herzhafte Brote backen

Selleriesalz zugeben
Ersetzen Sie in Weißbrot Salz durch Sellerie- oder Knoblauchsalz. Wenn die Salzkörner zu groß sind, lösen Sie die Kristalle erst in der Flüssigkeit auf, die Sie später unter das Mehl rühren.

Süsse Glasuren

Mit Honig
Streichen Sie Brote oder Brötchen aus dem Backofen gleich mit warmem Honig ein. So erhalten die Laibe eine süße, glänzende Kruste. Sie können auch Ahornsirup verwenden.

Teig formen und garnieren

Brotteig kann vor dem Backen geformt werden. Die traditionellen Formen wie Zöpfe oder Stangen eignen sich eher für größere Brote. Wenn Sie wenig Zeit oder kleinere Formen haben, schneiden Sie mit einem scharfen Messer ein dekoratives Muster in die Oberfläche des Brotes.

Brotlaibe verzieren

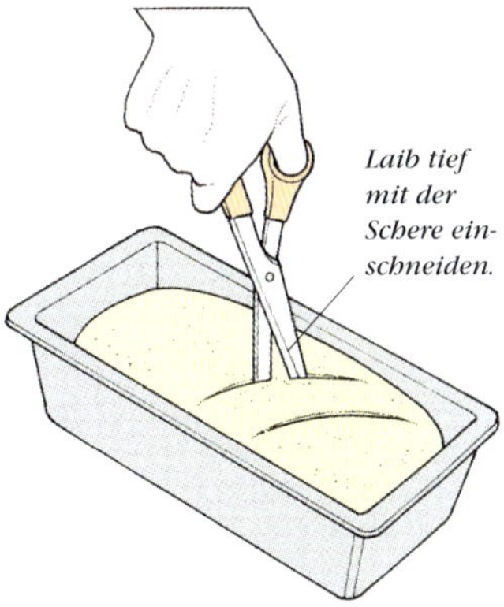

Schere verwenden
Schneiden Sie den Weißbrotteig mit der Schere ein, bevor Sie das Brot in den Backofen schieben. Die Schnitte öffnen sich, wenn das Brot aufgeht, und so entsteht ein schönes Muster.

Runde Brotlaibe

- **Schöne Form** Einen kleinen Teigball auf einen größeren legen und gut festdrücken, damit sie nach dem Backen zusammenbleiben.

Kreuzweise einschneiden
Schneiden Sie mit einem sehr scharfen, bemehlten Messer ein tiefes Kreuz in einen runden Brotlaib. Die Schnitte öffnen sich beim Backen zu einer attraktiven Kronenform.

Grosse Vielfalt

- **Brote bestreuen** Streuen Sie Sesam- oder Mohnsamen über Brötchen, nachdem Sie die Glasur aufgetragen haben.
- **Marmorierter Teig** Setzen Sie zwei Teige an, einen weißen und einen Vollkornteig. Verkneten Sie beide sorgfältig zu einem marmorierten Teig.
- **Formen bestreuen** Eingefettete Form mit Weizen- oder Haferflocken ausstreuen, damit das Brot eine nussige Kruste bekommt.
- **Partybrötchen backen** Brötchen formen und dicht nebeneinander in eine Form oder auf ein Backblech legen. Von diesem Kranz kann sich dann jeder Gast nach Belieben etwas abbrechen.

Teig verarbeiten

Teig ist die Grundlage vieler herzhafter und süßer Gerichte. Für alle Teigarten gelten jedoch die gleichen Regeln: Geräte, Arbeitsfläche und Hände müssen immer kühl sein. Gehen Sie vorsichtig mit dem Teig um und verarbeiten Sie immer nur kleinere Mengen.

Mürbeteig

- **Hände kühlen** Hände in kaltem Wasser kühlen, bevor der Teig verarbeitet wird.
- **Nahrhafter Teig** Damit Teig nahrhaft und locker wird, ein Eigelb zum Wasser geben.
- **Ruhezeit** Mürbeteig in Folie wickeln und 30 Minuten im Kühlschrank ruhen lassen, dann erst ausrollen. Der Teig schrumpft beim späteren Backen nicht so stark.
- **Schneller Teig** Wenn es schnell gehen soll: 100 g Mehl und eine Prise Salz in eine Schüssel sieben, $2\frac{1}{2}$ EL Öl, 1 EL Eiswasser und einen Spritzer Zitronensaft zugeben. Dann alle Zutaten mit einer Gabel zu einem Teig kneten.

Reste verwerten

Gerichte mit Teig belegen
Frieren Sie Teigreste im Gefrierbeutel ein. Den gefrorenen Teig können Sie grob über ein Fruchtkompott reiben. Backen Sie das Gericht, bis der Teig eine goldbraune Farbe annimmt.

Gesundheitstipp

Ballaststoffe zugeben
Bestreuen Sie die Arbeitsfläche, auf der Sie den Teig ausrollen, nicht mit Mehl, sondern mit zerdrückten Haferflocken. Rollen Sie den Teig wie gewohnt aus. Die groben Flocken verleihen dem Teig zusätzlichen Nährwert.

So geht es schneller

- **Mit Wasser** Bevor Sie Brandteig oder Blätterteig backen, bespritzen Sie das Backblech mit etwas Wasser, anstatt es einzufetten. Das Wasser verdunstet in der Hitze im Ofen und der Dampf lässt den Teig besser aufgehen.

Luftiger Teig

- **Auf einem Backblech** Stellen Sie die Backform auf ein Backblech, das Sie im Backofen gleich mit vorgeheizt haben. Die Hitze des Bleches unterstützt das Backen des Bodens.
- **Metallformen verwenden** Backen Sie Kuchenböden oder Törtchen immer in Formen aus Metall, das die Hitze schneller in den Teig leitet.
- **Mit Eiweiß einstreichen** Boden einer Flanform vor dem Füllen mit Eiweiß einstreichen, damit die Füllung nicht austreten kann.

Gefrorener Teig

- **Vorbereiten** Brandteiggebäck backfertig vorbereiten und einfrieren. Nach Bedarf auftauen und backen.
- **Auftauen** Gefrorenen Teig im Mikrowellenherd mit Auftaustufe auftauen. 200 g Teig brauchen $2\frac{1}{2}$–3 Minuten.

Probleme vermeiden

- **Aufgehen** Die Oberfläche von Blätterteig mit Milch oder Ei bestreichen, nicht aber die geschnittenen oder bogenförmigen Kanten. Der Teig geht dann gleichmäßiger auf.
- **Abdichten** Wenn Sie eine Füllung aus geschlagenen Eiern in einen fertigen Teig geben, diesen erst im Ofen erhitzen, damit die Füllung gart, sobald sie in den Teig läuft.
- **Schöne braune Kruste** Teigdecke im Ofen aufgehen und braun werden lassen. Dann die Hitze im Ofen reduzieren und Kuchen fertig backen.

Süßer Mürbeteig

- **Zucker und Ei zugeben** Für einen Obstkuchenteig geben Sie pro 100 g Mehl ein Eigelb und 50 g Zucker zu. Süßen Mürbeteig bei einer niedrigeren Temperatur als anderen Mürbeteig backen (190° C oder im Gasherd auf Stufe 3).

Weitere Zutaten
Mürbeteig und Brandteig lassen sich mit fein gehackten Walnüssen oder Mandeln verfeinern. Nüsse direkt ins Mehl geben. Sie können auch Gewürze oder fein gehackte Kräuter zugeben.

Dekorationen aus Teig

Es gibt viele Möglichkeiten, um mit Teig Gerichte zu verzieren. Mürbeteig ist am vielseitigsten, da er beim Backen seine Form behält. Formen Sie aus übrig gebliebenem Teig dekorative Gebäckstücke, die Sie einfrieren und später verwenden können.

Gittermuster

- **Teigreste** Ausgerollte Teigreste in lange, schmale Streifen schneiden und damit ein zartes Muster auf Obstkuchen legen.

Schlitzmuster
Schneiden Sie in eine Teigplatte zum Abdecken eines Kuchens parallele Schlitze. Die Platte etwas in die Länge ziehen, damit sich die Schlitze öffnen und ein Muster entsteht.

Kanten dekorieren

- **Formen schneiden** Teigreste ausrollen und kleine Blätter, Herzen oder Blumen ausschneiden. Dann entlang der Kanten Muster legen.
- **Zöpfe flechten** Flechten Sie aus langen, dünnen Teigrollen einen Zopf. Um den Kuchen legen und andrücken.
- **Mit einer Gabel** Damit die Teigplatten an der Kante besser zusammenhalten, drücken Sie sie mit bemehlten Gabelzinken zusammen.
- **Kanten zusammendrücken** Drücken Sie die Teigplatten an der Kante mit Daumen und Zeigefinger zusammen und biegen Sie den Teig etwas nach oben.

GUTE IDEE!

Kreativ sein
Schneiden Sie aus Teigresten ein Symbol, das den Inhalt des Kuchens anzeigt (z. B. einen Apfel für Apfelkuchen). Sie können auch Buchstaben ausschneiden – Teigreste mit geschlagenem Ei bestreichen, damit sie besser halten.

Phylloteig

Aus Phylloteig kann man sehr zartes Gebäck zubereiten. Phylloteig ist eine blätterteigähnliche Spezialität, die in griechischen oder türkischen Läden und in gut sortierten Supermärkten erhältlich ist. Er muss zügig verarbeitet werden, weil er schnell austrocknet.

Phylloteig verwenden

- **Mit Öl einstreichen** Für herzhafte Füllungen den Phylloteig mit Nuss- oder Olivenöl bestreichen, für süße Füllungen eignen sich Butter oder geschmacksneutrale Öle.
- **Mit Ei einstreichen** Alternativ bestreichen Sie den Teig mit Ei. Das ist fettärmer und ergibt eine knusprige Variante.
- **Im Mikrowellenherd** Gefüllte Teigpäckchen im Bräuneinsatz des Mikrowellenherds auf höchster Stufe knusprig garen. Nach der halben Garzeit umdrehen.
- **Frühlingsrollen** Teig mit Eiweiß bestreichen, damit die Füllung nicht herausläuft, und Frühlingsrollen in heißem Öl 2–3 Minuten frittieren.

Teigreste lagern

- **Aufbewahren** Teigreste in Klarsichtfolie wickeln, kühlen und innerhalb von 3–4 Tagen aufbrauchen.

Austrocknen verhindern
Arbeiten Sie immer nur mit einer Teigplatte und decken Sie die anderen Platten mit einem feuchten Handtuch ab. Bei längerer Verarbeitungszeit mit Klarsichtfolie abdecken.

Teigreste verarbeiten

- **Beschädigte Platten** Legen Sie beschädigte oder ausgetrocknete Teigplatten zwischen intakte.

Taschen formen
Kleinere Teigreste mit Öl bestreichen, ineinander legen und in die Mitte einen Löffel Obstkompott geben. Die Enden mit der Hand zusammenfassen und oben zudrücken, dann backen.

EINKOCHEN

Früher war das Einkochen in jeder Küche eine besonders wichtige Aufgabe, damit die Vorratsschränke und Keller das ganze Jahr über gut gefüllt blieben. Auch heutzutage kann sich das Einkochen immer noch lohnen und es bietet eine willkommene Abwechslung zu vielen Fertigprodukten.

Die Vorbereitung

Frische Produkte verwenden, heißt die goldene Regel beim Einkochen, um den Nährstoffgehalt der Lebensmittel optimal zu konservieren. Dafür sind nur wenige spezielle Geräte erforderlich, aber gute Vorbereitung ist wie meist der Garant für das Gelingen.

Die Ausrüstung

- **Topfmaterial** Verwenden Sie für säurehaltige Chutneys oder Pickles einen Topf aus rostfreiem Stahl, da Aluminium- oder Kupfertöpfe von der Säure angegriffen werden.
- **Topfgröße** Marmelade kocht man in einem großen Topf, damit sie sich ausdehnen kann. Nach der Zuckerzugabe sollte der Topf nicht mehr als zur Hälfte gefüllt sein.
- **Thermometer vorwärmen** Wärmen Sie ein Thermometer in heißem Wasser vor, damit es beim Messen des Kochguts nicht zerspringt.
- **Löffel einhaken** Befestigen Sie einen Holzlöffel mit einer Wäscheklammer am Topfrand, damit er nicht hineinrutscht.

Balkenwaage

Altbewährtes Wiegen
Bei dieser Waage muss man das Gewicht des Gefäßes, in dem die Zutaten gewogen werden, beim Wiegen berücksichtigen: Das Gefäß zuerst leer wiegen, dann später vom Gesamtgewicht abziehen oder zur gewünschten Menge dazuaddieren.

Zuwiegewaage

Einfaches Wiegen
Mit diesem Modell einer Waage erspart man sich die Arbeit, die Zutaten jeweils einzeln und getrennt zu wiegen. Die bereits mit einer Zutat beladene Waage kann man einfach wieder auf null stellen und dann die nächste Zutat hinzugeben.

Gläser vorbereiten

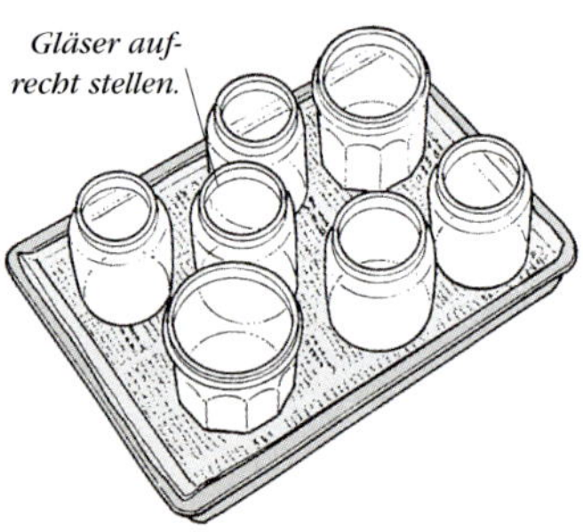

Zerspringen vermeiden
Gläser springen beim Einfüllen heißer Marmelade nicht, wenn man sie vor dem Abfüllen mit heißem Wasser ausspült und auf einem Backblech 10 Minuten in den warmen Ofen stellt.

Deckel sterilisieren

Heißes Wasser
Legen Sie die Metalldeckel der Einmachgläser zum Sterilisieren 6 Minuten in heißes Wasser. Mit einer Zange herausnehmen und auf saugfähigem Küchenpapier trocknen lassen.

Andere Möglichkeiten

- **Mikrowellenherd verwenden** Wenn Sie im Mikrowellenherd einkochen wollen, sollten Sie immer nur kleine Mengen verarbeiten. Das Volumen der Schüssel sollte dreimal so groß sein wie die geplante Menge, damit sich das Eingemachte ausdehnen kann.
- **Im Dampfkochtopf** Wenn Sie im Dampfkochtopf einkochen, verringern Sie die im Rezept vorgeschriebene Garzeit für Marmeladen und Gelees. Sie brauchen außerdem im Dampfkochtopf nur etwa die Hälfte der Flüssigkeit, die im Rezept angegeben ist.

Marmeladen und Gelees

Gute Marmeladen und Gelees sind fest und klar, haben eine kräftige Farbe und einen fruchtigen Geschmack. Mischen Sie reifes mit unreifem Obst, denn unreife Früchte haben den höchsten Pektingehalt, der das Gelieren unterstützt und gesund ist.

Gelee herstellen

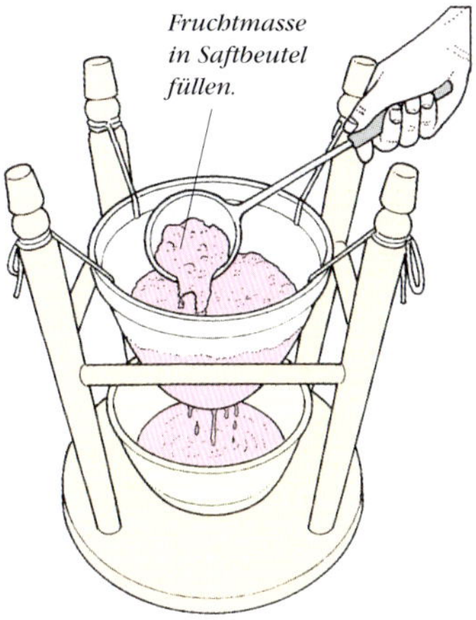

Hocker zweckentfremden
Hocker umdrehen, Saftbeutel an den vier Beinen festbinden und eine große Schüssel darunter stellen. Fruchtmasse in den aufgehängten Saftbeutel füllen und das Gelee abtropfen lassen.

Probleme vermeiden

- **Schimmel** Früchte zum Einkochen nur bei trockenem Wetter pflücken, da Feuchtigkeit auf den Früchten Schimmel verursachen kann.
- **Zucker zugeben** Zucker erst zu weich gekochten Früchten geben, damit er die Fruchtschale nicht fest werden lässt. Zucker zuvor erwärmen, damit er sich besser löst und die Marmelade schön klar wird.
- **Schaum abnehmen** Ständig Schaum von Marmeladen und Gelees abnehmen, damit diese klar werden. Letzte Schaumreste mit Papiertuch entfernen.
- **Früchte verteilen** Marmeladen oder Gelees mit Frucht- und Schalenstücken vor dem Abfüllen etwas abkühlen lassen. So steigen die Stückchen nicht an die Oberfläche.

Früchte auswählen

Einige Obstsorten gelieren schneller als andere:

- **Gut:** Stachelbeeren, Johannisbeeren, Äpfel.
- **Durchschnittlich:** Himbeeren, Pflaumen, Reineclauden, Aprikosen.
- **Schlecht:** Birnen, Erdbeeren, Kirschen, Brombeeren, Rhabarber.
- **Gute Kombinationen:** Äpfel und Brombeeren, rote Johannisbeeren und Erdbeeren.

Früchte einlegen

Sorgfältiges Sterilisieren der Gläser ist für das Einmachen unabdingbar. In modernen Vakuumgläsern mit Klick- oder Schraubverschlüssen hält sich Eingelegtes sehr lang. In dekorativen Gläsern eingelegte Früchte stellen ein gelungenes Geschenk dar.

Früchte anordnen

Dekorative Scheiben
Legen Sie Gläser dekorativ mit Orangen-, Sternfrucht- oder Kiwischeiben aus, bevor Sie Früchte einfüllen. Früchte dicht ins Glas „packen", da sie sonst aufsteigen, wenn sie erhitzt werden.

Aufplatzen verhindern

Einstechen ist wichtig
Damit ganze Früchte wie Kirschen und Zwetschgen nicht aufplatzen, sollte man sie vor dem Einlegen anstechen. So nehmen die Früchte auch den Sirup wesentlich besser auf.

Umgang mit Deckeln

- **Dichtung prüfen** Schließen Sie das Einmachglas vor dem Füllen und heben Sie es am Deckel an. Bleibt der Deckel zu, ist die Dichtung gut.
- **Ring lockern** Wenn die Früchte vollständig abgekühlt sind und das Glas gut verschlossen ist, lockern Sie vorsichtig den Ring um den Schraubverschluss, damit er nicht festklebt.
- **Deckel lockern** Stellen Sie ein Glas, dessen Verschluss sich nicht öffnen lässt, kurz in heißes Wasser und hebeln Sie den Deckel vorsichtig mit einem Messer auf.

Chutneys und Pickles

Traditionell werden Früchte in Essig und Zucker eingelegt, um ihr Aroma über lange Zeit zu erhalten. Gutes Chutney zeichnet sich durch weiche Konsistenz und saftigen Geschmack aus. Man erreicht dies durch langes, langsames Garen und Nachreifen im Glas.

Gewürze verwenden

● **Ganze Gewürze** Verdoppeln Sie die im Rezept angegebene Menge, wenn Sie gemahlene Gewürze durch ganze ersetzen möchten.

Gewürze zerkleinern
Nelken, Zimt oder andere Gewürze nur leicht zerdrücken, um die Aromen freizusetzen. Wickeln Sie sie in Leinentuch oder in ein Küchennetz ein und geben Sie das Päckchen ins Chutney.

Haltbare Zitronen

Zitronenviertel salzen
Sechs Zitronen bis zum Ansatz vierteln, aber nicht ganz auseinander schneiden. Stein- oder Meersalz auf die Schnittflächen geben und in ein Einmachglas legen. Den Saft einer Zitrone und 1 EL Salz zugeben, mit kochendem Wasser aufgießen und verschließen. 2–3 Wochen ziehen lassen. Sie passen zu Schmorgerichten, Suppen oder Salaten.

Salz verwenden

● **Die richtige Salzsorte** Verwenden Sie Stein- oder Meersalz, da gewöhnliches Speisesalz Zusätze enthält, die das Aroma verändern können.

So bleibt Gemüse knackig
Verwenden Sie grobes Salz statt Salzlake vor dem Einlegen: Das Gemüse mit dem Salz bestreuen und über Nacht stehen lassen, um die Säfte herauszuziehen. Abspülen und trockentupfen.

Chutneys kochen

● **Flüssigkeit reduzieren** Chutneys im offenen Topf garen, sodass die überschüssige Flüssigkeit verdunsten kann und die Konsistenz stimmt.

Vor dem Abfüllen testen
Ein Chutney ist gar, wenn Sie einen Löffel über den Boden des Topfes ziehen können, ohne dass Flüssigkeit in die Spur nachläuft. Das Chutney muss sich mit dem Löffel einfach teilen lassen.

Bewährtes Wissen

Salzlake testen
Wenn Sie überprüfen möchten, ob die Lake den richtigen Salzgehalt hat, um Lebensmittel darin einzulegen, geben Sie ein frisches Ei hinein. Wenn das Ei schwimmt, ist der Salzgehalt richtig. Sie müssen etwa 50 g Salz pro 600 ml Wasser rechnen.

Rezepte anpassen

● **Farbe betonen** Brauner Zucker gibt Chutneys mit kurzer Garzeit eine schöne Farbe. Weißer Zucker färbt nur Chutneys, die lange kochen.

● **Farbe aufhellen** Damit Chutneys, Pickles und Relishes eine helle Farbe und ein mildes Aroma bekommen, verwenden Sie weißen Essig. Zucker erst hinzugeben, wenn die Zutaten eingekocht sind.

● **Weniger Zucker** Durch den Einsatz von Trockenfrüchten wie Datteln, Rosinen oder Sultaninen können Sie die Zuckermenge reduzieren.

● **Saftige Zwiebeln** Zwiebeln vor dem Einlegen ein paar Minuten in Wasser kochen, damit sie weich bleiben. Der Essig macht die Zwiebeln sonst leicht hart.

Lebensmittel trocknen

Durch die Beobachtung, wie Sonne und Wind auf Fisch, Früchte und Gemüse wirken, haben Menschen schon früh gelernt, Lebensmittel durch Trocknen auf natürliche Weise zu konservieren. In der modernen Küche lässt sich dieser Prozess leicht nachahmen.

Kräuter trocknen

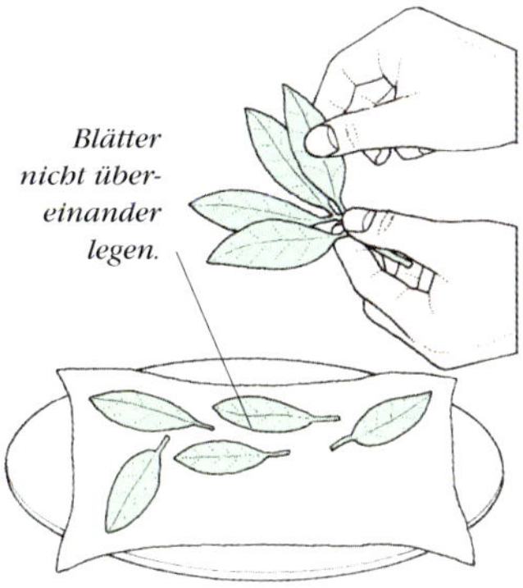

Im Mikrowellenherd
Frische Kräuter auf Küchenpapier legen und mit einem Glas Wasser in die Mikrowelle stellen. Auf höchster Stufe einige Minuten trocknen. Evtl. wiederholen, bis die Blätter getrocknet sind.

Verschiedene Methoden

● **In Sträußen aufhängen** Frische Sommerkräuter wie Petersilie, Rosmarin, Salbei und Thymian zu gemischten Sträußchen binden, in Leinentuch wickeln und an geeigneter Stelle aufhängen.

● **Schoten auffädeln** Ziehen Sie zum Aufhängen einen festen Baumwollfaden durch frische Pfefferschoten.

● **Im Backofen** Stiele von Champignons vor dem Trocknen entfernen, da sie leicht hart werden. Champignons auf Holzspieße stecken, auf das Ofengitter legen und bei geringer Hitze trocknen. Lagern Sie die Champignons dann an einem trockenen Ort.

Tipps & Tricks

● **Braunwerden verhindern** Legen Sie Äpfel vor dem Trocknen einige Minuten in Salzwasser. 1 TL Salz auf 500 ml Wasser geben.

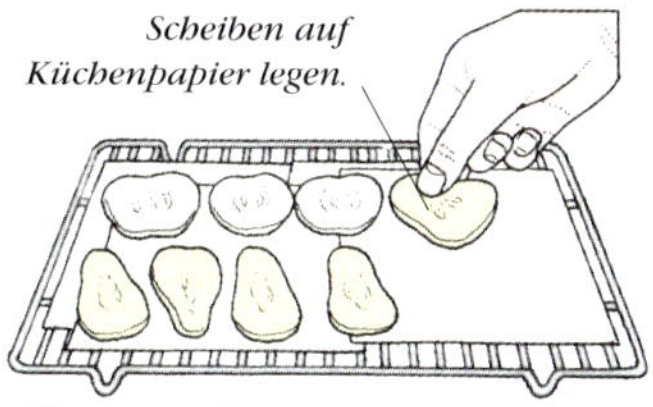

Gitter polstern
Küchenpapier oder Leinentuch zwischen Obst und Trockengitter verhindern, dass das Gitter Spuren auf den Obstscheiben hinterlässt, die Sie zum Dekorieren verwenden möchten.

Lebensmittel pökeln und räuchern

Unter Pökeln versteht man das Konservieren von Lebensmitteln mit Salz, was früher sehr wichtig war. Heute dient das Pökeln mehr der Geschmacksverbesserung, beispielsweise wenn Fleisch geräuchert wird. Viele Fischsorten werden nur durch Räuchern konserviert.

Lebensmittel vorbereiten

● **Käse** Harte Kruste und Wachsreste von Hartkäsesorten wie Pecorino oder Emmentaler vor dem Räuchern entfernen. Käse in Würfel mit einer Kantenlänge von 2,5 cm schneiden und dann räuchern.

● **Nüsse** Ganze Nüsse blanchieren und zum Räuchern auf einem feinen Gitter ausbreiten.

● **Geflügel** Bei ganzem Geflügel Brustpartie mit durchwachsenem Speck oder Schweinefett bedecken, um starkes Austrocknen zu verhindern.

● **Fleisch und Fisch** Legen Sie Fleisch oder Fisch in eine Marinade, in der es nach einigen Stunden einen salzigen Geschmack annimmt.

In Holzfeuerasche

● **Aufbewahren** Pökelfleisch in Leinentuch wickeln und als Schutz gegen Insekten in Holzfeuerasche wälzen.

Salz entfernen

● **Wässern** Länger gepökelte Lebensmittel in frisches Wasser legen, um überschüssiges Salz zu entfernen.

Feinen Lachs selbst zubereiten

1 Lachsfilet in eine große Schüssel legen, mit Öl einreiben, mit Salz und Zucker bedecken und schließlich gehackten Dill sowie zerdrückte Pfefferkörner darüber streuen.

2 Das zweite Filet mit der Haut nach oben darauf legen. Mit Klarsichtfolie bedecken, 12 Stunden kühlen und nach 6 Stunden wenden. In dünnen Scheiben servieren.

EINFRIEREN

Beim richtigen Einfrieren frischer Lebensmittel bleiben Vitamine, Farbe und Konsistenz erhalten. Das Einfrieren der Produkte muss dabei zügig vor sich gehen, damit die Zellstruktur nicht beschädigt wird. Alle Lebensmittel sollten vor dem Einfrieren luftdicht verpackt werden.

Vorbereitung

Die meisten Lebensmittel erfordern keine große Vorbereitung für das Einfrieren. Gemüse muss jedoch blanchiert werden, um Stoffe zu zerstören, die das Gemüse verderben könnten, und um Farbe, Geschmack, Konsistenz und Nährstoffe zu erhalten.

FLÜSSIGES

Karton zum Formen
Den Gefrierbeutel für die Flüssigkeit in einen Karton hängen und füllen. Beides zusammen einfrieren, dann den Beutel aus dem Karton nehmen und versiegeln. Die eckige Form spart Platz.

SCHMORGERICHTE

Kasserolle zum Formen
Kasserolle mit Aluminiumfolie auslegen und das Gericht darin einfrieren. Dann aus dem Topf nehmen, zuwickeln und im Tiefkühlgerät lagern. Zum Auftauen wieder in die Kasserolle geben.

BLANCHIERDAUER

Die folgenden Zeitangaben gelten für Gemüse und Gemüsestücke durchschnittlicher Größe:

- Spargel: 2–4 Minuten
- Auberginen: 4 Minuten
- Rosenkohl: 3–4 Minuten
- Brokkoli: 3–5 Minuten
- Kohl (geschnitten), weiß oder rot: 1 1/2 Minuten
- Möhren: 3–5 Minuten
- Blumenkohl, Sellerie, Paprika: 3 Minuten
- Zucchini: 1 Minute
- Grüne Bohnen: 2–3 Minuten
- Zuckererbsen: 2–3 Minuten
- Zwiebeln, Pastinaken, Spinat: 2 Minuten
- Erbsen: 1–2 Minuten
- Mais: 4–8 Minuten
- Steckrüben: 2 1/2 Minuten

FRISCHE LEBENSMITTEL

- **Schnell abkühlen** Geben Sie Gemüse nach dem Blanchieren sofort in Eiswasser. Gut abtrocknen, dann einfrieren.
- **Farbe erhalten** Geschnittenes Obst vor dem Einfrieren mit etwas Zitronensaft beträufeln, damit Farbe und Vitamingehalt erhalten bleiben.
- **Überschüssige Früchte** Überschüssiges Obst mit Zucker einkochen und als Kompott oder Püree gleich portionsweise einfrieren. So haben Sie immer einen Vorrat für Kuchenfüllungen oder Desserts im Haus.

ZWEISTUFIGES EINFRIEREN

Getrennt einfrieren
Legen Sie empfindliches Obst oder Gemüse säuberlich getrennt auf ein Backblech und frieren Sie die Produkte darauf ein. Anschließend in Gefrierbeutel oder -dosen packen.

TIPPS & TRICKS

- **Torten offen einfrieren** Schön dekorierte Torten offen einfrieren und erst verpacken, wenn sie völlig hart sind. So wird die empfindliche Dekoration nicht zerdrückt.
- **Austrocknen vermeiden** Ist ein Gefrierbehälter nicht ganz voll, zerknülltes Papier auf das Gericht legen, damit dieses nicht austrocknet.
- **Knoblauch weglassen** Gefrorener Knoblauch bekommt leicht einen muffigen Geschmack. Geben Sie erst nach dem Auftauen Knoblauch zum Gericht.

Einfrieren und Beschriften

Ein guter Überblick über den Inhalt Ihres Tiefkühlgeräts ist wichtig, damit Sie Lebensmittel vor dem Verfallsdatum aufbrauchen. Gefriergefäße können mehrfach verwendet werden, allerdings sollten Lebensmittel nur in vollkommen saubere Behälter gefüllt werden.

Lebensmittel verpacken

- **Fleisch umpacken** Fleisch nicht in der Verkaufsverpackung einfrieren und Produktbezeichnung sowie Verfallsdatum auf neuer Verpackung notieren.
- **Deckel verwenden** Plastikdeckel von Kaffeedosen zwischen einzelne Frikadellen legen, damit sie beim Einfrieren nicht aneinander kleben.
- **Plastikbehälter** Sammeln Sie Plastikbehälter mit einfachen Deckeln zum Einfrieren von Lebensmitteln. Einige Kunststoffe werden bei niedrigen Temperaturen spröde, legen Sie sie daher vorsichtshalber mit Aluminiumfolie aus.

Gekochtes Obst lagern

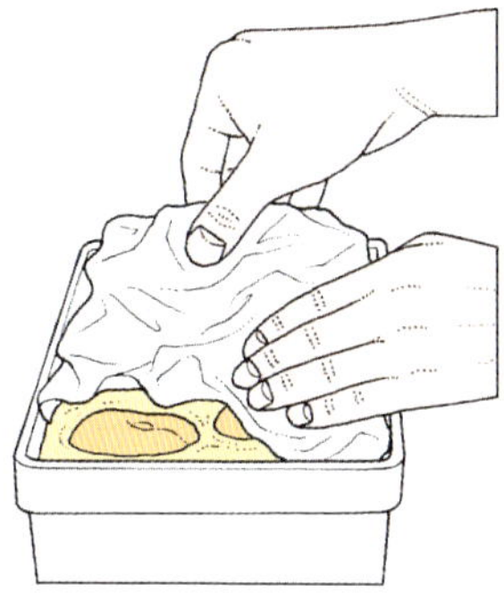

Zerknülltes Papier
Um zu verhindern, dass sich gefrorene Flüssigkeit über den Gefäßrand ausdehnt, drücken Sie ein Blatt zerknülltes, antihaftbeschichtetes Papier fest auf die Lebensmittel.

Gefrierdosen beschriften

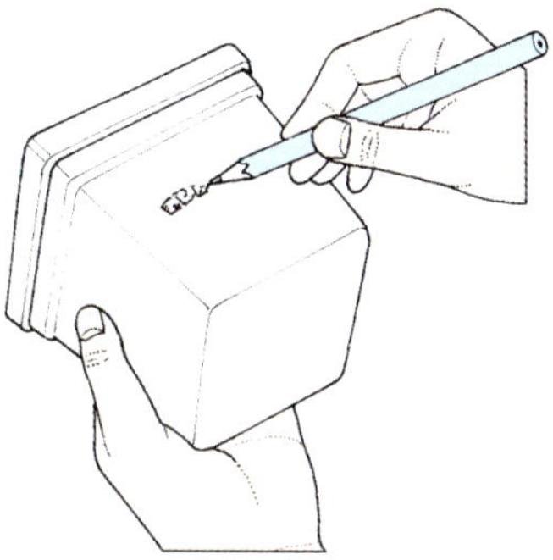

Behälter kennzeichnen
Kunststoffbehälter können Sie mit einem farbigen Wachsstift oder wasserbeständigen Stiften beschriften. Auf diese Weise wird die Beschriftung nicht so leicht abgewischt oder unleserlich.

Nützliche Vorräte im Gefriergerät

Nutzen Sie Ihren Tiefkühlschrank als idealen Vorratsbehälter für alle Gelegenheiten. Frieren Sie Tortendekorationen oder Buffetgarnierungen für die Dinnerparty ein. An Tagen, an denen Sie wenig Zeit haben, können Sie die Reste eines Menüs schnell auftauen und servieren.

Zeit sparen

- **Mahlzeiten einfrieren** Fertiges Gericht auf Teller legen, mit viel Sauce oder Bratensaft begießen, mit Klarsichtfolie verschließen und einfrieren.
- **Butterbällchen** Butterbällchen kurz in Eiswasser legen, abtropfen lassen und zum Einfrieren in Gefrierdosen füllen. Bei Zimmertemperatur tauen sie in 1 Stunde auf.
- **Zitronenscheiben** Zitronen- oder Limonenscheiben in Gefrierbeuteln einfrieren und Drinks mit den gefrorenen Scheiben garnieren.
- **Eis formen** Legen Sie vor einer Party Eis- oder Sorbetbällchen auf ein mit Papier ausgelegtes Tablett und frieren Sie das Tablett mit dem servierfertigen Eis ein.

Schokolade einfrieren

- **Mit Papier abdecken** Wenn Sie feine Schokoladenformen in mehreren Schichten übereinander einfrieren, legen Sie am besten Küchenpapier zwischen die Lagen.

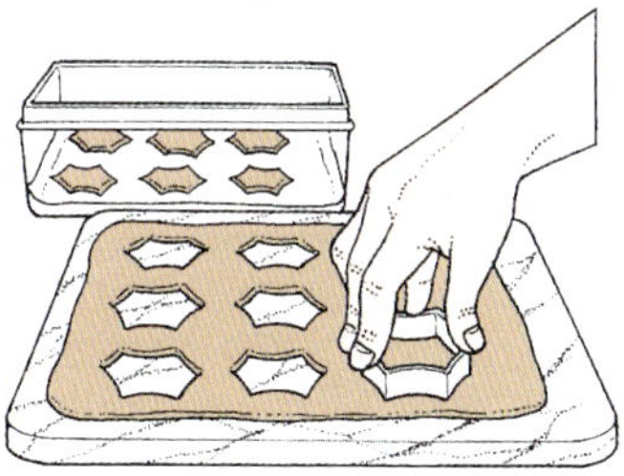

Mit einem Ausstecher
Geschmolzene Schokolade auf eine kalte Oberfläche gießen, abkühlen lassen, dann Formen ausstechen. In Gefrierdose schichten und als Dekorationen für Torten und Desserts verwenden.

Ständig im Vorrat

- **Eingefrorene Milch** Ein Milchkarton braucht im Kühlschrank 2 Tage zum Auftauen, bei Zimmertemperatur 6 Stunden.
- **Reste** Essensreste portionsweise einfrieren, damit jeweils die benötigte Menge entnommen werden kann.
- **Tomaten** Ganze Tomaten in Gefrierbeuteln einfrieren und dann direkt in Schmorgerichte oder Suppen geben.
- **Teig** Teigreste ausrollen, in dekorative Formen schneiden und einfrieren. Zum Dekorieren von Kuchen verwenden.
- **Sauceneiswürfel** Sauce oder Bratensaft zur Vorratshaltung in Eiswürfelbehältern einfrieren – so lässt sich einfach die benötigte Menge auftauen.

GETRÄNKE

Selbst gemachte Getränke bieten den großen Vorteil, dass man ihnen genau den Geschmack geben kann, den man möchte. Die Möglichkeiten sind nahezu unbegrenzt – von alkoholfreien, süßen Fruchtdrinks bis zu stark gewürztem Punsch für Winterpartys.

Drinks mit Obst und Gemüse

Der hohe Nährstoffgehalt und frische Geschmack von Obst- und Gemüsesäften ist fast unschlagbar. Manchmal lohnt sich die Anschaffung eines Entsafters, meist genügt aber ein kleiner Vorrat an fertigen Säften, um jederzeit einen erfrischenden Drink mixen zu können.

Aromen unterstreichen

Duftwasser zum Saft geben.

Duftwasser
Einfache Fruchtsäfte erhalten durch einige Tropfen Orangenblüten- oder Rosenwasser einen interessanten Geschmack – vor dem Servieren gut durchrühren.

Getränkequirl basteln

Frühlingszwiebeln passen zu Tomatensaft.

Frühlingszwiebel
Frühlingszwiebeln eignen sich als essbare Getränkequirle. Wurzel und lange grüne Blätter abschneiden. Kurz vor dem Servieren in den Drink geben.

Getränke kühlen

Gefrorene Trauben hineingeben.

Gefrorene Früchte
Drinks statt mit Eiswürfeln mit eingefrorenen Früchten wie Trauben oder Zitronenscheiben kühlen. Die Früchte kurz vor dem Servieren zugeben.

Frisch gepresste Säfte

- **Äpfel auspressen** Apfelsaft erhält einen attraktiven rötlichen Schimmer und zusätzlichen Geschmack, wenn Sie eine Hand voll roter Früchte wie Erdbeeren oder Himbeeren beim Entsaften zugeben.
- **Fruchtfleisch verwerten** Geben Sie die ballaststoffreichen Reste von Möhren oder Sellerie, die beim Auspressen zurückbleiben, an Suppen oder Brotteig oder verfeinern Sie Früchtekuchen mit Apfel- und Pfirsichresten.
- **Farbe erhalten** Zitronensaft verhindert, dass frisch gepresster Apfel- oder Birnensaft braun wird.

Grosse Vielfalt

- **Mit Knoblauch** Reiben Sie ein Glas oder einen Krug mit einer Knoblauchzehe ein, bevor Sie Gemüsesaft hineingeben. Das ergibt einen interessanten Geschmack.
- **Kräuter hacken** Geben Sie frisch gehackte Kräuter zu einfachen Gemüsesäften. Versuchen Sie Basilikum, Petersilie oder Liebstöckel in Tomatensaft und geben Sie Estragon oder Koriander zu Möhrensaft.
- **Spritzige Fruchtdrinks** Geben Sie gewürfelte Obststücke in gepresste Säfte, füllen Sie schmale Gläser zur Hälfte mit dem Saft und gießen Sie es dann mit Mineralwasser auf.

GESUNDHEITSTIPP

Der etwas andere Shake
Geben Sie eine Hand voll blanchierte Mandeln oder Cashewkerne mit einigen Erdbeeren oder einer Banane in einen Mixer und pürieren Sie sie dann mit etwas Wasser.

Gewürzte Getränke

Glühwein und scharf gewürzte Getränke können Sie als festlichen Partypunsch oder als entspannenden Gutenachttrunk servieren. Ingwer, Zimt und Nelken geben ein köstliches Aroma und die Gewürze passen zu alkoholfreien wie auch zu alkoholischen Getränken.

Aromen variieren

- **Mit Sternanis** Zerkleinerter Sternanis verleiht Glühwein ein winterliches Aroma.
- **Würziger Kaffee** Cognac mit einer Zimtstange, vier Gewürznelken, etwas Zucker und Zitrusschale erhitzen, anzünden und zum Kaffee geben.
- **Würziger Orangensaft** Zwei Orangen auspressen, 3 TL Zucker untermischen, mit einer Zimtstange und drei Nelken kurz aufkochen, 10 Minuten ziehen lassen und dann warm servieren.
- **Kräuter-Joghurt-Drink** Zwei Teile Naturjoghurt mit einem Teil Mineralwasser mischen, Kerbelblätter fein hacken und unterrühren.

Mit Obst anreichern

Nelken verwenden
Drücken Sie mehrere Nelken in weichere Äpfel und geben Sie die Äpfel in den Punsch, bevor Sie das Getränk erhitzen und servieren. Dieser Punsch eignet sich hervorragend für kalte Tage.

Heisse Schokolade

Schokolade mit Zimtstange umrühren.

Mit einer Zimtstange
Heiße Schokolade oder heißer Kakao erhält ein mildes Aroma, wenn Sie das Getränk mit einer Zimtstange umrühren oder eine Prise Zimt vor dem Aufwärmen hineingeben.

Tee aus aller Welt

Tee ist ein Getränk mit langer Tradition. Je nach Zutaten kann der Tee als beruhigendes Heilmittel oder als erfrischender Wachmacher serviert werden. Die meisten Tees kommen heiß auf den Tisch, doch Eistee bietet an schwülen Sommertagen eine willkommene Abkühlung.

Mit Kräutern

- **Minze hinzugeben** Zerdrücken Sie einige Minzzweige mit einem Holzlöffel in einer großen Schüssel. Eistee darüber gießen und servieren.
- **Gegen Kopfschmerzen** Rosmarintee lindert oft Kopfschmerzen. Kochendes Wasser über einige Rosmarinzweige gießen, 4–5 Minuten ziehen lassen.
- **Teemischung** Wenn Sie pure Kräutertees nicht mögen, schwarzen Tee über die Kräuter gießen. Kurz ziehen lassen und nach Geschmack süßen.
- **Grüner Tee** Minzzweige in frisch aufgebrühten chinesischen Gunpowder-Tee geben – das ist dann ein grüner Tee in marokkanischer Variante.

Aroma unterstreichen

Kräuter in die Teekanne geben.

Schwarzen Tee anreichern
Schwarzer Tee erhält durch Zugabe einiger getrockneter Kräuter wie beispielsweise Kamille ein interessantes Aroma. Servieren Sie den Tee schwarz oder mit Zitrone und Zucker.

Mit Früchten und Blüten

- **Schale** Etwas Zitronenschale verleiht indischem Tee ein dezentes Fruchtaroma.
- **Blütentee** Getrocknete Rosen- oder Jasminblütenblätter zu Teeblättern geben, damit sich die zarten Düfte mit dem Teearoma vermischen.
- **Exotischer Geschmack** Durch frischen Mangosaft erhält Tee ein exotisches Aroma.
- **Teepunsch zubereiten** Servieren Sie Eistee mit gekühltem Fruchtsaft als erfrischenden Durstlöscher im Sommer. Ananas- oder Apfelsaft passt gut zu schwarzem Tee.
- **Vanillearoma** Geben Sie eine Vanilleschote in Ihre Teedose, um den Tee bei der Lagerung leicht zu aromatisieren.

Gäste empfangen und Feste feiern

Übersicht

Gäste einzuladen oder eine Party zu veranstalten kann großen Spaß machen, auch wenn es keine allgemein gültigen Erfolgsrezepte gibt. Für alle Gelegenheiten, ob formell oder zwanglos, ob im großen Rahmen oder im kleinen Kreis, gilt aber: Eine gute Organisation und eine durchdachte Planung tragen auf jeden Fall zum Gelingen bei. Stellen Sie ein passendes Menü zusammen, laden Sie eine harmonische Mischung von Gästen ein und schaffen Sie vor allem eine Atmosphäre, in der sich alle wohl fühlen können. Dann werden Sie am Ende zufriedene Gäste verabschieden und selbst das Fest rundum genießen.

Der Zeitplan

Besonders bei einer großen Gästezahl sollten Sie die Veranstaltung im Voraus gut planen, um Zeitnot und Stress kurz vor dem Fest zu vermeiden. Stellen Sie detaillierte Checklisten und Zeitpläne auf. Auf diese Weise lassen sich auch größere Ereignisse erfolgreich organisieren.

Im Voraus planen		
Countdown	**Weitere Planung**	**Tätigkeiten**
4–6 Wochen im Voraus	Örtlichkeit bestimmen; Menüfolge, Gästeliste und evtl. Thema festlegen.	Raum buchen; Ausstattung organisieren; Einladungen verschicken.
2–3 Wochen im Voraus	Einkaufsliste und Küchenplan erstellen; andere Aufgaben auflisten.	Blumen und Getränke bestellen; Gerichte zum Einfrieren vorbereiten.
1 Woche im Voraus	Endgültige Gästezahl feststellen; Sitzordnung festlegen.	Essen bestellen; Tisch- und Menükarten schreiben.
3 Tage im Voraus	Geschirr und Porzellan überprüfen, notwendiges Inventar überprüfen.	Gerichte zum Aufwärmen oder kalte Gerichte vorbereiten.
1 Tag zuvor	Küchenplan aktualisieren; prüfen, was noch zu tun ist.	Letzte Einkäufe; Salate und Gemüse vorbereiten; evtl. Tische decken.
Am Morgen der Party	Aufgaben auflisten, die von Helfern erledigt werden sollen.	Brot kaufen; Blumen und Tische arrangieren; Gerichte vorbereiten.
1 Stunde vor Partybeginn	Überprüfen, ob alles erledigt wurde; kurze Zeit entspannen.	Heiße Gerichte im Ofen backen; Häppchen zurechtstellen.

Menüs planen

Die Menüfolge richtet sich nach Ihrem Geschmack, der Saison, dem Anlass des Festes und Einschränkungen wie Zeit oder Geld. Denken Sie daran: Das Auge isst mit! Machen Sie Ihren Gästen Appetit mit nett angerichteten Speisen und bereiten Sie eher bewährte Gerichte zu.

Rezepte auswählen

- **Hauptgericht** Haben Sie weder Lieblingsvorspeise noch -dessert für ein Menü, dann suchen Sie erst das Hauptgericht aus und stimmen Vorspeise und Dessert darauf ab.
- **Einfache Gerichte** Eine einfache, kalte Vorspeise, die man vorbereiten kann, macht manches leichter.

Ausgewogenheit

- **Unterschiedliche Gänge** Zutaten, Farben, Konsistenz und Geschmack eines Menüs sollten ausgewogen sein.
- **Ausgleich** Gleichen Sie ein reichhaltiges oder scharfes Hauptgericht mit einer einfachen Vorspeise und einem leichten, erfrischenden Nachtisch aus.

Probleme vermeiden

- **Alternativen einplanen** Fehlt aus irgendeinem Grund eine bestimmte wichtige Zutat, sollten Sie schon eine Idee für ein anderes Gericht parat haben.
- **Diätpläne beachten** Erkundigen Sie sich rechtzeitig im Voraus, ob ein Gast bestimmte Lebensmittel nicht essen kann oder darf.

Mengen bestimmen

Je mehr Gäste Sie einladen, desto weniger Lebensmittel brauchen Sie pro Kopf einzuplanen. Wenn Sie z. B. 100 Personen einladen, rechnen Sie nur für etwa 85, denn jeder Gast hat einen anderen Appetit und Kinder oder ältere Gäste verzehren oft nur halbe Portionen.

Lebensmittelmengen schätzen

Buffetspeisen	10 Portionen	20 Portionen	40 Portionen
Suppen, heiß oder kalt	1,75 l	4 l	8 l
Kaltes Fleisch in Scheiben	900 g	1,8 kg	3,5 kg
Fleisch für Schmorgerichte u. a., ohne Knochen	1 kg	2,2 kg	4,3 kg
Braten mit Knochen, heiß oder kalt	1,8 kg	3 kg	6 kg
Geflügel mit Knochen (ofenfertig)	3,5 kg	7 kg	14 kg
Fisch, filetiert (gekocht)	1,2 kg	2,2 kg	4,3 kg
Reis oder Pasta (Rohgewicht)	500 g	700 g	1,2 kg
Gemüse (roh)	1,5 kg	3 kg	5,5 kg
Frisches Obst oder Obstsalat	1,5 kg	2,7 kg	5,3 kg
Eiscreme	1,5 l	2,5 l	5 l
Käse für die Käseplatte	450 g	900 g	1,5 kg
Brot zum Käse	500 g	750 g	1 kg

TISCHDEKORATION

An einem schön gedeckten Tisch schmeckt jedes Essen noch besser, gleichgültig ob bei einem zwanglosen Treffen unter Freunden oder einem Arbeitsessen mit Geschäftspartnern. Lassen Sie Ihre Phantasie spielen und suchen Sie in Büchern oder Zeitschriften nach guten Ideen.

Vorbereitung

Tischdecken dienen nicht nur der Dekoration, sondern schützen auch die Tischplatte vor Flecken. Weiße Tischtücher aus Leinen oder Baumwolle werden oft für formelle Veranstaltungen verwendet, sonst kann man je nach Anlass mit Farben und Material spielen.

Tischplatten schützen

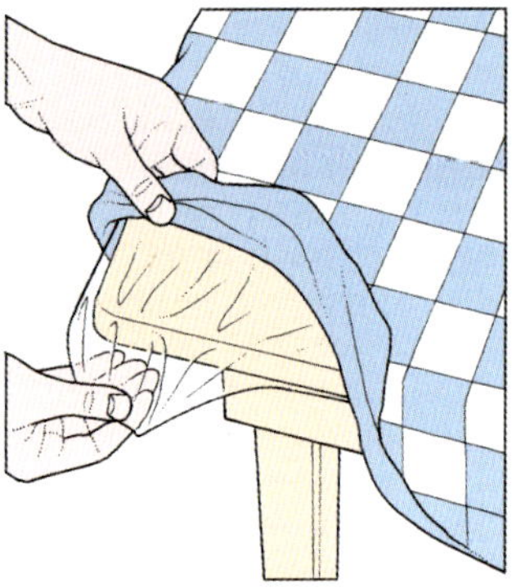

Mit Folie abdecken
Schützen Sie polierte Holztische mit Klarsichtfolie oder einer Moltondecke, bevor Sie die Tischdecke darüber legen. Sie können auch eine Plastiktischdecke unter das Tischtuch legen.

Saum beschweren

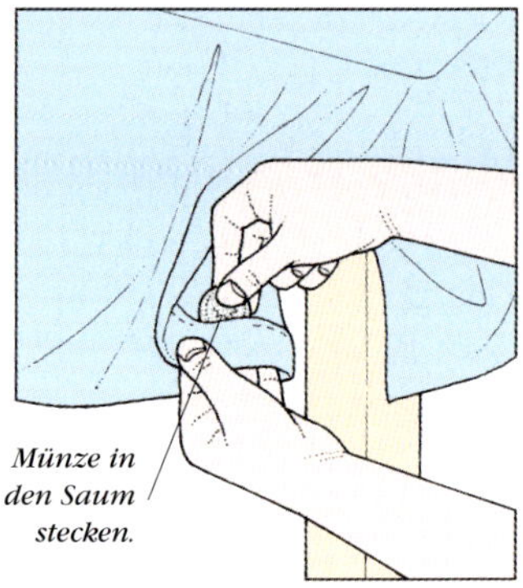

Münze in den Saum stecken.

Münzen als Gewichte
Nähen Sie mit ein paar Stichen die Kante des Tischtuchs um und stecken Sie Münzen oder Bleischnüre hinein. Sie können auch kleine Gewichte an die Tischdecke klammern.

Flattern vermeiden

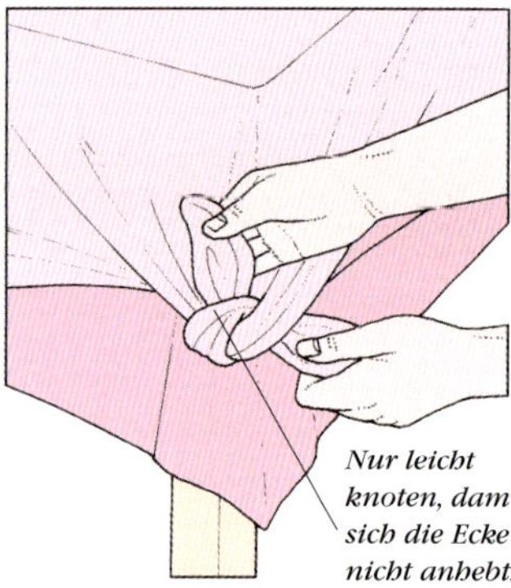

Nur leicht knoten, damit sich die Ecke nicht anhebt.

Knoten binden
Knoten an den Enden der Tischdecke helfen an windigen Tagen. Besonders dekorativ wirkt dies mit einem andersfarbigen Tischtuch darunter oder einem Trockenblumenstrauß im Knoten.

Alternativen

- **Ersatz** Falls Tischdecken fehlen, einfach weiße Leinentücher verwenden oder Tücher ausleihen.
- **Viele kleine Decken** Ein großes, schlichtes Tischtuch dient als Unterlage für mehrere dekorative, kleine Tischdecken.
- **Bettlaken** Ein dickeres Bettlaken schützt die Tischplatte ebenso vor Kratzern wie eine gekaufte Unterdecke.
- **Reste verwenden** Sie können in Kaufhäusern oder Stoffläden sehr preiswerte Stoffreste finden, die sich mit einfachen Nähkenntnissen zu Tischdecken verarbeiten lassen.

SCHLICHTE TISCHTÜCHER AUFWERTEN

Kräutersträußchen
Binden Sie frische Kräuter mit einem schönen Band zu Sträußchen zusammen und stecken Sie sie an den Tischecken oder in regelmäßigen Abständen an der Tischkante entlang fest.

- **Zeichen setzen** Mit Schablonen und Stofffarben können Sie beispielsweise eine Umrandung um jeden Sitzplatz malen.
- **Sprühfarbe** Sprühen Sie mit bunten Farben abstrakte Muster auf das Stoff- oder Papiertischtuch für den Kindergeburtstag.
- **Blütenblätter** Streuen Sie bei romantischen Anlässen Blütenblätter von Rosen oder anderen essbaren Blüten über die Tischdecke.
- **Tapetenbordüren** Dekorieren Sie die Kanten einer schlichten Tischdecke mit einer passenden Tapetenbordüre. Sie wird am besten mit einem doppelseitigen Klebeband festgeklebt.

Tisch decken

Beim Tischdecken gelten für jeden Anlass die gleichen Regeln. In erster Linie bestimmen die Gerichte, wie der Tisch gedeckt werden muss. Wenn allerdings wenig Platz ist, können Sie das benötigte Geschirr auch jeweils zusammen mit dem Gang des Menüs an den Tisch bringen.

Für ein Festessen decken

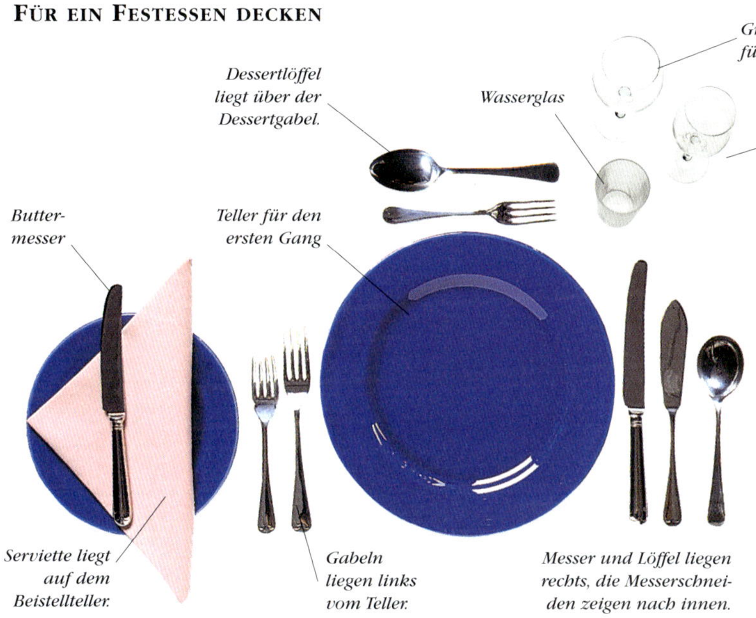

Gedeckanordnung
Geschirr und Besteck werden in der Reihenfolge gedeckt, in der sie benutzt werden, immer von außen nach innen. Dessertlöffel und Dessertgabel können Sie auch über das Gedeck legen. Gläser stehen oben rechts, wobei das Weinglas für den Hauptgang oberhalb des Messers für das Hauptgericht steht.

Gläser auswählen

Gläser werden mit der gleichen Sorgfalt ausgewählt wie die Getränke und das übrige Geschirr. Wenn Sie die Zahl der Gläser für eine größere Gesellschaft berechnen, kalkulieren Sie 10 % mehr, falls Gläser zerbrechen oder manche Gäste mehrere benutzen.

Weingläser wählen

Die richtige Form
Das Bouquet von Weiß- und Rotweinen entfaltet sich gut in Gläsern, die nach oben leicht enger werden. So können Ihre Gäste den Wein perfekt genießen.

Umgang mit Gläsern

- **Klebeetiketten** Etiketten mit Feuerzeugbenzin von neuen Gläsern abreiben.
- **Wasserflecken** Stumpfe Gläser in Boraxlösung einlegen. Mit viel klarem Wasser abspülen und trockenpolieren.
- **Kristallgläser** Waschen Sie Bleikristallgläser von Hand in warmem Wasser mit etwas Spülmittel ab. In klares Wasser tauchen und die noch warmen Gläser abtrocknen. In der Spülmaschine werden sie sehr leicht stumpf.
- **Champagner servieren** Servieren Sie Champagner in schmalen Flöten, damit die Bläschen und die Farbe besonders zur Geltung kommen.

Krüge auswählen

Früchtepunsch
Punsch mit Früchten oder eisgekühlte Getränke aus Krügen mit enger Gießtülle servieren, damit Fruchtscheiben und Eiswürfel nicht in die Gläser fallen.

Tafelgeschirr und Tafelbesteck

Auf einer schön gedeckten Tafel werden Ihre Gerichte den besten Eindruck hinterlassen. Bevorzugen Sie einfache, aber elegante Farben und Formen bei Geschirr, Besteck und Tischdecken, die die Wirkung der Speisen und Getränke noch unterstützen.

Geschirr gekonnt mischen

Farben mischen
Wenn Sie nicht genügend einheitliches Geschirr für eine große Gästezahl haben, stellen Sie aus dem vorhandenen Geschirr ein in Farben und Stil kontrastierendes Service zusammen.

Grosse Teller verwenden

Zutaten anordnen
Sie können eine Quiche oder Pizza sehr dekorativ auf einem großen Teller servieren: Legen Sie die Quiche in die Mitte und arrangieren Sie gemischten Salat oder attraktive Zutaten passend.

Wenn das Geschirr nicht reicht

- **Wegwerfteller** Gerichte auf dem Buffet können Sie auch auf großen Plastiktellern präsentieren. Damit es nicht auffällt, legen Sie große Salatblätter unter das Gericht.
- **Körbchen** Brot und Häppchen in kleinen mit Servietten ausgelegten Körbchen servieren. Hübsch sehen auch Korbtabletts aus, die mit großen Blättern ausgelegt sind.

Tafelschmuck herstellen

Auch bei weniger formellen Anlässen verfehlt ein farbenprächtiger Blumenschmuck in der Mitte der Tafel seine Wirkung nicht. Achten Sie darauf, dass sich alle Gäste über den Blumenschmuck hinweg noch sehen können. Beschweren Sie große Vasen mit Steinen oder Murmeln.

Früchte verwenden

Ausgehöhlte Melone
Ein Obstsalat im „Melonenkorb" dient als Nachtisch und Tafelschmuck: Melone köpfen, auskratzen und mit einem scharfen Messer ein Muster in die Schale schneiden. Mit Obstsalat füllen.

Blumig-fruchtige Dekoration

Mit Früchten
Arrangieren Sie einen sommerlichen Blumenstrauß in einer Glasvase zwischen frischem Obst. Die Früchte geben Nährstoffe an die Pflanzen ab und halten sie frisch.

Einzelne Gedecke dekorieren

Phantasievolle Dekorationen um die Gedecke herum sind ein herzlicher Willkommensgruß an die Gäste – und sie bieten gleich Gesprächsstoff. Verwenden Sie einfache und frische Produkte und nehmen Sie nur essbare Blüten, falls diese mit Lebensmitteln in Kontakt kommen.

Individuelle Dekorationen

Platzteller vor dem Anrichten mit Blumen dekorieren.

Mit Blumen
Legen Sie essbare Blüten oder frische Kräuter der Saison auf einem großen Platzteller um den Essteller herum. Sprühen Sie die Pflanzen vorsichtig mit Wasser ein, damit sie lang halten.

Kleine Aufmerksamkeit

Am Material nicht sparen.

Netze binden
Geben Sie Ihren Gästen zum Abschied eine kleine Aufmerksamkeit mit auf den Weg. Gezuckerte Mandeln oder Schokoladenstücke in kleine Netzbeutel füllen und oben zusammenbinden.

Teller und Platzdeckchen dekorieren

● **Mit Schablonen** Zeichnen Sie mit ungiftigen Farben Umrisse auf den Rand großer Platzteller oder sprühen Sie Blätter, Herzen und Sterne in Gold oder Silber auf.

● **Der Phantasie keine Grenzen** Für Feste mit Themen oder Kindergeburtstage kleine Papierherzen oder Comicfiguren ausschneiden und dann auf den Deckchen fixieren.

Atmosphäre schaffen

● **Teiggirlanden** Für romantische Anlässe kleine Herzen aus Mürbe- oder Biskuitteig ausstechen, Loch einstechen, backen, auf ein dekoratives Band fädeln und als Girlande um die Teller legen.

● **Stühle dekorieren** Für Hochzeiten kann man aus Floristendraht dekorative Bögen für die Rückenlehnen der Stühle basteln: Mit Blättergirlanden schmücken oder kleine Sträußchen daran befestigen, die zum Brautstrauß passen.

● **Lasst Blumen sprechen** Legen Sie über jedes Gedeck eine einzelne rote Rose. Diese Dekoration eignet sich besonders für Hochzeiten und runde Hochzeitstage.

● **Kerzen anzünden** Stecken Sie jeweils eine dünne Kerze in einen vom Kernhaus befreiten Apfel. Stellen Sie vor jedes Gedeck einen solchen Apfel, bevor die Gäste Platz nehmen.

Früchte und Gewürze

● **Gewürzsträußchen** Binden Sie Wintergewürze wie Zimtstangen und Ingwerwurzeln mit Lorbeerblättern zusammen. Schenken Sie jedem Gast eines dieser Sträußchen zum Andenken.

Mit Zahnstocher Löcher in die Schale stechen.

Zitrusfrüchte verzieren
Schöne Duftkugeln eignen sich als kleine Geschenke und als Tischdekoration. Gewürznelken in Zitrusfrüchte stecken und ein hübsches Band mit Schleife um die Früchte binden.

Finger-Food

● **Fruchtspießchen** Stecken Sie für sommerliche Partys abwechselnd einige Erdbeeren und Minzeblätter auf Holzspießchen. Legen Sie auf jeden Teller einen Spieß als Appetitanreger.

Kräuterzweige zwischen Knabberstangen stecken.

Kräuter verwenden
Bei rustikalen Festen binden Sie eine Serviette lose um zwei oder drei Knabberstangen. Stecken Sie fein duftenden, frischen Rosmarin oder einige Lorbeerblätter dazwischen.

Menükarten selbst gestalten

Menükarten findet man eigentlich eher bei formellen Essen und Festen – doch warum überraschen Sie Ihre Gäste nicht einmal bei einem anderen Anlass damit? Stimmen Sie Stil, Thema und Farben von Einladungskarten und Menükarten aufeinander ab.

Umschlag basteln

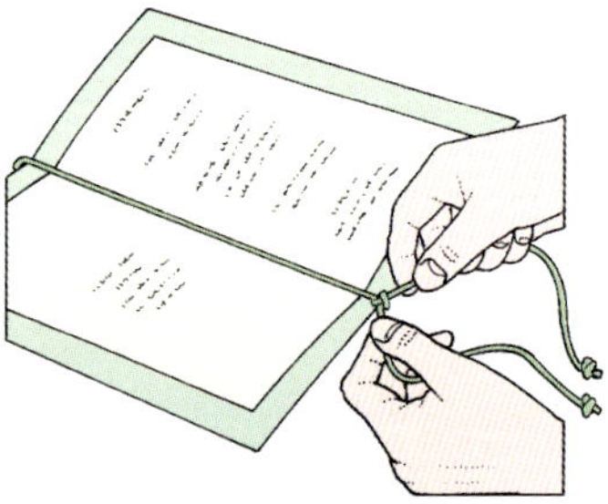

Eine Kordel verwenden
Menükarte und einen etwas größeren farbigen Karton gefaltet ineinander legen, beide mit einer dekorativen Kordel zusammenbinden, die Enden zu einer hübschen Schleife knoten.

Karten dekorieren

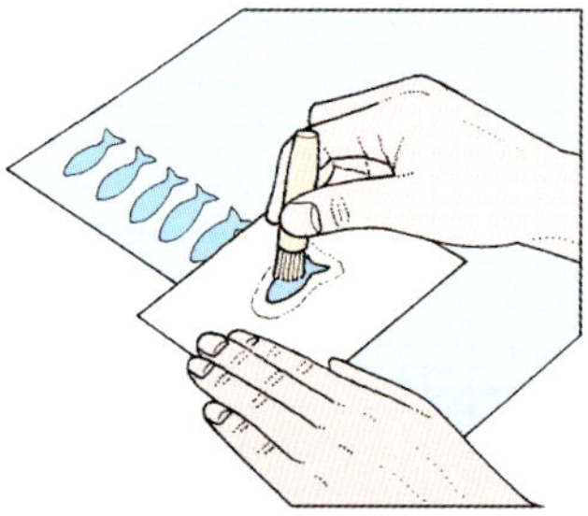

Mit einer Schablone
Gestalten Sie Menükarten mit Schablonen, die ein wichtiges Element des Menüs aufgreifen: Dazu die Schablonen aus fester Pappe zuschneiden und die Farbe mit einem Pinsel auftragen.

Alles was gefällt

- **Computer benutzen** Schon mit einfachen Programmen und wenig Aufwand kann man mit dem PC Menükarten am Bildschirm entwerfen und dann auf etwas hochwertigerem Papier ausdrucken.
- **Besondere Stifte** Benutzen Sie für die Beschriftung und Verzierung der Menükarten bei festlichen Gelegenheiten silberne oder goldene Stifte.
- **Auf die Teller schreiben** Notieren Sie die Menüfolge mit Filzstiften auf Pappteller. Für Kindergeburtstage können Sie die Mahlzeiten auch aufmalen.

Namenskarten entwerfen und basteln

Sitzordnung und Namenskarten leisten auch bei kleinen, informellen Anlässen durchaus wertvolle Dienste. Eine sorgfältig ausgearbeitete Sitzordnung vermeidet ein Durcheinander beim Hinsetzen und „mischt“ die Gäste, damit sich alle untereinander kennen lernen.

Namenskarten

- **Aus Früchten** Für festliche Anlässe die Namen mit Goldbuchstaben auf Äpfel, Birnen oder Zitronen notieren.
- **Teigfiguren** Backen Sie kleine Figuren aus Teig und stecken Sie an jede Figur einen Zettel mit dem Namen des Gastes.
- **Mit Kuchenguss** Aus Biskuitteig interessante Formen backen, abkühlen lassen und den Namen des Gastes und eine Verzierung mit farbigem Kuchenguss darauf spritzen.
- **Angemalte Eier** Schreiben Sie die Namen der Gäste auf Eier und verzieren Sie sie mit passenden Farben. In hübschen Eierbechern aufstellen.
- **Zeit sparen** Festliche Karten lassen sich schnell und einfach aus kleinen Geschenkanhängern basteln.

Themenpartys

- **Masken** Wenn Sie eine Kostümparty unter einem bestimmten Motto veranstalten, gestalten Sie einfache Partymasken passend zum Thema. Schreiben Sie die Namen der Gäste auf die Maske.

Figuren modellieren

- **Mehl-Wasser-Teig** Aus dem Teig kleine Figuren formen und im Backofen bei niedriger Temperatur 2 Stunden trocknen lassen. Gästenamen einritzen, die Figuren mit Acrylfarbe verzieren und lackieren.

Karten zum Aufstellen basteln

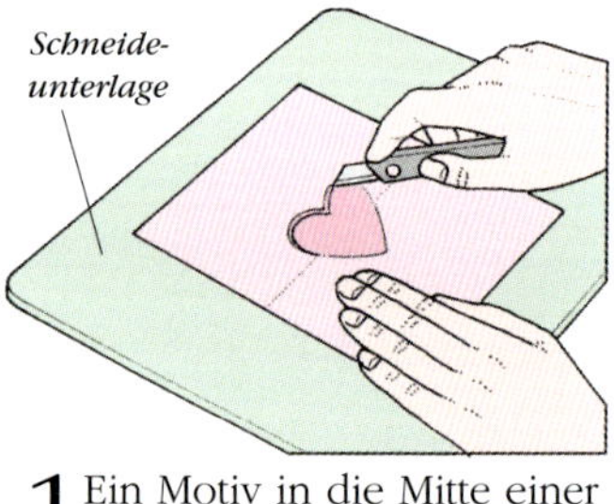

1 Ein Motiv in die Mitte einer Karte malen. Spätere Faltlinie mit einem Bleistift andeuten und mit einem Universalmesser die Form oberhalb der Linie ausschneiden.

2 Falten Sie die Karte an der Linie um. Der obere Teil der Form ragt nun dekorativ nach oben hinaus. Gästenamen eintragen und auf dem Tisch verteilen.

Servietten falten

Servietten sind mit wenig Aufwand schnell gefaltet und verleihen einer Tafel immer ein festliches Aussehen. Am besten eignen sich gestärktes Leinen und Baumwolle, da die Falten sehr gut halten. Aber auch aus einfachen Papierservietten kann man etwas zaubern.

EINFACHE SERVIETTENFÄCHER FALTEN

Gleichmäßig falten.

1 Gestärkte Stoffservietten oder hochwertige Papierservietten verwenden. An einer Seite beginnen und die Serviette über die gesamte Breite gleichmäßig in Ziehharmonikafalten legen.

Falten mit Band zusammenbinden.

2 Die Falten noch einmal fest zusammendrücken, dann eine Hälfte der Ziehharmonika zusammenfalten und mit einem schmalen Band diesen Teil zusammenbinden, den anderen leicht fächern.

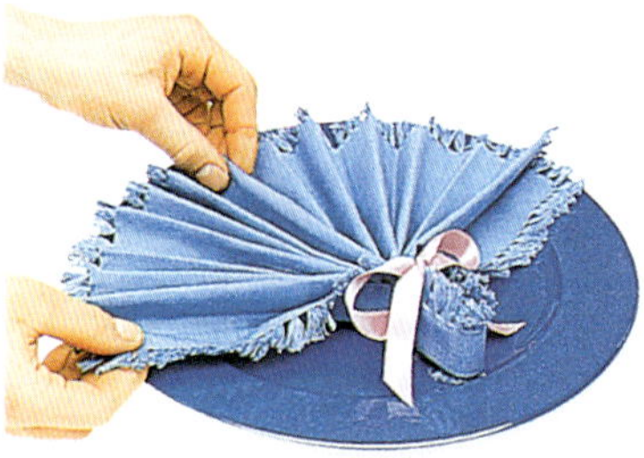

3 Die Serviette auf den Teller legen, die beiden mittleren Falten zusammenhalten und die Serviette nach links und rechts wie einen Fächer auseinander ziehen. Alternativ in ein Weinglas stellen.

Serviettenringe basteln

Serviettenringe sorgen bei aufgerollten oder gefalteten Servietten für den letzten Schliff und halten sie in Form. Achten Sie auch in diesem Fall darauf, die jeweiligen Dekorationen auf das Essen und andere Schmuckelemente auf der Tafel harmonisch abzustimmen.

MOTTO ODER THEMA

- **Großzügig** Bei festlichen Anlässen die Servietten mit üppigen Gardinenborten oder Troddeln zusammenbinden.
- **Mit Bast** Steht die Party unter einem ländlich-rustikalen Motto, aus Bast, Stroh und Blüten einfache Serviettenringe basteln.
- **Verschiedene Bänder** Unterstreichen Sie das Motto der Party, indem Sie je nach Anlass schlichte einfarbige oder gemusterte festliche Bänder um die Servietten binden.
- **Geburtstage** Bei Geburtstagsfeiern eignet sich Modeschmuck (z. B. Perlenketten) als Serviettenringe.
- **Muscheln und Meer** Bei Partys mit einem maritimen Motto kleine Muscheln auf einen feinen Draht fädeln und das Ganze zu einem Ring formen.

FRISCHE KRÄUTER

- **Kräuterzweige** Sprechen Sie auch den Geruchssinn Ihrer Gäste an und stecken Sie einen dekorativen Kräuterzweig oder blühende Kräuter in die Serviettenringe.

Mit Schnittlauch
Binden Sie frisch geschnittene, möglichst lange Schnittlauchhalme um eine schlichte, aufgerollte Serviette. Die Schnittlauchenden schneiden Sie dann nach dem Binden auf Länge.

LEBENSMITTEL UND BLÜTEN VERWENDEN

- **Blütengirlanden** Basteln Sie Blütenringe, die zum Brautstrauß passen: Gartendraht zu einem Ring drehen, mit Band umwickeln und hübsche Blüten, z. B. von Mimosen oder Freesien, mit feinem Draht befestigen.
- **Mit Blättern** Schneiden Sie große, flache Blätter von Pflanzen wie der Iris ab: Das Blatt locker um eine aufgerollte Serviette wickeln.
- **Naschereien** Verschiedene Naschereien auf Baumwollband fädeln und zu einem essbaren Serviettenring zusammenbinden.
- **Brotringe** Brotteig zu Ringen formen oder flechten, mit Ei glasieren und Mohn- oder Sesamkörner darüber streuen. Goldbraun backen.

STEHEMPFÄNGE

Ein Empfang kann einen eher offiziellen Hintergrund haben oder ganz informell sein. Je nach Anlass wird ein Glas Champagner, Sekt, Bier oder ein Cocktail angeboten. Dazu reicht man Häppchen oder Kanapees. Haben Sie weit mehr als 20 Gäste, sollten Sie einen Helfer zum Servieren der Getränke engagieren.

Häppchen vorbereiten und servieren

Das Essen ist nicht die Hauptsache bei einer solchen Einladung, sollte aber auf den Anlass abgestimmt sein. Bieten Sie Ihren Gästen eine Auswahl an kleinen herzhaften Kanapees und Häppchen an, die sich mit den Fingern einfach verzehren lassen.

Kanapees auf Spiesschen

Italienische Farben
Fetakäsewürfel machen sich auf Cocktailspießchen gut zwischen roten und grünen Paprikascheiben. Nach Belieben können Sie die Paprika zunächst kurz grillen und dann die Haut abziehen.

Häppchen stilvoll servieren

Auf einem Spiegel
Richten Sie Häppchen zur Abwechslung einmal auf einem Spiegel an. Lassen Sie zwischen den einzelnen Häppchen etwas Platz, damit die Wirkung des Spiegels voll zur Geltung kommt.

Glasur mit Pinsel auftragen.

Eine Teigplatte backen
Mürbe- oder Brotteig kreisrund ausrollen und den Rand mit Teigresten verzieren. Mit etwas geschlagenem Ei glasieren und goldbraun backen. Servieren Sie Kanapees auf dieser Platte.

SCHNELL UND EINFACH

- **Gefüllte Selleriestangen** Kräuterfrischkäse in halbierte Selleriestangen füllen.
- **Gefüllte Champignons** Champignonstiele entfernen und Köpfe mit Pastetenmasse füllen.
- **Trauben einmal anders** Blauschimmelkäse mit gleicher Menge Butter verrühren. Große blaue oder weiße Trauben halbieren, mit etwas Käsemischung bestreichen und Hälften wieder zusammenfügen.
- **Kleine Partybrötchen** Kleine, herzhafte Brötchen goldbraun backen, mit etwas Frischkäse und Oliven belegen.
- **Toasts mit Hähnchenleber** Hähnchenleber in der Pfanne in etwas Butter und Sherry schwenken. Würfeln und kleine, getoastete Baguettescheiben damit belegen.
- **Nacho-Häppchen** Tortillachips mit Avocadopüree bestreichen und Paprikapulver zum Garnieren darüber streuen.
- **Schinkenhäppchen** Dünne Schinkenscheiben mit schmalen Blätterteigstreifen zusammendrehen. Bei 20° C oder auf Gasstufe 3–4 goldbraun backen.
- **Schinken mit Kiwis** Räucherschinken um Kiwistücke wickeln und mit Cocktailspießchen befestigen.
- **Salamiwürfel** Salamischeiben um Melonenstücke wickeln und mit Spießchen fixieren.
- **Mandeloliven** Entkernte Oliven mit ganzen, gesalzenen oder gerösteten Mandeln füllen.

Tipps & Tricks

- **Teig zu weich?** Königinnenpastetchen oder andere Pasteten mit feuchter Füllung frühestens 1 Stunde vor dem Servieren füllen.
- **Die richtige Größe** Servieren Sie kleine Kanapees, die man gut halten und mit einem Bissen verzehren kann – dann haben die Gäste keine Probleme.
- **Nach und nach servieren** Im Verlauf der Party immer wieder neue Häppchen in kleinen Portionen servieren.
- **Platz schaffen** Sorgen Sie für genügend Abstellfläche, damit die Gäste ihre Gläser abstellen können, und nicht mit Häppchen und Gläsern jonglieren müssen. Leere Gläser und Essensreste schnell abräumen.

Rohes Gemüse zum Dippen

Dips und Gemüsestückchen sind sehr gut für zwanglose Empfänge geeignet, denn sie lassen sich einfach und schnell vorbereiten. Auch herzhafte Knabberstangen oder Salzkekse bieten sich zum Dippen an. Achten Sie darauf, dass alles mit einem Bissen verzehrt werden kann.

Gemüse vorbereiten und servieren

Auf einem tiefen Servierteller kann das Eis schmelzen, ohne dass das Buffet nass wird.

Bunte Gemüsesorten auswählen.

In einem Eisring
Gemüse bleibt in einem Eisring länger frisch: Eine Ringform mit Wasser füllen und einfrieren. Den Ring auf einen Servierteller stürzen und das Gemüse in der Mitte anordnen. Außen mit Zitrone oder Kräutern dekorieren.

Einfache Dips

- **Thunfisch** Thunfisch aus der Dose mit Joghurt verrühren, mit Dill abschmecken.
- **Roter Dip** Verrühren Sie Tomatenketchup mit etwas Worcestershire-Sauce.
- **Pesto** Pesto mit Schafsmilchjoghurt verrühren.
- **Blauschimmelkäse** Gorgonzola und weichen Frischkäse zu gleichen Teilen mischen. Eventuell mit etwas Milch streichfähiger machen.
- **Avocado** Avocadomus mit Mayonnaise und Zitronensaft abschmecken.

Getränke servieren

Halten Sie eine Auswahl an alkoholischen und alkoholfreien Getränken bereit. Wenn Sie nur ein oder zwei verschiedene Drinks anbieten, bereiten Sie die Gläser im Voraus auf Tabletts vor. Mischen Sie Cocktails vor dem Empfang in Krügen, damit Sie schneller servieren können.

Kühlen & Servieren

- **Flaschen kühlen** Ist der Kühlschrank zu klein, geben Sie Eis in eine Wäschewanne und legen Sie die Flaschen hinein, bis sie dann gebraucht werden.
- **Fruchtsaft einfrieren** Damit Drinks nicht durch Eiswürfel verwässern, frieren Sie Fruchtsaft im Eiswürfelbehälter ein.
- **Gläser abspülen** Champagnergläser gut ausspülen und polieren, da Spülmittelspuren die Bläschen zerstören.
- **Alkoholfreie Getränke** Achten Sie auf einen ausreichenden Vorrat an Fruchtsäften und Mineralwasser für Gäste, die keinen Alkohol trinken möchten.
- **Punsch oder Bowle** Beides eignet sich besonders für eine große Party, da sie auch in größeren Mengen gut und preiswert vorzubereiten sind.

Drinks vorbereiten und servieren

Gurkenscheibe

Erdbeere am Stängel aromatisiert den Drink.

„Fizz“ aus in Brandy aufgelösten Zuckerwürfeln

Glasrand mit Lebensmittelfarbe und Streuzucker verziert.

Zitrusschale gibt Geschmack.

Serviette unter eisgekühltem Drink saugt Feuchtigkeit auf.

Letzte Handgriffe
Es lohnt sich, Getränke sorgfältig zuzubereiten. Die wirkungsvollsten Dekorationen sind meist ganz einfacher Natur. Wenn Sie einen Cocktail garnieren möchten, achten Sie darauf, dass das Glas groß genug ist, damit der Drink nicht überläuft.

BUFFETS

Eine einfache und oft sehr preiswerte Art, eine große Zahl von Gästen zu bewirten, ist ein Buffet. Hier können Sie auf jeden Geschmack und jedes Alter Ihrer Gäste Rücksicht nehmen und jeder Gast kann so viel oder wenig essen, wie er möchte. Außerdem lassen sich Buffets hervorragend vorbereiten.

Das Buffet aufbauen

Richten Sie die einzelnen Speisen auf unterschiedliche Art, in verschiedenen Formen und Höhen an, damit das Buffet ein formvollendetes Aussehen erhält. Geschirr, Besteck, Servietten und Dekoration sollten harmonisch oder als Kontrast auf die Gerichte abgestimmt sein.

Der Aufbau eines Buffets

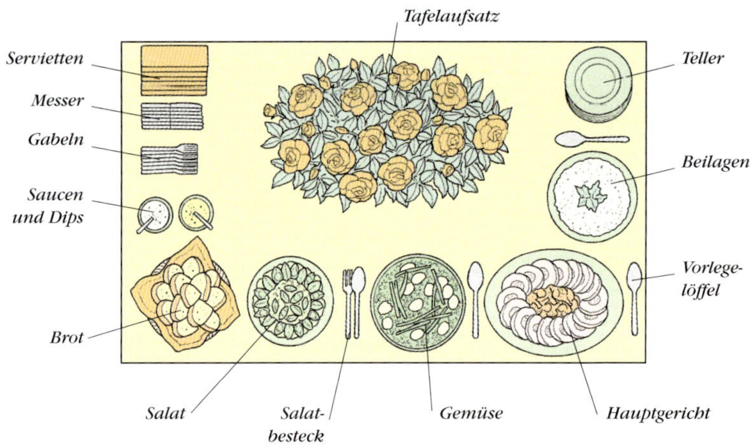

Anordnung
Beginnen Sie beim Aufbau des Buffets mit den Tellern, dann folgen die Beilagen und das Hauptgericht, anschließend Gemüse und Salate. Vorlegebesteck liegt immer direkt neben dem Gericht. Brot, Saucen und Dips, Besteck und Servietten folgen am Schluss. Die Mitte des Buffets schmückt ein Tafelaufsatz.

Tipps zur Organisation

- **Aufstellen des Buffettischs** Lassen Sie hinter dem Buffet zum Abräumen oder Aufdecken etwas Platz.
- **Kabel befestigen** Steht das Buffet in der Raummitte, achten Sie darauf, dass alle elektrischen Kabel fest auf den Boden geklebt sind.
- **Stühle aufstellen** Stellen Sie genügend Stühle in Gruppen zusammen, damit sich die Gäste im Sitzen bequem unterhalten können.
- **Getränke** Drinks, Gläser und Tassen auf einem separaten Tisch anbieten, damit sich am Buffet keine Staus bilden.
- **Platz einräumen** Lassen Sie zwischen den Gerichten auf dem Buffet genügend Raum, damit die Gäste Gläser oder Teller abstellen können.

Gerichte kühl halten

- **Platten** Schale mit Wasser füllen, einfrieren, in Gefrierbeutel schieben und ein Gericht darauf stellen.

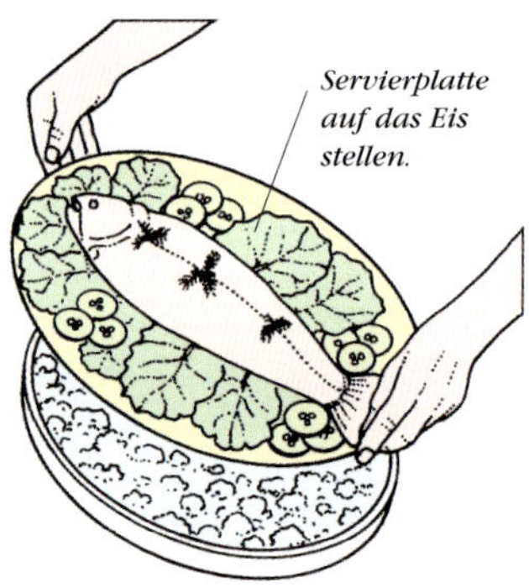

Wie die Profis
Gerichte kurz vor dem Servieren aus dem Kühlschrank nehmen. Fisch oder andere empfindliche Gerichte auf eine große Schale mit zerstoßenem Eis stellen.

Mengen abschätzen

Diese Checkliste gibt Mengen für grundlegende Lebensmittel an. Die detailliertere Liste auf S. 423 hilft bei der Mengenbestimmung von Hauptgerichten und Beilagen.

- **Brot** Ein großer, dünn geschnittener Laib ergibt 18–20 Scheiben. Ein Baguette reicht für zehn Personen.
- **Butter** 25 g Butter reichen für sieben Brotscheiben aus.
- **Blattsalate** Ein großer Eisbergsalat reicht für zehn Personen, ein großer Römischer Salat für acht und ein mittlerer Kopfsalat für vier.
- **Kuchen** Ein 2 kg schwerer Kuchen kann in etwa 50 Stücke geschnitten werden.
- **Wein** Eine 0,75-l-Flasche ergibt fünf bis sechs Gläser, eine Literflasche etwa acht.

Gerichte präsentieren

Bieten Sie die einzelnen Gerichte auf dem Buffet so dar, dass sie sich von ihrer besten Seite zeigen. Wenn Sie viele Gäste eingeladen haben, füllen Sie die Servierplatten regelmäßig auf und entfernen Sie leere Teller, damit das Buffet für alle Gäste immer attraktiv aussieht.

Auf Platten anordnen

- **Einsicht** Sandwiches halbieren und so hinlegen, dass man die Füllung oder den Belag leicht erkennen kann.

Die Mitte mit geraspelter Möhre füllen.

Salat anrichten
Drapieren Sie zur Abwechslung die Salatzutaten auf einer großen Platte. Sie können das Dressing vor dem Servieren über den Salat geben oder separat reichen.

Obst servieren

Fruchtpyramide
Das Mittelstück und die Blätter einer großen Ananas auf einem Kuchenständer fixieren. Rundherum eine Pyramide aus Früchten der Saison anrichten.

GUTE IDEE!

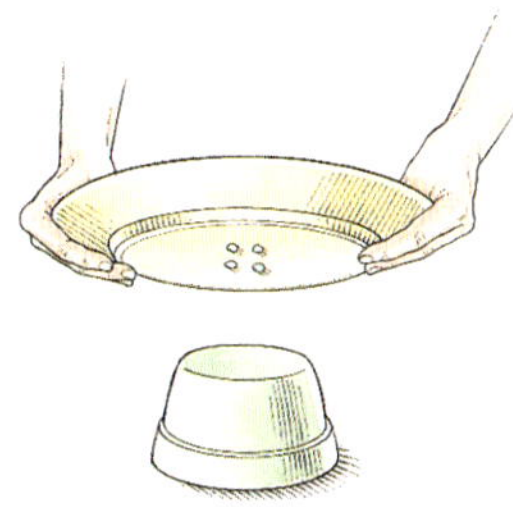

Kuchenständer basteln
Improvisieren Sie einen Kuchenständer, indem Sie eine große Platte auf einer umgedrehten Zuckerschüssel oder einer kleinen Souffléform mit doppelseitigem Klebeband befestigen (Schüssel mittig ausrichten).

Getränke servieren

Für ein Getränkebuffet eignet sich ein Punsch oder eine Bowle hervorragend. Außerdem benötigt man im Verhältnis weniger Alkohol. Erwärmen Sie Winterpunsch nur auf kleiner Hitze, damit der Alkohol nicht verdunstet, und servieren Sie ihn in hitzefesten Gläsern.

Kalte Getränke

- **Gefäße für Bowle** Jede große Glasschüssel taugt zur Bowleschüssel. Kante mit Zucker oder mit Fruchtscheiben dekorieren und essbare Blüten um die Schüssel legen. Servierkelle mit buntem Band verzieren.
- **Bowle kühlen** Oben von einer Wassermelone eine dicke Scheibe abschneiden und Fruchtfleisch herauslöffeln. Ausgehöhlte Melone 2–3 Stunden einfrieren, Bowle einfüllen und so servieren.
- **Eiswürfel aromatisieren** Eiswürfel mit Erdbeeren, Maraschino-Kirschen oder Minzeblättern kühlen und aromatisieren gleichzeitig.

Cocktails servieren

Den Deckel aufsetzen, wenn der Strohhalm im Getränk ist.

In kleinen Melonen
Servieren Sie Cocktails einmal anders: Melone köpfen, Fruchtfleisch herauslöffeln und Kerbe für Strohhalm schneiden. Cocktail in Melone füllen, Strohhalm hineingeben, Deckel aufsetzen.

Punsch servieren

- **Glühwein** Heißen Punsch oder Glühwein auf einem elektrischen Kocher bereithalten, der sicher und fest auf dem Buffet steht.
- **Äpfel schwimmen lassen** Legen Sie ein paar kleine, süße Tafeläpfel und Gewürze in einen heißen Weinpunsch. Die Äpfel werden leicht pochiert und können nach etwa 1 Stunde als schmackhaftes Dessert serviert werden.
- **Zwei Becher** Stecken Sie jeweils zwei Plastik- oder Pappbecher ineinander, wenn Sie heißen Punsch oder Glühwein servieren, damit man sie besser halten kann.

FESTLICHES ESSEN

Wenn Sie gern kochen, ist ein festliches Abendessen die Gelegenheit, all Ihre Kochkünste unter Beweis zu stellen. Planen Sie solch ein Essen sorgfältig und bereiten Sie so viel wie möglich im Voraus zu, damit Sie auch Zeit mit Ihren Gästen verbringen und den Abend selbst genießen können.

Gerichte darbieten

Sie brauchen keine künstlerischen Fähigkeiten, um Ihre Gerichte appetitlich präsentieren zu können – ein paar einfache, aber wirkungsvolle Ideen genügen schon vollkommen. Sehr aufwändige Dekorationen bleiben eher formellen Anlässen vorbehalten.

Gemüse einmal anders

Mit einem Ausstecher
Geben Sie klein geschnittenes Gemüse in Ausstecher, die auf den Tellern liegen. Behutsam festdrücken, dann den Ausstecher abheben - das Gemüse behält die vorgegebene Form.

Speisen anrichten

- **Erhöhen** Arrangieren Sie gebratene Gerichte in der Mitte einer Platte, so sieht es attraktiv und großzügig aus.
- **Scheiben auffächern** Hähnchenbrust oder Avocado in Scheiben schneiden und auf einem Servierteller fächerförmig auslegen.
- **Bündel knüpfen** Binden Sie Gemüsestangen oder kleineres Gemüse mit Schnittlauch oder dünnen grünen Lauchstreifen zu kleinen Bündeln zusammen. Schnittlauch oder Lauch vorher 30 Sekunden blanchieren.

Schokolade formen

Schokoladenkörbchen
Geschmolzene Schokolade auf kreisförmig ausgeschnittenes Backpapier streichen und zusammen über eine Tasse legen. Abkühlen lassen, Papier abziehen und das Dessert darin servieren.

Sahne und Saucen servieren

Mit Sahne verzieren
Tröpfeln Sie Sahne in gleichmäßigen Abständen auf Schokoladensauce oder Fruchtpüree in einem flachen Teller. Ziehen Sie einen Zahnstocher durch alle Tropfen, sodass eine Linie aus fedrigen Herzen entsteht.

Schöne Muster formen
Saucen von ähnlicher Konsistenz, aber unterschiedlicher Farbe geben ein wirkungsvolles Muster auf dem Teller. Jede Sauce an eine Seite des Tellers gießen und mit Messer oder Gabel eine gewölbte Trennlinie ziehen.

- **Formen spritzen** Füllen Sie etwas Sauce in einen kleinen Spritzbeutel und spritzen Sie den Umriss der gewünschten Form auf einen Teller. Dann die Umrisse mit der Sauce ausfüllen.
- **Pürees** Geben Sie 1 TL Gelatine in je 200 ml warmes Fruchtpüree. Das Püree auf einen Servierteller gießen. Abkühlen lassen, bis es fest wird, und nach Wunsch verzieren.
- **Marmorieren** Verrühren Sie weiße und dunkle Schokoladensauce leicht vor dem Servieren. Die Sauce bekommt ein marmoriertes Aussehen.
- **Bratensaft verfeinern** Streuen Sie feine Streifen von Zitronen- oder Limettenschale in einfache Bratensauce, die Sie zu gegrilltem Fleisch servieren.

Der letzte Schliff

Eine schön garnierte Mahlzeit ist wichtig für den kulinarischen Genuss. Vergessen Sie jedoch nicht, dass eigentlich das Gericht die Hauptrolle spielt. Die Verzierung sollte das Gericht nur noch hervorheben, nicht übertrumpfen. Bereiten Sie aufwändige Garnierungen möglichst vor.

Besondere Garnierungen

- **Gestreifte Gurke** Mit Dekormesser oder Gabel die Gurkenschale längs in Abständen streifenweise abziehen. So bekommen Gurkenscheiben einen verzierten Rand.
- **In Petersilie dippen** Dippen Sie die Ecken von Zitronen- oder Tomatenvierteln in fein gehackte Petersilie oder bestreuen Sie Tomatenviertel mit geriebenem Parmesan.
- **Petersilie anbraten** Petersilienzweige werden leicht welk. Braten Sie sie daher in heißem Öl an, bis sie hellgrün und knusprig werden. Lassen Sie die Petersilienzweige auf einem Küchenpapier abtropfen.

Garnierungen aus Gemüse

Möhrenherzen
In eine geschälte Möhre längs eine tiefere Kerbe schneiden. Die gegenüberliegende Seite etwas anspitzen. Beim Scheibenschneiden entstehen so dekorative kleine Möhrenherzen.

Blätter in feine Streifen schneiden.

Frühlingszwiebeln
Frühlingszwiebeln putzen und die grünen Blätter längs mehrfach in feine Streifen schneiden. Zwiebelstücke so lange in Eiswasser legen, bis sich die Streifen einrollen.

Garnierungen aus Obst

- **Erdbeerfächer** Belassen Sie den Stielansatz mit den Blättern an den Erdbeeren. Schneiden Sie mit einem sehr scharfen Messer die Beeren längs mehrfach bis fast zum Stielansatz ein und drücken Sie dann die Scheiben vorsichtig fächerartig auseinander.

Mit scharfem Messer exakt schneiden.

Apfelblätter
Schneiden Sie ein großes, v-förmiges Stück aus dem Apfel. Anschließend aus diesem Stück immer wieder die gleiche Form jeweils etwas kleiner ausschneiden. So arrangieren, dass die Garnierung wie ein Blatt aussieht.

Schnell und einfach

- **Sellerieblätter** Die inneren Blätter einer Selleriestaude passen farblich und auch geschmacklich gut zu herzhaften Gerichten.
- **Nüsse** Mit Mandelsplittern können Sie jederzeit herzhafte und süße Gerichte schnell und problemlos garnieren.
- **Zucker verwenden** Streuen Sie mit Puderzucker hübsche Muster auf Kuchen, heiße und kalte Desserts oder auf die Dessertteller. Nehmen Sie Schablonen zu Hilfe.
- **Schale von Zitrusfrüchten** Streuen Sie kurz vor dem Servieren über süße oder herzhafte Gerichte die abgeriebene Schale einer unbehandelten Zitrusfrucht.
- **Frucht der Kokosnuss** Ziehen Sie mit einem Sparschäler feine Löckchen vom Fleisch einer frischen Kokosnuss ab und bestreuen Sie mit diesen Kokoslocken süße oder asiatische Gerichte.

Zeit sparen

- **Vorausarbeiten** Bereiten Sie Garnierungen so weit wie möglich im Voraus zu. Decken Sie die Garnierung auf einem Teller mit Frischhaltefolie ab und geben Sie sie erst später zu den Gerichten. Die Garnierung bleibt etwa 4 Stunden lang frisch.

Essbare Blüten

Die Blüten aus dieser Liste sind alle essbar und eignen sich daher gut zum Garnieren. Die großen Blüten mancher Gemüsesorten, z. B. Zucchini, und die Blüten von einigen Kräutern sind ebenfalls essbar. Wenn Sie eine Blüte nicht kennen, sollten Sie diese besser nicht essen.

Borretsch	Rose
Geißblatt	Stiefmütterchen
Kapuzinerkresse	Veilchen
Kornblume	Zucchini
Ringelblume	

Wein servieren

Alkoholische Getränke regen den Appetit an und unterstreichen das Aroma der Speisen. Deshalb werden sie auch zu einfacheren Essen serviert. Wenn Sie sich mit Weinen nicht auskennen, lassen Sie sich von einem Weinhändler beraten, bei dem Sie auch Wein kosten können.

Welcher Wein zu welchem Essen?

Es gibt keine ganz festen Regeln, welcher Wein zu welchem Gericht gehört, aber gewisse Grundsätze gelten:

- **Reihenfolge** Servieren Sie Weißwein vor Rotwein, jungen vor altem und trockenen vor süßem Wein.
- **Häppchen** Dazu passen frischer Weißwein, Schaumwein oder trockener Sherry.
- **Fischgerichte** Servieren Sie dazu trockene Weißweine oder junge, leichte Rotweine.
- **Pasta und Käsegerichte** Dazu eignen sich kräftige Rotweine wie Bardolino.
- **Sahnige Speisen** Wählen Sie hierzu leicht säuerliche Weißweine wie beispielsweise Sauvignon blanc.

Wein vorbereiten

- **Wein kühlen** Weißwein für 2 Stunden kühlen oder 30 Minuten vor dem Servieren auf Eis legen.
- **Kühlung beschleunigen** Im Notfall den Wein für höchstens 5 Minuten ins Tiefkühlgerät legen, damit er im Kühlschrank schneller kühl wird.
- **Korken lösen** Drahtverschluss von einem Sektkorken vor dem Kaltstellen abziehen. Dann ist der Sekt gleich zum Öffnen bereit.
- **Rotwein vorwärmen** Geben Sie Rotwein in einen leicht erwärmten Dekanter, statt den Wein direkt zu erwärmen. Junge Rotweine bereits 1 Stunde vor dem Servieren entkorken, damit sich der Geschmack entfalten kann.

BEWÄHRTES WISSEN

Wein dekantieren
Dekantieren Sie in der Flasche gereiften Wein oder Portwein, um Ablagerungen herauszufiltern. Gießen Sie den Wein vorsichtig durch einen ungebleichten Kaffeefilter.

Alkoholfreie Getränke servieren

Bei jeder Art von Veranstaltung sollten Sie Ihren Gästen auch alkoholfreie Getränke anbieten. Stellen Sie immer genügend Mineralwasser und Fruchtsäfte für alle bereit – oft trinken auch Weinliebhaber ein Glas Wasser zwischendurch. Eine gute Idee ist auch alkoholfreies Bier.

Tipps & Tricks

- **Appetit anregen** Geben Sie als kleinen Appetitanreger eine frische Zitronen- oder Limettenscheibe in jedes Glas Mineralwasser.
- **Etwas Neues** Servieren Sie zu herzhaften Gerichten mit Curry anstelle von Wein oder Bier einmal Lassi, ein indisches Joghurtgetränk: 300 ml Naturjoghurt mit 600 ml Wasser, 1 TL Salz und etwas frischer Minze in der Küchenmaschine glatt verrühren und in hohen, gekühlten Gläsern servieren.
- **Selleriestangen** Servieren Sie Tomaten- oder Gemüsesäfte mit einer kurzen, geputzten Selleriestange zum Umrühren.

Milchshakes servieren

Shake gut schaumig schütteln.

Einfacher Shaker
Verrühren Sie das Fruchtpüree mit der Milch in einem großen Glas mit Schraubdeckel und schütteln Sie es kräftig. Sie können den Milchshake auch mit einem Schneebesen aufschlagen.

Alkoholfreies

- **Brombeeren** 125 g Brombeeren, 25 g Zucker, 1 EL Zitronensaft und 1 Eiswürfel mixen, ziehen lassen und mit Mineralwasser aufgießen.
- **Himbeeren-Minz-Getränk** 50 ml Himbeersirup, eine Hand voll zerdrückter Minzeblätter und Eiswürfel in ein hohes Glas geben und mit Mineralwasser oder Zitronenlimonade aufgießen.
- **Shirley Temple** Mischen Sie 2 Teile Ananassaft mit 1 Teil Maracujasaft gründlich durch. Gießen Sie diese Mischung dann mit Zitronenlimonade auf, damit der Cocktail schön schäumt.

Besondere Anlässe

Hochzeiten, runde Geburtstage und andere Familienfeste sind willkommene Gelegenheiten, um ausgefallene und raffinierte Gerichte auf originelle Weise zu präsentieren. Lassen Sie Ihre Kreativität spielen, um den Anlass einer Feier in der Tischdekoration und im Essen aufzugreifen.

Kuchenpyramide

Verschiedene Formen
Kleine Brandteig-Küchlein mit Sahne oder Pralinencreme füllen, pyramidenförmig aufeinander setzen, Rosen- oder Minzeblätter dazwischenstecken und mit Puderzucker bestreuen.

Blütenschmuck

- **Alternativer Kuchenständer** Feste Holzkiste umgedreht auf den Tisch stellen und ein Spitzentuch darüber decken. Mit Plastikblumen oder frischen Blüten und passenden Bändern dekorieren.
- **Mit Blüten aromatisieren** Einige Tropfen Orangenblüten- oder Rosenwasser in frisch geschlagene Sahne geben und gut durchrühren. Sahne in hübsche Schälchen füllen und mit frischen Rosenblüten dekorieren. Die aromatisierte Sahne zum Dessert anbieten.
- **Schwimmkerzen** Füllen Sie eine große, flache Glasschale zur Hälfte mit Wasser und setzen Sie Schwimmkerzen oder Teelichter hinein. Ein paar Blütenblätter dazwischengestreut – schon haben Sie eine stimmungsvolle Dekoration für ein abendliches Dinner.

Menüs passend zum Anlass der Feier

„Goldene Gerichte"
Zur Goldenen Hochzeit können Sie gelbe und orangenfarbige Zutaten wie Möhren, gelbe Paprika oder Safranreis und Orangen oder Pfirsiche servieren.

- **Italienischer Abend** Eine Kombination aus roten, grünen und weißen Speisen passt zu einem Abend mit dem Thema Italien: Servieren Sie grüne Paprikaschoten, Tomaten und Basilikum mit Mozzarella.
- **Vornehmes Schwarz** Wählen Sie verblüffendes Schwarz für ein Abendessen – decken Sie schwarze Teller und servieren Sie (fast) schwarze Speisen: Rote Bete, violettes Basilikum, schwarzen Reis, Brombeeren.

Dekorationen aus Eis

- **Eisskulpturen** Wasser in Backform einfrieren. Eisskulptur auf einen Teller stürzen, stabilisieren und frisches Obst oder Gemüse zum Dippen rundherum arrangieren.
- **Aus abgekochtem Wasser** Damit das Eis für Skulpturen, Schüsseln oder andere Dekorationen ganz klar wird, sollten Sie das Wasser vorher abkochen.

Dekorative Eisschüssel selbst machen

1 Stellen Sie eine kleine, gefrierfeste Schüssel in eine größere und fixieren Sie die Schüsseln gegenseitig mit Klebeband. Den Zwischenraum mit Wasser füllen.

2 Einige essbare Blüten ins Wasser geben und die Schüssel ins Gefrierfach stellen. Zum Lösen der Eisschale beide Schüsseln mit warmem Wasser abschrecken.

DURCHFÜHRUNG

Es gibt kein sicheres Rezept, damit ein Fest zum Erfolg wird. Umsichtige Planung im Voraus ist dabei die beste Garantie, um „Katastrophen" zu vermeiden. Wenn alles vorbereitet ist, genehmigen Sie sich am besten noch etwas Zeit zum Entspannen, bevor die Gäste eintreffen.

Betreuung der Gäste

Welchen Anlass Sie auch feiern, denken Sie immer daran, dass die Gäste das Wichtigste sind. Schaffen Sie eine herzliche Atmosphäre, in der sich die Gäste schon bei der Ankunft wohl fühlen. Verbringen Sie etwas Zeit mit den Gästen, anstatt sofort in die Küche zu gehen.

FINGERSCHALEN BEREITSTELLEN

Fingerschalen
Falls Sie Gerichte servieren, die mit den Fingern gegessen werden, wie Spargel, Krusten- oder Schaltiere, stellen Sie neben jedes Gedeck eine Fingerschale. Beim Finger-food-Buffet Schalen an verschiedenen Stellen verteilen.

- **Duftendes Wasser** Ein paar Tropfen Orangenblüten- oder Rosenwasser oder etwas Zitronensaft in den Fingerschalen hinterlassen einen angenehmen Duft auf den Fingern.
- **Wasser anwärmen** Wenn Sie klebrige oder sehr fettige Speisen servieren, z. B. Spareribs, handwarmes Wasser in die Fingerschalen geben, erst kurz vor dem Servieren verteilen.

BEDENKENSWERTES

Denken Sie vor und während der Party an folgende Punkte:

- **Versicherung** Prüfen Sie, ob Ihre Haftpflichtversicherung mögliche Schäden deckt.
- **Immer vorarbeiten** Erledigen Sie so viel wie möglich im Voraus, damit Sie Zeit für Ihre Gäste haben.
- **Die Gäste unterhalten** Stellen Sie Ihre Gäste einander vor und sorgen Sie dafür, dass kein Gast allein bleibt.
- **Alkohol** Ermutigen Sie Ihre Gäste nie, große Mengen an Alkohol zu sich zu nehmen.

GÄSTE EMPFANGEN

- **Atmosphärisches** Binden Sie je nach Anlass eine Blumengirlande, eine Laterne oder einige Luftballons an die Haustür, um die Gäste gleich richtig einzustimmen.
- **Beleuchtung** Vermindern Sie die Beleuchtung in den Zimmern oder verteilen Sie ein paar Kerzen. Es sollte aber nicht zu dunkel sein, damit sich die Gäste immer noch gut sehen und unterhalten können.
- **Badezimmer und Toilette** Tragen Sie Sorge dafür, dass alles sauber ist und immer genügend Handtücher und Seife bereitliegen. Lassen Sie in diesen Räumen das Licht brennen, falls die Lichtschalter schwer zu finden sind.

ANGENEHMER DUFT IM RAUM

Potpourri
Vermeiden Sie Potpourris mit schweren Blumendüften. Kombinieren Sie Lorbeerblätter, Zitronenschalen, Rosmarinzweige, Wacholderbeeren oder Pimentkörner und Sternanis. Ein paar Tropfen Vanille- oder Mandelessenz ergeben eine zusätzliche Note.

- **Potpourris auffrischen** Ein Potpourri, das viel von seinem Duft verloren hat, auf einem Backblech ausbreiten und mit etwas Wasser oder Duftöl bespritzen. Für 5 Minuten in den heißen Ofen stellen.
- **Schüsseln verteilen** Schüsseln mit Potpourris gehören an warme Orte, z. B. auf ein Regalbrett über einer Lampe oder zwischen Kerzen. Die Wärme trägt dazu bei, dass sich die Düfte entwickeln.

Was tun bei Notfällen?

Auch bei sorgfältig geplanten Einladungen kann etwas schief gehen. Ob nun medizinische Hilfe benötigt wird oder ob nur etwas verschüttet wurde – als Gastgeber sollten Sie vorbereitet sein und Ruhe bewahren, damit Sie schnelle und effektive Hilfe leisten können.

Etwas verschüttet?

- **Sofort handeln** Gießen Sie sofort Sodawasser auf Rotweinflecken im Teppich. Mit Küchenpapier überschüssige Feuchtigkeit aufsaugen und mit Teppichschaum reinigen.

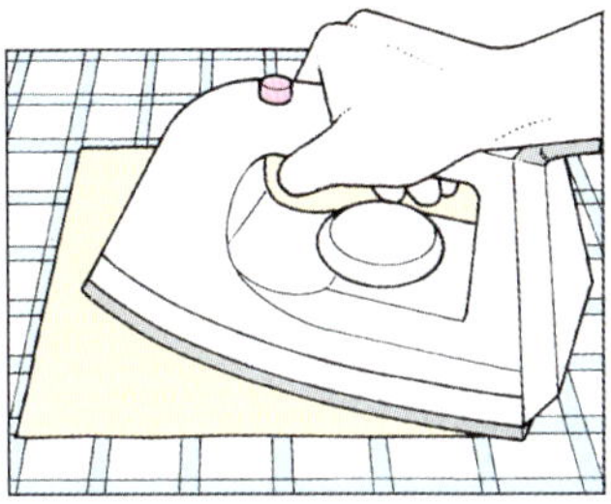

Kerzenwachs entfernen
Mit einem Eiswürfel über Kerzenwachs auf der Tischdecke reiben und hartes Wachs abschaben. Saugfähiges Küchenpapier darüber legen und heißes Bügeleisen auf den Fleck halten. Mit Reinigungsbenzin abtupfen.

Probleme vermeiden

- **Die Nachbarn** Informieren Sie die Nachbarn über eine große Party oder laden Sie sie einfach ein, damit sich niemand über Lärm ärgern muss.
- **Flecken abwischen** Stellen Sie Fleckenentferner und andere Reinigungsmittel bereit, damit Sie kleinere Flecken sofort entfernen können.
- **Nützliche Telefonnummern** Notieren Sie sich bei Kindergeburtstagen die Rufnummern der Eltern und des nächsten Krankenhauses.
- **Genaue Zeitplanung** Beachten Sie, dass für Gerichte wie Soufflés die Zeitplanung sehr wichtig ist.
- **Allergien und Diäten** Fragen Sie bei Ihren Gästen oder den Eltern nach, ob bestimmte Diäten oder Allergien beachtet werden müssen.

Alkoholgenuss

- **Heimfahrten organisieren** Hat ein Gast zu viel getrunken, bitten Sie einen nüchternen Gast um Hilfe, rufen Sie ein Taxi oder bieten Sie dem Gast eine Übernachtung an.

ZUR SICHERHEIT

Hat sich ein Gast verschluckt, gehen Sie wie folgt vor:

1 Essensreste und eventuell das Gebiss aus dem Mund des Betroffenen entfernen. Fordern Sie die Person auf, stark zu husten.
2 Die Person soll den Kopf tiefer als den Brustkorb nehmen, dann schlagen Sie fest zwischen ihre Schulterblätter.
3 Falls dies nicht hilft, gehen Sie vor wie auf S. 182 (erste Hilfe) beschrieben.

Aufräumen

Das Aufräumen und Putzen nach einem Fest ist schnell und problemlos erledigt, wenn Sie überlegt und organisiert vorgehen. Ein Geschirrspüler ist hilfreich; falls Sie keinen besitzen, bitten Sie doch Ihre Gäste, Ihnen beim Abwaschen, Abtrocknen und Wegräumen zu helfen.

Reihenfolge

Mit einer durchdachten Reihenfolge bereitet das Aufräumen keine Probleme.

- **Wegräumen** Gläser, Besteck, Geschirr, Aschenbecher etc. auf Tabletts in die Küche tragen.
- **Essensreste** Entfernen Sie Essensreste von Platten und Serviertellern.
- **Einweichen** Weichen Sie Geschirr, Gläser und Besteck in Seifenwasser ein.
- **Abwaschen** Geschirr abspülen oder den Geschirrspüler beladen.

Gläser abtrocknen

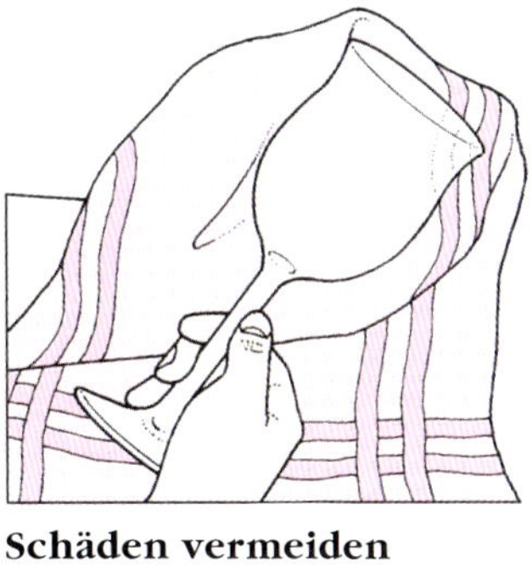

Schäden vermeiden
Kopf eines Stielglases ins Handtuch legen und vorsichtig hin und her drehen, ohne es oben festzuhalten. Alternativ Gläser auf Handtuch trocknen lassen.

Zeit und Mühe sparen

- **Spüle putzen** Bevor Sie mit dem Aufräumen oder Abwaschen beginnen, sollten die Spüle geputzt und der Geschirrspüler leer sein.
- **Geschirr einweichen** Weichen Sie abgeräumtes Geschirr sofort in Eimern mit heißem Spülwasser ein.
- **Nützliche Vorräte** Achten Sie darauf, dass genügend Müllsäcke, Einwegtücher und Küchenpapier im Haus sind.
- **Asche entsorgen** Leeren Sie zur Sicherheit alle Aschenbecher in eine alte Metalldose und nicht in den Mülleimer.

KINDERGEBURTSTAGE

Gute Planung ist das Geheimnis aller gelungenen Kindergeburtstage, an denen nicht nur die kleinen Gäste, sondern auch Sie als Gastgeber Freude haben. Beginnen Sie frühzeitig mit der Auswahl der Speisen, der Örtlichkeit und der Spiele. Überlegen Sie, welche Erwachsenen Ihnen helfen könnten.

So macht Essen Spaß

Die Gerichte für Kindergeburtstage sollten bunt, lustig und einfach zu essen sein. Servieren Sie daher eher schlichte Mahlzeiten, die Kinder gut aus der Hand essen können. Bieten Sie herzhafte Speisen in lustigen Formen und Farben an. So überlisten Sie selbst wählerische Kinder.

NEUE KUCHENFORMEN

- **Biskuitrolle** Umwickeln Sie eine fertige Biskuitrolle mit einem fertigen, ausrollbaren Kuchenguss, der etwas länger ist als die Biskuitrolle. Guss an beiden Enden so zusammendrehen, dass das Ganze wie ein Knallbonbon aussieht.
- **Bauklötze** Schneiden Sie für Kindergeburtstage von kleinen Kindern einen großen Biskuitkuchen in kleine Klötzchen. Diese Kuchenstücke glasieren und jeweils die Initialen der Kinder darauf schreiben. Kuchenstücke wie Bauklötze übereinander stapeln.

KEKSE DEKORIEREN

Fensterkekse backen
Formen aus Teig ausstechen, dann mit kleineren Förmchen die Mitte der Formen ausstechen. In die Löcher Süßigkeiten füllen, dann goldbraun backen.

NEUE IDEEN

Clementinen-Laternen
Schneiden Sie von der Frucht oben eine dicke Scheibe ab, Fruchtfleisch auslöffeln und ein Gesicht in die Schale schneiden. Dann die Früchte mit Eis füllen.

FÜR KLEINKINDER

- **Ampel aus Wackelpudding** Geben Sie nacheinander grünen, gelben und roten Wackelpudding in hohe Gläser.

Baiser-Mäuse
Ovale Baiserformen bei niedriger Temperatur etwa 1 1/2 Stunden backen. Gesicht und Ohren aus Schokoknöpfen und flüssiger Schokolade formen.

HEISSES ESSEN SERVIEREN

- **Zeit sparen** Belegen Sie Weißbrotscheiben mit verschiedenen herzhaften Zutaten und backen Sie sie goldbraun.

Wigwam bauen
Kartoffelpüree zu einem Berg auf dem Servierteller formen und die Würstchen von außen dagegenlehnen, sodass das Gericht wie ein Wigwam aussieht.

PARTYS FÜR TEENS

- **Party mit Motto** Feiern Sie mit Teenagern eine Tex-Mex-Party. Servieren Sie gefüllte Tacos, Salsas und Chili.
- **Minischaschlik** Stecken Sie Salami- und Käsestücke mit Kirschtomaten und Champignons auf Bambusspießchen und servieren Sie zu diesen Spießchen herzhafte Dips.
- **Pizza** Lassen Sie von einem Pizzaservice eine so genannte Meterpizza liefern – das ist günstiger als Einzelpizzas.
- **Bananeneis** Geschälte Bananen auf Spieße stecken und 30 Minuten ins Tiefkühlfach legen. Anschließend in geschmolzene Schokolade tauchen und durch Kokossplitter rollen. Halb gefroren servieren.

Getränke

Lassen Sie Ihrer Phantasie freien Lauf und mischen Sie aus möglichst gesunden Zutaten erfrischende und belebende Getränke für die Kinder. Schmücken Sie die Gläser mit bunten Dekorationen und frischem Obst. Sie können auch Obststücke in Eiswürfel einfrieren.

Getränke garnieren

- **Eiscreme** Geben Sie kurz vor dem Servieren etwas Eiscreme in Fruchtsäfte oder Erfrischungsgetränke. Füllen Sie das Glas nur halb mit Saft und geben Sie das Eis dazu.
- **Lutscher** Frieren Sie Säfte an Holzspießchen und in kleinen Förmchen ein.
- **Milchshakes dekorieren** Streuen Sie geriebene Schokolade oder Liebesperlen über fruchtige Milchshakes.
- **Säfte einfrieren** Frieren Sie verschiedene Säfte, z. B. Apfel- und Orangensaft, in unterschiedlichen Eiswürfelformen ein. In farbloser Limonade und mit Früchten servieren.

Gläser dekorieren

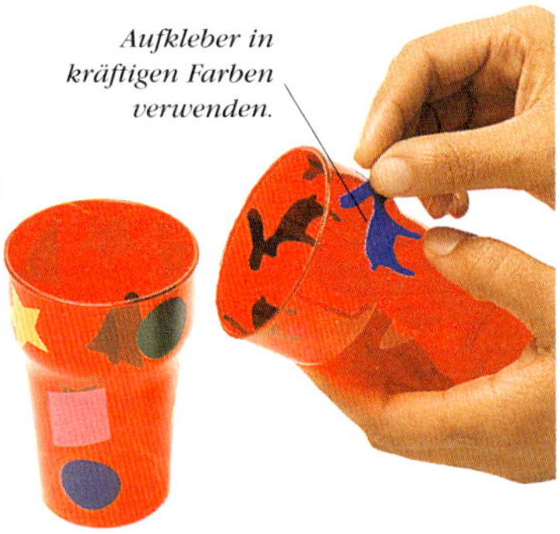

Bunte Muster aufkleben
Sie brauchen keine Partygläser zu kaufen. Kleben Sie bunte Aufkleber auf hohe Gläser oder Plastikbecher. Vor dem Abwaschen die Aufkleber entfernen.

Besondere Getränke

Zauberei?
Schokoladentröpfchen 30 Minuten einfrieren und in ein Glas mit Limonade geben. Die Schokoladenstückchen steigen im Glas munter auf und ab.

Spielend essen

Planen Sie Spiele, bei denen sich die Kinder vor dem Hauptessen an der frischen Luft austoben können. Die Jagd nach Leckerbissen kommt dabei meistens an und funktioniert notfalls auch in der Wohnung. Denken Sie sich für die Zeit nach dem Essen etwas ruhigere Spiele aus.

Spiele zum Essen

- **Keks-Domino** Spritzen Sie mit weißer Kuchenglasur oder Sahne Punkte auf dunkle, rechteckige Schokoladenkekse. Lassen Sie die Kinder damit eine Runde Domino spielen, bevor sie die Kekse aufessen dürfen.

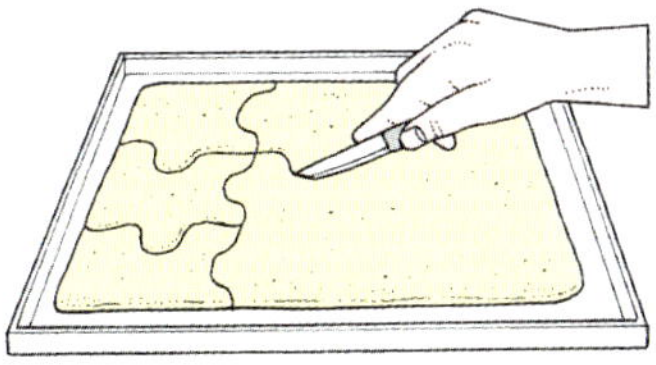

Kuchen-Puzzle
Mürbeteig ausrollen und Puzzlestücke ausschneiden. Backen und die abgekühlten Teile verzieren. Lassen Sie die Kinder den Kuchen zusammensetzen, bevor sie ihn aufessen dürfen.

Spass für Kleinkinder

Obstbäume bauen
Füllen Sie einen Blumentopf mit Steinen und fixieren Sie darin einen Ast. Hängen Sie Kirschen oder andere frische Früchte daran auf, damit die Kinder das Obst pflücken können.

Spiele für draussen

- **Nach Äpfeln tauchen** Geben Sie einige Äpfel in eine große Schüssel oder Wanne mit Wasser. Die Kinder müssen versuchen einen Apfel ohne Hilfe der Hände aus dem Wasser zu bekommen.
- **Orangen weitergeben** Bilden Sie zwei Mannschaften. Das erste Kind klemmt sich eine Orange unter das Kinn und muss sie an den Nächsten der Mannschaft weitergeben, natürlich ohne die Hände zu Hilfe zu nehmen.
- **Eierwettlauf** Je zwei Kinder laufen gegeneinander um die Wette, wobei sie ein gekochtes Ei auf einem Löffel ins Ziel bringen müssen. Noch spannender wird es, wenn man es als Staffelwettbewerb austrägt.

GRILLFESTE

Grillpartys werden immer beliebter - kein Wunder, unter freiem Himmel schmeckt es einfach am besten. Ohne große Ausstattung und Aufwand kann man die Gäste mit einfachen, aber wohlschmeckenden Gerichten verwöhnen. So hat auch der Gastgeber genügend Zeit, sich um die Gäste zu kümmern.

Grill aufstellen

Es gibt viele Grillgeräte zu kaufen, die sich einfach anheizen, kontrollieren und reinigen lassen. Sie brauchen jedoch nicht unbedingt viel Geld für die Grillausstattung auszugeben, denn mit einfachen Mitteln können Sie sich selbst einen Gartengrill bauen.

Einfach, aber praktisch

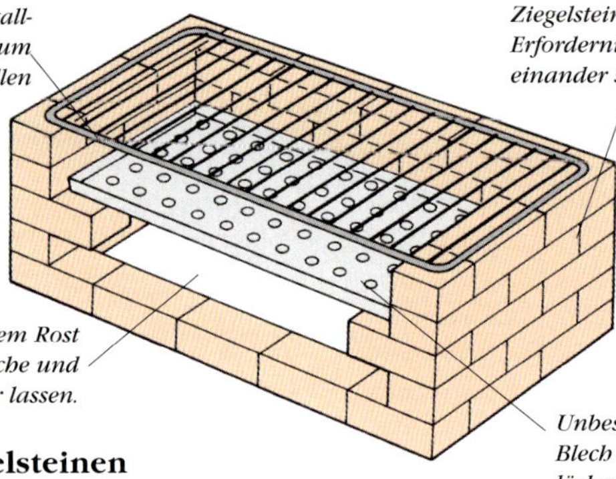

Aus Ziegelsteinen
Bauen Sie aus ein paar Ziegelsteinen einen ganz einfachen Grill. Legen Sie ein passendes Gitter für das Grillgut auf und setzen Sie ein hitzefestes Blech ein, auf dem Sie die Kohlen entzünden.

Feuer anzünden

- **Aluminiumfolie** Legen Sie den Grillboden mit zwei Schichten aus, bevor Sie die Kohlen hineinlegen. So wird die Hitze reflektiert.
- **Anzünden** Lassen sich Holzkohlebriketts nur schwer anzünden, helfen Sie sich mit speziellen Anzündern. Legen Sie einen oder zwei dieser Anzünder unter die Holzkohle.
- **Luftzufuhr** Falls das Feuer nicht richtig in Gang kommt, kann man mit einem Blasebalg etwas nachhelfen – auf keinen Fall direkt in die Glut blasen – Verletzungsgefahr!

GELD SPAREN

Alter Backrahmen
Auch beim Picknick muss auf den Grill nicht verzichtet werden: Löcher in die Wände eines alten Backrahmens stechen, mit Holzkohle füllen und ein Grillgitter oder ein Drahtgitter als Rost darüber legen.

Vorbereitungen

- **Rauchiges Aroma** Für einen angenehmen Geschmack braucht man keine teure Holzkohle aus Eichenholz. Geben Sie etwas feuchte Wacholder-, Rosmarin-, Thymian- oder Fenchelzweige über das Feuer, bevor Sie das Grillgut auflegen.
- **Grillgitter einfetten** Fetten Sie das Grillgitter etwas ein, damit das Fleisch nicht daran festhängt.
- **Vorheizen** Holzkohle muss trocken sein und braucht bei guter Luftzufuhr 25–30 Minuten, bis sich die richtige Glut entwickelt hat: Die Kohlen bekommen dann eine aschgraue Farbe. Bei gasbetriebenen Grillgeräten sollten Sie 10 Minuten vorheizen. Erst dann das Grillgut auflegen.

Probleme vermeiden

- **Aufflammen verhindern** Geben Sie nicht zu viel Öl in die Marinade und schneiden Sie überschüssiges Fett ab.
- **Feuer kontrollieren** Stellen Sie immer einen Eimer mit Sand oder Wasser zum Löschen neben den Grill.

ZUR SICHERHEIT

- **Grillplatz** Ebenen, windgeschützten Platz wählen.
- **Kein Zugang** Kinder und Tiere vom Feuer fern halten.
- **Schutz** Werkzeuge mit langen Griffen und gute Handschuhe verwenden.
- **Verboten** Niemals Benzin oder Spiritus ins Feuer geben.
- **Erste Hilfe** Erste-Hilfe-Kasten für Notfälle bereithalten.

Zum Grillen geeignet

Kräftige Marinaden, Kräuter und Gewürze geben den Gerichten den letzten Pfiff. Damit möglichst wenig Fett oder Öl in die Glut tropft und keine schädlichen Stoffe entstehen, sollte man auf das Grillgitter Aluminiumfolie legen oder Grillpfannen aus Aluminium verwenden.

Gleichmässiges Garen

- **Vorkochen** Fleisch und Geflügel müssen unbedingt gut durchgegart sein; eventuell in der Mikrowelle vorgaren.
- **Kartoffeln** Junge Kartoffeln 5 Minuten auf dem Herd vorkochen, auf Metallspieße stecken, mit Öl bestreichen und 8–10 Minuten grillen. Oder in Aluminium gewickelt kurz in die Asche legen.
- **Hitzezonen nutzen** Gemüse und Obst, die keine große Hitze vertragen, am äußeren Bereich des Grillgitters garen.
- **Hitze kontrollieren** Variieren Sie die Höhe des Grillgitters, um die Hitze zu kontrollieren. Steaks zunächst etwa 4–5 cm über der Glut anbraten, dann das Gitter höher hängen, um das Fleisch bei schwächerer Hitze vollständig zu garen.

Würzen

- **Gemüse** Große Gemüsestücke wie Maiskolben in Butter oder Öl wälzen und mit Curry und Salz bestreuen.

Mit Kräutermarinade
Bestreichen Sie fettarmes Geflügel mit einer Kräutermarinade, damit es würziger schmeckt und beim Grillen saftig bleibt. Sie können auch Fisch auf diese Weise marinieren.

Schnelle vegetarische Gerichte

- **Gegrilltes Gemüse** Halbierte Auberginen, Paprikaschoten oder Zucchini mit Öl bestreichen, goldbraun grillen.
- **Gefüllte Auberginen** Auberginen längs in dünne Scheiben schneiden, mit Öl bestreichen und weich grillen. Schafskäsewürfel und Basilikumblätter darin einwickeln und nochmals kurz grillen.
- **Bruschetta** Knoblauchzehen weich grillen. Brotscheiben mit Olivenöl bestreichen und grillen. Je eine Knoblauchzehe darauf zerdrücken und mit Basilikum bestreuen.
- **Tofu-Spießchen** Stecken Sie Tofu-Würfel mit Kirschtomaten, Champignons und Zucchini auf Spießchen. Mit Öl bestreichen und grillen.

Lebensmittel einwickeln

Einige Lebensmittel zerfallen bei der großen Hitze leicht oder trocknen aus. Solche Speisen gelingen auf dem Grill besser, wenn man sie in natürliche Hüllen wie Wein-, Mais- oder Bananenblätter wickelt oder in Aluminiumfolie einpackt und dann langsam gart.

Mit Weinblättern

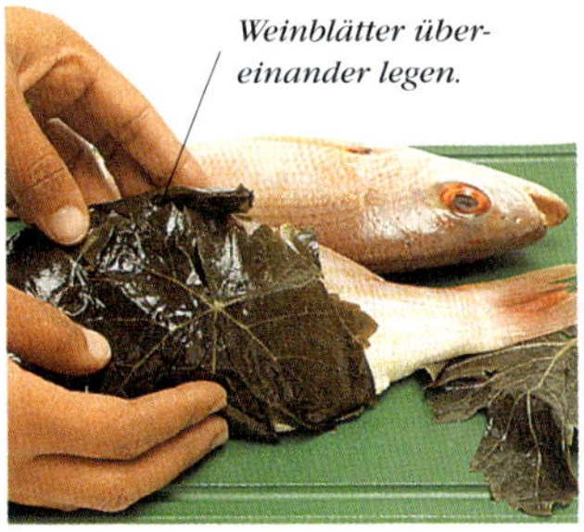

Fisch einwickeln
Empfindliche Lebensmittel kann man in Weinblätter packen, damit das Fleisch während des Garens nicht austrocknet oder zerfällt. Frische Weinblätter vorher 1 Minute blanchieren.

Maisblätter

Hühnchen einwickeln
Packen Sie Hähnchenbrust in die großen Blätter eines Maiskolbens, am besten in mehrere Schichten. Einige getrocknete Aprikosen dazwischengesteckt halten das Fleisch saftig.

Neue Ideen

- **Schinkenspeck** Würstchen längs aufschneiden und mit Senf oder Mixedpickles bestreichen. In Schinkenspeck einwickeln und grillen.
- **Calzone** Pizzateig zur Hälfte nach Geschmack belegen, andere Teighälfte darüber klappen. Mit Öl bestreichen und langsam grillen.
- **Obstpäckchen** Geben Sie Früchte zusammen mit etwas Likör und einem Stückchen Butter in Aluminiumfolie.
- **In der Schale grillen** Ganze Bananen 6–8 Minuten grillen. Schale aufschneiden und Banane mit Ahornsirup servieren.

PICKNICK

Ein Picknick bietet eine hervorragende Gelegenheit, in schöner Umgebung und netter Gesellschaft ein gutes Essen zu genießen. Suchen Sie dafür eine landschaftlich schöne und ruhige Stelle aus. Halten Sie die Gerichte einfach - so haben Sie mehr Spaß und weniger Arbeit.

Gerichte für das Picknick

Meist bestimmen Anlass und Umstände das Speiseangebot. Für eine Wanderung müssen die Gerichte auf kleinem Raum verstaut werden und man sollte alles von Hand essen können. Sind Sie mit dem Auto unterwegs, können Sie aufwändigere Gerichte einplanen.

SANDWICHES

- **Einfrieren** Viele Sandwiches können im Voraus zubereitet und eingefroren werden. Hart gekochte Eier, Mayonnaise oder Salat eignen sich jedoch nicht zum Einfrieren.
- **Krebshäppchen** Schneiden Sie Weißbrotstreifen und bestreichen Sie sie mit Weichkäse. Dann wickeln Sie das Brot um ein Stück Krebsfleisch. Die Röllchen mit einem Zahnstocher fixieren und in Plastikdosen packen.
- **Verschiedene Brotsorten** Mischen Sie Weißbrot und Vollkornbrot zu abwechslungsreicheren Sandwiches.

EINMAL ANDERS

Brotrollen
Dünne Brotscheiben ohne Rand mit Butter bestreichen. Auf ein feuchtes Handtuch legen, das Brot belegen und im Handtuch fest aufrollen. Dann von der Brotrolle Scheiben abschneiden.

GANZES BROT

Ein Baguette füllen
Baguette längs aufschneiden, mit Olivenöl beträufeln und eine herzhafte Füllung hineinlegen. Baguette fest in Aluminiumfolie wickeln und erst beim Picknick portionsweise schneiden.

DESSERTS TRANSPORTIEREN

Fruchtdips
Frisches Obst wie Erdbeeren oder Mango pürieren und mit Honig abschmecken. Platzieren Sie die Püreeschüssel zwischen klein geschnittenen Fruchtstücken zum Dippen in einer größeren Plastikschüssel.

EINFACHE GERICHTE

- **Gemüse** Großen Anklang findet zumeist Gemüse wie Möhren, Babymais, Radieschen, Champignons oder gekochte neue Kartoffeln mit einem Knoblauch-Mayonnaise-Dip. Das ist schnell vorbereitet und einfach zu essen.
- **Einzelne Portionen packen** Bevorzugen Sie fürs Picknick kleine Quiches oder Pizzas, für die beim Picknick kein großes Messer zum Anschneiden nötig ist.
- **Kartoffeln** Bieten Sie bei kaltem Wetter Folienkartoffeln an. Wickeln Sie die heißen Kartoffeln in der Folie in mehrere Lagen Zeitungspapier und transportieren Sie die Kartoffeln in einer Isoliertasche.

GUTE IDEE!

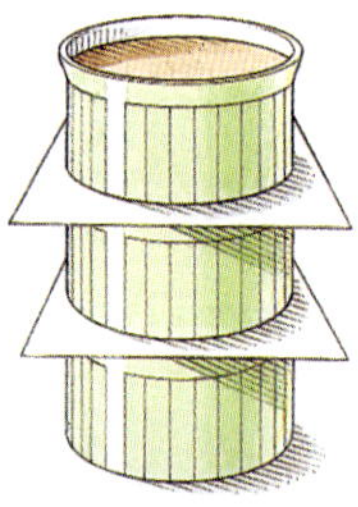

Desserts stapeln
Bereiten Sie Dessert in kleinen Schüsseln vor und stapeln Sie die Schüsselchen übereinander; jeweils ein Stück Karton dazwischenlegen und Stapel zum Transport in Klarsichtfolie packen.

Ausstattung für das Picknick

Eine spezielle Ausrüstung ist für ein Picknick meist nicht nötig. Empfehlenswert ist aber eine isolierte Kühltasche mit Kühlelementen, damit das Essen beim Transport kühl und frisch bleibt. Robustes Plastikgeschirr lässt sich leichter und sicherer transportieren als Porzellan.

Gefässe auswählen

- **Welcher Behälter?** Rechteckige Gefäße brauchen weniger Platz. Runde haben dafür oft gut schließende Deckel und eignen sich für den Transport flüssiger Gerichte.
- **Kühl oder warm halten** In Thermosflaschen mit einer großen Öffnung bleibt Obstsalat lange Zeit kühl. Andererseits können Sie Schmorgerichte und Suppen darin auch lang warm halten und einfach transportieren.
- **Kartons** Statt eines Picknickkorbs können Sie einen Umzugskarton nehmen. Er bietet mehr Platz und lässt sich einfacher packen.

Campingkocher

Sicherer Stand
Bei der Benutzung eines Campingkochers die Sicherheitshinweise befolgen. Das Gerät auf eine Unterlage auf ebenem Untergrund stellen, möglichst entfernt von Pflanzen oder Bäumen.

Picknick-Checkliste

Diese Dinge sollten bei keinem Picknick fehlen:

- Salz und Pfeffer
- Papierservietten oder Handtücher
- Korkenzieher
- Scharfes Messer
- Teller, Trinkbecher und Besteck
- Servierlöffel
- Picknickdecke oder Tischtuch
- Großer Regenschirm
- Feuchtes Tuch in einer Plastiktüte
- Insektenabwehrmittel
- Erste-Hilfe-Kasten
- Müllbeutel zum Aufräumen nach dem Picknick

Gerichte verpacken

Um alle Gerichte kühl, unversehrt und verzehrfertig zum Picknickplatz zu transportieren, bedarf es keiner Zauberkunst. Nur eine Regel sollten Sie beachten: Packen Sie schwere und stabilere Dinge zuerst ein, damit sie empfindlichere Gerichte nicht zerdrücken.

Salate transportieren

- **Große Schüsseln** Geben Sie Salat in ausreichend große Gefäße, damit er nicht zerdrückt wird.

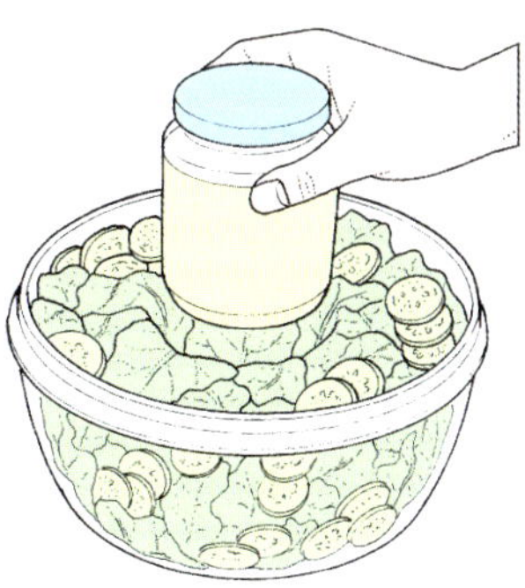

Dressing einpacken
Transportieren Sie das Dressing in einem Glas mit Schraubdeckel. Geben Sie es erst kurz vor dem Picknick an den Salat, damit er lange frisch und knackig bleibt.

Kleine Gegenstände

Korkenzieher
Damit Sie den Korkenzieher nicht vergessen und beim Picknick schnell zur Hand haben, befestigen Sie ihn mit Klebeband an der Flasche.

So gelingt das Picknick

- **Küchenpapier** Törtchen mit empfindlichen Kanten in feste Kartons stellen und mit zusammengeknülltem Küchenpapier schützen.
- **Gläser und Porzellan** Gläser oder Porzellan in Luftblasenfolie wickeln.
- **Flaschen einpacken** Flaschen auf Eis in eine Kühltasche legen, damit sie nicht zerbrechen und kühl bleiben.
- **Reihenfolge** Packen Sie die Gerichte – so weit möglich – in der Reihenfolge ein, in der sie serviert werden.
- **Flaschen öffnen** Lassen Sie kohlensäurehaltige Getränke nach dem Transport erst eine Weile stehen, damit sie nicht gleich überlaufen, wenn die Flaschen geöffnet werden.

ÜBERRASCHUNGSGÄSTE

Die interessantesten Mahlzeiten sind manchmal diejenigen, die nicht geplant wurden – beispielsweise wenn Überraschungsgäste zu Besuch kommen. Diese Herausforderung können Sie souverän meistern, wenn Sie sich einige Vorräte anlegen und daraus phantasievolle Gerichte zaubern.

Praktische Vorräte

Mit einem gut gefüllten Vorratsschrank, in dem sich auch einige Delikatessen befinden, sind Sie jederzeit auf Überraschungsgäste vorbereitet und können einfache Alltagsgerichte mit ein wenig Phantasie und ohne großen Aufwand in köstliche Mahlzeiten verwandeln.

TIEFKÜHLVORRÄTE

- **Portionsweise einfrieren** Frieren Sie Hauptgerichte oder Desserts portionsweise ein, damit Sie die jeweils benötigte Menge entnehmen können.
- **Füllungen einfrieren** Frieren Sie für besondere Gelegenheiten reichhaltige Obst- oder herzhafte Kräuterfüllungen ein.
- **Bruschetta** Ciabattabrot scheibenweise einfrieren. Wenn Überraschungsgäste kommen, die gefrorenen Scheiben mit etwas Pesto bestreichen, mit geriebenem Käse bestreuen und goldbraun backen. Mit Salat servieren.

SAHNE EINFRIEREN

Rosetten
Sahne auf ein mit Backpapier ausgelegtes Backblech spritzen. Rosetten auf dem Blech einfrieren und dann in stabile Boxen packen. Als Dekoration verwenden oder in Saucen geben.

PFANNKUCHEN EINFRIEREN

Mit Zwischenlage
Frieren Sie überschüssige Pfannkuchen ein, indem Sie zwischen die Pfannkuchen Folie legen und den Stapel fest umwickeln. So können Sie immer die Anzahl auftauen, die Sie brauchen.

EINFACHE DESSERTS

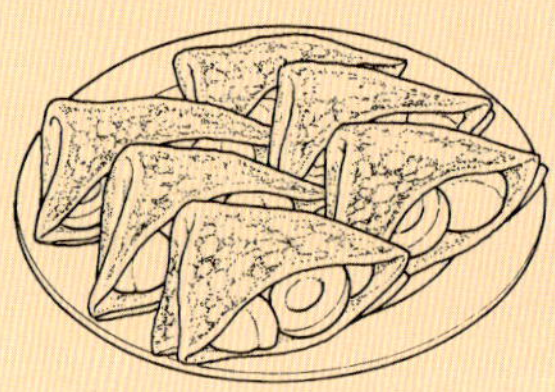

Pfannkuchen füllen
Pfannkuchen im Mikrowellenherd auftauen, auf einen Viertelkreis falten und mit Dosenobst füllen. Erhitzen und mit Sahne oder Eis servieren.

- **Pfirsich-Schneebälle** Füllen Sie halbierte Dosenpfirsiche mit Himbeerpüree oder zerdrückten Kokoskeksen, streichen Sie eine dicke Schicht aus Baisermasse darüber und backen Sie diese „Schneebälle“ goldbraun.
- **Apfelmus** Verrühren Sie fertiges Apfelmus aus dem Glas mit fertigem Vanillepudding. In Servierschüsselchen füllen und mit gerösteten Nüssen dekorieren.
- **Himbeer-Reis** Rühren Sie gefrorene Himbeeren unter fertigen Milchreis.
- **Pfirsiche in Portwein** Halbe Dosenpfirsiche ohne Saft in einer Schale anrichten. Pfirsiche mit Portwein vollständig bedecken und kühlen.
- **Gebratene Ananasringe** Ananasringe aus der Dose vorsichtig in Butter anbraten, bis sie eine goldene Farbe bekommen. Mit braunem Zucker bestreuen und etwas Cognac darüber geben. Heiß mit Sahne oder Eis servieren.

WICHTIGE VORRÄTE

- **Snacks** Mit Oliven, Nüssen und anderen herzhaften Snacks sind Sie für Überraschungsgäste gerüstet.
- **Vorspeisen** Aus eingelegtem Gemüse können Sie schnell eine Vorspeise zaubern. Kombinieren Sie Artischockenherzen, getrocknete Tomaten, Cannellinibohnen, Sardinen und Paprikaschoten zu einem gemischten Vorspeisenteller und servieren Sie dazu knuspriges Brot.
- **Kleine Reisgerichte** Reisreste mit herzhaften Lebensmitteln wie Lachsstücken und Thunfisch sowie mit Gemüse wie Erbsen oder Mais mischen. Warm als Hauptgericht oder kalt als Salat reichen.

Zusätzliche Gäste

Wenn überraschend ein zusätzlicher Gast zum Essen erscheint, lässt sich das geplante Gericht meist leicht anpassen. Verlängern Sie Schmorgerichte mit eingefrorenem oder eingelegtem Gemüse, reichen Sie zu jedem Gang Brot und servieren Sie zum Dessert frisches Obst.

Zusatzkalorien

- **Mit Käse** Geben Sie eine Käsesauce und Mandelsplitter über das Gemüsegericht und überbacken Sie es.

Blätterteigsterne
Tiefkühl-Blätterteig ausrollen und Sterne ausstechen. Auf ein gefettetes Backblech legen und im Ofen 12–15 Minuten backen. Auf Schmorgerichte geben.

Speisen verlängern

- **Brühe zugeben** Suppen mit kräftig abgeschmeckter Brühe oder einem Glas trockenem Weißwein verlängern. Aufkochen und abschmecken.
- **Bohnen zufügen** Reis können Sie einfach mit getrockneten Kidneybohnen oder Kichererbsen und ein paar gehackten Kräutern verlängern.
- **Mit Nüssen** Eine Bolognesesauce mit gemahlenen Nüssen und Dosentomaten strecken.
- **Vorspeise** Verlängern Sie nicht nur das Hauptgericht, zaubern Sie rasch eine Vorspeise aus Tomaten, Zwiebeln und knusprigem Brot.
- **Aufwerten** Servieren Sie Braten mit zusätzlicher Füllung oder herzhafter Sauce, um mehr Portionen zu erhalten.

Desserts verdoppeln

Schichten aus Sahne
Reicht das Fruchtpüree für die Überraschungsgäste nicht aus, füllen Sie abwechselnd eine Schicht Sahne und eine Schicht Fruchtpüree ins Servierglas.

Alltagsgerichte anreichern

Sie haben ein durchschnittliches Mittagessen vorbereitet und plötzlich stehen Gäste vor der Tür – dann lässt sich das Essen ganz einfach aufwerten – geben Sie knusprige Kräuter-Croûtons in Schmorgerichte oder servieren Sie das Dessert in hübschen Gläsern und nicht in Schüsseln.

Suppen servieren

Farben kombinieren
Verrühren Sie zwei verschiedenfarbige Dosensuppen miteinander. Sahnesuppen eignen sich am besten. Tomatensuppe passt hervorragend zu Spargelsuppe oder Selleriesuppe zu grünen Erbsen.

Desserts verfeinern

Zutaten schichten
Dosenfrüchte mit Sherry oder Brandy beträufeln und mit Fertigdesserts wie Zitronenmousse servieren. Abwechselnd in hohe Gläser schichten und Kekskrümel darüber streuen.

GUTE IDEE!

H-Sahne verbessern
Haltbare Sahne hat oft einen strengen Geschmack. Rühren Sie etwas Vanilleessenz oder Rosenwasser unter, bevor Sie sie ins Dessert geben.

Gartenarbeit leicht gemacht

Manche denken bei Gartenarbeit an ein schweißtreibendes Geschäft, das wenig Freude bringt. Das muss aber nicht so sein, denn die nachfolgenden Tipps und das hier eingeflossene Wissen zahlreicher Gärtner helfen Ihnen bei jeder Aufgabe sicher zum Erfolg – ob Sie nun einen großen Garten neu anlegen, einen Vorgarten in eine grüne Oase verwandeln oder einen begrenzten Raum optimal nutzen möchten.

DEN GARTEN VERSCHÖNERN

Einen Garten zu erneuern oder umzugestalten muss nicht unbedingt viel Arbeit bedeuten. Mit der richtigen Planung und Ausstattung sowie ein wenig gärtnerischem Grundwissen geht die Arbeit leicht von der Hand. Beginnen Sie am besten mit kleineren Veränderungen, die nicht viel Zeit und Geld kosten. Der Erfolg wird Ihnen den Schwung geben, sich auch an umfangreichere Arbeiten zu wagen – und Schritt für Schritt entsteht ein kleines Gartenparadies.

PROBLEME IM GARTEN	**EINFACHE LÖSUNGEN**
RASEN Die Rasenfläche wirkt langweilig; die Kanten sind ausgefranst; der Rasen hat zahlreiche unebene Stellen und braune Flecken; er ist mit Moos und Unkraut bewachsen.	Geben Sie dem Rasen eine andere Form; säubern Sie Kanten; ebnen Sie Erhebungen und Senken ein; entfernen Sie Moos und Unkraut; säen Sie kahle Stellen ein; pflanzen Sie Bäume; legen Sie Beete und Wege an.
BLUMENBEETE UND -RABATTEN Beete und Rabatten haben Lücken; kleinere Pflanzen werden von großen überwuchert; manche sind in schlechtem Zustand.	Teilen Sie dicht wachsende Stauden und entfernen Sie einige; füllen Sie Lücken mit Einjährigen, Stauden oder Zwiebelpflanzen; bepflanzen Sie Böschungen mit Bodendeckern.
BÄUME Sie wirken durch den fehlenden Schnitt verwildert; einige werfen durch ausladende Äste zu viel Schatten auf Beete und Haus.	Beschneiden Sie die Bäume, um mehr Licht zu bekommen. Setzen Sie bevorzugt Pflanzen, die Halbschatten/Schatten vertragen, sowie frühjahrsblühende Zwiebelpflanzen.
TERRASSE Der Terrassenboden ist von Moos und Unkraut bedeckt; einige Fliesen sind beschädigt; die Terrasse wirkt wenig einladend.	Beseitigen Sie Moos und Unkraut; ersetzen Sie kaputte Fliesen; gestalten Sie die Terrasse mit Kübel- und Ampelpflanzen; richten Sie einen Grillplatz ein.
WEGE UND TREPPEN Die rechtwinkligen Wege und Treppen wirken zu streng; die Pflasterung hat sich gelockert; manche Platten weisen Risse auf, in denen Unkraut und Moos wachsen.	Legen Sie schmale Beete an, um die harten Linien abzurunden; entfernen Sie Unkraut und Moos; reparieren Sie lockere oder defekte Platten; beleben Sie Wege und Treppen mit Pflanzkübeln und Ziergegenständen.
MAUERN Die Mauern erfüllen zwar ihren Zweck, wirken aber langweilig und unansehnlich. Teilweise sind sie auch beschädigt oder von Kletterpflanzen völlig überwuchert.	Säubern oder streichen Sie die Mauer; begrünen Sie sie mit Spalieren oder Kletterpflanzen, dünnen Sie vorhandene Kletterpflanzen aus; stellen Sie im Windschatten der Mauer eine Bank auf.

Den Garten umgestalten

Ein Garten, der lange Zeit vernachlässigt wurde, kann ziemlich deprimierend wirken. Ihn wieder zu einem Schmuckstück zu machen, erscheint Ihnen vielleicht als unlösbare Aufgabe, aber Sie werden staunen, welche Veränderungen bereits innerhalb eines einzigen Jahres möglich sind.

So können Sie Ihren Garten verändern

Planung ist Trumpf
Lassen Sie alle erhaltenswerten Elemente wie Bäume und Sträucher, die als Blickpunkte dienen, stehen. Einjährige, Stauden und Kletterpflanzen geben dem Garten dann rasch frische Farbe.

RASEN ERNEUERN

Oft bildet die Rasenfläche das Zentrum des Gartens und nimmt auch den größten Raum ein. Ein ungepflegter oder langweilig gestalteter Rasen kann deshalb schnell dazu führen, dass auch der übrige Garten wenig schön und einladend wirkt. Doch mit einigen Maßnahmen können Sie den Rasen wieder ins richtige Licht rücken.

Rasenflächen gestalten

Die Form der Rasenfläche beeinflusst die Gesamtwirkung eines Gartens. Der Rasen kann sowohl streng und formal als auch ungezwungen und locker wirken. Das Aussehen des Rasens zu verändern ist nicht schwer und muss auch nicht zwangsläufig mit hohen Kosten verbunden sein.

GESCHWUNGENE KURVEN

- **Weiche Linien** Für gleichmäßige Kurven nimmt man Schnur und Pflöcke, für unregelmäßige den Gartenschlauch.

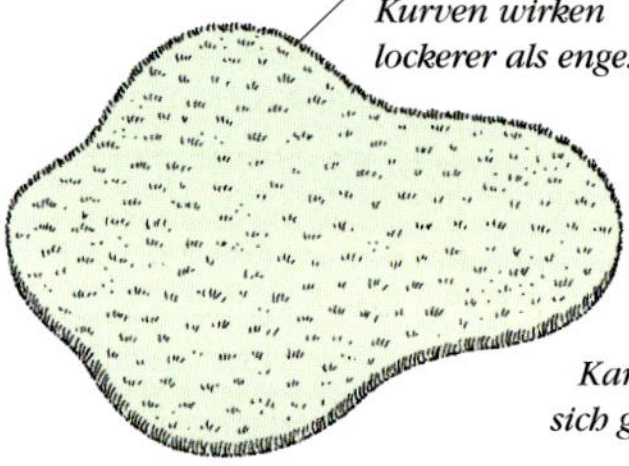

Unregelmäßige Kurven
Bei einer freien Gartengestaltung sollten Sie eine unregelmäßig geformte Rasenfläche anlegen und die Wirkung mit einer lockeren Bepflanzung unterstreichen.

GERADE KANTEN

- **Geometrisch genau** Mit einer zwischen den Pflöcken gespannten Schnur und einem Brett wird der Rand markiert.

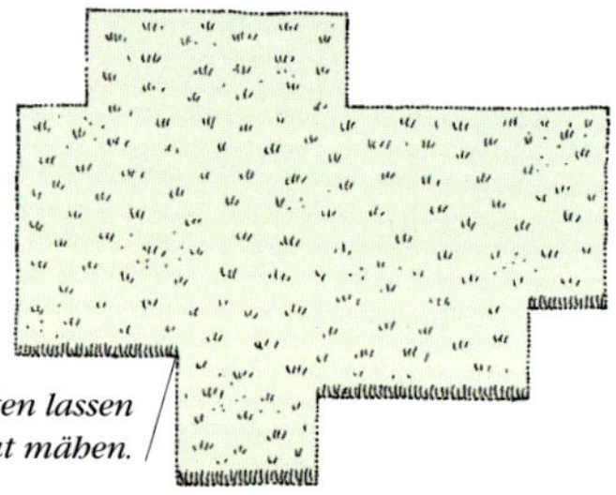

Gerade Kanten
Mit geraden Kanten und rechten Winkeln bekommt der Rasen ein formales Aussehen. Hier sollten die Kanten stets sauber geschnitten sein (siehe S. 568).

PLANEN DER FORM

- **Stimmt die Form?** Wenn Sie die neue Form Ihres Rasens abgesteckt haben, sollten Sie die Wirkung von verschiedenen Standorten aus prüfen, bevor Sie mit der Umgestaltung beginnen. Betrachten Sie die künftige Rasenfläche möglichst auch vom oberen Stockwerk Ihres Hauses.

PLANEN DER PFLANZUNG

- **Formal** Sauber in Form geschnittener Buchs als Beeteinfassung unterstreicht die formale Wirkung eines rechtwinklig angelegten Rasens.
- **Frei** Eine lockere Randbepflanzung passt gut zu einer unregelmäßigen Rasenfläche.

BEWÄHRTES WISSEN

Einen Blickpunkt schaffen
Bepflanzen Sie Ihren Rasen mit einem Baum in passender Größe. Bei wenig Platz wirkt ein großer Baum deplatziert, in einem großen Garten fällt ein kleiner kaum auf.

EIN RASENBEET ANLEGEN UND GESTALTEN

- **Richtiger Standort** Dort, wo der Rasen nicht gut wächst, weil der Boden zu trocken bzw. zu nass ist oder auch zu wenig Licht bekommt, legt man am besten ein Beet an. Achten Sie aber darauf, dass die Pflanzen den Standortbedingungen entsprechen (siehe S. 484).
- **Größe des Beetes** Durch ein Beet können Sie eine eintönige Rasenfläche auflockern. Wichtig ist, dass das Größenverhältnis zwischen Beet- und Rasenfläche stimmt.
- **Gemüse pflanzen** Anstelle von Stauden, Einjährigen oder Gehölzen können Sie das Beet mit Gemüse bepflanzen, denn auch Rhabarber, Mangold, Feuerbohnen, Salat, Erdbeeren und Kräuter wirken attraktiv.

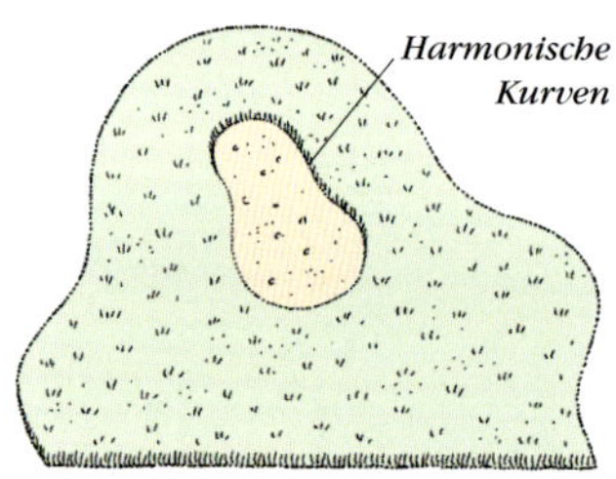

Die richtige Beetform
Bei einem unregelmäßig geformten Rasen wirkt ein abgerundetes Beet harmonisch. Für einen formal gestalteten Rasen eignet sich ein rechtwinkliges Beet.

Die Rasenfläche strukturieren

Einem bereits bestehenden Rasen können Sie ein neues Gesicht verleihen, indem Sie ihn mit Pflanzen, Wegen oder Trittsteinen in mehrere Abschnitte unterteilen. Diese Möglichkeit eignet sich vor allem für lang gestreckte Gärten, die optisch breiter wirken sollen.

Gelungene Unterteilung

- **Aufteilung** Ist der Rasen groß genug, können Sie ihn in zwei Bereiche aufteilen, z. B. in eine Spielplatzzone für die Kinder und einen Ruhebereich für die Erwachsenen.

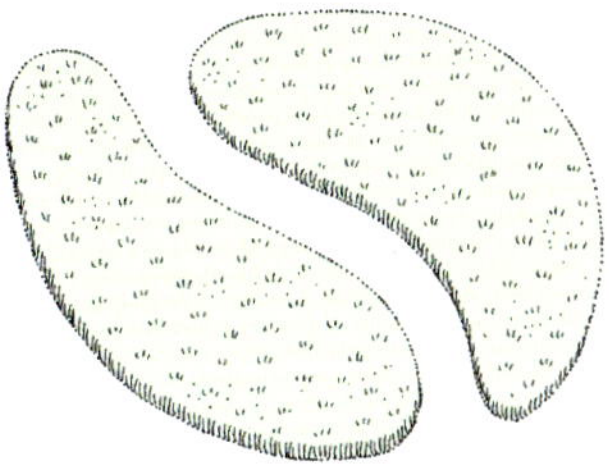

Gestaltung der Bereiche
Ein harmonischer Gesamteindruck entsteht, wenn die Formen der einzelnen Bereiche zueinander passen. Die Rasenkanten sollten einfach zu mähen sein und die Größe der Beete der Rasenfläche entsprechen.

Mit Wegen gestalten

- **Breite** Achten Sie darauf, dass der Weg über den Rasen so breit ist, dass zumindest eine Person bequem darauf entlanggehen kann.
- **Form** Führt der Weg über eine geschwungene Rasenfläche, sollten Sie die Wegführung der Form des Rasens anpassen.
- **Richtung** Lassen Sie den Weg entweder auf einen Fixpunkt zulaufen – einen Schuppen oder ein Gewächshaus – oder in einen anderen Teil des Gartens führen. Ein Weg, der nur als Raumteiler dient und „blind" endet, wirkt irritierend.
- **Randgestaltung** Bei geraden Wegen sind Apfelbäumchen als Schnurspalier mit einer Höhe von 45 bis 60 cm eine attraktive Randbepflanzung.

Hecken als Raumteiler

Optische Gestaltungstricks
Mit Hecken können Sie eine große Rasenfläche in mehrere Bereiche unterteilen, von denen jeder anders gestaltet sein kann. So wirkt der Garten nicht nur interessanter, sondern auch größer. Den gleichen Effekt hat auch eine frei wachsende Hecke, bei der die Sträucher in lockerer Anordnung als Sichtschutz gepflanzt werden (siehe S. 469).

Wege aus Trittsteinen

Wird der Weg über den Rasen nur wenig beansprucht, sind einzeln verlegte Platten aus Naturstein besonders attraktiv. Sie können sie sowohl symmetrisch als auch unregelmäßig anordnen. Bei verdichtetem Boden verlegt man die Steine statt auf Schotter besser auf Sand.

So verlegen Sie einen Trittsteinweg

1 Markieren Sie die Position, indem Sie das Gras rundherum abstechen. Tragen Sie so viel Erde ab, dass der Stein knapp unterhalb des Rasens abschließt. Berechnen Sie ca. 1 cm Sand oder Schotter ein.

2 Verfestigen Sie den Boden gründlich, fügen Sie den Sand oder Schotter hinzu und betten Sie den Stein stabil ein. Überprüfen Sie nochmals die Höhe und gleichen Sie Unterschiede bei Bedarf aus.

Die Lage der Steine

- **Position der Steine** Bevor Sie die Steine endgültig verlegen, sollten Sie zuerst verschiedene Möglichkeiten ausprobieren, wie sie am besten wirken. Prüfen Sie, ob der Abstand zwischen den Steinen ein bequemes Gehen erlaubt.
- **Werkzeuge** Die Grasnarbe lässt sich am besten mit einem abgerundeten Rasenkantenstecher abstechen, anschließend wird die Erde mit Spaten oder Kelle abgetragen.
- **Tiefe** Wichtig ist, dass die Steine tief genug liegen, damit sie beim Rasenmähen oder Laufen kein Hindernis sind.

Unebenheiten im Rasen

Vor allem in einem naturnah gestalteten Garten sind kleine Dellen im Rasen nicht schlimm. Sie können durch Aufbringen eines Sand-Erde-Gemischs schnell aufgefüllt werden. Bei sehr unebenen Flächen mit Erhebungen und Senken ist es dagegen besser, für Ausgleich zu sorgen.

So ebnen Sie Senken und Erhebungen im Rasen ein

1 Stechen Sie an der betroffenen Stelle den Boden mit einem Rasenkantenstecher kreuzförmig ein. Ziehen Sie die Grasnarbe an allen vier Seiten vorsichtig ab und klappen Sie diese nach hinten um.

2 Lockern Sie die Erde mit der Grabgabel. Eine Senke füllen Sie nun mit einer Sand-Erde-Mischung. Bei einem Hügel tragen Sie so viel Erde ab wie nötig. Treten Sie den Boden anschließend gut fest.

3 Klappen Sie die Grasnarbe vorsichtig zurück. Prüfen Sie, ob die Stelle jetzt eben ist, und drücken Sie die Narbe endgültig fest. Füllen Sie mögliche Lücken mit Erde und gießen Sie die Fläche gut an.

Ursachen für Unebenheiten im Rasen

- **Schlechte Drainage** Senken können durch einen unzureichenden Wasserablauf im Boden verursacht werden; ein Hinweis darauf ist Moosbewuchs an dieser Stelle. Wichtig ist, dass die Erde zum Auffüllen genügend Sand enthält.
- **Andere Ursachen** Unebenheiten können auch durch versteckten Schutt oder Baumwurzeln entstehen. Entfernen Sie nach Möglichkeit die Ursache und füllen Sie die entstandenen Löcher mit Erde oder einer Sand-Erde-Mischung auf.
- **Maulwurfgänge** Tiefe Senken im Rasen entstehen mitunter durch eingebrochene Maulwurfgänge (siehe S. 553). In diesem Fall legen Sie die Gänge frei und füllen die Löcher ebenfalls mit Erde oder einer Sand-Erde-Mischung auf.

Wann ausbessern?

- **Zeitpunkt** Unebene Stellen werden im Herbst oder Frühjahr ausgebessert, weil sich der Rasen dann besser erholt. Wässern Sie ihn gut, um die Durchwurzelung zu fördern.

Kinder im Garten

- **Absperrung** Wenn Kinder den Rasen nutzen, ist es sinnvoll, die ausgebesserten Stellen so lange abzusperren, bis sich die Grasnarbe erholt hat.

Kleine Senken auffüllen

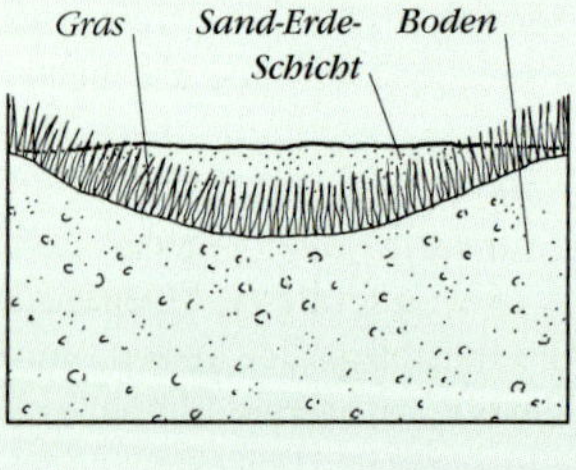

Kleine Dellen im Rasen können Sie sehr gut mit einer Sand-Erde-Schicht korrigieren, durch die das Gras hindurchwachsen und sich im Boden einwurzeln kann. Diese Methode eignet sich aber nur zum Ausbessern kleinerer Senken, da größere Erdmengen das Gras ersticken würden.

GUTE IDEE!

Senken mit Kies füllen
Aufgrund von Staunässe entstandene Senken lassen sich meist dauerhaft beseitigen, wenn Sie der Füllerde groben Kies (aus dem Gartencenter) beimengen, sodass das Wasser besser abfließen kann.

Bäume auf der Rasenfläche

Auf einer größeren Rasenfläche kann ein einzelner Baum mit interessanter Wuchsform zum optischen Mittelpunkt des ganzen Gartens werden. Besonders reizvoll sind Bäume mit attraktiver Frühjahrsblüte oder schöner Herbstfärbung, die ihre Wirkung dadurch noch verstärken.

Sitzgelegenheiten

Sitzplätze einrichten
Schön bei einem großen alten Baum ist eine Bank rund um den Stamm. Der Abstand zwischen Stamm und Bank sollte jedoch groß genug sein, damit der Baum noch Platz zum Wachsen hat.

Rund um den Baum

- **Rasen** Um den Baum herum sollten Sie einen Kreis von der drei- bis vierfachen Größe der durchwurzelten Fläche von Gras freihalten, um sich die Pflege zu erleichtern.
- **Beet** Wollen Sie unter dem Baum ein Beet anlegen, sollte es höchstens 5–8 cm hoch sein, da die Baumwurzeln sonst ersticken könnten.

Zwiebelpflanzen

- **Frühblüher** Im Frühjahr blühende Zwiebelpflanzen eignen sich sehr gut als Unterpflanzung, da die dann noch unbelaubten Bäume ausreichend Licht durchlassen.

Einen Baum pflanzen

- **Pflanzen** Das Pflanzloch sollte zweimal so tief sein wie der Wurzelballen und bei schwerem Boden mit Sand oder Rindenmulch, bei leichtem Boden mit Kompost oder Erde gefüllt werden.
- **Blattdüngung** Während der ersten beiden Jahre können Sie eine Blattdüngung vornehmen, um das Wurzelwachstum zu beschleunigen.
- **Bodendüngung** Ist der Baum eingewurzelt, heben Sie die Grasnarbe stückweise bis zu den äußeren Zweigen ab, arbeiten den Dünger ein, drücken die Narbe wieder auf und wässern die Stelle.

Schöne Schattenpflanzen

Im Schatten von Bäumen gedeiht Rasen meist weniger gut. Sie können es zwar mit Rasensamen für Schattenbereiche versuchen, meist ist es jedoch einfacher, stattdessen Blumen zu pflanzen. Verwenden Sie dafür aber nur solche Pflanzen, die Schatten und Trockenheit vertragen.

Schattenpflanzen unter Bäumen

Die bunten Blüten locken Bienen und Hummeln an.

Niedrige Bodendecker am Rand unterdrücken das Wachstum von Unkraut.

Geeignete Pflanzen
Wählen Sie nur solche Pflanzen aus, deren natürlicher Standort den gleichen Bedingungen entspricht, wie sie unter Bäumen herrschen. Bodendeckerpflanzen wie Immergrün *(Vinca minor)* sind sehr pflegeleicht und lassen zudem kein Unkraut aufkommen.

Welche Pflanzen passen?

- **Gute Wahl** Diese Stauden und Zwiebelpflanzen gedeihen gut im Schatten unter Bäumen: *Anemone nemorosa* (Anemone), *Bergenia* (Bergenie), *Brunnera macrophylla* (Kaukasus-Vergissmeinnicht), *Convallaria majalis* (Maiglöckchen), *Campanula latifolia* (Waldglockenblume), *Cyclamen* (Alpenveilchen), *Eranthis hyemalis* (Winterling), *Galanthus nivalis* (Schneeglöckchen), *Geranium macrorrhizum* (Storchschnabel), *Hyacinthoides hispanica* (Blauglöckchen), *Lamium* (Taubnessel), *Leucojum vernum* (Märzenbecher), *Scilla sibirica* (Blausternchen), *Tiarella cordifolia* (Schaumblüte), *Viola* (Veilchen).

BEETE VERSCHÖNERN

Sowohl karge Beete als auch zu dicht wuchernde Pflanzungen beeinträchtigen die Wirkung des Gartens. Ist die Grundgestaltung gut, können Sie Ihr Beet auflockern oder durch zusätzliche Pflanzen ergänzen. Am besten sind Pflanzen mit unterschiedlicher Blütezeit, dann erfreuen Sie sich fast das ganze Jahr über an frischen Farben.

Blumenbeete auflockern

Beete werden häufig zu dicht bepflanzt. Wenn Sie die Pflanzen in den richtigen Abständen setzen, sieht das Beet zwar etwas kahl aus, bis die Pflanzen ihre endgültige Größe erreicht haben, aber bei zu dichter Bepflanzung müssen Sie später einige Pflanzen wieder entfernen.

Was tun bei zu vielen Pflanzen?

Zu dichter Bewuchs
Wenn schnell wachsende oder zu große Stauden andere Pflanzen verdrängen und zu viel Schatten werfen, sollte man sie entfernen. Buschig wachsende Stauden, die zu dicht werden, teilt man alle 2–3 Jahre.

Lockere Bepflanzung
Wenn Sie zu üppig wachsende Stauden geteilt haben (siehe S. 500), können Sie einen Teil davon wieder in die Beete pflanzen und mit den übrigen mögliche Lücken in anderen Beeten auffüllen oder sie in Pflanzgefäße setzen.

Clematis bringt Farbe

Kahle Stauden beleben
Von unten her kahl gewordene Stauden müssen Sie nicht gleich entfernen. Pflanzen Sie einfach dicht daneben eine Clematis, die die kahlen Stellen überdeckt und zusätzliche Farbe ins Beet bringt.

Anlage und Pflege

- **Neuanlage** Ist das Beet in allzu schlechtem Zustand, sollten Sie die Pflanzen an andere Stellen umsetzen, einen neuen Pflanzplan erstellen und das Beet völlig neu bepflanzen.
- **Bodenverbesserung** Beim Abräumen des Beetes sollten Sie die Gelegenheit für eine Bodenverbesserung nutzen. Arbeiten Sie Kompost ein oder verwenden Sie organischen Dünger (siehe S. 524).
- **Umgraben** Schwere, nasse Böden sollten erst im Frühjahr umgegraben werden, da benachbarte Pflanzen sonst beschädigt werden könnten.
- **Mulchen** Bedecken Sie Freiflächen mit einer 5–7 cm hohen Mulchschicht. Sie hält den Boden feucht und unterdrückt das Unkraut (siehe S. 530).

Teilen und Versetzen

- **Versetzen** Wenn Sie Stauden oder kleine Gehölze umsetzen möchten, sollte dies im Spätherbst geschehen, da zu dieser Zeit die Wurzeln ruhen (siehe S. 498–499).
- **Stauden teilen** Verwenden Sie jeweils nur die kräftigsten Teile einer geteilten Pflanze. Übrige Pflanzen können Sie in einen Pflanzkübel setzen.
- **Pflanzabstand** Beim Einpflanzen sollten Sie den künftigen Platzbedarf der Pflanze berücksichtigen (siehe S. 491) und genügend Abstand halten. Das erspart Ihnen später viel Zeit und Mühe.
- **Wurzeln** Prüfen Sie vor dem Einsetzen der Pflanzen die Wurzeln. Verfilzte Wurzeln sollten Sie einige Stunden ins Wasser legen und entwirren.

Lücken im Beet schließen

Bei richtiger Bepflanzung dauert es einige Zeit, bis ein Beet seine volle Pracht entfaltet – während der ersten Jahre wirkt es eher etwas spärlich. Doch anstatt zu dicht zu pflanzen, füllen Sie die Lücken lieber mit Einjährigen auf, bis die Pflanzen ihre endgültige Größe erreicht haben.

Farbe im Frühling

Zwiebelpflanzen
Hiermit lassen sich Lücken in neuen oder ausgedünnten Beeten füllen. Frühjahrsblüher wie Narzissen eignen sich am besten, weil sie dann blühen, wenn andere Pflanzen noch kahl sind.

Farbe im Sommer

Gehölzebeet
Damit das neue Beet nicht zu kahl wirkt, kann man Einjährige und Stauden in die Zwischenräume setzen. Sind die Sträucher dann größer geworden, entfernt man sie wieder.

Einjährige aussäen

- **Pflanzzeit** Bei manchen Einjährigen, die eigentlich im Frühjahr ausgesät werden, bewirkt die Aussaat im Herbst eine sehr lange Blütezeit.

Pflanzgefässe im Beet

- **Topfpflanzen** Mit diesen Pflanzen können Sie Ihrem noch kahlen Beet zwischenzeitig Farbe verleihen. Dafür werden die Gefäße bis zum Rand eingegraben oder so ins Beet gestellt, dass sie von den Blättern der umstehenden Pflanzen verdeckt werden.
- **Farbe im Herbst** Gefäße mit Astern oder Gräsern beleben das Beet bis in den Herbst.

Hanglagen bepflanzen

Hanglagen können einen Garten noch interessanter machen, denn sie bieten ungewöhnliche Möglichkeiten der Bepflanzung. Wenn Sie einen Garten in Hanglage haben, wählen Sie die Pflanzen besonders sorgfältig aus, damit weder Erosion noch wandernde Beete auftreten.

Hanglagen ausgleichen

- **Terrassierung** Ein steiler Hang lässt sich durch eine Terrassierung und Stützmauern ausgleichen und sichern.

Einen Hang bepflanzen
Ist der Zugang zu Ihrem Hangbeet erschwert, sollten Sie nur pflegeleichte Pflanzen setzen. Außerdem können Bodendecker sinnvoll sein, um Erosionsprozesse zu verhindern.

Boden stabilisieren

- **Stützmauern** Verwenden Sie für Holzstützmauern nur kesseldruckimprägniertes, stabiles Holz, das dem Druck des Bodens standhält.
- **Drahtgeflecht** Ein Beet in Hanglage lässt sich auch mit Drahtgeflecht sichern (siehe S. 484). Sind die Pflanzen angewachsen, können Sie es wieder entfernen.
- **Mulchen** Mit einer Mulchschicht können Sie das Drahtgeflecht verbergen und der Bodenerosion vorbeugen.

Die richtigen Pflanzen

- **Feuchter Boden** Für den unteren Hangabschnitt, wo der Boden meist feucht ist, eignen sich Pflanzen, die viel Nässe vertragen (siehe S. 484).

ZEIT SPAREN

Steine verstecken
Statt einen Steinhaufen abzutragen, versteckt man ihn unter Kletterpflanzen, von denen viele auch horizontal wachsen, beispielsweise Rosen und Clematis. Bestehen die Steine aus Beton, eignen sich Kalk liebende Pflanzen.

Bäume und Sträucher im Garten

Anstatt einen Garten mit zahlreichen Bäumen grundlegend umzugestalten, ist es oft sinnvoller, ihn zu einer Art Waldgarten zu machen. Wenn auf Ihrem Beet ein Baum steht, können Sie es beispielsweise mit Wildblumen bepflanzen, die Schatten und Trockenheit vertragen.

Gestalten mit Bäumen und Sträuchern

Baumstämme tragen zum Stil des Gartens bei.

Ein dichter Unterwuchs bietet vielen Tieren Schutz.

Natürliche Wirkung
Unter Bäumen wirken solche Pflanzen besonders natürlich, die sich durch Selbstaussaat von allein vermehren, ebenso Zwiebelpflanzen mit kleinen Blüten und schlichten Blättern.

Schattenbeete planen

- **Sträucher** Als Unterwuchs von Bäumen eignen sich nur schattenverträgliche Sträucher. Beim Einsetzen ist darauf zu achten, dass die Baumwurzeln nicht beschädigt werden.
- **Bodendecker** Niedrig wachsende Stauden kann man gut als Bodendecker verwenden.
- **Tiefe des Schattens** In der Nähe des Stammes ist es schattiger als in 2–3 m Entfernung, was bei der Pflanzenauswahl zu berücksichtigen ist.

Bäume zurückschneiden

Im Garten ist ein großer Baum mit ausladender Krone immer etwas Besonderes. Wenn er allerdings so hoch und breit geworden ist, dass er zu viel Schatten wirft, seine Äste zu nah ans Haus reichen oder sogar bis zum Nachbarn hinüberwachsen, ist es höchste Zeit für einen Schnitt.

Bäume schneiden

- **Zu hoch oder zu breit?** Ist ein Baum an seinem Standort zu ausladend geworden, sollte man ihn in jedem Fall zurückschneiden. Wird der Schnitt richtig ausgeführt, behält der Baum auch danach seine natürliche Form.
- **Professionelle Hilfe** Einen umfassenden Baumschnitt sollten Sie grundsätzlich einem erfahrenen Gärtner überlassen. Diese Arbeit ist nicht nur gefährlich, sondern kann auch den ganzen Baum ruinieren, sofern er ohne ausreichende Sachkenntnis durchgeführt wird.

Wann ist ein Rückschnitt nötig?

Hier wurden die unteren Äste entfernt.

Die Äste werfen zu viel Schatten.

Vor dem Schnitt
Dieser große Baum wirft durch die ausladenden unteren Äste viel zu viel Schatten. Außerdem versperren die Äste den freien Zugang zum Baum.

Nach dem Schnitt
Bei diesem Baum wurde die Krone beschnitten. Durch die Entfernung der unteren Äste ist er besser zugänglich und wirft weniger Schatten.

TERRASSE RENOVIEREN

Die häufigsten Probleme bei ungepflegten Terrassen sind Unkraut und beschädigte Bodenplatten, die oftmals von Moosen und Algen bewachsen sind. Hier können schon geringfügige Veränderungen eine Menge bewirken. Aber auch eine schöne Bepflanzung und einige geschmackvolle Accessoires tragen viel zur Atmosphäre bei.

Frühjahrsputz auf der Terrasse

Bevor Sie an die Verschönerung gehen, sollten Sie zunächst erst einmal alles Unnötige wegräumen, was sich im Lauf der Zeit auf der Terrasse angesammelt hat. Sind dann Algen und Unkräuter entfernt, ist das meiste schon geschafft und Sie können mit der Neugestaltung beginnen.

So schaffen Sie Ordnung

- **Abfälle** Geben Sie organische Abfälle wie Laub und Zweige auf den Kompost.
- **Wasserhahn** Ist auf der Terrasse ein Wasserhahn angebracht, überprüfen Sie, ob er dicht ist, und erneuern Sie gegebenenfalls die Dichtung.
- **Wider die Algen** Entfernen Sie vorhandenen Algenbewuchs mit einer harten Bürste und Seifenlauge. Sehr effektiv sowie Kraft und Zeit sparend ist die Arbeit mit einem Hochdruckreiniger.
- **Bodenplatten erneuern** Gesprungene Bodenplatten sollten Sie entweder reparieren (siehe S. 607) oder austauschen. Gibt es im Handel keinen passenden Ersatz mehr, können Sie beschädigte Platten an markanten Stellen durch Platten aus unauffälligeren Bereichen ersetzen.
- **Terrassenmöbel** Überprüfen Sie Ihr Terrassenmobiliar. Unansehnlich gewordene Holzmöbel lassen sich durch einen Anstrich verschönern.

Unkräuter entfernen

- **Richtig jäten** Unkraut in den Fugen zwischen den Terrassenplatten sollte möglichst mitsamt den Wurzeln entfernt werden – sonst wächst es schnell wieder nach.
- **Pfahlwurzler** Um Pflanzen wie Löwenzahn oder Disteln dauerhaft zu beseitigen, hilft nur das Herausnehmen der ganzen Pflanze: Mit einem Löwenzahnstecher sticht man möglichst tief an der Wurzel entlang und zieht die Pflanze mitsamt der Wurzel heraus.

Die Terrasse verschönern

Eine kaum oder gar nicht bepflanzte Terrasse wirkt wenig einladend, ebenso eine frisch angelegte Terrasse, deren Bodenbelag noch keine Patina angesetzt hat. Mit einer ansprechenden Bepflanzung und einigen schönen Accessoires geben Sie Ihrer Terrasse ein ganz neues Gesicht.

Eine Wand begrünen

Kletterpflanzen
Nehmen Sie eine an die Wand angrenzende Bodenplatte heraus und setzen Sie Kletterpflanzen (mit Rankhilfe) oder Sträucher. Binden Sie die Jungtriebe an.

Schöne Materialien

Steinarten kombinieren
Probieren Sie vor dem Verlegen verschiedene Materialien aus: Pflastersteine harmonieren gut mit Kieselsteinen, Ziegelsteine passen gut zu Kopfsteinpflaster.

Gestaltungselemente

- **Pflanzgefäße** Kahl wirkende Terrassen lassen sich gut mit Kübelpflanzen und attraktiven Pflanzgefäßen verschönern.
- **Gemüse und Kräuter** Je nach Lichtverhältnissen können Sie auch einige schöne Gemüsepflanzen wie Tomaten oder Kräuter setzen, die für kleine Terrassen besser geeignet sind als Kletterpflanzen.
- **Accessoires** Stellen Sie eine kleine Skulptur oder ein Wasserbecken auf (siehe S. 573). Sprudelndes oder plätscherndes Wasser setzt ebenso neue Akzente auf der Terrasse wie eine dekorative Plastik.

Die Terrasse bepflanzen

Wenn man eine oder mehrere zerbrochene Terrassenplatten mit einem Spaten abhebt, entsteht Platz für ein kleines Terrassenbeet. Setzt man hier entsprechend interessante Pflanzen, wirken selbst zuvor ein wenig langweilige Terrassen urplötzlich viel lebendiger.

Ein Terrassenbeet anlegen

- **Mörtel entfernen** Kratzen Sie mit einem Meißel oder Schraubenzieher den Mörtel aus den Fugen und entfernen Sie Moos und Unkraut.
- **Boden säubern** Entfernen Sie alle Steine mit einem Spaten und lockern Sie die Erde mit der Grabgabel, um die Drainage zu fördern.
- **Pflanzen setzen** Wählen Sie für das Beet nur Pflanzen, die wenig Platz brauchen und den Lichtverhältnissen auf der Terrasse entsprechen.

1 Stechen Sie mit einem Spatenblatt in die Fuge zwischen den Platten. Schieben Sie das Blatt unter die Platte, um sie zu lockern, und heben Sie die Platte heraus. Entfernen Sie Moos und Unkraut.

2 Entfernen Sie einen Teil der zuvor gelockerten Erde. Arbeiten Sie stattdessen gute Gartenerde, mit etwas Kompost und organischem Dünger vermischt, in den Boden ein.

3 Pflanzen Sie nach Belieben kleine Gehölze, Stauden, Zwiebelpflanzen oder Einjährige (siehe S. 487). Achten Sie dabei darauf, dass die Pflanzlöcher tief genug sind, und gießen Sie alles gut an.

Pflege der Pflanzen

Terrassenpflanzen brauchen besonders viel Pflege, da sie im Sommer häufig hohen Temperaturen ausgesetzt sind. Außerdem kann es durch den Terrassenbelag zu einem Nährstoffmangel kommen, den man ausgleichen muss.

- **Wässern** Terrassenpflanzen müssen regelmäßig gegossen werden. Eine dünne Mulchschicht hilft, die Feuchtigkeit zu speichern, und verzögert das Wachstum von Unkraut.
- **Nährstoffe** Düngen Sie Ihre Terrassenpflanzen je nach Bedarf während der Wachstumsperiode mit organischem Dünger (siehe S. 526).
- **Schneiden** Bei zu stark wuchernden Pflanzen ist außerdem ein gelegentlicher Rückschnitt erforderlich.

Auswahl der Pflanzen

- **Ungeeignete Pflanzen** Wählen Sie auf keinen Fall stark wuchernde Pflanzen, die viel Schatten werfen. Nicht geeignet sind auch Pflanzen mit kräftigen Wurzeln, die sogar dicke Terrassenplatten anheben können. Und dornige Pflanzen sollten ihren Standort nicht in der Nähe von Sitzplätzen finden.
- **Schönheit im Winter** Mit immergrünen Blattschmuckstauden wirkt Ihre Terrasse auch im Winter interessant.
- **Boden verbessern** Vor der Bepflanzung sollten Sie den oft nährstoffarmen, durch die Terrassenplatten verdichteten Boden, der meist nur wenig nützliche Mikroorganismen enthält (siehe S. 482), mit Kompostgaben verbessern.

Schöne Terrassenbeläge

- **Holz oder Stein** Wenn Sie gerade planen, den unansehnlich gewordenen Belag Ihrer Terrasse zu erneuern, haben Sie die Qual der Wahl zwischen einem Stein- und einem Holzfußboden.
- **Kosten** Ein Belag aus Holz ist zwar nicht ganz so lang haltbar wie ein Steinboden, er kostet aber deutlich weniger Geld und wirkt warm und freundlich.
- **Optische Tricks** Hat das an die Terrasse angrenzende Wohnzimmer einen Parkettfußboden, können Sie es optisch vergrößern, indem Sie auf der Terrasse einen Holzboden in gleicher Farbe legen lassen. So wird die Terrasse zu einem gern genutzten zweiten Wohnzimmer im Freien.

Ein Hochbeet anlegen

Eine langweilige große Terrasse können Sie mit einem Hochbeet beleben, auf dem Kletter- und Hängepflanzen frische Farbe ins Spiel bringen. Bei geeigneten Standortverhältnissen und mit Spezialerde wachsen hier Pflanzen, die sonst im Garten nicht gedeihen würden.

Ein Hochbeet auf der Terrasse anlegen

Hochbeet aus Ziegeln
Wer ein Hochbeet aus Ziegelsteinen baut, sollte nur frostsichere Steine verwenden. Wichtig ist auch, dass die Steine zum Terrassenboden sowie zur übrigen Umgebung passen.

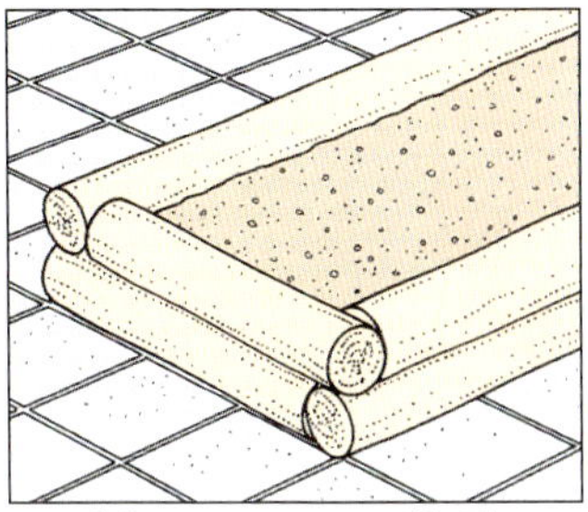

Hochbeet aus Rundhölzern
Kesseldruckimprägniertes Rundholz ist sehr lang haltbar und eignet sich gut für ein rustikales Hochbeet. Verbinden Sie die Hölzer aber nur mit verzinkten Nägeln, die keinen Rost ansetzen.

Bau und Bepflanzung

- **Betonsteine** Besonders kostengünstig ist ein Hochbeet aus Betonquadern, das Sie allerdings innen mit einer festen Kunststofffolie auslegen sollten, da manche Pflanzen empfindlich auf Beton reagieren. Alternativ können Sie die Steine auch mehrmals mit Bitumen streichen.
- **Drainage** Sehr wichtig bei einem Hochbeet sind Drainagelöcher am Grund des Beetes.
- **Pflanzen** Mit immergrünen Hängepflanzen, die über die Mauer ranken, lassen sich unschöne Kanten verdecken.

Eine tief gelegene Terrasse bepflanzen

Rund um eine tief liegende Terrasse können Sie auf den Stützwänden Pflanzflächen zum Begrünen einrichten. Dafür sollten Sie aber nur Materialien verwenden, die zum übrigen Garten passen, und bei der Anlage auf einen ungehinderten Zugang von der Terrasse zum Garten achten.

Welche Pflanzen passen?

- **Pflanzen** In ein kleines Hochbeet hinter der Stützmauer können Sie Einjährige, Stauden und Gräser pflanzen.
- **Farben** Gut geeignet sind Kombinationen aus immergrünen und Blütenpflanzen, die frische Farbe bringen.

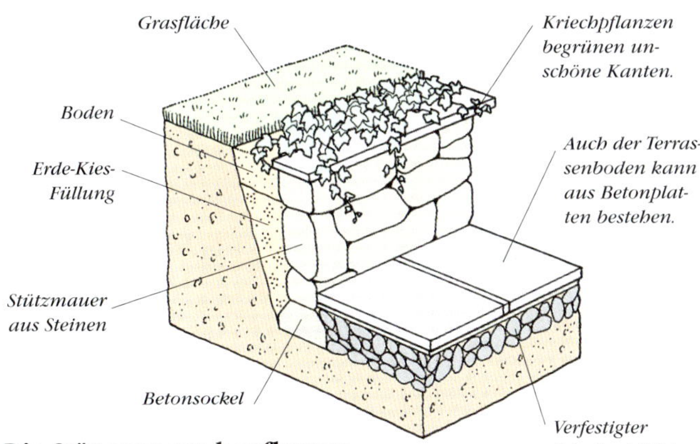

Die Stützmauern bepflanzen
Für die Begrünung von Stützmauern eignen sich viele Pflanzen. Achten Sie aber darauf, dass die Erdschicht über dem Füllmaterial tief genug ist, oder verwenden Sie nur flach wurzelnde Pflanzen.

BEWÄHRTES WISSEN

Der Wasserabfluss
Da Stützmauern den Wasserablauf hemmen, entsteht leicht Staunässe. Sie können die Drainage erleichtern, indem Sie die untersten Steine nicht mit Mörtel verfugen. Wichtig ist, dass die Abflüsse immer frei von Verunreinigungen bleiben.

Schöne Kübelpflanzen

Mit attraktiven Pflanzgefäßen aus Metall, Keramik, Terrakotta oder Stein in vielen verschiedenen Formen und Größen lässt sich die Terrasse immer wieder anders gestalten. Je nach Saison können Sie die Gefäße frisch bepflanzen oder umstellen und damit neue Akzente setzen.

Pflanzgefässe richtig füllen

1 Steine, Scherben oder große Kiesel geben hohen Pflanzgefäßen mehr Stabilität. Das ist vor allem dann wichtig, wenn die Gefäße auf der Terrasse stehen, wo sie leicht umgestoßen werden können.

2 Wer einen zweiten Topf verwendet, der in den dekorativen Übertopf gestellt wird, braucht beim Einpflanzen weniger Erde. Bei einer Neupflanzung lässt er sich leicht wieder herausnehmen.

Gefässe auf der Terrasse

- **Pflanzenpflege** Kleine Gehölze, Stauden und langsam wachsende Kletterpflanzen eignen sich gut als Kübelpflanzen für Terrasse und Garten. Wichtig sind regelmäßiges Gießen und Düngen sowie je nach Pflanzenart und Wuchskraft ein Rückschnitt.
- **Verblühte Pflanzen** Nach der Blüte sollten Sie Stauden an einen unauffälligen Platz auf der Terrasse stellen. Einjährige ersetzt man sofort durch neue Pflanzen.
- **Künstlicher Teich** In einem wasserdichten Holzkübel können Sie einen kleinen Teich mit Wasserpflanzen gestalten, der auf der Terrasse gut zur Geltung kommt (siehe S. 574).

Was tun mit alten Töpfen?

Beschädigte Gefäße brauchen Sie nicht gleich wegzuwerfen, sondern können sie neu bepflanzen und auf die Terrasse oder in den Garten stellen. Bei geschickter Pflanzenauswahl kann man Sprünge oder ein fehlendes Stück nämlich so gut verstecken, dass nichts mehr zu sehen ist.

Den Fehler verstecken

- **Richtig gruppiert** Verdecken Sie Kratzer, fehlende Teile oder einen Sprung in einem großen Topf, indem Sie einfach ein kleineres Pflanzgefäß davorstellen.
- **Geeignete Pflanzen** Hinter kriechenden Einjährigen wie Lobelie *(Lobelia erinus)* oder Stauden wie Blaukissen *(Aubrieta)* lassen sich angeschlagene Kanten verstecken.

Töpfe verzieren

- **Verzierte Gefäße** Dekorative Töpfe bieten auch leer einen schönen Anblick. Glasierte oder bemalte Töpfe (siehe S. 519) lassen sich wirkungsvoll zu Gruppen arrangieren.

Tonscherben bepflanzen

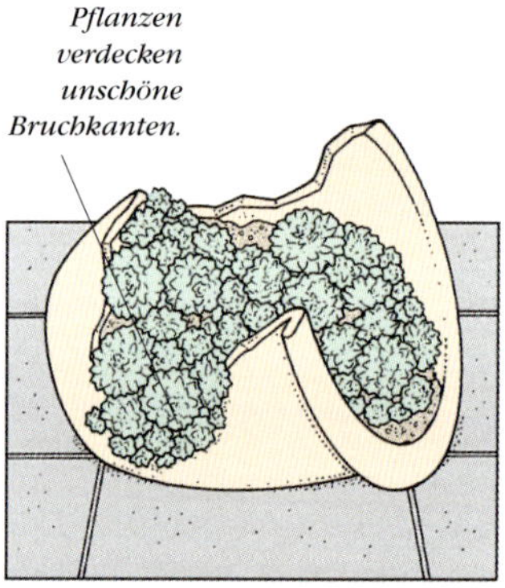

Scherben als Pflanzgefäß
Legen Sie die Scherbe auf die Seite und pflanzen Sie Hauswurz *(Sempervivum)* darauf, die auch unter kargen Bedingungen gedeiht und die Kanten überdeckt.

Töpfe als Dekoelemente

Hübsche Dekoelemente
Auch leere Töpfe – ob allein oder in Kombination mit bepflanzten Gefäßen – sind eine originelle Terrassendekoration und lassen sich immer wieder umstellen.

Einen Grillplatz einrichten

Bietet Ihre Terrasse genügend Platz, richten Sie hier einen Grillplatz ein! Grillvorrichtungen gibt es zwar in allen Größen und Preisklassen im Kaufhaus oder Gartencenter, Sie können Ihren Grill aber auch sehr einfach selbst bauen, sodass er Ihren Bedürfnissen optimal entspricht.

Einen Grill selber bauen

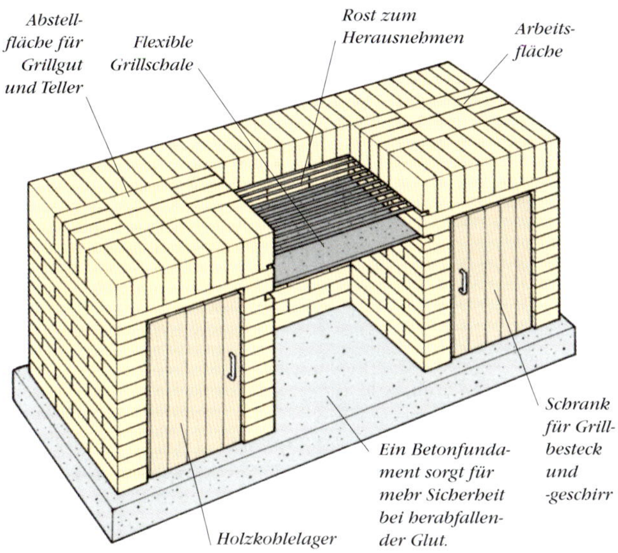

Terrassengrillplatz
Ein stabiler Grill sollte auf keiner Terrasse fehlen. Wichtig sind der richtige Platz sowie geeignetes Baumaterial, das zur Umgebung passen sollte.

Der richtige Platz

- **Grillrost** Bauen Sie Ihren Grill so, dass handelsübliche Grillroste aus Metall hineinpassen und somit problemlos ausgetauscht werden können.
- **Standort** Stellen Sie Ihren Grill so auf, dass er vom Haus wie auch von den Sitzplätzen her gut erreichbar ist. Weniger günstig ist ein exponierter Platz in der Mitte, vor allem, wenn dort Kinder spielen.
- **Fundament** Wenn Sie sich bezüglich der Stabilität Ihrer Terrasse nicht sicher sind, errichten Sie den Grill auf einem Betonsockel, damit er nicht absinken kann. Vor allem bei einer Terrasse mit Holzboden gibt ein Betonfundament auch im Hinblick auf die herabfallende Glut mehr Sicherheit.
- **Format** Bauen Sie den Grill etwas größer als nötig, damit Sie ihn auch für große Gartenpartys nutzen können.

Grillplatz im Garten

- **Günstiger Standort** Wählen Sie für den Grill einen gut erreichbaren, aber nicht zentralen Platz, da er in der Regel nur während einer kurzen Zeit des Jahres genutzt wird.
- **Geruchsbelästigung** Der Grill sollte nicht zu nah am Haus errichtet werden, damit Rauch oder Essensgerüche nicht ins Haus ziehen können.
- **Unter Bäumen** Ebenfalls ungünstig ist ein Grillplatz direkt unter einem Baum, da dieser durch die starke Hitzeentwicklung Schaden nehmen könnte.
- **Nachbarn** Halten Sie genügend Abstand zum Nachbarn, damit er nicht unnötig durch Rauch und Lärm gestört wird.

Beleuchtung im Freien

- **Terrasse** Verlegen Sie das Stromkabel vom Haus aus zu einer wetterfesten Steckdose mit Abdeckung auf der Terrasse, um den Grillplatz gut beleuchten zu können.
- **Garten** Zur Vermeidung von Gefahren sollten Sie das Kabel unterirdisch oder an einer Außenwand entlang verlegen, keinesfalls jedoch entlang des Zaunes oder der Hecke.

Vorsicht!

Beim Anzünden des Grills ist höchste Vorsicht geboten! Halten Sie genügend Abstand und verwenden Sie zum Anzünden nie Benzin.

Den Grill pflegen

Säubern Sie den Grill nach jeder Benutzung gründlich, indem Sie heruntergetropftes Fett und Asche beseitigen. Werfen Sie alles weg, was Ungeziefer anzieht.

- **Säubern** Entfernen Sie Fettflecken mit einer harten Bürste und Seifenlauge.
- **Pflegen** Nach der Grillsaison werden Rost und Grillgeräte gründlich gesäubert und nach dem Trocknen mit einem mit Speiseöl getränkten Tuch abgerieben. Damit sie nicht rosten, bewahrt man die Geräte an einem trockenen Ort auf und reinigt sie vor dem erneuten Gebrauch.

WEGE UND TREPPEN

Schön angelegte Wege und Treppen sollten Sie pflegen, da eine Erneuerung sehr zeitraubend sein kann. Es gibt aber auch eine Reihe von Möglichkeiten, das Erscheinungsbild zu verändern, ohne ganz von vorn anfangen zu müssen. Dazu gehört beispielsweise eine interessante Bepflanzung.

Harmonische Formen

Schnurgerade verlaufende Wege und Treppen mit scharfen Kanten wirken in einem natürlich angelegten Garten eher fehl am Platz. Dann kann eine Umgestaltung oder eine phantasievolle Bepflanzung helfen, um sie als attraktiven Blickfang in den Garten zu integrieren.

Einen Duftpfad anlegen

Lavendel als Wegbegleiter
Mit einer Randbepflanzung aus Lavendel wird ein sonniger, trockener Weg zu einem Duftpfad- streicht man über die Blätter oder zerreibt sie, verströmen sie einen herrlichen Duft.

Pflanzen für die Randbepflanzung

Arenaria (Sandkraut), *Armeria maritima* (Grasnelke), *Aubrieta deltoidea* (Blaukissen), *Aurinia* (Steinkraut), *Campanula poscharskyana* (Glockenblume), *Dianthus deltoides* (Heidenelke), *Draba* (Felsenblümchen), *Erinus alpinus* (Leberbalsam), *Helianthemum* (Sonnenröschen), *Iberis sempervirens* (Schleifenblume), *Phlox* (Flammenblume; niedrige Arten), *Portulaca grandiflora* (Portulakröschen), *Salvia officinalis* (Gartensalbei), *Saxifraga* (Steinbrech), *Sempervivum montanum* (Hauswurz), *Thymus* (Thymian), *Viola odorata* (Duftveilchen).

Gerade Wege bepflanzen

Strenge Linien auflockern
Mit buschigen Stauden in den angrenzenden Rabatten erhält ein bisher gerader Weg sanft geschwungene Bahnen. Auch in die Erde versenkte Terrakottatöpfe mildern strenge Linien etwas ab.

Tipps & Tricks

- **Schadhafte Beläge** Auf Wegen und Stufen kann ein schadhafter Belag gefährlich sein, er sollte schnell repariert werden (siehe S. 606).
- **Randbegrenzung** Entlang eines Kieswegs sollten Sie eine leicht erhöhte Randbegrenzung anlegen. So vermeiden Sie, dass Steine auf den Rasen gelangen und den Rasenmäher beschädigen oder dass Erde aus den Rabatten den Weg verschmutzen kann.
- **Randschäden** Entfernen Sie bei schadhaften Wegrändern defekte Steine oder Platten mitsamt der Erde darunter, füllen Sie neue Erde auf und pflanzen Sie an dieser Stelle schnellwüchsige Bodendecker.

Kanten verstecken

- **Markante Steine** Hinter großen, abgerundeten und mehrfarbigen Steinen können Sie schadhafte Kanten und unschöne Wegränder verstecken.
- **Frische Farben** Variieren Sie die Bepflanzung an den Wegrändern, indem Sie anstelle von mehrjährigen Stauden einjährige Sommerblumen pflanzen. So haben Sie immer neue Farbtupfer in Ihrem Garten.
- **Farbe im Winter** Hellen Sie düstere Wege oder Stufen auf, indem Sie helle immergrüne Blattschmuckstauden an die Ränder pflanzen, die auch im Winter zur Geltung kommen.

BEWÄHRTES WISSEN

Rand mit Ziegelsteinen
Ziegelsteine sind eine günstige und schöne Wegbegrenzung. Heben Sie dafür am Rand einen schmalen Graben aus, geben Sie etwas Kies hinein und legen Sie die Steine – wie oben in der Zeichnung dargestellt – hochkant und schräg hinein.

Kieswege pflegen

Kieswege sind kostengünstig und einfach anzulegen, auch die Instandhaltung ist wenig aufwändig. Als unbefestigte Fläche eignen sie sich jedoch nicht für Gärten in Hanglage, außerdem sind sie anfällig für Unkrautbewuchs und nicht so leicht begehbar wie glatte Wege.

Einen Weg anlegen

Kunststofffolie einpassen
Verfestigen Sie den Boden. Fixieren Sie mit einem Brett die Randbegrenzung und legen Sie eine Kunststofffolie gegen Unkraut aus. Verteilen Sie darauf den Kies mit der Rückseite eines Rechens.

Einen Weg erneuern

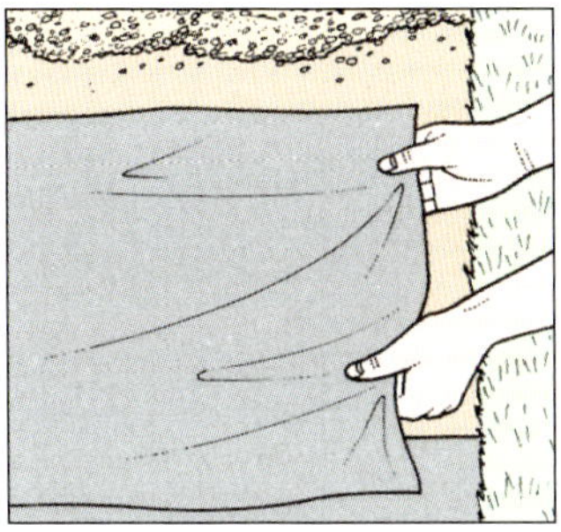

Neue Unterlage
Entfernen Sie den alten Kies abschnittsweise entlang des Weges. Verlegen Sie auf dem Untergrund einander überlappende Stücke aus Kunststofffolie. Verteilen Sie dann den Kies wieder.

Gestalten mit Kies

- **Die Steine auswählen** Wird der Weg häufig von Kindern benutzt, sollten Sie wegen der Verletzungsgefahr glatte, abgerundete Steine verwenden.
- **Eine Drainage anlegen** Bei einer Kunststoffunterlage kann es bei Regen zu Staunässe kommen. Wenn dies Probleme bereitet, können Sie die Folie durch wasser- und luftdurchlässiges Vliesgewebe ersetzen, das Unkraut auch unterdrückt.
- **Die Kiesfläche pflegen** Wichtig ist das regelmäßige Rechen der Kiesfläche, damit die Steine gut verteilt sind und der Weg eben bleibt.

Betontreppen verschönern

Wegen seiner robusten Oberfläche und der einfachen Verarbeitung wird Beton oft für Treppen verwendet. Allerdings sehen Betontreppen nicht immer sehr attraktiv aus und wirken sehr streng. Aber durch eine geschickte Begrünung lässt sich diese Wirkung deutlich mildern.

Tipps & Tricks

- **Polsterstauden** Bei einer breiten Treppe können Sie in Abständen einige Töpfe mit Polsterstauden aus dem Steingartenbereich neben den Stufen in kleinen Kieshäufchen versenken. So begrenzen Sie das Wachstum der Pflanzen und können sie zudem problemlos wieder entfernen.
- **Terrakotta** Eine lange, breite Treppenflucht können Sie etwas auflockern, indem Sie bepflanzte Terrakottagefäße seitlich auf die Stufen stellen.
- **Kübelpflanzen** Einen Treppenaufgang können Sie mit zwei Kübelpflanzen zu beiden Seiten der Treppe schön einfassen, z. B. mit Lorbeer, Rosenbäumchen oder konisch bzw. spiralförmig gestutztem Buchs in attraktiven Gefäßen.

Abwechslung schaffen

- **Polsterstauden** Bei einer selten genutzten Treppe oder auf tiefen Stufen mit Pflanzen in kleinen, transportablen Gefäßen Farbe ins Spiel bringen.

Pflanzenvarianten
Stellen Sie Kübel mit blühenden Zwiebelpflanzen, einjährigen Pflanzen oder Stauden auf die Treppe und wechseln Sie diese ab und zu aus. Dekorativ sind auch Kräuter.

Die Treppe integrieren

- **Kanten verdecken** Mit einer Pflanzung rund um die Stufen wird der strenge Charakter gemildert. Die Pflanzen sollen jedoch nicht zu stark wuchern.

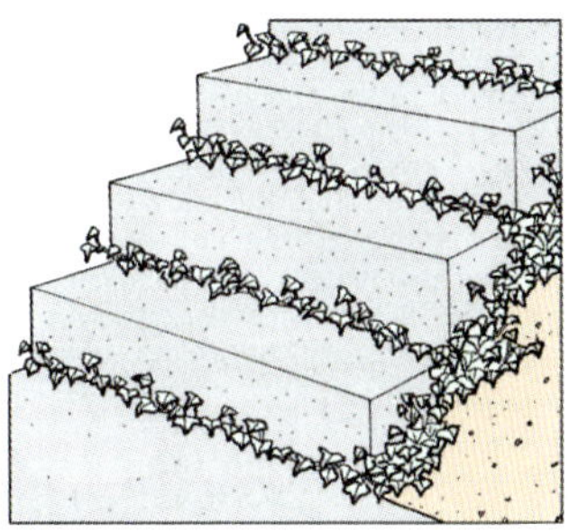

Kletterpflanzen
Pflanzen Sie kleinblättrigen Efeu neben der Treppe und lassen Sie ihn an Draht entlangranken, der am senkrechten Teil der Stufen befestigt ist. Damit man nicht stolpert, Efeu häufig schneiden.

MAUERN UMGESTALTEN

Mit etwas Phantasie und einer schönen Begrünung aus Kletterpflanzen oder Spalierobstbäumchen kann eine kahle Begrenzungsmauer zum attraktiven Blickfang werden, der Ihrem Garten buchstäblich eine „weitere Dimension" gibt. Und Spalierobst bietet auch noch eine reiche Ernte.

Alte Mauern begrünen

Ob eine Mauer gut zum Garten und der übrigen Umgebung passt, hängt ab von ihrer Höhe, der Gestaltung und dem verwendeten Material. Eine alte oder unansehnlich gewordene Mauer lässt sich mit Spalierobstbäumchen attraktiv begrünen und gleichzeitig praktisch nutzen.

Fächer-Obstspalier an einer Mauer

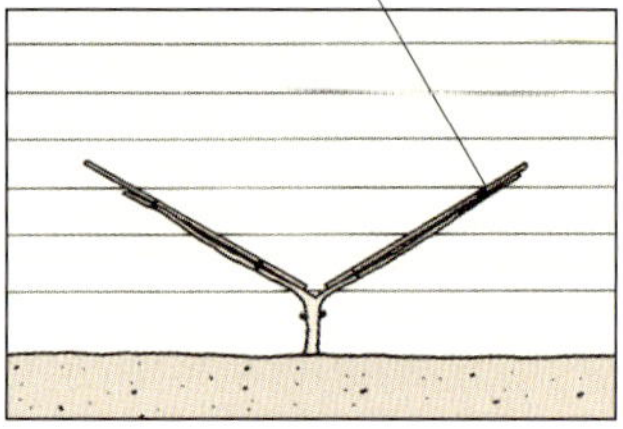

1 Im Frühjahr zwei junge Obstbaum-Seitentriebe (30 cm über dem Boden), die die Hauptarme bilden, auf 40 cm zurückschneiden, im 40°-Winkel festbinden und den Haupttrieb kurz über den Seitentrieben abschneiden.

2 Im nächsten Frühjahr die Triebe an einer nach außen zeigenden Knospe um ein Drittel zurückschneiden. Neue Seitentriebe unterhalb der Haupttriebe, die von der Mauer weg oder nach unten zeigen, entfernen.

3 Im Frühsommer überzählige Seitentriebe im Abstand von 10 bis 15 cm ausdünnen. Restliche Triebe anbinden und störende Triebe abzwicken. Fruchttriebe bis zu neuem Trieb an der Basis des Baumes zurückschneiden.

Durchbrüche schaffen

Attraktive Ausblicke
Bei der Neuanlage einer Mauer können Sie Ihre Phantasie spielen lassen und zum Beispiel einen Durchbruch oder ein Tor einbauen. Das bringt mehr Licht in andere Gartenbereiche und schafft ganz neue Ausblicke.

Wände verschönern

- **Flecken** Verfärbte Steine lassen eine Wand unansehnlich erscheinen. Schrubben Sie deshalb zuerst die Oberfläche (siehe S. 604), bevor Sie andere Maßnahmen ergreifen.
- **Pflanzenpflege** Kletterpflanzen müssen regelmäßig ausgedünnt und zurückgeschnitten werden. Wuchern sie zu stark oder wachsen sie schlecht, pflanzen Sie besser neue.
- **Pflanzenauswahl** Begrünen Sie eine Wand mit mehreren Kletterpflanzen aus immergrünen und sommergrünen Arten mit verschiedener Blütezeit.
- **Spalierobst** Liegt die Mauer im Schatten, eignet sich als Spalierobstbaum am besten Schattenmorelle.

GUTE IDEE!

Interessante Wuchsformen
Einer neuen Kletterpflanze mit sehr regelmäßiger Wuchsform können Sie ein natürlicheres Aussehen verleihen, indem Sie die Triebe unregelmäßig zurückschneiden.

Rankhilfen und Spaliere

Viele Probleme im Garten lassen sich durch Rankhilfen und Spaliere an Wänden und Mauern lösen. Denn sie schützen vor neugierigen Nachbarn, verdecken Unansehnliches wie verfärbte Wandflächen und bieten zusätzliche, interessante Pflanzmöglichkeiten.

Spaliermaterialien

- **Was ist geeignet?** Für ein Spalier eignet sich am besten ein Rahmen aus Holz. Er ist lang haltbar und meist stärker belastbar als ein Kunststoffrahmen oder ein mit Kunststoff ummantelter Rahmen.
- **Holzschutz** Für das Spalier sollten Sie nur kesseldruckimprägniertes Holz nehmen. Nach dem Zuschnitt muss es noch mit einem Holzschutzmittel behandelt werden.
- **Befestigung** Verwenden Sie nur verzinkte Schrauben oder Nägel, die nicht rosten. Vor dem Anbringen des Spaliers sollte die Wand eventuell gestrichen und repariert werden.

Ein wieder abnehmbares Spalier montieren

1 Damit Sie bei Bedarf einen leichten Zugang zur Wand haben, bringen Sie an der Wand und am Spalier zusätzliche Latten an. Befestigen Sie am oberen Teil an den Enden Haken und Ösen (siehe oben).

2 Zum Befestigen des unteren Spalierteils an der Wand bringen Sie Scharniere (siehe oben) oder wiederum ein Paar Haken und Ösen an, um das Spalier leicht wieder abnehmen zu können.

Spalier-Kletterpflanzen

Rankhilfe im Blumentopf
Ein Spalier eignet sich auch gut als Rankhilfe für Kletterpflanzen im Pflanzgefäß. Dafür das Spalier im Topf gut in die Erde drücken und eventuell das obere Ende an einer Wand befestigen.

Mit Spalieren gestalten

- **Farbgebung** Ein unbehandeltes Holzspalier lässt sich auch mit einem farbigen Holzschutzmittel behandeln. Sie können auch farbige Holzlasuren mischen und so Ihren eigenen Farbton kreieren.
- **Farbauswahl** Der Anstrich sollte entweder mit den Gartenmöbeln, dem Haus und den Pflanzen harmonieren oder aber in starkem Kontrast dazu stehen.
- **Neue Formen** Beweisen Sie Mut bei der Auswahl neuer Spalierelemente, die es in vielen Formen und Größen zu kaufen gibt. So können Sie etwa die Konturen von Sichtschutzelementen oder Mauern mit konkaven oder konvexen Formen ändern oder abwechselnd viereckige und rautenförmige Elemente anbringen.
- **Spalier als Trennwand** Das Aufstellen dekorativer Spalierwände verleiht Ihrem Garten einen Hauch von Eleganz.

Ein Spalier begrünen

- **Einjährige Pflanzen** Im ersten Jahr eignen sich einjährige Kletterpflanzen wie Duftwicke und Prunkwinde für die schnelle Begrünung eines noch kahlen Spaliers, sodass langsam wachsende Pflanzen genügend Zeit haben, um sich zu entwickeln.

Ein Spalier verstecken
Hinter Kübeln mit einjährigen Kletterpflanzen oder Sommerblumen lässt sich ein neues Spalier gut verstecken. Ist es dann begrünt, können Sie die Gefäße wieder wegstellen.

Mut zur eigenen Phantasie

Eine unschöne Wand lässt sich mit Kletterpflanzen oder Spalieren gut verdecken. Manchmal genügt aber auch schon etwas Phantasie, um einen langweiligen Gartenbereich zu verändern, denn mit Spiegeln und Farbe lassen sich interessante optische Effekte im Garten erzeugen.

Mauern aufwerten

- **Farben** Bei einem schattigen Garten hilft schon ein heller Anstrich von Zaun und Mauern, um Licht hineinzubringen.
- **Wandgemälde** Ein Bild, auf eine ebene senkrechte Fläche gemalt, verleiht Ihrem Garten mehr Tiefe. Diese Illusion lässt sich noch verstärken, indem Sie eine echte Kübelpflanze neben eine gemalte stellen, deren Farben dann miteinander harmonieren.
- **Ein Hauch des Südens** Sonnige Mauern und Zäune lassen sich mit Wärme liebenden Kletterpflanzen beranken. Bleiwurz, Nachtschatten und Kapuzinerkresse in Terrakottatöpfen bringen mediterranes Flair.

Tiefenwirkung

Perspektiven erzeugen
Ein Spalier mit „eingebauter" Perspektive erzeugt den Eindruck von Tiefe. Mit einer ausladenden Kletterpflanze an diesem Spalier und rundherum platzierten Sträuchern lässt sich die Illusion noch verstärken.

Illusionen

Der gespiegelte Raum
Ein an der Wand oder am Zaun befestigter Spiegel bringt bei richtiger Positionierung mehr Helligkeit und Größe in den Garten. Die Kanten kann man mit Holz oder immergrünen Kletterpflanzen verdecken.

Pergola verwenden

Ein berankter Torbogen dient meist als Verbindung zwischen zwei unterschiedlichen Gartenbereichen. Eine Pergola wird oft als Rankhilfe für Kletterpflanzen verwendet und mit einer romantischen Laube können Sie sich ein ruhiges, schattiges Plätzchen im Garten schaffen.

So entsteht eine Laube

Mithilfe der Natur
Mit einem berankten Bogen aus Metall oder Holz haben Sie ein weiteres attraktives Element in Ihrem Garten. Stellen Sie jetzt noch eine Bank hinein, erhalten Sie eine romantische Laube.

Laube und Torbogen

- **Standort** Der beste Platz für eine Laube hängt ab von den Lichtverhältnissen und der Nutzung: Soll die Laube eher zum sommerlichen Frühstück oder eher zum Genießen der Abendsonne dienen?
- **Zimmer im Grünen** Wenn Sie in eine Laube – je nach Größe – einen oder mehrere Sitzplätze und einen Tisch stellen, haben Sie „neuen Wohnraum".
- **Torbogen** Dieser sollte dann sehr sorgfältig geplant sein, wenn er an einem exponierten Platz steht. Ein Holzbogen kann auch ohne Begrünung attraktiv sein, braucht aber regelmäßige Pflege mit einem Holzschutzmittel (siehe S. 602).

Eine Laube gestalten

- **Duftpflanzen** Besonders schön für eine Laube sind duftende Kletterpflanzen. Wenn Sie die Laube eher abends nutzen wollen: Es gibt auch attraktive Pflanzen, die ihren Duft erst am Abend abgeben.
- **Farben im Winter** Soll die Laube auch im zeitigen Frühjahr, Spätherbst oder Winter genutzt werden, eignen sich neben den Laub abwerfenden Pflanzen auch immergrüne Kletterpflanzen.
- **Spiegel** Ein Spiegel an der Rückwand der Laube lässt den Raum größer erscheinen.
- **Laubengang** Mit der Verbindung zweier Bögen schaffen Sie ein kleines Versteck oder einen Spielplatz für Kinder.

SICHTSCHUTZ SCHAFFEN

Ein Garten kann nicht nur durch die Umgebung beeinträchtigt werden, sondern auch durch notwendige, aber unattraktive Dinge wie Mülleimer, Wäscheleine und Geräteschuppen. Doch dagegen lässt sich etwas tun, denn schon wenige Maßnahmen genügen, um Unansehnliches einfach zu verstecken.

Unschönes verdecken

Betrachten Sie Ihren Garten einmal eingehend und objektiv von verschiedenen Standorten aus, etwa aus dem Fenster, von der Terrasse oder von der Hintertür aus, und machen Sie eine Liste von allem, was Sie lieber verstecken würden – und da gibt es verschiedene Möglichkeiten.

Raumteiler begrünen

Optimale Flächennutzung
Bepflanzen Sie beide Seiten eines Spaliers oder Zaunes. So nutzen Sie die Fläche und haben zugleich einen guten Sichtschutz.

GELD SPAREN

Essbarer Sichtschutz
Auch Sonnenblumen sind ein guter Sichtschutz. Mit rankenden Feuerbohnen wird die Wand noch dichter und Sie können die Bohnen ernten.

Hege und Pflege

- **Versetzte Pflanzung** Pflanzen zu beiden Seiten eines Sichtschutzes sollten versetzt gepflanzt sein, um Behinderungen beim Wurzelwachstum zu vermeiden und die Konkurrenz um Wasser und Nährstoffe zu verringern.
- **Untergrund** Unter einem dicht bepflanzten Spalier muss der Boden gut gedüngt und feucht gehalten werden – regelmäßiges Mulchen schafft optimale Bodenverhältnisse.
- **Wachstum** Halten Sie das Pflanzenwachstum unter Kontrolle, damit der Sichtschutz nicht zu ausladend für die angrenzenden Bereiche wird.

Baumstumpf im Garten

Entfernen oder verbergen
Ein Baumstumpf sollte möglichst entfernt werden, weil er die Verbreitung von Pilzkrankheiten begünstigt. Ist das nicht möglich, pflanzen Sie einfach eine Kletterpflanze davor, die den Baumstumpf mit ihren Blättern und Blüten weitgehend verdeckt.

Geeignete Pflanzen

Berberis thunbergii (Berberitze), *Corylus avellana* (Haselnuss), *Cotoneaster salicifolius* var. *floccosus* (Immergrüne Strauchmispel), *Crataegus monogyna* (Weißdorn), *Euonymus fortunei* (Kriechspindel), *Forsythia* x *intermedia* (Forsythie), *Fuchsia magellanica* (Scharlachfuchsie), *Ilex aquifolium* (Stechpalme), *Potentilla fruticosa* (Fingerstrauch), *Prunus laurocerasus* (Kirschlorbeer), *Pyracantha* (Feuerdorn), *Rosa* 'Nevada' (Rose), *Rosa rugosa* (Kartoffelrose), *Viburnum opulus* 'Compactum' (Schneeball).

Sichtschutzelemente

- **Spaliere** Dicht bepflanzte Spalierelemente sind ein guter Sichtschutz, hinter dem sich Mülleimer und andere unansehnliche Dinge verstecken lassen (siehe S. 470). Achten Sie aber darauf, dass der Bereich auch dann noch gut zugänglich ist, wenn die Pflanzen ausgewachsen sind.
- **Duftpflanzen** Zum Abschirmen von Kompost, Wurmkomposter und Pflanzenjauchebehälter können Sie duftende Kletterpflanzen nehmen.
- **Bambus** Einen ungewöhnlichen Sichtschutz bietet auch eine Bambuspflanzung. Durch sein dichtes Laub ist Bambus eine ideale Abschirmung.

Nutzbereiche verdecken

Vielleicht würden Sie in Ihrem Garten ja am liebsten jede Ecke bepflanzen. Dennoch wird es zwangsläufig einige Dinge geben, die weniger schön aussehen, aber trotzdem Raum im Garten beanspruchen. Mit festen oder flexiblen Sichtschutzwänden kann man diese gut verdecken.

Begrünte Wandelemente als Sichtschutz

- **Spaliere** Mit diesen flexibel einsetzbaren Teilen können Sie unansehnliche Gegenstände verbergen. Sind sie für Kletterpflanzen nicht stabil genug, schafft ein zusätzlicher Rahmen Abhilfe.
- **Immergrüne Pflanzen** Spaliere können zwar auch unbegrünt verwendet werden, sind aber mit Kletterpflanzen viel dichter. Für einen ganzjährigen Sichtschutz sollten Sie immergrüne Pflanzen wählen.

Abtrennung
Spalierelemente mit einem Tor können einen unschönen Bereich vom übrigen Garten abtrennen. Durch eine Bepflanzung bleibt der Teil aber optisch mit dem restlichen Garten verbunden.

Weitere Möglichkeiten

- **Pflanzkübel** Kleinere Objekte lassen sich gut hinter hoch wachsenden Kübelpflanzen verstecken. Wenn Sie die schweren Kübel auf Pflanzenroller stellen, lassen sie sich jederzeit verschieben.
- **Hoher Sichtschutz** Größere Objekte wie Regenwassertanks oder Lagerplätze für Holz, aber auch ein unansehnliches Gerätehaus, das nah am Haus steht, können Sie gut hinter extrahohen, mit Kletterpflanzen bewachsenen Spalieren, geflochtenen Weiden- oder Bambuszäunen oder übereinander montierten Zaunelementen verbergen.

Die Müllbehälter verstecken

Die meisten Häuser haben mindestens einen Müllbehälter, meist sogar mehrere. Aber sowohl kleinere als auch große unansehnliche Plastikcontainer auf Rädern lassen sich relativ einfach hinter Sichtschutzelementen verdecken. Wichtig ist nur, dass der Zugang dabei frei bleibt.

Sichtschutz aller Art

- **Kleiner Sichtschutz** Um einen einzelnen Müllbehälter wirkungsvoll zu verdecken, genügt oft schon eine einzelne Flechtmatte oder ein Spalierelement, das im rechten Winkel an einer angrenzenden Wand oder einem benachbarten Zaun angebracht wird.
- **Großer Sichtschutz** Mit Spalieren, Schilfrohr-, Bambus- und geflochtenen Weidenmatten oder Zaunelementen schaffen Sie Sichtschutz in beliebiger Länge und Höhe.
- **Duftender Sichtschutz** Pflanzen Sie in der Nähe der Müllbehälter stark duftende Pflanzen wie Rosen, Jasmin und Geißblatt. Ergänzen Sie die Wirkung durch alljährliches Aussäen von Duftwicken.

Gestalten mit Steinen

Dauerhafte Lösung
Einen dauerhaften Unterstand kann man aus Ziegelsteinen bauen. Wichtig sind einige Abzugslöcher für die Luftzirkulation und ein freier Zugang. Die Abdeckung sollte so niedrig sein, dass keine Tiere an die Mülltonne gelangen.

Gestalten mit Pflanzen

Flexibler Sichtschutz
Mit einer hohen Kübelpflanze lässt sich die Mülltonne auf dekorative Weise zumindest teilweise verstecken. Ein Spalierelement oder eine Flechtmatte zwischen Tonne und Pflanzgefäß macht den Sichtschutz noch effektiver.

Hecken als Sichtschutz

Manchmal passt ein natürlicher Sichtschutz wie eine Hecke besser zum Garten als künstliche Konstruktionen. Damit die Hecke sich gut in den Garten einfügt und gepflegt aussieht, ist neben der Pflanzenauswahl auch regelmäßiges Gießen, Düngen und Schneiden wichtig.

Verkahlte Schnitthecken verschönern

● **Spalier** Ist die Hecke im unteren Bereich sehr kahl, lässt sich dieser Teil mit einem niedrigen und begrünten Spalier verdecken.

● **Pflanzen** Wollen Sie den kahlen Teil der Hecke nicht vollständig verdecken, können Sie ihn auch hinter buschigen Stauden verbergen.

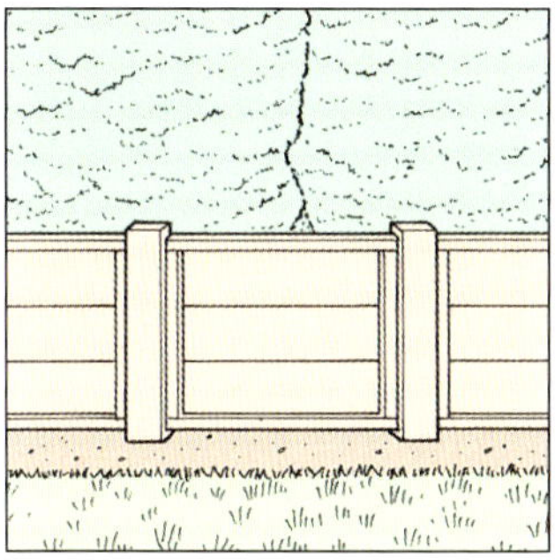

Zaun als Deckung
Stellen Sie den Zaun so auf, dass er nur den kahlen Teil der Hecke verdeckt. Achten Sie beim Setzen der Pfosten darauf, dass die Wurzeln nicht beschädigt werden.

Die richtigen Pflanzen
Bei trockenem Boden sollten Sie Stauden setzen, die wenig Wasser brauchen. Wässern und Düngen mindert zudem die Konkurrenz zwischen Pflanzen und Hecke.

Wachstum fördern

Damit Hecken immer gleichmäßig kräftig wachsen, ist regelmäßiges Schneiden erforderlich.

● **Laubhecken** Laubhecken müssen zweimal jährlich geschnitten werden, damit sie dicht bleiben. Bei einer Elektroheckenschere sollten Sie darauf achten, dass das Kabel dabei nicht beschädigt wird.

● **Nadelhecken** Bei einer Koniferenhecke sollten Sie in den ersten Jahren lediglich die Seitentriebe entfernen. Schneiden Sie die Hecke keinesfalls zu stark zurück, weil sonst die inneren abgestorbenen braunen Nadeln sichtbar werden. Da diese Stellen auch später nicht mehr nachwachsen, können hässliche Löcher entstehen.

Hecken schneiden

● **Vogelschutz** Schneiden Sie Hecken nicht zur Brutsaison. Oftmals gibt es hierzu auch eindeutige Vorschriften von den zuständigen Ämtern.

● **Formgebung** Eine Schnitthecke wirkt ungepflegt, wenn der Schnitt ungleichmäßig oder im falschen Winkel erfolgt. Mit einer zwischen zwei senkrechte Pfosten gespannten Schnur können Sie prüfen, ob die Hecke gleichmäßig geschnitten ist. Für den Schnitt auf der Oberseite nimmt man eine Wasserwaage zu Hilfe. Gesunden Grünschnitt können Sie auf den Kompost geben.

● **Zierkirsche** Sind Hecken aus Zierkirsche oder anderen *Prunus*-Arten anfällig für die so genannte Bleiglanzkrankheit, ist ein einmaliger Schnitt im Sommer zu empfehlen.

Hecken pflegen

● **Mit Nährstoffen versorgen** Hecken brauchen regelmäßig Wasser und Dünger, da das schnelle Wachstum und das häufige Zurückschneiden viel Energie verbrauchen.

● **Richtig schneiden** Für einen geraden Schnitt die Scherblätter der Heckenschere parallel zur Heckenoberseite führen.

● **Schutz im Winter** Eine Hecke zur Straßenseite hin sollte vor Wintereinbruch mit Kunststofffolie geschützt werden, damit die Pflanzen über die Wurzeln kein Streusalz aufnehmen und die Blätter nicht angegriffen werden.

● **Spärliche Hecke** Spannen Sie Drähte als Rankhilfe zwischen mehrere Pfosten vor der Hecke und pflanzen Sie Kletterpflanzen daran entlang.

GELD SPAREN

Weißdornhecke verjüngen
Zum Verjüngen einer von unten her kahlen Weißdornhecke biegen Sie einfach einige Zweige nach unten und befestigen sie mit kleinen Metallhaken im Boden. Mit der Zeit bilden die Triebe Wurzeln aus und die Hecke wird auch im unteren Teil wieder dicht.

Ein Gerätehaus verdecken

Als praktischer und oft notwendiger Bestandteil des Gartens ist das Gerätehaus zugleich Arbeitsplatz und Aufbewahrungsort für Gartengeräte. Selbst in gutem Zustand ist so ein Gerätehaus aber selten schön und kann dadurch den Gesamteindruck erheblich beeinträchtigen.

Sichtschutz aus Spalierelementen

Sichtschutz
Mithilfe von Spalierelementen, die in ausreichendem Abstand vom Gerätehaus an Zaunpfosten verankert werden, können Sie das Häuschen gut verbergen. Als Bepflanzung eignen sich Kletterpflanzen, die aber nicht über das Spalier wuchern sollten, damit der Zugang zum Schuppen erhalten bleibt.

Andere Möglichkeiten

- **Drahtgeflecht** Eine Rolle aus verzinktem Drahtgeflecht eignet sich gut für einen frei stehenden, säulenförmigen Sichtschutz, den Sie über und über mit Kletterpflanzen beranken.
- **Flechtmatten** Auch Matten aus Weiden- oder Haselruten ergeben einen guten Sichtschutz. Sie sind zwar teuer, passen aber sehr gut in einen natürlich gestalteten Garten.

Gegen Holzfäule

- **Vorbeugen ist gut** Hölzerne Träger sollten einen Abstand von mindestens 5 bis 7,5 cm vom Boden haben, damit das Holz nicht fault.

Einen Schuppen verschönern

Gibt es sehr wenig Platz im Garten, sodass ein Sichtschutz den Zugang zum Schuppen behindert, kann es sinnvoll sein, ihn einfach nur zu verschönern. Denn auch mit dekorativen Kübel- oder Kletterpflanzen kann ein alter Schuppen harmonisch in den Garten integriert werden.

Schuppen renovieren

- **Das Dach** Ein undichter Schuppen kann mit Dachpappe und verzinkten Nägeln ein neues (und schöneres) Dach bekommen (siehe S. 600).
- **Holzwände** Schrubben Sie grüne Ablagerungen gründlich von den Wänden und lassen Sie den Schuppen gut trocknen. Anschließend können Sie das Holz mit farbloser oder farbiger Holzlasur behandeln. Vor allem unansehnliche oder verfärbte Bereiche lassen sich gut mit Farbe kaschieren. Das verleiht Ihrem Schuppen ein ganz neues Aussehen.
- **Achtung Holzfäule!** Überprüfen Sie die Wände auf Fäule und behandeln Sie diese oder tauschen Sie beschädigtes Holz aus (siehe S. 602).

Pflanzen in allen Farben

Pflanzgefäße
Dekorieren Sie den Schuppen mit Blumenampeln und -kästen, die Sie üppig mit Einjährigen und Blattschmuckstauden bepflanzen. Mit geschickt platzierten Terrakottagefäßen lassen sich schadhafte Bereiche gut verdecken.

Kletterpflanzen

Dachbegrünung
Sehr wirkungsvoll ist eine Kletterpflanze, die über das Dach des Schuppens wächst. Da das Holz dabei Schaden nehmen kann, sind dafür eher alte Schuppen geeignet, die nur selten oder nicht mehr lang genutzt werden.

Unschöne Ausblicke abschwächen

Selbst wenn Ihr Garten sehr schön gestaltet ist, kann die Umgebung so wenig einladend sein, dass sie die Wirkung des Gartens beeinträchtigt. Aber mithilfe einiger Sichtschutzmaßnahmen können Sie diese störenden Effekte ausschalten oder zumindest deutlich abmildern.

Was stört in der Umgebung?

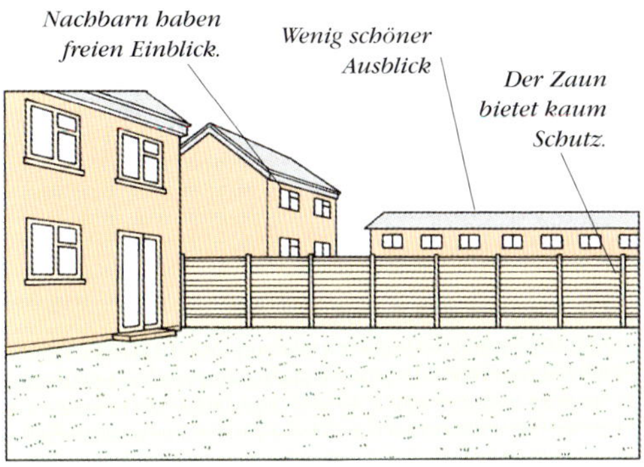

Fehlende Privatsphäre
Vor allem bei enger Bebauung können die Nachbarn meist in Haus und Garten schauen bzw. die Nachbarhäuser sind vom Garten aus trotz des hohen Zaunes deutlich sichtbar. Dann sind Privatsphäre und Ungestörtsein kaum möglich.

So sieht die Lösung aus!

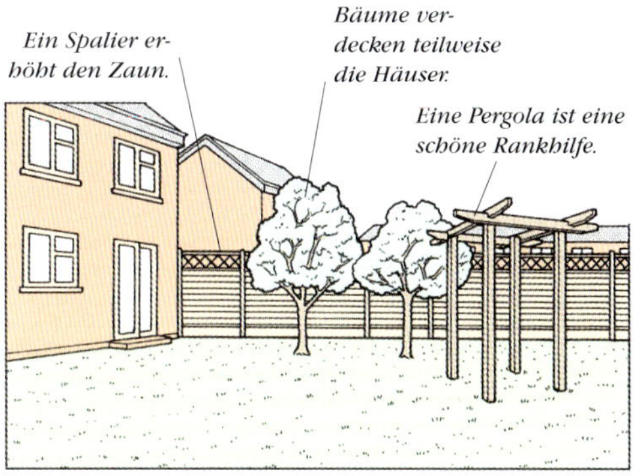

Dauerhafter Sichtschutz
Bäume geben dem Garten Struktur und verdecken unerwünschte Ausblicke. Eine schön berankte Pergola und auf dem Zaun angebrachte Spalierelemente mit dekorativen Kletterpflanzen schirmen den Garten ideal ab.

Aufsatz aus Spalierelementen

Unerwünschte Einblicke können Sie sehr einfach und kostengünstig dadurch abschwächen, dass Sie die Einfassung Ihres Gartens durch Spalierelemente erhöhen. Diese werden auf einem Holzzaun oder einer Mauer befestigt und können mit Kletterpflanzen schön begrünt werden.

Fester Aufsatz

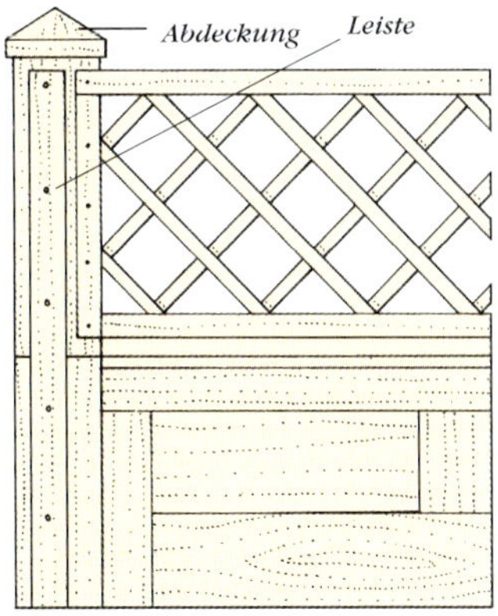

Holzkonstruktion
Bei einer Holzkonstruktion die Pfostenabdeckung entfernen und ein Erweiterungsstück mithilfe einer Leiste an den Zaun schrauben. Das Spalierelement an der Erweiterung befestigen, die Abdeckung wieder anbringen.

Abnehmbarer Aufsatz

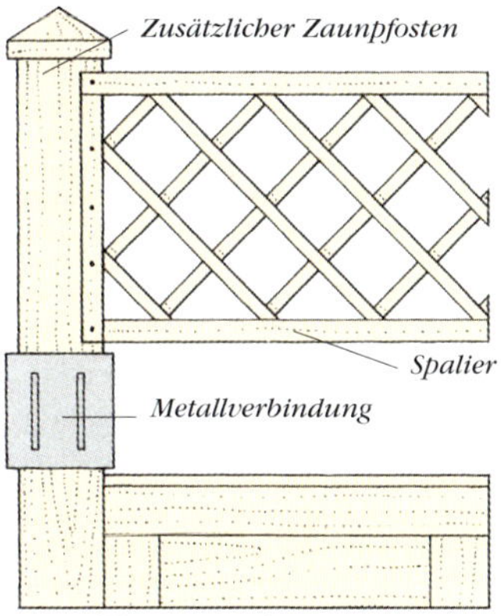

Metallkonstruktion
Die Pfostenabdeckung entfernen und das metallene Verbindungsstück über den Pfosten schieben. Einen zusätzlichen Zaunpfosten einführen, das Spalier daran befestigen und die Pfostenabdeckung wieder aufsetzen.

Tipps & Tricks

- **Aussehen verändern** Durch einen Aufbau aus konkaven oder konvexen Spalierelementen lässt sich das Erscheinungsbild eines Zaunes oder einer Mauer verändern.
- **Schatten begrenzen** Bevor Sie die Einfassung Ihres Gartens erhöhen, sollten Sie abschätzen, wie viel Licht dadurch verloren geht. Zusätzlicher Schatteneinfall lässt sich durch entsprechende Spalierelemente und kleinblättrige Kletterpflanzen abschwächen.
- **Holzschutz** Streichen Sie das Spalier mit Holzschutzmittel, das farblich zum Zaun passt.
- **Pflanzen** Verdecken Sie die Verbindungsstellen von Zaun und Aufbau zuerst mit schnellwüchsigen Kletterpflanzen.

Bäume pflanzen

Ein großer Baum verleiht jedem Garten den Eindruck von Erhabenheit und Beständigkeit. Durch seine Höhe spendet er Schatten und schirmt ab, seine Form hat wesentlichen Einfluss auf den Gesamteindruck. Wichtig ist der Standort, da er ja viele Jahre dort stehen wird.

Bäume als Schattenspender

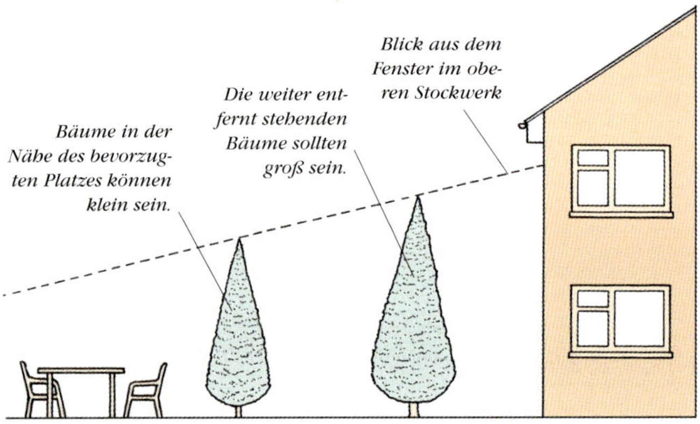

Bäume als Sichtschutz für die Privatsphäre

Vor dem Pflanzen eines Baumes sollten Sie den Garten im Hinblick auf Lage, Form und Gesamtgestaltung betrachten. Berücksichtigen Sie den Sonnenstand und ob Sie in einem abgetrennten Bereich eine kleine Sitzgruppe einrichten oder einen Teil des Gartens vor Blicken aus dem Haus schützen möchten. Vielleicht wollen Sie aber auch bestimmte Räume des Hauses wie Bad, Toilette und Schlafzimmer vor Einblicken abschirmen.

Auswahl der Bäume

- **Jahreszeitliche Nutzung** In Bereichen, die nur im Sommer genutzt werden, können Sie Laubbäume pflanzen, die vom Frühjahr bis zum Herbst guten Sichtschutz bieten.
- **Größe** Ist kein hoher Sichtschutz nötig, genügen auch kleinere Bäume und Sträucher.
- **Wurzeln** Achten Sie beim Kauf auf die endgültige Größe des Baumes. Vor allem bei schweren, lehmigen Böden können große Wurzeln erheblichen Schaden am Fundament des Hauses anrichten.
- **Wurzelschösslinge** Manche Bäume bilden viele Wurzelschösslinge, die oft entfernt werden müssen, vor allem die *Prunus*-Arten (Zierkirsche) sowie Flieder und Essigbaum.

Pergola als Raumteiler

Eine Pergola schafft zusätzliche Höhe im Garten und ist eine attraktive senkrechte Bepflanzungsmöglichkeit. Gleichzeitig kann sie auch als ein dekorativer Raumteiler verschiedene Gartenbereiche voneinander trennen und dabei als Sichtschutz für unansehnliche Objekte dienen.

Farben durch Pflanzen

Kletterpflanzen

Bepflanzen Sie die Pergola mit Einjährigen und immergrünen Kletterpflanzen. Letztere benötigen zwar einige Jahre, bis sie ihre endgültige Größe erreicht haben, aber das Warten lohnt sich.

Pergolakonstruktionen

- **Kaufkriterium** Vergewissern Sie sich beim Kauf einer vorgefertigten Pergola, dass die Konstruktion für die geplante Bepflanzung stabil genug ist.
- **Holzpergola bauen** Verwenden Sie für eine Pergola nur kesseldruckimprägniertes Holz. Durch einen Anstrich mit einem biologischen Holzschutzmittel ist sie vor Witterungseinflüssen geschützt.
- **Renovierung** Wollen Sie eine alte Pergola neu bepflanzen, sollten Sie vorher alle verrotteten oder zerbrochenen Teile erneuern. Auch ein neuer Anstrich in einer anderen Farbe wirkt oft Wunder.

Geeignete Pflanzen

Aristolochia macrophylla (Pfeifenwinde), *Campsis radicans* (Trompetenblume), *Celastrus orbiculatus* (Baumwürger), *Clematis*-Arten (Clematis), *Hedera helix* und *H. hibernica* (Efeu), *Humulus lupulus* ,'Aureus' (Hopfen), *Hydrangea anomala* und *H. petiolaris* (Kletterhortensie), *Laburnum* (Goldregen), *Lonicera caprifolium* (Jelängerjelieber), *Lonicera heckrottii* (Geißblatt), *Parthenocissus* (Wilder Wein), *Polygonum aubertii* (Knöterich), *Rosa*-Arten (Kletterrosen und Rambler-Rosen), *Wisteria sinensis* (Blauregen).

RÄUMLICHE WIRKUNG

Bei der Gartenplanung sind viele Gesichtspunkte wichtig. Hohe Elemente geben dem Garten eine zusätzliche Dimension, und mithilfe einiger Veränderungen können Sie ihn lang und schmal oder auch kurz und breit erscheinen lassen. Probieren Sie selbst, wie gut die Augen sich täuschen lassen!

Wirkung von Torbögen

Mit Bäumen und großen Sträuchern kann man den Eindruck von Höhe erzeugen und den Garten gliedern. Eine ähnliche Wirkung haben auch Torbögen, Pergolen und Säulen. In kleinen Gärten genügt oft schon eines dieser Elemente, um den Gesamteindruck zu verändern.

TYPEN VON TORBÖGEN

Rustikaler Spitzbogen
Rundhölzer eignen sich für einen Spitzbogen. Zum Verbinden der Teile sollten Sie rostfreie Nägel und Schrauben verwenden.

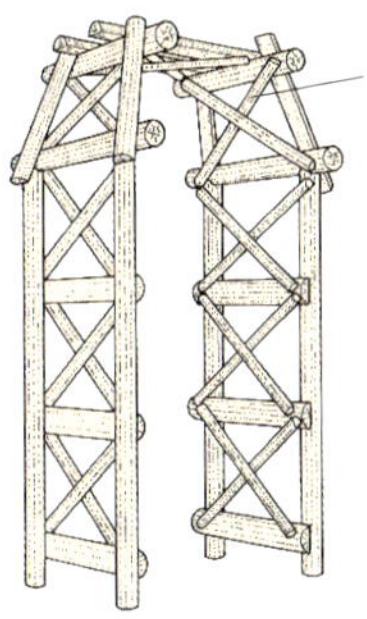

Torbogen im Landhausstil
Diagonale Verstrebungen aus Rundhölzern verstärken diesen Bogen, der gut zu einem natürlich gestalteten Garten passt.

Einen Torbogen bauen

- **Höhe** Ein Bogen sollte so hoch sein, dass man bequem hindurchgehen kann. Wichtig ist auch die Frage der Begrünung: Planen Sie herabhängende Pflanzen, sollte der Bogen entsprechend höher sein.
- **Breit genug** Dient der Bogen als Durchgang, sollte er breit genug sein, dass zwei Personen nebeneinander hindurchgehen können.
- **Stabil machen** Mit Querverstrebungen lässt sich die Stabilität erhöhen, sodass sich der Bogen dann auch als Rankhilfe für starkwüchsige, schwere Kletterpflanzen eignet.

Laubengang anlegen

Klettern lassen
Mit leichtgewichtigen einjährigen Kletterpflanzen oder auch Feuer-, Prunk- oder Stangenbohnen über mehreren Holz- oder Kunststoffbögen bekommen Sie einen attraktiven Laubengang.

Einen Torbogen bauen

- **Sicherer Stand** Verwenden Sie kesseldruckimprägniertes Holz. Betonieren Sie verzinkte Metallhülsen (Balkenschuhe) in den Boden und befestigen Sie die senkrechten Stützpfosten darin. So haben die Pfosten einen guten Halt und werden nicht durch Bodennässe beeinträchtigt.
- **Passende Pflanzen** Zum Begrünen eignen sich schnellwüchsige Einjährige wie *Eccremocarpus scaber* (Schönranke), *Ipomoea* (Prunkwinde), *Lathyrus* (Duftwicke) und *Thunbergia alata* (Schwarzäugige Susanne). Bei Rosen sind Rambler-Rosen wegen ihrer etwas biegsameren Triebe besser geeignet als andere Kletterrosen.

BEWÄHRTES WISSEN

Gartenbereiche
Mit einem Spalierbogen lassen sich verschiedene Gartenbereiche schaffen. Pflanzen Sie zu beiden Seiten immergrüne Gehölze als Sichtschutz.

Interessante Rankhilfen

Die Mehrheit aller Kletterpflanzen benötigt eine Rankhilfe. Das kann ein Baumstamm sein, ein zeltförmiges Gestänge oder auch eine Pyramide. Wie auch immer – mit einer interessant begrünten Rankhilfe können Sie Ihren Garten bereichern und gliedern.

Ein Zelt aus Pflanzen

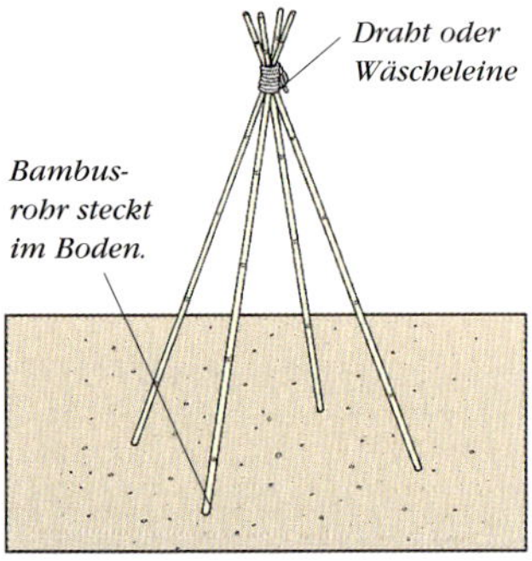

Schöne Farbtupfer
Zelte aus Bambusstangen nimmt man üblicherweise als Rankhilfe für Feuerbohnen. Doch mit einjährigen Kletterpflanzen erhält man attraktive Farbsäulen.

Pflanzenpyramide

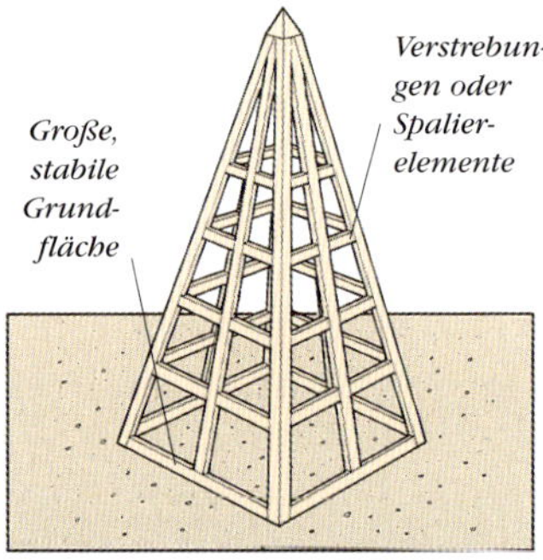

Kletterpflanzen
Eine Pyramide wirkt selbst ohne Pflanzen gut und kann den Winter über im Garten bleiben. Mit immergrünen Kletterpflanzen wird sie zum wahren Blickfang.

Holz pflegen

- **Längere Haltbarkeit** Verwenden Sie für Holzkonstruktionen nur kesseldruckimprägniertes Holz und verzinkte Metallteile. Streichen Sie Holzkonstruktionen regelmäßig mit einem Holzschutzmittel.
- **Farbe wirkt** Mit einem hellen Anstrich erscheint die Rankhilfe auch im Winter noch recht ansehnlich.

Sichtschutz

- **Pflanzen** Dicht belaubte Kletterpflanzen mit attraktiven Blättern wie zweifarbiger Efeu schaffen dreidimensionale Formen und bieten Sichtschutz.

Kletterpflanzen setzen

Mit Kletterpflanzen lässt sich sowohl die Höhe eines Objekts betonen als auch Unansehnliches verdecken. Die meisten Kletterpflanzen werden an Rankhilfen in Form von Spalieren oder Drähten hochgezogen, andere finden ohne Hilfe an Mauern, Zäunen und Bäumen guten Halt.

Alte Bäume verdecken

Begrünung einmal anders
Solange tote Bäume noch sicher stehen, können sie zur Zierde des Gartens werden. Geht das nicht, sägen Sie die Äste ab und begrünen den Stamm mit Kletterpflanzen; dafür evtl. einen Draht als Rankhilfe anbringen.

Originelle Rankhilfen

- **Einjährige** Ein Bogen aus Drahtgeflecht eignet sich für einjährige Kletterpflanzen.
- **Mehrjährige** Dauerhafte Kletterpflanzen können Sie über ein kräftiges Drahtgestell ziehen und dieses zu schönen Formen biegen. Es dauert allerdings etwas, bis sich die ganze Wirkung entfaltet.
- **Gartenschlauch** Eine Rankhilfe für „Leichtgewichte" können Sie aus einem Stück altem Gartenschlauch und zwei Pflöcken basteln: Die Pflöcke im gewünschten Abstand in den Boden treiben, sodass sie festen Halt haben. Dann ein Schlauchende über einen Pfosten stecken, mit dem Schlauch einen Bogen formen und das zweite Ende über den anderen Pfosten ziehen.

GUTE IDEE!

Was tun mit alten Pfosten?
Ist ein alter Metallpfosten oder Wäscheleinenständer einbetoniert und lässt sich deshalb nicht entfernen, können Sie ihn als Rankhilfe für eine dicht belaubte Kletterpflanze verwenden.

Optische Effekte und gestalterische Tricks

Bei der Planung Ihres Gartens spielen gerade Form und Perspektive eine wichtige Rolle. Durch einzelne Gestaltungselemente lassen sich sehr unterschiedliche Wirkungen erzielen.

- **Zu lang?** Damit ein sehr lang gestreckter Garten breiter und kürzer erscheint, können Sie ihn mit Spalieren, Sträuchern oder großen buschigen Stauden unterteilen.
- **Zu offen?** Gliedern Sie den Garten in verschiedene „Räume" mit unterschiedlichen Stilrichtungen. Wenn man nicht sofort alle Bereiche einsehen kann, wirkt ein Garten interessanter.
- **Zu kurz?** Wenn Sie die Hecke am Ende des Gartens niedriger schneiden als an den Seiten, erscheint sie weiter entfernt.
- **Privatsphäre** Wenn Sie entlang von Mauern oder Zäunen kleine Nischen oder Lauben einrichten, erzeugen Sie den Eindruck von Abgeschiedenheit und bieten Kindern tolle Möglichkeiten.

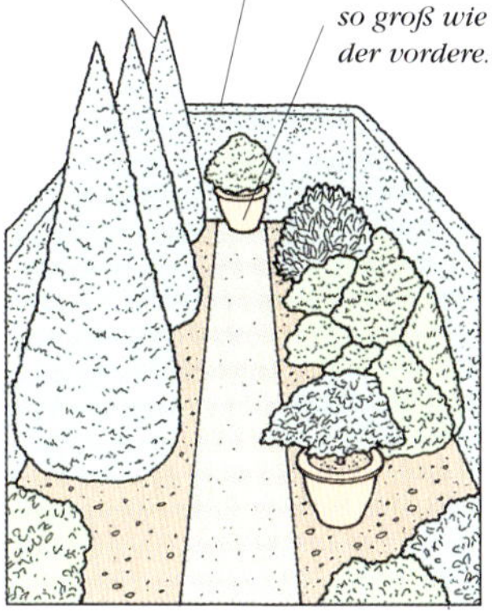

Die Wirkung verstärken
Durch Wiederholung von Höhen und Formen bleibt die ursprüngliche Wirkung erhalten. Legen Sie einen Weg mit parallelen Seitenrändern und mit gleich hohen Bäumen an. Stellen Sie je eine Kübelpflanze in die Nähe des Hauses und ans Ende des Gartens.

Mehr Tiefe erreichen
Mehr Tiefenwirkung haben Sie, wenn Sie einen sich verjüngenden Weg anlegen und daran entlang Bäume pflanzen, die nach hinten hin etwas niedriger werden. Stellen Sie im Hintergrund ein kleines Pflanzgefäß auf, im Vordergrund ein größeres.

Mit Pflanzen Größe vortäuschen

Die Gestaltung eines Gartens hat großen Einfluss auf seine räumliche Wirkung. Durch eine geschickte Bepflanzung können Sie den Garten größer erscheinen lassen. Dazu gehören auch die Farben und Formen verschiedener Pflanzen, die den Eindruck von Weitläufigkeit fördern.

Tiefenwirkung erzeugen

Farben einsetzen
Um ein Beet optisch zu verlängern, sollten Pflanzen mit leuchtenden Blüten oder Blättern im Vordergrund stehen, etwas dunklere Pflanzen dahinter und pastellfarbene im Hintergrund.

Grösse schaffen

Blattformen betonen
Ein kleiner Garten lässt sich optisch vergrößern, indem Sie vorn ins Beet Pflanzen mit großen, auffälligen Blättern setzen. Unterschiedliche Blattfarben können diese Wirkung noch verstärken.

Auswahl der Pflanzen

- **Pastellfarben** Platzieren Sie Pflanzen in diesen Farben in den hinteren Teil des Beetes, um mehr Tiefe zu erzeugen.
- **Grautöne** Durch Pflanzen mit grauen Blättern wirkt das Beet größer.
- **Kräftige Farben** Die Tiefenwirkung verringert sich durch Pflanzen in kräftigen Farben.
- **Glänzende Blätter** Glänzende Blätter, die das Licht reflektieren, wie bei Günsel *(Ajuga)* und Mahonie *(Mahonia)*, beleben schattige Ecken.
- **Strategische Pflanzung** Setzen Sie verschiedene Pflanzen verstreut ins Beet, dann wirkt es optisch kleiner.

Gestalten mit Pflanzen

Übersicht

Damit Ihre Pflanzen gut gedeihen, sind zunächst einige Vorüberlegungen wichtig. Entspricht der Standort im Hinblick auf die Boden- und Lichtverhältnisse den Bedürfnissen der Pflanze? Passt die Pflanze ihrer Größe nach zum Standort? Passt sie in Größe, Form und Blütenfarbe zu den übrigen Pflanzen im Beet oder sollte sie besser an einem anderen Platz im Garten stehen? Wenn alles stimmt und Sie Ihre Pflanzen ausgewählt haben, sollten Sie vor dem Einpflanzen etwas Zeit in die Vorbereitung des Bodens investieren.

Materialien zur Bodenverbesserung

Bei einem guten Gartenboden genügen als Vorbereitung auflockern und hacken. Sind die Bodenverhältnisse jedoch bezüglich Struktur, Nährstoff- und Wassergehalt unbefriedigend, sollten Sie je nach Bodenbeschaffenheit zuerst geeignete Materialien zur Bodenverbesserung einarbeiten.

- **Bodenstruktur** Grober Sand oder Schotter lockert schwere, verdichtete Böden auf und verbessert so ihre Struktur. Verwenden Sie Materialien aus dem Gartencenter, da Baustoffe nicht selten belastet sind.
- **pH-Wert des Bodens** Kalk erhöht den pH-Wert saurer Böden und lockert schwere, verdichtete Böden auf. Torf und Torfersatz senken dagegen den pH-Wert alkalischer Böden und verbessern die Wasserhaltekraft von leichten, sandigen Böden.
- **Bodenverbesserer** Kokosfasern, Kompost, Lauberde und Rindenmulch verbessern Struktur und Wasserspeicherfähigkeit bzw. -abfluss. Verrotteter Mist fördert wegen seines Stickstoffgehalts Struktur und Fruchtbarkeit des Bodens (siehe S. 489).

Torf

Kokosfasern

Reifer Kompost

Lauberde

Rindermist

Rindenmulch

Kalk

Grober Sand

Schotter

Die Grundausstattung

Vor dem Kauf von Gartengeräten sollten Sie ausprobieren, wie groß, schwer und handlich sie sind. Geräte aus rostfreiem Stahl sind zwar teuer, aber sehr stabil.

- **Bodenbearbeitung** Handgabel und Pflanzschaufel eignen sich gut zum Anpflanzen und Versetzen kleinerer Gewächse sowie zum Unkrautjäten bei kleinen Pflanzen. Mit der Hacke können Sie zwischen Beet- oder Gemüsepflanzen jäten und Saat- oder Setzrillen markieren. Grabgabel und Spaten benötigen Sie zum Umgraben und Auflockern des Bodens. Der Rechen dient zum Beseitigen von Laub und Rasenschnitt sowie zum Lockern und Glätten des Oberbodens vor der Aussaat.
- **Schneiden** Für die meisten Schneidearbeiten genügt die Gartenschere, bei kleineren Schneidearbeiten ein scharfes Messer. Zum Schutz der Hände sollten Sie Handschuhe tragen.
- **Gießen** Die Gießkanne sollte so groß sein, dass sie sich auch mit Wasser gefüllt noch gut tragen lässt.

Gießkanne

Gartenschere

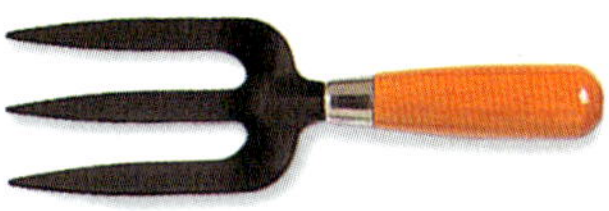

Handgabel

Pflanzschaufel

Scharfes Messer

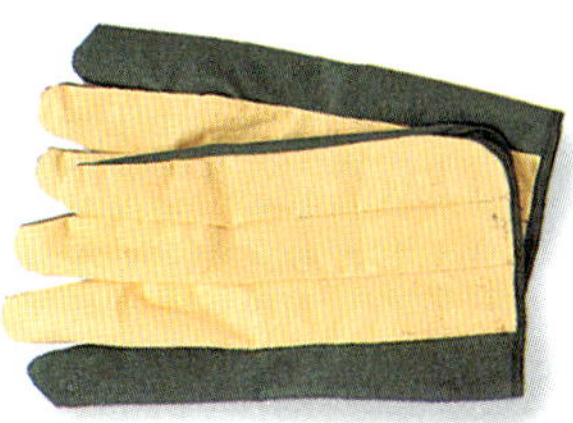

Gartenhandschuhe

Grabgabel

Spaten

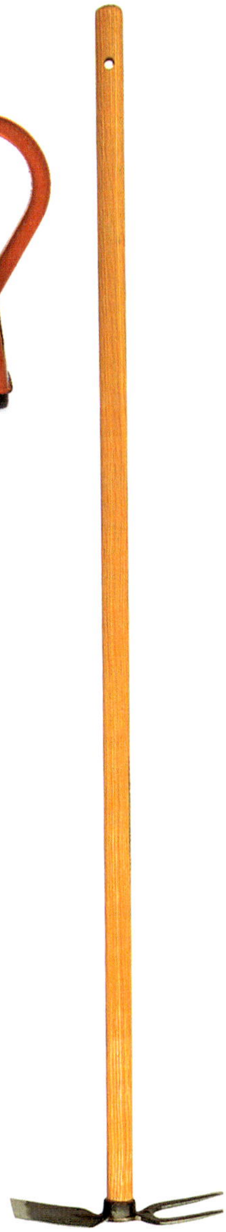

Doppelhacke

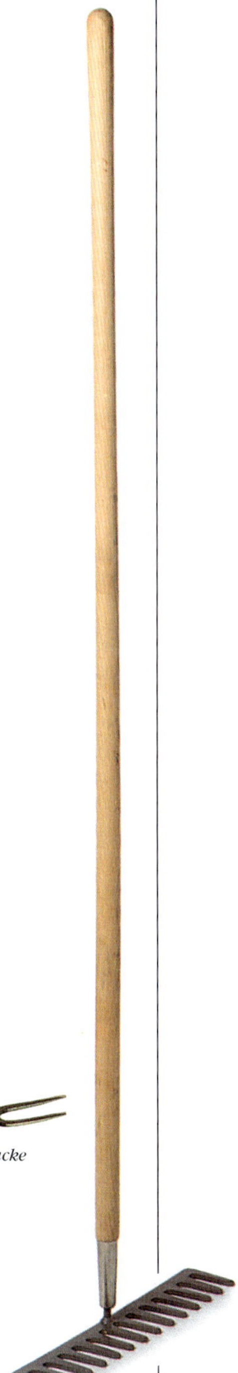

Rechen

VORBEREITEN DER BEETE

Eine gute Vorbereitung spart Ihnen später viel Zeit und Mühe. Dazu gehört auch die Kenntnis von der Beschaffenheit des Bodens und eine Verbesserung der Bodenstruktur, denn unter optimalen Bedingungen entwickeln sich die Pflanzen besser und sind widerstandsfähiger gegenüber Schädlingen und Krankheiten.

Die Bodenstruktur bestimmen

Durch einfaches Befühlen lässt sich schon viel über die Bodenstruktur aussagen, die darüber bestimmt, welche Pflanzen im Garten gedeihen. Bestes Pflanzenwachstum garantiert ein mittelschwerer Lehmboden mit einem ausgeglichenen Verhältnis von Sand, Lehm und Ton.

BODENBEURTEILUNG

- **Die Umgebung** Sehr aufschlussreich für eine Beurteilung des Bodens sind die umliegenden Gärten. Notieren Sie, welche Pflanzen hier gut gedeihen und welche nur kümmerlich wachsen.
- **Bodenverdichtung** Prüfen Sie, ob der Boden in bestimmten Bereichen verdichtet ist, etwa an einem Rasenpfad, im Bereich neben dem Grill oder nahe der Schaukel. Hier sollte der Boden zum Belüften einmal jährlich mit der Grabgabel gelockert (siehe S. 571) oder umgegraben werden.

LEHMBODEN

Klebrig und glatt
Ein Lehmboden besteht aus winzigen Partikeln, ist schwer, wenig durchlässig, klebt und neigt zu Staunässe. Er ist zwar schwer zu bearbeiten, aber fruchtbar.

SANDBODEN

Trocken und locker
Ein Sandboden trocknet schnell aus und kann Nährstoffe nicht lang speichern. Er lässt sich gut bearbeiten, benötigt aber mehr Pflege als ein Lehmboden.

Den pH-Wert des Bodens prüfen

Der pH-Wert des Bodens, also der Säure- oder Basengehalt, ist ein weiterer Faktor dafür, welche Pflanzen Sie im Garten kultivieren können, denn manche kümmern in einem ungeeigneten Boden vor sich hin oder sterben sogar ab. Mit einem Schnelltest lässt sich der pH-Wert messen.

WIE FUNKTIONIERT EIN pH-TEST?

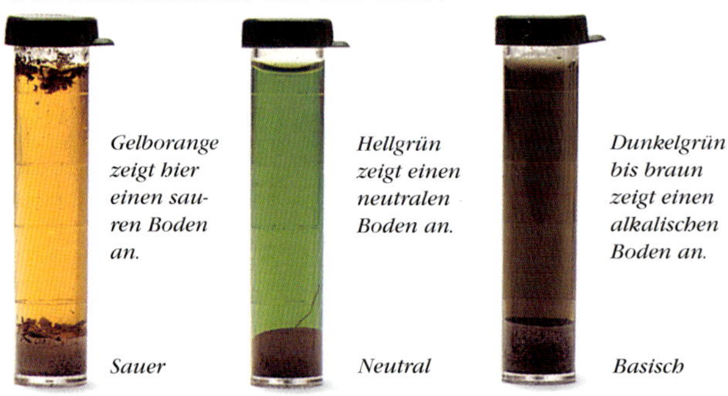

Farben zeigen den pH-Wert an
Geben Sie etwas Gartenerde in die Testlösung und vermischen Sie beides. Nach einer Weile können Sie dann die entstandene Farbe mit der im Set enthaltenen pH-Wert-Karte vergleichen.

DEN pH-WERT ÄNDERN

- **Ausgleich** Den pH-Wert des Bodens sollten Sie vor dem Bepflanzen regulieren. Prüfen Sie dann erneut, ob sich der pH-Wert verändert hat.
- **Saurer Boden** Mit kohlensaurem Kalk oder Algenkalk können Sie einen sauren Boden verändern. Auch viele Pilzsubstrate enthalten Kalk.
- **Alkalischer Boden** Einen alkalischen (basischen) Boden auszugleichen ist schwer. Hier helfen eventuell Zugaben von schwefelsaurem Ammoniak oder Schwefel.

Welche Pflanzen für welchen Boden?

Das Gedeihen einer Pflanze hängt im Wesentlichen vom richtigen Standort ab. Dazu gehören neben Bodenbeschaffenheit und pH-Wert auch die Lichtverhältnisse (siehe S. 484). Die folgende Tabelle kann Ihnen einen Anhaltspunkt geben, welche Pflanzen in welchem Boden gedeihen.

Bodenstruktur	**Geeignete Pflanzen**
Lehmboden Lehmböden speichern gut Feuchtigkeit und Nährstoffe. Bei Trockenheit bilden sich allerdings oft Risse, bei Regen kommt es zu Staunässe. Solche Schwankungen können die Pflanzen belasten.	*Acer* (Ahorn), *Bergenia* (Bergenie), *Campanula* (Glockenblume), *Celastrus* (Baumwürger), *Clematis*, *Cornus* (Hartriegel), *Cotoneaster* (Mispel), *Forsythia* (Forsythie), *Geranium* (Storchschnabel), *Hosta* (Funkie), *Lathyrus* (Wicke), *Lonicera* (Geißblatt), *Malus* (Zierapfel), *Philadelphus* (Pfeifenstrauch), *Prunus* (Zierkirsche), Rosen, *Rudbeckia* (Sonnenhut), *Sedum* (Fetthenne), *Syringa* (Flieder), *Viburnum* (Schneeball).  *Flieder*
Sandiger Boden Sandböden sind leicht, trocknen schnell aus und sind weniger fruchtbar als Lehmböden. Da sie kaum Nährstoffe speichern, benötigen manche Pflanzen vor allem bei Trockenheit sehr viel Pflege.	*Achillea* (Garben-Arten), *Artemisia* (Beifuß), *Cercis siliquastrum* (Judasbaum), *Cotinus* (Perückenstrauch), *Cytisus* (Ginster), *Elaeagnus* (Ölweide), *Gypsophila* (Schleierkraut), *Jasminum nudiflorum* (Echter Jasmin), *Kerria* (Ranunkelstrauch), *Lavandula* (Lavendel), *Mahonia* (Mahonie), *Sorbus* (Vogelbeere), *Thymus* (Thymian), *Verbascum* (Königskerze), *Wisteria* (Glyzine).  *Königskerze*

Boden-pH-Wert	**Geeignete Pflanzen**
Alkalischer Boden Alkalische Böden verhindern wegen des hohen pH-Wertes eine gute Nährstoffverwertung, vor allem von Eisen und Magnesium,was zur typischen Gelbfärbung an den Blattadern neuer Blätter führt.	*Acer* (Ahorn), *Achillea* (Garbe), *Aesculus* (Rosskastanie), *Alcea* (Stockrose), *Alchemilla* (Frauenmantel), *Allium* (Zierlauch), *Anemone* (Anemone), *Aquilegia* (Akelei), *Artemisia* (Beifuß), *Aubrieta* (Blaukissen), *Campanula* (Glockenblume), *Ceratostigma* (Bleiwurz), *Clematis*, *Crataegus* (Weißdorn), *Kerria* (Ranunkelstrauch), *Syringa* (Flieder), *Tulipa* (Tulpe), *Viburnum* (Schneeball), *Weigela* (Weigelie).  *Tulpe*
Saurer Boden Saure Böden können aus Sand,Ton oder aus Lehm, einem Gemisch aus Sand und Ton, bestehen. Die meisten Pflanzen können in sauren Böden überleben, während andere saure Böden benötigen.	*Arctostaphylos* (Bärentraube), *Azalea* (Azalee), *Calluna* (Besenheide), *Daboecia* (Irische Heide), *Enkianthus* (Prachtglocke), *Fothergilla* (Federbuschstrauch), *Gaultheria* (Scheinbeere), *Hamamelis* (Zaubernuss), *Kalmia* (Lorbeerrose), *Magnolia*-Arten (Magnolie; manche Arten), *Meconopsis* (Scheinmohn), *Pieris* (Lavendelheide), *Rhododendron*, *Trillium* (Dreiblatt), *Vaccinium* (Heidelbeere, Preiselbeere).  *Rhododendron*

Den Boden verbessern

Bevor Sie mit dem Anpflanzen beginnen, sollten Sie etwas Zeit für die Bodenverbesserung aufbringen, um seine Fruchtbarkeit zu erhöhen. Das ist natürlich einfacher, wenn die Beete noch leer sind. Was Sie jeweils dafür unternehmen müssen, hängt von Ihrem Gartenboden ab.

Das Leben im Boden verbessern

● **Mikroorganismen** Durch das Einarbeiten von reifem Kompost (siehe S. 478) fördern Sie eine lebendige Bodenstruktur, da Kompost wichtige Mikroorganismen enthält.

● **Materialien** Organische Materialien haben verschiedene Eigenschaften hinsichtlich Wasserhaltekraft, pH-Wert, Belüftung und Nährstoffgehalt (siehe S. 480).

Zeit sparen
Mulchmaterial und Kompost können Sie im Herbst gleichmäßig auf dem Boden verteilen, anstatt es unterzugraben. Die Kälte trägt zur Zersetzung bei, sodass Würmer und andere Organismen es in den Boden einbringen.

Lauberde herstellen

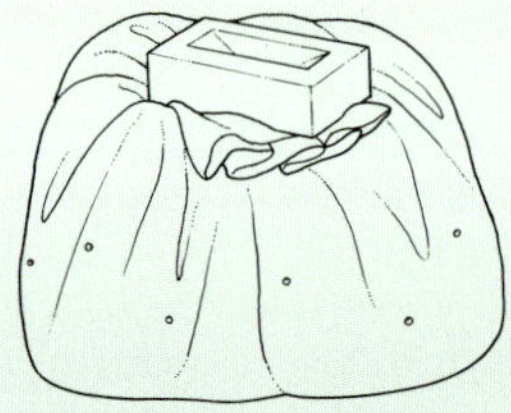

Geben Sie Laubabfall in einen großen schwarzen Plastiksack. Stechen Sie einige Löcher in den Sack und drehen Sie ihn oben lose zusammen. Nach 6–12 Monaten haben sich die Blätter zersetzt und Sie haben gebrauchsfertige Lauberde.

Den Boden bearbeiten

● **Kälte** Graben Sie schwere Lehmböden im Spätherbst um, da Frost die Struktur des Bodens verbessert, indem er ihn in kleinere Teile zerfallen lässt.

● **Nicht bei Nässe** Graben Sie schwere Böden nicht bei Nässe um, da Nässe die Erde verdichtet. Außerdem sollten Sie sich beim Umgraben auf ein Brett stellen, weil sich so das Gewicht besser verteilt (siehe auch S. 582).

● **Einebnen** Nach dem Umgraben oder Hacken kann die Oberfläche des Bodens uneben und klumpig sein. Damit daraus ein guter Kulturboden zum Pflanzen oder Säen entsteht, sollten Sie die Klumpen mit einem Rechen zerkleinern.

● **Kompost** Organische Gartenabfälle ergeben vorzüglichen Kompost. Geeignet sind Laub, Rasenschnitt, Gehölzschnitt und Unkräuter (siehe gegenüberliegende Seite).

Lehmboden

● **Geräte** Lehmböden sollte man mit der Grabgabel und nicht mit dem Spaten bearbeiten, da er die Kanten des Grablochs versiegelt und so wasserundurchlässiger macht.

Lehmboden auflockern
Arbeiten Sie bis zu einer Tiefe von mindestens 30 cm Gärtnerkies unter. Das verbessert die Drainage, ohne den Nährstoffgehalt zu beeinflussen. Verwenden Sie dafür jedoch keinesfalls Kies aus dem Baumarkt (siehe S. 478).

Steiniger Boden

● **Hindernisse** Vor dem Anpflanzen sollten Sie alle großen Steine entfernen. Beim Anbau von Wurzelgemüse können Steine dessen Form und Entwicklung beeinträchtigen.

Steiniger Boden
Arbeiten Sie bei einem trockenen, steinigen Boden an einem trockenen Tag Roh- oder Reifekompost ein. Beginnen Sie am hinteren Ende des Beetes und arbeiten Sie sich vor, um nicht auf die bearbeitete Fläche zu treten.

Richtig kompostieren

Kompostierung ist eine einfache, schnelle und umweltfreundliche Möglichkeit, organische Garten- und Küchenabfälle zu entsorgen. Mit Kompost haben Sie außerdem ein kostenloses, qualitativ hochwertiges Material, das die Qualität Ihres Gartenbodens erheblich verbessern kann.

Geeignete Kompostbestandteile

Bis auf kranke Pflanzen eignen sich fast alle organischen Garten- und Küchenabfälle zur Kompostierung. Ungeeignet sind wurmiges Obst und Gemüse, samendes Unkraut sowie Speisereste wie Geflügel, Fisch und Fleisch, die Ungeziefer anlocken. Den Kompost sollten Sie wöchentlich wenden.

Gras
Grasschnitt nur sparsam verwenden.

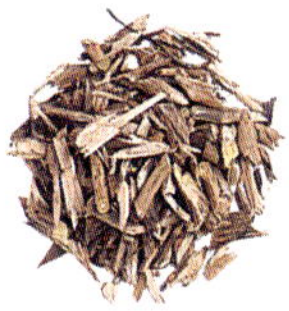

Gehölzschnitt
Zerkleinerte Gehölzabfälle lockern auf.

Unkraut
Unkraut mit Trockenmaterial mischen.

Abfall
Gut sind Obst-, Gemüse-, Kartoffelschalen.

Kompostbeschleuniger

Mit Fertigprodukten, die die Aktivität der Mikroorganismen im Boden fördern, lässt sich der Verrottungsvorgang beschleunigen, was aber bei gut angesetztem Kompost eigentlich nicht nötig ist.

- **Organischer Dünger** Ein guter Kompostbeschleuniger ist organisches Düngematerial wie etwa Hornspäne.
- **Gesteinsmehle** Sie beschleunigen den Übergang von Roh- zu Reifekompost.

Richtig Kompostieren

- **Schichtung** Geben Sie immer nur dünne Lagen auf den Kompost und verwenden Sie nie zu viel von einem Material auf einmal. Feuchte Laub- und Grasabfälle sollte man mit trockeneren Materialien wie Gehölzschnitt mischen.
- **Stickstoff** Alle Grünabfälle haben einen hohen Stickstoffgehalt, der den Kompostiervorgang beschleunigt. Vermeiden Sie aber zu viel feuchte Grünmaterialien, da es sonst zu Fäulnis kommen kann.
- **Feuchtigkeit** Besteht der Kompost vor allem aus trockenem Material, sollten Sie in heißen, trockenen Wetterperioden Wasser zufügen, da Feuchtigkeit den Verrottungsvorgang beschleunigt.
- **Kälte** In Kälteperioden sollte man Kompost abdecken, sodass sich die Verrottung nicht zu sehr verlangsamt.

Einen Kompostbehälter selbst bauen

- **Kompostsilo** Von einer Plastiktonne den Boden abschneiden, seitlich einige 2,5 cm große Löcher bohren und den Deckel aufsetzen.
- **Kompostbehälter** Stabile Eckpfosten und alte Holzbretter und -bohlen mit verzinkten Nägeln zu einem Kompostbehälter zusammennageln.

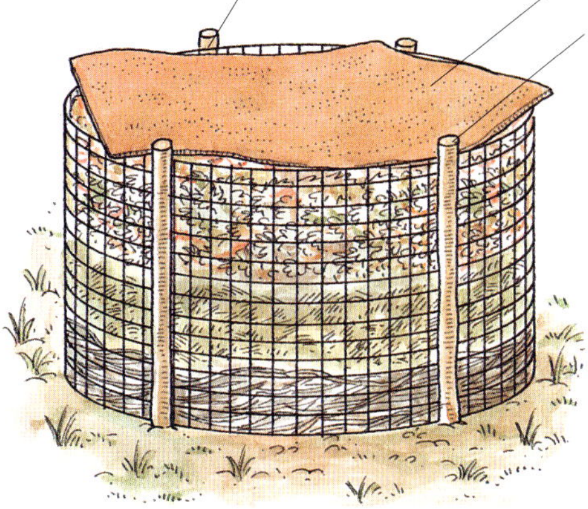

Drahtbehälter

Ein billiger Kompostbehälter lässt sich auch aus verzinktem Drahtgeflecht herstellen, das Sie an stabil im Boden verankerten Holzpflöcken befestigen. Ein alter Teppichrest sorgt für eine isolierende Abdeckung.

Bequemer Zugriff

Flexible Seitenwand
Der Kompostbehälter sollte unbedingt eine herausnehmbare Seitenwand haben. So können Sie den Kompost bequem umschichten, was regelmäßig geschehen sollte, und jederzeit problemlos entnehmen. Kompost sollte außerdem immer gut verrottet sein.

Pflanzen für Problemstandorte

Die Bepflanzungsmöglichkeiten eines Gartens hängen von seiner Lage ab, d. h. wie viel Sonne oder Schatten die einzelnen Bereiche erhalten. Wichtige Faktoren sind neben der Bodenstruktur auch Hänge, hohe Bäume und Mauern sowie hoch aufragende Gebäude in der Nähe.

Lichtverhältnisse

- **Schatten** Vor der Bepflanzung sollten Sie die schattigen Bereiche bestimmen, wozu auch immergrüne Bäume gehören, die ganzjährig Schatten werfen. Stellen Sie fest, ob die Bereiche eher feucht oder trocken sind, denn danach richtet sich die Pflanzenauswahl.
- **Sonne** An besonnten Mauern wird der Boden im Sommer oft sehr heiß und ist trocken. Verbessern Sie den Boden entsprechend (siehe S. 478) und setzen Sie hier hitzeverträgliche Pflanzen (siehe S. 529).

Beete in Hanglage

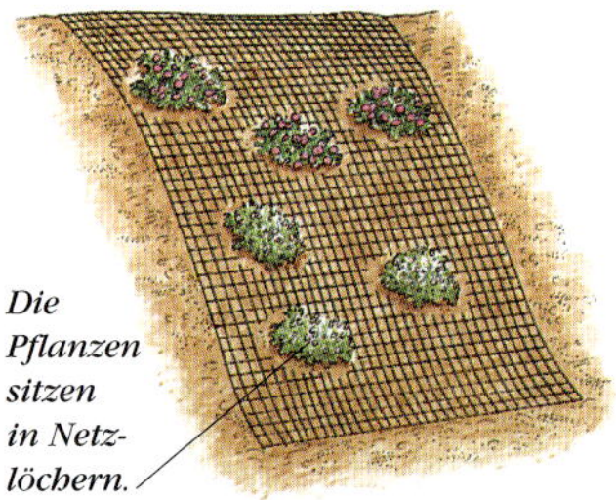

In Netzen pflanzen
Pflanzen in Hanglage können Sie in die Löcher eines Kunststoffnetzes setzen, das mit Pflöcken im Boden befestigt ist, bis die Wurzeln kräftig genug sind.

Passende Pflanzen
Am Fuß eines Hanges sollten Sie nur feuchtigkeitsverträgliche Pflanzen wie *Digitalis*, *Hosta* und *Pieris* setzen, da sich hier viel Wasser sammelt.

Pflanzen für unterschiedliche Standorte

Standort im Garten	Geeignete Pflanzen	
Sonnig und trocken Pflanzen für trockene und sonnige Standorte benötigen für ein gesundes, kräftiges Wachstum vor allem im ersten Jahr reichlich Wasser, bis die Wurzeln gut angewachsen sind.	*Achillea* (Garbe), *Arabis* (Gänsekresse), *Aster*, *Aubrieta* (Blaukissen), *Campsis radicans* (Trompetenblume), *Cytisus* (Geißklee), *Eryngium* (Edeldistel), *Genista* (Ginster), *Hypericum* (Johanniskraut), *Salvia* (Salbei), *Sedum* (Fetthenne), *Tamarix* (Tamariske), *Thymus* (Thymian), *Weigela* (Weigelie), *Yucca filamentosa* (Palmlilie).	 *Raublattaster*
Trockener Schatten Diesen findet man häufig bei sandigen, leichten Böden sowie an Hecken, Zäunen und Mauern. Insbesondere Mauern aus Ziegelsteinen entziehen dem Boden meist viel Feuchtigkeit.	*Alchemilla mollis* (Frauenmantel), *Anemone nemorosa* (Buschwindröschen), *Cyclamen* (Alpenveilchen), *Epimedium* (Elfenblume), *Euonymus* (Pfaffenhütchen), *Hyacinthoides non-scripta* (Hasenglöckchen), *Hypericum* (Johanniskraut), *Ilex aquifolium* (Stechpalme), *Lonicera japonica* 'Halliana' (Heckenkirsche, Geißblatt), *Pulmonaria* (Lungenkraut), *Ruscus aculeatus* (Mäusedorn).	 *Stechpalme*
Feuchter Schatten Dieser entsteht meistens bei staunassen, schweren Böden am Fuß schattiger Hänge oder unter großen, dichten Bäumen. Diese Bereiche eignen sich auch gut für Blattschmuckpflanzen.	*Anemone blanda* (Strahlenanemone), *Convallaria majalis* (Maiglöckchen), *Digitalis purpurea* (Fingerhut), *Eranthis hyemalis* (Winterling), *Erythronium dens-canis* (Hundszahn), *Galanthus nivalis* (Schneeglöckchen), *Helleborus* (Christrose), *Hosta* (Funkie), *Lonicera* (Heckenkirsche), *Pieris* (Lavendelheide), *Primula vulgaris* (Primel), *Rhododendron*, *Vinca* (Immergrün).	 *Primel*

AUSWAHL DER PFLANZEN

Die beste Garantie für ein schönes Beet ist die Auswahl der geeigneten Pflanzen. Achten Sie beim Kauf darauf, dass die Pflanzen gesund und kräftig sind. Erstklassige Qualität bekommen Sie in Gärtnereien, Gartencentern oder in Baumschulen, während Pflanzen aus dem Supermarkt oft nicht den Qualitätskriterien entsprechen.

WICHTIGE ANGABEN AUF DEM PFLANZETIKETT

- **Blütezeit** Auf dem Pflanzetikett ist die Blütezeit angegeben und ob die Blüten duften.
- **Größe** Auch die endgültige Höhe und Breite der Pflanze sollte darauf vermerkt sein.
- **Winterhart** Ist die Pflanze uneingeschränkt winterhart? Andernfalls benötigt sie im Winter ausreichenden Schutz.

GIFTIGE PFLANZEN

- **Vorsicht bei Kindern** Vor allem, wenn Kinder im Garten spielen, ist es sehr wichtig, sich über giftige Pflanzen zu informieren. Fragen Sie nach, ob es zu Hautreaktionen bzw. Vergiftungen kommen kann.

Qualität erkennen

Vor dem Kauf sollten Sie prüfen, ob die Pflanze für den vorgesehenen Standort geeignet ist, wobei Ihnen die Kenntnis von den unterschiedlichen Bereichen in Ihrem Garten hilft. Außerdem sollten Sie berücksichtigen, dass die Pflanze zu den übrigen im Beet passen muss.

QUALITÄTSMERKMALE

- **Richtiger Zeitpunkt** Kaufen Sie Pflanzen nie während oder kurz nach extremen Kälteperioden. Ungeschützt können nämlich die Wurzelballen winterharter Pflanzen erfrieren. Verschieben Sie den Kauf besser bis zum Frühjahr, dann können Sie anhand der Blätter auch gleich den Zustand der gesamten Pflanze beurteilen.
- **Mangelnde Pflege** Mit Algen, Unkraut oder Moos bewachsene Pflanzen deuten darauf hin, dass lang nicht mehr umgetopft wurde.
- **Kranke Pflanzen** Meiden Sie welke Pflanzen und solche mit fleckigen Blättern – ein sicheres Zeichen für mangelnde Nährstoffe, Trockenheit oder Staunässe, das zu bleibenden Schäden führen kann.
- **Duftpflanzen** Achten Sie bei der Auswahl Ihrer Pflanzen darauf, dass auch solche mit duftenden Blüten dabei sind.

AUSWAHL NACH DEM STANDORT

- **Schmales Beet** Grenzt das Beet an eine Mauer oder einen Zaun, sollten Sie Pflanzen wählen, die eher trockenen Boden tolerieren. Pflanzen mit Dornen oder stachligen Blättern sind ungeeignet, wenn das Beet an einem Weg entlangführt.
- **Inselbeet** In die Mitte großer Beete, deren Zugang oft erschwert ist, setzen Sie am besten hohe, pflegeleichte Pflanzen. Liegt das Beet auf einem Rasen, sollten Sie keine überhängenden Pflanzen wählen.
- **Pflegeleichtes Beet** Wählen Sie Sträucher, die nur selten geschnitten werden müssen, und kombinieren Sie diese mit pflegeleichten Stauden, die auch Trockenheit vertragen (siehe S. 529). Gut geeignet sind auch winterharte Zwiebel- und Knollenpflanzen, da sie nicht über Winter ausgegraben und im Haus gelagert werden müssen.

Ecken bepflanzen

Zum Bepflanzen eines Eckbeets eignen sich oft Pflanzen, die einen eher trockenen Boden bevorzugen. Setzen Sie große Pflanzen in die Ecke und kriechende nach vorn.

Lagerung von Pflanzen

Nach dem Einkauf sollten Sie Ihre erworbenen Pflanzen so schnell wie möglich in die Erde setzen. Ist dies jedoch aus Zeit- oder Witterungsgründen nicht möglich, müssen Sie die Pflanzen entsprechend lagern. Das sollte allerdings nur wenige Tage dauern.

Lagerung im Freien

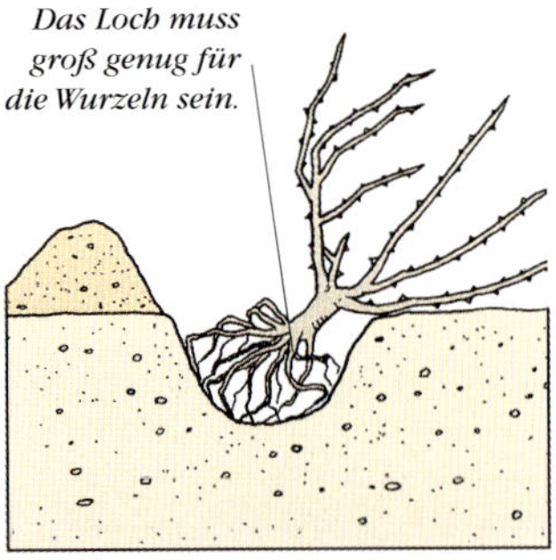

Wurzelnackte Gehölze
Sträucher und Bäume ohne Erdballen („wurzelnackt") sollten Sie einschlagen, um die Wurzeln zu schützen. Dazu die Pflanze schräg in ein Erdloch legen, sodass der Wind keine Angriffsfläche hat. Das Loch auffüllen.

Topfpflanzen
Setzen Sie diese Pflanzen mitsamt dem Blumentopf in ein Loch in der Erde, um die Wurzeln vor extremen Temperaturschwankungen zu schützen und ein mögliches Austrocknen der Pflanzen zu verhindern.

GUTE IDEE!

Kurzzeitige Lagerung
Stellen Sie Koniferen und immergrüne Gehölze an einen vor Sonne, Wind und Kälte geschützten Platz am Haus bzw. im Garten.

Zwischengelagerte Pflanzen pflegen

- **Wurzeln schützen** Die empfindlichen Wurzeln gelagerter Pflanzen werden leicht beschädigt oder können durch extreme Temperaturen absterben. Schützen Sie den Wurzelballen deshalb mit Sackleinen oder Luftpolsterfolie.
- **Düngen** Gelagerte Pflanzen dürfen nie gedüngt werden, da sie in dieser Zeit ruhen, aber nicht wachsen sollen.
- **Gießen** Halten Sie die Wurzeln feucht, aber nicht zu nass. Bei Wurzeln, die in einem versenkten Topf oder einem vorübergehenden Pflanzloch eingeengt sind, kommt es leicht zu Staunässe.
- **Pflanzen im Ruhezustand** Diese überstehen eine kurze Lagerung wesentlich besser als Pflanzen in einer Wachstumsphase.

Blumenzwiebeln und -knollen lagern

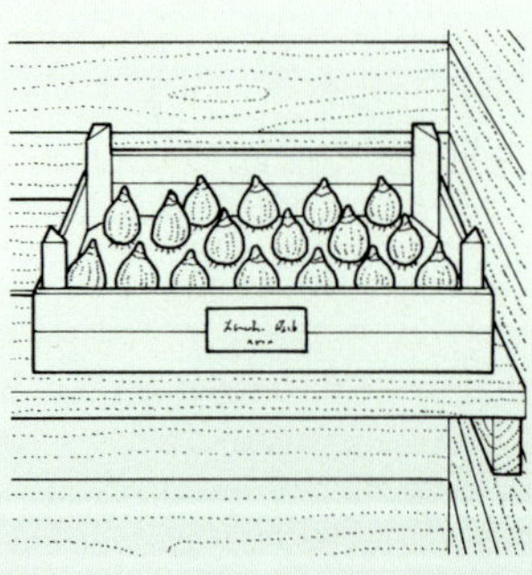

- **Lagerung** Stellen Sie die Zwiebeln mit so viel Abstand in eine Kiste mit trockenem Sand oder Papier, dass sie sich nicht berühren. Beschriften Sie die Kiste mit Datum und Sorte.
- **Standort** Ein kühler, frostfreier Schuppen, ein Gewächshaus oder eine Garage sind ideale Standorte. Frischluft verhindert Krankheiten, während Zugluft schädlich ist.

Lagerung im Haus

- **Schuppen und Garage** Die Lagerungstemperaturen dürfen keinesfalls so hoch sein, dass dadurch das Pflanzenwachstum angeregt wird. Es erschwert das spätere Anwachsen.
- **Nagetiere** Darauf achten, dass sich keine Mäuse im Raum aufhalten.

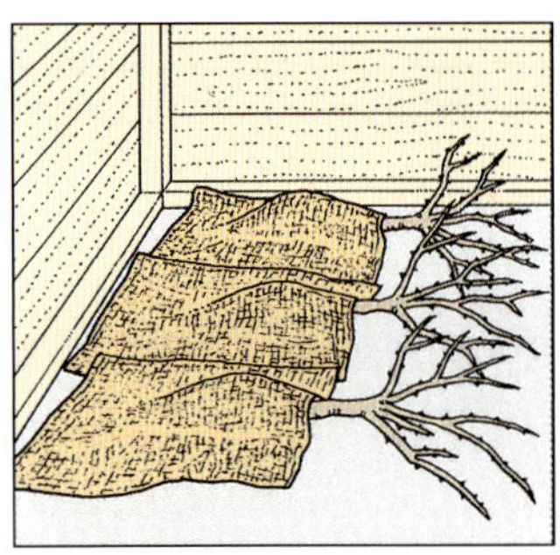

Die Wurzeln abdecken
Decken Sie die Pflanzen ohne Erdballen beim Lagern an einem kühlen Ort locker mit feuchtem Sackleinen oder Folie ab, damit sie nicht austrocknen.

PFLANZEN EINSETZEN

Neben der richtigen Pflanzenauswahl und der Bodenvorbereitung ist die korrekte Pflanzmethode die beste Voraussetzung für optimales Wachstum. Wenn Sie nun die Pflanzen weiterhin sorgsam pflegen, werden sie auch künftig kräftig und gesund bleiben (siehe S. 520).

Die Vorbereitungen

Vor dem Anpflanzen von Topfpflanzen ist es wichtig, zuerst alle abgestorbenen Wurzeln zu entfernen und verkümmerte oder beschädigte Wurzeln abzuschneiden. Nach dem Setzen müssen die Pflanzen regelmäßig gegossen werden, bis sie angewachsen sind (siehe S. 532).

Vor dem Einpflanzen

- **Pflanzloch ausheben** Heben Sie zuerst das Pflanzloch aus, bevor Sie die Pflanze aus dem Topf nehmen.
- **Wurzeln lockern** Wenn die Wurzeln verfilzt sind und sich nur schwer aus dem Topf lösen lassen, sollten Sie diese für mehrere Stunden in einen Eimer mit kaltem Wasser stellen. Dann lassen sie sich leichter herausheben und werden auch nicht beschädigt.
- **Witterung beachten** Setzen Sie Pflanzen möglichst nie bei extrem trockenem bzw. nassem Boden.

Unkraut bekämpfen

Unkraut entfernen
Entfernen Sie konsequent von Anfang an jedes Unkraut aus dem Topf, um seine weitere Ausbreitung zu verhindern.

Richtig gießen

Gießhilfe
Wenn Sie ein Teil eines Abflussrohrs oder ein Schlauchstück in das Pflanzloch stecken, gelangt das Wasser direkt zu den Wurzeln.

Grundregeln für das Einpflanzen

Wenn Sie beim Anpflanzen einige Grundregeln beachten, werden Sie viel Freude mit Ihren Gewächsen haben. Einer der häufigsten Fehler ist, die Pflanzen zu tief zu setzen. Als Faustregel gilt, dass das Pflanzloch nicht tiefer sein sollte als das Gefäß, in dem Sie die Pflanze gekauft haben.

Richtig Pflanzen

1 Ein Pflanzloch ausheben, das etwa doppelt so groß ist wie der Wurzelballen. Das Pflanzloch mit Wasser füllen, um zu prüfen, ob es ablaufen kann (siehe S. 482).

2 Den Wurzelballen in eine Schüssel mit Wasser legen. Die Pflanze senkrecht in das Pflanzloch stellen und dieses mit einem Kompost-, Dünger- und Erdegemisch auffüllen.

3 Die Erde festdrücken und gründlich wässern, damit sie sich gut verfestigt. Um die Pflanze eine 5–7 cm dicke Mulchschicht verteilen, den Stängel dabei aber aussparen.

STRÄUCHER PFLANZEN

Sträucher gehören zu den dauerhaften Elementen im Garten und können im Gegensatz zu einjährigen Sommerblumen später nur unter erheblichem Aufwand versetzt werden. Deshalb sollten Sie nur hochwertige Gehölze auswählen und ihnen die besten Voraussetzungen bieten, damit Sie lang Freude daran haben.

Die Sträucher auswählen

Sträucher werden als Containerware, Ballenware oder ohne Erdballen angeboten. Vor allem bei unbelaubten Sträuchern ist es unerlässlich, Wurzeln und Wuchsform genau zu prüfen. Die Wurzeln sollten gesund, gut entwickelt und gleichmäßig verzweigt sein.

Containerpflanzen

Die Wurzeln prüfen
Entfernen Sie den Topf. Die Erde sollte einen festen Ballen bilden und mit gesunden, verzweigten Wurzeln durchsetzt sein. Bei verfilzten Wurzeln lässt sich die Pflanze nicht herausnehmen.

Eingetopfte Pflanzen

Getopfte Containerware
Diese Sträucher wurden nicht im Container gezogen, sondern erst für den Verkauf hineingesetzt und wachsen deshalb langsamer an.

Ballenware

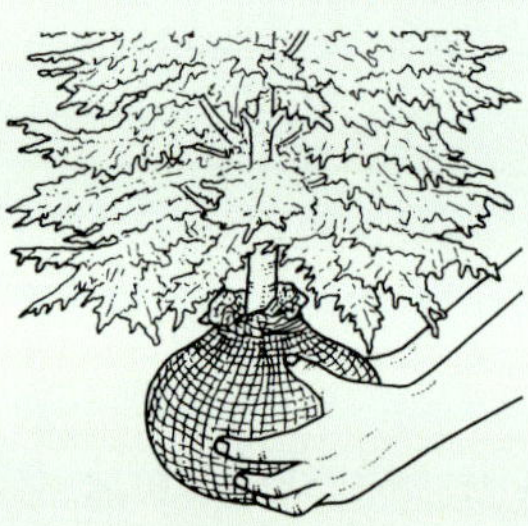

- **Erde prüfen** Drücken Sie sanft gegen die Erde um den Wurzelballen und prüfen Sie, ob sie feucht ist.
- **Ballenware** Sie ist billiger als Containerware und teurer als Pflanzen ohne Erdballen, wächst aber besser an als Letztere.

Auf Qualität achten

- **Jungpflanzen** Junge Sträucher wurzeln problemlos ein, wachsen schneller und gedeihen besser als größere und damit teurere Pflanzen derselben Art.
- **Schnitt** Verzichten Sie auf Pflanzen, die merkwürdig oder unnötigerweise zurückgeschnitten wurden. Dies ist meist ein Hinweis, dass die Pflanze in irgendeiner Weise beschädigt wurde oder die Spitzen vertrocknet waren.
- **Wurzeln** Ungeeignet sind Pflanzen mit einem schlecht ausgebildeten Wurzelsystem. Nehmen Sie für eine genaue Überprüfung die Pflanze vorsichtig aus dem Topf.

Ballenlose Ware

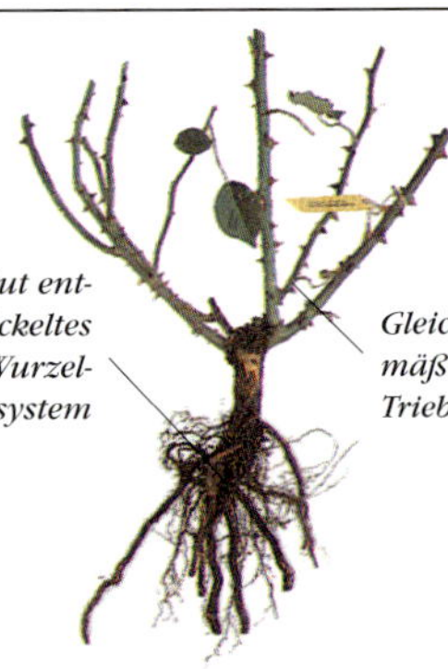

Qualitätsmerkmale
Achten Sie auf Sträucher mit kräftigen Trieben, die nicht über Kreuz wachsen. Die Knospen sollten prall, die Wurzeln unbeschädigt sein.

Die Sträucher einsetzen

Sträucher als Ballenware sollten Sie im Frühling oder Herbst pflanzen, damit sie bis zur trockenen Sommerzeit bzw. bis zum Frost schon etwas eingewurzelt sind. Containersträucher können Sie jederzeit pflanzen, aber sie wachsen besser, wenn man sie im Herbst oder Frühjahr setzt.

Vor dem Einpflanzen

● **Wurzeln** Legen Sie die Wurzeln vor dem Einpflanzen einige Stunden in einen Eimer mit kaltem Wasser. Dann lassen sich auch verklebte Wurzeln leichter entflechten.

● **Trockener Boden** Steht der Strauch auf trockenem Boden, sollten Sie rund um die Pflanze eine leichte Vertiefung in den Boden drücken, damit das Wasser auch an dieser Stelle direkt in den Boden sickert.

● **Schwerer Boden** Bei nassen Böden sollten Sie kein wasserspeicherndes organisches Material in das Pflanzloch füllen, das wie ein Schwamm Wasser sammelt und so Staunässe im Wurzelbereich fördert.

Richtige Pflanztiefe

Einfaches Hilfsmittel
Einen Stock über das Pflanzloch legen und den Strauch mit ausgebreiteten Wurzeln in die Mitte des Loches stellen. Die Veredelungsstelle sollte maximal 2,5 cm unterhalb des Stockes liegen.

Formschnitt

Störendes entfernen
Abgestorbene, kranke, beschädigte, über Kreuz wachsende oder wuchernde Triebe entfernen. Dabei stets bis zu einer gesunden, nach außen zeigenden Knospe zurückschneiden.

Sträucher richtig einpflanzen

● **Krankheiten** Setzen Sie nie einen Strauch an die gleiche Stelle, an der zuvor ein krankes Gehölz derselben oder einer verwandten Art stand; es besteht Ansteckungsgefahr.

● **Pflanztiefe** Sämtliche Wurzeln sollten von Erde bedeckt sein, aber das Ende des Stammes darf nicht tiefer im Boden stehen als zuvor.

● **Pflanzloch** Das Pflanzloch sollte doppelt so breit und tief sein wie der Wurzelballen oder der Container.

● **Unterwuchs** Unter den neuen Strauch können Sie Zwiebelpflanzen setzen, die zu Form und Farbe der Blätter des Strauches passen und im Frühjahr für Belebung des Beetes sorgen.

Mulchen
Zeitung ist ein hervorragendes und billiges Mulchmaterial. Den Boden gut anfeuchten und rund um den Strauch nasses Zeitungspapier legen. Um es zu verdecken, noch etwas Erde darauf streuen.

Dünger verwenden

● **Mischen** Gibt man Dünger ins Pflanzloch, sollte er mit etwas Erde vermischt werden, damit er nicht in direkten Kontakt mit den Wurzeln kommt.

UMWELTTIPP

Guter Rosendünger
Mengen Sie grob zerkleinerte Bananenschalen unter die Erde. Das verbessert den Boden, gibt ihm Kalium und speichert die Feuchtigkeit.

STAUDEN PFLANZEN

Stauden sind zwar das ganze Jahr über erhältlich, aber die beste Pflanzzeit ist im Herbst oder im Frühling, weil die Pflanzen dann besser anwachsen. Vor allem bei einem schweren, nassen Gartenboden sollten Sie mit dem Einpflanzen bis zum Frühjahr warten.

Stauden auswählen

Junge, kleine Stauden sind in der Regel hochwertiger als große, wobei Letztere jedoch den Vorteil haben, dass sie nach dem Einsetzen keine so großen Lücken im Beet hinterlassen. Am günstigsten sind ausgewachsene Pflanzen, die Sie teilen können (siehe S. 500).

Auswahlkriterien für Containerstauden

Die oberirdischen Pflanzenteile sind grün und gesund.

Der Stängel hat kräftige neue Triebe.

Die Blumenerde ist frei von Unkraut und Moos.

Die kräftigen Wurzeln sind ohne Spitzendürre.

Den Wurzelhals prüfen
Bei Stauden sollten Sie auf mögliche Anzeichen für neues Wachstum am Wurzelhals achten. Bei Pflanzen im Ruhestadium ist er fest und geschlossen.

Auf Qualität achten

- **Welke Pflanzen** Wählen Sie Pflanzen, deren Erde an der Oberfläche weder zu nass noch zu trocken ist. Pflanzen mit welken Blättern deuten darauf hin, dass sie vermutlich in der Vergangenheit schon öfter einmal ausgetrocknet sind und Schaden genommen haben könnten.
- **Moose** Meiden Sie Stauden, deren Erde mit Algen, Moos, Unkraut oder Lebermoosen bewachsen ist; sie wurden zu lang nicht umgetopft.
- **Pflanzgefäß** Kaufen Sie nie Pflanzen in gesprungenen Gefäßen, da dann auch die Wurzeln beschädigt sein könnten.

Wurzeln im Netz

Manche Wurzelballen sind in ein Netz eingehüllt. Dann wachsen die Wurzeln durch das Netz und verankern sich im Erdreich. Bei schwachen Pflanzen kann es vorkommen, dass die Wurzeln das Netz nicht durchdringen können und nicht im Boden anwachsen.

Das Netz ist oberhalb der Erde am Stängelende zu sehen.

Ballennetz auftrennen
Schneiden Sie das Netz vor dem Einpflanzen an mehreren Stellen mit einer scharfen Schere oder einem Messer auf, ohne die Wurzeln dabei zu verletzen. Dadurch können sich die Wurzeln leichter im Boden ausbreiten.

GELD SPAREN

Stauden vermehren
Wenn Sie Ableger von empfindlichen Stauden im Spätsommer einsetzen, haben Sie im kommenden Jahr neue Jungpflanzen (siehe S. 593).

Die Stauden einsetzen

Eingepflanzte Stauden sollten genügend Zeit zum Anwachsen haben. Die meisten Stauden wachsen rasch und entwickeln sich bereits im ersten Jahr sehr gut. Aus der unten stehenden Tabelle können Sie die idealen Abstände zwischen den einzelnen Pflanzen entnehmen.

Topf entfernen

Aus dem Topf lösen
Den Topf umdrehen und fest mit der Hand auf den Boden des Topfes klopfen. Im Normalfall löst sich die Pflanze problemlos mit intaktem Wurzelballen aus dem Topf.

Pflanzschock reduzieren

Feuchtigkeitsverlust
Wenn Sie Stauden an trockenen, heißen Tagen pflanzen, sollten Sie zuvor Blüten und große Blätter entfernen, um den Pflanzschock zu verringern, und nach dem Setzen für Schatten sorgen.

Umwelttipp

Farn als Bodenverbesserer
Durch eine Hand voll grob zerkleinerter Farnwedel im Pflanzloch lässt sich die Bodenstruktur verbessern. Da Farn leicht sauer ist, gilt dies allerdings nicht für Kalk liebende Pflanzen.

Die richtigen Pflanzabstände

Pflanze	Abstand	Höhe
Acanthus mollis (Akanthus)	60 cm	90 cm
Ajuga reptans (Günsel)	30–45 cm	10–30 cm
Alchemilla mollis (Frauenmantel)	40 cm	30–45 cm
Anaphalis (Perlpfötchen)	30–45 cm	30–60 cm
Aruncus dioicus (Waldgeißbart)	30–45 cm	120–180 cm
Coreopsis grandiflora (Mädchenauge)	45 cm	30–45 cm
Dicentra spectabilis (Tränendes Herz)	45 cm	30–75 cm
Doronicum (Gämswurz)	30 cm	60 cm
Geranium endressii (Storchschnabel)	45 cm	30–45 cm
Geum chiloense (Nelkenwurz)	30–45 cm	45–60 cm
Gypsophila paniculata (Schleierkraut)	60–90 cm	90 cm
Helenium autumnale (Sonnenbraut)	30–45 cm	120–180 cm
Heuchera sanguinea (Purpurglöckchen)	45 cm	30–45 cm
Liatris spicata (Prachtscharte)	45 cm	60–90 cm
Lupinus (Lupine)	60 cm	90 cm
Lychnis coronaria (Vexiernelke)	60–90 cm	45–60 cm
Monarda didyma (Indianernessel)	40 cm	60–90 cm
Penstemon barbatus (Bartfaden)	60 cm	90 cm
Potentilla (Fingerkraut)	30–45 cm	30–60 cm
Pulmonaria saccharata (Lungenkraut)	30 cm	30 cm
Rudbeckia fulgida (Sonnenhut)	45 cm	30–90 cm
Salvia nemorosa (Ziersalbei)	45–60 cm	40–50 cm
Tiarella cordifolia (Schaumblüte)	30 cm	15–35 cm
Verbascum (Königskerze)	45–60 cm	90–150 cm
Vernonia (Vernonie)	45–75 cm	150–250 cm
Veronica spicata (Ähriger Ehrenpreis)	30–60 cm	15–45 cm

Pflanzabstände planen

- **Platzbedarf** Prüfen Sie vor dem Einsetzen die Höhe und den künftigen Platzbedarf der Pflanze, nach denen sich die jeweiligen Pflanzabstände richten. Bedenken Sie, dass die verschiedenen Zuchtformen beträchtlich variieren können.
- **Lücken füllen** Ein neu angelegtes Staudenbeet kann durch die nötigen Pflanzabstände zunächst recht spärlich aussehen. Diese Lücken können Sie mit Zwiebelpflanzen und Einjährigen füllen.

Blätter und Blüten

- **Stauden im Winter** Berücksichtigen Sie bei der Auswahl Ihrer Pflanzen die jeweilige Blütezeit und das Erscheinungsbild im Winter. Bei den meisten Stauden sterben die Blätter im Winter ab, während manche Arten im Winter grün bleiben.

Rankhilfen für Kletterpflanzen

Mit Kletterpflanzen berankte Mauern und Zäune sind eine zusätzliche Attraktion im Garten. Manche brauchen wegen ihrer Haftwurzeln überhaupt keine Rankhilfe, viele benötigen jedoch zum Klettern ein Spalier oder Draht. Wichtig ist in jedem Fall, dass die Rankhilfe stabil ist.

Kunststoff

● **Einfache Lösung** Für Leichtgewichte oder einjährige Kletterer eignet sich am besten ein Kunststoffgeflecht; auch Vogel- oder Obstbaumnetze sind gute Rankhilfen.

Geflechte befestigen
Ein verzinktes Metallgeflecht für leichte Kletterpflanzen lässt sich am besten mit einigen verzinkten u-förmigen Krampen befestigen, sodass noch etwas Abstand zur Wand bleibt.

Draht

● **Dauerhafte Lösung** Verzinkter Draht ist eine gute Rankhilfe vor allem für kräftige Kletterpflanzen, am besten in Form von einigen horizontal gespannten Drähten.

Drähte befestigen
Stabilen Draht befestigt man mit Ösenschrauben. Dazu den Haken einschrauben und ein Ende des Drahtes durch die Öse fädeln. Den Draht straffen und mit einem weiteren Haken fixieren.

Lose Befestigungen

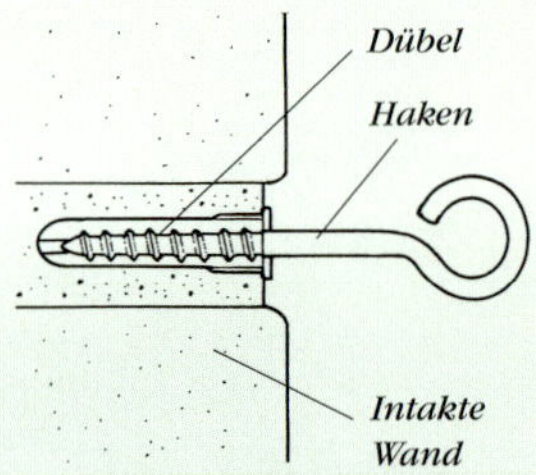

● **Rankhilfen reparieren** Sollten sich Ösenschrauben, Nägel oder Krampen gelockert haben, bohren Sie einfach in den intakten Wandbereich daneben ein neues Loch, schieben einen Dübel hinein und verankern die Befestigung wieder. Nach Möglichkeit sollten Sie die Pflanze während der Reparatur an ihrem Platz belassen.

Spalier als Rankhilfe

● **Holzspalier** Ein Spalier eignet sich für leichte bis mittelschwere Pflanzen und kann auf die benötigte Größe zurechtgeschnitten werden.

Befestigung des Spaliers
Für Reparatur- oder Renovierungsarbeiten an der Wand hinter dem Spalier sollten Sie dieses am unteren Ende mit Scharnieren an Holzleisten befestigen (siehe S. 467). So können Sie es problemlos herunterklappen.

Grundausstattung

Kaufen Sie nur hochwertige Befestigungselemente in ausreichender Menge. Sie sparen sich dadurch auf lange Sicht viel Zeit, Geld und Ärger, denn nur dann ist das Rankgerüst stabil genug.

Gartenschnur zum Anbinden

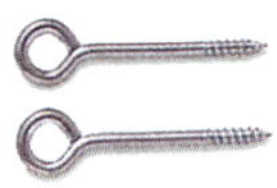

Ösenschrauben für den Draht

Flache Befestigungskeile

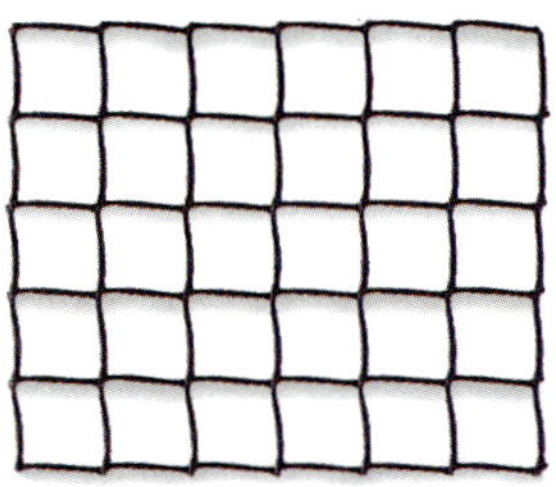

Kunststoffnetz für leichte Pflanzen

Krampen

Verzinkter Draht

Kletterpflanzen setzen

Die meisten Rosen werden von Oktober bis April als ballenlose Ware angeboten und wie alle anderen Gehölze ohne Erdballen gepflanzt (siehe S. 489). Weniger Auswahl gibt es bei den jederzeit erhältlichen Containerrosen, die man ganzjährig pflanzen kann.

Abstützen

Triebe anbinden
Containerrosen haben meistens mehrere belaubte Triebe. Binden Sie diese mit Bast oder anderem Material locker in Form einer Acht an die Rankhilfe, damit sie nicht beschädigt werden.

Feuchtigkeit

Mulchschicht auftragen
Nach dem Pflanzen müssen Sie die Rosen gut gießen. Dann eine 5–7,5 cm dicke Mulchschicht um die Pflanze verteilen, dabei zu Trieben und Rankhilfe genügend Abstand halten, da sie sonst faulen.

Begleitpflanzen

Schädlinge fern halten
Setzen Sie versuchsweise einige Tagetes als Begleitpflanzen um die Rosen, da sie angeblich verschiedene Rosenschädlinge fern halten sollen. Einen Versuch ist es auf jeden Fall wert.

Mögliche Schäden

- **Loser Putz** Kletterpflanzen wie Efeu, die sich mit ihren Haftwurzeln von allein an Mauern hochranken, können bei Wänden mit losem Putz erhebliche Schäden verursachen.

Lücken schliessen

- **Einjährige zum Verdecken** Manche Kletterpflanzen benötigen unter Umständen einige Jahre, bis sie ihre endgültige Größe erreicht haben. Mit schnell wachsenden einjährigen Kletterpflanzen wie Duftwicke *(Lathyrus odoratus)* oder Prunkwinde *(Ipomoea purpurea)* kann man die Lücken vorübergehend füllen.
- **Kahle Stellen** Viele Kletterpflanzen verkahlen mit der Zeit an der Basis. Wenn weder Düngen noch andere Pflegemaßnahmen helfen (siehe S. 526 und S. 542), können Sie auch dekorative Sträucher um die Pflanzen setzen und so die kahlen Stellen verbergen.

Regenschatten meiden

- **Abstand halten** Pflanzlöcher für Kletterpflanzen werden in 30–45 cm Entfernung von der Wand ausgehoben, damit die Wurzeln sich nicht im Regenschatten der Mauer befinden.

Schräg pflanzen
Setzen Sie eine Kletterpflanze schräg zur Rankhilfe, sodass sie in deren Richtung wächst, und ziehen Sie einige kräftige Triebe in Richtung des unteren Teiles der Rankhilfe; zarte Triebe dabei mit einem Bambusstock stützen.

Clematis setzen

- **Einsetzen** Pflanzen Sie die *Clematis* einige Zentimeter tiefer, als sie im Pflanzgefäß stand, und stellen Sie einen Zylinder aus fester Pappe oder Kunststoff darum. Binden Sie ihn mit Schnur zusammen, um die Schnecken fern zu halten.
- **Triebe schützen** Bestreichen Sie den oberen Rand des Zylinders mit Fett, damit die Schnecken ihn nicht überwinden und so an die Triebe gelangen können.

EINJÄHRIGE PFLANZEN

Einjährige bringen Farbe und Form ins Beet und sind relativ einfach aus Samen zu ziehen. Haben Sie weder Zeit noch Platz oder fehlt das nötige Zubehör, stellen vorgezogene Jungpflanzen, die im Frühjahr in großer Auswahl angeboten werden, eine gute Alternative dar.

Einjährige auswählen

Die meisten Einjährigen werden wegen ihrer sommerlichen Farbenpracht gepflanzt und sind ab April oder Mai im Handel erhältlich. Manche, wie das Stiefmütterchen *(Viola x wittrockiana)*, blühen aber auch im Winter und werden deshalb schon im Herbst gesetzt.

DARAN ERKENNEN SIE GESUNDE EINJÄHRIGE

PFLANZEN KOMBINIEREN

- **Qualität** Vergewissern Sie sich beim Kauf einer ganzen Palette, dass auch wirklich alle Pflanzen gesund sind.
- **Farben und Sorten** Besonders gut zur Geltung kommen viele gleichartige Einjährige. Die beste Wirkung erzielen Sie, wenn Sie sich auf nur wenige Farben beschränken.

Qualität erkennen

Wählen Sie starke, kräftige Pflanzen aus, die nicht von Schädlingen befallen sind. Ungünstig sind ältere Pflanzen, da sie sich meist schwer versetzen lassen und weniger lang blühen.

„FALSCHE" EINJÄHRIGE

- **Unterschiede** Einige Pflanzen, die Sie bei den Einjährigen finden, sind in Wirklichkeit Zweijährige, etwa Stiefmütterchen, Goldlack oder Stockrose. Bei ihnen entwickeln sich im ersten Jahr die Blätter und im zweiten die Blüten. Sie werden im Frühherbst ins Beet gepflanzt und brauchen einen Winterschutz.

DUFTENDE EINJÄHRIGE

- **Zusätzlicher Effekt** Die meisten Einjährigen duften kaum oder gar nicht, bis auf die Levkoje oder die Duftwicke. Bei Platzmangel können Sie Zwergformen dieser Pflanzen auch in Töpfen ziehen.

SAATGUT KAUFEN

- **Kataloge** Im Gartencenter haben Sie meist eine reiche Auswahl an Saatgut. Dennoch lohnt ein Blick in die Kataloge größerer Saatgutanbieter, da Sie hier viele verschiedene, teilweise auch weniger bekannte Arten finden können.
- **Frühzeitig kaufen** Kaufen Sie Ihr Saatgut rechtzeitig. Manche Sortimente gibt es bereits ab Herbst und beliebte Sorten sind oft sehr schnell ausverkauft.
- **Schäden durch Hitze** Im Sommer kann es in den Gartencentern sehr heiß werden. Dann sollten Sie kein Saatgut kaufen, da die Keimfähigkeit durch extreme Temperaturen geschädigt werden kann.

SUBSTRATBALLEN

Viele Einjährige werden mit eigenem kleinen Substratballen angeboten. Dadurch wird das gut entwickelte Wurzelsystem beim Pflanzen nicht beschädigt und wächst schnell an, was ein rascheres Wachstum der Pflanze bewirkt.

Einjährige kultivieren

Damit die einjährigen Beetpflanzen im Sommer besonders üppig gedeihen und blühen, sind neben der richtigen Pflanztechnik genügend Feuchtigkeit und Nährstoffe sowie regelmäßiges Entfernen der welken Blüten und gelben Blätter der Schlüssel zum Erfolg.

Richtiges Einsetzen

Wurzelballen lösen
Die Palette vor dem Herausnehmen der Pflanzen gut wässern. Um den Wurzelballen zu lösen, drückt man mit dem Daumen vorsichtig gegen den Boden der Palette. Nur an kühlen Tagen oder im Schatten pflanzen, damit sich die Pflanzen erholen können.

Korrektes Düngen

Blattdünger
Nach dem Einpflanzen die Blätter mit einem speziellen Blattdünger besprühen, um das Einwurzeln und damit das Pflanzenwachstum anzuregen. Sollten die Blätter gelb werden und damit einen Nährstoffmangel anzeigen, die Düngung wiederholen.

GUTE IDEE!

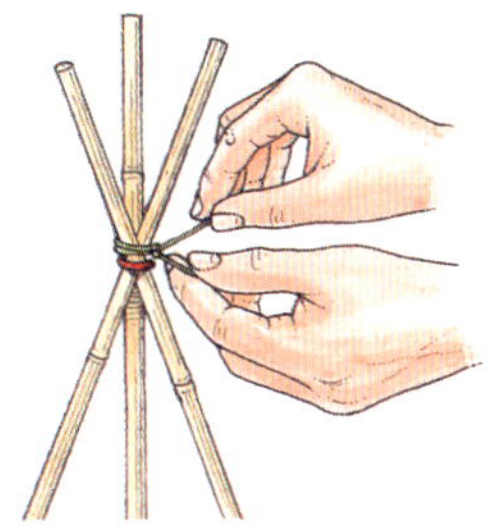

Rankhilfe für Einjährige
Für Kletterpflanzen eignet sich eine zeltartige Rankhilfe. Dafür die Stöcke mit einem Gummiband fixieren, um diese bequem in der gewünschten Stellung zusammenzubinden.

Größe und Farben kombinieren

Ein Beet mit Einjährigen wirkt besonders attraktiv, wenn Sie die verschiedenen Pflanzen entsprechend ihrer Höhe staffeln und die Farben der verwendeten Pflanzen aufeinander abstimmen bzw. passende Farbtöne ineinander fließen lassen.

Mit Einjährigen ein Blumenbeet gestalten

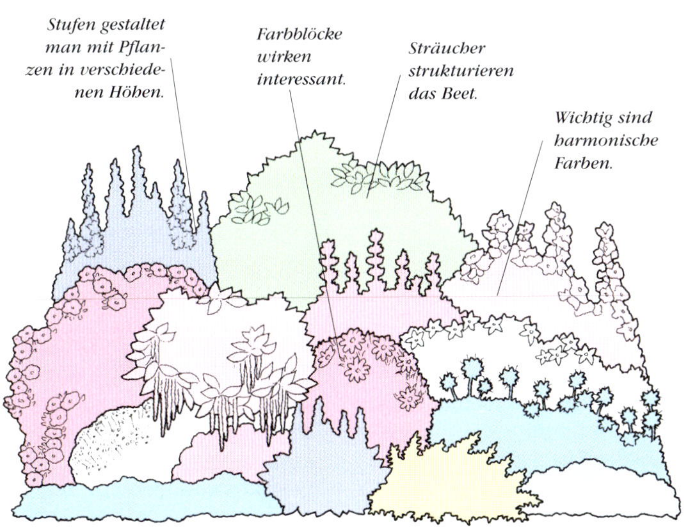

Auswahl der Farben

- **Farbblöcke** Wenn Sie verschiedene Einjährige mit gleicher Farbe in größeren Gruppen zusammensetzen, kommen sie besonders gut zur Geltung.
- **Kombinationen** Gute Farbkombinationen sind Gelb-, Rot- und Orangetöne, sanfte Rosa- und Mauvetöne sowie kräftiges Blau mit Pinkabstufungen.

Blickfang schaffen
Interessante Anordnungen entstehen u. a. auch dadurch, dass man die üppig blühenden Pflanzengruppen durch einjährige Grünpflanzen auflockert.

ZWIEBELN PFLANZEN

Die meisten Zwiebel- und Knollenpflanzen sind winterhart, sodass sie, einmal gesetzt, jahrelang immer wieder aufs Neue blühen. Viele sind zudem recht anspruchslos und brauchen je nach Art lediglich etwas Wasser, Dünger und Pflege.

Zwiebeln und Knollen kaufen

Nehmen Sie möglichst nur Zwiebeln und Knollen, die noch nicht ausgetrieben haben. Wenn jedoch bereits erste Triebe vorhanden sind, sollten sie in jedem Fall fest und unbeschädigt sein. Bei Zwiebeln mit zwei Triebspitzen blüht die kleinere Zwiebel meist erst im dritten Jahr.

Qualitätsmerkmale

Beurteilungskriterien
Eine gesunde Zwiebel fühlt sich fest an. Die Oberfläche hat weder sichtbare Schad- oder Schimmelstellen noch Insektenfraß und die Hülle ist unversehrt.

BEWÄHRTES WISSEN

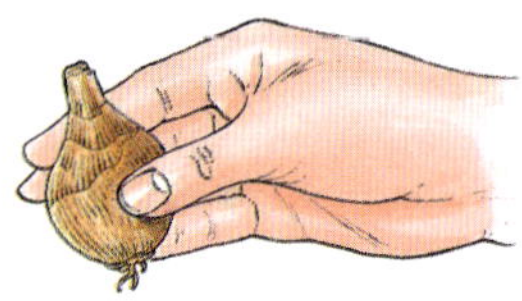

Blumenzwiebeltest
Drücken Sie die Zwiebel sanft zwischen Daumen und Zeigefinger: Sie sollte sich fest, aber nicht hohl anfühlen. Bis zum Setzen sollten Sie sie an einem kühlen, trockenen Ort lagern (siehe S. 486).

Zwiebeln im Korb

Gelbe und unansehnliche Blätter von Zwiebelpflanzen sollten Sie nicht entfernen. Wenn Sie die Zwiebeln in einem Korb in die Erde setzen, können Sie sie nach dem Verblühen wieder herausnehmen und so lange an einen unauffälligen Ort stellen, bis die Blätter eingezogen sind.

Geeignete Gefässe

- **Töpfe und Körbe** Zum Einpflanzen von Blumenzwiebeln eignen sich alle Arten von Haushaltsgefäßen oder auch Pflanzkörbe für Teichpflanzen.
- **Abflusslöcher** Für eine gute Drainage sollten Sie unbedingt einige Löcher in den Gefäßboden bohren.
- **Frostempfindlichkeit** Die Korbmethode eignet sich auch für kälteempfindliche Zwiebeln. Dafür den Korb über Winter an einen frost- und mäusefreien Platz stellen.

So pflanzen Sie Blumenzwiebeln im Korb

1 Füllen Sie den Korb zu einem Drittel mit Erde. Setzen Sie die Zwiebeln mit der Spitze nach oben hinein (siehe S. 497) und füllen Sie den Korb mit Erde auf.

2 Graben Sie ein Loch, das etwas tiefer als der Korb ist, und stellen Sie ihn mitsamt Pflanzetikett hinein. Füllen Sie das Loch mit Gartenerde auf und wässern Sie die Stelle gut.

Zwiebelpflanzen setzen

Die meisten Exemplare benötigen Sonne, einige bevorzugen eher den Schatten. Wählen Sie Blumenzwiebeln deshalb sorgfältig ihrem künftigen Standort entsprechend aus. In den vorderen Teil des Beetes und entlang von Wegen oder Rasenflächen sollten Sie kleine Pflanzen setzen.

Staunasser Boden

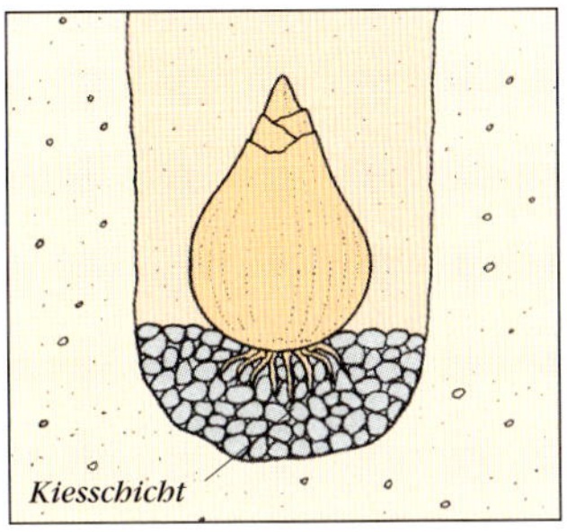

Drainage verbessern
Die meisten Blumenzwiebeln vertragen keine Staunässe. Um den Abfluss bei schweren, nassen Böden zu verbessern, sollten Sie eine 2,5 cm dicke Schicht aus grobem Kies auf den Grund des Pflanzlochs geben.

Trockener Boden

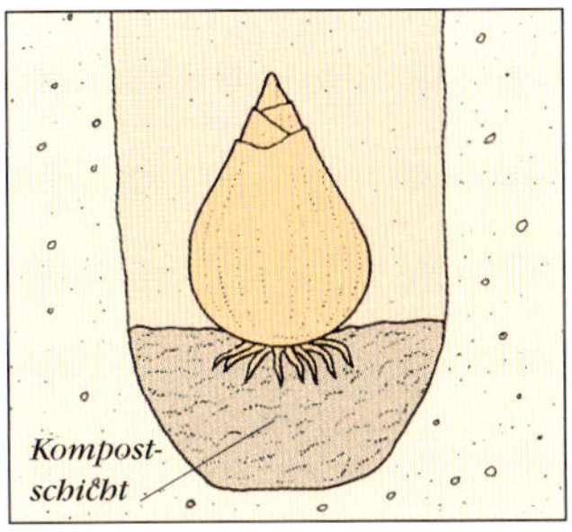

Feuchtigkeit speichern
Bei sehr trockenen Böden blühen Zwiebelpflanzen oft weniger gut oder sterben sogar ab. Zur Verbesserung der Speicherfähigkeit geben Sie eine 3,5 cm dicke feuchte Kompostschicht auf den Grund des Pflanzlochs.

Richtige Pflanztiefe

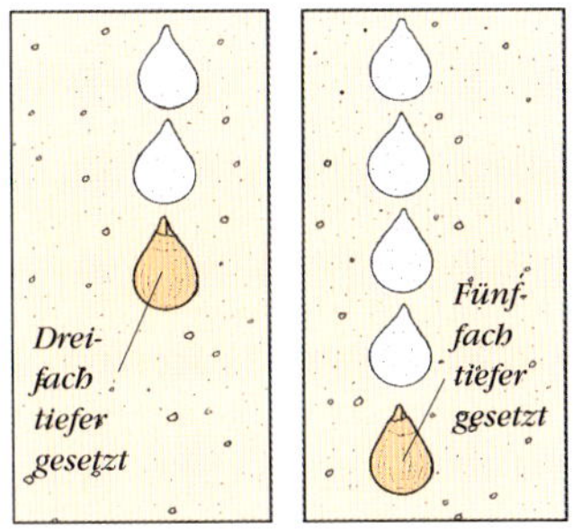

Pflanztiefe
Die meisten Zwiebeln pflanzt man drei- bis fünfmal so tief wie sie hoch sind, wobei die Pflanztiefe meist auf der Packung angegeben ist. Nur bei großer Kälte bzw. Trockenheit sollten Sie die Zwiebeln etwas tiefer setzen.

Zwiebeln auslegen

- **Unregelmäßig** Zwiebelpflanzen erzielen ihre beste Wirkung in Gruppen mit ungerader Zahl. Viele vermehren sich innerhalb weniger Jahre von allein.
- **Regelmäßig** Ungünstig sind Muster und gerade Linien. Nur bei wenigen Pflanzen, etwa bei Gladiolen, passt auch eine formale Gestaltung.

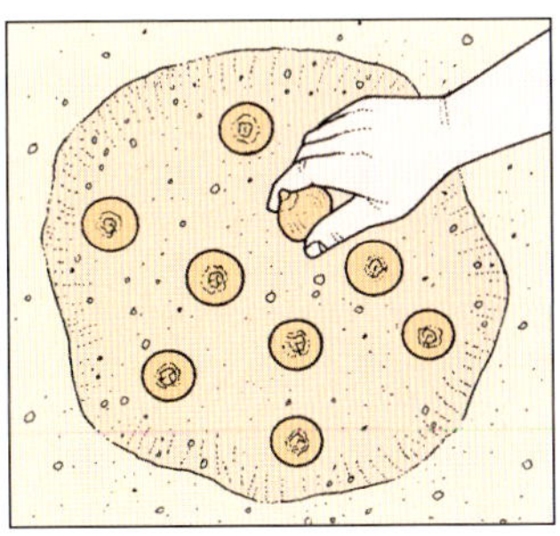

Gruppenpflanzung
Sie sparen sich Zeit und Mühe, wenn Sie mehrere Zwiebeln in ein großes Loch setzen. So wirkt die Pflanzung weniger formal als einzeln gesetzte Zwiebeln.

Pflanzenpflege

- **Regelmäßig gießen** Für eine schöne Blüte ist ausreichend Feuchtigkeit wichtig. Gießen Sie deshalb den Bereich regelmäßig in Trockenperioden.
- **Kälte und Nässe** Ist der Boden sehr feucht oder gefroren, sollten Sie keine Zwiebeln setzen, sondern sie einstweilen lagern oder im ersten Jahr lose in ein Pflanzgefäß in Blumenerde setzen.
- **Krankheiten** Damit Tulpen nicht von Tulpenfeuer, einer Pilzerkrankung, befallen werden, sollten Sie die Zwiebeln erst im Spätherbst setzen.
- **Zwiebeln im Topf** Winterharte Exemplare im Pflanzgefäß sollten Sie nach der Blüte ins Beet umsetzen. Da sie oft dicht gedrängt sind, sollten Sie die Zwiebeln dabei gleich trennen.
- **Dünger** Zur Stärkung der Pflanze können Sie auf die vergilbten Blätter Blattdünger aufbringen (siehe S. 596).

Empfindliche Lilien

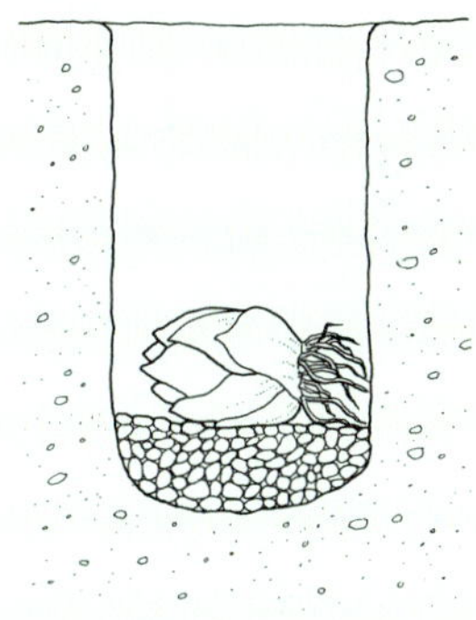

- **Drainage** Füllen Sie beim Setzen von Lilienzwiebeln in jedes Pflanzloch eine 2,5 cm dicke Kiesschicht, damit das überschüssige Wasser abfließen kann.
- **Staunässe** Die empfindlichen Lilienzwiebeln faulen sehr schnell oder sterben sogar ab. Legen Sie deshalb die Zwiebeln beim Setzen so auf die Seite, dass der Wurzelhals dabei möglichst nicht in direkten Kontakt mit dem Wasser kommt.

PFLANZEN VERSETZEN

Pflanzen, die am falschen Standort stehen und deshalb nicht so gut gedeihen, lassen sich in der Regel ohne größere Probleme an andere Stellen im Garten versetzen, wo sie günstigere Bedingungen vorfinden als an ihrem ursprünglichen Platz.

Welche Pflanzen sind geeignet?

Beim Umsetzen sollten die Wurzeln möglichst nicht beschädigt werden, wobei junge Pflanzen sich in der Regel einfacher versetzen lassen als ältere, die schon jahrelang an ihrem Platz stehen. Die folgende Übersicht zeigt Ihnen, welche Pflanzen Sie risikolos versetzen können.

Versetzen problemlos	**Versetzen riskant**	**Versetzen ungünstig**
Die meisten Stauden und Sträucher, die nicht länger als zwei oder drei Jahre an ihrem Platz gestanden haben, können Sie sehr gut versetzen. Allerdings sollten Sie die Pflanzen danach besonders gut pflegen, damit sie sich schneller von dem erlittenen Pflanzschock erholen. Problemlos sind: Azalee *(Azalea)*, Bambus *(Bambusa* spp.*)*, Heidekraut *(Calluna* spp.*)*, Heidelbeere *(Vaccinium)*, Lorbeerrose *(Kalmia)*, Lavendelheide *(Pieris)*, Rhododendron *(Rhododendron)*, Scheinbeere *(Gaultheria)*.	**Ältere, gut angewachsene Pflanzen lassen sich wegen ihres verzweigten Wurzelsystems im Allgemeinen schwerer versetzen als junge. Bei bis zu drei bis vier Jahre alten Pflanzen stehen die Erfolgschancen gut, dennoch bedeutet das Versetzen in diesen Fällen immer ein Risiko, insbesondere bei:** Sommerflieder *(Buddleia* spp.*)*, Zierquitte *(Choenomeles)*, Pfingstrose *(Paeonia)*, – Rosenarten und -sorten *(Rosa)*; die Exemplare möglichst vorher unterschneiden (siehe S. 499), – die meisten Koniferen, – alle Kletterpflanzen außer junge Exemplare.	**Generell lassen sich Pflanzen, die ursprünglich aus dem Mittelmeerraum stammen und in der Regel ein sehr feines und zugleich weit verzweigtes Wurzelsystem haben, nur sehr schwer versetzen. Folgende Pflanzen sollten Sie deshalb möglichst an ihrem Platz belassen:** Ginster *(Cytisus*-Arten*)*, Lavendel *(Lavandula)*, Magnolie *(Magnolia*-Arten*)*, Mahonie *(Mahonia*-Arten*)*, Rosmarin *(Rosmarinus)*.

Checkliste für das Versetzen

- **Jahreszeit** Versetzen Sie die Pflanzen im Herbst oder im zeitigen Frühjahr, nie jedoch in einer aktiven Wachstumsphase.
- **Tageszeit** Versetzen Sie die Pflanzen möglichst erst am späten Nachmittag, um den Feuchtigkeitsverlust zu verringern.
- **Schwache Pflanzen** Exemplare mit Kümmerwuchs sollten Sie vor dem Versetzen zuerst durch intensive Pflege stärken.
- **Rückversicherung** Vor dem Versetzen sollten Sie von der Pflanze einige Ableger oder Stecklinge nehmen, auf die Sie im Notfall zurückgreifen können.
- **Gießen** Bevor Sie die Pflanze ausgraben, sollten Sie den Boden gründlich wässern, am besten schon einige Tage vorher.
- **Triebe** Binden Sie vor dem Versetzen Blätter und Triebe zusammen, um sich die Arbeit zu erleichtern. Außerdem verringern Sie so das Risiko einer Beschädigung der Pflanze.
- **Wurzeln** Die Wurzeln von Bäumen und Sträuchern breiten sich gewöhnlich weiter aus als die äußersten Äste. Versuchen Sie zusammen mit einigen Helfern, einen möglichst großen Teil des Wurzelsystems zu versetzen.
- **Pflanztiefe** Die Tiefe des neuen Pflanzlochs sollte der des alten Standorts entsprechen.
- **Schneiden** Vor dem Versetzen sollten Sie die Pflanze etwas zurückschneiden, um den Pflanzschock durch den Feuchtigkeitsverlust zu verringern.
- **Wässern** Nach dem Versetzen sollten Sie die Pflanze vor allem während der ersten Tage gut wässern, um ihr das Einwurzeln zu erleichtern.
- **Mulchen** Nach dem Versetzen sollten Sie die Pflanze außerdem mit einer dicken Mulchschicht vor dem Austrocknen schützen.

Kleine Sträucher versetzen

Kleinere Sträucher lassen sich ohne Schwierigkeiten versetzen, denn durch den kompakten Wurzelballen kann man sie ohne größere Schäden einfach herausheben. Nach dem Einpflanzen sollten Sie den Strauch immer gut wässern und mulchen, um das Anwachsen zu fördern.

Witterung

- **Staunässe** Versetzen Sie den Strauch nicht bei staunassem Boden, da dies das Anwachsen erschwert.

Pflanzloch

- **Aushub** Beim Herausnehmen des Strauches sollte das neue Pflanzloch bereits ausgehoben sein.

Schutz

- **Feucht halten** Pflanzen Sie den Strauch nicht sofort ein, schützen Sie den Wurzelballen mit angefeuchtetem Sackleinen.

So versetzen Sie einen kleinen Strauch

1 Die Zweige mit Bast locker hochbinden, um leichter graben zu können und die Zweige zu schützen.

2 Kreisförmig um den Wurzelballen im Winkel von 45° einstechen und die untersten Wurzeln mit ausgraben.

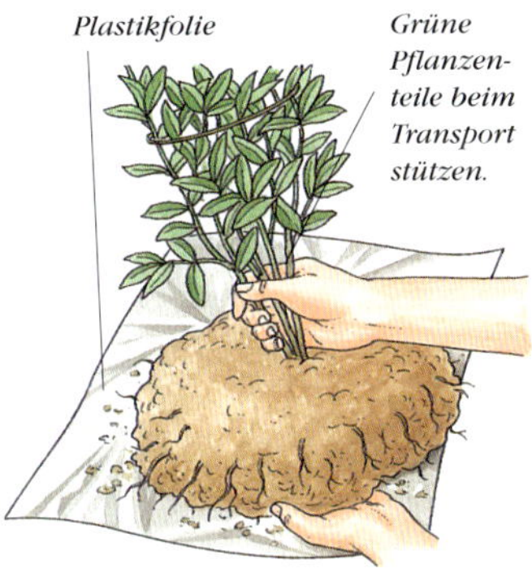

3 Pflanze auf Folie stellen; dabei die grünen Pflanzenteile festhalten, um die Wurzeln nicht zu beschädigen.

Großsträucher und Bäume versetzen

Das Versetzen von größeren Sträuchern und Bäumen ist zwar riskant, aber mitunter die einzige Chance, um ein besonders wertvolles Exemplar zu erhalten. Wenn Sie einige Monate im Voraus planen können, gilt als sicherste Methode das Unterschneiden, das in zwei Schritten erfolgt.

Wiederverwendung

- **Sichtschutz** Sträucher, die Sie nicht mehr benötigen, können Sie nach dem Ausgraben als Sichtschutz pflanzen.

Pflanzenpflege

- **Feuchtigkeit** Besprühen Sie nach dem Versetzen die Blätter von immergrünen Sträuchern zwei Wochen lang jeden Tag mit Wasser.
- **Stützen** Bis der Strauch an seinem neuen Standort angewachsen ist, zum Abstützen drei Pflöcke um das Pflanzloch in den Boden stecken und den Haupttrieb mit Bast an je einem Pflock festbinden.

Unterschneiden eines grossen Strauches

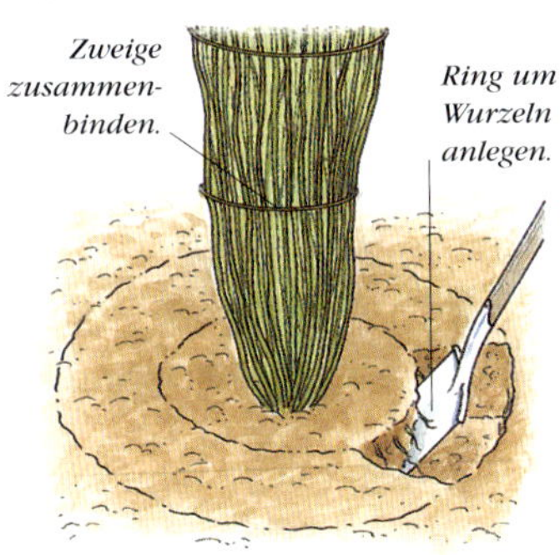

1 Alle Zweige straff mit Bast oder Schnur zusammenbinden. Im Herbst vor dem Versetzen einen ringförmigen Graben um den äußeren Rand des Wurzelballens ausheben.

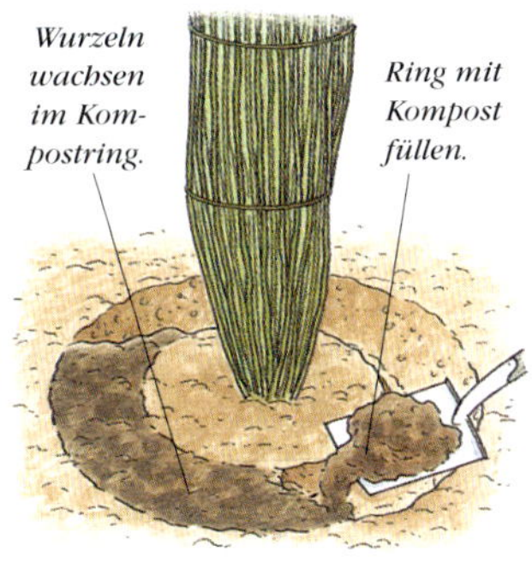

2 Den Ring mit Kompost füllen, gut angießen und stets feucht halten. Im folgenden Herbst um den äußeren Rand herumgraben und die Pflanze mitsamt Wurzeln herausheben.

Stauden teilen und versetzen

Zwar lassen sich die meisten Stauden einfacher versetzen als Bäume und Sträucher, aber es zahlt sich dennoch aus, dies mit einer gewissen Sorgfalt zu tun. Beim Umsetzen sollte man auch gleichzeitig prüfen, ob eine Teilung der Pflanze notwendig ist.

So machen Sie aus einer Staude mehrere Pflanzen

1 Wählen Sie zum Teilen und Versetzen einen möglichst kühlen Tag oder den frühen Abend. Heben Sie mit einer Grabgabel eine gut entwickelte Pflanze mit möglichst vielen Wurzeln heraus, indem Sie tief genug graben.

2 Teilen Sie die Pflanze und vergewissern Sie sich dabei, dass jedes Teilstück ein eigenes Wurzelsystem besitzt. Schwache oder beschädigte Teile, die sich oft in der Mitte der Pflanze befinden, können Sie entsorgen.

3 Pflanzen Sie die Teilstücke sofort wieder ein. Da über die Blätter viel Feuchtigkeit verloren geht, am besten alle alten, beschädigten oder sehr großen Blätter abschneiden, ohne dabei den Wurzelhals der Pflanze zu verletzen.

Stauden richtig teilen

- **Staunässe** In der Regel teilt und versetzt man Stauden im Herbst oder Frühjahr. Bei einem schweren, nassen Boden sollten Sie das Frühjahr dafür wählen, da frisch versetzte Stauden bei Staunässe meist über Winter verkümmern.
- **Versetzen im Sommer** Muss eine Pflanze im Sommer versetzt oder geteilt werden, sollten Sie einen möglichst kühlen Tag dafür wählen und die Pflanze vorher gründlich wässern. Am besten erfolgt das Versetzen erst kurz vor Einbruch der Dunkelheit, weil die Pflanze dann genügend Zeit hat, um sich zu erholen, bevor sie der heißen Mittagssonne ausgesetzt ist.
- **Wo teilen?** Bei genauer Betrachtung lässt sich die Stelle erkennen, wo Sie die Pflanze teilen müssen. Auch mit den Fingern können Sie die richtige Teilungsstelle ertasten.

Teilungsmethoden

Welche Methode am besten geeignet ist, hängt vom Pflanzentyp ab. Kleine Stauden mit Faserwurzeln teilt man mit zwei Grabgabeln, die man mit den Rückseiten zueinander einsticht. Bei Stauden mit fleischigen Wurzeln nehmen Sie einen Spaten.

Teilen mit Grabgabeln
Stechen Sie mit den Rückseiten zweier Grabgabeln in den Wurzelstock. Bewegen Sie die Gabeln wie einen Hebel und ziehen Sie den Wurzelstock dabei langsam und sacht auseinander. Wiederholen Sie den Vorgang bei beiden Hälften.

Teilen mit dem Spaten
Stechen Sie mit einem Spaten durch die Mitte eines fleischigen Wurzelstocks und teilen Sie ihn vorsichtig, sodass möglichst wenig Knospen beschädigt werden. Mit einem scharfen Messer die Schnittflächen vor dem Einpflanzen säubern.

Frisch gesetzte Pflanzen pflegen

Geteilte und versetzte Stauden reagieren ebenso empfindlich auf Wind und Wetter wie frisch gesetzte Jungpflanzen und brauchen deshalb wie diese während der ersten Zeit viel Aufmerksamkeit. Dazu gehört neben genügend Feuchtigkeit und Nährstoffen auch ein guter Wetterschutz.

Pflanzen beschatten

Sonnenschutz aus Netzen
Neu gesetzte Pflanzen können Feuchtigkeitsverluste nur schwer ausgleichen. Beschatten Sie die Pflanze deshalb vorübergehend mit einem Netz, das Sie an Bambusstöcken befestigen.

Pflanzen schützen

Schutz aus Zweigen
Zum Stützen von hohen, mehrtriebigen Pflanzen können Sie im zeitigen Frühjahr, bevor die Pflanzen zu wachsen beginnen, Zweige in den Boden stecken und diese zusammenbinden.

Pflanzen stützen

Stützhilfe aus Stöcken
Hohe Pflanzen benötigen vor allem an exponierten Standorten eine Stütze, etwa durch Bambusstöcke, an denen die Pflanze mit einer losen Bastschlinge festgebunden wird.

Feuchtigkeit speichern

- **Mulchen** Den Feuchtigkeitsverlust und die Konkurrenz durch Unkräuter können Sie durch eine Mulchschicht vermindern.

Den Stängelbereich freilassen

Überdüngung vermeiden
Dünger, der aus mineralischen Substanzen wie Kalzium, Kalium oder Phosphor besteht, gibt es im Handel in fester oder flüssiger Form. Er muss stets sehr genau dosiert werden, da es sonst zur Überdüngung kommt und sowohl die Pflanze als auch der Boden Schaden nehmen.

Problemen vorbeugen

- **Sorgfalt** Schenken Sie Ihrer neu gepflanzten oder frisch versetzten Pflanze im ersten Jahr besonders viel Aufmerksamkeit. Die meisten Probleme treten nämlich in dieser Zeit auf, weil die Pflanze noch nicht stabil genug ist.

Giessen und Düngen

- **Organisches Material** Bevor Sie Pflanzen auf leichten Böden versetzen, sollten Sie zuerst seine Wasserhaltekraft durch Zugabe von reichlich organischem Material wie Kompost verbessern (siehe S. 478).
- **Dünger** Für gutes Wachstum ist regelmäßiges Düngen wichtig. Allerdings darf mineralischer Dünger auf keinen Fall in direkten Kontakt mit dem Stängel oder den Blättern der Pflanze kommen, da die Blätter sonst versengt werden können (siehe S. 489).

Pflanzenpflege

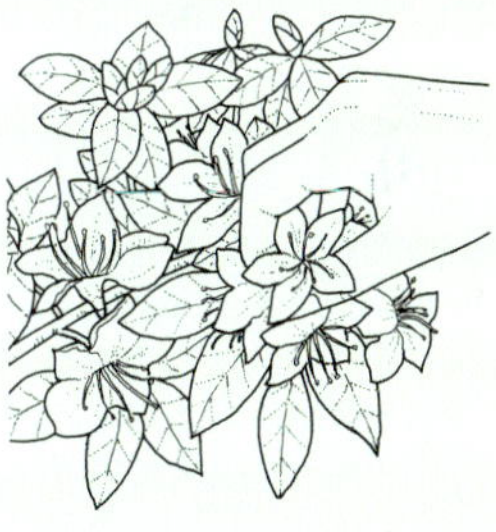

- **Rhododendren** Brechen Sie regelmäßig alle verwelkten Blüten sowie trockene, abgestorbene oder kranke Knospen mit den Fingern aus, um neue Knospen zu schützen.
- **Langtriebige Pflanzen** Bei diesen Pflanzen sollten Sie die Triebe bis zur nächsten Triebstelle bzw. bis zu den nächsten Blättern zurückschneiden.
- **Pflanzschock** Das Entfernen von welken Blüten und einigen Knospen trägt dazu bei, den Pflanzschock nach dem Einsetzen zu verringern.

Gestalten mit Pflanzgefässen

Übersicht

Nicht umsonst sind Pflanzgefäße so beliebt, denn sie bieten nicht nur viele Möglichkeiten bei der Neu- und Umgestaltung der Bepflanzung, sondern gewähren den Pflanzen auch die jeweils besten Wachstums- und Standortbedingungen. Pflanzgefäße können Sie sowohl für eine dauerhafte Bepflanzung oder einen bestimmten Ort verwenden als auch für eine flexible Gestaltung je nach Jahreszeit.

Verschiedene Pflanzgefässe

Pflanzgefäße bestehen in der Regel aus Kunststoff, Terrakotta, Stein oder Holz. Ein wichtiger Aspekt bei der Auswahl ist ihr Gewicht, vor allem bei einem Standort auf dem Balkon oder der Dachterrasse. Wichtig ist auch die Größe: Kleinere Gefäße trocknen schnell aus, große lassen sich nur schwer bewegen.

- **Kunststoffgefäße** Sie sind relativ preiswert und pflegeleicht, wiegen nicht viel und sind witterungsbeständig. Kunststoffgefäße gibt es in vielen verschiedenen Farben und können deshalb passend zum Haus, zu den Gartenmöbeln oder zu den Pflanzen ausgewählt werden.
- **Ampeln** Sie werden in unterschiedlichen Größen angeboten und eignen sich für eine jahreszeitlich flexible Bepflanzung.
- **Terrakotta und Stein** Bei ganzjähriger Nutzung sollten Sie nur frostsichere Gefäße verwenden. Gefäße aus Stein sind schwerer und teurer als solche aus anderen Materialien und eignen sich weniger gut für kalkempfindliche Pflanzen.
- **Holzkübel** Sie benötigen regelmäßige Pflege und können sehr schwer sein. Grundsätzlich bieten sie bei Kälte den Wurzeln eine gute Isolation.

Kunststoffkasten mit integriertem Ablauf

Hängeampel aus Kunststoffdraht

Terrakottatopf

Steingefäß

Holzkübel

GRUNDAUSSTATTUNG

Die folgenden Geräte helfen bei der Bepflanzung, Pflege und Verzierung von Pflanzgefäßen.

- **Bepflanzung** Zum Bepflanzen Ihrer Gefäße benötigen Sie einige wenige, grundsätzliche Dinge: eine Handschaufel zum Befüllen und Leeren der Töpfe sowie zum Einpflanzen; eine Gießkanne zum Gießen der Pflanzen vor und nach dem Setzen; Tonscherben oder Styropor für einen guten Abfluss; Steine zum Unterlegen, damit die Drainagelöcher frei bleiben.
- **Pflege** Mit der Handgabel können Sie in bepflanzten Gefäßen leichter Unkraut jäten. Zum Schneiden und Abräumen der Pflanzen brauchen Sie je eine scharfe Garten- und Haushaltsschere.
- **Verzieren** Mit einem Pinsel können Sie die Pflanzgefäße nach Belieben verzieren.

Handgabel

Handschaufel

Gießkanne

Gartenschere

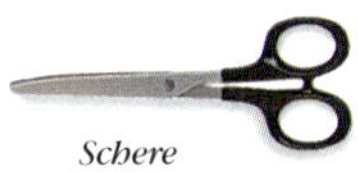

Schere

Pinsel

Tonscherben eines zerbrochenen Blumentopfs

Füße für Blumenkästen

Füße für Töpfe

Bruchstücke aus Styropor für den Abfluss

Ziegelsteine

PFLANZSUBSTRATE

Für ein gutes Gedeihen der Pflanzen ist die Auswahl der richtigen Nährstoffe wichtig.

- **Blumenerde** Leichtes Substrat aus Torf oder Torfersatz eignet sich nur für den kurzzeitigen Einsatz. Schwere lehmhaltige Erde eignet sich zum Stabilisieren der Gefäße, sofern deren Gewicht keine Rolle spielt.
- **Granulat** Depotdünger geben die Nährstoffe nach und nach ab. Wasser speicherndes Granulat nimmt Wasser auf und gibt es an die Erde ab.

Torfkultursubstrat

Kultursubstrat aus Torfersatz

Lehmhaltige Erde

Depotdünger-Granulat

Wasser speicherndes Granulat

GEFÄSSBEGRÜNUNG

Vorbereitung, Bepflanzung und Pflege sind bei allen Pflanzgefäßen im Wesentlichen gleich, egal wofür Sie sich entscheiden. Denn alle benötigen eine gute Drainage, geeignetes Substrat und natürlich die passenden Pflanzen, die sowohl für eine variable als auch eine dauerhafte Bepflanzung geeignet sind.

Pflanzkübel phantasievoll gestalten

Bei geschickter Pflanzenauswahl können Sie Ihre Gefäße ganzjährig begrünen. Wenn Sie etwa einen Strauch oder Stauden mit Zwiebelpflanzen kombinieren, blühen diese jedes Jahr wieder. Im Sommer können Sie den Randbereich dann noch mit Einjährigen ergänzen.

Substrat und Pflanzen

- **Blumenerde** Verwenden Sie für große Gefäße ein Substrat auf Torfbasis oder aus Torfersatz, das leichter ist als Erde.
- **Pflanzen** Sie müssen regelmäßig gedüngt und gegossen werden. Sobald die Wurzeln keinen Platz mehr haben, sollten sie umgetopft werden.

Ganzjährige Begrünung

Je größer das Gefäß ist, desto mehr können Sie pflanzen, etwa mit unterschiedlich tief gesetzten Blumenzwiebeln. In die Mitte des Gefäßes passt eine Staude, denn dort hat sie am meisten Platz zum Einwurzeln. Die Ränder können Sie mit Einjährigen bepflanzen.

Einen Wasserablauf schaffen

Ein ausreichender Wasserablauf ist für ein gesundes Pflanzenwachstum ebenso wichtig wie regelmäßiges Gießen. In Gefäßen ohne Abflusslöcher kommt es schnell zu Staunässe, sodass die Wurzeln faulen und absterben. Der Wasserablauf darf außerdem nie verstopft sein.

Durchlässiger Boden

Abflusslöcher bohren
Prüfen Sie, ob Ihr Pflanzgefäß Abflusslöcher hat. Andernfalls sollten Sie mit der Bohrmaschine vorsichtig einige Löcher bohren.

Abflusshilfen

Eine Drainage anlegen
Statt der herkömmlichen Tonscherben eignen sich auch eine oder zwei Lagen gebrauchte Teebeutel als Drainagematerial.

Freier Abfluss

Die Löcher freihalten
Damit die Löcher nicht durch Laub und Ähnliches verstopfen, sollten Sie große Gefäße auf Ziegel, kleine auf Tonfüße stellen.

Kübelpflanzen für jede Jahreszeit

Die meisten Pflanzgefäße sind im Sommer zwar bepflanzt, doch für den Rest des Jahres stehen sie häufig leer. Dies muss aber nicht sein. Anhand der Übersicht können Sie sehen, welche Stauden, Einjährige und Koniferen je nach Jahreszeit für die Kübelbepflanzung geeignet sind.

Jahreszeit	**Geeignete Pflanzen**
Frühling Bringen Sie Farbe auf die Terrasse und den Balkon, indem Sie Ihre Pflanzkübel mit schönen farbenprächtigen Frühlingspflanzen dekorieren. Durch die von den Hauswänden abgestrahlte Wärme blühen die Pflanzen in Blumenkästen und -ampeln oft früher als im Beet.	*Azalea* (Azalee), *Bellis* 'Pompette Mixed' (Maßliebchen), *Chionodoxa* (Schneestolz), *Crocus* (Krokus), *Erica herbacea* (Frühlingsheide), *Hedera helix* (Efeu), *Hyacinthus* (Hyazinthe), *Iris* (Zwergschwertlilie), *Muscari azureum* (Traubenhyazinthe), *Narcissus* 'February Silver' (Zwergnarzisse), *Primula* (Schlüsselblume), *Scilla sibirica* (Blausternchen), *Tulipa kaufmanniana* (Zwergtulpe), *Vinca minor* 'Variegata' (Immergrün), *Viola* (Veilchen), *Viola* x *wittrockiana* (Stiefmütterchen).  *Tulpe*
Sommer Im Sommer haben Sie durch die fast unüberschaubare Vielfalt an geeigneten Pflanzen die Qual der Wahl. Und jedes Jahr kommen so viele neue Züchtungen in zahlreichen Farben dazu, dass Sie Ihre Gefäße ganz nach persönlichem Geschmack gestalten können.	*Argyranthemum frutescens* (Strauchmargerite), *Dianthus chinensis* (Sommernelke), *Fuchsia* (Fuchsie), *Helichrysum petiolare* (Strohblume), *Heliotropium* (Sonnenwende), *Impatiens waleriana* (Fleißiges Lieschen), *Lobelia erinus* (Lobelie), *Nicotiana alata* (Ziertabak), *Osteospermum* (Kapmargerite), *Pelargonium* (Pelargonie), *Petunia* (Petunie), *Portulaca grandiflora* (Portulakröschen), *Thunbergia alata* (Schwarzäugige Susanne), *Tropaeolum* (Kapuzinerkresse), *Verbena* (Eisenkraut).  *Strohblume*
Herbst Manche Sommerpflanzen blühen auch noch bis in den Herbst hinein. Alle hier genannten Pflanzen können Sie entweder allein setzen oder in Kombination mit größeren Pflanzen, die durch eine besonders schöne Herbstfärbung ins Auge fallen.	*Ajuga reptans* (Günsel), *Callistephus chinensis* (Sommeraster), *Cyclamen cilicium* (Alpenveilchen), *Dahlia* (Dahlie), *Dendranthema* (Chrysantheme), *Euonymus fortunei* (Kriechspindel), *Gazania* (Mittagsgold), *Hedera helix* (Efeu), *Lamium maculatum* (Taubnessel), *Lobelia siphilitica* (Lobelie), *Sedum spectabile* (Fetthenne).  *Alpenveilchen*
Winter Obwohl die Auswahl an Pflanzen im Winter weniger groß ist als zu anderen Jahreszeiten, gibt es dennoch eine Reihe von Pflanzen, die auch während der kalten Wintermonate für attraktive Farbtupfer im Garten sorgen.	*Buxus* (Buchs), *Cotoneaster* (Mispel), *Eranthis hyemalis* (Winterling), *Erica carnea* (Schneeheide), *Euonymus japonicus* (Pfaffenhütchen), *Galanthus nivalis* (Schneeglöckchen), *Hedera helix* (Efeu), *Helleborus* (Christrose), *Ilex* (Stechpalme), Koniferen, *Mahonia* (Mahonie), *Pieris* (Lavendelheide), *Vinca minor* und *V. major* (Immergrün), *Viola* x *wittrockiana* (Stiefmütterchen).  *Schneeglöckchen*

GEFÄSSE BEPFLANZEN

Es ist erstaunlich, wie viele Pflanzen sich in einem Blumenkübel unterbringen lassen. Häufig ist die Wirkung umso schöner, je mehr Pflanzen Sie dafür verwenden. Das beste Ergebnis erzielen Sie mit qualitativ hochwertigen Pflanzen, erstklassigen Pflanzsubstraten sowie regelmäßiger Pflege.

Den Pflanzkübel vorbereiten

Mit einer Kombination aus aufrechten, buschigen und kriechenden Pflanzen erzeugen Sie den Eindruck von Fülle. Dabei kann eine einzelne große Pflanze wie ein kleiner Strauch oder ein kleiner Baum als Blickfang dienen, um den herum sich alle anderen Pflanzen gruppieren.

Notwendige Vorbereitungen

Pflanzgefäße wässern
Damit die Erde nicht austrocknet, sollten Sie Pflanzen und Terrakotta- oder Tongefäße vor dem Bepflanzen gut wässern.

Blumenerde sparen
Bei flach wurzelnden Pflanzen können Sie einen umgedrehten Blumentopf in ein großes Pflanzgefäß stellen, um Erde zu sparen.

Topf als Gießhilfe nutzen
Bei Wasser liebenden Pflanzen geben Sie einen Plastiktopf in die Erde, in den Sie das Wasser füllen, sodass es die Wurzeln erreicht.

So bepflanzen Sie einen Kübel richtig

Wählen Sie zuerst die Pflanzen aus sowie das passende Pflanzgefäß und das geeignete Substrat. Wenn Sie neben den Pflanzen das jeweilige Pflanzetikett mit in die Erde stecken, behalten Sie immer den Überblick, was Ihre Pflanzen jeweils an Pflege benötigen.

1 Sie erleichtern sich die spätere Pflege, wenn Sie vor dem Bepflanzen Dünger und Wasser speicherndes Granulat in die Blumenerde mischen.

2 Setzen Sie die Pflanzen von der Mitte des Topfes nach außen, dabei die größte Pflanze zuerst. Die Pflanzen sollten in richtiger Höhe gesetzt werden.

3 Gießen Sie die Erde reichlich an und stellen Sie den Topf einige Tage an einen geschützten Ort, damit die Pflanzen gut anwachsen können.

Einen Kräutergarten anlegen

Pflanzgefäße eignen sich ideal für die Anlage eines kleinen Kräutergartens, sodass Sie zu jeder Jahreszeit frische Kräuter zur Verfügung haben. Die Vorteile eines Pflanzkübels liegen darin, dass Sie ihn im Sommer in die Sonne und über Winter frostgeschützt ins Haus stellen können.

Einen Minikräutergarten pflanzen

Attraktion fürs Auge

Durch Sorten mit gefleckten oder farbigen Blättern lässt sich die dekorative Wirkung der Kräuter noch verstärken.

Kräutervarianten

- **Empfindliche Kräuter** Wenn Sie frostempfindliche Kräuter wie Basilikum separat in kleinen Töpfen in das Pflanzgefäß setzen, können Sie sie im Herbst vor dem ersten Frost zum Überwintern leichter wieder herausnehmen.
- **Große Kräuter** Rosmarin oder Lorbeer sollten einzeln gepflanzt werden, da sie andere Kräuter in ihrem Wachstum behindern.
- **Mehrjährige Kräuter** Für eine dauerhafte Bepflanzung eignen sich mehrjährige Kräuter mit gleichen Standortbedingungen, etwa Salbei, Thymian, Oregano und Estragon.

Kräuter pflegen

Regelmäßig schneiden

Damit kleinere Pflanzen nicht verdrängt werden, sollten Sie stark wuchernde Kräuter mit einer Schere zurückschneiden.

Kräuter lagern

Friert man gehackte Kräuter in Brühe ein, kann man sie für Suppen verwenden.

Kräuter einfrieren

Manche Kräuter wie Petersilie oder Dill eignen sich gut zum Einfrieren. Dann haben Sie auch im Winter immer frischen Vorrat.

Geeignete Kräuter

Die meisten Kräuter wachsen problemlos im Pflanzgefäß, benötigen aber eine gute Drainage und einen sonnigen Platz. Vor allem kleinwüchsige Kräuter wie Schnittlauch, Basilikum, Majoran, Oregano, Petersilie und Salbei eignen sich für die Kultivierung in Töpfen, und auch empfindliche Pflanzen wie Basilikum gedeihen gut, wenn sie genug Sonne haben. Größere Stauden wie Rosmarin sollte man ab und zu zurückschneiden. Manche Pflanzen wie Lorbeer werden zum Überwintern in einen kühlen Raum gestellt.

Rosmarin

GUTE IDEE!

Minze kontrollieren

Das starke Wachstum der Minze, die weniger kräftige Pflanzen unterdrückt, lässt sich beschränken, indem Sie Jungpflanzen in einem Extratopf ins Pflanzgefäß setzen.

Obst und Gemüse kombinieren

Töpfe, Blumenkästen und Ampeln eignen sich sogar zum Anbau von Gemüse und Obst, sofern man sie stets gut düngt und gießt. Dabei muss es keine Frage von Entweder-oder sein, denn einige Obst- und Gemüsearten lassen sich gut kombinieren und wirken zudem sehr dekorativ.

Gelungene Kombination

Frühsalat gedeiht am besten zusammen mit Erdbeeren.

Erdbeeren setzt man am besten an den Rand des Gefäßes.

Dekorative Wirkung
Neben den Erdbeeren wirken insbesondere rotblättrige oder krause Salatsorten sehr dekorativ in einem Gefäß.

Geeignete Früchte

Erdbeeren gedeihen problemlos im Topf, aber auch viele andere Früchte kann man bei guter Pflege im Pflanzgefäß kultivieren. Bestens geeignet sind Äpfel, Birnen, Pflaumen, Nektarinen oder andere Obstarten, die auf Zwergunterlagen gepfropft wurden.

Ideale Gemüsearten

Bohnen, Tomaten, Zucchini, Radieschen, Rote Bete, Auberginen, Paprika, Salatkarotten und Frühlingszwiebeln lassen sich gut in Pflanzgefäßen kultivieren.

Paprika

GELD SPAREN

Alternative: Pflanzsäcke
Anstelle von Gefäßen können Sie auch große, mit Pflanzsubstrat gefüllte Plastiktragetaschen verwenden, in die Sie die gut gewässerten Pflanzen setzen. Bei dieser Methode muss allerdings der Wasserabzug gewährleistet sein.

Nutzpflanzen ziehen

- **Bienen anlocken** Bepflanzen Sie ein weites, tiefes Pflanzgefäß mit einer Kombination aus Wicken und Feuerbohnen, die an derselben Rankhilfe wachsen, da Wicken Bestäuberinsekten anlocken. Wichtig ist regelmäßiges Gießen.
- **Versetzte Ernte** Kombinieren Sie schnell erntereifes Gemüse wie Salat und Radieschen mit später reifendem.
- **Standort** Pflanzkübel mit Früchten und Gemüse sollten windgeschützt stehen, da die Verdunstung sonst beschleunigt wird. Ungünstig ist ein Standplatz nahe Bäumen, Mauern und Dächern, die den Regen abhalten.
- **Mulchen** Damit die Erde möglichst feucht bleibt, sollten Sie den Boden mit einer 5 cm dicken Schicht aus Kokosfasern, Rindenmulch oder anderem Naturmaterial bedecken.

Erdbeertöpfe

- **Pflegefreundlich** Nehmen Sie größere Töpfe. Sie sind viel leichter zu pflegen als kleine.

Schlauch in die Mitte stellen.

Erdbeertopf gießen
Bohren Sie in ein Schlauchstück kleine Löcher und stellen Sie es vor dem Bepflanzen in den Topf. Wenn Sie dann Wasser in den Schlauch gießen, erhalten alle Erdbeerpflanzen genug Feuchtigkeit.

Kübelpflanzen pflegen

Kübelpflanzen brauchen wesentlich mehr Aufmerksamkeit als Beetpflanzen. Da sie keine Verbindung zum Gartenboden haben, sind sie mehr denn je auf gute Pflege angewiesen, wozu neben der Wasser- und Nährstoffversorgung auch die Vorbeugung von Krankheiten gehört.

Pflegemassnahmen

- **Düngen** 6–8 Wochen nach dem Einpflanzen sollten Sie den ersten Dünger zugeben und während der gesamten Wachstumsperiode damit fortfahren. Kaliumreicher Dünger fördert die Blütenbildung, ein Blattdünger bewirkt schnelleres Wachstum.
- **Zurückschneiden** Bei großen Pflanzen kann regelmäßiges Zurückschneiden erforderlich sein oder auch das Umsetzen in größere Gefäße.
- **Schädlinge** Bei der räumlichen Enge der Pflanzen kann sich schon ein geringer Befall sehr schnell ausweiten und sollte deshalb möglichst umgehend bekämpft werden.

Pflanzen schneiden

- **Wucherung** Stark wuchernde Pflanzen sollten Sie regelmäßig zurückschneiden, da sie andere Pflanzen sonst in ihrem Wachstum beeinträchtigen.

Wuchsdichte fördern
Pflanzen wachsen dichter, wenn Sie mit einer scharfen Schere die wuchernden Triebe abschneiden. Entfernt man bei kriechenden Pflanzen neue Knospen, fördert dies die Blattbildung.

Substrat erneuern

Nährstoffgehalt fördern
Bei einer dauerhaften Bepflanzung sollten Sie den Nährstoffgehalt des Bodens verbessern, indem Sie im Frühjahr die oberste Erdschicht entfernen, ohne die Wurzeln zu beschädigen, und neue Erde einfüllen.

Blätter entfernen

- **Fäulnis** Entfernen Sie herabgefallene Blätter von überhängenden Bäumen und anderen Pflanzen sofort, da sie Fäulnisprozesse fördern.

Krankheiten vorbeugen
Kranke Blätter sollten Sie umgehend entfernen, um die Ausbreitung der Krankheit zu verhindern. Schneiden Sie dabei immer bis zu einer gesunden Stelle zurück.

Verwelktes entfernen

Blühfreudigkeit fördern
Entfernen Sie welke oder fruchtende Blüten mit der Hand oder einer scharfen Gartenschere. Dadurch wird die Pflanze angeregt, mehr und größere Blüten zu bilden, sodass sich die Blütezeit verlängert.

GELD SPAREN

Doppelt genutzt
Wasser und Flüssigdünger können Sie sparen, indem Sie direkt unter eine Blumenampel andere Pflanzgefäße stellen. So kann das überlaufende Gießwasser bzw. Düngeflüssigkeit in die darunter stehenden Gefäße tropfen.

TÖPFE UND KÜBEL

Bei dem ständig steigenden Angebot an Töpfen, Gefäßen und Kübeln ist für jeden Zweck und für jeden Geschmack etwas dabei – angefangen von einfachen, preisgünstigen Töpfen bis hin zu aufwändigen, teuren Gefäßen, die sich für zarte, kleine Pflänzchen ebenso gut eignen wie für größere Sträucher und Bäume.

GROSSE AUSWAHL

Töpfe und Kübel sind in vielen Farben, Formen und Materialien erhältlich. Wichtig ist die richtige Größe für die jeweilige Pflanze sowie ein ausreichender Wasserablauf.

Steingefäß

Erdbeertopf

Keramik

Holzkübel

Terrakotta-Imitation aus Kunststoff

Plastiktöpfe

Terrakottatöpfe

Klassischer Terrakottatopf

Töpfe und Kübel gestalten

Unansehnliche Gefäße lassen sich zwar durch geschicktes Bepflanzen verdecken, grundsätzlich sollten Sie aber möglichst nur solche Töpfe, Kübel und Blumenkästen verwenden, die Ihnen wirklich gefallen, zur Umgebung passen und in Größe und Stil den Pflanzen entsprechen.

SOLITÄRPFLANZEN

Blickpunkt schaffen
Mit einer dekorativen Einzelpflanze in einem großen Gefäß schaffen Sie einen schönen Blickfang. Günstig sind immergrüne Pflanzen, Koniferen oder ein Strauch mit schöner Herbstfärbung und leuchtenden Beeren.

GEFÄSSENSEMBLE

Scharfe Kanten
Wenn Sie mehrere Gefäße zu einem Ensemble zusammengruppieren, können Sie scharfe Kanten wie Treppenabsätze oder Mauervorsprünge ganz einfach verbergen oder tote Winkel erheblich aufwerten.

GUTE IDEE!

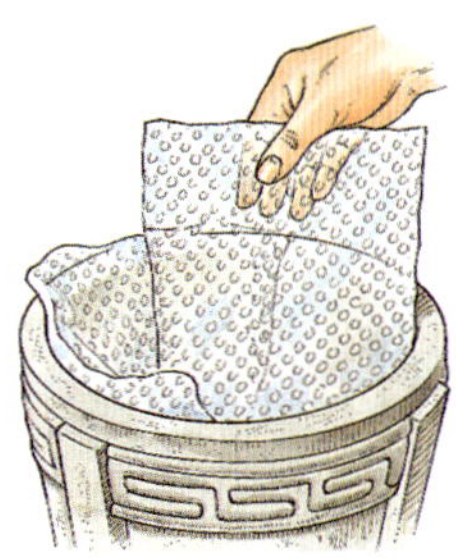

Wärmeschutz
Wenn Sie das Gefäß vor dem Bepflanzen an den Seiten mit Luftpolsterfolie auskleiden, schützen Sie die Wurzelballen im Winter vor Frost.

Töpfe und Kübel arrangieren

Pflanzgefäße werden häufig zum Verschönern von Pflasterbereichen auf der Terrasse verwendet. Sie lassen sich aber ebenso gut als variable Elemente im Garten einsetzen, um neue Blickpunkte zu schaffen oder wenig attraktive Flächen aufzuwerten.

Variable Stellplätze

- **Neuen Garten beleben** In einem neu angelegten oder renovierten Garten können Sie vorübergehend Pflanzgefäße aufstellen, bis die Beetpflanzen die kahlen Stellen bedecken.
- **Blumenbeete ergänzen** Ein Blumenbeet lässt sich noch farbenfroher gestalten, indem Sie schön bepflanzte Gefäße hineinstellen. Nach der Blütezeit können Sie die Gefäße dann durch neue mit blühenden Pflanzen ersetzen.
- **Unansehnliches verbergen** Mit einem geschickt platzierten Pflanzgefäß können Sie unansehnliche Gartenbereiche verstecken (siehe S.470) oder beschädigte Rasenkanten verdecken (siehe S. 570).

Pflanzgefässe geschickt platzieren

Turm aus Pflanzgefäßen
Übereinander gestapelte Pflanzgefäße in unterschiedlichen Größen ergeben ein originelles Arrangement, das besonders eindrucksvoll ist, wenn Sie dafür Pflanzen in harmonisch aufeinander abgestimmten Farben wählen.

Lücken füllen
Bei einem neu angelegten Staudenbeet können Pflanzgefäße als zeitweilige Lückenfüller dienen, bis die Pflanzen sich entwickelt haben. Dabei kann man auch gut mit verschiedenen Pflanzenkombinationen experimentieren.

Balkon und Dachterrasse begrünen

Balkon und Dachterrasse lassen sich aufgrund der beschränkten Platzverhältnisse oft nur mit Kübelpflanzen begrünen. Das muss aber keinesfalls ein Nachteil sein, denn mit dekorativen Gefäßen und bunter Pflanzenvielfalt kann selbst der kleinste Freisitz in ein Paradies verwandelt werden.

Windschutz schaffen

Spalier mit Kletterpflanzen
Auf dem Balkon oder der Dachterrasse sorgt ein Spalier mit Kletterpflanzen für einen hervorragenden Windschutz. Besonders schön ist ein Spalier, das farblich gut mit der Umgebung harmoniert.

Gewicht reduzieren

Begrenzte Beweglichkeit
Manche großen Pflanzgefäße sind mit Erde gefüllt so schwer, dass man sie kaum noch bewegen kann. Bei flach wurzelnden Pflanzen können Sie ein Drittel des Topfes zuerst mit Styropor und dann erst mit Erde füllen.

Standortbestimmung

- **Tragfähigkeit** Bevor Sie Balkon oder Dachterrasse bepflanzen, sollten Sie die Tragfähigkeit überprüfen und gegebenenfalls leichte Plastiktöpfe verwenden.
- **Pflanzgefäße** Bei Platzmangel sollten Sie statt vieler kleiner Töpfe besser nur wenige große Gefäße aufstellen. Sie können mindestens ebenso viele Pflanzen aufnehmen wie diese, trocknen aber nicht so schnell aus.
- **Duftpflanzen** Stellen Sie Duftpflanzen auf, deren wohlriechende Aromen Sie bei den begrenzten Raumverhältnissen besser wahrnehmen können als im weitläufigen Garten.

Ministeingarten anlegen

Wer keine genormten Gefäße verwenden will bzw. auf dem Markt keine entsprechend vorgefertigten Teile für einen Steingarten findet, kann sich einen Trog aus Kunststein auch selbst anfertigen. Mit ein bisschen Geschick lässt sich jede gewünschte Form herstellen.

Selbst gefertigter Kunststeintrog

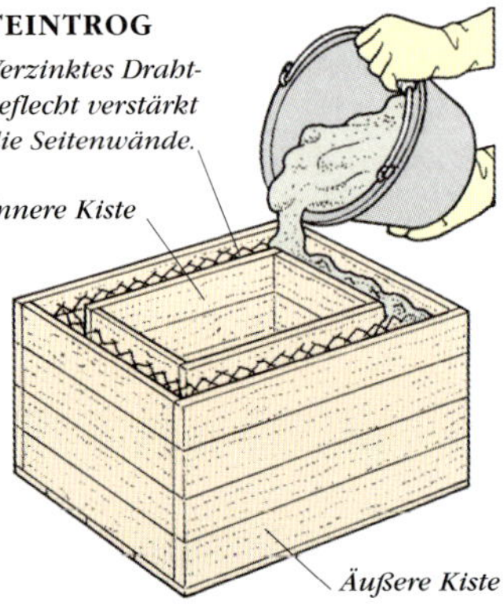

1 In einem Plastikeimer je einen Teil Zement und Grobsand mit ein bis zwei Teilen Torfersatz mischen. So viel Wasser unterrühren, dass eine dickflüssige Masse entsteht.

2 Die Mischung in den 5 cm breiten Hohlraum zwischen den beiden Formen gießen. Alles mit Plastikfolie abdecken und ungefähr 1 Woche lang aushärten lassen.

Felsen formen

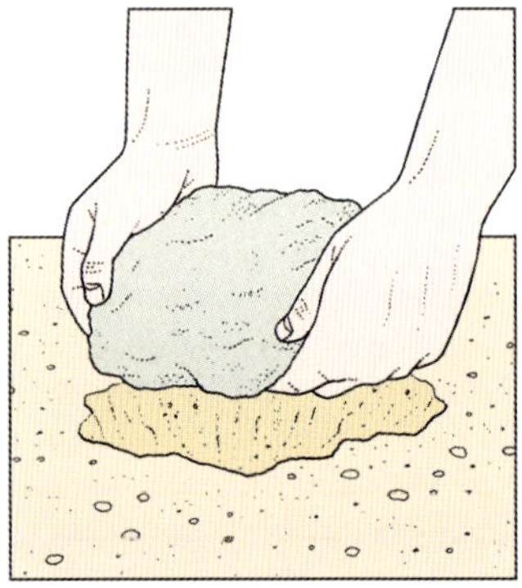

Unregelmäßiger Kunststein
Ein kleines, unregelmäßiges Loch in den Boden graben, die Mischung einfüllen und aushärten lassen. So entsteht ein Felsen für Ihren kleinen Steingarten.

Ministeingarten bepflanzen

Zur Bepflanzung eignen sich Polsterstauden, da sie sich weniger stark ausbreiten als Kriechpflanzen. Bei einer ganzjährigen Begrünung wirken auch saisonale Pflanzen sehr schön. Sind die Nährstoffe im Pflanzsubstrat verbraucht, sollten Sie das Gefäß mit neuer Erde füllen und frisch bepflanzen.

- **Abfluss** Für eine gute Drainage das Gefäß auf Steine stellen, einen feinen Draht über die Abflusslöcher legen und mit Scherben abdecken. Auf dem Gefäßboden Grobsand verteilen.

Schutz der Wurzeln
Die Wurzeln kleiner, empfindlicher Pflanzen sollten Sie vor dem Einsetzen mit feuchtem Seidenpapier (biologisch abbaubar) umwickeln. So werden sie weniger leicht beschädigt und die Pflanzen wachsen besser an.

Pflegeanleitung
Damit bei Nässe nichts fault, sollte die oberste Schicht aus Splitt bestehen. Bei Hitze muss der Stein gut gewässert werden, außerdem sollten Sie Verwelktes entfernen und die Pflanzen nach der Blüte zurückschneiden.

BLUMENKÄSTEN

Mit einer phantasievollen Bepflanzung bieten Blumenkästen einen attraktiven Anblick und sind eine schöne Ergänzung zum Garten bzw. ein ansprechender Gartenersatz. Hier können Sie nach Herzenslust kombinieren: aufrechte mit hängenden Pflanzen, Sommerblumen mit Duftpflanzen …

Blumenkästen für jeden Geschmack

Blumenkästen gibt es aus Terrakotta, Holz, Aluminium, Kunststoff oder Stein in vielen Arten und Größen. Bei der Auswahl sollten Sie Farbe und Stil von Haus oder Wohnung bzw. von Garten oder Balkon berücksichtigen.

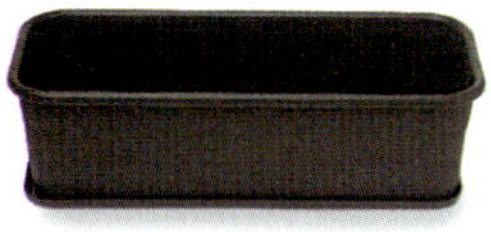

Blumenkasten aus Kunststoff

Blumenkasten aus Holz

Integrierte Ablaufschale

Kasten mit Bewässerungssystem

Kasten aus Biomaterial

Blumenkasten aus Terrakotta

Blumenkästen bepflanzen

Sind Balkon oder Fensterbank nicht sehr stabil, nehmen Sie zum Befüllen der Blumenkästen am besten ein leichtes Torfersatz-Substrat. Bei Ihrer Planung sollten Sie zudem bedenken, dass Sie Ihr Fenster auch mit Blumenkasten noch gut öffnen und die Pflanzen bequem pflegen können.

Grünpflanzen

- **Form und Farbe** Immergrüne Pflanzen, die das ganze Jahr über im Kasten bleiben, bilden den Rahmen für blühende Pflanzen, die Sie je nach Jahreszeit dazusetzen können.

Pflanzenauswahl

- **Empfindliche Pflanzen** Für Blumenkästen können Sie durchaus etwas empfindlichere Pflanzen nehmen, da sie im Schutz der Hauswand besser gedeihen als auf freier Fläche.
- **Hohe Pflanzen** Steht der Blumenkasten ungeschützt, sollten Sie keine hoch wachsenden Pflanzen nehmen, die durch die geringe Kastentiefe zu instabil stehen, sondern kompaktere Pflanzen wählen.

Der weiße Fensterrahmen unterstreicht das Arrangement.

Weiße Pelargonien heben sich gut von den roten Klinkersteinen ab.

Der Terrakottakasten passt hervorragend zu Pflanzen und Umgebung.

Die hängenden Blattpflanzen harmonieren gut mit den Pelargonien.

Harmonische Farben
Bei der Auswahl der Pflanzen wie auch der Blumenkästen berücksichtigen Sie die Farbe Ihres Hauses oder der Wohnung. Außerdem sollten die Blumenkästen auch der Größe nach zur Fensterbank passen.

Blumenkästen aufstellen

Blumenkästen sind ideal zum Verschönern von unansehnlichen Hausfassaden geeignet. Selbst die eintönigste Umgebung lässt sich noch mit üppig bepflanzten Kästen zu neuem Leben erwecken. Wichtig ist eine stabile Verankerung und ein möglichst sonniger Platz.

Wirkungsvolle Geltung

Befestigung am Geländer
Blumenkästen zum Aufhängen am Balkongeländer dürfen nicht zu schwer sein. Verwenden Sie zum Einhängen ausschließlich kräftige Metallhalterungen. Wichtig ist auch ein möglichst leichtes Pflanzsubstrat wie etwa Torfersatz.

Frei stehende Kästen
Wollen Sie den Blumenkasten auf ein Mauersims stellen, sollten Sie darauf achten, dass der Kasten mit stabilen Halterungen ausreichend gesichert ist. Als Bepflanzung eignen sich kriechende Pflanzen, die an der Mauer herunterhängen.

Der richtige Standort

- **Balkon** Besonders platzsparend sind Blumenkästen am Balkongeländer. Man kann sie aber auch auf den Boden stellen, sodass Hängepflanzen durch das Geländer hindurchranken können.
- **Fenstersims** Eine sonnige Fensterbank ist der ideale Platz für einen Kräuterkasten. Auch kleine Cocktailtomaten gedeihen gut in Blumenkästen.
- **Hochhaus** Wohnen Sie in einem Hochhaus, sollten Sie möglichst nur niedrig wachsende Pflanzen nehmen und sie stabil einpflanzen bzw. windgeschützt stellen. Langstielige Pflanzen sollten Sie mit einer Stützhilfe versehen.

Blumenkästen pflegen

Holzkästen sollten Sie hin und wieder mit einer Lasur vor der Witterung schützen; lackierte Kästen werden mit einem Anstrich wieder schön. In jedem Fall aber ist es ratsam, die Halterungen regelmäßig zu überprüfen und gegebenenfalls zu reparieren oder durch neue zu ersetzen.

Holzschutz

Breite Pinsel decken schnell.

Saubere Oberfläche
Vor dem Auftragen von Lack, Holzlasur oder Holzschutzmittel muss die Oberfläche sauber, trocken und frei von alten Farbresten sein. Am einfachsten ist es, die Oberfläche gründlich mit Schleifpapier abzuschmirgeln.

Blumenkästen streichen

- **Renovierung** Einen unansehnlichen Blumenkasten können Sie durch einen Anstrich verschönern. Verwenden Sie für Holzkästen Transparent- bzw. Farblack oder ein biologisches Holzschutzmittel. Vor der Neubepflanzung muss die Farbe unbedingt vollständig abgetrocknet sein.

Blumenkästen sichern

- **Haftung** Wichtig ist, dass Blumenkästen gut gesichert sind, denn stürzt ein Kasten ab und verursacht einen Schaden, kann man Sie dafür haftbar machen. In diesem Fall ist eine Haftpflichtversicherung ratsam, denn sonst müssen Sie den Schaden selbst bezahlen.

Kästen fixieren

- **Stehender Kasten** Befestigen Sie zwei Winkel mit Dübeln in der Wand und fixieren Sie die anderen Winkelseiten seitlich am Kasten.
- **Hängender Kasten** Hier die Winkelhalterungen an der Wand und am Boden des Blumenkastens befestigen.

BLUMENAMPELN

Auch bei wenig Raum lässt sich eine schön bepflanzte Blumenampel wirkungsvoll zur Geltung bringen. Nehmen Sie den Platzverhältnissen entsprechend einen möglichst großen Korb und kleiden Sie ihn mit geeignetem Material aus, damit die Pflanzen weniger schnell austrocknen.

BLUMENAMPELN FÜR JEDEN GESCHMACK

Blumenampeln gibt es in vielen verschiedenen Stilrichtungen und Größen. Hochwertiges Material hält in der Regel einige Jahre und sieht zudem länger schön aus.

GRUNDAUSRÜSTUNG

Zange zum Entfernen von Kettengliedern

Messer zum Zuschneiden der Auskleidung

Integrierte Ablaufschale

Kunststoffampel

Wandtopf aus Terrakotta

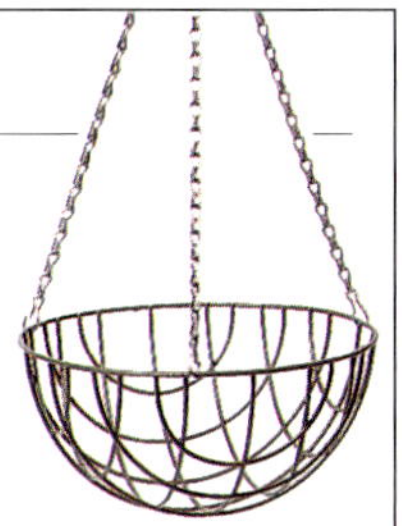

Hängekorb aus Kunststoffdraht

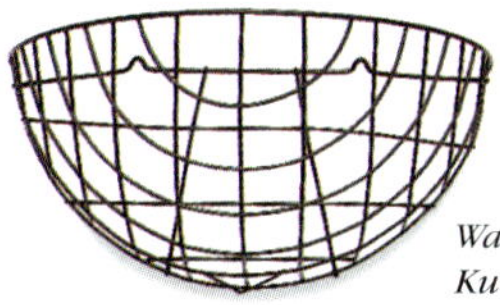

Wandkorb aus Kunststoffdraht

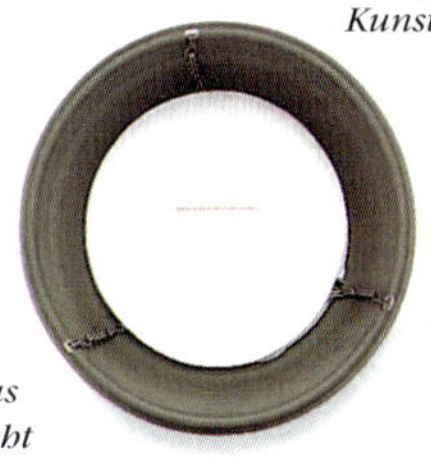

Ampel mit Wasserreservoir

Blumenampeln bepflanzen

Besonders anziehend wirken üppig bepflanzte Ampeln, die auch die Auskleidung verdecken (siehe S. 516). Interessant sind Kombinationen aus Hängepflanzen und aufrecht wachsenden Pflanzen. Nimmt man ausschließlich Hängepflanzen, wirkt die Ampel schnell überladen.

HÄNGEPFLANZEN RICHTIG EINSETZEN

Vom belaubten Ende her einwickeln.

Wurzeln sind am offenen Ende.

1 Hängepflanzen in kleine Stücke Plastikfolie wickeln und zu schmalen Tüten rollen. Das schützt den Wurzelballen, wenn die Pflanzen in die Ampel geschoben werden.

Pflanze durch den Schlitz schieben.

2 Schlitze in die Auskleidung ritzen, die Pflanzen hindurchschieben und die Folie entfernen. Ampeln stets im Schatten bepflanzen, um die Pflanzen wenig zu belasten.

GUTE IDEE!

Aufhängung verdecken
Kettenaufhängungen lassen sich hinter Kletterpflanzen verbergen, indem Sie die Triebe vorsichtig um die Kette schlingen und mit Bast oder Schnur festbinden.

Blumenampeln auskleiden

HERKÖMMLICHES MATERIAL

- **Filz und Schaumstoff** Beide Materialien kosten wenig; grüner Filz ist zudem unauffällig.
- **Kokosfaser** Dieses sehr dichte Material bietet im Winter einen hervorragenden Kälteschutz.
- **Walkwolle** Eine Auskleidung aus Walkwolle wirkt ebenfalls isolierend bei Kälte.
- **Moos** Mit einer Moosschicht können Sie unschöne Auskleidungen dekorativ verdecken.

ALTERNATIVES MATERIAL

- **Zeitungspapier** Auch mehrere Lagen kreisförmig geschnittenes Zeitungspapier können Sie zum Auskleiden verwenden und eventuell mit Moos verdecken.
- **Strickwaren** Aufgetragene und in Stücke zerschnittene Pullis und Schals sind ebenfalls eine gute Auskleidung.
- **Wollreste** Eine Lage Wollreste, geschickt verdeckt, erfüllt den gleichen Zweck.

Filz

Schaumstoff

Kokosfasern

Walkwolle

Moos

Zeitungspapier

Strickwaren

Wollreste

Standorte für Blumenampeln

Blumenampeln werden in der Regel an einer Halterung befestigt und an der Hauswand angebracht, sie eignen sich jedoch auch für viele andere interessante Standorte. Am Vorbau im Eingangsbereich oder am Carport, auf der Veranda, der Terrasse oder im Wintergarten kommen Blumenampeln ebenso gut zur Geltung wie an Pergolen, Bögen und Gartenmauern.

Attraktive Plätze für Blumenampeln

Bogen und Pergola
Eine besondere Wirkung erzielen Blumenampeln an Bögen oder Pergolen. Ist die Pergola dicht bewachsen, sollten Sie schattenverträgliche Pflanzen wie Begonie *(Begonia)*, Fuchsie *(Fuchsia)* und Springkraut *(Impatiens)* wählen.

Mauer und Hauswand
Wandkörbe eignen sich besonders gut für Gartenmauern, in deren Schutz die Pflanzen oft länger blühen. Ist der Korb an der Hauswand befestigt, profitieren die Pflanzen bei Kälte von der abgegebenen Wärme.

Bunte Pflanzenkugel

- **Aus zwei mach eins** Wenn Sie zwei Wandkörbe nur seitlich mit buschigen Pflanzen bepflanzen, können Sie diese zu einer dekorativen Farbkugel zusammensetzen: Sobald die Pflanzen gut angewachsen sind, können Sie die Körbe an den Flachseiten mit Draht zu einer Kugel zusammenbinden.

Schutz im Winter

- **Zusätzliche Wärme** Bei einer ganzjährig bepflanzten Ampel ist eine ausreichende Isolierung zum Schutz der Wurzeln wichtig. Besonders gut wärmen Zeitungspapier, Wollreste oder Walkwolle.

Blumenampeln richtig befestigen

Hängen Sie die Blumenampel nicht zu hoch, damit Sie die Pflanzen mühelos gießen und düngen können. Vergewissern Sie sich vor dem Aufhängen, dass die Halterung auch stabil ist, und hängen Sie die Ampel so auf, dass ihre schönste Seite ins Auge fällt.

Einfach zu erreichen

Flaschenzug
Bei hoch hängenden Ampeln ist eine Aufhängevorrichtung mit Flaschenzug praktisch. So kann man die Ampel leicht herunterlassen und wieder hochziehen.

Optimaler Standort

- **Geeigneter Platz** Ampeln sollten Sie nicht an der sonnigsten Stelle der Hauswand aufhängen. Die meisten Pflanzen gedeihen besser, wenn sie auch etwas Schatten haben.
- **Geeignete Halterung** Befestigen Sie die Halterung mit ausreichend großen Dübeln und rostfreien Schrauben an der Wand. Der Träger sollte so lang sein, dass die Ampel auch dann noch frei hängen kann, wenn die Hängepflanzen ihre endgültige Größe erreicht haben.
- **Geschickte Bepflanzung** Haben Sie nur wenig Pflanzen, können Sie eine Seite der Ampel üppig bepflanzen und den Korb dann so aufhängen, dass die kahle Seite verdeckt ist.

Bequem gießen

Drucksprüher
Zum regelmäßigen Gießen und Düngen von hoch hängenden Ampeln ist ein Drucksprüher mit einem langen Rohr zu empfehlen.

Blumenampeln pflegen

Von allen Pflanzgefäßen sind Blumenampeln am aufwändigsten zu pflegen. Da sie in der Regel an exponierten Plätzen hängen, müssen sie im Sommer mindestens einmal täglich gegossen werden. Ist die Ampel ausgetrocknet, bedarf es einiger Anstrengung, um die Pflanzen zu retten.

Wasser speichern

Wasserreserven schaffen
Vor dem Bepflanzen der Ampel sollten Sie eine alte Untertasse oder eine Aluminiumschale auf den Boden der Ampel stellen, die als Wasserreservoir dienen kann.

Nährstoffe sichern

Hartes Wasser ausgleichen
Werden kalkempfindliche Pflanzen mit mittelhartem Wasser gegossen, sollte man zusätzlich alle vier Wochen speziellen Eisendünger ins Gießwasser geben.

Pflanzen retten

Was tun bei Austrocknung?
Tauchen Sie die Ampel so lange in eine Schüssel mit Wasser, bis die Erde feucht ist. Stellen Sie dann den Korb in den Schatten, bis sich die Pflanzen wieder aufrichten.

ORIGINELLE GEFÄSSE

Mit etwas Phantasie können Sie ganz gewöhnliche Behälter, wie man sie in jedem Haushalt findet, zu attraktiven Pflanzgefäßen umgestalten. Solche Gefäße sind meist nicht nur origineller, sondern häufig auch wesentlich preisgünstiger als herkömmliche Gefäße.

Gefäße umfunktionieren

Fast jedes größere oder kleinere Behältnis lässt sich als Pflanzgefäß verwenden. Es muss nur tief genug sein, um ausreichend Substrat einfüllen zu können, damit die Wurzeln gut anwachsen und weniger schnell austrocknen. Abzugslöcher sind wichtig, um Staunässe zu vermeiden.

Ungewöhnliche Pflanzgefässe

Ausrangiertes Küchensieb
Ein Küchensieb mit seinen vielen Abzugslöchern wird mit einer stabilen Aufhängung zur originellen Blumenampel. Auch ein ausgekleideter Weidenkorb eignet sich hervorragend.

- **Geschirrteile** Unansehnliche oder leicht beschädigte Töpfe und Schalen, etwa aus Steingut oder Ton, lassen sich hervorragend zu Blumenampeln umfunktionieren und dekorativ mit Hängepflanzen begrünen.
- **Gießkanne** Aus einer nicht mehr benötigten alten Gießkanne können Sie ein schönes hohes Pflanzgefäß herstellen.
- **Alter Waschtrog** Ein Waschzuber aus Großmutters Waschküche ist ein ideales Pflanzgefäß für große Pflanzen, deren Wurzeln ausreichend Platz zum Wachsen benötigen.

Alter Nachttopf
Ein emaillierter Nachttopf vom Flohmarkt eignet sich gut zur Begrünung mit bunten Einjährigen. Bohren Sie vor dem Bepflanzen genügend Abzugslöcher in den Boden.

Ungewöhnlich und schön

- **Neuer Anstrich** Im Keller und auf dem Dachboden lassen sich zahlreiche Behältnisse finden, die mit geringem Aufwand zu originellen Pflanzgefäßen umfunktioniert werden können: ein ausgedienter Römertopf, ein alter Luftbefeuchter aus Ton, ungenutzte Metallcontainer, überflüssige Bodenvasen, ein verbeulter Sektkübel, Drahtkörbe aus Großvaters Zeit oder die Zinkbadewanne aus längst vergessenen Kindertagen und vieles mehr. Versieht man diese Fundstücke mit einem neuen Anstrich, erkennt niemand mehr ihre ursprüngliche Funktion.

Abflusslöcher bohren

Eine gut funktionierende Drainage ist lebenswichtig für die Pflanzen, weil sich das Wasser sonst staut und die Wurzeln absterben. Bohren Sie lieber ein Loch zu viel als eines zu wenig.

Metallgefäße
Mit einem Stahlbohraufsatz können Sie problemlos Abzugslöcher in Metallgefäße bohren.

Kunststoffgefäße
Mit einer leicht angewärmten Metallahle lassen sich Kunststoffgefäße einfach durchstechen.

Pflanzgefäße verschönern

Unansehnliche und farblose Pflanzgefäße können Sie mit einem Anstrich oder Holzlasur rasch verwandeln. Neue Gefäße aus Terrakotta, Ton oder Stein passen sich dagegen besser in ihre Umgebung ein, wenn man ihnen etwas Patina verleiht und sie älter wirken lässt.

Pastellfarben

● **Gedämpft** Pastelltöne eignen sich meist am besten, weil sie die Aufmerksamkeit nicht von den Pflanzen ablenken.

Eine Gemüsekiste wird zu einem Blumenkasten.

Holzbehälter

Mit einem Holzschutzmittel oder einer farbigen Holzlasur können Sie einer unansehnlichen Holzkiste ein neues Gesicht geben.

Ton in Ton

● **Abgestimmt** Pflanzgefäße, die im Bereich der Gartenmöbel stehen, können Sie im gleichen Ton streichen.

Schön wirken Ränder in Kontrastfarben.

Terrakottagefäße

Unansehnlich gewordene Gefäße aus Terrakotta werden wieder schön, wenn Sie nur den Rand oder das Reliefmuster streichen.

Töpfe mit Patina

Joghurt mit dem Pinsel auftragen.

Pflanzgefäße altern lassen

Ein Anstrich mit Joghurt fördert den Bewuchs mit Algen und Moosen auf der Oberfläche und lässt Gefäße aus Stein, Ton oder Terrakotta älter erscheinen. Eine andere Möglichkeit ist, die Gefäße mit frischer Petersilie einzureiben, was aber zeitaufwändiger ist.

Pflanzgefäße reparieren

Bei geringfügigen Schäden lässt sich ein angeschlagenes oder gesprungenes Gefäß noch reparieren. Das sollte jedoch möglichst bald geschehen, da noch so winzige Risse und Sprünge durch Regen und Frost irreparable Schäden erzeugen.

Oberflächliche Schäden ausbessern

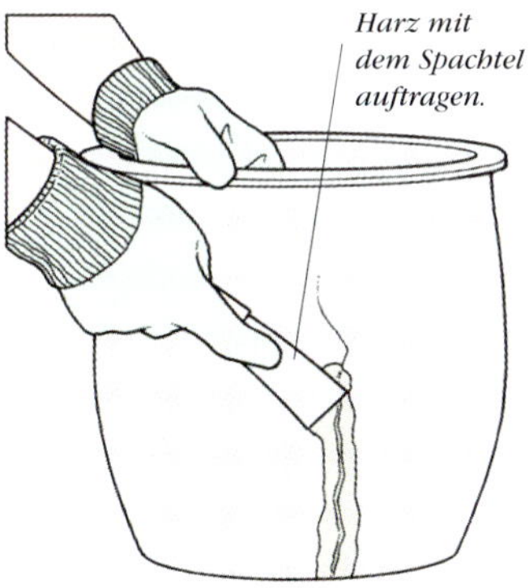

Harz mit dem Spachtel auftragen.

Risse versiegeln

Oberflächliche Risse in Beton- oder Steingefäßen können Sie durch Füllen mit Epoxidharz, einem speziellen 2-Komponenten-Kleber, reparieren. Danach sofort Quarzsand aufstreuen.

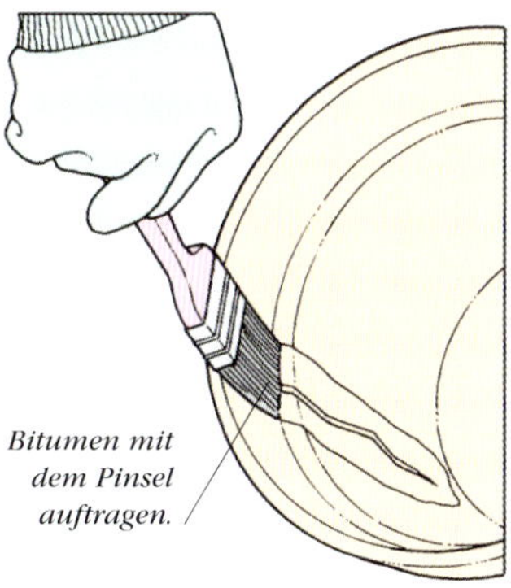

Bitumen mit dem Pinsel auftragen.

Risse abdecken

Risse auf der Innenseite können Sie ganz einfach reparieren, indem Sie mit einem Pinsel Bitumen auftragen. Solche Flickstellen sind zwar ziemlich auffällig, aber von außen nicht zu sehen.

Schäden vorbeugen

● **Frostsicher** Kaufen Sie nur frostbeständige Pflanzgefäße.

● **Gefäße mit engem Hals** Setzen Sie Pflanzen, die sehr groß werden, niemals in Gefäße mit zu enger Öffnung. Dadurch können Sie die Pflanzen später nicht umtopfen, ohne das Gefäß dabei zu zerstören.

● **Umtopfen** Vor allem junge Gehölze wachsen oft noch erheblich. Damit das Gefäß nicht zerspringt, sollten Sie die Pflanze rechtzeitig umtopfen.

Schadhafte Gefässe

● **Einjährige** Verwenden Sie beschädigte Töpfe für Einjährige, die wenig oder keinen Druck auf das Gefäß ausüben.

Pflanzen richtig pflegen

Übersicht

Wenn Sie die richtigen Pflanzen für Ihren Garten erst einmal ausgewählt und eingepflanzt haben, ist das meiste schon geschafft. Damit sie gut gedeihen, sind vor allem während des ersten Jahres regelmäßige Pflege und viel Aufmerksamkeit die Grundvoraussetzungen für einen langfristigen Erfolg. Denn dann werden Ihre Pflanzen kräftig wachsen und genügend Widerstandskraft gegenüber Schädlingen und Krankheiten entwickeln.

Problemen rechtzeitig vorbeugen

Die meisten Pflanzenprobleme kann man durch gute Pflege verhindern oder sie zumindest auf ein Minimum begrenzen. In der Regel gedeihen Pflanzen problemlos, wenn man sie ausreichend gießt, düngt und schneidet, wobei vor allem das Gießen fast das ganze Jahr über nötig ist, während das Düngen oder Zurückschneiden nur zu bestimmten Zeiten erfolgt. Selbst Schädlinge und Krankheiten lassen sich durch gute Pflege weitgehend reduzieren. Gesunde Pflanzen sind kräftig genug, um mit Krankheiten fertig zu werden und mögliche Beeinträchtigungen durch Schädlinge auszugleichen.

Blätter

Schützen Sie Jungpflanzen vor späten Frösten im Frühjahr, denn wenn die Blätter erst einmal geschädigt sind, kann dies zu Spitzendürre führen. Durch das Aufbringen von Blattdünger während der Wachstumsperiode wird das Wachstum der Pflanzen angeregt.

Blüten

Damit sich Knospen ausbilden und entwickeln können, brauchen Pflanzen genügend Licht und Wärme sowie eine regelmäßige Versorgung mit Wasser. Mit konzentriertem Kalidünger (siehe S. 525) lässt sich die Blühfreudigkeit anregen.

Wurzeln

Pflanzen sollten immer die richtige Wassermenge bekommen. Sowohl Trockenheit als auch Staunässe hindern die Wurzeln daran, die Bodennährstoffe aufzunehmen. Ungünstig sind auch ein falscher Standort, zu geringe Pflanzabstände oder ein verdichteter Boden.

Triebe

Überprüfen Sie die Triebe auf Krankheiten und Schädlinge und entfernen Sie befallene Teile. Das übliche Zurückschneiden fördert die Blühfreudigkeit, verhindert zu dichten Wuchs und stärkt die Widerstandskraft gegenüber Krankheiten.

Früchte

Zur Fruchtbildung und -entwicklung braucht der Boden stets ausreichend Feuchtigkeit; regelmäßiges Gießen verhindert außerdem das vorzeitige Aufplatzen der Früchte. Durch Ausbringen von konzentriertem Kalidünger (siehe S. 525) lässt sich der Ertrag steigern.

Grundausstattung

Hochwertige Geräte erleichtern die Arbeit und verursachen langfristig weniger Kosten als preiswertere Billigware. Welche Geräte Sie brauchen, hängt von der Gestaltung Ihres Gartens ab.

- **Angenehmes Arbeiten** Prüfen Sie beim Einkauf, ob die Geräte – auch kleine wie Gartenschere und Pflanzschaufel – gut in der Hand liegen. Ein Kunststoffgriff ist auch bei Kälte angenehm.
- **Gewicht** Bequem sind Geräte mit geringem Gewicht. Viele gibt es in Metall- wie in Kunststoffausführung, darunter auch Schubkarren und Gießkannen.
- **Stiellänge** Die Stiellänge von Spaten, Grabgabel, Hacke und Rechen sollte der eigenen Körpergröße angepasst sein.
- **Trittplatte** Sinnvoll sind Spaten mit Trittplatte, die dem Fuß beim Einstechen mehr Halt gibt und den Druck besser verteilt.
- **Schlauch** Der Gartenschlauch sollte so lang sein, dass er alle Teile des Gartens erreicht.
- **Pumpsprüher** Zum Aufbringen von Pflanzenschutzmitteln eignet sich ein Pumpsprüher.
- **Schutz** Schützen Sie Ihre Hände mit Gartenhandschuhen.

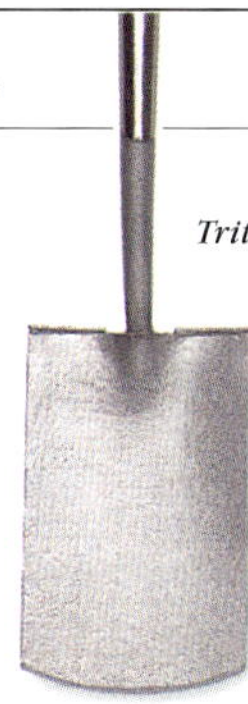

Spaten

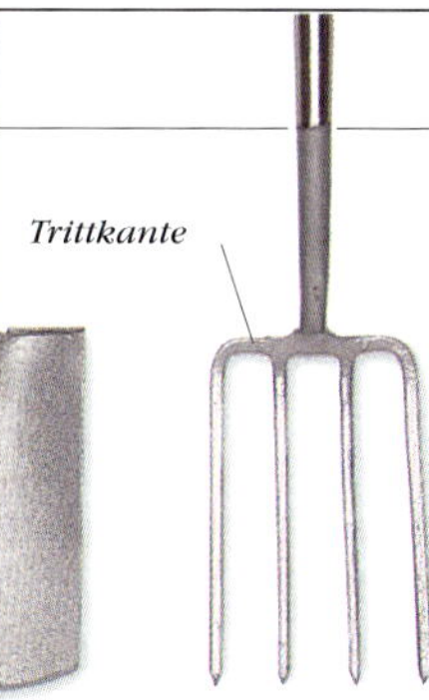

Grabgabel

Gießkanne

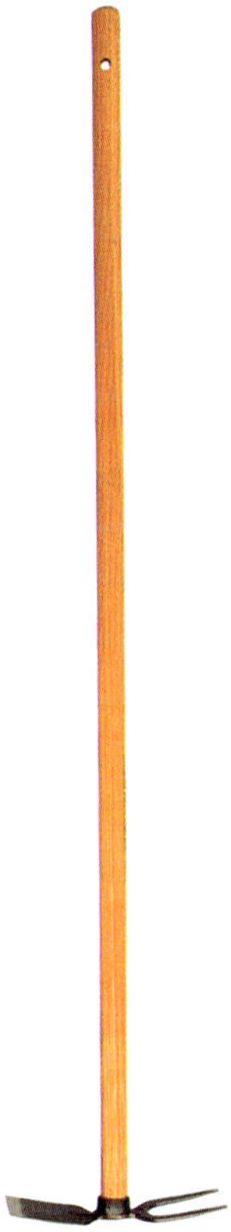

Doppelhacke

Rechen

Gartenschlauch

Gartenschere

Schubkarren

Pumpsprüher

Handgabel

Pflanzschaufel

Gartenhandschuhe

PFLANZEN SCHÜTZEN

Witterungsbedingungen verändern sich nicht nur entsprechend den Jahreszeiten, sondern mitunter auch von einem Tag zum anderen. Viele Pflanzen kommen auch mit außergewöhnlichen Temperaturschwankungen zurecht, andere benötigen dagegen bei extremen Wetterverhältnissen besonders viel Pflege und Aufmerksamkeit.

Schutz vor Kälte

Bei einer Reihe von Pflanzen kann Frost erhebliche Schäden verursachen, vor allem, wenn er unerwartet kommt – nicht selten vor oder nach milden Tagen, wenn viele Pflanzen besonders empfindlich sind. Am gefährlichsten sind frühe Winterfröste und Spätfröste im Frühjahr.

Wurzelballen schützen

Kübelpflanzen
Schützen Sie die Wurzeln von Kübelpflanzen und das Gefäß, indem Sie Jute, Zeitungspapier oder Luftpolsterfolie darum wickeln und mit Schnur fixieren.

Rosen schützen

Die Erde anhäufeln
Im Winter sollten Sie die Erde um Rosentriebe anhäufen und sie Ende März wieder entfernen. Bei schweren, nassen Böden nimmt man hierfür Blumenerde.

Frostschäden vorbeugen

- **Drahtgeflecht** Empfindliche Stauden und Sträucher kann man mit Drahtgeflecht schützen, das Sie um die Triebe herum in den Boden stecken. Die so entstandene Röhre füllen Sie mit Trockenlaub, Farnwedeln oder Stroh auf.
- **Luftzirkulation** Achten Sie darauf, dass die Luft um Pflanzen, die vor Kälte geschützt wurden, frei zirkuliert. Sonst kann sich Feuchtigkeit bilden, die Fäulnis begünstigt.
- **Dünger** Junge Triebe sollte man im Herbst statt mit Stickstoffdünger (siehe S. 524–525) mit Kaliumdünger behandeln.

Schutz in Frostnächten

- **Vlies und Folie** Wenn Nachtfrost droht, decken Sie zarte, junge Triebe mit Vlies oder Folie ab. Sobald es nachts frostfrei ist, sollten Sie die Abdeckung wieder entfernen.
- **Zeitungspapier** Besonders empfindliche Pflanzen können Sie nachts auch mit ein bis zwei Lagen Zeitungspapier abdecken, die locker über die Pflanzen gelegt und am Rand mit Steinen beschwert werden.
- **Exponierte Lagen** Verstärkte Aufmerksamkeit ist in Tallagen geboten, in denen sich nachts häufig Kaltluftseen bilden, die den Pflanzen selbst im späteren Frühjahr noch gefährlich werden können.

Schutz vor Schnee

Eine dicke Schneeschicht auf Gehölzen kann die Triebe herunterdrücken und dadurch Schäden verursachen. Am gefährlichsten ist teilweise getauter und dann wieder gefrorener Schnee.

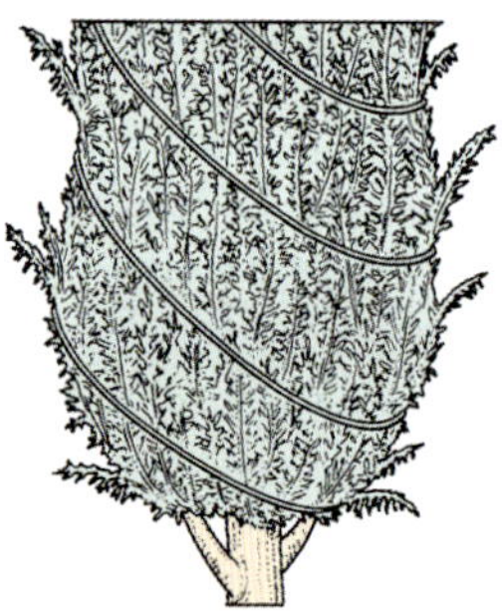

Bäume schützen
Bei Bäumen mit dichter Verzweigung wie etwa Koniferen können Sie die Zweige mit verzinktem Draht zusammenbinden.

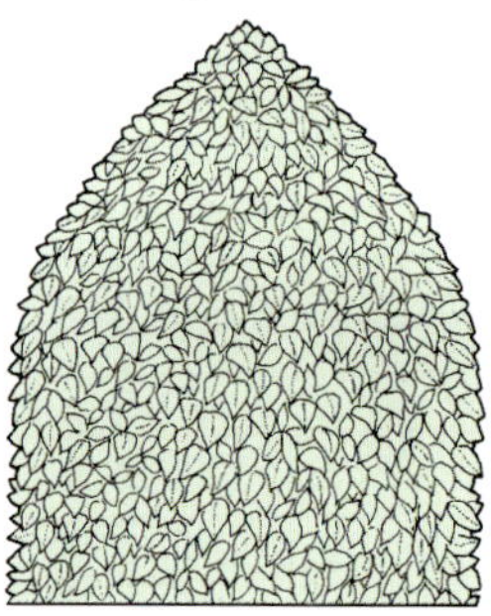

Hecken schützen
Schneiden Sie Hecken nach oben hin spitz zu. So kann der Schnee nicht liegen bleiben und die Zweige herunterdrücken.

Schutz vor Hitze

Große Hitze kann für Pflanzen in allen Wachstumsstadien schädlich sein. Hohe Temperaturen können zu Feuchtigkeitsverlust, Verbrennungen und mangelnder Nährstoffaufnahme führen. Allerdings sind starke Temperaturschwankungen potenziell noch schädlicher als konstante Hitze.

Jungpflanzen schützen

● **Direkte Sonne** Schützen Sie junge Pflanzen und solche, die Sie frisch versetzt haben, vor zu viel direkter Sonnenbestrahlung.

Einfach und effektiv
Zarten Pflanzen können Sie einen Sonnenhut aus Zeitung machen: Legen Sie das Papier morgens, ehe die Temperaturen steigen, locker über die Pflanzen und beschweren Sie es an den Ecken mit Steinen oder Erde.

So bleibt die Temperatur im Gewächshaus niedrig

Viel Feuchtigkeit
Bei Hitze sollten Sie den Boden im Gewächshaus täglich mehrmals mit Wasser besprengen, um die Luftfeuchtigkeit zu erhöhen und die Temperatur zu senken. Benetzen Sie dabei aber nicht die Pflanzen, da sie sonst leicht versengt werden.

Schädlingen vorbeugen

● **Spinnmilben** Rote Spinnmilben lieben eine heiße, trockene Umgebung – sprengen Sie das Gewächshaus daher regelmäßig ein, um die Luft stets feucht zu halten (siehe oben).

Luft und Schatten

● **Wohltuende Kühle** Wichtig ist eine gute Belüftung des Gewächshauses. Bringen Sie Markisen an oder streichen Sie es mit Spezialfarbe, um die Hitze darin zu mildern.

Schutz vor Wind und Umweltverschmutzung

Neben Hitze und Kälte kann auch starker Wind im Garten zum Problem werden. Ungünstig für manche Pflanzen ist zudem die Luftverschmutzung durch Auto- und Industrieabgase. Es gibt jedoch Maßnahmen, durch die sich diese Einflüsse zumindest ein wenig abschwächen lassen.

Windschutz errichten

● **Exponierter Bereich** Ein durchlässiger Windschutz aus Netzen eignet sich für große, exponierte Flächen und sollte an Pfosten gesichert werden.

● **Windschneisen** Wenn Sie einen neuen Schuppen oder ein Gewächshaus errichten, halten Sie genügend Abstand zum Haus ein, damit keine Windschneise entsteht.

● **Geeignete Pflanzen** Pflanzen mit kleinen, kräftigen, fleischigen Blättern können starkem Wind besser standhalten als solche mit langen, dünnen Stielen oder großen Blättern.

Windschutz anbringen

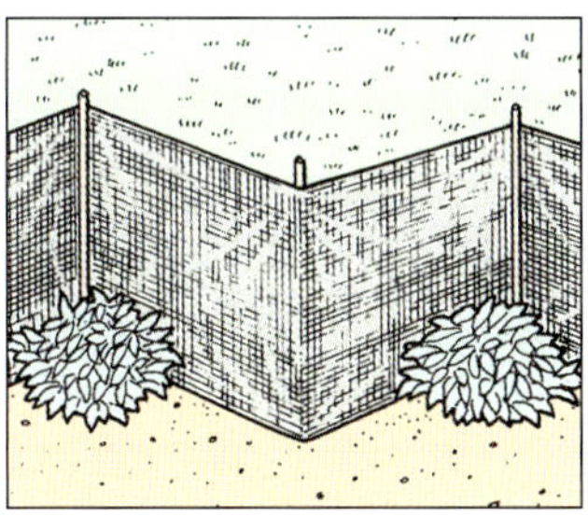

Netze als Windschutz
Schützen Sie junge, empfindliche Pflanzen vor starkem Wind mit einem flexiblen Windschutz aus dehnbarem, dichtem Netzgewebe, das Sie in Abständen mit einigen Bambusstöcken sichern.

Barrieren errichten

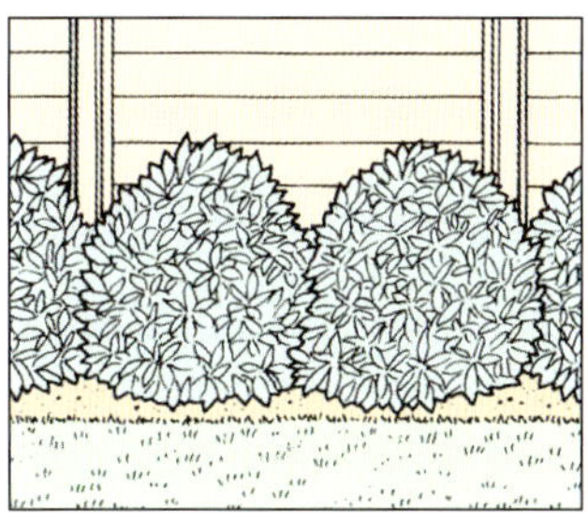

Hecke gegen Autoabgase
An stark befahrenen Straßen kann ein Lattenzaun helfen, die Luftverschmutzung etwas abzuschwächen. Sinnvoll ist außerdem eine widerstandsfähige Hecke, etwa aus Kirschlorbeer.

PFLANZEN DÜNGEN

Für ein gutes Pflanzenwachstum ist fast immer zusätzliches Düngen erforderlich. Als Dünger eignet sich für jeden Gartentyp ein Volldünger, der vor allem bei sehr eng stehenden Pflanzen sinnvoll ist. Daneben gibt es spezielle Nährstoffkombinationen, die Sie je nach Pflanzenart, Bodenverhältnissen oder bestimmten Mangelzuständen geben.

Häufig eingesetzte Düngemittel

Während manche Düngemittel ein breites Spektrum an Nährstoffen enthalten, bestehen andere nur aus wenigen Substanzen, die speziell auf bestimmte Pflanzen, Mangelerscheinungen oder Standortbedingungen abgestimmt sind.

- **Kompost** Ein natürlicher Dünger, der als gute Stickstoffquelle gilt.
- **Mist** Ein echtes Naturprodukt, das viel Stickstoff und Spurenelemente liefert.
- **Pilzsubstrat** Dient zur Bodenverbesserung und hält viele für das Pflanzenwachstum wichtige Nährstoffe bereit.
- **Flüssiger Algenextrakt** Enthält Stickstoff, Kalium und Phosphat und wird als Boden- und Blattdünger verwendet.
- **Hornmehl** Diese als Universaldünger verwendete Substanz versorgt die Pflanze mit Stickstoff, Phosphor und Kalium.
- **Schwefelsaures Ammoniak** Ein langsam wirkender Stickstoffdünger.
- **Kalimagnesid** Versorgt Pflanze und Boden mit Kalium.
- **Holzasche** Kaliumquelle.

Kompost

Mist

Pilzsubstrat

Flüssiger Algenextrakt

Hornmehl

Schwefelsaures Ammoniak (Ammoniumsulfat)

Kalimagnesid (Patentkali)

Holzasche

ZUR SICHERHEIT

- **Haut und Lungen schützen** Tragen Sie beim Ausbringen von Dünger Handschuhe und atmen Sie den Staub nicht ein. Folgen Sie der Gebrauchsanweisung und verwenden Sie nur die angegebene Menge.
- **Lagerung** Lagern Sie Düngemittel kühl, trocken und dunkel – fest verschlossen und außerhalb der Reichweite von Kindern und Tieren.

DÜNGEMITTEL RICHTIG ANWENDEN

- **Wann düngen?** Für ein optimales Ergebnis ist der richtige Düngezeitpunkt wichtig. Düngt man zu spät im Herbst, führt dies zur Bildung weicher, unreifer, frostempfindlicher Triebe. Bei Ziersträuchern kann spätes Düngen dazu führen, dass sich keine Knospen ausbilden.
- **Verbrennungen vermeiden** Mit Ausnahme von Blattdüngern darf das Düngemittel nicht mit der Pflanze in Berührung kommen (siehe S. 526).
- **Welcher Dünger?** Der Dünger sollte den speziellen Bedürfnissen der Pflanze entsprechen und sich für die Jahreszeit eignen, in der Sie ihn anwenden.
- **Flüssigdünger** Flüssig- und Blattdünger werden in einer separaten Gießkanne verabreicht, die man nur für diesen Zweck verwendet.

Fester und flüssiger Dünger

Dünger ist in fester und flüssiger Form erhältlich. Welcher Dünger geeignet ist, hängt von den Bedürfnissen der Pflanzen und von der Anwendungshäufigkeit ab.

- **Düngergranulat** Dient mit Erde gemischt als Wurzeldünger.
- **Depotdünger (Langzeitdünger)** Hier werden die Nährstoffe je nach Temperatur nach und nach an den Boden abgegeben.
- **Flüssigdünger/löslicher Dünger** Die meisten dieser Düngemittel werden an die Wurzeln, manche auch auf die Blätter ausgebracht (siehe S. 526).
- **Stäbchen/Tabletten** Sie werden einfach in den Boden oder das Pflanzsubstrat gesteckt.

Düngergranulat

Depotdünger (Langzeitdünger)

Flüssigdünger

Düngestäbchen

Düngetabletten

Löslicher Universaldünger

Nährstoffe für Pflanzen und Boden

Nährstoff	Pflanzen mit hohem Bedarf	Böden mit hohem Bedarf	Mangelerscheinungen
Stickstoff	Alle Pflanzen, vor allem aber alle Grünpflanzen.	Die meisten Böden nach der Ernte, besonders aber nährstoffarme.	Vergilbte Blätter und Kümmerwuchs.
Phosphat	Alle Pflanzen; besonders hilfreich für das Wurzelwachstum, für neu gesetzte Pflanzen und Blumenzwiebeln.	Die meisten Böden nach der Ernte, besonders aber alle sandigen oder nährstoffarmen Böden.	Mangelhaftes Wurzelwachstum, hierdurch bedingter Kümmerwuchs.
Kalium	Alle Pflanzen, vor allem blühende und fruchtende Pflanzen; stärkt die Widerstandskraft gegen Frost.	Alle Böden, vor allem solche, die mit hoch konzentriertem Stickstoffdünger überdüngt wurden.	Mangelhafte Blüten-, Frucht- und Beerenbildung; Pflanzen sind sehr frostempfindlich.
Magnesium	Alle Pflanzen, da Magnesium einer der Hauptbestandteile des Chlorophylls ist.	Sandige, saure, nasse Böden sowie alle Böden mit hohem Kaligehalt.	Gelbe oder braune Flecken an den Blatträndern und zwischen den Blattadern.
Eisen	Alle Pflanzen, vor allem solche, die alkalische Böden nicht vertragen.	Alle Böden, vor allem kalkhaltige Böden mit hohem pH-Wert.	Gelbfärbung zwischen den Blattadern, besonders bei jungen Blättern.
Andere Nährstoffe	Mehrere Mineralien und Spurenelemente, die in kleinen Mengen benötigt werden.	Die meisten leichten Böden, aber auch alle Böden, die stark beansprucht wurden.	Kümmerwuchs; die Symptome weisen auf einen spezifischen Nährstoffmangel hin.

Dünger richtig anwenden

Düngemittel werden je nach Art und Zusammensetzung auf unterschiedliche Weise angewendet. Welchen Dünger Sie wählen, hängt im Wesentlichen von der Größe des Gartens, der erwünschten Wirkung und der Jahreszeit, in der Sie das Düngemittel ausbringen möchten, ab.

Flüssigdünger

● **Rasche Aufnahme** Schnell wirksam ist Flüssigdünger, den man mit Wasser verdünnt und in der Gießkanne ausbringt.

● **Große Flächen** Bei großen Flächen ist eine Düngebrause sinnvoll. Auch hier wird der Dünger mit Wasser verdünnt.

Flüssigdünger ausbringen
Halten Sie die Kanne so nah wie möglich an die Basis der Pflanze, sodass der Dünger direkt zu den Wurzeln gelangt. Nicht zu viel nehmen, da überschüssiger Dünger nur das Unkraut fördert!

Düngergranulat

● **Großflächig** Düngergranulat kann man über die gesamte Bodenoberfläche ausbringen. Hierdurch wird die Gefahr einer Überdüngung verhindert.

● **Punktuelle Düngung** Hier verteilt man das Granulat einzeln um die Pflanzen herum.

Das Granulat ausbringen
Beim Einarbeiten des Düngers in den Boden rund um die Pflanzen sollten Sie darauf achten, dass die Wurzeln nicht beschädigt werden. Anschließend muss der Boden gut gewässert werden.

Dünger verabreichen

● **Einwässern** Wässern Sie den Dünger gründlich in den Boden ein, da die Pflanzen nur die im Wasser gelösten Nährstoffe aufnehmen können.

● **pH-Wert** Hat Ihr Boden einen hohen pH-Wert oder kultivieren Sie Pflanzen, die eher sauren Boden brauchen, sollte der Dünger den Bodenbedingungen bzw. den Pflanzen entsprechen (siehe S. 525).

● **Kombination** Geben Sie Kalk und Mist nie gleichzeitig, da so Stickstoff in Form von Ammoniak freigesetzt wird, der den Pflanzen schadet.

● **Verbrennungen** Direkter Kontakt eines Düngemittelkonzentrats mit Blättern, Blüten oder jungen Trieben kann Verbrennungen verursachen.

● **Schnelle Wirkung** Bei Pflanzen mit dringendem Düngebedarf sollten Sie einen schnell wirkenden Blattdünger und einen Universaldünger mit Langzeitwirkung geben.

Blattdünger einsetzen

Düngebrause
Blattdünger gibt man mit einer Düngebrause oder in einer Gießkanne mit feinem Sprühkopf ab. Der meiste Dünger wird über die Blätter, überschüssige Flüssigkeit über die Wurzeln aufgenommen.

Blattdünger ausbringen

● **Wann düngen?** Blattdünger gibt man am besten in der Dämmerung, nie jedoch bei direkter Sonne, da dies zu Verbrennungen an Blättern und Blüten führen kann.

● **Wie lange düngen?** Blattdünger kann man noch relativ spät im Jahr geben, weil er das Wachstum während der Wintermonate nicht fördert.

Kalidünger einsetzen

● **Blüten fördern** Mit konzentriertem Kalidünger, wie man ihn für Tomatenpflanzen verwendet, lässt sich auch die Blühfreudigkeit von Beetpflanzen fördern (siehe S. 527).

Dünger einarbeiten

Schäden vorbeugen
Beim Einpflanzen wird der Dünger mit Erde gemischt, bevor man das Pflanzloch damit füllt. So ist der Dünger für die Wurzeln verfügbar, ohne dass zu hohe Konzentrationen entstehen.

Der Zeitpunkt des Düngens

Pflanzen sollten immer in einer aktiven Wachstumsphase gedüngt werden, auf keinen Fall jedoch zu einem Zeitpunkt, in dem ein zu spätes Wachstum gefördert würde. Wann Sie düngen sollten, hängt von den Bedürfnissen der Pflanze ab und davon, welchen Dünger Sie verwenden.

Sämlinge düngen

- **Nährstoffmangel** Gedeihen die Sämlinge nicht, sind die Bodennährstoffe erschöpft. Wollen Sie die Pflanzen nicht versetzen bzw. die Erde nicht austauschen, geben Sie den Sämlingen einen kombinierten Blatt- und Wurzeldünger.

Sämlinge sollten beim Düngen nicht zu stark durchnässt werden.

Mit Gießkanne und Spritze
Sämlinge lassen sich vor dem Pikieren gut mit Flüssigdünger in einer kleinen Gießkanne oder einer Pflanzenspritze düngen. Der Dünger muss vorher mit ausreichend Wasser verdünnt werden.

Gehölze düngen

Die Triebe müssen frei bleiben.

Nach dem Rückschnitt
Mit Dünger können Sie das Wachstum von zurückgeschnittenen Gehölzen fördern, indem Sie ihn um die Pflanzen herum verteilen und vorsichtig einarbeiten.

Zwiebelpflanzen düngen

- **Blütenfülle** Durch das Aufbringen von Blattdünger auf die Blätter wird die Blühfreudigkeit von Zwiebelpflanzen gefördert. Überaus wirkungsvoll ist Blattdünger bei Pflanzen, die schon lang an ihrem Platz stehen.

Düngen nach der Blüte
Nach der Blüte sollten Sie so lang alle 10–14 Tage einen Blattdünger geben, bis die Blätter gelb werden und einziehen. In den ersten 6 Wochen sollten Sie die Blätter nicht entfernen.

Rasenflächen düngen

- **Trockenheit** In heißen Trockenperioden sollten Sie ein Düngergranulat geben und den Boden danach gründlich wässern. Sie können aber auch einen Flüssigdünger verwenden. Fehlender Dünger fördert die Rotspitzigkeit.
- **Wie düngen?** Beim Düngen von Rasenflächen sollten Sie zuerst in einer Richtung auf dem Rasen auf und ab laufen und dabei die erste Hälfte des Düngers verstreuen, die zweite Hälfte auf die gleiche Weise im rechten Winkel ausbringen.
- **Vergilbter Rasen** Bei einem gelben, kraftlosen Rasen hilft stickstoffreicher Dünger.

Richtig düngen

- **Trockenheit** Pflanzen, die an akutem Wassermangel leiden, darf man auf keinen Fall düngen, da sie den Dünger dann nicht aufnehmen und sogar geschädigt werden können.
- **Empfindliche Triebe düngen** Man sollte konzentrierten Stickstoffdünger auf keinen Fall zu spät im Jahr geben, denn dies fördert das (unerwünschte) Wachstum zarter, weicher Triebe, die besonders frostempfindlich sind.
- **Blüten fördern** Zur Förderung der Blütenbildung sollten Sie Ihre Blühpflanzen sowohl im Herbst als auch im zeitigen Frühjahr mit Kalimagnesid (Patentkali) düngen.
- **Flüssiger Algendünger** Gemüse wie Tomaten, Kürbisse und Zucchini gedeihen wesentlich besser, wenn man während der Wachstumsperiode alle 2 Wochen flüssigen Algendünger ausbringt.

GUTE IDEE!

Düngermenge abmessen
Wenn man Dünger abwiegen möchte, leistet eine ausrangierte Haushaltswaage gute Dienste. Die Waagschale deckt man mit Alufolie ab.

Organischer Dünger

Manch ein Gärtner verwendet nur Düngemittel mineralischen Ursprungs, ein anderer nimmt dagegen ausschließlich organischen Dünger. Die beste Wirkung erzielt man in der Regel mit einer Kombination aus beiden Düngern, wobei jeweils eine reiche Auswahl zur Verfügung steht.

STICKSTOFFVERWERTUNG

Leguminosen im Boden
Bohnen- und Erbsenwurzeln enthalten Knöllchenbakterien, die Stickstoff in eine für sie verwertbare Form umwandeln. Deshalb die Pflanze nach der Ernte direkt über dem Boden abschneiden, die Wurzeln aber stehen lassen.

NÄHRSTOFFE ANREICHERN

- **Hülsenfrüchtler** In den Fruchtwechsel sollten Sie Erbsen, Bohnen und andere Hülsenfrüchtler (Leguminosen) einbeziehen (siehe S. 549). Sie fördern den Stickstoffgehalt im Boden, selbst wenn man die Wurzeln nach der Ernte nicht im Boden belässt.
- **Kompost** Reifer Gartenkompost enthält viele natürliche pflanzliche Nährstoffe (siehe S. 483) und ist damit ein vorzüglicher Bodenverbesserer.
- **Holzasche** Nach dem Verbrennen von pflanzlichen Materialien können Sie die erkaltete Asche sehr gut als Dünger nutzen, da sie zahlreiche wertvolle Nährstoffe enthält, vor allem aber Kalium.

UMWELTTIPP

Eierschalen als Kalzium
Eine Schicht zerdrückter Eierschalen auf dem Grund der Pflanzlöcher fördert die Drainage und ist eine gute Kalziumquelle. Da Eierschalen alkalisch sind, sollte man sie nicht bei Pflanzen anwenden, die sauren Boden bevorzugen.

DÜNGER SELBST HERSTELLEN

Aus Pflanzen wie Brennnesseln oder Beinwell lässt sich ganz einfach organischer Flüssigdünger herstellen. Sofern Sie genügend Platz zur Lagerung größerer Mengen haben, ist dies eine sehr preiswerte und zugleich effektive Methode, Pflanzen mit hochwertigen Nährstoffen zu versorgen.

1 Geben Sie frisch gepflückte Brennnesseln (Handschuhe anziehen!) in ein großes Gefäß und drücken Sie die Pflanzen zusammen. Nehmen Sie möglichst viele Brennnesseln, da sich ihr Volumen beim Verrotten verringert. Fügen Sie auf 1 kg Brennnesseln etwa 10 l Wasser hinzu.

2 Rühren Sie die Pflanzen um, sodass sie mit Wasser bedeckt sind, und schließen Sie alles dicht mit Folie oder einem Deckel ab. Rühren Sie die Mischung in den nächsten Wochen mehrmals mit einem Holzlöffel um und bedecken Sie die Schüssel sorgfältig.

3 Ist die Mischung nach etwa drei Wochen verrottet, wird die Flüssigkeit in einen Eimer abgegossen und vor der Anwendung mit der zehnfachen Menge Wasser verdünnt. Übrig gebliebene Pflanzenreste geben Sie auf den Kompost.

PFLANZEN GIESSEN

Eine regelmäßige Wasserversorgung ist für alle Pflanzen lebenswichtig, denn ohne das köstliche Nass würden sie schnell welken und absterben. Tief wurzelnde Pflanzen wie Sträucher und Bäume können längere Zeit ohne Wasser überdauern als flach wurzelnde Pflanzen wie Einjährige oder Pflanzen an sonnigen Standorten.

Richtig gießen

Besonders während langer Trockenperioden im Sommer brauchen Pflanzen ausreichend Feuchtigkeit. Ob Sie zum Gießen den Gartenschlauch, die Gießkanne oder eine Bewässerungsanlage nutzen, spielt keine Rolle. Wichtig ist nur die richtige Menge und die richtige Gießtechnik.

Richtig wässern

Die Wurzeln gießen
Damit das Wasser direkt zu den Wurzeln der Pflanze gelangt, sollten Sie Schlauch oder Gießkanne direkt an die Basis der Pflanze halten und vorsichtig gießen.

Häufige Fehler

Gießen mit hartem Strahl
Richten Sie einen harten Wasserstrahl nie direkt auf die Basis der Pflanze. So wird die Erde aus den Wurzeln gespült und das Wasser kann nicht im Boden versickern.

Wann und wie gießen?

● **Sonnenlicht meiden** Gießen Sie keine Pflanzen, die gerade in praller Sonne stehen, da es sonst leicht zu Verbrennungen kommt, vor allem an Blüten, Knospen und Blütenblättern.
● **Doppelt gießen** Wässern Sie ausgetrocknete Böden mit möglichst weichem Strahl, damit das Wasser nicht abperlt. Hat der Boden das Wasser aufgenommen, können Sie ein zweites Mal gießen.
● **Große Pflanzen** Zum Gießen großer Pflanzen können Sie einen leeren Blumentopf mit Abzugsloch direkt neben die Pflanze in den Boden versenken und das Wasser dort hineingießen.

CHECKLISTE ZUR BEWÄSSERUNG VON PFLANZEN

Standorte mit leichtem, trockenem Boden sollten Sie möglichst nur mit Pflanzen begrünen, die Trockenheit gut vertragen.

Leicht austrocknend
● Leichte sandige Böden mit guter Drainage.
● Standorte in der Nähe von Mauern, denn diese nehmen die Feuchtigkeit aus dem Boden auf.
● An Hauswände angrenzende Beete, denn durch überstehende Dachziegel und -rinnen gelangt weniger Niederschlag auf den Boden.
● Böden in abschüssiger Lage, vor allem auf der Sonnenseite.
● Windige Standorte.

Geringer Wasserbedarf
● Pflanzen mit silberfarbenen Blättern wie *Helichrysum* und *Stachys lanata*.
● Sträucher wie *Ceanothus, Cotinus coggygria, Genista, Hibiscus syriacus, Potentilla fruticosa* und *Weigelia*.
● Stauden wie *Alyssum, Armeria, Aubrieta, Coreopsis verticillata, Crassula, Dianthus, Oenothera, Phlox douglasii, Sempervivum* und *Thymus*.

Hoher Wasserbedarf
● Frisch gepflanzte Gehölze, Kletterpflanzen und Stauden.
● Sämlinge oder frisch geteilte und versetzte Stauden.
● Junge Gehölze und Stauden.
● Blattgemüse, das bei Wassermangel schneller blühen und Samen bilden kann.
● Erbsen, Bohnen und andere Hülsenfrüchte sowie Mais – vor allem während und unmittelbar nach der Blütezeit.
● Fruchtgemüse wie Kürbis, Zucchini und Tomaten – besonders während oder nach der Blüte und bei der Fruchtbildung.
● Baum-, Strauch- und Beerenfrüchte von der Blüte bis zur Ernte.
● Sträucher wie Rhododendron, deren Knospen sich bereits gegen Sommerende bilden, die aber erst im Frühjahr blühen.

Wasser im Garten sparen

Wasserknappheit ist zwar bei uns (noch) kein Thema, der Wasserverbrauch dagegen schon. Deshalb ist es besonders während langer sommerlicher Trockenperioden sinnvoll, die Feuchtigkeit im Garten möglichst gut zu bewahren, um den Wasserverbrauch niedrig zu halten.

Die Speicherfähigkeit des Bodens verbessern

- **Organisches Material** Durch Anreicherung des Bodens mit organischem Material können Sie seine Speicherfähigkeit verbessern (siehe S. 482), was vor allem bei sandigen, leichten Böden wichtig ist.
- **Mulchen** Auch mit einer 5–7,5 cm dicken organischen Mulchschicht bleibt die Feuchtigkeit im Boden erhalten. Dabei sollte der direkte Bereich um die Pflanze frei bleiben, da es sonst zu Fäulnis kommt.

Humus einarbeiten
Bei der Anlage eines Beetes sollten Sie außer bei sehr schweren Böden reichlich Humus einarbeiten, in jedes Pflanzloch Humus geben und auch die Erde zum Auffüllen mit Humus mischen.

Folien auflegen
Schwarze Plastikfolie ist preiswert und eignet sich ebenfalls zum Speichern der Feuchtigkeit. Nach dem Auslegen sollten Sie die Folie mit Erde oder organischem Mulchmaterial abdecken.

Konkurrenz beseitigen

Unkraut mit der Handgabel jäten.

Den Boden schonen
Jäten Sie regelmäßig Unkraut, da es schnell wächst und dem Boden dabei große Mengen Wasser entzieht. Beim Jäten den Boden so wenig wie möglich aufreißen.

Unkraut jäten

- **Unkraut jäten** Bei Trockenheit schneiden Sie Unkraut direkt über dem Boden ab, anstatt es herauszuziehen. So wird der Boden nicht aufgerissen und die Feuchtigkeit bleibt erhalten.
- **Gejätetes Unkraut** Bei Hitze lassen Sie gejätetes Unkraut liegen. So entsteht eine dünne Mulchschicht, die hilft, Feuchtigkeit zu speichern.

Den Rasen mulchen

- **Rasenschnitt** Bei Trockenheit sollten Sie das Gras nach dem Mähen als dünne Mulchschicht auf der Rasenfläche liegen lassen, um die Feuchtigkeit im Boden zu halten.

Tipps zum Wassersparen

- **Wasser speicherndes Granulat** Dieses Granulat eignet sich vor allem für Kübelpflanzen. Sie können es entweder in die Erde einarbeiten und dann gründlich wässern oder aber es mit Wasser mischen, bis es voll gesogen ist, und unter die Erde mengen (siehe S. 506).
- **Halbschatten** Kübelpflanzen stehen oft an sonnigen Orten, da die meisten Pflanzen so am besten blühen. Bei Hitze sollten Sie die Gefäße in den Halbschatten stellen.
- **Trockenheit vorbeugen** Überprüfen Sie in Hitzeperioden Ihre Kübelpflanzen täglich und gießen Sie eventuell ein- bis zweimal pro Tag.
- **Übertöpfe** Verwenden Sie bei Kübelpflanzen Übertöpfe, die überschüssiges Gießwasser auffangen und es bei Bedarf wieder abgeben. Sie eignen sich besonders gut für Pflanzen auf Balkon und Terrasse.

BEWÄHRTES WISSEN

Windschutz aus Gehölzen
Starker Wind, vor allem vom Meer, trocknet Böden und Pflanzen aus. Bei exponierten Gärten sollten Sie einen Windschutz aus Gehölzen schaffen.

Wasser sammeln und wieder verwerten

In jedem Haushalt fällt täglich kaum verschmutztes Wasser an, das man für die Bewässerung des Gartens nutzen kann. Was Sie hierfür brauchen, sind leicht zugängliche Abflussrohre und Sammelbecken – so lässt sich der Frischwasserverbrauch erheblich reduzieren.

Wasser für den Garten sammeln

Sammelbehälter aufstellen
Stellen Sie einen beliebigen sauberen Sammelbehälter unter die Regenrinne, in dem Sie das Regenwasser für den Garten sammeln. Zum Gießen können Sie das Wasser dann mit einem Stück Gartenschlauch absaugen.

Brauchwasser ableiten
Ein Abflussrohr aus dem Badezimmer ist das ganze Jahr über eine gute Wasserquelle. Wenn Sie eine versprerrbare Abzweigung an dem Rohr anbringen, können Sie klares Wasser in einen geeigneten Sammelbehälter umleiten.

Brauchwasser im Garten

- **Unproblematisches Wasser** Wasser aus der Badewanne und dem Handwaschbecken können Sie zur Wiederverwendung im Garten nutzen, es darf allerdings keinen Badezusatz enthalten. Im Handel sind Ansaugpumpen erhältlich, mit denen man das Wasser durch einen Schlauch in den Garten leiten kann.
- **Problematisches Wasser** Ungeeignet ist Brauchwasser aus Wasch- oder Geschirrspülmaschinen. Die in den Wasch- und Spülmitteln enthaltenen Chemikalien könnten den Boden auf Dauer schädigen.

Regentonnen für den Garten

Weiches Regenwasser eignet sich bestens zum Gießen. Stellen Sie am besten mehrere Regentonnen an verschiedenen Plätzen im Garten auf – am Gewächshaus und am Schuppen ebenso wie an den Dachrinnen von Haus und Garage – , um möglichst viel Regenwasser aufzufangen.

Die richtige Unterlage

Die richtige Abflusshöhe
Sollte der Abflusshahn Ihrer Regentonne zu tief am Boden und deshalb schwierig zu bedienen sein, stellen Sie die Tonne auf einige Steine. Durch die zusätzliche Höhe lässt sich auch die Gießkanne einfacher füllen.

Für Sauberkeit sorgen

- **Algenbewuchs** Die Regentonne muss regelmäßig gereinigt werden, damit sich weder Schmutz ansammelt noch Algen wachsen. Schrubben Sie deshalb die Innenseiten mit einer Wurzelbürste und Seifenwasser und spülen Sie gut nach. Ein langstieliger Schrubber erleichtert die Arbeit.
- **Wasser sauber halten** Geben Sie regelmäßig einige Körnchen Kaliumpermanganat ins Wasser, so bleibt es frisch.

Wasser richtig nutzen

- **Krankheiten vorbeugen** Wasser aus Dachrinnen sollten Sie nicht bei empfindlichen Sämlingen, Jung- oder Kübelpflanzen verwenden, da es Organismen enthalten kann, die Pilzerkrankungen fördern.

GUTE IDEE!

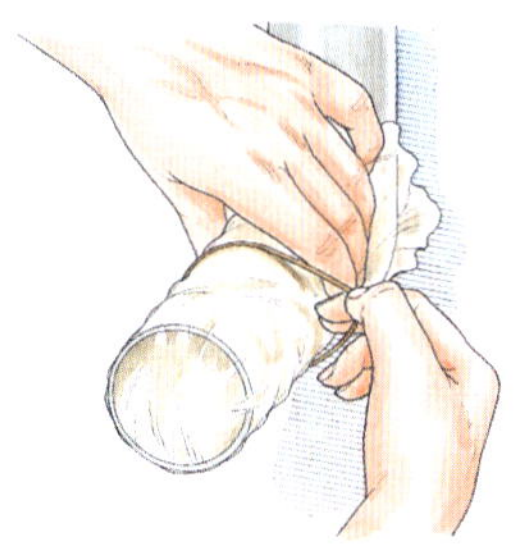

Einen Filter herstellen
Ein Filter verhindert, dass Blätter und Zweige in die Regentonne gelangen. Stülpen Sie ein Stück Nylonstrumpf über das Ende der Regenrinne und fixieren Sie es mit Schnur. Vor allem nach Regengüssen sollten Sie den Filter säubern.

Beete und Rabatten wässern

Ausreichend Wasser ist auch bei Gemüsepflanzen die Grundvoraussetzung für eine reiche Blüten- und Fruchtbildung sowie für gesundes, kräftiges Pflanzenwachstum. Das bedeutet, den Pflanzen je nach Art und Standort zum richtigen Zeitpunkt die richtige Wassermenge zu geben.

Richtig gießen

- **Wie oft gießen?** Gießen Sie Ihre Pflanzen lieber weniger oft, aber dafür gründlich, als häufig, aber dafür zu wenig.

Mulde zum Wässern
Damit das Gießwasser auf ausgetrockneten Böden besser im Boden versickert, ist es sinnvoll, um die Pflanze etwas Erde auszuheben, sodass das Wasser direkt aus der Mulde zu den Wurzeln fließt.

Wasser sparen

- **Trockene Bereiche** Für sonnige, trockene Standorte sollten Sie Pflanzen wählen, die Trockenheit vertragen, wie etwa Pflanzen mediterranen Ursprungs (siehe S. 529).
- **Pflanzen gruppieren** Setzen Sie Pflanzen mit hohem Wasserbedarf in Gruppen zusammen. So geht beim Gießen weniger Wasser an andere Pflanzen in der Nähe verloren, die weniger Wasser benötigen.
- **Tief gießen** Beim Wässern sollten Sie den Schlauch immer unter die Blätter halten. So wird das Wasser optimal genutzt und Verbrennungen an den Blättern bleiben aus.
- **Standort** Schatten liebende Pflanzen sollten nicht an sonnigen Plätzen stehen, da sie dann mehr Wasser benötigen.

GUTE IDEE!

Pflanzen schützen
Zieht man den Schlauch beim Gießen weiter, schleift er dabei häufig über die Beete und zerdrückt die Pflanzen. Das lässt sich verhindern, indem Sie an den Beetecken oder entlang der Beetkanten kurze Pflöcke setzen, an denen Sie den Schlauch entlangführen.

Gemüsepflanzen richtig wässern

- **Gewächshaus** Da die Erde unter Glas sehr schnell austrocknet, kann hier ein Bewässerungsschlauch sinnvoll sein.
- **Wann gießen?** Gemüsepflanzen sollte man erst am Abend gießen, um die Gefahr von Verbrennungen zu vermeiden.
- **Bestäubung fördern** Feuerbohnen sollten Sie während der Blüte reichlich gießen, da dies die Bestäubung fördert.

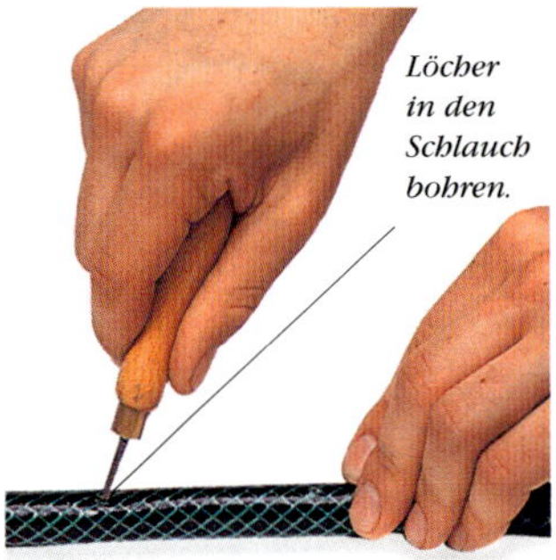

Bewässerungsschlauch
In ein altes Schlauchstück der Länge nach kleine Löcher bohren. Ein Ende fest abbinden und den Schlauch entlang der Pflanzreihe legen. Das offene Ende an den Wasserhahn anschließen und diesen vorsichtig aufdrehen.

Gießrinnen anlegen
Mit einer Hacke tiefe Rillen zwischen die Gemüsereihen ziehen, dabei aber den Pflanzen noch genügend Platz zum Wachsen lassen. Gießt man das Wasser nun in die Rillen, kann es besser zu den Wurzeln gelangen.

Lange Pflanzreihen gießen
Zur Bewässerung langer Pflanzreihen kann man eine mit kleinen Löchern versehene Kunststoffrinne zwischen die Reihen legen. Gießt man Wasser in das eine Ende, läuft es die Rinne entlang und erreicht alle Pflanzen.

Rasenflächen wässern

Gut eingewachsene Rasenflächen überstehen im Allgemeinen auch längere Trockenheit gut. Damit Ihr Rasen sich nicht braun verfärbt und das Wachstum sich nicht verlangsamt, sollten Sie ihn immer dann gut wässern, wenn sich das Gras nach dem Begehen nicht mehr aufrichtet.

Die Drainage verbessern

Drainagelöcher schaffen
Ein ausgetrockneter Rasen nimmt das Wasser besser auf, wenn Sie vor dem Wässern mit den Zinken einer Grabgabel einige Drainagelöcher in die Rasenfläche stechen. Dadurch kann das Wasser direkt in den Boden einsickern.

Rasenpflege

- **Wässern** Nach dem Wässern sollte der Boden bis zu einer Tiefe von 10–15 cm gut durchfeuchtet sein. Graben Sie ein kleines Loch, um die Durchfeuchtung zu überprüfen, und notieren Sie die dafür erforderliche Bewässerungsdauer.
- **Düngen** In Trockenperioden sollten Sie den Rasen nicht mit Düngergranulat düngen, da er dann vor und nach dem Düngen gründlich gewässert werden muss, sondern besser mit einem flüssigen Rasendünger.
- **Schneiden** Bei Trockenheit lassen Sie das Gras etwas länger wachsen, da die Feuchtigkeit in den Gräsern gespeichert wird und diese so weniger schnell austrocknen.

GUTE IDEE!

Wassermenge schätzen
Die richtige Wassermenge lässt sich mit einem Glas abschätzen, das Sie zum Rasensprenger stellen. Steht das Wasser im Glas etwa 2,5 cm hoch, ist der Rasen feucht genug.

Gewächshauspflanzen wässern

Auch bei noch so gut beschatteten Gewächshäusern sind die darin wachsenden Pflanzen – und dabei vor allem Topfpflanzen – größerer Hitze und Trockenheit ausgesetzt als Pflanzen im Freiland. Wichtig ist deshalb stets eine gute Belüftung durch genügend Fenster und Türen.

Mehr Feuchtigkeit durch Wasserspeichermatten

Depotbewässerung
Stellen Sie Pflanzen mit Abzugslöchern im Topf auf eine Wasserspeichermatte und tauchen Sie das andere Ende der Matte in eine mit Wasser gefüllte Wanne.

Wasserspeichermatten einsetzen

- **Wasser speichern** Damit das Wasser von den Matten zügig aufgesogen wird, sollten Sie die Matten vor Gebrauch gründlich anfeuchten.
- **Wasser leiten** Bei großen Töpfen können Sie aus einem Mattenstück einen Docht drehen und ihn durch das Abzugsloch in den Topf stecken.

Sackkultur

Plastikflasche als Gießhilfe
Den Boden einer Flasche abschneiden, den Verschluss entfernen und die Flasche in die Erde stecken. Beim Gießen durch die Flasche perlt das Wasser nicht ab, sondern gelangt direkt zu den Wurzeln.

UNKRAUT JÄTEN

Unkraut konkurriert mit anderen Pflanzen um Wasser, Licht und Nährstoffe und breitet sich über Samen rasch aus, sofern man nichts unternimmt. Um den Kampf gegen das Unkraut nicht zu verlieren, ist es wichtig, die häufig vorkommenden Unkräuter und die Methoden ihrer Bekämpfung zu kennen.

WERKZEUGE ZUR UNKRAUTBEKÄMPFUNG

Unkräuter werden - je nach Art - mit verschiedenen Methoden bekämpft. Am besten ist meist eine Kombination aus Vorbeugung und regelmäßigem Jäten mit dem richtigen Werkzeug.

- **Unkraut vorbeugen** Mit einer 2,5–5 cm dicken Schicht aus Rasenschnitt oder Rindenmulch lässt sich das Aufkommen von Unkraut verhindern oder zumindest verzögern. Auch eine Kiesschicht verhindert, dass sich Unkraut zu schnell ausbreitet. Schwarze Plastikfolie hat zwar dieselbe Wirkung, sieht aber nicht besonders schön aus.
- **Unkraut hacken** Mit der Hacke wird das Unkraut aus dem Boden entfernt und mit der Ziehhacke zerkleinert. Ein Zwiebeljäter wird für das Jäten zwischen Zwiebeln und eng stehenden Pflanzen verwendet.
- **Von Hand jäten** Für schmale Ritzen zwischen Bodenplatten eignet sich ein Fugenkratzer. Größere Unkrautpflanzen mit Pfahlwurzeln wie Löwenzahn, Ampfer und Gänseblümchen entfernt man am besten mit einem Unkrautstecher oder einem alten Küchenmesser.

Kies

Rasenschnitt

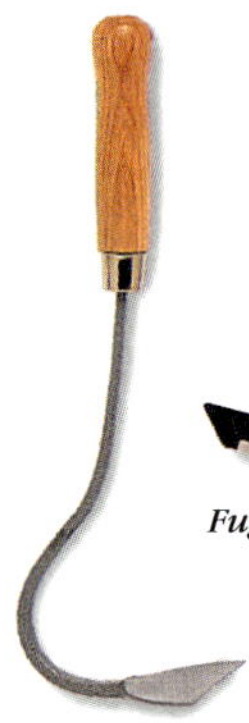

Zwiebeljäter

Fugenkratzer

Unkrautstecher

Ziehhacke (Kultivator)

Doppelhacke

Schwarze Plastikfolie

Küchenmesser

UNKRAUT DURCH HITZE ENTFERNEN

- **Schwer zugängliches Unkraut** Die Fugen zwischen Trittplatten im Garten oder auf der Terrasse lassen sich meist nur sehr mühsam mit dem Fugenkratzer oder Küchenmesser vom Unkraut befreien. Hier erleichtert ein Abflammgerät, das mit Propangas betrieben wird, die Arbeit ungemein. Man hält es für wenige Sekunden über die Pflanzen, deren Blätter und Stängel durch die starke Hitzeentwicklung innerhalb weniger Tage absterben und dann leicht zu entfernen sind.
- **Umweltschutz** Im Vergleich mit chemischen Herbiziden wird die Umwelt durch die Methode des Abflammens geschont und auch die Mikroorganismen im Boden werden bei richtiger Anwendung kaum bzw. weniger geschädigt.

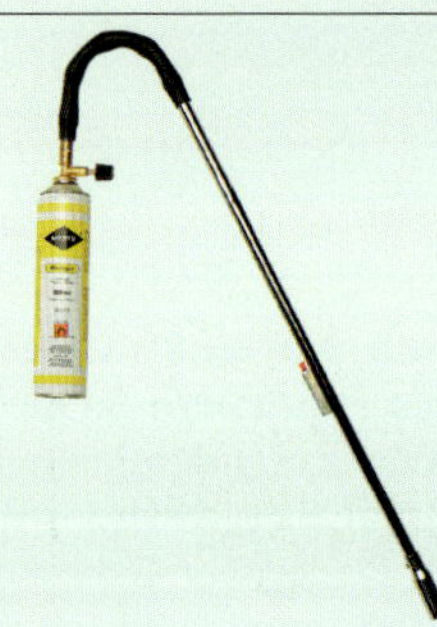

Häufige Unkräuter

Einjährig	Behandlung	Mehrjährig	Behandlung
Schaumkraut 	Schnellwüchsiges Unkraut, das häufig im Topf von Kübelpflanzen wächst, darum vor dem Einpflanzen die Erde prüfen. Unkraut im Beet hacken bzw. von Hand jäten, ehe es Samen bildet. Mulchschicht ausbringen.	Schachtelhalm 	Die unterirdischen Rhizome des Schachtelhalms können bis in eine Tiefe von 3 m reichen, deshalb ist die Bekämpfung schwierig. Sie können es mit Ausgraben probieren und sollten den Boden im Frühjahr stets lockern.
Rispengras 	Es wächst meist im Rasen, kann aber auch in ungepflegten Beeten auftreten. Zur Vorbeugung ist gute Rasenpflege wichtig, also regelmäßiges Mähen, Belüften und Vertikutieren sowie gutes Wässern und Düngen.	Ackerwinde 	Winden vermehren sich durch Samen und aus Teilen der Kriechwurzeln, die sich durch Umgraben noch weiter verbreiten. Die Wurzeln deshalb in Abständen mehrmals mit dem Unkrautstecher möglichst tief ausstechen.
Kleine Brennnessel 	Diese Pflanze erscheint in Beeten und auf freien Flächen zwischen Pflanzen. Man jätet sie am besten von Hand (Handschuhe tragen!). Die frischen Blätter eignen sich für Pflanzenbrühen und als natürlicher Flüssigdünger.	Gemeine Quecke 	Quecken breiten sich in Beeten, auf Freiflächen und im Rasen aus. Bei leichten Böden kann man sie mitsamt der Rhizomwurzeln aushacken. Zur Vorbeugung schwarze Plastikfolie auslegen bzw. den Rasen regelmäßig mähen.
Gemeines Kreuzkraut 	Es erscheint meistens in Beeten und auf Freiflächen zwischen Pflanzen. Man sollte es regelmäßig hacken oder von Hand jäten, bevor es Samen ansetzt. Betroffene Bereiche werden mit einer dicken Mulchschicht bedeckt.	Ampfer 	Ampfer wächst im Rasen, in Beeten und auf Wegen. Er treibt auch noch aus Wurzelstücken aus und verbreitet sich durch Samen. Die Pflanze einschließlich der unversehrten Wurzel mit dem Unkrautstecher ausstechen.
Vogelmiere 	Sie wächst in Beeten und auf Freiflächen zwischen Pflanzen. Regelmäßig hacken oder von Hand jäten vor Ansetzen der Samen. Bedecken Sie den Bereich mit einer Mulchschicht.	Grosse Brennnessel 	Sie verbreitet sich durch Samen und wird noch vor Mitte Juli, ehe sie Samen ansetzt, mehrmals in Abständen mit dem Unkrautstecher einschließlich der Wurzeln ausgegraben.

Unkraut vorbeugen

Wenn man erfolgreich verhindert, dass sich Unkräuter im Garten ansiedeln, erspart man sich viel Arbeit. Denn haben sie sich erst einmal ausgebreitet, ist ihre Bekämpfung oft mit Aufwand verbunden. Lichtentzug ist nur eine Methode, das Unkraut gar nicht erst aufkommen zu lassen.

Weniger Unkraut durch Lichtentzug

- **Unkraut im Gemüsebeet** Hier lässt sich Unkraut durch das Auslegen von schwarzer Plastikfolie unterdrücken.
- **Freifläche** Durch Abdecken des Bodens mit schwarzer Folie kann man Unkraut auf Freiflächen gut eindämmen.
- **Mulchen** Auch eine Mulchschicht kann Unkraut unterdrücken. Dafür den Boden zuvor anfeuchten und düngen.

Bodendeckerpflanzen
Unkrautbewuchs lässt sich auch durch dicht wachsende, niedrige Bodendeckerstauden unterdrücken. Anfangs ist außerdem eine Mulchschicht sinnvoll, bis die Pflanzen ausgewachsen sind.

Matten für große Pflanzen
Ist regelmäßiges Jäten unmöglich, da die Pflanzen schwer zugänglich sind oder in größeren Abständen gesetzt werden müssen, legen Sie schwarze Kunststoffmatten um die Pflanzen herum aus.

Frischer Rasenschnitt
Als Mulchschicht für Ihre Pflanzen eignet sich auch frischer Rasenschnitt. Verwenden Sie aber kein kompostiertes Gras, da es auch für Wasser und Luft eine undurchlässige Barriere bildet.

Kies und Splitt

- **Schutzschicht** Auch mit einer etwa 5 cm dicken Kies- oder Splittschicht können Sie Unkrautwuchs unterdrücken.

Steingartenpflanzen
Kies als Mulchschicht ist besonders gut für Steingartenpflanzen geeignet. Er unterdrückt das Unkraut und verhindert zudem Fäulnisprozesse durch Nässe.

Die Ausbreitung stoppen

- **Vor dem Mulchen** Vor dem Ausbringen von Mulch oder Matten sollten Sie alle Unkräuter aus dem Boden entfernen. Im Boden verbliebene Unkrautsamen werden zwar trotz der Mulchschicht oder Matten noch keimen, aber Sämlinge lassen sich leichter entfernen als ausgewachsene Pflanzen.
- **Bodenpflege** Vor dem Setzen neuer Pflanzen werden alle Unkräuter samt Wurzeln aus dem Boden entfernt.
- **Kompostieren** Manche Unkräuter sollten Sie nicht kompostieren, da sie selbst noch aus zerkleinerten Rhizomen nachwachsen können. Geben Sie auch kein Unkraut auf den Kompost, das bereits Samen angesetzt hat, da sich manche Samen selbst beim Kompostiervorgang noch entwickeln.

GUTE IDEE!

Unkrautbarriere errichten
Damit keine Unkrautwurzeln unter dem Zaun hindurch in den Garten wachsen, einen 30 cm tiefen Graben ausheben. Den Graben auf einer Seite mit starker Folie auskleiden und mit Erde auffüllen.

Unkraut oder Wildkraut?

Bei manchen Pflanzen ist die Bezeichnung „Unkraut" nicht ganz zutreffend. Denn eigentlich sind sie nützliche Wildkräuter, die nicht nur im Garten, sondern auch in der Küche oder in der Hausapotheke verwendet werden, sodass man ihnen ruhig eine Ecke im Garten lassen sollte.

Große Brennnessel
Getrocknet dienen die Blätter als Grundlage für Entschlackungs- und Blutreinigungstees.

Löwenzahn
Aus der Wurzel wird ein Fett verteilender Extrakt gewonnen, der bei Lebererkrankungen hilft.

Frisch auf den Tisch

- **Frei von Schadstoffen** Wildkräuter, die Sie in der Küche oder in der Hausapotheke verwenden möchten, dürfen auf keinen Fall mit Herbiziden behandelt worden sein.
- **Richtig ernten** Wildkräuter lassen sich leichter ernten, wenn der Boden gut durchfeuchtet ist. Deshalb am besten einen Regenguss abwarten oder die Pflanzen gießen, ehe Sie sie ernten.
- **Leckere Salate** Neben jungen Blättern von Giersch, Brunnenkresse, Knoblauchsrauke und Vogelmiere liefern auch die frischen Blätter des Löwenzahns einen gesunden, vitaminreichen Salat, der überdies sehr schmackhaft ist.
- **Schmackhaftes Wildgemüse** Aus den jungen Blättern von Vogelmiere, Löwenzahn oder Giersch lässt sich ein mildes, würziges Wildgemüse zubereiten. Die gekochten jungen Blätter und Triebspitzen der Großen Brennnessel liefern zudem einen schmackhaften, Vitamin-C- und eisenreichen Brennnesselspinat.

Giersch
Die frischen, zerquetschten Blätter eignen sich gut zur Linderung von Insektenstichen.

Vogelmiere
In der Volksmedizin wird die Pflanze erfolgreich bei Lungenerkrankungen eingesetzt.

Wildkräuter für die Hausapotheke

Viele Wildkräuter werden seit langem in der Volksmedizin zur Vorbeugung und Heilung von Beschwerden und Krankheiten verwendet. Die Rezepte sind oft überraschend einfach:

- **Blutreinigungstee** Dafür 2 TL getrocknete Brennnesselblätter oder -wurzeln mit 1/4 l Wasser übergießen, 5 Minuten zugedeckt kochen, ziehen lassen und abseihen.
- **Nieren- und Blasentee** Für die Zubereitung 1–2 TL getrocknete Ackerschachtelhalmblätter mit 1/4 l siedendem Wasser übergießen, 30 Minuten zugedeckt ziehen lassen und abseihen.
- **Gallentee** Für diesen Heiltee werden 20 g Löwenzahnwurzel (mit Kraut), 20 g Pfefferminzblätter und 10 g Strohblumenblüten gemischt. Anschließend überbrüht man 2 TL dieser Mischung mit 1/4 l kochendem Wasser. Nachdem man den Sud 10 Minuten ziehen lassen hat, seiht man ihn ab und trinkt 2–3 Tassen täglich davon.

Ackerschachtelhalm
Kalt angesetzt als Brühe oder gekocht als Tee und dann mit Wasser verdünnt, eignet er sich gut zur Vorbeugung gegen Pilzerkrankungen an Pflanzen.

Unkraut von Hand jäten

Unkräuter lassen sich mit den entsprechenden Geräten oder auch von Hand entfernen. Für einen dauerhaften Erfolg ist es wichtig, dass Sie rechtzeitig jäten, noch ehe das Unkraut Samen ansetzt, und dies in Abständen wiederholen, damit auch letzte Reste endgültig beseitigt werden.

Unkraut hacken

Unkraut liegen lassen
Eine Hacke leistet gute Dienste beim Entfernen von Unkraut. Jäten Sie bei sonnigem Wetter, rechen Sie das Unkraut nicht zusammen, sondern lassen Sie es liegen, weil es dann in der Sonne schnell verwelkt.

Unkraut vorbeugen

- **Wann jäten?** Beginnen Sie mit dem Jäten im zeitigen Frühjahr, um die Entwicklung und Ausbreitung des Unkrauts zu verhindern. Da es auch in milden Wintern und relativ warmen Wetterperioden gedeiht, sollten Sie auch außerhalb der üblichen Wachstumszeiten auf Unkraut achten und es umgehend beseitigen.
- **Vor der Blüte** Entfernen Sie Unkräuter möglichst noch vor der Blüte, ehe sie Samen ansetzen können.
- **Große Flächen** Hier sollten Sie vor dem Jäten die Blütenköpfe und Samenstände entfernen, damit sie beim Jäten nicht in die Erde gelangen.
- **Wurzeln herausziehen** Viele Unkräuter können selbst noch aus winzigen Wurzelteilen oder unterirdischen Trieben (Rhizomen) nachwachsen. Entfernen Sie deshalb auch die Wurzeln vollständig.
- **Kompostierung** Unkraut, das bereits Samen angesetzt hat, nicht auf den Kompost geben.

Vorsicht!

Damit Sie sich beim Jäten nicht an Stützstöcken in Beeten und Rabatten verletzen, stülpen Sie umgedrehte Blumentöpfe oder Joghurtbecher darüber.

Die Knie schützen

- **Schonung** Beim Jäten von Hand sind gute Knieschützer (aus dem Gartencenter) sinnvoll, damit die Knie nicht überbeansprucht werden.

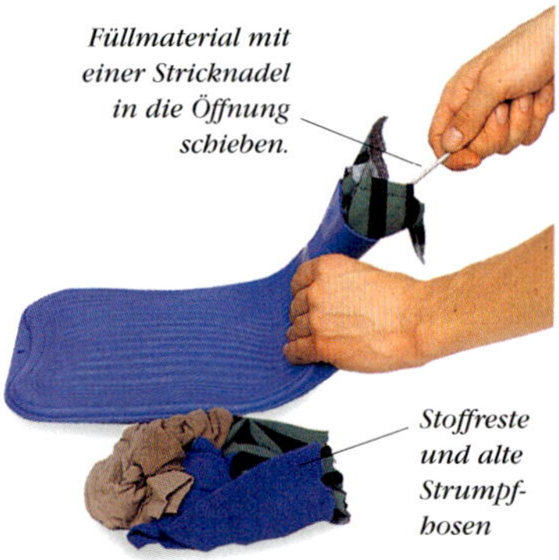

Knieschutz selber machen
Eine alte Wärmflasche, die Sie mit Stoffresten und alten Feinstrumpfhosen ausstopfen, lässt sich zum Knieschutz umfunktionieren. Nehmen Sie aber nur so viel Füllmaterial, dass ein weiches Polster entsteht.

Unkraut auf dem Rasen

- **Von Hand** Bei einer kleinen Rasenfläche mit geringem Unkrautbewuchs ist es in der Regel Zeit sparender, das Unkraut von Hand zu jäten.

Löwenzahn jäten
Halten Sie die Klinge eines alten Küchenmessers möglichst senkrecht und schneiden Sie kreisförmig um die Pflanze herum. Hebeln Sie dann das Unkraut einschließlich der unversehrten Wurzel mit der Klinge heraus.

Rasenunkräuter jäten

- **Unkraut mähen** Die meisten Rasenunkräuter lassen sich durch regelmäßiges Mähen relativ einfach beseitigen. Viel schwieriger sind dagegen Rosetten bildende Unkräuter wie Gänseblümchen oder Pflanzen mit kriechenden Trieben wie Ehrenpreis und Hahnenfuß, die den Messern des Rasenmähers häufig entkommen. Hier ist Jäten von Hand meist die einzige Möglichkeit, um die Unkräuter dauerhaft zu entfernen. Dafür müssen jedoch auch die Wurzeln mit ausgegraben werden.
- **Rasenmäher einstellen** Die Messer des Rasenmähers sollten beim Mähen nicht zu tief eingestellt werden. Zum einen wachsen dadurch die Gräser weniger dicht nach, zum anderen fördert eine zu geringe Schnitthöhe die Ansiedlung von Unkräutern und Moosen im Rasen.

Unkraut auf Freiflächen entfernen

Ohne regelmäßige Pflege kann sich der Garten vor allem im Sommer rasch in einen Dschungel aus unerwünschten Wildpflanzen verwandeln. Auf größeren freien Flächen im Garten lässt sich dieses Problem meist mit einer Kombination aus Jäten und Vorbeugung in den Griff bekommen.

Grössere Pflanzen

Buschwerk entfernen
Größere Pflanzen wie Brombeeren können Sie mit dem Spaten heraushebeln. Entfernen Sie alle oberirdischen Pflanzenteile und graben Sie den Wurzelstock möglichst vollständig aus. Auch Wurzelreste sollten Sie entfernen.

Unkraut verhindern

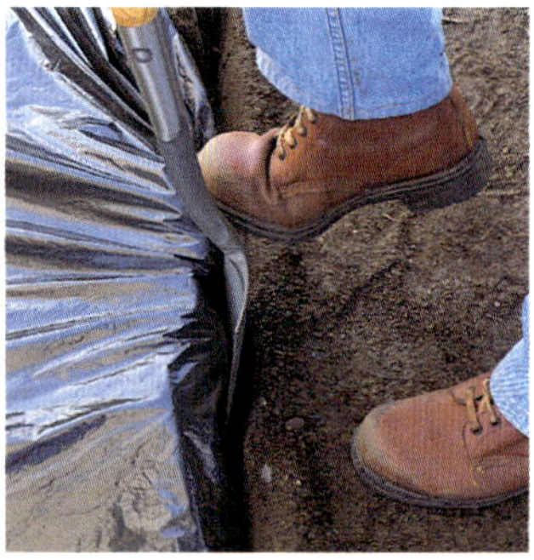

Mit Plastikfolie vorbeugen
Um erneutem Unkrautbefall vorzubeugen, können Sie den Boden mit Plastikfolie abdecken. Zum Fixieren stechen Sie Schlitze in den Boden und stecken die Ränder der Folie hinein. Einige Steine geben zusätzlichen Halt.

Brachland freihalten

- **Rasen säen** Wollen Sie die Freifläche im Garten in absehbarer Zeit nicht nutzen, können Sie nach dem Roden auch Rasen säen. Halten Sie den Rasen durch häufiges Mähen kurz, damit sich kein Unkraut ausbreiten kann.
- **Beet anlegen** Wollen Sie die gerodete Freifläche dagegen als Beet nutzen, graben Sie den Boden mehrfach um, um auch letzte Wurzelreste dauerhaft zu beseitigen.

Folien verdecken

- **Mulchschicht** Unansehnliche Plastikfolie können Sie unter einer Schicht Rindenmulch oder Erde verstecken.

Hartnäckige Wildkräuter entfernen

Wildkräuter wie Sauerklee, deren Wurzelstock beim Ausgraben meist in viele Teile zerbricht, oder solche mit tiefen Kriechwurzeln (Rhizome) wie Winden lassen sich besonders schwer entfernen. Wenn man nichts dagegen unternimmt, breiten sie sich in kürzester Zeit im Garten aus.

Winden entfernen

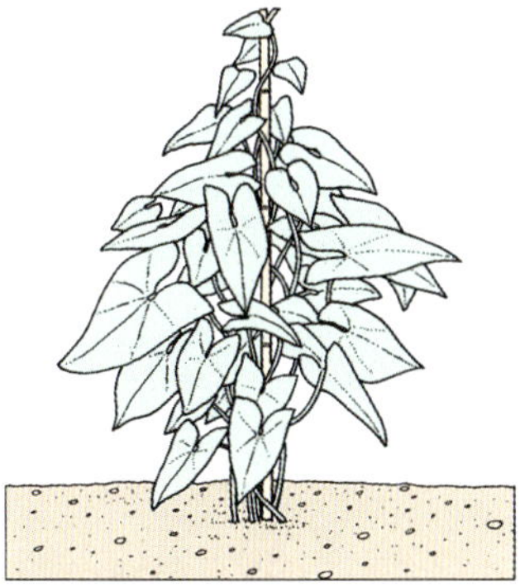

Rechtzeitig bekämpfen
Winden ranken sich um andere Pflanzen und sind deshalb nicht einfach zu entfernen, ohne dabei ihre Stützpflanzen zu gefährden. Hacken Sie die Pflanzen daher rechtzeitig aus, damit sie andere Pflanzen nicht erdrücken.

Tipps & Tricks

- **Wurzeln entsorgen** Wurzelstücke von Wildkräutern sollten Sie nach dem Ausgraben nicht auf dem Boden liegen lassen oder auf den Kompost geben, weil sie sich dort leicht wieder einwurzeln können. Sammeln Sie die Stücke deshalb am besten gleich nach dem Jäten auf und entsorgen Sie die Wurzeln in einem Plastiksack mit dem Hausmüll.
- **Bodendecker** Giersch gehört wie Winden ebenfalls zu den Wurzelunkräutern und wächst oft als Bodendecker im Schatten unter Sträuchern. Sobald er andere Bodendeckerpflanzen überwuchert, lässt er sich kaum noch entfernen, sodass Sie rechtzeitig jäten sollten.

Sauerklee entfernen

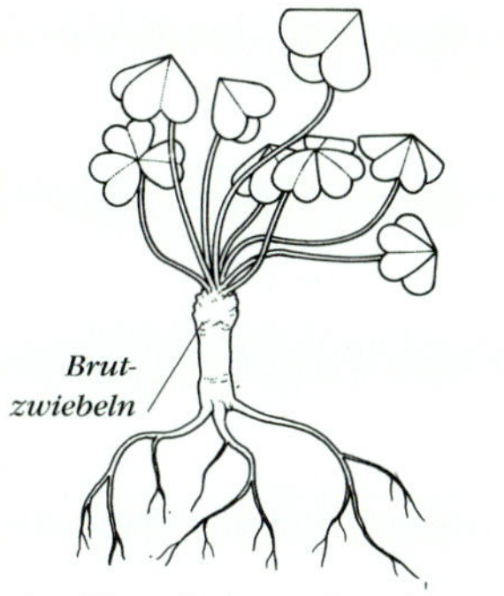

Am Wurzelhals von Sauerklee sitzen winzige Brutzwiebeln, die im Sommer abfallen und sich verbreiten. Graben Sie die Pflanze deshalb im Frühjahr aus, ehe sie sich über die Zwiebeln vermehren kann.

PFLANZEN SCHNEIDEN

Das Zurückschneiden erfüllt mehrere Zwecke: Es hält die Wuchshöhe unter Kontrolle, fördert die Blüten- und Fruchtbildung, beugt möglichen Schädlingen und Krankheiten vor oder hilft bei bereits infizierten Pflanzen. Auch das Erscheinungsbild mancher Pflanzen lässt sich durch einen Formschnitt erheblich verbessern.

GRUNDAUSSTATTUNG AN SCHNEIDEWERKZEUGEN

Verwenden Sie nur hochwertige Schneidewerkzeuge, da minderwertige Geräte sich auf lange Sicht meist nicht auszahlen.

- **Baumsäge** Spezialgehärtete Sägen mit geschränkter Zahnung schneiden Äste von mehr als 2,5 cm Durchmesser.
- **Gartenmesser** Empfiehlt sich für leichte Schnittmaßnahmen.
- **Gartenschere** Zum Schneiden von bis zu 1 cm dicken Trieben und Ästen gut geeignet.
- **Astschere** Diese Scheren mit langem Griff schneiden schwer erreichbare Triebe und Äste.
- **Heckenschere** Zum Trimmen von Hecken und Sträuchern.
- **Gartenhandschuhe** Zum Schutz der Hände unersetzlich.

Blüten und Knospen entfernen

Zu den grundlegendsten Schneidemaßnahmen gehört das regelmäßige Entfernen von verwelkten Blüten, um die Blühfreudigkeit bis in den Herbst hinein zu fördern. Beim Entknospen entfernt man kleine Blütenknospen rings um die Hauptknospe, damit sie sich besser entwickelt.

WELKE BLÜTEN ENTFERNEN

- **Von Hand entfernen** Bei Pflanzen mit weichen Trieben entfernen Sie die verwelkten Blüten am besten von Hand.
- **Krankheiten vorbeugen** Verwelkte Blüten sollten Sie möglichst bald entfernen, damit sie nicht von Krankheitserregern wie *Botrytis* (siehe S. 546) befallen werden.
- **Die zweite Blüte fördern** Winterharte *Geranium*-Arten blühen in der Regel noch ein zweites Mal, wenn Sie die Pflanzen nach der ersten Blüte mit der Heckenschere um etwa ein Viertel bis ein Drittel zurückschneiden.

ABGEBLÜHTE ROSEN

Neue Blüten
Bei verwelkten Rosenblüten den Trieb bis zu einem kräftigen Seitentrieb oder einer nach außen weisenden Knospe mit der Gartenschere zurückschneiden.

DAHLIEN ENTKNOSPEN

Konkurrenz beseitigen
Überschüssige Knospen an Dahlien sollten Sie mit Daumen und Zeigefinger ausbrechen, damit die restlichen Knospen sich besser entwickeln können.

Rosen schneiden

Damit Rosen jedes Jahr aufs Neue große Blüten bilden, müssen sie regelmäßig geschnitten werden. Unbeschnitten verlieren Rosen außerdem schnell ihre Form und sind weniger blühfreudig. Verwelkte Blüten sind anfällig für Krankheiten und sollten immer entfernt werden.

Rosen pflegen

- **Triebe kontrollieren** Rosentriebe sollten Sie immer sorgfältig auf Sternrußtau (siehe S. 561) überpüfen, da dieser auf den Trieben überwintert.
- **Krankheiten vorbeugen** Schneiden Sie kranke sowie abgebrochene oder verletzte Triebe aus, die besonders anfällig für Krankheiten sind.
- **Regelmäßig schneiden** Schneiden Sie Rosen, die lang nicht geschnitten wurden, nur stufenweise über einen längeren Zeitraum hinweg zurück. Ein zu starker Rückschnitt kann zum Absterben der Pflanze führen.
- **Schutz der Hände** Tragen Sie zum Schutz vor den Dornen stets Gartenhandschuhe.

Alte und tote Triebe

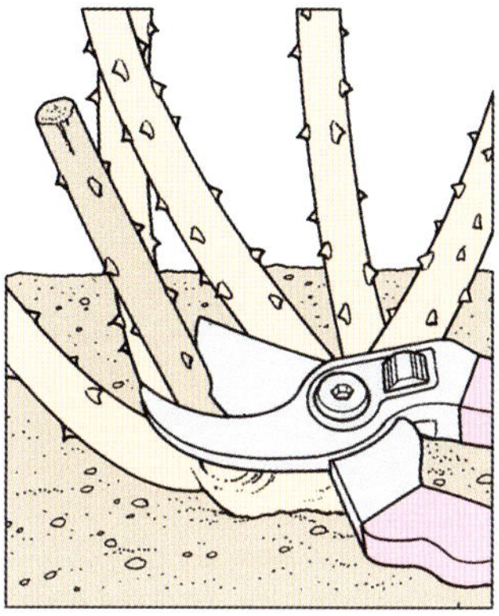

Krankheiten vorbeugen
Mit der Gartenschere sollten Sie alle kranken, beschädigten oder abgestorbenen Triebe entfernen. Setzen Sie den Schnitt schräg oberhalb einer nach außen weisenden kräftigen Knospe an.

Zu dichte Triebe

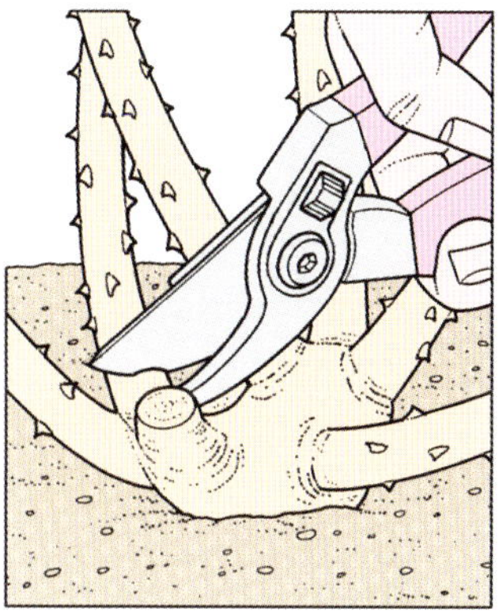

Luftzirkulation verbessern
Schneiden Sie über Kreuz oder dicht wachsende Triebe bis zu einer nach außen zeigenden kräftigen Knospe zurück, da Luftmangel Krankheiten wie Sternrußtau, Rost und Mehltau fördert.

Richtig schneiden

Pflanzen werden je nach Art und Wuchsform auf unterschiedliche Weise zurückgeschnitten. Dennoch gibt es einige grundlegende Schneidetechniken, die für alle Pflanzen gelten. So ist es beispielsweise wichtig, dass der Schnitt immer im richtigen Winkel ausgeführt wird.

Wechselständige Triebe

Schräg schneiden
Bei wechselständigen Trieben oder Knospen sollten Sie den Schnitt schräg ausführen. So wird die Pflanze durch das Schneiden nicht beschädigt.

Gegenständige Triebe

Gerade schneiden
Gegenständige Triebe oder Knospen schneidet man gerade. Wichtig ist eine scharfe Gartenschere, um den Schnitt präzise und zügig durchführen zu können.

Wunden versiegeln

- **Schnittstelle** Schneiden Sie nie zu nah an einer Knospe, da sie beschädigt werden könnte und dann nur noch schwache Triebe hervorbringt. Schneiden Sie auch nicht zu weit von der Knospe entfernt, da der verbliebene Aststumpf sonst abstirbt und so einen Großteil des Triebes schädigt.
- **Wunden** Manche Bäume mit größeren Schnittwunden sind anfällig für Krankheiten wie Bleiglanz. Streichen Sie daher Baumwachs auf den Schnitt.
- **Klingen** Halten Sie die Klingen der Gartenschere scharf. Stumpfe Klingen quetschen die Triebe und machen sie damit anfälliger für Infektionen.

Kletterpflanzen schneiden

Viele Kletterpflanzen wachsen sehr rasch und benötigen spätestens dann einen Rückschnitt, wenn sie ihren Standort überwuchern. Bei manchen Kletterpflanzen fördert ein Rückschnitt zudem die Blütenbildung und auch ältere Pflanzen sollte man von Zeit zu Zeit auslichten.

Altes Holz entfernen

Alte Triebe schneiden
Alte, verholzte Triebe, die nur noch wenig blühen, sollten Sie je nach Umfang des Triebes mit der Astschere, der Gartenschere oder auch einer Säge bis in Bodennähe zurückschneiden.

Geissblatt schneiden

Verflechtungen entfernen
Viele Geißblattarten verflechten sich so stark, dass sie zu schwer für ihre Rankhilfe werden. Entfernen Sie deshalb alle abgestorbenen und beschädigten Triebe unterhalb der Neutriebe.

Kletterpflanzen

- **Blattwerk schützen** Beim Zurückschneiden von Kletterpflanzen sollten Sie die Blätter möglichst nicht beschädigen, damit keine kahlen Stellen entstehen.
- **Rankhilfen** Überprüfen Sie beim Schneiden gleich auch Wände, Fugen, Spaliere und andere Rankhilfen und reparieren Sie sie gegebenenfalls (siehe S. 492).
- **Nistplätze schützen** Viele Vögel richten ihre Nistplätze in Kletterpflanzen ein. Um sie möglichst wenig zu stören, verschieben Sie alle Schnittmaßnahmen oder auch größere Renovierungsarbeiten bis zum Ende der Brutzeit.

Hecken schneiden

Eine gut geschnittene und sorgfältig gepflegte Hecke kann zu einem attraktiven Raumteiler im Garten werden oder als natürlicher Gartenzaun dienen. Damit Schnitthecken ihre schöne Form behalten, sollten sie von Anfang an in regelmäßigen Abständen gestutzt werden.

GUTE IDEE!

Verkahlte Hecken
Mit blühenden Kletterpflanzen lässt sich eine licht gewordene Hecke verschönern. Die Pflanzen verdecken nicht nur die Lücken, sondern bringen auch frische Farbe.

Koniferen schneiden

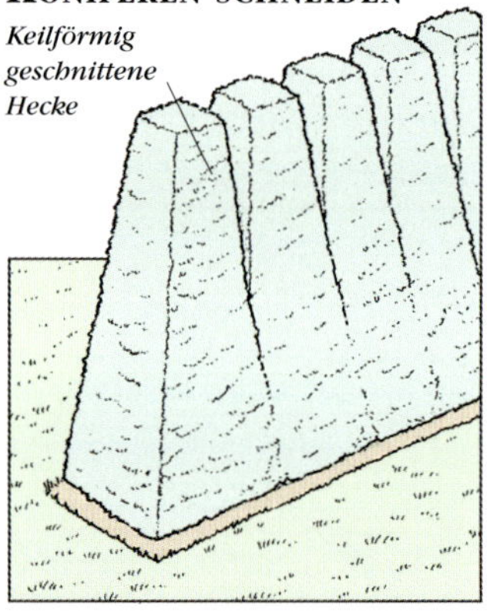

Die Form erhalten
Zypressen- und andere Koniferenhecken müssen regelmäßig geschnitten werden. Hat die Hecke die gewünschte Höhe erreicht, sollte man sie mindestens einmal jährlich zurückschneiden.

Heckenschnitt

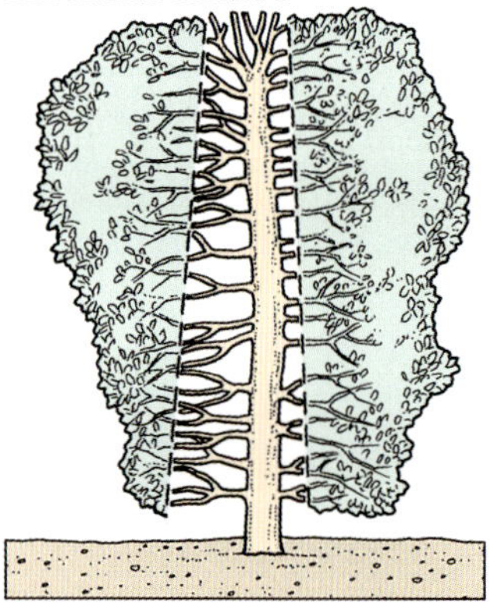

Wechselseitig schneiden
Bei Hecken sollten Sie die Triebe im ersten Jahr nur auf einer Seite stark schneiden. Im folgenden Jahr schneiden Sie dann die neuen Triebe nur wenig und trimmen die andere Seite stark.

Sträucher schneiden

Manche Sträucher benötigen von Zeit zu Zeit einen Rückschnitt, damit sie mehr Knospen ansetzen und ihre Form und Größe erhalten bleiben. Wann und wie Gehölze richtig zurückgeschnitten werden, lesen Sie am besten in den entsprechenden Fachbüchern nach.

Totes Holz entfernen

Totes Holz erkennen
Abgestorbenes Holz erkennt man am besten im Frühjahr, wenn die Pflanze belaubt ist. Wenn Sie das Totholz entfernen, schneiden Sie die Triebe bis zu vollständig gesundem Holz zurück.

Altes Holz schneiden

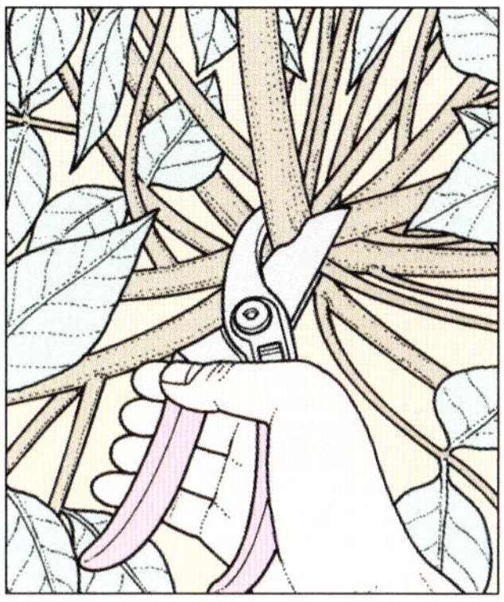

Gleichmäßig schneiden
Altes Holz an einem Strauch wird entfernt, indem man es bis auf etwa 5-8 cm Länge zurückschneidet. Damit die Pflanze ihre Form behält, sollte man die Triebe von allen Seiten gleichmäßig entfernen.

Neues Wachstum fördern

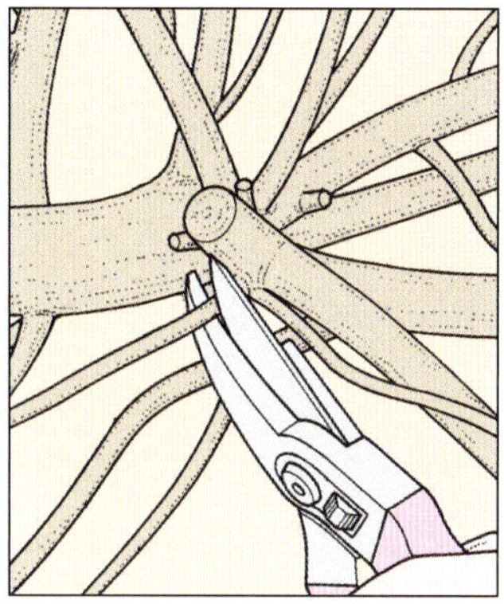

Dürre Triebe entfernen
Schneiden Sie alle dürren und überkreuzten Triebe knapp über dem Boden über einer nach außen zeigenden Knospe ab. So gelangen die Nährstoffe direkt in die kräftigen Pflanzenteile und regen so das Wachstum an.

Wann sollte man Sträucher schneiden?

Sträucher, die im Sommer blühen, werden zwischen dem Herbst und dem zeitigen Frühjahr zurückgeschnitten. Bei im Frühjahr blühenden Gehölzen erfolgt der Rückschnitt nach der Blüte im späten Frühjahr.

Sommerblüher
Buddleia davidii (Schmetterlingsstrauch, Sommerflieder)
Caryopteris (Bartblume)
Ceanothus (Säckelblume)
Ceratostigma (Bleiwurz)
Clethra alnifolia (Scheineller)
Cotinus (Perückenstrauch)
Genista (Ginster)
Hibiscus syriacus (Roseneibisch)
Hydrangea (Hortensie)
Hypericum (Johanniskraut)
Philadelphus (Pfeifenstrauch)
Potentilla (Fingerstrauch)
Rosa rugosa (Kartoffelrose)
Spiraea japonica (Spierstrauch)
Tamarix (Tamariske)
Viburnum lantana (Schneeball)

Frühjahrsblüher
Amelanchier laamarckii (Felsenbirne)
Berberis x *stenophylla* (Berberitze)
Buddleia alternifolia (Buddleia)
Chaenomeles, Choenomeles (Japanische Quitte, Zierquitte)
Chimonanthus (Winterblüte)
Cotoneaster (Felsenmispel, Strauchmispel)
Cornus mas (Kornelkirsche)
Corylopsis (Scheinhasel)
Corylus avellana (Haselnuss)
Crataegus monogyna (Weißdorn)
Daphne mezereum (Seidelbast)
Deutzia (Maiblumenstrauch, Deutzie)
Enkianthus (Prachtglocke)
Forsythia (Forsythie)
Fothergilla (Federbuschstrauch)
Hamamelis (Zaubernuss)
Kerria japonica (Ranunkelstrauch)
Laburnum (Goldregen)
Magnolia soulangiana (Magnolie)
Mahonia (Mahonie)
Prunus triloba (Zierkirsche)
Ribes sanguineum (Blutjohannisbeere)
Syringa (Flieder)
Weigelia (Weigelie)

Bewährtes Wissen

Feuerdorn schneiden
Frei wachsenden Feuerdorn *(Pyracantha)* braucht man gar nicht zurückzuschneiden. Bei einer Hecke sollte der Formschnitt zweimal jährlich - im Winter und Ende Juli - erfolgen. Bei Spaliersträuchern werden zu lange Triebe nur einmal jährlich im Winter herausgeschnitten.

Schädlinge und Krankheiten

Jeder Gartenbesitzer wird über kurz oder lang mit unterschiedlichen Pflanzenschädlingen und -krankheiten in Berührung kommen, die den Pflanzen gefährlich werden können. Wenn man sie aber rechtzeitig erkennt und geeignete Maßnahmen ergreift, lassen sich viele Schäden vermeiden oder zumindest weitgehend reduzieren.

Schädlinge und Krankheiten erkennen

Einige Schädlinge verursachen erhebliche Schäden, andere können die Pflanzen nur dann beeinträchtigen, wenn diese bereits geschwächt oder von anderen Schädlingen befallen sind. Die folgende Übersicht zeigt häufig auftretende Probleme – und was sich dagegen tun lässt.

Schädling/Krankheit	Symptome/Ursachen	Bekämpfung
Schnecken 	Sie fressen glattrandige Löcher in Blätter, Triebe und Blütenblätter oder in Knollen und Zwiebeln (meist bei Nacht und nach Regenfällen) und sind an den silbernen Schleimspuren eindeutig zu erkennen.	Die Tiere absammeln; die Eier im Boden freilegen und beseitigen; Gartenabfälle entfernen; kein organisches Mulchmaterial verwenden; Schneckenkorn mit (organischem) Eisenphosphat auslegen.
Raupen 	Raupen, die Larven der Schmetterlinge, sind relativ häufig. Sie fressen Löcher in Blätter, weiche Triebe und Blüten. Manche Raupenarten spinnen die Blätter auch mit seidigen Gespinsten ein.	Die Raupen absammeln; beschädigte Triebe oder stark eingesponnene Pflanzenteile entfernen; Pflanzen mit dem biologischen Raupenspritzmittel *Bacillus thuringiensis* oder mit Pyrethrum spritzen.
Weisse Fliegen 	Weiße Fliegen treten meist in Gewächshäusern auf, bei Hitze auch im Freien. Die Blätter verlieren Farbe und Form und sind manchmal mit klebrigen Ausscheidungen überzogen, die Schwarzen Rußtau fördern.	In Gewächshäusern oder Wintergärten die parasitäre Schlupfwespe *Encarsia formosa* aussetzen (siehe S. 555); die Blätter mit Pyrethrum, Paraffinöl oder Kaliseifenlösung spritzen.
Dickmaulrüssler 	Die Käfer fressen Kerben in Blattränder. Ihre weißen Larven befallen unterirdische Pflanzenteile, vor allem die von Kübelpflanzen, und fressen Gänge in Wurzeln und Knollen.	Mitte des Frühjahrs oder Anfang Herbst auf den warmen, feuchten Boden parasitäre Nematoden *(Heterorhabditis megidis)* aussetzen; Käfer und Larven von Hand absammeln.

SCHÄDLING/KRANKHEIT	SYMPTOME/URSACHEN	BEKÄMPFUNG
ROST 	Rostinfektionen werden durch Pilze verursacht und treten vor allem bei nebliger oder feuchter Witterung auf üppigem Neubewuchs auf. Auf der Blattunterseite erscheinen braune, orange- oder lederfarbene Pusteln, auf der Oberseite gelbe Flecken.	Die befallenen Blätter sofort entfernen; die Luftzirkulation durch Auslichten verbessern. Die Luftfeuchtigkeit verringern, indem die Blätter nicht benetzt werden; vorbeugend mit Ackerschachtelhalmtee oder -brühe spritzen.
BLATT-FLECKEN-KRANK-HEITEN 	Diese Infektionen der Blätter werden durch Bakterien und Pilze verursacht. Die Blätter können von braunen, schwarzen oder grauen Flecken überzogen sein; durch Bakterien verursachte Flecken werden bei feuchter Witterung schleimig.	Blattflecken verursachen keine ernsthaften Probleme und entwickeln sich meist nur bei geschwächten Pflanzen. Stark infizierte Blätter entfernen; eventuell Standort und Pflege verbessern; mit Ackerschachtelhalmtee oder -brühe spritzen.
ECHTER MEHLTAU 	Eine Infektion mit Echtem Mehltau wird durch Pilze verursacht und äußert sich in Form eines mehlig-pulverigen Belags auf den Pflanzen, der in der Regel einzelne, manchmal auch miteinander verbundene Flecken bildet.	Echter Mehltau entsteht bei hoher Luftfeuchtigkeit, daher die Luftzirkulation durch Auslichten oder Zurückschneiden verbessern; gut gießen und mulchen, ohne die Blätter zu benetzen; mit Ackerschachtelhalmtee oder -brühe spritzen.
OHR-WÜRMER 	An Dahlien, Margeriten, Clematis, Pfirsichen und manchen Einjährigen können sie als Schädlinge auftreten. Die Tiere fressen besonders im Sommer die jungen Blätter und Blütenblätter; im Extremfall wird die Pflanze schwer geschädigt.	Verstecke aus zusammengerollter Wellpappe oder mit Holzwolle, Stroh oder Moos ausgestopfte Blumentöpfe herstellen (siehe S. 558); die Schädlinge aus dem Versteck von Hand absammeln und entfernen.
PILZE 	Pilze treten meist an milden, feuchten Herbsttagen auf Rasenflächen auf und sind so kurzlebig, dass sie meist nicht einmal den ersten Frost überstehen. Sie bilden so genannte Hexenringe, die zum Vergilben und Absterben der Gräser führen können.	Die Pilze von Hand absammeln, möglichst noch bevor sich die Hüte entfalten (siehe S. 561); bei erneutem Auftauchen prüfen, ob sie eventuell auf organischem Abfall wie alten Wurzeln wachsen und diese gegebenenfalls ausgraben.
SPINN-MILBEN 	Es gibt mehrere Arten von Spinnmilben, von denen die häufigste und unangenehmste die Rote Spinnmilbe ist. Befallene Blätter verfärben sich meist braun und sterben ab. An den befallenen Pflanzen sind feine Gespinste zu erkennen.	Die Rote Spinnmilbe mit der Raubmilbe *Phytoseiulus* (siehe S. 555) bekämpfen; auf ausreichende Belüftung und nicht zu hohe Temperaturen (siehe S. 523) achten; befallene Pflanzen mit Pyrethrum oder Kaliseifenlösung spritzen.

SCHÄDLING/KRANKHEIT	SYMPTOME/URSACHEN	BEKÄMPFUNG
GRAUSCHIMMEL *(BOTRYTIS)* 	Dieser Pilz befällt viele Pflanzen, vor allem solche mit weichen Trieben. An den infizierten Stellen bilden sich unregelmäßige graue Flecken, das Gewebe verblasst, verfällt und kann absterben. Auf Tomaten bilden sich weiße oder gelbe Kreise.	Sofort alle pflanzlichen Abfälle und infiziertes Gewebe beseitigen; zu dicht stehende Pflanzen auslichten oder zurückschneiden; auf ausreichende Luftzirkulation bzw. Belüftung im Gewächshaus achten; nicht zu dicht pflanzen.
BLATTLAUS 	Blattläuse saugen den Saft der Pflanzen auf, sodass diese Farbe und Form verlieren. Die klebrigen Ausscheidungen fördern Schwarzen Rußtau. Blattläuse sind grün, schwarz, gelb, rosa, grau oder braun; manche haben eine weiße, wollige Wachshülle.	Natürliche oder bestimmte angesiedelte Feinde oder Parasiten können helfen, die Blattläuse zu dezimieren (siehe S. 550); zum Spritzen eignet sich Kaliseifenlösung; zur Vorbeugung Lavendel zwischen die Pflanzen setzen.
VIREN 	Viren haben ein breites Wirkungsspektrum mit vielen Symptomen. Häufig sind Kümmerwuchs, Gelbfärbung der Blätter (meist als Flecken, Ringflecken, Strich- oder Mosaikmuster), Verformung der Blüten und Veränderung der Blütenfarben.	Viren werden durch Verletzungen sowie durch Blattläuse, Nematoden und Thripse übertragen, deshalb Beschädigungen der Pflanze vermeiden; Geräte regelmäßig desinfizieren; Schädlinge bekämpfen; infizierte Pflanzen beseitigen.
KOHLHERNIE 	Kohlhernie ist ein Pilz und befällt Kohlarten wie Rosenkohl, Brokkoli, Rettich oder Kohl sowie einige Zierpflanzen. Zu den Symptomen gehören Wucherungen an den Wurzeln und verkümmerte, schwach entwickelte Blätter, die häufig verfärbt sind.	Die Drainage des Bodens verbessern und Kalk einarbeiten, der den Pilz vernichtet; möglichst resistente Sorten in Einzeltöpfen ziehen und erst ins Freibeet setzen, wenn sich ein kräftiges Wurzelsystem ausgebildet hat (siehe S. 560).
FUSSKRANKHEITEN UND WURZELFÄULE 	Ursache sind Pilze im Boden oder im Wasser, die vor allem Beetpflanzen, Sämlinge, Bohnen, Gurken, Tomaten und Erbsen betreffen. Die Basis verfärbt sich und verschrumpelt; die Pflanzen wachsen schlecht, welken, verdorren und sterben ab.	Auf strenge Hygiene achten: Spezielle sterile Erde sowie saubere Pflanzschalen und sauberes Leitungswasser verwenden; die Pflanzen nicht zu dicht setzen und nicht zu stark wässern; befallene Pflanzen sofort entfernen.
PILZSCHORF 	Er tritt meist bei Äpfeln, Birnen und *Pyracantha* (Feuerdorn) auf. An Blättern und Früchten, manchmal auch am Stamm, bilden sich graue oder schwarze Schorfstellen. Oft kräuseln sich die Blätter und es entwickeln sich deformierte Früchte.	Befallene Blätter und Triebe zusammenrechen bzw. abschneiden und entfernen; Baumkronen auslichten, damit sie schneller abtrocknen; nicht in windstillen Lagen pflanzen; vorbeugend Ackerschachtelhalmtee oder -brühe spritzen.

Schädling/Krankheit	Symptome/Ursachen	Bekämpfung
Apfelwickler 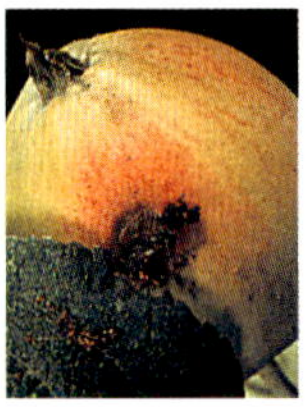	Äpfel und Birnen, die von den Apfelwicklerlarven befallen werden, erkennt man an den Löchern in den reifen Früchten, die von braunen, pulvrigen Ausscheidungen umgeben sind. Die Larven fressen vom Kerngehäuse einen Gang nach außen.	Vom Frühjahr bis zur Sommermitte Pheromonfallen aufhängen, die die männlichen Falter anlocken (siehe S. 559); Raupen absammeln; Feinde wie Schlupfwespen und Vögel fördern; bei starkem Befall mit *Bacillus thuringiensis* spritzen.
Kohlfliege 	Viele Kohlarten wie Steckrüben, Blumenkohl, Rosenkohl, Mairübe und Rettich werden von diesem Schädling befallen. Die 9 mm langen Larven fressen Gänge in die Wurzeln, sodass die Pflanzen welken bzw. die Sämlinge absterben.	Pflanzen versetzen und dann um ihre Basis jeweils Teppichunterlagen, Dachpappe oder Karton legen (siehe S. 559); die Pflanzen mit Gemüsefliegennetzen oder Vlies abdecken; das Beet vor dem Anbau nicht mit Mist düngen.
Möhrenfliege 	Möhren sind die verbreitetste Wirtspflanze dieses Schädlings, der auch andere Pflanzen wie Sellerie oder Petersilie befällt. Die Larven fressen Gänge in die Wurzeln und hinterlassen rostbraune Flecken. Die Blätter der Pflanzen können sich verfärben.	Pflanzen, die gern befallen werden, mit Gemüsefliegennetzen oder Vlies abdecken. Vermeiden Sie, die Pflanzen dabei zu berühren, da der Geruch der Blätter die ausgewachsenen Fliegen anlocken kann.
Erdflöhe 	Besonders anfällig sind Sämlinge von Kreuzblütlern wie Kohlarten, Radieschen, Blattgemüse, Rettich, Levkojen und Goldlack, in deren Blätter die winzigen Schädlinge zahlreiche Löcher fressen. Heiße, trockene Sommer begünstigen die Erdflöhe.	Erdflöhe überwintern in Pflanzenabfall, deshalb diesen rasch beseitigen; Klebfallen verwenden (siehe S. 558); die Erde vor der Aussaat anwärmen und gießen, da die Käfer Trockenheit bevorzugen; Wermut- oder Rainfarnbrühe spritzen.
Drahtwürmer (Schnellkäferlarven) 	Vor allem Kartoffeln und andere Wurzelgemüse, aber auch Einjährige, Stauden und Zwiebelpflanzen können von Drahtwürmern befallen werden. Sie fressen Gänge in die Wurzeln, sodass vor allem junge Pflanzen häufig welken und absterben.	In frisch bearbeiteten Böden oder erst kürzlich umgewandelten Beetflächen findet man diese Schädlinge am häufigsten. Karotten- und Kartoffelstücke als Köder vergraben (siehe S. 560); Wurzelgemüse möglichst früh ernten.
Kräuselkrankheit 	Der Pilz befällt Pfirsich-, Aprikosen-, Nektarinen- und Mandelbäume. Die betroffenen Blätter kräuseln sich, werfen Blasen und verfärben sich dann rot oder purpurn. Dann bilden sich auf dem Blatt Sporenschichten, sodass die Blätter weiß werden.	Bäume mit Folie schützen, um die durch Wind und Regen verbreiteten Sporen abzuwehren (siehe S. 561); befallene Blätter entfernen; im Herbst und beim Austrieb dreimal innerhalb von 10 Tagen mit Schachtelhalmbrühe spritzen.

KRANKHEITEN VORBEUGEN

Pflanzenschäden durch Krankheiten und Schädlinge lassen sich durch eine gute Vorbereitung des Bodens, robuste Gewächse, sorgfältiges Einpflanzen und ausreichende Pflege weitgehend vermeiden. Treten dennoch einmal Probleme auf, unternehmen Sie sofort etwas dagegen!

Pflanzen gesund erhalten

Kräftige, gesunde Pflanzen sind robust und können durch Schädlinge oder Krankheiten verursachte Beeinträchtigungen besser verkraften als schwache Exemplare. Schädlinge im Garten lassen sich auch durch gezieltes Anlocken ihrer natürlichen Feinde unter Kontrolle halten.

GUTE STARTBEDINGUNGEN

- **Richtiger Standort** Achten Sie auf einen den jeweiligen Bedürfnissen der Pflanze entsprechenden Standort, denn dann werden die Pflanzen bei guter Pflege genügend Widerstandskraft gegen die meisten Schädlinge und Krankheitserreger entwickeln.
- **Pflanzabstand** Wichtig ist ein ausreichender Pflanzabstand, denn zu dicht gesetzte Pflanzen sind bei unzureichender Luftzirkulation besonders anfällig für Schädlinge. Auch Pilzsporen, Viren und Bakterien können sich leichter ausbreiten, wenn die Pflanzen zu dicht gesetzt wurden.

BEWÄHRTES WISSEN

Kunststoffgefäße
Nehmen Sie für Jungpflanzen Aussaatschalen und Töpfe aus Kunststoff, die sich einfach reinigen lassen. Tontöpfe sind porös, sodass Erreger hier leichteres Spiel haben.

PFLANZEN PRÜFEN

Schädlinge entfernen
Überprüfen Sie die Pflanzen. Entfernen Sie Schädlinge oder kranke Blätter möglichst sofort, damit nicht auch gesunde Teile betroffen werden. Geben Sie die Abfälle nicht auf den Kompost.

PFLANZEN IM GLASHAUS

- **Gießen** Gießen Sie Samen, Sämlinge, Jungpflanzen und Kübelpflanzen mit Leitungswasser. Wasser aus der Regentonne enthält oft Krankheitserreger, die auf die Pflanzen übergreifen könnten.
- **Stützpflöcke** Achten Sie darauf, dass die Enden von Stützpflöcken sauber sind. In etwa anhaftenden Bodenresten könnten sich Pilzsporen oder Schädlinge befinden.
- **Abfall** Beseitigen Sie alle welken oder abgestorbenen Pflanzen oder Pflanzenabfälle, da sie infiziert sein könnten.
- **Belüftung** Sorgen Sie stets für eine gute Belüftung.

PFLANZEN PFLEGEN

- **Wachstum fördern** Achten Sie beim Gießen und Düngen auf die richtige Menge (siehe S. 526), damit die Pflanzen kräftig und robust heranwachsen. Bestimmte Nährstoffe wie Kalium fördern das Wachstum und verbessern die Widerstandsfähigkeit gegen zahlreiche Krankheitserreger.
- **Pflanzen zurückschneiden** Durch einen Rückschnitt machen Sie vielen Schädlingen und Krankheiten das Leben schwer. Eine lichte Krone und ausgelichtete Zweige verringern die Luftfeuchtigkeit und verhindern so den Ausbruch von Krankheiten.

SAUBERE PFLANZGEFÄSSE

Saatschalen und -töpfe
Saatgefäße aus Kunststoff reinigt man vor der Aussaat mit einer harten Bürste und möglichst heißem Wasser. Man darf etwas Haushaltsreiniger oder Geschirrspülmittel verwenden, sollte die Gefäße dann aber gut spülen.

Fruchtwechsel im Gemüsebeet

Durch Fruchtwechsel kann man im Gemüsebeet viele Schädlinge und Krankheiten vermeiden. Diese bewährte Methode stärkt das Wachstum der Pflanzen, ohne viel Aufwand zu erfordern. Einen Teil der Beetfläche sollten Sie dabei jedoch für Ihre Dauerkultur reservieren.

Den Boden verbessern

- **Mist** Gemüsebeete sollte man vor dem Anbau stets mit gut verrottetem Mist behandeln, um das Wasserrückhaltevermögen und den Nährstoffgehalt des Bodens zu fördern.

Kohl und Kartoffeln

- **Kohl** Kohlarten mögen einen gut gekalkten Boden. Danach sollten Sie an dieser Stelle jedoch keine Kartoffeln anbauen, da Kalk Schorf auf den Kartoffelknollen fördert.

Rotation im Blumenbeet

- **Beetpflanzen** Wenn Sie auch in die Blumenbeete jedes Jahr andere Beetpflanzen setzen, kann sich das vorteilhaft auf die Widerstandskraft der Pflanzen auswirken.

Fruchtwechsel im Dreijahresrhythmus

Teilen Sie das Beet und die Pflanzen in vier Gruppen ein. Bearbeiten Sie den Boden alljährlich wie angegeben und setzen Sie drei Pflanzengruppen jeweils auf eine andere Beetfläche (siehe unten). So werden die Pflanzen erst nach drei Jahren wieder an ihrer ursprünglichen Stelle angebaut.

Fläche A
Graben Sie den Boden um. Arbeiten Sie so viel Kalk ein, dass der pH-Wert von 6,5 auf 7,0 steigt, und geben Sie Kompost, organischen Dünger oder einen Universaldünger. Pflanzen Sie Blumenkohl, Rosenkohl, Brokkoli, Mairüben, Kohl, Rettich, Steckrüben, Blattkohl und Chinakohl. Weitere Düngergaben während der Wachstumsperiode fördern den Ernteertrag.

Fläche B
Graben Sie 2-3 Wochen vor der Aussaat den Boden mit dem Spaten um und arbeiten Sie reichlich Kompost, organischen Dünger oder einen Universaldünger ein. Pflanzen Sie Erbsen, Buschbohnen, Stangenbohnen, Spinat, Salat, Dicke Bohnen, Mangold, Artischocken und Chicorée. Wässern Sie die Pflanzen regelmäßig, um den Ernteertrag zu fördern.

Fläche C
Graben Sie die Fläche in doppelter Spatentiefe um und arbeiten Sie in beide Ebenen gut verrotteten Mist sowie Kompost oder einen Universaldünger ein. Pflanzen Sie Kartoffeln, Karotten, Tomaten, Zwiebeln, Pastinaken, Lauch, Rote Bete, Schalotten, Kürbis, Auberginen, Fenchel, Sellerie sowie Schwarz- und Haferwurzeln. Manche Pflanzen sollten Sie zwischendurch düngen.

Fläche D
Reservieren Sie im Beet auch eine Fläche für Dauerkulturen, die nicht Bestandteil des Fruchtwechsels sind. Pflanzen Sie Topinambur, Rhabarber und Spargel. In kleinen Gärten können Sie einige Pflanzen auch im Blumenbeet ziehen, sofern der Boden geeignet ist. Lassen Sie außerdem Platz für ein paar Kräuter wie Schnittlauch, Rosmarin, Petersilie, Minze und Basilikum.

1. Jahr

A	B	C	D

2. Jahr

B	C	A	D

3. Jahr

C	A	B	D

Nützlinge fördern

Zahlreiche Kleintiere und Insekten zählen nicht zu den Schädlingen, da sie für die Pflanzen völlig harmlos sind. Viele von ihnen sind sogar in mehrfacher Hinsicht wichtig und hilfreich. Sie sollten deshalb möglichst zahlreich in den Garten gelockt oder zumindest geschützt werden.

Nützliche Tiere im Garten

Viele Insekten sind als erwachsene Tiere wie auch im Larvenstadium aktive Räuber, die dazu beitragen, lästige Pflanzenschädlinge zu reduzieren. Mitunter erübrigt sich dadurch sogar der Einsatz von Spritzmitteln.

Hundertfüßer
Sie fressen viele Bodenschädlinge, werden aber leicht mit schädlichen Tausendfüßern verwechselt.

Marienkäfer
Sowohl die Käfer als auch die Larven ernähren sich von Schädlingen, vor allem von Blattläusen.

Florfliegen
Sie legen ihre Eier auf Blättern ab. Die Larven ernähren sich vor allem von Blattläusen.

Spinnen
Spinnen fangen in ihren Netzen zahlreiche Insekten, darunter auch viele Schädlinge.

Schwebfliegen
Schwebfliegen und -larven ernähren sich von Blattläusen. Sie sind zudem wichtige Blütenbestäuber.

Nützlinge schützen

- **Nützlinge im Garten** Zu den nützlichen Gartentieren zählen viele Blumenwanzen, Laufkäfer, Vögel, manche Mückenlarven, Larven von Parasitärwespen, Wespen und Ameisen.
- **Laubverstecke** Zwar sollte im Garten nicht allzu viel Laub liegen bleiben, um Schädlingen und Krankheiten vorzubeugen, aber etwas Laub und Reisig sollten Sie als Rückzugsmöglichkeit für nützliche Gartentiere liegen lassen.
- **Chemikalien** Chemische Pflanzenschutzmittel (siehe S. 557) setzt man nur dann ein, wenn es absolut notwendig ist. Wählen Sie das Mittel sorgsam aus und nehmen Sie möglichst ein spezifisch wirkendes Präparat, um das Risiko für nützliche Insekten weitgehend zu reduzieren.

Vögel anlocken

Manche Vögel können Schäden im Garten verursachen, die sich aber weitgehend durch Netze (siehe S. 553) verhindern lassen. Zahlreiche Vögel sind jedoch nützliche Feinde von Schädlingen wie Schnecken, Raupen oder Blattläusen und sollten daher in den Garten gelockt werden.

Vögel füttern

- **Futter anbieten** Hängen Sie Vogelringe direkt an die Äste; Nüsse und Fett können zahlreichen Vogelarten in kalten Wintermonaten das Leben retten. Geben Sie kein gewürztes oder gesalzenes Futter.
- **Wasser anbieten** Sorgen Sie dafür, dass den Vögeln stets eine Wasserstelle zur Verfügung steht. Wechseln Sie das Wasser im Winter regelmäßig aus, damit es nicht gefriert.
- **Schutz vor Katzen** Futter und Wasser für Vögel sollte stets außerhalb der Reichweite von Katzen platziert werden.

Futterstellen

Vogelhäuschen anbringen
Im Vogelhaus finden die Vögel Schutz vor Katzen. Sie können daran auch Meisenknödel oder halbierte Kokosnüsse aufhängen.

Kletterpflanzen

Nistplätze schützen
Kletterpflanzen bieten ideale Nistplätze und sollten deshalb nur außerhalb der Brutsaison zurückgeschnitten werden.

Einen Teich anlegen

Ein Teich bereichert jeden Garten und stellt bei kluger Bepflanzung das ganze Jahr über einen Blickfang dar. Legt man ihn richtig an, wird er zum Lebensraum für Frösche und Fische, bietet aber auch vielen nützlichen Insekten, Vögeln und anderen Kleintieren Schutz und Nahrung.

TIERE AN DEN TEICH LOCKEN

Geschwungene, flache Ufer machen Tieren den Ausstieg leicht.

Tiefes Wasser bietet Verstecke und Überwinterungsplätze.

Pflanzen am Ufer sind sichere Brutplätze.

Uferpflanzen bieten Tieren, die eine feuchte Umgebung brauchen, Zuflucht.

Steine und Felsen dienen als Plätze zum Sonnenbaden und Trinken.

Schwimmpflanzen geben Schatten, sodass das Wasser nicht zu warm wird.

Das ideale Biotop
Ein richtig angelegter Teich sieht nicht nur schön aus, sondern wird durch die einheimischen Pflanzen zu einem lebendigen Biotop, das einer Vielzahl von Tieren das ganze Jahr über Nahrung und Lebensraum bietet.

Mit Pflanzen Insekten anlocken

Insekten machen einen Garten nicht nur lebendiger – zahlreiche Arten halten auch Schädlinge fern und bestäuben Blumen. Damit Sie auch wirklich die gewünschten Insektenarten in Ihren Garten locken, sollten Sie ihnen eine möglichst große Vielfalt an Pflanzen bieten.

INSEKTEN ANLOCKEN

Vielfalt der Pflanzen
Wählen Sie unterschiedliche Pflanzen als Nahrungsquelle für Insekten. Korbblütler wie etwa Sonnenblume, Ziest, Ziertabak, Mittagsgold oder Fenchel eignen sich besonders gut.

PFLANZEN FÜR INSEKTEN

- **Ungefüllte Blüten** Pflanzen mit ungefüllten Blüten sind attraktiver für Bienen und andere bestäubende Insekten als solche mit gefüllten Blüten.
- **Brennnesseln** Reservieren Sie einen Platz für Brennnesseln. Sie sind schon früh im Jahr eine gute Futterquelle für Blattläuse, die viele räuberische Insekten anlocken. Wenn Sie die Pflanzen dann im zeitigen bis mittleren Frühjahr zurückschneiden, wechseln die Räuber auf andere Pflanzen über und halten dort die Schädlinge unter Kontrolle.

GEEIGNETE PFLANZEN

Korbblütler wie *Erigeron* (Feinstrahl), *Liatris spicata* (Prachtscharte) und *Rudbeckia* (Sonnenhut) sind für Insekten besonders attraktiv, aber auch eine Reihe anderer Pflanzen: *Alyssum* (Steinkraut), *Anchusa azurea* (Ochsenzunge), *Anemone*, *Arabis* (Gänsekresse), *Campanula* (Glockenblume), *Eryngium* (Edeldistel), *Geranium* (Storchschnabel), *Geum* (Nelkenwurz), *Gypsophila paniculata* (Schleierkraut), *Polemonium caeruleum* (Jakobsleiter), *Salvia* (Salbei).

Begleitpflanzen setzen

Begleitpflanzen sind Gewächse, die sich positiv auf andere Pflanzen in ihrer unmittelbaren Umgebung auswirken. Obwohl hieb- und stichfeste Beweise für ihre Wirkung bislang noch nicht in allen Fällen erbracht werden konnten, sind viele Gärtner von dieser Methode begeistert.

Gute Kombinationen

- **Pflanzen mischen** Vermeiden Sie den großflächigen Anbau von nur einer Pflanzenart, da dies Schädlinge anlockt.
- **Zwiebeln und Karotten** Baut man Zwiebeln und Karotten in Kombination an, verringert dies den Befall mit Zwiebel- und Möhrenfliegen. Die beste Wirkung lässt sich mit vier Reihen Zwiebeln auf eine Reihe Karotten erzielen.
- **Kohl und Bohnen** Der Befall durch die Mehlige Kohlblattlaus und Kohlfliegen lässt sich reduzieren, indem Sie je eine Reihe Buschbohnen und einer kompakten Kohlart pflanzen.
- **Studentenblumen** Pflanzen Sie Tagetes zwischen Kohlreihen, da diese den Befall mit der Weißen Fliege (Kohlmottenschildlaus) wirksam verhindern können.

UMWELTTIPP

Studentenblume

Von der Studentenblume *(Tagetes)* sagt man, dass sie Schwebfliegen anlockt und Schädlinge wie Weiße Fliege und Älchen abhält. Pflanzen Sie Studentenblumen zusammen mit Nutzpflanzen wie Tomaten oder Kartoffeln in Sackkultur oder ins Freiland.

Paprika schützen

- **Ideale Partner** Gemüsepaprika ist anfällig für Blattläuse und sollte daher zusammen mit Basilikum angebaut werden, der dadurch besonders gut gedeiht.

Paprika gegen Pilzbefall

Setzen Sie Gewürzpaprika zwischen Pflanzen, die anfällig für *Fusarium*-Fuß- oder Wurzelfäule oder Welkekrankheiten sind. Die Ausscheidungen aus den Wurzeln sollen dem Pilzbefall vorbeugen.

Kartoffeln schützen

- **Begleitpflanzen** Sellerie, Lein, Bohnenkraut und Kapuzinerkresse sollen Kartoffeln vor Schädlingen schützen. Erbsen gelten ebenfalls als nützliche Begleitpflanzen für Kartoffeln.
- **Älchen** Ist der Boden mit Älchen (Nematoden, Fadenwürmer) befallen, die vor allem Kartoffeln schädigen, sollten Sie Studentenblumen pflanzen, da die Ausscheidungen ihrer Wurzeln die Schädlinge vernichten.
- **Nutzgemeinschaft** Zucchini kann man gut mit Erbsen, Bohnen oder Mais anbauen. Erbsen und Bohnen wandeln den Stickstoff des Bodens in eine für sie verwertbare Form um, Zucchini geben Schatten und Mais dient als Rankhilfe.

Rosen schützen

- **Starke Gemeinschaft** Zum Schutz vor Blattläusen pflanzt man Rosen zusammen mit Lauch und Minze. Auch Petersilie, Thymian und Sumpfblume sollen helfen.

Fingerhut und Azaleen

Rhododendren und Azaleen scheinen gut in Kombination mit Fingerhut zu gedeihen. Da der Fingerhut giftig ist, sollte er aber nicht in Gärten gepflanzt werden, wo kleine Kinder spielen.

Gemischte Kultur

- **Monokultur** Große, mit nur einer Pflanze bestandene Flächen ziehen Schädlinge magisch an. Bauen Sie deshalb kleinflächig und gemischt an.

Nutz- und Zierpflanzen

Pflanzen Sie Gemüse und Zierpflanzen zusammen. So ist das Gemüse für Schädlinge, die ihre Wirte dank optischer Signale finden, schwerer auszumachen.

KLEINTIERE IM GARTEN

Neben Haustieren wie Katzen und Hunden finden sich auch viele andere Tiere im Garten ein, beispielsweise Vögel oder kleine Wildtiere wie Igel und Maulwürfe. Die meisten dieser possierlichen Besucher verursachen keinerlei Schäden - manche sollte man allerdings besser vom Garten fern halten.

Unerwünschte Vögel abwehren

Die meisten Vögel sind als Schädlingsvertilger gern gesehene Gartenbewohner. Einige jedoch, wie etwa der Gimpel, fressen im Spätherbst und Winter die Knospen von Obstbäumen und Ziergehölzen. Amseln und Drosseln verzehren reife Früchte und Tauben bevorzugen Kohlpflanzen.

Kürbisse schützen

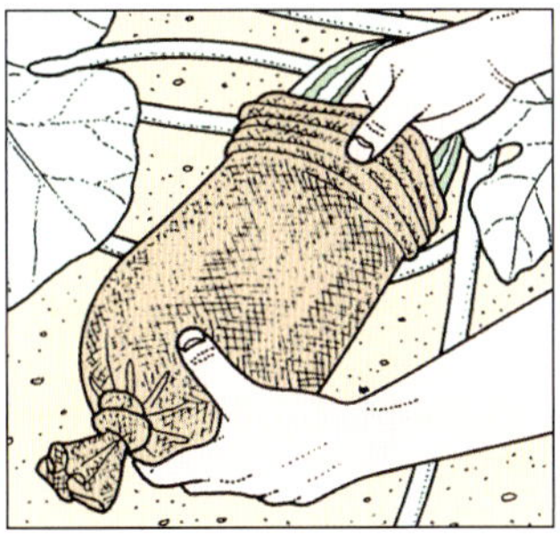

Netze aus Strümpfen
Mit alten Feinstrumpfhosen oder -strümpfen können Sie Kürbisse vor Tieren schützen. Dafür je ein Bein über einen Kürbis streifen und am äußeren Ende zubinden.

Vogelscheuchen

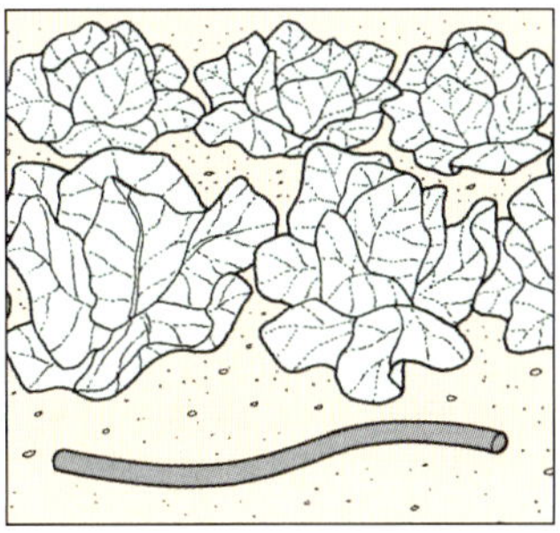

Schlauch als „Schlange"
Ein Stück Schlauch hilft bei der Abwehr von Vögeln und Katzen. Biegen Sie ihn an mehreren Stellen, sodass er wie eine Schlange aussieht, und legen ihn ins Beet.

Vögel vertreiben

- **Aluminiumstreifen** Hängen Sie dünne Aluminiumstreifen in Ihre Obstbäume. Wenn sich die Streifen im Wind zu drehen beginnen, ergreifen naschhafte Vögel die Flucht.
- **Vogelnetze** Wenn Sie Vogelnetze über Ihre Pflanzen legen, kontrollieren Sie bitte regelmäßig, ob sich Vögel oder andere Tiere darin verfangen haben.
- **Katzenattrappe** Als Vogelscheuche können Sie Katzen aus Plastik ausschneiden, Murmeln als Augen einsetzen und sie ins Gemüsebeet hängen.

Was tun bei Maulwürfen?

Maulwürfe stehen unter Schutz. Sie machen sich durch Erdhügel bemerkbar und lockern mit ihren Gängen den Boden auf. Das kann zur Austrocknung der Pflanzen führen, da die Wurzeln festen Boden brauchen, um genügend Wasser aufnehmen zu können.

Gerüche als Abwehr

- **Holunderzweige** Manchmal lassen sich Maulwürfe vertreiben, indem man Holunderzweige in die von ihnen gegrabenen Löcher und Gänge steckt.
- **Starke Gerüche** Versuchen Sie es auch mit stärkeren Düften, beispielsweise mit Parfüm, Mottenkugeln und Orangenschalen, die Sie in die Maulwurfsgänge stecken.
- **Duftpflanzen** Pflanzen Sie Kreuzblättrige Wolfsmilch, da Maulwürfe den Geruch dieses Gewächses nicht mögen.

Vibrationen erzeugen

Plastikflaschen im Boden
Graben Sie Löcher und stecken Sie je eine leere Flasche ohne Boden hinein. Bläst der Wind über den Flaschenhals, vertreiben die Geräusche die Tiere.

Geräusche als Abwehr

- **Windräder** Stecken Sie in regelmäßigen Abständen Spielzeugwindräder aus Plastik in den Boden. Die summenden Geräusche, die durch das Drehen des Windrads entstehen, schrecken Maulwürfe häufig ab. Ein Glockenspiel an einem Ast kann ebenfalls helfen.
- **Ultraschall** Versuchen Sie es auch einmal mit elektronischen Geräten, die Ultraschallwellen aussenden. In manchen Fällen kann dies eine wirksame Hilfe sein, um die Maulwürfe zu vertreiben.

Kaninchen und Mäuse abschrecken

Kaninchen und Mäuse können im Garten und Gewächshaus erheblichen Schaden anrichten. Kaninchen bevorzugen Gemüse, Früchte und zarte Triebe, während Mäuse neben Früchten und jungen Gemüsesprossen vor allem Samen oder Blumenzwiebeln und -knollen schädigen.

Gemüse und Bäume vor Kaninchen schützen

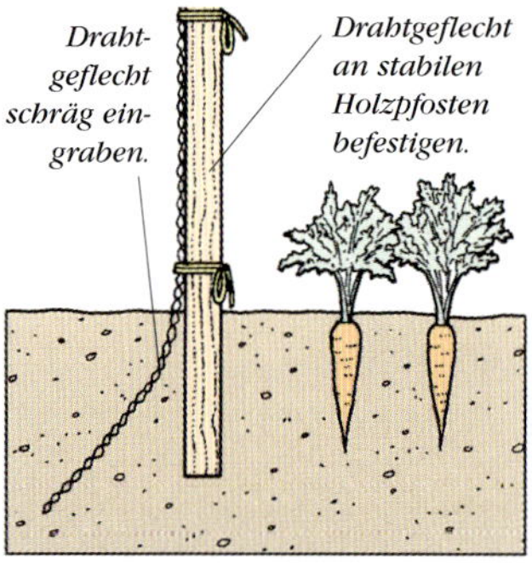

Kaninchenzaun bauen
Graben Sie ein Drittel eines mindestens 90 cm hohen verzinkten Drahtgeflechts in den Boden ein, wobei Sie die letzten 15 cm schräg nach außen auslaufen lassen, damit die Tiere nicht darunter hindurchgraben können.

Bäume schützen
Kaninchen nagen oft die Borke von jungen Bäumen an. Um dies zu verhindern, bringen Sie ein Drahtgeflecht um den Baum herum an, das Sie einmal jährlich überprüfen sollten, damit der Draht nicht einwächst.

Mäuse abwehren

- **Katzen** Wenn die eigene Katze oder die des Nachbarn frei im Garten umherstreifen darf, dürfte sich die Zahl der Mäuse deutlich reduzieren.
- **Herkömmliche Fallen** Mausefallen mit Köder sind im Gewächshaus, im Folientunnel, in der Garage oder im Schuppen sinnvoll. Im Garten sollte man sie dagegen nicht aufstellen.
- **Lebendfallen** In diesen Fallen werden die Mäuse nur gefangen, aber nicht getötet, sodass man sie auf humane Art entfernen kann. Wenn Sie die Mäuse einige Kilometer entfernt aussetzen, werden sie kaum wieder zum Problem.

Hunde und Katzen fern halten

Auch Hunde und Katzen können im Garten Schäden verursachen. Am einfachsten ist es natürlich, wenn sie gar nicht erst in den Garten gelangen. Lässt sich das nicht vermeiden, gibt es einige Möglichkeiten, wie Sie Haustiere daran hindern können, größere Schäden anzurichten.

Katzen abwehren

Wasserflaschen auslegen
Katzen scheinen die Reflexionen von durchsichtigen, halb mit Wasser gefüllten Flaschen nicht zu mögen. Wenn Sie also solche Flaschen zwischen Ihre Pflanzen legen, können Sie Katzen von empfindlichen Bereichen wie Blumenbeeten fern halten.

Richtig vorbeugen

- **Feuchter Boden** Katzen mögen keine feuchte Unterlage. Halten Sie den Boden deshalb durch regelmäßiges Wässern und eine Mulchschicht feucht.
- **Netze und Drahtgeflechte** Legen Sie Netze oder Drahtgeflechte auf dem Boden aus und bedecken Sie diese leicht mit Erde. So können Sie Katzen davon abhalten, frisch eingesäte Beete aufzugraben.
- **Dornenzweige** Auch eingegrabene dornige Zweige wie die von Stechpalmen helfen oft, Katzen fern zu halten.
- **Elektronische Hilfsmittel** Sie senden Töne mit hohen Frequenzen aus, die wir nicht hören können, für Hund und Katze aber unangenehm sind.

GUTE IDEE!

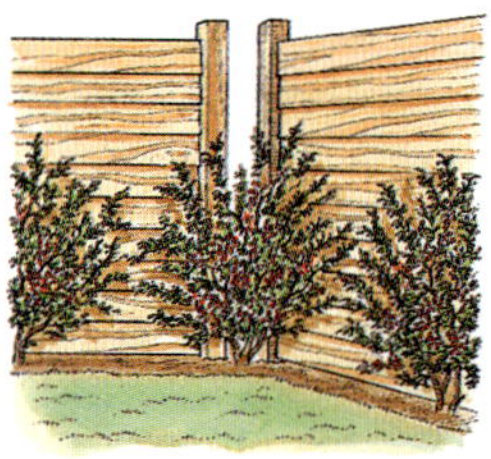

Hunde fern halten
Mit einer undurchdringlichen Dornenhecke, etwa aus *Pyracantha* (Feuerdorn), können Sie verhindern, dass der Hund des Nachbarn unter dem Zaun hindurch oder durch eine Zaunlücke in Ihren Garten gelangt.

SCHÄDLINGE BEKÄMPFEN

Den Pflanzen gefährlich werdende Schädlinge im Garten kann man durch natürliche oder chemische Schädlingsbekämpfungsmethoden in der Regel gut in den Griff bekommen. In vielen Fällen erweist sich eine Kombination aus beiden Methoden als die wirkungsvollste Lösung.

Räuber und Parasiten einsetzen

Die natürliche Schädlingsbekämpfung durch Parasiten und Räuber ist in den letzten Jahren immer beliebter geworden, und inzwischen gibt es ein großes Angebot an parasitären und räuberischen Organismen. Sie wirken am besten in geschlossenen Räumen wie Gewächshäusern.

Einsatz im Garten

- **Von Hand entfernen** Durch das Absammeln eines Teiles der Schädlinge von Hand können Sie die Räuber oder Parasiten bei der Schädlingsbekämpfung wirksam unterstützen. Lassen Sie genügend Schädlinge übrig, damit die Population der parasitären Insekten genügend wachsen kann.
- **Chemikalien** Beim Einsatz chemischer Bekämpfungsmittel achten Sie darauf, dass Sie keine parasitären Nützlinge vernichten.
- **Raupen** Mischen Sie *Bacillus thuringiensis* mit Wasser und spritzen Sie damit die befallenen Blätter.

Nacktschnecken und Dickmaulrüssler

Bei infizierten Schnecken schwillt der Mantel an.

Nacktschnecken
Nacktschnecken können Sie mit parasitären Nematoden bekämpfen. Infizierte Tiere hören auf zu fressen, ihr Mantel schwillt an und sie sterben innerhalb weniger Tage. Der Boden muss dafür jedoch feucht und warm sein.

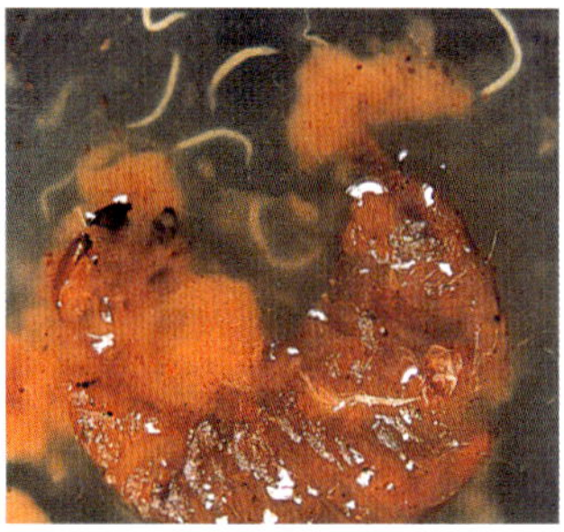

Dickmaulrüssler
Die Maden des Dickmaulrüsslers können Sie ebenfalls durch Nematoden vernichten – winzige, weiße Würmer, die die Maden abtöten und sich von ihren Überresten ernähren. Am besten helfen sie bei Kübelpflanzen.

SCHÄDLINGSBEKÄMPFUNG IM GEWÄCHSHAUS

Am effektivsten ist der Einsatz von Räubern oder Parasiten in Treibhäusern oder Wintergärten.

Für einen dauerhaften Erfolg ist es von großer Bedeutung, dass Sie genügend Tiere einsetzen.

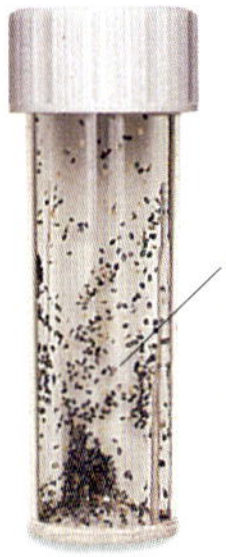

Parasiten sind im Puppenstadium erhältlich.

Weiße Fliege
Bekämpfung durch die *Encarsia-formosa*-Wespe, die sich im Innern der Jungfliege entwickelt.

Helle Punkte weisen auf Spinnmilbenbefall hin.

Rote Spinnmilbe
Die Raubmilbe *Phytoseiulus persimilis* frisst alle Stadien dieser Spinnmilbe – auch die Eier.

Sinnvoller Einsatz

- **Schädlinge** Der Einsatz von Räubern und Parasiten lohnt sich bei Nacktschnecken, Blasenfüßen (Thripse), Dickmaulrüsslern, Raupen, Schmier-, Blatt- und Schildläusen.
- **Temperatur** Prüfen Sie, ob die Raumtemperatur für die parasitären oder räuberischen Insekten geeignet ist.
- **Zeitpunkt** Setzen Sie die Räuber und Parasiten erst bei einem Befall ein. Er sollte jedoch noch nicht zu stark sein, da die Insekten zur Vermehrung einige Zeit brauchen.
- **Belüftung** Belüften Sie das Gewächshaus gut. Die Insekten bleiben nämlich meist da, wo auch die Schädlinge sind.

Natürliche Pflanzenschutzmittel

Natürliche Pflanzenschutzmittel werden überwiegend aus Pflanzen gewonnen. Sie helfen zwar häufig gut, sind aber aufgrund ihrer eingeschränkten, nicht systemischen Wirkung kein Allheilmittel. Viele dieser Mittel bekämpfen zudem nicht selektiv und töten nützliche Insekten.

Pyrethrum-Präparate

- **Pyrethrumpulver** Aus den Blüten von *Tanacetum cinerariifolium* gewonnen, hilft es gegen Thripse, Weiße Fliegen, Raupen und Blattläuse.

Pyrethrumpulver
Für eine dauerhafte Bekämpfung wenden Sie es regelmäßig an. Es hilft v.a. bei Salat, Lauch, Spinat und Buschbohnen. Als hochwirksames Gift ist es für Menschen nicht ganz unbedenklich.

Neem-Präparate

- **Neemextrakt** Dieses vom Neembaum stammende Mittel hilft gegen Blattläuse, Thripse, Weiße Fliegen, Spinnmilben, Kartoffelkäfer und Larven.

Neem-Flüssigextrakt
Neem gibt es nur in flüssiger Form als Extrakt. Es wird nach Anweisung des Herstellers gezielt auf die betroffenen Stellen gesprüht, sodass die Schädlinge getötet werden.

Die richtige Anwendung

- **Wie oft anwenden?** Die natürlichen Pflanzenschutzmittel müssen zum Teil häufiger angewendet werden als chemische Präparate. Pyrethrum etwa wirkt nur einen Tag lang.
- **Spritzgeräte** Verwenden Sie nur hochwertige Sprüher und waschen Sie diese zwischen den einzelnen Anwendungen gründlich aus. Bewahren Sie keine Reste des Spritzmittels zum späteren Gebrauch auf.
- **Nützlinge schützen** Lassen Sie keine Spritzmittel auf geöffnete Blüten tropfen, damit die bestäubenden Insekten keinen Schaden nehmen.
- **Wann ernten?** Die meisten Gemüsearten kann man relativ bald nach der Anwendung natürlicher Präparate gefahrlos verzehren. Alle Angaben dazu finden Sie auf dem Etikett.

UMWELTTIPP

Barrieren schaffen
Da Dickmaulrüssler nicht fliegen können, krabbeln die Weibchen an den Ort der Eiablage. Damit sie nicht in die Erde von Topfpflanzen gelangen, kann man um die Töpfe herum einen Kreis aus nicht bindendem Klebstoff ziehen.

Weitere natürliche Pflanzenschutzmittel

Für den biologischen Pflanzenschutz stehen zahlreiche Mittel zur Verfügung, aber wie bei chemischen Präparaten kann es sein, dass das eine oder andere Produkt plötzlich nicht mehr zugelassen ist. Bevor Sie sich für ein bestimmtes Mittel entscheiden, sollten Sie sich zuvor genau über seine Wirksamkeit informieren und prüfen, ob es für Ihre Zwecke geeignet ist.

- **Kaliseifen** Sie werden zur effektiven Bekämpfung von Blattläusen, Spinnmilben, Thripsen und Schildläusen eingesetzt. Kaliseifen sind Seifenpräparate aus natürlichen Fettsäuren und Kalisalzen. Sie wirken jedoch nicht selektiv und müssen jede Woche erneut zur Anwendung gebracht werden.
- **Mineralische Öle (Paraffinöl)** Emulsionen von Mineralölen zerstören die Schutzschicht auf der Insektenhaut und verstopfen die Atmungsorgane. Sie helfen bei Woll- und Schildläusen sowie bei Spinnmilben.
- **Schwefel** Mit Schwefel bekämpft man Pilzkrankheiten wie Echten Mehltau an Zierpflanzen, Weinreben, Erbsen und Gurken.

Sicherheitshinweise

- **Lagerung** Bewahren Sie alle Pflanzenschutzmittel immer außerhalb der Reichweite von Kindern und Haustieren auf.
- **Etiketten prüfen** Befolgen Sie die Anweisungen des Herstellers stets sorgfältig.
- **Wann anwenden?** Spritzen Sie abends an windstillen Tagen.

Chemische Pflanzenschutzmittel

Chemische Präparate bieten eine weitere Möglichkeit, um die Pflanzen vor zahlreichen Schädlingen und Krankheiten zu schützen. Werden sie gezielt eingesetzt und sorgfältig angewendet, sind chemische Pflanzenschutzmittel bei der Schädlingsbekämpfung oft eine große Hilfe.

PFLANZENSCHUTZMITTEL SICHER ANWENDEN

- **Schäden vorbeugen** Wenden Sie Pflanzenschutzmittel nur dann an, wenn es unbedingt nötig ist. Besser ist es in jedem Fall, Schäden durch eine optimale Standortwahl und richtige Pflege zu verhindern.
- **Welches Präparat?** Wählen Sie das für den jeweiligen Schädling richtige Präparat und befolgen Sie die Anweisungen des Herstellers. Beachten Sie in jedem Fall Einschränkungen und Vorsichtsmaßnahmen.
- **Hände schützen** Tragen Sie beim Hantieren mit konzentrierten Chemikalien immer Handschuhe.
- **Vergiftungen vermeiden** Beim Umgang mit Pflanzenschutzmitteln sollten Sie nie essen, trinken oder rauchen und sich nach dem Gebrauch stets gründlich die Hände waschen. Vermeiden Sie Hautkontakt und waschen Sie Spritzer sofort ab. Atmen Sie auch keine Dämpfe ein.
- **Kinder und Tiere** Halten Sie Kinder und Tiere von frisch behandelten Böden oder Pflanzen fern. Die meisten Chemikalien gelten als ungefährlich, sobald die Blätter abgetrocknet sind.
- **Wann anwenden?** Spritzen Sie Pflanzenschutzmittel nicht an windigen oder heißen Tagen.
- **Nützlinge schützen** Spritzen Sie möglichst in der Dämmerung, um das Risiko für Nützlinge zu verringern.
- **Behälter säubern** Waschen Sie alle Geräte nach dem Gebrauch gründlich aus.
- **Beschriftung** Beschriften Sie alle Geräte, die Sie zum Spritzen verwenden. Füllen Sie Chemikalien nie in andere Behälter um.
- **Lagerung** Bewahren Sie Pflanzenschutzmittel nur im Originalbehälter auf und achten Sie darauf, dass diese fest verschlossen sind. Lagern Sie Pflanzenschutzmittel stets außerhalb der Reichweite von Kindern und Tieren.

SCHÄDEN VERMEIDEN

- **Herstellerangaben** Auf jedem Pflanzenschutzmittel finden Sie genaue Angaben in Bezug auf Menge und Häufigkeit der Anwendung, an die Sie sich halten sollten, da es sonst zu Schäden an Pflanzen und Umwelt kommen kann.

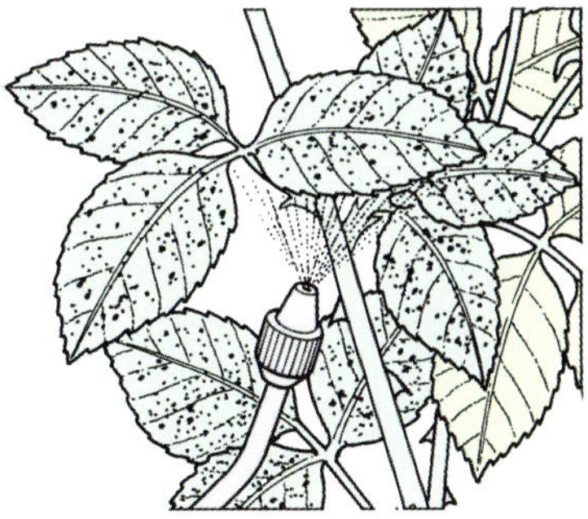

Alle Pflanzenteile sprühen
Viele Schädlinge und Krankheitserreger wie etwa Rosenrost sitzen auf den Blattunterseiten der Pflanzen. Damit Sie diese auch wirklich erreichen, sollten Sie zum Ausbringen des Pflanzenschutzmittels einen gebogenen Sprühkopf verwenden.

CHEMIKALIEN EINSETZEN

- **Präparat testen** Sind Sie nicht sicher, ob ein bestimmtes Präparat der Pflanze schadet, sollten Sie es zuerst in einem Teilbereich testen, bevor Sie die ganze Pflanze behandeln.
- **Sprühdose** Bei geringem Befall oder für die Anwendung in kleinen Gärten können Sie geeignete Insektizide und Fungizide gebrauchsfertig in praktischen Sprühdosen kaufen.
- **Mit feinem Strahl** Sprühen Sie mit einem möglichst feinen Strahl, da Insekten am ehesten von kleinsten Tröpfchen abgetötet werden.
- **Jungpflanzen** Junge oder frisch gesetzte Pflanzen sollten Sie nicht mit Chemikalien behandeln, da die Pflanzen sonst Schaden nehmen könnten.
- **Glänzende Blätter** Bei Pflanzen mit glänzenden Blättern verwenden Sie ein Produkt mit Netzmittel. Sonst bleiben die Tropfen nicht an der Oberfläche haften, perlen ab und bleiben wirkungslos.

CHEMIKALIEN ENTSORGEN

- **Was tun mit Resten?** Alte oder nicht mehr benötigte chemische Pflanzenschutzmittel sollten Sie stets mit dem Sondermüll entsorgen. Schütten Sie nicht mehr benötigte Chemikalien niemals in den Ausguss oder in die Toilette.

Resistenz gegen Chemikalien

Immer mehr Schädlinge sind resistent gegenüber chemischen Pflanzenschutzmitteln, wie beispielsweise die Spinnmilbe oder Weiße Gewächshausfliege. Auch bei manchen Thripsen und Blattläusen helfen häufig verwendete Pflanzenschutzmittel mitunter nicht mehr. Das Risiko einer möglichen Resistenz lässt sich verringern, indem Sie chemische Pflanzenschutzmittel wirklich nur dann anwenden, wenn es unbedingt erforderlich ist, und die Präparate außerdem von Zeit zu Zeit wechseln.

HÄUFIGE PROBLEME

Auch wenn Schädlinge und Krankheiten sich durch einen optimalen Standort und gute Pflege weitgehend vermeiden lassen, kann es dennoch zu einem Befall mit Insekten, Viren, Bakterien und Pilzen kommen. Durch gezielte mechanische Maßnahmen und den Einsatz von Pflanzenschutzmitteln lässt sich hier rasch Abhilfe schaffen.

Schnecken und Ohrwürmer

Schnecken können ganze Gärten kahl fressen. Vor allem nachts und bei Feuchtigkeit machen sie sich über Einjährige, Stauden, Zwiebelpflanzen, Sträucher, Gemüse und Obst her. Ohrwürmer schädigen dagegen die Blätter und Blüten von Margeriten, Dahlien und Clematis.

SCHNECKEN

Barrieren errichten
Schnecken kriechen ungern über raue Oberflächen. Als Barriere können Sie deshalb um empfindliche Pflanzen grob zerkleinerte Eierschalen streuen.

OHRWÜRMER

Fallen aufstellen
Zusammengerollte Wellpappe kann als Versteck für Ohrwürmer dienen. Binden Sie die Rolle an einen Stock und stellen Sie ihn in die Nähe gefährdeter Pflanzen.

MECHANISCHE METHODEN

- **Absammeln** Nach Regenfällen oder nachts lassen sich Schnecken leicht absammeln.
- **Schneckenzaun** Das für die Schnecken unüberwindliche Hindernis aus Zinkblech oder Kunststoff schützt gefährdete Beete gut. Innerhalb des Zauns verbliebene Tiere muss man aber zuerst noch absammeln.
- **Blumentopffalle** Ohrwürmer lassen sich gut in mit Heu gefüllten Blumentöpfen fangen, die Sie in der Nähe gefährdeter Pflanzen an Stöcken aufhängen.

Erdflöhe

Trotz ihrer geringen Größe können die metallisch blau oder schwarz gestreiften Flöhe größere Schäden anrichten, indem sie in die Blätter von Kreuzblütlern hunderte kleiner Löcher fressen. Besonders anfällig sind Jungpflanzen, die durch Erdflöhe sogar absterben können.

BEKÄMPFUNGSMETHODEN

- **Klebefallen aufstellen** Als Falle eignet sich gelber Karton, den Sie mit nicht bindendem Klebstoff überziehen. Die Farbe Gelb zieht Erdflöhe wie auch andere fliegende oder springende Schädlinge an.
- **Abfälle beseitigen** Da Larven die Wurzeln von Sämlingen schädigen können, sollten Sie sämtliche Pflanzenabfälle und damit die Überwinterungsplätze der Larven beseitigen.
- **Pflanzenbrühe spritzen** Bei starkem Befall können Sie Boden und Blätter mit Rainfarn- oder Wermutbrühe spritzen.

KLEBEFALLE FÜR ERDFLÖHE

1 Ein Kartonstück von etwa 15 x 8 cm mit klebrigem Fett oder nicht bindendem Klebstoff bestreichen. Es darf nicht mit den befallenen Blättern in Berührung kommen.

2 Die klebrige Seite des Kartons über die Pflanzen halten und im Abstand von etwa 2,5–5 cm darüber ziehen, sodass die hochspringenden Erdflöhe daran haften bleiben.

Kohlfliegen und Apfelwickler

Kohlfliegen und Apfelwickler sind zwar nicht miteinander verwandt, aber der von ihnen verursachte Schaden an der Kohl- und Apfelernte lässt sich auf ähnliche Weise vermeiden. Entweder verhindert man die Fortpflanzung dieser Schädlinge, oder man stellt Fallen auf.

KOHLFLIEGEN

Jungpflanzen schützen
Damit Kohlfliegen ihre Eier nicht an ihren Wirtspflanzen ablegen, können Sie Kreise aus Teppichunterlage, Filz oder Karton ausschneiden, einen Schlitz schneiden und die Kreise um die Basis junger Kohlpflanzen legen.

APFELWICKLER

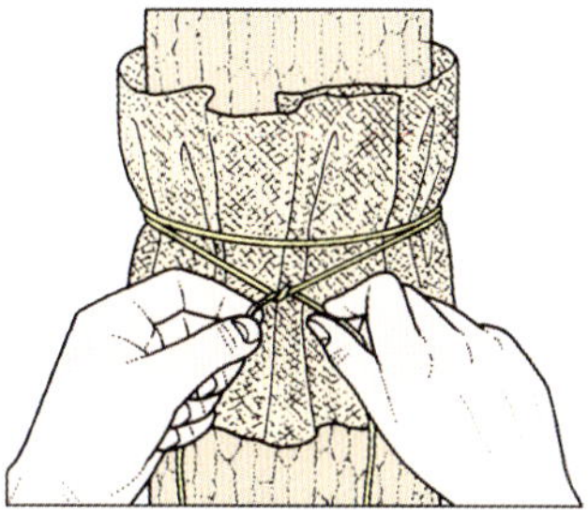

Bäume schützen
Umwickeln Sie im Sommer ein Stück des Apfelbaumstamms mit Sackleinen. Klettern die Apfelwicklerraupen zur Verpuppung am Stamm hoch, verstecken sie sich unter dem Stoff, der dann entfernt und verbrannt wird.

BEKÄMPFUNGSMETHODEN

- **Pheromonfallen** Im späten Frühjahr sollten Sie Pheromonfallen gegen Apfelwickler in den Apfelbäumen aufhängen. Diese Fallen enthalten ein klebriges Papier, in dessen Mitte eine Kapsel mit dem Duftstoff Pheromon angebracht ist, mit dem die weiblichen Falter ihre Geschlechtspartner anlocken. Die männlichen Falter werden von dem Geruch der Fallen angezogen und bleiben an dem Papier kleben, sodass die Eier der Weibchen nicht mehr befruchtet werden und damit die Vermehrung unterbrochen wird.

Möhrenfliegen und Glanzkäfer

Möhrenfliegen befallen häufig junge Möhren und andere Gemüse wie Petersilie, Sellerie und Pastinaken. Glanzkäfer richten zwar selten Schäden an, sitzen dafür aber in großer Zahl auf den Blüten von Zierpflanzen und können bei Schnittblumen aus dem Garten sehr lästig sein.

MÖHRENFLIEGEN

- **Resistente Pflanzen** Wählen Sie möglichst resistente Möhrensorten für den Gemüseanbau aus wie beispielsweise die Sorte 'Fly Away'.

Den Zugang versperren
Mit einer 60 cm hohen Absperrung aus Plastikfolie können Sie Möhren schützen, da sich Möhrenfliegen vorzugsweise in Bodennähe aufhalten.

BEKÄMPFUNGSMETHODEN

- **Frühe Sorten** Damit Möhrenfliegen möglichst wenig Schaden anrichten können, sollten Sie frühe Sorten anbauen und das Beet nicht mit Mist düngen. Eine Mischkultur mit Zwiebeln und Knoblauch wirkt ebenfalls vorbeugend.
- **Gerüche** Vermeiden Sie Druckstellen an den Möhren oder ein zu starkes Ausdünnen der Pflanzen, da der Geruch der Möhren die Fliegen anzieht. Verwenden Sie zur Aussaat möglichst pilliertes Saatgut, das sich leichter dünn aussäen lässt, sodass ein späteres Ausdünnen kaum oder gar nicht mehr nötig ist.
- **Abdecken** Achten Sie darauf, dass beim Abdecken der Möhrenpflanzen mit Vlies keine Schlupflöcher entstehen.

GUTE IDEE!

Glanzkäfer abwehren
Schütteln Sie von Käfern befallene Schnittblumen gut ab und lassen Sie die Blumen über Nacht im Schuppen oder der Garage mit einer einzelnen Lichtquelle stehen. Die meisten Käfer werden sich an der Lichtquelle niederlassen.

Drahtwürmer

Drahtwürmer sind die Larven von Schnellkäfern und befallen vor allem Gemüse oder frisch angelegte Beete. Dabei bohren sie sich in Kartoffelknollen und anderes Wurzelgemüse, mitunter auch in die Wurzeln von ein- oder mehrjährigen Pflanzen oder in Blumenzwiebeln.

Bekämpfungsmethoden

- **Schädlinge freilegen** Bei der Neuanlage eines Gartens oder bei der Kultivierung von Wiesenflächen sollten Sie den Boden regelmäßig umgraben. Dadurch werden die Eier und Larven der Drahtwürmer zunächst freigelegt und später von Nützlingen vernichtet.
- **Weizen anbauen** Setzen Sie auf neu kultivierten Beetflächen in den ersten 1–2 Jahren eine Reihe Weizen zwischen Ihre Gemüsepflanzen. Der Weizen zieht die Drahtwürmer an, sodass man sie leicht ausgraben kann.

Drahtwurmfallen

1 Schneiden Sie einige Kartoffeln oder Karotten klein. Stecken Sie Holzspieße in die Stücke – sie dienen später als Markierung für das vergrabene Gemüse.

2 Graben Sie die Gemüsestücke im Beet ein, um die Drahtwürmer von den Pflanzen abzulenken. Mit Würmern befallene Stücke werden entfernt und vernichtet.

Kohlhernie

Kohlhernie ist der Alptraum jedes Gemüsegärtners, da der Pilz Kreuzblütler befällt, zu denen auch alle Kohl- und Rübenarten und der Rettich gehören. Zu den Symptomen dieser Krankheit zählen krebsartige Auswüchse an den Wurzeln. Die betroffenen Pflanzen entwickeln sich nicht.

Kohlhernie vorbeugen

- **Samenzucht** Ziehen Sie die Pflanzen aus Samen. Kohlhernie wird nämlich oft über die Erde an den Wurzeln befallener Pflanzen eingeschleppt.
- **Fruchtwechsel** Pflanzen Sie Kohlgewächse nur alle 4 Jahre auf eine Fläche; verwenden Sie vorher keine Kreuzblütler (z.B. Gelbsenf) als Gründüngung.

1 Wählen Sie möglichst resistente Gemüsesorten. Nach der Aussaat in Anzuchtschalen können Sie die Sämlinge, sobald sie etwa 4 cm groß geworden sind, in Töpfe mit einem Durchmesser von mindestens 5 cm vereinzeln.

2 Gießen Sie die Sämlinge regelmäßig. Nach etwa 6 Wochen, wenn die Wurzeln den Topf ausfüllen, können Sie die Pflanzen ins Beet setzen, da sie jetzt so kräftig sind, dass sie einem Befall eher widerstehen.

Bekämpfungsmethoden

- **Kalkzugabe** Der Schleimpilz, der Kohlhernie verursacht, gedeiht in schweren, sauren Böden. Durch eine gute Drainage und die Zugabe von Kalk kann man die Überlebenschancen des Pilzes verringern.
- **Ausbreitung begrenzen** Bringen Sie keine Erde aus befallenen Bereichen auf andere Flächen und reinigen Sie nach der Gartenarbeit gründlich alle Geräte und Schuhe.
- **Regelmäßig jäten** Halten Sie das Beet frei von Unkräutern.
- **Wurzeln überprüfen** Inspizieren Sie die Wurzeln von gefährdeten Pflanzen vor dem Auspflanzen und beseitigen Sie eventuell infizierte Exemplare.
- **Pflanzen entsorgen** Befallene Pflanzen sollten Sie nicht kompostieren, sondern besser über den Hausmüll entsorgen.

Kräuselkrankheit und Sternrußtau

Die Kräuselkrankheit wird durch einen Pilz hervorgerufen, der Nektarinen, Pfirsiche und Mandeln befällt. Sternrußtau ist eine gefährliche, ebenfalls durch Pilze verursachte Rosenkrankheit, die zum völligen Verlust der Blätter führt und die gesamte Pflanze zunehmend schwächt.

Kräuselkrankheit

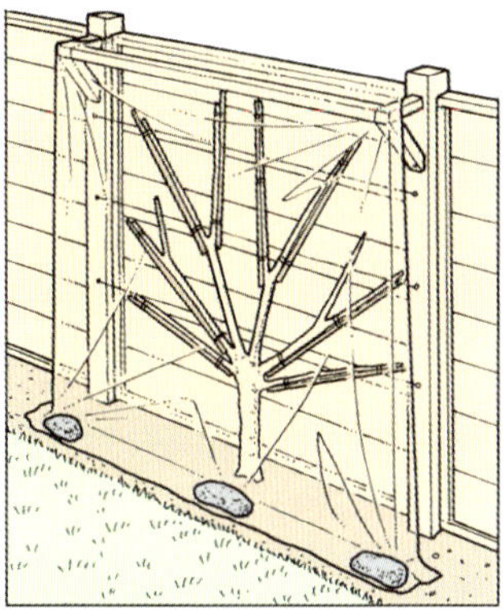

Schutz errichten
Die Pilzsporen werden durch die Luft oder Regen verbreitet. Aus Holzlatten und transparenter Plastikfolie können Sie im Spätwinter einen seitlich offenen Schutz errichten, den Sie Mitte des Frühjahrs wieder entfernen.

Sternrusstau

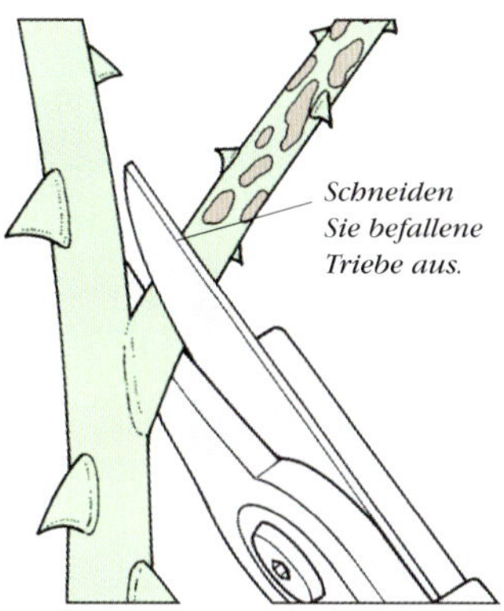

Befallene Triebe entfernen
Der Pilz kann auf heruntergefallenen Rosenblättern und -stängeln überwintern. Beim Zurückschneiden im zeitigen Frühjahr sollten Sie daher alle Triebe mit den typischen, winzigen purpurschwarzen Löchern entfernen.

Bekämpfungsmethoden

- **Kräuselkrankheit** Spritzen Sie nur im Notfall befallene Bäume mit einem nützlingsschonenden Fungizid. Vorbeugend sollten Sie im Herbst Bäume und Boden mit Ackerschachtelhalmbrühe spritzen sowie beim Austrieb dreimal innerhalb von 10 Tagen.
- **Sternrußtau** Spritzen Sie nach dem Zurückschneiden im Frühjahr die ganze Pflanze regelmäßig mit Kräuterbrühen, um die Widerstandskraft zu erhöhen.Wollen Sie dennoch ein Fungizid anwenden, müssen Sie frühzeitig damit beginnen.
- **Sternrußtau** Befallene Blätter beseitigt man am besten sofort, weil der Pilz auf ihnen überwintern kann. In keinem Fall auf den Kompost geben.

Rasenschädlinge und -krankheiten

Braune oder gelbe Flecken auf dem Rasen können durch Trockenheit, Pilzkrankheiten oder Schädlinge verursacht werden. Mitunter stören auch frisch aufgeworfene Maulwurfshügel den Anblick. Die Bekämpfung von Maulwürfen setzt allerdings einige Geduld voraus (siehe S. 553).

Problemen vorbeugen

- **Rasenpflege** Pflegen Sie Ihren Rasen regelmäßig (siehe S. 568–569). Ein gut gedüngter und gewässerter Rasen, der zudem belüftet, vertikutiert und aufgelockert wird, ist weniger anfällig für Schädlinge, Krankheiten und Unkräuter.
- **Spätes Düngen** Auf Rasenflächen sollten Sie sehr spät im Jahr keinen stickstoffreichen Dünger mehr aufbringen, da dies die Entwicklung von Schneeschimmel fördert.
- **Stickstoffmangel** Düngen Sie Ihren Rasen während der Wachstumsperiode, damit kein Stickstoffmangel entsteht, der zu Rotspitzigkeit führen kann.

Pilze entfernen

Den Rasen kehren
Die meisten Rasenpilze sind sehr kurzlebig und wirken sich kaum nachteilig aus. Mit einem harten Besen kann man die Pilze entfernen, ehe sie ihre Hüte entfalten und Sporen freisetzen.

Vorsicht bei Urin von Tieren

Große braune Flecken auf Rasenflächen können durch den Urin von Hunden (vor allem Hündinnen) und Katzen verursacht werden. Ertappt man ein Tier bei der Urinabgabe, gießt man sofort reichlich Wasser auf die Stelle, damit das Gras nicht verbrennt. Bei einer Neuaussaat sollten Sie zuerst die mit Urin verseuchte Erde entfernen, da die Samen sonst nicht keimen. Durch Auslegen von feinmaschigen Kunststoffnetzen lässt sich verhindern, dass Tiere auf kleine Rasenflächen urinieren.

RASEN ANLEGEN UND PFLEGEN

Ein grüner Grasteppich ist oft nicht nur der perfekte Rahmen, sondern auch das ruhige Gegengewicht für einen farbenprächtigen Garten. Ist der Rasen erst einmal richtig angesät oder ausgelegt, ist die Pflege recht einfach. Im Sommer muss er zwar regelmäßig gemäht und gewässert werden, weitere Arbeiten fallen jedoch nur selten an.

Welcher Rasen ist geeignet?

Die Auswahl der Samen entscheidet über Aussehen und Pflegeaufwand der Rasenfläche, wobei herkömmliche Rasenmischungen durchaus nicht die einzige Möglichkeit sind. Nehmen Sie sich deshalb genügend Zeit bei der Überlegung, wie Sie Ihren Rasen gestalten möchten.

ALTERNATIVEN ZU GRAS

● **Kleine Flächen** *Cotula squalida* (Laugenblume) hat weiche, farnähnliche, bronzefarbene Blätter und bildet einen dichten Teppich aus kriechenden Stängeln. Sie bevorzugt halbschattige bis sonnige, feuchte Standorte und eignet sich für kleine Flächen.

● **Sonnige Flächen** *Acaena novae-zelandiae* (Stachelnüsschen) ist eine kräftige Kriechpflanze, die mit ihren gefiederten, weichen Blättern einen dichten, 2,5–5 cm hohen Teppich bildet. Sie eignet sich für schwer zu mähende Standorte, aber auch für sonnige Wegränder und Auffahrten.

UNGEWÖHNLICHER RASENTEPPICH

Stachelnüsschen-Teppich
Dieser Bewuchs benötigt einen luftigen, sonnigen Standort und muss von Hand gejätet werden. Beim Betreten des Rasens brechen die zarten Blätter und verbreiten einen angenehmen Duft.

Thymianrasen
Thymian hat duftende Blättchen und bringt im Sommer kleine rosafarbene Blüten hervor. Er benötigt Sonne, verträgt keine Staunässe und macht sich gut auf unebenen oder steinigen Flächen.

RASEN FÜR JEDEN GESCHMACK

Bei herkömmlichen Rasenmischungen kann man wählen zwischen langsam und deshalb selten zu mähenden und schnell wachsenden Sorten.

● **Sport- und Spielrasen** Rasenmischungen mit einem hohen Anteil an Weidelgräsern eignen sich besonders gut als Spielrasen.

● **Schattenrasen** Diese Mischung ist dann sinnvoll, wenn Sie den Rasen unter Bäumen anlegen oder wenn Ihr Garten nur wenig von der Sonne verwöhnt wird.

● **Zierrasen** Für einen Rasen mit gleichmäßiger Farbe und Struktur nehmen Sie eine Mischung mit einem hohen Anteil an feinblättrigem Horstrotschwingel.

DIE AUSSAAT VORBEREITEN

● **Ausmaß** Vermessen Sie zuerst die Aussaatfläche, bevor Sie das Saatgut kaufen, vergessen Sie dabei aber nicht, eventuelle Beet- und Wegflächen abzuziehen.

● **Unkraut vernichten** Entfernen Sie zuerst Unkraut mit tiefen Pfahlwurzeln oder unterirdischen Rhizomen, bevor Sie aussäen.

Grundausstattung für die Rasenpflege

- **Mähen und Trimmen** Rasenmäher sind zum Schneiden des Grases unentbehrlich. Am gebräuchlichsten sind Elektro- und Handrasenmäher. Elektromäher arbeiten mit Motor und eignen sich zum Mähen von langem, unregelmäßig gewachsenem Gras. Handrasenmäher funktionieren ohne Motor; sie eignen sich zum sauberen Mähen von gepflegten Rasenflächen. Ein halbrunder Rasenkantenstecher ist praktisch, um Rasenkanten zu säubern und Sodenstücke auszustechen. Mit einer Rasenkantenschere werden die Kanten von bereits bestehenden Rasenflächen gesäubert.
- **Pflege** Mit einer Grabgabel lässt sich der Boden für die Aussaat oder das Verlegen von Grassoden vorbereiten. Sie dient auch dazu, um im Herbst verdichtete kleinere Rasenflächen aufzulockern. Mit dem Laubbesen können Sie Blätter und Zweige zusammenkehren; außerdem lässt sich damit abgestorbenes Moos entfernen und bei einem vertikutierten Rasen das herausgelöste, verfilzte Gras, Blätter und sonstige Abfälle zusammenrechen.
- **Kanten** Utensilien wie Bambusstäbe, Plastikfolie und Bindfaden sind bei der Gestaltung der Rasenkanten nützlich.
- **Wässern** Auf einen Gartenschlauch kann man nur in sehr kleinen Gärten verzichten. Mit einem Viereckregner, der rechteckige Flächen wässert, oder einem Kreisregner, der runde Flächen abdeckt, wird das Wässern fast zum Kinderspiel.

Vorsicht!

Wichtig ist ein Stromkreisunterbrecher bei elektrischen Gartengeräten. Benutzen Sie bei Nässe keinen Elektrorasenmäher.

Gartenschlauch

Kreisregner

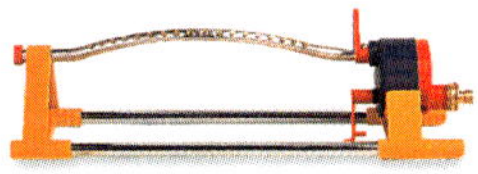

Viereckregner

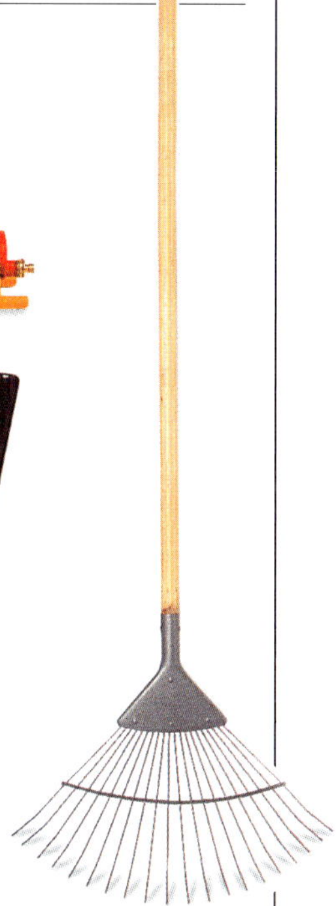

Laubbesen

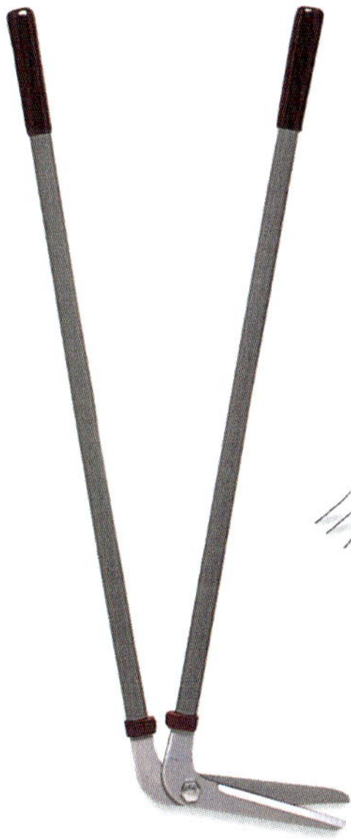

Rasenkantenschere

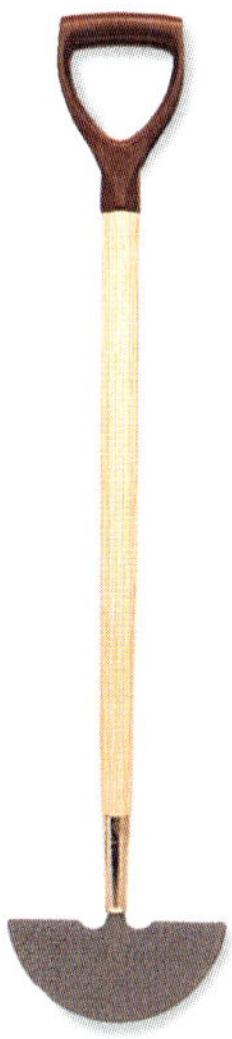

Rasenkantenstecher

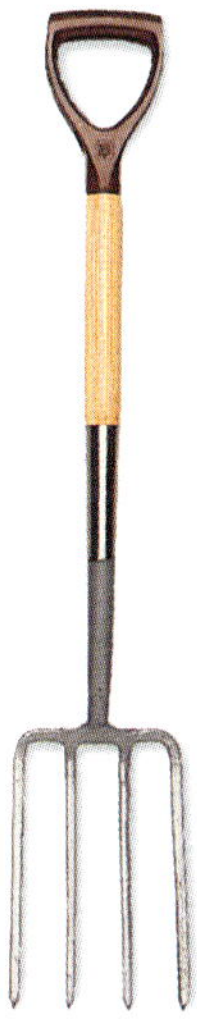

Grabgabel

Bambusstab

Handrasenmäher

Plastikfolie

Bindfaden

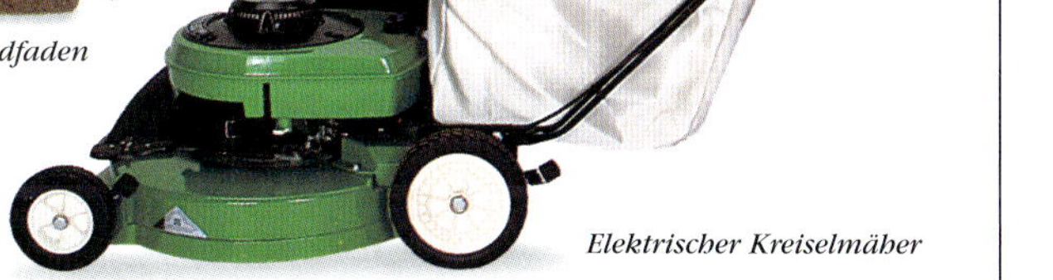

Elektrischer Kreiselmäher

RASENANLAGE

Gleichgültig, ob Sie Rasen aussäen oder Grassoden verlegen möchten: Für die Anlage eines Rasens benötigen Sie nicht viel Zeit. Am langwierigsten und zugleich am wichtigsten für den Erfolg ist die Vorbereitung des Bodens, damit der Rasen zum grünen Teppich wird.

Saat ausbringen

Das Ansäen der Grassamen ist im Gegensatz zur Verlegung fertiger Grassoden preiswerter. Darüber hinaus haben Sie bei Grassamen eine größere Auswahl als bei Soden. Wichtig ist, dass Sie die für Ihre Gartenverhältnisse geeignete Rasenmischung wählen.

Rasenkanten festlegen

Gerade Kanten
Legen Sie eine schwere Plastikfolie so aus, dass der Rand die von Ihnen markierte gerade Kante bildet. So bleibt der Boden unter der Folie frei von Grassamen.

Geschwungene Kanten
Binden Sie eine Schnur an einen Bambusstab und stecken Sie diesen in den Boden. Das Schnurende an einen zweiten Stab knoten und mit dem losen Stab die gewünschten Kurven zeichnen.

Grassamen säen

- **Vor der Aussaat** Entfernen Sie alle größeren Steine oder Wurzelreste und bringen Sie einen Universaldünger auf der gesamten Fläche aus.
- **Schutzmaske** Grassamen können sehr staubig sein. Damit Sie den Staub nicht einatmen, setzen Sie beim Ansäen sicherheitshalber eine Atemmaske auf.
- **Wie säen?** Beginnen Sie am entferntesten Ende der Fläche, damit Sie nicht über die gerade ausgesäte Saat laufen.
- **Bearbeiten** Harken Sie das Saatgut mit dem Rechen leicht ein, sodass eine dünne Erdschicht über den Samen liegt, um die Keimung zu fördern.

GUTE IDEE!

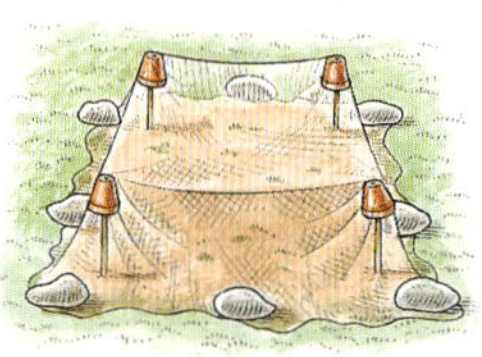

Geschützte Saat
Um frisch angesäte kleinere Flächen vor Vögeln zu schützen, stecken Sie Stäbe in den Boden und stülpen Blumentöpfe über die Enden. Breiten Sie leichte Schutznetze darüber aus und beschweren Sie die Ränder mit Steinen.

Probleme vermeiden

- **Zu sparsame Ansaat** Wenn Sie die Grassamen allzu spärlich aussäen, sparen Sie auf lange Sicht gesehen an der falschen Stelle, da ein dünner Rasen schnell von Wildgräsern, Unkraut und zahllosen Moosen besiedelt wird.
- **Zu großzügige Ansaat** Haben Sie dagegen zu viel Samen ausgestreut, stehen die Grashalme später zu dicht. Die dadurch bedingte unzureichende Luftzirkulation kann schwere Pilzinfektionen fördern. Die Rasenfläche wirkt dann sehr unansehnlich und wenig einheitlich in ihrer Gesamtansicht.

Gleichmässig säen

Um die Samen gleichmäßig zu verteilen, nehmen Sie einen Blumentopf mit mehreren Abflusslöchern als Streuer. Wenn Sie wissen, wie viele Quadratmeter pro Topffüllung Sie aussäen, erhalten Sie eine regelmäßige Aussaat.

Grassoden verlegen

Das Anlegen einer Rasenfläche mit Grassoden ist recht einfach und das Resultat der Arbeit sieht man sofort. Wichtig ist ein gut vorbereiteter Boden, denn dann ist das Verlegen fast mühelos. Kaufen Sie nur hochwertige Qualität, da Billigware häufig Unkraut und Schädlinge enthält.

Soden als Rollenware

● **Keine Wartezeit** Gerollte Grassoden werden für den Tag der Verlegung bestellt, da sie nicht länger als ein bis zwei Tage aufgerollt liegen sollten.

Grassoden konservieren Verarbeitet man die Soden nicht sofort, muss man die Rollen auslegen, da das Gras sonst kaputtgeht. Wässern Sie die entrollten Soden und halten Sie das Gras bis zur Verarbeitung feucht.

Idealer Zeitpunkt

● **Timing** Grassoden verlegt man im Spätsommer, Frühherbst oder Frühjahr. Ungünstig ist ein Tag mit nassem, trockenem oder kaltem Wetter.

Versetzt verlegen Verlegen Sie die erste Bahn entlang einer geraden Kante. Ordnen Sie die Soden versetzt an, um eine gleichmäßige Oberfläche zu erhalten, und arbeiten Sie Dünger in die Ritzen ein.

BEWÄHRTES WISSEN

Soden in Form bringen Soden aus dem eigenen Garten sind häufig unterschiedlich dick. Bringen Sie sie auf eine einheitliche Stärke, indem Sie jede einzeln umgedreht in einen Rahmen mit der richtigen Höhe legen und überschüssige Erde mit einem geeigneten scharfen Gegenstand abtragen.

Rasenkanten säubern

Ist die Rasenfläche verlegt, müssen noch die Ränder der Grassoden in Form gebracht werden. Am einfachsten lässt sich dies unmittelbar nach dem Auslegen bewerkstelligen. Mit derselben Technik können Sie später aber auch die Kanten von älteren Rasenflächen restaurieren.

Gestaltung der Kanten

● **Werkzeug** Zum Stechen der Kanten verwendet man einen speziellen Kantenstecher oder einen scharfen Spaten.

● **Gerade Kante** Markieren Sie die Kanten mit zwei Pflöcken, die Sie in die Erde stecken, und markieren Sie die Linie, indem Sie eine Schnur zwischen beide Pflöcke spannen. Schneiden Sie direkt an der Innenseite dieser Linie.

● **Wässern** Neuen Rasen sollten Sie erst nach dem Schneiden der Kanten wässern, da das Ausschneiden sonst erschwert wird und beim Betreten größerer Schaden entsteht.

Geschwungene Kanten ausschneiden

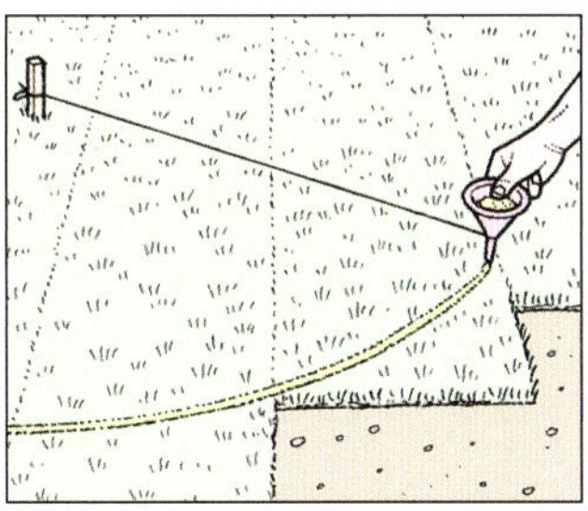

1 Einen Holzpflock in den Boden stecken und Schnur in der gewünschten Länge daran festbinden. Die Schnur stramm ziehen und einen Trichter am Ende befestigen. Sand einfüllen und mit dem Trichter die Kurven markieren.

2 Mit einem halbrunden Rasenkantenstecher entlang der Markierung kräftig in den Rasen schneiden. Damit eine möglichst scharfe Schnittfläche entsteht, stellen Sie sich am besten direkt über den Rasenkantenstecher.

RASENPFLANZEN

Eine lebendige Bepflanzung des Rasens mit Blumenbeeten, Büschen und Bäumen oder auch einzelnen Zwiebelpflanzen kann ebenso schön sein wie eine ruhige grüne Rasenfläche. Bei phantasievoller Gestaltung und guter Pflege können Sie erstaunliche Ergebnisse erzielen.

Gestalten mit Zwiebelpflanzen

Als Einzelpflanzen für den Rasen eignen sich insbesondere früh blühende Zwiebelpflanzen. Die meisten vermehren sich dann bei guter Pflege ganz von allein und kommen jedes Jahr wieder. Auf einem frisch gemähten Rasen lassen sich die Blumenzwiebeln übrigens leichter einsetzen.

Kleine Blumenzwiebeln

Vorsichtig setzen
Die Soden mit dem Spaten einschneiden, zurückklappen und die Erde leicht lockern und düngen. Die Zwiebeln setzen, die Soden wieder darüber legen und mit den Händen festdrücken.

Große Blumenzwiebeln

Natürlich anordnen
Damit die Pflanzung möglichst natürlich aussieht, legen Sie die Zwiebeln unregelmäßig aus. Wichtig ist, dass sie genügend Abstand haben, um sich beim Wachstum nicht gegenseitig zu behindern.

Blumen im Gras

- **Auswahl** Nehmen Sie Blumenzwiebeln mit relativ kleinen Blättern wie etwa kleine Narzissen. Das ist vor allem dann wichtig, wenn Sie den Rasen regelmäßig mähen.
- **Vorbereitung** Schneiden Sie das Gras vorher ganz kurz, es erleichtert das Zwiebelsetzen.
- **Pflanzloch** Wenn Sie einen Zwiebelpflanzer verwenden, sollten Sie darauf achten, dass die Zwiebeln festen Kontakt zum Boden haben.
- **Düngen** Es reicht, wenn Sie die Zwiebelpflanzen einmal jährlich düngen (siehe S. 527).

Setzen und pflegen

Zwiebelpflanzen wirken auf einer Rasenfläche besonders attraktiv, wenn sie in Gruppen gesetzt werden. Achten Sie bei der Planung darauf, dass die Pflanzengruppe der Größe nach zur Rasenfläche passt und nehmen Sie bei einem kleinen Rasen am besten Zwergformen.

So gedeihen Zwiebelpflanzen auf dem Rasen

- **Boden** Manche vertragen keinen allzu trockenen Boden, wie er unter Bäumen und Großsträuchern anzutreffen ist.
- **Blüte fördern** Stehen Zwiebelpflanzen zu eng, blühen sie mitunter nur spärlich. Deshalb sollte man sie alle 4–5 Jahre herausnehmen, teilen und neu setzen (siehe S. 596).
- **Blätter einziehen** Lassen Sie die Blätter nach der Blüte für mindestens 6 Wochen an der Pflanze einziehen, da sonst die Blüte im folgenden Jahr beeinträchtigt wird.
- **Düngen** Benötigen Blumenzwiebeln in einer Rasenfläche zusätzliche Nährstoffe, verwenden Sie einen Dünger mit hohem Kaliumgehalt, der die Blüte fördert (siehe S. 525). Ungünstig ist stickstoffreicher Dünger, da er das Rasenwachstum auf Kosten der Pflanzen fördert.

Gruppen gestalten

- **Lockere Anordnung** Wollen Sie mehrere Gruppen anpflanzen, geben Sie jeder eine andere Form und Größe.

Dekorative Sorten

- **Klassiker** Osterglocken und andere Narzissenarten werden meist blühend in den Rasen gesetzt. In größeren Gruppen gepflanzt, wirken sie besonders farbenprächtig und kommen jahrelang wieder.
- **Schneeglöckchen** Sie sind eine Augenweide im Frühling, wachsen gut an und vermehren sich von allein.
- **Krokusse** Sehr dekorativ wirken entweder bunte Mischungen oder auch Gruppen mit nur einer oder zwei Farben in gleicher Größe.

Eine Blumenwiese anlegen

Wildblumen können einen Rasen in ein leuchtendes Blütenmeer verwandeln, das Insekten und andere Nützlinge in den Garten lockt. Wählen Sie für Ihre Blumenwiese jedoch möglichst zarte Gräser wie Schwingel oder Straußgras, in denen die Blumen nicht untergehen.

Aussaat

Gleichmäßige Aussaat
Damit sich die Saat gleichmäßig verteilt, sollten Sie vor dem Aussäen die Gras- und Wildblumensamen in einem Eimer mit etwas Sand vermischen. Bringen Sie vorher aber keinen Dünger aus.

Wachstumsprobleme

- **Alternative** Gedeiht Ihr Rasen nicht recht, könnte aufgrund des Bodens eine Blumenwiese besser geeignet sein.

Pflanzlöcher anlegen
Pflanzlöcher in Rasenflächen gelingen mit der Pflanzkelle oder einem Zwiebelpflanzer. Vorgezogene Wildblumen pflanzen Sie am besten in Gruppen, damit sie möglichst natürlich wirken.

Saatgut kaufen

- **Gute Qualität** Kaufen Sie Wildblumensamen nur bester Qualität im Fachhandel, da Billigware oft nicht gut keimt.

Blumenwiese pflegen

- **Mähen** Mähen Sie Ihre Blumenwiese erst dann, wenn die Blumen ausgesamt haben, da sich ihre Lebensdauer sonst erheblich verkürzt.
- **Magerer Boden** Eine Blumenwiese sollten Sie niemals düngen, da Wildblumen am besten auf magerem, unfruchtbarem Boden gedeihen. Dünger würde dazu führen, dass die Blumen sehr schnell von Unkräutern und Gras überwuchert werden.

Blickfänge schaffen

Wollen Sie Ihren Rasen interessanter gestalten, können Sie ihn etwa mit einem Baum optisch auflockern. Dabei sollten Sie allerdings auch seine Wirkung auf den übrigen Garten bedenken. Will Ihr Rasen dagegen nicht so recht wachsen, ist es sinnvoller, die Fläche umzugestalten.

Einen Baum pflanzen

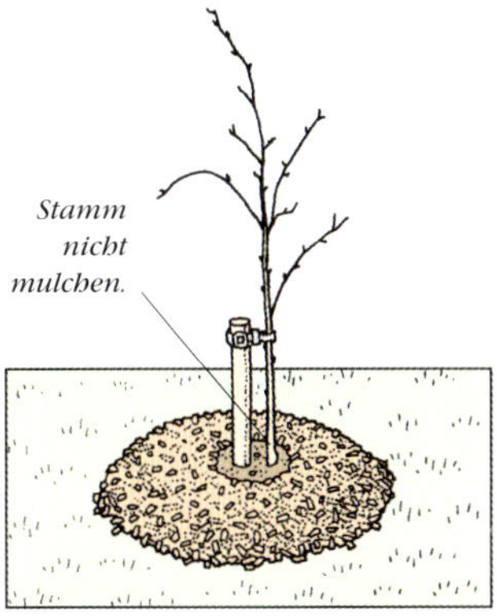

Pflanzgrube vorbereiten
Bei Bäumen auf Rasenflächen sollte die Pflanzgrube drei- bis viermal größer sein als der Wurzelballen, damit er nicht beengt wird. Eine 5–7 cm dicke Mulchschicht hält den Boden feucht.

Rasenalternativen

- **Büsche** Auf schütteren Grasflächen kann man sehr gut Büsche – einzeln oder in Gruppen – anpflanzen. Das sieht besser aus und ist pflegeleichter als ein nur spärlich wachsender Rasen.
- **Einzelbeet** Zur Auflockerung einer großen Rasenfläche können Sie auch Einzelbeete anlegen, die Sie mit Stauden, Gehölzen und Zwiebelpflanzen begrünen, sodass das Rasenensemble das ganze Jahr über ansprechender aussieht.
- **Sumpfpflanzen** Auf feuchten Rasenflächen breiten sich gern Moose und Unkräuter aus. Ein solcher Rasen eignet sich eher für feuchtigkeitsliebende Pflanzen (siehe S. 573).

GUTE IDEE!

Hangbepflanzung
Ein steiler Hang lässt sich oft nur sehr schwer mähen. Anstatt einen Rasen anzulegen, kann es viel Arbeit und Mühe sparen, wenn Sie den Hang mit schönen Kletterpflanzen und attraktiven Bodendeckern bepflanzen.

RASENPFLEGE

Damit Ihr Rasen schön dicht bleibt und immer gepflegt wirkt, sind regelmäßiges Mähen, Wässern und Düngen erforderlich. Das Aussehen Ihres Rasens hängt zum größten Teil davon ab, wie viel Zeit und Mühe Sie in seine Pflege bereit sind zu investieren.

Rasen mähen

Regelmäßiges Mähen ist unerlässlich, damit der Rasen gepflegt aussieht, wobei die Schnitthöhe der Jahreszeit entsprechend gewählt wird. Zu hohes Gras wird nach dem Schneiden gelb und ungleichmäßig, zu kurzes Gras kann kahle Stellen erzeugen, und beides schwächt den Rasen.

Saubere Kanten anlegen und erhalten

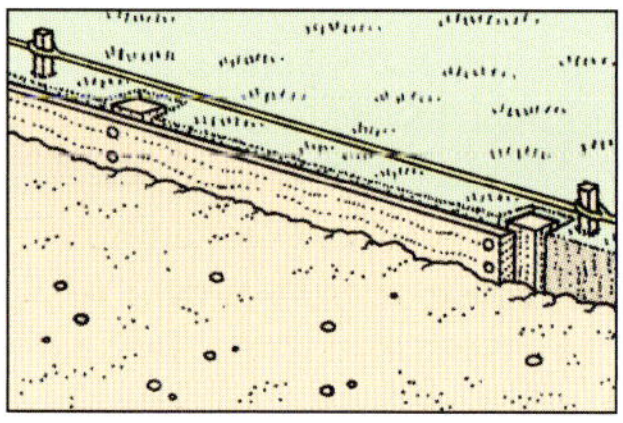

Versenkte Einfassungen
Aus Holz-, Wellblech- oder Kunststoffleisten kann man preiswert Einfassungen fertigen. Sie werden so in den Boden eingelassen, dass der größte Teil versenkt ist und nur ein kleiner Teil herausschaut.

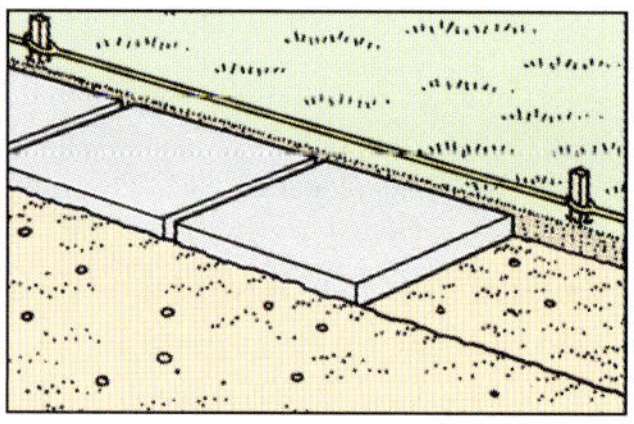

Begrenzungsstreifen
Eine Begrenzung aus Ziegelsteinen oder dicht verlegten Platten verhindert, dass sich das Gras in angrenzende Beete ausbreitet. In diesem Fall können Sie einfach über die Kanten hinwegmähen.

Richtig mähen

- **Trockenheit** Mähen Sie nicht bei trockenem Wetter. Andernfalls sollten Sie die Schneide höher stellen, damit das Gras nicht zu kurz wird.
- **Nässe** Mähen Sie auch nicht bei starker Nässe, da der Boden dann verdichtet ist und der Mäher leicht verstopft.
- **Einfassungen** Rasenkanten sollten stets niedriger sein als das Gras und etwas höher als die Graswurzeln. Ist die Einfassung zu hoch, kann der Rasenmäher beschädigt werden.

Rasenkanten trimmen

Auch ein regelmäßig gemähter Rasen sieht unordentlich und ungepflegt aus, wenn die Kanten nicht gestutzt werden oder ungleichmäßig verlaufen. Einmal aus der Form geratene Kanten sticht man erfahrungsgemäß besser neu ab statt sie aufwändig zu reparieren.

Brett zum Markieren

Gerade Kanten abstechen
Nehmen Sie ein Holzbrett zu Hilfe, wenn Sie den Rand mit einem Rasenkantenstecher schneiden. So erhalten Sie eine gerade Linie und beschädigen die Kante auch nicht, wenn Sie darauf stehen.

Schneidewerkzeuge

- **Werkzeuge** Sie brauchen eine Rasenkantenschere, um die Kanten regelmäßig zu trimmen oder nachzuschneiden. Ein- bis zweimal jährlich sollten Sie die Kanten mit einem Rasenkantenstecher behandeln, der glatt durch alle Graspflanzen schneidet, die über den Rand hinausreichen.
- **Mähkopf** Manche Rasentrimmer haben einen verstellbaren Mähkopf, sodass sie auch zum Kantenschneiden dienen.
- **Schnitttechnik** Schneiden Sie bis in Wurzeltiefe und halten Sie den Rasenkantenstecher dabei senkrecht.

BEWÄHRTES WISSEN

Gefrorenes Gras schonen
Gehen Sie nicht über gefrorenen oder reifbedeckten Rasen. Sonst wird das Gras beschädigt und anfällig für Krankheiten (*Fusarium*-Pilz).

Rasen düngen

Ihr Rasen benötigt auch Dünger, damit er schön dicht und üppig wächst, denn auf regelmäßiges Mähen reagiert er mit verstärktem Wachstum, und das kostet viel Energie. Unter den verschiedenen Düngemitteln sollten Sie dasjenige nehmen, das Ihrem Rasentyp am besten entspricht.

DÜNGER AUSBRINGEN

Düngermenge einschätzen
Markieren Sie eine Probefläche von 1 m^2. Wiegen Sie die für diese Fläche empfohlene Düngermenge ab und verteilen Sie diese mithilfe eines Blumentopfs. Nehmen Sie diese Menge als Maßstab für die übrige Fläche.

RICHTIG DÜNGEN

- **Dünger auswählen** Wählen Sie je nach Jahreszeit den passenden Dünger. Manche Mittel eignen sich für das Frühjahr, andere besser für den Herbst.
- **Wann düngen?** Düngen Sie nicht zu spät im Jahr, sonst fördern Sie neues Wachstum, das die Gräser für Frostschäden und Infektionen anfällig macht.
- **Flüssigdünger** Bei Hitze und Trockenheit nimmt man am besten Flüssigdünger, der nicht zu Verbrennungen führt.
- **Überdüngen** Vermeiden Sie zu häufiges oder zu hoch dosiertes Düngen, denn auch dadurch drohen Verbrennungen.

GUTE IDEE!

Schnakenlarven
Stare auf dem Rasen können ein Hinweis auf Schnakenlarven sein. Wässern Sie das Gras und decken Sie es mit Folie ab. Am nächsten Tag können Sie die Larven einsammeln.

Rasen vertikutieren

Auch wenn Sie Ihren Rasen noch so sorgfältig anlegen und ihn anschließend gut pflegen, wird sich mit der Zeit immer einiges Unkraut einstellen. Kleine Flächen können Sie von Hand jäten (siehe S. 538), bei verfilztem Rasen ist regelmäßiges Vertikutieren ratsam.

RASEN RICHTIG VERTIKUTIEREN

- **Wann vertikutieren?** Einen Zierrasen sollten Sie alle 1–2 Jahre vertikutieren, einen Spielrasen nur bei dichtem Filz; und bei Blumenwiesen ist dies gar nicht nötig.
- **Warum vertikutieren?** Wenn das Gras schlecht wächst, liegt das meist am Rasenfilz, der durch Ausläufer bildende Gräser und Unkraut verursacht wird. Sie durchziehen den Rasen mit dichten Wurzeln und verfilzen zusammen mit herabgefallenem Rasenschnitt den Boden so stark, dass die Wurzeln nicht mehr belüftet werden. Mit einem Vertikutierer, der mit seinen Messern leicht in die Oberfläche dringt, wird der Filz gelöst und danach mit dem Rechen entfernt.
- **Gerät leihen?** Wollen Sie große Flächen regelmäßig vertikutieren, sollten Sie über die Anschaffung eines Vertikutierers nachdenken. Fällt diese Arbeit dagegen nur selten an, können Sie sich das Gerät im Baumarkt für eine geringe Gebühr auch ausleihen.
- **Vor- und Nachbereitung** Vor dem Vertikutieren sollten Sie den Rasen möglichst kurz mähen und nach der Behandlung gut wässern und düngen.
- **Moosvertilgungsmittel** Bei Einsatz eines Moosvertilgungsmittels sollten Sie unbedingt die Wartezeit beachten. Ist das Moos nicht abgetötet, verteilen Sie die Sporen beim Zusammenrechen und fördern so einen erneuten Moosbefall.

MOOS AUF DEM RASEN

- **Nässe** Moosbefall auf nassen, verdichteten Flächen lässt sich verhindern, indem Sie den Rasen vertikutieren.

Moos entfernen
Bei hartnäckigem Moosbefall hilft auch ein Moosvertilgungsmittel. Nach dem Absterben können Sie das Moos mit dem Rechen entfernen.

RASENPROBLEME

Stark beanspruchte Rasenflächen können schnell unansehnlich wirken. Auch die Beschaffenheit des Bodens, ungünstige Wetterverhältnisse oder beschädigte Rasenkanten können dazu beitragen, dass der Rasen nicht dem gewünschten Aussehen entspricht.

Schadhafte Kanten ausbessern

Saubere und gepflegte Kanten tragen ebenso zur Gesamterscheinung bei wie die Rasenfläche selbst; unsaubere oder beschädigte Kanten wirken störend und sollten ausgebessert werden, wobei Sie kleinere Schäden ganz einfach selbst reparieren können.

So reparieren Sie beschädigte Kanten

1 Stechen Sie mit dem Rasenkantenstecher die schadhafte Stelle als exaktes Quadrat aus. Heben Sie die Sode vorsichtig ab und drehen Sie diese so, dass die beschädigte Kante auf der Rasenseite liegt.

2 Passen Sie die Sode so ein, dass sie nicht übersteht, und säen Sie die schadhafte Stelle mit einer passenden Rasensaat neu an, die Sie vorher mit etwas Erde mischen. Wässern Sie die Stelle gründlich.

Grassoden schneiden

- **Wie schneiden?** Schneiden Sie Grassoden stets in Form eines gleichmäßigen Quadrats oder Rechtecks, sodass sie nach einer 180-Grad-Drehung wieder genau passen.

Kanten schützen

- **Begrenzungsstreifen** Hilfreich sind Begrenzungsstreifen oder eine Einfassung aus Ziegelsteinen, die die Rasenkanten schützen.
- **Kübelpflanzen** Häufig beanspruchte Bereiche wie Wegränder können Sie auch mit Kübelpflanzen schützen.

Schäden im Rasen ausbessern

Ungünstige Bodenverhältnisse oder eine häufige intensive Nutzung können dazu führen, dass sogar auf gesundem, kräftigem Rasen kahle Stellen entstehen. Ergreift man dann nicht sofort geeignete Gegenmaßnahmen, können sich diese unschönen Stellen sogar noch weiter ausbreiten.

Reparaturarbeiten

- **Wann reparieren?** Ausbesserungen am Rasen führen Sie am besten aus, wenn das Gras besonders gut wächst, also im Frühling, Spätsommer oder Frühherbst.
- **Neuanlage** Ist der Rasen großflächig beschädigt oder tauchen die Schäden immer wieder auf, kann dies auf ein grundlegendes Problem hinweisen. In diesem Fall sollten Sie nach gründlicher Vorbereitung des Bodens die gesamte Fläche neu ansäen oder neue Grassoden verlegen.

Beschädigte Grassoden ersetzen

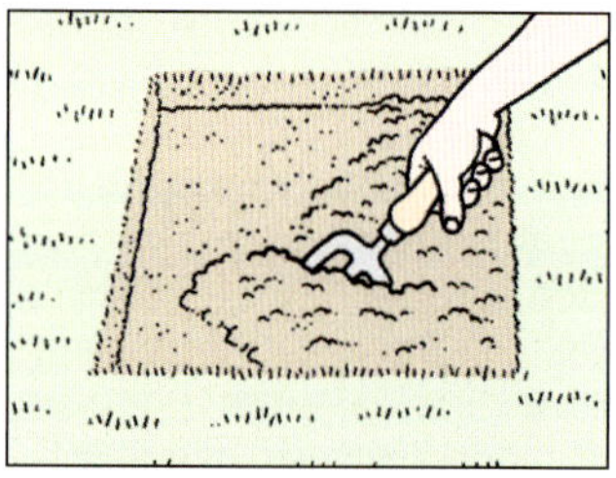

1 Die beschädigte Stelle mit einem Rasenkantenstecher freilegen und die Sode mit einem Spaten entfernen. Die Erde etwas lockern, leicht düngen und andrücken. Das neue Sodenstück darauf legen.

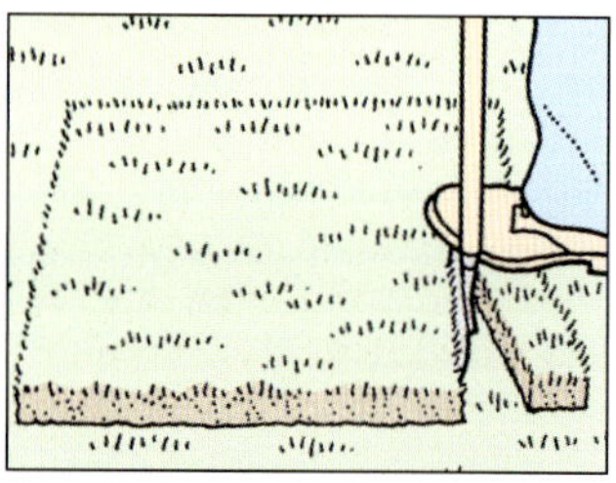

2 Möglichst nur Soden von gleicher Art verwenden, damit sie sich gut einpassen. Die neue Sode in das Loch legen, mit dem Rasenkantenstecher passend zuschneiden, andrücken und wässern.

Beanspruchte Flächen schützen

Einige Rasenbereiche werden erfahrungsgemäß stärker beansprucht als andere, beispielsweise die Rasenfläche an der Grillstelle oder Kinderschaukel. Solche Flächen benötigen eine intensive Pflege, damit sie nicht schnell unansehnlich werden.

Drainage verbessern

● **Jährliche Pflege** Staunässe ist oft der Grund für schlecht wachsendes Gras. Verbessern Sie den Wasserabfluss und das Wurzelwachstum, indem Sie den Rasen jährlich im Herbst vertikutieren und düngen.

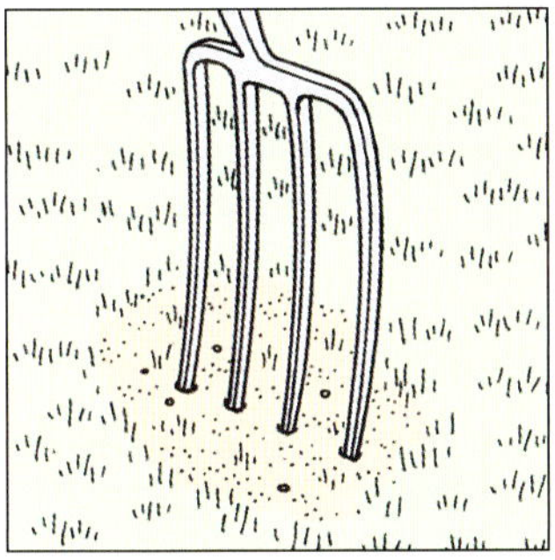

Rasen belüften
Belüften Sie verdichtete Rasenflächen mithilfe einer Grabgabel, die Sie in Abständen von jeweils etwa 15 cm mindestens 10 cm tief einstechen und dabei leicht vor- und zurückbewegen, um die Löcher zu vergrößern.

Rasenpflege

● **Düngen** Nach dem Belüften des Rasens sollten Sie mithilfe eines Besens eine Mischung aus Sand und Dünger in die Löcher einarbeiten, damit die Abflusslöcher länger erhalten bleiben.

● **Schnitthöhe** Mähen Sie das Gras auf stark beanspruchten Flächen nie ganz kurz. Wenn Sie den Rasen darüber hinaus regelmäßig düngen und wässern sowie ausreichend belüften und vertikutieren, kann das neue Gras kräftig und gesund nachwachsen.

● **Rasen schützen** Häufig betretene Rasenflächen wie beispielsweise einen Trampelpfad sollten Sie mit einem Stein- oder Holzbelag vor starker Beanspruchung schützen. Einen Weg über den Rasen können Sie auch sehr gut mit einzelnen Trittsteinen vor zu schneller Abnutzung schützen.

Spielfläche

Da der Rasen an den für die Kinder vorgesehenen Spielflächen extrem robust sein muss, säen Sie an diesen Stellen am besten eine Spezialmischung aus besonders widerstandsfähigen Gräsern, die als strapazierfähiger Sportrasen angeboten wird. Oder Sie verwenden von Beginn an eine andere Oberfläche und bringen auf die gefährdeten Stellen lediglich eine 5-7 cm dicke Schutzschicht aus Rindenmulch auf.

Selbst gefertigte Trittsteine

In Eigenregie hergestellte Trittsteine sind preiswerter als gekaufte und können nach eigenem Geschmack gestaltet werden. Wollen Sie farbige Platten haben, mischen Sie Betonfarbe unter den Zement. Damit die Trittsteine etwas abwechslungsreicher wirken, können Sie kleine Zweige auf dem Boden der Gussform verteilen. Füllen Sie die Mischung vorsichtig ein, damit die Zweige nicht verrutschen.

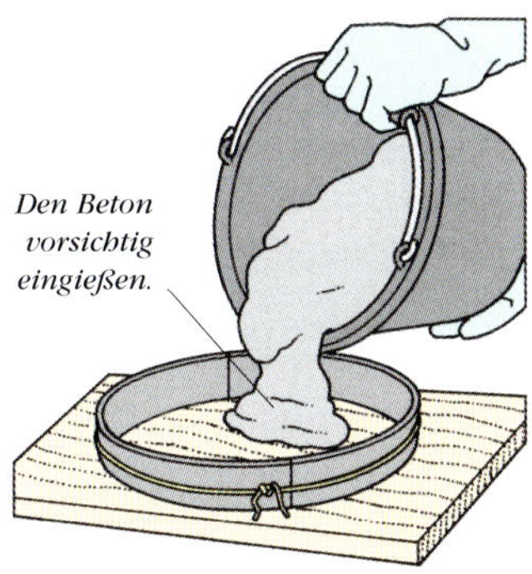

1 Aus halbelastischem Kunststoff oder Metall die Seitenteile der Gussform formen. Jeweils zwei Teile mit Klebeband oder Schnur zusammenbinden, sodass die Größe variabel ist.

2 Die Form auf eine Holzplatte legen und darauf achten, dass keine Ritzen entstehen, durch die Zement austreten kann. Die Form mit Beton füllen; eventuelle Spritzer sofort feucht abwischen.

3 Den Beton mindestens 48 Stunden lang aushärten lassen, dann die Form aufbinden und entfernen. Die Platte vor Frost schützen, bis der Beton völlig getrocknet ist.

Ein schöner Teich im Garten

Wasser in jeder Form bringt Leben in den Garten. Schon der Anblick eines Teiches oder das Plätschern eines Springbrunnens genügt, um eine Atmosphäre der Ruhe und Entspannung herzustellen – gleichgültig wie groß oder klein ein Garten ist. Wenn kein Platz für einen Teich vorhanden ist, können Sie auch ein schönes Wasserspiel anlegen.

Grundausstattung für die Teichanlage

- **Teich anlegen** Für die Anlage eines Miniteichs aus einem alten Holzfass brauchen Sie Drahtbürste, Spachtel, Pinsel und Holzschutzmittel. Wichtig sind auch Gummihandschuhe, um die Hände zu schützen. Ein Sumpfgarten lässt sich mit spezieller Teichfolie auskleiden, und mit dem Gartenschlauch kann man selbst einen großen Teich mit Wasser füllen.
- **Teich bepflanzen und pflegen** Zum Versenken der Pflanzkörbe ist feste Schnur hilfreich; mit Kies können Sie die Körbe beschweren und an ihrem Platz halten. Sinnvoll ist das Auskleiden der Pflanzkörbe mit passend zugeschnittenem Sackleinen, damit die Erde um den Wurzelballen an ihrem Platz bleibt, sowie ein scharfes Messer oder eine Schere, um die Pflanzen zurückzuschneiden. Mit einem Sieb lassen sich Algen und andere störende Pflanzen aus dem Teich entfernen.
- **Teich sauber halten** Mit Kunststoffgittern lässt sich das Laub fern halten, das zu Fäulnis führen kann. Ein Holzklotz hilft, den Teich vor Eisschäden zu schützen.

Vorsicht!

Lassen Sie elektrische Geräte vom Fachmann installieren und regelmäßig prüfen.

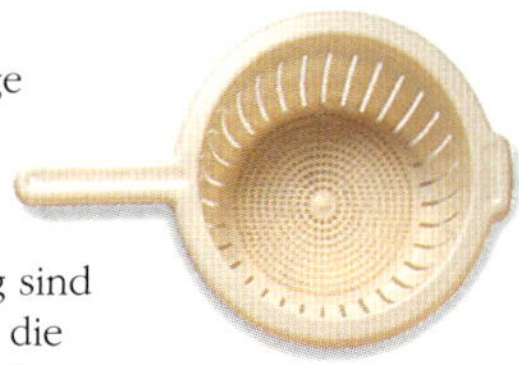
Sieb

Drahtbürste

Pinsel

Gummihandschuhe

Gartenschlauch

Kies

Schere

Scharfes Messer

Schnur

Holzklotz

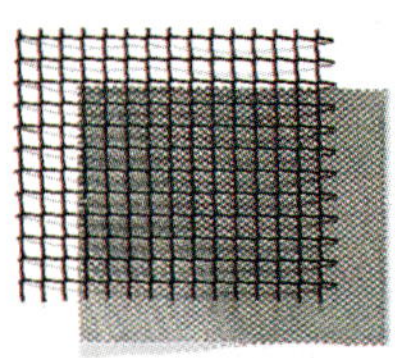
Eng- und weitmaschiges Kunststoffgitter

Spachtel

Holzschutzmittel

Sackleinen

Teichfolie

TEICHE ANLEGEN

Ehe Sie sich für ein Gewässer im Garten entscheiden, sollten Sie sich Zeit nehmen und sich über das umfangreiche Angebot an Teichen, Wasserbecken und Springbrunnen informieren. Sie sind in den unterschiedlichsten Ausführungen erhältlich, sodass für jeden Geschmack und jeden Gartentyp etwas dabei ist.

Wasserstellen sichern

Jedes tiefere Gewässer im Garten ist insbesondere für kleinere Kinder eine potenzielle Gefahrenquelle. Daher sollten Sie das Gewässer ausreichend sichern. Sie können sich aber auch für eine andere Gestaltungsmöglichkeit entscheiden, die ohne tiefes Wasser auskommt.

Sichere Gartenteiche

- **Barrieren schaffen** Versperren Sie die Teichufer mit einem dichten, breiten Steingarten- oder Pflanzengürtel.
- **Teich abdecken** Mehr Sicherheit bietet auch ein starkes Eisengitter, das Sie über den Teich legen.
- **Ufer abflachen** Legen Sie seichte Ufer mit großen Steinen an, damit das Kind notfalls leichter wieder herausklettern kann.
- **Alternative** Mehrere kleinere Wasserkübel mit Pumpe sind sicher (siehe S. 574), sofern das Wasser nicht tief ist.

Kinder schützen

Teich mit Mauer
Ein Wasserbecken mit erhöhtem Rand bietet Kleinkindern nur bedingt Schutz. Hier sollte man auf Wasser verzichten und das Bassin etwa mit Kiesel ausgestalten.

Wasserspiel

Springbrunnen
Ein sprudelndes Wasserspiel kann eine Alternative zu einem Teich sein. Hier wird das Wasser nur durch ein Objekt gepumpt und rieselt wieder herab.

Sumpfgarten

Besonders schön ist ein Teich mit unterschiedlich hohen Ufer-, Sumpf- und Wasserzonen, an dem interessante Pflanzen gedeihen. Dabei können Sie die Wasserfläche auch zugunsten einer größeren Uferzone reduzieren oder sogar einen reinen Sumpfgarten ohne Wasserfläche anlegen.

Ausheben und füllen

1 Heben Sie das vorgesehene Erdloch aus und kleiden Sie es mit Teichfolie aus. Stechen Sie einige Löcher in die Folie, damit das überschüssige Wasser abfließen kann.

2 Füllen Sie das Loch mit Erde. Drücken Sie die Erde leicht an und wässern Sie die Stelle mehrfach, bis sie gut voll gesogen ist. Am nächsten Tag können Sie pflanzen.

Sumpfgärten gestalten

- **Welche Größe?** Ein größerer Sumpfgarten trocknet nicht so schnell aus wie ein kleiner, verliert also nicht so rasch an Attraktivität.
- **Zonen anlegen** Lassen Sie den Sumpfgarten schräg auslaufen oder legen Sie ihn mehrstufig an, sodass in den einzelnen Zonen verschiedene Pflanzen wachsen können.
- **Vogelbad** Stellen Sie an den Rand des Sumpfgartens eine flache, mit Wasser gefüllte Schale, die den Vögeln als Tränke und Badestelle dient.

Springbrunnen

Frei stehende kleine Wasserbecken, Springbrunnen und Fontänen bringen Leben in jeden Garten. Sie sind nicht nur ein attraktiver Blickfang, sondern erzeugen auch ein angenehmes, beruhigendes Plätschern. Zudem eignen sie sich hervorragend für Balkon, Terrasse und Wintergarten.

Geeignete Gefässe

- **Haltbarkeit** Wasserbehälter müssen frostbeständig sein, da sie sonst bei Minustemperaturen beschädigt werden können.
- **Farbfeste Kübel** Wollen Sie Teichpflanzen oder Fische in lackierte Wasserkübel setzen, darf keine Farbe abblättern.
- **Kübel mit Pumpe** Sehr dekorativ wirken verschiedene schräg übereinander gestellte Kübel mit einer Teichpumpe, die das Wasser von einem Kübel zum nächsten pumpt.

Kabel verlegen

- **Unterirdisch** Wichtig ist, die Kabel unterirdisch in Rohren zu verlegen, um sie vor Schäden zu schützen.

Terrakottatöpfe

Sprudelndes Wasser
Einzeln oder in Gruppen arrangierte und mit Wasser gefüllte Gefäße wirken besonders attraktiv. Kleine Umwälzpumpen in den Töpfen halten das Wasser in ständiger Bewegung. Eine solche Minianlage ist auch für kleine Gärten geeignet.

Geeignete Pflanzen

Zwergformen von Seerosen wie Weiße Seerose (*Nymphaea alba* 'Pygmaea') oder Wasserhyazinthen (*Eichhornia crassipes*) passen gut in kleine Becken oder Kübel. Große Teichpflanzen eignen sich ebenfalls, müssen aber wegen ihrer starken Wuchskraft regelmäßig geteilt oder zurückgeschnitten werden.

Weiße Seerose (*Nymphaea alba*)

Miniteich

Ein Miniteich in einem halbierten Holzfass eignet sich hervorragend für kleine Gärten oder Terrassen. Außerdem lässt sich der Kübel an verschiedenen Orten aufstellen. Das ist vor allem im Winter, wenn er weniger attraktiv aussieht, ein entscheidender Vorteil.

Einen Holzkübel als Miniteich herrichten

1 Entfernen Sie mit Spachtel und Drahtbürste alle losen Holzteile von der Innenseite. Lassen Sie das Holz trocknen und tragen Sie mit dem Pinsel ein Holzschutzmittel auf. Lassen Sie diesen Anstrich gut trocknen und tragen Sie eine zweite Schicht auf.

2 Schneiden Sie Teichfolie in passender Größe zu und kleiden Sie den Kübel damit aus. Prüfen Sie, ob der Kübel wasserdicht ist, indem Sie ihn gefüllt einige Stunden stehen lassen. Gießen Sie das Wasser aus und füllen Sie den Kübel vor dem Bepflanzen neu.

3 Sie können den Wasserkübel auf fast jeden Untergrund stellen, etwa auf eine Kiesfläche oder eine gepflasterte Terrasse. Oder Sie versenken das Gefäß an einer geeigneten Stelle teilweise oder bis unterhalb des Randes im Erdreich.

TEICHE BEPFLANZEN

Ein Teich wird erst durch Pflanzen lebendig. Die Auswahl an Teichpflanzen ist riesig, wobei Sie bei der Auswahl auch auf die Widerstandsfähigkeit der Pflanzen achten sollten. Robuste Arten sind wesentlich anspruchsloser und pflegeleichter als empfindliche Gewächse.

Pflanzenanordnung planen

Teichpflanzen haben je nach Art unterschiedliche Bedürfnisse, wobei hier die richtige Pflanztiefe am wichtigsten ist. Bei einem stufenförmig angelegten Ufer haben Sie verschiedene Pflanztiefen, sodass Sie sowohl Ufer- und Sumpfpflanzen als auch Wasserpflanzen setzen können.

Optimale Standortwahl

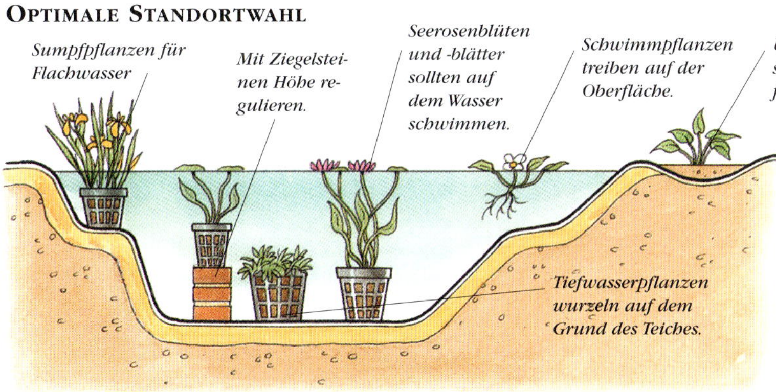

Die richtige Tiefe
Wichtig ist, dass Sie die Pflanzen in die jeweils richtige Tiefe setzen. Als Tiefe gilt der Abstand zwischen der Oberseite des Wurzelballens und der Wasseroberfläche.

Pflanztiefe regulieren

- **Ziegelsteine stapeln** Damit können Sie die jeweils richtige Wassertiefe regulieren. Wird die Pflanze größer, können Sie die Steine entfernen.

Schwimmpflanzen setzen

- **Algen abwehren** Schatten spendende Schwimmpflanzen verhindern Algenbewuchs. Einige wachsen so schnell, dass man sie ausdünnen sollte.

Uferpflanzen nutzen

- **Tiere** Planen Sie auch Uferpflanzen ein. Sie sind nicht nur sehr dekorativ, sondern bieten auch vielen Kleintieren einen idealen Lebensraum.

Sauerstoff für den Teich

Der von den Blättern der Teichpflanzen freigesetzte Sauerstoff ist wichtig, da dieser vor allem im Sommer die Ausbreitung von Algen verhindert. Manche werden eingepflanzt, andere können auf der Oberfläche schwimmen.

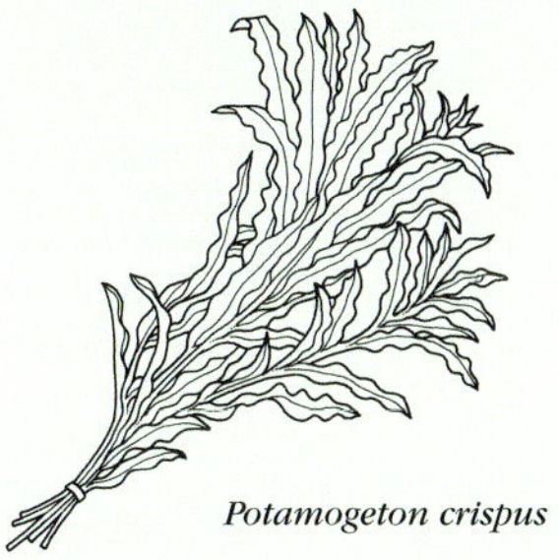

Potamogeton crispus

- **Sauerstofflieferanten** Manche Unterwasserpflanzen setzt man als Bündel wurzelloser Stecklinge. Bereiten Sie einen kleinen Pflanzbehälter vor und pflanzen Sie mehrere Bündel zusammen ein.
- **Pflanzen feucht halten** Halten Sie Unterwasserpflanzen bis zum Einpflanzen feucht. Selbst beim Einsetzen sollten sie nur kurz der Luft ausgesetzt werden.
- **Geeignete Pflanzen** *Callitriche* (Wasserstern), *Ceratophyllum* (Hornblatt), *Elodea canadensis* (Wasserpest), *Fontinalis antipyretica* (Quellmoos), *Potamogeton crispus* (Laichkraut).

ZEIT SPAREN

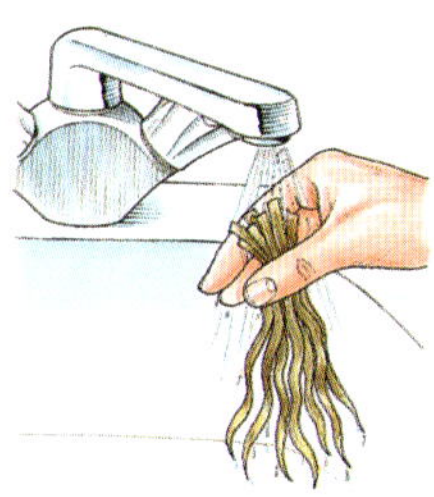

Wasserlinsen vorbeugen
Mit neuen Teichpflanzen schleppt man oft Wasserlinsen (Entengrütze) ein, die sich rasch vermehren, deshalb die Pflanzen vorher gut abspülen.

Wasserpflanzen setzen

Frisch eingesetzte Wasserpflanzen benötigen genauso wie Beetpflanzen eine gewisse Zeit, bis sie angewachsen sind. Das beste Ergebnis erzielen Sie, wenn Sie Pflanzen mit dekorativen Blättern für verschiedene Wassertiefen wählen und noch einige Schwimmpflanzen dazunehmen.

Pflanzkörbe auskleiden

● **Sackleinen** Ein wasserdurchlässiger Stoff sorgt dafür, dass die Erde um den Wurzelballen herum gehalten wird, ohne den Wasserfluss zu stören. Das gebräuchlichste Material ist Sackleinen, aber auch Jute tut hier gute Dienste.

Pflanzen feucht halten

● **Trockenheit vermeiden** Teichpflanzen nehmen bei Trockenheit schnell Schaden, deshalb die Pflanzen bis zum Einsetzen im Wasser liegend lagern. Setzen Sie sie außerdem im Schatten und nie in direktem Sonnenlicht ein.

Mit Kies beschweren

● **Aufwirbeln verhindern** Eine 2,5 cm dicke Kiesschicht auf dem Pflanzsubstrat hält Erde und Pflanze an ihrem Platz. Zudem verhindert sie ein Aufwirbeln durch Fische im Teich und gibt dem Pflanzkorb mehr Gewicht.

Wasserpflanzen in Körbe setzen

Überschuss entfernen.

1 Einen großen Pflanzkorb, der auch dem Wurzelballen der ausgewachsenen Pflanze genügend Platz bietet, mit Sackleinen auslegen und zur Hälfte mit Teicherde füllen, um das Sackleinen zu fixieren.

Pflanze in die Mitte setzen.

2 Die Pflanze einsetzen. Etwas Erde zufügen, leicht festdrücken, und weitere Erde bis etwa 2,5 cm unter den Korbrand einfüllen. Die Pflanze wässern, ohne den Korb dabei unter Wasser zu setzen.

Korb fast randvoll mit Kies füllen.

3 Die Erde vorsichtig mit einer feinen Kiesschicht oder kleinen Steinchen bedecken. Wichtig ist, dass dabei keine kleinen Blätter zugedeckt oder zarte junge Triebe und Stängel beschädigt werden.

Geeignete Materialien

● **Erde** Nehmen Sie Teicherde und keine Gartenerde. Sie enthält die richtigen Nährstoffe für ein gesundes Wachstum.

● **Kies** Verwenden Sie nur Garten- oder speziellen Teichkies. Baukies kann mit Schadstoffen belastet sein.

● **Pflanzkörbe** Sammelbehälter aus Kunststoffgitter ergeben gute Pflanzkörbe. Sie sind preiswerter als spezielle Pflanzkörbe.

● **Notizen machen** Pflege und Nachkauf von Teichpflanzen können Sie sich erleichtern, indem Sie notieren, welche Pflanzen Sie an welche Stelle im Teich gesetzt haben.

Griffe anbringen

Feste Schnur am Korbrand verknoten.

Teichpflanzen versenken
Körbe können Sie ganz einfach versenken, wenn Sie zuvor an zwei gegenüberliegenden Seiten Bindfadenschlaufen anbringen. Machen Sie die Schlaufen so lang, dass Sie den Korb an der vorgesehenen Stelle versenken können.

Pflanzen verankern

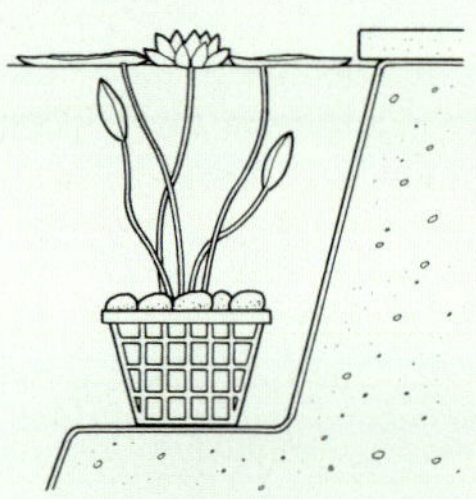

Vor allem Jungpflanzen mit kleinen Wurzelballen lockern sich leicht. Mit mehreren großen Steinen oder einer etwas dickeren Kiesschicht können Sie die Wurzeln in der Erde verankern. Das zusätzliche Gewicht hält außerdem den Pflanzkorb an seinem Platz.

TEICHE PFLEGEN

Wassergärten benötigen zwar weniger Aufmerksamkeit als viele andere Gartenbereiche, aber ganz ohne Pflege werden auch sie mit der Zeit unansehnlich. Zu den wichtigsten Maßnahmen gehört das Entfernen von Algen und anderen unerwünschten Wasserpflanzen, die das biologische Gleichgewicht stören.

Wasserunkräuter entfernen

Wasserunkräuter können sich sehr schnell ausbreiten, vor allem wenn im Teich noch kein stabiles natürliches Gleichgewicht herrscht. Teichunkräuter können über Pflanzen eingeschleppt werden oder auch durch Vögel und andere Tiere ins Wasser gelangen.

Algenteppiche

Mit dem Stock entfernen
Algenteppiche bestehen aus dichter Algenmasse. Lässt man sie wachsen, durchziehen sie bald das ganze Wasser. Entfernen Sie die Algen deshalb mit einem Stock, indem Sie ihn langsam in eine Richtung drehen, um möglichst viele Algen aufzunehmen.

Neu angelegter Teich

- **Natürliches Gleichgewicht** Jeder neu angelegte Teich färbt sich nach dem Bepflanzen durch Algen zunächst hellgrün. In diesem Fall sollten Sie den Teich nicht leeren und frisch auffüllen, denn das verschlimmert das Problem nur. Hat sich erst einmal ein natürliches Gleichgewicht eingestellt, verschwinden die Algen meist ganz von allein.
- **Saisonales Wachstum** Algenblüten und Wasserlinsen treten meist nur im Sommer auf und sterben je nach Temperatur meist im Spätherbst oder Winter ab. Daher sollten Sie sie im Frühling frühzeitig entfernen.

Wasserlinsen

Mit dem Sieb abschöpfen
„Entengrütze" schwimmt an der Wasseroberfläche und lässt sich aus kleinen Teichen mit einem Sieb entfernen. Schöpfen Sie die Pflanzen mit langsamen Schaufelbewegungen ab. Entfernen Sie so viel wie möglich, denn sie vermehren sich sehr schnell.

Wasserlinsen entsorgen

Auf den Kompost geben
Wasserlinsen entpuppen sich als wahre Überlebenskünstler. Entsorgen Sie deshalb das Unkraut sofort, indem Sie es auf den Kompost geben, damit es keinen weiteren Schaden anrichten und sich nicht ausbreiten kann.

Algen vorbeugen

- **Seerosen setzen** Algen gedeihen nur im Sonnenlicht; pflanzen Sie deshalb Seerosen, die mit ihren großen Blättern viel Schatten spenden.
- **Sauerstoff erzeugen** Die stickstoffhaltigen Ausscheidungen der Fische führen mitunter zu plötzlichem starkem Algenwachstum. Dem lässt sich mit Pflanzen vorbeugen, die Sauerstoff abgeben (siehe S. 575).

Fremdkörper einsammeln

- **Gewusst wie** Gegenstände im Becken kann man mit einer Grabgabel herausholen, die man mit einem Drahtnetz bespannt. Rechen oder Fangnetz eignen sich ebenso.

UMWELTTIPP

Gerstenstroh gegen Algen
Bei Algenbewuchs stopfen Sie das Bein einer Strumpfhose mit Gerstenstroh aus, verknoten die Enden, befestigen ein Gewicht daran und versenken den Strumpf im Wasser.

Winterschäden vorbeugen

Mit dem Herannahen des Winters benötigen Teiche und Wasserbecken etwas mehr Pflege. Zwar sterben viele Wasserpflanzen über Winter ab, aber alle Dauerpflanzen sollten vor Frostschäden geschützt werden. Dies gilt auch für die Teichbewohner wie Fische und Frösche.

Vorkehrungen treffen

- **Fischfutter** Fische nehmen im Winter kaum Nahrung auf, da sich ihr Stoffwechsel verlangsamt. Achten Sie deshalb darauf, dass sich kein Fischfutter im Wasser ansammelt, damit der Teich nicht unnötig verschmutzt wird.
- **Wasser eisfrei halten** Sehr gut ist ein so genannter Eisfreihalter mit eingebauter Pumpe, um ein vollständiges Zufrieren des Wassers zu verhindern, sodass Sauerstoff zehrende Faulgase entweichen können. Das Gerät ist im Fachhandel erhältlich und wird vor dem ersten strengen Frost eingesetzt.

Pflanzen schützen

- **Eimer** Empfindliche Pflanzen sollten Sie über Winter in mit Wasser gefüllte Eimer setzen. Stellen Sie die Pflanzen bis zum Frühling an einen geschützten, frostfreien Platz.

GUTE IDEE!

Eis auftauen
Füllen Sie einen Stieltopf mit heißem Wasser und stellen Sie ihn auf das Eis. Halten Sie ihn fest, bis ein Loch in das Eis geschmolzen ist, damit mögliche Faulgase entweichen können.

Wasserpflanzen teilen

- **Pflanzen pflegen** Teilen Sie im Frühherbst dicht wachsende Pflanzen auf die gleiche Art wie Stauden. Entfernen Sie alle schwachen und welken Teile und setzen Sie die Pflanze wieder ein (siehe S. 500).

Blätter zurückschneiden
Entfernen Sie im Spätherbst bei den Uferpflanzen alle welken oder faulenden Blätter und Triebe. Achten Sie darauf, dass dabei keine Pflanzenteile ins Wasser fallen, und geben Sie die Pflanzenabfälle auf den Kompost.

Eisschäden vorbeugen

- **Eis entfernen** Zerschlagen Sie nie die Eisschicht auf einem Teich, da die Erschütterung Fische und andere Teichbewohner gefährden kann.
- **Eisfreie Zone** Ist das Wasser gefroren, schmelzen Sie ein Loch ins Eis und schöpfen Sie vorsichtig Wasser ab, bis der Wasserstand um etwa 2,5 cm gesunken ist. Friert das Wasser dann wieder zu, sammeln sich die Faulgase in dem Spalt zwischen Wasser und Eis.
- **Isolierung** Legen Sie Bretter über ein Drittel oder die Hälfte des Teiches und breiten Sie Sackleinen oder Noppenfolie darüber. So bleibt dieser Teil bei normalem Frost eisfrei.

Gasbildung vorbeugen

- **Faulgase** Entfernen Sie alles Laub aus dem Wasser. Wenn es gefriert, können die verrottenden Blätter zur Entstehung von Faulgasen wie Methan führen, die für Fische schädlich sind.

Blätter auffangen
Mit Netzen lässt sich verhindern, dass Laub ins Wasser fällt. Zum leichteren Einsammeln des Laubes ein altes Betttuch über das Netz legen. Ist es voll mit Laub, einfach abnehmen, ausschütteln und wieder auflegen.

Zufrieren vorbeugen

Holzklotz für Wasserkübel
Gefrierendes Wasser dehnt sich aus und kann Wasserkübel und kleine Becken beschädigen. Das lässt sich verhindern, indem Sie einen Holzklotz oder Plastikball auf dem Wasser schwimmen lassen, der den Druck durch das Eis teilweise auffängt.

SCHÄDEN REPARIEREN

Auch bei einem noch so sorgfältig angelegten Zierteich treten im Lauf der Zeit Verschleißerscheinungen auf. Dann sind erste Reparaturarbeiten erforderlich, damit das Wasser nicht im Boden versickert. Welche Methode Sie dabei anwenden, hängt vom Material ab, aus dem Ihr Teich besteht.

Teich entleeren

Vor jeder Reparaturarbeit müssen Sie den Teich zunächst leeren. Größere Teiche lassen sich mit einer Teichpumpe oder einem Schlauch leeren. Bei kleinen Teichen oder bei einzelnen Wasserkübeln können Sie das Wasser dagegen ganz einfach mit einem Eimer herausschöpfen.

Kleine Teiche leeren

Tiere und Pflanzen
Ehe Sie mit der Reparatur beginnen, setzen Sie Wasserpflanzen, Fische und andere Teichbewohner vorsichtig in mit Wasser gefüllte Plastikeimer um. Am besten ist es, wenn Sie dafür Wasser aus dem Teich verwenden.

Grosse Teiche leeren

Provisorium schaffen
Für einen provisorischen Teich als Unterkunft für Pflanzen und Tiere ein Loch graben und das Loch mit Teichfolie auslegen. Genügend Wasser aus dem Teich einfüllen und nach und nach die Pflanzen und Tiere hineinsetzen.

Pflanzen aussortieren

- **Kranke Pflanzen** Beim Entleeren des Teiches sollten Sie alle Pflanzen entsorgen, die Anzeichen von Krankheit oder Schädlingsbefall zeigen.

Tiere richtig lagern

- **Schatten bieten** Achten Sie darauf, Teichpflanzen und -tiere im Schatten zu lagern. Da ihnen die gewohnte Wassertiefe fehlt, sind sie besonders anfällig für Schäden aufgrund zu großer Wärme.
- **Tiere schützen** Spannen Sie Maschendraht über die Aufbewahrungsbehälter, damit Katzen und andere Räuber keine Teichtiere erbeuten können.

Teiche mit Betonmantel

- **Neue Auskleidung** Verliert ein mit Beton oder anderem festem Material ausgekleideter Teich auffallend viel Wasser, sollten Sie Butylabdichtung über die gesamte Auskleidung streichen.
- **Kleinere Risse** Hier genügt es in der Regel, wenn Sie die gereinigte Stelle mit einem Spezialpräparat versiegeln. Wichtig ist dabei, dass die beschädigte Stelle absolut trocken ist.
- **Kälte** In kalten Höhenlagen sollten Sie generell vor dem Wintereinbruch das Wasser aus dem Teich ablassen, um möglichen Frostschäden vorzubeugen.

Betonmantel ausbessern

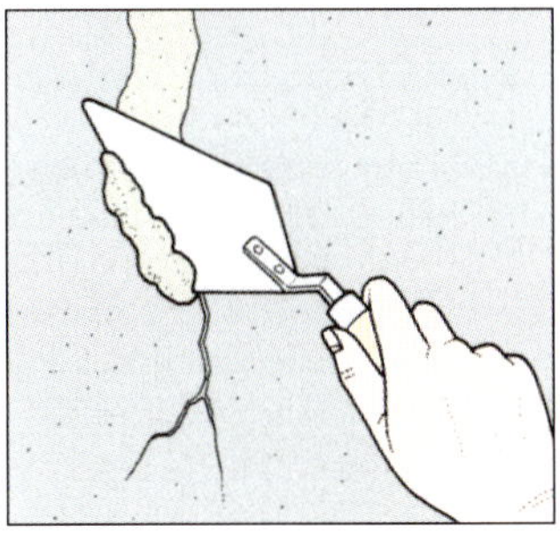

Große Risse auffüllen
Risse in Betonteichen sind besonders schwer zu reparieren: Legen Sie den Riss mit einem Meißel frei. Füllen Sie ihn mit wasserfestem Zement, der weiteres Durchsickern verhindert, und streichen Sie darüber eine Schicht Butylabdichtung.

Teichfolie ausbessern

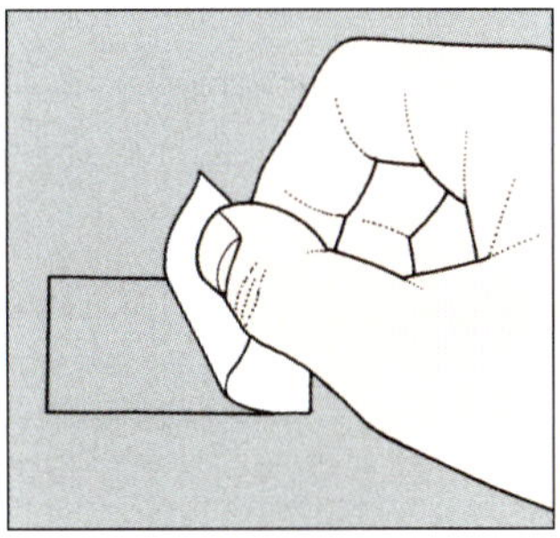

Kleine Risse flicken
Trocknen und säubern Sie die beschädigte Stelle. Kleben Sie doppelseitiges Klebeband über den Riss und warten Sie ab, bis es gut haftet. Schneiden Sie ein Stück Teichfolie aus und drücken Sie es fest auf das Klebeband, sodass alle Kanten flach anliegen.

Pflanzen richtig vermehren

Übersicht
Aussaat im Freien, S. 582
Anzucht im Haus, S. 584
Sämlinge ausdünnen, S. 588
Ableger abnehmen, S. 590
Stecklinge abnehmen, S. 592
Stauden teilen, S. 595

Pflanzen selbst zu ziehen bereitet viel Freude und spart Geld. Die Anzucht aus Samen ist dabei die häufigste, aber durchaus nicht die einzige Methode, denn auch aus Ablegern und Stecklingen oder durch Teilen entstehen neue Pflanzen. Wenn Sie dabei auf vorhandene Exemplare aus dem eigenen Garten oder von Freunden zurückgreifen können, haben Sie bald viele neue Pflanzen ohne großen Kostenaufwand.

Grundausstattung für die Aussaat im Freien

Schon eine kleine Ausrüstung genügt, um bei der Freilandaussaat gute Ergebnisse zu erzielen.

- **Boden vorbereiten** Vor der Aussaat muss der Boden vorbereitet werden. Für einen ebenen, feinkrumigen Boden benötigen Sie einen Rechen.
- **Boden anwärmen** Verwenden Sie Plastikfolie oder Vlies, um den Boden vor der Aussaat anzuwärmen. Zum Beschweren eignen sich Ziegelsteine.
- **Markierungen** Zum Markieren gerader Linien eignen sich Bambusstäbe und Schnur, vor allem, wenn Sie Gemüsesamen in Reihen aussäen wollen. Mit der Pflanzgabel und -kelle lassen sich gerade Saatrillen für Einjährige ziehen und Sämlinge oder Jungpflanzen pikieren und vereinzeln. Mit Plastikflaschen, gefüllt mit Quarzsand oder anderem feinen Gartensand, markieren Sie unterschiedliche Beetbereiche. Verwenden Sie jedoch keinen Bausand, da er den Sämlingen schaden könnte. Markieren Sie jeden Bereich mit einem Etikett.
- **Wässern** Wässern Sie Saatflächen mit der Gießkanne, da der Wasserstrahl vom Gartenschlauch meistens zu stark ist.

Grundausstattung für die Anzucht im Haus

Für die Anzucht im Haus benötigt man zwar eine größere Ausrüstung als für die Freilandaussaat, aber viele Dinge hat man ohnehin im Haushalt. Ein beheizbares Kleingewächshaus ist zwar nützlich, aber nicht unbedingt notwendig.

● **Aussaatgeräte** Saatschalen sind in verschiedenen Größen erhältlich und bestehen meist aus flexiblem Kunststoff. Sinnvoll ist eine Sammlung kleiner Plastiktöpfe; auch die Töpfe von gekauften Pflanzen lassen sich verwenden. Mit einem Sieb entfernen Sie Erdklumpen und unvollständig kompostierte Zweige aus der Anzuchterde. Feine Samen kann man mit einer dünnen Schicht aus gesiebtem Kompost abdecken. Mit einem Pumpsprüher lässt sich die Erde befeuchten, ohne die Samen oder Sämlinge zu stören.
● **Saatgut aufbewahren** Filmdosen und Briefumschläge eignen sich für die Aufbewahrung von Samen wie auch für Samenreste. Trocknen Sie die Samen zuvor auf Küchenkrepp oder Zeitungspapier.
● **Samen schützen** Decken Sie die Saatschalen während des Keimvorgangs mit Frischhaltefolie zu, damit die Erde nicht austrocknet. Die Folie schützt die Sämlinge auch vor Luftzug.
● **Pikieren** Pikierstab und -gabel aus Kunststoff sind hilfreich beim Pikieren der Sämlinge.

Saatschalen

Plastiktopf

Frischhaltefolie

Küchenpapier

Sieb

Pumpsprüher

Filmdosen

Briefumschläge

Zeitungspapier

Pikierstab

Pikiergabel

Anzuchterde

Die meisten Samen lassen sich in jeder Blumen- oder Anzuchterde ziehen. Die Erde muss vor allem locker sein und darf nicht zu viele Nährstoffe enthalten. Für ein gesundes Wachstum der Sämlinge ist ein relativ geringer Nährstoffgehalt deshalb wichtig, weil die Wurzeln sonst verbrennen und absterben.

Torffreie Blumenerde

Lehmhaltige Blumenerde

Anzuchterde

AUSSAAT IM FREIEN

Es gibt Samen, die man direkt im Freibeet in die Erde säen kann, ohne dass dafür zuvor Saatschalen, Anzuchterde oder auch ein Kleingewächshaus nötig wären. Diese Methode empfiehlt sich vor allem bei Pflanzen mit empfindlichen Wurzeln.

Gemüse ansäen

Viele Gemüsearten lassen sich problemlos mittels direkter Aussaat ziehen. Damit es sicher gelingt, sollten Sie vor dem Aussäen organisches Material (siehe S. 478) und Dünger (siehe S.524) auf das Beet ausbringen. Halten Sie Samen und Jungpflanzen außerdem immer gut feucht.

Aussaat in Reihen

Die Markierung am Stabende zeigt die richtige Saattiefe an.

1 Stecken Sie an den Enden der geplanten Reihe je einen Stab in die Erde. Spannen Sie Schnur zwischen die Stäbe, um den Verlauf der Reihe anzuzeigen. Ziehen Sie mit einem dritten Stab an der Schnur entlang eine gerade Furche.

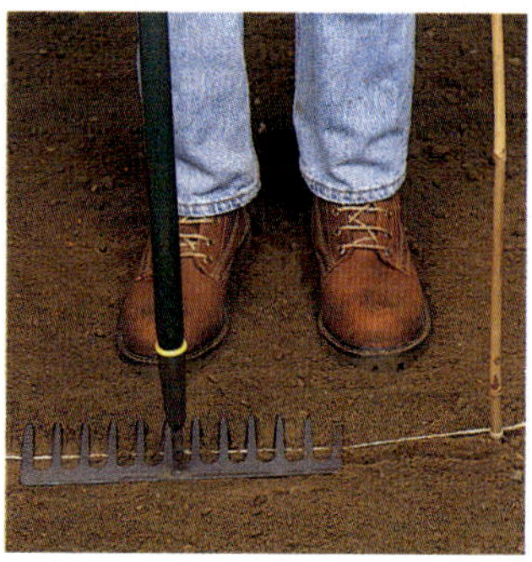

2 Streuen Sie einige Samen in die Furche und bedecken Sie diese mit Erde, indem Sie die Rille mit dem Rücken des Rechens schließen. Drücken Sie die Erde vorsichtig mit dem Rechen an, sodass die Samen direkten Erdkontakt haben.

Frühere Aussaat

Den Boden anwärmen
Die Aussaat kann früher erfolgen, wenn der Boden vorher angewärmt wird: Bedecken Sie dazu die vorbereitete Saatfläche einige Tage zuvor mit schwarzer Folie oder Vlies und beschweren Sie die Ränder mit Ziegelsteinen.

Bodenschutz

Damit der Boden sich nicht verdichtet, sollte man sich bei der Aussaat ins Gemüsebeet grundsätzlich auf ein Brett stellen und das Brett vorher auf Ziegelsteine legen. So muss man den Boden nur etwa alle 5 Jahre umgraben.

Erfolgreich aussäen

- **Wärme speichern** Wollen Sie schwarze Plastikfolie oder Vlies verwenden (siehe oben), breiten Sie diese zur wärmsten Tageszeit auf dem Boden aus.
- **Saatgut verteilen** Bei den meisten Samen empfiehlt es sich, immer zwei Samen an dieselbe Stelle zu legen, falls einer nicht keimt. Gehen beide Samen auf, sollten Sie die Sämlinge später trennen.
- **Gemischte Aussaat** Platz sparend sind zwei verschiedene Gemüsearten pro Reihe. Säen Sie langsam wachsende Arten wie Möhren in größeren Abständen und dazwischen rasch wachsende Gemüse wie Salat.

Krankheiten vorbeugen

- **Feuchter Boden** Ist der Boden bei der Aussaat sehr nass oder gefroren, können die Samen faulen. Warten Sie lieber auf besseres Wetter.
- **Schnecken** Treffen Sie Vorkehrungen, dass keine Schnecken an die Sämlinge gelangen (siehe S. 558).
- **Fruchtwechsel** Der jährlich wechselnde Anbau von verschiedenen Gemüsearten verringert das Krankheitsrisiko. Manche Arten wie Bohnen und Erbsen neigen bei Monokultur im Lauf der Zeit zunehmend zu Fäulnis an der Stängelbasis und den Wurzeln (siehe S. 546).

Einjährige aussäen

Die direkte Aussaat ins Freibeet ist die ideale Anzuchtmethode für zahlreiche einjährige Pflanzen, darunter auch viele Wildblumen. Auf diese Weise kommen Sie ohne große Mühe zu vielen farbenfrohen Sommerblumen, die preiswerter sind als vorgezogene Jungpflanzen.

Die Saatflächen markieren

1 Boden mit dem Rechen ebnen. Zum Markieren der Saatflächen eine Plastikflasche mit Quarzsand füllen. Mit dem herausrinnenden Sand die Flächen markieren.

2 Die Samen nicht ungeordnet ausstreuen, sondern innerhalb der Flächen in Reihen säen, damit man Sämlinge und Jungpflanzen später gut vom Unkraut unterscheiden kann.

3 Die Samen mit Erde bedecken und die Beete mit Plastiketiketten versehen. Die Etiketten tief genug in den Boden stecken, damit der Wind sie nicht verweht.

Samen ausbringen

Einjährige aussamen
Anstelle von gekauftem Saatgut können Sie auch die gesammelten Samen von Einjährigen aus dem letzten Jahr aussäen.

Samen auswählen

- **Bunt oder dezent?** Besonders elegant wirken Beete mit Einjährigen, wenn Sie sich auf wenige Farben beschränken. Als Blickfang eignet sich dagegen eine bunte Palette aus vielen Farben.
- **Samenreste** Angebrochene Samenpäckchen können Sie für das nächste Jahr aufbewahren.
- **Pikierte Pflanzen** Setzen Sie die beim Pikieren aussortierten Sämlinge in Pflanzkübel oder an andere Stellen im Garten, da auch diese Pflanzen bei guter Pflege gedeihen.

Samen einweichen

- **Harte Samen** Samen mit harter Schale keimen schneller, wenn man sie über Nacht in Wasser einweicht. Sehr harte Samen sollten Sie vorher etwas anfeilen, damit sie das Wasser besser aufnehmen.
- **Alte Samen** Bei Samen aus dem Vorjahr empfiehlt sich eine Keimprobe: Einige Samen auf feuchtes Löschpapier geben. Geht die Hälfte auf, sind die Samen noch zu verwenden.
- **Unkraut vorbeugen** Säen Sie Einjährige auch in die Fugen zwischen Terrassenplatten, um Unkraut fern zu halten.

GEEIGNETE PFLANZEN FÜR DIE AUSSAAT IM FREIEN

Atlasblume *(Godetia grandiflora)*, Bechermalve *(Lavatera)*, Bienenfreund *(Phacelia)*, Clarkie *(Clarkia elegans)*, Duftsteinrich *(Lobularia)*, Flockenblume *(Centaurea cyanus)*, Fuchsschwanz *(Amaranthus caudatus)*, Gartenreseda *(Reseda odorata)*, Goldmohn *(Eschscholzia californica)*, Kapuzinerkresse *(Tropaeolum)*, Leimkraut *(Silene)*, Leinkraut *(Linaria maroccana)*, Mädchenauge *(Coreopsis)*, Mohn *(Papaver rhoeas)*, Ringelblume *(Calendula officinalis)*, Rittersporn *(Delphinium)*, Schleierkraut *(Gypsophila elegans)*, Schleifenblume *(Iberis umbellata)*, Schwarzkümmel *(Nigella damascena)*, Skabiose *(Scabiosa)*, Sommeradonis *(Adonis aestevalis)*, Sonnenblume *(Helianthus)*, Strohblume *(Helichrysum)*, Winde *(Convolvulus tricolor)*.

ANZUCHT IM HAUS

Wenn Sie Samen im Gewächshaus oder auf der Fensterbank in Schalen oder Töpfe aussäen, sollten Sie das Wachstum der Jungpflanzen stets im Auge haben. Wärme ist vor allem für solche Samen wichtig, die wetterbedingt erst dann im Freien ausgesät werden könnten, wenn keine Frostgefahr mehr besteht.

Aussaat in Schalen

Pflanzschalen sind optimal für die Anzucht im Haus, da sie sowohl Wasserabflusslöcher als auch die richtige Tiefe für die Entwicklung der Sämlinge besitzen. Wollen Sie nur wenig Pflanzen einer Art ziehen, sollten Sie Schalen verwenden, die in Segmente unterteilt sind.

Richtig aussäen in Pflanzschalen

1 Große Klumpen in der Erde behindern das Wachstum der Saat. Haben Sie kein Sieb zur Hand, legen Sie die Klumpen auf den Boden der Pflanzschale.

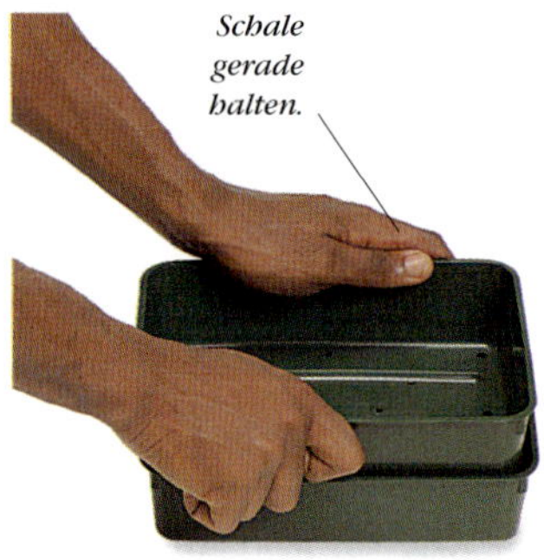

2 Mit dem Boden einer leeren Schale können Sie die Erdoberfläche ebnen. Halten Sie die Schale gerade und drücken Sie diese kräftig auf die Erdklumpen.

3 Nehmen Sie eine kleine Menge Samen in die trockene Hand. Klopfen Sie mit der anderen Hand leicht dagegen, sodass sich die Samen gleichmäßig verteilen.

BEWÄHRTES WISSEN

Gleichmäßige Aussaat
Kleine Samen lassen sich nur schwer gleichmäßig aussäen. Das geht leichter, wenn man ein Stück Papier in der Mitte faltet, die Samen hineingibt und mit dem Finger vorsichtig dagegenklopft, um die Samen gleichmäßig zu verteilen.

Kleine Samen aussäen

Zum Fixieren abdecken
Kleine Samen sollten nur mit wenig Erde bedeckt werden. Damit sie beim Abdecken an ihrem Platz bleiben, streuen Sie am besten mit einem Sieb eine feine Schicht Anzuchterde darüber.

Tipps fürs Aussäen

- **Trockene Hände** Damit die Samen nicht an den Händen festkleben, sollten die Hände vollständig trocken sein.
- **Wässern** Wässern Sie die Anzuchterde vor dem Aussäen, damit die Samen sich später nicht zusammenballen.
- **Kleine Samen** Winzige Samen lassen sich in der Erde fixieren, indem Sie diese mit einem Pumpsprüher besprühen.
- **Licht** Braucht das Saatgut viel Licht zum Keimen, sollten Sie die Schale mit Frischhaltefolie oder Glas abdecken, damit die Erde nicht austrocknet.
- **Wärme** Zu niedrige oder zu hohe Temperaturen behindern den Keimvorgang, sodass sich ein Thermometer lohnt.

Aussaat in Töpfen

Vor allem bei größeren Samen empfiehlt sich die Aussaat in Einzeltöpfen, da sie für ihre Entwicklung mehr Platz benötigen und beim Pikieren der Sämlinge die Wurzeln weniger beschädigt werden. Einzeltöpfe sind auch dann ideal, wenn man von jeder Art nur kleine Mengen sät.

Im Topf auspflanzen

Lücken im Beet füllen
Mit Sämlingen in Töpfen können Sie vorübergehende Lücken im Staudenbeet schließen, indem Sie die Sämlinge mitsamt Topf einpflanzen und später einfach wieder herausnehmen.

Zuckererbsen säen

Wurzelschäden vermeiden
Rollen Sie eine Zeitung zu etwa 3 cm dicken Röhren zusammen: Feuchte Erde einfüllen, Samen darauf streuen und die Röhren in die Erde setzen – die Wurzeln wachsen durch die Zeitung.

Saatbehälter

Leere Joghurt- und Dessertbecher ergeben gute Pflanztöpfe, und selbst Margarinebehälter eignen sich als Saatschalen. Wichtig ist, dass die Becher zuvor sorgfältig gereinigt werden. Dann müssen Sie nur noch einige Abflusslöcher in den Boden stanzen.

Sämlinge pflegen

Nach dem Aussäen brauchen die Samen gute Wachstumsbedingungen, also die richtigen Temperatur- und Lichtverhältnisse. Die jeweiligen Angaben dazu finden Sie auf den Samentütchen. Dabei gilt, dass die meisten Sämlinge nach dem Keimen eher niedrige Temperaturen brauchen.

Sämlinge versorgen

- **Genug Luft** Schaffen Sie optimale Wachstumsbedingungen für die Sämlinge, indem Sie für ausreichende Luftzirkulation sorgen.
- **Direktes Sonnenlicht** Stellen Sie die Sämlinge nicht in direktes Sonnenlicht, da dies zu Hitzeschäden an den Pflänzchen führen kann.
- **Heizung** Stellen Sie die Sämlinge niemals auf die Heizung, da sonst die Gefahr besteht, dass sie austrocknen.
- **Reflektoren** Wenn die Sämlinge nicht genügend Licht bekommen, sollten Sie die Saatschalen oder -töpfe auf Alufolie stellen, da diese das vorhandene Licht reflektiert und damit verstärkt.

Mit Folie schützen

- **Vielseitigkeit** Um einem Austrocknen vorzubeugen, Zugluft abzuhalten und gleiche Temperaturen zu erhalten, ist das Abdecken mit Folie ratsam.

Kondenswasser verringern
Heben Sie die Frischhaltefolie zweimal täglich an, damit sich nicht zu viel Kondenswasser ansammelt. Lassen Sie die Tröpfchen in den Topf zurücklaufen, ehe Sie die Folie wieder auflegen.

Für Licht sorgen

- **Wachstum** Damit die Sämlinge kräftig wachsen, benötigen sie genügend Licht. Andernfalls werden sie schwach und anfällig für Krankheiten.

Zum Licht drehen
Sämlinge, die am Fenster oder an einer anderen einseitigen Lichtquelle stehen, wachsen dem Licht entgegen. Schiefer Wuchs lässt sich vermeiden, indem Sie die Behälter regelmäßig drehen.

Optimale Bedingungen schaffen

Manche Sämlinge sind recht anspruchslos, die meisten benötigen jedoch bestimmte Bedingungen zum Wachsen. Besonders wichtig ist beim Keimen die richtige Temperatur, die auf den Samentütchen angegeben ist und während des Keimens möglichst konstant bleiben sollte.

Gewächshäuser für Samen und Sämlinge

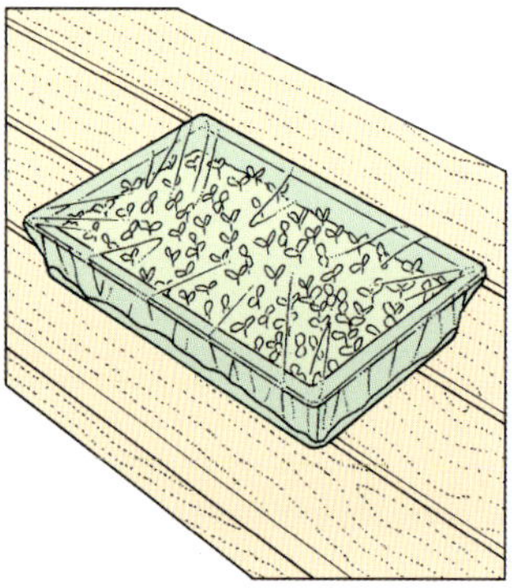

Wenig Wärme
Samen, die wenig Wärme benötigen, kann man im Frühbeet oder auf einer Bank im Gewächshaus ziehen. Breiten Sie Frischhaltefolie darüber aus, damit die Temperatur möglichst gleich bleibt und die Saat vor Zugluft geschützt ist.

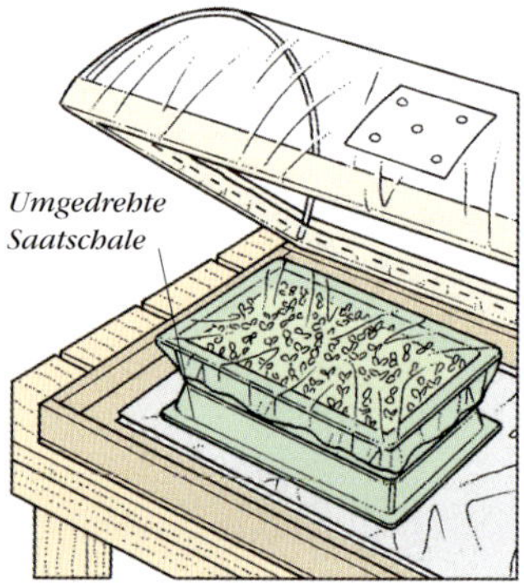

Indirekte Wärme
Manche Samen vertragen zwar keine Hitze, brauchen aber Wärme. Stellen Sie die Saatschale deshalb in ein beheiztes Zimmergewächshaus auf eine umgedrehte Saatschale, damit die Saat nicht direkt auf der Heizmatte steht.

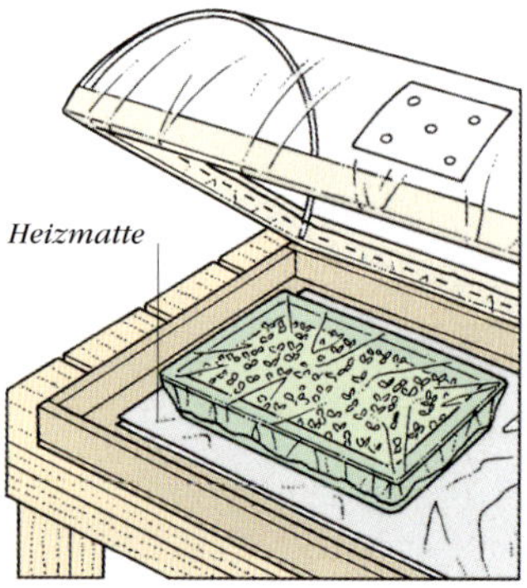

Direkte Wärme
Bei Samen, die besonders hohe Keimtemperaturen benötigen, sollten Sie die Saatschalen im Zimmergewächshaus direkt auf eine Heizmatte stellen. Auf diese Weise bekommen die Samen die größtmögliche Wärme.

Zimmergewächshaus

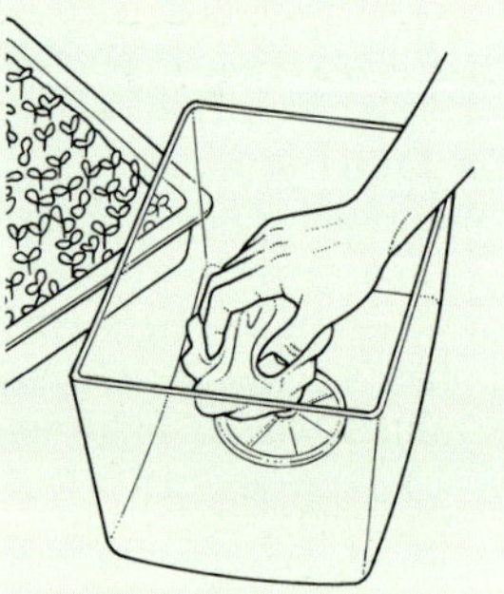

- **Kondenswasser** Wischen Sie regelmäßig das Kondenswasser von der Deckelinnenseite ab. Sammelt sich dort zu viel davon, bekommen die Sämlinge zu wenig Licht.
- **Algen** Das Auswischen des Deckels verhindert gleichzeitig Algenbewuchs in Form einer grünlichen Schicht. Das sieht nicht nur unschön aus, sondern nimmt den Sämlingen das notwendige Licht.

Sämlinge unter Glas

- **Ungleichmäßige Wärme** Die Heizelemente im Zimmergewächshaus geben die Wärme häufig ungleichmäßig ab. Platzieren Sie die Pflanzen entsprechend an die wärmste bzw. kühlste Stelle.
- **Wasserversorgung** Halten Sie die Vliesmatte am Boden des Gewächshauses immer feucht, damit die Sämlinge genügend Wasser bekommen.
- **Reinigung** Nach jedem Gebrauch sollten Sie das Gewächshaus sorgfältig reinigen, um das Krankheitsrisiko zu senken. Achten Sie darauf, dass die elektrischen Geräte dabei nicht nass werden.
- **Flaschengewächshaus** Für ein Minigewächshaus entfernen Sie den Boden einer Plastikflasche, schrauben den Verschluss ab und stülpen die obere Flaschenhälfte über den Topf mit den Sämlingen.

GUTE IDEE!

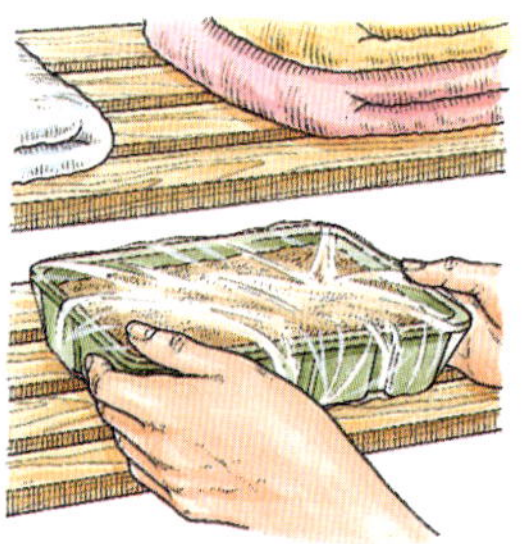

Anzucht im Schrank
Ein Schrank eignet sich hervorragend für Samen, die kein Licht zum Keimen benötigen. Decken Sie die Saatschalen mit Frischhaltefolie ab und nehmen Sie die Gefäße aus dem Schrank heraus, sobald die Samen gekeimt haben. Wichtig ist auch hier, dass die Erde immer feucht ist.

Samen aufbewahren

Auch mit den Samen der eigenen Pflanzen können Sie jedes Jahr frische Farbe in Ihre Beete bringen. Das Einsammeln ist denkbar einfach, kostet keinen Pfennig, und wenn Sie Ihr Saatgut mit Freunden und Nachbarn tauschen, bekommen Sie zudem immer wieder neue Pflanzen.

Blumensamen ernten

- **Papiertüte** Binden Sie eine Papiertüte locker um die reifen Samenstände und klopfen Sie vorsichtig an der Tüte, sodass die Samen hineinfallen.

Die Samen auf ein gefaltetes Papier schütteln.

Samen sammeln
Schneiden Sie die reifen Samenstände mit einer Schere oder einem Messer ab, schütteln Sie die Samen vorsichtig heraus und bewahren Sie diese in Umschlägen oder Papiertütchen auf.

Gemüse- und Obstsamen ernten

- **Gemüse** Viele Gemüsesorten bringen keine sortenreinen Nachkommen hervor, sodass es bei der Nachzucht zu Abweichungen kommen kann.
- **Krankheiten** Einige Viruserkrankungen werden durch Samen übertragen. Daher sollten Sie nur Samen von gesunden Pflanzen verwenden.

Die Samen mit dem Daumen aus dem Fruchtfleisch lösen.

Samen herauslösen
Halbieren Sie reifes, gesundes Gemüse oder Obst und lösen Sie die Samen vorsichtig heraus. Untersuchen Sie diese genau und sortieren Sie alle Samen aus, die nicht intakt erscheinen.

Samen auf Küchenkrepp trocknen lassen.

Samen trocknen
Trocknen Sie die Samen auf Küchenkrepp, den Sie in eine saubere, trockene Saatschale legen. Stellen Sie die Samen zum Trocknen an einen kühlen, trockenen Ort.

Samen aufbewahren

- **Passende Behälter** Getrocknete Samen bewahren Sie am besten luftdicht verschlossen in sauberen, trockenen Behältern auf, damit die Samen nicht faulen oder keimen.

Samen auf gefaltetem Papier in Behälter füllen.

Filmdosen als Behälter
Schwarze Filmdosen eignen sich ausgezeichnet zum Aufbewahren von getrockneten Samen. Wichtig ist, die Dosen mit den jeweiligen Pflanzennamen und Datum zu beschriften.

Fruchthülsen trocknen

- **Abstand halten** Hülsen von Erbsen und Bohnen benötigen viel Luft zum Trocknen, deshalb sollten Sie die Hülsen in ausreichenden Abständen zum Trocknen auslegen.

Genug Abstand zwischen den Hülsen lassen.

Fruchthülsen auslösen
Lassen Sie die Hülsen so lange auf Zeitung in einer Saatschale liegen, bis sie (ohne künstliche Wärme) völlig trocken sind. Lösen Sie die Samen heraus und heben Sie sie in Papiertütchen auf.

Alpenveilchen

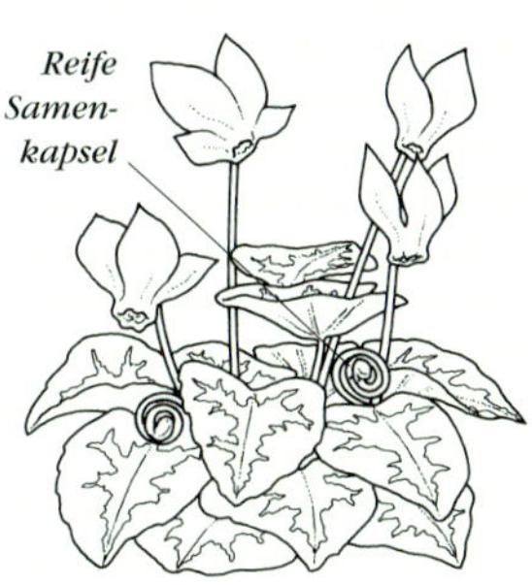

- **Sammeln** Zum Sammeln der Samen eine Papiertüte locker um die Kapseln binden, sobald diese aufzuspringen beginnen, damit keine Samen verloren gehen.
- **Einweichen** Um das Keimen zu erleichtern, die Samen aus den Kapseln lösen, über Nacht einweichen und möglichst bald aussäen.

SÄMLINGE AUSDÜNNEN

Sobald die Sämlinge gekeimt haben, müssen sie ausgedünnt werden. Dies erfordert ein wenig Geduld, ist aber wichtig, damit nur die kräftigsten Sämlinge übrig bleiben. Dadurch ist gewährleistet, dass sich nicht zu viele Jungpflanzen die Nährstoffe teilen müssen und somit weniger gut gedeihen.

Pikieren im Freiland

Im Beet gezogene Sämlinge dünnt man aus, sobald sie groß genug sind. Manche Sämlinge, vor allem die von Gemüsepflanzen, werden am besten in zwei Schritten ausgedünnt, indem man beide Male jeweils nur die kräftigsten Sämlinge stehen lässt und schwache Pflänzchen entfernt.

Sämlinge entfernen

Schwache Pflanzen
Entfernen Sie vorsichtig kranke oder schwache Sämlinge, ohne dabei die Wurzeln der übrigen Pflänzchen zu beschädigen.

Sämlinge pikieren

Pflanzen herausheben
Heben Sie die Sämlinge mit der Pflanzgabel heraus und geben Sie sie in eine Plastiktüte, damit keine Feuchtigkeit verloren geht.

Richtig pikieren

- **Schäden vermeiden** Um das Risiko von Wurzelschäden zu verringern, sollten Sie den Boden gründlich wässern, ehe Sie die Pflänzchen pikieren.
- **Kühle Temperaturen** Pikieren Sie die Sämlinge möglichst während der kühlsten Tageszeit, am besten in der Abenddämmerung, sodass sich die Pflanzen schneller erholen.
- **Wässern** Damit sich die Erde um die Wurzeln der Sämlinge gut setzt, sollten Sie die Pflänzchen nach dem Pikieren gründlich gießen.

Pikieren in Saatschalen

Auch in Saatschalen gezogene Sämlinge müssen ausgedünnt und eingepflanzt werden. Da man die Wachstumsbedingungen selbst steuern kann, ist der Zeitpunkt weniger entscheidend als im Freiland, aber auch hier sollten Sie die Belastung für die Pflänzchen möglichst gering halten.

Sämlinge pflanzen und wässern

1 Lösen Sie die Wurzeln des Sämlings behutsam aus der Erde und halten Sie ihn dabei vorsichtig an den Keimblättern fest, nicht jedoch am Stängel oder an den Laubblättern.

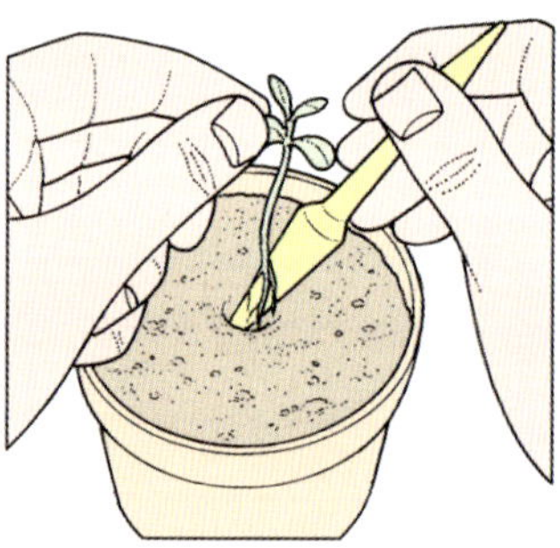

2 Drücken Sie mit dem Pikierstab ein Loch in die Erde und setzen Sie den Sämling hinein. Drücken Sie die Erde fest, sodass die Wurzeln sofort direkten Erdkontakt haben.

3 Damit die Erde beim anschließenden Wässern nicht weggespült wird, stellen Sie den Topf am besten so lange in Wasser, bis sich die Erdoberfläche feucht anfühlt.

Jungpflanzen pflegen

Sämlinge und Jungpflanzen brauchen besondere Pflege und Aufmerksamkeit, weil ihre Stängel und Blättchen noch sehr zart und empfindlich sind. Daher müssen junge Pflanzen schrittweise abgehärtet werden, um sie langsam an die Lebensbedingungen im Garten zu gewöhnen.

Pflanzen pflegen

- **Extreme vermeiden** Jungpflanzen leiden unter jeder Art von extremen Bedingungen. Schützen Sie die Pflanzen deshalb vor zu viel Sonnenlicht oder außergewöhnlich kalten oder warmen Temperaturen.
- **Wässern** Wichtig ist außerdem regelmäßiges Gießen, da die jungen Wurzelsysteme bei wechselnder Feuchtigkeitszufuhr leicht geschädigt werden.
- **Krankheiten** Das Risiko von Pilzerkrankungen lässt sich verringern, indem Sie die Samen vor der Aussaat in handwarmem Kamillentee beizen.
- **Sonne** Zarte Blätter verbrennen leicht, wenn sie nass der Sonne ausgesetzt sind. Halten Sie die Blattflächen unter solchen Bedingungen trocken.

Sämlinge und Jungpflanzen schützen

- **Ungeziefer** Schützen Sie die Pflanzen unbedingt vor Schädlingen und Krankheiten (siehe S. 544).

Minifrühbeet
Stülpen Sie eine halbierte, durchsichtige Plastikflasche über die Sämlinge. Härten Sie die Pflanzen schrittweise ab, indem Sie einige Löcher in die Flasche bohren.

- **Folien** Halten Sie Schädlinge durch Folien oder Vliese von den Pflanzen fern. Die Folien sind außerdem nützlich, um größere Pflanzflächen vor Frost zu schützen.

Folien und Vliese
Schlitzfolien sind licht- und luftdurchlässig und schützen vor Kälte und Schädlingen. Beschweren Sie die Ränder mit Steinen oder stecken Sie sie fest.

Bau eines Folientunnels

Folientunnel verwendet man zum Schutz von niedrig wachsenden Pflanzen vor Wind und Kälte (siehe auch S. 522–523). Beabsichtigen Sie einen Folientunnel zu bauen, benötigen Sie für jeden Stützbogen 2 m elastisches Rohr mit 12 mm Durchmesser, zwei 45 cm lange Stäbe, die in die Rohrenden geschoben werden, sowie transparente Plastikfolie, Holzlatten und Reißzwecken.

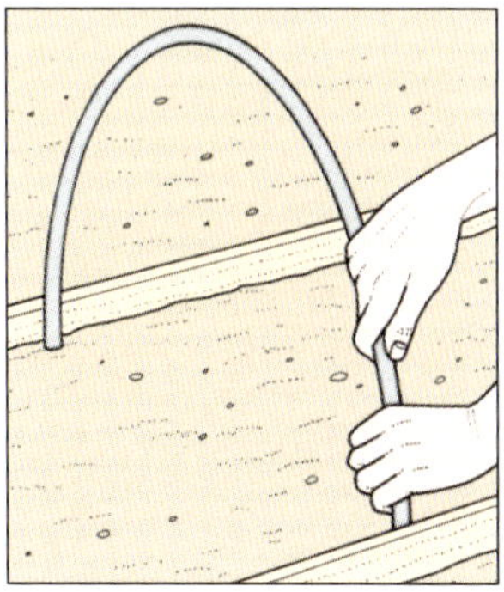

1 Die Fläche mit den Latten markieren. In die Rohrenden Stäbe schieben und zum Bogen biegen, indem man die Stäbe an der Latteninnenseite in die Erde steckt.

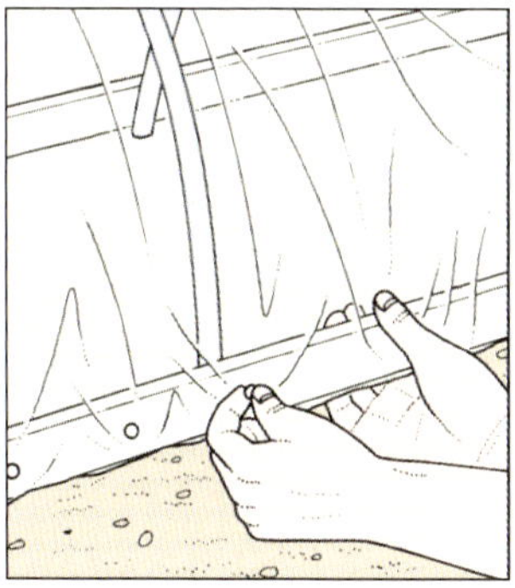

2 Die Bögen in Abständen von etwa 1,5 m entlang der Latten aufstellen und mit Folie bespannen. Die Ränder um die Latten schlagen und mit Reißzwecken befestigen.

3 Die Folie an den Tunnelenden mit Ziegelsteinen sichern. Den Tunnel gut verschließen, damit es innen warm bleibt, und bei Wärme zum Lüften öffnen.

ABLEGER ABNEHMEN

Pflanzen durch Ableger zu vermehren ist nicht schwer. Dafür müssen lediglich die Stängel zur Wurzelbildung angeregt werden, was häufig dadurch geschieht, dass man die Triebe Richtung Boden biegt und mit Erde bedeckt. Wenn Sie die Stängel noch etwas einritzen, wird das Wurzelwachstum zusätzlich gefördert.

Grundausstattung

Für die Vermehrung durch Ableger brauchen Sie nur einige wenige, einfache Hilfsmittel.

- **Bewurzelungshilfsstoff** Er regt die natürliche Wurzelbildung an. Die beste Wirkung erzielen Sie, wenn Sie das Pulver auf Einschnitte am Stängel auftragen. Auch spezielle Anzuchterde für die Ableger fördert die schnelle Wurzelbildung. Man kann sie für das Einsetzen in Plastiktöpfe verwenden oder direkt in die Erde um die Pflanze herum einarbeiten, von der man den Ableger abnehmen will.
- **Weitere Ausrüstung** Bambusstäbe, Schnur, ein scharfes Messer und Krampen sind beim Abnehmen der Ableger hilfreich.

Anzuchterde

Bewurzelungshilfsstoff

Plastiktöpfe

Scharfes Messer

Schnur

Krampen

Bambusstab

Geeignete Selbstableger

Viele Bäume, Sträucher und Kletterpflanzen lassen sich durch Ableger vermehren. Manche bilden sogar ohne Hilfe Wurzeln, sobald sie Bodenkontakt bekommen (in der Liste mit **A** gekennzeichnet). Diese Ableger bei ausreichender Wurzelbildung in Töpfe umpflanzen.

Actinidia (Strahlengriffel), *Andromeda* (Rosmarinheide), *Aucuba* (Aukube), *Cassiope* (Schuppenheide), *Celastrus* (Baumwürger; **A**), *Chaenomeles* (Zierquitte), *Chimonanthus* (Winterblüte), *Cissus* (Klimme), *Corylopsis* (Scheinhasel), *Erica* (Erika), *Fothergilla* (Federbuschstrauch), *Hedera helix* (Efeu; **A**), *Humulus* (Hopfen), *Hydrangea petiolaris* (Hortensie), *Kalmia* (Lorbeerrose), *Laurus* (Lorbeer), *Lonicera* (Geißblatt), *Magnolia* (Magnolie), *Parthenocissus* (Wilder Wein; **A**), *Periploca* (Baumschlinge; **A**), *Rhododendron* (Rhododendron), *Rosa* (Rose), *Rubus* (Brombeere, Himbeere), *Skimmia* (Skimmie), *Syringa* (Flieder), *Vaccinium corymbosum* (Heidelbeere), *Vitis amurensis* (Weinrebe), *Wisteria* (Glyzine).

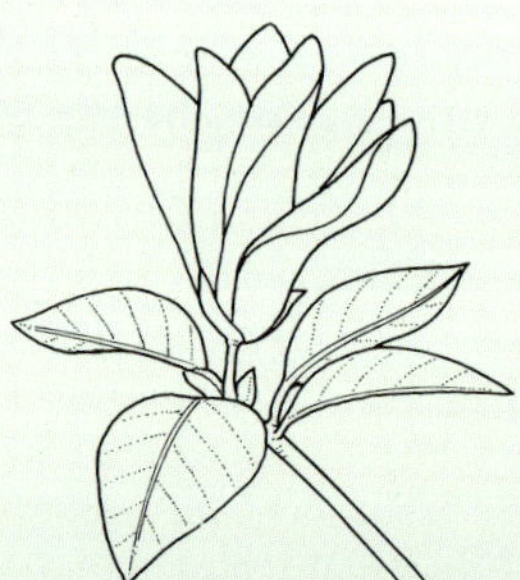

Magnolie

GUTE IDEE!

Blattdünger aufsprühen
Sie können Jungpflanzen fördern, indem Sie die Blätter mit Blattdünger besprühen, der auch das Wurzelwachstum anregt. Auf diese Weise erhalten Sie Ableger mit gut entwickelten, kräftigen Wurzeln.

Unterschiedliche Methoden

Ableger lassen sich je nach Pflanzenart und Zweck auf unterschiedliche Weise abnehmen. Dabei ist das Einwurzeln wie etwa bei der Clematis die einfachste und direkteste Methode. Diese Vermehrungstechnik eignet sich am besten für die großblütigen Clematis-Hybriden.

Clematis einwurzeln lassen und befestigen

1 Wählen Sie zwischen Herbst und Frühjahr einen kräftigen, elastischen Trieb, der sich bis zum Boden biegen lässt. Schneiden Sie ihn möglichst unterhalb eines Auges, wo sich ein neuer Trieb bildet, an der Unterseite bis etwa zur Hälfte schräg ein.

2 Setzen Sie unterhalb der Pflanze einen Topf mit feuchter Anzuchterde nahe des Triebes in den Boden, von dem der Ableger genommen wird. Tauchen Sie den eingeschnittenen Trieb in Bewurzelungshilfsmittel und klopfen Sie überschüssiges Pulver ab.

3 Drücken Sie die Schnittstelle in den Topf und fixieren Sie den Trieb mit einer Krampe oder Draht. Halten Sie den Trieb immer gut feucht. Prüfen Sie nach 6 Monaten, ob sich Wurzeln gebildet haben, indem Sie vorsichtig am Ende des Triebes ziehen.

Den Boden verbessern

- **Kompost** Damit die Ableger im Boden gut Wurzeln bilden, sollten Sie den Boden mit reichlich Kompost verbessern. Bei schweren Böden ist es ratsam, etwas Kies einzuarbeiten, um die Drainage zu fördern.

Für Feuchtigkeit sorgen
Häufeln Sie feuchte Komposterde über der fixierten Schnittstelle an, um zu verhindern, dass die Erde zu rasch austrocknet. Das Festbinden am Stab verhindert, dass der Wind das zarte Pflänzchen umwehen kann.

Die richtigen Pflanzen

- **Gesunde Triebe** Wählen Sie für kräftige Ableger nur gesunde Zweige, die sich leicht biegen lassen.
- **Zurückschneiden** Schneiden Sie die Pflanze zur gegebenen Zeit kräftig zurück, um die Bildung von geeigneten Trieben für Ableger zu fördern.

Kletterpflanzen

- **Mehrere Ableger ziehen** Diese Methode eignet sich sehr gut für Kletterpflanzen wie etwa *Campsis* (Trompetenblume), *Celastrus* (Baumwürger) oder *Clematis* (Clematis). Schneiden Sie dafür einen langen Jungtrieb mit einem scharfen Messer mehrfach jeweils an einem Auge ein und fixieren Sie ihn mithilfe von Krampen oder einem Stück Draht so im Boden, dass die Augen nach oben zeigen. An ihnen wird sich jeweils ein neuer Ableger bilden.

GELD SPAREN

Heidekrautableger
Altes, hochgeschossenes Heidekraut können Sie durch frische Ableger erneuern. Dazu geben Sie etwas Anzuchterde in die Mitte der Pflanze, drücken sie fest an die Triebe und wässern sie gut. Innerhalb von 6 Monaten entstehen dann an dieser Stelle neue Wurzeln.

STECKLINGE ABNEHMEN

Durch Stecklinge können Sie Ihren Pflanzenbestand auf die preisgünstigste Art immer wieder erweitern. Damit die Stecklinge kräftige Wurzeln bilden, benötigen sie während der Phase des Wurzelwachstums besonders gute Bedingungen und regelmäßige Pflege.

Grundausstattung

Diese Hilfsmittel brauchen Sie zur Vermehrung von Pflanzen durch Stecklinge.

- **Schneidewerkzeuge** Wichtig ist ein scharfes Messer oder eine Gartenschere, um die Stecklinge abzuschneiden.
- **Wurzeln fördern** Spezielle Anzuchterde für Stecklinge eignet sich am besten für die Stecklingsanzucht im Topf. Ein Bewurzelungshilfsstoff fördert die Wurzelbildung.
- **Etiketten** Sie sind deshalb wichtig, um die verschiedenen Stecklinge anfangs voneinander unterscheiden zu können.
- **Pflanzbehälter** Zum Einpflanzen der Stecklinge sind Plastik- und Tontöpfe gleichermaßen geeignet. Ebenso gut können Sie aber auch gründlich gereinigte Marmeladengläser oder Joghurtbecher verwenden (siehe S. 585).
- **Weitere Ausrüstung** Mit einem Drahtgeflecht lassen sich Weichholzstecklinge besser im Glas fixieren. Aus Gummibändern und Plastiktüten können Sie Minigewächshäuser für die Stecklinge herstellen.

Anzuchterde

Bewurzelungshilfsstoff

Etiketten

Plastiktöpfe

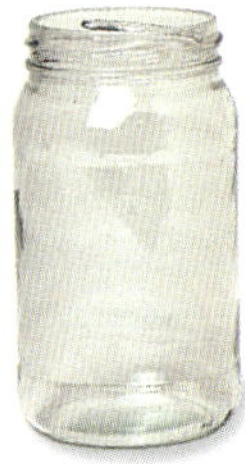
Marmeladenglas

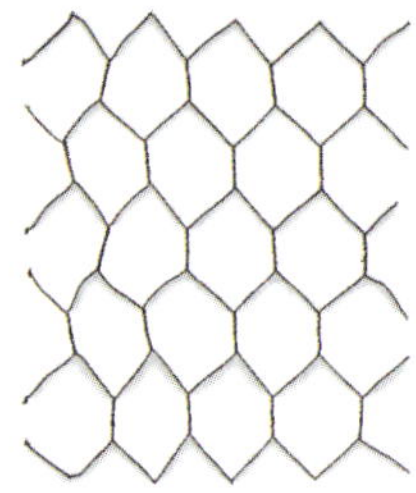
Drahtgeflecht

Gummibänder

Plastiktüten

Scharfes Messer

Gartenschere

Geeignete Selbstableger

Weichholz

Abelie *(Abelia)*, Bartblume *(Caryopteris)*, Birke *(Betula)*, Bleiwurz *(Ceratostigma)*, Clematis, Fingerstrauch *(Potentilla)*, Forsythie *(Forsythia)*, Fuchsie *(Fuchsia)*, Geißblatt *(Lonicera)*, Glyzine *(Wisteria)*, Hortensie *(Hydrangea)*, Kolkwitzie *(Kolkwitzia)*, Kreuzrebe *(Bignonia)*, Perückenstrauch *(Cotinus coggygria)*, Falscher Jasmin *(Philadelphus)*, Prachtglocke *(Enkianthus)*, Trompetenbaum *(Catalpa)*, Ulme *(Ulmus)*, Wein *(Parthenocissus)*, Zierkirsche *(Prunus)*.

Halbreifes Holz

Aukube *(Aucuba)**, Bartblume *(Caryopteris)*, Berberitze *(Berberis)**, Deutzie *(Deutzia)*, Geißklee *(Cytisus)**, Glanzmispel *(Photinia)**, Hemlocktanne *(Tsuga)**, Knöterich *(Fallopia)*, Lavendel *(Lavandula)*, Magnolie *(Magnolia)**, Ölweide *(Elaeagnus)**, Rhododendron *(Rhododendron)**, Scheinzypresse *(Chamaecyparis)**, Schneeball *(Viburnum)*, Seidelbast *(Daphne)*, Stechpalme *(Ilex)*, Thuja *(Thuja)**, Wacholder *(Juniperus)**, Weigelie *(Weigela)*, Zwergmispel *(Cotoneaster)**, Zypresse *(Cupressus)**.

* Stecklinge aus vorjährigem Holz schneiden (siehe S. 593).

Weichholzstecklinge

Man nimmt sie im Juni von unreifen, weichen Triebspitzen, bevor diese verholzen. Sie bilden zwar meist problemlos Wurzeln, benötigen jedoch besonders intensive Pflege, da sie leicht welken und eingehen. Nehmen Sie nur kräftige, gesunde Triebe ohne Blütenansatz.

Stecklinge schneiden

Untere Blätter entfernen
Wählen Sie einen Trieb mit drei bis fünf Blattpaaren. Machen Sie mit einem scharfen Messer einen geraden Schnitt in 7–12 cm Länge unter einem Auge und knipsen Sie das unterste Blattpaar ab.

Ins Wasser stellen

Stecklinge fixieren
Damit die Stecklinge an ihrem Platz bleiben, legen Sie ein Stück Drahtgeflecht über ein Glas mit Wasser und fixieren es mit Gummiband. Man kann die Stecklinge aber auch in Anzuchterde setzen.

Triebe sammeln

Feuchtigkeit bewahren
Zarte junge Triebe verlieren schnell Feuchtigkeit. Legen Sie Stecklinge daher bis zum Einsetzen in eine Plastiktüte.

Stecklinge aus halbreifem Holz

Diese Stecklinge werden von Mitte Juli bis Ende August von Trieben aus dem laufenden Jahr geschnitten. Vor allem die Stecklinge von immergrünen Pflanzen bilden am besten Wurzeln aus, wenn sie an der Basis ein Stück aus vorjährigem Holz besitzen. Nehmen Sie nur kräftige Triebe.

Stecklinge pflegen

- **Verholzen** Nehmen Sie Stecklinge, bei denen das untere Triebende zu verholzen beginnt, die Spitze aber noch weich ist. Schneiden Sie im Zweifelsfall alle 2 Wochen mehrere neue Stecklinge.
- **Blätter** Bei großblättrigen Pflanzen lässt sich der Feuchtigkeitsverlust vermindern, indem man die Blätter vor dem Einsetzen halbiert.
- **Wurzeln** Bewurzelungshilfsstoff regt das Wurzelwachstum an. Schütteln Sie überschüssiges Pulver aber ab, da ein Zuviel die Schnittstelle schädigt.
- **Standort** Stellen Sie Töpfe mit Stecklingen von älteren Trieben ins Zimmergewächshaus oder ins kühle Frühbeet.

Rindenstücke entfernen

Triebe richtig schneiden
Trennen Sie Triebe für 10–15 cm lange Stecklinge jeweils direkt unterhalb eines Blattauges ab. Knipsen Sie das unterste Blattpaar und Seitentriebe ab und fördern Sie die Wurzelbildung, indem Sie an der Basis seitlich einen Rindenstreifen entfernen.

Tüte als Gewächshaus

Mit Plastiktüten schützen
Anstelle eines Zimmergewächshauses können Sie transparente Plastiktüten verwenden, um Feuchtigkeit und Wärme zu speichern. Ehe Sie die Tüten wieder entfernen, sollten Sie die Stecklinge langsam abhärten, indem Sie die Tütenecken abschneiden.

Stecklinge aus Hartholz

Stecklinge aus Hartholz schneidet man von voll entwickelten oder verholzten Trieben aus dem laufenden Jahr, am besten nimmt man die Stecklinge im Oktober ab. Warten Sie bei sommergrünen Pflanzen jedoch so lange mit dem Schneiden, bis die Blätter abgefallen sind.

Richtiger Schnittwinkel

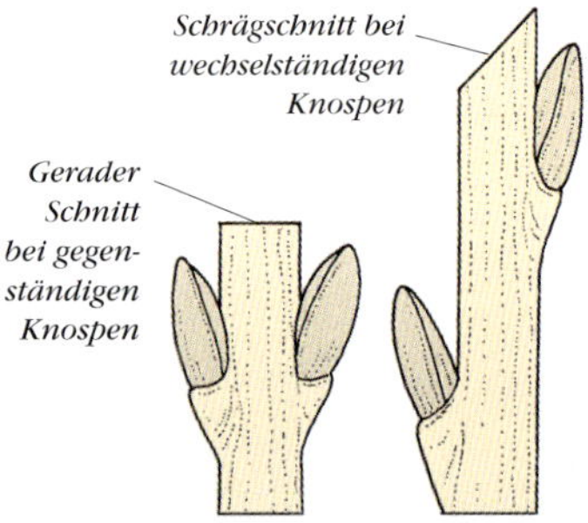

Schnittmethoden
Die Stecklinge auf 15 cm stutzen und die weichen Teile am oberen Ende abschneiden: Bei gegenständigen Knospen gerade, bei wechselständigen Knospen schräg schneiden.

Stecklinge einpflanzen

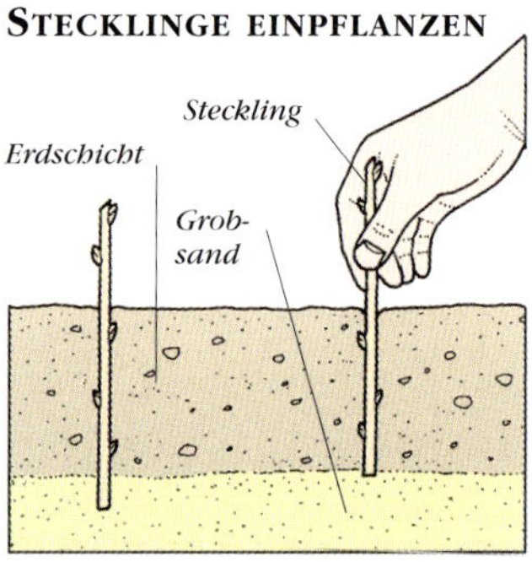

Pflanzgraben oder Beet
Die Stecklinge 12–15 cm tief in ein sorgfältig vorbereitetes Beet oder an den Rand eines flachen Pflanzgrabens mit einer etwa 2,5–5 cm dicken Schicht aus Grobsand in den Boden setzen.

Geeignete Pflanzen

- **Ziergehölze** Hartholzstecklinge von *Forsythia* (Forsythie), *Philadelphus* (Pfeifenstrauch oder Falscher Jasmin), *Salix* (Weide), *Spirea* (Spierstrauch) und *Tamarix* (Tamariske) bilden problemlos Wurzeln. Schneiden Sie Rosenstecklinge nur von Trieben, die bereits geblüht haben.
- **Nutzgehölze** Bei Stachelbeeren und Roten Johannisbeeren verwendet man etwa 40 cm lange Stecklinge, an denen nur die drei oder vier obersten Knospen stehen bleiben. Bei Schwarzen Johannisbeeren lässt man alle Knospen stehen.

Wurzelstecklinge

Wurzelstecklinge werden im Herbst oder Frühjahr abgenommen. Dafür hebt man die Pflanzen an, zieht den Wurzelballen auseinander, um die Wurzeln freizulegen, und lockert die Erde. Bei größeren Pflanzen kann man einen Teil des Ballens herauslösen und den Rest im Boden lassen.

Stecklinge pflegen

- **Pflanzen** Akanthus *(Acanthus)*, Anemone *(Anemone)*, Essigbaum *(Rhus)*, Glockenblume *(Campanula)*, Königskerze *(Verbascum)*, Kugeldistel *(Echinops)*, Kugelprimel *(Primula denticulata)*, Küchenschelle *(Pulsatilla)*, Mohn *(Papaver)*, Phlox *(Phlox)*, Reiherschnabel *(Erodium)*, Schleierkraut *(Gypsophila)*, Strauchkastanie *(Aesculus parviflora)*, Trollblume *(Trollius)*.
- **Wässern** Nach dem Einsetzen müssen die Stecklinge gewässert werden. Weiteres Gießen ist erst nach der Wurzelbildung erforderlich.
- **Vorbeugen** Beugen Sie bei *Phlox* Älchen (Nematoden) vor, indem Sie Wurzelstecklinge nehmen, da Schädlinge nicht an die Wurzeln gehen.

Wurzelstecklinge nehmen und setzen

- **Mindestgröße** Nehmen Sie von gesunden Pflanzen Wurzeln, die einen Durchmesser von mindestens 5 mm haben und an der Stängelbasis sitzen.
- **Ideale Länge** Die Länge der Wurzel hängt von der jeweiligen Pflanzenart ab. Nach dem Beschneiden sollte der Wurzelsteckling 5–15 cm lang sein.

Wurzeln vorbereiten
Alle Seitenwurzeln abschneiden. Das Ende, an dem die Wurzel von der Pflanze abgetrennt wird, gerade, das andere Ende schräg schneiden. Die ganze Wurzel auf diese Weise in Stücke teilen.

In Blumenerde setzen
Die Stecklinge mit der Schrägseite nach unten in eine Schale mit Blumenerde stecken. So viel Erde einfüllen, dass die Spitzen gerade eben sichtbar sind und 3 mm dick Sand darüber geben.

STAUDEN TEILEN

Viele Stauden lassen sich gut teilen, vor allem wenn sie an der Basis bereits zahlreiche Triebe gebildet haben oder von Natur aus ein weitläufiges Wurzelsystem entwickeln. Die meisten Pflanzen teilt man am besten zwischen Spätherbst und Frühjahr.

GRUNDAUSSTATTUNG

Zum Teilen von Pflanzen sind wenige Werkzeuge erforderlich.

- **Schneidewerkzeuge** Ein scharfes Messer ist wichtig für einen sauberen Schnitt, da eine glatte Schnittfläche möglichen Krankheitserregern weniger Angriffsfläche bietet.
- **Grabgabel** Die Grabgabel ist zum Teilen von Ballen notwendig. Für kleine Stauden genügt eine Pflanzgabel.
- **Weitere Ausrüstung** Mit Kies kann man die Bodenbeschaffenheit und den Wasserabfluss verbessern. Krampen helfen beim Befestigen der Ausläufer im Boden.

Scharfes Messer

Krampen

Kies

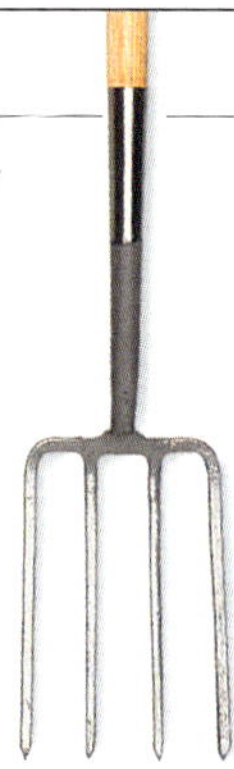

Grabgabel

Pflanzgabel

GEEIGNETE PFLANZEN

Zu den Pflanzen, die man gut teilen kann, gehören: Aronstab *(Arum)*, Aster, Bergenie *(Bergenia)*, Christrose *(Helleborus)*, Flockenblume *(Centaurea)*, Funkie *(Hosta)*, Garbe *(Achillea)*, Gämswurz *(Doronicum)*, Glockenblume *(Campanula)*, Lichtnelke *(Lychnis)*, Lobelie *(Lobelia)*, Meerkohl *(Crambe)*, Nachtkerze *(Oenothera)*, Pfingstrose *(Paeonia)*, Prachtspiere *(Astilbe)*, Purpurglöckchen *(Heuchera)*, Sonnenhut *(Rudbeckia)*, Storchschnabel *(Geranium)*, Taglilie *(Hemerocallis)*, Weidenröschen *(Epilobium)*.

Wurzelstöcke teilen

Durch Teilen und Versetzen lassen sich alte Wurzelstöcke verjüngen und zugleich vermehren. Große, kräftige Pflanzen teilt man mit zwei Grabgabeln, die man mit den Rückseiten zueinander einsticht, bei kleinen Pflanzen kann man meist mit der Hand oder dem Messer arbeiten.

HERAUSNEHMEN, TEILEN UND NEU SETZEN

1 Heben Sie den Stock mit einer Grabgabel vorsichtig heraus, indem Sie in etwas Abstand von den Wurzeln schräg in die Erde stechen. Schütteln Sie die Erde ab und teilen Sie den Stock mit der Gabel.

2 Trennen Sie alle jungen und gesunden Wurzeln vom Wurzelstock ab und beschneiden Sie deren Enden mit einem scharfen Messer. Entfernen Sie dabei sämtliche alten oder kranken Wurzelstücke.

3 Schneiden Sie die Blätter von Schwertlilien schräg auf etwa 15 cm zurück, damit sie bei Wind nicht geschädigt werden. Setzen Sie die Pflanze so wieder ein, dass die obere Hälfte aufrecht aus der Erde ragt.

Blumenzwiebeln pflegen

Auch Blumenzwiebeln benötigen ausreichend Pflege, damit sie gedeihen können. Nach einigen Jahren, wenn der Bestand zu dicht gewachsen ist, ist es ratsam, ihn zu teilen. Danach pflanzt man die Blumenzwiebeln in kleinen Gruppen wieder ein.

Geeignete Pflege

- **Pflanzen markieren** Blühen Zwiebelpflanzen nicht mehr gut, ist dies ein Zeichen, dass sie zu dicht stehen. Markieren Sie die Pflanzen mit einem Stock, sobald die Blätter zu welken beginnen. So findet man sie während der Ruhephase problemlos wieder.
- **Blattdünger** Zwiebelpflanzen, die zu dicht stehen, sind häufig unterentwickelt und sollten während der Wachstumsperiode regelmäßig Blattdünger bekommen.
- **Tochterzwiebeln** Setzen Sie Tochterzwiebeln in ein eigenes Beet und pflegen Sie diese sorgfältig, bis sie voll entwickelt sind.

Dichte Gruppen teilen

Zwiebelgruppen heben
Heben Sie die Gruppe mit der Pflanzgabel oder - bei großen Beständen - mit der Grabgabel vorsichtig heraus und entfernen Sie beschädigte Zwiebeln. Graben Sie ein neues Pflanzloch und geben Sie etwas Dünger hinein.

Zwiebeln neu einpflanzen
Entfernen Sie alle Tochterzwiebeln vorsichtig von der Mutterzwiebel. Pflanzen Sie gut oder fast entwickelte Zwiebeln in der richtigen Tiefe und an einer geeigneten Stelle (siehe S. 497) sofort wieder ein.

Vermehrung durch Zwiebelschuppen

Schuppen bildende Zwiebeln wie die von Lilien *(Lilia)* und Kaiserkrone *(Fritillaria)* lassen sich mit dieser Methode im Spätsommer oder Frühherbst vermehren. Achten Sie dabei auf die kleinen Brutzwiebeln an den Zwiebelschuppen, die sich zwischen Schale und Zwiebel bilden.

Lilien mit Brutzwiebeln vermehren

1 Von der Zwiebel gesunde Schuppen abziehen und in Holzkohlen- oder Schwefelpulver schwenken. In einem Beutel mit Torf und Perlite verschlossen bei 21 °C an einen dunklen Ort legen.

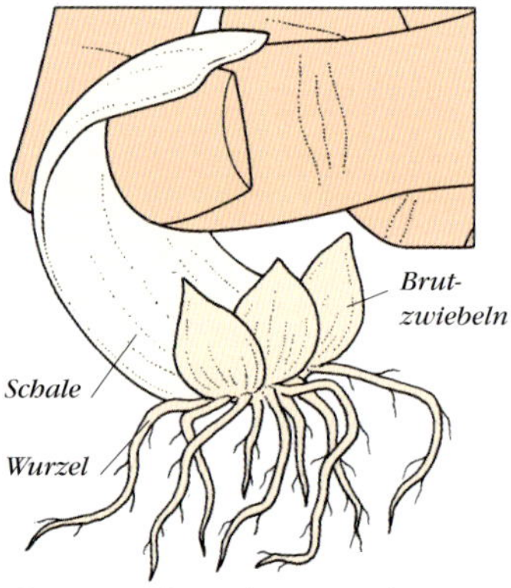

2 Wenn die Schuppen dann 2 bis 3 Monate warm in der Plastiktüte gelegen haben, sollten sich an ihrer Basis kleine Brutzwiebeln und Wurzeln gebildet haben. Nun können Sie sie einpflanzen.

3 Die Schuppen einzeln in Töpfe mit sandhaltiger Blumenerde legen, sodass die Spitzen gerade eben bedeckt sind. Die Töpfe in ein kühles Gewächshaus oder in ein schattiges Frühbeet stellen.

Vermehrung durch Teilen

Die meisten Pflanzen verbreiten sich in ihrer natürlichen Umgebung von allein, was Sie sich bei der Vermehrung zunutze machen können. Wichtig für einen Erfolg ist der geeignete Zeitpunkt und sorgfältige Pflege. Dann werden Sie in Kürze viele neue Pflanzen im Garten haben.

Pflanzen richtig teilen

- **Zeitpunkt** Teilen Sie die Pflanzen am besten zur kühlsten Tageszeit und möglichst am frühen Abend.
- **Kühler Platz** Pflanzen Sie geteilte Pflanzen möglichst bald wieder ein, damit sie keine Feuchtigkeit verlieren. Bewahren Sie die Pflanzen bis zum Einpflanzen an einem kühlen Ort auf, wo sie vor Sonnenlicht geschützt sind.
- **Gesunde Pflanzen** Verwenden Sie zum Teilen nur gesunde, kräftige Pflanzen. Nutzen Sie dabei auch die Gelegenheit, um schwache oder alte Teile zu entfernen.
- **Unkraut** Entfernen Sie vor dem Neueinpflanzen alle Unkräuter aus den Wurzeln.

Ausläufer vermehren

Erdbeeren teilen
Erdbeeren bilden Ausläufer, die sich sehr einfach vermehren lassen, indem Sie diese um die Pflanze verteilen und mit Krampen im Boden feststecken. Sobald sie Wurzeln gebildet haben, trennen Sie die Ausläufer von der Pflanze und pflanzen sie ein.

Kindeln vermehren

Hauswurz teilen
Sempervivum bildet büschelweise kleine Nebenpflanzen (Kindel), die Sie vorsichtig abtrennen und in sandhaltige Blumenerde stecken können. Einige haben dann meist schon kleine Wurzeln, aber auch die anderen werden rasch Wurzeln bilden.

Himbeeren teilen

Himbeeren bilden unterirdische Ausläufer. Sind diese gesund, lässt sich mit ihnen der alte Bestand ersetzen oder vergrößern.

Im Spätherbst können Sie alle Ausläufer von kräftigen und gesunden Pflanzen entnehmen und einpflanzen.

1 Ausläufer von gesunden Pflanzen mit der Grabgabel aus der Erde heben. Gut verwurzelte Ausläufer mit der Gartenschere oder einem Messer abschneiden.

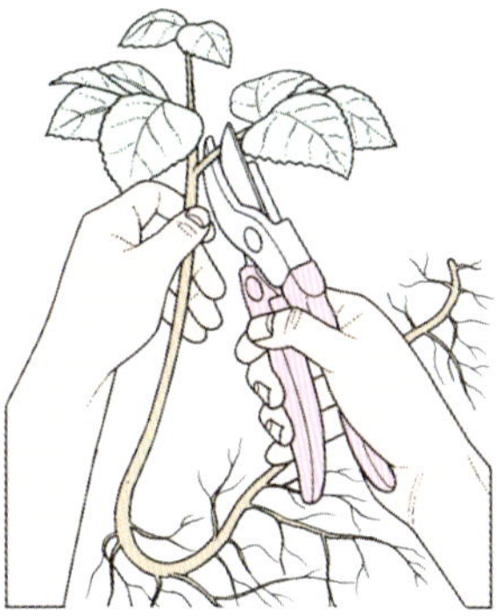

2 Die Blätter entfernen und die Ausläufer an etwas entfernter Stelle einpflanzen, um das Risiko von Erregern und Schädlingen zu vermindern. Danach gut wässern.

Optimal teilen

- **Pflanzen verjüngen** Stauden lassen sich besonders gut durch Teilen vermehren, und fast alle Stauden profitieren von einer solchen Verjüngungskur, sofern der Wurzelballen gut entwickelt ist.
- **Wann teilen?** Stauden werden in der Regel während der Ruhephase – zwischen Herbst und Frühjahr – geteilt. Bei schweren Böden empfiehlt es sich jedoch, die Stauden erst im Frühjahr zu teilen (siehe S. 500).

Allgemeine Gartenpflege

Im Garten profitieren nicht nur die Pflanzen von guter Pflege. Auch Geräte, Holzkonstruktionen, Wege und Schuppen sollte man ab und zu auf ihren Zustand hin überprüfen und dann gegebenenfalls reparieren. Auf welche Art und wie oft dies jeweils notwendig ist, hängt vom verwendeten Material ab. Aus der folgenden Übersicht können Sie ersehen, welche Vor- und Nachteile sich aus den unterschiedlichen Materialien ergeben.

Materialien im Garten

Material	Vorteile	Nachteile
Harthölzer Harthölzer wie Buche, Mahagoni und Teak verwendet man für zahlreiche Zwecke.	Harthölzer sind sehr langlebig und strapazierfähig. Zum Schutz der Oberfläche ist relativ wenig Aufwand nötig.	Hartholz ist relativ teuer und Sie bekommen es im Fachhandel. Empfehlenswert ist Holz aus ökologischer Herstellung.
Weichhölzer Weichhölzer wie Tanne, Kiefer, Fichte und Zeder verwendet man ebenfalls für Gartenmöbel, Bogen, Pergolen, Tore und Zäune. Man kann sie sowohl lasieren als auch lackieren.	Weichholz, das in zahlreichen Ländern produziert wird, ist in größeren Mengen erhältlich und damit preiswerter als Hartholz. Wegen seiner geringen Dichte bzw. des geringeren Gewichts lässt es sich einfach verarbeiten.	Weichhölzer haben eine geringere Lebensdauer und sind weniger robust als Hartholz. Wenn das Holz den Winter über im Freien bleibt, sollten Sie es unbedingt mit einem Schutzanstrich versehen.
Kunststoff Kunststoff ist ein beliebtes Material sowohl für alle Arten von Gartenmöbeln als auch für Blumenkästen und -töpfe oder andere Pflanzbehälter.	Kunststoff verrottet, korrodiert und verzieht sich nicht durch Kälte oder Feuchtigkeit und benötigt deshalb kaum Pflege. Es kostet wenig und ist durch sein geringes Gewicht sehr flexibel.	Die Farben von Kunststoffobjekten wirken in traditionellen Gärten bzw. in Naturgärten leicht aufdringlich und unnatürlich. Mitunter bleichen die Farben in der Sonne aus.
Gusseisen Gusseisen wurde im 19. Jahrhundert häufig für Gartenmöbel und Verzierungen verwendet.	Gusseisen ist sehr schwer und deshalb überall da geeignet, wo Stabilität wichtig ist. Man kann es farbig lackieren.	Gusseisen muss regelmäßig gestrichen werden, da es sonst rostet. Durch sein Gewicht ist es zudem wenig flexibel.
Aluminium Man verwendet es häufig für Frühbeete oder Gewächshäuser.	Aluminium lässt sich mit Emailfarbe streichen. Es wiegt wenig und ist dadurch sehr flexibel.	Verwittertes Aluminium erhält durch die Korrosion oft eine weiße, pudrige Oberfläche.
Stahl Stahl verwendet man beispielsweise für Spiel- und Turngeräte.	Stahl ist ebenso stabil wie widerstandsfähig und braucht deshalb nur wenig Pflege.	Bei lackiertem feuerverzinktem Stahl kann die Farbe nach einiger Zeit abblättern.

GRUNDAUSSTATTUNG FÜR ALLGEMEINE GARTENARBEITEN

Für die Pflege der unterschiedlichen Dinge im Garten werden einige Werkzeuge benötigt.

- **Schmutzablagerungen** Bei starken Verschmutzungen brauchen Sie eine Drahtbürste, um Rost, Farbe, Algen und andere Verschmutzungen zu entfernen.
- **Empfindliche Oberflächen** Mit einer kräftigen Bürste reinigt man Oberflächen, die durch Drahtbürsten zerkratzt würden.
- **Pinsel** Verschieden große Pinsel brauchen Sie, um Holzschutzmittel, Lasur, Farbe und andere Lösungen aufzutragen.
- **Kleine Flächen verspachteln** Morsches Holz oder bröckelnden Putz entfernen Sie mit Beitel oder Meißel. Löcher füllen Sie mit dem Spachtel und Holzspachtelmasse oder Zement.
- **Große Flächen** Mit der Maurerkelle füllen Sie große Flächen mit Beton oder Mörtel.
- **Nägel** Alte Nägel entfernen Sie am besten mit dem Nagelheber am Hammer. Nehmen Sie nur feuerverzinkte Nägel.
- **Hämmern** Zaunpfähle schlagen Sie mit dem Fäustel ein.
- **Arbeitshandschuhe** Feste Arbeitshandschuhe sind wichtig bei der Arbeit mit rauen oder scharfkantigen Materialien.

Harte Drahtbürste

Kräftige Bürste

Kleiner Pinsel

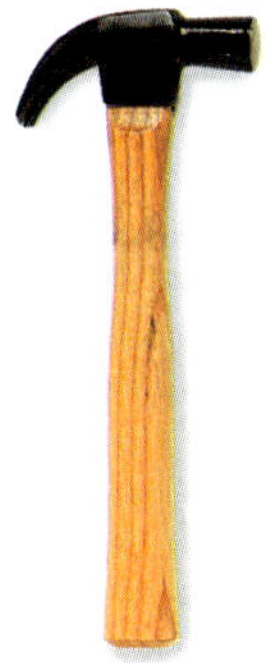

Hammer

Fäustel

Großer Pinsel

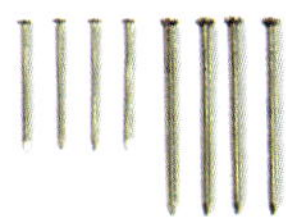

Feuerverzinkte Nägel

Malerspachtel

Meißel

Maurerkelle

Arbeitshandschuhe

SCHUTZMITTEL UND VERSIEGELUNGEN

- **Holzschutz** Tragen Sie regelmäßig ein Holzschutzmittel auf, um die Lebensdauer von Holzkonstruktionen zu verlängern.
- **Spachtel** Wählen Sie eine Holzspachtelmasse, die farblich zum Holz passt.
- **Holzlasur** Im Gegensatz zu Lack bleibt bei einem Lasuranstrich die Holzmaserung sichtbar. Lasuren sind farblos oder auch in Pastellfarben erhältlich.
- **Reparaturen** Für Ausbesserungsarbeiten am Dach oder am Gartenteich gibt es spezielle Versiegelungen und Bitumenspachtelmasse.

Kindersicherer Schraubverschluss

Holzschutzmittel

Holzspachtelmasse

Holzlasur

Versiegelung

Bitumenspachtelmasse

HOLZKONSTRUKTIONEN

Als natürliches Element fügt sich Holz harmonisch in nahezu jeden Garten ein und kann in vielen verschiedenen Farben, Größen und Preisklassen für zahlreiche Objekte verwendet werden. Durch Beizen oder Lackieren lässt sich Holz außerdem farblich an jede Umgebung anpassen.

Gartenschuppen reparieren

Ein Gartenschuppen ist in der Regel viele Jahre haltbar und benötigt kaum Pflege. Sinnvoll ist eine regelmäßige Behandlung mit einem Holzschutzmittel, was seine Lebensdauer erheblich verlängert. Auch Reparaturen am Dach oder den Glasscheiben können hin und wieder anfallen.

Dachreparaturen

● **Teerpappe erneuern** Diese Reparatur sollte man bei warmem Wetter ausführen, da die Teerpappe dann weniger leicht bricht. Wenn Sie dafür auf das Dach klettern, knien Sie sich am besten auf Bretter, um das Gewicht zu verteilen.

● **Material** Wählen Sie möglichst schwere, aber trotzdem biegsame Teerpappe, um die Handhabung zu erleichtern.

● **Holzzustand** Entfernen Sie die alte Teerpappe und prüfen Sie, ob das Holz darunter unbeschädigt ist. Entfernen Sie alte Nägel, ehe Sie die Teerpappe mit rostfreien Nägeln befestigen.

Schadhafte Dachpappe erneuern

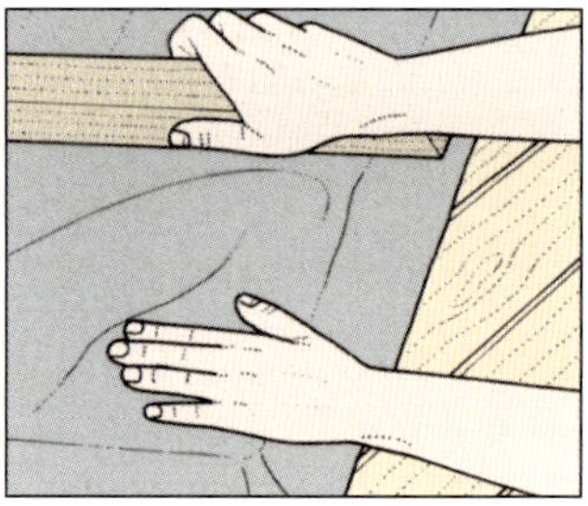

Luftblasen vermeiden
Legen Sie den ersten Bogen Teerpappe so auf das Dach, dass er am Dachüberstand wie auch am Gurtsims ungefähr 2,5 cm übersteht. Verstreichen Sie mögliche Luftblasen nach dem Auflegen mit einer Holzlatte, um eine glatte Oberfläche zu erzielen.

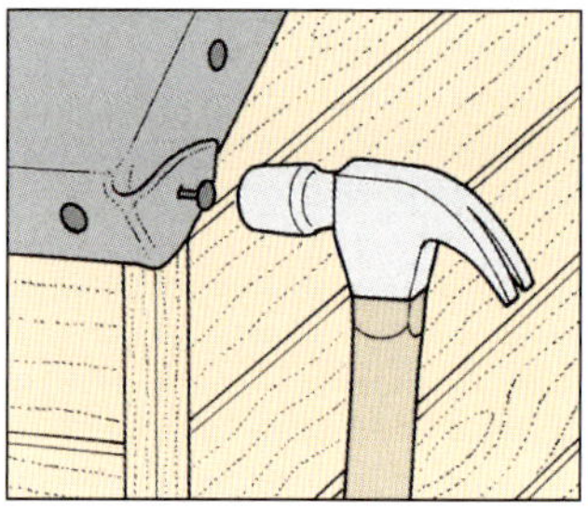

Ecken sichern
Falten Sie die Teerpappe dort zu einem Dreieck, wo Dachüberstand und Gurtsims zusammentreffen, und nageln Sie die Pappe mit rostfreien Nägeln am Gurtsims an. Schlagen Sie dabei den Rand ein, damit sich kein Regenwasser darin sammeln kann.

Holzverkleidungen reparieren

Holzverkleidungen an Außenwänden können leicht splittern, brechen oder faulen. Sind nur kleine Stellen betroffen, kann man sie relativ einfach ersetzen. Das neue Holz sollte vor Feuchtigkeit geschützt werden, indem man die Stellen zuerst mit Spachtelmasse füllt und dann ein Holzschutzmittel aufträgt.

1 Holzkeile unter die schadhafte Stelle schieben und diese mit der Brechstange anheben. Ein Brett unterlegen und die Stelle aussägen.

2 Das Ersatzstück einsetzen. Eine Holzleiste unterlegen, um das Holz zu schützen, und die Verkleidung mit rostfreien Nägeln annageln.

Arbeiten mit Holz

● **Holzschutzmittel** Behandeln Sie frisch geschnittenes Holz mit Holzschutzmittel und lassen Sie es vor dem Weiterverarbeiten ausreichend trocknen.

● **Holz austauschen** Ist das alte Holz an mehreren Stellen beschädigt, ersetzen Sie am besten gleich das ganze Brett.

● **Material** Nehmen Sie für Verkleidungen möglichst kesseldruckimprägniertes Holz, das sehr widerstandsfähig gegenüber Insekten und Pilzen ist und sich gut für feuchte Plätze eignet.

Dachrinnen reparieren

Auch die Dachrinnen und Fallrohre von Geräteschuppen und Gewächshaus sollten einwandfrei funktionieren. Vor allem Fallrohre bekommen leicht Risse oder verstopfen und fließen dann über, was größere Schäden anrichten kann und meist teure Reparaturen zur Folge hat.

Schäden vorbeugen

- **Rost** Entfernen Sie umgehend jeden Rost und tragen Sie ein Rostschutzmittel auf. Nach dem Trocknen sollten Sie die betreffende Stelle mit Lack überstreichen.
- **Regenrinnen aus Kunststoff** Eine beschädigte Plastikrinne ersetzen Sie wenn möglich gleich. Kleinere Schäden können Sie zunächst mit Bitumen abdichten. Kurzfristig leistet auch wasserfestes Klebeband gute Dienste.
- **Drahtgeflecht** Spannen Sie beim nächsten Kontrollgang oder bei einer Reparatur engmaschiges Drahtgeflecht über die Dachrinne, um Verstopfungen zu verhindern.

Regenrinnen aus Kunststoff und Metall reparieren

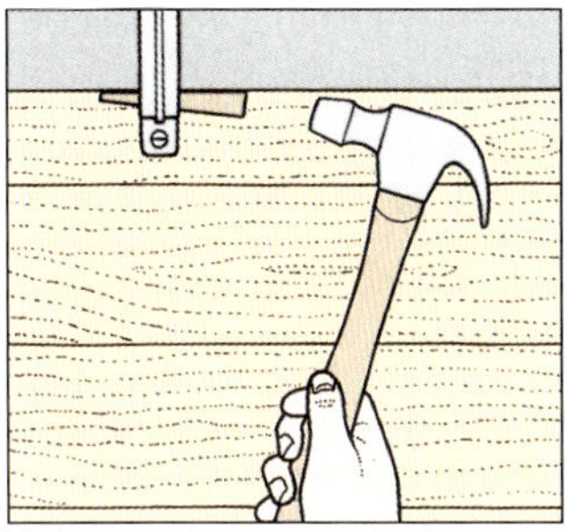

Durchhängende Rinne
Lose oder durchhängende Kunststoffrinnen leiten das Wasser nur schlecht oder gar nicht ab, sodass es irgendwann überläuft. Vor dem Austausch der Rinne können Sie einen Holzkeil zwischen Rinneisen und Rinne stecken, der vorübergehend Abhilfe schafft.

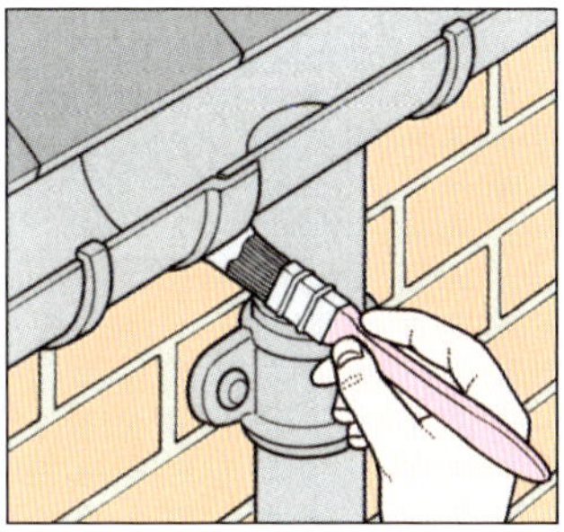

Risse versiegeln
Ist eine Metallrinne rissig und undicht geworden, entfernen Sie zunächst den Rost und versiegeln die betroffene Stelle (bis zum Trocknen vor Regen schützen). Ist die Rinne an mehreren Stellen beschädigt, sollte der gesamte Abschnitt ersetzt werden.

Geräteschuppen pflegen

Vor allem wenn man im Geräteschuppen arbeitet, sollte er warm und trocken sein. Außerdem muss er gut gesichert werden, damit man auch teure Geräte darin lagern kann. Doch selbst ein zunächst feuchter Schuppen lässt sich mit wenig Mühe in einen guten Arbeitsplatz verwandeln.

Schuppen isolieren

Styroporplatten
Isolieren Sie den Schuppen von innen mit Styroporplatten, die Sie zwischen Deckenbalken und Stützstreben mit kurzen Nägeln anbringen, damit diese die Holzwände und Teerpappe nicht beschädigen. Decken Sie das Styropor mit Hartfaserplatten ab.

Geräteschuppen pflegen

- **Holzschutzmittel** Wenn Sie den Schuppen mit Holzschutzmittel behandeln, sollten Sie diese Arbeit in den Sommermonaten erledigen. Dann können Fenster und Türen offen bleiben und der Anstrich trocknet schneller.
- **Zugluft** Hängen Sie zum Schutz vor Zugluft einen Vorhang vor die Schuppentür. Isolieren Sie Fenster- und Türrahmen mit Klebeband.
- **Heizung** Wenn Sie während der kalten, feuchten Wintermonate im Schuppen arbeiten, ist ein Ölofen sinnvoll, damit es warm und trocken bleibt. Der Ofen sollte einwandfrei funktionieren und vorschriftsmäßig bedient werden.

Schuppen sichern

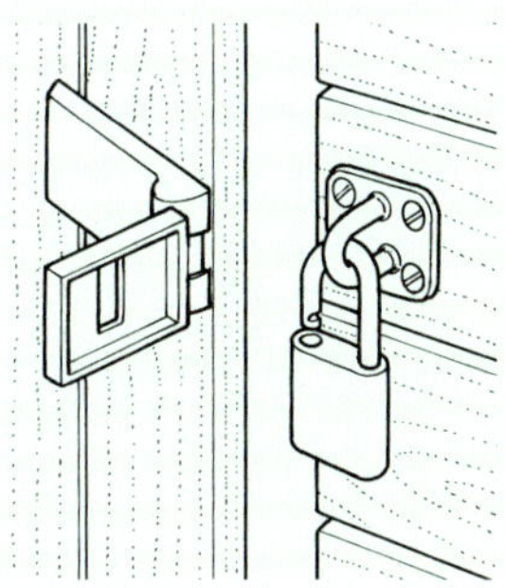

Befestigen Sie einen stabilen Beschlag mit Schrauben, die Sie von innen durch die Tür bohren, und verwenden Sie ein gutes Vorhängeschloss. Befinden sich teure Geräte im Schuppen, sollten Sie die Fenster mit Rollos verhängen.

Holz schützen

Gartenmöbel, die im Winter nicht untergestellt werden, sind – wie auch andere Holzkonstruktionen – dem Wetter ausgesetzt, wobei vor allem Feuchtigkeit zu Fäulnis führt. Auch wenn Holz mit Erde oder anderen feuchten Materialien in Berührung kommt, können Schäden entstehen.

Holzschutzmittel

Zum Schutz immer Handschuhe tragen.

Gute Arbeitsvorbereitung
Die Entstehung oder Ausbreitung von Holzfäule lässt sich mit einem Holzschutzmittel verhindern. Entfernen Sie zuerst allen Schmutz und lassen Sie das Holz vollständig trocknen, ehe Sie das Holzschutzmittel auftragen.

Holzfäule vorbeugen

- **Standort** Stellen Sie Gartenmöbel aus Holz auf ebene Flächen, auf denen sich kein Regenwasser sammelt, und möglichst nicht direkt ins Gras.
- **Ecken** Holzfäule entsteht meistens zuerst in den Ecken von Holzkonstruktionen. Deshalb sollten Sie vor allem diese Stellen regelmäßig mit einem Holzschutzmittel behandeln.
- **Schmutz** Laub und Schmutz verkürzen die Lebensdauer von Holz und sind daher regelmäßig zu entfernen.
- **Holzschutzmittel** Stellen Sie die Beine von Holzmöbeln für einige Stunden in mit Holzschutzmittel gefüllte Schalen, damit die Lösung gut einzieht.

Pilzbefall

Trockener oder feuchter Pilzbefall auf Holz ist leicht zu erkennen. Bis auf einfach zu behandelnde kleinere Stellen sollte man das Entfernen einem Fachmann überlassen.

- **Trockenfäule** Erste Anzeichen von Trockenfäule sind weißliche Pilzfasern, die später staubig-rötlich werden. Das Holz zeigt graue Schimmelstellen, zerkrümelt oder es entstehen Wölbungen und Risse, die Sie mit Holzspachtelmasse füllen können.
- **Nassfäule** Sie kommt nur bei sehr feuchtem Holz vor. Schmale braune Pilzstreifen bilden sich, das Holz bricht und die Farbe blättert ab.

Feuchtigkeitsschäden behandeln

Von Holzfäule betroffene Stellen sollten möglichst bald behandelt werden, damit das Holz nicht noch weiter geschädigt wird. Dafür muss das Holz allerdings so trocken wie möglich sein. Am besten decken Sie es mehrere Wochen lang ab und beginnen erst dann mit der Reparatur.

Beschädigtes Holz entfernen und Löcher füllen

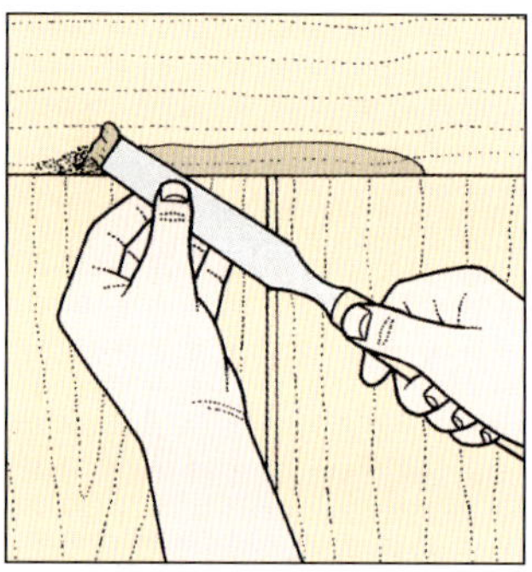

1 Entfernen Sie zuerst alle schadhaften verfärbten oder fauligen Stellen mit einem Beitel oder einem stabilen Küchenmesser. Beseitigen Sie dabei eher zu viel als zu wenig; achten Sie aber darauf, dass die Stabilität der Konstruktion nicht darunter leidet.

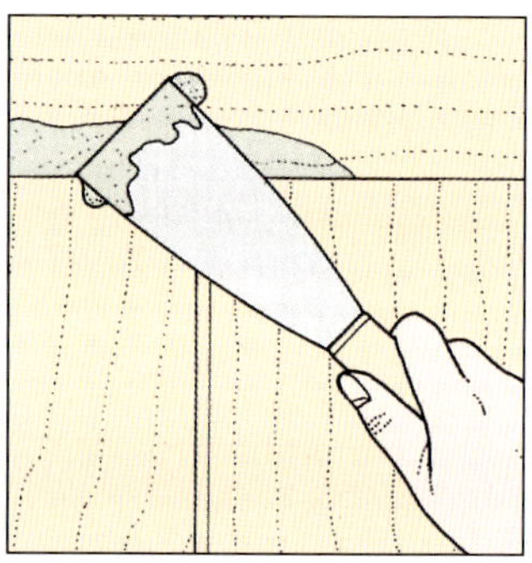

2 Nehmen Sie Holzspachtelmasse, die getrocknet farblich zum Holz passt. Streichen Sie die Masse in das Loch und drücken Sie diese fest an, um Luftblasen zu vermeiden. Streichen Sie die Fläche glatt, und tragen Sie nach dem Trocknen ein Holzschutzmittel auf.

Holz trocknen

Kleine Stellen behandeln
Oft müssen nur kleine Stellen auf größeren Flächen repariert werden. Anstatt zu warten, bis das Holz nach dem Säubern von selbst getrocknet ist, können Sie die Stellen schneller mit einem Föhn oder der Heißluftpistole trocknen.

Zäune reparieren

Zäune sind Tag für Tag sämtlichen Wettereinflüssen ausgesetzt und werden vor allem an exponierten Stellen durch Feuchtigkeit und Frost geschädigt. Auch Kletterpflanzen und Buschwerk begünstigen zusätzliche Feuchtigkeit, sodass sich Reparaturen kaum vermeiden lassen.

Langlebiger Holzzaun

- **Kies** Um die Drainage zu verbessern, sollten Sie zuerst Kies in die Pfahllöcher füllen und ihn fest andrücken.
- **Beton** Wenn Sie nur wenige Zaunpfosten ersetzen, verwenden Sie am besten schnell härtenden Beton für den Sockel.
- **Winterschutz** Bei kaltem, feuchtem Wetter sollten Sie die Pfosten mit einer Schutzhülle versehen, um sie vor Frost zu schützen und um zu verhindern, dass sich Wasser auf dem Betonsockel sammelt.
- **Morsches Holz** Verrottete Pfosten werden nicht repariert, da sie ihre Funktion als tragende Elemente nicht mehr ausreichend erfüllen, sondern durch neue ersetzt. Überprüfen Sie auch Schrauben und Nägel auf korrodierte Stellen.
- **Holzschutz** Behandeln Sie die Zaunpfähle regelmäßig mit einem Holzschutzmittel.

Zaunpfosten begradigen und ausbessern

- **Lockeres Fundament** Reparieren Sie lockere Zaunpfosten möglichst bald, um Schäden am Sockel vorzubeugen.
- **Betonpfeiler** Holzfäule kann den Zaun instabil machen. Ersetzen Sie diesen Teil am besten durch einen Betonpfeiler.

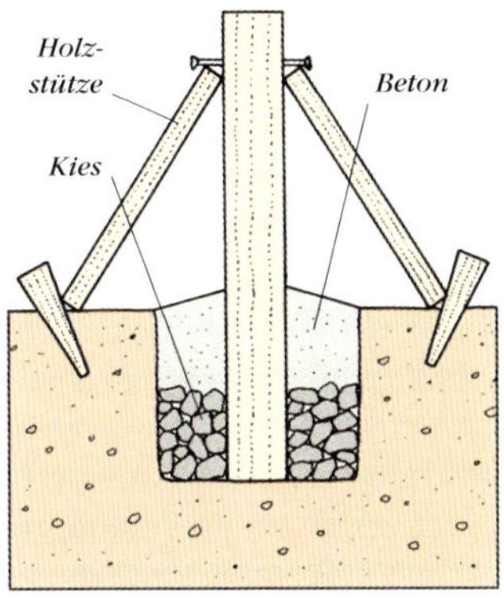

Holzpfosten einsetzen
Graben Sie ein 20 x 20 cm großes Loch um den Pfosten. Richten Sie den Pfahl senkrecht aus und stützen Sie ihn mit langen Holzlatten ab. Dann füllen Sie Kies ein, stampfen ihn fest und gießen das Loch mit Beton aus.

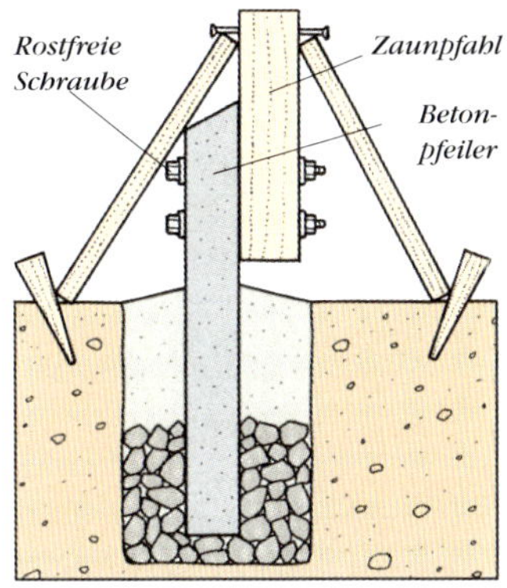

Pfostenabschnitt ersetzen
Ersetzen Sie angefaulte Pfostenabschnitte durch Betonpfeiler und neue Pfosten. Befestigen Sie den Pfosten mit Schrauben an dem Pfeiler. Stützen Sie den Pfosten mit Holzlatten und füllen Sie das Loch mit Kies und Beton.

Zaunelemente ersetzen

Zaunelemente einpassen
Zaunelemente gibt es in Standardgrößen, sodass sie leicht ausgewechselt werden können. Sollte das neue Element dennoch zu dünn sein, können Sie ein schmales Brett aus kesseldruckimprägniertem Holz zwischen Zaunpfosten und Element schieben und mit Nägeln fixieren.

Zäune schützen und pflegen

- **Feuchtigkeit vorbeugen** Legen Sie eine Betonplatte oder ein Holzbrett unter den Zaun, um ihn vor aufsteigender Feuchtigkeit zu schützen, und halten Sie die Platte oder das Brett frei von Kies und Erde.
- **Farbe** In einem alten Zaun wirkt ein neuer Zaunpfahl wie ein Fremdkörper. Daher sollten Sie den ganzen Zaun nach der Reparatur mit farbiger Lasur oder Lack neu streichen.
- **Zaunpfahl zu breit** Ist das neue Element etwas zu breit, können Sie die Kanten mit einem Hobel anpassen.
- **Pflanzen** Um die Pflanzen möglichst wenig zu schädigen, sollte man Zaunreparaturen im Herbst oder Winter ausführen.

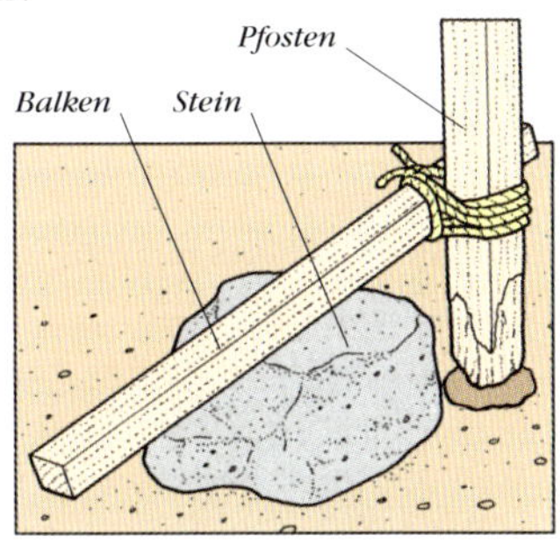

Zaunpfosten entfernen
Lassen sich die Überreste eines alten Pfostens nur schwer entfernen, können Sie ihn herausheben: Binden Sie einen kräftigen Balken an den Pfosten und legen Sie einen großen Stein darunter. Treten Sie so lange kräftig auf das andere Balkenende, bis der Pfosten sich aus der Erde löst.

BETON UND ZIEGELSTEINE

Ziegelsteine und Beton sind nahezu unverwüstlich und daher sehr langlebig. Ungünstige Witterungsverhältnisse wie Kälte oder heftiger Frost können jedoch selbst diese robusten Materialien absplittern oder brechen lassen, sodass Reparaturen an Mauern, Treppen oder Wegen notwendig werden.

BETON UND MÖRTEL VORBEREITEN

ZEMENT MISCHEN

- **Kleine Mengen** Wenn Sie nur kleinere Mengen Zement benötigen, mischen Sie die einzelnen Bestandteile von Hand. So sparen Sie Zeit und Geld, da Sie dann die jeweiligen Mengen Sand und Kies genau abwiegen können.
- **Große Mengen** Wollen Sie dagegen größere Mengen verarbeiten, leihen Sie am besten eine Zementmischmaschine aus, mit der sich die Arbeit schneller und einfacher erledigen lässt.

BETON HERSTELLEN

- **Anmischen** Wiegen Sie Sand und Kies laut Packungsangabe ab und mischen Sie beides auf einer ebenen Fläche. Dann streichen Sie die Mischung glatt, drücken eine Mulde in die Mitte und fügen den Zement hinzu. Mischen Sie alles und gießen Sie bei Bedarf etwas Wasser zu.
- **Beschaffenheit prüfen** Schlagen Sie mit der Rückseite einer Schaufel auf die Mischung. Tritt dabei Wasser aus, arbeiten Sie noch etwas Sand und Kies unter.

MÖRTEL HERSTELLEN

- **Fertigmörtel** Fertigmörtel ist zwar teuer, aber oft bei der Reparatur kleinerer Flächen zeitsparender und preisgünstiger als eine selbst angesetzte Mischung.
- **Vorbereitung** Schütten Sie das Mörtelpulver auf die angefeuchtete Arbeitsfläche. Streichen Sie das Pulver glatt und drücken Sie eine Mulde in die Mitte. Geben Sie langsam Wasser hinzu und vermischen Sie alles sorgfältig, bis der Mörtel eine gleichmäßige, feuchte Konsistenz hat.

Mauern pflegen

Garten- und Grundmauern von Schuppen und Gewächshäusern sollten nicht nur zweckmäßig sein, sondern auch schön aussehen. Eine verwitterte Mauer kann zwar sehr ansprechend aussehen, aber zu viel Algen und andere Ablagerungen darauf wirken eher störend.

ABLAGERUNGEN ENTFERNEN

- **Ausblühungen** Auf Ziegelsteinen bilden sich häufig salzige weiße Ablagerungen (Ausblühungen), die hässliche Flecken verursachen.

Ablagerungen abbürsten
Entfernen Sie die Ablagerungen, indem Sie mehrmals nacheinander mit einer trockenen Drahtbürste darüber gehen. Waschen Sie die Mauer nicht ab, da dies nur neue Ablagerungen fördert.

ABLAGERUNGEN VORBEUGEN

- **Versiegeln** Behandeln Sie Ziegelmauern mit einer Versiegelungslösung, um das Mauerwerk trocken zu halten und Ablagerungen zu verhindern.
- **Regenrinnen** Achten Sie darauf, dass die Dachrinnen nicht verstopft sind, damit sie nicht überfließen und die Bildung von Algen begünstigen.
- **Reinigungsmittel** Beim Entfernen von Ablagerungen sollten Sie keine Reinigungsmittel oder Seife verwenden, da dies neue Ablagerungen fördert.
- **Dauerhafte Ablagerungen** Bei immer wiederkehrenden Algenbelägen ist ein Algenbekämpfungsmittel sinnvoll.
- **Hochdruckreiniger** Sehr schmutzige Wände kann man auf einfache Weise mit einem Hochdruckreiniger säubern.

GUTE IDEE!

Ziegelsteine verschönern
Verfärbte, fleckige oder verschmutzte Ziegel können Sie mit einem farblich passenden alten Ziegelstein erneuern. Tauchen Sie dafür den alten Stein immer wieder in Wasser und reiben Sie ihn kräftig über die schadhaften Flächen.

Mauern ausbessern

Extreme Wetterverhältnisse können dazu führen, dass der Mörtel in Ziegelmauern allmählich porös wird und aus den Fugen zu bröckeln beginnt. In diesem Fall ist eine möglichst schnelle Reparatur erforderlich, damit keine Feuchtigkeit in die Wände eindringen kann.

Mauern renovieren

- **Lockerer Fugenmörtel** Entfernen Sie zuerst den lockeren Mörtel bis zu einer Tiefe von 1 bis 2,5 cm, ehe Sie ihn durch neuen Mörtel ersetzen.
- **Bohrmaschine** Ist sehr viel lockerer Mörtel zu entfernen, setzen Sie die Bohrmaschine ein. Tragen Sie dabei in jedem Fall eine Schutzbrille.
- **Schäden vermeiden** Achten Sie beim Entfernen des alten Mörtels darauf, die übrige Mauer nicht zu beschädigen.
- **Haltbarkeit** Die Haltbarkeit von Mörtel erhöht sich, indem man eine zementverträgliche Kunststoffdispersion (Mörtelemulsion) untermischt, die den Mörtel besser abbindet.
- **Säubern** Mörtelspritzer auf dem Mauerwerk entfernt man sofort mit einer nassen Bürste oder einem groben Tuch.

Material und Farbe

- **Ton in Ton** Die neuen Fugen sollten in Farbe und Material zu den alten Fugen passen, damit die ausgebesserten Stellen möglichst wenig auffallen.

Konkave Fugen
Mit einem alten Wasserrohr oder einem Stück Gartenschlauch können Sie gleichmäßige konkave Fugen erzielen. Biegen Sie das Rohr zuvor leicht um, sodass es sich leichter handhaben lässt.

Mörtel entfernen

- **Vorbereitung** Entfernen Sie lockeren Mörtel mit Hammer und Meißel oder dem Schraubenzieher. Schützen Sie die Augen mit einer Schutzbrille.

Mauerwerk anfeuchten
Nehmen Sie eine weiche Bürste, um Sandreste zu entfernen. Befeuchten Sie die betreffende Stelle mit einem Schwamm, ehe Sie mit dem Verfugen beginnen, damit der neue Mörtel besser an den Ziegeln haften bleibt.

Gerade Fugen mauern

- **Sauber arbeiten** Mörtel mit der Kelle entlang der Oberkante des Ziegels auftragen und an der Unterkante des darüber liegenden Ziegels verstreichen.

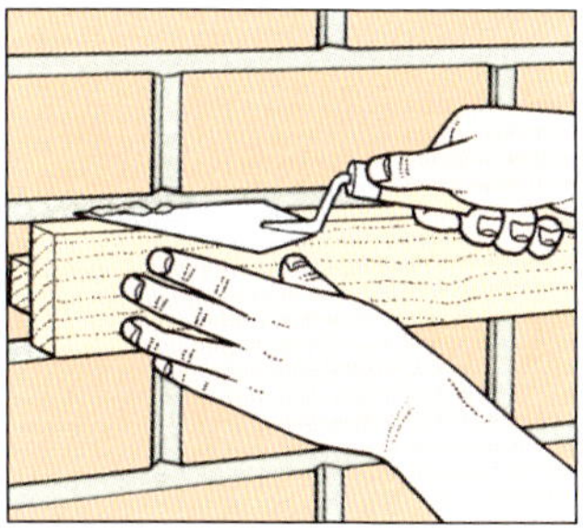

Mörtel auffangen
Nageln Sie ein Kantholz an ein Brett und legen Sie dieses direkt unter die vertikale Fuge. Wenn Sie nun die Kelle am Brett entlangziehen, fällt der überschüssige Mörtel auf das Holz.

Geeignetes Werkzeug

- **Spitzkelle** Verwenden Sie zum Verfugen eine Spitzkelle, die nicht zu groß ist und gut in der Hand liegt, damit möglichst glatte Fugen entstehen.

Mauerwerk verfugen
Verfugen Sie zuerst alle vertikalen und danach die horizontalen Fugen. Wenn die Wand zu trocknen beginnt, feuchten Sie diese erneut an. Drücken Sie den Mörtel fest an und entfernen Sie sofort alle Überschüsse.

GUTE IDEE!

Mörtelfarbe prüfen
Neuer Mörtel kann sich nach dem Trocknen farblich sehr verändern. Um Farbsprünge an der Wand zu vermeiden, sollten Sie zuerst etwas Mörtel anmischen, trocknen lassen und dann mit der Farbe des alten Mörtels vergleichen.

Risse im Beton reparieren

Besonders häufig benutzte Wege und Treppen aus Beton können mit der Zeit Risse bekommen oder brechen. Auch die Verwitterung aufgrund von Wind und Wetter oder die Belastung durch schwere Schubkarren hinterlassen im Lauf der Zeit ihre Spuren in dem robusten Material.

Betonkonstruktionen

● **Haarrisse** Wenn Sie einen feinen Riss entdecken, sollten Sie zuerst 1–2 Monate abwarten, ob er sich vergrößert, ehe Sie reparieren.

● **Große Risse** Sie entstehen durch Absenkungen im Untergrund. In diesem Fall nehmen Sie die Platte ab, befestigen den Untergrund und verlegen die Platte neu.

● **Regenschutz** Decken Sie die ausgebesserte Stelle mit Plastikfolie ab, um die Füllmasse vor Regen zu schützen. Lassen Sie sie langsam an der Luft austrocknen.

● **Kälteschutz** Bei Frost deckt man frisch getrocknete Stellen zusätzlich mit Zeitung, Stoff oder anderem Material ab.

Risse im Beton vorbereiten und füllen

● **Schäden** Reparieren Sie alle Risse und Löcher, die tiefer als 1,5 cm sind. Vergrößern Sie die Stelle, um die Füllmasse gut hineindrücken zu können.

● **Vorbereitung** Entfernen Sie allen Schmutz an der betroffenen Stelle, da sich Füllmasse und Beton sonst nicht dauerhaft verbinden können.

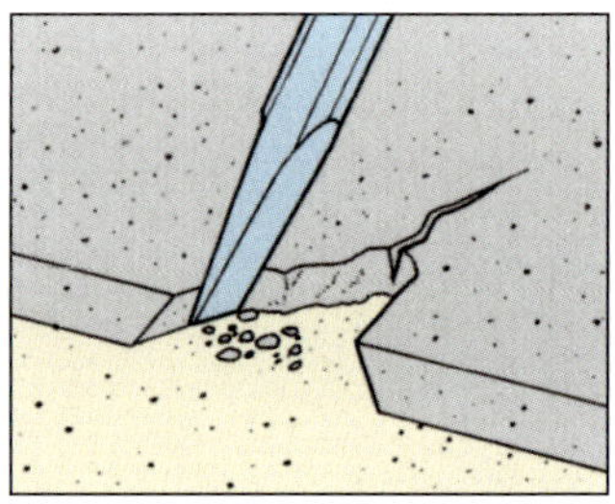

1 Vergrößern Sie die betroffene Stelle mit dem Meißel. Halten Sie den Meißel schräg, damit sich das Loch nach unten hin verbreitert und die Füllmasse besseren Halt hat.

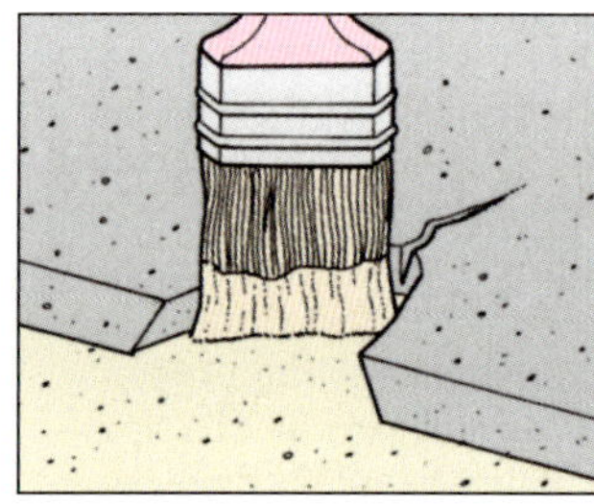

2 Bestreichen Sie die Ränder des Risses mit Haftgrundlage. Füllen Sie Betonspachtelmasse ein und glätten Sie die Oberfläche, damit sie ebenso hoch ist wie die Umgebung.

Betonkanten reparieren

Kanten von Betonwegen und -treppen werden stark beansprucht. Luftblasen unter der Oberfläche, die sich beim Betongießen gebildet haben, führen mitunter dazu, dass das Material porös wird und abbröckelt. Ecken und Kanten sollten immer rechtzeitig repariert werden.

Kanten neu zementieren

Holzeinfassung

Schlagen Sie Vierkanthölzer in den Boden, um die provisorische Holzeinfassung abzustützen, die ebenso hoch sein muss wie die Betonfläche. Füllen Sie den Zwischenraum mit Beton aus.

Kanten ausbessern

● **Loser Mörtel** Entfernen Sie zuerst alles lose oder abgebröckelte Material an der schadhaften Kante. Nehmen Sie lieber zu viel als zu wenig weg.

● **Schotter** Wird der Untergrund während der Reparatur freigelegt, stampfen Sie ihn mit einem Holz- oder Betonpfahl wieder fest. Ist der Untergrund uneben, füllen Sie ihn mit neuem Schotter auf.

● **Oberfläche schützen** Damit Kinder und Haustiere nicht über die frisch ausgebesserten Stellen laufen, sollten Sie die neuen Kanten so lange mit Plastikfolie und Maschendraht abdecken, bis der Beton vollständig ausgetrocknet ist.

ZUR SICHERHEIT

Bei allen Arbeiten mit Beton müssen Augen, Haut und Atemwege geschützt werden.

● **Augen** Tragen Sie immer eine Schutzbrille, wenn Sie mit Beton, Stein oder Schotter arbeiten. Selbst kleinste Splitter können ernsthafte Augenverletzungen verursachen.

● **Hände** Tragen Sie außerdem grundsätzlich Arbeitshandschuhe, da Beton Hautverätzungen bewirken kann.

● **Atemmaske** Zementstaub schadet der Lunge. Tragen Sie deshalb eine Atemmaske, wenn Sie die Komponenten mischen.

Steinplatten ersetzen

Bodenplatten auf der Terrasse sind vor allem bei Hitze oft starken Belastungen ausgesetzt. Sobald erste Risse auftreten und der Mörtel zu bröckeln beginnt, sind kleine Reparaturen nötig, die aber relativ wenig Arbeit und Kosten verursachen, sofern man sie rechtzeitig ausführt.

Platten auswechseln

● **Untergrund prüfen** Ersetzen Sie alle beschädigten Platten. Überprüfen Sie dabei, ob die darunter liegende Schotterschicht noch fest und eben ist.

Platten einsetzen
Um Schäden an den umliegenden Platten zu vermeiden, legen Sie einen Besenstiel oder ein Rohrstück über die Lücke; hiermit stützen Sie die Ersatzplatte beim Einpassen.

Neue Platten auslegen

● **Vor dem Verfugen** Bevor Sie die neue Platte endgültig verfugen, sollten Sie diese mindestens 2 Tage an ihrem künftigen Platz liegen lassen.

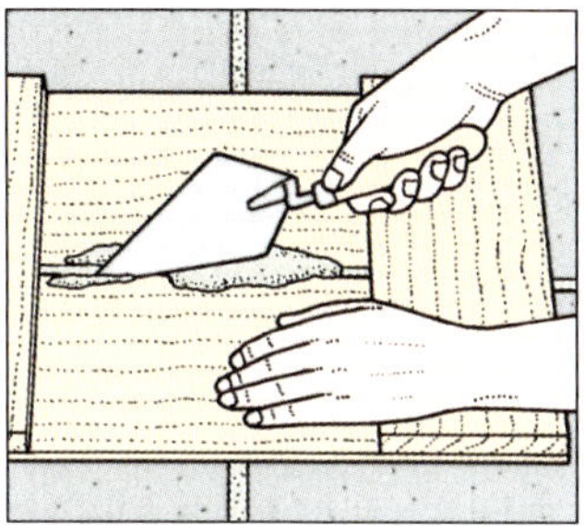

Fugenschablone
Füllen Sie die Fugen mithilfe einer Holzschablone. Legen Sie die schmale mittlere Öffnung über die Fuge und streichen Sie den Mörtel hinein. So verhindert man Mörtelspritzer auf den Platten.

Verlegen und reinigen

● **Abstände** Zum Verfugen nehmen Sie am besten einen hölzernen Abstandhalter in Fugenbreite, um die neue Platte exakt einzupassen. Entfernen Sie ihn aber wieder, ehe Sie den Mörtel einfüllen.

● **Säubern** Beseitigen Sie überschüssigen Mörtel sofort mit Wasser und einer harten Bürste, da er sehr schnell fest wird und sich dann nur noch schwer entfernen lässt.

● **Pflanzen** Ist die Bodenplatte stark beschädigt und lässt sich kein passender Ersatz mehr finden, sollten Sie die Platte entfernen und die Stelle bepflanzen (siehe S. 460).

● **Flecken** Verunreinigungen auf Platten durch Öl, Rost oder Algen lassen sich mit Reinigungsmittel entfernen.

Bodenplatten verlegen

● **Sicherheit** Bodenplatten können sehr spitz und scharf sein. Tragen Sie deshalb beim Schneiden stets eine Schutzbrille und Arbeitshandschuhe.

● **Schnittunterlage** Legen Sie die Platte auf einen festen, ebenen Untergrund, um sauber schneiden zu können.

● **Untergrund** Haben Sie die neue Platte verlegt, prüfen Sie mit der Wasserwaage, ob sie gerade liegt, bevor Sie den Fugenmörtel einfügen.

● **Unebene Platten** Legen Sie auf schiefe Platten einen Holzblock, um sie zu schützen. Ebnen Sie die Platte durch leichte Hammerschläge wieder ein.

● **Reinigen** Wenn der Fugenmörtel getrocknet ist, reinigen Sie die frisch gepflasterte Fläche mit einem handelsüblichen Steinreiniger.

Bodenplatten zuschneiden

Wenn Sie Bodenplatten passend zuschneiden müssen, greifen Sie zu Fugenmeißel und Hammer, wenn nur eine Platte betroffen ist. Anderenfalls sollten Sie einen Winkelschleifer anschaffen.

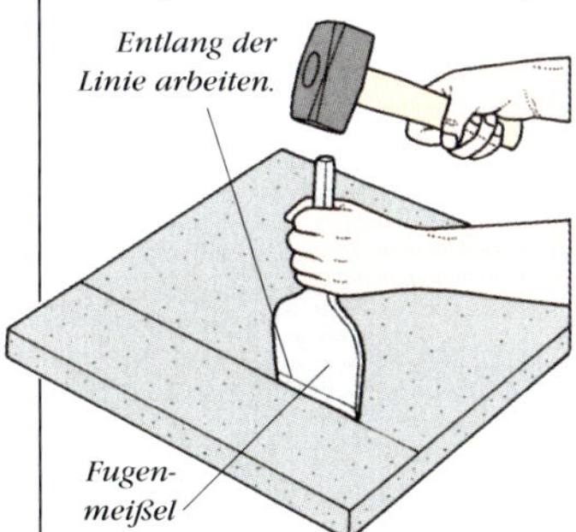

1 Schnittkante auf der Vorder- und Rückseite der Platte mit dem Fugenmeißel etwa 3 mm tief einkerben. Muss die Platte eng eingepasst werden, markieren Sie bei unebenen Kanten 6 mm weniger pro Seite.

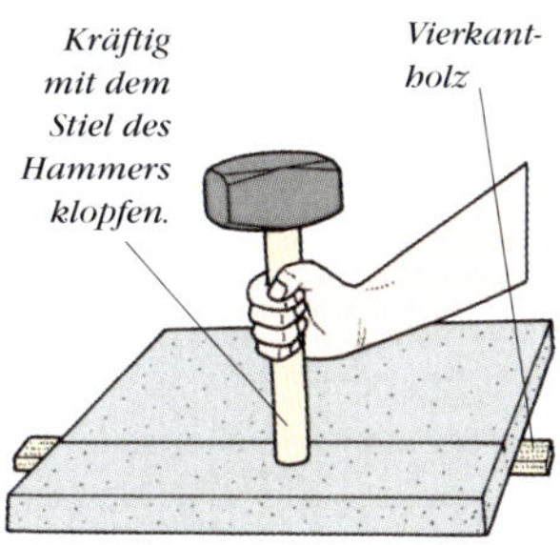

2 Legen Sie die Platte auf einen festen Untergrund und ein Vierkantholz unter die Rille. Schlagen Sie mit dem Hammerstiel auf den zu entfernenden Teil, bis er abbricht. Setzen Sie dabei aber eine Schutzbrille auf.

Klinkerwege reparieren

In der Regel brechen Klinkerbeläge auf Wegen und Terrassen nur selten. Sollte es doch einmal vorkommen oder ein Stein beschädigt werden, ersetzen Sie ihn umgehend, da die eindringende Feuchtigkeit bei Frost gefrieren und damit den Schaden noch vergrößern kann.

Klinker ersetzen

- **Farbe** Neue Klinker sollten farblich zu den übrigen Steinen passen. Sie fallen zwar zunächst auf, verwittern aber mit der Zeit ebenfalls.
- **Gebrauchte Klinker** Können Sie gebrauchte Klinker finden, haben Sie den Verwitterungseffekt sofort. Wichtig ist nur, dass die Steine frostfest sind.
- **Steine austauschen** Wenn Sie keine Klinker mehr finden, die zu den alten passen, verwenden Sie einfach Klinker von unauffälligen Stellen zum Ausbessern und setzen Sie die neuen Steine dort ein.
- **Kontraste** Sie können auch abweichende Steine musterartig zwischen den anderen verlegen, um den Kontrast zwischen Alt und Neu zu betonen.

Alte Klinker entfernen

- **Vorbereitung** Entfernen Sie den Mörtel und hebeln Sie mit der Spitzkelle den defekten Klinker heraus, ohne das umliegende Pflaster zu schädigen.

Neue Klinker einsetzen
Klopfen Sie die neuen Klinker mit einem Fäustel fest. Legen Sie dabei ein Brett unter, um die Steine zu schützen, und füllen Sie die Lücken zwischen den Klinkern mit Sand.

GUTE IDEE!

Klinker richtig lagern
Werden Klinker feucht, haftet der Fugenmörtel nicht gut. Lagern Sie neue Steine deshalb bis zur Verarbeitung an einem trockenen Ort oder decken Sie die Klinker mit einer Plane ab. Stapeln Sie die Steine am besten pyramidenartig auf einer Holzpalette, damit der Stapel nicht umfällt.

Betontreppen reparieren

Ist die Basis einer Treppe brüchig geworden, sollte der gesamte Aufgang erneuert werden, da die Stufen dann nicht mehr sicher sind und plötzlich einstürzen könnten. Meistens entstehen die ersten Schäden jedoch an den Vorderkanten, manchmal auch den Seitenkanten.

Betontreppen pflegen und reparieren

- **Vorbereitung** Entfernen Sie alle beschädigten Teile. Fegen Sie Staub und Schmutzpartikel gründlich ab und bestreichen Sie die Oberfläche sofort mit einer Haftgrundlage.
- **Beton mischen** Mischen Sie den Beton aus einem Teil Zement und fünf Teilen Kies an.
- **Schäden vorbeugen** Vermeiden Sie Schäden an der Treppe, indem Sie nicht immer auf die gleiche Stelle treten, vor allem dann, wenn Sie schwer tragen oder eine beladene Schubkarre darüber schieben. Dabei hilft es schon, wenn Sie mit der Schubkarre nicht über die Mitte der Stufen fahren.

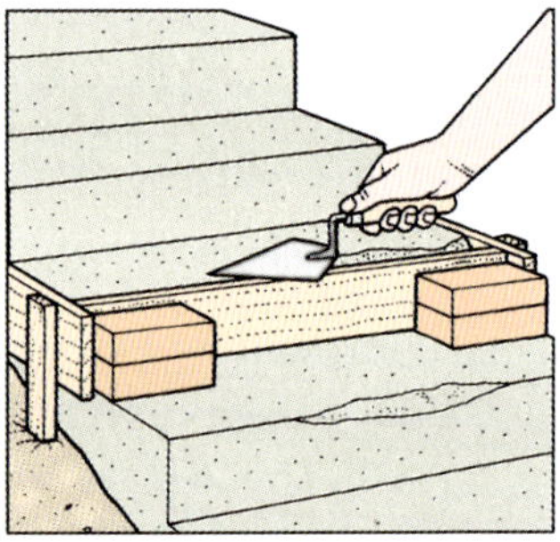

Holzverschalung anlegen
Damit die Treppenkante gerade wird, fixieren Sie die Holzverschalung mit Ziegelsteinen und in die Erde geschlagenen Kanthölzern. Pressen Sie den Beton fest hinein und glätten Sie die Oberfläche mit der Kelle.

Reparaturen ausführen

- **Verschalung** Achten Sie darauf, dass die Holzverschalung keine Unebenheiten oder Astlöcher aufweist.
- **Wartezeit** Lassen Sie die Holzverschalung nach der Reparatur mindestens vier Wochen lang stehen, bis der Beton ganz getrocknet ist.
- **Wetterschutz** Um neue Betonstufen vor Regen und Frost zu schützen, sollten Sie diese mit Plastikfolie abdecken.
- **Alterungseffekt** Streuen Sie gesiebte Erde auf den feuchten Beton, damit die Kante älter und verwitterter wirkt. Ist der Beton ausgehärtet, fegen Sie die überschüssige Erde ab.

GARTENMÖBEL

Stehen Gartenmöbel das ganze Jahr über im Freien, werden sie relativ schnell unansehnlich. Am besten bringen Sie Stühle und Tische im Winter im Keller oder der Garage unter – vor allem bei Regen, Schnee und Frost. Bei Platzmangel können Sie unhandliche Möbel natürlich auch mit Plastikfolie abdecken.

Gartenmöbel pflegen

Der Pflegeaufwand für Gartenmöbel wird in erster Linie von dem Material bestimmt, aus dem sie bestehen. Aber auch das Erscheinungsbild von alten, schon etwas „angegrauten“ Gartenmöbeln lässt sich durch eine neue Lasur oder einen Anstrich meist erheblich verbessern.

Holz pflegen

- **Weichholz** Um die Lebensdauer von Weichholz zu verlängern, tragen Sie jedes Jahr Holzschutzmittel auf.
- **Hartholz** Hartholz sollten Sie einmal jährlich mit Teakholzöl behandeln. Das Material ist zwar resistent gegen Fäulnis, profitiert aber trotzdem von dieser Zusatzpflege.
- **Vorbereitung** Ehe Sie Holz behandeln oder streichen, bürsten Sie alle losen Partikel ab und lassen das Holz vollständig trocknen.

Holzmöbel lackieren und lasieren

- **Farbe** Holzmöbel kann man mit farbigem Holzschutzmittel streichen oder zuerst Farbe auftragen und dann ein Holzschutzmittel darauf streichen.

Farbe selbst mischen
Schlagen Sie ein Gefäß mit Folie aus und geben Sie eine abgemessene Menge Holzschutzmittel hinein. Gießen Sie Emulsionsfarbe dazu und rühren Sie kräftig um.

Farbe in das abgemessene Holzschutzmittel gießen.

GELD SPAREN

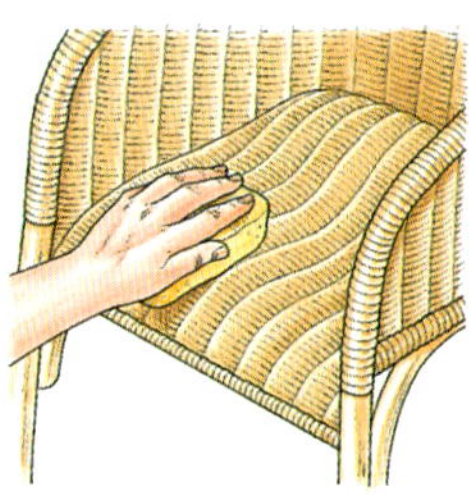

Sitzflächen erneuern
Hängen die Sitzflächen von Korbsesseln durch, schrubben Sie die Sessel bei warmem Wetter mit reichlich Seifenlauge ab, spülen mit klarem Wasser nach und lassen sie an der Luft trocknen. Dadurch zieht sich die Sitzfläche leicht zusammen und hängt nicht mehr so stark durch.

Kunststoffmöbel

- **Reinigung** Waschen Sie Gartenmöbel aus Kunststoff regelmäßig ab, da sie relativ schnell verschmutzen.
- **Neuer Anstrich** Einen verfärbten oder fleckigen Stuhl frischt man mit spezieller Plastikfarbe wieder auf. Fragen Sie in Ihrem Baumarkt nach geeignetem Material.

Metallmöbel

- **Leichtmetall** Achten Sie beim Kauf von Leichtmetallmöbeln darauf, dass das Material möglichst stabil ist, da sich Dellen im Metall nur schwer entfernen lassen.
- **Winterschutz** Wenn Metallmöbel den Winter über im Freien stehen bleiben, schützen Sie diese durch einen Anstrich mit zähem Öl. Im Frühjahr gründlich abwaschen.

Möbel schützen

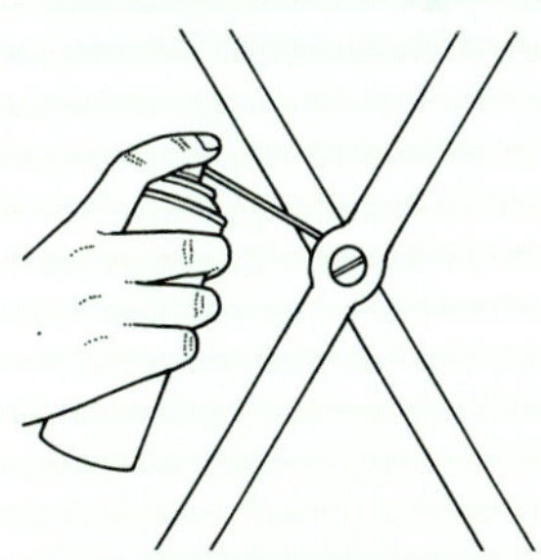

- **Rost vorbeugen** Wählen Sie ein Rostschutzspray, das, mit einem Sprührohr versehen, auch als Schmiermittel für Federn, Scharniere und Nieten verwendet werden kann. Reinigen Sie die Möbel im Frühjahr gründlich.
- **Rost entfernen** Beseitigen Sie Rost mit einer Drahtbürste. Geben Sie Rostschutzmittel auf die betroffene Stelle und lassen Sie es trocknen.

GARTENGERÄTE

Qualitativ hochwertige Gartengeräte sind in der Anschaffung meist nicht billig, erleichtern aber die Arbeit ungemein. Damit das Werkzeug möglichst lange hält, bedarf es regelmäßiger Pflege – nur so haben Sie die Garantie, dass sich die Anschaffung gelohnt hat und die Geräte ihren Zweck im Garten über viele Jahre optimal erfüllen.

Geräte pflegen

Eine regelmäßige Wartung ist nur einmal jährlich nötig, sofern Sie die Geräte sorgsam behandeln, sauber halten und gegebenenfalls rechtzeitig reparieren. Durch die gewissenhafte Pflege werden sich größere Schäden und vorzeitige Verschleißerscheinungen in Grenzen halten.

Grabgabel reinigen

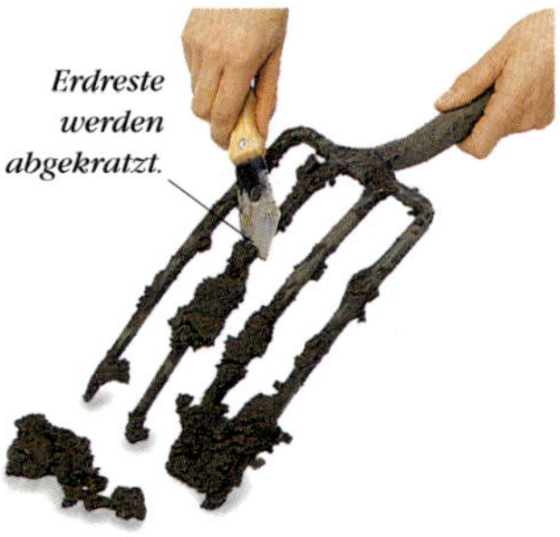

Erdreste werden abgekratzt.

Erde und Steine entfernen
Arbeiten Sie in schwerer, nasser Erde, sollten Sie die Gabelzinken zwischendurch immer wieder reinigen. Entfernen Sie dabei auch gleich alle zwischen den Zinken steckenden Steine, die das Metall verbiegen können.

Erdreste entfernen

- **Trockene Erde** Mit einem stabilen Küchenmesser lassen sich angetrocknete Erdklumpen an Geräten entfernen.
- **Klebriger Lehm** Grabgabeln oder Spaten können Sie von Lehm befreien, indem Sie die Geräte nach Gebrauch in den Komposthaufen oder in einen Eimer mit grobem Sand stecken, den Sie mit etwas Öl vermischen. Dadurch bleibt der Lehm größtenteils im Kompost oder Sand haften.
- **Schubkarre** Gummireifen von Schubkarren säubert man am besten regelmäßig, da sich in einer dicken Schmutzkruste Steine verbergen könnten.

Klingen pflegen

Schneiden gründlich mit einem öligen Lappen abwischen.

Klingen ölen
Klingen und andere Metallteile sollten mehrmals im Jahr, am besten nach jedem Gebrauch, geölt werden. Gießen Sie reichlich Öl auf einen sauberen Lappen und wischen Sie damit über die saubere, trockene Klinge.

Holz pflegen

- **Trocknen** Lassen Sie die Geräte vor dem Einräumen an einem luftigen Ort trocknen, am besten in der Sonne. Feuchte Geräte hängen Sie am besten senkrecht auf, damit sich nirgendwo Wasser ansammelt.
- **Splitter entfernen** Um zerkratzte oder gesplitterte Stellen an Holzgriffen zu entfernen, schleifen Sie den ganzen Griff mit feinem Sandpapier. Folgen Sie dabei der Holzmaserung.
- **Einölen** Werden die Geräte längere Zeit gelagert, reiben Sie Holzgriffe und -stiele am besten mit Leinöl ein. Lassen Sie das Öl einziehen und entfernen Sie Überschüsse mit einem trockenen Tuch.

Unbequeme Gerätegriffe

Griffe mit Isolierband umwickeln.

Holzgriff umwickeln
Rau gewordene oder gesplitterte Holzgriffe können Sie mit Isolierband umwickeln. Damit das Klebeband gut hält, muss das Holz jedoch vollkommen trocken sein. In der Regel hält das Isolierband einige Monate und lässt sich jederzeit leicht erneuern.

Griff aus Schaumstoff

Schaumstoffgriff
Ein Stück Schaumstoff eignet sich als weiche Ummantelung für einen unbequemen Griff. Befestigen Sie den Schaumstoff an beiden Enden mit Isolierband. Er sollte allerdings nicht zu dick sein, damit der Griff nicht unhandlich wird.

Geräte über Winter einlagern

Während der kalten Wintermonate werden die meisten Gartengeräte kaum oder gar nicht benutzt. Ehe Sie die Geräte im Herbst an ihrem endgültigen Platz verstauen, sollten Sie sich davon überzeugen, dass sie in gutem Zustand, sauber und trocken sind.

Geräte überprüfen

- **Trockener Schmutz** Reiben Sie getrockneten Schmutz mit einem sauberen, in Brennspiritus getauchten Tuch ab.
- **Benzintank** Schützen Sie einen mit Benzin betriebenen Rasenmäher mit einem alten Sack oder einer Decke.
- **Kabel** Überprüfen Sie die Kabel von elektrischen Geräten auf mögliche Abnutzungserscheinungen. Tauschen Sie sie gegebenenfalls aus.
- **Klingen** Schneiden und Zinken sollten Sie mit der Drahtbürste und warmem Wasser säubern und gut trocknen lassen. Schleifen Sie stumpf gewordene Schnittkanten nach.

Rost vorbeugen

Geräte mit Ölsand säubern
Ölsand eignet sich gut, um Grabgabeln, Spaten und andere mechanische Metallgeräte vor dem Einlagern zu säubern: Geben Sie in einen Eimer mit grobem Sand etwas Öl und stecken Sie die Werkzeuge mehrmals hinein.

Klingen schärfen

Schneidwerkzeuge pflegen
Schneidwerkzeuge wie Garten- und Heckenschere müssen regelmäßig geschärft werden, damit sie gut funktionieren. Ziehen Sie die Schneiden durch ein Schleifgerät oder lassen Sie die Werkzeuge vom Fachmann schärfen.

Werkzeug verstauen

Zum Ende der Gartensaison werden die Geräte an einem geeigneten Platz eingelagert. Bevor Sie die Werkzeuge verstauen, überprüfen Sie, ob der Platz trocken ist – nur so lassen sich Rost, Fäule und Frostschäden vermeiden. Im Zweifelsfall sollten Sie im Winter öfter nachsehen.

Kleine Gartengeräte

- **Handgeräte** Auch Kleingeräte sollten während der Lagerung keinen Bodenkontakt haben, damit sie nicht feucht werden und rosten.

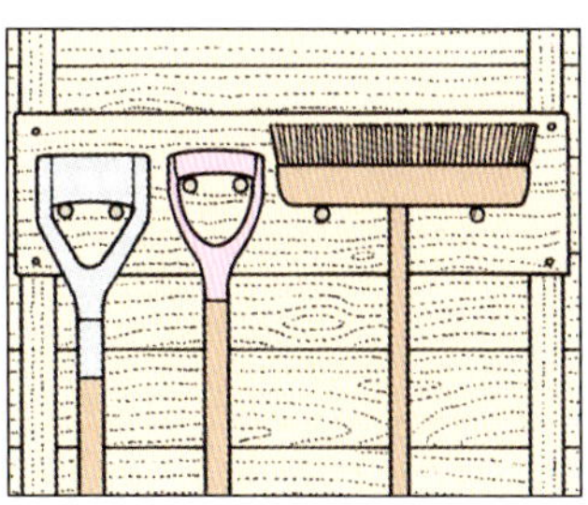

Hakenleiste für Geräte
Legen Sie die zu verstauenden Geräte auf ein Brett, markieren Sie ihre Position mit einem Stift und schlagen Sie rostfreie Nägel ein. Anschließend wird das Brett an der Wand befestigt.

Geräte richtig lagern

- **Plastikfolie** Bedecken Sie Geräte nie mit einer zu engen Plastikhülle, da sich Kondenswasser bilden könnte, das Fäulnis und Rost begünstigt.
- **Haken** Schwere Geräte lassen sich an stabilen Haken aufhängen, wie man sie auch für Fahrräder verwendet.
- **Erde** Lagern Sie Geräte nie auf der Erde. Wenn sie nicht aufgehängt werden können, legen Sie am besten ein mit Plastikfolie umwickeltes Holzbrett unter.
- **Funktion prüfen** Ehe Sie die Geräte einlagern, sollten Sie überprüfen, ob sie funktionieren und ob sie trocken sind.
- **Elektrogeräte** Lagern Sie elektrische Gartengeräte nur an einem trockenen Platz.

BEWÄHRTES WISSEN

Rasenmäher pflegen
Damit der Rasenmäher möglichst lang funktionstüchtig bleibt, sollten Sie ihn vor dem Einlagern von einem Fachmann warten lassen. Zum Überwintern sollte er gut geschützt auf einer ebenen Holzunterlage stehen.

GEWÄCHSHÄUSER

Viele Hobbygärtner träumen von einem Gewächshaus, das bei der Vorzucht und der Überwinterung empfindlicher Pflanzen hervorragende Dienste leistet. Leider ist die Anschaffung nicht ganz billig. Deshalb sollte das Gewächshaus auch regelmäßig gepflegt werden, damit man viele Jahre daran Freude hat.

Gewächshaus pflegen

Der Pflegeaufwand, den ein Gewächshaus verlangt, richtet sich nach seiner Bauart und dem verwendeten Material. Unabhängig hiervon fallen jedoch im Herbst bei allen Gewächshäusern kleinere Wartungsarbeiten an, die den Pflanzen das Überleben des Winters leichter machen.

Pflanzen schützen

● **Pflanzen** Beim Reinigen der Fenster mit einem Reinigungsmittel sollten Sie die Pflanzen außer Reichweite stellen oder mit Plastikfolie abdecken.

● **Licht** Reinigen Sie beide Seiten der Verglasung, damit die Pflanzen im Winter möglichst viel Licht bekommen.

Achtung!

Bevor Sie ein Gewächshaus mit Wasser reinigen, sollten Sie die gesamte Stromversorgung unterbrechen und alle Steckdosen mit Plastikfolie abdecken.

GUTE IDEE!

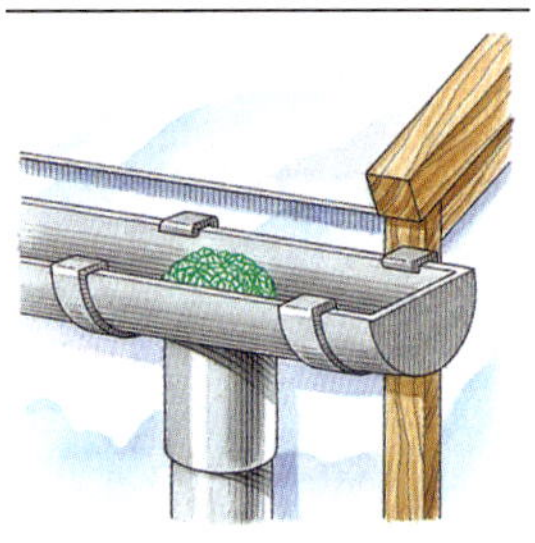

Fallrohre freihalten

Formen Sie rostfreies Drahtgeflecht zu einem Knäuel und drücken Sie es in die Öffnung des Fallrohrs. Dieser Filter verhindert, dass Blätter, Zweige und Schmutz das Rohr verstopfen oder in die Regentonne gelangen können.

Gewächshausdach

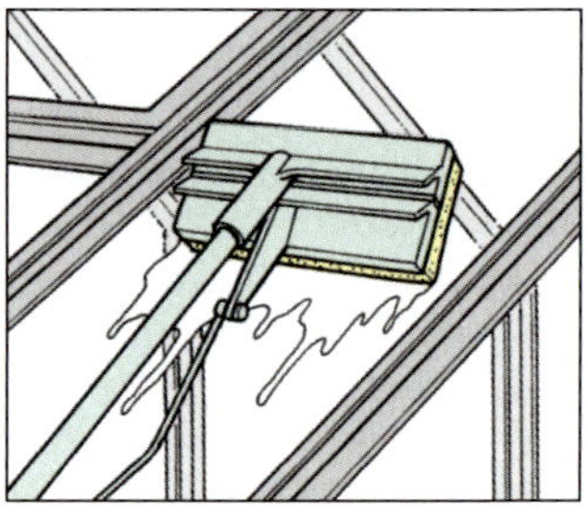

Dachverglasung säubern

Mit einem Fensterwischer mit Teleskopstiel kann man die Dachverglasung des Gewächshauses von innen und außen reinigen. Bei starker Verschmutzung geben Sie Reinigungsmittel ins Wasser.

Metallteile schützen

● **Rost** Alle Metallteile sollten Sie regelmäßig mit Rostschutzmittel behandeln, um Korrosionsschäden vorzubeugen.

Rost vorbeugen

Damit sich kein Rost bildet, sprühen Sie die Metallteile regelmäßig mit etwas Öl ein. Rostige Scharniere, Nägel und Schrauben sollten Sie durch rostfreie Materialien ersetzen.

Schädlinge entfernen

Verstrebungen säubern

Hinter den Verstrebungen von Aluminium-Gewächshäusern sitzen oft Schädlinge. Nehmen Sie zum Reinigen Wasserspritze und Bürste oder reiben Sie die Streben mit trockener Stahlwolle ab.

Aufräumen und putzen

● **Inhalt** Überprüfen Sie Ihr Gewächshaus einmal jährlich und entsorgen Sie alles, was nicht mehr gebraucht wird.

● **Pflanzen** Beim Reinigen des Gewächshauses sollten Sie gleich alle vertrockneten Blüten und Blätter entfernen.

● **Regale** Säubern Sie auch Boden und Regale und spülen Sie mit klarem Wasser nach.

● **Zugluft** Überprüfen Sie Türen und Fenster auf Zugluft und ersetzen Sie gegebenenfalls das Isolierklebeband.

● **Isolierung** Um den Wärmeverlust in den Wintermonaten zu verringern, sollten Sie die unteren Wände des Gewächshauses mit Noppenfolie auskleiden und den Boden mit Plastikfolie abdecken.

Glasscheiben ersetzen

Im Gewächshaus sind intakte Glasscheiben sehr wichtig, da sonst keine konstante Temperatur gewährleistet ist und damit das Pflanzenwachstum beeinträchtigt wird. Bei Metallrahmen werden die Glasscheiben mithilfe eines Klemmsystems gehalten, bei Holzrahmen nimmt man Kitt.

Scheiben reparieren

- **Einsetzen** Ersetzen Sie zerbrochene Scheiben mit Holzrahmen im Zweifelsfall nicht selbst, sondern überlassen Sie die Arbeit einem Fachmann.

Ersatzscheibe einpassen
Entfernen Sie den alten Fensterkitt und ersetzen Sie ihn durch neuen. Drücken Sie die Scheibe an den Rändern auf den Kitt und glätten Sie die Fugen mit dem Rücken eines stumpfen Messers.

Glasscheiben einsetzen

- **Beschädigtes Glas** Beschädigte oder zerbrochene Glasscheiben sollten umgehend erneuert werden, damit sie nicht ganz herausfallen und damit für Mensch und Tier gefährlich werden.
- **Spezialglas** Nehmen Sie als Ersatz für zerbrochene Scheiben nur spezielles Gewächshausglas.
- **Glasklemmen** Zerbrochene Klemmscheiben lassen sich sehr einfach auswechseln: Sie lösen die Klammern, entfernen die beschädigte Scheibe, setzen die neue Scheibe ein und klemmen sie wieder fest.
- **Reinigen** Entfernen Sie Verschmutzungen auf der neuen Glasscheibe mit einem sauberen Tuch, das Sie zuvor in Brennspiritus tränken.

Fensterkitt

- **Reste** Rollen Sie überschüssigen Kitt zu Kugeln. Geben Sie die Kugeln in mit Wasser gefüllte Schraubdeckelgläser. Bewahren Sie diese außer Reichweite von Kindern auf.
- **Schräge** Auf Holzrahmen sollten die Kittfugen abgeschrägt sein, damit sich kein Wasser darauf sammeln kann.

Rahmen und Verglasung pflegen

Gewächshausrahmen bestehen aus Aluminium, Stahl oder Holz und bedürfen einer regelmäßigen Reinigung. Auch die Verglasung sollte sauber sein, da Schmutz und Algen die Lichtdurchlässigkeit einschränken. Mangelnde Hygiene im Innenraum kann sogar Schädlinge anziehen.

Rahmen reinigen

- **Aluminium** Die graue Schicht, die sich auf Aluminiumrahmen bildet, sollte man nicht entfernen, da sie den Rahmen vor Nässe schützt.
- **Stahl** Stahl ist zwar stabil, rostet aber auch leicht. Tragen Sie daher regelmäßig ein Rostschutzmittel auf und wiederholen Sie den Anstrich, sobald die Oberfläche Kratzer zeigt.
- **Holz** Weichholzrahmen sollten Sie alle 2 Jahre mit einem Holzschutzmittel behandeln (siehe S. 602). Nehmen Sie ein biologisches Mittel oder entfernen Sie alle Pflanzen, bis das Mittel trocken ist.

Ablagerungen entfernen

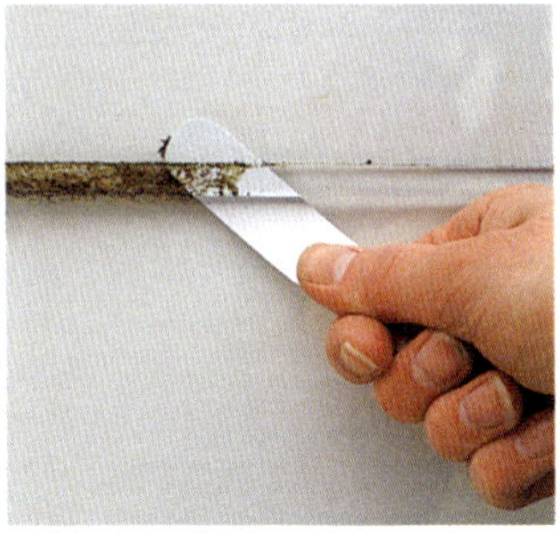

Zwischenräume reinigen
Zum Reinigen von sich überlappenden Glasscheiben schieben Sie ein biegsames Stück Plastik zwischen die Scheiben. Den gelockerten Schmutz mit einem feuchten Lappen entfernen.

Verglasung reinigen

- **Zeitpunkt** Reinigen Sie die Glasflächen nicht an heißen Tagen, da der gelöste Schmutz bei Hitze schnell antrocknet.
- **Reinigungsmittel** Bei starkem Schmutz oder Schädlingen nehmen Sie einen Haushaltsreiniger. Stellen Sie aber die Pflanzen zuvor beiseite.
- **Lüftung** Wenn Sie das Glas von innen gereinigt haben, sollten Sie das Gewächshaus gründlich lüften.
- **Netze** Ist das Dach häufig mit Blättern bedeckt, spannen Sie am besten ein leichtes Netz darüber, das Sie regelmäßig ausschütteln sollten.

ARBEITEN IM FRÜHLING

Gartenbereich	Vorfrühling
Ziergarten Sobald das Wetter milder wird und die Pflanzen zu wachsen beginnen, gibt es viel im Garten zu tun. Jetzt werden die ersten Samen gesät - auch solche, die gleich ins Freiland kommen - und alte Stauden geteilt und versetzt. Das milde Frühlingswetter lässt aber auch das Unkraut sprießen und begünstigt sowohl die Entstehung von Krankheiten als auch die Entwicklung von Schädlingen. Deshalb ist jetzt schnelles Handeln geboten, um sich später viel Zeit und Mühe zu ersparen.  *Schneeglöckchen*	● Lockern Sie den Boden, entfernen Sie alles Unkraut und bringen Sie organischen Dünger aus. Säen Sie Einjährige wie Clarkie *(Clarkia elegans)*, Kalifornischen Mohn *(Eschscholzia californica)*, Kornblume *(Centaurea cyanus)*, Sommeradonisröschen *(Adonis aestivalis)*. ● Pflanzen Sie im Winter auf der Fensterbank gezogene winterharte Blumenzwiebeln aus. ● Zu dicht gewordene Schneeglöckchenhorste nach dem Verblühen ausgraben, teilen und neu einpflanzen. Mit zu groß gewordenen Stauden ebenso verfahren. ● Setzen Sie sommerblühende Zwiebelpflanzen und winterharte Stauden, sofern der Boden frostfrei und nicht zu nass ist. ● Edelrosen schneiden, geschädigte Triebe entfernen.
Gemüsegarten Warmes Wetter lässt viele Gemüsepflanzen wachsen. Im Spätfrühling, wenn keine Fröste mehr drohen, können viele Pflanzen ins Freiland gesetzt werden. Schädlinge und Unkraut vermehren sich nun rasch, behalten Sie Ihre Beete also immer gut im Auge.  *Brokkoli*	● Säen Sie Puffbohnen, Spinat und Früherbsen. ● Gut verrotteten Mist in das Selleriebeet einarbeiten. ● Ende März können Zwiebeln gesteckt werden. ● Pflanzen Sie unter Folie Kopfsalat, Kohlrabi, Rettich und Radieschen. ● Bereiten Sie die Saatrillen für Stangenbohnen vor und arbeiten Sie Kompost ein. ● Mitte März Frühkartoffeln zum Vortreiben auslegen und bei 10° C in einen hellen, luftigen Raum stellen.
Obstgarten Obwohl die ersten Gartenfrüchte erst gegen Ende des Frühlings reif werden, muss jetzt viel gewässert und gut gedüngt werden, damit die verschiedenen Obstbäume und -sträucher später umso reichere Ernte bringen.  *Erdbeeren*	● Schneiden Sie neu gepflanzte und zweijährige Stachelbeersträucher um etwa die Hälfte zurück. ● Pflanzen Sie Johannisbeer- und Himbeersträucher. Schneiden Sie Himbeeren auf 30 cm zurück. ● Beugen Sie bei Stachelbeeren und Schwarzen Johannisbeeren einem Mehltaubefall vor. ● Erdbeerpflanzen mit Folie oder Vlies vor Frost schützen. ● Spritzen Sie Obstbäume und Beerensträucher mit einem Mineralölpräparat gegen überwinterte Schädlinge.
Gewächshaus Sobald die Tage wärmer werden, sollten Sie die Fenster und Türen an sonnigen Tagen offen lassen, abends aber wieder schließen. Achten Sie auf ein trockenes Innenklima und säubern Sie die Verglasung gründlich von innen und außen, damit möglichst viel Licht hineinkommt.	● Beginnen Sie mit der Aussaat von robusten Kräutern. ● Nehmen Sie Stecklinge von Fuchsie *(Fuchsia)*, Geranie *(Pelargonia)* und Vanilleblume *(Heliotropium)*. ● Glattblattaster *(Aster novi-belgii)*, Sommernelke *(Dianthus chinensis)*, Kapuzinerkresse *(Tropaeolum)*, Lobelie *(Lobelia erinus)*, Löwenmäulchen *(Antirrhinum majus)*, Petunie *(Petunia)* und Salbei *(Salvia)* säen.
Rasen Nach der Winterruhe beginnt der Rasen jetzt schnell wieder zu sprießen, und die in den Wintermonaten entstandenen Schäden sollten noch vor Sommeranfang behoben werden. Beginnen Sie nun mit der regelmäßigen Rasenpflege.	● Zweige, Blätter und andere Pflanzenabfälle vom Rasen rechen und auf den Kompost geben. ● Um Kahlstellen zu vermeiden, beim Mähen die Schnitthöhe des Rasenmähers relativ hoch einstellen. ● Kanten mit der Rasenkantenschere säubern. ● Bringen Sie einen Rasenlangzeitdünger aus.

FRÜHLING	**SPÄTFRÜHLING**
● Säen Sie Sommerblumen wie Leinkraut *(Linaria)*, Sonnenblume *(Helianthus)*, Sonnenhut *(Rudbeckia hirta)* und Studentenblume *(Tagetes)*. ● Gehölze wie Hartriegel *(Cornus)* beschneiden, Forsythien nach der Blüte zurückschneiden. ● Pflanzen Sie Bartfaden *(Penstemon)* und Löwenmäulchen *(Antirrhinum)* ins Freie. ● Nehmen Sie Wurzelstecklinge von Lupine *(Lupinus)*, Phlox *(Phlox)* und Rittersporn *(Delphinium)*. ● Ableger von Gehölzen und Kletterpflanzen wie Federbuschstrauch *(Fothergilla)*, Flieder *(Syringa)*, Geißblatt *(Lonicera)* und Lorbeerrose *(Kalmia)* schneiden. ● Geben Sie sommerblühenden Gehölzen und Rosen kalireichen Dünger.	● Binden Sie junge Stauden hoch. ● Härten Sie Beetpflanzen ab, bevor sie ins Freibeet kommen. ● Setzen Sie aus Samen gezogene Jungstauden in ein Anzuchtbeet. ● Dünnen Sie Sämlinge von Einjährigen aus. ● Binden Sie junge, kräftige Kletterrosentriebe am Rankgerüst fest. ● Säen Sie Akelei *(Aquilegia vulgaris)*, Brennende Liebe *(Lychnis chalcedonica)*, Garbe *(Achillea)*, Feinstrahl *(Erigeron speciosus)*, Stockmalve *(Alcea rosea)* und Rittersporn *(Delphinium)*. ● Bepflanzen Sie Ampeln und Pflanzkübel. Stellen Sie diese ins Gewächshaus oder ins Frühbeet.
● Dünnen Sie zu dicht stehende Gemüsesämlinge aus. ● Härten Sie im Winter und Vorfrühling ausgesäte Jungpflanzen von Blumenkohl, Lauch, Zwiebeln, Kopfsalat, Erbsen und Puffbohnen ab, bevor Sie diese ins Freiland pflanzen. ● Spargelbeet vorbereiten und bepflanzen. ● Erbsenpflanzen mit Stöcken oder Netzen stützen. ● Brokkoli, Lauch, Kohlrabi und Blumenkohl ansäen. ● Vorgetriebene Frühkartoffeln auslegen (mit Vlies).	● Dünnen Sie Sämlinge von Wurzelgemüse und Zwiebeln aus. ● Säen Sie Stangenbohnen, Zuckermais, Spargel, Erbsen, Endivien, Grüne Bohnen, Blattsalat, Chinakohl und Chicorée ins Freiland. ● Pikieren und wässern Sie Rosenkohl und Lauch. ● Schützen Sie Kartoffeltriebe durch Anhäufeln. ● Säen Sie Gurken auf ein mit gut verrottetem Mist oder Kompost gedüngtes Hügelbeet.
● Düngen Sie Obstbäume mit Kaliumsulfat, um die Blüte und Fruchtreife zu fördern. ● Unkraut in der Nähe von Strauchobst bekämpfen. ● Setzen Sie Spritzmittel gegen Schädlinge und Krankheiten nur bei starkem Befall und am Abend ein, um bestäubende Insekten nicht zu schädigen. ● Versetzen Sie Steckhölzer von Beerensträuchern an den endgültigen Platz. ● Düngen Sie Brombeeren mit Kalkammonsalpeter.	● Mulchen Sie Himbeeren und anderes Strauchobst. ● Entfernen Sie die Ausläufer von Erdbeerpflanzen. Legen Sie Matten oder Stroh unter, damit die Früchte keinen Bodenkontakt haben. ● Bekämpfen Sie Schnecken im Erdbeerbeet. ● Binden Sie Himbeerruten an. ● Wässern Sie Obstpflanzen gründlich, vor allem solche auf leichten Böden oder an Hauswänden.
● Pflanzen Sie Tomaten in 10er- oder 12er-Töpfe. ● Säen Sie Treibgurken aus. ● Beginnen Sie mit dem langsamen Abhärten von kälteempfindlichen Beetpflanzen. ● Verwenden Sie biologische Mittel zur Vorbeugung und Bekämpfung von Schädlingen wie etwa Schildläusen und Spinnmilben.	● Versorgen Sie Tomatenpflanzen, die bereits Früchte angesetzt haben, mit kalireichem Flüssigdünger. ● Schützen Sie Gewächshauspflanzen mit Rollos oder Schattierfarbe vor Hitze. ● Achten Sie auf eine gute Belüftung, um Krankheiten und Schädlingen vorzubeugen.
● Entfernen Sie alle Unkräuter wie etwa Löwenzahn. ● Auf Flächen, auf denen Sie Rasensamen säen oder Grassoden verlegen wollen, einen Universaldünger ausbringen. Bei der Aussaat darf der Boden nicht mehr allzu nass sein. Schützen Sie frisch angesäte Flächen vor Vögeln und wässern Sie regelmäßig.	● Bekämpfen Sie Rasenunkräuter. ● Ebnen Sie unebene Rasenflächen ein. ● Reparieren oder ersetzen Sie abgetretene oder kahle Stellen im Rasen. ● Frischen Sie unansehnliche oder geschädigte Rasenkanten mit der Rasenkantenschere auf.

ARBEITEN IM SOMMER

Gartenbereich	**Frühsommer**
Ziergarten Die Wärme begünstigt jetzt das schnelle Wachstum aller Pflanzen, was jedoch durch Hitze und Trockenheit erheblich beeinträchtigt werden kann. Damit die Pflanzen den ganzen Sommer über blühen und gedeihen, sind regelmäßiges Wässern und Düngen unerlässlich. Viele Pflanzen müssen außerdem hochgebunden werden. Treten Schädlinge und Krankheiten auf, sollten Sie sofort etwas dagegen unternehmen.  *Flieder*	● Weiterhin Beete, Blumenampeln und sonstige Pflanzbehälter bepflanzen. Alle Pflanzen nach draußen bringen, die bis jetzt im Gewächshaus waren. ● Blaukissen *(Aubrieta)*, Gänsekresse *(Arabis)* und Schleifenblume *(Iberis)* nach der Blüte zurückschneiden. ● Primeln *(Primula)*, Schlüsselblumen *(Primula)* und Schwertlilien *(Iris)* nach dem Verblühen teilen. ● Entfernen Sie alle welken Fliederblüten. ● Entfernen Sie Wildtriebe von Strauchrosen bis knapp über der Wurzel. ● Wässern Sie alle Zierpflanzen regelmäßig. ● Säen Sie Zweijährige und Stauden wie Blaukissen *(Aubrieta)*, Goldlack *(Cheiranthus)*, Mädchenauge *(Coreopsis)* und Rittersporn *(Delphinium)*.
Gemüsegarten Im Sommer gibt es im Gemüsegarten viel zu tun. Damit die Ernte gut und reichlich ausfällt, wässern und düngen Sie die Pflanzen regelmäßig. Unkraut entzieht dem Boden Wasser und Nährstoffe, sodass es unbedingt bekämpft werden muss, auch wenn diese Arbeit zeitaufwändig ist. 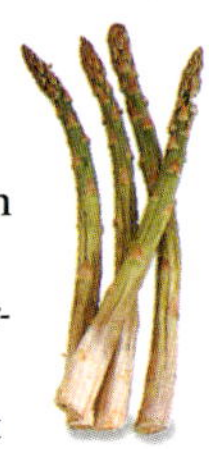 *Spargel*	● Säen Sie nochmals Salat, Rüben, Stangenbohnen, Grüne Bohnen, Endivien, Rettich und Kohlrabi. Säen Sie Chinakohl. ● Kneifen Sie die Spitzen von Puffbohnen ab, damit sich die Hülsen gut entwickeln. Außerdem werden dadurch Blattläuse abgewehrt. ● Stechen Sie keinen Spargel mehr. ● Pflanzen Sie Freilandtomaten und binden Sie diese sorgfältig an Bambusstäben fest.
Obstgarten Im Sommer können Sie bereits viele Sorten Baum- und Strauchobst ernten. Jetzt brauchen diese Pflanzen nur noch relativ wenig Pflege, abgesehen von regelmäßigem Wässern, gelegentlichem Düngen und bei Bedarf der Bekämpfung von Schädlingen und Krankheiten.  *Pfirsiche*	● Hängen Sie Fallen zur Bekämpfung von Apfelwicklern in die Apfelbäume. ● Spritzen Sie umweltverträgliche Mittel gegen Apfelschorf, Mehltau und Blattläuse. ● Binden Sie junge Brombeerranken an Stützdrähten fest – je Pflanze genügen acht Triebe. ● Nehmen Sie an Stachelbeersträuchern einen Sommerschnitt vor, indem Sie alle Seitentriebe bis zum fünften Blattauge zurückschneiden.
Gewächshaus Vermeiden Sie hohe Temperaturen, die den Pflanzen schaden. Öffnen Sie Türen, Lüftungsklappen und Fenster. Sorgen Sie für hohe Luftfeuchtigkeit.	● Wässern und düngen Sie Tomaten, Gurken und Paprika regelmäßig. Die Erde darf jetzt nie austrocknen. ● Entfernen Sie weiterhin alle Seitentriebe in den Blattachseln von Tomatenpflanzen.
Rasen Im Sommer wächst das Gras sehr schnell, sodass regelmäßiges Mähen jetzt besonders wichtig ist. Die Häufigkeit des Mähens hängt größtenteils vom Wetter ab und kann von Jahr zu Jahr variieren. Dabei gilt, dass Sie ab einer Halmlänge von etwa 6 cm mähen sollten. Wichtig ist außerdem, den Rasen regelmäßig zu wässern, was in Hitzeperioden sogar täglich erforderlich sein kann.	● Mähen Sie so oft wie nötig. Besonders bei warmem Wetter sollten Sie das Gras jedoch nicht zu kurz schneiden, da so mehr Feuchtigkeit erhalten bleibt. ● Entfernen Sie weiterhin alle Rasenunkräuter. ● Wässern Sie den Rasen regelmäßig und ausreichend mit dem Rasensprenger oder dem Gartenschlauch. ● Versorgen Sie den Rasen bei Bedarf mit einem stickstoffreichen Flüssigdünger. So bleibt das Gras grün und wächst gleichmäßig dicht.

SOMMER	**SPÄTSOMMER**
● Düngen Sie Rosen und andere blühende Pflanzen im Freibeet oder in Kübeln mit kalireichem Dünger, um die Blüte zu fördern. ● Alle welken Blüten entfernen – so bilden sich schneller neue Knospen. ● Schneiden Sie Hecken aus Laubgehölzen. ● Zwischen Beetpflanzen und unter Bäumen, Büschen und Kletterpflanzen sorgfältig alles Unkraut entfernen. ● Gartennelken werden durch etwa 8 cm lange Stecklinge vermehrt. ● Bartnelke *(Dianthus barbatus)*, Glockenblume *(Campanula)* und Goldlack *(Cheiranthus)* pflanzen. ● Stecklinge aus halbreifem Holz von Gehölzen wie Deutzie *(Deutzia)* oder Weigelie *(Weigela)* schneiden.	● Setzen Sie Zwiebeln und Knollen von Herbstkrokus *(Crocus)*, Kaiserkrone *(Fritillaria imperialis)*, Madonnenlilie *(Lilium candidum)* und *Sternbergia.* ● Entfernen Sie weiterhin alle welken Blüten, es sei denn, Sie wollen die Samen sammeln. ● Schützen Sie Chrysanthemen *(Dendranthema)* und Dahlien *(Dahlia)* vor Ohrwürmern und Mehltau. ● Schneiden Sie verblühte Kletterrosen zurück. ● Spritzen Sie Rosen zum Schutz vor Pilzkrankheiten wie Mehltau, Rosenrost und Sternrußtau mit einem umweltverträglichen Mittel. ● Wässern Sie weiterhin alle Pflanzen regelmäßig. ● Pflanzen Sie Nelkenableger ins Freiland.
● Häufeln Sie Staudensellerie an und binden Sie die Stängel zusammen. ● Ernten Sie Kräuter, am besten noch vor der Blüte. ● Säen Sie Rüben und Steckrüben. ● Ernten Sie Stangenbohnen und Grüne Bohnen sobald sie reif, aber noch zart sind. ● Pflanzen Sie Kopf- und Eissalat sowie Endivien. ● Wässern Sie alle Gemüsepflanzen ausreichend. ● Jäten Sie regelmäßig alle Unkräuter.	● Zwiebeln reifen besser, wenn man sie etwas hochzieht und einige Zeit so belässt. ● Säen Sie Spinat. ● Wässern Sie weiterhin regelmäßig. Manche Gemüsepflanzen entwickeln sich sonst zu schnell. ● Jäten Sie weiterhin regelmäßig Unkraut. ● Spritzen Sie alles Gemüse, vor allem Kohl, mit einem umweltverträglichen Mittel zur Vorbeugung oder Bekämpfung von Raupen.
● Beschneiden Sie Spalierobst (wie Kirschen und Pflaumen), damit das Geäst zu Wänden oder Zäunen hin nicht zu dicht wird. ● Entfernen Sie alle Äpfel und Birnen, die Anzeichen von Schädlingsbefall aufweisen. ● Die Apfelbäume regelmäßig und gründlich wässern, damit sich keine Stippigkeit entwickelt. Spritzen Sie die wachsenden Früchte mit Kalziumnitrat. ● Schützen Sie die Früchte durch Netze vor Vögeln.	● Bekämpfen Sie Blutläuse auf Apfelbäumen. ● Schneiden Sie die abgeernteten Himbeerruten bis auf den Boden zurück. Binden Sie neue Triebe fest. ● Entfernen Sie nach der Ernte alte Blätter und Triebe von den Erdbeerpflanzen. ● Mit dem Beschneiden der Apfelbäume beginnen, dann mit Kirsch-, Pflaumen-, Aprikosen-, Nektarinen- und Pfirsichbäumen weitermachen.
● Geben Sie den Tomaten weiterhin reichlich Wasser, damit sich keine Blütenendfäule entwickelt. Entfernen Sie zu dichtes Blattwerk bei Tomatenpflanzen. ● Sorgen Sie bei Bedarf für mehr Schatten.	● Nehmen Sie Stecklinge von Efeu- und Zonalpelargonien *(Pelargonium)* sowie Stecklinge aus halbreifem Holz von Berberitze *(Berberis)*, Felsenmispel *(Cotoneaster)* und Seidelbast *(Daphne)*.
● Versetzen Sie flexible Spielgeräte hin und wieder, damit der Rasen gleichmäßig beansprucht wird. ● Wässern Sie den Rasen weiterhin regelmäßig, am besten am frühen Abend, um die Verdunstung möglichst gering zu halten. ● Wässern Sie Stellen, auf die Tiere uriniert haben, besonders gründlich, damit der Rasen keine Flecken bekommt. ● Lassen Sie bei Trockenheit den Rasenschnitt liegen.	● Düngen Sie den Rasen mit einem phosphat- und kalireichen Rasendünger, um die Graswurzeln zu kräftigen. ● Schneiden Sie Stauden zurück, wenn diese über die Rasenkanten wuchern. ● Wässern Sie regelmäßig bei warmem, trockenem Wetter. Vor allem nach Düngergaben braucht der Rasen sehr viel Wasser. ● Mähen Sie den Rasen weiterhin regelmäßig.

ARBEITEN IM HERBST

GARTENBEREICH	**FRÜHHERBST**
ZIERGARTEN Nun werden die Einjährigen langsam welk und müssen abgeräumt werden. Die Stauden werden für den Winter vorbereitet, zu stark wuchernde Pflanzen geteilt und umgesetzt. Feuchte Witterung begünstigt jetzt Krankheiten, denen Sie rechtzeitig vorbeugen sollten. Der Herbst ist außerdem der richtige Zeitpunkt, um die Beete für das nächste Jahr vorzubereiten.  *Spaltgriffel*	● Setzen Sie frühjahrsblühende Zwiebelpflanzen wie Iris *(Iris)*, Krokus *(Crocus)*, Osterglocken *(Narcissus)* sowie sommerblühende Lilien *(Lilium)*. ● Entfernen Sie verblühte Einjährige und bereiten Sie das Beet für die nächste Saison vor. ● Säen Sie Stauden und Einjährige wie Mohn *(Papaver)*, Ringelblume *(Calendula)*, Schleifenblume *(Iberis)*, Schwarzkümmel *(Nigella)* und Steinkraut *(Alyssum)*. ● Graben Sie Gladiolen- und Dahlienknollen nach dem ersten Frost aus und lagern Sie diese über Winter an einem kühlen (10° C), trockenen Platz, ohne dass die Knollen sich berühren. ● Schneiden Sie Polsterpflanzen in Form. ● Herbstblühende Stauden mit Bambusstöcken stützen.
GEMÜSEGARTEN Manche Gemüse schmecken nur frisch, aber viele lassen sich nach der Ernte auch einlagern oder tiefgefrieren. Jetzt sind einige Aufräumarbeiten nötig, um die neue Aussaat vorzubereiten, und auch von Krankheiten oder Schädlingen befallene Pflanzenteile müssen entfernt werden. *Zucchini* 	● Ernten Sie Mohrrüben, Kartoffeln und Rote Bete an Tagen, an denen der Boden nicht zu nass ist. ● Petersiliensämlinge in Töpfe oder direkt in ein Früh- oder Gewächshausbeet pflanzen. ● Die letzten Kürbisse ernten und einlagern. ● Letzte Freilandtomaten ernten und an einem warmen Ort nachreifen lassen. ● Einjährige Kräuter ernten, nicht winterharte mehrjährige Kräuter vor dem ersten Frost ins Haus bringen.
OBSTGARTEN Die meisten Obstbäume tragen erst im Herbst Früchte, und auch späte Beerensorten werden jetzt reif. Zahlreiche Apfel- und einige Birnensorten lassen sich auch über Winter in einem kühlen, dunklen Raum einlagern. *Weintrauben* 	● Pflanzen Sie Pfirsich- und Nektarinenbäume an geschützten Stellen oder an einer sonnigen Mauer. ● Pflanzen Sie Brombeersträucher. ● Schneiden Sie Himbeerruten, die im Sommer getragen haben, bis auf den Boden zurück. Binden Sie neue Triebe sorgfältig fest. ● Rechen Sie das Laub von schorfbefallenen Apfel- und Birnbäumen und rostbefallenen Pflaumenbäumen zusammen und entsorgen Sie es über den Hausmüll.
GEWÄCHSHAUS Wenn es kühler wird, müssen Sie alle nicht winterharten Pflanzen im Gewächshaus unterstellen. Reduzieren Sie Belüftung und Luftfeuchtigkeit.	● Entfernen Sie die Beschattung von den Glasflächen. ● Setzen Sie Blumenzwiebeln ein. ● Säen Sie Feldsalat und Radieschen. ● Pflanzen Sie Kopfsalat.
RASEN Jetzt kann sich der Rasen von der sommerlichen Beanspruchung und längeren Trockenperioden, in denen eventuell nicht ausreichend gewässert wurde, erholen. Mit dem Herbst verlangsamt sich das Wachstum des Grases, was grundlegende Pflegemaßnahmen erleichtert. Jetzt ausgeführte Arbeiten werden dem Rasen im nächsten Jahr zugute kommen.	● Entfernen Sie vor allem bei feuchtem Wetter das Laub auf dem Rasen immer möglichst bald. ● Säen Sie alle abgetretenen Rasenstellen neu ein. ● Bereiten Sie Rasenflächen, die Sie frisch ansäen oder mit Grassoden bedecken wollen, sorgfältig vor. ● Belüften Sie den Rasen, damit keine Staunässe entsteht und die Graswurzeln besser wachsen. Verwenden Sie für kleinere Bereiche eine Grabgabel, für größere Flächen eine Stachelwalze.

Herbst	**Spätherbst**
● Samenstände für Trockensträuße trocknen. ● Spaltgriffel *(Schizostylis)* steht jetzt in voller Blüte, gedeiht aber nur in mildem Klima und geschützten Lagen: Pflanze vor dem ersten Frost eintopfen und im Gewächshaus oder Frühbeet überwintern lassen. ● Pflanzen Sie Stiefmütterchen *(Viola wittrockiana)*. ● Schneiden Sie welke und abgestorbene Stauden über dem Boden ab. ● Pflanzen Sie neue Stauden. ● Teilen und versetzen Sie zu groß gewordene alte Stauden und entfernen Sie dabei alle schwachen oder verkümmerten Pflanzenteile. ● Pflanzen Sie neue Rosen und häufeln Sie diese an. ● Wässern Sie Rhododendron gründlich.	● Gegebenenfalls sollten Sie jetzt, wo das Erdreich noch relativ warm ist, Bäume und Sträucher umpflanzen. Der Boden sollte dabei jedoch nicht zu nass sein. ● Schneiden Sie sommergrüne Hecken; für einen stärkeren Rückschnitt ist jetzt die richtige Zeit. ● Setzen Sie Tulpenzwiebeln entweder an einen sonnigen, geschützten Platz oder in Kübel. ● Pflanzen Sie frühblühende Stauden und wässern Sie diese reichlich. ● Entfernen Sie letzte Unkräuter, möglichst ohne dabei die Samen zu verstreuen. ● Entfernen Sie regelmäßig das Herbstlaub aus Dachrinnen und Regentonnen.
● Kranke Blätter von Salat und Kohl entfernen. ● Ernten Sie Chicorée, sobald die äußeren Blätter welk werden, und lagern Sie ihn an einem kühlen Ort in mit Sand gefüllten Kisten. ● Das Grün von im Frühling gepflanztem Spargel zurückschneiden und die Spitzen anhäufeln. ● Ernten Sie Schwarzwurzeln und lagern Sie die Stangen in Obstkisten an einem kühlen, dunklen Ort. ● Alte Rhabarberstöcke teilen und neu einsetzen.	● Ernten Sie Pastinaken, Meerrettich und Topinambur. Anschließend wird das Gemüse eingelagert. ● Pflücken Sie Rosenkohl, sobald die einzelnen Röschen fest geworden sind. ● Ernten Sie Lauch. Schneiden Sie die Wurzeln ab und entfernen Sie äußere rostfleckige Blätter. ● Graben Sie neue Beete gründlich um. ● Bringen Sie bei abgeernteten Beeten Wintermulch aus.
● Ab jetzt können Sie bis in den Vorfrühling Brombeeren, Johannisbeeren sowie Himbeersträucher pflanzen, sofern die Erde nicht gefroren oder zu nass ist. ● Schneiden Sie Stecklinge von verholzten Trieben von Weinstöcken, Schwarzen Johannisbeeren und Stachelbeeren. Lassen Sie diese an einer geschützten Stelle in sandiger Erde wurzeln. ● Entfernen Sie alles Unkraut zwischen den Erdbeerpflanzen. Diese gut wässern und den Boden mulchen.	● Schneiden Sie Brombeertriebe, die in diesem Jahr getragen haben, stark zurück und binden Sie neue Triebe an. ● Pflanzen Sie Stachelbeersträucher, Apfel- und Birnbäume, wenn der Boden nicht zu nass oder gefroren ist. ● Schneiden Sie neu gepflanzte Apfelbäume gleich zurück. Kürzen Sie Seitentriebe etwa um die Hälfte; der Leittrieb soll etwa 20 cm höher stehen.
● Pflücken Sie die letzten Tomaten. Entsorgen Sie alle gesunden pflanzlichen Abfälle auf dem Kompost. ● Säen Sie Feldsalat und Spinat in einem unbeheizten Raum im Haus oder auch im Gewächshaus.	● Wässern Sie im Haus überwinternde Pflanzen nur mäßig. ● Topfen Sie Maiglöckchen *(Convallaria majalis)* als Frühblüher für die Fensterbank ein.
● Neuen Rasen säen oder neue Grassoden verlegen. ● Entfernen Sie Rasenfilz auf kleineren Rasenflächen mit dem Vertikutierrechen, auf größeren Flächen mit einem elektrischen Vertikutierer. ● Rechen Sie weiterhin regelmäßig das Laub zusammen und kompostieren Sie es. ● Bei vermoostem Rasen Moosentferner anwenden. Damit sich die Moossporen nicht verteilen, Moos erst dann entfernen, wenn es vollständig abgestorben ist.	● Setzen Sie Zwiebelpflanzen in Gruppen. ● Gleichen Sie die durch die sommerliche Abnutzung entstandenen Unebenheiten aus. ● Schneiden Sie weiterhin Stauden zurück, die über die Rasenkante hinauswuchern. ● Säubern Sie den Rasenmäher und führen Sie notwendige Reparatur- und Wartungsarbeiten durch, bevor Sie ihn über Winter unterstellen. ● Reparieren Sie abgetretene Rasenkanten.

ARBEITEN IM WINTER

GARTENBEREICH	FRÜHWINTER
ZIERGARTEN Bei Kälte und Schnee ist im Ziergarten nur noch wenig zu tun. Optisch besonders attraktiv sind jetzt die getrockneten Samenstände von verblühten Stauden, und auch zarte Gräser erwachen im Winter zu neuer Schönheit. Kombinieren Sie diese mit Büschen, die wegen ihrer attraktiven Rinde, Blüten und Beeren, wie etwa bei der nur bedingt winterharten Skimmie *(Skimmia),* oder ihrer immergrünen Blätter wie Efeu *(Hedera helix)* ins Auge fallen. Auch die imposanten, ruhig wirkenden Koniferen und Nadelgehölze haben jetzt ihre große Zeit.  *Skimmie*	● Schützen Sie empfindliche Stauden mit Stroh, Reisig oder trockenem Laub vor Frostschäden. ● Schützen Sie die Wurzelballen von Kübelpflanzen, indem Sie die Kübel mit Jute oder Zeitungspapier einschlagen. ● Drücken Sie vom Frost aufgeworfene Erde unter Büschen und Sträuchern wieder an. ● Schneiden Sie die obersten Rosentriebe an windigen Plätzen zurück, damit die Pflanzen nicht zu stark dem Wind ausgesetzt sind. ● Ist der Boden sehr feucht, sollten Sie die Beete nach Möglichkeit nicht betreten, um den Boden nicht zu verdichten. Stellen Sie sich auf ein Brett, um Ihr Gewicht zu verteilen. ● Säen Sie Steingartengewächse und Baumsamen aus, die als Frostkeimer Kälte brauchen. ● Schneiden Sie Sträucher und Bäume zurück. ● Planen Sie für das nächste Jahr.
GEMÜSEGARTEN In einem sorgfältig geplanten Garten können Sie auch im Winter frisches Gemüse ernten. Wichtig ist bei manchen Sorten ein Winterschutz aus Reisig, Vlies oder Folie, damit sie auch strenge Kälte gut überstehen.  *Blumenkohl*	● Ernten Sie Lauch, Rosenkohl und Grünkohl. ● Pflanzen Sie Chicoréewurzeln in Töpfe und stellen Sie diese an einen dunklen, etwa 7° C kühlen Ort. Ernten Sie die jungen Triebe. ● Legen Sie Fichtenzweige zum Abdecken von Feldsalat und Spinat bereit, um das Gemüse gegebenenfalls bei strenger, schneeloser Kälte vor Frost zu schützen. ● Überprüfen Sie regelmäßig eingelagertes Gemüse und sortieren Sie angefaulte Exemplare aus.
OBSTGARTEN Der Winter ist für den Obstgarten eine relativ ruhige Zeit, da sich Obstbäume und -sträucher in der Ruhephase befinden. Bei Obstbäumen können Sie jetzt den Winterschnitt vornehmen, der für einen starken Frühjahrsaustrieb sorgt.  *Eingelagerte Äpfel*	● Bis in den Spätwinter hinein können Sie jetzt Rote und Weiße Johannisbeersträucher beschneiden. Bringen Sie danach eine Lage Kompost aus. ● Schneiden Sie Apfel- und Birnbäume zurück. Überprüfen Sie Äste und Zweige auf Anzeichen von Baumkrebs und entfernen Sie alle befallenen Stellen. ● Bei frostfreiem Boden können Sie jetzt Obstbäume und Beerensträucher pflanzen. ● Überprüfen Sie regelmäßig eingelagerte Äpfel und Birnen und entfernen Sie alle angefaulten Früchte.
GEWÄCHSHAUS Ziehen Sie Gemüse und Blumen im Gewächshaus vor. Prüfen Sie regelmäßig die Temperatur und regulieren Sie die Heizung entsprechend.	● Überprüfen Sie, ob die Außenwasserleitungen entleert sind, damit sie bei Frost nicht beschädigt werden. ● Überprüfen Sie, ob Fenster und Türen dicht schließen.
RASEN Der Rasen braucht im Winter kaum Pflege. In der Regel sollte man ihn deshalb bis zum Frühjahr ruhen lassen.	● Rechen Sie weiterhin alles Laub auf dem Rasen zusammen und entsorgen Sie es auf dem Kompost. ● Vermeiden Sie es, den Rasen bei starker Nässe oder wenn er gefroren ist zu betreten.

WINTER	SPÄTWINTER
● Während milder Wetterperioden kann es zu Schäden durch Schnecken kommen. Bekämpfen Sie diese deshalb rechtzeitig, bevor sie die im Beet verbliebenen Pflanzen anfressen können. ● Beugen Sie Frostschäden an Zierbecken vor, indem Sie einen Ball, eine leere Plastikflasche oder ein Stück Holz auf der Oberfläche schwimmen lassen. ● Wässern Sie Rhododendren an frostfreien Tagen. ● Befreien Sie Zweige und Äste von Gehölzen von zu großen Schneelasten, damit sie nicht brechen. ● Versorgen Sie die Vögel regelmäßig mit Futter und frischem Wasser. ● An frostfreien, trockenen Tagen können Sie Büsche und Bäume pflanzen. ● Laubgehölze, die zu hoch und zu breit geworden sind, können Sie an frostfreien, trockenen Tagen zurückschneiden. ● An frostfreien Tagen Nadelgehölze wässern.	● Schneiden Sie winterharte Heide nach der Blüte leicht zurück. Entfernen Sie aber nur die verblühten Triebe und lassen Sie verholzte Zweige stehen. ● Überprüfen Sie eingelagerte Dahlien- und Gladiolenknollen sowie Blumenzwiebeln und entfernen Sie alle angefaulten Exemplare. ● Schneiden Sie winterblühenden Jasmin *(Jasminum)* nach der Blüte zurück. ● Schneiden Sie Zierwein wie *Vitis coignetiae* zurück und befestigen Sie ihn am Rankgerüst. ● Schneiden Sie Hartriegel *(Cornus)* zurück, der wegen seiner leuchtend gefärbten Rinde gepflanzt wird. ● Versehen Sie Blumenbeete und -rabatten mit gut verrottetem Mist oder Kompost. ● Wässern Sie an frostfreien Tagen Nadelgehölze weiterhin regelmäßig. ● Wässern Sie Rhododendren an frostfreien Tagen.
● Weiterhin Grünkohl, Rosenkohl und Lauch ernten. ● Ernten Sie Topinambur, wenn der Boden frostfrei ist. Schlagen Sie die Knollen in Papier ein und lagern Sie diese an einem kühlen, luftigen Ort. ● Decken Sie bei strengem Frost Feldsalat und Spinat mit Fichtenzweigen ab. ● Überprüfen Sie weiterhin regelmäßig eingelagertes Gemüse und sortieren Sie gegebenenfalls angefaulte Exemplare aus, damit sie andere nicht anstecken.	● Ernten Sie weiterhin Grünkohl, Rosenkohl und Lauch. ● Dünnen Sie Salat aus, den Sie im Hochsommer gesät haben. ● Sofern der Boden nicht zu stark gefroren ist, können Sie abgeerntete Gemüsebeete umgraben und den Boden mit gut verrottetem Mist oder Kompost verbessern. ● Bestellen Sie rechtzeitig Saatgut für das Frühjahr.
● Arbeiten Sie um Stachelbeersträucher gut verrotteten Mist oder Kompost ein. ● Schneiden Sie Apfel- und Birnbäume. ● Überprüfen Sie weiterhin regelmäßig eingelagerte Äpfel und Birnen und entfernen Sie faulige Früchte, damit sie andere nicht anstecken. ● Ab jetzt können Sie Rhabarber vortreiben. Bedecken Sie die Pflanzen mit einer dicken Lage Laub oder Lauberde und stülpen Sie einen Blumentopf darüber, um sie vor strengem Frost zu schützen.	● Bekämpfen Sie Überwinterungsstadien verschiedener Schädlinge mit einem Mineralölpräparat. ● Verstreuen Sie Kaliumsulfat im Wurzelbereich von Apfel-, Birn- und Pflaumenbäumen, um die Ernte im nächsten Jahr zu fördern. ● Schneiden Sie die Ruten von herbsttragenden Himbeeren zurück. Triebe, die im letzten Herbst getragen haben, kürzen Sie stark ein. ● Schneiden Sie die Ruten von Himbeeren, die im Jahr zuvor gepflanzt wurden, auf 30 cm zurück.
● Säen Sie Löwenmäulchen *(Antirrhinum)*, Begonien *(Begonia)*, Pelargonien *(Pelargonium)*, Salbei *(Salvia)* und Verbenen *(Verbena)* bei 18° C. ● Nelkenstecklinge bei 10° C in sandige Erde setzen.	● Säen Sie Kopfsalat, Frühgemüsearten und Einjährige. ● Lüften Sie möglichst oft, um Krankheiten durch zu hohe Luftfeuchtigkeit vorzubeugen.
● Lassen Sie Ihren Rasenmäher warten und reparieren, falls dies bis jetzt noch nicht geschehen ist. ● Vergewissern Sie sich, dass alle Rasengeräte gereinigt, geölt und an einem trockenen Platz gelagert sind.	● Vermeiden Sie es, gefrorenes Gras zu betreten. ● Heben Sie lose oder eingesunkene Steinplatten an. Füllen Sie den Untergrund auf und verlegen Sie die Platten neu.

REGISTER DER PFLANZENNAMEN

In dieser Liste finden Sie die lateinischen Pflanzennamen mit den entsprechenden deutschen Namen alphabetisch geordnet.

A

Abelia ≈ Abelie
Acanthus mollis ≈ Akanthus
Acer ≈ Ahorn
Achillea ≈ Garbe
Adonis aestivalis ≈ Sommeradonisröschen
Aesculus ≈ Rosskastanie
Ajuga reptans ≈ Kriechender Günsel
Alcea rosea ≈ Stockmalve
Alchemilla mollis ≈ Frauenmantel
Allium ≈ Zierlauch
Alyssum ≈ Steinkraut
Amaranthus caudatus ≈ Gartenfuchsschwanz
Amelanchier lamarckii ≈ Felsenbirne
Anaphalis ≈ Perlpfötchen
Anchusa azurea ≈ Ochsenzunge
Anemone nemorosa ≈ Buschwindröschen
Antirrhinum majus ≈ Löwenmäulchen
Aquilegia vulgaris ≈ Akelei
Arabis ≈ Gänsekresse
Arctostaphylos ≈ Bärentraube
Arenaria ≈ Sandkraut
Argyranthemum frutescens ≈ Strauchmargerite
Aristolochia macrophylla ≈ Pfeifenwinde
Armeria maritima ≈ Grasnelke
Artemisia ≈ Beifuß
Arum ≈ Aronstab
Aruncus dioicus ≈ Waldgeißbart
Aster ≈ Aster
Astilbe ≈ Prachtspiere
Aubrieta ≈ Blaukissen
Aucuba ≈ Aukube
Aurinia ≈ Steinkraut
Azalea ≈ Azalee

B

Bambusa ≈ Bambus
Bellis ≈ Maßliebchen
Berberis ≈ Berberitze
Bergenia ≈ Bergenie
Betula ≈ Birke
Bignonia ≈ Kreuzrebe
Brunnera macrophylla ≈ Kaukasus-Vergissmeinnicht
Buddleia ≈ Buddleia, Schmetterlingsstrauch, Sommerflieder
Buxus ≈ Buchs

C

Calendula ≈ Ringelblume
Callistephus chinensis ≈ Sommeraster
Callitriche ≈ Wasserstern
Calluna ≈ Besenheide, Heidekraut
Campanula ≈ Glockenblume
Campsis ≈ Jasmintrompete
Campsis radicans ≈ Trompetenblume
Caryopteris ≈ Bartblume
Catalpa ≈ Trompetenbaum
Ceanothus ≈ Säckelblume
Celastrus ≈ Baumwürger
Centaurea ≈ Flockenblume
Centaurea cyanus ≈ Kornblume
Ceratophyllum ≈ Hornblatt
Ceratostigma ≈ Bleiwurz
Cercis siliquastrum ≈ Judasbaum
Chaenomeles (Choenomeles) ≈ Japanische Quitte, Zierquitte
Chamaecyparis ≈ Scheinzypresse
Cheiranthus ≈ Goldlack
Chimonanthus ≈ Winterblüte
Chionodoxa ≈ Schneestolz
Chrysanthemum ≈ Margerite
Cistus ≈ Zistrose
Clarkia ≈ Clarkie, Mandelröschen
Clematis ≈ Clematis, Waldrebe

Clethra alnifolia ≈ Scheineller
Convallaria majalis ≈ Maiglöckchen
Convolvulus tricolor ≈ Dreifarbige Winde
Coreopsis grandiflora ≈ Mädchenauge
Cornus ≈ Hartriegel
Cornus mas ≈ Kornelkirsche
Corylopsis ≈ Scheinhasel
Corylus avellana ≈ Haselnuss
Cotinus ≈ Perückenstrauch
Cotoneaster ≈ Zwergmispel, Strauchmispel
Cotoneaster franchetii ≈ Immergrüne Strauchmispel
Crambe ≈ Meerkohl
Crassula ≈ Dickblatt
Crataegus ≈ Weißdorn
Crocus ≈ Krokus
Cupressus ≈ Zypresse
Cyclamen ≈ Alpenveilchen
Cytisus ≈ Geißklee, Ginster

D

Daboecia ≈ Irische Heide
Dahlia ≈ Dahlie
Daphne mezereum ≈ Seidelbast
Delphinium ≈ Rittersporn
Dendranthema ≈ Chrysantheme
Deutzia ≈ Maiblumenstrauch, Deutzie
Dianthus ≈ Nelke
Dianthus barbatus ≈ Bartnelke
Dianthus chinensis ≈ Sommernelke
Dianthus deltoides ≈ Heidenelke
Dicentra spectabilis ≈ Tränendes Herz
Digitalis purpurea ≈ Roter Fingerhut
Doronicum ≈ Gämswurz
Draba ≈ Felsenblümchen

E

Eccremocarpus scaber ≈ Schönranke
Echinops ≈ Kugeldistel
Eichhornia crassipes ≈ Wasserhyazinthe
Elaeagnus ≈ Ölweide
Elodea canadensis ≈ Kanad. Wasserpest
Enkianthus ≈ Prachtglocke
Epilobium ≈ Weidenröschen
Epimedium ≈ Elfenblume
Eranthis hyemalis ≈ Winterling
Erica erigena ≈ Mittelmeer-Heide, Bruchheide
Erica carnea ≈ Schneeheide
Erigeron ≈ Feinstrahl, Berufkraut
Erinus alpinus ≈ Leberbalsam, Alpenbalsam
Erodium ≈ Reiherschnabel
Eryngium ≈ Edeldistel
Erythronium dens-canis ≈ Hundszahn
Eschscholzia californica ≈ Kaliforn. Mohn
Euonymus europaea ≈ Pfaffenhütchen

F

Fallopia ≈ Knöterich
Fallopia aubertii ≈ Schlingknöterich
Fontinalis antipyretica ≈ Fieberquellenmoos
Forsythia ≈ Forsythie
Fothergilla ≈ Federbuschstrauch
Fritillaria imperialis ≈ Kaiserkrone
Fuchsia ≈ Fuchsie
Fuchsia magellanica ≈ Scharlachfuchsie

G

Galanthus nivalis ≈ Schneeglöckchen
Gaultheria ≈ Scheinbeere
Gazania ≈ Mittagsgold
Genista ≈ Ginster
Geranium ≈ Storchschnabel
Geum ≈ Nelkenwurz
Godetia grandiflora ≈ Atlasblume
Gypsophila ≈ Schleierkraut

H

Hamamelis ≈ Zaubernuss
Hedera helix ≈ Großblättriger Efeu
Hedera hibernica ≈ Irischer Efeu
Helenium autumnale ≈ Sonnenbraut

Helianthemum ≈ Sonnenröschen
Helianthus ≈ Sonnenblume
Helichrysum petiolare ≈ Strohblume
Heliotropium ≈ Vanilleblume, Sonnenwende
Helleborus niger ≈ Christrose
Hemerocallis ≈ Tagblume
Heuchera sanguinea ≈ Purpurglöckchen
Hibiscus syriacus ≈ Roseneibisch
Hosta ≈ Funkie
Hottonia palustris ≈ Wasserfeder
Humulus lupulus ≈ Hopfen
Hyacinthoides hispanica ≈ Blauglöckchen
Hyacinthoides non-scripta ≈ Hasenglöckchen, Waldhyazinthe
Hyacinthus ≈ Hyazinthe
Hydrangea ≈ Hortensie
Hydrangea anomala, petiolaris ≈ Kletterhortensie
Hypericum ≈ Johanniskraut

I

Iberis ≈ Schleifenblume
Ilex ≈ Stechpalme
Impatiens walleriana ≈ Fleißiges Lieschen
Ipomoea ≈ Prunkwinde
Iris ≈ Iris, Schwertlilie

J

Jasminum ≈ Jasmin
Jasminum nudiflorum ≈ Echter Jasmin
Juniperus ≈ Wacholder

K

Kalmia ≈ Lorbeerrose
Kerria ≈ Ranunkelstrauch
Kolkwitzia ≈ Kolkwitzie

L

Laburnum ≈ Goldregen
Lamium ≈ Taubnessel
Lathyrus ≈ Wicke
Laurus ≈ Lorbeer
Lavandula ≈ Lavendel
Lavatera ≈ Bechermalve
Leucojum vernum ≈ Märzenbecher
Liatris ≈ Prachtscharte
Lilium ≈ Lilie
Lilium candidum ≈ Madonnenlilie
Limnanthes douglasii ≈ Sumpfblume
Linaria ≈ Leinkraut
Lobelia ≈ Lobelie
Lobularia maritima ≈ Duftsteinrich
Lonicera caprifolium ≈ Jelängerjelieber
Lonicera x *heckrottii* ≈ Feuergeißschlinge, Geißblatt
Lonicera japonica ≈ Heckenkirsche
Lupinus ≈ Lupine
Lychnis ≈ Lichtnelke
Lychnis chalcedonica ≈ Brennende Liebe
Lychnis coronaria ≈ Vexiernelke

M

Magnolia ≈ Magnolie
Mahonia ≈ Mahonie
Malus ≈ Zierapfel
Mesembryanthemum ≈ Mittagsblume
Monarda didyma ≈ Indianernessel
Muscari azureum ≈ Traubenhyazinthe

N

Narcissus ≈ Narzisse
Nemophila menziesii ≈ Hainblume
Nepeta ≈ Katzenminze
Nicotiana ≈ Ziertabak
Nigella ≈ Schwarzkümmel
Nymphaea alba ≈ Weiße Seerose

O – P

Oenothera ≈ Nachtkerze
Osteospermum ≈ Kapmargerite
Paeonia ≈ Pfingstrose
Paeonia suffruticosa ≈ Strauchpfingstrose
Papaver ≈ Mohn
Parthenocissus ≈ Wilder Wein
Pelargonia ≈ Pelargonie, Geranie

Penstemon ≈ Bartfaden
Pernettya ≈ Torfmyrte
Petunia ≈ Petunie
Phacelia ≈ Bienenfreund
Philadelphus ≈ Pfeifenstrauch, Falscher Jasmin
Phlox ≈ Phlox, Flammenblume
Photinia ≈ Glanzmispel
Phyllodoce ≈ Blauheide
Pieris ≈ Lavendelheide
Polemonium caeruleum ≈ Jakobsleiter
Portulaca grandiflora ≈ Portulakröschen
Potamogeton crispus ≈ Laichkraut
Potentilla ≈ Fingerstrauch, Fingerkraut
Primula ≈ Primel, Schlüsselblume
Primula denticulata ≈ Kugelprimel
Prunus ≈ Zierkirsche
Prunus laurocerasus ≈ Kirschlorbeer
Pulmonaria ≈ Lungenkraut
Pulsatilla ≈ Küchenschelle
Pyracantha ≈ Feuerdorn

R

Reseda odorata ≈ Gartenreseda
Rhododendron ≈ Rhododendron
Rhus ≈ Essigbaum
Ribes sanguineum ≈ Blutjohannisbeere
Rosa ≈ Rose
Rosa rugosa ≈ Kartoffelrose
Rosmarinus ≈ Rosmarin
Rudbeckia ≈ Sonnenhut
Ruscus aculeatus ≈ Mäusedorn

S

Salix ≈ Weide
Salvia ≈ Salbei
Salvia officinalis ≈ Gartensalbei
Santolina ≈ Heiligenkraut
Saxifraga ≈ Steinbrech
Scabiosa ≈ Skabiose
Schizostylis ≈ Spaltgriffel
Scilla ≈ Blausternchen
Sedum ≈ Fetthenne
Sempervivum montanum ≈ Berghauswurz
Silene ≈ Leimkraut
Skimmia ≈ Skimmie
Sorbus aucuparia ≈ Vogelbeere, Eberesche
Spiraea ≈ Spierstrauch
Stachys ≈ Ziest
Sternbergia ≈ Sternbergie, Goldkrokus
Syringa ≈ Flieder

T

Tagetes ≈ Studentenblume
Tamarix ≈ Tamariske
Thuja ≈ Thuja, Lebensbaum
Thunbergia alata ≈ Schwarzäugige Susanne
Thymus ≈ Thymian
Tiarella cordifolia ≈ Schaumblüte
Trillium ≈ Dreiblatt
Trollius ≈ Trollblume
Tropaeolum ≈ Kapuzinerkresse
Tsuga ≈ Hemlocktanne
Tulipa ≈ Tulpe
Tulipa kaufmanniana ≈ Zwergtulpe

U – V

Ulmus ≈ Ulme
Vaccinium ≈ Heidelbeere, Preiselbeere
Verbascum ≈ Königskerze
Verbena ≈ Eisenkraut
Veronica ≈ Ehrenpreis
Viburnum ≈ Schneeball
Vinca ≈ Immergrün
Viola ≈ Veilchen
Viola odorata ≈ Duftveilchen
Viola x *wittrockiana* ≈ Stiefmütterchen
Vitis coignetiae ≈ Rostrote Rebe

W

Weigela ≈ Weigelie, Glockenstrauch
Wisteria ≈ Wisterie, Glyzine, Blauregen

Y

Yucca filamentosa ≈ Palmlilie

NÜTZLICHE INFORMATIONEN

Die Welt wird immer kleiner - mit dem Flugzeug gelangt man in wenigen Stunden in die entferntesten Länder und mit dem Internet ist man sogar nur einen Mausklick von jedem Punkt des Globus entfernt. Damit steigen auch die Möglichkeiten, sich aus anderen Ländern Dinge mitzubringen oder sie von dort zu bestellen. Zur Orientierung für zwei wichtige Bereiche in dieser Hinsicht - Kleider und Ernährung - finden Sie auf den folgenden Seiten einige Informationen.

Kleidergrößen

Da Schuhe und Kleidergrößen je nach Hersteller variieren, sind die folgenden Umrechnungen als Richtwerte für Erwachsenengrößen zu verstehen. Manche Hersteller klassifizieren ihre Kindergrößen nach Alter und Körpergröße, es ist jedoch nicht gewährleistet, dass die Kinder in diese Kategorien passen. Deshalb ist es gut, die genauen Maße der Kinder zu kennen.

Schuhgrössen				
In cm	D/EU	GB	USA (Herren)	USA (Damen)
23,5 cm	35	2½	2½	4½
24,0 cm	35/36	3	3	5
24,5 cm	36	3½	3½	5½
25,0 cm	36/37	4	4	6
25,5 cm	37	4½	4½	6½
26,0 cm	37/38	5	5	7
26,5 cm	38/39	5½	5½	7½
27,0 cm	39	6	6	8
27,5 cm	39/40	6½	6½	8½
28,0 cm	40	7	7	9
28,5 cm	40/41	7½	7½	9½
29,0 cm	41	8	8	10
29,5 cm	41/42	8½	8½	10½
30,0 cm	42/43	9	9	11
30,5 cm	43	9½	9½	11½
31,0 cm	43/44	10	10	12
31,5 cm	44	10½	10½	12½
32,0 cm	45	11	11	13

Anzüge (Herren)	
D/EU	GB/USA
42	32
44	34
46	36
48	38
50	40
52	42
54	44
56	46

Hemdengrössen Herren		
D/EU	GB	USA
37	14½	S
38	15	S
39	15½	M
40	16	M
41	16½	L
42	17	L
43	17½	XL

Kleidergrössen Damen		
D/EU	GB	USA
34	28	6
36	30	8
38	32	10
40	34	12
42	36	14
44	38	16
46	40	18

SO ERMITTELN SIE IHRE KLEIDERGRÖSSE

Nicht nur beim Kleidungseinkauf, sondern auch beim Schneidern ist es nützlich und wichtig, die exakten Maße der Familienmitglieder zu kennen und griffbereit zu haben. Beachten Sie beim Maßnehmen, dass die Person gerade steht. Konfektionsgrößen von Kindern sollten regelmäßig neu vermessen werden, ebenso die Schuhgröße – am besten in einem Schuhfachgeschäft.

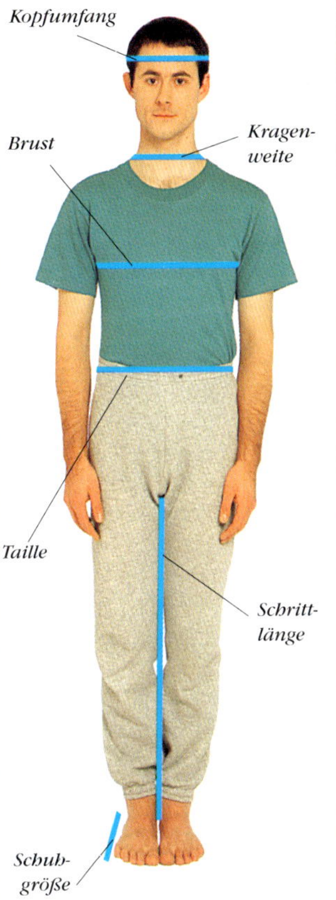

HERREN

- **Kopfumfang** Maßband parallel zur Stirn anlegen und rings um den Kopf messen.
- **Kragen** Maßband um die stärkste Stelle des Halses führen.
- **Brust** Über der stärksten Stelle der Brust waagrecht um den Körper messen, Maßband dabei dicht am Rücken halten.
- **Taille** Ein Stück Schnur locker um den Bund führen und zusammenbinden. Dann mit dem Maßband Bundumfang entlang der Schnur vermessen.
- **Schrittlänge** Innenseite der Beine messen, vom Schritt bis zum Fußknöchel.
- **Schuhgröße** Sohle vom großen Zeh bis zur Ferse messen.

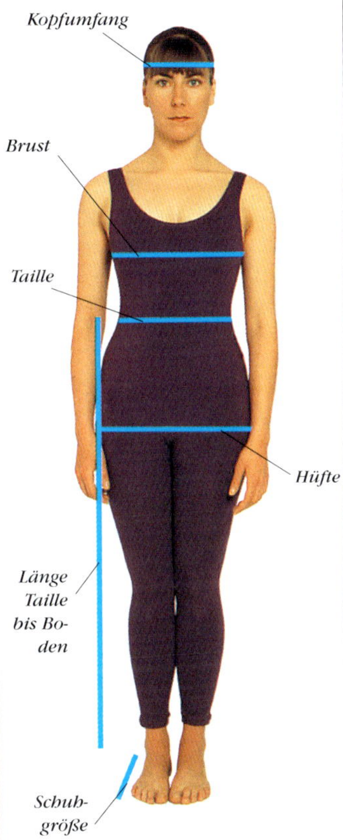

DAMEN

- **Kopfumfang** Siehe bei Herren.
- **Brust** Über der stärksten Stelle der Brust waagrecht um den Körper messen, Maßband dabei dicht am Rücken halten.
- **Taille** Siehe bei Herren.
- **Hüfte** Maßband dicht um die stärkste Stelle der Hüfte bzw. des Gesäßes führen.
- **Länge Taille bis Boden** Ein Stück Schnur locker um den Bund führen und zusammenbinden (natürliche Taille). Anschließend das Maßband an der äußeren Beinseite entlang von der Schnur bis zum Fußknöchel führen.
- **Schuhgröße** Siehe bei Herren.

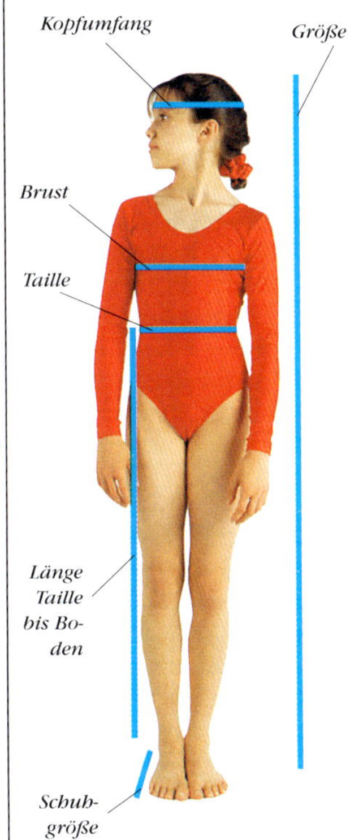

KINDER

- **Größe** Das Kind steht gerade mit dem Rücken zur Wand; dann die Scheitelhöhe markieren und ab dieser Stelle bis zum Boden messen.
- **Kopfumfang** Siehe bei Herren.
- **Brust** Über der stärksten Stelle der Brust waagrecht um den Körper messen, Maßband dabei dicht am Rücken halten.
- **Taille** Siehe bei Herren.
- **Länge Taille bis Boden** Siehe bei Damen.
- **Schuhgröße** Siehe bei Herren.

KLEINE ERNÄHRUNGSLEHRE

Die Bedeutung der Ernährung für die Gesundheit ist unbestritten: Wer sich gesund ernährt, mindert nicht nur das Risiko für Herzkrankheiten, sondern schützt sich auch vor Übergewicht. Dabei ist ein gesunder Speiseplan gar nicht so schwer aufzustellen und einzuhalten.

Ausgewogene Ernährung

Wenn Sie sichergehen wollen, dass Ihre Kost alle wichtigen Nährstoffe enthält, sollten Sie sich möglichst vielseitig ernähren und alle Nahrungsgruppen berücksichtigen. Versuchen Sie, mindestens eine ausgewogene Mahlzeit am Tag zu essen und meiden Sie ungesunde Snacks.

Ballaststoffreiche Kost

- **Vollkornprodukte** Essen Sie öfter Vollkornnudeln sowie Vollkornbrot statt Weißbrot.
- **Salatvariationen** Sorgen Sie für Abwechslung beim Salat: Im Frühjahr und Sommer bieten sich Grünsalate an, im Winter können Sie auch Reis- oder Nudelsalate machen.

Weniger Zucker

- **Schritt für Schritt** Reduzieren Sie die Zuckerbeigabe nach und nach, dann fällt der geschmackliche Unterschied nicht so ins Gewicht.
- **Obst statt Süßigkeiten** Halten Sie stets ein paar Früchte griffbereit, falls Sie Hunger auf Süßes verspüren.

Weniger Fett

- **Alternativen** Verwenden Sie in Ihren Rezepten fettärmeres Fleisch und überlegen Sie sich, im Wok zu kochen.
- **Dünner Aufstrich** Lassen Sie Butter für den Aufstrich ein paar Sekunden lang in der Mikrowelle weich werden, damit sie streichzarter wird.

Die Nahrungsmittelpyramide und empfohlene Mengen

Bei einer ausgewogenen Ernährung müssen die in den Lebensmitteln enthaltenen Mengen an Eiweißen, Vitaminen, Kohlenhydraten, Ballast- und Mineralstoffen im richtigen Verhältnis zueinander stehen. Diese Pyramide veranschaulicht das bildlich: Je höher eine Nahrungsmittelgruppe liegt, desto geringer sollte ihr Anteil an der Tagesmenge sein.

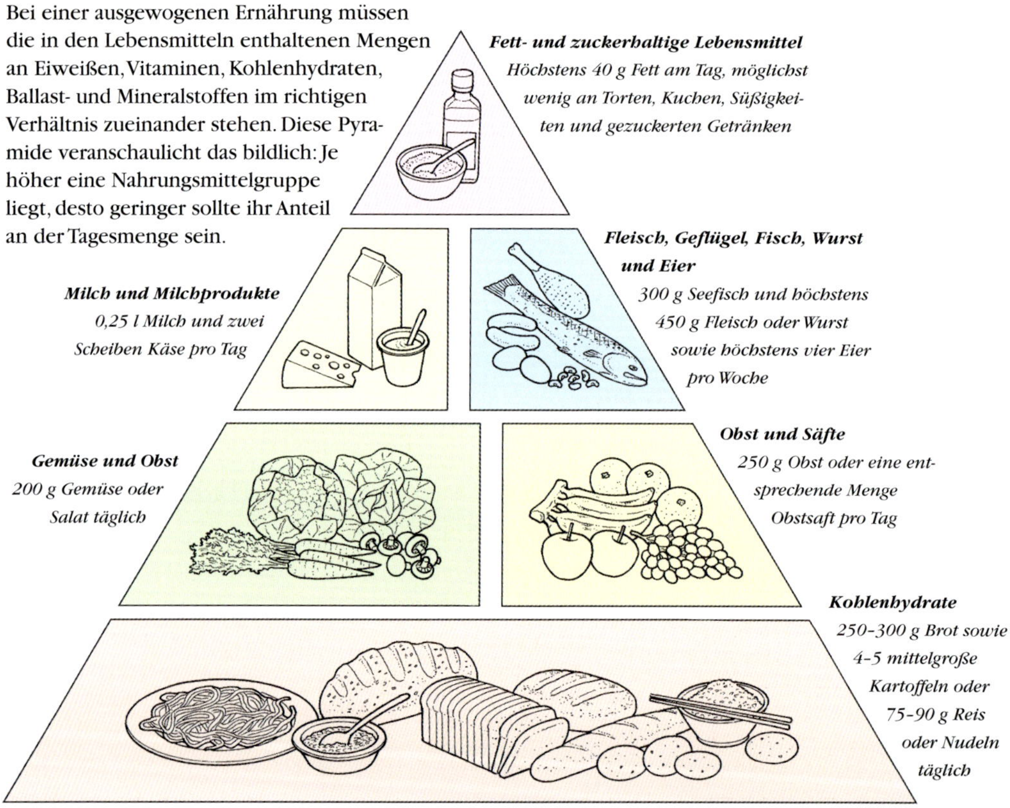

Wichtige Nährstoffe

Die folgenden Vitamine und Mineralstoffe gehören zu einer ausgewogenen Ernährung. Da einige nicht im Körper gespeichert werden können, müssen sie dem Körper täglich zugeführt werden. Wie viel Nährstoffe der Körper braucht, ist von Mensch zu Mensch unterschiedlich.

Wichtige Vitamine, Mineralstoffe und Spurenelemente

Nährstoff	Gute Quelle	Wirkungen
Vitamin A (Retinol)	Leber, Lebertran, Eigelb, Butter, Käse, Möhren, roter Paprika, Mangos und grünblättriges Gemüse	Wichtig für Zellteilung und Wachstum sowie für gutes Sehen und ein funktionierendes Immunsystem; verhindert das Austrocknen von Schleimhäuten.
Vitamine des B-Komplexes	Innereien, Fisch, Fleisch, Geflügel, Bohnen, Naturreis, Kartoffeln, Milch, Joghurt, Eier, angereicherte Frühstücksflocken, Vollkornbrot, Nüsse, Bananen	Wichtig für die Gewinnung und Verwertung von Energie aus der aufgenommenen Nahrung; wichtig für die Funktion des Nervensystems.
Vitamin C	Obst und Gemüse, besonders Zitrusfrüchte, Erdbeeren, Schwarze Johannisbeeren, Kiwis, roter Paprika und Kartoffeln	Wichtig für gesunde Haut, Knochen und Zähne; wichtig für die Aufnahme von Eisen; übermäßiger Nikotin- und Alkoholkonsum erhöht den Bedarf.
Vitamin D	Fisch, Eier und angereicherte Margarine	Notwendig zur Aufnahme von Kalzium und Phosphor für gesunde Knochen.
Vitamin E	Pflanzenöle, Margarine, Weizenkeime, Nüsse und Samen	Wichtig für die Zellfunktion; verhindert die Oxidation essenzieller Fettsäuren.
Eisen	Rotes Fleisch und Leber, Sardinen, Eigelb und dunkelgrünes Blattgemüse	Wichtiger Bestandteil der roten Blutkörperchen und vieler Enzyme.
Kalzium	Milch, Milch- und Vollkornprodukte, Hülsenfrüchte und grünes Blattgemüse	Sorgt für gesunde Knochen und Zähne; wichtig für Nerven und Muskeln.
Kalium	Avocados, Bananen, Aprikosen, Nüsse, Körner, Kartoffeln und Hülsenfrüchte	Wichtig für den Kreislauf und die Übertragung von Nervenimpulsen.
Magnesium	Vollkornprodukte, Weizenkeime, Hülsenfrüchte, Nüsse und Gemüse	Bestandteil von Knochen und Zähnen; wichtig für Muskeln und Nerven.
Natrium	Speisesalz, Käse, Wurstwaren, Brot und stark verarbeitete Lebensmittel	Wichtig für den Flüssigkeitshaushalt und die Muskel- und Nervenaktivität.
Phosphor	Milch und Milchprodukte, Brot, Fleisch und Fleischprodukte	Wichtig für Knochen und Zähne; essenziell für die Energieverwertung.
Zink	Austern, rotes Fleisch, Sonnenblumenkerne und Getreide	Wichtig für Wachstum, Fortpflanzung und das Immunsystem.
Weitere Elemente	*Kupfer:* Leber/Nüsse; *Jod:* Meeresfrüchte/Seefisch; *Fluor:* Wasser/schwarzer Tee; *Selen:* Fleisch/Fisch/Linsen; *Chrom:* weit verbreitet	Alle diese Elemente sind wichtig, aber spezielle Wirkungen und Mangelerscheinungen sind vielfach noch unerforscht.

KLEINES BEGRIFFSLEXIKON

Dieses Glossar enthält Erläuterungen zu vielen Begriffen, die in den vorangegangenen Kapiteln eine wichtige Rolle spielen. Dabei werden Werkzeuge, Materialien, Methoden und Techniken aus Haushalt, Küche und Garten knapp vorgestellt und erklärt.

A

Abbinden Bezeichnung für das Verfestigen eines Klebstoffs oder Mörtels; die Abbindezeit ist der Zeitraum, der bis zur Verfestigung/Aushärtung jeweils nötig ist.

Ablagerungen Verkrustungen und mineralische Rückstände auf Wasserhähnen und in Haushaltsgeräten.

Ableger Neue Knospen oder Pflanzen, die durch Ausläufer produziert werden, die vom unteren Ende der Mutterpflanze her wachsen.

Ablegervermehrung Methode zur Pflanzenvermehrung, bei der ein Stiel an der Mutterpflanze angeschnitten und in Kompost oder Erde vergraben wird, um das Wurzelwachstum anzuregen.

Abmoosen Methode zur Pflanzenvermehrung, bei der ein Stiel oder Ast eingeschnitten und in feuchtes Moos und Plastikfolie gewickelt wird, um die Wurzelbildung anzuregen.

Abschmirgeln Eine Oberfläche mit Schleifpapier abschmirgeln und glätten.

Abschöpfen Die meist aus Schaum oder Fett bestehende, an der Oberfläche schwimmende Schicht in Flüssigkeiten wie Brühen, Suppen oder Marmeladen während des Kochvorgangs mit einem flachen Schaumlöffel entfernen.

Abschrecken Frisch gegartes Gemüse mit kaltem Wasser begießen, um die Farbe zu erhalten und den Garvorgang abzubrechen; kochende Speisen mit kaltem Wasser oder Eis abkühlen, sodass sich das darin befindliche Fett an der Oberfläche absetzt und abgeschöpft werden kann.

Absterben In der Botanik das Absterben von Pflanzentrieben durch schädliche Einwirkung von außen, z. B. durch Frost oder Krankheit.

Aceton Farblose Flüssigkeit, die als Lösungsmittel verwendet wird.

Acryllacke Wasserverdünnbare Farben mit geringem Lösemittelanteil und mittlerer Deckkraft.

Al dente Italienische Bezeichnung für „bissfest" gekochte Nudeln.

Alpinpflanzen bezeichnet im Allgemeinen kleinere (Zier-)Pflanzenarten, die für das Anpflanzen in felsigen Gärten geeignet sind.

Alterspatina Bezeichnung einer Oberflächenstruktur, bei der durch farblichen und stofflichen Materialbelag Alters- und Gebrauchsspuren imitiert werden, wie sie ansonsten nur über einen langen Zeitraum entstehen.

Annuelle Pflanzen Einjährige Pflanzen, siehe dort.

Anschwitzen Behutsames Garen von Lebensmitteln in Fett, damit sich der Geschmack entfalten kann, ohne dass das Gargut anbräunt.

Ansetzen Provisorisches Anbringen einer mit Tapetenkleister bestrichenen Tapetenbahn an die Wand, um sie dann genau zu positionieren und anzukleben.

Antipasti Der italienische Begriff für warme und kalte Vorspeisen.

Architrav Begriff aus der antiken Baukunst für einen auf Säulen ruhenden, den Oberbau tragenden Querbalken.

Aufgehen Bezeichnung für die Volumenvergrößerung einer Teig- oder Hefemischung durch die treibenden Eigenschaften der Hefe.

Aufkochen Das Erhitzen von Flüssigkeiten, bis sie sprudelnd kochen.

Auflockern Bezeichnung für das Auflockern des Erdbodens durch Graben, Hacken etc., damit er besser belüftet ist.

Auftrittsbreite Das Treppenmaß, das die Länge von der Vorderkante einer Stufe bis zur Hinterkante angibt.

Au gratin Französische Bezeichnung für ein Gericht, das mit einer Sauce überzogen ist und mit Croûtons oder Käse bestreut und goldgelb gebacken oder geröstet wird.

Auge Botanischer Begriff für eine noch nicht entwickelte Triebknospe (Ruheknospe), z. B. an einem Stängel.

Auslichtungsschnitt Das Entfernen der unteren Zweige eines Baumes, um den Schatten zu verringern.

Ausputzen Abschneiden bzw. Abknipsen welker Blüten, um das Erscheinungsbild der Pflanze zu verbessern und die Bedingungen für die kommende Blütenpracht zu begünstigen.

B

Bain marie Französische Bezeichnung für Wasserbad, siehe dort.

Bardieren Speckscheiben oder Schweinefett über mageres Fleisch oder Geflügel wickeln, um ein Austrocknen beim Braten zu verhindern und nicht ständig Fett nachgießen zu müssen.

Basischer Boden Boden, der viel Kalk oder Kreide enthält und einen pH-Wert über 7,0 aufweist.

Beignets Obststückchen, die mit Teig umhüllt und ausgebacken werden.

Beizen Das Auftragen einer entsprechenden Flüssigkeit (Beize) auf eine Holzoberfläche, um diese farblich zu verändern oder aufzufrischen, sodass die Maserung besser zur Geltung kommt.

Beschneiden Beim Malen verwendeter Begriff für das exakte und saubere Streichen von Ecken und Kanten.

Bestäuben Lebensmittel mit etwas Mehl, Zucker oder Kräutern bestreuen.

Beton Eine Mischung aus Zement, feinem und gröberem Zuschlag (Sand, Splitt, Kies) und Wasser, die nach der Aushärtung steinhart wird. Die Festigkeit hängt vom Mischungsverhältnis ab.

Beurre manié Französische Bezeichnung für eine Masse, die zu gleichen Teilen aus Butter und sehr feinem Mehl hergestellt und zum Binden von Saucen und Suppen verwendet wird (Mehlbutter).

Bilderschiene Schienenleiste, die ein paar Zentimeter von der Decke entfernt an der Wand entlang verläuft und mit Haken versehen ist, an denen gerahmte Wanddekorationen aufgehängt werden können.

Binden Sämig machen; hierzu verwendet man Mehl, Eigelb, Beurre manié, Semmelbrösel und Lebkuchen.

Biologische Schädlingskontrolle Eine Methode, Schädlinge und Unkraut durch den Einsatz ihrer natürlichen Feinde in Grenzen zu halten.

Blanchieren Gemüse in reichlich kochendes Wasser geben, kurz sprudelnd kochen lassen, abgießen oder herausnehmen. Sofort mit kaltem Wasser begießen. Das Blanchieren macht Gemüse weich und entzieht ihm den strengen Geschmack.

Blattachsel Winkel zwischen Blatt oder Stiel und dem Trieb, an dem das Blatt sitzt.

Blattgold Ein sehr dünnes Blatt gerollten oder gehämmerten Goldes, das für die Technik des Vergoldens verwendet wird.

Blattläuse Winzige Insekten – z. B. grüne oder schwarze Blattlaus –, die sich durch das Saugen von Pflanzensaft ernähren und so die Pflanzen stark schädigen und schwächen können.

Blattsteckling Reifes Blatt (oder ein Blattteil) bestimmter Pflanzen, das man zur vegetativen Vermehrung anregen kann.

Blindbacken Pasteten, Kuchenböden etc. ohne Füllung backen. Bei einigen Pasteten muss dieses Verfahren durchgeführt werden, da die Füllungen keiner Hitze ausgesetzt werden sollen. Der Teig wird mit Back- oder Pergamentpapier bedeckt, mit Hülsenfrüchten belegt (zur Beschwerung, damit er nicht zu sehr aufgeht) und dann halbgar gebacken.

Bodenverbesserungsmittel Bezeichnung für verschiedene Substanzen wie Kokosfaser, Kompost oder Kalk, die dem Erdboden vor der Aussaat zugesetzt werden, um seine Beschaffenheit und Fruchtbarkeit zu optimieren bzw. den Säure- oder Basengrad zu regulieren.

Borax Weißes Kristallsalz, das beim Waschen verwendet wird, da es fettlösend ist, Schmutz beseitigt und das Wachstum von Schimmel und Bakterien verzögert.

Bouquet garni Französische Bezeichnung für ein Kräutersträußchen, das beispielsweise zum Würzen von Eintöpfen und Kasserollen verwendet wird; je nach Zweck wird es aus Kerbel, Petersilie, Schnittlauch, Estragon, Thymian, Majoran, Lorbeerblättern und Zwiebeln zusammengestellt.

Braisieren Fleisch, Geflügel oder Gemüse werden zur Hälfte mit Flüssigkeit bedeckt und bei geschlossenem Deckel langsam gegart.

Brokat Ein edler, schwerer Seidenstoff, dem Gold- oder Silberfäden eingewoben worden sind.

Brulée Französische Bezeichnung für ein Gericht, das mit Zucker bestreut kurz in den Ofen kommt, bis sich eine Kruste aus Karamell bildet.

Bügelsäge Säge mit dreiseitig gebogenem Bügel aus Stahlrohr, in dem das Sägeblatt eingespannt ist. Die Länge des Bügels bestimmt die maximale Arbeitstiefe, bekanntes Beispiel ist die Laubsäge.

Buntlack Schlusslackierung in allen Farben für Holz, Metall usw. im Innen- und Außenbereich von matt bis Hochglanz.

Buntschneidemesser Spezialmesser, das eine auf beiden Seiten gezahnte Klinge besitzt; damit lassen sich verschiedene Gemüsesorten oder Obst in dekorative Formen zuschneiden (auch als Dekormesser bekannt).

C

Canapés Französische Bezeichnung für kleine, mundgerechte Appetithappen, die oft bei Stehempfängen zu Getränken serviert werden.

Chenille Ein dickes, samtartiges Garn, das vorwiegend für Möbelbezüge verwendet wird (Raupenschnur, Raupengarn, Samtzwirn).

Chutney Englische Bezeichnung für dicklich eingekochtes Gemüse- und Fruchtmus, beispielsweise als Sauce zu gebratenem oder gegrilltem Fleisch oder Fisch. Durch Zucker und Essig wird Chutney haltbar gemacht und bekommt den typischen süßsauren Geschmack.
Coir Kokosfaser, die als Naturfaser-Bodenbelag verwendet wird.
Craquelure Französische Bezeichnung für eine Oberflächenbehandlung, bei der feine Risse im Firnis oder der Farbschicht von Gemälden oder Keramiken erzeugt werden, um Alterserscheinungen vorzutäuschen.
Craquelure-Glasur Ein Netz feiner Haarrisse auf der Glasur von Keramiken, oft künstlich erzeugt.
Crêpe Französische Bezeichnung für einen großen, dünnen Pfannkuchen, der salzig oder süß serviert wird.
Croûtons Französisch für kleine Brotstückchen, die entweder geröstet oder getoastet werden und als Beilage für Suppen und Salate verwendet werden. Ein *croûte* bezeichnet ein Toastbrot, auf dem ein bestimmter Belag serviert wird; *en croûte* ist der Ausdruck für im Teigmantel ausgebackene Lebensmittel.

D

Damast Ein Seiden- oder Leinenstoff mit einem eingewebten Muster.
Découpage Bezeichnung für eine Schnitt- und Klebetechnik, bei der ausgeschnittene Papierbilder so zusammengefügt werden, dass räumliche Effekte entstehen.
Deglacieren Ablöschen von Bodensätzen oder konzentrierten Säften, die als Rückstand in der Pfanne nach dem Zubereiten von Fleisch durch das Einrühren von Flüssigkeiten wie Wasser, Brühe oder Wein entstehen.
Dekantieren Das Umgießen einer Flüssigkeit, zum Beispiel Wein oder Essig, aus der Originalflasche in einen sauberen Behälter, wobei der Bodensatz zurückgehalten wird.
Dekorwalze Gerät zum strukturierten Verteilen von Farbe; das Muster entsteht durch Vertiefungen in der Walze.
Dip-Gemüse Rohe, in Streifen geschnittene Gemüsestückchen, die in Saucen getaucht werden oder als Appetithappen serviert werden.
Diskette Ein wechselbares Speichermedium für Computer, auf dem Daten magnetisch gesichert werden.
Dispersionen Ganz fein verteilte Kunststoffteilchen in einer wässrigen Lösung, werden als Farben und Kleber angeboten.
Dressieren 1. Flügel und Keulen bei Geflügel werden durch Festbinden mit Küchengarn in der gewünschten Stellung festgehalten. 2. Forellen vor dem Kochen rund legen und Kopf und Schwanz mit Garn zusammenbinden.
Dübel 1. Teil, das Schrauben in Wänden oder anderen Verankerungsgründen sicheren Halt gibt, meist aus Nylon bestehend. 2. Längliche, runde Holzstücke, die zur Verbindung von Holzteilen verwendet werden.

E

E1-Spanplatte Für den Innenausbau zulässige Spanplatte der Formaldehyd-Emissonsklasse E1).
Eckstuck In die Ecken von Decken eingepasste, dekorative Stuckarbeiten aus Gips oder Styropor.
Einjährig Eine Pflanze ist einjährig, wenn sie sich in einer Wachstumsperiode aus dem Samen bis zur Blüte und Samenreife entwickelt und dann abstirbt.
Einkochen 1. Andicken von Suppen und Saucen durch Kochen bei geöffnetem Deckel, sodass überschüssige Flüssigkeit verdunsten kann; macht die Speise gehaltvoller. 2. Anderer Begriff für einmachen, konservieren.
Einlagestoffe Eine zusätzliche Stoffschicht (z. B. Musselin) wird auf einem Stoff angebracht, um die Passform zu optimieren oder die isolierenden Eigenschaften des Stoffes zu vergrößern; bei Vorhängen wird das Gewichtsvolumen vergrößert, damit der Vorhang schöner fällt.
Einlegen Einweichen von Lebensmitteln in eine Flüssigkeit oder in Sirup.
Einweichzeit Bezeichnung für die Dauer, die zwischen dem Einkleistern und dem Anbringen von Tapetenbahnen liegt. Durch Einhaltung der Einweichzeit des Kleisters wird die Bildung von Bläschen verhindert.
Eischnee Steif geschlagenes Eiweiß: Eier sorgfältig trennen, das Eiweiß zunächst langsam, dann stärker schlagen, bis sich Spitzen gebildet haben. Das Schlagen darf nicht unterbrochen und der Schnee muss sofort weiterverarbeitet werden.
Ei-Tempera Traditionelle Mischtechnik auf Eigelbbasis, die als Schutzüberzug für Gemälde oder Oberflächen verwendet oder mit Farbe vermengt wird, um eine ganz spezielle Oberflächenschicht zu bilden.
Elastische Fuge Mit dauerelastischem Dichtstoff gefüllte Fuge zwischen zwei Bauteilen (auch Dehnungsfuge).
Emulgieren Das intensive Vermengen zweier eigentlich

nicht mischbarer, vorzugsweise flüssiger Stoffe, meist Fett (Öl) und Wasser (beispielsweise in einer Salatsauce). Durch Zusatz von geeigneten Stoffen (Emulgatoren) wird die Entmischung verzögert oder verhindert.

Enthäuten Küchentechnisch das Entfernen der Haut von bestimmten Lebensmitteln (z. B. Paprika, Tomaten) durch Abschrecken mit kochendem Wasser.

Erkerfenster Ein Fenster, das zu einem Vorbau (Erker) gehört, meist in drei separate Glasscheiben unterteilt, die jeweils in eine andere Richtung weisen.

Erziehungsschnitt Formkorrektur einer Baumkrone, sodass die Äste gerade wachsen und vom oberen Ende eines Baumstamms auswärts strahlen.

Estrich Auf einem tragenden Untergrund (mit oder ohne Trenn- bzw. Dämmschicht) aufgebrachte Schicht aus Mörtel (Nassverfahren) oder Estrichplatten (Trockenestrich), dient als Untergrund für Bodenbeläge aller Art.

F

Farce Eine Mischung aus Hackfleisch, Eiern, Sahne, Butter, Gewürzen, Kräutern sowie eingeweichtem Weißbrot als Lockerungsmittel für Füllungen von Fleisch, Geflügel oder Gemüse.

Feston-Jalousie Ein Fensterbehang, ähnlich wie Raffrollos, doch mit zusammengezogenem Saum entlang der Längskante der Jalousie.

Festplatte Hochgeschwindigkeits-Speichermedium eines Computers, auf dem Programme und Dateien gespeichert werden (auch Harddisk genannt).

Feuerfest Eigenschaft von Kochgeschirr, das direkt auf ein Kochfeld, einen Grill oder in den Ofen gestellt werden kann.

Fizz Ein alkoholisches Mischgetränk (Cocktail) mit Früchten oder Fruchtsäften.

Flambé Bezeichnung für Gerichte, die mit Alkohol besprengt werden, der dann entzündet wird. Der Alkohol brennt ab, das Aroma bleibt erhalten.

Flexibler Füllstoff Füllstoffzusammensetzung, die geringere Bewegung in Holz- oder Gipsoberflächen absorbieren kann, sodass sich keine Risse bilden und eine lang anhaltende, glatte, unbeschädigte Lackschicht erhalten bleibt.

Fliesen-Maßstab Eine der jeweiligen Fliesenbreite entsprechend markierte Holzlatte, die zum Positionieren von Wandfliesen verwendet wird.

Fliesenlochzange Handwerkzeug, das zum Herausbrechen kreisrund angeritzter Aussparungen in Keramikfliesen verwendet wird.

Französische Fenster Bezeichnung für ein Flügelfenster oder Fensterflügel, die bis zum Boden reichen und in der Regel nach außen hin, zum Beispiel in den Garten, geöffnet werden.

Französische Politur Bezeichnung für einen Möbellack, der aus Schellack gewonnen wird.

Fries Bandartiger Schmuckstreifen zur Gliederung einer Wand, beispielsweise bei gefliesten Wänden (auch Bordüre genannt).

Frittieren Backen von Lebensmitteln bei 175–200° C in heißem Fett schwimmend (auch ausbacken genannt).

Frittierfett Zum Frittieren eignet sich nur Bratfett wie Öl, Schmalz oder reines, gehärtetes Pflanzenfett. Sonst fängt das Fett an zu spritzen.

G

Gefrierbrand Ausgetrocknete und verfärbte Stellen auf Lebensmitteln, die durch zu lange Lagerung in einer Gefriertruhe entstehen und auf Dehydration hinweisen.

Gehen lassen Bezeichnung für die allmähliche Volumenvergrößerung von Teig- und Hefemischungen.

Gehren Zwei Stücke eines bestimmten Materials zusammenfügen, z. B. Fliesen oder Fußleisten in einer Ecke; dabei werden beide Teile im Gehrungswinkel (Hälfte des gesamten Winkels) exakt zugeschnitten, sodass sie genau zusammenpassen.

Gelatine Ein klarer, aus Knochen und Fleischteilen hergestellter, leimartiger Gelierstoff zum Festigen von Speisen, beispielsweise Aspik, Sülzen, Cremes u. Ä.

Gingham Leichtes bis mittelschweres Gewebe, meist aus Baumwolle, wobei sich Längs- und Querstreifen aus farbigem Garn kreuzen und ein Karo bilden (auch als schottisches Leinen bekannt).

Gipskartonplatten Mit Karton beidseitig fest ummantelte Gipsplatte, oft im Innenausbau verwendet.

Girlanden Accessoires für Stoffvorhänge, die zur Verzierung eines Fensterbehangs dienen.

Glanzlack Widerstandsfähige Hochglanzfarbe, die meist als letzte Lackschicht auf Holzoberflächen verwendet wird.

Glasieren Bepinseln der Oberfläche von Lebensmitteln mit einer Flüssigkeit, zum Beispiel einem geschlagenen Ei, Milch oder Honig, um das Lebensmittel feucht zu halten oder ihm einen Glanzschimmer zu verleihen.

Grundierung Anstriche, die tief in einen Untergrund eindringen und ihn verfestigen.

Durch Schließen der Poren wird der Untergrund versiegelt und für weitere Anstriche vorbereitet.
Grünspan Ein grünlicher Überzug auf Kupfer, Bronze oder Messing, der sich mit der Zeit durch Korrosion bildet. Beim Dekorieren wird dieser Eindruck als Grünspan-Optik imitiert.

H–J

Halbgar kochen Das Vorkochen von Lebensmitteln in Wasser oder Brühe.
Hardware Alle Bestandteile eines Computers, die sichtbar sind und die man berühren kann, z. B. Monitor, Rechner, Tastatur usw.
Hartfaserplatte Eine dünne Bauplatte aus Pressspan, die hauptsächlich als Fußbodenbelag verwendet wird.
Hartholz Qualitativ hochwertiger als Weichholz, wird für den Innenausbau sowie Tischlerarbeiten verwendet.
Hefe Besteht aus mikroskopisch kleinen Pilzen, die in Verbindung mit Wasser (und Zucker) bei entsprechender Temperatur „sprossen". Dabei entsteht Kohlendioxid, was den Teig lockert und aufgehen lässt.
Holztäfelung Eine Wandverkleidung aus Holz, die aus kleinen Paneelen besteht und in verschiedenen Techniken angebracht werden kann.
Hybride Botanische Bezeichnung für Pflanzen, die durch das Kreuzen zweier genetisch unterschiedlicher Pflanzenarten gezüchtet werden bzw. zwei verschiedene Züchtungen einer bestimmten Spezies.
Immergrün Bezeichnung für Pflanzen, die ihre Blätter das ganze Jahr über behalten.
Intarsie Einlegearbeit von andersfarbigen Hölzern, Metall oder Elfenbein in Holz oder eine andere Oberfläche.
Isoliergrund Eine oft lösemittelhaltige Farbe zum Absperren von Flecken (Wasser oder Nikotin) vor dem Neuanstrich einer Wand.
Jahrgangswein Wein aus der Ernte eines bestimmten Jahres.
Julienne Gemüsestreifen, die hauchdünn in streichholzlange Stücke geschnitten sind; lassen sich am besten mit einem Juliennereißer schneiden.
Jute Pflanze, deren Faser für Naturfaser-Fußbodenbeläge verwendet wird.

K

Kalken Technik zum Beizen bzw. Färben von Holzoberflächen mit einer weißlichen Farbe unter Verwendung von Kalkwachs.
Kammtechnik Oberflächenbehandlung, bei der ein Kamm über eine Lack- oder Farbschicht gezogen wird und dabei eine Reihe von Linien erzeugt.
Karamell Eine dunkle, zähe Substanz, die gewonnen wird, indem Zucker oder Zuckersirup erhitzt wird, bis eine dicke, goldbraune Masse entsteht.
Kasserolle Flaches Kochgeschirr mit Deckel zur Zubereitung von Eintopfgerichten im Ofen; auch Bezeichnung für das Gericht selbst.
Keimblatt Das erste Blatt eines Sämlings nach der Keimung.
Keimungsbehälter Ein geschlossener Behälter, manchmal mit einer Wärmequelle ausgestattet, der zum Keimen von Samen oder für Wurzelableger verwendet wird.
Klarlack Eine harzige Lösung als Endanstrich für das Versiegeln und den Schutz von Oberflächen.
Klären Bezeichnung für das Entfernen von Rückständen aus Butter oder Brühen. Dabei wird die Butter bzw. Brühe erhitzt und die Rückstände abgeschöpft.
Kneten Das Verarbeiten von Teig durch Drücken, Ziehen und Falten mit den Händen.
Kniespanner Ein Spannwerkzeug, das zum Spannen des Teppichbodens auf Nagelleisten verwendet wird.
Knolle Fleischiges, unterirdisches Pflanzenorgan, das den Pflanzen während ihrer Ruhephase als Nährstoffdepot dient.
Kompost Organisches Material, das durch den Zerfall von Garten- und Küchenabfall entsteht und zum Verbessern von Böden dient.
Kompostieren Das Verteilen von Düngemitteln, Kompost oder frischer Erde um eine Pflanze herum oder über einen Rasen.
Kompott Fruchtmischung, die in Sirup gekocht wird. Kompott wird in der Regel warm serviert.
Krautig Pflanzen mit weichen, nicht verholzenden Trieben nennt man krautig.
Kreideschnur Bezeichnung für ein mit Kreidepulver verkleidetes Stück Schnur, das als Maßschnur für die exakte Positionierung beim Heimwerken verwendet wird. Die Kreideschnur kann auch in einem speziellen Gefäß aufbewahrt werden, das ein Kreidereservoir enthält.
Kristallisieren 1. Kristallbildung in Sirupmischungen auf Zucker- oder Honigbasis.
2. Das Überziehen von Früchten oder Blumen mit Zucker.
Krone Die Verbindung von Wurzeln und Stielen in einer krautartigen Pflanze, aus der neue Knollen entstehen; das obere Geäst eine Baumes (Baumkrone).
Küchengarn Besonders festes Baumwollgarn zum Binden und Zunähen von Le-

bensmitteln (beispielsweise beim Dressieren).

Kunstgold Preisgünstige Alternative zu Blattgold; wird für Vergoldungszwecke beim Heimwerken benutzt.

L

Lacke Anstrichmittel, die im Wesentlichen aus Lösemittel, Bindemittel und Pigment bestehen: Die Lösemittel bestimmen die Fließfähigkeit und Trocknungseigenschaften, die Bindemittel sorgen für die Haftung und die glatte Oberfläche, das Pigment bestimmt die Farbe und Deckkraft.

Lasur Anstriche, die transparent bis halbdeckend sind, dabei in das Holz eindringen und es dauerhaft schützen.

Laubbäume Bezeichnung für Bäume, die ihre Blätter einmal im Jahr, in der Regel im Winter, abwerfen.

Laube Überdachtes, schattiges Gartenplätzchen, oft entstanden durch das Ziehen von Kletterpflanzen über einem Gerüst.

Linoleum Aus verschiedenen Rohstoffen (z. B. Leinöl und Harz) bestehender Bodenbelag, der auf einer Trägerschicht aus Jute befestigt ist.

Lösungsmittel Mittel, die die Fließfähigkeit von Lacken, Farben und Reinigungsmitteln bestimmen; neben flüchtigen Stoffen (Kohlenwasserstoffen, Aceton, Nitroverdünnungen mit schneller Abbindung) werden verstärkt wässrige Lösungsmittel verwendet.

M

Marinieren Lebensmittel in eine aus Essig oder Zitronensaft hergestellte Brühe legen, um diese schmackhafter und bekömmlicher zu machen oder zu konservieren (auch als Beizen bekannt).

Marmorieren Eine Oberflächenbehandlung, bei der der Eindruck von Marmor hervorgerufen werden soll.

Masern Die Behandlung einer Oberfläche, bei der eine Naturholz-Optik imitiert wird.

Mehrjährig Eine Pflanze ist mehrjährig, wenn sie in der Regel länger als zwei Jahre überlebt.

Mengenangaben In der Küche: Msp. heißt Messerspitze, TL heißt Teelöffel (etwa 5 ml), EL heißt Esslöffel (etwa 15 ml).

Mousse Eine schaumig geschlagene Mischung, süß oder pikant, die meist auf Eischnee basiert.

Mulch Deckschicht aus Schnittgras, Kompost, Torf oder Stroh, die zur Nährstoffabgabe über dem Erdboden verteilt wird sowie Wasserverdunstung und Unkrautbildung verhindern soll.

Musselin Ein locker gewebter Baumwollstoff.

Musterwiederholung Die beiden Messpunkte an einer Kante, an der auf Tapeten oder Textilien ein Muster beginnt und endet.

Mutterboden Die obere Erdschicht, in der Pflanzen wachsen.

N – O

Nagelstift Ein kleiner Metallstab, mit dem man einen Nagelkopf unter die Oberfläche versenken kann.

Nebentrieb Ein Trieb an der Seite von Pflanzenstielen oder Baumstämmen.

Nicht winterhart Bezeichnung für Pflanzenarten, die unter kalten, jedoch nicht unter frostigen Bedingungen überleben können.

Nodien Kleine Knoten am Stängel einer Pflanze, wo die Blattachseln oder Seitentriebe entspringen (auch Astauswuchspunkte genannt).

Nut-und-Feder-Platte Ein Stecksystem zur sicheren Verbindung von Dielen, Verlegeplatten und Paneelen.

Oberflächenbehandlung Behandlung von Oberflächen mithilfe von Farbe und anderen Materialien, um ein bestimmtes Muster, eine gewisse Beschaffenheit oder Optik zu erzeugen. Zuvor werden alte Anstriche entfernt und die Oberflächen geschliffen.

Ofenfest Bezeichnung für Kochgeschirr, das gegen Ofenhitze, jedoch nicht gegen direkte Hitzeeinwirkung beständig ist.

Organisch 1. Bezeichnung für Substanzen, die pflanzlichen oder tierischen Ursprungs sind und daher Kohlenstoff enthalten. 2. Gartenpflege-Methode, bei der der Einsatz nicht organischer Produkte vermieden wird.

P

Parkettfußboden Bodenbelag, der aus kleinen Holzstäben besteht, die in Fischgratmusterung oder einem anderen geometrischen Muster verlegt werden. Moderne Alternativen sind das Verlegen von Fertigparkett oder von Laminatplatten, mit der derselbe Effekt erzielt wird.

Passieren Speisen durch ein feines Sieb oder durch ein Tuch streichen, damit alle festen Teile zurückbleiben.

Pektin Eine Substanz, die in Obst und Gemüse vorkommt und ein wichtiger Bestandteil bei der Herstellung von Marmelade und Gelee ist.

Pergola Ein Gerüst aus Streben und Pfosten, das einen breiten Bogen bildet oder einen überdachten Gang und meist mit Kletterpflanzen berankt ist.

Petit fours Mundgerechte Leckerbissen und Kuchen, die zum Kaffee serviert werden.

pH Maßeinheit zur Bestimmung des Säure- bzw. Basen-

grads. Ein pH-Wert von über 7,0 ist basisch; ein pH-Wert unter 7,0 sauer, ein pH-Wert von genau 7,0 ist neutral.
Phylloteig Ein besonders feiner Blätterteig.
Pilaf Pikantes Reisgericht, meist mit Fleisch, Geflügel oder Fischgrundlage.
Pochieren Garen vor dem Siedepunkt, sei es in einer Flüssigkeit (Eier, Fische) oder im Wasserbad (Eierstich-, Fleisch- und Fischmassen).
Primärfarbe Bezeichnung für die Farben Rot, Blau und Gelb. Diese Farben dienen als Grundlage zum Mischen anderer Farbtöne.
Profilträger Großer Stützbalken aus Holz, der beim Gerüstbau verwendet wird.

R

Raffrollos Sehr dekorativer Fensterbehang mit einem bogenförmigen unteren Saum. Beim Aufziehen bleibt dieser Saum erhalten, wodurch der Effekt von in Falten fallendem Material entsteht.
Relishes Ähnliche Zusammensetzung wie Chutneys, nur dass größere Stücke enthalten sind.
Rhizom Ein fleischiger Pflanzenstiel, der waagrecht unter der Erde wächst und der Pflanze als Nährstoffspeicher dient sowie Wurzeln und neue Triebe produziert.
Römische Rollos Ein flacher Fensterbehang, der mit ein paar waagrechten Streben versehen ist, sodass das Material beim Aufziehen elegante Plissees bildet.
Rösten Brot, Gemüse, Getreide, Nüsse usw. werden ohne Zugabe von Fett oder Flüssigkeit durch starkes, direktes Erhitzen gebräunt, damit sich Aromastoffe entwickeln können.
Ruheperiode Zeitabschnitt im Jahreslauf, in dem manche Pflanzen ihre Blätter behalten, aber kaum austreiben, andere ihre Blätter verlieren und nur mit unterirdischen Organen überdauern.

S

Salzlake Lösung aus Salz und Wasser zum Konservieren von Lebensmitteln.
Saumvegetation Bezeichnung für Pflanzen, die an Teichrändern und anderen feuchten Standorten wachsen.
Saurer Boden Boden, der wenig bzw. keinen Kalk enthält und einen pH-Wert über 7,0 aufweist.
Sautieren Französische Bezeichnung für das gleichmäßige Bräunen von klein geschnittenen Lebensmitteln durch ständiges Wenden in wenig Fett (auch als Pfannenrühren bekannt).
Schablone Eine Vorlage aus Papier oder Karton, die als Schema beim Ausschneiden von Stoffen oder für Muster an Wänden verwendet wird.
Schablonentechnik Dekotechnik, bei der Farbe in ausgeschnittene Stellen auf einer Kartonschablone aufgetragen wird. So wird das Muster auf eine Oberfläche übertragen.
Schabracke Eine dekorative Stoffborte zum Abdecken des Schienensystems eines Fensterbehangs.
Schattierung Eine bzw. mehrere bestimmte Nuance(n) einer Farbe. Beim Dekorieren werden oft verschiedene Schattierungen einer bestimmten Farbe verwendet.
Schaumig schlagen Bezeichnung für das Cremigrühren von Butter und Zucker. Die Masse dient als Basis für verschiedene Kuchenteigmischungen.
Schrägstrichzieher Ein Flachpinsel mit schräger Streichkante, mit dem man exakte Linien ziehen kann.
Schwammtechnik Oberflächenbehandlung, bei der mit einem Naturschwamm Muster auf Lackschichten oder Lasierungen erzeugt werden.
Schwärzen Auftragen von Substanzen auf Metall und andere Oberflächen, um die Politur zu schwärzen.
Sekundärfarbe Farbmischung zweier Primärfarben im Verhältnis 1:1.
Sirup Konzentrierte Lösung aus Zucker und Wasser.
Sisal Eine Agavenfaser, die als Naturfaser-Fußbodenbelag verwendet wird.
Software Auch als Programm für Computer bezeichnet: Zusammen mit der Hardware können mit einem Programm bestimmte Aufgaben, z. B. einen Brief schreiben, erledigt werden.
Spanplatte Eine aus gepresstem Holzspan hergestellte Platte, die vor allem als Fußbodenbelag (Diele) verwendet wird.
Sperrholz Eine aus mehreren Schichten Holzfurnier bestehende Bauplatte, die so zusammengeleimt wurde, dass die Maserung einer Schicht im rechten Winkel zu der darüber liegenden Schicht steht. Auch als Schichtholz bekannt.
Spross Vegetativer, meist oberirdischer Trieb einer Pflanze, aus dessen Knoten (Nodien) Blätter oder weitere Sprosse gebildet werden.
Sprossenpinsel Ein langstieliger Pinsel mit kleinem Kopf, der für feine Malerarbeiten und beim Streichen für Ecken und andere schwer zugängliche Stellen verwendet wird.
Stärkemehl Stärkehaltiges Mehl zum Binden von Suppen, Saucen, Kaltschalen und Süßspeisen. Wird aus Kartoffeln, Mais, Reis, Weizen und Pfeilwurz gewonnen.
Steckling Teil eines Triebes, eines Blattes oder einer Wur-

zel, den man von der Pflanze abtrennen und dazu anregen kann, Wurzeln auszubilden und sich zu einer selbstständigen Pflanze zu entwickeln.
Stempeltechnik Das Anbringen bestimmter Muster an Wänden und Böden unter Verwendung von Stempeln (meist aus Holz), in deren Oberfläche ein Muster eingeprägt ist. Der entsprechende Teil des Stempels wird in Farbe getaucht und das Muster anschließend an die Wand „gestempelt".
Streuen Das gleichmäßige Verteilen von Zucker oder Mehl auf Speisen aller Art.

T

Terpentinersatz Eine farblose Flüssigkeit, die aus Petroleum gewonnen und als Lösungsmittel für Lacke sowie als Reinigungsmittel für Pinsel verwendet wird.
Terrine 1. Eine Schüssel aus Steingut oder Porzellan für das Zubereiten von Suppen oder das Dämpfen von eingelegtem Fleisch. 2. Bezeichnung für auf diese Weise zubereitete Gerichte.
Tönung Das Anpassen von Farbtönen von Lackierungen. Im allgemeinen Sprachgebrauch Bezeichnung für eine bestimmte Farbnuance; in der Fachsprache eine mit Weiß gemischte Farbe.
Trieb Meist gleichbedeutend mit Spross (siehe dort).
Trompe-l'œil Französisch für „optische Täuschung"; beim Heimwerken wird damit ein gemaltes Bild bezeichnet, das wie ein echter Gegenstand wirkt.
Tupfentechnik Oberflächenbehandlung, bei der die Borstenspitzen in eine vorher aufgebrachte Emulsion getaucht werden, sodass eine samtartige Oberfläche entsteht.

U – V

Überbacken Eine Speise bei starker Oberhitze im Backofen oder unter dem Grill erhitzen, bis sie braun wird.
Unterheben Eine Masse (beispielsweise steif geschlagene Sahne oder Eiweiß) vorsichtig in eine andere Masse mengen (auch unterziehen).
Verbundplatten Vorgefertigte Platten, bei denen verschiedene Materialien miteinander verbunden sind, beispielsweise Ausbauplatten mit aufkaschierter Dämmung.
Versenken Einfügen einer Schraube in eine Holzoberfläche, sodass ihr Kopf nicht über diese Oberfläche hinausragt. Das wird erreicht durch Verwendung eines speziellen Bohraufsatzes.
Vinyl Weicher, elastischer Bodenbelag, in Platten oder Fliesen verlegt.

W

Waschsoda Oft als Natriumkarbonat bezeichnet, eine farblose Substanz, die für verschiedene Reinigungszwecke und zum Weichmachen von Wasser verwendet wird.
Wasserbad Ein mit heißem Wasser gefülltes Gefäß, in welches man ein Gefäß mit Speisen setzt, um diese zu erwärmen, zum Kochen zu bringen oder am Kochen zu halten. Das Wasserbad verhindert bei empfindlichen Speisen das Anbrennen.
Wasserstoffperoxid Farblose Flüssigkeit, die als Bleichmittel verwendet wird.
Weiche Triebe Neue Pflanzentriebe, die noch nicht fest oder holzig geworden sind.
Weichholz Helles Naturholz, das für den Innenausbau bzw. Tischlerarbeiten verwendet wird (Fichte, Kiefer, Tanne).
Winterhart Botanische Bezeichnung für Pflanzen, die unter extremen Kälte- und Frostbedingungen überleben können und sich daher für die ganzjährige Züchtung im Freien eignen.
Überbacken Eine Speise bei starker Oberhitze im Backofen oder unter dem Grill erhitzen, bis sie braun wird.
Wickeltechnik Anstreichtechnik, bei der ein in Farbe getauchtes Tuch Bahn für Bahn an der Wand hochgerollt wird, sodass reizvolle Muster entstehen.
Wurzelballen Die kugelförmige Masse, die vom Wurzelsystem einer Pflanze gebildet wird und Erde enthält.
Wurzelstock 1. Ein unterirdischer Stiel bzw. Stamm, z. B. Rhizom. 2. Das Wurzelsystem einer Pflanze als Gesamtheit.

Z

Zerlassen Feste Fette, z. B. Butter, schmelzen.
Zickzackstich Ein Nähmaschinenstich in Zickzackform.
Ziegelsteinmuster Ein Muster beim Fliesenlegen, das dem Maurerhandwerk abgeschaut wurde, wobei eine Reihe Fliesen so angeordnet wird, dass die Fugen versetzt sind zu denen der jeweils darunter liegenden Fliesenreihe.
Zipfel Die Zipfel einer Schaummasse, z. B. von geschlagenem Eiweiß, die entweder „weich" sind, sodass sie vornüber fallen, oder „steif", sodass sie gerade stehen.
Zitrusschale Die Außenschale von Zitrusfrüchten, deren Öle ein starkes Aroma haben. Daher wird sie oft fein abgerieben und als Zutat gebraucht. Dafür sollte man keine chemisch behandelten Früchte nehmen.
Zweijährig Eine zweijährige Pflanze entwickelt sich im Lauf zweier Wachstumsperioden aus einem Samenkorn bis zur Blüte und Samenreife und stirbt dann ab.

REGISTER

Die Umlaute ä, ö, ü werden wie a, o, u behandelt. Kursiv gedruckte Seitenzahlen weisen auf eine Abbildung zu dem Stichwort hin. Sind Seitenzahlen miteinander verbunden (z. B. 590–591), zeigt dies einen Haupteintrag an.

A

B

H

R

S

Dorling Kindersley dankt den folgenden Mitwirkenden an diesem Buch:
DEN AUTOREN: Julian Cassell, Christine France, Pippa Greenwood, Cassandra Kent, Peter Parham.

REDAKTION UND DESIGN: Austin Barlow, Helen Benfield, Chris Bernstein, Lynne Brown, Josephine Bryan, Dr. Sue Davidson, Colette Connolly, Penelope Cream, Jackie Dollar, Samantha Gray, Adèle Hayward, Sasha Heseltine, Darren Hill, Katie John, Jayne Jones, Emma Lawson, Linda Martin, Krystyna Mayer, Chacasta Pritlove, Jo Richardson, Jan Richter, Catherine Rubinstein, Debbie Scholes, Victoria Sorzano, Rachel Symons, Ellen Woodward.

PRODUKTION UND DTP: Raúl López Cabello, Sarah Coltman, Silvia La Greca, Harvey De Roemar.

ILLUSTRATIONEN: David Ashby, Kuo Kang Chen, Karen Cochrane, Geoff Denney, Simone End, Ingo Hess, Halli Marie Verringer, John Woodcock.

FOTOS: Peter Anderson, Sarah Ashum, Andy Crawford, Andreas Einsiedel, John Elliot, Steve Gorton, Glin Keates, Graham Kirk, Gary Ombler, Tim Ridley, Steve Shott, Jane Stockman, Steve Tanner, Harry Taylor, Matthew Ward, Jerry Young, Thomas Zörlein.

Bildnachweis

ADAC Eigenfoto: 326 2. Reihe 1.; **Apple Computer**: 45 o.; **Fired Earth**: 239 u.M., 246 o. (2), 277 o.; **Jake Fitzjohns**: 194 u.r.; **Chris Forsey**: 197; **Anna French Ltd.**: 233 o.r.; **Garden Picture Library**: J. Baker 573 o.l.; A. Bedding 459 u.r.; J. Bouchier 513 o.l.; L. Burgess 511 u.l.; T. Candler 511 o.l.; B. Carter 453 o.r.; J. Glover 457 o.r., 510 u.M.; S. Harte 472 u.r., 573 o.r.; M. Howes 531 u.l.; Lamontagne 510 u.l.; J. Legate 556 o.r.; J. Miller 455 o.; C. Perry 551 u.; J. Wade 552 u.r.; S. Wooster 468 o.l.; **John Glover**: 456 u., 477 u.r.; **Robert Harding Syndication**: Dominic Blackmore/Homes & Ideas © IPC Magazines:199 u. (2); Homes & Gardens © IPC Magazines: 222 o.l.; **Harpur Garden Library**: 472 u.l., 474 u., 475 u.l., 477 u.l.; Design: Chris Grey-Wilson 464 o.r.; Yong Man Kim 467 u.r.; Mrs. Wethered 468 u.; G.&F. Whiten 466 u.l.; **Holt Studios International Ltd.**: N. Caitlin 544 (1), 546 (1), 547 (4), 552 o.l., 555 o.l.,555 o.r.; **Homestyle and Fads**: 190, 192 o. (2), 195 u., 233 o.l., 287 o.l., 287 u.l., ; 287 u.r., 295 u.l., 303 o. (2), 311 u.; **Frank Lane Picture Agency**: B. Borrell 545 (1), 546 (1); E.&A. Hosking 545 (1);; R. Wilmshurst 550 u.r.; **Lavendelfoto**: Gerhard Höfer 537 o.r.; **Andrew Lawson Photography**: 516 u.r.; **Marks & Spencer**: 292 o. Zweites v.l.; **Gwenan Murphy**: 195 o., 234 u.l.; **Natural History Photographic Agency**: S. Dalton 550 u.l.; **Okapia**: Hans Reinhard 537 o.l., 537 M.r.; Ernst Schacke/Naturbild 537 M.l.; **Photos Horticultural**: 544 (1), 545 (1), 552 o.r., 556 o.l.; **Colin Poole**: 193 u.l., 298 (2); J. Brown 217 u.l.; M. Reeve 217 u.r.; **Reader's Digest**: 271 o., 276 u. (2), 319 o.r., 323 u., 414 o. (2), 505 u.; **Sanderson**: 192 u.l., 193 u.r.; **Silvestris**: Heppner 537 u.l.; **Harry Smith Photographic Collection**: 457 o.l., 457 u.l., 468 o.r., 476 u.l., 477 u.r.; 511 o.r., 514 o.r., 516 u.l., 544 u., 562 (2);

Sunway: 292 o. Zweites v.r.; **Steve Tanner/Perfect Home DMG Home Interest Magazines Ltd.**: 192 u.r., 287 o.r.; **Elizabeth Whiting & Associates**: 200 o., 239 u.r., 292 o.l., 292 o.r.; Michael Dunn 201 o.r., 245 u.r.; Andreas von Einsiedel 222 o.r.; Brian Harrison 200 u.l.; Eric Karson 194 u.l.; Tom Leighton 201 o.l., 305 u.; Peter Wolosynski 201 u.; © **WOHNIDEE**: 200 u.r.